Großkommentare der Praxis

Löwe-Rosenberg

Die Strafprozeßordnung und das Gerichtsverfassungsgesetz

Großkommentar

27., neu bearbeitete Auflage

herausgegeben von
Jörg-Peter Becker, Volker Erb, Robert Esser,
Kirsten Graalmann-Scheerer, Hans Hilger, Alexander Ignor

Neunter Band
Teilband 3
§§ 407–448

Bearbeiter:
Karsten Gaede
Sachregister: Christian Klie

DE GRUYTER

ISBN 978-3-11-076550-2
e-ISBN (PDF) 978-3-11-076554-0
e-ISBN (EPUB) 978-3-11-076555-7

Library of Congress Control Number: 2021944870

Bibliografische Information der Deutschen Nationalbibliothek
Die Deutsche Nationalbibliothek verzeichnet diese Publikation in der Deutschen Nationalbibliografie; detaillierte bibliografische Daten sind im Internet über http://dnb.dnb.de abrufbar.

Datenkonvertierung und Satz: Meta Systems Publishing & Printservices GmbH, Wustermark
Druck und Bindung: CPI books GmbH, Leck

www.degruyter.com

Die Bearbeiter der 27. Auflage

Jörg-Peter Becker, Vorsitzender Richter am Bundesgerichtshof a. D., Obernburg
Dr. *Johannes Berg*, Richter am Bundesgerichtshof, Karlsruhe
Dr. *Camilla Bertheau*, Rechtsanwältin in Berlin
Gabriele Cirener, Vorsitzende Richterin am Bundesgerichtshof, Leipzig
Dr. *Volker Erb*, Professor an der Johannes Gutenberg-Universität Mainz
Dr. *Robert Esser*, Professor an der Universität Passau
Dr. *Karsten Gaede*, Professor an der Bucerius Law School, Hamburg
Dr. *Klaus Ferdinand Gärditz*, Professor an der Rheinischen Friedrich-Wilhelms-Universität Bonn, Richter am OVG Nordrhein-Westfalen im Nebenamt, stellvertretender Richter am VerfGH Nordrhein-Westfalen
Kerstin Gärtner, Richterin am Kammergericht Berlin
Dr. *Oliver Harry Gerson*, Wissenschaftlicher Mitarbeiter an der Universität Passau
Dr. *Dirk Gittermann*, Richter am Oberlandesgericht Celle
Dr. *Sabine Gleß*, Professorin an der Universität Basel
Dr. Dr. h.c. *Karl Heinz Gössel*, em. Professor an der Friedrich-Alexander-Universität Erlangen-Nürnberg, Richter am Bayerischen Obersten Landesgericht a. D., München
Dr. *Kirsten Graalmann-Scheerer*, Generalstaatsanwältin in Bremen, Honorarprofessorin an der Hochschule für öffentliche Verwaltung in Bremen
Klaus-Peter Hanschke, Richter am Kammergericht Berlin
Dr. *Pierre Hauck*, Professor an der Justus-Liebig-Universität Gießen
Dr. *Hans Hilger*, Ministerialdirektor im Bundesministerium der Justiz a. D., Bad Honnef
Dr. Dr. *Alexander Ignor*, Rechtsanwalt in Berlin, Apl. Professor an der Humboldt-Universität zu Berlin
Dr. *Christian Jäger*, Professor an der Friedrich-Alexander-Universität Erlangen-Nürnberg
Dr. *Matthias Jahn*, Professor an der Goethe-Universität Frankfurt am Main, Richter am Oberlandesgericht Frankfurt a.M.
Dr. *Björn Jesse*, Richter am Landgericht Berlin
Dr. *Pascal Johann*, Rechtsanwalt in Wiesbaden
Dr. *Daniel M. Krause*, Rechtsanwalt in Berlin
Dr. *Matthias Krauß*, Bundesanwalt beim Bundesgerichtshof, Karlsruhe
Dr. Dr. h.c. mult. *Hans-Heiner Kühne*, em. Professor an der Universität Trier
Detlef Lind, Richter am Kammergericht Berlin
Dr. *Holger Matt*, Rechtsanwalt in Frankfurt am Main, Honorarprofessor an der Goethe-Universität Frankfurt am Main
Dr. *Markus Mavany*, Richter am Landgericht Trier
Dr. *Eva Menges*, Richterin am Bundesgerichtshof, Karlsruhe
Dr. *Andreas Mosbacher*, Richter am Bundesgerichtshof, Leipzig, Honorarprofessor an der Universität Leipzig
Dr. *Ali B. Norouzi*, Rechtsanwalt in Berlin, Honorarprofessor an der Humboldt-Universität zu Berlin
Dr. *Günther M. Sander*, Vorsitzender Richter am Bundesgerichtshof, Leipzig, Honorarprofessor an der Humboldt-Universität zu Berlin
Dr. *Frank Peter Schuster*, Professor an der Julius-Maximilians-Universität Würzburg
Dr. *Eric Simon*, Staatsanwalt beim Bundesgerichtshof, Karlsruhe
Dr. *Wolfgang Siolek*, Vorsitzender Richter am Oberlandesgericht Celle a. D.
Dr. *Carl-Friedrich Stuckenberg*, Professor an der Rheinischen Friedrich-Wilhelms-Universität Bonn
Dr. *Michael Tsambikakis*, Rechtsanwalt in Köln, Honorarprofessor an der Universität Passau
Dr. *Brian Valerius*, Professor an der Universität Bayreuth
Marc Wenske, Richter am Bundesgerichtshof, Karlsruhe
Dr. *Raik Werner*, Richter am Bundesgerichtshof, Leipzig

https://doi.org/10.1515/9783110765540-201

Vorwort

Der LÖWE-ROSENBERG feierte im Jahr 2019 seinen 140. Geburtstag und ist damit das älteste weiterhin aktuelle Erläuterungswerk zur Strafprozessordnung und der mit ihr verbundenen Gesetze. Ein Großkommentar hat die Aufgabe, den Erkenntnisstand und die rechtlichen Probleme des Strafverfahrensrechts möglichst vollständig darzustellen und Wege zur Lösung auch entlegener Fragen aufzuzeigen. In einem an Praxis und Wissenschaft gleichermaßen gerichteten Werk müssen dabei der Praxisbezug theoretischer Streitfragen und die historische Entwicklung heute gültiger Normen deutlich werden. Die Entwicklungsgeschichte der Strafprozessordnung und der Strafgerichtsverfassung seit dem Inkrafttreten der Reichsjustizgesetze, nebst dem Strafverfahrensrecht der DDR und dem Recht der Vereinigung Deutschlands, sowie die Entstehungsgeschichte der einzelnen Vorschriften sind sorgfältig darzustellen, gerade vor dem Hintergrund der in jüngerer Zeit erfolgten zahlreichen Änderungen.

Die über 140-jährige Entwicklung des Strafprozessrechts in Deutschland, die fortlaufenden Änderungen sowie eine sich zunehmend verfeinernde und immer stärker ausdifferenzierende wissenschaftliche Entwicklung und Rechtsprechung stellen eine stetige Herausforderung dar. Ein Großkommentar muss sowohl den Rückgriff auf die Grundprinzipien ermöglichen als auch die Ausdifferenzierung dokumentieren und soweit erforderlich bewerten und systematisieren.

Inhaltlich wird die Konzeption des LÖWE-ROSENBERG auch in der 27. Auflage im Wesentlichen beibehalten. Zudem werden der Einfluss der Menschenrechte, des Rechts der Europäischen Union und der Rechtsprechung internationaler und europäischer Gerichte auf das Strafverfahrensrecht und das Recht der Strafgerichtsverfassung sowie die Rechtsprechung nationaler Gerichte hierzu eingehend berücksichtigt. Die gesonderte Kommentierung der für das Strafverfahren bedeutsamen Vorschriften der EMRK und des IPBPR wird weitergeführt.

Auf der Grundlage dieser Konzeption ist jeder Autor für den Inhalt seiner Kommentierung verantwortlich.

Die zunehmende Flut der Veröffentlichungen hat inzwischen einen Umfang erreicht, der es nicht mehr in allen Bereichen möglich macht, den Grundsatz der vollständigen Dokumentation des Materials uneingeschränkt zu erfüllen. Es bleibt daher der Verantwortung eines jeden Autors überlassen, ob und in welchem Umfang er eine Auswahl trifft.

Für die 27. Auflage sind derzeit zwölf Bände (in einigen Fällen wie vorliegend in Teilbänden) mit insgesamt voraussichtlich 14.000 Seiten geplant. Das Werk erscheint bandweise und soll im Jahre 2022 abgeschlossen werden. Sechs Herausgeber betreuen den Kommentar, wobei jeweils zwei Herausgeber als Bandredakteure verantwortlich sind. Die Autoren werden im Autorenverzeichnis eines Bandes genannt; ergänzend wird auf die Verzeichnisse im Nachtrag der 26. Auflage verwiesen.

Verlag, Herausgeber und Autoren werden bemüht sein, die hohen Erwartungen zu erfüllen, die sich mit dem LÖWE-ROSENBERG seit jeher verbinden.

Der hiermit vorgelegte Band 9 Teil 3 enthält die Kommentierung der Vorschriften des sechsten Buchs der StPO, dessen dritten Abschnitt der Gesetzgeber seit Erscheinen der letzten Auflage einer umfassenden Neuregelung unterworfen hatte. Um die Aktualität zu gewährleisten, erscheint er als Teilband, nachdem Gesetzesänderungen im fünften Buch der StPO ein kurzfristiges Erscheinen beider Kommentierungen in einem gemeinsamen Band unmöglich gemacht hatten. Der Bearbeitungsstand ist August 2021, teilweise wurden auch noch später erschienene Literatur und Rechtsprechung berücksichtigt.

Berlin, im November 2021 — Die Herausgeber

https://doi.org/10.1515/9783110765540-202

Hinweise für die Benutzung des Löwe-Rosenberg

1. Inhalt der Kommentierung

Der LÖWE-ROSENBERG kommentiert die StPO, das EGStPO, das GVG und das EGGVG mit Ausnahme der nur den Zivilprozess betreffenden Teile, sowie – mit dem Schwerpunkt auf den strafverfahrensrechtlich besonders bedeutsamen Regelungen – die EMRK und den IPBPR. Wenig bekannte oder schwer auffindbare strafverfahrensrechtliche Nebengesetze, deren Wortlaut für die Kommentierung erforderlich ist, werden bei den einschlägigen Erläuterungen im Kleindruck wiedergegeben.

2. Erscheinungsweise und Stand der Bearbeitung

Die 27. Auflage des LÖWE-ROSENBERG erscheint in **Bänden**, deren Erscheinungs-Reihenfolge von der des Gesetzes abweichen kann. Die Bände werden in der vom Gesetz vorgegebenen Reihenfolge durchnummeriert.

Der **Stand der Bearbeitung** ist dem Vorwort jedes Bandes zu entnehmen. Die Autoren sind bemüht, besonders wichtige Änderungen und Entwicklungen auch noch nach diesem Stichtag bis zur Drucklegung des Bandes zu berücksichtigen.

3. Bearbeiter

Jeder Bearbeiter (in der Fußzeile angegeben) trägt für seinen Teil die alleinige inhaltliche Verantwortung. Die Stellungnahmen zu Rechtsfragen, die an mehreren Stellen des Kommentars behandelt werden, können daher voneinander abweichen. Auf solche Abweichungen wird nach Möglichkeit hingewiesen.

4. Aufbau der Kommentierung

Neben der umfassenden Einleitung zum Gesamtwerk sind den Untereinheiten der kommentierten Gesetze (Bücher, Abschnitte, Titel), soweit erforderlich, **Vorbemerkungen** vorangestellt, die das für die jeweilige Untereinheit Gemeinsame erläutern.

Der den Vorbemerkungen und den Kommentierungen der einzelnen Vorschriften erforderlichenfalls vorangestellte Abschnitt **Geltungsbereich** enthält Hinweise auf zeitliche und örtliche Besonderheiten. Der Abschnitt **Entstehungsgeschichte** gibt, abgesehen von ganz unwesentlichen Änderungen, die Entwicklung der geltenden Fassung der Vorschrift vom Erlass des jeweiligen Gesetzes an wieder. Fehlt er, so kann davon ausgegangen werden, dass die Vorschrift unverändert ist. Der Hinweis auf **geplante Änderungen** verzeichnet Änderungsvorschläge, die sich beim Abschlusszeitpunkt der Lieferung im parlamentarischen Gesetzgebungsverfahren befinden.

Die Erläuterungen sind nach systematischen Gesichtspunkten gegliedert, die durch Überschriften oder Stichworte hervorgehoben sind. In der Regel ist den Erläuterungen eine **systematische Übersicht** vorangestellt. Soweit angebracht wird sie bei besonders umfangreichen Erläuterungen durch eine **alphabetische Übersicht** ergänzt. Bei den Erläuterungen selbst werden für jede Vorschrift (zur Erleichterung des Zitierens) durchlaufende Randnummern verwendet.

https://doi.org/10.1515/9783110765540-203

5. Schrifttum

Der Kommentar enthält am Anfang jedes Bandes ein allgemeines Literaturverzeichnis, das nur die häufiger verwendete oder allgemeine Literatur enthält. Den Vorbemerkungen und den Kommentierungen der einzelnen Vorschriften sind Schrifttumsverzeichnisse vorangestellt, die einen Überblick über das wesentliche Schrifttum zu dem jeweils behandelten Thema geben.

6. Zitierweise

Literatur, die in diesen Schrifttumsverzeichnissen enthalten ist, wird im laufenden Text im allgemeinen nur mit dem Namen des Verfassers (ggfs. mit einer unterscheidenden Kurzbezeichnung) oder der sonstigen im Schrifttumsverzeichnis angegebenen Kurzbezeichnung zitiert, doch wird bei Veröffentlichungen in Zeitschriften vielfach auch die genaue Fundstelle nachgewiesen. Sonst sind selbständige Werke mit (gelegentlich verkürztem) Titel und Jahreszahl, unselbständige Veröffentlichungen (auch Beiträge in Festschriften u. ä.) mit der Fundstelle angegeben. **Auflagen** sind durch hochgestellte Zahlen gekennzeichnet; fehlt eine solche Angabe, so wird aus der Auflage zitiert, die im allgemeinen Schrifttumsverzeichnis angegeben ist. Hat ein Werk Randnummern, so wird nach diesen, sonst nach Seitenzahl oder Gliederungspunkten zitiert.

Befindet sich beim Zitat anderer **Kommentare** die in Bezug genommene Stelle im gleichen Paragraphen, so wird nur die Randnummer oder (bei deren Fehlen) der Gliederungspunkt angegeben; wird auf die Erläuterungen bei einem anderen Paragraphen Bezug genommen, so wird dieser genannt. Entsprechend wird auch im LÖWE-ROSENBERG selbst verwiesen. Bei diesem wird, wenn nichts anderes angegeben ist, auf die gegenwärtige 27. Auflage verwiesen. Ist der Band mit den Erläuterungen, auf die verwiesen werden soll, noch nicht erschienen, so ist, soweit dies sachdienlich erschien, in Klammern ergänzend die genaue Fundstelle in der 26. Auflage angegeben.

Zeitschriften werden regelmäßig mit dem Jahrgang zitiert. Ausnahmen (Bandangabe) bilden namentlich ZStW, GA (bis 1933) und VRS; hier ist regelmäßig die Jahreszahl zusätzlich angegeben. Bei der Angabe der Fundstelle eines amtlichen Verkündungsblattes wird die Jahreszahl nur angegeben, wenn sie von der Jahreszahl der Rechtsvorschrift abweicht.

Entscheidungen werden im allgemeinen nur mit einer Fundstelle angegeben. Dabei hat die amtliche Sammlung eines obersten Bundesgerichtes den Vorrang, sonst die Fundstelle, die die Entscheidung mit Anmerkung oder am ausführlichsten wiedergibt.

7. Abkürzungen

Die verwendeten Abkürzungen, namentlich von Gesetzen, Verwaltungsvorschriften, Entscheidungssammlungen, Zeitschriften usw. sind im Abkürzungsverzeichnis nachgewiesen.

Inhaltsverzeichnis

Abkürzungsverzeichnis

AA	Auswärtiges Amt
a.A.	anderer Ansicht
a. a. O.	am angegebenen Ort
Abg.	Abgeordneter
AbgG	Gesetz über die Rechtsverhältnisse der Mitglieder des Deutschen Bundestages (Abgeordnetengesetz – AbgG) vom 18.2.1977 i. d. F. der Bek. vom 21.2.1996 (BGBl. I S. 326) zuletzt geändert durch Artikel 1 des Gesetzes vom 9.4.2021 (BGBl. I S. 741)
abl.	ablehnend
ABl.	Amtsblatt
ABlEG	Amtsblatt der Europäischen Gemeinschaften; Ausgabe C: Mitteilungen und Bekanntmachungen; Ausgabe L: Rechtsvorschriften (zit.: ABlEG Nr. L ... /(Seite) vom ...)
ABlEU	Amtsblatt der Europäischen Union (ab 2003); Ausgabe C: Mitteilungen und Bekanntmachungen; Ausgabe L: Rechtsvorschriften (zit.: ABlEU Nr. L .../(Seite) vom ...)
ABMG	Autobahnmautgesetz für schwere Nutzfahrzeuge vom 5.4.2002 (BGBl. I S. 1234) aufgehoben durch Art. 6 Nr. 1 des Gesetzes vom 12.7.2011 (BGBl. I S. 1378)
Abs.	Absatz
Abschn.	Abschnitt
abw.	abweichend
AChRMV	Afrikanische Charta der Rechte der Menschen und Völker vom 26.6.1981, deutsche Übersetzung EuGRZ 1990, 348
AcP	Archiv für die civilistische Praxis
AdG	Adoptionsgesetz vom 2.7.1976 (BGBl. I S. 1749)
AdVermiG	Adoptionsvermittlungsgesetz vom 27.11.1989 (BGBl. I S. 2014) neugefasst durch Bek. vom 21.6.2021 (BGBl. I S. 2010)
a. E.	am Ende
AEPC	Association of European Police Colleges
ÄndG	Änderungsgesetz
ÄndVO	Änderungsverordnung
a. F.	alte Fassung
AfkKR	Archiv für katholisches Kirchenrecht
AfP	Archiv für Presserecht, Zeitschrift für Medien- und Kommunikationsrecht
AG	Amtsgericht; in Verbindung mit einem Gesetz: Ausführungsgesetz
AGIS	Beschluss des Rates der Europäischen Union vom 22.7.2002 über ein Rahmenprogramm für die polizeiliche und justitielle Zusammenarbeit in Strafsachen – AGIS (ABlEG Nr. C 203 vom 1.8.2002, S. 5)
AGGewVerbrG	Ausführungsgesetz zum Gesetz gegen gefährliche Gewohnheitsverbrecher und über Maßregeln der Sicherung und Besserung vom 24.11.1933 (RGBl. I S. 1000)
AGGVG	Gesetz zur Ausführung des Gerichtsverfassungsgesetzes (Landesrecht)
AGS	Zeitschrift für das gesamte Gebührenrecht und Anwaltsmanagement
AGStPO	Ausführungsgesetz zur Strafprozessordnung (Landesrecht)
AHK	Alliierte Hohe Kommission
AIDP	Association Internationale de Droit Pénal
AJIL	American Journal of International Law
AktG	Gesetz über Aktiengesellschaften und Kommanditgesellschaften auf Aktien (Aktiengesetz) vom 6.9.1965 (BGBl. I S. 1089) zuletzt geändert durch Art. 15 des Gesetzes vom 3.6.2021 (BGBl. I S. 1534)
AktO	Anweisung für die Verwaltung des Schriftguts bei den Geschäftsstellen der Gerichte und der Staatsanwaltschaften (Aktenordnung)
allg.M.	allgemeine Meinung
Alsb.E	Die strafprozessualen Entscheidungen der Oberlandesgerichte, herausgegeben von Alsberg und Friedrich (1927), 3 Bände
Alt.	Alternative
a.M.	anderer Meinung

https://doi.org/10.1515/9783110765540-204

AMRK	Amerikanische Menschenrechtskonvention vom 22.11.1969 (Pact of San José), deutsche Übersetzung EuGRZ 1980, 435
amtl.	amtlich
amtl. Begr.	amtliche Begründung
Anh.	Anhang
AnhRügG	Gesetz über die Rechtsbehelfe bei Verletzung des Anspruchs auf rechtliches Gehör (Anhörungsrügengesetz) vom 9.12.2004 (BGBl. I S. 3220)
Anl.	Anlage
Anm.	Anmerkung
AnwBl.	Anwaltsblatt
AöR	Archiv des öffentlichen Rechts
AO	Abgabenordnung vom 16.3.1976 (BGBl. I S. 613) i. d. F. der Bek. vom 1.10.2002 (BGBl. I S. 3866) zuletzt geändert durch Art. 24 des Gesetzes vom 25.6.2021 (BGBl. I S. 2154)
AOStrÄndG	Gesetz zur Änderung strafrechtlicher Vorschriften der Reichsabgabenordnung und anderer Gesetze vom 10.8.1967 (BGBl. I S. 877)
apf	Ausbildung Prüfung Praxis – Zeitschrift für die staatliche und kommunale Verwaltung
APR	Allgemeines Persönlichkeitsrecht
APuZ	Aus Politik und Zeitgeschichte (Zeitschrift)
ArbGG	Arbeitsgerichtsgesetz vom 3.9.1953 i. d. F. der Bek. vom 2.7.1979 (BGBl. I S. 853) zuletzt geändert durch Art. 18 des Gesetzes vom 7.7.2021 (BGBl. I S. 2363)
ArchKrim.	Archiv für Kriminologie
ArchPF	Archiv für das Post- und Fernmeldewesen
ArchVR	Archiv des Völkerrechts
arg.	argumentum
Art.	Artikel
ASIL	The American Society of International Law
AsylG	Asylgesetz i. d. F. der Bek. vom 2.9.2008 (BGBl. I S. 1798), zuletzt geändert durch Art. 9 des Gesetzes vom 9.7.2021 (BGBl. I S. 2467)
ATDG	Gesetz zur Errichtung einer standardisierten zentralen Antiterrordatei von Polizeibehörden und Nachrichtendiensten von Bund und Ländern (Antiterrordateigesetz – ATDG) vom. 22.12.2006 (BGBl. I S. 3409) zuletzt geändert durch Art. 2 Abs. 1 des Gesetzes vom 30.3.2021 (BGBl. I S. 402)
AtG	Gesetz über die friedliche Verwendung der Kernenergie und den Schutz gegen ihre Gefahren (Atomgesetz) vom 31.10.1976 (BGBl. I S. 3053) i. d. F. der Bek. vom 15.7.1985 (BGBl. I S. 1565) zuletzt geändert durch Art. 3 des Gesetzes vom 20.5.2021 (BGBl. I S. 1194)
AufenthG	Gesetz über den Aufenthalt, die Erwerbstätigkeit und die Integration von Ausländern im Bundesgebiet (Aufenthaltsgesetz – AufenthG), neugefasst durch Bek. vom 25.2.2008 (BGBl. I S. 162); zuletzt geändert durch Artikel 3 des Gesetzes vom 9.7.2021 (BGBl. I S. 2467)
aufg.	aufgehoben
Aufl.	Auflage
AUILR	American University International Law Review
AUR	Agrar- und Umweltrecht
AuR	Arbeit und Recht (Zeitschrift)
ausf.	ausführlich
AuslG	Gesetz über die Einreise und den Aufenthalt von Ausländern im Bundesgebiet (Ausländergesetz) vom 9.7.1990 (BGBl. I S. 1354), außer Kraft getreten am 31.12.2004
AusnVO	Ausnahme-(Not-)Verordnung (1) VO zur Sicherung von Wirtschaft und Finanzen vom 1.12.1930 (RGBl. I S. 517) (2) VO zur Sicherung von Wirtschaft und Finanzen vom 6.10.1931 (RGBl. I S. 537, 563) (3) VO zur Sicherung von Wirtschaft und Finanzen und zum Schutz des inneren Friedens vom 8.12.1931 (RGBl. I S. 743)

	(4) VO über Maßnahmen auf dem Gebiet der Rechtspflege und Verwaltung vom 14.6.1932 (RGBl. I S. 285)
AV	Allgemeine Verfügung
AVG	Allgemeines Verwaltungsverfahrensgesetz (Österreich)
AVR	Archiv des Völkerrechts
AWG	Außenwirtschaftsgesetz vom 28.4.1961 (BGBl. I S. 481)
Az	Aktenzeichen
AZR-Gesetz	Gesetz über das Ausländerzentralregister (AZR-Gesetz) vom 2.9.1994 (BGBl. I S. 2265) i. d. F. der Bek. vom 23.12.2003 (BGBl. I S. 2848) zuletzt geändert durch Art. 8 Gesetzes vom 9.7.2021 (BGBl. I S. 2467)
BAFin	Bundesanstalt für Finanzdienstleistungsaufsicht
BAG	Bundesarbeitsgericht
BAGE	Sammlung der Entscheidungen des Bundesarbeitsgerichts
BÄO	Bundesärzteordnung, neugefasst durch Bek. vom 16.4.1987 (BGBl. I S. 1218); zuletzt geändert durch Art. 4 des Gesetzes vom 15.8.2019 (BGBl. I S. 1307)
BAK	Blutalkoholkonzentration
BAMF	Bundesamt für Migration und Flüchtlinge
BAnz.	Bundesanzeiger
BaWü.	Baden-Württemberg
Bay.	Bayern, bayerisch
BayAGGVG	Bayerisches Gesetz zur Ausführung des Gerichtsverfassungsgesetzes und von Verfahrensgesetzen des Bundes vom 23.6.1981 (BayGVBl. S. 188)
BayBS	Bereinigte Sammlung des Bayerischen Landesrechts (1802 bis 1956)
BayObLG	Bayerisches Oberstes Landesgericht
BayObLGSt	Sammlung von Entscheidungen des Bayerischen Obersten Landesgerichts in Strafsachen
BayPAG	Gesetz über die Aufgaben und Befugnisse der Bayerischen Staatlichen Polizei (Polizeiaufgabengesetz – PAG) i. d. F. d. Bek. vom 14.9.1990 (GVBl. S. 397), zuletzt geändert durch § 1 des Gesetzes vom 10.12.2019 (GVBl. S. 691)
BayRS	Bayerische Rechtssammlung (ab 1.1.1983)
BayStVollzG	Bayerisches Strafvollzugsgesetz vom. 10.9.2007 (BayGVBl. S. 866) zuletzt geändert durch § 6 des Gesetzes vom 8.7.2020 (BayGVBl. S. 330)
BayVerf.	Verfassung des Freistaates Bayern vom 2.12.1946 (BayBS. I 3) zuletzt geändert durch Gesetzes vom 11.11.2013 (BayGVBl. S. 638)
BayVerfGH	Bayerischer Verfassungsgerichtshof
BayVerfGHE	s. BayVGHE
BayVerwBl.	Bayerische Verwaltungsblätter
BayVGH	Bayerischer Verwaltungsgerichtshof
BayVGHE	Sammlung von Entscheidungen des Bayerischen Verwaltungsgerichtshofs mit Entscheidungen des Bayerischen Verfassungsgerichtshofes, des Bayerischen Dienststrafhofs und des Bayerischen Gerichtshofs für Kompetenzkonflikte
BayZ	Zeitschrift für Rechtspflege in Bayern (1905–34)
BB	Betriebs-Berater (Zeitschrift)
BBG	Bundesbeamtengesetz vom 14.7.1953 (BGBl. I S. 551) i. d. F. der Bek. vom 31.3.1999 (BGBl. I S. 675) zuletzt geändert durch Art. 1 des Gesetzes vom 28.6.2021 (BGBl. I S. 2250)
Bbg.	Brandenburg
BbgVerfG	Brandenburgisches Verfassungsgericht
BC	Business Compliance (Zeitschrift)
Bd.	Band
BDG	Bundesdisziplinargesetz vom 9.7.2001 (BGBl. I S. 1510) zuletzt geändert durch Art. 62 der Verordnung vom 19.6.2020 (BGBl. I s. 1328)
BDH	Bundesdisziplinarhof (jetzt Bundesverwaltungsgericht)
BDSG	Bundesdatenschutzgesetz i. d. F. der Bek. vom 14.1.2003 (BGBl. I S. 66) zuletzt geändert durch Art. 10 des Gesetzes vom 23.6.2021 (BGBl. S. 1858)

beA	besonderes elektronisches Anwaltspostfach
BeamtStG	Gesetz zur Regelung des Statusrechts der Beamtinnen und Beamten in den Ländern (Beamtenstatusgesetz – BeamtStG) vom 17.6.2008 (BGBl. I S. 1010) zuletzt geändert durch Art. 2 des Gesetzes vom 28.6.2021 (BGBl. S. 2250)
Begr.	Begründung
BegrenzungsVO	Verordnung über die Begrenzung der Geschäfte des Rechtspflegers bei der Vollstreckung in Straf- und Bußgeldsachen vom 26.6.1970 (BGBl. I S. 992) i. d. F. der Bek. vom 16.2.1982 (BGBl. I S. 188)
BEG-SchlußG	Zweites Gesetz zur Änderung des Bundesentschädigungsgesetzes vom 14.9.1965 (BGBl. I S. 1315)
Bek.	Bekanntmachung
Bek. 1924	Strafprozeßordnung i. d. F. der Bek. vom 22.3.1924 (RGBl. I S. 299, 322)
Bek. 1950	Strafprozeßordnung i. d. F. der Bek. vom 12.9.1950 (BGBl. I S. 629)
Bek. 1965	Strafprozeßordnung i. d. F. der Bek. vom 17.9.1965 (BGBl. I S. 1373)
Bek. 1975	Strafprozeßordnung i. d. F. der Bek. vom 7.1.1975 (BGBl. I S. 129)
Bek. 1987	Strafprozeßordnung i. d. F. der Bek. vom 7.4.1987 (BGBl. I S. 1074)
ber.	berichtigt
BerHG	Gesetz über Rechtsberatung und Vertretung für Bürger mit geringem Einkommen (Beratungshilfegesetz) vom 18.6.1980 (BGBl. I S. 689) zuletzt geändert durch Art. 12 des Gesetzes vom 25.6.2021 (BGBl. I S. 2154)
BerlVerfGH	Berliner Verfassungsgerichtshof
BerRehaG	Gesetz über den Ausgleich beruflicher Benachteiligungen für Opfer politischer Verfolgung im Beitrittsgebiet (Berufliches Rehabilitierungsgesetz – BerRehaG) vom 23.6.1994 (BGBl. I S. 1314) zuletzt geändert durch Art. 12a des Gesetzes vom 2.6.2021 (BGBl. I S. 1387)
Beschl.	Beschluss
Bespr.	Besprechung
BeurkG	Beurkundungsgesetz vom 28.8.1969 (BGBl. I S. 1513) zuletzt geändert durch Art. 11 des Gesetzes vom 26.6.2021 (BGBl. S. 2154)
BewHi.	Bewährungshilfe (Zeitschrift)
BezG	Bezirksgericht
Bf.	Beschwerdeführer
BFH	Bundesfinanzhof
BFHE	Sammlung der Entscheidungen des Bundesfinanzhofs (BFH)
BfJG	Gesetz über die Errichtung des Bundesamtes für Justiz = Art. 1 des Gesetzes zur Errichtung und zur Regelung der Aufgaben des Bundesamtes für Justiz vom 17.12.2006 (BGBl. I S. 3171) zuletzt geändert durch Art. 6 des Gesetzes vom 7.7.2021 (BGBl. I S. 2363)
BGB	Bürgerliches Gesetzbuch vom 18.8.1896 (RGBl. S. 195) i. d. F. der Bek. vom 2.1.2002 (BGBl. I S. 42, ber. S. 2909 und BGBl. 2003 I S. 738) zuletzt geändert durch Art. 3 des Gesetzes vom 16.7.2021 (BGBl. S. 2947).
BGBl. I, II, III	Bundesgesetzblatt Teil I, II und III
BGer	Schweizerisches Bundesgericht
BGH	Bundesgerichtshof
BGH-DAT	Datenbank der Rechtsprechung des Bundesgerichtshofs auf CD-ROM, herausgegeben von Werner Theune
BGH (ER)	Ermittlungsrichter beim Bundesgerichtshof
BGHE Strafs.	Rechtsprechung des Bundesgerichtshofes in Strafsachen auf CD-ROM, herausgegeben von Mitgliedern des Gerichts
BGHGrS	Bundesgerichtshof, Großer Senat (hier in Strafsachen)
BGHR	BGH-Rechtsprechung in Strafsachen (Loseblattsammlung)
BGHRZ	BGH-Rechtsprechung in Zivilsachen (Loseblattsammlung)
BGHSt	Entscheidungen des Bundesgerichtshofs in Strafsachen
BGHZ	Entscheidungen des Bundesgerichtshofs in Zivilsachen

BGSG	Gesetz über den Bundesgrenzschutz (Bundesgrenzschutzgesetz – BGSG) vom 19.10.1994 (BGBl. I S. 2978) zuletzt geändert durch Art. 24 der Verordnung vom 19.6.2020 (BGBl. S. 1328)
BGSNeuRegG	Gesetz zur Neuregelung der Vorschriften über den Bundesgrenzschutz (Bundesgrenzschutzneuregelungsgesetz – BGSNeuRegG) vom 19.10.1994 (BGBl. I S. 2978)
BHRJ	Business and Human Rights Journal
BinSchG	Gesetz betr. die privatrechtlichen Verhältnisse der Binnenschiffahrt (Binnenschifffahrtsgesetz) vom 15.6.1895 i. d. F. der Bek. vom 15.6.1898 (RGBl. S. 868) zuletzt geändert durch Art. 1 des Gesetzes vom 5.7.2016 (BGBl. I S. 1578, 2019 I S. 196)
BinSchGG	Gesetz über das gerichtliche Verfahren in Binnenschiffahrtssachenvom 27.9.1952 (BGBl. I S. 641) zuletzt geändert durch Art. 8 des Gesetzes vom 20.4.2013 (BGBl. I S. 831)
BJM	Basler Juristische Mitteilungen
BJOG	An International Journal of Obstetrics and Gynaecology
BKA	Bundeskriminalamt
BKAG	Gesetz über das Bundeskriminalamt und die Zusammenarbeit des Bundes und der Länder in kriminalpolizeilichen Angelegenheiten (Bundeskriminalamtgesetz – BKAG) vom 7.7.1997 (BGBl. I S. 1650) zuletzt geändert durch Art. 2 des Gesetzes vom 25.6.2021 (BGBl. I S. 2099)
Bln.	Berlin
Bln.GVBl.Sb.	Sammlung des bereinigten Berliner Landesrechts, Sonderband I (1806 bis 1945) und II (1945 bis 1967)
Blutalkohol	Blutalkohol, Wissenschaftliche Zeitschrift für die medizinische und juristische Praxis
BMI	Bundesminister(-ium) des Innern
BMinG	Gesetz über die Rechtsverhältnisse der Mitglieder der Bundesregierung (Bundesministergesetz) vom 17.6.1953 (BGBl. I S. 407) i. d. F. der Bek. vom 27.7.1971 (BGBl. I S. 1166) zuletzt geändert durch Art. 7 der Verordnung vom 19.6.2020 (BGBl. I S. 1328)
BMJV	Bundesminister(-ium) der Justiz und für Verbraucherschutz
BNDG	Gesetz über den Bundesnachrichtendienst vom 20.12.1990 (BGBl. I S. 2979) i. d. F. der Bek. vom 9.1.2002 (BGBl. I S. 361 ff.) zuletzt geändert durch Art. 3 des Gesetzes vom 5.7.2021 (BGBl. I S. 2274)
Bonn.Komm.	Kommentar zum Bonner Grundgesetz (Loseblattausgabe)
BORA	Berufsordnung für Rechtsanwälte i. d. F. der Bek. vom 1.11.2001
BPolBG	Bundespolizeibeamtengesetz i. d. F. der Bek. vom 3.6.1976 (BGBl. I S. 1357) zuletzt geändert durch Art. 8 des Gesetzes vom 23.6.2021 (BGBl. I S. 1982)
BR	s. BRat
BRAGO	Bundesgebührenordnung für Rechtsanwälte vom 26.7.1957 (BGBl. I S. 907); ersetzt durch das Rechtsanwaltsvergütungsgesetz (RVG) durch Art. 6 Nr. 4 des Gesetzes vom 5.5.2004 (BGBl. I. S. 718, 850)
BRAK	Bundesrechtsanwaltskammer
BRAK-Mitt.	Mitteilungen der Bundesrechtsanwaltskammer
BranntWMonG	Branntweinmonopolgesetz vom 8.4.1922 (RGBl. I S. 405; BGBl. III 612-7) zuletzt geändert durch Art. 5 des Gesetzes vom 10.3.2017 (BGBl. I S. 420)
BRAO	Bundesrechtsanwaltsordnung vom 1.8.1959 (BGBl. I S. 565); zuletzt geändert durch Art. 1 des Gesetzes vom 7.7.2021 (BGBl. I S. 2363)
BRat	Bundesrat
BRDrucks.	Drucksachen des Bundesrats
BReg.	Bundesregierung
Brem.	Bremen
BRJ	Bonner Rechtsjournal
BRProt.	Protokolle des Bundesrates
BS	Sammlung des bereinigten Landesrechts
BSG	Bundessozialgericht
Bsp.	Beispiel

BT	Bundestag
BTDrucks.	Drucksachen des Bundestags
BtG	Gesetz zur Reform des Rechts der Vormundschaft und Pflegschaft für Volljährige (Betreuungsgesetz – BtG) vom 12.9.1990 (BGBl. I S. 2002) aufgehoben durch Art. 9 und 10 des Gesetzes vom 19.4.2006 (BGBl. I S. 866)
BtMG	Gesetz über den Verkehr mit Betäubungsmitteln (Betäubungsmittelgesetz) vom 28.7.1981 (BGBl. I S. 681) i. d. F. der Bek. vom 1.3.1994 (BGBl. I S. 358) zuletzt geändert durch Art. 11 des Gesetzes vom 3.6.2021 (BGBl. I S. 1309)
BTProt.	s. BTVerh.
BTRAussch.	Rechtsausschuss des Deutschen Bundestags
BTVerh.	Verhandlungen des Deutschen Bundestags
BVerfG	Bundesverfassungsgericht
BVerfGE	Entscheidungen des Bundesverfassungsgerichts
BVerfGG	Gesetz über das Bundesverfassungsgericht vom 12.3.1951 i. d. F. der Bek. vom 11.8.1993 (BGBl. I S. 1473) zuletzt geändert durch Art. 4 des Gesetzes vom 20.11.2019 (BGBl. I S. 1724)
BVerfGK	Kammerentscheidungen des Bundesverfassungsgerichts
BVerfSchG	Gesetz über die Zusammenarbeit des Bundes und der Länder in Angelegenheiten des Verfassungsschutzes und über das Bundesamt für Verfassungsschutz (Bundesverfassungsschutzgesetz) vom 20.12.1990 (BGBl. I S. 2954) zuletzt geändert durch Art. 1 des Gesetzes vom 5.7.2021 (BGBl. I S. 2274)
BVerwG	Bundesverwaltungsgericht
BVerwGE	Entscheidungen des Bundesverwaltungsgerichts
BV-G	Bundesverfassungsgesetz (österreichische Verfassung)
BW	Baden-Württemberg
BWahlG	Bundeswahlgesetz neugefasst durch Bek. vom 23.7.1993 BGBl. I S. 1288, 1594 zuletzt geändert durch Art. 2 des Gesetzes vom 3.6.2021 (BGBl. I S. 1482)
bzgl.	bezüglich
BZRG	Gesetz über das Zentralregister und das Erziehungsregister (Bundeszentralregistergesetz), neugefasst durch Bek. vom 21.9.1984 (BGBl. I S. 1229, 1985 I S. 195); zuletzt geändert durch Art. 4 des Gesetzes vom 16.6.2021 (BGBl. I S. 1810)
2. BZRÄndG	Zweites Gesetz zur Änderung des Bundeszentralregistergesetzes (2. BZRÄndG) vom 17.7.1984 (BGBl. I S. 990)
bzw.	beziehungsweise
CAT	siehe UN-CAT
Causa Sport	Die Sport-Zeitschrift für nationales und internationales Recht sowie für Wirtschaft
CCBE	Council of the Bars and Law Societies of the European Union
CCC	Constitutio Criminalis Carolina
CCJE	Consultative Council of European Judges
CCPR	siehe HRC
CCZ	Corporate Compliance Zeitschrift
CD	Collection of Decisions Bd. 1 bis 46 (1960 bis 1974), Entscheidungen der Europäischen Kommission für Menschenrechte über die Zulässigkeit von Beschwerden
CDDH	Steering Committee for Human Rights (Europarat)
CDE	Cahiers de droit européen (Zeitschrift)
CDPC	European Committee on Crime Problems
CEAS	Common European Asylum System
CELJ	China-EU Law Journal
CEPEJ	European Commission on the Efficiency of Justice
CEPOL	European Police College (Budapest)
CERD	Internationales Übereinkommen zur Beseitigung von jeder Form von Rassendiskriminierung (CERD) vom 7.3.1966
CERT	Computer Emergency Response Team
CETS	(vgl. CTS)

ChE	Chiemsee-Entwurf (Verfassungsausschuß der Ministerpräsidentenkonferenz der Westlichen Besatzungszonen. Bericht über den Verfassungskonvent auf Herrenchiemsee vom 10. bis 23.8.1948) (1948)
ChemG	Chemikaliengesetz i. d. F. der Bek. vom 20.6.2002 (BGBl. I S. 2090) zuletzt geändert durch Art. 1 des Gesetzes vom 3.6.2021 (BGBl. I S. 1479)
CJ	Corpus Juris
CJEL	Columbia Journal of European Law
CMLRev	Common Market Law Review
COSI	Ständiger Ausschuss für die operative Zusammenarbeit im Bereich der inneren Sicherheit (EU)
COVuR	COVID-19 und Recht (Zeitschrift)
CPP	Code de procédure pénale
CPS	Crown Prosecution Service
CPT	Committee for the Prevention of Torture – Europäischer Ausschuss zur Verhütung von Folter und unmenschlicher oder erniedrigender Behandlung oder Strafe (Europarat)
CR	Computer und Recht (Zeitschrift)
CRC	Übereinkommen über die Rechte des Kindes vom 20.11.1989 (BGBl. 1992 II S. 122)
Crim.L.R.	Criminal Law Review
CrimeLawSocChange	Crime, Law and Social Change (Zeitschrift)
CSW	Cross-Border Surveillance Working Group
CWÜAG	Ausführungsgesetz zum Chemiewaffenübereinkommen vom 2.8.1994 (BGBl. I S. 1954)
DA	Dienstanweisung
DAG	Deutsches Auslieferungsgesetz vom 23.12.1929 (BGBl. I S. 239), aufgehoben durch IRG vom 23.12.1982 (BGBl. I S. 2071)
DAJV-Newsletter	Zeitschrift der Deutsch-Amerikanischen Juristen-Vereinigung e.V.
DAR	Deutsches Autorecht (Zeitschrift)
DAV	DeutscherAnwaltVerein
DB	Der Betrieb (Zeitschrift)
DDevR	Deutsche Devisen-Rundschau (1951–59)
DDR	Deutsche Demokratische Republik
ders.	derselbe
DERechtsmittelG	Diskussionsentwurf für ein Gesetz über die Rechtsmittel in Strafsachen, im Auftrag der JMK vorgelegt von der Bund-Länder-Arbeitsgruppe Strafverfahrensreform (1975)
DG	Disziplinargesetz (der Länder)
Die Justiz	Die Justiz, Amtsblatt des Justizministeriums Baden-Württemberg
Die Polizei	Die Polizei (seit 1955: Die Polizei – Polizeipraxis)
dies.	dieselbe
Diss.	Dissertation
DiszO	Disziplinarordnung (der Länder)
DJ	Deutsche Justiz, Rechtspflege und Rechtspolitik (1933–45)
DJT	Deutscher Juristentag (s. auch VerhDJT)
DJZ	Deutsche Juristenzeitung (1896–1936)
DNA-AnalyseG	Gesetz zur Novellierung der forensischen DNA-Analyse vom 12.8.2005 (BGBl. I S. 2360)
DNA-IFG	DNA-Identitätsfeststellungsgesetz vom 7.9.1998 (BGBl. I S. 2646; 1999 I S. 1242) aufgehoben durch Art. 4 des Gesetzes vom 12.8.2005 (BGBl. I S. 2360, 2362)
DNP	Die Neue Polizei
DNutzG	Gesetz zur effektiveren Nutzung von Dateien im Bereich der Staatsanwaltschaften vom 10.9.2004 (BGBl. I S. 2318)
DÖD	Der Öffentliche Dienst
DÖV	Die Öffentliche Verwaltung

DOGE	Entscheidungen des Deutschen Obergerichts für das Vereinigte Wirtschaftsgebiet
DPA	Deutsches Patentamt
DR	Deutsches Recht (1931 bis 1945) Decisions and Reports (ab 1975): Entscheidungen über die Zulässigkeit von Beschwerden; Berichte der Europäischen Kommission für Menschenrechte; Resolutionen des Ministerkomitees des Europarates
DRechtsw.	Deutsche Rechtswissenschaft (1936–43)
DRiG	Deutsches Richtergesetz, neugefasst durch Bek. vom 19.4.1972 (BGBl. I S. 713); zuletzt geändert durch Art. 4 des Gesetzes vom 25.6.2021 (BGBl. I S. 2154)
DRiZ	Deutsche Richterzeitung
DRpfl.	Deutsche Rechtspflege (1936–1939)
DRsp.	Deutsche Rechtsprechung, herausgegeben von Feuerhake (Loseblattsammlung)
Drucks.	Drucksache
DRZ	Deutsche Rechts-Zeitschrift (1946 bis 1950)
DSB	Datenschutz-Berater
DSteuerR	Deutsches Steuerrecht (Zeitschrift)
DStR	Deutsches Strafrecht (1934 bis 1944)
DStRE	Deutsches Steuerrecht Entscheidungsdienst (Zeitschrift)
DStrZ	Deutsche Strafrechts-Zeitung (1914 bis 1922)
DStZ	Deutsche Steuer-Zeitung
dt.	deutsch
DtBR	Das Deutsche Bundesrecht, Gesetzessammlung mit Erläuterungen (Loseblattausgabe)
DtZ	Deutsch-Deutsche Rechts-Zeitschrift
DuD	Datenschutz und Datensicherheit (Zeitschrift)
DuR	Demokratie und Recht (Zeitschrift)
DVBl.	Deutsches Verwaltungsblatt (Zeitschrift)
DVO	Durchführungsverordnung
DVollzO	Dienst- und Vollzugsordnung
DVOVereinf.VO	Verordnung zur Durchführung der Verordnung über Maßnahmen auf dem Gebiete der Gerichtsverfassung und der Rechtspflege vom 8.9.1939 (RGBl. I S. 1703)
DVOZust.VO	Verordnung zur Durchführung der Verordnung über die Zuständigkeit der Strafgerichte, die Sonderstrafgerichte sowie sonstige strafverfahrensrechtliche Vorschriften vom 13.3.1940 (RGBl. I S. 489)
DVP	Deutsche Verwaltungspraxis – Fachzeitschrift für die öffentliche Verwaltung
DVR	Datenverarbeitung im Recht (Zeitschrift)
DWiR	Deutsche Zeitschrift für Wirtschaftsrecht
E	Entwurf
E. & P.	International Journal of Evidence & Proof
ebda.	Ebenda
EA	Vertrag über Gründung der Europäischen Atomgemeinschaft i. d. F. nach dem 1.5.1999
EAG	Europäische Atomgemeinschaft
EAGV	Vertrag zur Gründung der Europäischen Atomgemeinschaft vom 25.3.1957, Ges. vom 27.7.1957 (BGBl. II S. 753), Bek. vom 27.12. 1957 (BGBl. 1958 II S. 1)
EAJLG	European-Asian Journal of Law and Governance
EAkte	Elektronische Akte
EAkteJEG	Gesetz zur Einführung der elektronischen Akte in der Justiz und zur weiteren Förderung des elektronischen Rechtsverkehrs vom 5.7.2017 (BGBl. I S. 2208)
EAW	European Arrest Warrant, siehe EuHb
EB	Ergänzungsband
EBA	Europäische Beweisanordnung
EBAO	Einforderungs- und Beitreibungsanordnung i. d. F. der Bek. vom 1.4.2001
ECBA	European Criminal Bar Association
ECG	European Cooperation Group on Undercover Activities (ECG)

ECJ siehe EuGH (European Court of Justice)
ECLAN European Criminal Law Academic Network
ECOSOC Wirtschafts- und Sozialrat (UN)
ECPI European Criminal Policy Initiative
ECPT Europäisches Übereinkommen zur Verhütung von Folter und unmenschlicher oder erniedrigender Behandlung oder Strafe vom 26.11.1987 (ETS 126; BGBl. 1989 II S. 946)
ECRI European Commission against Racism and Intolerance/Europäische Kommission gegen Rassismus und Intoleranz
ECRIS European Criminal Records Information System
EDS/EDU Europäische Drogeneinheit (Vorläufer von Europol)/European Drug Unit
EDV Elektronische Datenverarbeitung
EEA Europäische Ermittlungsanordnung/European Investigation Order (EIO)
EFG Entscheidungen der Finanzgerichte (Zeitschrift)
EG Vertrag zur Gründung einer Europäischen Gemeinschaft i. d. F. nach dem 1.5.1999 (vor dem 1.5.1999: EGV); Europäische Gemeinschaft
EGBGB Einführungsgesetz zum Bürgerlichen Gesetzbuch vom 18.8.1896 (RGBl. S. 604) i. d. F. der Bek. vom 21.9.1994 (BGBl. I S. 2494) zuletzt geändert durch Art. 2 des Gesetzes vom 16.7.2021 (BGBl. I S. 2947)
EGFaxÜbk Abkommen vom 26.5.1989 zwischen den Mitgliedstaaten der Europäischen Gemeinschaften über die Vereinfachung und Modernisierung der Verfahren zur Übermittlung von Auslieferungsersuchen (BGBl. 1995 II S. 969)
EGFinSchÜbk Übereinkommen vom 26.7.1995 über den Schutz der finanziellen Interessen der Europäischen Gemeinschaften (PIF-Übereinkommen; ABlEG Nr. C 316 vom 27.11.1995, S. 49)
EGFinSchG Gesetz zu dem Übereinkommen vom 26. Juli 1995 über den Schutz der finanziellen Interessen der Europäischen Gemeinschaften (EG-Finanzschutzgesetz – EGFinSchG) vom 10.9.1998 (BGBl. II S. 2322)
EGG Gesetz über rechtliche Rahmenbedingungen für den elektronischen Geschäftsverkehr (Elektronischer Geschäftsverkehr-Gesetz – EGG) vom 14.12.2001 (BGBl. I S. 3721)
EGGVG Einführungsgesetz zum Gerichtsverfassungsgesetz vom 27.1.1877 (RGBl. S. 77) zuletzt geändert durch Art. 3 des Gesetzes vom 25.6.2021 (BGBl. I S. 2099)
EGH Ehrengerichtshof in Anwaltssachen
EGInsO Einführungsgesetz zur Insolvenzordnung vom 5.10.1994 (BGBl. I S. 2911) zuletzt geändert durch Art. 7 des Gesetzes vom 22.12.2020 (BGBl. I S. 3328)
EGKS Europäische Gemeinschaft für Kohle und Stahl
EGKSV Vertrag über die Gründung der EGKS vom 18.4.1951 (BGBl. II S. 447)
EGMR Europäischer Gerichtshof für Menschenrechte
EGMR (GK) Europäischer Gerichtshof für Menschenrechte (Große Kammer)
EGMR (K) Europäischer Gerichtshof für Menschenrechte (Kammer) EGMR Serie A/B;
Reports Entscheidungen des Europäischen Gerichtshofs für Menschenrechte, Sammlung in deutscher Übersetzung, Band, Seite; ab 1996: Reports of Judgments and Decisions)
EGMRVerfO Verfahrensordnung des Europäischen Gerichtshofs für Menschenrechte (Rules of Court) i. d. F. der Bek. vom 1.1.2020 (www.echr.coe.int)
EG-ne bis in idem-Übk Übereinkommen vom 25.5.1987 zwischen den Mitgliedstaaten der Europäischen Gemeinschaften über das Verbot der doppelten Strafverfolgung – EG-ne bis in idem-Übk (BGBl. 1998 II S. 2227)
EGOWiG Einführungsgesetz zum Gesetz über Ordnungswidrigkeiten vom 24.5.1968 (BGBl. I S. 503)
EGStGB 1870 Einführungsgesetz zum Strafgesetzbuch vom 31.5.1870 (RGBl. S. 195)
EGStGB 1974 Einführungsgesetz zum Strafgesetzbuch vom 2.3.1974 (BGBl. I S. 469)
EGStPO Einführungsgesetz zur Strafprozeßordnung vom 1.2.1877 zuletzt geändert durch Art. 9 des Gesetzes vom 30.3.2021 (BGBl. I S. 448, 1380)
EGV Vertrag zur Gründung einer Europäischen Gemeinschaft i. d. F. vor dem 1.5.1999 (nach dem 1.5.1999: EG)

EGVollstrÜbk	Übereinkommen vom 13.11.1991 zwischen den Mitgliedstaaten der Europäischen Gemeinschaft über die Vollstreckung ausländischer strafrechtlicher Verurteilungen
EGWStrG	Einführungsgesetz zum Wehrstrafgesetz vom 30.4.1957 (BGBl. I S. 393) zuletzt geändert durch Art. 6 des Gesetzes vom 13.4.1986 (BGBl. I S. 393)
EGZPO	Einführungsgesetz zur Zivilprozeßordnung vom 30.1.1877 (RGBl. S. 244) zuletzt geändert durch Art. 1 des Gesetzes vom 22.12.2020 (BGBl. I S. 3328)
EhrenGHE	Ehrengerichtliche Entscheidungen (der Ehrengerichtshöfe der Rechtsanwaltschaft des Bundesgebietes und des Landes Berlin)
EHRLR	European Human Rights Law Review
EhrRiVG	Gesetz zur Vereinfachung und Vereinheitlichung der Verfahrensvorschriften zur Wahl und Berufung ehrenamtlicher Richter vom 21.12.2004 (BGBl. I S. 3599)
Einf.	Einführung
EinigungsV	Vertrag zwischen der Bundesrepublik Deutschland und der Deutschen Demokratischen Republik über die Herstellung der Einheit Deutschlands vom 31.8.1990 (BGBl. II S. 889)
EinigungsVG	Gesetz zu dem Vertrag vom 31.8.1990 zwischen der Bundesrepublik Deutschland und der Deutschen Demokratischen Republik über die Herstellung der Einheit Deutschlands – Einigungsvertragsgesetz – und der Vereinbarung vom 18.9.1990 vom 23.9.1990 (BGBl. II S. 885)
Einl.	Einleitung
EIO	siehe EEA
EIS	Europol-Informationssystem
EJB	Beschluss des Rates (2002/187/JI) vom 28.2.2002 über die Errichtung von Eurojust zur Verstärkung der Bekämpfung der schweren Kriminalität (ABlEG Nr. L 63 vom 6.3.2002, S. 1), geändert durch Beschluss 2003/659/JI des Rates vom 18.6.2003 (ABlEU Nr. L 245 vom 23.9.2003, S. 44) und den Beschluss 2009/426/JI des Rates vom 16.12.2008 zur Stärkung von Eurojust (ABlEU Nr. L 138 vom 4.6.2009, S. 14)
EJF	Entscheidungen aus dem Jugend- und Familienrecht (1951–1969)
EJG	Gesetz zur Umsetzung des Beschlusses (2002/187/JI) des Rates vom 28. Februar 2002 über die Errichtung von Eurojust zur Verstärkung der Bekämpfung der schweren Kriminalität (Eurojust-Gesetz – EJG) vom 12.5.2004 (BGBl. I S. 902)
EJKoV	Verordnung über die Koordinierung der Zusammenarbeit mit Eurojust (Eurojust-Koordinierungs-Verordnung –) vom 26.9.2012 (BGBl. I S. 2093)
EJN	Europäisches Justitielles Netz/European Judicial Network
EJTAnV	Verordnung über die Benennung und Einrichtung der nationalen Eurojust-Anlaufstelle für Terrorismusfragen (Eurojust-Anlaufstellen-Verordnung –) vom 17.12.2004 (BGBl. I S. 3520)
EJTN	European Judicial Training Network
EKMR	Europäische Kommission für Menschenrechte
EKMRVerfO	Verfahrensordnung der Europäischen Kommission für Menschenrechte i. d. F. der Bek. vom 29.5.1991 (BGBl. II S. 838)
EL	Ergänzungslieferung
eIDAS	elektronische Identifizierung und Vertrauensdienste für elektronische Transaktionen im Binnenmarkt
eIDASDG	Gesetz zur Durchführung der Verordnung (EU) Nr. 910/2014 des Europäischen Parlaments und des Rates vom 23. Juli 2014 über und zur Aufhebung der Richtlinie 1999/93/EG (eIDAS-Durchführungsgesetz) vom 18.7.2017 (BGBl. I S. 2745)
ELJ	European Law Journal
ELRev	European Law Review
EMCDDA	European Monitoring Centre for Drugs and Drug Addiction
EmmingerVO	Verordnung über Gerichtsverfassung und Strafrechtspflege vom 4.1.1924 (RGBl. I S. 23)
EMöGG	Gesetz zur Erweiterung der Medienöffentlichkeit in Gerichtsverfahren und zur Verbesserung der Kommunikationshilfen für Menschen mit Sprach- und Hörbehinderungen (Gesetz über die Erweiterung der Medienöffentlichkeit in Gerichtsverfahren – EMöGG) vom 8.10.2017 (BGBl. I S. 3546)

EMRK	Konvention zum Schutze der Menschenrechte und Grundfreiheiten vom 4.11.1950 (BGBl. II S. 685, 953) i. d. F. der Bek. vom 22.10.2010 (BGBl. II S. 1198) 1. ZP-EMRK vom 20.3.1952 (BGBl. 1956 II S. 1880) 2. P-EMRK vom 6.5.1963 (BGBl. 1968 II S. 1112) 3. P-EMRK vom 6.5.1963 (BGBl. 1968 II S. 1116) 4. ZP-EMRK vom 16.9.1963 (BGBl. 1968 II S. 423) 5. P-EMRK vom 20.1.1966 (BGBl. 1968 II S. 1120) 6. ZP-EMRK vom 28.4.1983 (BGBl. 1988 II S. 662) 7. ZP-EMRK vom 22.11.1984 8. P-EMRK vom 19.3.1985 (BGBl. 1989 II S. 547) 9. P-EMRK vom 6.11.1990 (BGBl. 1994 II S. 490) 10. P-EMRK vom 25.3.1992 (BGBl. 1994 II S. 490) 11. P-EMRK vom 11.5.1994 (BGBl. 1995 II S. 578) 12. ZP-EMRK vom 4.11.2000 13. ZP-EMRK vom 3.5.2002 (BGBl. 2004 II S. 982) 14. P-EMRK vom 13.5.2004 (BGBl. 2006 II S. 138) 14bis P-EMRK vom 27.5.2009 15. P-EMRK vom 24.6.2013 (BGBl. 2014 II S. 1034) 16. P-EMRK vom 2.10.2013
ENeuOG	Gesetz zur Neuordnung des Eisenbahnwesens (Eisenbahnneuordnungsgesetz – ENeuOG) vom 27.12.1993 (BGBl. I S. 2378) zuletzt geändert durch Art. 107 des Gesetzes vom 8.7.2016 (BGBl. I S. 1594)
ENFSI	European Network of Forensic Institute
EntlG	Gesetz zur Entlastung der Gerichte vom 11.3.1921 (RGBl. S. 229)
Entsch.	Entscheidung
entspr.	entsprechend
Entw.	Entwurf
Entw. 1908	Entwurf einer Strafprozeßordnung und Novelle zum Gerichtsverfassungsgesetz nebst Begründung (1908), E 1908, MatStrR-Ref. Bd. 11
Entw. 1909	Entwürfe 1. eines Gesetzes, betreffend Änderungen des Gerichtsverfassungsgesetzes, 2. der Strafprozeßordnung (1909), E 1909 RT-Verhandl. Bd. 254 Drucks. Nr. 1310 = MatStrRRef Bd. 12; Bericht der 7. Kommission des Reichstags 1909 bis 1911 zur Vorbereitung der Entwürfe 1. eines Gesetzes betreffend die Änderung des Gerichtsverfassungsgesetzes, 2. einer Strafprozeßordnung, 3. eines zu beiden Gesetzen gehörenden Einführungsgesetzes = MatStrRRef. Bd. 13
Entw. 1919/1920	Entwürfe 1. eines Gesetzes zur Änderung des Gerichtsverfassungsgesetzes (1919), 2. eines Gesetzes über den Rechtsgang in Strafsachen (1920), E 1919/1920, MatStrRRef. Bd. 14
Entw. 1930	Entwurf eines Einführungsgesetzes zum Allgemeinen Deutschen Strafgesetzbuch und zum Strafvollzugsgesetz 1930, EGStGB-Entw. 1930, RT-Drucks. Nr. 2070 = MatStrRRef. Bd. 7
Entw. 1939	Entwurf einer Strafverfahrensordnung und einer Friedens- und Schiedsmannsordnung (1939), StPO-Entw. 1939, Nachdruck 1954
EP	Europäisches Parlament
EPA	Europäisches Patentamt
EPO	siehe ESA
EPPO	European Public Prosecutor's Office/Europäische Staatsanwaltschaft
EPZ	Europäische Politische Zusammenarbeit
ERA	Europäische Rechtsakademie (Trier)
ERA-Forum	ERA-Forum (Zeitschrift)
ErbR	Zeitschrift für die gesamte erbrechtliche Praxis
erg.	ergänzend
Erg.	Ergänzung; Ergebnis
ErgBd.	Ergänzungsband
Erl.	Erlass; Erläuterung(en)

ErwG	Erwägungsgrund
ESA	Europäische Schutzanordnung/European Protection Order (EPO)
EStG	Einkommensteuergesetz
ETS	European Treaty Series; Übereinkommen des Europarates (fortlaufend nummeriert; www.coe.int; ab 1949)
EU	Vertrag über die Europäische Union
EuAbgG	Europaabgeordnetengesetz vom 6.4.1979 (BGBl. I S. 413) zuletzt geändert durch Art. 2 des Gesetzes vom 11.7.2014 (BGBl. I S. 906)
EuAlÜbk	Europäisches Auslieferungsübereinkommen vom 13.12.1957 (ETS 024; BGBl. 1964 II S. 1369); 2. ZP EuAlÜbk vom 17.3.1978 (ETS 098; BGBl. 1990 II S. 118; 1991 II S. 874)
EUAlÜbk	Übereinkommen vom 27.9.1996 aufgrund von Artikel K.3 des Vertrags über die Europäische Union über die Auslieferung zwischen den Mitgliedstaaten der Europäischen Union (ABlEG Nr. C 313/11 vom 23.10.1996; BGBl. 1998 II S. 2253)
EuArch	Europa-Archiv
EUBestG	Gesetz zu dem Protokoll vom 27. September 1996 zum Übereinkommen über den Schutz der finanziellen Interessen der Europäischen Gemeinschaften (EU-Bestechungsgesetz – EUBestG) vom 10.9.1998 (BGBl. II S. 2340) zuletzt geändert durch Art. 2 des Gesetzes vom 20.11.2015 (BGBl. I S. 2025)
EUC	Charta der Grundrechte der Europäischen Union
EUCARIS	Vertrag über ein Europäisches Fahrzeug- und Führerscheininformationssystem
EuCLR	European Criminal Law Review (Zeitschrift)
eucrim	Journal for the Protection of the Financial Interests of the European Communities
EuDrogenÜbk	Übereinkommen vom 31.1.1995 über den unerlaubten Verkehr mit Drogen auf hoher See zur Durchführung des Art. 17 des Übereinkommens der Vereinten Nationen vom 20.12.1988 gegen den unerlaubten Verkehr mit Suchtstoffen und psychotropen Stoffen (ETS 156; BGBl. 2000 II S. 1313)
EuG	Europäisches Gericht erster Instanz (Luxemburg)
EuGeldwÜbk	Übereinkommen vom 8.11.1990 über Geldwäsche sowie Ermittlung, Beschlagnahme und Einziehung von Erträgen aus Straftaten (ETS 141; BGBl. 1998 II S. 519)
EuGH	Gerichtshof der Europäischen Union
EuGH Slg.	Entscheidungen des Gerichtshofs der Europäischen Union (EuGH) – Amtliche Sammlung
EuGHG	Gesetz vom 6.8.1998 betreffend die Anrufung des Gerichtshofs der Europäischen Gemeinschaften im Wege des Vorabentscheidungsverfahrens auf dem Gebiet der polizeilichen Zusammenarbeit und der justitiellen Zusammenarbeit in Strafsachen nach Art. 35 des EU-Vertrages – EuGHG (BGBl. 1998 I S. 2035; 1999 II S. 728)
EuGRAG	Gesetz zur Durchführung der Richtlinie des Rates der EG vom 22.3.1977 zur Erleichterung der tatsächlichen Ausübung des freien Dienstleistungsverkehrs der Rechtsanwälte vom 16.8.1980 (BGBl. I S. 1453)
EuGRZ	Europäische Grundrechte-Zeitschrift
EuHb	Europäischer Haftbefehl/European Arrest Warrant (EAW)
EuHbG	Gesetz zur Umsetzung des Rahmenbeschlusses über den Europäischen Haftbefehl und die Übergabeverfahren zwischen den Mitgliedstaaten der Europäischen Union (Europäisches Haftbefehlsgesetz – EuHbG) vom 21.7.2004 (BGBl. I S. 1748) und vom 20.7.2006 (BGBl. I S. 1721)
EuJCCCJ	European Journal of Crime, Criminal Law and Criminal Justice (Zeitschrift)
EuKonv	Europäischer Konvent
EUMC	siehe ECRI
EuOEÜbk	Europäisches Übereinkommen vom 24.11.1983 über die Entschädigung für Opfer von Gewalttaten (ETS 116; BGBl. 2000 II S. 1209)
EuR	Europarecht (Zeitschrift)
EuRAG	Gesetz über die Tätigkeit europäischer Rechtsanwälte in Deutschland vom 9.3.2000 (BGBl. I S. 182) zuletzt geändert durch Art. 12 des Gesetzes vom 7.7.2021 (BGBl. I S. 2363)

EuRhÜbk	Europäisches Übereinkommen über die Rechtshilfe in Strafsachen vom 20.4.1959 (ETS 30; BGBl. 1964 II S. 1369; 1976 II S. 1799); ZP EuRhÜbk vom 17.3.1978 (ETS 99; BGBl. 1990 II S. 124; 1991 II S. 909); 2. ZP EuRHÜbk vom 8.11.2001 (ETS 182)
EURhÜbk	Rechtshilfeübereinkommen der Mitgliedstaaten der Europäischen Union vom 29.5.2000, ABlEG Nr. C 197 vom 12.7.2000, S. 1; ZP EURHÜbk vom 16.10.2001 (ABlEG Nr. C 326 vom 21.11.2001, S. 1)
EurJCrimeCrLJ	European Journal of Crime, Criminal Law and Criminal Justice
EURODAC	Daktyloskopische Datenbank im Rahmen von Asylantragsverfahren
Eurojust	Europäische Justitielle Clearing- und Dokumentationsstelle (Den Haag)
Europol	Europäisches Polizeiamt (Den Haag)
EuropolG	Europolgesetz vom 16.12.1997 (BGBl. II S. 2150) zuletzt geändert durch Art. 8 des Gesetzes vom 25.6.2021 (BGBl. I S. 2083)
EuropolÜbk	Übereinkommen vom 26.7.1995 auf Grund von Artikel K.3 des EUV über die Errichtung eines Europäischen Polizeiamtes, ABlEG Nr. C 316 vom 27.11.1995, S. 1
EuropolVO	Verordnung (EU) 2016/794 des Europäischen Parlaments und des Rates vom 11. Mai 2016 über die Agentur der Europäischen Union für die Zusammenarbeit auf dem Gebiet der Strafverfolgung (Europol) und zur Ersetzung und Aufhebung der Beschlüsse 2009/371/JI, 2009/934/JI, 2009/935/JI, 2009/936/JI und 2009/968/JI des Rates, ABlEU Nr. L 135 vom 23.5.2016, S. 53
EuroPris	European Organisation of Prison and Correctional Services
EUStA	Europäische Staatsanwaltschaft
EuTerrÜbk	Übereinkommen zur Bekämpfung des Terrorismus vom 27.1.1977 (ETS 90; BGBl. 1978 II S. 321, 907)
EUV	Vertrag über die Europäische Union
EUVEntw	Entwurf einer Europäischen Verfassung i.d.F des am 18.6.2004 zwischen den Staats- und Regierungschefs erzielten Konsenses (Dokument der Regierungskonferenz CIG 86/04 vom 25.6.2004)
EUVereinfAlÜbk	Übereinkommen vom 10.3.1995 aufgrund von Artikel K.3 des Vertrags über die Europäische Union über das vereinfachte Auslieferungsverfahren zwischen den Mitgliedstaaten der Europäischen Union (ABlEG Nr. C 78 vom 30.3.1995, S. 1; BGBl. 1998 II S. 2229)
EuVKonv	Entwurf eines Vertrags über eine Verfassung für Europa – vom Europäischen Konvent im Konsensverfahren angenommen am 13.6. und 10.7.2003 – dem Präsidenten des Europäischen Rates in Rom überreicht am 18.7.2003
EuZ	Zeitschrift für Europarecht (Schweiz)
EuZA	Europäische Zeitschrift für Arbeitsrecht
EuZW	Europäische Zeitschrift für Wirtschaftsrecht
evt.	eventuell
EWG	Europäische Wirtschaftsgemeinschaft
EWGV	Vertrag zur Gründung der Europäischen Wirtschaftsgemeinschaft vom 25.3.1957 (BGBl. II S. 766)
EWiR	Entscheidungen zum Wirtschaftsrecht
EWR-Abk.	Gesetz zu dem Abkommen vom 2.5.1992 über den Europäischen Wirtschaftsraum
EYHR	European Yearbook on Human Rights
EZAR	Entscheidungssammlung zum Zuwanderungs-, Asyl- und Freizügigkeitsrecht
EzSt	Entscheidungssammlung zum Straf- und Ordnungswidrigkeitenrecht, 1983 bis 1990 (Loseblattausgabe)
f., ff.	folgende
FamFG	Gesetz über das Verfahren in Familiensachen und in den Angelegenheiten der freiwilligen Gerichtsbarkeit (FamFG), Artikel 1 des Gesetzes vom 17.12.2008 (BGBl. I S. 2586, 2009 I S. 1102); zuletzt geändert durch Art. 6 des Gesetzes vom 16.7.2021 (BGBl. I S. 2947)
FAG	Gesetz über Fernmeldeanlagen vom 6.4.1892 i. d. F. der Bek. vom 3.7.1989 (BGBl. I S. 1455); ersetzt durch das TKG

FamPLG	Gesetz über Aufklärung, Verhütung, Familienplanung und Beratung vom 27.7.1992 (BGBl. I S. 1398) nun Schwangerschaftskonfliktgesetz (SchKG) zuletzt geändert durch Art. 13a des Gesetzes vom 14.12.2019 (BGBl. 2789, 2816)
FamRZ	Zeitschrift für das gesamte Familienrecht
FAO	Fachanwaltsordnung i. d. F. der Bek. vom 1.7.2019, zuletzt geändert durch Beschluss der Satzungsversammlung vom 26.11.2018 (BRAK-Mitt. 2019, 81)
FG	Finanzgericht/Festgabe
FGG	Gesetz über die Angelegenheiten der freiwilligen Gerichtsbarkeit vom 17.5.1898 i. d. F. der Bek. vom 20.5.1898 (RGBl. S. 771) aufgehoben durch Art. 112 Abs. 1 des Gesetzes vom 17.12.2008 (BGBl. I S. 2586)
FGO	Finanzgerichtsordnung, neugefasst durch Bek. vom 28.3.2001 (BGBl. I S. 442, 2262, 2002 I S. 679); zuletzt geändert durch Art. 21 des Gesetzes vom 7.7.2021 (BGBl. I S. 2363)
FGPrax	Praxis der freiwilligen Gerichtsbarkeit
1. FiMaNoG	Erstes Gesetz zur Novellierung von Finanzmarktvorschriften auf Grund europäischer Rechtsakte (Erstes Finanzmarktnovellierungsgesetz) vom 30.6.2016 (BGBl. I S. 1514)
2. FiMaNoG	Zweites Gesetz zur Novellierung von Finanzmarktvorschriften auf Grund europäischer Rechtsakte (Zweites Finanzmarktnovellierungsgesetz) vom 23.6.2017 (BGBl. I S. 1693)
FinB	Finanzbehörde
FinVerwG	Gesetz über die Finanzverwaltung vom 6.9.1950 (BGBl. I S. 448) i. d. F. der Bek. vom 30.8.1971 (BGBl. I S. 1426)
FLF	Finanzierung Leasing Factoring (Zeitschrift)
FlRG	Gesetz über das Flaggenrecht der Seeschiffe und die Flaggenführung der Binnenschiffe (Flaggenrechtsgesetz) vom 8.2.1951 i. d. F. der Bek. vom 29.10.1994 (BGBl. I S. 3140) zuletzt geändert durch Art. 339 der Verordnung vom 19.6.2020 (BGBl. I S. 1328)
FIU	Financial Intelligence Unit
Fn.	Fußnote
FN A	Fundstellennachweis des Deutschen Bundesrechts, Bundesrecht ohne völkerrechtliche Vereinbarungen und Verträge mit der DDR
FN B	Fundstellennachweis des Deutschen Bundesrechts, Völkerrechtliche Vereinbarungen und Verträge mit der DDR
FO	Fernmeldeordnung i. d. F. der Bek. vom 5.5.1971 (BGBl. I S. 541)
FoR	Forum Recht (Zeitschrift)
FP-IPBPR	1. Fakultativprotokoll zum Internationalen Pakt über bürgerliche und politische Rechte vom 19.12.1966 (BGBl. 1992 II S. 1247)
2. FP-IPBPR	2. Fakultativprotokoll zum Internationalen Pakt über bürgerliche und politische Rechte zur Abschaffung der Todesstrafe vom 15.12.1989 (BGBl. 1992 II S. 390)
FPR	Familie Partnerschaft Recht
FRA	Agentur der Europäischen Union für Grundrechte/Agency for Fundamental Rights
FRONTEX	Europäische Grenzschutzagentur
FS	Forum Strafvollzug – Zeitschrift für Strafvollzug und Straffälligenhilfe (früher ZfStrV)
FS (Name)	Festschrift, auch Festgabe usw. (angefügt Name des Geehrten)
FuR	Familie und Recht
G 10	Gesetz zur Beschränkung des Brief-, Post- und Fernmeldegeheimnisses vom 26.6.2001 (BGBl. I S. 1254), zuletzt geändert durch Art. 6 des Gesetzes vom 5.7.2021 (BGBl. I S. 2274), (Gesetz zu Artikel 10 Grundgesetz)
GA	Goltdammer's Archiv für Strafrecht, zitiert nach Jahr und Seite (bis 1933: Archiv für Strafrecht und Strafpolitik, zitiert nach Band und Seite)
GASP	Gemeinsame Außen- und Sicherheitspolitik
GBA	Generalbundesanwalt

GBl.	Gesetzblatt
GBl./DDR I, II	Gesetzblatt der Deutschen Demokratischen Republik, Teil I und II (1949 bis 1990)
GDolmG	Gesetz über die allgemeine Beeidigung von gerichtlichen Dolmetschern (Gerichtsdolmetschergesetz) vom 10.12.2019 (BGBl. I S. 2121, 2124) zuletzt geändert durch Art. 7 des Gesetzes vom 25.6.2021 (BGBl. I S. 2099)
GedS	Gedächtnisschrift (angefügt Name des Geehrten)
gem.	gemäß
GemDatG	Gesetz zur Errichtung gemeinsamer Dateien von Polizeibehörden und Nachrichtendiensten des Bundes und der Länder vom 22.12.2006 (Gemeinsame-Dateien-Gesetz) (BGBl. I S. 3409)
GemProt.	Gemeinsames Protokoll
GenG	Gesetz betreffend die Erwerbs- und Wirtschaftsgenossenschaften vom 1.5.1889, neugefasst durch Bek. vom 16.10.2006 (BGBl. I S. 2230); zuletzt geändert durch Art. 20 des Gesetzes vom 3.6.2021 (BGBl. I S. 1534)
GenStA	Generalstaatsanwaltschaft
GerS	Der Gerichtssaal (1849–1942)
Ges.	Gesetz
GeschlkrG	Gesetz zur Bekämpfung der Geschlechtskrankheiten vom 23.7.1953 (BGBl. I S. 700)
GeschO	Geschäftsordnung
GETZ	Gemeinsames Extremismus- und Terrorismusabwehrzentrum
GewO	Gewerbeordnung vom 21.6.1869, neugefasst durch Bek. vom 22.2.1999 (BGBl. I S. 202); zuletzt geändert durch Art. 34 des Gesetzes vom 7.7.2021 (BGBl. I S. 2363)
GewSchG	Gesetz vom 11.12.2001 zur Verbesserung des zivilgerichtlichen Schutzes bei Gewalttaten und Nachstellungen sowie zur Erleichterung der Überlassung der Ehewohnung bei Trennung (Gewaltschutzgesetz – GewSchG; BGBl. I S. 3513) zuletzt geändert durch Art. 19 des Gesetzes vom 25.6.2021 (BGBl. I S. 2099)
GewVerbrG	Gesetz gegen gefährliche Gewohnheitsverbrecher und über Maßregeln der Sicherung und Besserung vom 24.11.1933 (RGBl. I S. 995)
GG	Grundgesetz für die Bundesrepublik Deutschland vom 23.5.1949 (BGBl. S. 1)
ggf.	gegebenenfalls
GKG	Gerichtskostengesetz vom 5.5.2004 (BGBl. I S. 718); zuletzt geändert durch Art. 16 des Gesetzes vom 25.6.2021 (BGBl. I S. 2099)
GKI	Gemeinsame Kontrollinstanz (jeweils eingerichtet bei Europol und Eurojust)
GKÖD	Gesamtkommentar Öffentliches Dienstrecht
GLY	German Law Journal (Internet-Zeitschrift; www.germanlawjournal.de)
GmbH	Gesellschaft mit beschränkter Haftung
GmbHG	Gesetz betreffend die Gesellschaften mit beschränkter Haftung vom 20.4.1892 (RGBl. S. 477); zuletzt geändert durch Art. 18 des Gesetzes vom 3.6.2021 (BGBl. I S. 1534)
GMBl.	Gemeinsames Ministerialblatt
GmS-OGB	Gemeinsamer Senat der obersten Gerichtshöfe des Bundes
GnO	Gnadenordnung
GNotKG	Gesetz über Kosten der freiwilligen Gerichtsbarkeit für Gerichte und Notare (Gerichts- und Notarkostengesetz) vom 23.7.2013 zuletzt geändert durch Art. 7 des Gesetzes vom 16.7.2021 (BGBl. I S. 2947)
GoJIL	Göttingen Journal of International Law (Online-Zeitschrift)
GoltdA	s. GA
GRC	Europäische Grundrechtecharta
grds.	grundsätzlich
GRECO	Group of States against Corruption
GreifRecht	Greifswalder Halbjahresschrift für Rechtswissenschaft
GRETA	Group of Experts on Action against Trafficking in Human Beings
GREVIO	Expertengruppe zur Überwachung des Übereinkommens zum Schutz von Frauen vor Gewalt und häuslicher Gewalt (CETS 210)
GrSSt	Großer Senat in Strafsachen
Gruchot	Beiträge zur Erläuterung des deutschen Rechts, begründet von Gruchot

GRUR	Gewerblicher Rechtsschutz und Urheberrecht (Zeitschrift)
GRURInt	Gewerblicher Rechtsschutz und Urheberrecht International (Zeitschrift)
GS	Gesetzessammlung
GSNW	Sammlung des bereinigten Landesrechts Nordrhein-Westfalen (1945–56)
GSSchlH	Sammlung des schleswig-holsteinischen Landesrechts, 2 Bände (1963)
GStA	Generalstaatsanwalt
GSZ	Zeitschrift für das Gesamte Sicherheitsrecht
GÜG	Gesetz zur Überwachung des Verkehrs mit Grundstoffen, die für die unerlaubte Herstellung von Betäubungsmitteln mißbraucht werden können (Grundstoffüberwachungsgesetz – GÜG) vom 7.10.1994 (BGBl. I S. 2835) zuletzt geändert durch Art. 2 des Gesetzes vom 30.3.2021 (BGBl. I S. 402)
GuP	Gesundheit und Pflege (Zeitschrift)
GÜV	Gesetz zur Überwachung strafrechtlicher und anderer Verbringungsverbote vom 24.5.1961 (BGBl. I S. 607)
GV	Gemeinsame Verfügung (mehrerer Ministerien)
GVBl.	Gesetz- und Verordnungsblatt
GVBl. II	Sammlung des bereinigten Hessischen Landesrechts
GVG	Gerichtsverfassungsgesetz vom 27.1.1877 i. d. F. der Bek. vom 9.5.1975 (BGBl. I S. 1077) zuletzt geändert durch Art. 8 des Gesetzes vom 7.7.2021 (BGBl. I S. 2363)
GVGA	Geschäftsanweisung für Gerichtsvollzieher
GVGÄG 1971	Gesetz zur Änderung des Gerichtsverfassungsgesetzes vom 8.9.1971 (BGBl. I S. 1513)
GVGÄG 1974	Gesetz zur Änderung des Gerichtsverfassungsgesetzes vom 25.3.1974 (BGBl. I S. 761)
GVG/DDR	Gesetz über die Verfassung der Gerichte der Deutschen Demokratischen Republik – Gerichtsverfassungsgesetz – vom 27.9.1974 (GBl. I S. 457), zuletzt geändert durch Gesetz vom 5.7.1990 (GBl. I S. 595)
GVO	Gerichtsvollzieherordnung
GVVG-ÄndG	Gesetz zur Änderung der Verfolgung der Vorbereitung von schweren staatsgefährdenden Gewalttaten vom 12.6.2015 (BGBl. I S. 926)
GVVO	Verordnung zur einheitlichen Regelung der Gerichtsverfassung vom 20.3.1935 (RGBl. I S. 403) in der im BGBl. III Gliederungsnummer 300-5 veröffentlichten bereinigten Fassung
GWB	Gesetz gegen Wettbewerbsbeschränkungen vom 27.7.1957 i. d. F. der Bek. vom 26.8.1998 (BGBl. I S. 2546)
GwG	Gesetz über das Aufspüren von Gewinnen aus schweren Straftaten (Geldwäschegesetz – GwG) vom 25.10.1993 (BGBl. I S. 1770) zuletzt geändert durch Art. 6 Abs. 3 des Gesetzes vom 15.1.2021 (BGBl. I S. 530)
GWR	Gesellschafts- und Wirtschaftsrecht (Zeitschrift)
GYIL	German Yearbook of International Law (Zeitschrift)
Haager Abk.	Haager Abkommen über den Zivilprozeß vom 17.7.1905 (RGBl. 1909 S. 409)
HalbleiterschutzG	Gesetz über den Schutz der Topographien von mikroelektronischen Halbleitererzeugnissen (Halbleiterschutzgesetz) vom 22.10.1987 (BGBl. I S. 2294) zuletzt geändert durch Art. 12 des Gesetzes vom 17.7.2017 (BGBl. I S. 2541)
Hamb.	Hamburg
HambJVBl.	Hamburgisches Justizverwaltungsblatt
Hans.	Hanseatisch
HansGZ	Hanseatische Gerichtszeitung (1880 bis 1927)
HansJVBl.	Hanseatisches Justizverwaltungsblatt (bis 1946/47)
HansOLGSt	Entscheidungen des Hanseatischen Oberlandesgerichts in Strafsachen (1879 bis 1932/33)
HansRGZ	Hanseatische Rechts- und Gerichtszeitschrift (1928–43), vorher:
HansRZ	Hanseatische Rechtszeitschrift für Handel, Schiff-Fahrt und Versicherung, Kolonial- und Auslandsbeziehungen sowie für Hansestädtisches Recht (1918 bis 1927)
HbStrVf/*Verfasser*	Handbuch zum Strafverfahren, hrsg. von Heghmanns/Scheffler
HdR	Handwörterbuch der Rechtswissenschaft, herausgegeben von Stier-Somlo und Elster (1926 bis 1937)

Hess.	Hessen
HESt	Höchstrichterliche Entscheidungen, Sammlung von Entscheidungen der Oberlandesgerichte und der Obersten Gerichte in Strafsachen (1948–49)
HGB	Handelsgesetzbuch vom 10.5.1897 (RGBl. S. 219)
HKÜ	Haager Übereinkommen über die zivilrechtlichen Aspekte internationaler Kindesentführung vom 25.10.1980
h. M.	herrschende Meinung
HmbStVollzG	Hamburgisches Strafvollzugsgesetz
HRC	Human Rights Committee – UN-Menschenrechtsausschuss
HRLR	Human Rights Law Review
HRN	Hamburger Rechtsnotizen (Zeitschrift)
HRR	Höchstrichterliche Rechtsprechung (1928 bis 1942)
HRRS	Online-Zeitschrift für Höchstrichterliche Rechtsprechung im Strafrecht (www.hrr-strafrecht.de)
HRSt	Entscheidungen zum Strafrecht, Strafverfahrensrecht und zu den Nebengebieten (Höchstrichterliche Rechtsprechung) (ab 1996)
HRLJ	Human Rights Law Journal
Hs.	Halbsatz
HSOG	Hessisches Gesetz über die öffentliche Sicherheit und Ordnung
HStVollzG	Hessisches Strafvollzugsgesetz
HUDOC	Human Rights Documentation des Europarates
HuV-I	Humanitäres Völkerrecht – Informationsschriften
HV	Hauptverhandlung
IAGMR	Interamerikanischer Gerichtshof für Menschenrechte
ICC	siehe IStGH
ICC-Statut	siehe IStGH-Statut
ICJ	siehe IGH
ICLQ	The International and Cooperative Law Quarterly
ICLR	International Criminal Law Review
ICPA	International Corrections and Prisons Association
ICTR	Internationaler Strafgerichtshof für Ruanda
ICTY	Internationaler Strafgerichtshof für das ehemalige Jugoslawien
i. d. F.	in der Fassung
i. d. R.	in der Regel
i.E.	im Ergebnis
i. e. S.	im engeren Sinne
IFCCLGE	International Forum on Crime and Criminal Law in the Global Era (Peking)
IGH	Internationaler Gerichtshof ICJ (Den Haag)
i. H. v.	in Höhe von
IKV	Internationale Kriminalistische Vereinigung
ILEA	International Law Enforcement Academy
ILO	International Labour Organization (Internationale Arbeitsorganisation)
InfAuslR	Informationsbrief Ausländerrecht
INPOL	Informationssystem der Polizei
InsO	Insolvenzordnung vom 5.10.1994 (BGBl. I S. 2866); zuletzt geändert durch Art. 24 Abs. 3 des Gesetzes vom 23.6.2017 (BGBl. I S. 1693)
INTERPA	International Association of Police Academies
IPBPR	Internationaler Pakt über bürgerliche und politische Rechte vom 19.12.1966 (BGBl. 1973 II S. 1534)
IPBPRG	Zustimmungsgesetz zu dem Internationalen Pakt über bürgerliche und politische Rechte vom 15.11.1973 (BGBl. II S. 1533)
IPWSKR	Internationaler Pakt über die wirtschaftlichen, sozialen und kulturellen Rechte vom 19.12.1966 (BGBl. 1973 II S. 1570)

IRG	Gesetz über die internationale Rechtshilfe in Strafsachen i. d. F. der Bek. vom 27.6.1994 (BGBl. I S. 1537); zuletzt geändert durch Art. 1 des Gesetzes vom 23.11.2020 (BGBl. I S. 2474)
i. S.	im Sinne
i. S. d.	im Sinne des/der
IStR	Internationales Steuerrecht – Zeitschrift für europäische und internationale Wirtschaftsberatung
i. S. v.	im Sinne von
IStGH	Internationaler Strafgerichtshof ICC (Den Haag)
IStGHG	Gesetz über die Zusammenarbeit mit dem Internationalen Strafgerichtshof vom 21.6.2002 (BGBl. I S. 2144) zuletzt geändert durch Art. 6 des Gesetzes vom 10.12.2019 (BGBl. I S. 2128)
IStGHSt	Gesetz vom 4.12.2000 zum Römischen Statut des Internationalen Strafgerichtshofs vom 17. Juli 1998 – IStGH-Statutgesetz (BGBl. II S. 1393)
ITRB	IT-Rechts-Berater
Iurratio	Zeitschrift für Stud. Iur und junge Juristen
i. V. m.	in Verbindung mit
IWG	International Working Group on Police Undercover Activities
i. w. S.	im weiteren Sinne
JA	Juristische Arbeitsblätter für Ausbildung und Examen
JahrbÖR	Jahrbuch des öffentlichen Rechts der Gegenwart
JahrbPostw.	Jahrbuch des Postwesens (1937 bis 1941/42)
JAVollzO	Jugendarrestvollzugsordnung vom 12.8.1966 i. d. F. der Bek. vom 30.11.1976 (BGBl. I S. 3270) zuletzt geändert durch Art. 53 des Gesetzes vom 8.12.2010 (BGBl. I S. 1864)
JBeitrO	Justizbeitreibungsordnung vom 11.3.1937 (RGBl. I S. 298)
JBl.	Justizblatt/Juristische Blätter (Österreich)
JBlRhPf.	Justizblatt Rheinland-Pfalz
JBlSaar	Justizblatt des Saarlandes
JGG	Jugendgerichtsgesetz vom 4.8.1953 i. d. F. der Bek. vom 11.12.1974 (BGBl. I S. 3427) zuletzt geändert durch Art. 21 des Gesetzes vom 25.6.2021 (BGBl. I S. 2099)
JICJ	Journal of International Criminal Justice
JIR	Jahrbuch für internationales Recht
JK	Jura-Kartei
JKassO	Justizkassenordnung
JKomG	Gesetz über die Verwendung elektronischer Kommunikationsformen in der Justiz (Justizkommunikationsgesetz – JKomG) vom 22.3.2005 (BGBl. I S. 832)
JKostG	Justizkostengesetz (Landesrecht)
JLCJ	Journal of Law and Criminal Justice
jM	juris – Die Monatsschrift
JMBl.	Justizministerialblatt
JMBlNRW, JMBlNW	Justizministerialblatt für das Land Nordrhein-Westfalen
JMK	Justizministerkonferenz (Konferenz der Landesjustizministerinnen und -minister)
JoJZG	Journal der Juristischen Zeitgeschichte
JOR	Jahrbuch für Ostrecht
JöR	Jahrbuch des öffentlichen Rechts
JP	Juristische Person
JR	Juristische Rundschau
JRP	Journal für Rechtspolitik
JSt	Journal für Strafrecht
JStVollzG (NRW)	Gesetz zur Regelung des Vollzuges der Freiheitsstrafe in Nordrhein-Westfalen (Strafvollzugsgesetz Nordrhein-Westfalen – StVollzG NRW) vom 27.1.2015 (GVNRW S. 76) zuletzt geändert durch Art. 1 des Gesetzes vom 2.7.2019 (GVNRW S. 339)

JStVollzG (Saarland)	Gesetz über den Vollzug der Freiheitsstrafe im Saarland (Saarländisches Strafvollzugsgesetz – SLStVollzG) vom 24.4.2013 (ABl. I S. 116) zuletzt geändert durch Art. 1 des Gesetzes vom 16/17.6.2021 (ABl. I S. 1822)
JugG	Jugendgericht
JugK	Jugendkammer
JugSchG	Jugendschöffengericht
JugStrafgG	Gesetz über die Zusammenarbeit mit dem Internationalen Strafgerichtshof für das ehemalige Jugoslawien (Jugoslawien-Strafgerichtshof-Gesetz) vom 10.4.1995 (BGBl. I S. 485) zuletzt geändert durch Art. 5 des Gesetzes vom 10.12.2019 (BGBl. I S. 2128)
Jura	Juristische Ausbildung (Zeitschrift)
JUFIL	Journal on the Use of Force and International Law
JurBüro	Das juristische Büro (Zeitschrift)
JurJahrb.	Juristen-Jahrbuch
JuS	Juristische Schulung (Zeitschrift)
JustG NRW	Gesetz über die Justiz im Land Nordrhein-Westfalen (Justizgesetz Nordrhein-Westfalen – JustG NRW) vom 1.1.2011 (GVNRW S. 30) zuletzt geändert durch Art. 1 des Gesetzes vom 1.9.2020
Justiz	Die Justiz, Amtsblatt des Justizministeriums Baden-Württemberg
JV	Justizverwaltung
JVA	Justizvollzugsanstalt
JVBl.	Justizverwaltungsblatt
JVEG	Gesetz über die Vergütung von Sachverständigen, Dolmetscherinnen, Dolmetschern, Übersetzerinnen und Übersetzern sowie die Entschädigung von ehrenamtlichen Richterinnen, ehrenamtlichen Richtern, Zeuginnen, Zeugen und Dritten (Justizvergütungs- und -entschädigungsgesetz) vom 5.5.2004 (BGBl. I S. 718) zuletzt geändert durch Art. 17 des Gesetzes vom 25.6.2021 (BGBl. I S. 2154)
JVerwA	Justizverwaltungsakt
JVerwB	Justizverwaltungsbehörde
JVKostG	Gesetz über Kosten in Angelegenheiten der Justizverwaltung vom 23.7.2013 (BGBl. I S. 2586) zuletzt geändert durch Art. 15 des Gesetzes vom 4.5.2021 (BGBl. I S. 882)
JVKostO	Verordnung über Kosten im Bereich der Justizverwaltung vom 14.2.1940 (RGBl. I S. 357) – ersetzt durch das JVKostG mit Wirkung zum 1.8.2013 (BGBl. I S. 2586)
JVollz.	Jugendstrafvollzugsordnung: s. auch JAVollzO
JVollzGB	Gesetzbuch über den Justizvollzug in Baden-Württemberg
JW	Juristische Wochenschrift
JZ	Juristen-Zeitung
1. JuMoG	Erstes Gesetz zur Modernisierung der Justiz (1. Justizmodernisierungsgesetz) vom 24.8.2004 (BGBl. I S. 2198)
2. JuMoG	Zweites Gesetz zur Modernisierung der Justiz (2. Justizmodernisierungsgesetz) vom 22.10.2006 (BGBl. I S. 3416)
Kap.	Kapitel
KAS	Konrad-Adenauer-Stiftung
kes	Zeitschrift für Informations-Sicherheit
KFZ	Kraftfahrzeug
KG	Kammergericht/Kommanditgesellschaft
KGJ	Jahrbuch der Entscheidungen des Kammergerichts in Sachen der freiwilligen Gerichtsbarkeit, in Kosten-, Stempel- und Strafsachen (1881–1922)
KJ	Kritische Justiz (Zeitschrift)
KO	Konkursordnung vom 10.2.1877 i. d. F. der Bek. vom 20.5.1898 (RGBl. S. 612)
KoDD	Koordinierungsdauerdienst (Eurojust)
KOM	Dokument(e) der Europäischen Kommission
KonsG	Gesetz über die Konsularbeamten, ihre Aufgaben und Befugnisse (Konsulargesetz) vom 1.9.1974 (BGBl. I S. 2317) zuletzt geändert durch Art. 20b des Gesetzes vom 28.3.2021 (BGBl. I S. 591)

KostÄndG	Gesetz zur Änderung und Ergänzung kostenrechtlicher Vorschriften vom 26.7.1957 (BGBl. I S. 861)
KostRMoG	Gesetz zur Modernisierung des Kostenrechts vom 5.5.2004 – Kostenrechtsmodernisierungsgesetz (BGBl. I S. 718)
2. KostRMoG	Zweites Gesetz zur Modernisierung des Kostenrechts vom 23.7.2013 – 2. Kostenrechtsmodernisierungsgesetz (BGBl. I S. 2586)
KostMaßnG	Gesetz über Maßnahmen auf dem Gebiet des Kostenrechts vom 7.8.1952 (BGBl. I S. 401)
KostO	Gesetz über die Kosten in Angelegenheiten der freiwilligen Gerichtsbarkeit i. d. F. der Bek. vom 26.7.1957 (BGBl. I S. 861) – ersetzt durch das GNotKG mit Wirkung zum 1.8.2013
KostRÄndG 1994	Gesetz zur Änderung von Kostengesetzen und anderen Gesetzen (Kostenrechtsänderungsgesetz 1994 – KostRÄndG 1994) vom 24.6.1994 (BGBl. I S. 1325)
KostRspr.	Kostenrechtsprechung (Loseblattsammlung)
KostVfg.	Kostenverfügung, Durchführungsbestimmungen zu den Kostengesetzen
K&R	Kommunikation und Recht (Zeitschrift)
KrG	Kreisgericht
Kriminalist	Der Kriminalist (Zeitschrift)
Kriminalistik	Kriminalistik, Zeitschrift für die gesamte kriminalistische Wissenschaft und Praxis
KrimJ	Kriminologisches Journal
KrimOJ	Kriminologie – Das Online-Journal
KrimPäd.	Kriminalpädagogische Praxis (Zeitschrift)
KriPoZ	Kriminalpolitische Zeitschrift
Krit.	Kritisch
KritV/CritQ/RCrit	Kritische Vierteljahresschrift für Gesetzgebung und Rechtswissenschaft/Critical Quarterly for Legislation and Law/Revue critique trimestrielle de jurisprudence et de législation
KronzG	Gesetz zur Einführung einer Kronzeugenregelung bei terroristischen Straftaten (Art. 4 des StGBÄndG 1989) vom 9.6.1989 (BGBl. I S. 1059)
KronzVerlG	Gesetz zur Änderung des Gesetzes zur Änderung des Strafgesetzbuches, der Strafprozeßordnung und des Versammlungsgesetzes und zur Einführung einer Kronzeugenregelung bei terroristischen Straftaten (Kronzeugen-Verlängerungs-Gesetz) vom 16.2.1993 (BGBl. I S. 238)
2. KronzVerlG	Zweites Gesetz zur Änderung des Gesetzes zur Änderung des Strafgesetzbuches, der Strafprozeßordnung und des Versammlungsgesetzes und zur Einführung einer Kronzeugenregelung bei terroristischen Straftaten (2. Kronzeugen-Verlängerungs-Gesetz) vom 19.1.1996 (BGBl. I S. 58)
KSI	Krisen-, Sanierungs- und Insolvenzberatung (Zeitschrift)
KSZE	Konferenz für Sicherheit und Zusammenarbeit in Europa
KSzW	Kölner Schrift zum Wirtschaftsrecht
KUG	Gesetz über das Urheberrecht an Werken der bildenden Künste und der Fotografie vom 9.1.1907 (RGBl. S. 7)
KUP	Kriminologie und Praxis (Schriftenreihe der Kriminologischen Zentralstelle)
KuR	Kirche und Recht (Zeitschrift)
KUR	Kunst und Recht (Zeitschrift)
k + v	Kraftfahrt und Verkehrsrecht, Zeitschrift der Akademie für Verkehrswissenschaft
KVGKG	Kostenverzeichnis (Anlage 1 zum GKG)
KWKG	Gesetz über die Kontrolle von Kriegswaffen i. d. F. der Bek. vom 22.11.1990 (BGBl. I S. 2506)
LDÜJG RP	Landesgesetz über Dolmetscherinnen und Dolmetscher und Übersetzerinnen und Übersetzer in der Justiz (LDÜJG) vom 10.9.2008 (GVBl. 358)
LegPer.	Legislaturperiode
Lfg.	Lieferung
LFGB	Lebensmittel-, Bedarfsgegenstände- und Futtermittelgesetzbuch

LG	Landgericht
LJV	Landesjustizverwaltung
LKA	Landeskriminalamt
LKV	Landes- und Kommunalverwaltung (Zeitschrift)
LM	Nachschlagewerk des Bundesgerichtshofs (Loseblattsammlung), hrsg. von Lindenmaier/Möhring u. a.
LMBG	Gesetz über den Verkehr mit Lebensmitteln, Tabakerzeugnissen, kosmetischen Mitteln und sonstigen Bedarfsgegenständen (Lebensmittel- und Bedarfsgegenständegesetz) i. d. F. der Bek. vom 9.9.1997 (BGBl. I S. 2297) aufgehoben durch Art. 8 des Gesetzes vom 4.4.2016 (BGBl. I S. 569)
LMG (1936)	Gesetz über den Verkehr mit Lebensmitteln und Bedarfsgegenständen (Lebensmittelgesetz) vom 5.7.1927 i. d. F. der Bek. vom 17.1.1936 (RGBl. I S. 17)
LPartG	Gesetz über die Eingetragene Lebenspartnerschaft (Lebenspartnerschaftsgesetz) vom 16.2.2001 (BGBl. I S. 266) zuletzt geändert durch Art. 3 des Gesetzes vom 18.12.2018 (BGBl. I S. 2639)
LPG	Landespressegesetz
LRE	Sammlung lebensmittelrechtlicher Entscheidungen
Ls.	Leitsatz
LuftFzgG	Gesetz über Rechte an Luftfahrzeugen vom 26.2.1959 (BGBl. I 57) zuletzt geändert durch Art. 15 des Gesetzes vom 4.5.2021 (BGBl. I S. 882)
LuftVG	Luftverkehrsgesetz i. d. F. der Bek. vom 27.3.1999 (BGBl. I S. 550) zuletzt geändert durch Art. 1 des Gesetzes vom 5.7.2021 (BGBl. I S. 2287)
LuftVO	Luftverkehrs-Ordnung i. d. F. der Bek. vom 27.3.1999 (BGBl. I S. 580) zuletzt geändert durch Art. 2 des Gesetzes vom 14.6.2021 (BGBl. I S. 1766)
LV	Literaturverzeichnis, Schrifttumsverzeichnis
LVerf.	Landesverfassung
LVG	Landesverwaltungsgericht
LZ	Leipziger Zeitschrift für Deutsches Recht (1907 bis 1933)
MABl.	Ministerialamtsblatt
MarkenG	Gesetz über den Schutz von Marken und sonstigen Kennzeichen (Markengesetz – MarkenG) vom 25.10.1994 (BGBl. I S. 3082, 1995 I S. 156, 1996 I S. 682); zuletzt geändert durch Art. 24 des Gesetzes vom 23.6.2021 (BGBl. I S. 1858)
Mat.	s. Hahn
MatStrRRef.	Materialien zur Strafrechtsreform, herausgegeben vom BMJ, Bd. 1–15 (1954–1960) (s. auch Entw.)
MBl.	Ministerialblatt
MDR	Monatsschrift für Deutsches Recht
MedR	Medizinrecht (Zeitschrift)
medstra	Zeitschrift für Medizinstrafrecht
MEPA	Mitteleuropäische Polizeiakademie
MiStra.	Anordnung über Mitteilungen in Strafsachen vom 15.3.1985 i. d. F. der Bek. vom 29.4.1998, bundeseinheitlich
MittKV	Mitteilungen der Internationalen Kriminalistischen Vereinigung (1889 bis 1914; 1926 bis 1933)
MMR	MultiMedia und Recht (Zeitschrift)
MOG	Gesetz zur Durchführung der Gemeinsamen Marktorganisation vom 31.8.1972 (BGBl. I S. 1617) zuletzt geändert durch Art. 281 des Gesetzes vom 19.6.2020 (BGBl. I S. 1328)
MONEYVAL	Committee of Experts on the Evaluation of Anti-Money Laundering Measures and the Financing of Terrorism
Mot.	Begründung zur Strafprozeßordnung bei Hahn (s. dort)
MR	Medien und Recht (Österreich)
MRG	Militärregierungsgesetz
MSchrKrim.	Monatsschrift für Kriminologie und Strafrechtsreform

MSchrKrimPsych.	Monatsschrift für Kriminalpsychologie und Strafrechtsreform (1904/05 bis 1936)
MStGO	Militärstrafgerichtsordnung i. d. F. der Bek. vom 29.9.1936 (RGBl. I S. 755)
Muster-Entw.	Muster-Entwurf eines einheitlichen Polizeigesetzes, verabschiedet von der JMK am 10./11.6.1976, geändert durch Beschluss der JMK vom 25.11.1977
MV	Mecklenburg-Vorpommern
m.w.B.	mit weiteren Beispielen
m.w.N.	mit weiteren Nachweisen
NachtrSichVG	Gesetz zur Einführung einer nachträglichen Sicherungsverwahrung vom 23.7.2004 (BGBl. I S. 1838)
NATO-Truppenstatut	Abkommen zwischen den Parteien des Nordatlantikvertrags vom 19.6.1951 über die Rechtsstellung ihrer Truppen (BGBl. 1961 II S. 1183, 1190), Bek. vom 16.6.1963 (BGBl. II S. 745)
Nds.	Niedersachsen
NdsAGGVG	Niedersächsisches Ausführungsgesetz zum Gerichtsverfassungsgesetz vom 5.4.1963 (GVBl. S. 225)
NdsRpfl.	Niedersächsische Rechtspflege
n. F.	neue Fassung
N.F.	Neue Folge
Nieders. GVBl. Sb. I, II	Niedersächsisches Gesetz- und Verordnungsblatt, Sonderband I und II, Sammlung des bereinigten niedersächsischen Rechts
NJ	Neue Justiz (bis 1990 DDR)
NJECL	New Journal of European Criminal Law
NJOZ	Neue Juristische Online-Zeitschrift (nur über beck-online abrufbar)
NJVollzG	Niedersächsisches Justizvollzugsgesetz
NJW	Neue Juristische Wochenschrift
NKrimpol.	Neue Kriminalpolitik (Zeitschrift)
NLMR	Newsletter Menschenrechte
noeP	Nicht offen ermittelnder Polizeibeamter
NordÖR	Zeitschrift für Öffentliches Recht in Norddeutschland
NotVO	s. Ausn. VO
NPA	Neues Polizei-Archiv
NRO	Nichtregierungsorganisation
NRW	Nordrhein-Westfalen
NRWO	(österreichisches) Bundesgesetz über die Wahl des Nationalrates (Nationalrats-Wahlordnung 1992)
NStE	Neue Entscheidungssammlung für Strafrecht
NStZ	Neue Zeitschrift für Strafrecht
NStZ-RR	NStZ – Rechtsprechungs-Report (Zeitschrift, ab 1996)
NuR	Natur und Recht (Zeitschrift)
NVwZ	Neue Zeitschrift für Verwaltungsrecht
NWB	NWB Steuer- und Wirtschaftsrecht (Zeitschrift)
NWVBl.	Nordrheinwestfälische Verwaltungsblätter
NZA	Neue Zeitschrift für Arbeitsrecht
NZA-RR	NZA-Rechtsprechungs-Report Arbeitsrecht
NZI	Neue Zeitschrift für Insolvenzrecht
NZM	Neue Zeitschrift für Miet- und Wohnungsrecht
NZS	Neue Zeitschrift für Sozialrecht
NZV	Neue Zeitschrift für Verkehrsrecht
NZWehrr	Neue Zeitschrift für Wehrrecht
NZWiSt	Neue Zeitschrift für Wirtschafts-, Steuer- und Unternehmensstrafrecht
OASG	Gesetz zur Sicherung der zivilrechtlichen Ansprüche der Opfer von Straftaten (Opferanspruchsicherungsgesetz) vom 8.5.1998 (BGBl. I S. 905)
OBLG	Oberstes Landesgericht

OECD	Organisation für Wirtschaftliche Zusammenarbeit und Entwicklung
OEG	Gesetz über die Entschädigung für Opfer von Gewalttaten vom 11.5.1976 (BGBl. I S. 1181) i. d. F. der Bek. vom 7.1.1985 (BGBl. I S. 1) zuletzt geändert durch Art. 11a des Gesetzes vom 2.6.2021 (BGBl. I S. 1387)
OER	Osteuropa-Recht
OG	Oberstes Gericht der DDR
OGH	Oberster Gerichtshof (Österreich)
OGHSt	Entscheidungen des Obersten Gerichtshofes für die Britische Zone in Strafsachen (1949/50)
ÖJZ	Österreichische Juristen-Zeitung
OLAF	Europäisches Amt für Betrugsbekämpfung (Office Européen de Lutte Anti-Fraude)
OLG	Oberlandesgericht
OLG-NL	OLG-Report Neue Länder
OLGR	OLG-Report
OLGSt	Entscheidungen der Oberlandesgerichte zum Straf- und Strafverfahrensrecht (Loseblattausgabe, bis 1983)
OLGSt N. F	Entscheidungen der Oberlandesgerichte zum Straf- und Strafverfahrensrecht, Neue Folge (Loseblattausgabe, ab 1983)
OLGVertrÄndG	Gesetz zur Änderung des Rechts der Vertretung durch Rechtsanwälte vor den Oberlandesgerichten vom 23.7.2002 (BGBl. I S. 2850)
OPCAT	siehe UNCAT
OpferRRG	Gesetz zur Verbesserung der Rechte von Verletzten im Strafverfahren (Opferrechtsreformgesetz – OpferRRG) vom 24.6.2004 (BGBl. I S. 1354)
2. OpferRRG	Gesetz zur Stärkung der Rechte von Verletzten und Zeugen im Strafverfahren (2. Opferrechtsreformgesetz) vom 29.7.2009 (BGBl. I S. 2280)
3. OpferRRG	Gesetz zur Stärkung der Opferrechte im Strafverfahren (3. Opferrechtsreformgesetz) vom 21.12.2015 (BGBl. I S. 2525)
OpferschutzG	Erstes Gesetz zur Verbesserung der Stellung des Verletzten im Strafverfahren (Opferschutzgesetz) vom 18.12.1986 (BGBl. I S. 2496) aufgehoben durch Art. 68 des Gesetzes vom 19.4.2006 (BGBl. I S. 866)
OrgKG	Gesetz zur Bekämpfung des illegalen Rauschgifthandels und anderer Erscheinungsformen der Organisierten Kriminalität (OrgKG) vom 15.7.1992 (BGBl. I S. 1302)
OrgStA	Anordnung über Organisation und Dienstbetrieb der Staatsanwaltschaften
ÖRiZ	Österreichische Richterzeitung
ÖRZ	Österreichische Raiffeisen-Zeitung
OStA	Oberstaatsanwalt
ÖstAnwBl.	Österreichisches Anwaltsblatt
öStVG	Österreichisches Strafvollzugsgesetz
ÖStZ	Österreichische Steuerzeitung
OSZE	Organisation für Sicherheit und Zusammenarbeit in Europa
ÖVerfG	Österreichischer Verfassungsgerichtshof
OVG	Oberverwaltungsgericht
OWG/DDR	Gesetz zur Bekämpfung von Ordnungswidrigkeiten (der Deutschen Demokratischen Republik) vom 12.1.1968 (GBl. I S. 101), zuletzt geändert durch Gesetz vom 29.6.1990 (GBl. I S. 526)
OWiG	Gesetz über Ordnungswidrigkeiten, neugefasst durch Bek. vom 19.2.1987 (BGBl. I S. 602); zuletzt geändert durch Art. 23 des Gesetzes vom 25.6.2021 (BGBl. I S. 2099)
OWiGÄndG	Gesetz zur Änderung des Gesetzes über Ordnungswidrigkeiten, des Straßenverkehrsgesetzes und anderer Gesetze vom 7.7.1986 (BGBl. I S. 977)
PaO	Patentanwaltsordnung vom 7.9.1966 (BGBl. I S. 557); zuletzt geändert durch Art. 3 des Gesetzes vom 7.7.2021 (BGBl. I S. 2363)
ParlStG	Gesetz über die Rechtsverhältnisse der parlamentarischen Staatssekretäre vom 24.7.1974 (BGBl. I S. 1538) zuletzt geändert durch Art. 2 des Gesetzes vom 17.7.2015 (BGBl. I S. 1322)

PartG	Gesetz über die politischen Parteien (Parteiengesetz) neugefasst durch Bek. vom 31.1.1994, (BGBl. I S. 149) zuletzt geändert durch Art. 13 der Verordnung vom 19.6.2020 (BGBl. I S. 1328)
PaßG	Paßgesetz vom 19.4.1986 (BGBl. I S. 537) zuletzt geändert durch Art. 1 des Gesetzes vom 5.7.2021 (BGBl. I S. 2281)
PatG	Patentgesetz, neugefasst durch Bek. vom 16.12.1980 (BGBl. 1981 I S. 1); zuletzt geändert durch Art. 23 des Gesetzes vom 7.7.2021 (BGBl. I S. 2363)
PAuswG	Gesetz über Personalausweise vom 19.12.1950 (BGBl. I S. 807) i. d. F. der Bek. vom 21.4.1986 (BGBl. I S. 548) zuletzt geändert durch Art. 2 des Gesetzes vom 5.7.2021 (BGBl. I S. 2281)
PD-I	Practice Direction – Institution of Proceedings (EGMR)
PD-IM	Practice Direction – Interim Measures (EGMR)
PD-JS	Practice Direction – Just Satisfaction Claims (EGMR)
PD-RfA	Practice Direction – Request for Anonymity (EGMR)
PD-SEF	Practice Direction – Secured Electronic Filing (EGMR)
PD-WP	Practice Direction – Written Pleadings (EGMR)
PflVG	Gesetz über die Pflichtversicherung für Kraftfahrzeughalter i. d. F. der Bek. vom 5.4.1965 (BGBl. I S. 213) zuletzt geändert durch Art. 1 der Verordnung vom 6.2.2017 (BGBl. I S. 147)
PJZS	Polizeiliche und Justizielle Zusammenarbeit in Strafsachen
PKH	Prozesskostenhilfe
PKHÄndG	Gesetz zur Änderung von Vorschriften über die Prozeßkostenhilfe (Prozeßkostenhilfeänderungsgesetz – PKHÄndG) vom 10.10.1994 (BGBl. I S. 2954) aufgehoben durch Art. 64 des Gesetzes vom 19.4.2006 (BGBl. I S. 866)
PlenProt.	Plenarprotokoll, Stenographische Berichte der Sitzungen des Deutschen Bundestages
PNR	Passenger Name Record
POGNRW	Polizeiorganisationsgesetz (des Landes NRW) i. d. F. der Bek. vom 22.10.1994 (GVNRW S. 852) zuletzt geändert durch Gesetze vom 8.10.2020 (GVNRW. S. 1008)
PolGBW	Polizeigesetz (des Landes BW) i. d. F. der Bek. vom 13.1.1992 (GBl. S. 1) zuletzt geändert durch Art. 4 des Gesetzes vom 6.10.2020 (GBl. S. 735)
Polizei	s. Die Polizei
PostG	Gesetz über das Postwesen i. d. F. der Bek. Vom 22.12.1997 (BGBl. I S. 3294) zuletzt geändert durch Art. 1 des Gesetzes vom 9.3.2021 (BGBl. I S. 324)
PostO	Postordnung vom 16.5.1963 (BGBl. I S. 341)
PostStruktG	Gesetz zur Neustrukturierung des Post- und Fernmeldewesens und der Deutschen Bundespost (Poststrukturgesetz – PoststruktG) vom 8.6.1989 (BGBl. I S. 1026)
Pr.	Preußen
prALR	Allgemeines Landrecht für die Preußischen Staaten
PräsLG	Präsident des Landgerichts
PräsOLG	Präsident des Oberlandesgerichts
PräsVerfG	Gesetz über die Änderung der Bezeichnungen der Richter und ehrenamtlichen Richter und der Präsidialverfassungen der Gerichte vom 26.5.1972 (BGBl. I S. 841)
PrGS	Preußische Gesetzessammlung (1810–1945)
PrG	Pressegesetz (Landesrecht)
Prot.	Protokoll
ProzeßkostenhG	Gesetz über die Prozeßkostenhilfe vom 13.6.1980 (BGBl. I S. 677) aufgelöst durch Art. 62 des Gesetzes vom 19.4.2006 (BGBl. I S. 866)
Pro-Eurojust	Vorgänger- und Gründungseinheit von Eurojust
PrPG	Gesetz zur Stärkung des Schutzes des geistigen Eigentums und zur Bekämpfung der Produktpiraterie (PrPG) vom 7.3.1990 (BGBl. I S. 422)
PrZeugnVerwG	Gesetz über das Zeugnisverweigerungsrecht der Mitarbeiter von Presse und Rundfunk vom 25.7.1975 (BGBl. I S. 1973)
PStR	Praxis Steuerstrafrecht
PsychPbG	Gesetz über die psychosoziale Prozessbegleitung im Strafverfahren, Art. 4 des Gesetzes vom 21.12.2015, BGBl. I S. 2525, 2529 (Nr. 55).

PTNeuOG	Gesetz zur Neuordnung des Postwesens und der Telekommunikation (Postneuordnungsgesetz – PTNeuOG) vom 14.9.1994 (BGBl. I S. 2325)
PUAG	Gesetz zur Regelung des Rechts der Untersuchungsausschüsse des Deutschen Bundestages (Untersuchungsausschussgesetz – PUAG) vom 19.6.2001 (BGBl. I S. 1142)
PV	Personenvereinigung
PVG	Polizeiverwaltungsgesetz
PVR	Praxis Verkehrsrecht
RA	Rechtsanwalt
RabelsZ	Rabels-Zeitschrift für ausländisches und internationales Privatrecht
RAG/DDR	Rechtsanwaltsgesetz der Deutschen Demokratischen Republik vom 13.9.1990 (GBl. I S. 1504)
RAHG	s. RHG
RANotz.PrG	Gesetz zur Prüfung von Rechtsanwaltszulassungen, Notarbestellungen und Berufungen ehrenamtlicher Richter vom 24.6.1992 (BGBl. I S. 1386)
RAO	Reichsabgabenordnung vom 13.12.1919, aufgehoben durch AO vom 16.3.1976
RAussch.	Rechtsausschuss
RB	Rahmenbeschluss (Art. 34 EU)
RBEuHb	Rahmenbeschluss des Rates (2002/584/JI) vom 13.6.2002 über den Europäischen Haftbefehl und die Übergabeverfahren zwischen den Mitgliedstaaten (ABlEU Nr. L 190 vom 18.7.2002, S. 1)
RBerG	Gesetz zur Verhütung von Mißbrauch auf dem Gebiet der Rechtsberatung vom 13.12.1935 (RGBl. I S. 1478); aufgehoben durch Art. 20 des Gesetzes vom 12.12.2007 (BGBl. I S. 2840)
RdA	Recht der Arbeit
RdErl.	Runderlass
RDG	Gesetz über außergerichtliche Rechtsdienstleistungen (Rechtsdienstleistungsgesetz – RDG) vom 12.12.2007 (BGBl. I. S. 2840) zuletzt geändert durch Art. 24 des Gesetzes vom 25.6.2021 (BGBl. I S. 2154)
RDH	Revue des Droits de l'Homme
RDIDC	Revue de droit international et de droit comparé
RdJB	Recht der Jugend und des Bildungswesens (Zeitschrift)
RdK	Das Recht des Kraftfahrers (1926–43, 1949–55)
RdM	Recht der Medizin
RDStH	Entscheidungen des Reichsdienststrafhofs (1939–41)
RDStO	Reichsdienststrafordnung vom 26.1.1937 (RGBl. I S. 71)
RDV	Recht der Datenverarbeitung
Recht	Das Recht, begründet von Soergel (1897 bis 1944)
recht	Information des Bundesministers der Justiz
RefE	Referentenentwurf
Reg.	Regierung
RegBl.	Regierungsblatt
RegE	Regierungsentwurf
RegE TKÜ	Entwurf der Bundesregierung eines Gesetzes zur Neuregelung der Telekommunikationsüberwachung und anderer verdeckter Ermittlungsmaßnahmen sowie zur Umsetzung der Richtlinie 2006/EG vom 18.4.2007
RehabG	Rehabilitierungsgesetz (der Deutschen Demokratischen Republik) vom 6.9.1990 (GBl. I S. 1459), aufgehoben durch StrRehaG
Res.	Resolution
RevMC	Revue du Marché commun et de l'Union européenne
Rev.trim.dr.h.	Revue trimestrielle des droits de l'homme
RG	Reichsgericht
RGBl., RGBl. I, II	Reichsgesetzblatt, von 1922 bis 1945 Teil I und II
RGRspr.	Rechtsprechung des Reichsgerichts in Strafsachen (1879 bis 1888)
RGSt	Entscheidungen des Reichsgerichts in Strafsachen

RGZ	Entscheidungen des Reichsgerichts in Zivilsachen
RheinSchA	Revidierte Rheinschiffahrtsakte (Mannheimer Akte) i. d. F. der Bek. vom 11.3.1969 (BGBl. II S. 597)
RHG	Gesetz über die innerdeutsche Rechts- und Amtshilfe in Strafsachen vom 2.5.1953 (BGBl. I S. 161)
RHGDVO	Verordnung zur Durchführung des Gesetzes über die innerdeutsche Rechts- und Amtshilfe in Strafsachen vom 23.12.1953 (BGBl. I S. 1569)
RhPf.	Rheinland-Pfalz
RiA	Recht im Amt
RichtlRA	Grundsätze des anwaltlichen Standesrechts – Richtlinien gem. § 177 Abs. 2 Satz 2 BRAO vom 21.6.1973
RiG/DDR	Richtergesetz der Deutschen Demokratischen Republik vom 5.7.1990 (GBl. I S. 637)
RiJGG	Richtlinien zum Jugendgerichtsgesetz
RiStBV	Richtlinien für das Strafverfahren und das Bußgeldverfahren vom 1.12.1970 (BAnz. Nr. 17/1971), i. d. F. der Bek. vom 1.2.1997 mit spät. Änderungen, bundeseinheitlich
RiVASt	Richtlinien für den Rechtshilfeverkehr mit dem Ausland in strafrechtlichen Angelegenheiten
RIW	Recht der Internationalen Wirtschaft (Zeitschrift)
RKG(E)	Reichskriegsgericht (Entscheidungen des RKG)
RL	Richtlinie
RMBl.	Reichsministerialblatt, Zentralblatt für das Deutsche Reich (1923–45)
RMilGE	Entscheidungen des Reichsmilitärgerichts
Rn.	Randnummer
ROW	Recht in Ost und West (Zeitschrift)
RpflAnpG	Gesetz zur Anpassung der Rechtspflege im Beitrittsgebiet (Rechtspflege-Anpassungsgesetz – RpflAnpG) vom 26.6.1992 (BGBl. I S. 1147)
RpflAnpÄndG	Gesetz zur Änderung des Rechtspflege-Anpassungsgesetzes – RpflAnpG vom 7.12.1995 (BGBl. I S. 1590)
Rpfleger	Der Deutsche Rechtspfleger
RpflEntlG	Gesetz zur Entlastung der Rechtspflege vom 11.1.1993 (BGBl. I S. 50) aufgehoben durch Art. 5 des Gesetzes vom 6.12.2011 (BGBl. S. 2554)
RpflG	Rechtspflegergesetz vom 5.11.1969 (BGBl. I S. 2065) zuletzt geändert durch Art. 9 des Gesetzes vom 7.7.2021 (BGBl. I S. 2363)
RpflVereinfG	Rechtspflege-Vereinfachungsgesetz vom 17.12.1990 (BGBl. I S. 2847)
RPsych	Rechtspsychologie (Zeitschrift)
Rs.	Rechtssache
Rspr.	Rechtsprechung
RT	Reichstag
RTDE	Revue trimestrielle de droit européen
RTDrucks.	Drucksachen des Reichstags
RTh	Zeitschrift für Logik und Juristische Methodenlehre, Rechtsinformatik, Kommunikationsforschung, Normen- und Handlungstheorie, Soziologie und Philosophie des Rechts – eJournal
RTVerh.	Verhandlungen des Reichstags
RuP	Recht und Politik (Zeitschrift)
RVerf.	s. WeimVerf.
RVG	Gesetz über die Vergütung der Rechtsanwältinnen und Rechtsanwälte – Rechtsanwaltsvergütungsgesetz vom 5.5.2004 (BGBl. I S. 718) zuletzt geändert durch Art. 22 des Gesetzes vom 7.7.2021 (BGBl. I S. 2363)
RVO	Reichsversicherungsordnung vom 19.7.1911 i. d. F. der Bek. vom 15.12.1924 (RGBl. I S. 779)
RW	Rechtswissenschaft – Zeitschrift für rechtswissenschaftliche Forschung
RZ	siehe: ÖRiZ
R&P	Recht und Psychiatrie (Zeitschrift)
r+s	Recht und Schaden (Zeitschrift)

S.	Satz, Seite
Sa.	Sachsen
SaAnh.	Sachsen-Anhalt
SaBremR	Sammlung des bremischen Rechts (1964)
SächsArch.	Sächsisches Archiv für Rechtspflege, seit 1924 (bis 1941/42) Archiv für Rechtspflege in Sachsen, Thüringen und Anhalt
SächsOLG	Annalen des Sächsischen Oberlandesgerichts zu Dresden (1880 bis 1920)
SAM	Steueranwaltsmagazin
SchAZtg	Schiedsamtszeitung
SchiedsmZ	Schiedsmannszeitung (1926 bis 1945), seit 1950 Der Schiedsmann
SchiedsstG	Gesetz (der Deutschen Demokratischen Republik) über die Schiedsstellen in den Gemeinden vom 13.9.1990 (GBl. I S. 1527)
SchlH	Schleswig-Holstein
SchlHA	Schleswig-Holsteinische Anzeigen
SchrR	Schriftenreihe
SchrRAGStrafR	Schriftenreihe der Arbeitsgemeinschaft Strafrecht im Deutschen Anwaltverein
SchRG	Gesetz über Rechte an eingetragenen Schiffen und Schiffsbauwerken vom 15.11.1940 (RGBl. I S. 1499) zuletzt geändert durch Art. 2 des Gesetzes vom 21.1.2013 (BGBl. I S. 91)
SchrRBRAK	Schriftenreihe der Bundesrechtsanwaltskammer
SchwarzArbG	Gesetz zur Bekämpfung der Schwarzarbeit und illegalen Beschäftigung vom 23.7.2004 (Schwarzarbeitsbekämpfungsgesetz – SchwarzArbG) (BGBl. I S. 1842) zuletzt geändert durch Art. 22 des Gesetzes vom 25.6.2021 (BGBl. I S. 2099)
SchwGBG	Gesetz zur Verbesserung der Bekämpfung der Geldwäsche und Steuerhinterziehung vom 28.4.2011 (Schwarzgeldbekämpfungsgesetz) (BGBl. I S. 676)
SchwJZ	Schweizerische Juristenzeitung
SchwZStr	Schweizer Zeitschrift für Strafrecht
SDÜ	Übereinkommen vom 19.6.1990 zwischen dem Königreich Belgien, der Bundesrepublik Deutschland, der Französischen Republik, dem Großherzogtum Luxemburg und dem Königreich der Niederlande zur Durchführung des am 14.6.1985 in Schengen unterzeichneten Übereinkommens betreffend den schrittweisen Abbau der Kontrollen an den gemeinsamen Grenzen (Schengener Durchführungsübereinkommen; ABlEG Nr. L 239 vom 22.9.2000, S. 19)
1. SED-UnberG	Erstes Gesetz zur Bereinigung von SED-Unrecht (Erstes SED-Unrechtsbereinigungsgesetz – 1. SED-UnberG) vom 29.10.1992 (BGBl. I S. 1814)
2. SED-UnberG	Zweites Gesetz zur Bereinigung von SED-Unrecht (Zweites SED-Unrechtsbereinigungsgesetz – 2. SED–UnBerG) vom 23.6.1994 (BGBl. I S. 1311)
SeeAufgG	Gesetz über die Aufgaben des Bundes auf dem Gebiet der Seeschiffahrt (Seeaufgabengesetz – SeeAufgG) vom 24.5.1965 i. d. F. der Bek. vom 27.9.1994 (BGBl. I S. 2802) zuletzt geändert durch Art. 7 des Gesetzes vom 16.7.2021 (BGBl. I S. 3079)
SeemG	Seemannsgesetz vom 26.7.1957 (BGBl. II S. 713) ersetzt durch das Gesetz zur Umsetzung des Seearbeitsübereinkommens 2006 der Internationalen Arbeitsorganisation durch Gesetz vom 20.4.2013 (BGBl. I S. 868)
SeuffBl.	Seufferts Blätter für Rechtsanwendung (1836–1913)
SFHÄndG	Schwangeren- und Familienhilfeänderungsgesetz (SFHÄndG) vom 21.8.1995 (BGBl. I S. 1050)
SFHG	Gesetz zum Schutz des vorgeburtlichen/werdenden Lebens, zur Förderung einer kinderfreundlicheren Gesellschaft, für Hilfe im Schwangerschaftskonflikt und zur Regelung des Schwangerschaftsabbruchs (Schwangeren- und Familienhilfegesetz) vom 27.7.1992 (BGBl. I S. 1398)
SGb	Die Sozialgerichtsbarkeit (Zeitschrift)
SGB	Sozialgesetzbuch SGB I – Sozialgesetzbuch, Allgemeiner Teil (1. Buch), vom 27.12. 2003 (BGBl. I S. 3022) zuletzt geändert durch Art. 15 des Gesetzes vom 3.6.2021 (BGBl. I S. 1309), SGB II – Sozialgesetzbuch, Grundsicherung für Arbeitsuchende (2. Buch), vom 24.12.2003 (BGBl. I S. 2954) zuletzt geändert durch Art. 6 des Gesetzes vom 25.6.2021 (BGBl. I S. 2020),

	SGB III – Sozialgesetzbuch, Arbeitsförderung (3. Buch), vom 27.12. 2003 (BGBl. I S. 3022) zuletzt geändert durch Art. 2b des Gesetzes vom 16.7.2021 (BGBl. I S. 2970), SGB IV – Sozialgesetzbuch, Gemeinsame Vorschriften für die Sozialversicherung (4. Buch) vom 24.7.2003 (BGBl. I S. 1526) zuletzt geändert durch Art. 2c des Gesetzes vom 16.7.2021 (BGBl. I S. 2970), SGB V – Sozialgesetzbuch, Gesetzliche Krankenversicherung (5. Buch) vom 27.12.2003 (BGBl. I S. 3022) zuletzt geändert durch Art. 1 des Gesetzes vom 11.7.2021 (BGBl. I S. 2754), SGB VI – Sozialgesetzbuch, Gesetzliche Rentenversicherung (6. Buch) vom 29.4.2004 (BGBl. I S. 678) zuletzt geändert durch Art. 2d des Gesetzes vom 16.7.2021 (BGBl. I S. 2970), SGB VII – Sozialgesetzbuch, Gesetzliche Unfallversicherung (7. Buch) vom 27.12.2003 (BGBl. I S. 3019) zuletzt geändert durch Art. 2 des Gesetzes vom 9.7.2021 (BGBl. I S. 2506), SGB VIII – Sozialgesetzbuch, Kinder- und Jugendhilfe (8. Buch) vom 27.12.2003 (BGBl. I S. 3022) zuletzt geändert durch Art. 8 Abs. 4 des Gesetzes vom 16.6.2021 (BGBl. I S. 1810), SGB IX – Sozialgesetzbuch, Rehabilitation und Teilhabe behinderter Menschen (9. Buch) vom 23.4.2004 (BGBl. I S. 606) zuletzt geändert durch Art. 8 Abs. 5 des Gesetzes vom 16.6.2021 (BGBl. I S. 1810), SGB X – Sozialgesetzbuch, Verwaltungsverfahren (10. Buch) vom 5.4.2004 (BGBl. I S. 718) zuletzt geändert durch Art. 6 des Gesetzes vom 9.7.2021 (BGBl. I S. 2467), SGB XI – Sozialgesetzbuch, Soziale Pflegeversicherung (11. Buch) vom 27.12.2003 (BGBl. I S. 3022) zuletzt geändert durch Art. 2a des Gesetzes vom 11.7.2021 (BGBl. I S. 2754), SGB XII – Sozialgesetzbuch, Sozialhilfe (12. Buch) vom 27.12.2003 (BGBl. I S. 3022) zuletzt geändert durch Art. 7 des Gesetzes vom 25.6.2021 (BGBl. I S. 2020)
SGG	Sozialgerichtsgesetz, neugefasst durch Bek. vom 23.9.1975 (BGBl. I S. 2535); zuletzt geändert durch Art. 2f des Gesetzes vom 16.7.2021 (BGBl. I S. 2970)
SGV.NW	Sammlung des bereinigten Gesetz- und Verordnungsblatts für das Land Nordrhein-Westfalen (Loseblattsammlung)
SIAK	Zeitschrift für Polizeiwissenschaft und polizeiliche Praxis (Österreich)
SichVG	Gesetz zur Rechtsvereinheitlichung der Sicherungsverwahrung (SichVG) vom 16.6.1995 (BGBl. I S. 818)
SIRENE	Supplementary Information Request at the National Entry (nationale Kontaktstelle des SIS)
SIS	Schengener Informationssystem
SJIR	Schweizerisches Jahrbuch für internationales Recht
SJZ	Schweizerische Juristen-Zeitung/Süddeutsche Juristenzeitung (1946–50), dann Juristenzeitung
SkAufG	Gesetz über die Rechtsstellung ausländischer Streitkräfte bei vorübergehenden Aufenthalten in der Bundesrepublik Deutschland (Streitkräfteaufenthaltsgesetz – SkAufG) vom 20.7.1995 (BGBl. II S. 554)
s. o.	siehe oben
SortSchG	Gesetz über den Schutz von Pflanzensorten (Sortenschutzgesetz) vom 20.5.1968 i. d. F. der Bek. vom 4.1.1977 (BGBl. I S. 105) zuletzt geändert durch Art. 40 des Gesetzes vom 23.6.2021 (BGBl. I S. 1858)
SozVw	Die Sozialverwaltung (Zeitschrift)
SprengG	Gesetz über explosionsgefährliche Stoffe (Sprengstoffgesetz – SprengG) vom 13.9.1976 (BGBl. I S. 2737) i. d. F. der Bek. vom 17.4. 1986 (BGBl. I S. 577) zuletzt geändert durch Art. 232 der Verordnung vom 19.6.2020 (BGBl. I S. 1328)
SprengstG	Gesetz über explosionsgefährliche Stoffe (Sprengstoffgesetz) vom 25.8.1969 (BGBl. I S. 1358, ber. BGBl. 1970 I S. 224), aufgehoben durch SprengG vom 13.9.1976
SpuRt	Sport und Recht (Zeitschrift)
SR	Soziales Recht (Zeitschrift)

SRÜ	Seerechtsübereinkommen der Vereinten Nationen vom 10.12.1982 (BGBl. 1994 II S. 1799)
StA	Staatsanwalt, Staatsanwaltschaft
StAG/DDR	Gesetz über die Staatsanwaltschaft der Deutschen Demokratischen Republik vom 7.4.1977 (GBl. I S. 93), zuletzt geändert durch Gesetz vom 5.7.1990 (GBl. I S. 635)
StaatsGH	Staatsgerichtshof
StaatsschStrafsG	Gesetz zur allgemeinen Einführung eines zweiten Rechtszuges in Staatsschutz-Strafsachen vom 8.9.1969 (BGBl. I S. 1582)
StÄG	s. StRÄndG
StAZ	Das Standesamt (Zeitschrift)
StBerG	Steuerberatungsgesetz, neugefasst durch Bek. vom 4.11.1975 (BGBl. I S. 2735); zuletzt geändert durch Art. 4 des Gesetzes vom 7.7.2021 (BGBl. I S. 2363)
StGB	Strafgesetzbuch, neugefasst durch Bek. vom 13.11.1998 (BGBl. I S. 3322); zuletzt geändert durch Art. 29 des Gesetzes vom 7.7.2021 (BGBl. I S. 2363)
StGB/DDR	Strafgesetzbuch der Deutschen Demokratischen Republik vom 12.1.1968 in der Neufassung vom 14.12.1988 (GBl. I S. 93), zuletzt geändert durch Gesetz vom 29.6.1990 (GBl. I S. 526)
StGBÄndG 1976	Gesetz zur Änderung des Strafgesetzbuches, der Strafprozeßordnung, des Gerichtsverfassungsgesetzes, der Bundesrechtsanwaltsordnung und des Strafvollzugsgesetzes vom 18.8.1976 (BGBl. I S. 2181)
StGBÄndG 1989	Gesetz zur Änderung des Strafgesetzbuches, der Strafprozeßordnung und des Versammlungsgesetzes und zur Einführung einer Kronzeugenregelung bei terroristischen Straftaten vom 9.6.1989 (BGBl. I S. 1059)
StORMG	Gesetz zur Stärkung der Rechte von Opfern sexuellen Missbrauchs vom 26.6.2013 (BGBl. I S. 1805)
StPÄG 1964	Gesetz zur Änderung der Strafprozeßordnung und des Gerichtsverfassungsgesetzes vom 19.12.1964 (BGBl. I S. 1067)
StPÄG 1972	Gesetz zur Änderung der Strafprozeßordnung vom 7.8.1972 (BGBl. I S. 1361)
StPÄG 1978	Gesetz zur Änderung der Strafprozeßordnung vom 14.4.1978 (BGBl. I S. 497)
StPÄG 1986	Paßgesetz und Gesetz zur Änderung der Strafprozeßordnung vom 19.4.1986 (BGBl. I S. 537)
StPÄG 1988	Gesetz zur Änderung der Strafprozeßordnung vom 17.5.1988 (BGBl. I S. 606)
StPO	Strafprozeßordnung vom 1.2.1877 i. d. F. der Bek. vom 7.4.1987 (BGBl. I S. 1074) zuletzt geändert durch Art. 15 des Gesetzes vom 7.7.2021 (BGBl. I S. 2363)
StPO/DDR	Strafprozeßordnung der Deutschen Demokratischen Republik vom 12.1.1968 in der Neufassung vom 19.12.1974 (GBl. 1975 I S. 61)
StraFo	Strafverteidiger Forum (Zeitschrift)
StrafrAbh.	Strafrechtliche Abhandlungen, herausgegeben von Bennecke, dann von Beling, v. Lilienthal und Schoetensack
StraftVVG	Gesetz zur Verfolgung der Vorbereitung von schweren staatsgefährdenden Gewalttaten vom 30.7.2009 (BGBl. I S. 2437)
StRÄndG	Strafrechtsänderungsgesetz 1. ~ vom 30.8.1951 (BGBl. I S. 739) 2. ~ vom 6.3.1953 (BGBl. I S. 42) 3. ~ vom 4.8.1953 (BGBl. I S. 735) 4. ~ vom 11.6.1957 (BGBl. I S. 597) 5. ~ vom 24.6.1960 (BGBl. I S. 477) 6. ~ vom 30.6.1960 (BGBl. I S. 478) 7. ~ vom 1.6.1964 (BGBl. I S. 337) 8. ~ vom 25.6.1968 (BGBl. I S. 741) 9. ~ vom 4.8.1969 (BGBl. I S. 1065) 10. ~ vom 7.4.1970 (BGBl. I S. 313) 11. ~ vom 16.12.1971 (BGBl. I S. 1977) 12. ~ vom 16.12.1971 (BGBl. I S. 1779) 13. ~ vom 13.6.1975 (BGBl. I S. 1349)

14. ~ vom 22.4.1976 (BGBl. I S. 1056)
15. ~ vom 18.5.1976 (BGBl. I S. 1213)
16. ~ vom 16.7.1979 (BGBl. I S. 1078)
17. ~ vom 21.12.1979 (BGBl. I S. 2324)
18. ~ vom 28.3.1980 (BGBl. I S. 379) – Gesetz zur Bekämpfung der Umweltkriminalität
19. ~ vom 7.8.1981 (BGBl. I S. 808)
20. ~ vom 8.12.1981 (BGBl. I S. 1329)
21. ~ vom 13.6.1985 (BGBl. I S. 963)
22. ~ vom 18.7.1985 (BGBl. I S. 1510)
23. ~ vom 13.4.1986 (BGBl. I S. 1986)
24. ~ vom 13.1.1987 (BGBl. I S. 141)
25. ~ vom 20.8.1990 – § 201 StG – (BGBl. I S. 1764)
26. ~ vom 24.7.1992 – Menschenhandel – (BGBl. I S. 1255)
27. ~ vom 23.7.1993 – Kinderpornographie – (BGBl. I S. 1346)
28. ~ vom 13.1.1994 – Abgeordnetenbestechung – (BGBl. I S. 84)
29. ~ vom 31.5.1994 – §§ 175, 182 StGB – (BGBl. I S. 1168)
30. ~ vom 23.6.1994 – Verjährung von Sexualstraftaten an Kindern und Jugendlichen – BGBl. I S. 1310)
31. ~ vom 27.6.1994 – 2. Gesetz zur Bekämpfung der Umweltkriminalität – (BGBl. I S. 1440)
32. ~ vom 1.6.1995 – §§ 44, 69b StGB – (BGBl. I S. 747)
33. ~ vom 1.7.1997 – §§ 177, 178 StGB (BGBl. I S. 1607)
34. ~ vom 22.8.2002 – § 129b StGB (BGBl. I S. 3390)
35. ~ vom 22.12.2003 – Betrug und Fälschung im Zusammenhang mit unbaren Zahlungsmitteln (BGBl. I S. 2838)
36. ~ vom 30.7.2004 – § 201a StGB (BGBl. I S. 2012)
37. ~ vom 18.2.2005 – §§ 180b, 181 StGB (BGBl. I S. 239)
40. ~ vom 22.3.2007 – Strafbarkeit beharrlicher Nachstellungen (Anti-Stalking-Gesetz) (BGBl. I S. 354)
41. ~ vom 7.8.2007 – Bekämpfung der Computerkriminalität (BGBl. I S. 1786)
42. ~ vom 29.6.2009 – Anhebung der Höchstgrenze des Tagessatzes bei Geldstrafen (BGBl. I S. 1658)
43. ~ vom 29.7.2009 – Strafzumessung bei Aufklärungs- und Präventionshilfe (BGBl. I S. 2288)
44. ~ vom 1.11.2011 – Widerstand gegen Vollstreckungsbeamte (BGBl. I S. 2130)
45. ~ vom 6.12.2011 – Umsetzung der Richtlinie des Europäischen Parlaments und des Rates zum strafrechtlichen Schutz der Umwelt (BGBl. I S. 2557)
46. ~ vom 10.6.2013 – Beschränkung der Möglichkeit zur Strafmilderung bei Aufklärungs- und Präventionshilfe (BGBl. I S. 1497)
47. ~vom 24.9.2013 – Strafbarkeit der Verstümmelung weiblicher Genitalien (BGBl. I S. 3671)
48. ~ vom 23.4.2014 – Erweiterung des Straftatbestandes der Abgeordnetenbestechung (BGBl. I S. 410)
49. ~ vom 21.1.2015 – Umsetzung europäischer Vorgaben zum Sexualstrafrecht (BGBl. I S. 10)
50. ~ vom 4.11.2016 – Verbesserung des Schutzes der sexuellen Selbstbestimmung (BGBl. I S. 2460)
51. ~ vom 11.4.2017 – Strafbarkeit von Sportwettbetrug und der Manipulation von berufssportlichen Wettbewerben (BGBl. I S. 815)
52. ~ vom 23.5.2017 – Stärkung des Schutzes von Vollstreckungsbeamten und Rettungskräften (BGBl. I S. 1226)
53. ~ vom 11.6.2017 – Ausweitung des Maßregelrechts bei extremistischen Straftätern (BGBl. I S. 1612)
54. ~ vom 17.7.2017 – Umsetzung des Rahmenbeschlusses 2008/841/JI des Rates vom 24. Oktober 2008 zur Bekämpfung der organisierten Kriminalität (BGBl. I S. 2440)

	55. ~ vom 17.7.2017 – Wohnungseinbruchdiebstahl (BGBl. I S. 2442) 56. ~ vom 30.9.2017 – Strafbarkeit nicht genehmigter Kraftfahrzeugrennen im Straßenverkehr (BGBl. I S. 3532) 57. ~ vom 3.3.2020 – Versuchsstrafbarkeit des Cybergroomings (BGBl. I S. 431) 58. ~ vom 12.6.2020 – Strafrechtlicher Schutz bei Verunglimpfung der Europäischen Union und ihrer Symbole (BGBl. I S. 1247) 59. ~ vom 9.10.2020 – Verbesserung des Persönlichkeitsschutzes bei Bildaufnahmen (BGBl. I S. 2075) 60. ~ vom 30.11.2020 – Modernisierung des Schriftenbegriffs und anderer Begriffe sowie Erweiterung der Strafbarkeit nach den §§ 86, 86a, 111 und 130 des Strafgesetzbuches bei Handlungen im Ausland (BGBl. I S. 2600) 61. ~ vom 10.3.2021 – Umsetzung der Richtlinie (EU) 2019/713 des Europäischen Parlaments und des Rates vom 17. April 2019 zur Bekämpfung von Betrug und Fälschung im Zusammenhang mit unbaren Zahlungsmitteln und zur Ersetzung des Rahmenbeschlusses 2001/413/JI des Rates (BGBl. I S. 333)
StraßenVSichG	1. Gesetz zur Sicherung des Straßenverkehrs (Straßenverkehrssicherungsgesetz) vom 19.12.1952 (BGBl. I S. 832) 2. Zweites ~ vom 26.11.1964 (BGBl. I S. 921)
StREG	Gesetz über ergänzende Maßnahmen zum 5. StrRG (Strafrechtsreformergänzungsgesetz) vom 28.8.1975 (BGBl. I S. 2289)
StrEG	Gesetz über die Entschädigung für Strafverfolgungsmaßnahmen vom 8.3.1971 (BGBl. I S. 157)
STREIT	Feministische Rechtszeitschrift
StrFG	Straffreiheitsgesetz – 1949 vom 31.12.1949 (BGBl. I S. 37) – 1954 vom 17.7.1954 (BGBl. I S. 203) – 1968 vom 9.7.1968 (BGBl. I S. 773) – 1970 vom 20.5.1970 (BGBl. I S. 509)
StRG	Gesetz zur Reform des Strafrechts 1. ~ vom 25.6.1969 (BGBl. I S. 645) 2. ~ vom 4.7.1969 (BGBl. I S. 717) 3. ~ vom 20.5.1970 (BGBl. I S. 505) 4. ~ vom 23.11.1973 (BGBl. I S. 1725) 5. ~ vom 18.6.1974 (BGBl. I S. 1297) 6. ~ vom 26.1.1998 (BGBl. I S. 164)
StRR	StrafRechtsReport – Arbeitszeitschrift für das gesamte Strafrecht
StrRehaG	Gesetz über die Rehabilitierung und Entschädigung von Opfern rechtsstaatswidriger Strafverfolgungsmaßnahmen im Beitrittsgebiet (Strafrechtliches Rehabilitierungsgesetz – StrRehaG) vom 29.10.1992 (BGBl. I S. 1814) i. d. F. der Bek. vom 17.12.1999 (BGBl. I S. 2664) zuletzt geändert durch Art. 12 des Gesetzes vom 2.6.2021 (BGBl. I S. 1387)
st.Rspr.	ständige Rechtsprechung
StudZR	Studentische Zeitschrift für Rechtswissenschaft Heidelberg
StUG	Gesetz über die Unterlagen des Staatssicherheitsdienstes der ehemaligen Deutschen Demokratischen Republik (Stasi-Unterlagen-Gesetz – StUG) vom 20.12.1991 (BGBl. I S. 2272) zuletzt geändert durch Art. 2 des Gesetzes vom 9.4.2021 (BGBl. I S. 750)
StuR	Staat und Recht (Zeitschrift DDR, 1950 bis 1990)
StuW	Steuern und Wirtschaft (Zeitschrift)
StV	Strafverteidiger (Zeitschrift)
StVÄG 1979	Strafverfahrensänderungsgesetz 1979 vom 5.10.1978 (BGBl. I S. 1645)
StVÄG 1987	Strafverfahrensänderungsgesetz 1987 vom 27.1.1987 (BGBl. I S. 475)
StVÄG 1999	Strafverfahrensänderungsgesetz 1999 vom 2.8.2000 (BGBl. I S. 1253)
StVG	Straßenverkehrsgesetz vom 3.5.1909 i. d. F. der Bek. vom 19.12.1952 (BGBl. I S. 837) zuletzt geändert durch Art. 4 des Gesetzes vom 7.5.2021 (BGBl. I S. 850)
StVO	Straßenverkehrsordnung vom 16.11.1970 (BGBl. I S. 1565, ber. 1971, S. 38) zuletzt geändert durch Art. 1 der Verordnung vom 18.12.2020 (BGBl. I S. 3047)

StVollstrO	Strafvollstreckungsordnung vom 1.4.2001 (BAnz. Nr. 87) bundeseinheitlich
StVollzG	Gesetz über den Vollzug der Freiheitsstrafe und der freiheitsentziehenden Maßregeln der Besserung und Sicherung – Strafvollzugsgesetz – vom 16.3.1976 (BGBl. I S. 581) zuletzt geändert durch Art. 12 des Gesetzes vom 25.6.2021 (BGBl. I S. 2099)
StVollzGK	Strafvollzugsgesetz-Kommissionsentwurf, herausgegeben vom Bundesministerium der Justiz
StVollzK	Blätter für Strafvollzugskunde (Beilage zur Zeitschrift „Der Vollzugsdienst")
1. StVRErgG	Gesetz zur Ergänzung des 1. StVRG vom 20.12.1974 (BGBl. I S. 3686)
1. StVRG	Erstes Gesetz zur Reform des Strafverfahrensrechts vom 9.12.1974 (BGBl. I S. 3393)
StVZO	Straßenverkehrs-Zulassungs-Ordnung vom 13.11.1937 i. d. F. der Bek. vom 28.9.1988 (BGBl. I S. 1793)
s. u.	siehe unten
SubvG	Subventionsgesetz vom 29.7.1976 (BGBl. I S. 2034)
SVR	Straßenverkehrsrecht (Zeitschrift)
SZ	Süddeutsche Zeitung
SZIER	Schweizerische Zeitschrift für internationales und europäisches Recht
TerrorismusG	Gesetz zur Bekämpfung des Terrorismus vom 19.12.1986 (BGBl. I S. 2566)
TerrorBekämpfG	Gesetz vom 9.1.2002 zur Bekämpfung des internationalen Terrorismus (Terrorismusbekämpfungsgesetz) (BGBl. I S. 361) zuletzt geändert durch Art. 2 des Gesetzes vom 5.1.2007 (BGBl. I S. 2)
TerrorBekErgG	Gesetz zur Ergänzung des Terrorismusbekämpfungsgesetzes (Terrorismusbekämpfungsergänzungsgesetz) vom 5.1.2007 (BGBl. I S. 2) zuletzt geändert durch Art. 1 des Gesetzes vom 3.12.2020 (BGBl. I S. 2667)
TFTP	Terrorist Finance Tracking Program
ThUG	Gesetz zur Therapierung und Unterbringung psychisch gestörter Gewalttäter (Therapieunterbringungsgesetz) vom 22.12.2010 (BGBl. I S. 2300, 2305) zuletzt geändert durch Art. 8 des Gesetzes vom 5.12.2012 (BGBl. I S. 2425)
Thür.	Thüringen
TiefseebergbauG	Gesetz zur vorläufigen Regelung des Tiefseebergbaus vom 16.8.1980 (BGBl. I S. 1457)
TierschG	Tierschutzgesetz vom 24.7.1972 (BGBl. I S. 1277) zuletzt geändert durch Art. 1 des Gesetzes vom 18.6.2021 (BGBl. I S. 1828)
TKG	Telekommunikationsgesetz (TKG) vom 25.7.1996 (BGBl. I S. 1120) i. d. F. vom 22.6.2004 (BGBl. I S. 1190) zuletzt geändert durch Art. 6 des Gesetzes vom 5.7.2021 (BGBl. I S. 2274)
TKÜG	Gesetz zur Neuregelung der Telekommunikationsüberwachung und anderer Ermittlungsmaßnahmen sowie zur Umsetzung der Richtlinie 2006/24/EG vom 21.12.2007 (BGBl. I S. 3198)
TKO	Telekommunikationsordnung vom 16.7.1987 (BGBl. I S. 1761)
TMG	Telemediengesetz vom 26.2.2007 (BGBl. I S. 179) zuletzt geändert durch Art. 24 des Gesetzes vom 25.6.2021 (BGBl. I S. 1309)
TREVI	Terrorisme, Radicalisme, Extremisme et Violence Internationale (1975) – Koordinierungsgruppe
TVöD	Tarifvertrag für den öffentlichen Dienst
TV/L	Tarifvertrag für den öffentlichen Dienst der Länder
Tz.	Teilziffer
UCLAF	Unité de Coordination de la Lutte Anti-Fraude
UdG	Urkundsbeamter der Geschäftsstelle
ÜAG	Gesetz vom 26.9.1991 zur Ausführung des Übereinkommens über die Überstellung verurteilter Personen vom 21.3.1983 – Überstellungsausführungsgesetz (BGBl. 1991 I S. 1954)
ÜberlG	Gesetz zur Überleitung von Bundesrecht nach Berlin (West) (Sechstes Überleitungsgesetz) vom 25.9.1990 (BGBl. I S. 2106)

ÜberstÜbk	Übereinkommen über die Überstellung verurteilter Personen vom 21.3.1983 (ETS 112; BGBl. 1991 II S. 1006; 1992 II S. 98); ZP ÜberstÜbk vom 18.12.1997 (ETS 167)
Übk	Übereinkommen
ÜF	Übergangsfassung
UFITA	Archiv für Medienrecht und Medienwissenschaft
UHaftÄndG	Gesetz zur Abänderung der Untersuchungshaft vom 27.12.1926 (RGBl. I S. 529)
UN	Vereinte Nationen
UNCAT	Übereinkommen (der Vereinten Nationen) gegen Folter und andere grausame, unmenschliche oder erniedrigende Behandlung oder Strafe vom 10.12.1984 (BGBl. 1990 II S. 246) OPCAT – Fakultativprotokoll vom 18.12.2002 zum Übereinkommen gegen Folter und andere grausame, unmenschliche oder erniedrigende Behandlung oder Strafe; Gesetz vom 26.8.2008 (BGBl. 2008 II S. 854)
UN-CAT	United Nations Committee against Torture – UN-Anti-Folter-Ausschuss
UN-FoltKonv.	Siehe UNCAT
UNHCR	United Nations High Commissioner for Refugees – Hoher Flüchtlingskommissar der Vereinten Nationen
UNO-Pakt	s. IPBPR
UnterbrSichG	Gesetz zur Reform des Rechts der Unterbringung in einem psychiatrischen Krankenhaus und in einer Entziehungsanstalt vom 16.7.2007 (BGBl. I S. 1327)
UrhG	Gesetz über Urheberrecht und verwandte Schutzrechte (Urheberrechtsgesetz) vom 9.9.1965 (BGBl. I S. 1273)
UVollzO	Untersuchungshaftvollzugsordnung vom 12.2.1953 i. d. F. der Bek. vom 15.12.1976, bundeseinheitlich
UZwG	Gesetz über den unmittelbaren Zwang bei Ausübung öffentlicher Gewalt durch Vollzugsbeamte des Bundes vom 10.3.1961 (BGBl. I S. 165) zuletzt geändert durch Art. 43 des Gesetzes vom 19.6.2020 (BGBl. I S. 1328)
UZwGBw	Gesetz über die Anwendung unmittelbaren Zwanges und die Ausübung besonderer Befugnisse durch Soldaten der Bundeswehr und verbündeter Streitkräfte sowie zivile Wachpersonen vom 12.8.1965 (BGBl. I S. 796)
VA	Vorzeitige Anwendung (internationaler Übereinkommen)
VBlBW	Verwaltungsblätter für Baden-Württemberg (Zeitschrift)
VDA	Vergleichende Darstellung des deutschen und ausländischen Strafrechts, Allgemeiner Teil, Bd. 1 bis 6 (1908)
VDB	Vergleichende Darstellung des deutschen und ausländischen Strafrechts, Besonderer Teil, Bd. 1 bis 9 (1906)
VerbrbekG	Gesetz zur Änderung des Strafgesetzbuches, der Strafprozeßordnung und anderer Gesetz (Verbrechensbekämpfungsgesetz) vom 28.10.1994 (BGBl. I S. 3186)
Verbringungs-verbG	Gesetz zur Überwachung strafrechtlicher und anderer Verbringungsverbote vom 24.5.1961 (BGBl. I S. 607)
VereinfVO	Vereinfachungsverordnung 1. ~, VO über Maßnahmen auf dem Gebiet der Gerichtsverfassung und Rechtspflege vom 1.9.1939 (RGBl. I S. 1658) 2. ~, VO zur weiteren Vereinfachung der Strafrechtspflege vom 13.8.1942 (RGBl. I S. 508) 3. ~, Dritte VO zur Vereinfachung der Strafrechtspflege vom 29.5.1943 (RGBl. I S. 342) 4. ~, Vierte VO zur Vereinfachung der Strafrechtspflege vom 13.12.1944 (RGBl. I S. 339)
VereinhG	Gesetz zur Wiederherstellung der Rechtseinheit auf dem Gebiete der Gerichtsverfassung, der bürgerlichen Rechtspflege, des Strafverfahrens und des Kostenrechts vom 12.9.1950 (BGBl. I S. 455)
VereinsG	Gesetz zur Regelung des öffentlichen Vereinsrechts (Vereinsgesetz) vom 5.8.1964 (BGBl. I S. 593) zuletzt geändert durch Art. 5 des Gesetzes vom 30.11.2020 (BGBl. I S. 2600)

VerfGH	Verfassungsgerichtshof
VerfO	Verfahrensordnung (siehe EGMRVerfO)
Verh.	Verhandlungen des Deutschen Bundestages (BT), des Deutschen Juristentages (DJT) usw.
1. VerjährungsG	Gesetz über das Ruhen der Verjährung bei SED-Unrechtstaten vom 26.3.1993 (BGBl. I S. 392)
2. VerjährungsG	Gesetz zur Verlängerung strafrechtlicher Verjährungsfristen vom 27.9.1993 (BGBl. I S. 1657)
VerkMitt.	Verkehrsrechtliche Mitteilungen
VerpflichtG	Gesetz über die förmliche Verpflichtung nichtbeamteter Personen (Verpflichtungsgesetz) vom 2.3.1974 (BGBl. I S. 469) zuletzt geändert durch § 1 Nr. 4 des Gesetzes vom 15.8.1974 (BGBl. I S. 1942)
VerschG	Verschollenheitsgesetz vom 15.1.1951 (BGBl. I S. 59) zuletzt geändert durch Art. 182 der Verordnung vom 31.8.2015 (BGBl. I S. 1474)
VersR	Versicherungsrecht, Juristische Rundschau für die Individualversicherung
VerständigungsG	Gesetz zur Regelung der Verständigung im Strafverfahren vom 29.7.2009 (BGBl. I S. 2353)
VerwArch	Verwaltungsarchiv
VG	Verwaltungsgericht
VGH	Verfassungsgerichtshof; Verwaltungsgerichtshof
vgl.	vergleiche
Vhdlgen	s. Verh.
VideokonfIntensG	Gesetz zur Intensivierung des Einsatzes von Videokonferenztechtnik in gerichtlichen und staatsanwaltschaftlichen Verfahren v. 25.4.2013 (BGBl. I S. 935).
VIS	Visa-Informations-System
VIZ	Vermögens- und Immobilienrecht (Zeitschrift)
VO	Verordnung; s. auch AusnVO
VOBl.	Verordnungsblatt
VOR	Zeitschrift für Verkehrs- und Ordnungswidrigkeitenrecht
VR	Verwaltungsrundschau
VRR	VerkehrsRechtsReport
VRS	Verkehrsrechts-Sammlung
VRÜ	Verfassung und Recht in Übersee
VStGB	Völkerstrafgesetzbuch
VStGBG	Gesetz vom 26.6.2002 zur Einführung des Völkerstrafgesetzbuches (BGBl. I S. 2254)
VVDStRL	Veröffentlichungen der Vereinigung der Deutschen Staatsrechtslehrer
VVStVollzG	Verwaltungsvorschriften zum Strafvollzugsgesetz (bundeseinheitlich) vom 1.7.1976
VwGO	Verwaltungsgerichtsordnung, neugefasst durch Bek. vom 19.3.1991 (BGBl. I S. 686); zuletzt geändert durch Art. 56 des Gesetzes vom 12.12.2019 (BGBl. I S. 2652)
VwRehaG	Gesetz über die Aufhebung rechtsstaatswidriger Verwaltungsentscheidungen im Beitrittsgebiet und die daran anknüpfenden Folgeansprüche (Verwaltungsrechtliches Rehabilitierungsgesetz – VwRehaG) vom 23.6.1994 (BGBl. I S. 1311) zuletzt geändert durch Art. 13 des Gesetzes vom 12.12.2019 (BGBl. I S. 2652)
VwVfG	Verwaltungsverfahrensgesetz vom 25.5.1976 (BGBl. I S. 1253) zuletzt geändert durch Art. 24 des Gesetzes vom 25.6.2021 (BGBl. I S. 2154)
VwZG	Verwaltungszustellungsgesetz vom 3.7.1952 (BGBl. I S. 379) zuletzt geändert durch Art. 7 des Gesetzes vom 7.7.2021 (BGBl. I S. 2363)
WDO	Wehrdisziplinarordnung vom 15.3.1957 i. d. F. der Bek. vom 9.6.1961 (BGBl. I S. 697)
WehrbeauftrG	Gesetz über den Wehrbeauftragten des Deutschen Bundestages i. d. F. der Bek. vom 16.6.1982 (BGBl. I S. 673) zuletzt geändert durch Art. 15 Abs. 68 des Gesetzes vom 5.2.2009 (BGBl. I S. 160)
WeinG	Gesetz über Wein, Likörwein, Schaumwein, weinhaltige Getränke und Branntwein aus Wein (Weingesetz) vom 14.1.1971 (BGBl. I S. 893) zuletzt geändert durch Art. 4 des Gesetzes vom 2.6.2021 (BGBl. I S. 1278)

Wiener Übereinkommen	1. Wiener Übereinkommen über diplomatische Beziehungen vom 18.4.1961 (Zustimmungsgesetz vom 6.8.1964, BGBl. II S. 957) 2. Wiener Übereinkommen über konsularische Beziehungen vom 24.4.1963 (Zustimmungsgesetz vom 26.8.1969, BGBl. II S. 1585)
WiJ	Journal der Wirtschaftsstrafrechtlichen Vereinigung e.V.
1. WiKG	Erstes Gesetz zur Bekämpfung der Wirtschaftskriminalität vom 29.7.1976 (BGBl. I S. 2034)
2. WiKG	Zweites Gesetz zur Bekämpfung der Wirtschaftskriminalität vom 15.5.1986 (BGBl. I S. 721)
WiStG	Gesetz zur weiteren Vereinfachung des Wirtschaftsstrafrechts (Wirtschaftsstrafgesetz 1954) vom 9.7.1954 i. d. F. der Bek. vom 3.6.1975 (BGBl. I S. 1313)
WisteV	Wirtschaftsstrafrechtliche Vereinigung e.V.
wistra	Zeitschrift für Wirtschafts- und Steuerstrafrecht
WLR	Weekly Law Reports (Zeitschrift)
WoÜbG	Gesetz zur Umsetzung des Urteils des Bundesverfassungsgerichts vom 3. März 2004 (akustische Wohnraumüberwachung) vom 24.6.2005 (BGBl. I S. 1841)
WRV	Weimarer Verfassung, Verfassung des Deutschen Reichs vom 11.8.1919 (RGBl. S. 1383)
WStG	Wehrstrafgesetz vom 30.3.1957 i. d. F. der Bek. vom 24.5.1974 (BGBl. I S. 1213) zuletzt geändert durch Art. 10 Abs. 8 des Gesetzes vom 30.10.2017 (BGBl. I S. 3618)
WM	Wertpapiermitteilungen (Zeitschrift)
WuV	Wirtschaft und Verwaltung (Zeitschrift)
WuW	Entscheidungssammlung der Zeitschrift Wirtschaft und Wettbewerb
WÜD	s. 1. Wiener Übereinkommen
WÜK	s. 2. Wiener Übereinkommen
WVK	Wiener Vertragsrechtskonvention vom 23.5.1969 (BGBl. 1985 II S. 926)
WWSUV	Vertrag über die Schaffung einer Währungs-, Wirtschafts- und Sozialunion zwischen der Bundesrepublik Deutschland und der Deutschen Demokratischen Republik vom 18.5.1990 (BGBl. II S. 537)
WWSUVG	Gesetz zu dem Vertrag vom 18.5.1990 über die Schaffung einer Währungs-, Wirtschafts- und Sozialunion ... vom 25.6.1990 (BGBl. II S. 518)
WZG	Warenzeichengesetz vom 5.5.1936 i. d. F. der Bek. vom 2.1.1968 (BGBl. I S. 29)
WzS	Wege zur Sozialversicherung (Zeitschrift)
YEL	Yearbook of European Law
YB	Yearbook of the European Convention of the Human Rights, the European Commission and the European Court of Human Rights/Annuaire de la Convention Européenne des Droits de l'Homme; Commission et Cour Européenne des Droits de l'Homme, hrsg. vom Europarat
ZAG	Zahlungsdiensteaufsichtsgesetz
ZahlVGJG	Gesetz über den Zahlungsverkehr mit Gerichten und Justizbehörden vom 22.12.2006 = Art. 2 des 2. Justizmodernisierungsgesetzes (BGBl. 2006 I S. 3416) zuletzt geändert durch Art. 175 des Gesetzes vom 31.8.2015 (BGBl. I S. 1474)
ZAkDR	Zeitschrift der Akademie für Deutsches Recht (1934–44)
ZaöRV	Zeitschrift für ausländisches öffentliches Recht und Völkerrecht
ZAP	Zeitschrift für die Anwaltspraxis
ZAR	Zeitschrift für Ausländerrecht und Ausländerpolitik
ZBJV	Zeitschrift des Bernischen Juristenvereins
ZBlJugR	Zentralblatt für Jugendrecht und Jugendwohlfahrt
ZBR	Zeitschrift für Beamtenrecht
ZCG	Zeitschrift für Corporate Governance
ZD	Zeitschrift für Datenschutz
ZDRW	Zeitschrift für Didaktik der Rechtswissenschaft

ZER	Zeitschrift für Europarecht (Österreich)ZERP Zentrum für europäische Rechtspolitik (Universität Bremen)
ZESAR	Zeitschrift für europäisches Sozial- und Arbeitsrecht
ZEUP	Zeitschrift für europäisches Privatrecht
ZEuS	Zeitschrift für Europarechtliche Studien
ZEV	Zeitschrift für Erbrecht und Vermögensnachfolge
ZfBR	Zeitschrift für deutsches und internationales Bau- und Vergaberecht
ZfC	Zeitschrift für Compliance
ZfDG	Gesetz über das Zollkriminalamt und die Zollfahndungsämter (Zollfahndungsdienstgesetz) vom 16.8.2002 (BGBl. I S. 3202) aufgehoben durch Art. 3 des Gesetzes vom 30.3.2021 (BGBl. I S. 402)
ZfDR	Zeitschrift für Digitalisierung und Recht (ZfDR)
ZfJ	Zentralblatt für Jugendrecht
ZfL	Zeitschrift für Lebensrecht
ZfRV	Zeitschrift für Europarecht, Internationales Privatrecht und Rechtsvergleichung
ZfS	Zeitschrift für Schadensrecht
ZFSH SGB	Zeitschrift für die sozialrechtliche Praxis
ZfStrVo	Zeitschrift für Strafvollzug und Straffälligenhilfe (jetzt: FS – Forum Strafvollzug)
ZfWG	Zeitschrift für Wett- und Glücksspielrecht
ZfZ	Zeitschrift für Zölle und Verbrauchssteuern
ZG	Zeitschrift für Gesetzgebung
ZInsO	Zeitschrift für das gesamte Insolvenzrecht
ZIP	Zeitschrift für Wirtschaftsrecht
ZIR	Zeitschrift für Interne Revision
ZIS	Zeitschrift für Internationale Strafrechtsdogmatik (Online-Zeitschrift)
ZJJ	Zeitschrift für Jugendkriminalrecht und Jugendhilfe
ZJS	Zeitschrift für das Juristische Studium (Online-Zeitschrift)
ZKA	Zollkriminalinstitut
ZKJ	Zeitschrift für Kindschaftsrecht und Jugendhilfe
ZLR	Zeitschrift für Lebensmittelrecht
ZOV	Zeitschrift für offene Vermögensfragen
ZÖR	Zeitschrift für öffentliches Recht
ZollG.	Zollgesetz vom 14.6.1961 i. d. F. der Bek. vom 18.5.1970 (BGBl. I S. 529) mit der Vollendung des EU-Binnemarktes aufgehoben
ZP	Zusatzprotokoll
ZPO	Zivilprozeßordnung vom 30.1.1877 i. d. F. der Bek. vom 12.9.1950 (BGBl. I S. 533) zuletzt geändert durch Art. 1 des Gesetzes vom 22.12.2020 (BGBl. I S. 3328)
ZRFC	Zeitschrift für Risk, Fraud & Compliance
ZRP	Zeitschrift für Rechtspolitik
ZSchG	Gesetz vom 30.4.1998 zum Schutz von Zeugen bei Vernehmungen im Strafverfahren und zur Verbesserung des Opferschutzes (Zeugenschutzgesetz – ZSchG) (BGBl. I S. 820)
ZSE	Zeitschrift für Staats- und Europawissenschaften
ZSEG	Gesetz über die Entschädigung von Zeugen und Sachverständigen vom 26.7.1957 i. d. F. der Bek. vom 1.10.1969 (BGBl. I S. 1756); abgelöst durch das JVEG vom 5.5.2004
ZSHG	Gesetz zur Harmonisierung des Schutzes gefährdeter Zeugen (Zeugenschutz-Harmonisierungsgesetz) vom 11.12.2001 (BGBl. I S. 3510) zuletzt geändert durch Artikel 7 des Gesetzes vom 10.12.2019 (BGBl. I S. 2121)
ZSR	Zeitschrift für Schweizerisches Recht
ZST	Zeitschrift für Schweizer Recht
ZSteu	Zeitschrift für Steuern und Recht
ZStW	Zeitschrift für die gesamte Strafrechtswissenschaft
ZTR	Zeitschrift für Tarif-, Arbeits- und Sozialrecht des öffentlichen Dienstes
ZUM	Zeitschrift für Urheber- und Medienrecht

ZUM-RD	Zeitschrift für Urheber- und Medienrecht – Rechtssprechungsdienst
ZUR	Zeitschrift für Umweltrecht
ZusatzAbk.	Zusatzabkommen zum NATO-Truppenstatut vom 3.8.1959 (BGBl. 1961 II S. 1183, 1218)
Zusatzvereinb.	Vereinbarung zwischen der Bundesrepublik Deutschland und der Deutschen Demokratischen Republik zur Durchführung und Auslegung des am 31.8.1990 in Berlin unterzeichneten Vertrages zwischen der Bundesrepublik Deutschland und der Deutschen Demokratischen Republik über die Herstellung der Einheit Deutschlands vom 18.9.1990 (BGBl. II S. 1239)
zust.	zustimmend
ZustErgG	Gesetz zur Ergänzung von Zuständigkeiten auf den Gebieten des Bürgerlichen Rechts, des Handelsrechts und des Strafrechts (Zuständigkeitsergänzungsgesetz) vom 7.8.1952 (BGBl. I S. 407)
ZustG	Gesetz über die Zuständigkeit der Gerichte bei Änderung der Gerichtseinteilung vom 6.12.1933 (RGBl. I S. 1037)
ZustRG	Gesetz zur Reform des Verfahrens bei Zustellung im gerichtlichen Verfahren (Zustellungsreformgesetz – ZustRG) vom 25.6.2001 (BGBl. I S. 1206)
ZustVO	Verordnung über die Zuständigkeit der Strafgerichte, die Sondergerichte und sonstige strafverfahrensrechtliche Vorschriften vom 21.2.1940 (RGBl. I S. 405)
Zuwanderungsgesetz	Gesetz zur Steuerung und Begrenzung der Zuwanderung und zur Regelung des Aufenthalts und der Integration von Unionsbürgern und Ausländern vom 30.7.2004 (BGBl. I S. 1950) zuletzt geändert durch Art. 2 des Gesetzes vom 20.12.2008 (BGBl. I S. 2846)
ZVG	Gesetz über die Zwangsversteigerung und die Zwangsverwaltung (Zwangsversteigerungsgesetz) vom 24.3.1897 i. d. F. der Bek. vom 20.5.1898 (RGBl. S. 369, 713) zuletzt geändert durch Art. 4 des Gesetzes vom 22.12.2020 (BGBl. I S. 3256)
ZWehrR	Zeitschrift für Wehrrecht (1936/37–44)
ZWF	Zeitschrift für Wirtschafts- und Finanzstrafrecht (Österreich)
ZWH	Zeitschrift für Wirtschaftsstrafrecht und Haftung im Unternehmen
ZwHeiratBekG	Gesetz zur Bekämpfung der Zwangsheirat und zum besseren Schutz der Opfer von Zwangsheirat sowie zur Änderung weiterer aufenthalts- und asylrechtlicher Vorschriften vom 23.6.2011 (BGBl. I S. 1266)

Literaturverzeichnis

Achenbach/Ransiek/Rönnau	Achenbach/Ransiek/Rönnau, Handbuch Wirtschaftsstrafrecht, 5. Aufl. (2019)
AE-EV	Alternativ-Entwurf Reform des Ermittlungsverfahrens (AE-EV); Entwurf eines Arbeitskreises deutscher, österreichischer und schweizerischer Strafrechtslehrer (2001)
AE-EuStV	Alternativentwurf Europäische Strafverfolgung; hrsg. von Schünemann (2004)
AE-StuM	Alternativ-Entwurf Strafjustiz und Medien (AE-StuM: Entwurf eines Arbeitskreises deutscher, österreichischer und schweizerischer Strafrechtslehrer (2004))
Ahlbrecht/Böhm/Esser/ Eckelmans	Ahlbrecht/Böhm/Esser/Eckelmans, Internationales Strafrecht, 2. Aufl. (2017)
AK	Alternativkommentar zur Strafprozessordnung, Bd. I (§§ 1 bis 93; 1988), Bd. II 1 (§§ 94 bis 212b; 1992), Bd. II 2 (§§ 213 bis 275; 1993), Bd. III (§§ 276 bis 477; 1996)
AK-GG	Alternativkommentar zum Grundgesetz, 2. Aufl., Bd. I (Art. 1 bis 37; 1989), Bd. II (Art. 38 bis 146; 1989)
AK-StGB	Alternativkommentar zum Strafgesetzbuch, Bd. I (§§ 1 bis 21; 1990), Bd. III (§§ 80 bis 145d; 1986)
AnwK	Krekeler/Löffelmann/Sommer, AnwaltKommentar zur Strafprozessordnung, 2. Aufl. (2009)
AnwK-StGB	Leipold/Tsambikakis/Zöller (Hrsg.), AnwaltKommentar StGB, 3. Aufl. (2020)
AnwK-UHaft	König (Hrsg.), AnwaltKommentar Untersuchungshaft (2011)
Albrecht	Albrecht, Jugendstrafrecht, 3. Aufl. (2000)
Albrecht (Krim.)	Albrecht, Kriminologie, 4. Aufl. (2010)
Alsberg	Alsberg, Der Beweisantrag im Strafprozess, 7. Aufl. (2019)
Ambos	Ambos, Internationales Strafrecht, 5. Aufl. (2018)
Ambos/König/Rackow	Ambos/König/Rackow (Hrsg.), Rechtshilferecht in Strafsachen, 2. Aufl. (2020)
Arloth	Arloth, Strafprozeßrecht (1995)
Arloth/Krä	Arloth/Krä, Strafvollzugsgesetz, 4. Aufl. (2017)
Aschrott	Reform des Strafprozesses, kritische Besprechung der von der Kommission für die Reform des Strafprozesses gemachten Vorschläge, hrsg. von Aschrott (1906)
Artkämper	Artkämper, Die „gestörte" Hauptverhandlung, 5. Aufl. (2017)
Artkämper/Esders/Jakobs/ Sotelsek	Artkämper/Esders/Jakobs/Sotelsek, Praxiswissen Strafverfahren bei Tötungsdelikten (2012)
Aubert	Aubert, Fernmelderecht I, 3. Aufl. (1976)
Barton	Barton, Mindeststandards der Strafverteidigung (1994)
Barton (Verfahrensg.)	Barton, Verfahrensgerechtigkeit und Zeugenbeweis (2002)
Barton (Strafverteidigung)	Barton, Einführung in die Strafverteidigung, 2. Aufl. (2013)
Baumann	Baumann, Grundbegriffe und Verfahrensprinzipien des Strafprozeßrechts, 3. Aufl. (1979)
Baumann/Weber/Mitsch/ Eisele	Baumann/Weber/Mitsch/Eisele, Strafrecht, Allgemeiner Teil, Lehrbuch, 12. Aufl. (2016)
Baumbach/Lauterbach/ Hartmann/Anders/Gehle	Baumbach/Lauterbach/Hartmann/Anders/Gehle, Zivilprozessordnung, Kurz-Kommentar, 78. Aufl. (2020)
Beck/Berr/Schäpe	Beck/Berr/Schäpe, OWi-Sachen im Straßenverkehrsrecht, 7. Aufl. (2017)
Beck/Müller	Beck/Müller, Fälle und Lösungen zur StPO, 6. Aufl. (2020)
Beck'sches Formularbuch	Hamm/Leipold (Hrsg.), Beck'sches Formularbuch für den Strafverteidiger, 6. Aufl. (2018)
Beling	Beling, Deutsches Reichsstrafprozeßrecht (1928)

https://doi.org/10.1515/9783110765540-205

Bender/Nack/Treuer	Bender/Nack/Treuer, Tatsachenfeststellung vor Gericht, 5. Aufl. (2021)
Benfer/Bialon	Benfer/Bialon, Rechtseingriffe von Polizei und Staatsanwaltschaft, 4. Aufl. (2010)
Bernsmann/Gatzweiler	Bernsmann/Gatzweiler, Verteidigung bei Korruptionsfällen, 2. Aufl. (2014)
Berz/Burmann	Berz/Burmann, Handbuch des Straßenverkehrsrechts, Loseblattausgabe, 2 Bände, 43. Aufl. (2021)
Beulke/Swoboda	Beulke, Strafprozessrecht, 15. Aufl. (2020)
Beulke/Ruhmannseder	Beulke/Ruhmannseder, Die Strafbarkeit des Verteidigers, 2. Aufl. (2010)
Binding	Binding, Grundriss des Deutschen Strafprozessrechts, 5. Aufl. 1904
Birkenstock	Birkenstock, Verfahrensrügen im Strafprozess – Rechtsprechungssammlung, 2 Bände (2004)
Birkmeyer	Birkmeyer, Deutsches Strafprozeßrecht (1898)
Bittmann/Köhler/Seeger/Tschakert	Handbuch der strafrechtlichen Vermögensabschöpfung: Sicherstellung – Einziehung – Opferentschädigung (2020)
Bock	Bock, Criminal Compliance, 2. Aufl. (2013)
Bockemühl	Bockemühl (Hrsg.), Handbuch des Fachanwalts Strafrecht, 8. Aufl. (2020)
Bohnert	Bohnert, Beschränkungen der strafprozessualen Revision durch Zwischenverfahren (1983)
Bohnert/Bülte	Bohnert/Bülte, Ordnungswidrigkeitenrecht, 6 Aufl. (2020)
Bonn.Komm.	Kommentar zum Bonner Grundgesetz, Loseblattausgabe (ab 1950)
Booß	Booß, Straßenverkehrsordnung, Kommentar, 3. Aufl. (1980)
Bosbach	Bosbach, Verteidigung im Ermittlungsverfahren, 8. Aufl. (2015)
Bouska/Laeverenz	Bouska/Laeverenz, Fahrerlaubnisrecht, 3. Aufl. (2004)
Böhm/Feuerhelm	Böhm/Feuerhelm, Einführung in das Jugendstrafrecht, 4. Aufl. (2004)
Böhm (Strafvollzug)	Böhm, Strafvollzug, 3. Aufl. (2002)
Böse	Böse (Hrsg.), Europäisches Strafrecht, Enzyklopädie Europarecht, Band 9 (2021)
Böttger	Böttger (Hrsg.), Wirtschaftsstrafrecht in der Praxis, 2. Aufl. (2015)
Brandstetter	Brandstetter, Straffreiheitsgesetz, Kommentar (1956)
Brenner	Brenner, Ordnungswidrigkeitenrecht (1996)
Brettel/Schneider	Brettel/Schneider, Wirtschaftsstrafrecht, 3. Aufl. 2020
Breyer/Mehle/Osnabrügge/Schaefer	Breyer/Mehle/Osnabrügge/Schaefer, Strafprozessrecht (2005)
von Briel/Ehlscheid	von Briel/Ehlscheid, Steuerstrafrecht, 2. Aufl. (2000)
Bringewat	Bringewat, Strafvollstreckung, Kommentar zu den §§ 449 bis 463d StPO (1993)
Brodag	Brodag, Strafverfahrensrecht, 13. Aufl. (2014)
Brunner	Brunner, Abschlussverfügung der Staatsanwaltschaft, 14. Aufl. (2019)
Brunner/Dölling	Brunner/Dölling, Jugendgerichtsgesetz, Kommentar, 13. Aufl. (2017)
Bruns/Schröder/Tappert	Bruns/Schröder/Tappert, Kommentar zum strafrechtlichen Rehabilitierungsgesetz (1993)
Brüssow/Gatzweiler/Krekeler/Mehle	Brüssow/Gatzweiler/Krekeler/Mehle, Strafverteidigung in der Praxis, 4. Aufl. (2007)
Buddendiek/Rutkowski	Buddendiek/Rutkowski, Lexikon des Nebenstrafrechts, zugleich Registerband zum Erbs/Kohlhaas, Strafrechtliche Nebengesetze, 43. Aufl. (2020)
Burchardi/Klempahn/Wetterich	Burchardi/Klempahn/Wetterich, Der Staatsanwalt und sein Arbeitsgebiet, 5. Aufl. (1982)
Burhoff (Ermittlungsv.)	Burhoff, Handbuch für das strafrechtliche Ermittlungsverfahren, 8. Aufl. (2018)
Burhoff (Hauptv.)	Burhoff, Handbuch für die strafrechtliche Hauptverhandlung, 9. Aufl. (2019)
Burhoff (StrV-OWi)	Burhoff, Handbuch für das straßenverkehrsrechtliche OW-Verfahren, 6. Aufl. 2021
Burhoff/Stephan	Burhoff/Stephan, Strafvereitelung durch Strafverteidiger (2008)

Burhoff/Kotz	Burhoff/Kotz, Handbuch für strafrechtliche Rechtsmittel und Rechtsbehelfe, 2. Aufl. (2016)
Burmann/Heß/ Hühnermann/Jahnke	Burmann/Heß/Hühnermann/Jahnke, Straßenverkehrsrecht, 26. Aufl. (2020)
Ciolek-Krepold	Ciolek-Krepold, Durchsuchung und Beschlagnahme in Wirtschaftsstrafsachen (2000)
Cirener/Jahn/Radtke	Cirener/Jahn/Radtke (Hrsg.), Bild-Ton-Dokumentation und »Konkurrenzlehre 2.0« (2020)
Corstens/Pradel	Corstens/Pradel, European Criminal Law (2002)
Cramer	Cramer, Straßenverkehrsrecht StVO – StGB, Kommentar, 2. Aufl. (1977)
Cramer/Bürgle	Cramer/Bürgle, Die strafprozessualen Beweisverwertungsverbote, 2. Aufl. (2004)
Cramer/Cramer	Cramer/Cramer, Anwalts-Handbuch Strafrecht (2002)
Cryer/Friman/Robinson/ Wilmshurst	Cryer/Friman/Robinson/Wilmshurst, An Introduction to International Criminal Law and Procedure, 4th ed. (2019)
Cullen/Jund	Cullen/Jund, Strafrechtliche Zusammenarbeit in der Europäischen Union nach Tampere (2002)
Dahs (Hdb.)	Dahs, Handbuch des Strafverteidigers, 8. Aufl. (2015)
Dahs (Rechtl. Gehör)	Dahs, Rechtliches Gehör im Strafverfahren (1963)
Dahs	Dahs, Die Revision im Strafprozess, 9. Aufl. (2017)
Daimagüler	Daimagüler, Der Verletzte im Strafverfahren – Handbuch für die Praxis (2016)
Dalcke/Fuhrmann/Schäfer	Dalcke/Fuhrmann/Schäfer, Strafrecht und Strafverfahren, Kommentar, 37. Aufl. (1961) (Reprint 2020)
Dallinger/Lackner	Dallinger/Lackner, Jugendgerichtsgesetz und ergänzende Vorschriften, Kommentar, 2. Aufl. (1965)
Dannecker/Knierim	Dannecker/Knierim, Insolvenzstrafrecht, 3. Aufl. (2018)
Deckers	Deckers, Der strafprozessuale Beweisantrag, 3. Aufl. (2013)
Delmas-Marty	Delmas-Marty, Corpus Juris der strafrechtlichen Regelungen zum Schutz der finanziellen Interessen der Europäischen Union (1998)
Delmas-Marty/Vervaele	Delmas-Marty/Verwaele, The Implementation of the Corpus Juris in the Member States, 4 Bände (2001)
Detter	Detter, Revision im Strafverfahren (2011)
Diemer/Schatz/Sonnen	Diemer/Schatz/Sonnen, Jugendgerichtsgesetz, Kommentar, 8. Aufl. (2020)
Dölling/Duttge/Rössner/ König	Dölling/Duttge/Rössner/König, Gesamtes Strafrecht – Handkommentar 4. Aufl. (2017) (zit.: HK-GS/*Verfasser*)
Dörndorfer	Dörndorfer, Rechtspflegergesetz, Kommentar, 3. Aufl. (2020)
Doswald-Beck/Kolb	Doswald-Beck/Kolb, Judicial Process and Human Rights – United Nations, European, American and African Systems – Texts and summaries of international case law, 2004
Eb. Schmidt	Eberhard Schmidt, Lehrkommentar zur Strafprozeßordnung und zum Gerichtsverfassungsgesetz, Teil I: Die rechtstheoretischen und die rechtspolitischen Grundlagen des Strafverfahrensrechts, 2. Aufl. (1964); Teil II: Erläuterungen zur Strafprozeßordnung und zum Einführungsgesetz (1957); Teil III: Erläuterungen zum Gerichtsverfassungsgesetz und zum Einführungsgesetz (1960), Nachtrag I: Nachträge und Ergänzungen zu Teil II (1967), Nachtrag II: Nachtragsband II (1970)
Eb. Schmidt (Geschichte)	Schmidt, Einführung in die Geschichte der deutschen Strafrechtspflege, 3. Aufl. (1965)
Eb. Schmidt (Kolleg)	Schmidt, Deutsches Strafprozeßrecht, ein Kolleg (1967)
Eberth/Müller/Schütrumpf	Eberth/Müller/Schütrumpf, Verteidigung in Betäubungsmittelsachen, 7. Aufl. (2018)
Eidam	Eidam, Unternehmen und Strafe, 5. Aufl. (2018)
Eisenberg/Kölbel	Eisenberg/Kölbel, Jugendgerichtsgesetz, Kommentar, 21. Aufl. (2020)

Eisenberg (Beweismittel)	Eisenberg, Persönliche Beweismittel in der StPO, 2. Aufl. (1996)
Eisenberg (Beweisrecht)	Eisenberg, Beweisrecht der StPO, Spezialkommentar, 10. Aufl. (2017)
Eisenberg/Kölbel	Eisenberg/Kölbel, Kriminologie, 7. Aufl. (2017)
Endriß (BtM-Verfahren)	Endriß, Verteidigung in Betäubungsmittelverfahren (1998)
Engländer	Engländer, Examensrepetitorium Strafprozessrecht, 10. Aufl. (2020)
Erbs/Kohlhaas	Erbs/Kohlhaas, Strafrechtliche Nebengesetze, Kurzkommentar, Loseblattausgabe, 228. Aufl. (2020)
Erhardt	Erhardt, Strafrecht für Polizeibeamte, 6. Aufl. (2020)
ERST	Esser/Rübenstahl/Saliger/Tsambikakis (Hrsg.), Wirtschaftsstrafrecht, 2017
Eser	Eser, Einführung in das Strafprozeßrecht (1983)
Eser/Hassemer/Burkhardt	Eser/Hassemer/Burkhardt, Die deutsche Strafrechtswissenschaft vor der Jahrtausendwende (2000)
Esser	Esser, Auf dem Weg zu einem europäischen Strafverfahrensrecht (2002)
Esser, EuStR	Esser, Europäisches und Internationales Strafrecht, 2. Aufl. (2018)
Esser/Ida	Esser/Ida (Hrsg.), Menschenrechtsschutz und Zusammenarbeit im Strafrecht als globale Herausforderung (2018)
Esser/Tsambikakis	Esser/Tsambikakis (Hrsg.), Pandemiestrafrecht (2020)
Fahl	Fahl, Rechtsmißbrauch im Strafprozeß (2004)
Fahrner	Fahrner, Handbuch Internationale Ermittlungen (2020)
Feest/Lesting/Lindemann	Feest/Lesting/Lindemann (Hrsg.), Kommentar zum Strafvollzugsgesetz (AK-StVollzG), 7. Aufl. (2017)
Fehn/Wamers	Fehn/Wamers, ZfdG – Zollfahndungsdienstgesetz – Handkommentar (2003)
Feisenberger	Feisenberger, Strafprozeßordnung und Gerichtsverfassungsgesetz (1926)
Ferner	Ferner, Strafzumessung (2005)
Fezer	Fezer, Strafprozeßrecht, 2. Aufl. (1995)
FG Beulke	Strafverteidigung – Grundlagen und Stolpersteine: Symposion für Werner Beulke (2012)
Fischer	Fischer, Strafgesetzbuch und Nebengesetze, Kommentar, 68. Aufl. (2021)
Flore/Tsambikakis	Flore/Tsambikakis (Hrsg.), Steuerstrafrecht, 2. Aufl. (2016)
Franke/Wienroeder	Franke/Wienroeder, BtMG, 3. Aufl. (2007)
Freyschmidt/Krumm	Freyschmidt/Krumm, Verteidigung in Straßenverkehrssachen, 11. Aufl. (2019)
Fromm	Fromm, Verteidigung in Straßenverkehrs- und Ordnungswidrigkeitenverfahren, 2. Aufl. (2015)
Frowein/Peukert	Frowein/Peukert, Europäische Menschenrechtskonvention, EMRK-Kommentar, 3. Aufl. (2009)
FS 45. DJT	Festschrift für den 45. Deutschen Juristentag (1964)
FS Achenbach	Festschrift für Hans Achenbach zum 70. Geburtstag (2011)
FS Adamovich	Staatsrecht und Staatswissenschaften in Zeiten des Wandels – Festschrift für Ludwig Adamovich zum 60. Geburtstag (1992)
FS AG Strafrecht DAV	Strafverteidigung im Rechtsstaat – 25 Jahre Arbeitsgemeinschaft Strafrecht des Deutschen Anwaltvereins (2009)
FS Amelung	Grundlagen des Straf- und Strafverfahrensrechts – Festschrift für Knut Amelung zum 70. Geburtstag (2009)
FS Androulakis	Festschrift für Nikolaos Androulakis zum 70. Geburtstag (2003)
FS Augsburg	Recht in Europa – Festgabe zum 30-jährigen Bestehen der Juristischen Fakultät Augsburg (2002)
FS Baudenbacher	Economic law and justice in times of globalisation – Festschrift für Carl Baudenbacher (2007)
FS Baumann	Festschrift für Jürgen Baumann zum 70. Geburtstag (1992)
FS Baumgärtel	Festschrift für Gottfried Baumgärtel zum 70. Geburtstag (1990)
FS BayVerfGH	Festschrift zum 50-jährigen Bestehen des Bayerischen Verfassungsgerichtshofs (1997)
FS Bemmann	Festschrift für Günther Bemmann zum 70. Geburtstag (1997)

FS Bernhardt	Recht zwischen Umbruch und Bewahrung – Festschrift für Rudolf Bernhardt (1995)
FS Beulke	Ein menschengerechtes Strafrecht als Lebensaufgabe –Festschrift für Werner Beulke zum 70. Geburtstag (2015)
FS Binding	Festschrift für Karl Binding zum 4. Juni 1911
FS BGH	Festschrift aus Anlass des 50-jährigen Bestehens von Bundesgerichtshof, Bundesanwaltschaft und Rechtsanwaltschaft beim Bundesgerichtshof (2000)
FS II BGH	50 Jahre Bundesgerichtshof, Festgabe aus der Wissenschaft, hrsg. von Roxin/Widmaier, Bd. IV: Strafrecht (2000)
FS Blau	Festschrift für Günter Blau zum 70. Geburtstag (1985)
FS Bockelmann	Festschrift für Paul Bockelmann zum 70. Geburtstag (1979)
FS Böhm	Festschrift für Alexander Böhm zum 70. Geburtstag (1999)
FS Böttcher	Recht gestalten – dem Recht dienen, Festschrift für Reinhard Böttcher zum 70. Geburtstag (2007)
FS Boujong	Verantwortung und Gestaltung, Festschrift für Karlheinz Boujong zum 65. Geburtstag (1996)
FS BRAK	Festschrift zu Ehren des Strafrechtsausschusses der Bundesrechtsanwaltskammer (2006)
FS Brauneck	Ehrengabe für Anne-Eva Brauneck (1999)
FS Breidling	Festschrift für Ottmar Breidling zum 70. Geburtstag (2017)
FS Bruns	Festschrift für Hans-Jürgen Bruns zum 70. Geburtstag (1978)
FS Burgstaller	Festschrift für Manfred Burgstaller zum 65. Geburtstag (2004)
FS Burhoff	Festschrift für Detlef Burhoff zum 70. Geburtstag (2020)
FS Carstens	Einigkeit und Recht und Freiheit, Festschrift für Karl Carstens zum 70. Geburtstag (1984)
FS Dahs	Festschrift für Hans Dahs zum 70. Geburtstag (2005)
FS Damaska	Festschrift for Mirjan Damaska (2008)
FS Delbrück	Liber Amicorum Jost Delbrück (2005)
FS Dencker	Festschrift für Friedrich Dencker zum 70. Geburtstag (2012)
FS Doehring	Staat und Völkerrechtsordnung – Festschrift für Karl Doehring; Beiträge zum ausländischen Recht und Völkerrecht Bd. 98 (1989)
FS Dreher	Festschrift für Eduard Dreher zum 70. Geburtstag (1977)
FS Dünnebier	Festschrift für Hanns Dünnebier zum 75. Geburtstag (1982)
FS Eide	Human rights and criminal justice for the downtrodden; Essays in honour of Asbjørn Eide (2003)
FS Eisenberg	Festschrift für Ulrich Eisenberg zum 70. Geburtstag (2009)
FS Eisenberg II	Für die Sache – Kriminalwissenschaften aus unabhängiger Perspektive – Festschrift für Ulrich Eisenberg zum 80. Geburtstag (2019)
FS Engisch	Festschrift für Karl Engisch zum 70. Geburtstag (1969)
FS Ermacora	Fortschritt im Bewußtsein der Grund- und Menschenrechte, Festschrift für Felix Ermacora zum 65. Geburtstag (1988)
FS Eser	Menschengerechtes Strafrecht, Festschrift für Albin Eser zum 70. Geburtstag (2005)
FS Eser II	Scripta amicitiae – Freundschaftsgabe für Albin Eser zum 80. Geburtstag (2015)
FS Europa-Institut	Europäische Integration und Globalisierung, Festschrift zum 60-jährigen Bestehen des Europa-Instituts (2011)
FS Everling	Festschrift für Ulrich Everling (1993)
FS Faller	Festschrift für Hans Joachim Faller (1984)
FS Feltes	Auf neuen Wegen. Kriminologie, Kriminalpolitik und Polizeiwissenschaft aus interdisziplinärer Perspektive, Festschrift für Thomas Feltes zum 70. Geburtstag (2021)
FS Fezer	Festschrift für Gerhard Fezer zum 70. Geburtstag (2008)
FS Fiedler	Verfassung – Völkerrecht – Kulturgüterschutz, Festschrift für Wilfried Fiedler zum 70. Geburtstag (2011)

FS Fischer	Festschrift für Thomas Fischer (2018)
FS Flume	Festgabe für Werner Flume zum 90. Geburtstag (1998)
FS Friauf	Festschrift für Karl Heinrich Friauf (1996)
FS Friebertshäuser	Festgabe für den Strafverteidiger Dr. Heino Friebertshäuser (1997)
FS Frisch	Grundlagen und Dogmatik des gesamten Strafrechtssystems – Festschrift für Wolfgang Frisch zum 70. Geburtstag (2013)
FS Fuchs	Festschrift für Helmut Fuchs zum 65. Geburtstag (2014)
FS Gallas	Festschrift für Wilhelm Gallas zum 70. Geburtstag (1973)
FS Geerds	Kriminalistik und Strafrecht, Festschrift für Friedrich Geerds zum 70. Geburtstag (1995)
FS Geiger	Verantwortlichkeit und Freiheit. Die Verfassung als wertbestimmende Ordnung; Festschrift für Willi Geiger zum 80. Geburtstag (1989)
FS Geiß	Festschrift für Karlmann Geiß zum 65. Geburtstag (2000)
FS Geppert	Festschrift für Klaus Geppert zum 70. Geburtstag (2011)
FS Gollwitzer	Verfassungsrecht – Menschenrechte – Strafrecht, Kolloquium für Dr. Walter Gollwitzer zum 80. Geburtstag (2004)
FS Gössel	Festschrift für Karl Heinz Gössel zum 70. Geburtstag (2002)
FS Graf-Schlicker	Festschrift zu Ehren von Marie Luise Graf-Schlicker (2018)
FS Graßhoff	Der verfasste Rechtsstaat, Festgabe für Karin Graßhoff (1998)
FS Grünwald	Festschrift für Gerald Grünwald zum 70. Geburtstag (1999)
FS Grützner	Aktuelle Probleme des Internationalen Strafrechts, Festschrift für Heinrich Grützner zum 65. Geburtstag (1970)
FS Hacker	Wandel durch Beständigkeit, Festschrift für Jens Hacker (1998)
FS Haffke	Das Dilemma des rechtsstaatlichen Strafrechts: Symposium für Bernhard Haffke zum 65. Geburtstag (2009)
FS Hamm	Festschrift für Rainer Hamm zum 65. Geburtstag (2008)
FS Hanack	Festschrift für Ernst-Walter Hanack zum 70. Geburtstag (1999)
FS Hassemer	Festschrift für Winfried Hassemer zum 70. Geburtstag (2010)
FS Heinitz	Festschrift für Ernst Heinitz zum 70. Geburtstag (1972)
FS Heintschel-Heinegg	Festschrift für Bernd von Heintschel-Heinegg zum 70. Geburtstag (2015)
FS Heinz	Festschrift für Wolfgang Heinz zum 70. Geburtstag (2012)
FS Heldrich	Festschrift für Andreas Heldrich zum 70. Geburtstag (2005)
FS Helmrich	Für Staat und Recht, Festschrift für Herbert Helmrich zum 60. Geburtstag (1994)
FS Henkel	Grundfragen der gesamten Strafrechtswissenschaft, Festschrift für Heinrich Henkel zum 70. Geburtstag (1974)
FS Herzberg	Strafrecht zwischen System und Telos, Festschrift für Rolf Dietrich Herzberg zum 70. Geburtstag (2008)
FS Heusinger	Ehrengabe für Bruno Heusinger (1968)
FS Hilger	Datenübermittlungen und Vorermittlungen, Festgabe für Hans Hilger (2003)
FS Hirsch	Berliner Festschrift für Ernst E. Hirsch (1968)
FS B. Hirsch	Mit Recht für Menschenwürde und Verfassungsstaat, Festgabe für Burkhard Hirsch (2007)
FS H. J. Hirsch	Festschrift Hans Joachim Hirsch zum 70. Geburtstag (1999)
FS Höpfel	Vielfalt des Strafrechts im internationalen Kontext – Festschrift für Frank Höpfel zum 65. Geburtstag (2018)
FS HU Berlin	Festschrift 200 Jahre Juristische Fakultät der Humboldt-Universität zu Berlin (2010)
FS Hubmann	Beiträge zum Schutz der Persönlichkeit und ihrer schöpferischen Leistung, Festschrift für Heinrich Hubmann zum 70. Geburtstag (1985)
FS Huber	Recht als Prozess und Gefüge, Festschrift für Hans Huber zum 80. Geburtstag (1981)
FS Imme Roxin	Festschrift für Imme Roxin zum 75. Geburtstag (2012)
FS Ismayr	Analyse demokratischer Regierungssysteme, Festschrift für Wolfgang Ismayr zum 65. Geburtstag (2010)

FS Jahrreiß	Festschrift für Hermann Jahrreiß zum 70. Geburtstag (1964)
FS II Jahrreiß	Festschrift für Hermann Jahrreiß zum 80. Geburtstag (1974)
FS Jakobs	Festschrift für Günther Jakobs zum 70. Geburtstag (2007)
FS Jescheck	Festschrift für Hans-Heinrich Jescheck zum 70. Geburtstag (1985)
FS Jung	Festschrift für Heike Jung zum 65. Geburtstag (2007)
FS JurGes. Berlin	Festschrift zum 125jährigen Bestehen der Juristischen Gesellschaft zu Berlin (1984)
FS Kaiser	Internationale Perspektiven in Kriminologie und Strafrecht, Festschrift für Günther Kaiser zum 70. Geburtstag (1998)
FS Kargl	Festschrift für Walter Kargl zum 70. Geburtstag (2015)
FS Katoh	Blick über den Tellerrand, Festschrift für Hisao Katoh (2008)
FS Arthur Kaufmann	Strafgerechtigkeit, Festschrift für Arthur Kaufmann zum 70. Geburtstag (1993)
FS Kern	Tübinger Festschrift für Eduard Kern (1968)
FS Kerner	Kriminologie – Kriminalpolitik – Strafrecht, Festschrift für Hans-Jürgen Kerner zum 70. Geburtstag (2013)
FS Kielwein	Dogmatik und Praxis des Strafverfahrens, Beiträge anläßlich des Colloquiums zum 65. Geburtstag von Gerhard Kielwein (1989)
FS Kindhäuser	Festschrift für Urs Kindhäuser zum 70. Geburtstag (2019)
FS Kirchberg	Festschrift für Christian Kirchberg zum 70. Geburtstag (2017)
FS Klecatsky	Auf dem Weg zur Menschenwürde und Gerechtigkeit, Festschrift für Hans Klecatsky zum 60. Geburtstag (1980)
FS Klein	Festschrift für Franz Klein zum 60. Geburtstag (1914)
FS Kleinheyer	Festschrift für Gerd Kleinheyer zum 70. Geburtstag (2001)
FS Kleinknecht	Strafverfahren im Rechtsstaat, Festschrift für Theodor Kleinknecht zum 75. Geburtstag (1985)
FS Klug	Festschrift für Ulrich Klug zum 70. Geburtstag (1983)
FS Koch	Strafverteidigung und Strafprozeß, Festgabe für Ludwig Koch (1989)
FS Kohlmann	Festschrift für Günter Kohlmann zum 70. Geburtstag (2003)
FS Kralik	Festschrift für Winfried Kralik zum 65. Geburtstag (1986)
FS Krause	Festschrift für Friedrich-Wihelm Krause zum 70. Geburtstag (1990)
FS Krauss	Prozessuales Denken als Innovationsanreiz für das materielle Strafrecht, Kolloquium zum 70. Geburtstag von Detlef Krauss (2006)
FS Kreuzer	Mittler zwischen Recht und Wirklichkeit – Festschrift für Arthur Kreuzer zum 80. Geburtstag (2018)
FS Kriele	Staatsphilosophie und Rechtspolitik, Festschrift für Martin Kriele zum 65. Geburtstag (1997)
FS Krey	Festschrift für Volker Krey zum 70. Geburtstag (2010)
FS Kroeschell	Wirkungen europäischer Rechtskultur – Festschrift für Karl Kroeschll zum 70. Geburtstag (1997)
FS Kunert	Freiheit, Gesetz und Toleranz, Symposium zum 75. Geburtstag von Karl Heinz Kunert (2006)
FS Kühl	Festschrift für Kristian Kühl zum 70. Geburtstag (2014)
FS Kühne	Festschrift für Hans-Heiner Kühne zum 70. Geburtstag (2013)
FS Küper	Festschrift für Wilfried Küper zum 70. Geburtstag (2007)
FS Lackner	Festschrift für Karl Lackner zum 70. Geburtstag (1987)
FS Lampe	Jus humanum: Grundlagen des Rechts und Strafrechts, Festschrift für Ernst-Joachim Lampe zum 70. Geburtstag (2003)
FS Landau	Grundgesetz und Europa – Liber Amicorum für Herbert Landau zum Ausscheiden aus dem Bundesverfassungsgericht (2016)
FS Lange	Festschrift für Richard Lange zum 70. Geburtstag (1976)
FS Leferenz	Kriminologie – Psychiatrie – Strafrecht, Festschrift für Heinz Leferenz zum 70. Geburtstag (1983)
FS Lenckner	Festschrift für Theodor Lenckner zum 70. Geburtstag (1998)

FS Lerche	Wege und Verfahren des Verfassungslebens, Festschrift für Peter Lerche zum 65. Geburtstag (1993)
FS Loebenstein	Der Rechtsstaat in der Krise – Festschrift für Edwin Loebenstein zum 80. Geburtstag (1991)
FS Loewenstein	Festschrift für Karl Loewenstein zum 80. Geburtstag (1971)
FS von Lübtow	De iustitia et iure – Festschrift für Ulrich von Lübtow zum 80. Geburtstag (1980)
FS Lüderssen	Festschrift für Klaus Lüderssen zum 70. Geburtstag (2002)
FS Machacek und Matscher	Rechtsschutz gestern – heute – morgen, Festgabe zum 80. Geburtstag für Rudolf Machacek und Franz Matscher (2008)
FS Maelicke	Wertschöpfung durch Wertschätzung, Festschrift für Bernd Maelicke zum 70. Geburtstag (2011)
FS Maihofer	Festschrift für Werner Maihofer zum 70. Geburtstag (1988)
FS Maiwald	Fragmentarisches Strafrecht, Für Manfred Maiwald aus Anlass seiner Emeritierung (2003)
FS Maiwald II	Gerechte Strafe und legitimes Strafen, Festschrift für Manfred Maiwald zum 75. Geburtstag (2010)
FS Mangakis	Festschrift für Georgios Mangakis (1999)
FS Manoledakis	Festschrift für Ioannis Manoledakis (2005)
FS Maurach	Festschrift für Reinhard Maurach zum 70. Geburtstag (1972)
FS Mayer	Beiträge zur gesamten Strafrechtswissenschaft, Festschrift für Hellmuth Mayer zum 70. Geburtstag (1966)
FS Mehle	Festschrift für Volkmar Mehle zum 65. Geburtstag (2009)
FS Merkel	Recht – Philosophie – Literatur, Festschrift für Reinhard Merkel zum 70. Geburtstag (2020)
FS Meyer-Goßner	Festschrift für Lutz Meyer-Goßner zum 65. Geburtstag (2001)
FS Mezger	Festschrift für Edmund Mezger zum 70. Geburtstag (1954)
FS Middendorf	Festschrift für Wolf Middendorf zum 70. Geburtstag (1986)
FS Miebach	NStZ-Sonderheft – Zum Eintritt in den Ruhestand für Klaus Miebach (2009)
FS Miklau	Strafprozessrecht im Wandel, Festschrift für Roland Miklau zum 65. Geburtstag (2006)
FS Miyazawa	Festschrift für Koichi Miyazawa (1995)
FS Möhring	Festschrift für Philipp Möhring zum 65. Geburtstag (1965)
FS Mosler	Völkerrecht als Rechtsordnung, Internationale Gerichtsbarkeit, Menschenrechte; Festschrift für Hermann Mosler zum 70. Geburtstag (1983)
FS E. Müller	Opuscula Honoraria, Egon Müller zum 65. Geburtstag (2003)
FS E. Müller II	Festschrift für Egon Müller zum 70. Geburtstag (2008)
FS Müller-Dietz	Grundlagen staatlichen Strafens, Festschrift für Heinz Müller-Dietz zum 70. Geburtstag (2001)
FS Nehm	Strafrecht und Justizgewährung, Festschrift für Kay Nehm zum 65. Geburtstag (2006)
FS Neumann	Rechtsstaatliches Strafrecht, Festschrift für Ulfrid Neumann zum 70. Geburtstag (2017)
FS Nishihara	Festschrift für Harua Nishihara zum 70. Geburtstag (1998)
FS Odersky	Festschrift für Walter Odersky zum 65. Geburtstag (1996)
FS Oehler	Festschrift für Dietrich Oehler zum 70. Geburtstag (1985)
FS Ostendorf	Strafrecht – Jugendstrafrecht – Kriminalprävention in Wissenschaft und Praxis – Festschrift für Heribert Ostendorf zum 70. Geburtstag (2015)
FS Otto	Festschrift für Harro Otto zum 70. Geburtstag (2007)
FS Paarhammer	In mandatis meditari, Festschrift für Hans Paarhammer zum 65. Geburtstag (2012)
FS Paeffgen	Strafe und Prozess im freiheitlichen Rechtsstaat – Festschrift für Hans-Ullrich Paeffgen zum 70. Geburtstag (2015)

FS Partsch	Des Menschen Recht zwischen Freiheit und Verantwortung, Festschrift für Karl Josef Partsch zum 75. Geburtstag (1989)
FS Paulus	Festgabe des Instituts für Strafrecht und Kriminologie der Juristischen Fakultät der Julius-Maximilians-Universität Würzburg für Rainer Paulus zum 70. Geburtstag (2009)
FS Pavisic	Kazneno Pravo, Kazneno Postupovno I Kriminalistika, Festschrift für Berislav Pavisic zum 70. Geburtstag (2014)
FS Peters	Einheit und Vielfalt des Strafrechts, Festschrift für Karl Peters zum 70. Geburtstag (1974)
FS Peters II	Wahrheit und Gerechtigkeit im Strafverfahren, Festgabe für Karl Peters zum 80. Geburtstag (1984)
FS Chr. Pfeiffer	Kriminologie ist Gesellschaftswissenschaft, Festschrift für Christian Pfeiffer zum 70. Geburtstag (2014)
FS Pfeiffer	Strafrecht, Unternehmensrecht, Anwaltsrecht, Festschrift für Gerd Pfeiffer zum Abschied aus dem Amt als Präsident des Bundesgerichtshofes (1988)
FS Pfenniger	Strafprozeß und Rechtsstaat, Festschrift zum 70. Geburtstag von H. F. Pfenniger (1976)
FS Platzgummer	Festschrift für Winfried Platzgummer zum 65. Geburtstag (1995)
FS Posser	Anwalt des Rechtsstaats – Festschrift für Diether Posser zum 75. Geburtstag (1997)
FS Pöttering	Processus Criminalis Europeus, Festschrift für Hans-Gert Pöttering (2008)
FS Puppe	Strafrechtswissenschaft als Analyse und Konstruktion, Festschrift für Ingeborg Puppe zum 70. Geburtstag (2011)
FS Rebmann	Festschrift für Kurt Rebmann zum 65. Geburtstag (1989)
FS Reichsgericht	Die Reichsgerichtspraxis im deutschen Rechtsleben, Festgabe der juristischen Fakultäten zum 50jährigen Bestehen des Reichsgerichts, Bd. 5, Strafrecht und Strafprozeß (1929)
FS Reichsjustizamt	Vom Reichsjustizamt zum Bundesministerium der Justiz, Festschrift zum 100jährigen Gründungstag des Reichsjustizamtes am 1.1.1877 (1977)
FS Remmers	Vertrauen in den Rechtsstaat, Beiträge zur deutschen Einheit im Recht, Festschrift für Walter Remmers (1995)
FS Rengier	Festschrift für Rudolf Rengier zum 70. Geburtstag (2018)
FS Ress	Internationale Gemeinschaft und Menschenrechte, Festschrift für Georg Ress zum 70. Geburtstag (2005)
FS Richter	Verstehen und Widerstehen, Festschrift für Christian Richter II zum 65. Geburtstag (2006)
FS Rieß	Festschrift für Peter Rieß zum 70. Geburtstag (2002)
FS Rill	Grundfragen und aktuelle Probleme des öffentlichen Rechts – Festschrift für Heinz Peter Rill zum 60. Geburtstag (1995)
FS Rissing-van Saan	Festschrift für Ruth Rissing-van Saan zum 65. Geburtstag (2011)
FS Rittler	Festschrift für Theodor Rittler zu seinem achtzigsten Geburtstag (1957)
FS Rogall	Systematik in Strafrechtswissenschaft und Gesetzgebung – Festschrift für Klaus Rogall zum 70. Geburtstag (2018)
FS Rolinski	Festschrift für Klaus Rolinski zum 70. Geburtstag (2002)
FS Rosenfeld	Festschrift für Ernst Heinrich Rosenfeld zu seinem 80. Geburtstag (1949)
FS Rowedder	Festschrift für Heinz Rowedder zum 75. Geburtstag (1994)
FS Roxin	Festschrift für Claus Roxin zum 70. Geburtstag (2001)
FS Roxin II	Festschrift für Claus Roxin zum 80. Geburtstag (2011)
FS Rössner	Über allem: Menschlichkeit – Festschrift für Dieter Rössner zum 70. Geburtstag (2015)
Rudolphi-Symp.	Zur Theorie und Systematik des Strafprozeßrechts, Symposium zu Ehren von Hans-Joachim Rudolphi zum 60. Geburtstag (1995)
FS Rudolphi	Festschrift für Hans-Joachim Rudolphi zum 70. Geburtstag (2004)
FS Rüping	Recht und Macht: zur Theorie und Praxis von Strafe, Festschrift für Hinrich Rüping zum 65. Geburtstag (2008)

FS Rüter	Festschrift für C. F. Rüter zum 65. Geburtstag (2003)
FS Salger	Straf- und Strafverfahrensrecht, Recht und Verkehr, Recht und Medizin, Festschrift für Hannskarl Salger zum Abschied aus dem Amt als Vizepräsident des Bundesgerichtshofes (1995)
FS Samson	Festschrift für Erich Samson zum 70. Geburtstag (2010)
FS Sarstedt	Festschrift für Werner Sarstedt zum 70. Geburtstag (1981)
FS Sauer	Festschrift für Wilhelm Sauer zu seinem 70. Geburtstag (1949)
FS G. Schäfer	NJW-Sonderheft für Gerhard Schäfer zum 65. Geburtstag (2002)
FS Schäfer	Festschrift für Karl Schäfer zum 80. Geburtstag (1980)
FS Scharf	Festschrift für Ulrich Scharf zum 70. Geburtstag (2008)
FS W. Schiller	Festschrift für Wolf Schiller zum 65. Geburtstag (2014)
FS Schindler	Im Dienst an der Gemeinschaft, Festschrift für Dietrich Schindler zum 65. Geburtstag (1989)
FS Schlochauer	Staatsrecht – Völkerrecht – Europarecht, Festschrift für Hans Jürgen Schlochauer (1981)
FS Schlothauer	Festschrift für Reinhold Schlothauer zum 70. Geburtstag (2018)
FS Schlüchter	Freiheit und Verantwortung in schwieriger Zeit, Kritische Studien aus vorwiegend straf(prozess-)rechtlicher Sicht zum 60. Geburtstag von Ellen Schlüchter (1998)
FS Schmidt	Festschrift für Eberhard Schmidt zum 70. Geburtstag (1961)
FS H. Schmidt	Kostenerstattung und Streitwert, Festschrift für Herbert Schmidt (1981)
FS Schmidt-Leichner	Festschrift für Erich Schmidt-Leichner zum 65. Geburtstag (1975)
FS Schmitt-Glaeser	Recht im Pluralismus, Festschrift für Walter Schmitt-Glaeser zum 70. Geburtstag (2003)
FS Schneider	Kriminologie an der Schwelle zum 21. Jahrhundert, Festschrift für Hans Joachim Schneider zum 70. Geburtstag (1998)
FS Schomburg	Justice Without Borders – Essays in Honour of Wolfgang Schomburg (2018)
FS Schöch	Festschrift für Heinz Schöch zum 70. Geburtstag (2010)
FS Schreiber	Strafrecht, Biorecht, Rechtsphilosophie, Festschrift für Hans-Ludwig Schreiber zum 70. Geburtstag (2003)
FS Schroeder	Festschrift für Friedrich-Christian Schroeder zum 70. Geburtstag (2006)
FS Schüler-Springorum	Festschrift für Horst Schüler-Springorum zum 65. Geburtstag (1993)
FS Schünemann	Festschrift für Bernd Schünemann zum 70. Geburtstag (2014)
FS Schultz	Lebendiges Strafrecht. Festgabe zum 65. Geburtstag von Hans Schultz (1977)
FS Schwind	Kriminalpolitik und ihre wissenschaftlichen Grundlagen, Festschrift für Hans-Dieter Schwind zum 70. Geburtstag (2006)
FS Seebode	Festschrift für Manfred Seebode zum 70. Geburtstag (2008)
FS Seidl-Hohenveldern	Völkerrecht, Recht der Internationalen Organisationen, Weltwirtschaftsrecht; Festschrift für Ignaz Seidl-Hohenveldern zum 70. Geburtstag (1988)
FS Sellert	Zur Erhaltung guter Ordnung – Beiträge zur Geschichte von Recht und Justiz, Festschrift für Wolfgang Sellert zum 65. Geburtstag (2000)
FS Sendler	Bürger-Richter-Staat, Festschrift für Horst Sendler zum Abschied aus seinem Amt (1991)
FS Spendel	Festschrift für Günter Spendel zum 70. Geburtstag (1992)
FS Spinellis	Festschrift für Dionysios Spinellis zum 70. Geburtstag (1999–2003)
FS StA Schleswig-Holstein	Strafverfolgung und Strafverzicht, Festschrift zum 125jährigen Bestehen der Staatsanwaltschaft Schleswig-Holstein (1992)
FS Steinberger	Tradition und Weltoffenheit des Rechts, Festschrift für Helmut Steinberger (2002)
FS Steinhilper	Kriminologie und Medizinrecht, Festschrift für Gernot Steinhilper zum 70. Geburtstag (2013)
FS Stober	Festschrift für Rolf Stober, Wirtschaft – Verwaltung – Recht (2008)

FS Stock	Studien zur Strafrechtswissenschaft, Festgabe für Ulrich Stock zum 70. Geburtstag (1966)
FS Stöckel	Strafrechtspraxis und Reform, Festschrift für Heinz Stöckel zum 70. Geburtstag (2010)
FS Strauda	Festschrift zu Ehren des Strafrechtsausschusses der Bundesrechtsanwaltskammer anlässlich seiner 196. Tagung vom 13.–15.10.2006 in Münster (2006)
FS Stree/Wessels	Beiträge zur Rechtswissenschaft, Festschrift für Walter Stree und Johannes Wessels zum 70. Geburtstag (1993)
FS Streng	Festschrift für Franz Streng zum 70. Geburtstag (2017)
FS Szwarc	Vergleichende Strafrechtswissenschaft, Frankfurter Festschrift für Andrzej J. Szwarc zum 70. Geburtstag (2009)
FS Tepperwien	NJW-Festheft zum 65. Geburtstag von Ingeborg Tepperwien (2010)
FS Tiedemann	Strafrecht und Wirtschaftsstrafrecht, Festschrift für Klaus Tiedemann zum 70. Geburtstag (2008)
FS Tondorf	Festschrift für Günter Tondorf zum 70. Geburtstag (2004)
FS Trechsel	Strafrecht, Strafprozessrecht und Menschenrechte, Festschrift für Stefan Trechsel zum 65. Geburtstag (2002)
FS Triffterer	Festschrift für Otto Triffterer zum 65. Geburtstag (1996)
FS Tröndle	Festschrift für Herbert Tröndle zum 70. Geburtstag (1989)
FS Trusen	Festschrift für Winfried Trusen zum 70. Geburtstag (1994)
FS Verdross	Völkerrecht und zeitliches Weltbild, Festschrift für Alfred Verdross zum 70. Geburtstag (1960)
FS Verdross II	Ius humanitas, Festschrift für Alfred Verdross zum 90. Geburtstag (1980)
FS Verosta	Völkerrecht und Rechtsphilosophie, Internationale Festschrift für Stephan Verosta zum 70. Geburtstag (1980)
FS Volk	In dubio pro libertate, Festschrift für Klaus Volk zum 65. Geburtstag (2009)
FS von Simson	Grundrechtsschutz im nationalen und internationalen Recht – Festschrift für Werner von Simson zum 75. Geburtstag (1983)
FS Vormbaum	Strafrecht und Juristische Zeitgeschichte – Symposium anlässlich des 70. Geburtstages von Thomas Vormbaum
FS Wassermann	Festschrift für Rudolf Wassermann zum 60. Geburtstag (1985)
FS v. Weber	Festschrift für Hellmuth von Weber zum 70. Geburtstag (1963)
FS Weber	Festschrift für Ulrich Weber zum 70. Geburtstag (2004)
FS Weißauer	Ärztliches Handeln – Verrechtlichung eines Berufsstandes; Festschrift für Walther Weißauer zum 65. Geburtstag (1986)
FS Welp	Strafverteidigung in Forschung und Praxis, Kriminalwissenschaftliches Kolloquium aus Anlaß des 70. Geburtstages von Jügen Welp (2006)
FS Welzel	Festschrift für Hans Welzel zum 70. Geburtstag (1974)
FS Wessing	Unternehmensstrafrecht – Festschrift für Jürgen Wessing zum 65. Geburtstag (2015)
FS Widmaier	Strafverteidigung, Revision und die gesamten Strafrechtswissenschaften – Festschrift für Gunter Widmaier zum 70. Geburtstag (2008)
FS Winkler	Beiträge zum Verfassungs- und Wirtschaftsrecht, Festschrift für Günther Winkler (1989)
FS Wolff	Festschrift für Ernst Amadeus Wolff zum 70. Geburtstag (1998)
FS Wolter	Festschrift für Jürgen Wolter zum 70. Geburtstag (2013)
FS Würtenberger	Kultur, Kriminalität, Strafrecht, Festschrift für Thomas Würtenberger zum 70. Geburtstag (1977)
FS Würtenberger II	Verfassungsstaatlichkeit im Wandel, Festschrift für Thomas Würtenberger zum 70. Geburtstag (2013)
FS Würzburger Juristenfakultät	Raum und Recht, Festschrift 600 Jahre Würzburger Juristenfakultät (2002)

FS Yamanaka	Rechtsstaatliches Strafen, Festschrift für Keiichi Yamanaka zum 70. Geburtstag (2017)
FS Zeidler	Festschrift für Wolfgang Zeidler (1987)
FS Zoll	Rechtsstaat und Strafrecht, Festschrift für Andrzej Zoll zum 70. Geburtstag (2012)
Full/Möhl/Rüth	s. Rüth/Berr/Berz
Gaede	Gaede, Fairness als Teilhabe – das Recht auf konkrete und wirksame Teilhabe durch Verteidigung gemäß Art. 6 EMRK (2007)
Gaier/Wolf/Göcken	Gaier/Wolf/Göcken, Anwaltliches Berufsrecht, 3. Aufl. (2019)
GedS Bleckmann	Rechtsstaatliche Ordnung Europas – Gedächtnisschrift für Albert Bleckmann (2007)
GedS Blomeyer	Recht der Wirtschaft und Arbeit in Europa. Gedächtnisschrift für Wolfgang Blomeyer (2004)
GedS Blumenwitz	Iustitia et Pax, Gedächtnisschrift für Dieter Blumenwitz (2008)
GedS Bruns	Gedächtnisschrift für Rudolf Bruns (1980)
GedS Eckert	Gedächtnisschrift für Jörn Eckert (2008)
GedS Geck	Verfassungsrecht und Völkerrecht, Gedächtnisschrift für Wilhelm Karl Geck (1989)
GedS Heine	Strafrecht als ultima ratio – Gießener Gedächtnisschrift für Günter Heine (2015)
GedS Joecks	Strafrecht – Wirtschaftsstrafrecht – Steuerrecht – Gedächtnisschrift für Wolfgang Joecks (2018)
GedS A. Kaufmann	Gedächtnisschrift für Armin Kaufmann (1986)
GedS H. Kaufmann	Gedächtnisschrift für Hilde Kaufmann (1986)
GedS Keller	Gedächtnisschrift für Rolf Keller (2003)
GedS Küchenhoff	Recht und Rechtsbesinnung, Gedächtnisschrift für Günter Küchenhoff (1987)
GedS Lisken	Lauschen im Rechtsstaat – Zu den Konsequenzen des Urteils des Bundesverfassungsgerichts zum großen Lauschangriff, Gedächtnisschrift für Hans Lisken (2004)
GedS Meurer	Gedächtnisschrift für Dieter Meurer (2002)
GedS Meyer	Gedächtnisschrift für Karlheinz Meyer (1990)
GedS Noll	Gedächtnisschrift für Peter Noll (1984)
GedS H. Peters	Gedächtnisschrift für Hans Peters (1967)
GedS Ryssdal	Protection des droits de l'homme: la perspective européenne/Protecting Human Rights: The European Perspective, Gedächtnisschrift für Rolv Ryssdal (2000)
GedS Schlüchter	Gedächtnisschrift für Ellen Schlüchter (2002)
GedS Schröder	Gedächtnisschrift für Horst Schröder (1978)
GedS Seebode	Im Zweifel für die Freiheit – Gedächtnisschrift für Manfred Seebode (2015)
GedS Tröndle	Gedächtnisschrift für Herbert Tröndle (2020)
GedS Trzaskalik	Gedächtnisschrift für Christoph Trzaskalik (2005)
GedS Walter	Kriminologie – Jugendkriminalrecht – Strafvollzug, Gedächtnisschrift für Michael Walter (2014)
GedS Weßlau	Rechtsstaatlicher Strafprozess und Bürgerrechte – Gedächtnisschrift für Edda Weßlau (2016)
GedS Vogler	Gedächtnisschrift für Theo Vogler (2004)
GedS Zipf	Gedächtnisschrift für Heinz Zipf (1999)
Geerds	Handbuch der Kriminalistik, begr. von H. Groß, neubearbeitet von Geerds, 10. Aufl. (Bd. I 1977, Bd. II 1978)
Geiger/Khan/Kotzur	Geiger/Khan/Kotzur, EUV/AEUV, Kommentar, 6. Aufl. (2017)
Gercke/Leimenstoll/Stirner	Gercke/Leimenstoll/Stirner, Handbuch Medizinstrafrecht (2020)
Gerland	Gerland, Der Deutsche Strafprozeß (1927)
Gerold/Schmidt/v. Eicken/Madert/Müller-Rabe	Gerold/Schmidt/v. Eicken/Madert/Müller-Rabe, Rechtsanwaltsvergütungsgesetz, Kommentar, 24. Aufl. (2019)

Gerson	Gerson, Das Recht auf Beschuldigung (2016)
Gerst	Gerst (Hrsg.), Zeugen in der Hauptverhandlung, 2. Aufl. (2020)
Glaser	Glaser, Handbuch des Strafprozesses, in Binding, Systematisches Handbuch der Deutschen Rechtswissenschaft (Bd. I 1883, Bd. II 1885)
Göbel	Göbel, Strafprozess, 8. Aufl. (2013)
Göhler	Göhler, Ordnungswidrigkeitengesetz, Kurzkommentar erläutert von Erich Göhler, fortgef. von Peter König und Helmut Seitz, 17. Aufl. (2017)
Gössel	Gössel, Strafverfahrensrecht, Studienbuch (1977)
Gössel/Dölling	Gössel/Dölling, Strafrecht, Besonderer Teil 1, 2. Aufl. (2004)
Goldschmidt	Goldschmidt, Der Prozeß als Rechtslage (1925)
Grabenwarter/Pabel	Grabenwarter/Pabel, Europäische Menschenrechtskonvention, 7. Aufl. (2021)
Grabitz/Hilf/Nettesheim	Grabitz/Hilf/Nettesheim, Das Recht der Europäischen Union, begr. von Grabitz, Loseblattausgabe, 72. Aufl. (2021)
Graf	Graf, Strafprozessordnung, 3. Aufl. (2018)
Graf/Goers (BGH Jahr)	Graf, BGH-Rechtsprechung Strafrecht 2010 (2011); 2011 (2012); 2012/2013 (2013); 2014 (2014); 2015 (2015); 2016 (2016); 2017 (2017); 2018 (2018); 2020 (2020)
Graf/Jäger/Wittig	Graf/Jäger/Wittig, Wirtschafts- und Steuerstrafrecht, 2. Aufl. (2017)
Graf zu Dohna	Graf zu Dohna, Das Strafprozeßrecht, 3. Aufl. (1929)
Greeve/Leipold	Greeve/Leipold, Handbuch des Baustrafrechts (2004)
Grote/Marauhn/Dörr	Grote/Marauhn/Dörr, EMRK/GG, Konkordanzkommentar zum europäischen und deutschen Grundrechtsschutz, 2. Aufl. (2013)
Grunau/Tiesler	Grunau/Tiesler, Strafvollzugsgesetz, Kommentar, 2. Aufl. (1982)
von der Grün	von der Grün, Verdeckte Ermittlungen (2018)
Grützner/Pötz/Kreß/Gazeas	Grützner/Pötz/Kreß/Gazeas, Internationaler Rechtshilfeverkehr in Strafsachen, Loseblattausgabe, Stand 2021
Guradze	Guradze, Die Europäische Menschenrechtskonvention, 1968
Gürtner	Das kommende deutsche Strafverfahren, Bericht der amtlichen Strafprozeßkommission, hrsg. von Gürtner (1938)
Habschick	Habschick, Erfolgreich Vernehmen, 4. Aufl. (2016)
Hackner/Schierholt	Hackner/Schierholt, Internationale Rechtshilfe in Strafsachen, 3. Aufl. (2017)
Hahn	Hahn, Die gesamten Materialien zur Strafprozeßordnung und dem Einführungsgesetz, Bd. I (1880), Bd. II (1881)
Haller/Conzen	Haller/Conzen, Das Strafverfahren, 9. Aufl. (2021)
Hamm/Hassemer/Pauly	Hamm/Hassemer/Pauly, Beweisantragsrecht, 3. Aufl. (2019)
Hamm/Pauly	Hamm, Die Revision in Strafsachen, 8. Aufl. (2020)
Hanack-Symp.	Aktuelle Probleme der Strafrechtspflege, Beiträge eines Symposions anläßlich des 60. Geburtstags von Ernst Walter Hanack (1991)
Hansens	Hansens, RVG, Rechtsanwaltsvergütungsgesetz, 9. Aufl. (2018)
Hartmann/Toussaint	Hartmann/Toussaint, Kostengesetze, 51. Aufl. (2021)
Hartung/Schons/Enders	Hartung/Schons/Enders, Rechtsanwaltsvergütungsgesetz (RVG), Kommentar, 3. Aufl. (2017)
Haupt/Weber/Bürner/ Frankfurth/Luxemburger/ Marth	Haupt/Weber/Bürner/Frankfurth/Luxemburger/Marth, Handbuch Opferschutz und Opferhilfe, 2. Aufl. (2003)
HdbStR	Handbuch des Strafrechts, hrsg. von Hilgendorf/Kudlich/Valerius, ab 2018
HdbVerfR	Handbuch des Verfassungsrechts, hrsg. von Benda/Maihofer/Vogel, 2. Aufl. (1994)
Hecker	Hecker, Europäisches Strafrecht, 5. Aufl. (2015)
Heghmanns/Herrmann	Heghmanns/Herrmann, Das Arbeitsgebiet des Staatsanwalts, 5. Aufl. (2017)
Heghmanns, Verteidigung	Heghmanns, Verteidigung in Strafvollstreckung und Strafvollzug, 2. Aufl. (2012)

Heghmanns/Scheffler	Heghmanns/Scheffler, Handbuch zum Strafverfahren (2008) (zit.: HbStrVf/*Verfasser*)
Hellebrand	Hellebrand, Die Staatsanwaltschaft (1999)
Hellmann	Hellmann, Strafprozessrecht, 2. Aufl. (2005)
Henkel	Henkel, Strafverfahrensrecht, Lehrbuch, 2. Aufl. (1968)
Henssler/Prütting	Bundesrechtsanwaltsordnung, Kommentar, hrsg. von Henssler/Prütting, 5. Aufl. (2019)
Hentschel	Hentschel, Trunkenheit, Fahrerlaubnisentziehung, Fahrverbot im Straf- und Ordnungswidrigkeitenrecht, 10. Aufl. (2006)
Hentschel/König/Dauer	Hentschel/König/Dauer, Straßenverkehrsrecht, 46. Aufl. (2021)
Herrmann	Herrmann, Untersuchungshaft (2007)
Herrnfeld/Brodowski/ Burchard	Herrnfeld/Brodowski/Burchard, European Public Prosecutor's Office, 2020
Herrnfeld/Esser	Herrnfeld/Esser, Europäische Staatsanwaltschaft (2021)
Heselhaus/Nowak	Heselhaus/Nowak, Handbuch der Europäischen Grundrechte, 2. Aufl. (2020)
Herzog/Mülhausen	Herzog/Mülhausen, Geldwäschebekämpfung und Gewinnabschöpfung (2006)
von Hippel	von Hippel, Der deutsche Strafprozeß, Lehrbuch (1941)
HK	Heidelberger Kommentar zur Strafprozessordnung, 6. Aufl. (2019)
HK-GS	*siehe* Dölling/Duttge/Rössner
Höflich/Schriever/Bartmeier	Höflich/Schriever/Bartmeier, Grundriss Vollzugsrecht, 4. Aufl. (2014)
Hömig/Wolff	Hömig/Wolff, Grundgesetz für die Bundesrepublik Deutschland, 12. Aufl. (2018)
Hofmann	Hofmann, IPBPR Erläuterung, in: Das Deutsche Bundesrecht I A 10c (1986)
von Holtzendorff	von Holtzendorff, Handbuch des deutschen Strafprozesses (1879)
HRRS-FG Fezer	HRRS-Festgabe für Gerald Fezer zum 70. Geburtstag (2008)
Ignor/Mosbacher	Ignor/Mosbacher, Handbuch Arbeitsstrafrecht, 3. Aufl. (2016)
IK-EMRK	Pabel/Schmahl (Hrsg.), Internationaler Kommentar zur Europäischen Menschenrechtskonvention, Loseblattausgabe, 21. Lfg., Kommentar, 8. Aufl. (2015)
Ipsen	Ipsen, Völkerrecht, 7. Aufl. 2018
Isele	Isele, Bundesrechtsanwaltsordnung, Kommentar (1976)
Jacobs/White/Ovey	Jacobs/White/Ovey, The European Convention on Human Rights, 7ed. 2017
Jahn/Krehl/Löffelmann/ Güntge	Jahn/Krehl/Löffelmann/Güntge, Die Verfassungsbeschwerde in Strafsachen, 2. Aufl. (2017)
Jahn/Nack (I)	Jahn/Nack (Hrsg.), Strafprozessrechtspraxis und Rechtswissenschaft, 1. Karlsruher Strafrechtsdialog (2007)
Jahn/Nack (II)	Jahn/Nack (Hrsg.), Rechtsprechung, Gesetzgebung, Lehre: Wer regelt das Strafrecht?, 2. Karlsruher Strafrechtsdialog (2009)
Jahn/Nack (III)	Jahn/Nack (Hrsg.), Gegenwartsfragen des europäischen und deutschen Strafrechts, 3. Karlsruher Strafrechtsdialog (2011)
Jahn/Nack (IV)	Jahn/Nack (Hrsg.), Rechtsprechung in Strafsachen zwischen Theorie und Praxis – zwei Seiten einer Medaille?, 4. Karlsruher Strafrechtsdialog (2013)
Jahn/Radtke (V)	Deutsche Strafprozessreform und Europäische Grundrechte – Herausforderungen auch für die Rechtsprechung des BGH in Strafsachen? – Referate und Diskussionen auf dem 5. Karlsruher Strafrechtsdialog (2015)
Jahn/Radtke (VI)	Der Bundesgerichtshof im Spiegel der Öffentlichkeit – Referate und Diskussionen auf dem 6. Karlsruher Strafrechtsdialog (2017)
Jakobs	Jakobs, Strafrecht Allg. Teil, Lehrbuch, 2. Aufl. (1991)
Janiszewski	Janiszewski, Verkehrsstrafrecht, 5. Aufl. (2004)

Jansen	Jansen, Zeuge und Aussagepsychologie, 2. Aufl. (2012)
Janssen	Janssen, Gewinnabschöpfung im Strafverfahren (2007)
Jarass	Jarass, Charta der Grundrechte der Europäischen Union, 4. Aufl. (2021)
Jarass/Pieroth	Jarass/Pieroth, Grundgesetz für die Bundesrepublik Deutschland, 16. Aufl. (2020)
Jescheck/Weigend	Jescheck/Weigend, Lehrbuch des Strafrechts, Allgemeiner Teil, 5. Aufl. (1996)
Joachimski/Haumer	Joachimski/Haumer, Strafverfahrensrecht, 7. Aufl. (2015)
Joecks	Joecks, Studienkommentar StPO, 4. Auflage (2015)
Joecks/Jäger/Randt	Joecks/Jäger/Randt, Steuerstrafrecht mit Zoll- und Verbrauchsteuerstrafrecht, 8. Aufl. (2015)
Johann	Johann, Möglichkeiten und Grenzen des neuen Vermögensabschöpfungsrechts (2019)
John	John, Strafprozeßordnung, Kommentar, Bd. I (1884), Bd. II (1888), Bd. III Lfg. 1 (1889)
Jung	Jung, Praxiswissen Strafverteidigung von Ausländern (2009)
Junker	Junker, Beweisantragsrecht im Strafprozess, 3. Aufl. (2019)
Junker/Armatage	Junker/Armatage, Praxiswissen Strafverteidigung (2009)
Kaiser	Kaiser, Kriminologie, Lehrbuch, 3. Aufl. (1996)
Kaiser/Schöch/Kinzig	Kaiser/Schöch/Kinzig, Kriminologie, Jugendstrafrecht, Strafvollzug, Lehrbuch, 8. Aufl. (2015)
Kamann	Kamann, Handbuch für die Strafvollstreckung und den Strafvollzug, 2. Aufl. (2008)
Kammeier/Pollähne	Kommentar zum Maßregelvollzugsrecht, hrsg. von Kammeier/Pollähne, 4. Aufl. (2018)
Karpenstein/Mayer	Karpenstein/Mayer (Hrsg.) EMRK – Konvention zum Schutz der Menschenrechte und Grundfreiheiten, 2. Aufl. (2015)
Katholnigg	Katholnigg, Strafgerichtsverfassungsrecht, 3. Aufl. (1999)
Kämmerer/Eidenmüller	Kämmerer/Eidenmüller, Post- und Fernmeldewesen (1971)
Kindhäuser	Kindhäuser, Strafgesetzbuch, Lehr- und Praxiskommentar, 8. Aufl. (2019)
Kindhäuser/Schumann	Kindhäuser/Schumann, Strafprozessrecht, 5. Aufl. (2019)
Kinzig	Kinzig, Die rechtliche Bewältigung von Erscheinungsformen organisierter Kriminalität (2004)
Kirsch	Kirsch (Hrsg.), Internationale Strafgerichtshöfe (2005)
Kissel/Mayer	Kissel/Mayer, Gerichtsverfassungsgesetz (GVG), 10. Aufl. 2021
KK	Karlsruher Kommentar zur Strafprozeßordnung, hrsg. von Hannich, 8. Aufl. (2019)
KK-OWiG	Karlsruher Kommentar zum Ordnungswidrigkeitengesetz, hrsg. von Senge, 5. Aufl. (2018)
Klein/(Orlopp)	Klein, Abgabenordnung, Kommentar, 15. Aufl. (2020)
Klemke/Elbs	Klemke/Elbs, Einführung in die Praxis der Strafverteidigung, 4. Aufl. (2019)
Klesczewski	Klesczewski, Strafprozessrecht, 2. Aufl. (2013)
KMR	Kommentar zur Strafprozeßordnung und zum Gerichtsverfassungsgesetz, hrsg. von Heintschel-Heinegg/Stöckel, Loseblattausgabe (ab 1998)
Knierim/Rübenstahl/Tsambikakis	Knierim/Rübenstahl/Tsambikakis (Hrsg.), Internal Investigations, 2. Aufl. (2016)
Koch/Scholtz	Koch/Scholtz, Abgabenordnung, Kommentar, 5. Aufl. (1996)
König	König, Anwaltkommentar Untersuchungshaft (2011)
Koeniger	Koeniger, Die Hauptverhandlung in Strafsachen (1966)
Körner/Patzak/Volkmer	Körner/Patzak/Volkmer, Betäubungsmittelgesetz, Kommentar, 9. Aufl. (2019)
Kohlmann	Kohlmann, Steuerstrafrecht mit Ordnungswidrigkeitenrecht und Verfahrensrecht, Loseblattausgabe, Stand November 2019

Kohlrausch	Kohlrausch, Strafprozeßordnung und Gerichtsverfassungsgesetz, Kommentar, 24. Aufl. (1936)
Kraatz	Kraatz, Ordnungswidrigkeitenrecht (2020)
Krack	Krack, Die Rehabilitierung des Beschuldigten im Strafverfahren (2002)
Kramer	Kramer, Grundbegriffe des Strafverfahrensrechts, 8. Aufl. (2014)
Krause/Nehring	Krause/Nehring, Strafverfahrensrecht in der Polizeipraxis (1978)
Krekeler/Werner	Krekeler/Werner, Verteidigung in Wirtschaftsstrafsachen, 2. Aufl. (2013)
Krenberger/Krumm	Krenberger/Krumm, Ordnungswidrigkeitengesetz, 6. Aufl. (2020)
Krey/Heinrich	Krey/Heinrich, Deutsches Strafverfahrensrecht, 2. Aufl. (2018)
von Kries	von Kries, Lehrbuch des Deutschen Strafprozeßrechts (1892)
Kühne	Kühne, Strafprozessrecht, 9. Aufl. (2015)
Kunz	Kunz, StrEG – Gesetz über die Entschädigung für Strafverfolgungsmaßnahmen, 4. Aufl. (2010)
Kunz/Zellner/Gelhausen/ Weiner	Kunz/Zellner/Gelhausen/Weiner, Opferentschädigungsgesetz, 6. Aufl. (2015)
Lackner/Kühl	Lackner/Kühl, Strafgesetzbuch, Kommentar, 29. Aufl. (2018)
Laubenthal	Laubenthal, Strafvollzug, 8. Aufl. (2019)
Laubenthal/Baier/Nestler	Laubenthal/Baier/Nestler, Jugendstrafrecht, 3. Aufl. (2015)
Laubenthal/Nestler	Laubenthal/Nestler, Strafvollstreckung, 2. Aufl. (2018)
Laubenthal/Nestler/ Neubacher/Verrel	Laubenthal/Nestler/Neubacher/Verrel, Strafvollzugsgesetze, Kommentar, 12. Aufl. (2015)
Leitner/Michalke	Leitner/Michalke, Strafprozessuale Zwangsmaßnahmen (2007)
Lemke/Mosbacher	Lemke/Mosbacher, Ordnungswidrigkeitengesetz, 2. Aufl. (2005)
Lesch	Lesch, Strafprozeßrecht, 2. Aufl. (2002)
von Lilienthal	von Lilienthal, Strafprozeßrecht, Lehrbuch (1923)
Lindemann	Lindemann, Voraussetzungen und Grenzen legitimen Wirtschaftsstrafrechts (2012)
Lingens/Korte	Lingens/Korte, Wehrstrafgesetz, 5. Aufl. (2012)
Lisken/Denninger	Handbuch des Polizeirechts, hrsg. von Lisken/Denninger, 6. Aufl. (2018)
LK	Leipziger Kommentar zum Strafgesetzbuch, 12. Aufl., hrsg. von Laufhütte/Rissing-van Saan/Tiedemann (ab 2006)
Löffler	Löffler, Presserecht, 6. Aufl. (2015)
LR^{25}	Löwe-Rosenberg, Die Strafprozeßordnung und das Gerichtsverfassungsgesetz, hrsg. von Rieß, 26. Aufl. (2012)
LR^{26}	Löwe-Rosenberg, Die Strafprozeßordnung und das Gerichtsverfassungsgesetz, hrsg. von Erb, Esser, Franke, Graalmann-Scheerer, Hilger, Ignor, 26. Aufl. (2006 bis 2014), 27. Aufl. (ab 2016)
MAH	Münchener Anwaltshandbuch Strafverteidigung, hrsg. von Widmaier/ Müller/Schlothauer, 2. Aufl. (2014)
MAH (WSSt)	Münchener Anwaltshandbuch Verteidigung in Wirtschafts- und Steuerstrafsachen, hrsg. von Volk, 3. Aufl. (2020)
Malek	Malek, Verteidigung in der Hauptverhandlung, 5. Aufl. (2017)
Malek (BtMG)	Malek, Betäubungsmittelstrafrecht, 4. Aufl. (2014)
Malek/Popp (Internet)	Malek/Popp, Strafsachen im Internet, 2. Aufl. (2015)
von Mangoldt/Klein/Starck	von Mangoldt/Klein/Starck, Das Bonner Grundgesetz, 7. Aufl. (2018), 3. Bd.
Marberth-Kubicki	Marberth-Kubicki, Computer- und Internetstrafrecht, 2. Aufl. (2010)
Marschner//Lesting/ Stahmann	Marschner/Lesting/Stahmann, Freiheitsentziehung und Unterbringung, 6. Aufl. (2019)
Marx/Roderfeld	Marz/Roderfeld, Rechtsschutz bei überlangen Gerichts- und Ermittlungsverfahren (2013)
Marxen/Tiemann	Marxen/Tiemann, Die Wiederaufnahme in Strafsachen, 3. Aufl. (2014)
Matt/Renzikowski	Matt/Renzikowski, StGB, Kommentar, 2. Aufl. (2020)
Maunz/Dürig	Maunz/Dürig, Grundgesetz, Kommentar, Loseblattausgabe, 94. Aufl. (2021)

Maurach/Zipf	Maurach/Zipf, Strafrecht, Allgemeiner Teil, Teilbd. 1, 8. Aufl. (1992)
Maurach/Gössel/Zipf	Maurach/Gössel/Zipf, Strafrecht, Allgemeiner Teil, Teilbd. 2, 8. Aufl. (2014)
Maurach/Schroeder/Maiwald	Maurach/Schroeder/Maiwald, Strafrecht, Besonderer Teil, Teilbd. 1, 11. Aufl. (2019), Teilbd. 2, 10. Aufl. (2013)
Mayer/Kroiß	Mayer/Kroiß, Rechtsanwaltsvergütungsgesetz, 8. Aufl. (2021)
Meier (Kriminologie)	Meier, Kriminologie, 6. Aufl. (2021)
Meier (Sanktionen)	Meier, Strafrechtliche Sanktionen, 5. Aufl. (2019)
Meier/Rössner/Trüg/Wulf	Meier/Rössner/Trüg/Wulf, Jugendgerichtsgesetz, 2. Aufl. (2014)
Mellinghoff	Mellinghoff, Fragestellung, Abstimmungsverfahren und Abstimmungsgeheimnis im Strafverfahren (1988)
Mende	Mende, Grenzen privater Ermittlungen durch den Verletzten einer Straftat (2001)
Merten/Papier	Merten/Papier, Handbuch der Grundrechte in Deutschland und Europa (ab 2004)
Mertens/Stuff/Mück	Mertens/Stuff/Mück, Verteidigervergütung, 2. Aufl. (2016)
Meyer D.	Meyer D., Strafrechtsentschädigung, 10. Aufl. (2016)
Meyer D. (GKG)	Meyer D., GKG/FamGKG, Kommentar, 17. Aufl. (2020)
Meyer/Höver/Bach/Oberlack	Meyer/Höver/Bach/Oberlack, Die Vergütung und Entschädigung von Sachverständigen, Zeugen, Dritten und von ehrenamtlichen Richtern nach dem JVEG, 28. Aufl. (2021)
Meyer-Goßner (Prozess)	Meyer-Goßner, Prozessvoraussetzungen und Prozesshindernisse (2011)
Meyer-Goßner/Schmitt	Meyer-Goßner/Schmitt, Strafprozessordnung mit GVG, Nebengesetzen und ergänzenden Bestimmungen, Kommentar, 64. Aufl. (2021)
Meyer-Goßner/Appl	Meyer-Goßner/Appl, Die Urteile in Strafsachen sowie Beschlüsse und Protokoll der Hauptverhandlung, 30. Aufl. (2021)
Meyer-Ladewig/Nettesheim/Raumer	Meyer-Ladewig/Nettesheim/Raumer, Handkommentar zur EMRK, 4. Aufl. (2017)
Minkoff/Sahan/Wittig	Minkoff/Sahan/Wittig, Konzernstrafrecht (2020)
Minoggio	Minoggio, Unternehmensverteidigung, 3. Aufl. (2016)
Mitsch	Mitsch, Recht der Ordnungswidrigkeiten, Lehrbuch, 2. Aufl. (2005)
Momsen/Grützner	Momsen/Grützner, Wirtschafts- und Steuerstrafrecht, 2. Aufl. (2020)
Möller/Warg	Möller/Warg, Allgemeines Polizei- und Ordnungsrecht, 6. Aufl. (2011)
Möthrath/Rüther/Bahr	Möthrath/Rüther/Bahr, Verteidigung ausländischer Beschuldigter (2012)
Müller	Müller, Der Sachverständige im gerichtlichen Verfahren, Handbuch des Sachverständigenbeweises, 3. Aufl. (1988)
Müller (Beiträge)	Müller, Beiträge zum Strafprozessrecht 1969–2001 (2003)
Müller/Sax	s. KMR
Müller-Gugenberger	Müller-Gugenberger, Wirtschaftsstrafrecht, 7. Aufl. (2020)
von Münch/Kunig	von Münch/Kunig, Grundgesetz, Kommentar, 2 Bände, 7. Aufl. (2021)
Münchhalffen/Gatzweiler	Münchhalffen/Gatzweiler, Das Recht der Untersuchungshaft, 3. Aufl. (2009)
Murmann	Murmann, Prüfungswissen Strafprozessrecht, 4. Aufl. (2019)
MüKo	Münchener Kommentar zur Strafprozessordnung, hrsg. von Knauer/Kudlich/Schneider (ab 2014)
MüKo-ZPO	Münchener Kommentar zur Zivilprozessordnung, hrsg. von Krüger/Rauscher, 6. Aufl. (2020)
MüKo-BGB	Münchener Kommentar zum Bürgerlichen Gesetzbuch, hrsg. von Rixecker/Säcker/Limperg/Oetker, 8. Aufl. (2018)
MüKo-StGB	Münchener Kommentar zum Strafgesetzbuch, hrsg. von Joecks/Miebach (ab 2003), 3. Aufl. (2017)
Niese	Niese, Doppelfunktionelle Prozeßhandlungen (1950)
Nipperdey/Scheuner	Nipperdey/Scheuner, Die Grundrechte, 4 Bände (ab 1954)
NK-StGB	Nomos-Kommentar zum Strafgesetzbuch, hrsg. von Kindhäuser/Neumann/Paeffgen, 5. Aufl. (2017)

Nobis	Nobis, Strafverteidigung vor dem Amtsgericht, 2. Aufl. (2018)
Nobis/Schlothauer/Weider	Nobis/Schlothauer/Weider, Untersuchungshaft, 5. Aufl. (2016)
Nowak	Nowak, CCPR – Commentary – Commentary on the U.N. Covenant on Civil and Political Rights, 2nd Edition (2005)
Oetjen/Endriß	Oetjen/Endriß, Leitfaden Untersuchungshaft (1999)
OK-GG	Beck-Online-Kommentar zum GG
OK-StGB	Beck-Online-Kommentar zum StGB
OK-StPO	Beck-Online-Kommentar zur StPO
Ostendorf	Ostendorf, Strafprozessrecht, 3. Aufl. (2018)
Ostendorf (U-Haft)	Ostendorf, Untersuchungshaft und Abschiebehaft (2012)
Ostendorf (JStVollzR)	Ostendorf (Hrsg.), Jugendstrafvollzugsrecht, 3. Aufl. (2016)
Ostendorf (Jugendgerichtsgesetz)	Ostendorf, Jugendgerichtsgesetz, 11. Aufl. (2021)
Ostendorf/Drenkhahn	Ostendorf/Drenkhahn, Jugendstrafrecht, 10. Aufl. (2020)
Palandt	Palandt, Bürgerliches Gesetzbuch, Kurzkommentar, 80. Aufl. (2021)
Park	Park, Handbuch Durchsuchung und Beschlagnahme, 4. Aufl. (2018)
Park (Kapitalmarkt)	Park, Kapitalmarktstrafrecht, Handkommentar, 5. Aufl. (2019)
Partsch	Partsch, Die Rechte und Freiheiten der Europäischen Menschenrechtskonvention, 1966 (Sonderdruck aus Bettermann/Neumann/Nipperdey (Hrsg.), Die Grundrechte der Welt Bd. I 1)
Peter (Opferanwalt)	Peter, Das 1x1 des Opferanwalts, 3. Aufl. (2017)
Peter	Peter, Das 1x1 der Hauptverhandlung, 2. Aufl. (2011)
Peters/Altwicker (EMRK)	Peters/Altwicker, Europäische Menschenrechtskonvention, 2. Aufl. (2012)
Peters	Peters, Strafprozeß, Lehrbuch, 4. Aufl. (1985)
Peters (Fehlerquellen)	Peters, Fehlerquellen im Strafprozeß, Band I (1970), Band II (1972), Band III (1974)
Pfeiffer	Pfeiffer, Strafprozessordnung, Kommentar, 5. Aufl. (2005)
Pfordte/Degenhard	Pfordte/Degenhard, Der Anwalt im Strafrecht (2005)
Piller/Hermann	Piller/Hermann, Justizverwaltungsvorschriften, Loseblattsammlung
Plötz (Fürsorgepflicht)	Plötz, Die gerichtliche Fürsorgepflicht im Strafverfahren (1980)
Pohlmann/Jabel/Wolf	Pohlmann/Jabel/Wolf, Strafvollstreckungsordnung, Kommentar, 9. Aufl. (2015)
Poller/Teubel	Poller/Teubel, Gesamtes Kostenhilferecht, 3. Aufl. (2018)
Popp	Popp, Grundzüge der internationalen Rechtshilfe in Strafsachen (2001)
Potrykus	Potrykus, Kommentar zum Jugendgerichtsgesetz, 4. Aufl. (1955)
Protokolle	Protokolle der Kommission für die Reform des Strafprozesses (1905)
Püschel/Bartmeier/Mertens	Püschel/Bartmeier/Mertens, Untersuchungshaft in der anwaltlichen Praxis (2011)
Putzke/Scheinfeld	Putzke/Scheinfeld, Strafprozessrecht, 8. Aufl. (2019)
Quedenfeld/Füllsack	Quedenfeld/Füllsack, Verteidigung in Steuerstrafsachen, 5. Aufl. (2016)
Quellen	Quellen zur Reform des Straf- und Strafprozeßrechts, hrsg. von Schubert/Regge/Rieß/Schmid, I. Abt. – Weimarer Republik, II. Abt. NS-Zeit – Strafgesetzbuch, III. Abt. NS-Zeit – Strafverfahrensrecht (ab 1988)
Radtke/Hohmann	Radtke/Hohmann, Strafprozessordnung, Kommentar (2011)
Randt	Randt, Der Steuerfahndungsfall (2004)
Ranft	Ranft, Strafprozeßrecht, (2005)
Rebmann/Roth/Hermann	Rebmann/Roth/Hermann, Gesetz über Ordnungswidrigkeiten, Kommentar, Loseblattausgabe, Stand 2020
Rebmann/Uhlig/Pieper	Rebmann/Uhlig/Pieper, Bundeszentralregistergesetz, Kommentar (1985)
Reisert	Reisert, Anwaltsgebühren im Straf- und Bußgeldrecht, 2. Aufl. (2014)
Ricker/Weberling	Ricker/Weberling, Handbuch des Presserechts, 7. Aufl. (2021)
Riedel/Sußbauer	Riedel/Sußbauer, Rechtsanwaltsvergütungsgesetz, 10. Aufl. (2015)
Rieß	Rieß, Beiträge zur Entwicklung der deutschen Strafprozessordnung (2012)
Rode/Legnaro	Rode/Legnaro, Psychiatrische Sachverständige im Strafverfahren (1994)
Röttle/Wagner	Röttle/Wagner, Strafvollstreckung, 8. Aufl. (2009)

Rolletschke	Rolletschke, Steuerstrafrecht, 4. Aufl. (2012)
Rolletschke/Kemper	Rolletschke/Kemper, Steuerstrafrecht – Kommentar zum Steuerstrafrecht, Loseblattausgabe (2018)
Rosenberg/Schwab/Gottwald	Rosenberg/Schwab/Gottwald, Zivilprozessrecht, 18. Aufl. (2018)
Rosenfeld	Rosenfeld, Deutsches Strafprozeßrecht, 2 Bände (1926)
Rostek	Rostek, Verteidigung in Kapitalstrafsachen, 2. Aufl. (2012)
Rotberg	Rotberg, Gesetz über Ordnungswidrigkeiten, Kommentar, 5. Aufl., bearbeitet von Kleinwefers, Boujong und Wilts (1975)
Rotsch	Rotsch (Hrsg.), Criminal Compliance (2015)
Roxin/Greco	Roxin/Greco, Strafrecht, Allgemeiner Teil, Bd. I, 5. Aufl. (2020), Bd. II (2003)
Roxin/Schünemann	Roxin/Schünemann, Strafverfahrensrecht, 29. Aufl. (2017)
Roxin-Symp.	Bausteine des Europäischen Strafrechts, Coimbra-Symposium für Claus Roxin, hrsg. von Schünemann/de Figueiredo Dias (1995)
Roxin (I.)	Roxin, I., Die Rechtsfolgen schwerwiegender Rechtsstaatsverstöße in der Strafrechtspflege, 4. Aufl. (2005)
Rönnau	Rönnau, Vermögensabschöpfung in der Praxis, 2. Aufl. (2015)
Rösch (Jugendrichter)	Rösch, Handbuch für den Jugendrichter (2001)
Rösch	Rösch, Das Urteil in Straf- und Bußgeldsachen, 4. Aufl. (2019)
Rüping	Rüping, Das Strafverfahren, 3. Aufl. (1997)
Rüth/Berr/Berz	Rüth/Berr/Berz, Straßenverkehrsrecht, 2. Aufl. (1988)
Sachs	Sachs, Grundgesetz, Kommentar, 9. Aufl. (2021)
Sack	Sack, Umweltschutz-Strafrecht, Erläuterungen der Straf- und Bußgeldvorschriften, Loseblattausgabe (ab 2003)
Satzger	Satzger, Die Europäisierung des Strafrechts (2001)
Satzger (Intern. Strafrecht)	Satzger, Internationales und Europäisches Strafrecht, 9. Aufl. (2020)
Sauer	Sauer, Allgemeine Prozeßrechtslehre (1951)
Sauer/Münkel (Absprachen)	Sauer/Münkel, Absprachen im Strafprozess, 2. Aufl. (2014)
Schäfer	Schäfer, Die Praxis des Strafverfahrens, 7. Aufl. (2018)
Schäfer/Sander/van Gemmeren	Schäfer/Sander/van Gemmeren, Praxis der Strafzumessung, 6. Aufl. (2017)
Schaffstein/Beulke/Swoboda	Schaffstein/Beulke/Swoboda, Jugendstrafrecht, 16. Aufl. (2020)
Schellenberg	Schellenberg, Die Hauptverhandlung im Strafverfahren, 2. Aufl. (2000)
Schenke	Schenke, Polizei- und Ordnungsrecht, 11. Aufl. (2021)
Schenke/Graulich/Ruthig	Schenke/Graulich/Ruthig, Sicherheitsrecht des Bundes, 2. Aufl. (2019)
Schilken	Schilken, Gerichtsverfassungsrecht, Lehrbuch, 4. Aufl. (2007)
Schlüchter	Schlüchter, Das Strafverfahren, Lehrbuch, 2. Aufl. (1983)
Schlothauer/Weider/Wollschläger	Schlothauer/Weider/Wollschläger, Verteidigung im Revisionsverfahren, 3. Aufl. (2017)
Schmid	Schmid, Die Verwirkung von Verfahrensrügen im Strafprozess (1967)
Schmidt	s. Eb. Schmidt
Schmidt (Ausländer)	Schmidt, Verteidigung von Ausländern, 4. Aufl. (2016)
Schmidt (Vermögensabschöpfung)	Schmidt, Vermögensabschöpfung, Handbuch für das Straf- und Ordnungswidrigkeitenverfahren, 2. Aufl. (2019)
Schmidt-Bleibtreu/Hofmann/Henneke	Schmidt-Bleibtreu/Hofmann/Henneke, Kommentar zum Grundgesetz, 14. Aufl. (2017)
Schmidt-Räntsch	Schmidt-Räntsch, Deutsches Richtergesetz, Kommentar, 6. Aufl. (2009)
Schneider	Schneider, Kriminologie, Lehrbuch, 3. Aufl. (1992)
Schneider (JVEG)	Schneider, JVEG, Justizvergütungs- und -entschädigungsgesetz, 3. Aufl. (2018)
Schneider/Volpert/Fölsch	Schneider/Volpert/Fölsch (Hrsg.), Gesamtes Kostenrecht, 3. Aufl. (2021)
Schomburg/Lagodny/Gleß/Hackner	Schomburg/Lagodny/Gleß/Hackner, Internationale Rechtshilfe in Strafsachen, 6. Aufl. (2020)
Schönke/Schröder	Schönke/Schröder, Strafgesetzbuch, Kommentar, 30. Aufl. (2019)

Schorn	Schorn, Die Europäische Konvention zum Schutze der Menschenrechte und Grundfreiheiten und ihr Zusatzprotokoll in Einwirkung auf das deutsche Recht (1965)
Schorn/Stanicki	Schorn/Stanicki, Die Präsidialverfassung der Gerichte aller Rechtswege, 2. Aufl. (1975)
Schroeder/Verrel	Schroeder/Verrel, Strafprozessrecht, 7. Aufl. (2017)
Schröder	Schröder, Europäische Richtlinien und deutsches Strafrecht (2002)
Schröder (KapitalStR)	Schröder, Handbuch Kapitalmarktstrafrecht, 3. Aufl. (2015)
Schroth	Schroth, Die Rechte des Opfers im Strafprozess, 4. Aufl. (2020)
Schulz/Berke-Müller/Händel	Schulz/Berke-Müller/Händel, Strafprozeßordnung, 7. Aufl. (1983)
Schünemann-Symp.	Empirische und dogmatische Fundamente, kriminalpolitischer Impetus, Symposium für Bernd Schünemann zum 60. Geburtstag, hrsg. von Hefendehl (2005)
Schwind	Schwind, Kriminologie und Kriminalpolitik, 23. Aufl. (2016)
Schwind/Böhm/Jehle/Laubenthal	Strafvollzugsgesetz, Kommentar, hrsg. von Schwind/Böhm/Jehle/Laubenthal, 7. Aufl. (2020)
Schwinge	Schwinge, Grundlagen des Revisionsrechts, 2. Aufl. (1960)
Seier	Seier, Verteidigung in Straßenverkehrssachen (2012)
Sieber/Satzger/v. Heintschel-Heinegg	Sieber/Satzger/v. Heintschel-Heinegg, Europäisches Strafrecht, 2. Aufl. (2014)
Simma/Fastenrath	Simma/Fastenrath, Menschenrechte. Ihr Internationaler Schutz, Textsammlung, 7. Aufl. (2018)
Sinn/Zöller/Esser	Sinn/Zöller/Esser (Hrsg.), Reform der Vermögensabschöpfung (2019)
SK	Systematischer Kommentar zur Strafprozeßordnung. Mit GVG und EMRK, 5. Aufl. (ab 2016)
SK-StGB	Systematischer Kommentar zum Strafgesetzbuch, Bd. 1, Allgemeiner Teil, Bd. 2, Besonderer Teil, Loseblattausgabe (ab 1975)
Sommer	Sommer, Effektive Strafverteidigung, 4. Aufl. (2020)
Sowada	Sowada, Der gesetzliche Richter im Strafverfahren (2002)
SSW-StGB	Satzger/Schluckebier/Widmaier (Hrsg.), Strafgesetzbuch, Kommentar, 5. Aufl. (2020)
SSW	Satzger/Schluckebier/Widmaier (Hrsg.), Strafprozessordnung, Kommentar, 4. Aufl. (2020)
Stegbauer	Stegbauer, Das Urteil in Straf- und Bußgeldsachen, 4. Aufl. (2019)
Stein/Jonas	Stein/Jonas, Zivilprozessordnung, 23. Aufl. (ab 2017-2020)
Stern	Stern, Verteidigung in Mord- und Totschlagsverfahren, 3. Aufl. (2013)
Strauda-Denkschrift	Reform der Verteidigung im Ermittlungsverfahren – Thesen mit Begründung, vorgelegt vom Strafrechtsausschuss der Bundesrechtsanwaltskammer (2004)
Streinz/Ohler/Herrmann	Streinz/Ohler/Herrmann, Der Vertrag von Lissabon zur Reform der EU, 3. Aufl. 2010
Streng	Streng, Strafrechtliche Sanktionen, 3. Aufl. (2012)
Tettinger/Stern	Tettinger/Stern, Kölner Gemeinschaftskommentar zur Europäischen Grundrechte-Charta (2006)
Thomas/Putzo	Thomas/Putzo, Zivilprozessordnung, Kommentar, 42. Aufl. (2021)
Tolzmann	Bundeszentralregistergesetz, Kommentar, 5. Aufl. (2015)
Tondorf/Tondorf	Tondorf, Psychologische und psychiatrische Sachverständige im Strafverfahren, 3. Aufl. (2011)
Trechsel	Trechsel, Human Rights in Criminal Prodeedings (2005)
Ulrich	Ulrich, Der gerichtliche Sachverständige, Handbuch für die Praxis, 13. Aufl. (2019)
Ulsenheimer	Ulsenheimer, Arztstrafrecht in der Praxis, 6. Aufl. (2020)
Umbach/Clemens/Dollinger	Umbach/Clemens/Dollinger, Bundesverfassungsgerichtsgesetz: Mitarbeiterkommentar und Handbuch, 2. Aufl. (2005)
Verdross/Simma	Verdross/Simma, Universelles Völkerrecht, 3. Aufl. (1984)

Villiger	Villiger, Handbuch der Europäischen Menschenrechtskonvention (EMRK), 2. Aufl. 1999
Vogler/Walter/Wilkitzki	Vogler/Walter/Wilkitzki, Gesetz über die internationale Rechtshilfe in Strafsachen, Kommentar (1983)
Volckart/Pollähne/Woynar	Volckart/Pollähne/Woynar, Verteidigung in der Strafvollstreckung und im Vollzug, 5. Aufl. (2014)
Volk	Volk, Prozeßvoraussetzungen im Strafrecht (1978) (Prozessvoraussetzungen)
Volk/Engländer	Volk/Engländer, Grundkurs StPO, 9. Aufl. (2018)
Vordermayer/v. Heintschel-Heinegg	Handbuch für den Staatsanwalt, hrsg. von Vordermayer/v. Heintschel-Heinegg, 6. Aufl. (2018)
Wabnitz/Janovsky/Schmitt	Wabnitz/Janovsky/Schmitt, Handbuch des Wirtschafts- und Steuerstrafrechts, 5. Aufl. (2020)
Wagner/Kallin/Kruse	Wagner/Kallin/Kruse, Betäubungsmittelstrafrecht, 2. Aufl. (2004)
Wankel	Wankel, Zuständigkeitsfragen im Haftrecht (2002)
Wasmeier/Möhlig	Wasmeier/Möhlig, Strafrecht der Europäischen Union, 2. Aufl. (2008)
Weber	Weber, Betäubungsmittelgesetz: BtMG, 5. Aufl. (2017)
Weidemann/Scherf	Weidemann/Scherf, Die Revision im Strafrecht, 3. Aufl. (2017)
Weiner/Ferber	Weiner/Ferber, Handbuch des Adhäsionsverfahrens, 2. Aufl. (2016)
Welzel	Welzel, Das Deutsche Strafrecht, 11. Aufl. (1969)
Wendler/Hoffmann	Wendler/Hoffmann, Technik und Befragung im Gerichtsverfahren, 2. Aufl. (2015)
Werle/Jeßberger	Werle/Jeßberger, Völkerstrafrecht, 5. Aufl. (2020)
Weyland	Weyland, Bundesrechtsanwaltsordnung, Kommentar, 10. Aufl. (2020)
Wieczorek/Schütze	Wieczorek/Schütze, Zivilprozeßordnung und Nebengesetze, 4. Aufl. (ab 2012)
Wiesneth	Wiesneth, Handbuch für das ermittlungsrichterliche Verfahren (2006)
Wiesneth (U-Haft)	Wiesneth, Untersuchungshaft (2010)
Wiesneth (Bereitschaftsdienst)	Wiesneth, Der amtsgerichtliche Bereitschaftsdienst, 2. Aufl. (2012)
Wolf	Wolf, Gerichtsverfassungsrecht aller Verfahrenszweige, 6. Aufl. (1987)
Zieschang/Hilgendorf/Laubenthal	Strafrecht und Kriminalität in Europa, hrsg. von Zieschang/Hilgendorf/Laubenthal (2003)
Zieger/Nöding	Zieger/Nöding, Verteidigung in Jugendstrafsachen, 7. Aufl. (2018)
Ziegert	Ziegert, Grundlagen der Strafverteidigung (2000)
Zipf	Zipf, Kriminalpolitik, 2. Aufl. (1980)
Zöller (ZPO)	Zöller, Zivilprozessordnung, Kommentar, 33. Aufl. (2020)
Zöller	Terrorismusstrafrecht, 2009
Zöller/Esser	Zöller/Esser (Hrsg.), Justizielle Medienarbeit im Strafverfahren (2019)
Zwiehoff	Zwiehoff, Der Befangenheitsantrag im Strafverfahren, 2. Aufl. (2013)

Strafprozeßordnung

Vom 1. Februar 1877 in der Fassung der Bekanntmachung vom 7. April 1987 (BGBl. I S. 1074, 1319)

SECHSTES BUCH
Besondere Arten des Verfahrens

Vorbemerkungen

Schrifttum

Ambos Verfahrensverkürzung zwischen Prozeßökonomie und „fair trial", Jura **1998** 281; *Bommer u. a.* Alternativentwurf Abgekürzte Verfahren im Rechtsstaat (AE-ASR), GA **2019** 1; *Böttcher* Der Strafbefehl auf dem Vormarsch? FS Odersky (1996) 299; *Caspari* StPO-Reform: Ein neuer Anlauf ist nötig! DRiZ **2014** 82; *Ebert* Der Tatverdacht im Strafverfahren unter spezieller Berücksichtigung des Tatnachweises im Strafbefehlsverfahren (2000); *Elobied* Die Entwicklung des Strafbefehlsverfahrens von 1846 bis in die Gegenwart (2010); *Eser* Das rechtliche Gehör im Strafbefehls- und Strafverfügungsverfahren, JZ **1966** 660; *Deiters* Plädoyer für die Abschaffung des § 153a StPO und die Einführung eines neuen abgekürzten Verfahrens, GA **2015** 371; *Fezer* Zur Zukunft des Strafbefehlsverfahrens, FS Baumann (1992) 395; *Fezer* Vereinfachte Verfahren im Strafprozeß, ZStW **106** (1994) 1; *Geis* Überzeugung beim Strafbefehlserlaß? (2000); *Gerson* Beschleunigung des Verfahrens durch Verkürzung von „Gerechtigkeit", GVRZ **2020** 9; *Hass* Die Hauptverhandlung gemäß § 411 StPO und die Frage des Schuldinterlokuts, NJW **1972** 1223; *Heinz* Der Strafbefehl in der Rechtswirklichkeit, FS Müller-Dietz (2001) 271; *Kreutz* Pflichtverteidigerbestellung nach § 408b StPO AnwBl **2002** 212; *Kemme/Dunkel* Strafbefehl und Fehlurteil – Erkenntnisse zu einer wenig beachteten Verbindung, StV **2020** 52; *Loos* Bemerkungen zum Prinzip „in dubio pro reo" im Strafbefehlsverfahren, FS Küper (2007) 313; *Maleika* Freiheitsstrafe und Strafbefehl: eine unmögliche Kombination? (2000); *Metz* Nebenklage und Adhäsionsantrag im Strafbefehlsverfahren, JR **2019** 67; *Meyer-Lohkamp* „Bloß keine Hauptverhandlung!" – Prozessvermeidung durch Strafbefehl, StraFo **2012** 170; *Müller* Das Strafbefehlsverfahren (§§ 407 ff. StPO) (1993); *Preuß* Das Strafbefehlsverfahren, ZJS **2012** 176; *Putzke/Putzke* Der richterlich verfügte Strafbefehl im Zwischenverfahren – ein Reformvorschlag, JR **2019** 319; *Rieß* Zweifelsfragen zum neuen Strafbefehlsverfahren, JR **1988** 133; *Rieß/Hilger* Das neue Strafverfahrensrecht, NStZ **1987** 145; *Schaal* Hinreichender Tatverdacht oder richterliche Überzeugungsbildung für den Strafbefehlserlaß? GedS Karlheinz Meyer (1990) 427; *Siegismund/Wickern* Das Gesetz zur Entlastung der Rechtspflege, wistra **1993** 81, 137; *Thommen* Kurzer Prozess – fairer Prozess? Strafbefehls- und abgekürzte Verfahren zwischen Effizienz und Gerechtigkeit (2013); *Trapp* Das Strafbefehlsverfahren in den Zeiten der COVID-19-Pandemie, GVRZ **2020** 29.

Übersicht

https://doi.org/10.1515/9783110765540-001

Alphabetische Übersicht

A. Arten, Systematik und Bedeutung der besonderen Verfahrensarten

I. Inhalte des 6. Buchs

Das Sechste Buch der StPO umfasst **fünf Abschnitte**, in denen jeweils Verfahren geregelt sind, die sich von dem Normalverfahren des Zweiten Buchs durch die Art und Weise des Prozedierens (Rn. 2f.) oder den Gegenstand des Verfahrens (Rn. 4ff.) erheblich unterscheiden. Aufgenommen sind im Sechsten Buch: Das Verfahren bei Strafbefehlen (Abschnitt 1), das Sicherungsverfahren (Abschnitt 2), das beschleunigte Verfahren (Abschnitt 2a), das Verfahren bei Einziehungen und Vermögensbeschlagnahmen (Abschnitt 3) und das Verfahren bei Festsetzung von Geldbußen gegen juristische Personen und Personenvereinigungen (Abschnitt 4). 1

All diese Verfahren kennzeichnet, dass die hier in der StPO getroffenen Regelungen in einem unterschiedlichen, aber immer nennenswerten, Ausmaß auch zur **Anwendung allgemeiner Verfahrensvorschriften** führen. Die besonderen Verfahrensarten setzen prinzipiell den Rückgriff auf die Regeln des strafprozessualen Normalverfahrens und des Gerichtsverfassungsrechts voraus, soweit ihre Anwendbarkeit nicht durch ausdrückliche Vorschriften des Sechsten Buchs oder durch den anhand dieser Normen verdeutlichten Sinn oder den Zweck des konkreten besonderen Verfahrens ausgeschlossen ist. 2

1. Vereinfachende Verfahren. Mit dem Strafbefehlsverfahren (§§ 407-412) und dem beschleunigten Verfahren (§§ 417-420) hat der Gesetzgeber im Sechsten Buch zunächst Verfahrensschritte zur **effizienteren Bewältigung *vergleichsweise* bagatellärer Tatvorwürfe** vorgesehen, die den Strafprozess im Vergleich zum Normalverfahren besonders erheblich verkürzen sollen. Hiermit bleibt zwar der Verfahrensgegenstand prinzipiell unverändert – es geht weiter um die Bestrafung (und ggf. ergänzende Maßregelung) eines oder mehrerer konkret beschuldigter Personen, die auf einer schuldhaften Straftat beruhen soll. Die im Gesetz vorgesehenen erheblichen Absetzungen vom Normalverfahren haben den Gesetzgeber indes veranlasst, offen von einer besonderen Verfahrensart zu sprechen. 3

Für das **beschleunigte Verfahren** hat der Gesetzgeber diesen Schritt erst im Jahre 1994 mit der Neufassung in Gestalt des VerbrBekG vollzogen.[1] Dies geschah angesichts der Inhalte der §§ 417 ff. zu Recht; die frühere systematische Einordnung in das Zweite Buch innerhalb der Eröffnung des Hauptverfahrens in den §§ 212 bis 212b a. F. wurde schon zuvor als verfehlt kritisiert.[2] Mit dem VerbrBekG ist der Gesetzgeber zudem über den Wegfall des Zwischenverfahrens deutlich hinausgegangen. Insbesondere die abweichende Regelung der Beweisaufnahme durch § 420 hat die Besonderheit des beschleunigten Verfahrens derart verstärkt, dass seine Einordnung in das Sechste Buch nahe lag. Dass der Gesetzgeber das **Verständigungsverfahren** nicht als besonderes Verfahren eingeordnet hat, ist insbesondere in einer realitätsnahen Betrachtung der Verständigungspraxis nicht frei von Zweifeln.[3] *Werden* die getroffenen Regelungen im Sinne der Rechtsprechung des BVerfG[4] tatsächlich eingehalten, lässt sich aber jedenfalls insoweit zustimmen, als dass sich der Gesetzgeber mit seiner Einschätzung noch im Rahmen seiner Beurteilungsprärogativen bewegt. 4

Heute **prinzipiell überwunden** sind **frühere Sonderverfahren** wie die amtsrichterliche Strafverfügung oder das Verwaltungsstrafverfahren. Letzteres übertrug Verwaltungsbe- 5

1 Dazu Entstehungsgeschichte Vor 417 und dort Rn. 8 ff.

2 Vgl. etwa noch LR/*Rieß*[24] § 212, 1.

3 S. etwa *Fezer* HRRS **2013** 117, 118; s. auch *Bommer u. a.* AE-ASR GA **2019** 7 f.

4 Zu diesen nur grundlegend BVerfGE **133** 168, 174 ff.

hörden, z.B. im Rahmen der Besteuerung, die Befugnis, bei leichteren Straftaten (Vergehen und Übertretungen) die Strafe durch Verwaltungsakt (Strafverfügung, Strafbescheid) „vorläufig“ in der Weise festzusetzen, dass der Beschuldigte durch Einspruch oder Antrag auf gerichtliche Entscheidung das Urteil eines Strafrichters herbeiführen[5] konnte. Ihre frühere Bedeutung fällt dem Strafbefehlsverfahren und dem beschleunigten Verfahren zu. Überdies sind zahlreiche Tatsegmente den Ordnungswidrigkeiten zugeschlagen worden, in dem das Verwaltungsstrafverfahren in seiner Struktur fortwirkt. Allerdings bleibt auch für die Ordnungswidrigkeiten ein angemessener Verfahrensschutz zu gewährleisten; er ist aber nicht nebenbei Sache einer strafprozessualen Kommentierung.

6 **2. Besondere Verfahren zur Festsetzung bestimmter Rechtsfolgen.** Das Sicherungsverfahren und die Verfahren nach den §§ 421 ff. und § 444 lassen sich einer zweiten Verfahrensgruppe zuordnen. Diese kennzeichnet, dass die Verfahren ausschließlich die Verhängung *bestimmter Rechtsfolgen* zum Gegenstand haben, die im Normalverfahren in dieser Form nicht oder nur auf Grund von Sonderregeln angeordnet werden dürfen. Es handelt sich um die selbstständige Anordnung von Maßregeln der Besserung und Sicherung (Sicherungsverfahren, §§ 413 ff., Rn. 7), ferner die Anordnung einer Einziehung (und vergleichbarer Rechtsfolgen), der Vermögensbeschlagnahme (§§ 421 ff.) und die Festsetzung von Geldbußen gegen überindividuelle Verbandspersonen (§ 444, zu beidem Rn. 8).

7 **a) Sicherungsverfahren.** Das Wesen dieses im Zweiten Abschnitt geregelten **Verfahrens** besteht darin, dass nicht, wie sonst im Strafverfahren, eine Entscheidung über die Verwirklichung und Bestrafung wegen einer schuldhaft begangenen Straftat getroffen wird. Vielmehr wird über die Notwendigkeit der Anordnung einer Maßregel der Besserung und Sicherung **selbständig** entschieden, wenn ein sog. subjektives (Straf-)Verfahren wegen der Schuldunfähigkeit oder der Verhandlungsunfähigkeit des Täters ausscheidet.[6]

8 **b) Nebenfolgen.** Die im Dritten Abschnitt geregelten Bereiche (Einziehung, Vernichtung und ähnliche Nebenfolgen) werden grundsätzlich im Verfahren gegen einen bestimmten Beschuldigten und in Verbindung mit einer Entscheidung über die gegen ihn erhobene Beschuldigung angeordnet. Die §§ 421 ff. regeln die Frage, ob und inwieweit in einem solchen subjektiven Verfahren, in dem über die Einziehung eines Gegenstandes usw. zu entscheiden ist, dritte unbeteiligte Personen, die nicht Beschuldigte sind, mit prozessualen Befugnissen zu beteiligen sind, wenn nach den materiell-rechtlichen Vorschriften über die Voraussetzungen der Einziehung etc. und deren Wirkungen in ihre Rechte eingegriffen werden kann **(Einziehungs- oder Nebenbetroffene/-beteiligte)**. Die Stellung des Dritten, gegen den sich etwa die Einziehung richtet, kennzeichnen Besonderheiten, denen z.B. die §§ 424 und 433 Rechnung tragen. § 435 regelt den Fall, dass nach den Vorschriften des materiellen Rechts die Einziehung als selbständige Maßnahme auch *außerhalb* eines *subjektiven Strafverfahrens*, also ohne gleichzeitige Verurteilung eines Tatbeteiligten, angeordnet werden kann (**objektives Verfahren**). Die in § 443 vorgesehene Vermögensbeschlagnahme schließlich ist eine Vorbeugemaßnahme, die bei bestimmten Straftaten dem Beschuldigten während des gegen ihn anhängigen Verfahrens die Verfügung über sein Vermögen entziehen soll, um eine weitere Verwendung zu gesetzeswidrigen Zwecken zu verhindern. Der Vierte Abschnitt (§ 444) bringt endlich die verfahrensrechtliche Ergänzung zu § 30 OWiG.

---

5 Zum Schicksal des in dieser Form nicht mehr bestehenden Verfahrens s. LR/*Schäfer*[24] Einl. Kap. 3 102 ff.; auch knapp zur Strafverfügung noch LR/*Gössel*[26] 20 ff.

6 Näher Vor § 413 4 ff.

II. Bedeutung von beschleunigtem und Strafbefehlsverfahren

1. Unterschiede und Gemeinsamkeiten

a) Besonderheiten des Strafbefehlsverfahrens. Das **Strafbefehlsverfahren** weicht von dem die Strafprozessordnung beherrschenden Grundsatz, dass die Entscheidung über Schuld und Strafe nur auf Grund einer Hauptverhandlung erfolgt, ab. Stattdessen ergeht die Entscheidung im schriftlichen Verfahren und unterliegt keinem mit Devolutiveffekt ausgestatteten Rechtsmittel, sondern dem Rechtsbehelf des Einspruchs, der zur Nachholung der zuvor unterbliebenen Hauptverhandlung führt. Das **beschleunigte Verfahren** verzichtet vor allem auf das förmliche Zwischenverfahren und sieht – ebenso wie das Strafbefehlsverfahren nach Einspruch – erhebliche Abweichungen von der Beweisaufnahme im Normalverfahren vor. 9

Ein **kennzeichnender Unterschied** bleibt dabei der Umstand, dass das beschleunigte Verfahren noch immer – und nicht nur auf eine entsprechende Einforderung hin – eine **mündliche Hauptverhandlung** vorsieht. Die Frage nach der Erforderlichkeit und Angemessenheit dieser mündlichen Verhandlung wird so zu einem primären Differenzierungskriterium bei der Frage, wie die **weithin ähnlichen potentiellen Anwendungsfälle beider Verfahrensarten** zu verteilen sind. Insoweit kommt der Staatsanwaltschaft eine entscheidende Rolle zu, da für beide Verfahrensarten ein entsprechender Antrag der Staatsanwaltschaft erforderlich ist (§§ 417, 407 Abs. 1 Satz 1). 10

b) Ziel. Beide Verfahrensarten dienen auf unterschiedlichen Wegen der **Verfahrensbeschleunigung**: das beschleunigte Verfahren insbesondere durch den Verzicht auf das Zwischenverfahren und durch die gemäß § 420 modifizierte Beweisaufnahme,[7] das Strafbefehlsverfahren durch den Verzicht auf die Hauptverhandlung und ferner durch die ggf. gemäß § 420 modifizierte Beweisaufnahme. Die Staatsanwaltschaft muss hier letztlich entscheiden, welches Verfahren dem konkreten Fall am besten gerecht wird, was gerade auch zum ggf. verständigungsbasierten Normalverfahren führen kann. Überdies konkurrieren die Einstellung nach den §§ 153 ff. und die Einstellung mangels hinreichenden Tatverdachts gemäß § 170 Abs. 2 mit den besonderen Verfahren des Sechsten Buchs. 11

Die durch die jeweiligen Entscheidungen insbesondere der Staatsanwaltschaft bedingten Arten der Verfahrensfortsetzung lassen sich als eine Skala auffassen, die zum einen von der denkbar stärksten **Verfahrensvereinfachung** und der damit regelmäßig verbundenen größtmöglichen Verfahrensbeschleunigung bei der Einstellung (insbesondere nach § 153a) über das Strafbefehls- und das beschleunigte Verfahren sowie das Verständigungsverfahren bis hin zum Normalverfahren reicht. Zum anderen lässt sich eine dazu weithin parallele Skala nach den Belastungen des **Beschuldigten** aufstellen. Sie reicht von der am wenigsten belastenden folgenlosen oder doch in den Folgen abgemilderten Einstellung über den Verzicht auf die i. d. R. zusätzliche Belastungen mit sich führende öffentliche Hauptverhandlung bis hin zur schriftlichen Anklageerhebung mit nachfolgender Hauptverhandlung, welche regelmäßig die größten Belastungen mit sich führen wird. 12

2. Praktische Bedeutung. Wenn auch Anklagen vor den Großen Strafkammern, wie sich aus der Tabelle 1 (Rn. 14)[8] ergibt, zuletzt weniger als 0,2 % aller Erledigungen durch 13

7 Dazu näher Vor § 417, 3 ff.

8 Anklagen zu den Strafsenaten der Oberlandesgerichte sollen ihrer geringen Zahl wegen (weniger als 1 % aller Anklagen) außer Betracht bleiben.

die Staatsanwaltschaft und damit insgesamt etwa 2 % aller von der Staatsanwaltschaft erhobenen Anklagen ausmachen, so soll hier doch die praktische Bedeutung von beschleunigtem und Strafbefehlsverfahren neben der Berücksichtigung der wichtigsten Einstellungsarten (insbesondere nach den §§ 153a und 170 Abs. 2) im Zusammenhang mit allen Anklagen betrachtet werden. Dabei ergibt sich für die gesamte Bundesrepublik Deutschland von 1994[9] bis 2018 folgendes Bild:[10]

9 1994 wurde deshalb als Ausgangsjahr gewählt, weil die Statistik hier erstmals die Zahlen für das gesamte Bundesgebiet erfasst und zudem noch nahezu ausnahmslos nach altem Recht prozediert wurde: Das VerbrBekG, welches das beschleunigte Verfahren mit dem Ziel einer häufigeren Anwendung (vgl. dazu BTDrucks. **12** 6853 S. 34) modifizierte, trat erst am 1.12.1994 in Kraft. Zum ständigen Rückgang dieser Verfahren in der Zeit von 1975 bis 1995 s. *Bürgle* StV **1998** 514, 515.

10 Die Zahlen sind der amtlichen Rechtspflegestatistik des Statistischen Bundesamtes entnommen, Fachserie 10, für die Jahre 1994–2001 den Tabellen 4.2 (Erledigung der vor den Amtsgerichten geführten Verfahren) und 5.2 (Erledigung der von den Staatsanwaltschaften geführten Verfahren), für die Jahre 2002–2018 den entsprechenden Tabellen 2.1 (Amtsgericht) und 2.2 (Staatsanwaltschaft).

a) Von der Staatsanwaltschaft erledigte Verfahren: 14

Tabelle 1: Alle Erledigungen

	1994		2001		2002		2003		2004	
	n	% n*	n	% n*	n	% n*	n	% n*	n	% n*
Gesamt	3.966.024	*100*	4.555.675	*100*	4.598.290	*100*	4.766.070	*100*	4.994.776	*100*
1. Anklagen	501.192	*12,64*	561.314	*12,32*	564.826	*12,28*	573.345	*12,03*	588.851	*11,79*
– zum LG	10.755	*0,27*	10.053	*0,22*	10.759	*0,23*	10.733	*0,23*	10.585	*0,21*
– zum AG	490.437	*12,37*	551.261	*12,10*	554.067	*12,05*	562.612	*11,81*	578.266	*11,58*
2. Antrag § 407	669.006	*16,87*	587.783	*12,90*	586.228	*12,75*	603.999	*12,67*	623.021	*12,47*
3. Einstellungen										
a) mit Auflagen, z.B. § 153a	232.710	*5,87*	258.797	*5,68*	257.168	*5,59*	265.909	*5,58*	265.317	*5,31*
b) ohne Auflagen	811.512	*20,46*	954.727	*20,96*	966.614	*21,02*	998.845	*20,96*	1.087.722	*21,78*
c) § 170 Abs. 2	1.002.729	*25,28*	1.217.802	*26,73*	1.240.905	*26,99*	1.273.673	*26,72*	1.312.495	*26,28*
4. Antrag § 417	**	./.	**	./.	37.132	*0,81*	39.456	*0,83*	34.243	*0,69*
5. Verweisung auf den Privatklageweg	**	./.	**	./.	155.508	*3,38*	163.537	*3,43*	168.271	*3,37*
6. Verbindung mit anderen Verfahren	**	./.	**	./.	206.777	*4,50*	249.001	*5,23*	275.362	*5,51*

	2005		2006		2007		2008		2009	
	n	% n*	n	% n*	n	% n*	n*	% n*	n	% n*
Gesamt	4.971.762	*100*	4.876.989	*100*	4.969.157	*100*	4.903.552	*100*	4.710.262	*100*
1. Anklagen	580.837	*11,68*	560.427	*11,49*	568.715	*11,45*	553.719	*11,29*	533.247	*11,32*
– zum LG	10.985	*0,22*	10.487	*0,22*	10.177	*0,21*	9.679	*0,20*	9.921	*0,21*
– zum AG	569.852	*11,46*	549.940	*11,28*	558.538	*11,24*	544.040	*11,09*	523.326	*11,11*
2. Antrag § 407	608.402	*12,24*	581.713	*11,93*	590.018	*11,87*	562.663	*11,47*	541.988	*11,51*
3. Einstellungen										
a) mit Auflagen, z.B. § 153a	256.172	*5,15*	241.102	*4,94*	238.288	*4,80*	221.197	*4,51*	207.889	*4,41*
b) ohne Auflagen	1.079.773	*21,72*	1.053.645	*21,60*	1.085.109	*21,84*	1.078.449	*22,00*	1.003.602	*21,31*
c) § 170 Abs. 2	1.320.994	*26,57*	1.293.152	*26,52*	1.354.543	*27,26*	1.347.619	*27,48*	1.325.271	*28,14*

	2005		2006		2007		2008		2009	
	n	% n*	n	% n*	n	% n*	n*	% n*	n	% n*
4. Antrag § 417	29.913	*0,60*	27.540	*0,57*	26.001	*0,52*	24.141	*0,49*	22.928	*0,49*
5. Verweisung auf den Privatklageweg	170.951	*3,44*	174.038	*3,57*	212.948	*4,29*	222.659	*4,54*	198.396	*4,21*
6. Verbindung mit anderen Verfahren	309.821	*6,23*	350.906	*7,20*	262.354	*5,28*	267.450	*5,45*	266.295	*5,65*

	2010		2011		2012		2013		2014	
	n	% n*	n	% n*	n	% n*	n	% n*	n	% n*
Gesamt	4.602.685	*100*	4.609.786	*100*	4.556.600	*100*	4.537.363	*100*	4.696.112	*100*
1. Anklagen	512.498	*11,13*	508.026	*11,02*	485.525	*10,66*	455.510	*10,04*	441.235	*9,40*
– zum LG	9.799	*0,21*	9.816	*0,21*	9.587	*0,21*	9.194	*0,20*	8,755	*0,19*
– zum AG	502.699	*10,92*	498.210	*10,81*	475.938	*10,45*	446.316	*9,84*	432.480	*9,21*
2. Antrag § 407	533.732	*11,60*	538.739	*11,69*	531.775	*11,67*	527.228	*11,62*	540.029	*11,50*
3. Einstellungen										
a) mit Auflagen, z.B. § 153a	199.140	*4,33*	197.024	*4,27*	188.657	*4,14*	183.333	*4,04*	180.811	*3,85*
b) ohne Auflagen	987.665	*21,46*	1.085.270	*23,54*	1.080.499	*23,71*	1.094.682	*24,13*	1.191.546	*25,37*
c) § 170 Abs. 2	1.305.090	*28,35*	1.289.063	*27,96*	1.271.389	*27,90*	1.286.880	*28,36*	1.319.171	*28,09*
4. Antrag § 417	21.064	*0,46*	19.723	*0,43*	18.693	*0,41*	16.084	*0,35*	15.481	*0,33*
5. Verweisung auf den Privatklageweg	187.137	*4,07*	184.857	*4,01*	185.286	*4,07*	190.020	*4,19*	196.117	*4,17*
6. Verbindung mit anderen Verfahren	269.075	*5,85*	278.637	*6,04*	290.126	*6,37*	275.737	*6,08*	282.969	*6,03*

	2015		2016		2017		2018	
	n	% n*	n	% n*	n	% n*	n	% n*
Gesamt	4.989.559	*100*	5.181,670	*100*	4.858.212	*100*	4.939.174	*100*
1. Anklagen	428.871	*8,60*	434.581	*8,39*	424.049	*8,73*	423.143	*8,57*
– zum LG	8.583	*0,17*	8.993	*0,17*	8.993	*0,19*	9.125	*0,18*
– zum AG	420.288	*8,42*	425.648	*8,22*	415.056	*8,54*	414.018	*8,38*
2. Antrag § 407	542.643	*10,88*	547.437	*10,56*	531.795	*10,95*	539.384	*10,92*
3. Einstellungen								
a) mit Auflagen, z.B. § 153a	174.956	*3,51*	174.143	*3,36*	169.801	*3,50*	167.775	*3,40*
b) ohne Auflagen	1.421.570	*28,49*	1.509.679	*29,13*	1.262.717	*26,00*	1.222.234	*24,75*
c) § 170 Abs. 2	1.343.531	*26,93*	1.396.099	*26,94*	1.337.443	*27,53*	1.403.798	*28,42*
4. Antrag § 417	15.851	*0,32*	15.775	*0,30*	13.875	*0,29*	13.587	*0,28*
5. Verweisung auf den Privatklageweg	194.412	*3,90*	198.213	*3,83*	190.030	*3,91*	199.946	*4,05*

* Der hier ermittelte Prozentsatz bezieht sich nur auf die in der Zeile „Gesamt“ angegebenen Zahlen

** Keine Angaben

\# Auf Grund eines Erfassungsfehlers überhöhte Zahlen (S. 10 der Statistik des Stat. Bundesamtes Fachserie 10, Reihe 2.6, 2.2.1.1, S. 26, 2007)

Tabelle 2: %-Satz der von der Staatsanwaltschaft durch Antrag nach § 417 erledigten Verfahren, bezogen auf die erhobenen Klagen

Jahr	Anträge	alle Anklagen (n1)	% n1	zum AG erhobene Anklagen (n2)	% n2
2002	37.132	564.826	6,57	554.067	6,70
2003	39.456	573.345	6,88	562.612	7,01
2004	34.243	588.851	5,82	578.266	5,92
2005	29.913	580.837	5,15	569.852	5,25
2006	27.540	560.427	4,91	549.940	5,01
2007	26.001	568.715	4,57	558.538	4,66
2008	24.141	553.719	4,36	544.040	4,44
2009	22.928	533.247	4,30	523.326	4,38
2010	21.064	512.498	4,11	502.699	4,19
2011	19.723	508.026	3,88	498.210	3,96
2012	18.693	485.525	3,85	475.938	3,93
2013	16.084	455.510	3,53	446.316	3,60
2014	15.481	441.235	3,51	432.480	3,58
2015	15.851	428.871	3,70	420.288	3,77
2016	15.775	434.581	3,63	425.648	3,71
2017	13.875	424.049	3,27	415.056	3,34
2018	13.587	423.143	3,21	414.018	3,28

b) Erledigung der vor dem Amtsgericht durchgeführten Verfahren: 15

Tabelle 3: Alle Erledigungen

	1994		2001		2002		2003		2004	
	n	% n*	n	% n*		% n*	n	% n*	n	% n*
Gesamt	752.763	*100*	838.759	*100*	857.046	*100*	878.770	*100*	890.627	*100*
Einleitung durch										
1. Anklage	538.111	*71,49*	608.901	*72,60*	627.970	*73,27*	639.515	*72,77*	652.815	*73,30*
2. § 408 III 2	6.039	*0,80*	6.962	*0,83*	6.838	*0,80*	7.634	*0,87*	8.390	*0,94*
4. § 417***	19.519	*2,59*	33.941	*4,05*	33.898	*3,96*	36.380	*4,14*	31.449	*3,53*
Erledigt durch										
1. Urteil	356.884	*47,41*	396.708	*47,30*	408.070	*47,61*	419.688	*47,76*	423.072	*47,50*
2. Antrag § 408a	18.672	*2,48*	24.585	*2,93*	23.796	*2,78*	22.266	*2,53*	22.791	*2,56*
3. Einstellung mit Auflagen etc. (z.B. § 153a II)	60.242	*8,00*	66.821	*7,97*	65.076	*7,59*	66.139	*7,53*	67.327	*7,56*
4. Einstellung nach § 153 II	**	./.	**	./.	41.131	*4,80*	42.149	*4,80*	44.104	*4,95*
5. Verbindg. m. and. Verfahren	**	./.	**	./.	104.307	*12,17*	107.773	*12,26*	110.915	*12,45*
6. Verfahren auf Antrag n. § 407	**	./.	**		66.448	*7,75*	69.878	*7,95*	71.185	*7,99*

	2005		2006		2007		2008		2009	
	n	% n*	n	% n*	n	% n*	n	% n*	n	% n*
Gesamt	891.643	*100*	849.745	*100*	843.859	*100*	844.424	*100*	818.593	*100*
Einleitung durch										
1. Anklage	652.141	*73,14*	627.039	*73,79*	625.419	*74,11*	630.206	*74,63*	607.909	*74,26*
2. § 408 III 2	8.023	*0,90*	6.734	*0,79*	6.847	*0,81*	7.035	*0,83*	6.774	*0,83*
4. § 417***	28.395	*3,19*	24.085	*2,83*	24.228	*2,87*	22.449	*2,66*	21.399	*2,61*
Erledigt durch										
1. Urteil	419.187	*47,01*	396.205	*46,63*	390.086	*46,23*	389.473	*46,12*	373.720	*45,65*

	2005		2006		2007		2008		2009	
	n	% n*	n	% n*	n	% n*	n	% n*	n	% n*
2. Antrag § 408a	24.618	*2,76*	25.001	*2,94*	24.705	*2,93*	26.658	*3,16*	26.225	*3,20*
3. Einstellung mit Auflagen etc. (z.B. § 153a II)	67.459	*7,57*	65.710	*7,73*	65.187	*7,73*	64.440	*7,63*	61.647	*7,53*
4. Einstellung nach § 153 II	44.761	*5,02*	40.904	*4,81*	40.857	*4,84*	39.617	*4,69*	38.903	*4,75*
5. Verbindg. m. and. Verfahren	112.175	*12,58*	108.677	*12,79*	109.932	*13,03*	110.236	*13,05*	106.870	*13,06*
6. Verfahren auf Antrag n. § 407	71.172	*7,98*	64.957	*7,64*	61.315	*7,27*	60.358	*7,15*	58.552	*7,15*

	2010		2011		2012		2013		2014	
	n	% n*	n	% n*		% n*	n	% n*	n	% n*
Gesamt	790.085	*100*	772.867	*100*	736.029	*100*	700.394	*100*	679.123	*100*
Einleitung durch										
1. Anklage	582.548	*73,73*	570.811	*73,86*	542.991	*73,77*	512.928	*73,23*	494.190	*72,77*
2. § 408 III 2	7.567	*0,96*	7.520	*0,97*	6.574	*0,89*	6.741	*0,96*	6.977	*1,03*
4. § 417***	19.849	*2,51*	19.062	*2,47*	17.509	*2,38*	16.304	*2,33*	16.280	*2,40*
Erledigt durch										
1. Urteil	355.702	*45,02*	343.684	*44,47*	324.600	*44,10*	304.830	*43,52*	286.685	*42,21*
2. Antrag § 408a	26.457	*3,35*	27.093	*3,51*	26.348	*3,58*	25.923	*3,70*	26.685	*3,93*
3. Einstellung mit Auflagen etc. (z.B. § 153a II)	61.760	*7,82*	59.191	*7,66*	57.655	*7,83*	54.385	*7,76*	53.770	*7,92*
4. Einstellung nach § 153 II	37.370	*4,73*	35.472	*4,59*	34.147	*4,64*	33.186	*4,74*	32.635	*4,81*
5. Verbindg. m. and. Verfahren	104.218	*13,19*	106.761	*14,77*	98.296	*13,35*	91.808	*13,11*	94.360	*13,89*
6. Verfahren auf Antrag n. § 407	57.187	*7,24*	55.156	*7,14*	52.214	*7,09*	51.126	*7,30*	49.171	*7,24*

	2015		2016		2017		2018	
	n	% n*	n	% n*		% n*	n	% n*
Gesamt	670.787	*100*	662.412	*100*	654.537	*100*	648.918	*100*
Einleitung durch								
1. Anklage	489.993	*73,05*	482.999	*72,92*	477.735	*72,99*	473.838	*72,95*
2. § 408 III 2	7.236	*1,08*	7.119	*1,07*	6.477	*0,99*	6.040	*0,93*
4. § 417***	16.368	*2,44*	16.268	*2,46*	14.362	*2,19*	13.613	*2,10*
Erledigt durch								
1. Urteil	275.049	*41,00*	270.934	*40,90*	266.443	*40,71*	261.628	*40,32*
2. Antrag § 408a	29.346	*4,37*	29.252	*4,42*	29.489	*4,51*	28.770	*4,43*
3. Einstellung mit Auflagen etc. (z.B. § 153a II)	52.699	*7,86*	51.100	*7,71*	50.650	*7,74*	50.258	*7,74*
4. Einstellung nach § 153 II	32.246	*4,81*	31.025	*4,68*	30.374	*4,64*	30.387	*4,68*
5. Verbindg. m. and. Verfahren	94.583	*14,10*	89.468	*13,51*	86.384	*13,20*	84.357	*13,00*
6. Verfahren auf Antrag n. § 407	47.252	*7,04*	46.933	*7,09*	46.494	*7,10*	45.557	*7,02*

* Der hier ermittelte Prozentsatz bezieht sich nur auf die in der Zeile „Gesamt“ angegebenen Zahlen

** Keine Angaben

*** Im Jahre 1994 nahezu ausnahmslos noch nach § 212 a. F., vgl. Fn. 2

16 **c) Auswertung. aa)** Die Zahl der jährlich von der **Staatsanwaltschaft erledigten Verfahren** hat sich kontinuierlich erhöht, von 1994 bis 2007 um 1.003.133 und damit um 25,29 % der im Jahre 1994 erledigten Verfahren (Tabelle 1 bei Rn. 14), bevor sie sodann zunächst leicht gesunken ist und sich in etwa auf den Wert des Jahres 2007 eingependelt hat. Der **Anteil der Erledigung durch Anklageerhebung** hat sich seit 1994 von 12,64 % auf nun 8,57 % im Jahre 2018 recht **kontinuierlich vermindert.** Der lange immer weiter erhöhte und nun auf hohem Niveau stagnierende Arbeitsanfall scheint die Staatsanwaltschaft also dazu veranlasst zu haben, ihre Entscheidungspraxis insoweit zu verändern. Zugleich kann insoweit keine pauschale Verschiebung auf das Einstellungsverfahren gemäß § 153a festgestellt werden, weil der Prozentsatz der auf die Gesamtzahl aller erledigten Verfahren bezogenen Einstellungen *unter Auflagen* (vor allem nach § 153a) von 5,87 % im Jahre 1994 auf 3,40 % im Jahre 2018 gesunken ist. **Erhöht** haben sich hingegen die **Quoten der Einstellungen *ohne Auflagen*** von 20,46 % im Jahre 1994 auf nunmehr 24,75 % im Jahre 2018 – mit einem Höchstwert von 29,13 % im Jahre 2014. Auch die Einstellung *mangels hinreichenden Tatverdachts* hat ihren Anteil von 25,28 % im Jahre 1994 auf 28,42 % im Jahre 2018 immerhin bemerkenswert ausgebaut. Obwohl die Zahl der Strafbefehlsanträge spätestens seit 1990 die Zahl der Anklagen überschreitet,[11] ist der Anteil der **Strafbefehlsanträge** an der Gesamtzahl der von der Staatsanwaltschaft erledigten Verfahren (Tabelle 1 bei Rn. 14) um rund vier Prozentpunkte von 16,87 % im Jahre 1994 auf 10,92 % im Jahre 2018 kontinuierlich zurückgegangen.[12] Entsprechendes gilt für das **beschleunigte Verfahren**: Zu den Anträgen der Staatsanwaltschaft auf Durchführung des beschleunigten Verfahrens enthält die amtliche Rechtspflegestatistik erst seit dem Jahre 2002 Angaben (Tabelle 1, Rn. 14), jedoch lässt sich auch hier für den in den obigen Tabellen berücksichtigten Zeitraum von 2002 bis 2018 eine kontinuierliche Verminderung der gestellten Anträge von 37.132 (2002) auf 13.587 (2018) und damit, bezogen auf die Gesamtzahl der Erledigungen, sogar ein Rückgang der Antragsquote von 0,81 % auf 0,32 % feststellen. Bezieht man die von der Staatsanwaltschaft gestellten Anträge auf Durchführung des beschleunigten Verfahrens (Tabelle 2 bei Rn. 14) auf die Zahl der erhobenen Anklagen, ist für die Zeit von 2002 bis 2018 ebenfalls eine Verminderung unverkennbar: Nach einer Quote von 6,57 % im Jahre 2002 ist der Prozentsatz des Antrags auf ein beschleunigtes Verfahren nach einem Hoch von 6,88 % im Jahre 2003 kontinuierlich auf nun 3,21 % im Jahr 2018 gefallen. Nach diesen Daten lässt sich insgesamt auch mit einer nochmals größeren zeitlichen Distanz[13] feststellen, dass die insbesondere in den 80er und 90er Jahren unternommenen und auf Effizienz bedachten Reformanstrengungen des Gesetzgebers[14] auf der staatsanwaltlichen Ebene ***nicht* zu einer vermehrten Nutzung der vereinfachten Verfahrensformen** des Sechsten Buchs der StPO **geführt** haben.

17 **bb)** Die Zahl der von den **Amtsgerichten erledigten Verfahren** hatte sich von 1994 bis 2005 zeitweise um 138.880 Verfahren erhöht; sie ist seitdem aber wieder – von diesem Hoch aus betrachtet – um insgesamt 242.725 Fälle gesunken. Die Quote der durch Urteil abgeschlossenen Verfahren lag 1994 bei 47,41 %; sie ist nach und nach auf 40,32 % gesunken. Dies lässt ein verstärktes Ausweichen auf weniger arbeitsintensive Erledigungsarten auf der richterlichen Ebene immerhin plausibel erscheinen.

11 Treffend *Heinz* FS Müller-Dietz 287; vgl. dazu auch *Linde* FS Strauda **2006** 381, 382.

12 Einen „Vormarsch" des Strafbefehls (so noch *Böttcher* FS Odersky 299, 316) dürften diese Zahlen nicht anzeigen.

13 Gleichsinnig auch schon LR/*Gössel*[26] 16.

14 Zum beschleunigten Verfahren vgl. BTDrucks. **12** 6853 S. 34 f., zum Strafbefehlsverfahren BTDrucks. **10** 1313 S. 12 f., 34 ff. (Begr. zum StVÄG 1987) und BTDrucks. **12** 1217 S. 42 f. (Begr. zum RpflEntlG).

18 Obgleich die Rechtspflegestatistiken erst ab dem Jahr 2002 Zahlen zu den auf einen Antrag nach § 407 hin erledigten[15] Verfahren enthalten, ist doch bekannt, dass der **Prozentsatz** der durch rechtskräftigen **Strafbefehl** abgeschlossenen amtsgerichtlichen Strafverfahren, der in der Zeit von 1930 bis 1935 bei über 65 % lag, auf 43,9 % im Jahre 1972 und über 28 % im Jahre 1981[16] auf ca. 31 % im Jahre 1987[17] zurückging. Die Quote der auf einen Strafbefehl hin durchgeführten und erledigten Verfahren ist von 7,75 % im Jahre 2002 über eine leichte Erhöhung auf 7,99 % im Jahre 2004 insgesamt kontinuierlich auf **7,02 %** im Jahre 2018 zurückgefallen. Allerdings ist die Quote der nach Eröffnung des Hauptverfahrens erlassenen Strafbefehle (§ 408a) in Bezug auf die Gesamtzahl der von den Amtsgerichten erledigten Verfahren von 2,48 % im Jahre 1994 deutlich auf mittlerweile **4,43 %** im Jahre 2018 gestiegen. Sie erreichte 2017 den Höchstwert von 4,51 %, was insgesamt einen Ausbau des Erledigungsanteils des Strafbefehls bedeutet. Die Quote der auf einen Antrag der Staatsanwaltschaft nach § 417 eingeleiteten und vom Amtsgericht im **beschleunigten Verfahren** abgeschlossenen Fälle[18] hat sich mit gewissen Schwankungen hin zu einem Bedeutungsverlust des beschleunigten Verfahrens entwickelt (Tabelle 3 bei Rn. 15): Sie ist von 2,59 % im Jahre 1994 über 4,14 % (2003, Höchstwert) nunmehr kontinuierlich auf **2,10 %** (2018) gefallen.

19 Nach den geschilderten Daten bleibt die **praktische Bedeutung des Strafbefehlsverfahrens** insgesamt weiter erheblich, obschon es seit langem nicht mehr die hauptsächliche Entscheidungsgrundlage am Amtsgericht ausmacht. Dem Strafbefehlsverfahren kommt die größte Bedeutung unter allen vereinfachenden Erledigungsformen zu, lässt man die Verständigung außer Betracht (Rn. 4). Insbesondere bei der Staatsanwaltschaft bleibt die Erledigungsquote von heute rund 11 % bezogen auf die gesamte Zahl anfallender Verfahren beträchtlich.

B. Das Strafbefehlsverfahren

I. Wesen und Legitimität

20 **1. Überblick.** Das Strafbefehlsverfahren wird regelmäßig offen als summarische Form des Strafverfahrens eingeordnet.[19] Wie diese Aussage zu verstehen ist und worauf sich die mit einem rechtskräftigen Strafbefehl ggf. hergeleitete Bestrafung eigentlich

15 Vgl. dazu *Heinz* FS Müller-Dietz 279, 288: „lediglich in Baden-Württemberg und Nordrhein-Westfalen" werden „einige wenige Daten nachgewiesen"; vgl. auch *Maleika* 107.

16 BTDrucks. **10** 1313 S. 13; allerdings sind diese Zahlen leicht verschieden von denen, die *Müller* 348 (Tabelle 5) ermittelt hat.

17 Nach *Müller* 348, siehe auch 267 ff.; vgl. dazu auch *Rieß/Hilger* NStZ **1987** 204.

18 S. dazu oben Tabelle 2 bei Rn. 14; s. ferner Vor § 417, 12.

19 Hierfür statt vieler zur Rechtsprechung BVerfGE **3** 248, 253 („naturgemäß mit Unzulänglichkeiten behaftet"); BGHSt **29** 305, 307 (aber mit dem Hinweis auf eine umfassende tatsächliche und rechtliche gerichtliche Prüfung); BGH NJW **2021** 795, 797; BVerwG NJW **2000** 3297; BayVGH MedR **2011** 594, 596 m.w.N. (mit Anerkennung einer regelmäßigen Grundlage für die Entscheidung über die Unwürdigkeit im Rahmen des Arztberufs); Meyer-Goßner/*Schmitt* 1; *Rau/Zschieschack* JuS **2005** 802: verbunden mit hoher Fehleranfälligkeit; *Kretschmer* ZWH 2013, 481 f., der damit entgegen § 410 Abs. 3 eine Inhabilität ausschließen will (s. aber auch BFH NJW **2019** 327 f.); krit. aber LR/*Gössel*[26] 20: summarisch lediglich durch den Versuch, (den Beteiligten) eine Hauptverhandlung zu ersparen und die Überzeugung auf eine beschränkte Grundlage zu stützen; ferner *Fezer* ZStW **106** (1994) 20 f., der gleichwohl die summarische Natur anderenorts durch die Beschreibung der Abweichung von der Hauptverhandlung bloß gelegt hat, s. *Fezer* FS Baumann 401 f. Von der vorläufigen Natur des Verfahrens geht auch aus EuGH StV **2016** 205 – Rn. 60.

stützen lässt, ist jedoch streitig – auch auf Grund eines an wesentlichen Stellen schweigenden Gesetzgebers. Insoweit konkurrieren **zwei Hauptströmungen**: Eine insbesondere in der Vorauflage unterbreitete Interpretation sieht im Strafbefehlsverfahren ein schriftliches Verfahren, das auf einer richterlichen Überzeugung[20] beruht und lediglich auf die Entscheidungsgrundlage der Hauptverhandlung verzichtet; die Legitimation soll insoweit aus einer noch immer validen Entscheidungsgrundlage folgen.[21] Das nuanciert und heute eher implizit verfolgte Gegenmodell macht geltend, dass das Strafbefehlsverfahren eine Art Unterwerfungsverfahren darstelle, mit dem sich der Angeschuldigte tatsächlich oder auf Grund einer gesetzlich etablierten Fiktion einem erledigenden staatlichen Strafverlangen ohne öffentliche Hauptverhandlung fügen kann; die Legitimation soll damit auch konstitutiv aus dem Verhalten des Angeschuldigten folgen.[22] Für die Beurteilung dessen sind **zwei Fragen voneinander zu trennen**: *Erstens* ist anhand des geltenden Rechts zu untersuchen, was das Gesetz dem Beschuldigten und dem Rechtsanwender als verfahrensmäßige Basis für eine legitime Bestrafung tatsächlich anbietet. *Zweitens* ist *im Anschluss daran* zu bewerten, ob diese gesetzliche Regelung zweckmäßig und rechtlich legitim genannt werden kann.

21 **2. Entscheidungsbasis des Strafbefehls.** Mit einem Strafbefehl können die in § 407 Abs. 2 erwähnten Rechtsfolgen festgesetzt werden, die bis hin zu einer begrenzten Freiheitsstrafe reichen können.[23] Der Strafbefehl muss hierfür gemäß § 408 Abs. 3 auf einer Würdigung zweier Justizorgane, der Staatsanwaltschaft und des Gerichts, beruhen, die bemerkenswerterweise bis in die konkreten Rechtsfolgen hinein übereinstimmen muss. Gesichert ist insoweit, dass das Gesetz mindestens die Bejahung eines hinreichenden Tatverdachts für den Strafbefehl voraussetzt (§ 408 Abs. 2 Satz 1). Ferner trifft das Gericht gemäß § 408 Abs. 3 Satz 2 in jedem Falle eine eigene Entscheidung („entscheidet"). Für diese ist maßgeblich, ob dem Strafbefehl „keine Bedenken" entgegenstehen, welche sich insbesondere auf die ausbleibende Hauptverhandlung beziehen können (§ 408 Abs. 3 Satz 1 und 2). Dass Staatsanwaltschaft und Gericht eine § 261 entsprechende Überzeugung aufweisen müssen, stellt das Parlament im Wortlaut des Gesetzes selbst nicht klar. In den Materialien wird hingegen über den hinreichenden Tatverdacht hinaus für den Richter eine Überzeugung von „Täterschaft und Schuld" verlangt, die auf einer ent-

---

20 Siehe i.E. jedenfalls für ein Erfordernis der Überzeugung hinsichtlich der tatsächlichen Strafbarkeit und der Angemessenheit der Rechtsfolgen BTDrucks. **12** 1217 S. 42; *Deiters* GA **2015** 371, 382 f.; KK/*Maur* § 408, 15; KMR/*Metzger* 24; MüKo/*Eckstein* § 407, 15; AK/*Loos* 7 und § 408, 21; HK/*Brauer* § 407, 2; HK-GS/*Andrejtschitsch* § 407, 5; *Pfeiffer* § 408, 4; *Ebert* 219 ff., 272 f.; *Maleika* 98 ff. (vorläufige Überzeugung); *Müller* 73; *Fezer* ZStW **106** (1994) 8, 17 und 20 f.; *Ambos* Jura **1998** 288 (mit der überzogenen These, dass die Gegenansicht per se Art. 6 Abs. 2 EMRK verletze) und 293; *Lüttger* GA **1957** 108; *Böttcher* FS Odersky 316; *Meurer* JuS **1987** 885; *Rieß* JR **1988** 133 f.; *Rieß/Hilger* NStZ **1987** 204 Fn. 261; *Siegismund/Wickern* wistra **1993** 91; diff. KG BeckRS **2014** 19174; uneindeutig bleibend OLG Rostock NStZ-RR **2010** 382 f.

21 Hierzu m.w.N. ausgiebig LR/*Gössel*[26] 24 ff.; explizit auch KMR/*Metzger* 24, der gar das höhere Fehlverurteilungsrisiko leugnet.

22 Zu älteren Ansätzen etwa von *Mayer* und *Oetker* siehe noch LR/*Gössel*[26] 32. Siehe später etwa OLG Stuttgart StV **2007** 232, 234 f. und *Geis* 193 ff., 234 f. letztlich zuneigend, wenngleich eine zutreffende Abgrenzung von einem „bloßen Unterverwerfungsangebot" betont wird, Meyer-Goßner/*Schmitt* 2. S. auch für die Schweiz zum Status quo für eine tatsächliche „konsentierte Verdachtsverurteilung" *Thommen* passim. Wieder anders und letztlich gegen den Verfahrenstyp *Eb. Schmidt* § 407, 5; § 409, 1; JR **1962** 469: Sachentscheidung mit einer Straffestsetzung ohne Schuldspruch.

23 Näher § 407, 12 f.

sprechenden Ermittlungstätigkeit der Staatsanwaltschaft beruhen müsse,[24] wenngleich dies nicht unmittelbar auf § 261 verweist und das Strafbefehlsverfahren zugleich explizit als „besonderes Verfahren" eingestuft wurde.[25] Der Strafbefehl selbst kann die Rechtsfolgen sodann nur tragen, wenn der mit ihm Angeklagte nicht gemäß § 410 Abs. 1 Satz 1 gegen den zuzustellenden Strafbefehl wirksam und fristgerecht Einspruch einlegt. Für diesen Einspruch setzt das geltende Recht keine Begründung voraus; ein Antrag auf Wiedereinsetzung in den vorigen Stand steht ggf. zur Verfügung. Ein Strafbefehl, gegen den nicht rechtzeitig Einspruch erhoben wurde, steht aus der Perspektive des belasteten Angeklagten einem rechtskräftigen Urteil gemäß § 410 Abs. 3 vollständig gleich.[26] Lediglich zugunsten der Strafverfolgung existiert eine auf Verbrechen bezogene Ausnahme in Gestalt des § 373a Abs. 1.[27]

Nach diesen Ausgangspunkten ist die These zurückzuweisen, die Tatverdachtserle- 22
digung bzw. -bewältigung durch einen Strafe auslösenden Strafbefehl lasse sich *allein* auf die bis zum Erlass des Strafbefehls unternommenen Schritte und insbesondere auf eine richterliche Überzeugung stützen:[28] Indem der Gesetzgeber den Angeklagten als berechtigt ausweist, die vorherige Würdigung der Justizorgane schlicht nach seinem Willen bedeutungslos zu stellen, verdeutlicht er, dass es im rein schriftlichen Verfahren stets *auch* auf das spätere Verhalten des Angeklagten ankommt. Obschon der mit dem Strafbefehl(santrag) Angeklagte im Ermittlungsverfahren ein gewisses rechtliches Gehör und eingeschränkte Verteidigungsrechte wahrnehmen kann, erkennt der Gesetzgeber im antragsgemäßen Erlass des Strafbefehls keine Hürde, die der Angeklagte erst durch nähere Darlegungen überwinden müsste. Dies bliebe bei einem verfahrensmäßig bereits vollständig valide begründeten Prozessgang, der zu einer richterlichen Überzeugung geführt hat, mindestens erstaunlich. Im Vorfeld der **nach Art. 6 Abs. 1 Satz 1 EMRK stets zu beanspruchenden Hauptverhandlung** hat offenbar auch der Gesetzgeber keine prozessualen staatlichen Akte für möglich gehalten, welche eine Strafe schon für sich genommen legitimieren können.

Dass eine richterliche Überzeugung, die die Rechtsfolgen der Tat rechtfertigt, be- 23
grifflich notwendig nur durch die Beweisaufnahme in einer Hauptverhandlung gewonnen werden kann,[29] ist dabei nicht Voraussetzung dieser Analyse.[30] Schon nach Art. 6

---

24 BTDrucks. **12** 1217 S. 42 und BTDrucks. **10** 1313 S. 33 f. („einwandfreie Überzeugung") und 35: Überzeugung von der Schuld bei Staatsanwalt und Richter.

25 S. schon Rn. 1 und 3.

26 Zur urteilsgleichen Bedeutung des Strafbefehls auch BTDrucks. **10** 1313 S. 32 f.; KK/*Maur* 4.

27 Siehe aber früher zweifelhafterweise noch tendenziell weitergehend BVerfGE **3** 248, 253 ff.

28 So aber m.w.N. LR/*Gössel*[26] 25 f.: Strafbefehlsverfahren nur anzuwenden, „wenn die schriftlichen Unterlagen für die Schuldfeststellung, die rechtliche Beurteilung und die Strafzumessung ausreichen, diese Unterlagen ihm also die Überzeugung von der Richtigkeit des dem Beschuldigten zur Last gelegten Sachverhalts aufgrund intersubjektiv vermittelbarer, verstandesmäßig nachvollziehbarer Schlüsse unter Ausschluss vernünftiger Zweifel vermitteln"; s. entsprechend etwa auch BTDrucks. **10** 1313 S. 35: Überzeugung von Staatsanwalt und Richter von der Schuld des Beschuldigen; BTDrucks. **12** 1217 S. 42. Deutlich gerade auf die vermeintlich so gewichtige Überzeugung für die Legitimität abstellend *Böttcher* FS Odersky 316. Wie hier abl. etwa auch schon MüKo/*Eckstein* § 407, 15.

29 So insbesondere *Geis* 165 f., 233 f. m.w.N. (Überzeugung als „Fiktion"): Beim Richter werden im Strafbefehlsverfahren infolge der beschränkten Grundlage seiner Überzeugungsbildung „strukturbedingte Restzweifel der Bildung einer Überzeugung entgegenstehen". Ankommen müsste es insoweit aber auf „vernünftige Zweifel".

30 Für eine notwendige Verknüpfung der Kritik aber offenbar LR/*Gössel*[26] 27 f.

Abs. 1 Satz 1 EMRK ist ein Verzicht des Angeklagten denkbar,[31] weshalb auch Gründe der Verfahrensfairness die tatsächliche Durchführung einer Hauptverhandlung nicht für jeden Einzelfall erzwingen. Entscheidend ist, dass der *Gesetzgeber selbst* zusätzlich auf das (eigenverantwortliche) Verhalten des Angeklagten gesetzt und mit den §§ 407 ff. nicht nur ein eng bemessenes Strafbefehlsverfahren geschaffen hat. Indem er den Richter lediglich noch nach „Bedenken" fragt, ob der von der Staatsanwaltschaft beschrittene Weg überzeuge, obschon diese zum Abschluss der Ermittlungen traditionell nicht unmittelbar an § 261 gebunden ist, macht er deutlich, dass er im (vermeintlichen) Bagatellbereich eine Lockerung der Anforderungen hingenommen hat. Er hat vielmehr, was die systematische Einordnung in das Sechste Buch bestätigt, ein Sonderverfahren geschaffen.

24 Allerdings bleibt es letztlich überzeugend, den **Erlassmaßstab** im Gegensatz zu großzügigeren Stimmen im Schrifttum[32] mit einer **richterlichen Überzeugung** hinsichtlich der Tat und der konkreten Angemessenheit der beantragten Rechtsfolgen zu beschreiben. Zum einen wirkt die recht deutliche und wiederholte Positionierung in den Materialien hierauf hin, die auch das BVerfG übernommen hat.[33] Zum anderen hat der Gesetzgeber im Wortlaut des Gesetzes nicht klar den Verzicht auf eine richterliche Überzeugung ausgesprochen.[34] Zudem beanspruchen die doppelt prüfenden Justizorgane mit dem Strafbefehl gegenüber dem Angeklagten nicht nur die Eröffnung des Hauptverfahrens, sondern die konkrete Festsetzung von Rechtsfolgen. Die Abfolge der Prüfungen nach § 408 Abs. 2 Satz 1 (hinreichender Tatverdacht) und Abs. 3 (Prüfung des Erlassens),[35] die auch der Staatsanwalt im Blick haben muss, verdeutlicht, dass das Gericht die schriftlichen Entscheidungsgrundlagen über den hinreichenden Tatverdacht hinaus vor dem Hintergrund der Möglichkeiten einer Hauptverhandlung bewerten muss. Nur wenn die aus der Akte ersichtlichen, für die Tatvorwürfe streitenden Gründe auch im Vergleich zu den Optionen der Hauptverhandlung im Einzelfall bereits konkrete Rechtsfolgen tragen, ist der Richter zum Erlass verpflichtet. Gleichwohl darf man die angesprochene **Überzeugung weder faktisch noch rechtlich mit** dem von **§ 261** auf der Basis

31 Umfassend zum möglichen Verzicht auf den Zugang zum Gericht LR/*Esser* Art. 6 EMRK, 106 f.; zu den Bedingungen an einen wirksamen Verzicht MüKo/*Gaede* Art. 6 EMRK, 77 ff. m.w.N. Anklänge zur Bedeutung des Verzichts finden sich auch bei LR/*Gössel*[26] 28: Verzicht auf die Hauptverhandlung liegt ggf. auch im Interesse des Staatsbürgers.

32 Meyer-Goßner/*Schmitt* 1 und 2 (unter Beanspruchung einer Tatsachen- und Schuldfeststellung), § 408, 7; AnwK-StPO/*Böttger* 2; SSW/*Momsen* § 407, 2; OK-StPO/*Temming* § 407, 1; *Roxin/Schünemann* § 68, 7; *Schlüchter* 788.5; *Geis* 98, 191, 233 f.; *Meyer-Lohkamp* StraFo **2012** 171; *Ranft* JuS **2000** 633, 636; *Beulke/Swoboda* 800 m.w.N; *Schaal* GedS Meyer 427 ff.: hinreichender Tatverdacht genüge; wohl auch *Preuß* ZJS **2012** 179. Das BVerfG hat den Richter gar früher als befugt angesehen, die Behauptungen der Staatsanwaltschaft im Strafbefehl ggf. als wahr zu unterstellen, BVerfGE **3** 248, 254: „Der Strafbefehl besagt [...] lediglich, daß durch den im Strafbefehlsantrag behaupteten und vom Richter mangels eigener Feststellungen als wahr unterstellten Tatbestand das angegebene Strafgesetz verletzt und daher die festgesetzte Strafe gerechtfertigt ist"; siehe auch 253: „grundsätzlich keine eigenen Tatsachen- und Schuldfeststellungen". Dazu, dass dies heutiges Recht nicht mehr treffend beschreibt, s. aber schon LR/*Gössel*[26] 33.

33 So, allerdings ohne Reflektion, inwiefern die Überzeugung begründetermaßen möglich ist, BVerfGE **133** 168, 226 f.

34 Hierzu auch LR/*Gössel*[26] 25: Der Gesetzgeber äußere keinen Verzicht auf die üblichen Grundlagen der richterlichen Überzeugungsbildung; ferner schon *Rieß* JR **1988** 133 f.: von einem Verzicht auf die in freier Beweiswürdigung gebildete richterliche Überzeugung ist nirgendwo die Rede.

35 Hierauf weist zu Recht etwa schon LR/*Gössel*[26] 35 hin, allerdings mit übermäßigen Schlüssen daraus. S. auch treffend gegen eine Überinterpretation des um Abschichtung bemühten § 408 Abs. 2, *Rieß* JR **1988** 133 f.

einer Hauptverhandlung zugrunde gelegten Maßstab **gleichsetzen** und einer Legitimation zugrunde legen.

Faktisch ist bei allem Vertrauen auf ein richterliches Ethos nach allen Erfahrungsberichten aus der amtsgerichtlichen (Überlastungs-)Realität einzugestehen, dass schon die äußeren Bedingungen eine erhebliche strukturelle Gefahr dafür begründen, dass die dezidierte richterliche Überzeugung in einer erheblichen Anzahl an Fällen in der Praxis nicht den Standard darstellt.[36] Schon dies sollte, solange sich die Bedingungen nicht allgemein ändern, die volle richterliche Überzeugung als einzige Legitimationsstrategie ausschließen. Vielmehr erscheinen die Bestrebungen im Schrifttum, den Erlassmaßstab mit dem hinreichenden Tatverdacht gleichzusetzen, als – problematischer – Versuch, das Recht mit der Verfahrensrealität des Amtsgerichts gleichsam zu versöhnen. **Rechtlich** ist ferner zu erkennen, dass die notwendige Überzeugung nicht mit dem Überzeugungsmaßstab des § 261 gleichzusetzen ist; vielmehr ist von einer Abschwächung auszugehen: Der Gesetzgeber hat nicht explizit auf den Maßstab des § 261 verwiesen[37] und er hat mit dem schriftlichen Verfahren den § 261 zugrunde liegenden mündlichen und unmittelbaren Hauptverhandlungsstandard ausgeschlossen. Zudem hat er nur die Mindestgrundlage des hinreichenden Tatverdachts explizit bestätigt und dem Richter eher negativ die Möglichkeit eingeräumt, konkret durchgreifende „Bedenken" gegen den Strafbefehl im Einzelfall geltend zu machen. Ferner hat er in den Materialien und durch die konkreten Gesetzesänderungen ebenso sein Ziel *objektiviert*, die §§ 407 ff. mögen zur vereinfachten Erledigung von Strafsachen effektiv beitragen.[38] Eine Reinterpretation der §§ 407 und 408, welche die subjektive Überzeugung im Stile des § 261 als Beitrag zur Legitimation des Strafbefehls verlangen wollte, kann angesichts dieser Ausgangslage nicht überzeugen. Dürften Richter nur dann einen Strafbefehl erlassen, wenn sie ohne die Möglichkeiten der Hauptverhandlung *ebenso überzeugt* sind wie nach einer aussagekräftigen Hauptverhandlung, könnte das Strafbefehlsverfahren seinen Zweck nicht erfüllen und seine immense praktische Bedeutung[39] nicht erlangen. Die von den Materialien angesprochene Überzeugung muss in diesem Sinne eine **Überzeugung** meinen, die der Strafrichter **relativ zu den Verfahrensgrundlagen des Strafbefehls** gewinnt.[40] So wie schon die Überzeugungsbildung des § 261 tatsächlich immer auch Ausdruck eines Funktionalität sichernden normativen Überzeugungsmaßstabes ist – der Richter *darf* etwa nicht jeden denkbaren Zweifel entscheiden lassen –,[41] hat der Gesetzgeber die Überzeugung im Rahmen des Strafbefehlsverfahrens durch die Anerkennung dieses Verfahrens in der Sache normativ begründet abgeschwächt. Für den Strafbefehl darf sich 25

36 Hierzu auch m.w.N. *Ambos* Jura **1998** 289 und *Bommer u. a.* AE-ASR GA **2019** 5 f.: „eigenverantwortliche richterliche Entscheidung bleibt weitgehend Theorie"; *Deiters* GA **2015** 371, 382. S. eingestehend, gleichwohl im Umgang mit dem Strafbefehl letztlich bedenklich, KG BeckRS **2014** 19174 m.w.N.; StV **2018** 361.

37 Siehe auch zur Gesetzgebung *Schaal* GedS Meyer 428 ff., 431 ff. S. auch letztlich eingestehend *Rieß* JR **1988** 134: hier gemeinte Überzeugungsbildung bezieht sich nicht auf den unmittelbaren Eindruck des Inbegriffs der Hauptverhandlung; KK/*Maur* § 408, 15: defizitäre Grundlage lässt sich nicht leugnen; deutlich auch *Ebert* 274 f., der entsprechend auch die Berechtigung der Verwendung des Begriffs der Überzeugung hinterfragt. Völlig klar zur Einordnung der begrifflichen Frage und der eigentlichen Bedeutung der „Überzeugung": SK/*Weßlau* 15 ff.

38 S. nur BTDrucks. **12** 1217 S. 42 f.

39 S. Rn. 13 ff.

40 Mit Parallelen zuvor etwa schon SK/*Weßlau* 17 f. Sie fordert dann konkret die Prognose, dass die Durchführung der Hauptverhandlung die Beweislage nicht verändern werde. Gegen die Möglichkeit einer solchen Prognose etwa *Elobied* 208 f.

41 Hierzu näher *Gaede*, Fairness als Teilhabe, 371 ff., 376 ff. m.w.N.

der Strafrichter nicht erst dann überzeugt sehen, wenn er – regelmäßig praxisfern – meint, es sei nur noch jenseits vernünftiger Zweifel möglich, dass eine Hauptverhandlung am Schuldspruch und/oder an den Rechtsfolgen irgendetwas ändern könne.[42] Vielmehr muss er auf der schriftlichen Grundlage prüfen, ob der Fall *nach dieser Aktenlage* eine eindeutige Beurteilung gestattet. Diese ist für ihn sodann maßgeblich, es sei denn, aus einzelfallspezifischen Gründen – wie etwa einer mehrdeutigen Zeugenaussage – ist die Hauptverhandlung geboten. Hiermit wird vom Staatsanwalt wie vom Richter noch immer auf schriftlicher Grundlage **ein „Mehr" gegenüber dem hinreichenden Tatverdacht** verlangt.[43] Sie müssen, im Korsett des grundsätzlich gewünschten schriftlichen Verfahrens, die Verantwortung für eine Strafe bereits übernehmen können, zumal ein eigenverantwortlicher Umgang mit dem Einspruch des betroffenen Beschuldigten ungewiss bleibt. In diesem Sinne mahnte schon *Gössel* völlig zu Recht, dass der Strafbefehl „nicht als eine billige Art von Versuchsballon benutzt werden" darf, um „Akten möglichst schnell mit dem geringstmöglichen Aufwand vom Tisch zu bekommen".[44] Ebenso darf der Rückgriff auf einen Strafbefehl *de lege lata* im Rahmen einer (aktuellen) Pandemie nicht beliebig forciert eingesetzt werden.[45] Richtig bleibt aber, dass die Prüfung seiner Voraussetzungen gerade in einer solchen Zeit nicht unterlassen werden darf.

26 Will man nun insgesamt angeben, worauf das Gesetz die Legitimität des rechtskräftigen Strafbefehls zu stützen sucht, liegt zunächst in der **Funktionstüchtigkeit der Rechtspflege** die allgemeine Grundlage für den vereinfachend wirkenden Strafbefehl – er stellt ein systemrelevantes Instrument der Verfahrensbewältigung dar.[46] Konkreter ist nach dem Gesetz eine Kombination zweier Faktoren maßgeblich:[47] *Erstens* setzt das geltende Recht auf eine **intensivierte Doppelprüfung der Beweisgrundlagen in den Akten durch zwei unabhängige Justizorgane,**[48] die, anders als im Normalfall der Anklageerhebung und -zulassung, sogar zu den Rechtsfolgen eine detaillierte Entscheidung ermöglicht und auf einer abgeschwächten Tatüberzeugung fußen muss. *Zweitens* aber trägt die **Reaktion des Angeklagten** die Entscheidung, da er die – wenn auch abgeschwächte – Prüfung mit der Folge einer Bestrafung/Maßregelung mit einem aus-

---

42 Dazu – etwas demaskierend – BTDrucks. **10** 1313 S. 34: eine Hauptverhandlung sei regelmäßig nicht geboten, „wenn von ihr eine *wesentliche* Abweichung vom Ergebnis der Ermittlungen nicht zu erwarten ist" (Hervorhebung des Verfassers).

43 S. auch schon in Auseinandersetzung mit der Gegenansicht näher LR/*Gössel*[26] 33 f., wenngleich *Gössel* offenbar von einer ebenbürtigen Überzeugung ausgehen will; vgl. ferner für die Gegenansicht auch *Schaal* GedS Meyer 442 f., dessen Stoßrichtung eher darin liegt, eine Gleichsetzung mit § 261 zu versagen, während er die genaue Bestimmung des hinreichenden Tatverdachts im Fall des § 408 letztlich für offen bzw. diskutabel ansieht; das Verständnis des hinreichenden Verdachts reichert ferner auch *Geis* 167 ff. an.

44 Insofern absolut treffend LR/*Gössel*[26] 26; s. gleichsinnig *Fezer* ZStW **106** (1994) 20 f. Gleichwohl kann die Kur nicht darin liegen, kurzerhand die Behauptung einer unveränderten und gleichwertigen Überzeugung als praktikable Lösung zur Legitimation anzubieten, s. insoweit auch *Fezer* ZStW **106** (1994) 8: mitzudenkendes „Einverständnis" des Beschuldigten.

45 Näher mit Hinweis auf die Gefahr einer auch im Anschluss an die Pandemielage ausgedehnten Anwendung *Trapp* GVRZ **2020** 29; andere Tendenz bei *Metz* DRiZ **2020** 256, 258.

46 BTDrucks. **12** 1217 S. 42; BVerfGE **25** 158, 164 f. unter Bezugnahme auf BVerfGE **3** 248, 253: „im Rahmen des deutschen Strafprozeßsystems praktisch nicht zu entbehren"; aufgegriffen etwa von LR/*Gössel*[26] 28. Zur Funktionstüchtigkeit der Rechtspflege krit. einordnend *Gaede* wistra 2016 89 ff. m.w.N.

47 Weithin wie hier bereits SK/*Weßlau* 14 ff., 19 ff.

48 Für eine Lockerung *de lege ferenda Putzke/Putzke* JR **2019** 319, welche die Voraussetzungen für ein Herantreten an den Angeschuldigten auf eine Einspruchsmöglichkeit der StA reduzieren wollen. Diese einseitig effizienzorientierte Idee sollte auch in Zukunft nicht verfolgt werden. Nur wenn sich beide Justizakteure konkret einig sind, darf das schriftliche Verfahren zugrunde gelegt werden. S. auch *Deiters* GA **2015** 384.

bleibenden Einspruch akzeptiert oder doch in den Augen des Gesetzes als akzeptabel behandelt.[49] Der Gesetzgeber hat damit weder ein reines Unterwerfungsverfahren noch ein justizielles Entscheidungsverfahren geschaffen, das die Rechtsfolgen *allein* tragen könnte.

Das Prozessverhalten des Angeklagten wird insoweit zwar zur Legitimation partiell herangezogen. Es kann aber **nicht im Sinne einer Art Vertragstheorie**[50] bzw. einer konstitutiven Verständigung interpretiert werden. Entsprechende vorherige Abreden, die den möglichen staatlichen Strafanspruch ggf. auch strapazieren können, sind zwar offenbar etwa bei gut verteidigten Beschuldigten z.B. des Medizin-, Wirtschafts- und Steuerstrafrechts gang und gäbe.[51] Sie sind für den Strafbefehl de lege lata aber nicht konstitutiv.[52] Der Staatsanwalt kann mit dem Strafbefehl auch den unverteidigten Beschuldigten „erfolgreich" in den Blick nehmen, der kaum über kommunikative Mindestfähigkeiten verfügt. Dass sich sodann ein ausbleibender Einspruch des Angeklagten in jedem Einzelfall als konkludente Zustimmung zum konkreten Inhalt des Strafbefehls verstehen ließe, lässt sich auch dem Gesetz als These nicht entnehmen. Die StPO äußert sich in ihren Wortlauten nicht (positiv) zu dieser Frage; sie schweigt vielmehr erneut in einer zentralen Frage des Strafbefehls. Ebenso wenig kann dem Verhalten allgemein ein hinreichend gesicherter Erklärungsgehalt beigemessen werden, der Angeklagte habe der Bestrafung zugestimmt.[53] Dies gilt schon deshalb, weil das geltende Recht die tatsächliche konkrete Kenntnisnahme vom Inhalt des Strafbefehls, die eine Mindestvoraussetzung für eine belastbare Zustimmung wäre, für seine Wirksamkeit nicht voraussetzt. Zudem wäre das Ansinnen, jeden konkreten Einzelfall einer ausgebliebenen Reaktion über die Konkludenz erfassen zu wollen, zum Beispiel bei einer in den Akten längst dokumentierten Gegenwehr des Beschuldigten, eine maßlose Überdehnung jener Kommunikationsfigur. 27

Letzten Endes setzt der Gesetzgeber damit zwar nicht an einer expliziten Fiktion der Zustimmung an.[54] Ihm genügt aber eine **Widerspruchslösung**, die auf der mit den §§ 407 ff. gesetzlich begründeten Obliegenheit beruht, die eigenen prozessualen Rechte (Art. 6 EMRK im Besonderen) und Interessen explizit einfordern zu müssen. Dem geltenden Recht reicht hier für eine dem Urteil gleichgestellte Entscheidung in weniger bis mittelschweren Fällen aus, dass die Strafjustiz eine relative Tatüberzeugung erarbeitet 28

49 Siehe auch schon tendenziell KK/*Maur* § 408, 16: Legitimation folgt *auch* aus einem Konsenselement; Konsenselemente erblickt auch MüKo/*Eckstein* § 407, 11 ff., der zu Recht auch schon die Frage nach der Validität der Entscheidung des Angeklagten stellt, insbesondere hinsichtlich der *reformatio in peius*. Einer unterlassenen Rechtsmitteleinlegung ist diese Situation lediglich ähnlich, weil Rechtsmittel ein vorheriges Urteil voraussetzen und nur unter Kautelen bzw. Begründungsanforderungen den Angriff auf die Entscheidung gestatten. **A.A.** LR/*Gössel*[26] 32 und 35.

50 Siehe aber auch noch *Beling* Lb. 472: Abmachung der Angelegenheit.

51 Siehe etwa krit. im Deal- bzw. Verständigungskontext LR/*Gössel*[26] 26 und § 408a, 7; siehe auch schon *Sessar* ZStW **87** (1975) 1034: Handel: Geständnis gegen Strafbefehl statt Anklage; OK-StPO/*Temming* § 407, 4 f.; HK-GS/*Andrejtschitsch* § 407, 4; KMR/*Metzger* 30 f., etwa auch zur vielfach verneinten Analogie zu § 257c Abs. 4 Satz 2 bei einem ankündigungswidrig ausbleibenden Strafbefehlserlass; grundsätzlich abl. zur „Fehlanwendung" des Strafbefehls auf gewichtigere Fälle SK/*Weßlau* 8: Missbrauch des Strafbefehlsverfahrens m.w.N.; eine Ambivalenz erkennt insoweit treffend *Elobied* 214 f.: im Strafbefehlsverfahren ist sowohl der Konsens auf Augenhöhe möglich als auch die Ungleichheit bei der Strafpraxis.

52 Erst recht können sie die Überprüfung der „Aktenüberzeugung" nicht ersetzen, s. auch § 257 Abs. 1 Satz 2.

53 Dafür auch schon *Gaede*, Fairness als Teilhabe, 768 f.; ferner MüKo/*Eckstein* § 407, 16 m.w.N.

54 Frühere dahingehende Lehren deuteten den Fiktionsinhalt dabei als die tatsächliche Schuld des Angeklagten, siehe etwa *Lucas* DStRZ **5** 5. Dagegen LR/*Gössel*[26] 32 f.

und dem Angeklagten als besondere Form der Beschuldigung zugestellt hat, welcher der zur Wahrung seiner Rechte auf Posten gestellte Angeklagte nicht entgegentritt. Mit der zwischenzeitlich auf zwei Wochen ausgedehnten Einspruchsfrist und dem Instrument der Wiedereinsetzung soll dem Angeklagten insofern eine hinreichende Chance eingeräumt sein, seine Rechte zu wahren und damit auch eine mangelnde Schuld zur Geltung zu bringen.[55]

29 **3. Legitimität des rechtskräftigen Strafbefehls.** Die Zweckmäßigkeit des Strafbefehls als Teil der Strategien zur Bewältigung der Verfahrensmassen kann schon aus der tradierten und aktuell bestätigten Praktikabilität und der hohen empirischen Bedeutung des Strafbefehls geschlossen werden. Das aufgestellte Recht „funktioniert" durchaus. Es trägt erheblich zur Verfahrensbewältigung bei und dürfte in einer großen Zahl an Fällen auch im Interesse der Beschuldigten liegen. Zu fragen ist aber, ob die bisweilen allgemein erwünschte Effizienz nach dem geschilderten gesetzgeberischen Konzept auch legitim zu nennen ist. Dies gilt im Besonderen deshalb, weil kaum stets mit einer skrupulösen Umsetzung des vom Gesetz eher versteckten Überzeugungserfordernisses gerechnet werden kann.

30 Die Kernfrage liegt damit darin, ob das Strafbefehlsverfahren nach Verfassungs- und Konventionsrecht legitim ist. Insoweit kann die Praxis darauf verweisen, dass sowohl das **BVerfG** als auch der EGMR das Strafbefehlsverfahren im Grundsätzlichen unbeanstandet gelassen haben – und mit ihm die Stützung strafrechtlicher Sanktionen auf den zugestellten und unbeantworteten Strafbefehl im Hinblick auf das rechtliche Gehör und das Recht auf ein faires Strafverfahren. So hat das BVerfG in älteren Entscheidungen offen von einer Wahrunterstellung und von Verfahren mit Unzulänglichkeiten gesprochen, den Strafbefehl aber dennoch hingenommen.[56] Der **EGMR** hat in der bisher wegweisenden Entscheidung *Hennings gegen Deutschland* keinen Verstoß gegen das Recht auf ein *„fair hearing"* und die Unschuldsvermutung angenommen, soweit dem Angeklagten die Geltendmachung einer schuldlosen Verspätung des Einspruchs möglich war.[57] In diesem Fall war der Strafbefehl durch Niederlegung bei der Post und Hinterlassung einer Benachrichtigung im Briefkasten des Angeschuldigten zugestellt worden, auf den innerhalb der damals noch einwöchigen Einlegungsfrist aber nur die Ehefrau des Angeschuldigten Zugriff hatte. Ein Wiedereinsetzungsantrag wurde abgelehnt, weil der Angeschuldigte verpflichtet gewesen sei, den Zugang zu seiner Post selbst in einem Fall zu sichern, in dem die Ehefrau versehentlich den Schlüssel mit auf eine Reise genommen hatte.

31 Der Rechtsprechungsstand ist allerdings differenzierter zu betrachten. So hat das **BVerfG** anhand der **Verständigung** nun Maßstäbe für den tragenden Rekurs auf die Mitwirkung des Angeklagten und die staatliche Wahrheitsaufklärung aufgestellt.[58] Welche Bedeutung diese Maßstäbe für Verfahren nach den §§ 153a und 407 ff. haben, ist in Zukunft zu klären (Rn. 64). Auch die akzeptierende Entscheidung des EGMR erging nur

55 In diesem Sinne für die Vereinbarkeit mit Art. 6 EMRK etwa Meyer-Goßner/*Schmitt* 2; SSW/*Momsen* § 407, 2. Grundlegend auch BVerfGE **25** 158, 164 ff.

56 BVerfGE **3** 248, 253 f.; **25** 158, 164 f. Dagegen bereits mit gewichtigen Argumenten *Kreutz* AnwBl **2002** 212, 213 ff. m.w.N. und schon vor über 50 Jahren grundlegend mit dem Votum für die Einräumung einer richterlichen Anhörung *Eser* JZ **1966** 660 ff.

57 EGMR NJW **1993** 717 – *Hennings/D*, Rn. 26 ff., m. abl. SV *Walsh*; dazu schon abl. MüKo/*Gaede* Art. 6 EMRK, 90 m.w.N.; *Thomas* NJW **1991** 2233, 2237 f.; *Trechsel* JR **1981** 133, 137 f.; *Ambos* Jura **1998** 288; *Gaede*, Fairness als Teilhabe, 768 f.

58 BVerfGE **133** 168, 174 ff.

mehrheitlich;[59] ihr folgten in anderen Kontexten bereits Steigerungen der Konventionsmaßstäbe (Rn. 32). Konventionsrechtliche Probleme bleiben durchaus, weil die deutsche Widerspruchslösung ersichtlich keinen der mündlichen Hauptverhandlung ebenbürtigen Schuldnachweis/keine ebenbürtige gerichtliche Überzeugung zu leisten vermag: Da der Gesetzgeber nur ein schriftliches Verfahren zugrunde legt, während Art. 6 Abs. 1 Satz 1 EMRK eine Hauptverhandlung gewährleistet, *kann* das Strafbefehlsverfahren **von vornherein kein Verfahren** sein, **das alle Anforderungen des Art. 6 EMRK positiv erfüllt**. Ein Nachweis der Schuld, welcher der EMRK und damit auch ihrer Unschuldsvermutung gemäß Art. 6 Abs. 2 EMRK genügt,[60] kann jenseits eines *fair hearing* nicht gelingen.[61] Zudem setzt die Anwendung des Strafbefehlsverfahrens auch im Vergleich zum Normalverfahren Verfahrensstandards in erheblicher Weise zurück,[62] was gem. Art. 6 EMRK der Rechtfertigung bedarf.[63] Sicher wäre der Strafbefehl mit Art. 6 EMRK und konkret dem Recht auf Durchführung einer mündlichen, die Entscheidung tragenden Hauptverhandlung nur dann zu vereinbaren, wenn das deutsche Recht für den Strafbefehl einen Verhandlungs- bzw. Verfahrensverzicht voraussetzen würde, der den Anforderungen des EGMR genügt.[64] Einen nachgewiesenen Verzicht setzen die §§ 407 ff. aber nicht voraus, mag er bei einzelnen abgesprochenen Strafbefehlen auch in der Sache vorliegen.

Die Frage kann anhand des Art. 6 EMRK im Übrigen nur sein, ob eine Rechtsordnung die **vollen Rechte aus Art. 6 EMRK** unter Umständen schon **durch den Verweis auf versäumte Obliegenheiten zur Rechtswahrnehmung entfallen lassen** darf, so wie es Deutschland mit den §§ 407 ff. beansprucht. Eben dies hat der EGMR 1992 in einer eher frühen Phase der Konventionsauslegung im Fall *Hennings* mehrheitlich hingenommen.[65] Zwischenzeitlich hat der EGMR aber auch anerkannt, dass Strafprozesse den unverteidigten Bürger als Laien nicht selten weithin überfordern,[66] während die Gerichtsmehrheit im Leitfall *Hennings* noch vergleichsweise unbefangen davon ausging, der Bürger habe mit ungewohnten prozessualen Anforderungen umzugehen. Und hierbei geht es schon um den **Zugang zu einem Prozess vor Gericht schlechthin**, den Art. 6 **32**

59 S. das SV *Walsh* zu EGMR NJW **1993** 717 – *Hennings/D.*

60 Die Bedeutung dessen hebt auch schon LR/*Gössel*[26] 34 hervor, allerdings leider mit dem Postulat, dass das schriftliche Verfahren diese auch im Sinne des Art. 6 EMRK schlicht schon leisten könne.

61 S. auch zu den verbleibenden Abschwächungen des Prozesstandards, zu Recht über Unmittelbarkeit und Mündlichkeit hinaus auch auf die kontradiktorische Natur der Verhandlung bezogen, SK/*Weßlau* 19 m.w.N.

62 S. besonders ehrlich und bis heute gültig BVerfGE **3** 248, 253: Strafbefehlsverfahren „naturgemäß mit Unzulänglichkeiten behaftet".

63 S. auch Vor § 417, 14 ff. m.w.N.

64 Hierzu MüKo/*Gaede* Art. 6 EMRK, 77 ff., zu Prozessabsprachen 90 ff. m.w.N.

65 EGMR NJW **1993** 717 – *Hennings/D*, Rn. 26 ff., m. abl. SV *Walsh*; s. aber später daran u. a. anknüpfend EGMR 15.9.2016 – 17914/10, Rn. 43 ff. – *Johansen/D* m.w.N., in einem Fall, in dem zudem das Risiko einer tatsächlich unterbliebenen Zustellung auf der Beweisebene vergleichsweise einseitig dem Angeschuldigten zugewiesen wird; ein Widerspruch zwischen der Aussage des Zustellers zur Art und Weise der Zustellung im Vergleich zur niedergeschriebenen Art und Weise der Zustellung nach der darüber erhobenen Urkunde soll den Nachweis der Zustellung selbst nicht in Frage stellen können, wenn weitere Zweifelsgründe vorliegen.

66 Dazu etwa schon *Maleika* 121 ff. m.w.N.; SK/*Weßlau* 19; nun auch zu psychisch erkrankten Personen mit einer (nicht repräsentativen) Studie *Kemme/Dunkel* StV **2020** 52 ff., 57 f.; zur regelmäßigen Unkenntnis und Überforderung des Bürgers mit dem technisierten Verfahren des 21. Jahrhunderts EGMR NLMR **2004** 128 – *S.C./UK*; im Rahmen der Verfahrensabsprachen EGMR 9.6.2016 – 2308/06, Rn. 56 – *Saranchov/UKR*; dazu auch MüKo/*Gaede* Art. 6 EMRK, 86 f. m.w.N.

Abs. 1 Satz 1 EMRK unter Einschluss einer Hauptverhandlung jedem Einzelnen sichern will. Jedenfalls nach seiner heutigen Rechtsprechung etwa zu Verfahrensabsprachen muss der EGMR von neuem und näher prüfen, ob eine versäumte Obliegenheit unter den aktuellen Bedingungen tatsächlich den **Ausschluss eines jeden fairen mündlichen Verfahrens *in verhältnismäßiger Form* rechtfertigen** kann.[67] In einem Verfahren, das die Beweisanforderungen betraf, die an die Erschütterung der Beweiskraft einer staatlichen Zustellungsurkunde mit der Folge einer ausgebliebenen Zustellung zu stellen sind, hat der EGMR diesen Maßstab aufgegriffen, jedoch Zurückhaltung bei der Frage gezeigt, ob die nationalen Gerichte *im Einzelfall* berechtigterweise von einer hinreichend validen Zustellungsurkunde ausgegangen sind.[68]

33 Die in Deutschland – auch infolge der Gewöhnung an das Strafbefehlsverfahren – verbreitete Akzeptanz des geltenden Rechts als systemtragende Notwendigkeit[69] wird man insoweit nicht vollständig aufrechterhalten können. Das Recht darf auch zur Systemerhaltung nicht kurzerhand vom gerichtserfahrenen und verteidigten Bürger ausgehen, der mündig und gut beraten abwägt, ob er den Strafbefehl passieren lässt. Vielmehr ist auch an die offenbar erhebliche Zahl von Mitmenschen zu denken, die im „Umgang mit Ämtern unbeholfen", in ihrem Sozialverhalten wenig gefestigt sind und/oder ggf. die Kosten der notwendigen juristischen Beratung scheuen.[70] Zumal das deutsche Strafbefehlsverfahren tatsächlich **nicht nur Bagatellen** erfasst und zur **Ersatzfreiheitsstrafe** führen darf, lässt sich der **Entzug des fairen mündlichen Prozesses** infolge des Einschlusses dieser Personengruppen nur bejahen, wenn sich ggf. im Streitfall nachweisen lässt, dass der konkrete Angeklagte tatsächlich eine **realistische Chance hatte, seine Rechte fristgemäß wahrzunehmen.** Nicht hingegen lässt sich aus dem viel zitierten Umstand, dass *viele einzelne Angeklagte* gern auf die Hauptverhandlung verzichten,[71] darauf schließen, dass das abgekürzte Verfahrensmodell auch für den konkreten betroffenen und oft unverteidigten einzelnen Bürger einen Vorteil darstellt.

34 Nach diesen Maßstäben dürfte die zwischenzeitlich vom Gesetzgeber vorgesehene Frist zur Einlegung des Einspruchs von zwei Wochen nach einer individuellen Zustellung[72] angesichts der Belehrung über den Einspruch immerhin regelmäßig dazu führen, dass der Angeklagte seine Rechte wahrnehmen konnte. Angesichts der zentralen Bedeutung des Einspruchs, von dem das Menschenrecht auf eine faire mündliche Verhandlung in Strafsachen abhängt, ist aber ergänzend die **Wiedereinsetzung in den vorigen Stand unter besonderen Vorzeichen anzuwenden:** Der Vorwurf, der Angeklagte habe

---

67 Zum Zugang zum Gericht vgl. ferner LR/*Esser* Art. 6, 107, 110 ff. m.w.N.; MüKo/*Gaede* Art. 6 EMRK, 101 f. m.w.N.; *Gaede*, Fairness als Teilhabe, 768 f., 780 ff.

68 S. bereits mit diesem Überprüfungsmaßstab im Fall Johansen EGMR 15.9.2016 – 17914/10, Rn. 44, 49 ff. – *Johansen/D* m.w.N., dort allerdings weiter mit einer fraglichen Subsumtion zur Frage des staatlichen Nachweises der Zustellung des Strafbefehls; bedeutend strikter schon SV *Walsh* zu EGMR NJW **1993** 717 – *Hennings/D*.

69 S. insoweit repräsentativ für den vergleichsweise eiligen Schluss von der systemtragenden Bedeutung auf die konkrete Ausgestaltung des deutschen Strafbefehlsmodells, der auch den Gesetzgeber leitet, *Roxin/Schünemann* § 68, 2 (einschränkend aber wohl 5). Auch hier schon anders: SK/*Weßlau* 25.

70 Dazu, dass die Betroffenen sich aus den verschiedensten Gründen nicht zur Wehr setzen, beispielhaft *Hass* NJW **1972** 1223, 1224 und *Kreutz* AnwBl **2002** 212, 213; *Preuß* ZJS **2012** 176; ferner schon *Eb. Schmidt* § 407, 4 sowie *Ambos* Jura **1998** 288.

71 BVerfGE **25** 158, 165: Interesse des Staatsbürgers, dem daran gelegen ist, einfachere Straffälle verhältnismäßig billig und auch diskret, ohne Zeitverlust und Aufsehen erledigen zu können; aufgegriffen etwa von LR/*Gössel*[26] 28; s. ferner KMR/*Metzger* 29, auch mit 28.

72 S. auch Rn. 47.

die Fristversäumung verschuldet, muss eng ausgelegt werden.[73] Die Praxis muss hier **individuelle Teilhabehindernisse**[74] in den Blick nehmen und sich dafür öffnen, die Überforderungen des Laien mit amtlicher Kommunikation einzubeziehen. Nur mit einer solchen Flankierung wird sich auch im Sinne des BVerfG[75] sagen lassen, dass Deutschland das Anrecht auf ein faires Strafverfahren mit dem Strafbefehlssystem nicht auf eine unverhältnismäßige Art und Weise verfallen lässt. Im Übrigen ist nicht zu übersehen, dass die **Wiederaufnahme zugunsten des Angeklagten** gem. §§ 373a Abs. 2, 359 auch auf den Strafbefehl Anwendung findet.[76]

Durchaus in diesem Sinne hat auch das BVerfG unlängst zu Recht zum Ausdruck gebracht, dass Hinweise auf **individuelle Teilhabehindernisse schon unter dem Aspekt der Zustellung von Bedeutung** sind: Es hat unterstrichen, dass die Verwerfung des Einspruchs gegen einen Strafbefehl als verspätet und den Beschuldigten damit unzulässig in seinen Rechten auf effektiven Rechtsschutz, auf rechtliches Gehör und auf ein faires Verfahren verletzt, wenn das **Strafgericht die Wirksamkeit der Zustellung des Strafbefehls nicht prüft**, obwohl sich angesichts des Verteidigervortrags und eines betreuungsrechtlichen Sachverständigengutachtens aufdrängt, dass der Beschuldigte auf Grund einer akuten psychotischen Erkrankung verhandlungsunfähig ist.[77] Schon bei der Auslegung der Frist- und Formvorschriften selbst ist damit darauf zu achten, dass der effektive Rechtsschutz bzw. der Zugang zum Gericht nicht in unzumutbarer, aus Sachgründen nicht mehr zu rechtfertigender Weise erschwert wird; gerade bei der Prüfung der Frage, ob ein Einspruch rechtzeitig erhoben worden ist, hat das Gericht von Verfassungs wegen **besondere Sorgfalt** anzuwenden. Es hat sich die erforderliche Überzeugung vom Beginn der Einspruchsfrist zu verschaffen, die eine wirksame Zustellung des Strafbefehls voraussetzt.[78] 35

II. Wirkungen des Strafbefehlsantrags

1. Rechtshängigkeit und Anhängigkeit. Mit dem Antrag auf den Erlass eines Strafbefehls wird nach § 407 Abs. 1 die öffentliche Klage erhoben. Hiermit wird, wie im ordentlichen Verfahren, das Verfahren bei Gericht **anhängig**, auf das damit die Verfahrensherrschaft übergeht (s. LR/*Mavany* § 151, 10).[79] Die Staatsanwaltschaft kann damit wegen der Tat nicht anderweitig Anklage erheben. Ferner wäre der Antrag unzulässig, wenn die Klage bereits in anderer Weise erhoben war und das Gericht daraufhin das 36

73 Näher dazu § 410, 24 ff.

74 *Gaede*, Fairness als Teilhabe, 589 ff., 767 ff. m.w.N.; ferner *Kemme/Dunkel* StV **2020** 52 ff., 57 f. zu (psychisch) erkrankten Personen; für eine enge Auslegung des Verschuldens bei der Wiedereinsetzung auch *Esser*, Auf dem Weg zu einem europäischen Strafverfahrensrecht, 2002, S. 611 ff.

75 Auch BVerfGE **25** 158, 166 erkennt insoweit klar, dass es hier schlechthin um die Gewährleistung des rechtlichen Gehörs geht und gebietet demzufolge, dass der „Grundsatz, daß die Anforderungen, was ein Prozeßbeteiligter zur Wahrung seines Anspruchs auf rechtliches Gehör zu tun habe, nicht überspannt werden dürfen [...] gerade in einem solchen Fall besonders sorgfältig angewandt werden" müsse; bestätigend etwa BVerfGE **26** 315, 319 ff.; **40** 88, 91 ff.: Fälle des ersten Zugangs zum Gericht.

76 S. dabei zur nicht an die Kenntnis des Verurteilten gebundene Neuheit von Tatsachen und Beweismitteln bzgl. § 359 Nr. 5: LR/*Gössel*[26] § 359, 90a; Meyer-Goßner/*Schmitt* § 359, 28: Aktenlage maßgeblich; zu den Anwendungsproblemen s. aber auch *Kemme/Dunkel* StV **2020** 58.

77 BVerfG StV **2021** 213.

78 BVerfG StV **2021** 213.

79 *Mayer* NStZ **1992** 605.

Hauptverfahren eröffnet[80] oder den Strafbefehl erlassen hatte. Nach überwiegender Meinung tritt die **Rechtshängigkeit** des Verfahrens mit Erlass des Strafbefehls[81] ein. Weil unter Rechtshängigkeit der Zeitpunkt zu verstehen ist, zu dem „die Klage nicht mehr frei zurückgenommen" und dem Gericht auch auf diese Weise die Verfahrensherrschaft nicht mehr entzogen werden[82] kann, ist die Festlegung des Zeitpunktes der Rechtshängigkeit im Hinblick auf die erweiterte Rücknahmemöglichkeit des § 411 Abs. 3 Satz 1 zwar nicht frei von Bedenken.[83] Der h. L. ist jedoch zu folgen: Einmal ist zu berücksichtigen, dass die Ablehnung des Strafbefehlsantrags der Staatsanwaltschaft nach § 408 Abs. 2 Satz 2 einem Nichteröffnungsbeschluss gleichsteht.[84] Zum anderen kann der Eintritt der Rechtshängigkeit bei Erlass des Strafbefehls nur einheitlich beurteilt und nicht davon abhängig gemacht werden, ob Einspruch eingelegt wird oder nicht.[85]

37 **2. Wirkungen von Rechtshängigkeit und Anhängigkeit.** Ist die Sache bereits **anderweitig *an*hängig**, aber mangels Erlasses eines Strafbefehls oder eines Eröffnungsbeschlusses noch nicht *rechts*hängig geworden, sollte der Strafrichter darauf hinwirken, dass die Staatsanwaltschaft in einem der beiden anhängig gemachten Verfahren die Klage zurücknimmt. Weil erst die Rechtshängigkeit der Staatsanwaltschaft die Verfügungsbefugnis über ihre Klage entzieht, kann in diesem Stadium nicht etwa nach § 12 verfahren werden (vgl. LR/*Erb* § 12, 5 f.). Da die bloße **Anhängigkeit** (trotz ihrer Wirkungen, s. Rn. 36) auch noch **kein Prozesshindernis** darstellt, ist ebenso wenig § 206a anwendbar. Sobald in einem der beiden anhängigen Verfahren ein Strafbefehl oder ein Eröffnungsbeschluss erlassen wird, ist in dem jeweils anderen Verfahren wegen des nun eingetretenen Verfahrenshindernisses der **Rechtshängigkeit** und des damit wegfallenden hinreichenden Tatverdachts (zur mangelnden Verurteilungswahrscheinlichkeit LR/*Stuckenberg* § 203, 6 ff.) der Erlass des Strafbefehls nach § 408 Abs. 2 Satz 1 abzulehnen (LR/*Stuckenberg* § 206a, 64). Im normalen Strafverfahren ist im Fall eines erlassenen Strafbefehls ein Nichteröffnungsbeschluss zu erlassen, falls die Staatsanwaltschaft nicht zur Rücknahme der Klage veranlasst werden kann. Für den Fall der umfassenderen Zuständigkeit des Strafrichters im Strafbefehlsverfahren[86] schlägt LR-*Wendisch*[25] (§ 12, 27) vor, der Strafrichter solle nach Rechtskraft des Strafbefehls oder nach Einlegung des Einspruchs auf die Einstellung des anderen Verfahrens hinwirken. Dem kann indes nur für den Fall zugestimmt werden, dass der Strafrichter den Strafbefehl bereits vor dem Eröffnungsbeschluss im anderen Verfahren erlassen hat: Ist der Strafbefehl noch nicht erlassen, so zwingt die durch den Eröffnungsbeschluss begründete Rechtshängigkeit den Strafrichter zur Ablehnung des Strafbefehlsantrages wegen Vorliegens eines Prozesshindernisses.[87] Sind **beide Verfahren rechtshängig** geworden, so ist nach § 12 zu verfahren.

38 Wird versehentlich ein während der Rechtshängigkeit des Strafbefehlsverfahrens auf Anklage betriebenes anderes Verfahren nicht eingestellt und werden sowohl der

---

80 KMR/*Metzger* § 407, 36; *Feibelmann* LZ **12** 897; s. auch § 418, 2 zur Anhängigkeit im beschleunigten Verfahren.

81 KK/*Maur* 5; Meyer-Goßner/*Schmitt* 3; KMR/*Metzger* § 407, 42; HK/*Brauer* § 407, 11; **a.A.** OLG Karlsruhe NStZ **1991** 602 mit abl. Stellungnahme *Mayer* NStZ **1992** 605.

82 LR/*Mavany* § 151, 10; s. ferner § 417, 19 ff. zur Rechtshängigkeit im beschleunigten Verfahren.

83 Insbesondere deshalb verneint OLG Karlsruhe NStZ **1991** 602 die Rechtshängigkeit.

84 Darauf weist *Mayer* NStZ **1992** 605 in seiner abl. Stellungnahme zu OLG Karlsruhe NStZ **1991** 602 mit Recht hin.

85 Näher § 411, 38 f.

86 S. allgemein LR/*Erb* § 12, 15 ff.

87 Ebenso offenbar LR/*Erb* § 12, 6, 12 und 24.

Strafbefehl als auch das in dem anderen Verfahren ergangene Urteil rechtskräftig, so steht die **Rechtskraft der früheren Entscheidung** der weiteren Durchführung des später ebenfalls rechtskräftig abgeschlossenen Verfahrens entgegen: In diesen Fällen ist das später abgeschlossene Verfahren auf die Wiederaufnahme (§ 359 Nr. 5) wegen des Prozesshindernisses der Rechtskraft einzustellen (§ 359, 70). Dass der Strafbefehl in solchen Verfahren dem auf einer Hauptverhandlung beruhenden und deshalb „höherwertigen" Urteil weichen müsse, lässt sich nach der weitgehenden, allerdings auch nicht kompletten, Gleichstellung von Strafbefehl und Urteil durch § 410 Abs. 3 nicht mehr[88] vertreten.

III. Strafbefehl und besondere Verfahrensgestaltungen

1. Anschlussmöglichkeiten

a) Anschlussbefugnis des Nebenklägers. Ein wirksamer Anschluss des Nebenklägers ist im Strafbefehlsverfahren möglich, sobald der **Termin zur Hauptverhandlung**, sei es wegen Bedenken i. S. des § 408 Abs. 3, sei es nach Einspruch des Beschuldigten gegen den Strafbefehl (§ 410 Abs. 1), anberaumt oder der Erlass des Strafbefehls abgelehnt worden ist (§ 408, 22).[89] Die Anschlussbefugnis besteht nicht schon dann, wenn der Antrag auf Erlass eines Strafbefehls gestellt wird.[90] Wird der Strafbefehl abgelehnt, kann der Anschluss zur Einlegung der sofortigen Beschwerde gegen den ablehnenden Beschluss erfolgen (§§ 408 Abs. 2 Satz 2; 210 Abs. 2; 401 Abs. 1 Satz 2).[91] Insofern bleibt die Beschränkung der Rechtsmittelbefugnis des Nebenklägers durch § 400 Abs. 1 für die Anfechtung des Strafbefehls zu beachten.[92] 39

Unter **„Anberaumung"** und „Ablehnung" ist insofern der Zeitpunkt zu verstehen, zu dem die Verfügung (der Beschluss) unterschriftlich vollzogen und in den Geschäftsgang hinausgegeben wird.[93] Es kommt nicht auf den Zeitpunkt der Bekanntgabe nach außen an. Eine schon vor den maßgeblichen Zeitpunkten eingereichte Anschlusserklärung wird aber wirksam, sobald es zur Terminanberaumung oder zur Ablehnung des Strafbefehlsantrags[94] gekommen ist. Dies folgt aus § 396 Abs. 1 Satz 3 i. V. m. Satz 2 dieser Norm. 40

Bleibt der erlassene **Strafbefehl unangefochten**, besteht weder eine Einspruchs- noch eine Anschlussmöglichkeit.[95] Wird der – unangefochtene – Strafbefehl rechtskräftig (§ 410 Abs. 3), besteht ebenfalls keine Möglichkeit des Anschlusses. Eine früher eingereichte Anschlusserklärung wird endgültig wirkungslos; sie braucht nicht beschieden zu werden.[96] Die Hinausschiebung der Wirksamkeit einer Anschlusserklärung bis zu den in § 395 Abs. 4 Satz 2 und § 396 Abs. 1 Satz 2 und 3 bezeichneten Zeitpunkten hindert 41

---

88 Im Erg. so auch KK/*Maur* 5; Meyer-Goßner/*Schmitt* 4; i.E. nichts anderes galt schon zur früheren Rechtslage, s. dazu LR/*Schäfer*[23] § 407, 39.

89 Zur gesetzgeberischen Festlegung gerade dieses Zeitpunktes schon LR/*Gössel*[26] 39.

90 Zur Konventionskonformität bzgl. Art. 2 EMRK jedenfalls bei einem Fall, in dem nicht gegen Amtsträger ermittelt wurde, EGMR v. 22.5.2014, Nr. 49278/09, Rn. 86 ff. m. zust., aber krit. Sondervotum *Power-Forde*.

91 Vgl. z.B. ebenso KK/*Maur* § 407, 28; HK/*Brauer* § 407, 31.

92 Siehe schon BTDrucks. **10** 5305 S. 15: legitimes Interesse an der Höhe der Bestrafung regelmäßig zu verneinen.

93 KK/*Maur* § 407, 28; LR/*Gössel*[26] 40; **a.A.** noch LR/*Schäfer*[23] § 407, 47.

94 Meyer-Goßner/*Schmitt* § 396, 6.

95 Meyer-Goßner/*Schmitt* § 409, 19.

96 Ebenso KK/*Maur* § 407, 29.

den Verletzten aber nicht, durch insoweit informelle **Anregungen** und Hinweise auf die Entschließungen der Strafverfolgungsorgane einzuwirken. Darin liegen indes keine förmlichen Prozesshandlungen.

42 Im Fall einer **vorzeitigen Anschlusserklärung** (o. Rn. 39 f.) sind sowohl die Ablehnung des Strafbefehlsantrags als auch die Anberaumung einer Hauptverhandlung nach § 408 Abs. 3 dem Nebenkläger mitzuteilen. Bloße Nebenklageberechtigte müssen nicht unterrichtet[97] werden.

43 **b) Anschluss des Verletzten.** Eine **selbständige Anschlussbefugnis** des Verletzten sieht das Gesetz **nicht** vor. Soweit er jedoch zur **Nebenklage berechtigt** ist, kann er sich in dieser Eigenschaft aber auch unter Rückgriff auf die Befugnisse gemäß den §§ 406d ff. am Verfahren beteiligen. Insoweit gelten die Ausführungen zu Rn. 39 ff. auch hier. Zu beachten ist insbesondere die **Hinweispflicht** gemäß § 406i, welche auch die Anschlussbefugnis als Nebenkläger betrifft (siehe ferner die Hinweise gem. § 406j und §§ 406k und 406l). Die Pflicht besteht unabhängig davon, ob der Verletzte einen Antrag auf Mitteilungen nach § 406d Abs. 1 gestellt hat. Die Ablehnung des Strafbefehls ist dem gemäß § 406i belehrten nebenklageberechtigten Verletzten allerdings nur dann **mitzuteilen,** wenn er den Antrag nach § 406d Abs. 1 auf Mitteilung über den Ausgang des gerichtlichen Verfahrens gestellt[98] hat.

44 **c) Entschädigung des Verletzten.** Eine Entscheidung über die Entschädigung des Verletzten im Adhäsionsverfahren (§§ 403 ff.) ist nur **auf Grund** einer **Hauptverhandlung** möglich[99] und überdies schon durch den Wortlaut des § 407 ausgeschlossen (§ 407, 9). Im Strafbefehlsverfahren kann das Adhäsionsverfahren also nur dann durchgeführt werden, wenn und sobald es zu einer Hauptverhandlung kommt. Ein vorzeitig gestellter Antrag nach § 403 wird wirksam, sobald es zu einer Hauptverhandlung kommt. Bleibt diese aus, muss über den Antrag auch nicht entschieden werden, weil er keine Wirksamkeit erlangt. Liegt ein entsprechendes Begehren aber bereits vor, werden Staatsanwaltschaft und Gericht dies ihrerseits in ihre Prüfung einbeziehen müssen, ohne dazu gezwungen zu sein, vom Strafbefehl Abstand zu nehmen.[100]

2. Verfahren gegen abwesende und ausgebliebene Beschuldigte

45 **a) Begriffsbildung.** Die StPO unterscheidet das Verfahren gegen Abwesende von einem Verfahren gegen den ausgebliebenen oder sonst nicht anwesenden Angeklagten. **Abwesend** ist nach § 276 nur derjenige Beschuldigte, dessen Aufenthalt *unbekannt* ist oder der sich im *Ausland* aufhält *und* dessen Gestellung vor das zuständige Gericht nicht ausführbar oder nicht angemessen erscheint. Gegen einen *in diesem Sinne* Abwesenden kann nur ein Beweissicherungsverfahren nach den §§ 285 ff. durchgeführt werden, nicht aber – so ausdrücklich § 285 Abs. 1 Satz 1 – eine Hauptverhandlung. Gleichwohl steht § 285 Abs. 1 Satz 1 nach einhelliger Ansicht den begrifflich weithin anders ansetzenden Regelungen der §§ 231 Abs. 2, 232, 233 oder 329 („**Ausbleiben** des Angeklagten") und 412 nicht entgegen.[101] In der Sache ist die kategorische Aussage des § 285 Abs. 1 Satz 1 damit deutlich zurückgenommen.

---

97 Vgl. KK/*Maur* § 407, 29.

98 KK/*Maur* § 408, 11.

99 BGH NJW **1982** 1047, 1048; abl. auch *Metz* JR **2019** 74.

100 Näher *Metz* JR **2019** 72 ff., 74 f.

101 Statt vieler dazu Meyer-Goßner/*Schmitt* § 285, 1.

b) Folgerungen für das Strafbefehlsverfahren gegen Abwesende. Gegen Abwesende i. S. des § 276 ergeht kein Strafbefehl.[102] Die enge Reichweite des § 276 führt indes dazu, dass diese Aussage vergleichsweise wenig Bedeutung erlangt. Hält sich der Beschuldigte im Ausland auf und ist sein Aufenthalt bekannt, so kann ein Strafbefehl mit dem Inhalt des § 407 Abs. 2 gegen ihn erlassen werden, wenn seine Vernehmung im Ermittlungsverfahren (§ 163a Abs. 1, vgl. dazu § 407, 65) und die Zustellung des Strafbefehls, ggf. im Wege der Europäischen Zusammenarbeit in Justizsachen oder der internationalen Rechtshilfe, oder an einen Zustellungsbevollmächtigten (§§ 116a Abs. 3; 127a Abs. 2; 132 Abs. 2; 145a Abs. 1 und 2) möglich ist. In diesem Fall besteht die Möglichkeit, den Beschuldigten zu laden und auch, dass der Geladene freiwillig erscheint, weshalb seine „Gestellung ausführbar" erscheint; damit ist eine Abwesenheit im Sinne des § 276 zu verneinen.[103] Ferner sind vorübergehende Aufenthalte im Ausland kein Fall des § 276.[104] 46

Allerdings bleibt noch zu fragen, ob es zulässig sein kann, gegen einen Beschuldigten, der **erst nach seiner Vernehmung** oder sonstiger Gehörsgewährung im Ermittlungsverfahren (§ 163a Abs. 1) als **abwesend** im Sinne des § 276 gilt, einen Strafbefehl zu erlassen, der dann öffentlich zuzustellen wäre. Eine öffentliche Zustellung nach § 40 durch zweiwöchige Anheftung an der Gerichtstafel genügen zu lassen,[105] ist aber mit Art. 103 Abs. 1 GG und Art. 6 EMRK (dazu Rn. 29 ff.) nicht zu vereinbaren: Es würde eine Strafe gegen einen Beschuldigten rechtskräftig festgesetzt, obwohl es bei dieser Art der Bekanntmachung so gut wie ausgeschlossen ist, dass er überhaupt von ihr erfährt und seine Rechte tatsächlich wahrnehmen kann.[106] Aus solchen Erwägungen hatten schon frühere Entwürfe – § 412 Abs. 3 Entw. 1920, Art. 70 Nr. 223 Entw. EGStGB 1930, § 394 Abs. 3 Satz 4 Entw. 1939 – die öffentliche Zustellung des Strafbefehls ausdrücklich für schlechthin unzulässig erklären wollen. Es ist danach davon auszugehen, dass ein Strafbefehl auch in diesem Fall gegen den nun Abwesenden unstatthaft ist. Auch nach Nr. 175 Abs. 2 Satz 1 RiStBV soll der Erlass eines Strafbefehls nur beantragt werden, wenn der Aufenthalt des Beschuldigten bekannt ist, so dass ihm der Strafbefehl in der regelmäßigen Form zugestellt werden kann. Andernfalls ist nach der insoweit überzeugenden Nr. 175 Abs. 2 Satz 2 RiStBV das Verfahren vorläufig einzustellen, oder, wenn sich die Abwesenheit erst nach dem Strafbefehlsantrag herausstellt, bei dem Strafrichter die vorläufige Einstellung nach § 205 zu beantragen. 47

Soweit eine wirksame Zustellung möglich war, ist ferner zu bedenken, dass die mangelnde Durchführung des Strafbefehlsverfahrens gegenüber Abwesenden nicht dazu führt, dass der Angeschuldigte in einer Verhandlung über einen Einspruch gegen den Strafbefehl stets anwesend sein müsste. Vielmehr zeigen schon die **§§ 412 Satz 1 und 329 Abs. 3**, dass die mangelnde Anwesenheit des Angeklagten in der Hauptverhandlung 48

---

102 AK/*Loos* § 407, 38; *Ambos* Jura **1998** 289; s. auch sinnvoll Nr. 175 Abs. 2 RiStBV.

103 Meyer-Goßner/*Schmitt* § 407, 4; HK/*Brauer* § 407, 34; wohl auch KMR/*Metzger* § 407, 4; *Oppe* ZRP **1972** 56; *Rieß* JZ **1975** 268; s. auch LG Verden NJW **1974** 2194.

104 MüKo-StPO/*Börner* § 276, 6; SK/*Frister* § 276, 6 f.

105 So LG München I MDR **1981** 71 mit der kaum überzeugenden Begründung, sonst müsse ein Haftbefehl erlassen werden (dagegen auch *Blankenheim* MDR **1992** 926, 927 f.); LR/*Wendisch*[25] § 40, 1; *Schmid* MDR **1978** 98.

106 OLG Düsseldorf NJW **1997** 2965; LG Kiel SchlHA **1982** 7; LG Köln MDR **1982** 601; LR/*Graalmann-Scheerer* § 40, 2; KK/*Maur* § 407, 36; Meyer-Goßner/*Schmitt* § 409, 21; KMR/*Metzger* § 409, 39; AK/*Loos* § 409, 28; HK/*Brauer* § 407, 34 m.w.N.; *Pfeiffer* § 409, 10; *Blankenheim* MDR **1992** 926, 927 f.

des Strafbefehlsverfahrens nicht zum Ausschluss der Hauptverhandlung führt (dazu näher § 412, 18 ff., 46 f.).[107]

49 **Eine Abhilfe** gegenüber den Schwierigkeiten, die insbesondere bei durchreisenden ausländischen „Verkehrssündern" auftreten können, ermöglichen die §§ 127a und 132 in den Fällen, in denen nur eine Geldsanktion mit Nebenfolgen in Betracht[108] kommt.[109]

50 Gegen **verhaftete oder vorläufig festgenommene Personen** ist ein Strafbefehl ohne weiteres zulässig, soweit es nicht um eine Zustellung zur nun unbehelflichen Adresse geht. Einen Antrag, dies als unzulässig auszuschließen, hatte schon die Reichstagskommission abgelehnt.[110] Jedoch wird die StA regelmäßig prüfen, ob nicht das beschleunigte Verfahren nach § 417 eine raschere Erledigung ermöglicht. Dies gebietet behördenintern Nr. 175 Abs. 4 RiStBV.

3. Verfahren gegen Jugendliche und Heranwachsende

51 **a) Anwendung von Jugendstrafrecht.** Bei Jugendlichen und Heranwachsenden, sofern Jugendstrafrecht anzuwenden ist, **schließen** die **§§ 79, 104 Abs. 2 Nr. 14 und 109 Abs. 2 Satz 1 JGG** den Erlass eines **Strafbefehls aus.** Der Gesetzgeber erkennt an, dass das unpersönliche Strafbefehlsverfahren eine ausreichende jugendgemäße und damit oftmals besonders individuell ausgerichtete Fallbehandlung nicht ermöglicht. An die Stelle des Strafbefehlsverfahrens tritt in gewissem Umfang gegen Jugendliche das vereinfachte Jugendverfahren (§§ 76 bis 78 JGG), gegen Jugendliche und Heranwachsende das sog. formlose Erziehungsverfahren (§§ 45 und 109 Abs. 2 JGG). Maßgebend für die Unzulässigkeit des Strafbefehls ist das Alter des Beschuldigten zur Zeit der Tat, nicht etwa das zur Zeit des Antrages oder Erlasses eines Strafbefehls (§ 1 Abs. 2 JGG). Wird unter **Verstoß gegen die §§ 79, 104 Abs. 2 Nr. 14 JGG** gegen einen Jugendlichen oder dem Jugendstrafrecht unterliegenden Heranwachsenden ein Strafbefehl erlassen, soll der Strafbefehl aber unanfechtbar und materiell rechtskräftig werden können, sofern nicht rechtzeitig Einspruch erhoben wird.[111] Die auf äußerst seltene Ausnahmefälle beschränkte Nichtigkeit eines formell rechtskräftigen Strafbefehls (§ 408, 39) soll nicht[112] in Betracht kommen. Ebenso wenig soll in derartigen Fällen von der Vollstreckbarkeit nach § 458 Abs. 1 abgesehen werden dürfen.[113] Beides ist jedoch nur dann aufrechtzuerhalten, wenn eine Wiedereinsetzungsbefugnis zur Korrektur eines derart fehlerhaften Strafbefehls zur Verfügung steht, die die Erschwernisse der Prozessteilhabe Jugendlicher oder Heranwachsender ernsthaft reflektiert (Rn. 33 f.).

52 **b) Verfahren gegen Heranwachsende.** Bei Heranwachsenden, auf die das Jugendstrafrecht keine Anwendung findet, ist der Erlass eines Strafbefehls durch den Jugendrichter oder den Vorsitzenden des Jugendschöffengerichts[114] (§§ 33, 107, 108 JGG, § 30

107 Anders wohl noch LR/*Gössel*[26] 47. Siehe wie hier auch schon i.E. Meyer-Goßner/*Schmitt* § 285, 1; AK/*Achenbach* § 285, 2; ferner anhand des § 329 a. F. LG Verden NJW **1974** 2194.

108 S. dazu *Dünnebier* NJW **1968** 1752.

109 S. aber § 410, 27.

110 Prot. S. 1058 ff.

111 BayObLG NJW **1957** 838; Meyer-Goßner/*Schmitt* § 407, 3; KK/*Maur* § 407, 26; *Brunner/Dölling* § 79, 3 und § 109, 12; *Eisenberg/Kölbel* § 79, 6, aber auch m.w.N. zu abweichenden Ansichten, die eine Nichtigkeit bejahen wollen.

112 BayObLG NJW **1957** 838; *Schorn* Verfahren 40.

113 KK/*Maur* § 407, 27.

114 So schon LR/*Gössel*[26] 52. **A.A.** *Brunner/Dölling* § 109, 12.

Abs. 2 GVG) **zulässig.**[115] Bei der Anwendung des Strafbefehlsverfahrens ist in diesen Fällen aber Zurückhaltung geboten, weil sich die Frage nach der Anwendung von Jugend- oder Erwachsenenstrafrecht regelmäßig nur auf der Basis einer Hauptverhandlung beantworten lassen[116] wird.

aa) Zunächst ist zu beachten, dass der Staatsanwalt gegen einen **Heranwachsenden** einen Strafbefehl nur beantragen darf, wenn er auf Grund eingehender Ermittlungen (§§ 43, 109 Abs. 1 JGG und Nr. 2 der RiJGG zu § 109 JGG) zu dem Ergebnis gekommen ist, dass das **allgemeine Strafrecht** anzuwenden ist. Bei diesen Ermittlungen ist die Jugendgerichtshilfe zu beteiligen (§ 38 Abs. 2 und 3 JGG). Wie bei Erwachsenen darf der Richter einen Strafbefehl nur erlassen, wenn er auf Grund der ggf. ergänzten Ermittlungen beurteilen kann, dass die Voraussetzungen für die Anwendung des Erwachsenenstrafrechts[117] vorliegen. Er darf keinesfalls gegen den Heranwachsenden eine Erwachsenenstrafe in der Erwartung festsetzen, dass dieser schon Einspruch einlegen werde, wenn er sich ungerecht behandelt[118] fühle. Auch dann, wenn die Anwendung von Erwachsenenstrafrecht unbedenklich erscheint, sollte die Staatsanwaltschaft bei erheblicherer Bedeutung der Bestrafung vom Antrag auf Strafbefehl zweckmäßigerweise absehen.[119] So liegt es zum Beispiel, wenn die Verurteilung geeignet ist, das Fortkommen des Heranwachsenden zu beeinträchtigen. In jedem Falle ist die Festsetzung von **Freiheitsstrafe** im Wege des Strafbefehls in Verfahren gegen Heranwachsende von vornherein unzulässig (§ 109 Abs. 3 JGG). 53

bb) Eine Abgabe des Verfahrens durch den mit dem Strafbefehlsantrag angegangenen Jugendrichter an das Jugendgericht des Aufenthaltsorts gemäß § 42 Abs. 3 JGG kommt erst nach Beginn der auf rechtzeitigen Einspruch hin anberaumten Hauptverhandlung in Betracht, da in die Rechte der Staatsanwaltschaft (Wahl des Gerichtsstands, Rücknahme) nicht eingegriffen werden soll.[120] Wurde der Strafbefehl gegen den Heranwachsenden versehentlich beim Erwachsenengericht beantragt und von diesem erlassen, kann dieses nach Einspruch das Verfahren unter Beachtung des § 269 an den Jugendrichter[121] abgeben. Nach der Rechtsprechung[122] ist das versehentliche Eindringen in den Geschäftsbereich des Jugendgerichts nicht unter dem Gesichtspunkt des Verfahrenshindernisses der sachlichen Unzuständigkeit zu bewerten, sondern nur unter dem des Übergriffs in den Geschäftsbereich einer anderen Gerichtsabteilung gleichen Ranges. 54

4. Strafbefehl bei Ordnungswidrigkeiten

a) Tateinheit von Straftat und Ordnungswidrigkeit. Im Strafverfahren ist die Staatsanwaltschaft für die Verfolgung der Tat auch unter dem rechtlichen Gesichtspunkt einer Ordnungswidrigkeit zuständig (§ 40 OWiG). Das Gericht hat die in der Anklage bezeichnete Tat **zugleich** unter dem rechtlichen Gesichtspunkt einer **Ordnungswidrigkeit** (§ 82 OWiG) **zu beurteilen.** Ist eine Handlung gleichzeitig Straftat und Ordnungswidrigkeit (Tateinheit), wird nach § 21 OWiG nur das Strafgesetz angewendet. Die Ord- 55

---

115 De lege ferenda aber abl. *Müller* 321 f.

116 KK/*Maur* § 407, 24; *Brunner/Dölling* § 109, 12; *Dallinger/Lackner* § 109, 32 bis 38; wohl auch *Eisenberg/Kölbel* § 109, 57 f.

117 OLG Hamburg NJW **1963** 67 f.

118 *Dallinger/Lackner* § 109, 32 m.w.N.

119 *Dallinger/Lackner* § 109, 33; eher großzügiger *Brunner/Dölling* § 109, 12.

120 BGHSt **13** 186, 188 f.; vgl. auch § 408, 5.

121 BGHSt **18** 173 ff.; KK/*Maur* § 407, 25.

122 BGHSt **18** 79: Prüfung nur auf Rüge und nicht schon von Amts wegen; BayObLG JR **1975** 202.

nungswidrigkeit tritt dann in dem Tenor der gerichtlichen Entscheidung nicht in Erscheinung. Sie kann aber u. U. bei der Strafzumessung[123] eine Rolle spielen, soweit ihr Inhalt nicht vollends in der Verwirklichung der Straftat aufgeht. Zudem kann das Gericht auf Nebenfolgen der Ordnungswidrigkeit erkennen (§ 21 Abs. 1 Satz 2 OWiG). Es ist folglich möglich, auf Antrag der Staatsanwaltschaft in einem Strafbefehl neben Strafen und strafrechtlichen Nebenfolgen auch Nebenfolgen festzusetzen, die nur hinsichtlich der verdrängten Ordnungswidrigkeit zulässig sind. Ebenso kann damit z.B. eine nach dem Ordnungswidrigkeitenrecht schärfere Nebenfolge eingreifen, was zum Beispiel für das Fahrverbot des § 25 Abs. 1 Satz 2 StVG gelten kann.[124]

56 **b) Zusammenhang von Straftat und Ordnungswidrigkeit.** Nach § 42 OWiG kann ferner die Staatsanwaltschaft die **Verfolgung einer Ordnungswidrigkeit übernehmen**, die mit einer verfolgten Straftat zusammenhängt. Ein solcher Zusammenhang ist nach § 42 Abs. 1 Satz 2 OWiG gegeben, wenn jemand sowohl einer Straftat als auch einer Ordnungswidrigkeit (persönlicher Zusammenhang), oder wenn wegen derselben Tat (im verfahrensrechtlichen Sinn des § 264) eine Person einer Straftat und eine andere einer Ordnungswidrigkeit (sachlicher Zusammenhang) beschuldigt wird. Nach § 64 OWiG „erstreckt" die Staatsanwaltschaft, wenn sie in den Fällen des § 42 OWiG wegen der Straftat die öffentliche Klage erhebt, diese auf die Ordnungswidrigkeiten, soweit die Ermittlungen auch hierfür Anlass bieten. Eine öffentliche Klage im Sinne des § 64 OWiG ist auch der Antrag auf Erlass eines Strafbefehls. Die Staatsanwaltschaft beantragt also in diesen Fällen einen einheitlichen Strafbefehl. Bei sachlichem Zusammenhang kann sie beantragen, in einem Strafbefehl gegen den einer Straftat Beschuldigten Strafe und Nebenfolgen der Straftat und gegen den Betroffenen, der einer Ordnungswidrigkeit beschuldigt wird, Geldbuße in bestimmter Höhe und Nebenfolgen der Ordnungswidrigkeit[125] festzusetzen. Es ist jedoch, entgegen der Nr. 280 Abs. 2 RiStBV zugrunde liegenden und auch in der Justiz vertretenen Ansicht, nicht möglich, gesonderte Strafbefehle zu beantragen und zu erlassen, die also etwa gegen A Strafe, gegen B Geldbuße festsetzen:[126] Auf diese Weise würde der für die Ahndung im Strafbefehlsverfahren nach § 42 OWiG notwendige Zusammenhang konkludent verneint.[127]

57 Der **Betroffene, dem** nach der abweichenden Ansicht in einem Strafbefehl **nur eine Ordnungswidrigkeit** zur Last gelegt wird, behält indes unstreitig trotz Ahndung der Tat durch Strafbefehl die rechtliche Stellung eines „Betroffenen"; er wird nicht zum Beschuldigten. Die einheitliche Ahndung von Straftat und Ordnungswidrigkeit hat aber zur Folge, dass die für das Strafbefehlsverfahren geltenden Vorschriften grundsätzlich Anwendung finden. Der Antrag auf Erlass des Strafbefehls ist daher gemäß § 408 auf eine bestimmte Geldbuße und ggf. auf bestimmte, nach dem OWiG zulässige Nebenfolgen zu richten. Legen Beschuldigter und Betroffener Einspruch ein, so findet die Hauptverhandlung gemäß § 411 statt. Die Entscheidung nach Einspruch gegen den Bußgeldbescheid durch Beschluss ohne Hauptverhandlung gemäß § 72 OWiG ist unanwendbar. Will nur der Betroffene das Urteil anfechten, so kommen nicht die Rechtsmittel der Strafprozessordnung in Betracht. Stattdessen ist nach § 83 Abs. 1, § 79 OWiG nur die Rechtsbeschwerde statthaft.[128] Die verfahrenseinheitliche Behandlung endet, wenn der Ge-

123 BGHSt **23** 342, 345; Göhler/*Gürtler* § 21 OWiG, 12.
124 Hierzu KK-OWiG/*Mitsch* § 21 OWiG, 15 mwN.
125 KK/*Maur* § 407, 33; *Krüger* NJW **1969** 1336; **a.A.** *Frieling* NJW **1969** 1058.
126 So aber BayObLG JR **1972** 301 mit abl. Anm. *Göhler*; wie hier KK/*Maur* § 407, 33 m.w.N.
127 Dazu auch § 408, 20.
128 BayObLG VRS **46** (1974) 368; KK/*Maur* § 407, 34.

sichtspunkt des sachlichen Zusammenhangs entfällt, also der der Straftat Beschuldigte sich mit dem Strafbefehl abfindet und nur der Betroffene Einspruch gegen die Bußgeldfestsetzung einlegt: Dann wird nach dem Rechtsgedanken des § 82 Abs. 2 OWiG das Verfahren als reines Bußgeldverfahren weitergeführt, allerdings mit der aus dem Rechtsgedanken der Art. 317 Abs. 1 Satz 3 EGStGB, Art. 158 Abs. 1 Satz 3 EGOWiG folgenden Maßgabe, dass auch in diesem Fall die Hauptverhandlung obligatorisch, § 72 OWiG also unanwendbar,[129] ist.

IV. Rechtskraft des Strafbefehls

Nach der Gleichstellung des unanfechtbar gewordenen Strafbefehls mit dem rechtskräftigen Urteil in § 410 Abs. 3 erwächst der Strafbefehl in **materieller Rechtskraft**.[130] **58** Eine völlig dem Urteil ebenbürtige Rechtskraftwirkung liegt darin gleichwohl nicht, weil § 373a Abs. 1 die Hürden für eine belastende Wiederaufnahme für den Fall eines Verbrechensverdachts senkt.[131] Zudem können die vergleichsweise breite Eröffnung der Wiedereinsetzung in den vorigen Stand und die Wiederaufnahme zugunsten des Angeklagten die Rechtskraft durchbrechen (Rn. 33 f.). Besonderheiten sind im Fall der Zustellung über einen Zustellungsbevollmächtigten zu bedenken.[132]

V. Reform des Strafbefehlsverfahrens

Die Frage einer Reform des Strafbefehlsverfahrens ist systematisch als Teilausschnitt einer – hier nicht „nebenbei“ allgemein abzuhandelnden – Gesamtreform des **59** Strafverfahrens zu betrachten.[133] Sie erfasst auch das materielle Strafrecht, da aus dem Missverhältnis zwischen ausgeprägten prozessualen Anforderungen und einer auch von ausgedehnten Kriminalisierungen überlasteten Justiz überzeugende rechtliche und organisatorische Schlüsse zu ziehen wären. Für das Strafbefehlsverfahren ist insoweit vor allem das Verhältnis zu anderen vereinfachenden Verfahren besonders zu beachten.[134] Veränderungen etwa der Einstellungsbefugnisse nach den §§ 153 ff., des Verständigungsverfahrens (insbesondere § 257c) und des beschleunigten Verfahrens nach den §§ 417 ff. können sich mittelbar auf die Praxis des Strafbefehlsverfahrens auswirken. Etwaige Entwicklungen dürften das Strafbefehlsverfahren jedoch nicht seiner prinzipiellen Bedeutung berauben.[135] Es ist davon auszugehen, dass ein Verfahren, welches ohne Hauptverhandlung für Tatvorwürfe mit vergleichsweise geringer gewichtigen Rechtsfolgen Verurteilungen ermöglicht, in Deutschland beständig erforderlich bzw. gar „unverzichtbar“ bleiben wird.[136] Um eine vollständige Abschaffung des Strafbefehlsverfahrens, die

---

129 Göhler/*Seitz/Bauer* § 64 OWiG, 3 und § 83 OWiG, 5.

130 Näher s. § 410, 21.

131 S. wieder § 410, 21.

132 Hierzu § 410, 27.

133 Den Kontext betont schon LR/*Gössel*[26] 59 ff. Eingehend zu einer Gesamtreform s. LR/*Kühne* Einl. F 213 ff.

134 Siehe auch die Einbeziehung bei *Bommer u. a.* AE-ASR GA **2019** 12, 84 ff.

135 Für ein Verfahren ohne Hauptverhandlung vor dem Strafrichter auch trotz veränderter vereinfachter Verfahren im Übrigen etwa auch *Bommer u. a.* AE-ASR GA **2019** 12, 84 ff.

136 Siehe auch schon LR/*Gössel*[26] 62 und *Fezer* ZStW **106** (1994) 7 ff., 40 ff. sowie SK/*Weßlau* 25 f.; ferner mit Umwandlungen *Bommer u. a.* AE-ASR GA **2019** 7 f., 84 ff. S. auch zur hist. Entwicklung hin zu einem solchen „unverzichtbaren Bestandteil der Strafprozessordnung“ eindrucksvoll *Elobied* passim.

auch in der Debatte nicht vorkommt, kann es insofern nicht gehen.[137] Zu fragen ist, wie sich das Strafbefehlsverfahren als schriftliches Verfahren zugunsten einer leistungsfähigen *und* rechtsstaatlichen Rechtspflege verbessern ließe.

60 In diesem Sinne läge eine rechtsstaatlich wirklich überzeugende Lösung für das Strafbefehlsverfahren darin, die mit ihm legitimierte **Strafbefugnis** nicht länger auf die Verletzung einer aufgezwungenen Verfahrensobliegenheit, sondern **auf eine Zustimmung des Angeschuldigten zu stützen**, die letztlich der Unterwerfung unter den richterlich begehrten Schuldspruch/die richterlich begehrte Strafe dient (s. Rn. 31).[138] Mindestens sollte abgesichert werden, dass der Adressat den zugestellten Strafbefehl zur Kenntnis genommen hat oder doch einmal im Verfahren ein unmittelbares rechtliches Gehör genossen hat.[139] Dies würde auch der im Schrifttum immer wieder aufflammenden Kritik an der Zulässigkeit der Verhängung einer Freiheitsstrafe eine verbesserte Legitimationsbasis entgegensetzen, mit der sich die gesetzliche Regelung halten lassen sollte. Hiermit dürfte das Strafbefehlsverfahren aber, dies ist zu konzedieren, schwerfälliger werden bzw. **nicht mehr die gleiche Zahl an „Erledigungen"** erzielen: Gerade weil die Adressaten des Strafbefehlsverfahren nicht selten keine fristgemäße und sodann zustimmende Antwort geben dürften, ist mit einer Rücklaufquote zu rechnen, die nicht den jetzigen Erledigungsziffern gleicht. In nennenswertem Umfang müsste die Justiz den Adressaten „hinterherlaufen" bzw. die Zustimmung verneinen – die schlanke Lösung der Widerspruchslösung (Rn. 28) oder einer offen für entbehrlich erachteten Zustimmung erscheint deutlich effizienter. Da BVerfG und EGMR die staatlich etablierte Widerspruchslösung (bislang) nicht beanstanden, ist angesichts dieser Konsequenzen leider nicht zu erwarten, dass sich eine solche Lösung rechtspolitisch durchsetzen wird.

61 Hält man die Zustimmungslösung bzw. ein ausgebautes richterliches Gehör nicht für rechtsstaatlich geboten, läge die zweitbeste Lösung darin, die bereits *de lege lata* geforderte **großzügige Anwendung des Rechts auf Wiedereinsetzung in den vorigen Stand zu positivieren**[140] und überdies nun offen und nicht mehr clandestin in bald vergessenen Materialien zu verdeutlichen, dass eine aktenbasierte **richterliche Überzeugung vonnöten** ist.[141] Auf diesem Wege könnte die tatsächliche Umsetzung der Justizgrundrechte besser als bisher verwirklicht werden. Zumal die Wiedereinsetzung noch immer eine einzelfallbezogene Begründung voraussetzen würde, welche die Rechtskraftdurchbrechung legitimiert, sollte dieser Ansatz das Strafbefehlsverfahren auch nicht in einem erheblichen Ausmaß entwerten. Der Gesetzgeber würde deutlicher als bisher dem in der Praxis offenbar vielfach verbreiteten Einsatz des Strafbefehlsverfahrens als reines, recht schnell gewähltes Unterwerfungsangebot entgegenwirken.

---

137 Allenfalls könnte ein Verzicht auf den Strafbefehl relevant sein, wenn eine gänzlich neue Verfahrensform für Bagatelldelikte gefunden würde, vgl. dazu z.B. *Fezer* FS Baumann 396 und LR/*Gössel*[26] 62.

138 In diesem Sinne bei Verurteilung zu Freiheitsstrafe oder einer Geldstrafe von mehr als 90 Tagessätzen, *Bommer u. a.* AE-ASR GA **2019** 12, 89 ff. S. aber abl. *Fezer* ZStW **106** (1994) 41 f. zu einem – hier nicht vorgeschlagenen – Zustimmungserfordernis hinsichtlich des *Einsatzes des Strafbefehlsverfahrens*, dabei mit einer erstaunlichen Gleichsetzung des mangelnden Einspruchs mit einem Einverständnis des Beschuldigten.

139 Siehe auch für ein Gebot, den Erlass des Strafbefehls von der vorherigen Gewährung des rechtlichen Gehörs durch den Richter abhängig zu machen, jeweils grundlegend *Eser* JZ **1966** 660 ff.; m.w.N. später auch SK/*Weßlau* 26 f.; *Maleika* 189 ff.; *Ambos* Jura **1998** 293; *Müller* 279 ff.; zu den Grenzen dieses Ansatzes s. aber auch *Fezer* FS Baumann 403 f.

140 S. schon Rn. 33 ff.

141 Dafür u. a. auch schon *Ambos* Jura **1998** 293 und *Ebert* 275; ferner *Deiters* GA **2015** 371, 382 f.; *Bommer u. a.* AE-ASR GA **2019** 12, 87 f.

Von diesen Ansätzen abgesehen, finden sich im Schrifttum einerseits kritische Stimmen, die – bei einer mangelnden Umsetzung der grundsätzlicheren Reformen zu Recht – verlangen oder empfehlen, den Strafbefehl im Wesentlichen auf die Verhängung einer Geldstrafe zu beschränken und damit die Verhängung von Freiheitsstrafen wieder aufzugeben.[142] Andererseits sind rechtspolitische Bestrebungen zu vernehmen, das Strafbefehlsverfahren insbesondere unter Rückgriff auf Freiheitsstrafen noch weiter in den Bereich der bereits mittelschweren Tatvorwürfe auszudehnen.[143] Letzteres ist jedoch als überzogen und einseitig effizienzorientiert zurückzuweisen. Es kann nicht die Lösung sein, die dauerhaft von der Justiz wahrgenommene und durchaus bestehende Belastung zu kurieren, indem man die Hauptverhandlung als Kern der menschen- und justizgrundrechtlichen Verfahrensansprüche selbst im Fall der mittelschweren Kriminalität für prinzipiell entbehrlich erklärt. Dies gilt insbesondere vor dem Hintergrund, dass die aktuelle Strafprozessordnung insbesondere mit der Verständigungsregelung Räume eröffnet, auch *innerhalb der Hauptverhandlung des Normalverfahrens* eine einzelfallbezogen ggf. angemessene Verfahrensstraffung zu vollziehen. Möglichkeiten, Belastungen der Hauptverhandlung einzudämmen, sind allgemeiner im Kontext der Anwesenheitspflicht zu erwägen;[144] ein weiterer Ausbau der Strafkompetenz bliebe überdies nicht auf die gut verteidigten Beschuldigten beschränkt, denen es ohne Sorge vor der Ersatzfreiheitsstrafe vor allem auf die Vermeidung der Hauptverhandlung ankommt.[145] 62

Zum Ablauf des Strafbefehlsverfahrens ist die problematische Norm des **§ 411 Abs. 2 Satz 2 zu korrigieren**. Soweit sie nicht abgeschafft werden sollte,[146] ist mindestens die an anderer Stelle dargelegte Einschränkung der Anwendung des rechtsmittelentziehenden § 313 gesetzlich zu positivieren (Vor § 417, 24 und § 420, 41).[147] 63

Schließlich muss der Gesetzgeber prüfen, ob das Recht der **Verständigung** nicht durch eine **Überarbeitung des Rechts des Strafbefehls** zu sichern ist, um eine bisher offene Flanke zu schließen. Zum einen ist das Verhältnis des Verständigungsrechts zu § 408a klärungsbedürftig, wenngleich insbesondere die §§ 244 Abs. 4 und 257c immerhin die begonnene und sodann nach § 408a einstweilen beendete Hauptverhandlung erfassen dürften (§ 408a, 7). Zum anderen muss die Strafjustiz auch jenseits der Hauptverhandlung die Verfassung achten. Die vom BVerfG mit Fug abgeleitete Pflicht des Gesetzgebers, einer auf den Vergleich im Gewande des Urteils hinauslaufenden informellen Strafpraxis durch hinreichende Schutzvorkehrungen entgegenzutreten, ist nicht auf besonders hoch anmutende Strafen begrenzt.[148] Die vom BVerfG anerkannte grundsätzliche Dispositionsfeindlichkeit der strafprozessualen Wahrheitserforschung und Rechts- 64

---

142 *Ambos* Jura **1998** 293; *Fezer* FS Baumann 406 und ZStW **106** (1994) 41 f. jew. m.w.N. Noch enger für die Beschränkung auf 90 Tagessätze *Müller* 317 f., 319 mit Verweis auf die nämliche Grenze in den §§ 53 Abs. 1 Nr. 1 und 32 Abs. 2 Nr. 5a BZRG.

143 Vgl. dazu aber *Böttcher* FS Odersky 304 ff.: Freiheitsstrafe auf Bewährung von bis zu zwei Jahren, dort auch zur möglichen Ausdehnung auf erstinstanzliche Verfahren vor den Land- und Oberlandesgerichten, S. 312 f., dazu schon abl. LR/*Gössel*[26] 62; für weitere Vorstöße *Caspari* DRiZ **2014** 82, 83; *Meyer-Lohkamp* StraFo **2012** 172; mit Warnungen zur Anwendung *Leipold/Wojtech* ZRP **2010** 243 ff.; unter der Voraussetzung eines deutlich veränderten Verfahrens *Deiters* GA **2015** 371, 383.

144 Dazu *Gaede* ZStW **129** (2017) 911, 951 ff. m.w.N.

145 Dies schätzen die von den Vorteilen geleiteten Stellungnahmen von Verteidigern zu gering, s. *Meyer-Lohkamp* StraFo **2012** 170, 171 f.; *Leipold/Wojtech* ZRP **2010** 244.

146 Hierfür z.B. *Ambos* Jura **1998** 293; s. auch *Böttcher* FS Odersky 307.

147 Siehe aber für die Abschaffung der Berufung in diesem Kontext bei weiteren Änderungen im Strafbefehlsverfahren *Müller* 338 f.

148 Zum verfassungsrechtlichen Stand nur nochmals BVerfGE **133** 168 ff., 227 ff.; s. etwa auch HK/*Brauer* § 407, 4.

achtung ist schon ausweislich des ersten Leitsatzes seines wegweisenden Urteils zur Verständigung nicht auf Hauptverhandlungen beschränkt. Ohne konsensuale Aspekte pauschal verteufeln zu wollen,[149] was auch das BVerfG nicht unternommen hat, ist schwer zu verkennen, dass der Strafbefehl bisher nur ein allzu grobes Raster an schützenden Formen bietet. Seine Regelungen sind primär auf Effizienz ausgerichtet. Sie werden offenbar von der nicht mehr stimmigen Einschätzung getragen, dass es hier letztlich allein um Bagatellen gehe und das Verfahren stets auch dem Beschuldigten Vorteile bringe. Tatsächlich halten aber gerade die (anfänglich) schlechten Erfahrungen mit der praktischen Umsetzung des Rechts der Verständigung[150] dazu an, auch dem Strafbefehl die nötige Aufmerksamkeit zuzuwenden. Momentan dürfte es jedenfalls bei mittelschweren Fallkonstellationen als verlockende Lösung erscheinen, Verfahren jenseits der als lästig empfundenen Bindungen des Rechts der Verständigung mit dem Strafbefehl „zu erledigen". Es dürfte ein hinreichender Anlass bestehen, die Regelungen des Strafbefehls zum Beispiel im Kontext des § 408a besser auf das Recht der Verständigung abzustimmen, um ein **Unterlaufen des geltenden Rechts** einzudämmen. Aber auch der **Schutz des Beschuldigten** vor einem (unausgesprochenen) Geständniszwang und einem clandestinen Vorwurf des Einspruchs ist angesichts der bisher zulässigen *reformatio in peius* auszubauen.[151] Wer etwa auf ein Mindestmaß an Vertrauensschutz für den Beschuldigten bei etwaigen Vorleistungen (in der Regel: ein von der Staatsanwaltschaft gefordertes Geständnis) hinwirken will, die durch einen absprachewidrig ausgebliebenen Strafbefehl frustriert werden, muss jenseits der Hauptverhandlung bisher auf unsichere Analogien zu dem nicht ohne weiteres passenden § 257c Abs. 4 Satz 3 oder auf umstrittene Ableitungen aus dem Recht auf ein faires Verfahren zurückgreifen.[152] Auch der abgesprochene Einspruchsverzicht ist mit Unsicherheiten behaftet.[153] Allein die kaum sanktionierten Dokumentationspflichten der §§ 160b Satz 2 und 202a Satz 2 genügen nicht, um Verständigungen im schriftlichen Verfahren zu regulieren. Mit dem Argument, dass der Gesetzgeber mit den auf die Hauptverhandlung bezogenen Normen etwa der §§ 243 Abs. 4, 257c und 273 Abs. 1a eine abschließende Regelung getroffen habe, wird die Interaktion im Rahmen des praktisch bedeutsamen schriftlichen Verfahrens letztlich einem nicht unbedingt verträglichen **Wildwuchs** überlassen. Allgemein bleibt das Verhältnis des Rechts der Verständigung zum Strafbefehl umstritten und damit unsicher. Hierbei sollte es nicht bleiben.

149 Dazu auch HK/*Brauer* § 407, 4: Freigabe von Gesprächen mit § 160b.

150 Erst recht gilt dies zur oft noch weitergehenden, vom Gesetz abgewandten Praxis *vor* der teilweise legitimierenden Gesetzgebung.

151 Dazu auch § 411, 56 ff., 59, 62 f.

152 S. befürwortend etwa HK-GS/*Andrejtschitsch* § 407, 4; HK/*Brauer* § 407, 4; offenbar auch SSW/*Momsen* § 408b, 6; abl. aber etwa OK-StPO/*Temming* § 407, 4 f.; KMR/*Metzger* 30 f.

153 Dazu etwa HK/*Brauer* § 407, 4.

ERSTER ABSCHNITT
Verfahren bei Strafbefehlen

§ 407
Zulässigkeit

(1) [1]Im Verfahren vor dem Strafrichter und im Verfahren, das zur Zuständigkeit des Schöffengerichts gehört, können bei Vergehen auf schriftlichen Antrag der Staatsanwaltschaft die Rechtsfolgen der Tat durch schriftlichen Strafbefehl ohne Hauptverhandlung festgesetzt werden. [2]Die Staatsanwaltschaft stellt diesen Antrag, wenn sie nach dem Ergebnis der Ermittlungen eine Hauptverhandlung nicht für erforderlich erachtet. [3]Der Antrag ist auf bestimmte Rechtsfolgen zu richten. [4]Durch ihn wird die öffentliche Klage erhoben.

(2) [1]Durch Strafbefehl dürfen nur die folgenden Rechtsfolgen der Tat, allein oder nebeneinander, festgesetzt werden:
1. Geldstrafe, Verwarnung mit Strafvorbehalt, Fahrverbot, Verfall, Einziehung, Vernichtung, Unbrauchbarmachung, Bekanntgabe der Verurteilung und Geldbuße gegen eine juristische Person oder Personenvereinigung,
2. Entziehung der Fahrerlaubnis, bei der die Sperre nicht mehr als zwei Jahre beträgt,
2a. Verbot des Haltens oder Betreuens von sowie des Handels oder des sonstigen Umgangs mit Tieren jeder oder einer bestimmten Art für die Dauer von einem Jahr bis zu drei Jahren sowie
3. Absehen von Strafe.

[2]der Angeschuldigte einen Verteidiger, so kann auch Freiheitsstrafe bis zu einem Jahr festgesetzt werden, wenn deren Vollstreckung zur Bewährung ausgesetzt wird.

(3) Der vorherigen Anhörung des Angeschuldigten durch das Gericht (§ 33 Abs. 3) bedarf es nicht.

Schrifttum

Crohne Vereinfachte Verfahrensarten, im Bericht der amtl. Strafprozeßkommission (1938); *Friedländer* Das Verfahren bei amtsrichterlichen Strafbefehlen, ZStW **18** (1898) 495; *Hertzsch* Der amtsrichterliche Strafbefehl, Diss. Erlangen 1897; *Kirch* Das Strafbefehlsverfahren nach dem Strafverfahrensänderungsgesetz, Diss. Köln 1987; *Mansperger* Absehen von Strafe auch im Strafbefehlsverfahren? NStZ **1984** 258; *H. Mayer* Das Strafbefehlsverfahren, GerS **96** (1928) 397; *ders.* Der amtsrichterliche Strafbefehl, GerS **98** (1929) 330; **99** (1930) 36; *Meurer* Der Strafbefehl, JuS **1987** 882; *Rettke* Der Vermögensstrafbefehl, NStZ **2021** 202; *Rieß* Vereinfachte Verfahrensarten für die kleinere Kriminalität, in: Schreiber (Hrsg.) Strafprozeß und Reform (1979) 113; *ders.* Einige Bemerkungen über das sog. Adhäsionsverfahren, FS Dahs (2005) 425; *Rieß/Hilger* Das neue Strafverfahrensrecht, NStZ **1987** 145 ff., 204 ff.; *Schorn* Streitfragen im Verfahren bei amtsrichterlichen Strafbefehlen, GA **76** (1932) 199; *ders.* Das Strafbefehls- und Strafverfügungsverfahren (1962); *Sommerfeld* Die Adhäsionsentscheidung im Strafbefehl bald doch möglich? ZRP **2008** 258; *Sommerfeld/Guhra* Zur „Entschädigung des Verletzten" im „Verfahren bei Strafbefehlen", NStZ **2004** 420; *Wernicke* Zur Konstruktion des amtsrichterlichen Strafbefehls, Diss. Breslau 1901; s. auch die Schrifttumsangaben Vor § 407 und zu § 410.

Entstehungsgeschichte

Nach der ursprünglichen Fassung der Vorschrift war ein Strafbefehl nur zulässig bei Übertretungen und den nach § 27 Nr. 2 der damaligen Fassung des GVG zur Zuständigkeit der Schöffengerichte gehörigen leichten Vergehen (nicht z.B. bei Betrug, Diebstahl und

https://doi.org/10.1515/9783110765540-002

Unterschlagung). Das Höchstmaß der durch Strafbefehl zu verhängenden Freiheitsstrafe betrug sechs Wochen, das der Geldstrafe 150 Mark. Die Verhältnisse des ersten Weltkrieges und der Nachkriegszeit (Personalmangel, Anwachsen zeitbedingter Straftaten, Ersparnistendenzen) führten dazu, dass die Zulässigkeit des Strafbefehls erweitert wurde (VO vom 4.6.1915 [RGBl. 325]; VO vom 7.10.1915 [RGBl. 631]; Ges. vom 21.10.1917 [RGBl. 957]; Art. I § 8 Abs. 2 der VO vom 27.11.1919 [RGBl. 1911]; Ges. zur Entlastung der Gerichte vom 11.3.1921 Art. III Nr. 7 [RGBl. 231]). Die Emmingerreform 1924 ließ bei Vergehen und Übertretungen im Wege des Strafbefehls Freiheitsstrafe bis zu drei Monaten, Geldstrafe, Einziehung und Bekanntmachung der Entscheidung zu (§ 37 der VO vom 4.1. 1924 [RGBl. 126]). In der Folgezeit erhielt Abs. 3 („Die Überweisung des Beschuldigten an die Landespolizeibehörde darf in einem Strafbefehl nicht ausgesprochen werden") durch Art. 2 Nr. 36 des Ges. vom 24.11.1933 (RGBl. I 1000) und § 8 Nr. 3 des Ges. vom 23.3.1934 (RGBl. I 1213) den Ausspruch, dass Maßregeln der Sicherung und Besserung in einem Strafbefehl nicht angeordnet werden dürften. Wie während des 1. Weltkrieges, so führte auch der Richtermangel während des 2. Weltkrieges zu einer erweiterten Zulassung des Strafbefehls (Erhöhung des Höchstmaßes der Freiheitsstrafe auf sechs Monate durch § 23 der VO vom 1.9.1939 (RGBl. I 1658)), Zulassung des Strafbefehlsverfahrens auch bei Verbrechen durch Art. 3 der VO vom 13.8.1942 (RGBl. I 508). Durch die ZuständigkeitsVO vom 21.2.1940 (RGBl. I 405) und die DVO vom 13.3.1940 (RGBl. I 480) wurde Abs. 4 (heute Abs. 3) gestrichen. Das VereinhG beseitigte die seit 1939 erfolgten Änderungen und Erweiterungen und erweiterte seinerseits – von lediglich stilistischen Änderungen des Abs. 1 abgesehen – den Abs. 2 dahin, dass außer Einziehung und Urteilsveröffentlichung auch „die Befugnis zur Beseitigung eines gesetzwidrigen Zustandes" neben einer Hauptstrafe festgesetzt werden konnte. Durch Art. 2 Nr. 5 des 2. StraßenVSichG trat an die Stelle der bisherigen Abs. 2, 3 Abs. 2 mit der Zulassung von Fahrverbot und (in beschränktem Umfang) der Entziehung der Fahrerlaubnis; Abs. 4 wurde Abs. 3. Durch Art. 2 Nr. 4 StPÄG 1964 wurde ein Abs. 4 eingefügt. Dieser enthielt außer dem damaligen Abs. 4 (damals Satz 3 des Abs. 4) die Sätze 1 und 2: „Der Antrag auf Erlass eines Strafbefehls steht im Sinne des § 147 Abs. 5 und des § 169a Abs. 1 der Einreichung einer Anklageschrift gleich. § 169a Abs. 2 und § 169b sind nicht anzuwenden." Durch Art. 21 Nr. 104 EGStGB 1974 wurden die Abs. 1 und 2 neu gefasst. In Abs. 3 wurde die Verweisung auf § 25 Nr. 2c GVG durch eine solche auf § 25 Nr. 3 ersetzt. Durch Art. 2 Nr. 13 des EGOWiG wurden am Ende des bisherigen Abs. 2 Nr. 1 unter Streichung der Wörter „Befugnis zur Beseitigung eines gesetzwidrigen Zustandes" die Wörter „und Geldbuße gegen eine juristische Person oder Personenvereinigung" angefügt. Art. 1 Nr. 102 des 1. StVRG ersetzte in Abs. 1 und 3 „Amtsrichter" durch „Strafrichter" und strich die bisherigen Sätze 1 und 2 des Abs. 4. Das StVÄG 1979 passte in Art. 1 Nr. 30 den Wortlaut des § 407 Abs. 1 den Vorschriften an, die für die Verteilung der Zuständigkeit zwischen dem Strafrichter (§ 25 GVG) und dem Schöffengericht (§ 24 GVG) gelten, indem der Erlass eines Strafbefehls in den Verfahren vor dem Strafrichter und in denen für zulässig erklärt wurde, die zur Zuständigkeit des Schöffengerichts gehören. Dem gleichen Ziel diente die gleichzeitige Aufhebung des Abs. 3, die durch die Änderung des § 25 Nr. 3 GVG bedingt war. Damit wurde der frühere Abs. 4 zum Abs. 3, in welchem der Begriff „Beschuldigter" durch Art. 1 Nr. 29 des StVÄG 1987 vom 27.1.1987 durch den Begriff „Angeschuldigter" ersetzt wurde. Auch die derzeitige Fassung des Abs. 1 beruht auf dem soeben genannten StVÄG 1987. Der bisherige Abs. 1 ist in Satz 1 unter Ersetzung des Wortes „Strafe" durch „Rechtsfolgen der Tat" und entsprechender sprachlicher Anpassung übernommen worden, während in Satz 2 angeordnet wird, dass die Staatsanwaltschaft den Antrag auf Erlass eines Strafbefehls „stellt", wenn sie nach dem Ergebnis ihrer Ermittlungen „eine Hauptverhandlung nicht für erforderlich erachtet". Der frühere Satz 1 des § 408 Abs. 1 ist aus systematischen Gründen nun als Satz 3 in § 407 Abs. 1 übernommen worden, während Satz 4 gesetzlich klarstellt, dass der Antrag der Staatsanwaltschaft auf Erlass eines Strafbefehls eine Art der Erhebung der öffentlichen Klage darstellt. Das RpflEntlG erweiterte den Sanktionsrahmen des Strafbefehlsverfahrens in Abs. 2 einmal durch Einfügung von Satz 2 auf zur Bewährung ausgesetzte Freiheitsstrafen bis zu einem Jahr, sofern dem Angeschuldigten ein Verteidiger zur Seite steht, ferner in Satz 1 durch Erweiterung des Sanktionsrahmens auf das Absehen von Strafe (Nr. 3). Das 3. Gesetz zur Änderung des Tierschutzgesetzes hat durch seinen Art. 3 mit Wirkung zum 13.7.2013 in § 407 Abs. 2 Satz 1 Nr. 2a die Option eingeführt, ein Verbot des Haltens oder Betreuens sowie des Handels oder sonstigen berufsmäßigen Umgangs mit Tieren von bis zu drei Jahren festzusetzen.[1] Die gesetzliche Überschrift „Zulässigkeit" wurde mit Wirkung vom 25.7.2015 eingeführt durch Art. 1 Nr. 13 des Gesetzes zur Stärkung des Rechts des Angeklagten auf Vertretung in der Berufungsverhandlung und über die Anerkennung von Abwesenheitsentscheidungen in der Rechtshilfe vom 17.7.2015.[2] Die frühere Erwähnung des „Verfalls" in § 407 Abs. 2 Satz 1 Nr. 1 wurde durch das Gesetz zur Reform der strafrechtlichen Vermögensabschöpfung vom 13.4.2017 zum 1.7.2017 gestrichen.[3] Bezeichnung bis 1924: § 447.

Übersicht

1 Hierzu BGBl. 2013 I S. 2182, 2196.
2 BGBl. 2015 **I** S. 1332, 1344.
3 BTDrucks. **18** 9525 S. 86.

Alphabetische Übersicht

A. Bedeutung der Vorschrift

1 Durch § 407 wird das Strafbefehlsverfahren als vereinfachende Erledigungsform[4] etabliert und sein **Anwendungsbereich** im Wesentlichen festgelegt. Einmal wird diese Verfahrensart nach materiell-rechtlichen Kriterien hinsichtlich der Art der Straftaten (nur Vergehen) und deren Rechtsfolgen (die in § 407 Abs. 2 genannten) beschränkt. Zum anderen wird es formell-rechtlich auf die Vergehen ausgerichtet, zu deren Aburteilung die Amtsgerichte sachlich zuständig sind.

2 Darüber hinaus hat das StVÄG 1987 **Vorschriften über die Antragstellung** der Staatsanwaltschaft (Strafbefehlsverfahren als Regelform innerhalb seines Anwendungsbereichs; Inhalt des Antrags) aus § 408 Abs. 1 Satz 1 in § 407 übernommen und deren Bedeutung in

4 Zur Einordnung schon Vor § 407, 1 ff.

Abs. 1 aufgenommen. Absatz 3 normiert nun – wie bisher –, dass der Erlass des Strafbefehls keine vorherige **gerichtliche Anhörung** des Beschuldigten voraussetzt.

B. Gegenstandsbereich des Strafbefehlsverfahrens

I. Verfolgbare Straftaten

Nach § 407 Abs. 1 Satz 1 können nur **Vergehen** im Strafbefehlsverfahren geahndet 3
werden, nicht aber Verbrechen. Ob eine Tat als Vergehen im Mindestmaß mit einer geringeren als einjährigen Freiheitsstrafe oder mit Geldstrafe bedroht ist (§ 12 Abs. 2 StGB), ist nach der abstrakten Rechtsfolgenandrohung in den einzelnen Tatbeständen zu bestimmen. Unmaßgeblich ist die in concreto verwirkte Strafe, wobei auch Strafandrohungen für besonders schwere oder minder schwere Fälle außer Betracht bleiben (§ 12 Abs. 3 StGB). Lediglich solche Strafrahmenänderungen, die auf benannten Voraussetzungen mit eigener tatbestandlicher Qualität beruhen, sind zu beachten: Deshalb sind zum Beispiel Straftaten nach § 216 StGB stets Vergehen. Ein Totschlag bleibt dagegen auch dann ein Verbrechen, wenn er unter den Voraussetzungen der benannten privilegierenden Regelbeispiele des § 213 StGB begangen wird.

Das Strafbefehlsverfahren ist darüber hinaus **verfahrensrechtlich beschränkt**: Es ist 4
nicht bei jedem Vergehen zulässig. Der Strafbefehl ist nur für Vergehen zulässig, zu deren Aburteilung die Amtsgerichte nach §§ 24 und 25 GVG zuständig sind (§ 407 Abs. 1 Satz 1). Zur Anwendung des Strafbefehlsverfahrens bei Ordnungswidrigkeiten s. Vor § 407, 55 ff.

II. Rechtsfolgen

1. Übersicht

a) Zulässige Rechtsfolgen. Als **primäre strafrechtliche Rechtsfolgen** dürfen im 5
Strafbefehlsverfahren nur die *Geldstrafe, Verwarnung mit Strafvorbehalt und das Absehen von Strafe* festgesetzt werden. Nach Maßgabe des § 407 Abs. 2 Satz 2 kann auch die *Freiheitsstrafe bis zu einem Jahr hinzutreten*, sofern ihre Vollstreckung zur Bewährung ausgesetzt wird.[5] Von den **sekundären Rechtsfolgen**, deren Verhängung vom Ausspruch primärer Rechtsfolgen abhängig ist, können die Nebenstrafen des *Fahrverbots* und der *Verurteilungsbekanntgabe*[6] im Strafbefehlsverfahren angeordnet werden. Gleiches gilt ferner im stets subjektiv auf eine Person bezogenen Strafbefehlsverfahren (s. unten Rn. 8 und 11) für die *Einziehung, die Vernichtung und Unbrauchbarmachung, die Entziehung der Fahrerlaubnis* (mit einer Sperrfrist bis zu höchstens 2 Jahren) sowie nunmehr *das Verbot des Haltens oder Betreuens von sowie des Handels oder des sonstigen Umgangs mit Tieren jeder oder einer bestimmten Art.* Anwendbar ist schließlich die selbständige Verbandsgeldbuße gemäß § 30 OWiG im Verfahren nach § 444.[7]

b) Unzulässige Rechtsfolgen. § 407 Abs. 2 enthält eine **abschließende Aufzählung** („dürfen nur") der Rechtsfolgen der Tat, die durch Strafbefehl festgesetzt werden 6
können.

5 Diese Möglichkeit wurde erst durch das RpflEntlG eingeführt, s. dazu unten Rn. 12.

6 Die Rechtsnatur dieser Rechtsfolge wird kontrovers beurteilt. Näheres s. LK/*Grube* Vor § 38, 46 m.w.N. und Matt/Renzikowski/*Gaede* § 200 StGB, 1.

7 Vgl. § 444, 2.

7 Folglich war z.B. die Festsetzung der früher in § 43a StGB a. F. geregelten Vermögensstrafe vom Katalog des § 407 Abs. 2 von vornherein nicht umfasst.[8] Ebenso ist die Nebenfolge des Verlustes der Amtsfähigkeit, der Wählbarkeit und des Stimmrechts gemäß § 45 StGB unanwendbar.

8 Durch den Strafbefehl dürfen ferner z.B. nicht ausgesprochen werden: **freiheitsentziehende Maßregeln** der Besserung und Sicherung, die Führungsaufsicht, das Berufsverbot (§ 70 StGB), die **Entziehung des Jagdscheins** oder ein Verbot der Jagdausübung (§§ 41 und 41a BJagdG), auch nicht die in § 439 Var. 3 der Einziehung verfahrensrechtlich gleichgestellte Beseitigung eines gesetzwidrigen Zustandes; wohl aber die der Einziehung zugehörende Einziehung des Wertersatzes nach **§ 74c StGB.**

9 Schon der Wortlaut des § 407 schließt es aus, durch Strafbefehl eine **Entschädigung des Verletzten** i. S. des Adhäsionsverfahrens gem. den §§ 403 ff. festzusetzen. Dies gilt unabhängig davon, ob man diesen Anspruch als eine „Rechtsfolge" der Straftat ansieht: Erblickt man in diesem vermögensrechtlichen Anspruch *keine Rechtsfolge*,[9] so wird die Festsetzung einer Entschädigung schon durch **§ 407 Abs. 1 Satz 1 ausgeschlossen**, der nur die Festsetzung von „Rechtsfolgen der Tat" durch einen Strafbefehl für zulässig[10] erklärt. Wollte man indes die Entschädigung des Verletzten *als Rechtsfolge* i. S. des § 407[11] verstehen, so stünde deren Festsetzung der numerus clausus des § 407 Abs. 2 entgegen, der die durch Strafbefehl festzusetzenden Rechtsfolgen abschließend bestimmt (o. Rn. 6) und die Entschädigung nicht erwähnt. Im Übrigen wäre die Festsetzung einer Entschädigung i. S. der §§ 403 ff. durch Strafbefehl mit der Struktur des Adhäsionsverfahrens nicht zu vereinbaren:[12] Die §§ 403 ff. gehen davon aus, dass über einen solchen Anspruch nur **auf Grund einer Hauptverhandlung** entschieden werden kann (§ 406 Abs. 1), zu der es indessen nur auf Antrag des Verletzten nach § 404 Abs. 1 kommen kann.[13]

10 Über Erweiterungen des Inhalts des Strafbefehls, die sich aus dem **OWiG** ergeben, vgl. im Zusammenhang oben Vor § 407, 56 f.

11 **c) Alleinige und kumulative Anordnung.** Nach § 407 Abs. 2 können die in dieser Vorschrift zugelassenen Rechtsfolgen allein oder nebeneinander festgesetzt werden. Mit der Einfügung der Wörter „allein oder nebeneinander" durch das 2. StraßenVSichG war vorzugsweise beabsichtigt, in bejahendem Sinne die durch den früheren Wortlaut des

---

8 Siehe im Übrigen zur Verfassungswidrigkeit der Norm BVerfG v. 20.3.2002 – 2 BvR 794/95 – (BGBl. I S. 1340).

9 So zutr. *Sommerfeld/Guhra* NStZ **2004** 421 unter Berufung auf die Systematik des StGB, welches in seinem Dritten Abschnitt die strafrechtlichen Rechtsfolgen einer Straftat abschließend benennt.

10 Übersehen von *Sommerfeld/Guhra* NStZ **2004** 421, die nur den Wortlaut des § 407 Abs. 2 berücksichtigen.

11 Das würde – zu Unrecht – ein auf nichtstrafrechtliche Sanktionen erweitertes Verständnis des Begriffs „Rechtsfolge" in § 407 voraussetzen (vgl. dazu auch die vom StVÄG 1987 vorgenommene Ersetzung des Wortes „Strafe" durch „Rechtsfolgen der Tat"; vgl. dazu die Gesetzgebungsgeschichte).

12 Wie hier auch BGH NJW **1982** 1047, 1048; LR/*Hilger*[26] § 403, 20; Meyer-Goßner/*Schmitt* § 403, 12 und § 406, 1; *Loos* GA **2006** 195, 197 f.; *Rieß* 432 f.; **a.A.** *Kuhn* JR **2004** 397, 400; *Sommerfeld/Guhra* NStZ **2004** 420 ff. *Sommerfeld* ZRP **2008** 258 m.w.N. befürwortet einen Gesetzgebungsvorschlag des Landes Schleswig-Holstein, eine Entschädigung des Verletzten auch durch Strafbefehl festsetzen zu können, um eine Flucht in das Strafbefehlsverfahren zulasten der Adhäsion abstellen zu können. Dieser Vorschlag ist im Zuge der Aufwertung von Opferinteressen durchaus konsequent. Gleichwohl erscheint er vor dem Hintergrund der Realität des Strafbefehlsverfahrens angesichts der oft eher bescheidenen Aufklärungsarbeit bedenklich, wobei dies sowohl auf Kosten des Beschuldigten als auch des Verletzten gehen könnte.

13 Vor § 407, 44.

§ 407 hervorgerufene Streitfrage zu klären, ob im Strafbefehl neben der damals zulässigen Freiheitsstrafe von bis zu drei Monaten zugleich Geldstrafe in den Fällen festgesetzt werden könne, in denen das Gesetz für dieselbe Tat neben einer Freiheitsstrafe eine Geldstrafe zulässt oder vorschreibt.[14] Dagegen war und ist es nicht der klar bezeichnete Sinn[15] dieser Wendung, dass Nebenfolgen allein ohne Verbindung mit einer Hauptstrafe, also selbständig, festgesetzt werden dürfen – das Strafbefehlsverfahren bleibt im Ergebnis ein **subjektives**[16] **Strafverfahren**. Eine selbständige Einziehung (oder Unbrauchbarmachung), die nach § 76a StGB nicht mehr voraussetzt, dass eine bestimmte Person verfolgt und verurteilt werden kann, sollte trotz des offenen Wortlautes nach wie vor nicht durch Strafbefehl angeordnet werden. Weiterhin hat der Gesetzgeber mit den §§ 435-437 ein spezielles Verfahren für die selbständige Einziehung vorgeschrieben; dieses kann nicht über die §§ 407 ff. in Frage gestellt werden. Die **Entziehung der Fahrerlaubnis** kann zwar nach § 69 StGB auch dann ausgesprochen werden, wenn der Täter nur deshalb nicht zu einer Strafe verurteilt wird, weil seine Schuldunfähigkeit erwiesen oder nicht auszuschließen ist. Die selbständige Anordnung der Entziehung (§ 71 Abs. 2 StGB) kann aber nicht durch Strafbefehl, sondern nur im Sicherungsverfahren (§ 413)[17] erfolgen. Ebenso kann das **Fahrverbot** als Nebenstrafe nur neben einer Hauptstrafe festgesetzt werden. Im Übrigen können mehrere Rechtsfolgen der in § 407 genannten Art **nebeneinander** – also kumuliert – für dieselbe Tat nur insoweit festgesetzt werden, als das materielle Recht dies vorsieht (dazu unten Rn. 23 und 26 ff.).

2. Freiheitsstrafe. Die mit der Einführung des § 47 StGB[18] bezweckte Zurückdrän- 12
gung der kurzfristigen Freiheitsstrafe von unter sechs Monaten hatte den Gesetzgeber des EGStGB 1974 noch dazu bewogen, die bis dahin bestehende Befugnis zur Verhängung primärer Freiheitsstrafe (bis zu drei Monaten) durch Strafbefehl zu beseitigen. Maßgebend dafür war die Erwägung, dass nach § 47 Abs. 1 StGB eine Freiheitsstrafe unter sechs Monaten nur verhängt werden kann, wenn besondere Umstände, die in der Tat oder der Persönlichkeit des Täters liegen, dies unerlässlich machen, dass aber das Gericht die in der Persönlichkeit des Beschuldigten begründeten Umstände in aller Regel nur auf Grund des persönlichen Eindrucks vom Angeklagten in der Hauptverhandlung beurteilen[19] könne. Dies hielt der Gesetzgeber des RpflEntlG nach nur weniger als 20 Jahren bedenklicherweise nicht mehr für zutreffend. Mit der Erwägung, „die Ermittlungen der Staatsanwaltschaft“ müssten „alle erreichbaren Tatsachen zur Schuld- und Straffrage umfassen“, erweiterte er den Sanktionsrahmen durch die Einfügung eines

14 BTDrucks **3** 2368 S. 29.

15 Der Wortlaut in BTDrucks **3** 2368 S. 29 ist insoweit aber offener, hiernach wird jede mit dem materiellen Recht vereinbare Festsetzung zugelassen, dazu auch *Rettke* NStZ **2021** 202 f.

16 Zur bislang einhelligen Ansicht KK/*Maur* 19; Meyer-Goßner/*Schmitt* 23; AnwK-StPO/*Böttger* 10; **a.A.** aber nun *Rettke* NStZ **2021** 202 ff., der zwar auf einen offenen Wortlaut verweisen kann, aber doch zu geringschätzt, dass der Gesetzgeber einen solchen weiteren Ausbau der Einziehungsmöglichkeiten nicht systematisch hinreichend autorisiert hat. Dass *Rettke* in der Folge eine analoge Anwendung benötigt und die Beteiligungsanordnung für überflüssig erklären muss, um seine Konzeption prozessual stimmig zu halten, bestätigt, dass der Wortlaut des § 407 Abs. 2 allein nicht ausreicht. Seine Lösung räumt überdies Verfahrensschritte wie die Antragsschrift gleichsam aus dem Weg, die der Gesetzgeber bislang für die selbständige Einziehung verlangt. Der Gesetzgeber muss erwägen, ob er dem durchaus de lege ferenda zu erwägenden Bedürfnis mit einer hinreichend spezifischen Regelung entgegenkommt.

17 KK/*Maur* 19; Meyer-Goßner/*Schmitt* 23.

18 Als § 14 durch das 1. StrRG vom 25.6.1969.

19 Begründung des Entw. des EGStGB 1974, BTDrucks. **7** 550 S. 302; siehe auch schon BTDrucks. **VI** 3478 S. 135 f.

neuen Satzes 2 in § 407 Abs. 2 „auf zur Bewährung ausgesetzte Freiheitsstrafen bis zu einem Jahr",[20] jedoch nur, wenn dem Angeschuldigten ein Verteidiger zur Seite steht. **Unzulässig** ist daher die Verhängung von **Freiheitsstrafe** im Strafbefehlsverfahren **nur noch**, wenn entweder der Angeschuldigte *keinen Verteidiger* hat oder die festgesetzte Freiheitsstrafe entweder *ein Jahr übersteigt* oder aber die Vollstreckung dieser Strafe *nicht* zur Bewährung *ausgesetzt* ist. Ferner scheidet die Festsetzung von Freiheitsstrafe gegen Heranwachsende aus (§ 109 Abs. 3 JGG).

13 Diese Ausweitung des Sanktionsrahmens ist in der Literatur auf erhebliche **Kritik** gestoßen. Dies vor allem deshalb, „weil die mit der Verhängung von Freiheitsstrafe einhergehenden Zumessungs- und Prognoseentscheidungen mit dem summarischen Strafbefehlsverfahren nicht vereinbar"[21] seien und auf „den persönlichen richterlichen Eindruck [...] bei Verhängung einer Freiheitsstrafe" nicht verzichtet und auch durch die Mitwirkung eines Verteidigers nicht ersetzt werden[22] könne. Diese Kritik ist zwar weitgehend berechtigt, jedoch ist ihr entgegengehalten worden, dass Typisierungen durch Bildung gleichgelagerter Fallgruppen gerade im Interesse einer dem Gleichheitssatz entsprechenden Strafzumessung unverzichtbar[23] sein werden; sie sollen es ermöglichen, auch ohne Durchführung einer Hauptverhandlung eine individuelle Strafzumessung vorzunehmen,[24] so z.B. im Bereich der Massendelikte oder hinsichtlich der Strafaussetzung zur Bewährung bei Tätern, die erstmals eine Freiheitsstrafe verwirkt[25] haben. Gleichwohl dürften sich die etwa von *Meyer-Goßner* geäußerten Bedenken gegen die Verhängung einer Freiheitsstrafe **ohne richterliche Anhörung**[26] kaum ausräumen lassen. Allenfalls eine echte, vom Gesetzgeber aber gemiedene Zustimmungslösung[27] könnte jedenfalls die unmittelbar grund- und menschenrechtlich ansetzenden Bedenken entfallen lassen, die indes von den Gerichten bisher nicht geteilt werden.[28] Von der Möglichkeit, im Strafbefehl eine Freiheitsstrafe festzusetzen, sollte in jedem Falle nur äußerst zurückhaltend Gebrauch gemacht[29] werden. Dies folgt schon aus dem Postulat der Gesetzgebungsmaterialien, die Entscheidung für den Strafbefehl müsse sich auf eine **richterliche Überzeugung** stützen[30] – sie muss sich gerade auch darauf beziehen, dass er **persönlichkeitsbedingte, nur im persönlichen Kontakt beurteilungsfähige Umstände**, die der Verhängung einer Freiheitsstrafe entgegenstehen, ausschließen kann. Ferner ist der geforderte skrupulöse Umgang mit der Wiedereinsetzung in den vorigen

20 BTDrucks. **12** 1217 S. 42 f.; zur Tragweite der Argumente aus § 47 StGB und des nunmehr bedeutsam gewordenen § 56 StGB siehe einerseits *Fezer* FS Baumann 397 ff., andererseits *Böttcher* FS Odersky 305 ff.

21 So etwa SK/*Weßlau* 23 ff., die auch die eher Freiheitsstrafen eindämmenden Fehlanwendungen bei Verständigungen aufgreift; in früheren Auflagen KK/*Fischer* 8a; im Ergebnis so auch z.B. *Martin* GA **1995** 121, 127; vgl. ferner die Nachweise bei HK/*Brauer* 25, der selbst gemessen an der heutigen Praxis allerdings eher überzogene Bedenken erkennt.

22 *Werle* JZ **1991** 789, 795; ähnlich auch *Meyer-Goßner* NStZ **1992** 167: keine Freiheitsstrafe ohne Anhörung des Betroffenen.

23 *Böttcher* FS Odersky 307; ferner HK/*Brauer* 25; KMR/*Metzger* 20: Kritik sei überzogen.

24 HK/*Brauer* 25; so wohl auch AnwK-StPO/*Böttger* 9; **a.A.** eingehend SK/*Weßlau* 23 ff. m.w.N.

25 KMR/*Metzger* 20 ff.

26 *Meyer-Goßner* NStZ **1992** 167; ferner *Kreutz* AnwBl **2002** 212, 213 ff. m.w.N.

27 S. Vor § 407, 27 f.

28 S. Vor § 407, 30 f.

29 Entsprechend und für eine entsprechende Praxis HK/*Brauer* 25; weitergehend *Loos* FS Remmers 565, 574 f.: Wegen Unvereinbarkeit mit § 56 Abs. 1 StGB soll von § 407 Abs. 2 Satz 2 *regelmäßig* kein Gebrauch gemacht werden.

30 Einordnend Vor § 407, 24 ff.

Stand gegen die Versäumung der Einspruchsfrist gerade im Fall der zu legitimierenden Freiheitsstrafe zu beachten.[31]

3. Geldstrafe

a) Anwendungsbereich. Eine Geldstrafe im Fall eines Vergehens kann durch einen Strafbefehl nicht nur dann festgesetzt werden, wenn die Geldstrafe in der Strafvorschrift wahlweise neben Freiheitsstrafe angedroht ist. Auch dann, wenn die **Strafdrohung** nur auf Freiheitsstrafe lautet, aber gemäß §§ 47 Abs. 2, 49 Abs. 2 StGB auf Geldstrafe erkannt[32] werden kann, kommt der Strafbefehl in Betracht. Entscheidend ist hier also die im Einzelfall konkret festgesetzte Strafe. 14

Die **Höchstgeldstrafe,** die durch Strafbefehl festgesetzt werden kann, beträgt grundsätzlich 360 volle Tagessätze (§ 40 Abs. 1 StGB), bei einer Gesamtstrafe 720 Tagessätze (§§ 53 Abs. 1, 54 Abs. 2 StGB). Diese Höchstgrenze kann aber in den heute seltenen Fällen nicht ausgenutzt werden, in denen das materielle Recht eine niedrigere Höchstgrenze festsetzt, so z.B. im Nebenstrafrecht bei bestimmten Fahrlässigkeitstaten (§ 27 Abs. 3 JuSchG). Weitere Begrenzungen ergeben sich aus den obligatorischen Milderungsgründen des allgemeinen Teils des StGB (siehe etwa §§ 27, 28, 35 Abs. 2, 111 Abs. 2). Bei der Verwarnung mit Strafvorbehalt kann nur eine Geldstrafe bis zu 180 Tagessätzen bestimmt werden (§ 59 StGB). 15

b) Ersatzfreiheitsstrafe. An die Stelle einer uneinbringlichen Geldstrafe tritt kraft Gesetzes **(§ 43 StGB)** und unbeschadet der vollstreckungsrechtlichen Vorschriften in §§ 459 ff., Art. 293 EGStGB Ersatzfreiheitsstrafe, wobei einem Tagessatz ein Tag Freiheitsstrafe entspricht (dazu Rn. 17). 16

aa) Ein gewisses **Spannungsverhältnis** bestand schon zur **früheren** Rechtslage insoweit, als § 407 auf der einen Seite die Festsetzung primärer Freiheitsstrafe gänzlich ausschloss, auf der anderen Seite aber die Ausschöpfung der Geldstrafe bis zum gesetzlichen Höchstmaß von grundsätzlich 360 Tagessätzen, bei Gesamtstrafenbildung sogar bis zu 720 Tagessätzen und damit einen Freiheitsentzug auf Grund der **Ersatzfreiheitsstrafe von bis zu fast zwei Jahren** zuließ. Mit der durch das RpflEntlG geschaffenen Möglichkeit, auch Freiheitsstrafe bis zu einem Jahr zu verhängen, ist dieses Spannungsverhältnis zwar abgemildert, aber doch nicht beseitigt worden: Selbst bei Mitwirkung eines Verteidigers kann die Ersatzfreiheitsstrafe immerhin das Doppelte der zulässigen primären Freiheitsstrafe ausmachen, und beim nicht verteidigten Angeschuldigten besteht das erwähnte **Spannungsverhältnis unverändert** fort. Bedenkt man, dass nach § 47 StGB kurze Freiheitsstrafen unter sechs Monaten regelmäßig vermieden und durch Geldstrafen ersetzt werden sollen, so spricht viel dafür, im Strafbefehlsverfahren die Geldstrafe im Hinblick auf die mögliche Ersatzfreiheitsstrafe nicht bis zu den Höchstgrenzen des materiellen Rechts von 360 oder 720 Tagessätzen zuzulassen, sondern unter Berücksichtigung des Umrechnungsmaßstabes des § 43 StGB nur bis zu 180 Tagessätzen. Dies gilt umso mehr, als auch das Verfahrensrecht diese Grenze im Verfahren gemäß § 232 Abs. 1 Satz 1 und 2 kennt, in dem sogar auf der Basis einer Hauptverhandlung gegen den nichtanwesenden Angeklagten nur eine Höchststrafe von 180 Tagessätzen Geldstrafe zulässig ist. So ist es verständlich, wenn der im Jahre 1972 vorgelegte Entwurf 17

31 S. Vor § 407, 33 ff.

32 Meyer-Goßner/*Schmitt* 11; KMR/*Metzger* 9.

eines EGStGB vorschlug, auch im Strafbefehlsverfahren die Höchststrafe auf 180 Tagessätze Geldstrafe[33] festzusetzen.

18 Um den Anwendungsbereich des Strafbefehlsverfahrens aber nicht zu sehr einzuengen, ist der Gesetzgeber dem nicht gefolgt.[34] Dafür lässt sich immerhin anführen, dass im Verfahren gegen den von der Verpflichtung zur Anwesenheit in der Hauptverhandlung nach § 233 entbundenen Angeklagten trotz der auch hier vorgesehenen Höchstgrenze von 180 Tagessätzen bei der Geldstrafe immerhin die Verhängung einer Freiheitsstrafe von bis zu 6 Monaten zulässig ist. Den Argumenten aus § 47 StGB und § 232 ist damit jedenfalls bei einer systemimmanenten Perspektive einiges an Durchschlagskraft genommen. Hinzu kommt, dass der Gesetzgeber die Vollstreckung der Ersatzfreiheitsstrafe mit dem § 42 StGB und den §§ 459a, 459c Abs. 2, 459d, 459f StPO immerhin begrenzt. Entscheidend für die Zulassung der Geldstrafe unter voller Ausnutzung der lediglich vom materiellen Recht gesetzten Grenzen war für den Gesetzgeber die Überlegung, dass damit in Übereinstimmung mit dem vom StVÄG 1987 verfolgten Ziel der **erweiterten Anwendung des Strafbefehlsverfahrens**[35] die Möglichkeit geschaffen wurde, „in weiten Bereichen der unteren Kriminalität einfach gelagerte Fälle mittels Strafbefehls zu erledigen. Sie dient auch dem Interesse des Beschuldigten, dem in der Regel daran gelegen ist, einfachere Straffälle verhältnismäßig billig und auch diskret ohne Zeitverlust und ohne Aufsehen erledigen zu können (BVerfGE **25** 158, 165)“.[36]

19 **bb)** Da sich das Ausmaß der Ersatzfreiheitsstrafe aus dem Gesetz (§ 43 StGB) ergibt, das auf die Zahl der festgesetzten Tagessätze abstellt, soll es keiner Erwähnung der **Ersatzfreiheitsstrafe** im Strafbefehl bedürfen.[37] Es sei „schlechterdings undenkbar, dass ein Verurteilter davon ausgeht, er werde keinerlei Sanktionen in Form einer Ersatzfreiheitsstrafe erleiden, wenn er die gegen ihn erkannte Geldstrafe nicht zahlt, diese auch nicht beigetrieben werden kann und sich die Vollstreckung der Ersatzfreiheitsstrafe auch nicht als unbillige Härte erweist“.[38] Anerkannt ist lediglich, dass das geltende Recht einem – in der Praxis vielfach üblichen – belehrenden Hinweis, dass bei Uneinbringlichkeit der Geldstrafe an deren Stelle die Ersatzfreiheitsstrafe in Höhe der Zahl der Tagessätze tritt, nicht entgegensteht. Der Hinweis wird oft bereits empfohlen, wenngleich seine Unterlassung rechtlich bedeutungslos sein soll.[39] Insbesondere gegenüber dem **unverteidigten Beschuldigten** sollte der **Hinweis aber in jedem Fall erteilt werden.** Die fragil zu nennende Vereinbarkeit des aktuellen Strafbefehlsverfahrens mit Art. 6 EMRK[40] hängt davon ab, ob der von Deutschland beanspruchte Rechtsverlust infolge einer Obliegenheitsverletzung verhältnismäßig bleibt. Hieran müsste man gerade dann zweifeln, wenn dem rechtsunkundigen Laien nicht verdeutlicht wird, was auf dem Spiel steht. Und dass ein Laie wissen muss, dass ihm ggf. eine Ersatzfreiheitsstrafe mit einem Umwandlungsverhältnis von einem Tagessatz Geldstrafe zu einem Tag Freiheitsstrafe droht (§ 43 Satz 2 StGB), ist eine durchaus gewagte Annahme.

---

33 BTDrucks. **6** 3250; Näheres s. LR/*Schäfer*[23] 7 f. Auch *Müller* Strafbefehlsverfahren (1993) 272 f., 319 tritt für eine Begrenzung der Geldstrafe ein, die er jedoch schon bei 90 Tagessätzen unter anderem wegen der Konsequenzen aus § 53 Abs. 1 Nr. 1 BZRG ansetzen will.

34 S. zu den resultierenden Legitimationsproblemen Vor § 407, 21 ff.

35 BTDrucks. **10** 1313 S. 12 f.: Strafbefehlsverfahren von entscheidender Bedeutung für das praktische Funktionieren der Strafgerichtsbarkeit.

36 BTDrucks. **VI** 3478 S. 136.

37 OLG Bremen NJW **1975** 1524, 1525; KK/*Maur* 10; HK-GS/*Andrejtschitsch* 13.

38 OLG Bremen NJW **1975** 1524, 1525 f.

39 OLG Bremen NJW **1975** 1524, 1525 f; KK/*Maur* 10; Meyer-Goßner/*Schmitt* 12; SK/*Weßlau* 13; KMR/*Metzger* 9; HK/*Brauer* 13; AnwK-StPO/*Böttger* 9.

40 Dazu Vor § 407, 29 ff.

c) Zahlungserleichterungen und Anrechnung von Untersuchungshaft. Liegen die Voraussetzungen zum Erlass eines Strafbefehls im Übrigen vor, so kann der Strafrichter nach § 408 Abs. 3 Satz 1 lediglich die nach § 407 Abs. 1 Satz 3 von der Staatsanwaltschaft konkret beantragten Rechtsfolgen festsetzen, einschließlich der Gewährung von Zahlungserleichterungen nach § 42 StGB und der Nichtanrechnung der Untersuchungshaft oder einer anderen Freiheitsentziehung. Dies bedeutet im Ergebnis, dass die Gewährung von Zahlungserleichterungen[41] ebenso wie die Nichtanrechnung der Untersuchungshaft etc. einen **diesbezüglichen Antrag der Staatsanwaltschaft voraussetzt**. Eines besonderen Ausspruchs der Anrechnung von Untersuchungshaft oder anderer Freiheitsentziehung bedarf es aber im Hinblick auf § 51 Abs. 1 StGB nicht.[42] 20

d) Strafaussetzung zur Bewährung. Die Strafaussetzung ist im Strafbefehl nur bei Festsetzung von Freiheitsstrafe und bei Verwarnung mit Strafvorbehalt geboten. Sie kommt hingegen weder für die festgesetzte Geldstrafe noch für die dahinterstehende Ersatzfreiheitsstrafe in Betracht, da § 56 StGB nur die Aussetzung primärer Freiheitsstrafen vorsieht.[43] Ob die Ersatzfreiheitsstrafe, wenn sie vollstreckt wird, eine Freiheitsstrafe i. S. des § 57 StGB ist und ein Rest dieser Ersatzfreiheitsstrafe zur Bewährung ausgesetzt werden kann, ist eine – andere – umstrittene und nicht spezifisch auf den Strafbefehl bezogene Frage.[44] 21

4. Verwarnung mit Strafvorbehalt. Die in § 59 StGB geregelte Verwarnung mit Strafvorbehalt stellt eine hinsichtlich ihres Wesens, ihrer Zweckmäßigkeit, Bedeutung und ihres Anwendungsbereichs kontrovers diskutierte Rechtsfolge dar.[45] Sie hat nach der einhelligen Rechtsprechung Ausnahmecharakter.[46] Danach kommt sie „nur bei solchen Verfehlungen in Betracht [...], die sich (auch) durch besondere tatbezogene Umstände in mindestens einer Beziehung aus dem Kreis vergleichbarer, gewöhnlich vorkommender Durchschnittsfälle so deutlich herausheben, daß Verschonung von Strafe angezeigt ist".[47] Jedenfalls im Kontext des Strafbefehls ist dieser Ausnahmecharakter angemessen: Zunächst ist schon daran zu erinnern, dass prozessual in der Verwarnung mit Strafvorbehalt noch immer eine **Verurteilung** des Angeklagten liegt (siehe § 465 Abs. 1 Satz 2 StPO; § 4 Nr. 3 BZRG). Sodann und vor allem setzt § 59 Abs. 1 Satz 1 Nr. 2 voraus, dass **besondere Umstände auf Grund einer Gesamtwürdigung der Tat und der Persönlichkeit** vorliegen müssen, die eine Verschonung von der Verurteilung zu Strafe angezeigt erscheinen lassen. Eben dies läuft auf eine regelmäßige Überprüfung in einer Hauptverhandlung hinaus. Der Richter wird ein Bild von den besonderen Umständen, die in der Persönlichkeit des Täters liegen, vielfach nur auf Grund des persönlichen und unmittelbaren Eindrucks in der Hauptverhandlung gewinnen können. Es bedarf daher vor Erlass des Strafbefehls zumindest der Prüfung, ob der **persönliche Eindruck** wirklich **entbehrlich** ist, weil schon die Akten auch zur Persönlichkeit eine 22

41 KK/*Maur* 21.

42 Meyer-Goßner/*Schmitt* 14; KMR/*Metzger* 9; HK/*Brauer* 13; **a.A.** *Schorn* Verfahren 30, 153.

43 Siehe nur *Fischer* § 56, 2, der allerdings zu Recht auch auf die §§ 59 ff. StGB und die §§ 459c Abs. 2, 459d und 459f hinweist.

44 *Fischer* § 57 StGB, 3 m. umfassenden w. N. zum Streitstand; AnwK-StGB/*Trüg* § 57, 5 m.w.N.

45 Vgl. dazu OLG Düsseldorf NStZ **1985** 362 mit krit. Anm. *Horn*. S. ferner AnwK-StGB/*Trüg* § 59, 1 ff. m.w.N.

46 Vgl. z.B. OLG Düsseldorf NStZ **1985** 362, 363 m.w.N. und *Fischer* § 59 StGB, 2 f., 6 ff.; AnwK-StGB/*Trüg* § 59, 2, 6 ff. und 12 m.w.N.

47 BayObLG JR **1976** 511 mit Anm. *Zipf*; letztlich ebenso AnwK-StGB/*Trüg* § 59, 7 f m.w.N. und Beispielen.

ausreichende Beurteilungsgrundlage bieten. Weiterhin ist zu prüfen, ob die bloße Verwarnung genügt, und ob nicht die Festsetzung einer Geldstrafe den Vorzug[48] verdient, sowie endlich, ob nicht auch dem Strafbefehlsverfahren der einfachere und elastischere Weg der vorläufigen Einstellung des Verfahrens unter Auflagen und Weisungen gemäß **§ 153a** vorzuziehen ist. Er ist insofern noch „resozialisierungsfreundlicher", als weder die vorläufige noch die endgültige Einstellung im Bundeszentralregister erscheinen, während bei der Verwarnung mit Strafvorbehalt erst die nach Bewährung erfolgende gerichtliche Feststellung, dass es bei der Verwarnung sein Bewenden hat (§ 59b Abs. 2 StGB), zur Entfernung des Vermerks im Register führt (§ 12 Abs. 2 Satz 2 BZRG).

23 **a) Grenzen.** Zu beachten ist ferner, dass die Verwarnung mit Strafvorbehalt **nicht neben** einer **anderen Strafe** (im Fall des § 41 StGB ist diese Rechtsfolge unanwendbar) verhängt werden kann (s. aber unten Rn. 25). Durch eine Kumulation der Rechtsfolgen ließe sich der von § 59 Abs. 1 Satz 1 Nr. 2 StGB erstrebte Zweck der Verschonung von der Verurteilung zu Strafe nicht erreichen.[49]

24 Ebenso wenig darf mit Strafvorbehalt verwarnt werden, wenn die verwirkte Geldstrafe **180 Tagessätze übersteigt.** Dies gilt auch dann, wenn es sich um eine Gesamtstrafe handelt (§ 59c StGB).[50] Eine nach **§ 51 StGB anzurechnende** erlittene Freiheitsentziehung kann die Anordnung einer Verwarnung mit Strafvorbehalt deshalb nicht hindern, weil die Anrechenbarkeit allein weder die in § 59 StGB genannten Voraussetzungen dieser Rechtsfolge ausschließt noch sonst einen Grund bildet, die Norm nicht anzuwenden.[51]

25 **b) Zusätzliche Entscheidungen.** Zugleich mit dem Strafbefehl werden bei Freiheitsstrafe und Verwarnung mit Strafvorbehalt gemäß § 268a Abs. 1 die **Dauer der Bewährungsfrist** (§ 59a Abs. 1 StGB) und etwa erteilte Auflagen (§ 59a Abs. 2 StGB) festgesetzt. Auflagen, Weisungen und die Unterstellung unter einen Bewährungshelfer (§§ 56a ff. StGB) kommen aber nur bei der Festsetzung von Freiheitsstrafe in Betracht, nicht hingegen bei der Verwarnung mit Strafvorbehalt.

26 **c) Anordnung weiterer Rechtsfolgen neben der Verwarnung.** Obschon die Verwarnung nicht neben einer Strafe ausgesprochen werden kann (o. Rn. 23), gestattet § 59 Abs. 2 Satz 1 StGB dem Gericht, auf **Einziehung und/oder Unbrauchbarmachung** zu erkennen. Diese Rechtsfolgen stehen nicht unter dem für die Geldstrafe geltenden Vorbehalt künftiger Verurteilung bei Nichtbewährung, weil sie ihrer Natur nach keinen Aufschub dulden und von der herrschenden Ansicht nicht als Strafen eingeordnet werden. Den Kreis der derart neben der Verwarnung mit Strafvorbehalt festsetzbaren Rechtsfolgen legt § 59 Abs. 2 StGB **abschließend** fest. Insbesondere kann damit **kein Fahrverbot** (§ 44 StGB) ausgesprochen werden; dies schon deshalb, weil es nur bei Verurteilung zu einer *Hauptstrafe* zulässig[52] wäre. Insoweit scheidet auch der Vorbehalt eines Fahrverbots[53] aus. Ein Fahrverbot scheidet auch dann noch aus, wenn das Revisionsgericht die Verwarnung mit Strafvorbehalt für zu Unrecht verhängt hält, diese aber wegen des Ver-

48 Vgl. BayObLG MDR **1976** 333.
49 I.E. ebenso AnwK-StGB/*Trüg* § 59, 4; *Fischer* § 59 StGB, 3.
50 AnwK-StGB/*Trüg* § 59, 4; *Fischer* § 59 StGB, 4.
51 Zutr. AnwK-StGB/*Trüg* § 59, 5 m.w.N.; ebenso *Fischer* § 59, 12.
52 BayObLG NStZ **1982** 258; KK/*Maur* 12; Meyer-Goßner/*Schmitt* 16; AnwK-StPO/*Böttger* 9; KMR/*Metzger* 11.
53 BayObLG NJW **1976** 301 mit Anm. *Berz* MDR **1976** 332; KK/*Maur* 12.

bots der *reformatio in peius* aufrechterhält.[54] Dem steht nicht etwa entgegen, dass § 407 Abs. 2 eine Reihe von Rechtsfolgen aufzählt, die „allein oder nebeneinander" festgesetzt werden können, darunter auch das Fahrverbot. Damit werden nur die durch Strafbefehl festsetzbaren Rechtsfolgen generell bezeichnet, während im Einzelfall von diesen Rechtsfolgen nur diejenigen durch Strafbefehl festgesetzt werden können, die das materielle Strafrecht vorsieht.

5. Nebenstrafe des Fahrverbots. Sie kann unter den Voraussetzungen des **§ 44 StGB** nach seiner Novellierung zum 24.8.2017 auch jenseits der Straßenverkehrsdelikte eingreifen. Gerade für die in § 44 Abs. 1 Satz 2 StGB vom Gesetzgeber letztlich gewünschte Freigabe für Allgemeindelikte wird aber besonders darauf zu achten sein, ob tatsächlich schon infolge des schriftlichen Verfahrens hinreichend genaue Informationen dazu vorhanden sind, welche die Verhängung der besonderen Strafart auch hinsichtlich der Persönlichkeitsstruktur des Beschuldigten rechtfertigen.[55] Auf die Dauer des Fahrverbots, die von einem bis zu sechs Monaten reichen kann, kann gemäß § 51 Abs. 5 StGB die Dauer einer vorläufigen Entziehung der Fahrerlaubnis (§ 111a StPO) und die Dauer der Verwahrung, Sicherstellung oder Beschlagnahme des Führerscheins (§ 94 StPO) **angerechnet** werden. Wegen der Belehrung gemäß § 268c s. § 409, 31. 27

6. Absehen von Strafe. Schon 1984 hat *Mansperger* zu Recht darauf hingewiesen, dass die Natur des Strafbefehlsverfahrens der Verhängung der mildestmöglichen Rechtsfolge des Absehens von Strafe, die aber weiter auf einem gefällten Schuldspruch fußt, nicht entgegenstehe und deshalb dafür plädiert, auch diese Rechtsfolge im Strafbefehlsverfahren verhängen zu können, obwohl das Gesetz dies bis zum Jahre 1993 nicht vorsah. Dabei wies er darauf hin, dass es Fälle gäbe, in denen trotz Absehens von Strafe die Verhängung einer Maßregel, etwa nach § 69 StGB, notwendig sei – und in diesen Fällen ist freilich die im Regelfall ausreichende Einstellung nach § 153b auch wegen der damit für die Staatskasse verbundenen Kostentragungspflicht (§ 467 Abs. 1 i. V. m. § 153b Abs. 2) ebenso unbefriedigend wie eine *isolierte* Anordnung der Maßregel durch Strafbefehl unzulässig (vgl. dazu oben Rn. 11).[56] Diesem Anliegen hat der Gesetzgeber des **RpflEntlG** im Laufe des Gesetzgebungsverfahrens[57] entsprochen, indem er das **Absehen von Strafe** in den Katalog der zulässigen Rechtsfolgen des § 407 Abs. 2 aufnahm **(Satz 1 Nr. 3).** 28

Wird im Strafbefehl das Absehen von Strafe nach § 60 StGB angeordnet, so wird der Angeschuldigte damit auch hier (siehe § 410 Abs. 3) einer bestimmten Tat **schuldig** gesprochen, auf die Festsetzung einer **Strafe** aber **verzichtet.** Gleichzeitig können ihm nach materiellem Recht zulässige und im Katalog des § 407 Abs. 2 enthaltene (sanktio- 29

---

54 Wie hier bereits LR/*Gössel*[26] 26. **A.A.** BayObLG NStZ **1982** 258; zu Recht rügt *Meyer-Goßner* in seiner dortigen Anmerkung, dass das BayObLG hier seine Meinung verfehlt an die Stelle der Entscheidung des Tatrichters gesetzt habe.

55 S. nur zum schon allgemein kaum bestimmten individuellen Zuschnitt des § 44 Abs. 1 Satz 2 StGB *Fischer* § 44, 7 und 19: Abhängigkeit von den persönlichen Lebensverhältnissen und den konkreten Wirkungen auf den Täter; AnwK-StGB/*Halecker*/*Scheffler* § 44, 11, 28 ff.

56 *Mansperger* NStZ **1984** 258.

57 Vgl. insoweit BTDrucks. **12** 3832 S. 36 und 42. Dort wird allerdings auf eine Begründung für die Aufnahme des Absehens von einer Strafe in den Katalog des § 407 Abs. 2 weithin verzichtet.

nierende) **Nebenfolgen** ebenso auferlegt werden wie die **Kosten** des Verfahrens (§ 465 Abs. 1).[58]

30 **7. Weitere (präventive) Rechtsfolgen.** Das heutige Strafrecht kennt eine Reihe weiterer Rechtsfolgen, die in ihrer Bedeutung den expliziten Strafen und Nebenstrafen bisweilen nahe kommen. Auch diese nicht selten in ihrer präventiven oder doch auch repressiven Einordnung umstrittenen[59] Rechtsfolgen sind einschließlich der Entziehung der Fahrerlaubnis – als einzig aufgenommene Maßregel der Besserung und Sicherung – in den im Folgenden gemäß § 407 Abs. 2 abschließend genannten Fällen mögliche Gegenstände des Strafbefehls.

31 **a) Einziehung (Verfall).** Der Strafbefehl gestattet gemäß § 407 Abs. 2 Satz 1 Nr. 1 auch die Einziehung. Sie wird heute in den §§ 73 ff. StGB, ggf. in Verbindung mit anderen die Einziehung vorschreibenden oder zulassenden Vorschriften (vgl. § 33 BtMG; § 54 WaffG), näher ausdifferenziert, wobei sie seit der jüngsten Reform auch den Verfall und damit die sog. Vermögensabschöpfung impliziert. Der Verfall fand sich bis zur Reform bereits als damals weiterer eigenständiger Anwendungsfall in § 407 Abs. 2 Satz 1 Nr. 1 a. F. wieder. Der weite Begriff der **Einziehung** i. S. des § 407 umfasst damit weiterhin sowohl die Einziehung von Gegenständen, d. h. von Sachen und Rechten, als auch die Einziehung des Wertersatzes.

32 **Einziehungsbeteiligte** i. S. des § 424 sind nach Maßgabe des § 426 schon im vorbereitenden Verfahren zu hören. In dem Strafbefehlsantrag, der auf Festsetzung der Einziehung gerichtet ist (§ 407 Abs. 1 Satz 3), beantragt die Staatsanwaltschaft zugleich die richterliche Anordnung der Beteiligung des Einziehungsinteressenten. Der Strafrichter trifft diese Anordnung in Anwendung des § 424 regelmäßig im Strafbefehl. Der die Einziehung aussprechende Strafbefehl wird dann auch dem Einziehungsbeteiligten zugestellt (§ 432 Abs. 1), und zwar mit dem Hinweis über die Wirkung des Ausspruchs der Einziehung gegenüber dem Einziehungsbeteiligten (§ 432 Abs. 1 Satz 2, der § 429 Abs. 3 Nr. 2 für entsprechend anwendbar erklärt). Der Einziehungsbeteiligte kann dann unabhängig vom Beschuldigten Einspruch einlegen und damit sein rechtliches Gehör wahrnehmen (dazu §§ 427, 428 und 432 Abs. 2).

33 Die Entscheidung über die **Entschädigung eines Einziehungsbeteiligten** (§ 74b Abs. 2 StGB) steht dem Strafrichter nur unter den Voraussetzungen des § 430 Abs. 3 zu. Im Strafbefehlsverfahren entfällt eine solche Entscheidung, weil hier der in § 430 Abs. 3 Satz 3 vorgeschriebene Hinweis nur auf Grund einer Hauptverhandlung in Betracht kommt.

34 **b) Vernichtung und Unbrauchbarmachung.** Die Vernichtung und Unbrauchbarmachung werden ebenfalls von § 407 Abs. 2 Satz 1 Nr. 1 eröffnet. Die Anordnung der **Vernichtung** von Gegenständen durch strafgerichtliche Entscheidung ist nur noch vereinzelt in Nebengesetzen vorgesehen, so z.B. in § 144 Abs. 4 MarkenG (Beseitigung der Kennzeichnung oder Vernichtung der widerrechtlich gekennzeichneten Gegenstände). Nicht hierher gehört die Vernichtung rechtswidrig hergestellter, verbreiteter oder zur rechtswidrigen Verbreitung bestimmter Vervielfältigungsstücke oder der zur rechtswidri-

---

58 KK/*Maur* 18; Meyer-Goßner/*Schmitt* 21; HK/*Brauer* 23 f.; *Siegismund*/*Wickern* wistra **1993** 93.

59 Siehe nur zur heutigen Einziehung die Kontroverse um die Einordnung als Strafe im Rahmen der Anwendung rückwirkender Rechtsnormen AnwK-StGB/*Rübenstahl* § 73, 7 m.w.N.; für eine Strafe gem. Art. 7 EMRK u. a. LG Kaiserslautern NZWiSt **2018** 149 m. diff. Anm. *Rebell-Houben* und Anm. *Saliger*/*Schörner* StV **2018** 388; dagegen insbesondere BTDrucks **18** 11640 S. 84.

gen Herstellung bestimmten Vorrichtungen nach §§ 98, 99 UrhG. Hier handelt es sich lediglich um einen zivilrechtlichen Anspruch des Verletzten, der aber nach § 110 UrhG im Adhäsionsprozess geltend gemacht werden kann. Zur Geltendmachung solcher Ansprüche s. aber Vor § 407, 44. Die Voraussetzungen der **Unbrauchbarmachung** sind dem materiellen Recht (§ 74d StGB) zu entnehmen.

Hinsichtlich der Nebenbeteiligung gelten jeweils gem. § 439 Var. 1 oder 2 die Darlegungen zu Rn. 32, 33 entsprechend. **35**

c) Bekanntmachung der Verurteilung. § 407 Abs. 2 Satz 1 Nr. 1 stellt im Strafbefehl **36**
auch die Anordnung frei, die Verurteilung bekanntzumachen, soweit eine solche zulässig ist (zu ihrer Einordnung schon die Nachw. zu Rn. 5). Eine solche Bekanntgabe sehen z.B. §§ 165 und 200 StGB, § 143 Abs. 6 MarkenG, § 51 Abs. 6 DesignG und § 111 UrhG vor. Die Festsetzung der Bekanntgabe der Verurteilung im Strafbefehl setzt nach den angeführten materiellrechtlichen Vorschriften einen auf diese Festsetzung gerichteten **Antrag** voraus. Im Allgemeinen ist der Verletzte oder ein an seiner Stelle Antragsberechtigter, im Fall des § 103 StGB auch der Staatsanwalt, zur Stellung dieses Antrages berechtigt. Wird die Bekanntgabe angeordnet, wird der Strafbefehl nach § 463c Abs. 1 auch dem Berechtigten zugestellt. Vollzogen durch die Vollstreckungsbehörde wird die Bekanntgabe gemäß § 463c Abs. 2 nur, wenn es der Antragsteller oder ein an seiner Stelle Antragsberechtigter binnen Monatsfrist verlangen.

d) Entziehung der Fahrerlaubnis. Die Festsetzung dieser Maßregel ist gemäß § 407 **37**
Abs. 2 Satz 1 Nr. 2 im Strafbefehl möglich. Sie richtet sich materiellrechtlich nach den §§ 69, 69a StGB. Verfahrensrechtlich ist ihre Verhängung im Strafbefehlsverfahren aber nur mit einer **Sperrfrist bis zu höchstens 2 Jahren** zulässig (§ 407 Abs. 2 Satz 1 Nr. 2 StPO; § 69a Abs. 1 StGB). Für die Berechnung der Sperrdauer gilt § 69a Abs. 5 StGB. Soweit dort in Satz 2 auf die Zeit „nach Verkündung des Urteils" abgestellt ist, ist streitig, ob der Verkündung des Urteils schon der Erlass des Strafbefehls (durch Unterzeichnung) oder erst dessen Zustellung gleichsteht.[60] Da die Sperre mit der Rechtskraft des Strafbefehls beginnt (§ 69a Abs. 5), ist in der Regel kein Raum für die Bestimmung eines kalendermäßig festgelegten Endtermins. Vielmehr ist die Dauer – unter Beachtung des gesetzlichen Mindestmaßes (§ 69a Abs. 1, 3, 4) – nach vollen Jahren oder Monaten[61] zu bestimmen. Zulässig ist auch eine Beschränkung der Sperre gemäß § 69a Abs. 2 StGB.[62]

e) Verbote des Umgangs mit Tieren. Mit einer Novelle des Tierschutzrechts wurde **38**
zwischenzeitlich mit § 407 Abs. 2 Satz 1 Nr. 2a die Befugnis eingeführt, im Strafbefehl ein Verbot des Haltens oder Betreuens sowie des Handels oder sonstigen berufsmäßigen Umgangs mit Tieren festzusetzen.[63] Für einen Zeitraum von einem bis zu drei Jahren können nun aus Anlass der strafrechtlichen Verurteilung die ggf. aus §§ 20, 17 TierSchG abzuleitenden Maßregeln zugunsten des Tierschutzes auch jenseits einer Hauptverhandlung durchgesetzt werden (bestätigend auch § 20 Abs. 2 Satz 1 TierSchG). § 407 Abs. 2 Satz 1 Nr. 2a schöpft damit die Regelung des § 20 Abs. 1 TierSchG „aus Gründen der Verhältnismäßigkeit"[64] nicht aus; sie gestattet sogar ein unbefristetes Verbot.

---

60 So die h. M., vgl. KK/*Maur* 17; Meyer-Goßner/*Schmitt* 20; KMR/*Metzger* 16.
61 BayObLG NJW **1966** 2371; OLG Saarbrücken NJW **1968** 459; KK/*Maur* 17.
62 KK/*Maur* 17.
63 Hierzu BGBl. 2013 I, S. 2182, 2196 und BTDrucks. **17** 11811 S. 18 und 30 f.
64 So formuliert von BTDrucks. **17** 11811 S. 31.

39 **8. Die Verbandsgeldbuße.** § 407 Abs. 2 Satz 1 Nr. 1 eröffnet schließlich die Möglichkeit, eine nach § 30 OWiG ggf. zulässige Geldbuße gegen eine juristische Person oder Personenvereinigung im Wege des Strafbefehls zu verhängen. § 30 OWiG betrifft die Situation, in der eine natürliche Person als vertretungsberechtigtes Organ einer juristischen Person oder als Vertretungsberechtigter einer Personenvereinigung (nichtrechtsfähiger Verein, Personenhandelsgesellschaft) eine Straftat begangen hat, durch die eine die juristische Person oder die Personenvereinigung treffende Pflicht verletzt wurde oder diese bereichert werden sollte. Hier kommt es auch im subjektiven Strafverfahren gegen die natürliche Person in Betracht, dass der Strafrichter (das Schöffengericht) gegen die verfahrensbeteiligte juristische Person oder Personenvereinigung eine Geldbuße als **selbständige Rechtsfolge** (§ 444, 2) festsetzt. Diese Regelung, neben der Bestrafung der natürlichen Person als Täter auch die juristische Person (Personenvereinigung) mit nichtkrimineller Geldbuße belegen zu können, bezweckt in erster Linie, „einen Ausgleich dafür zu ermöglichen, daß der juristischen Person, die nur durch ihre Organe zu handeln imstande ist, zwar die Vorteile dieser in ihrem Interesse vorgenommenen Betätigung (der natürlichen Person) zufließen, daß sie aber beim Fehlen einer Sanktionsmöglichkeit nicht den Nachteilen ausgesetzt wäre, die als Folge der Nichtbeachtung der Rechtsordnung im Rahmen der für sie vorgenommenen Betätigung eintreten können. Die juristische Person wäre dann gegenüber der natürlichen Person (dem Einzelunternehmer, der die Straftat begeht) besser gestellt“.[65] Auch soll die Geldbuße gegen die juristische Person oder Personenvereinigung die präventive Wirkung haben, dass deren Mitglieder bei der Auswahl ihrer Organe nicht nur auf geschäftliche Tüchtigkeit, sondern auch auf deren Rechts- und Gesetzestreue[66] achten. Die praktisch bedeutsame Regelung könnte in Zukunft durch die Einführung eines **VerSanG** an Bedeutung verlieren (auch dazu näher die Kommentierung zu § 444).

40 Die **verfahrensrechtliche Stellung der juristischen Person oder Personenvereinigung** im Strafverfahren regelt insofern bisher § 444. Ihre Stellung als „Nebenbeteiligte“ entspricht etwa derjenigen eines Einziehungsbeteiligten (Rn. 32 f.). Im Strafbefehlsantrag beantragt die Staatsanwaltschaft neben der Festsetzung einer der Höhe nach bestimmten Geldbuße (§ 407 Abs. 1 Satz 3 mit der Folge des § 408 Abs. 3 Satz 2) auch die Anordnung der Beteiligung der juristischen Person (Personenvereinigung) am Verfahren, die dann im Strafbefehl angeordnet wird. Der Strafbefehl wird auch den Nebenbeteiligten zugestellt, und zwar mit dem Hinweis, dass der Strafbefehl sich auch (hinsichtlich der Geldbuße) gegen sie richte (§ 432, aber mit Verweis auf § 429 Abs. 3 Nr. 2 statt 3). Die Nebenbeteiligten können den Strafbefehl unabhängig von der mit Strafe belegten natürlichen Person mit Einspruch anfechten (§ 444 Abs. 2 Satz 2).

C. Der Antrag auf Erlass eines Strafbefehls als formelle Voraussetzung

41 Als formelle Voraussetzungen des Erlasses eines Strafbefehls und damit des Strafbefehlsverfahrens nennt das Gesetz in § 407 Abs. 1 Satz 1 den schriftlichen, auf bestimmte Rechtsfolgen gerichteten **Antrag der Staatsanwaltschaft** bei einem zuständigen Spruchkörper des Amtsgerichts. Während der Inhalt des Strafbefehls in § 409 näher bestimmt ist, wird der Antrag der Staatsanwaltschaft auch hinsichtlich seiner Wirkungen und der Verpflichtung zur Antragsstellung in dazu geeigneten Fällen in § 407 Abs. 1 ausgestaltet.

65 Begründung zu § 19 Entw. OWiG 1968; OLG Hamm NJW **1973** 1851, 1852.

66 Göhler/*Gürtler* Vor § 29a OWiG, 11.

I. Bedeutung des Antrags

1. Erhebung der öffentlichen Klage. Entsprechend dem Anklagegrundsatz (§ 151) setzt ein Tätigwerden des Strafrichters auch im Strafbefehlsverfahren einen schriftlichen, auf die Verfolgung gerichteten Antrag der Staatsanwaltschaft voraus. Dieser Antrag tritt, sollte eine Hauptverhandlung gemäß § 408 Abs. 3 Satz 2 oder § 411 Abs. 1 Satz 2 erforderlich werden, an die Stelle der Anklageschrift.[67] § 407 Abs. 1 Satz 4 stellt ferner im Sinne der allg.M. ausdrücklich klar,[68] dass mit der Stellung eines Antrags auf Erlass eines Strafbefehls die öffentliche Klage erhoben wird. Die **Antragsschrift steht** mithin **der Anklageschrift gleich**, was auch ein Vergleich der Vorschriften über den Inhalt des Strafbefehlsantrags in § 409 und über den Inhalt der Anklageschrift in § 200 bestätigt.[69] Damit werden Umfang und Gegenstand des Strafbefehlsverfahrens im Sinne des § 155 durch die Antragsschrift begrenzt mit der Folge, dass der Strafbefehl weder auf eine im Antrag nicht erfasste Tat i. S. des § 264 erweitert werden noch ein im Strafbefehlsantrag nicht angegebenes Verhalten (Tun oder Unterlassen) im weiteren Verfahren auf Einspruch des Angeklagten abgeurteilt werden darf; widrigenfalls ist das Verfahren wegen eines Verfahrenshindernisses insoweit einzustellen.[70] Der Strafbefehlsantrag kann nach § 156 **zurückgenommen** werden. Der dem Erlass des Eröffnungsbeschlusses entsprechende und die Rücknahmemöglichkeit beendende Zeitpunkt ist der des Erlasses des Strafbefehls.[71] 42

Wegen ihrer Natur als Anklageerhebung kommt der Antragstellung die **verjährungsunterbrechende** Wirkung des § 78c Abs. 1 Nr. 6 StGB[72] zu. 43

2. Sonstige Wirkungen. Sobald die Staatsanwaltschaft erwägt, das Ermittlungsverfahren durch den Antrag auf Erlass eines Strafbefehls abzuschließen, wird sie den Abschluss der Ermittlungen in den Akten vermerken (§ 169a). Damit erlangt ein ggf. vorhandener oder zu bestellender (§ 407 Abs. 2 Satz 2 und 408b) Verteidiger das unbeschränkte Akteneinsichtsrecht (§ 147 Abs. 2). Mit der Antragstellung geht die Verfahrensherrschaft, wenn auch noch nicht endgültig, auf das Gericht über. Das Verfahren wird in diesem Zeitpunkt (Eingang beim zuständigen Amtsgericht) **gerichts*anhängig***. Die **Zuständigkeit zur Einstellung** geht damit nach §§ 153 Abs. 2, 153a Abs. 2, 153b Abs. 2, 153e Abs. 2, 154 Abs. 2 auf das Gericht über. ***Rechts*hängigkeit** tritt hingegen erst mit Erlass des Strafbefehls ein.[73] 44

Die Regeln über den **Ausschluss** und die **Ablehnung** eines Richters (§§ 22 ff.) gelten auch im Strafbefehlsverfahren. Die Ablehnungsmöglichkeiten *außerhalb der Hauptverhandlung* sind generell zeitlich nicht begrenzt (LR/*Siolek* § 25, 10), also auch nicht im Strafbefehlsverfahren. Zur Folge hat dies, dass mit dem Übergang der Verfahrensherrschaft auf das Gericht, also mit der durch den Eingang des Strafbefehlsantrags begründeten Verfahrens*an*hängigkeit (o. Rn. 44), Ablehnungsanträge nach § 24 grundsätzlich zulässig sind. Jedoch sind auch im Strafbefehlsverfahren die besonderen Regeln für die Ablehnung von *erkennenden Richtern* in § 25 Abs. 1 und § 28 Abs. 2 Satz 2 zu beachten. Erkennende Richter sind auch im Strafbefehlsverfahren die zur Mitwirkung in der 45

---

67 S. § 411, 17 und 20.
68 BTDrucks. **10** 1313 S. 35.
69 S. auch unten Rn. 54.
70 OLG Oldenburg NdsRpfl. **2006** 375.
71 S. § 408, 37; zur Rücknahme nach § 411 Abs. 3 s. § 411, 37.
72 BTDrucks. **10** 1313 S. 35.
73 Näheres dazu Vor § 407, 36.

Hauptverhandlung berufenen Richter (m.w.N. LR/*Siolek* § 28, 13). Mangels des im Normalverfahren über die Durchführung der Hauptverhandlung entscheidenden Eröffnungsbeschlusses macht erst der Erlass des Strafbefehls oder die Anberaumung der Hauptverhandlung nach § 408 Abs. 3 Satz 2 den anordnenden Richter zu einem erkennenden Richter, für dessen Ablehnung die zeitlichen Begrenzungen der §§ 25 Abs. 1, 28 Abs. 2 gelten.[74] Ob ein Ablehnungsgesuch einen erkennenden Richter betrifft, richtet sich nach dem Zeitpunkt der Entscheidung über dieses Gesuch: Ein vor Erlass des Strafbefehls gestelltes Gesuch richtet sich folglich nur dann gegen einen erkennenden Richter, wenn darüber erst nach Erlass des Strafbefehls entschieden wird.[75]

II. Antragsberechtigung und -verpflichtung

46 **1. Antragsrecht der Staatsanwaltschaft.** Grundsätzlich ist allein die **Staatsanwaltschaft** berechtigt, den Erlass eines gerichtlichen Strafbefehls zu beantragen. Dies folgt schon aus § 407 Abs. 1 Satz 4 in Verbindung mit § 152 Abs. 1: Zur Erhebung der öffentlichen Klage durch diesen Antrag ist allein die Staatsanwaltschaft berufen. Jedoch gilt in Steuerstrafsachen eine Ausnahme: In diesem Fall ist die nach § 386 Abs. 2 AO ermittelnde **Finanzbehörde** (BuStra bzw. StraBu) nach **§ 400 AO** ausnahmsweise dazu berechtigt, den Strafbefehlsantrag zu stellen. Die Spruchkörper des Amtsgerichts und ebenso die Verteidiger eines Beschuldigten können lediglich einen (bestimmten oder veränderten) Strafbefehl anregen, keinesfalls aber von Rechts wegen erzwingen.

2. Vorrangigkeit des Strafbefehlsantrags

47 **a) Verhältnis zwischen Strafbefehlsverfahren und Verfahrenseinstellung.** Schon wegen seiner Natur als Anklageerhebung setzt der Antrag auf Erlass eines Strafbefehls voraus, dass die Staatsanwaltschaft nach § 170 Abs. 1 genügenden Anlass zur Erhebung der öffentlichen Klage und damit den hinreichenden Tatverdacht einschließlich der mit ihm befürworteten Verurteilungswahrscheinlichkeit (§ 203)[76] bejaht. Sie muss damit zugleich Gründe für eine Einstellung des Verfahrens nach § 170 Abs. 2 ebenso verneinen wie eine Einstellung aus Opportunitätsgründen nach den §§ 153 ff. Denn lässt sich der „genügende Anlaß" des § 170 Abs. 1 z.B. durch eine Einstellung unter Auflagen und Weisungen nach § 153a oder auf sonstige Weise ausräumen, besteht kein Grund, die öffentliche Klage in Gestalt eines Strafbefehlsantrags zu erheben. Mit Recht spricht deshalb die amtliche Begründung von einem bestehenden **„Vorrang" der Einstellungsmöglichkeit** des § 153a gegenüber dem Strafbefehlsverfahren.[77] Allerdings erscheint die Staatsanwaltschaft hierdurch im Ergebnis nur eingeschränkt gebunden, weil die §§ 153 ff. dem Rechtsanwender – selbst bei einem Votum gegen das dort nach herrschender Ansicht eröffnete Ermessen – schon mit ihren zahlreichen schwer konkretisierbaren Tatbestandsvoraussetzungen enorme Entscheidungsspielräume belassen.

48 **b) Verpflichtung zur Stellung eines Strafbefehlsantrags.** Liegen die Voraussetzungen zur Anklageerhebung im Sinne des § 170 Abs. 1 vor, so ist die Staatsanwaltschaft

---

74 LG Zweibrücken NStZ **2006** 120 m.w.N.; Meyer-Goßner/*Schmitt* § 28, 6; vgl. auch LR/*Siolek* § 28, 28.
75 Hierzu Meyer-Goßner/*Schmitt* § 28, 7 m.w.N.
76 Meyer-Goßner/*Schmitt* 8; *Meurer* JuS **1987** 884.
77 BTDrucks. **10** 1313 S. 35; SK/*Weßlau* 4; AnwK-StPO/*Böttger* 4.

(ggf. die Finanzbehörde nach § 400 AO) zur Beantragung eines Strafbefehls dann verpflichtet, wenn die jeweilige Sache dem Gegenstandsbereich des Strafbefehlsverfahrens[78] zugehört *und* der Staatsanwaltschaft **nach dem Ergebnis der Ermittlungen eine Hauptverhandlung entbehrlich** erscheint („Hauptverhandlung nicht für erforderlich erachtet"). Mit der Normierung einer Verpflichtung zur Wahl des Strafbefehlsverfahrens in dazu geeigneten Fällen – dem gesetzlichen Wortlaut nach „stellt" die Staatsanwaltschaft hier den Strafbefehlsantrag – will der Gesetzgeber neben verfahrensökonomischen Zielen auch erreichen, dass dem Beschuldigten die Belastung der Hauptverhandlung erspart bleibt und eine strafrechtliche Sanktion in möglichst schonender Form verhängt wird; dem verfassungsmäßigen Prinzip der Verhältnismäßigkeit der strafrechtlichen Verfolgung soll damit besser entsprochen werden.[79] Allerdings kann, wie schon der gesetzliche Wortlaut aufscheinen lässt („für erforderlich erachtet"), die Pflicht zur Stellung eines Strafbefehlsantrags nicht gerichtlich erzwungen werden.[80] Dies gilt auch dann, wenn der Beschuldigte einen Antrag stellt.[81] Gleichwohl muss der Staatsanwalt den Antrag doch pflichtgemäß erwägen.

aa) Im Regelfall wird eine Hauptverhandlung dann **nicht für erforderlich** zu erach- 49
ten sein, „wenn von ihr eine wesentliche Abweichung vom Ergebnis der Ermittlungen nicht zu erwarten ist, dieses Ermittlungsergebnis auch den Strafzumessungssachverhalt so weit aufklärt, dass eine angemessene Sanktionsbemessung möglich ist und der Akteninhalt die Gewinnung" der richterlichen Überzeugung von der Schuld des Betroffenen zulässt.[82] Darüber hinaus wird in der Kommentarliteratur ergänzend verlangt, dass richterliche Bedenken gegen eine Entscheidung ohne Hauptverhandlung nicht zu erkennen sein dürfen.[83] Die damit gewünschte Verzahnung mit den § 408 Abs. 2 und 3 ist zwar nachvollziehbar. Für die zunächst gemäß § 407 Abs. 1 Satz 2 seitens der StA gebotene Würdigung der Sachlage müssen aber allein objektive Gründe maßgeblich bleiben, die zur Anberaumung einer Hauptverhandlung Anlass geben; es geht nicht um eine faktische Antizipation der richterlichen Entscheidung im Einzelfall. Konkret kommt das Strafbefehlsverfahren regelmäßig insbesondere in Betracht, wenn der Beschuldigte einen einfach gelagerten Sachverhalt, der von Zeugen bestätigt wird, selbst einräumt und auch die Strafzumessungsfrage keine Probleme aufwirft. Gleiches gilt, wenn dem leugnenden Beschuldigten einleuchtende und plausible belastende Zeugenaussagen gegenüberstehen und eine Überzeugungsbildung auch ohne eine Beurteilung der Glaubwürdigkeit der einander Widersprechenden möglich erscheint. Liegen dagegen zu schuldrelevanten Punkten widersprüchliche oder einander widersprechende Zeugenaussagen vor oder kann gar über die Schuldfrage erst auf Grund von Sachverständigengutachten entschieden werden, so wird die Hauptverhandlung unentbehrlich sein. Bei alledem ist zu beachten, dass die Staatsanwaltschaft von ihrer Befugnis nach §§ 154 Abs. 1, 154a Abs. 1 zur Ausscheidung unwesentlicher Nebenstraftaten oder zur Beschränkung der Strafverfolgung nicht lediglich zu dem Zweck Gebrauch machen darf, die Tat im Strafbefehlsverfahren erledigen[84] zu können.

---

78 § 407 Abs. 2; oben Rn. 3 f.

79 So explizit BTDrucks. **10** 1313 S. 34. Siehe ferner zur belastenden Wirkung des Verfahrens und insbesondere der Hauptverhandlung *Gaede* ZStW **129** (2017) 911 ff., 933 ff., 951 ff. m.w.N.

80 So auch schon LR/*Gössel*[26] 52; HK/*Brauer* 10; **a.A.** *Freund* GA **1995** 4, 18.

81 KK/*Maur* 5; Meyer-Goßner/*Schmitt* 9; SK/*Weßlau* 6; HK/*Brauer* 10.

82 BTDrucks. **10** 1313 S. 34; zust. *Rieß*/*Hilger* NStZ **1987** 204.

83 So die LR/*Gössel*[26] 49; HK/*Brauer* 10; ähnlich Meyer-Goßner/*Schmitt* 9.

84 *Eb. Schmidt* Nachtr. I § 408, 19a.

50 Die bloße **Erwartung des Einspruchs** des Beschuldigten soll aber entgegen der früheren Fassung der RiStBV die Stellung des Strafbefehlsantrags nicht von vornherein ausschließen (so jetzt ausdrücklich Nr. 175 Abs. 3 Satz 2 RiStBV).[85] Demgemäß bestimmt die dem § 407 Abs. 1 Satz 2 entsprechende Fassung der Nr. 175 Abs. 3 Satz 1 RiStBV seit dem 1.10.1988, dass vom Strafbefehlsverfahren nur abzusehen sei, wenn die vollständige Aufklärung aller für die Rechtsfolgenbestimmung wesentlichen Umstände oder Gründe der Spezial- oder Generalprävention die Durchführung einer Hauptverhandlung geboten erscheinen lässt.

51 Hat der **Beschuldigte** aber bereits zu erkennen gegeben, dass er einen **Strafbefehl nicht akzeptieren** werde, so ist eine Hauptverhandlung im Normalverfahren zur Klärung der erhobenen Vorwürfe grundsätzlich notwendig und von einem Strafbefehlsantrag abzusehen.[86] Allenfalls in begründeten Einzelfällen wie z.B. einer im Gegensatz zu früheren Rechtsgesprächen deutlich abgewandelten, für den Beschuldigten vorteilhaften Position der Staatsanwaltschaft dürfte es in Betracht kommen, den schon aus Art. 6 Abs. 1 Satz 1 EMRK folgenden menschenrechtlichen Anspruch auf eine mündliche Verhandlung durch eine aufgezwungene Zwischenrunde hintanzustellen. Anderenfalls würde die **Strafjustiz** das Verfahren absehbar lediglich verzögern und dem Beschuldigten im konkreten Fall **ersichtlich unangemessene Obliegenheiten zur Rechtswahrung aufnötigen.** Erst recht kann es der Staat nicht „einfach mal" in der Hoffnung „versuchen", der geplante Einspruch werde an Form- und Fristfragen oder an der Trägheit des Adressaten scheitern.

52 **bb)** Ferner sollen für die Durchführung einer Hauptverhandlung nach der amtlichen Begründung der Regelung **spezial- oder generalpräventive Gründe** sprechen können.[87] Tatsächlich dürfen Strafzwecke die konkreten, an die Beachtung der Unschuldsvermutung gebundenen Schritte des Verfahrens aber niemals legitimieren; es müssen stets verfahrensimmanente Gründe vorliegen; eine (apokryphe) Sanktionierung durch Verfahren (Hauptverhandlung) darf nicht leitend sein.[88] Maßgeblich kann aber zum Beispiel sein, dass eine kontroverse, etwa auch in der Öffentlichkeit diskutierte Rechtsfrage mit dem Verfahren zu entscheiden ist. Hier ist das allgemeine Interesse an einer öffentlichen Verhandlung besonders ausgeprägt, ohne dass es um Strafzwecke selbst gehen würde.

53 **cc)** Werden der Staatsanwaltschaft die Akten über die Ermittlung von **Steuerstraftaten** im Sinne des § 386 AO gemäß § 400 AO vorgelegt, weil die Finanzbehörde die Eignung der Straftaten zur Behandlung im Strafbefehlsverfahren verneint, so ist die Staatsanwaltschaft an diese Auffassung nicht etwa gebunden: Sie hat zunächst zu prüfen, ob genügender Anlass zur Erhebung der öffentlichen Klage besteht (oben Rn. 47), und erst nach Bejahung dieser Frage selbständig zu entscheiden, ob gemäß § 407 Abs. 1 Satz 2 zu verfahren ist.

---

85 Meyer-Goßner/*Schmitt* 9; offenbar nach der Bedeutung der regelmäßig fehlenden Mitteilung des wesentlichen Ergebnisses der Ermittlungen differenzierend *Siegismund/Wickern* wistra **1993** 86, 91; ganz **a.A.** *Burkhard* StraFo **2004** 342, 344: Akzeptanzfunktion des hierfür aussagekräftig zu gestaltenden Strafbefehls.

86 KK/*Maur* 3; weitgehend so auch OLG Düsseldorf NStZ **1991** 99, 100 unter Verweis auf § 200 Abs. 2 Satz 2.

87 Vgl. die amtl. Begründung BTDrucks. **10** 1313 S. 34; so auch die Neufassung von Nr. 175 Abs. 3 Satz 2 RiStBV; **dagegen** SK/*Weßlau* 6; weithin auch LR/*Gössel*[26] 52. Für die Berücksichtigung von Präventionsinteressen AK/*Loos* 22.

88 Näher zur eigenen Ansicht *Gaede* ZStW **129** (2017) 911 ff., 956 f. mwN.

3. Inhalt des Strafbefehlsantrags

a) Überblick. Der Antrag muss gem. § 407 Abs. 1 Satz 1 **schriftlich** gestellt werden. 54
Im Hinblick auf die von § 408 Abs. 3 verlangte Übereinstimmung zwischen Strafbefehl und Strafbefehlsantrag muss schon dieser Antrag den in § 409 Abs. 1 bezeichneten Inhalt haben. Weil dieser Inhalt dem entspricht, der nach § 200 Abs. 1 auch für die Anklageschrift notwendig ist, ist zudem der Gleichstellung des Strafbefehlsantrags mit der **Anklageschrift** (oben Rn. 42) Rechnung getragen. Lediglich auf die von § 200 Abs. 2 für die Anklageschrift vorgesehene Darstellung des wesentlichen Ergebnisses der Ermittlungen wird, wie schon bei Anklageschriften zum Strafrichter (§ 200 Abs. 2 Satz 2), für den Strafbefehl (und damit auch für den entsprechenden Antrag) verzichtet. Insoweit ist § 409 als Spezialvorschrift anzusehen.[89]

Dass der Inhalt des Strafbefehls dem des darauf gerichteten **Antrags entspricht,** 55
wird in der Praxis erreicht, indem der Staatsanwalt den Strafbefehlsantrag grundsätzlich in der Weise stellt, dass er den – vom Richter lediglich zu unterzeichnenden – Entwurf eines Strafbefehls mit dem in § 409 Abs. 1 bezeichneten Inhalt einreicht und beantragt, einen solchen Strafbefehl zu erlassen. Mit dem Antrag hat die Staatsanwaltschaft die bisher geführten Verhandlungen dem Gericht vorzulegen (entsprechend § 199 Abs. 2).

b) Die inhaltlichen Erfordernisse im Einzelnen. Die einzelnen in § 409 erwähnten 56
inhaltlichen Erfordernisse werden bei den Erläuterungen zu § 409 behandelt. Der von § 409 Abs. 1 Nr. 6 verlangten Festsetzung der Rechtsfolgen entspricht die Beantragung **bestimmter Rechtsfolgen**, die von § 407 Abs. 1 Satz 3 verlangt wird.

Lautet der Antrag auf **Geldstrafe**, so gehört zu seiner Bestimmtheit die Zahl und die 57
genaue Höhe der Tagessätze. Zu Zahlungserleichterungen (§ 42 StGB) und einer etwaigen Nichtanrechnung von Untersuchungshaft oder anderer Freiheitsentziehung vgl. oben Rn. 20.

Beantragt die Staatsanwaltschaft die Verwarnung mit Strafvorbehalt, so gehört zur 58
Bestimmtheit des Antrags die Angabe der Geldstrafe, deren Verhängung vorbehalten werden soll, nach Zahl und Höhe der Tagessätze. Sieht der Antrag die Festsetzung einer **Freiheitsstrafe** gemäß § 407 Abs. 2 Satz 2 vor, ist es zwar zulässig, aber nicht erforderlich, dass auch ein bestimmter **Inhalt** des nach § 268a zu erlassenden Bewährungsbeschlusses[90] beantragt[91] wird, wie z.B. eine bestimmte Dauer der Bewährungsfrist und die Erteilung bestimmter Auflagen (§ 59a StGB). Die Staatsanwaltschaft kann die nach dieser Richtung zu treffenden Anordnungen dem Ermessen des Richters überlassen. Erstreckt sie ihren Strafbefehlsantrag aber auf diese Punkte, ist der Richter daran nicht gebunden.

Im Übrigen sind die jeweils beantragten Rechtsfolgen **so genau wie möglich zu** 59
konkretisieren. Sie müssen wie beantragt im Strafbefehl festgesetzt und die etwa auftauchenden Fragen nach einer Abweichung von der beantragten Rechtsfolge nach § 408 Abs. 3 Satz 2 eindeutig entschieden werden können. Ggf. ist im Strafbefehlsantrag **negativ** zum Ausdruck zu bringen, dass die Fahrerlaubnis nach Auffassung der Staatsanwaltschaft nicht entzogen werden soll.[92]

---

89 OLG Düsseldorf NStZ **1991** 99, 100; KK/*Maur* 6; KMR/*Metzger* 29; AnwK-StPO/*Böttger* 4.
90 S. dazu Rn. 25.
91 Meyer-Goßner/*Schmitt* 15 und 22; HK/*Brauer* 15 und 26; kritisch dazu AK/*Loos* 3.
92 § 409, 16 und 21.

60 **c) Antrag bei einer Mehrheit von Beschuldigten oder Taten.** In der gleichen Weise wie die Staatsanwaltschaft wegen Sachzusammenhangs die öffentliche Klage gegen mehrere Personen oder wegen mehrerer Taten im Sinne des § 264 in einer Anklageschrift zusammenfassen kann, kann sie auch einen Strafbefehlsantrag stellen, der sich gegen mehrere Beschuldigte richtet oder mehrere Taten zum Gegenstand hat. Nach den Grundsätzen der **Verfahrenstrennung und -verbindung** kann das Gericht die Rechtsfolgen entweder in einem Strafbefehl gegen mehrere Beschuldigte oder wegen mehrerer Taten zusammengefasst festsetzen, gesonderte Strafbefehle erlassen oder aber in einzelnen Fällen die beantragten Strafbefehle (u. U. gegen mehrere Beschuldigte zusammengefasst) erlassen, in anderen ablehnen oder nach § 408 Abs. 3 Satz 2 Hauptverhandlung anberaumen.[93]

III. Das zuständige Gericht als Adressat des Antrags

61 Nach § 407 Abs. 1 Satz 1 sind allein die beiden **amtsgerichtlichen Spruchkörper** des Strafrichters und des Schöffengerichts zum Erlass des Strafbefehls zuständig und damit taugliche Adressaten des Strafbefehlsantrags. Hierfür ist in erster Linie die Zuständigkeitsverteilung zwischen Strafrichter und Schöffengericht nach den §§ 24 und 25 GVG von Bedeutung. Zur etwaigen Zuständigkeit des erweiterten Schöffengerichts gemäß § 29 GVG siehe unten Rn. 63.

62 **1. Strafrichter und Schöffengericht.** Seit dem RpflEntlG ist der Strafbann des Amtsgerichts auf vier, der des Strafrichters auf zwei Jahre angehoben (siehe §§ 24 und 25 GVG). Damit ist zu einem erheblichen Teil die Grundlage der früher h. M. entfallen, wonach den §§ 25 und 24 Abs. 1 Nr. 3 GVG a. F. zu entnehmen sei, der Strafrichter solle nur diejenigen „zur Zuständigkeit des Amtsgerichts gehörenden Sachen entscheiden", „die von geringerem Gewicht sind".[94] Zwar hat das Parlament mit dem heutigen Recht an der grundsätzlichen Bedeutung des Gewichts der Straftaten als Zuständigkeitskriterium nichts geändert;[95] entsprechend ist das in den §§ 24 und 25 GVG als Zuständigkeitskriterium verwendete Merkmal der **Straferwartung** nach wie vor nicht *bloß formaler*, sondern auch *inhaltlicher*[96] Natur. Die Erhöhung des strafrichterlichen Strafbanns auf zwei Jahre Freiheitsstrafe führt aber gleichwohl, auch unter Berücksichtigung des § 24 Abs. 1 Nr. 3 GVG, zur **Zuständigkeit** zur Verhandlung auch solcher Sachen, deren Gewicht **nicht mehr gering**[97] ist. Die Zuständigkeit des Strafrichters zum Erlass eines Strafbefehls kann daher nicht etwa deshalb entfallen, weil es sich nicht mehr um eine Sache von minderer Bedeutung handele. Unter zusätzlicher Berücksichtigung der Begrenzung der im Strafbefehlsverfahren möglichen Rechtsfolgen auf ein Jahr Freiheitsstrafe und auf 720 Tagessätze Gesamtgeldstrafe ist damit, unabhängig von der grundsätzlichen Zuständigkeit des Schöffengerichts wie der der Strafkammer zur Behandlung von Strafsachen mit einer deren Gewicht entsprechenden Straferwartung, eine Zuständigkeit des

---

93 Hinsichtlich mehrerer Beschuldigter s. KK/*Maur* 22; Meyer-Goßner/*Schmitt* 7; SK/*Weßlau* 10; KMR/*Metzger* 35; HK/*Brauer* 9; *Pfeiffer* 3; *Krüger* NJW **1969** 1336. Hinsichtlich mehrerer Taten im Sinne des § 264 s. LG München II NStZ **1990** 452.

94 BVerfGE **22** 254, 261; § 25 Nr. 3 a. F. GVG ist inhaltsgleich mit § 25 Nr. 2c GVG in einer früheren Fassung, zu der die Entsch. des BVerfG erging.

95 *Siegismund/Wickern* wistra **1993** 137.

96 **A.A.** aber wohl AG Höxter MDR **1994** 1139; ähnlich auch *Hohendorf* NJW **1995** 1454, 1457.

97 LG Koblenz StV **1995** 517; **a.A.** *Siegismund/Wickern* wistra **1993** 137.

Schöffengerichts zum Erlass von Strafbefehlen grundsätzlich nicht mehr[98] und nur noch im Fall des § 408a denkbar.[99] Dennoch kann nicht von einer **ausschließlichen Zuständigkeit des Strafrichters** für das Strafbefehlsverfahren[100] ausgegangen werden.

2. Erweitertes Schöffengericht. Nach § 29 Abs. 2 Satz 1 GVG kann die Zuziehung eines zweiten Richters nur im Verfahren über die Eröffnung des Hauptverfahrens beschlossen werden. Wenn auch dem Strafbefehl im Einspruchsverfahren die Wirkung eines Eröffnungsbeschlusses zuerkannt wird,[101] so ändert dies doch nichts daran, dass ein derartiges **Eröffnungsverfahren** beim Strafbefehl **gerade nicht** durchgeführt wird, weshalb eine Zuständigkeit des erweiterten Schöffengerichts zum Erlass eines Strafbefehls nicht besteht. Dies gilt erst recht beim Übergang in das Strafbefehlsverfahren nach Eröffnung des Hauptverfahrens gemäß § 408a. 63

D. Rechtliches Gehör

Vor Erlass des Strafbefehls bedarf es nach § 407 Abs. 3 weder vor noch nach der Stellung des Strafbefehlsantrags – abweichend von § 33 Abs. 3 StPO – einer **gerichtlichen Anhörung** des Beschuldigten bzw. – nach der Stellung des Strafbefehlsantrags (§ 157) – Angeschuldigten. Sein rechtliches Gehör vor Gericht (Art. 103 Abs. 1 GG) ist nach der Konzeption des Gesetzgebers schon ausreichend deshalb gewährleistet, weil er gegen den Strafbefehl – ggf. über die Wiedereinsetzung – Einspruch einlegen und dadurch eine Hauptverhandlung erzwingen[102] kann. Dieses Regelungsmuster unterliegt allerdings Bedenken, weil sie im Ergebnis ein Unterwerfungsverfahren ohne das Erfordernis einer positiven Zustimmung des Beschuldigten etabliert.[103] 64

Angesichts bestehender Bedenken ist hervorzuheben, dass dem Antrag auf Erlass des Strafbefehls bereits ein vorheriges Angebot rechtlichen Gehörs durch die Polizei oder die Staatsanwaltschaft vorauszugehen hat: Der Beschuldigte muss spätestens vor dem – für die Entscheidung über den Strafbefehl notwendigen – Abschluss der Ermittlungen durch die **Polizei** oder die **Staatsanwaltschaft vernommen** oder in einfachen Sachen gehört worden sein. Dies folgt bereits aus § 163a Abs. 1, für den § 407 Abs. 3 keine Ausnahmevorschrift enthält.[104] Allerdings soll eine unterlassene Vernehmung/ein unterlassenes Angebot zur Stellungnahme kein Verfahrenshindernis begründen. Sie wird überdies geheilt, wenn der Beschuldigte gegen den Strafbefehl Einspruch einlegt, da er jetzt umfassendes richterliches Gehör[105] erlangt. Der Strafrichter darf aber, wenn er den Ver- 65

---

98 OLG Koblenz MDR **1996** 1171, 1172; LG Stuttgart wistra **1994** 40; KMR/*Metzger* § 408, 5; AK/*Loos* § 408, 2; *Rieß* NStZ **1995** 376; zur Bedeutung der Neufassung der §§ 24, 25 GVG vgl. auch OLG Düsseldorf StV **1995** 238; OLG Hamm StV **1995** 182; OLG Oldenburg NStZ **1994** 449.

99 KK/*Maur* § 408, 7; Meyer-Goßner/*Schmitt* § 408, 5 f.; SK/*Weßlau* 1; HK/*Brauer* 6; AnwK-StPO/*Böttger* 3.

100 So aber *Fuhse* NStZ **1995** 165, 166; ähnlich auch *Hohendorf* NJW **1995** 1454, 1457 und wistra **1994** 294.

101 S. dazu aber § 408, 37 und § 408a, 4.

102 BVerfGE **3** 248, 253; **25** 158, 164 f. Massive Bedenken gegen diese Regelung erhebt bereits unter dem Aspekt des Art. 103 Abs. 1 GG *Kreutz* AnwBl **2002** 212, 213 ff.

103 Hierzu und zu den nötigen Schlüssen hieraus schon Vor § 407, 24 ff.

104 Allg. M., s. z.B. Meyer-Goßner/*Schmitt* 24 und AG Frankfurt (Oder), Beschl. v. 3.12.2019 – 412 Cs 166/19.

105 OLG Stuttgart MDR **1966** 257.

fahrensmangel bemerkt, den Strafbefehl nicht erlassen;[106] vielmehr muss er die **Akten der Staatsanwaltschaft zur Nachholung der Vernehmung (Anhörung) zurückgeben.**[107] Wird ein ohne Vernehmung erlassener Strafbefehl rechtskräftig, soll der Mangel nach Ansicht vieler durch den möglichen Einspruch geheilt sein.[108] Dies ist jedoch nur zustimmungsfähig, wenn der Fehler zugleich im Rahmen der Wiedereinsetzung ohne übermäßige Hürden zu einer Rechtskraftdurchbrechung beitragen kann.[109] Dass der Beschuldigte im Ermittlungsverfahren nach der aktuellen Ansicht des Gesetzgebers keinen Anspruch auf richterliches Gehör hat, schließt nicht aus, eine richterliche Vernehmung nach § 162 StPO herbeizuführen.[110] Die Absätze 2 bis 5 des § 163a finden ebenfalls Anwendung. § 407 Abs. 3 verdeutlicht lediglich, dass das Gericht nicht zu einer weiteren Anhörung *gezwungen* ist.

§ 408
Richterliche Entscheidung über einen Strafbefehlsantrag

(1) [1]Hält der Vorsitzende des Schöffengerichts die Zuständigkeit des Strafrichters für begründet, so gibt er die Sache durch Vermittlung der Staatsanwaltschaft an diesen ab; der Beschluß ist für den Strafrichter bindend, der Staatsanwaltschaft steht sofortige Beschwerde zu. [2]Hält der Strafrichter die Zuständigkeit des Schöffengerichts für begründet, so legt er die Akten durch Vermittlung der Staatsanwaltschaft dessen Vorsitzenden zur Entscheidung vor.

(2) [1]Erachtet der Richter den Angeschuldigten nicht für hinreichend verdächtig, so lehnt er den Erlaß eines Strafbefehls ab. [2]Die Entscheidung steht dem Beschluß gleich, durch den die Eröffnung des Hauptverfahrens abgelehnt worden ist (§§ 204, 210 Abs. 2, 211).

(3) [1]Der Richter hat dem Antrag der Staatsanwaltschaft zu entsprechen, wenn dem Erlaß des Strafbefehls keine Bedenken entgegenstehen. [2]Er beraumt Hauptverhandlung an, wenn er Bedenken hat, ohne eine solche zu entscheiden, oder wenn er von der rechtlichen Beurteilung im Strafbefehlsantrag abweichen oder eine andere als die beantragte Rechtsfolge festsetzen will und die Staatsanwaltschaft bei ihrem Antrag beharrt. [3]Mit der Ladung ist dem Angeklagten eine Abschrift des Strafbefehlsantrags ohne die beantragte Rechtsfolge mitzuteilen.

Schrifttum

Rau/Zschieschack Reaktionsmöglichkeiten der Staatsanwaltschaft auf „verfassungswidrige" Strafbefehle, JuS **2005** 802; *Vent* Zur Frage der Korrektur eines rechtswidrigen, aber rechtskräftigen Strafbefehls, JR **1980** 400; im Übrigen s. die Schrifttumsangaben zu § 407 und Vor § 407.

---

106 Für eine mögliche Ablehnung des Strafbefehls AG Kehl, Beschl. v. 23.8.2018 – 2 Cs 504 Js 5348/18; AG Frankfurt (Oder), Beschl. v. 3.12.**2019** – 412 Cs 166/19, allerdings ohne nähere Erörterung, warum der Mangel nicht durch den Richter selbst beseitigt wurde und weshalb die notwendige Überzeugung im konkreten Fall ausschied.

107 Vgl. § 408, 44.

108 Im Ergebnis ebenso KK/*Maur* 20; Meyer-Goßner/*Schmitt* 24; HK/*Brauer* 28; KMR/*Metzger* 40; *Oske* MDR **1968** 885; krit. SK/*Weßlau* 31.

109 S. schon Vor § 407, 33 ff.

110 *Eb. Schmidt* Nachtr. I 23; *Eser* JZ **1966** 661 (dort mit weitergehenden Vorschlägen); zum Wert der persönlichen Vernehmung eindringlich *Kreutz* AnwBl **2002** 212, 213 ff.

https://doi.org/10.1515/9783110765540-003

Entstehungsgeschichte

In der Neufassung durch das VereinhG enthielt § 408 Abs. 1 Satz 1 die nunmehr in § 407 Abs. 1 Satz 3 vorgeschriebene Regelung. Im Übrigen normierte die Vorschrift in unvollständiger Form die wichtigsten richterlichen Entscheidungsmöglichkeiten. Die nachfolgenden Änderungen durch das 3. StRÄndG, das EGStGB 1974 und das 1. StVRG[1] betrafen im Wesentlichen Anpassungen an das neue Rechtsfolgenrecht. Durch das StVÄG 1979 wurde u. a. der heutige Abs. 1 als Satz 3 und 4 in § 408 Abs. 1 und in Abs. 2 die jetzige Regelung des Abs. 3 Satz 3 in den damaligen Abs. 2[2] eingefügt. Seinen derzeitigen Wortlaut erhielt § 408 durch das StVÄG 1987. In § 408 Abs. 1 wurden die bisherigen Sätze 1 (nun § 407 Abs. 1 Satz 3) und 2 (nun § 408 Abs. 3 Satz 1) gestrichen und die Sätze 3 und 4 über die Regelung etwaiger Zuständigkeitsstreite innerhalb des Amtsgerichts zu den jetzigen Sätzen 1 und 2. Gleichzeitig wurde dem § 408 ein zweiter Absatz eingefügt, dessen Satz 1 den Richter bei fehlendem hinreichenden Tatverdacht zur Ablehnung des Strafbefehlsantrags verpflichtet und in dessen Satz 2 ausdrücklich der Ablehnungsbeschluss dem Nichteröffnungsbeschluss des § 204 gleichgestellt wird. Der frühere Absatz 2 wurde unter Änderungen zum jetzigen Absatz 3: Neben dem aus dem früheren Abs. 1 entnommenen jetzigen Satz 1 wurde in Satz 2 eine über den alten Abs. 2 Satz 1 hinausgehende Regelung über das Verfahren bei richterlichen Bedenken gegen den Erlass des beantragten Strafbefehls getroffen und der bisherige Satz 2 (des früheren Abs. 2) wurde zu Satz 3. Die gesetzliche Überschrift „Richterliche Entscheidung über einen Strafbefehlsantrag“ wurde mit Wirkung vom 25.7.2015 eingeführt durch Art. 1 Nr. 13 Gesetz zur Stärkung des Rechts des Angeklagten auf Vertretung in der Berufungsverhandlung und über die Anerkennung von Abwesenheitsentscheidungen in der Rechtshilfe vom 17.7.2015.[3] Bezeichnung bis 1924: § 448.

Übersicht

1 Näheres dazu LR/*Schäfer*[23] § 408, Entstehungsgeschichte.
2 Näheres dazu LR/*Schäfer*[23] ErgBd. § 408, Entstehungsgeschichte.
3 BGBl. 2015 I S. 1332, 1344.

I. Regelungsbereich

1 **1. Sachliche Zuständigkeit.** Abs. 1 regelt das Verfahren im Fall eines weitgehend obsoleten Streits (unten Rn. 10) über die **sachliche Zuständigkeit** zum Erlass des beantragten Strafbefehls. Hält der Vorsitzende des höherrangigen Schöffengerichts den Strafrichter für zuständig, so gibt er die Sache nach Satz 1 an diesen entsprechend der Regelung des § 209 Abs. 1 im Eröffnungsverfahren mit bindender Wirkung ab. Dagegen steht der Staatsanwaltschaft (vgl. § 210 Abs. 2) die sofortige Beschwerde zu. Im umgekehrten Fall bestimmt die Norm im Satz 2 des Absatzes in Anlehnung an § 209 Abs. 2, dass der Strafrichter die Akten dem Vorsitzenden des Schöffengerichts zur Entscheidung über die Staatsanwaltschaft vorlegen kann.

2 **2. Entscheidungsmöglichkeiten.** Die Abs. 2 und 3 regeln die **Entscheidungsmöglichkeiten** nach **bejahter Zuständigkeit**: die *Ablehnung des Strafbefehlsantrags* nebst Anfechtungsmöglichkeit (Abs. 2), den *Erlass* des Strafbefehls und die *Anberaumung* einer *Hauptverhandlung* (Abs. 3 Satz 1 und 2). Abs. 3 Satz 3 sichert zudem eine ausreichende Unterrichtung des Angeschuldigten über die gegen ihn erhobenen Vorwürfe für den Fall der Anberaumung einer Hauptverhandlung. Einstellungsmöglichkeiten und sonstige Entscheidungsmöglichkeiten z.B. bei Unzuständigkeit des Amtsgerichts sind in § 408 nicht geregelt.

II. Prüfung der Zuständigkeit zum Erlass des Strafbefehls

3 Das Gesetz regelt lediglich die Prüfung der **sachlichen Zuständigkeit,** lässt aber offen, mit welchen Konsequenzen die örtliche und die funktionelle Zuständigkeit zu prüfen sind.

4 **1. Funktionelle Zuständigkeit.** Diese Zuständigkeit ergibt sich aus dem **Geschäftsverteilungsplan** des angegangenen Amtsgerichts. Der hiernach unzuständige Strafrichter gibt die Sache durch Verfügung an den zuständigen Richter ab. Bei divergierenden Auffassungen entscheidet das geschäftsordnungsgebende Präsidium (LR/*Stuckenberg* § 209, 10; s. auch § 411, 14).

5 **2. Örtliche Zuständigkeit.** Hält sich das angegangene Gericht für örtlich unzuständig (§ 16), so wird sich dieser Konflikt in aller Regel durch eine Erörterung mit der Staats-

anwaltschaft, die **Rücknahme** des Strafbefehlsantrags und die erneute Stellung des Antrags beim örtlich zuständigen Amtsgericht lösen lassen: Eine Verweisung an das örtlich zuständige Gericht sieht das Gesetz nicht vor. Sie ist auch deshalb nicht[4] möglich, weil sonst in das Beschwerderecht der Staatsanwaltschaft (§ 210 Abs. 2) und das Recht auf die Auswahl eines von mehreren örtlich zuständigen Gerichten eingegriffen[5] werden würde. Erweist sich der Weg über die Antragsrücknahme nicht als gangbar, so sind mangels gesetzlicher Regelung folgende **Entscheidungen denkbar**: die *Ablehnung* des Strafbefehlsantrags, die *Feststellung* der eigenen örtlichen *Unzuständigkeit* durch Beschluss oder aber *Einstellung des Verfahrens* nach § 206a.

a) Obwohl auch die örtliche Zuständigkeit eine Prozessvoraussetzung[6] darstellt, 6
kann ihr Fehlen erst *nach Eröffnung des* Hauptverfahrens zur **Einstellung nach § 206a** führen. Dies gilt im Strafbefehlsverfahren vor dem Erlass des Strafbefehls schon deshalb, weil zu diesem Zeitpunkt ein der Eröffnung des Hauptverfahrens vergleichbares Stadium des Prozesses und damit ein möglicher Anwendungsbereich des § 206a noch gar nicht erreicht ist.[7] Im Übrigen ist im Fall der örtlichen Unzuständigkeit § 16 zu beachten.

Die für das normale Strafverfahren überwiegend für zutreffend erachtete Lösung 7
über den **beschlussmäßigen Ausspruch der örtlichen Unzuständigkeit** des angegangenen Gerichts befürwortet die h. L. auch für das Strafbefehlsverfahren.[8] Dies leidet aber darunter, dass das dafür vorgebrachte rechtspolitische Argument, so könne die sonst nach § 120 Abs. 1 Satz 2 zwingende Aufhebung eines etwa erlassenen Haftbefehls vermieden[9] werden, im Strafbefehlsverfahren schon deshalb wenig Gewicht hat, weil hier die Verhängung von Untersuchungshaft kaum eine Rolle spielt. Zudem umgeht die Unzuständigkeitserklärung die zwingende Rechtsfolge des § 120 Abs. 1 Satz 2 (LR/*Stuckenberg* § 204, 7). Das von *Rieß* vorgebrachte Argument, mit der Unzuständigkeitserklärung lehne der Richter nicht etwa den Antrag *auf* die Eröffnung des Hauptverfahrens ab, sondern nur die Entscheidung *über* den Antrag,[10] erscheint jedenfalls im Strafbefehlsverfahren deshalb nicht bedeutsam, weil die Ablehnung des Antrags *auf* Erlass eines Strafbefehls mit der Entscheidung *über* diesen Antrag zusammenfällt[11] und dem Richter nach § 408 Abs. 2 Satz 1 die Möglichkeit einer Ablehnung des Antrags durchaus offensteht. Die sich nun aufdrängende Frage, ob die fehlende gerichtliche (örtliche wie sachliche) Zuständigkeit den hinreichenden Tatverdacht entfallen lässt, erscheint im Strafbefehlsverfahren bedeutungslos: Selbst wenn diese Frage verneint[12] wird, ist damit keineswegs entschieden, dass die Möglichkeit zur Ablehnung des Strafbefehlsantrags entfällt. § 408 Abs. 2 stellt lediglich klar, dass der Antrag jedenfalls bei fehlendem hinreichenden Tatverdacht abgelehnt werden muss, trifft aber, anders als § 203, keine Entscheidung darüber, ob der Antrag nicht auch aus anderen Gründen abgelehnt werden kann.[13] Eine sol-

---

4 BGHSt **13** 186, 188; **16** 391, 392; KK/*Maur* 2; Meyer-Goßner/*Schmitt* 2; SK/*Weßlau* 2; AK/*Loos* 3; *Pfeiffer* 3; HK-GS/*Andrejtschitsch* 3.

5 Meyer-Goßner/*Schmitt* § 16, 5.

6 Siehe nur LR/*Stuckenberg* § 206a, 74.

7 Zur Berücksichtigung der örtlichen Unzuständigkeit nach Erlass des Strafbefehls s. § 408a, 28 und § 411, 14.

8 KK/*Maur* 2; Meyer-Goßner/*Schmitt* 2; KMR/*Metzger* 4; AK/*Loos* 3; HK/*Brauer* 2; HK-GS/*Andrejtschitsch* 3; *Gössel* GedS Hilde Kaufmann 977, 983.

9 So LR/*Rieß*[25] § 204, 7 und früher *Gössel* GA **1977** 282; **a.A.** und wie hier LR/*Stuckenberg* § 204, 7.

10 LR/*Rieß*[25] § 204, 7.

11 Vgl. dazu auch LR/*Stuckenberg* § 204, 7 Fn. 17.

12 So selbst vom Standpunkt eines umfassenden Begriffs – vgl. BTDrucks. **10** 1313 S. 35 – aus LR/*Rieß*[25] § 204, 4.

13 Vgl. dazu ohne Aussage BTDrucks. **10** 1313 S. 35.

che Möglichkeit aber ist in den Fällen zu bejahen, in denen das angegangene Gericht aus rechtlichen Gründen (z.B. wegen fehlender Zuständigkeit) daran gehindert ist, gegen den Angeschuldigten eine Rechtsfolge wegen einer schuldhaften Tat festzusetzen.[14]

8 **b)** Vorzugswürdig ist deshalb die Annahme, dass fehlende örtliche Zuständigkeit nur noch zur **Ablehnung** des Strafbefehlsantrags[15] führen kann. Eine Rechtskraftwirkung aus § 211 kommt ihr nicht zu, da hiermit – anders als bei der Ablehnung mangels hinreichenden Tatverdachts – nicht *in der Sache* entschieden wurde.[16] Die Staatsanwaltschaft kann den Ablehnungsbeschluss entweder mit der sofortigen Beschwerde nach § 210 Abs. 2 anfechten[17] oder einen neuen Strafbefehlsantrag bei dem für örtlich zuständig erachteten Gericht erheben. Soweit notwendig, ist das zuständige Gericht nach § 14 zu bestimmen.

9 **3. Sachliche Zuständigkeit.** Das Gesetz regelt in Abs. 1 lediglich einen (weithin obsoleten, s. unten Rn. 10) Zuständigkeitskonflikt **innerhalb des Amtsgerichts.** Wie bei sachlicher Zuständigkeit des Landgerichts oder des Oberlandesgerichts über den Strafbefehlsantrag zu entscheiden ist, legt der Absatz nicht fest.

10 **a) Zuständigkeitskonflikt innerhalb des Amtsgerichts.** Nach der Neufassung der §§ 24 und 25 GVG ist ein Zuständigkeitskonflikt zwischen dem Vorsitzenden des Schöffengerichts und dem Strafrichter im Wesentlichen nur noch im Fall des § 408a denkbar (§ 407, 62). § 408a Abs. 1 Satz 3 ordnet jedoch die Unanwendbarkeit des § 408 mit der Konsequenz an, dass **§ 408 Abs. 1 weitgehend gegenstandslos** geworden ist.[18] Denkbar bleibt aber, dass die Staatsanwaltschaft den **Strafbefehlsantrag** an den Vorsitzenden des Schöffengerichts richtet[19] und auf diesem Antrag beharrt sowie ferner, dass der Strafrichter trotz der erwähnten Neufassung der Vorschriften des GVG das Schöffengericht für zuständig hält: In diesen Fällen, die in der Praxis kaum vorkommen werden, behält § 408 Abs. 1 einen, allerdings erheblich eingeschränkten,[20] Anwendungsbereich.

11 Dies gilt gleichermaßen für das **weitere Verfahren** nach Einspruch oder nach Anberaumung einer Hauptverhandlung nach § 408 Abs. 3 Satz 2: § 408 Abs. 1 regelt das Verfahren der **Zuständigkeitsbestimmung innerhalb des Amtsgerichts abschließend.**

12 **b) Zuständigkeit eines dem Amtsgericht übergeordneten Gerichts. aa)** Hält der Strafrichter die sachliche Zuständigkeit des Landgerichts oder des Oberlandesgerichts für gegeben, so ist auch hier zunächst zu versuchen, eine **Rücknahme** des Antrags und eine Anklageerhebung beim zuständigen Landgericht oder Oberlandesgericht anzuregen.

---

14 S. unten Rn. 15 f.

15 Wie hier LR/*Schäfer*[23] § 408, 7 (LR/*Stuckenberg* § 204, 8 plädiert auch im Normalverfahren für Erlass eines Nichteröffnungsbeschlusses anstelle der von der h. M. befürworteten Unzuständigkeitserklärung). Dass mit der hier vertretenen Meinung die Gefahr der Verwechslung einer Ablehnungsentscheidung mit der Ablehnung mangels hinreichenden Tatverdachts begründet werde – so KMR/*Metzger* 4 – kann deshalb nicht überzeugen, weil dieses Argument dazu führt, jede Ablehnungsentscheidung für unzulässig zu halten, die nicht auf das Fehlen des hinreichenden Tatverdachts gestützt wird; angesichts der Notwendigkeit einer Begründung des Ablehnungsbeschlusses (unten Rn. 21) dürfte die Verwechslungsgefahr überdies gar nicht bestehen.

16 **A.A.** SK/*Weßlau* 2; wie hier zutr. LR/*Stuckenberg* § 211, 5.

17 **A.A.** sind folgerichtig diejenigen, die sich für einen Beschluss über die Unzuständigkeitserklärung aussprechen (Fn. 6), der nur mit einfacher Beschwerde für anfechtbar erachtet wird.

18 KK/*Maur* 1; Meyer-Goßner/*Schmitt* 6.

19 KMR/*Metzger* 5; AK/*Loos* 4; *Pfeiffer* 2.

20 KK/*Maur* 7; *Siegismund/Wickern* wistra **1993** 91.

bb) Führt dieser Weg nicht zu einer Lösung, so scheiden einige denkbare Alternativen von vornherein aus: Dies gilt zunächst für das Verfahren nach **§ 408 Abs. 3 Satz 2**, weil das Amtsgericht seine Zuständigkeit gerade verneint. Es gilt ebenso für die in der Literatur favorisierte **Unzuständigkeitserklärung** durch Beschluss.[21] Gegen diese sprechen die gleichen Gründe, die bereits in Rn. 7 zur örtlichen Unzuständigkeit dargelegt wurden. Ferner scheidet die denkbare Möglichkeit einer **Verfahrenseinstellung nach § 206a** wie schon bei der fehlenden örtlichen Zuständigkeit deshalb aus, weil ein dem Anwendungsbereich des § 206a zugehörendes Stadium des Prozesses noch nicht erreicht ist (siehe schon Rn. 6). 13

cc) Damit verbleiben als weitere Entscheidungsmöglichkeiten entweder das Verfahren nach § 209 Abs. 2 oder die Ablehnung des Strafbefehlsantrags. Nach der überwiegend vertretenen Meinung scheidet aber auch ein Verfahren gemäß **§ 209 Abs. 2** deshalb aus, weil die dort vorausgesetzte Anklageschrift nicht vorliegt, der beantragte Strafbefehl nur vom Amtsgericht erlassen werden und der diesbezügliche Antrag die Anklage vor einem höheren Gericht nicht ersetzen könne.[22] Diese Argumentation erscheint zwar im Hinblick auf die Natur des Strafbefehlsantrags als Klageerhebung[23] (§ 407 Abs. 1 Satz 4) und auf den weitgehend identischen Inhalt von Klageschrift und Strafbefehlsantrag jedenfalls nicht zwingend, wenngleich das wesentliche Ergebnis der Ermittlungen im Strafbefehlsantrag regelmäßig fehlt.[24] Im Ergebnis dürfte es aber überzeugen, die **Ablehnung** des Antrags als die sachgemäße und vorrangige Entscheidung[25] anzusehen, wenn sich im Strafbefehlsverfahren die Ungeeignetheit der Sache zur Behandlung in diesem Verfahren gemäß § 407 Abs. 1 Satz 1 herausstellt.[26] Zum einen legt die Formulierung des § 209 Abs. 2 die Übertragung auf das Strafbefehlsverfahren nicht nahe. Zum anderen gestattet die geregelte Ablehnung des Strafbefehlsantrags eine befriedigende Lösung. Auch in dem Fall, dass das angegangene Amtsgericht ein höherrangiges Gericht für sachlich zuständig hält, kann die Staatsanwaltschaft entweder versuchen, ihre Meinung auf dem Wege über die sofortige Beschwerde durchzusetzen, oder nach Rechtskraft des Ablehnungsbeschlusses eine Anklageschrift zum höherrangigen Gericht einreichen. Weil in der Sache nicht entschieden wurde, kommt dem Ablehnungsbeschluss keine die erneute Anklage hindernde beschränkte Rechtskraft aus § 211[27] zu. Nur die Ablehnung mangels hinreichenden Tatverdachts könnte eine solche Rechtskraft nach sich ziehen. 14

III. Die Ablehnung des Strafbefehlsantrags

1. Inhaltliche Voraussetzungen. Neben den bisher erwähnten Fällen örtlicher oder sachlicher Unzuständigkeit ist der Antrag in allen Fällen abzulehnen, in denen der **hinreichende Tatverdacht verneint** wird. Dies war schon früher anerkannt,[28] ist aber mit § 408 Abs. 2 Satz 1 ausdrücklich klargestellt worden. Diese Regelung wirft insoweit Prob- 15

---

21 Für die Unzuständigkeitserklärung aber KK/*Maur* 8; Meyer-Goßner/*Schmitt* 4; *Schlüchter* 788.4.
22 Vgl. z.B. KK/*Maur* 8; *Pfeiffer* § 2. Für die Anwendung des § 209 Abs. 2 früher aber auch noch KMR/*Metzger* 7.
23 § 407, 54 ff.
24 S. näher noch LR/*Gössel*[26] 14.
25 Zur Möglichkeit einer solchen Entscheidung s. unten Rn. 15.
26 Zust. etwa OLG Rostock NStZ-RR **2010** 382 f.; HK/*Brauer* § 408, 5.
27 **A.A.** KK/*Maur* 8.
28 Vgl. LR/*Schäfer*[23] 6.

leme auf, als allein der fehlende hinreichende Tatverdacht als Ablehnungsgrund genannt wird. Daraus ergibt sich die Frage, ob – neben den bereits erwähnten Zuständigkeitsmängeln – auch **sonstige** Gründe, die von einem eng verstandenen Begriff des hinreichenden Tatverdachts *nicht* erfasst werden, zur Ablehnung des Antrags auf Erlass eines Strafbefehls berechtigen können. Die allzu weitreichende Konsequenz eines völligen Ausschlusses solcher Gründe dürfte der Gesetzgeber, der lediglich klarstellen wollte, was ohnehin allgemein anerkannt war, nicht beabsichtigt[29] haben. Deshalb dürfte jeder Grund, der die **Verhängung einer Sanktion** gegen den Beschuldigten **ausschließt**, auch dann zur Ablehnung des Strafbefehlsantrags[30] berechtigen, wenn er den hinreichenden Tatverdacht unberührt lässt.

16 Dies gilt allerdings **nicht** für den Fall, dass der Richter zwar hinreichenden Tatverdacht und damit **Verurteilungswahrscheinlichkeit bejaht**, er aber zur Entscheidung die Hauptverhandlung für erforderlich hält. Nur wenn bereits deutlich wird, dass sich die Überzeugung auch auf Grund einer Hauptverhandlung nicht gewinnen lassen wird, fehlt es schon am hinreichenden Tatverdacht. In den übrigen Fällen liegen lediglich Bedenken oder Zweifel vor, die in einer Hauptverhandlung zu klären[31] sind.

17 **a) Straftaten als alleiniger Gegenstand des Strafbefehlsantrags.** Demgemäß ist der Erlass eines beantragten Strafbefehls abzulehnen, wenn es **nicht wahrscheinlich** ist, dass der Angeschuldigte das ihm vorgeworfene Verhalten begangen hat oder dass dieses Verhalten strafbar (auch bei Gesetzesänderung im Sinne des § 206b; s. unten Rn. 31) ist.[32] Gleiches gilt dann, wenn es an einer **Prozessvoraussetzung** (z.B. dem erforderlichen Antrag des Verletzten) fehlt, wenn die Strafklage verbraucht oder der Strafanspruch in anderer Weise weggefallen ist oder der Strafrichter örtlich oder sachlich nicht zuständig ist.[33] Hat der Strafrichter dagegen lediglich Bedenken gegen die rechtliche Bewertung der Tat durch die Staatsanwaltschaft und beharrt diese auf ihrer Auffassung, so kommt nicht Ablehnung des Antrags, sondern Anberaumung der Hauptverhandlung in Betracht.[34] Ferner kann die Prüfung der Beweisfrage zu einer Ablehnung des Antrags führen, aber nur, wenn die Unzulänglichkeit der angeführten Beweise klar zutage liegt und eine nach § 202 zulässige eigene Beweiserhebung[35] sowie eine Rückgabe der Sache an die Staatsanwaltschaft zur Ergänzung der Ermittlungen keine Änderung der Beweislage erwarten[36] lässt.

18 Bei der Prüfung der Verurteilungswahrscheinlichkeit kann der Richter über den **Antrag** der Staatsanwaltschaft hinsichtlich einer Tat grundsätzlich nur **einheitlich entscheiden**, ihm also nur insgesamt entsprechen oder nicht. Deshalb ist eine **teilweise Ablehnung** hinsichtlich *einzelner Teile* einer einheitlichen Tat i. S. des § 264 unzulässig. Umfasst der Strafbefehlsantrag dagegen verschiedene Taten i. S. des § 264,[37] lässt die herrschende Ansicht eine teilweise Ablehnung wegen *einzelner Taten im prozessualen Sinne* zu. Anderenfalls wäre der Richter – nimmt die StA im Klärungsverfahren den An-

---

29 Vgl. dazu BTDrucks. **10** 1313 S. 35.

30 Ebenso wohl auch KK/*Maur* 9; KMR/*Metzger* 14; HK/*Brauer* 6; *Pfeiffer* 4.

31 KK/*Maur* 9; HK-GS/*Andrejtschitsch* 4.

32 Zum zugrunde gelegten Verständnis des hinreichenden Tatverdachts *Gaede* ZStW **129** (2017) 911, 936 ff. m.w.N.

33 Oben Rn. 5 ff., 12 ff.

34 S. unten Rn. 47.

35 Meyer-Goßner/*Schmitt* 7; HK/*Brauer* 6; *Pfeiffer* 4; zum früheren Streitstand vgl. LR/*Schäfer*[23] 25.

36 AnwK-StPO/*Böttger* 5.

37 Zu dieser Möglichkeit s. § 407, 60.

trag nicht teilweise zurück oder stellt sie ihn neu – entweder zur einheitlichen Ablehnung des Antrags mit der Folge einer Rechtskraftwirkung auch hinsichtlich der Taten gezwungen, hinsichtlich derer er einen hinreichenden Tatverdacht bejaht, oder er müsste den Strafbefehl gesetzeswidrig erlassen, obschon er den hinreichenden Tatverdacht hinsichtlich einzelner Taten verneint. Auch § 408 Abs. 3 Satz 2 könnte dies nicht stets verhindern, weil die Voraussetzungen dieser Vorschrift nicht bei allen der mehreren Taten notwendig vorliegen müssen.[38] Verneint der Richter hinsichtlich einzelner vom Strafbefehlsantrag umfassten Taten den hinreichenden Tatverdacht, ist die **Rücknahme des Antrags mit anschließender neuer Antragstellung** die vorzugswürdige Lösung. Ist dieser Weg indessen nicht gangbar, bleibt nur die teilweise Ablehnung mit anschließender umfassender Entscheidung nach Rechtskraft der Ablehnungsentscheidung.[39] Sie ist als zulässig zu erachten, weil das Gebot zur völlig übereinstimmenden Würdigung durch beide Organe der Justiz für jede Tat aufrechterhalten ist. Eine Erstreckung auf alle Taten im prozessualen Sinne gebietet das Gesetz nicht hinreichend deutlich. Zu einem im Wesentlichen gleichen Ergebnis gelangt man über den Einsatz der allgemeinen Möglichkeiten zur Verfahrenstrennung.[40] Dieser Weg dürfte sich insbesondere bei einem Strafbefehlsantrag gegen mehrere Beschuldigte empfehlen, von denen der Richter nur einen für hinreichend tatverdächtig hält.

b) Ordnungswidrigkeiten

aa) Grundsatz. Lautet der Strafbefehlsantrag nur auf Straffestsetzung wegen einer Straftat, während das Gericht auf Grund seiner Prüfung nach § 82 OWiG[41] **nur eine Ordnungswidrigkeit als gegeben annimmt**, so muss es, wenn die Staatsanwaltschaft auf ihrem Antrag beharrt, Hauptverhandlung anberaumen unter Hinweis auf die Veränderung des rechtlichen Gesichtspunkts. Dies ist erforderlich zur Vermeidung einer Rechtskraftwirkung auch hinsichtlich der Ordnungswidrigkeit bei einer Ablehnungsentscheidung.[42] Kommt das Gericht in der Hauptverhandlung zu der Überzeugung, dass nur eine Ordnungswidrigkeit vorliegt oder die Tat wegen eines ihrer Aburteilung als Straftat entgegenstehenden Verfahrenshindernisses nur unter dem Gesichtspunkt einer Ordnungswidrigkeit geahndet werden kann, so verhängt es durch Urteil nur eine Geldbuße.[43] Ist nach Auffassung des Gerichts nur eine Ordnungswidrigkeit gegeben, deren Ahndung nicht geboten ist (vgl. § 47 Abs. 2 OWiG), so lehnt es die Anberaumung der Hauptverhandlung ab (§ 204). Es stellt zugleich das Verfahren ein, wenn die Staatsanwaltschaft insoweit zustimmt.[44] 19

bb) Andere Divergenzfälle. Wird Strafbefehlsantrag wegen **einer** Tat (i. S. des § 264) gestellt und kommt dabei **Tatmehrheit von Straftat und Ordnungswidrigkeit** 20

38 LG München II NStZ **1990** 452.
39 LG München II NStZ **1990** 452; KK/*Maur* 10; Meyer-Goßner/*Schmitt* 8; HK/*Brauer* 7; **a.A.** SK/*Weßlau* 11; KMR/*Metzger* 15: Grundsatz der völligen inhaltlichen Übereinstimmung von Gericht und Staatsanwaltschaft.
40 Dazu § 407, 60.
41 Vor § 407, 55.
42 So die überwiegend vertretene Auffassung; vgl. BGHSt **23** 342, 346 f.; AnwK-StPO/*Böttger* 6; Göhler/*Seitz/Bauer* § 82, 6.
43 BGHSt **23** 342, 346 f.; Göhler/*Seitz/Bauer* § 82, 11.
44 Göhler/*Seitz/Bauer* § 82, 6.

in Betracht, so kann wegen des Grundsatzes der verfahrenseinheitlichen Behandlung[45] der Antrag nur in vollem Umfang abgelehnt[46] oder die Sache nur in vollem Umfang zur Hauptverhandlung gebracht werden. Lautet dagegen der Antrag auf Festsetzung von Strafe für eine Straftat und auf Festsetzung von Geldbuße für eine selbständige Ordnungswidrigkeit wegen persönlichen Zusammenhangs (§ 42 Abs. 1 und 2 OWiG; vgl. Vor § 407, 56) und lehnt der Strafrichter den Antrag wegen nicht hinreichenden Verdachts der Straftat ab, so entfällt damit, wenn der Beschluss unangefochten bleibt, der Gesichtspunkt der einheitlichen Aburteilung von Straftat und Ordnungswidrigkeit. Den Strafbefehlsantrag wegen der verbleibenden Ordnungswidrigkeit nimmt die Staatsanwaltschaft zurück und gibt die Sache an die Verwaltungsbehörde ab. Entsprechendes gilt, wenn wegen sachlichen Zusammenhangs durch einheitlichen Strafbefehlsantrag gegen eine Person Festsetzung von Strafe wegen einer Straftat, gegen eine andere Person von Bußgeld wegen einer Ordnungswidrigkeit beantragt wird und das Gericht den Antrag hinsichtlich der Straftat mangels hinreichenden Tatverdachts oder wegen Eingreifens eines Verfahrenshindernisses ablehnt.[47]

2. Bedeutung und Wirkung des Ablehnungsbeschlusses

21 **a) Wesen, Begründung und Bekanntmachung.** Wie schon früher angenommen wurde,[48] ist durch die jetzige Fassung des § 408 Abs. 2 und die dortige Verweisung auf § 204 gesetzlich klargestellt, dass der Ablehnungsbeschluss einem **Nichteröffnungsbeschluss gleichsteht** und folglich wie ein solcher zu **begründen** ist: Nach § 204 Abs. 1 muss erkennbar sein, ob die Ablehnung auf tatsächlichen oder rechtlichen Gründen[49] beruht. Ist der Ablehnungsbeschluss ergangen, so darf der Richter den beantragten Strafbefehl nicht etwa auf Gegenvorstellung der Staatsanwaltschaft nachträglich erlassen: Der Ablehnungsbeschluss kann nur gemäß § 408 Abs. 2 Satz 2 i. V. m. § 210 Abs. 2 angefochten[50] werden, anderenfalls erwächst er in die nach § 211 beschränkte[51] Rechtskraft, soweit er eine Entscheidung in der Sache enthält. Fehlt es an der Zustellung des Ablehnungsbeschlusses, so ist das Verfahren selbst noch in der Revisionsinstanz an das Amtsgericht zur Nachholung der Zustellung zurückzugeben, so dass nun die Anfechtungsberechtigten (zu diesen sogleich Rn. 22) entscheiden können, ob sie den Beschluss anfechten oder rechtskräftig werden[52] lassen wollen. Dies gilt auch in der Berufungsinstanz.

22 **Bekanntzumachen** ist der Ablehnungsbeschluss grundsätzlich gemäß § 35. Für die **Staatsanwaltschaft** gilt § 41, hinsichtlich des **Angeschuldigten** ist nach § 204 Abs. 2 i. V. m. § 35 Abs. 2 Satz 2 eine formlose Mitteilung ausreichend, wobei ihm in entsprechender Anwendung des § 408 Abs. 3 Satz 3 eine Abschrift des Strafbefehlsantrags mit übersandt wird.[53] Der Beschluss ist auch dem **Nebenklageberechtigten** gemäß § 35 Abs. 2 Satz 1 zuzustellen, wenn er seinen Anschluss erklärt hat (§ 396 Abs. 1), damit die-

---

45 Vor § 407, 55.

46 Die beschränkte Rechtskraftwirkung nach § 211 steht auch einer Verfolgung nur wegen der Ordnungswidrigkeit entgegen, zutr. BayObLG NStZ **1983** 418.

47 Göhler/*Seitz*/*Bauer* § 82, 8.

48 Vgl. dazu LR/*Schäfer*[23] 27.

49 Meyer-Goßner/*Schmitt* 8; HK/*Brauer* 8; BTDrucks. **10** 1313 S. 35.

50 OLG Karlsruhe Justiz **1984** 190: Gegenvorstellung der StA keine Grundlage für Erlass des Strafbefehls.

51 KK/*Maur* 14; Meyer-Goßner/*Schmitt* 10.

52 OLG Karlsruhe Justiz **1984** 190.

53 KK/*Maur* 11 m.w.N.; **a.A.** ohne Begründung Meyer-Goßner/*Schmitt* 8: stets Zustellung.

ser von seinem Anfechtungsrecht (§§ 401 Abs. 1 Satz 1, 400 Abs. 2 Satz 2, 408 Abs. 2 Satz 2, 210 Abs. 2) Gebrauch machen kann. Dem **Verletzten**, der nicht Nebenkläger ist, ist der Ablehnungsbeschluss unter den Voraussetzungen des § 406d mitzuteilen (§ 35 Abs. 2 Satz 2).

b) Anfechtbarkeit. Der **Staatsanwaltschaft** steht das Rechtsmittel der **sofortigen Beschwerde** gegen den Ablehnungsbeschluss zu (§§ 408 Abs. 2 Satz 2, 210 Abs. 2);[54] ebenso dem **Nebenkläger** (Rn. 22). 23

aa) Entscheidung des Beschwerdegerichts bei begründeter Beschwerde. Problematisch ist, wie das Beschwerdegericht zu entscheiden hat, falls es die Beschwerde – nach vorheriger Anhörung des Beschuldigten (§ 308 Abs. 1)[55] – als begründet ansieht. Nach dem Wortlaut des Gesetzes hat es in diesem Fall „zugleich die in der Sache erforderliche Entscheidung" zu erlassen (**§ 309 Abs. 2**). Hier ergeben sich indessen **Schwierigkeiten**, die in der Besonderheit des Strafbefehlsverfahrens begründet sind. Hat z.B. der Strafrichter den Erlass eines Strafbefehls abgelehnt, weil das dem Beschuldigten zur Last gelegte Verhalten nicht einmal den objektiven Tatbestand einer Straftat verwirkliche oder ein Verfahrenshindernis entgegenstehe und hält das Beschwerdegericht diese Bedenken für unbegründet, so kann es jedenfalls nicht selbst einen Strafbefehl erlassen, denn dazu ist allein der Strafrichter zuständig (§ 407 Abs. 1 Satz 1; § 408 Abs. 1; Rn. 10).[56] Aber auch eine **Aufhebung** des angefochtenen Beschlusses, verbunden mit der **Anweisung** an den Strafrichter, den Strafbefehl nach Antrag zu erlassen,[57] scheidet aus: Damit würde das Beschwerdegericht in unzulässiger Weise in die Entschließungsfreiheit des Strafrichters eingreifen. Würde er in dem vorgenannten Beispielsfall angehalten, den objektiven Tatbestand als verwirklicht oder das Verfahrenshindernis als nicht durchgreifend anzusehen, so müsste er nun z.B. prüfen, ob der subjektive Tatbestand als gegeben anzusehen ist, ob ein unvermeidbarer Verbotsirrtum in Frage steht, ob die beantragte Strafe angemessen ist usw. – Fragen, mit denen sich das Beschwerdegericht nicht befassen konnte, weil insoweit eine beschwerdefähige Entscheidung des Strafrichters noch gar nicht vorlag. 24

Aber selbst, wenn man annehmen wollte, dass das Beschwerdegericht über diese bisher nicht geprüften Gesichtspunkte selbst entscheiden dürfe, so bleibt zu beachten, dass dem Strafrichter stets ein **Beurteilungsspielraum** verbleibt, in dessen Rahmen er Bedenken gegen den Erlass eines Strafbefehls bejahen oder verneinen kann. Diese Beurteilung ist einer Beschwerde entzogen und kann dem Strafrichter auch nicht genommen werden, indem das Beschwerdegericht ihn auf eine Beschwerde gegen die Zurückweisung des Strafbefehlsantrags hin anweist, einen Strafbefehl zu erlassen. Allenfalls könnte danach die Beschwerdeentscheidung dahin lauten, dass der **Strafrichter angewiesen wird, den Erlass eines Strafbefehls nicht aus den bisher von ihm geltend gemachten Gründen abzulehnen.** D. h. die Beschwerdeinstanz würde unter Aufhebung des angefochtenen Beschlusses die Sache zur weiteren Behandlung an den Strafrichter **zurückverweisen**, der nur in der Beurteilung des vom Beschwerdegericht entschiedenen Punktes an die Beschwerdeentscheidung gebunden wäre (s. dazu auch unten Rn. 26). Im Übrigen wäre er darin frei, den Erlass des Strafbefehls aus anderen Gründen abzuleh- 25

54 Zur früheren Rechtslage s. LR/*Schäfer*[23] 27.
55 Vgl. BVerfGE **9** 261.
56 H. M.; vgl. z.B. KK/*Maur* 13; Meyer-Goßner/*Schmitt* 9; **a.A.** Pick JR **1927** 246.
57 LG Aachen Beschl. v. 5.10.**2020** – 60 Qs 41/20; *Feisenberger* 1; SK/*Weßlau* 10; HK/*Brauer* 11; KMR/*Metzger* 18; *von Kries* 741; *Schlüchter* 788.5; *Dosenheimer* DRZ **1926** 238, **1927** 57; *von Valta* BayZ **10** 443.

nen, einen Strafbefehl zu erlassen oder Hauptverhandlung[58] anzuberaumen. Indessen ist auch eine derartige Behandlung mit dem Zweck des Strafbefehlsverfahrens unvereinbar, eine Sache beschleunigt und einfach zu erledigen. Deshalb soll nach verbreiteter Meinung das Beschwerdegericht, wenn es die Beschwerde für begründet hält, sich entweder mit der Aufhebung des Beschlusses begnügen und die weitere Behandlung dem Strafrichter überlassen oder diesen anweisen, Hauptverhandlung[59] anzuberaumen. Aber auch diese Auffassung gestattet dem Beschwerdegericht mit der Anweisung der Hauptverhandlung einen unzulässigen Eingriff in die Entscheidungsfreiheit des Strafrichters. Deshalb kann das Beschwerdegericht den Ablehnungsbeschluss nur **aufheben** und die Sache zur neuen Entscheidung an das Amtsgericht **zurückverweisen**;[60] gegen diesen Beschluss ist die weitere Beschwerde nicht statthaft (§ 310).

26 **bb) Entscheidungsmöglichkeiten des Strafrichters nach Aufhebung seiner Ablehnungsentscheidung.** Damit aber bleibt die entscheidende Frage unbeantwortet, welche Entscheidungsmöglichkeiten dem Strafrichter unter Berücksichtigung der Entscheidung des Beschwerdegerichts noch offenstehen. Dabei wird zunächst zu berücksichtigen sein, dass sich der Strafrichter nach Aufhebung des Ablehnungsbeschlusses und Zurückverweisung in der gleichen Lage befindet, in der er sich vor Erlass des Ablehnungsbeschlusses befand. Deshalb liegt es nahe, ihm auch die gleichen Entscheidungsmöglichkeiten einzuräumen. Unproblematisch dürfte dies hinsichtlich eines **Strafbefehlserlasses** (§ 408 Abs. 3 Satz 1) und hinsichtlich der **Anberaumung einer Hauptverhandlung**[61] (§ 408 Abs. 3 Satz 2) sein: Hat doch die Beschwerdeentscheidung inhaltlich allein zum Gegenstand, dass der Erlass des Strafbefehls mangels hinreichenden Tatverdachts zu Unrecht abgelehnt wurde. Ob der Strafrichter jedoch den Strafbefehlsantrag **erneut ablehnen** kann (§ 408 Abs. 2 Satz 1), hängt, weil das Beschwerdegericht entgegen § 309 Abs. 2 *in der Sache* nicht selbst entscheiden kann, von einer etwaigen **Bindungswirkung** der Beschwerdeentscheidung ab. Mit der Bejahung einer solchen Bindungswirkung wäre dem Strafrichter eine bestimmte Entscheidung in der Sache vorgegeben: Er müsste das Bestehen eines hinreichenden Tatverdachts bejahen. Damit aber würde ebenfalls in die dem Strafrichter vorbehaltene Entscheidungsfreiheit eingegriffen. Wie er schon nicht angewiesen werden kann, eine Hauptverhandlung anzuberaumen, so auch nicht dazu, hinreichenden Tatverdacht als Grundlage einer darauf beruhenden weiteren Entscheidung über den Erlass des beantragten Strafbefehls oder die Anberaumung einer Hauptverhandlung zu bejahen: Anderenfalls würde in den dem Strafrichter zugewiesenen *Beurteilungsspielraum* über die Wahrscheinlichkeit einer Verurteilung in öffentlicher Hauptverhandlung eingegriffen, der auch beim Erlass eines (Nicht-)Eröffnungsbeschlusses besteht.[62] Dieser ist ihm bei der Entscheidung über das Bestehen eines hinreichenden Tatverdachts ebenso zugewiesen wie bei derjenigen über das Bestehen von Bedenken gegen eine Sachentscheidung ohne Hauptverhandlung (oben Rn. 25). Aus diesem Grund ist eine Bindung des Strafrichters an die Beschwerdeentscheidung jedenfalls insoweit zu verneinen, als diese das Bestehen eines hinreichenden Tatverdachts in tatsächlicher Hinsicht zum Gegenstand

---

58 So die in Art. 70 Nr. 22 des Entw. EGStGB 1930 vorgeschlagene Fassung.

59 *Eb. Schmidt* Nachtr. I 25; *Dalcke* 2; *Binding* 216; *Schorn* Verfahren 49; *Fritsch* DStrZ **9** 234; *Jochheim* DRZ **1927** 387; *Körfer* DRZ **1926** 350; der Entw. 1939 schlug eine derartige Regelung in seinem § 393 Abs. 2 vor: „Ist diese (die Beschwerde der Staatsanwaltschaft) begründet, so bestimmt das Beschwerdegericht, daß der Amtsrichter die Hauptverhandlung anzuberaumen hat".

60 Entsprechend etwa Meyer-Goßner/*Schmitt* 9 und nun LG Aachen Beschl. v. 5.10.2020 – 60 Qs 41/20.

61 KK/*Maur* 13; Meyer-Goßner/*Schmitt* 9; HK/*Brauer* 11; *Schlüchter* 788.5.

62 LR/*Stuckenberg* § 203, 8 ff.

hat.[63] Nur so können die über dessen Vorliegen entscheidenden Tatsachen *umfassend* berücksichtigt werden, was dem Beschwerdegericht wegen seiner auf den Beschwerdegegenstand beschränkten Entscheidung nicht möglich[64] ist. Im Übrigen hat der Gesetzgeber die Fälle, in denen eine Entscheidung des Rechtsmittelgerichts bindende Wirkung für die Vorinstanz äußern soll, ausdrücklich benannt, so im Fall des § 358 Abs. 1, was aber im Fall der sofortigen Beschwerde gegen eine Ablehnungsentscheidung (§§ 408 Abs. 2; 210 Abs. 2) gerade nicht geschehen ist und folglich auch eine Bindungswirkung in **analoger** Anwendung des § 358 Abs. 1 ausschließt.[65] Damit stehen dem Strafrichter nach der Aufhebung seines Ablehnungsbeschlusses und der Zurückverweisung nunmehr wieder die **gleichen Entscheidungsmöglichkeiten** offen wie bei der erstmaligen Entscheidung über den Strafbefehlsantrag.

Dies führt allerdings zu der misslichen Möglichkeit eines **regressus ad infinitum**, 27
den die Staatsanwaltschaft jedoch verhindern kann, indem sie nach der Ablehnungsentscheidung eine Anklageschrift einreicht und bei einem Nichteröffnungsbeschluss über § 210 Abs. 2, 3 die Eröffnung des Verfahrens und damit die Durchführung einer Hauptverhandlung erreichen kann. Der Strafrichter kann dies wiederum vorhersehen und deshalb gleich nach § 408 Abs. 3 Satz 2 mit der Anberaumung einer Hauptverhandlung das tun, was der Staatsanwaltschaft ohnehin zu erzwingen möglich ist, wenn nicht deren sofortige Beschwerde gegen den etwaigen Nichteröffnungsbeschluss verworfen wird. Mag auch der Weg über eine schriftliche Anklage umständlich sein, so wird er doch nur in den seltenen Fällen beschritten werden müssen, in denen Strafrichter und Staatsanwaltschaft unversöhnlich auf ihren jeweiligen Auffassungen beharren. In diesen wenigen Fällen aber wird man den aufgezeigten Umweg schon mangels einer dem § 358 Abs. 1 entsprechenden Vorschrift für das Strafbefehlsverfahren beschreiten müssen. Dies gilt aber auch deshalb, um, insbesondere mit der Beschwerdeentscheidung, bisher unberücksichtigt gebliebene Umstände würdigen zu können, die für das Vorliegen eines hinreichenden Tatverdachts entscheidend sind.

cc) Unbegründete Beschwerde. Erweist sich die sofortige Beschwerde als unbe- 28
gründet, braucht der Angeschuldigte vor der Verwerfung des Rechtsmittels nicht gehört zu werden. Es ergibt sich keine Änderung zu dessen Nachteil, vgl. § 308 Abs. 1 Satz 1. Weil nach § 310 die weitere Beschwerde unstatthaft ist, wird der Verwerfungsbeschluss mit seinem Erlass im Sinne des § 211 beschränkt rechtskräftig (vgl. dazu auch o. Rn. 14). Gleiches gilt, wenn der Ablehnungsbeschluss unangefochten bleibt.

IV. Verfahrenseinstellung

Im Verfahren über den Antrag auf Erlass eines Strafbefehls kann das Verfahren 29
grundsätzlich auch aus den sonst im Normalverfahren üblichen Gründen eingestellt werden, jedoch nur **einheitlich** hinsichtlich des gesamten mit dem Strafbefehlsantrag anhängig gemachten Verfahrensgegenstandes, weil über den Strafbefehlsantrag nur ein-

63 S. i.E. vergleichbar Meyer-Goßner/*Schmitt* § 309, 10: Abweichung bei veränderter Sachlage muss berücksichtigungsfähig bleiben; **a.A.** wohl SK/*Frisch* § 309, 29 f.

64 *M.-K. Meyer* NStZ **1987** 27.

65 *Mohrbotter* ZStW **84** (1972) 612, 621. Der eine Bindungswirkung bejahende Beschluss des OLG Düsseldorf (NJW **2002** 2963, 2965) steht dem nur scheinbar entgegen: Diese Entscheidung bezieht sich auf die Aufhebung wegen eines in der Vorinstanz unterlaufenen Verfahrensfehlers, ohne indes deren Zuständigkeit zur Entscheidung in der Sache zu berühren.

heitlich entschieden werden kann (o. Rn. 18). Indessen scheidet eine Einstellung wegen Vorliegens von **Verfahrenshindernissen** deshalb aus, weil § 206a in diesem Verfahrensabschnitt nicht anwendbar und ein Ablehnungsbeschluss zu erlassen ist (o. Rn. 6). Bei **fehlender Zuständigkeit** ist nach der hier vertretenen Meinung ein Ablehnungsbeschluss zu erlassen (o. Rn. 6 ff., 13 f.), soweit nicht nach § 408 Abs. 1 zu verfahren ist. Damit verbleiben als Einstellungsmöglichkeiten vor Erlass des Strafbefehls:

30 **1. Einstellung nach § 205.** Die Vorschrift gilt zwar direkt nur für das Eröffnungsverfahren und wird auch in § 408 Abs. 2 Satz 2 nicht erwähnt. Sie ist jedoch nach allgemeiner Ansicht in den übrigen Verfahrensstadien analog anwendbar, damit grundsätzlich auch im Verfahren nach Stellung eines Strafbefehlsantrags. Weil das zur Einstellung führende Hindernis aber der Durchführung der Hauptverhandlung entgegenstehen muss, kommt die entsprechende Anwendung dieser Vorschrift im hier behandelten Verfahrensabschnitt nur in Betracht, wenn das persönliche Hindernis schon dem **Erlass** des Strafbefehls **entgegensteht**: Der mögliche Erlass des Strafbefehls ist gerade ein Mittel, die Einstellung des Verfahrens wegen eines der Durchführung der Hauptverhandlung entgegenstehenden Hindernisses zu vermeiden (vgl. LR/*Stuckenberg* § 205, 15 und 23). Deshalb kommt eine Einstellung nach § 205 nach Stellung des Strafbefehlsantrags in erster Linie in Betracht, wenn der Strafbefehl dem Angeschuldigten nicht zugestellt[66] werden kann.

31 **2. Einstellung nach § 206b.** Erweist sich das im Strafbefehlsantrag beschriebene Verhalten wegen einer nach der Tatbeendigung ergehenden **Gesetzesänderung** als nicht mehr strafbar, sieht § 206b im Eröffnungsverfahren die Einstellung des Verfahrens durch Beschluss vor. Eine entsprechende Anwendung im Strafbefehlsverfahren kommt im hier beschriebenen Verfahrensabschnitt, unabhängig von der nunmehr h. M., § 206b sei erst ab Rechtshängigkeit anwendbar,[67] deshalb nicht in Betracht, weil hier ein förmliches Eröffnungsstadium nicht vorgesehen ist. Für das in etwa vergleichbare Stadium der Entscheidung über den Erlass des Strafbefehls ist § 408 Abs. 2 insoweit als Sonderregel anzusehen mit der Folge, dass in diesen Fällen ein **Ablehnungsbeschluss** zu erlassen[68] ist.

3. Einstellung aus Opportunitätsgesichtspunkten

32 **a) §§ 153, 153a.** Durch die Einreichung des Strafbefehlsantrags wird gemäß § 407 Abs. 1 Satz 4 die öffentliche Klage erhoben. Von diesem Augenblick an kann die Staatsanwaltschaft das Verfahren nach §§ 153, 153a nur nach **Rücknahme** des Strafbefehlsantrags einstellen. Im Übrigen ist die Einstellungsbefugnis nach §§ 153 Abs. 2, 153a Abs. 2 auf das Gericht übergegangen, welches das Verfahren nur mit Zustimmung der Staatsanwaltschaft und grundsätzlich nur mit Zustimmung des Angeschuldigten einstellen darf, es sei denn, es liegt eine der in § 153 Abs. 2 Satz 2 ausdrücklich genannten Ausnahmen von diesem Zustimmungserfordernis vor. Auf die Zustimmung des Angeschuldigten (soweit gesetzlich notwendig) kann nicht verzichtet werden: Sobald die Anklage in irgendeiner Form erhoben ist, muss dem Angeschuldigten die Möglichkeit eingeräumt werden, sich von dem gegen ihn erhobenen Vorwurf durch ein freisprechendes Urteil „reini-

---

66 Meyer-Goßner/*Schmitt* 16; KMR/*Metzger* 22; SK/*Weßlau* 22; AnwK-StPO/*Böttger* 9; s. ferner RistBV Nr. 175 Abs. 2 Satz 2.

67 Vgl. z.B. LR/*Stuckenberg* § 206b, 6; Meyer-Goßner/*Schmitt* § 206b, 3.

68 Im Erg. ebenso KK/*Maur* 6; AnwK-StPO/*Böttger* 10.

gen“[69] zu lassen, und zwar unabhängig davon, dass ihm der Strafbefehlsantrag (anders als die Anklageschrift) nicht zugestellt[70] wird. Jedoch ist dem Angeschuldigten, erwägt der Richter die Einstellung nach §§ 153, 153a, mit der Anfrage hinsichtlich seiner Zustimmung zur Einstellung entsprechend § 408 Abs. 3 Satz 3 eine Abschrift des Strafbefehlsantrags ohne die beantragte Rechtsfolge mitzuteilen.

b) Sonstige Einstellungsvorschriften. Weitere Einstellungsmöglichkeiten durch das Gericht bestehen z.B. im Falle des **§ 153b Abs. 2** mit Zustimmung der Staatsanwaltschaft und des Angeschuldigten, nach **§ 154b Abs. 4** auf Antrag der Staatsanwaltschaft (Zustimmung des Angeklagten ist nicht erforderlich) und nach **§ 154e Abs. 2** zwar ohne Zustimmung, aber nach Anhörung von Staatsanwaltschaft und Angeschuldigtem. 33

Eine Einstellung nach **§ 154 Abs. 2** auf Antrag der Staatsanwaltschaft (Zustimmung des Angeschuldigten ist nicht erforderlich) ist lediglich in den Fällen möglich, in denen der gesamte mit dem Strafbefehlsantrag anhängig gemachte **Verfahrensgegenstand** als unwesentliche Nebenstraftat gegenüber einem anderweitigen Verfahren angesehen werden kann. 34

Eine Einstellung wegen **einzelner** vom Strafbefehl **mitumfasster** Taten ist nicht möglich (vgl. oben Rn. 18). Aus dem gleichen Grund scheidet auch eine Einstellung nach § 154a Abs. 2 wie auch die Ausscheidung der Einziehung (§ 421) und ähnlicher Rechtsfolgen (§ 439) nach § 421 Abs. 1 aus. Hält der Richter eine solche Beschränkung für angebracht und ist die Staatsanwaltschaft damit einverstanden (§§ 154a Abs. 2, 421 Abs. 1), so reicht sie zweckmäßig unter Rücknahme des weitergehenden Antrags einen neuen Strafbefehlsantrag ein. Vermag sie der Anregung nicht zuzustimmen, kann der Zweck einer Verfahrensvereinfachung nur noch dadurch erreicht werden, dass der Richter den Strafbefehl in der beantragten Form erlässt. Auch eine **Wiedereinbeziehung** im Ermittlungsverfahren ausgeschiedener Teile der Nebenfolgen ist nur mit Zustimmung der Staatsanwaltschaft möglich. Ist diese zur Zustimmung nicht bereit, so wird der Strafrichter, wenn er an seiner Auffassung festhält, die Sache zur Hauptverhandlung bringen, in der die Wiedereinbeziehung gemäß §§ 154a Abs. 3, 421 Abs. 2 ohne weiteres möglich[71] ist. 35

V. Erlass des Strafbefehls

1. Verfahren und Wesen. Nach Prüfung der Zuständigkeit und nach Ausschluss von Einstellungsentscheidungen hat der Richter zu prüfen, ob **hinreichender Tatverdacht** besteht und darüber hinaus, ob er unter Zugrundelegung des bisherigen Erkenntnisstandes die **Überzeugung von der Schuld** des Angeschuldigten und der Angemessenheit der beantragten Rechtsfolge gewinnen kann sowie ferner, ob er der rechtlichen Beurteilung im Strafbefehlsantrag zustimmen kann. Scheidet dabei eine Ablehnung des Strafbefehlsantrags aus, so muss er dem Antrag der Staatsanwaltschaft entsprechen, wenn er weder in tatsächlicher noch in rechtlicher Hinsicht Bedenken trägt (s. unten Rn. 44 ff.), den Strafbefehl zu erlassen (§ 408 Abs. 3 Satz 1). Nach § 35 Abs. 2 ist der erlassene Strafbefehl sodann durch Zustellung bekannt zu machen.[72] Zur Bedeutung einer fehlerhaften Zustellung s. § 412, 6 ff. 36

69 KK/*Maur* 3; Meyer-Goßner/*Schmitt* 16; KMR/*Metzger* 26; **a.A.** LR/*Schäfer*[23] 14.
70 Vgl. dazu LR/*Schäfer*[23] 4.
71 *Eb. Schmidt* Nachtr. I 12.
72 Dazu § 409, 41.

37 Nicht selten wird insoweit die Auffassung vertreten, der Strafbefehl trete an die Stelle des im Normalverfahren erlassenen **Eröffnungsbeschlusses** oder ihm komme eine solche Bedeutung zu.[73] Diese Auffassung erscheint jedoch *irreführend.* Der Eröffnungsbeschluss ist die den Abschluss des schriftlichen Zwischenverfahrens bildende richterliche Entscheidung. Mit ihr wird die Eröffnung des mittels Hauptverhandlung durchzuführenden Hauptverfahrens beschlossen. Weil aber das rein schriftlich geführte Strafbefehlsverfahren kein Zwischenverfahren kennt (LR/*Stuckenberg* Vor § 198, 9), gibt es in diesem Verfahren weder einen Eröffnungsbeschluss noch eine diesem gleichartige Entscheidung. Wie in § 410 Abs. 3 zum Ausdruck gelangt, steht der Strafbefehl in den Rechtsfolgen einem **Urteil** gleich: Die summarische Erledigung durch das Strafbefehlsverfahren besteht gerade darin, auf die Anklageerhebung im schriftlichen Wege sogleich eine die Anklage verbrauchende und zum Verfahrensabschluss geeignete Entscheidung zu erlassen. Nun sind aber auch im Strafbefehlsverfahren **Prozesshandlungen** statthaft, deren zulässige Vornahme davon abhängt, dass das Hauptverfahren bereits eröffnet ist, wie z.B. im Falle des § 206a.[74] In solchen Fällen ist es notwendig, im Strafbefehlsverfahren eine der **Eröffnung** des Hauptverfahrens in etwa **vergleichbare** Entscheidung und ein dem Zwischenverfahren vergleichbares Stadium zu bestimmen, um die Zulässigkeit der betreffenden Prozesshandlung beurteilen zu können. Da sich hier das schriftliche Verfahren bis zum Erlass des Strafbefehls zum Vergleich mit dem Zwischenverfahren anbietet, ist es verständlich, wenn in der erwähnten Weise davon gesprochen wird, der Strafbefehl vertrete den Eröffnungsbeschluss. Dies darf allerdings nur bedeuten, dass dem Erlass des Strafbefehls *in einzelnen Hinsichten* die prozessualen Wirkungen eines Eröffnungsbeschlusses zuzuordnen sind: Der urteilsgleiche Strafbefehl wird damit aber nicht selbst zu einem Eröffnungsbeschluss[75] oder auch nur zu dessen Surrogat. Das ist insbesondere im **Verfahren nach Einspruch oder nach Anberaumung** einer Hauptverhandlung auf den Strafbefehlsantrag von Bedeutung. Die richterliche Zustimmung dazu, dass die von der Staatsanwaltschaft angeklagten Taten in diesem Umfang Gegenstand einer Hauptverhandlung vor dem angegangenen Gericht sein sollen, die im Normalverfahren zum Inhalt des Eröffnungsbeschlusses gehört, ist im Verfahren nach Einspruch im Erlass des Strafbefehls zu erblicken.[76] Damit kommen dem erlassenen Strafbefehl insoweit die prozessualen Wirkungen zu, die im Normalverfahren der Eröffnungsbeschluss äußert – im Verfahren auf Anberaumung einer Hauptverhandlung kommen diese Wirkungen der Entscheidung über die Anberaumung zu (unten Rn. 43). Besondere Bedeutung gewinnt die hier vertretene Auffassung allerdings für das Verfahren nach § 408a: Wäre hier der Strafbefehl einem Eröffnungsbeschluss gleichzusetzen, wäre die in der Literatur geäußerte Befürchtung divergierender Eröffnungsbeschlüsse[77] in der Tat gegeben. Im Falle des § 408a besteht aber wegen des schon vorhandenen Eröffnungsbeschlusses nach der hier vertretenen

---

73 OLG Zweibrücken MDR **1987** 164; OLG Hamburg NStZ **1988** 522, 523; LR/*Stuckenberg* Vor § 198, 9; HK-GS/*Andrejtschitsch* 8.

74 S. auch § 407, 42 hinsichtlich der Rücknahme des Strafbefehlsantrags.

75 Für die „Wirkung" als Eröffnungsbeschluss aber etwa OLG Stuttgart NStZ **1998** 100, 101.

76 **A.A.** zu Unrecht BayObLG NJW **1961** 1782, welches die verfahrensbegrenzende Wirkung dem Strafbefehlsantrag allein zuweist, also *nur* eine Entscheidung der Staatsanwaltschaft für ausreichend hält, den Verfahrensgegenstand zu bestimmen; mit Recht ablehnend zu der Entscheidung des BayObLG auch *Maywald* NJW **1962** 549.

77 *Meyer-Goßner* NJW **1987** 1166; *Meurer* JuS **1987** 887; vgl. dazu auch *Rieß* JR **1988** 134 f.

Auffassung indes keine Notwendigkeit mehr, dem Eröffnungsbeschluss zukommende Wirkungen einer anderen späteren richterlichen Entscheidung zuzuordnen.[78]

2. Bindung des Richters. Unter den in Rn. 36 genannten Voraussetzungen muss der Richter den Strafbefehl so erlassen, wie ihn die Staatsanwaltschaft beantragt hat. § 408 Abs. 3 Satz 1 und 2 gewähren dem Richter keine Möglichkeit, in irgendeiner Richtung inhaltlich (die Formulierung steht ihm frei) von dem Antrag abzuweichen. Dies gilt von der Bestimmung der Strafe und der übrigen Rechtsfolgen wie auch von der Qualifizierung der Tat; der Strafrichter kann ein anderes als das in dem Antrag bezeichnete Strafgesetz nicht[79] anwenden. Die damit verlangte **vollständige Übereinstimmung** zwischen dem Antrag der Staatsanwaltschaft und der richterlichen Überzeugung bildet eine unverzichtbare Voraussetzung des Strafbefehlsverfahrens (dazu schon Vor § 407, 21 ff.).[80] Sie erklärt zugleich, weshalb der Staatsanwaltschaft gegen den Erlass des Strafbefehls kein Rechtsmittel[81] zusteht. Hat der Richter jedoch Bedenken, ohne eine Hauptverhandlung zu entscheiden, so hat er sich nach § 408 Abs. 3 Satz 2 vor Anberaumung einer Hauptverhandlung zu vergewissern, ob „die Staatsanwaltschaft bei ihrem Antrag beharrt". 38

3. Der antragswidrig erlassene Strafbefehl

a) Wirkungen. Weicht der Strafrichter beim Erlass des Strafbefehls, sei es zugunsten, sei es zuungunsten des Beschuldigten, von dem Antrag der Staatsanwaltschaft ab, so führt dies nicht zur „Unwirksamkeit" des Strafbefehls; er ist folglich auch bei Eintritt der formellen Rechtskraft infolge eines unterlassenen wirksamen Einspruchs nicht unbeachtlich.[82] Nach der heute ganz herrschenden Ansicht begründen nur allergröbste Verstöße gegen das materielle oder formelle Recht absolute **Nichtigkeit**; dies meint Verstöße, die es schlechthin unannehmbar machen, eine formell rechtskräftig gewordene Entscheidung hinzunehmen (vgl. LR/*Kühne* Einl. K 105 ff., 127). Von einem solchen Ausnahmetatbestand ist aber bei einem bloßen Abweichen des Strafbefehls vom Antrag an sich – ohne Rücksicht auf den konkreten Inhalt – noch nicht auszugehen. Ein solcher Verstoß wiegt nicht schwerer als in den Fällen, in denen beim Erlass eines Strafbefehls etwa das zulässige Höchstmaß der Geldstrafe (§ 40 Abs. 1, 2 StGB) oder das der Dauer des Fahrverbots (§ 44 StGB) überschritten wurde, ferner in den Fällen, in denen Verfahrenshindernisse übersehen wurden, ein Strafbefehl gegen einen Jugendlichen oder einen dem Jugendstrafrecht unterliegenden Heranwachsenden erlassen wurde,[83] die Strafe wegen eines Verbrechens festgesetzt oder bei der rechtlichen Würdigung mehr oder weniger grobe sachlich-rechtliche Verstöße begangen wurden. Soweit sie nicht durch eine Berichtigung **korrigierbar**[84] sind, müssen solche Mängel nach Eintritt der **Rechts-** 39

---

78 Näher dazu § 408a, 4.

79 **A.A.** *Schorn* Verfahren 52.

80 KK/*Maur* 15 f.; Meyer-Goßner/*Schmitt* 11; AK/*Loos* 21; SK/*Weßlau* 13; AnwK-StPO/*Böttger* 13; *Pfeiffer* 7.

81 KK/*Maur* 16.

82 KK/*Maur* 18. **Anders** die 19. Aufl. dieses Werkes Anm. 3 unter Berufung auf KG LZ **16** 395; dort wurde auch angenommen, dass bei Übergehen einer von der Staatsanwaltschaft beantragten Nebenfolge – Einziehung usw. – im Strafbefehl dessen Rechtswirksamkeit davon abhänge, ob die Anordnung der Nebenfolge einen wesentlichen Bestandteil des staatsanwaltschaftlichen Antrags bilde oder nicht.

83 Dazu Vor § 407, 51 f.

84 Vgl. beispielhaft dazu, aber weithin verneinend *Vent* JR **1980** 400, 402 ff.

kraft um der Rechtssicherheit willen immerhin grundsätzlich hingenommen[85] werden. Demgemäß bewirkt auch der nicht antragsgemäß erlassene Strafbefehl den Verbrauch der Strafklage.[86] Zu den Fällen, in denen von § 407 Abs. 2 nicht vorgesehene Rechtsfolgen (z.B. Freiheitsstrafe über ein Jahr) festgesetzt oder gar keine Rechtsfolgen verhängt werden, s. aber unten § 409, 17. Ferner wird man in – allerdings kaum praktisch erscheinenden – Fällen, in denen der Adressat des Strafbefehls nach Ablauf der Einspruchsfrist von einer belastenden Abweichung des Strafrichters vom konstitutiven Antrag der Staatsanwaltschaft erfährt, eine **Wiedereinsetzung** zulassen müssen: Indem der Strafrichter den Eindruck erweckt, es liege ein staatlicherseits allgemein geteiltes Strafbedürfnis vor, wirkt er auf die freie Entscheidung über die Sinnhaftigkeit eines Einspruchs ein. Da die Strafjustiz aber gehalten ist, sich irreführender Einwirkungen auf die Wahrnehmung der Rechte des Art. 6 EMRK zu enthalten,[87] muss dem durch den Strafbefehl Verurteilten eine rechtskraftdurchbrechende Wiedereinsetzung gestattet werden, wenn eine beeinflussende Wirkung des erweckten falschen Eindrucks auf das Prozessverhalten nicht im Einzelfall ausgeschlossen werden kann.

40 **b) Anfechtbarkeit.** Der **Staatsanwaltschaft** steht ein Rechtsmittel nur gegen den Ablehnungsbeschluss zu. Ist der Strafbefehl erlassen, so gewährt das Gesetz unabhängig von einer etwaigen Abweichung vom Antrag der Staatsanwaltschaft **keine**[88] **Anfechtungsmöglichkeit.** Mit Recht hat *Meyer-Goßner*[89] darauf hingewiesen, dass die praktische Bedeutung einer etwaigen Anfechtbarkeit eines antragswidrig erlassenen Strafbefehls durch die Staatsanwaltschaft äußerst gering wäre: Regelmäßig erhält sie von dem erlassenen Strafbefehl nur dann Kenntnis, wenn es durch Einspruch des Angeklagten zur Hauptverhandlung kommt, in der eine Bindung des Richters an die Anträge der Staatsanwaltschaft nicht mehr besteht. Soweit die Kenntnis aber im Einzelfall besteht, ist die Staatsanwaltschaft aber in Fällen, in denen sie nachträglich die Rechtswidrigkeit des Strafbefehls erkennt, weil etwa eine zugrundeliegende Strafnorm für nichtig erklärt wurde, zu einer Gegenvorstellung gehalten, um auf eine Aufhebung des Strafbefehls vor Eintritt der Rechtskraft hinzuwirken.[90] Zudem muss sie im Rahmen der Vollstreckung auf eine etwaige Nichtigkeit des Strafbefehls achten.

41 Legt der **Beschuldigte** gegen den (z.B. hinsichtlich der Strafe) abweichend vom Antrag der Staatsanwaltschaft erlassenen Strafbefehl Einspruch ein, so stellt die Abweichung auch nicht ein Verfahrenshindernis für die weitere Durchführung des Verfahrens dar, denn der Strafbefehl äußert insoweit die Wirkungen eines Eröffnungsbeschlusses (oben Rn. 37), und zwar unabhängig von der Abweichung vom Strafbefehlsantrag.[91]

---

85 *Eb. Schmidt* Nachtr. I, § 409, 8 (aber mit der Ausnahme der Festsetzung per se unzulässiger Strafen); *Vent* JR **1980** 400 ff.; *Rau/Zschieschack* JuS **2005** 802 wollen dies zu Unrecht selbst in den Fällen grundsätzlich annehmen, in denen die Strafbarkeit der im Strafbefehl beschriebenen Tat *vor* Erlass des Strafbefehls aufgehoben wurde.

86 Ebenso OLG Köln HRR **1932** Nr. 83, 217; KK/*Maur* 18; AK/*Loos* 22; *Schorn* Verfahren 54.

87 S. schon anhand von Rechtsmitteln MüKo/*Gaede* Art. 6 EMRK, 70 m.w.N., ferner 169. Klarstellend ist aber zu bemerken, dass in der Abweichung des Strafbefehls vom Recht nicht stets eine relevante Irreführung zu erblicken wäre; dies würde die auch nach Art. 6 EMRK zulässige Aufstellung Fristen für Rechtsmittel/die Einforderung der Hauptverhandlung ad absurdum führen.

88 KK/*Maur* 18; *Vent* JR **1980** 403; **a.A.** KG LZ **1923** 39; *Eb. Schmidt* 20; *Schorn* Verfahren 107: Beschwerderecht der Staatsanwaltschaft in entsprechender Anwendung der §§ 204, 210 Abs. 2.

89 KK/*Meyer-Goßner*[2] 19; ebenso KK/*Maur* 18.

90 *Rau/Zschieschack* JuS **2005** 802, 805, dort auch zu abweichenden Meinungen.

91 Vgl. BayObLGSt **1958** 130.

VI. Anberaumung einer Hauptverhandlung

1. Voraussetzungen und Anfechtbarkeit der Entscheidung. Die Anberaumung einer Hauptverhandlung kommt nach § 408 Abs. 3 Satz 2 in zwei Fällen in Betracht: Zum einen dann, wenn der Richter **Bedenken** trägt, **ohne Hauptverhandlung** zu entscheiden, zum anderen dann, wenn er dem Strafbefehlsantrag entweder im **Rechtsfolgen**ausspruch oder in der **rechtlichen Beurteilung** des gegen den Angeschuldigten erhobenen Vorwurfs nicht folgen will **und** die Staatsanwaltschaft „bei ihrem Antrag beharrt". Liegt eine dieser Voraussetzungen vor, so **muss** der Richter nach dem Wortlaut des § 408 Abs. 3 Satz 2 durch richterliche **Verfügung** eine nach §§ 213 ff. vorzubereitende[92] Hauptverhandlung anberaumen, ohne zugleich einen Ablehnungsbeschluss erlassen zu müssen.[93] Damit schließt das Gesetz zugleich stillschweigend (§ 304) die Beschwerde gegen die entsprechende Entschließung des Strafrichters aus. 42

Ein besonderer (förmlicher) **Eröffnungsbeschluss ist im Gesetz nicht vorgesehen.** Er ist demgemäß nicht nur entbehrlich,[94] sondern ausgeschlossen. Denn die der Eröffnung entsprechende Entscheidung liegt schon darin, dass der Strafrichter über die Anberaumung der Hauptverhandlung[95] entscheidet (oben Rn. 37). 43

2. Hauptverhandlung wegen richterlicher Bedenken. Dieser Fall liegt immer dann vor, wenn der Richter zwar hinreichenden Tatverdacht bejaht (andernfalls muss ein Ablehnungsbeschluss nach § 408 Abs. 2 ergehen), er aber auf Grund des bisherigen Verfahrensstandes und ggf. weiterer Ermittlungen, seien es solche der Staatsanwaltschaft oder eigene nach § 202, für den konkreten Einzelfall nicht die nötige Verdichtung dieses Verdachts bejahen kann.[96] 44

Demnach ist eine Hauptverhandlung regelmäßig z.B. anzuberaumen, wenn trotz hinreichenden Tatverdachts die **Überzeugungsbildung** in tatsächlicher Hinsicht erst auf Grund einer Beurteilung der **Glaubwürdigkeit** des Angeschuldigten oder der Zeugen möglich erscheint, wenn die schriftlichen Unterlagen zur rechtlichen Beurteilung und zur Strafzumessung nicht ausreichen oder wenn eine Hauptverhandlung zur vollständigen Aufklärung auch aller Nebenumstände oder aus anderen Gründen, z.B. wegen eines nachfolgenden Disziplinarverfahrens oder wegen des Aufsehens, das die Tat in der Öffentlichkeit erregt hat, geboten oder zweckmäßig ist. Ebenso können sich Bedenken gegen eine Entscheidung ohne Hauptverhandlung z.B. ergeben, wenn der Strafrichter über eine beantragte Verwarnung mit Strafvorbehalt nicht ohne einen **persönlichen Eindruck** von dem Beschuldigten entscheiden will (§ 407, 22). Hält der Richter dagegen die rechtliche Bewertung im Strafbefehl für unzutreffend oder eine andere als die beantragte Rechtsfolge für angemessen, so hat er bereits eine bestimmte Überzeugung gewonnen: Hier sollte er sich zunächst mit der Staatsanwaltschaft zu einigen versuchen, bevor er eine Hauptverhandlung anberaumt, sowie dies Nr. 178 Abs. 1 und 2 RiStBV vorsehen. Für die Notwendigkeit einer Hauptverhandlung kann es ferner sprechen, wenn konkrete, möglicherweise noch eintretende schwerere Folgen der Straftat die Bedeutung der 45

---

92 Meyer-Goßner/*Schmitt* 14.

93 Meyer-Goßner/*Schmitt* 12.

94 So auch frühere Entwürfe; vgl. § 424 Abs. 3 der Entw. 1908 und 1909, § 411 Abs. 3 des Entw. 1920; **a.A.** z.B. *Rosenfeld* § 105; *Michaelsen* DRiZ **1952** 153.

95 Vgl. OLG Bremen OLGSt § 408, 1.

96 Siehe schon Vor § 407, 25 f., siehe auch § 407, 65.

Sache vertiefen können.[97] Gem. Nr. 175 Abs. 3 RiStBV sollen ferner spezial- und generalpräventive Gründe die Durchführung einer Hauptverhandlung erforderlich machen können. Strafzwecke sind aber der Bestrafung vorzubehalten, während das Verfahren erst der Klärung ihrer Legitimität dient.[98]

46 Die **Wahrscheinlichkeit eines Einspruchs** gegen den Strafbefehl soll dagegen keine Bedenken begründen, ohne Hauptverhandlung zu entscheiden (siehe schon § 407, 50 f.).[99] Richtig ist daran aber nur, dass ein naheliegender Einspruch den Strafbefehl nicht stets ausschließen muss, zumal in ihm ein „attraktives Angebot" für den anfangs anders gestimmten Beschuldigten liegen kann. Die Erwartung einer Ablehnung muss jedoch durchaus eine Rolle spielen, weil ein opponierender Beschuldigter damit regelmäßig bereits das Interesse zu erkennen gibt, sein Menschenrecht auf eine mündliche Hauptverhandlung (Art. 6 Abs. 1 Satz 1 EMRK) wahrnehmen zu wollen. Hier sollte sich ein im Anschluss weiter entscheidender Richter eher davor hüten, einen Strafbefehl zu erlassen, der ihn schon vor der absehbaren Verhandlung zu einer weitgehenden Vorfestlegung zwingt. Dieser vorsichtige Umgang mit dem Strafbefehl ist auch deshalb anzuraten, weil ein stets eigenverantwortlicher, bewusster Umgang mit dem zugehenden staatlichen Akt nicht bei jedem Beschuldigten gesichert ist.[100]

47 **3. Hauptverhandlung wegen beabsichtigter Abweichungen vom Strafbefehlsantrag.** Die Hauptverhandlung hat der Richter ferner anzuberaumen, wenn er den Strafbefehl nicht in der notwendigen vollständigen **Übereinstimmung** (oben Rn. 38) mit dem Antrag des Staatsanwalts hinsichtlich der rechtlichen Beurteilung des verfahrensgegenständlichen Verhaltens oder hinsichtlich des Rechtsfolgenausspruchs erlassen will, hier aber erst, wenn er der Staatsanwaltschaft seine **Bedenken** gegen den Antrag bekanntgegeben hat, diese jedoch auf ihrem Antrag beharrt und der Strafrichter seine Bedenken nicht fallen lässt. Aber auch in diesem Fall ist der Strafrichter nicht verpflichtet, alsbald Hauptverhandlung anzuberaumen. Vielmehr kann er, wenn seine Bedenken dahin gehen, dass die bisherigen Ermittlungen ihm eine abschließende Beurteilung nicht gestatten, zunächst eine **weitere Aufklärung anregen** (Nr. 178 Abs. 1 RiStBV).

48 **4. Zuständiger Spruchkörper.** Die sachliche Zuständigkeit zur Durchführung der Hauptverhandlung bemisst sich nach **§§ 24 und 25 GVG** i. V. m. § 408 Abs. 1. Insoweit werden die obigen Darlegungen zu Rn. 10 in Bezug genommen. Weil die Zuständigkeitsregelungen nicht nur bis zum Erlass des Strafbefehls, sondern auch für die Durchführung der Hauptverhandlung gelten, ist ggf. erneut nach der Regelung des **§ 408 Abs. 1** zu verfahren, wenn erst in der Hauptverhandlung ein Dissens über die angebliche Zuständigkeit des Schöffengerichts erkannt wird (o. Rn. 10). Bei sachlicher Zuständigkeit eines höheren als des Amtsgerichts s. oben Rn. 12 ff.; zur **funktionellen** Zuständigkeit s. o. Rn. 4.

49 Bei **örtlicher Unzuständigkeit** gilt § 16. In entsprechender Anwendung des § 16 Satz 1 prüft das Gericht seine örtliche Zuständigkeit bis zum Erlass des Strafbefehls: Die-

---

97 Noch weiter in diese Richtung KK/*Maur* 19; *Schaal* GedS Meyer 427, 429 („in absehbarer Zeit") und – zur alten Rechtslage – OLG Saarbrücken JR **1969** 430 mit Anm. *Koffka*. Weithin **a.A.** LR/*Gössel*[26] 46; Meyer-Goßner/*Schmitt* 12.

98 S. abl. schon *Fezer* ZStW **106** (1994) 17; SK/*Weßlau* 17; HK-GS/*Andrejtschitsch* 7; SSW/*Momsen* 7; speziell gegen die Verfolgung von Strafzwecken durch die Hauptverhandlung *Gaede* ZStW **129** (2017) 911, 956 f.

99 Betont in diese Richtung vom Boden einer scheinbar legitimierenden voll belastbaren richterlichen Überzeugung LR/*Gössel*[26] 46. I.E. ebenso Meyer-Goßner/*Schmitt* 12.

100 Siehe auch Vor § 407, 32 f.

ser Zeitpunkt entspricht auch im Hinblick auf seine die Rechtshängigkeit begründende Wirkung[101] dem der Eröffnung des Verfahrens (oben Rn. 37). Danach kann es nur noch auf Einwand des Angeklagten durch Beschluss seine Unzuständigkeit nach § 16 Satz 2[102] aussprechen, jedoch nur bis zum Beginn der Vernehmung des Angeklagten zur Sache: Von diesem Zeitpunkt an wird die etwa fehlende örtliche Zuständigkeit unbeachtlich (§ 16 Satz 3).

5. Mitteilung des Strafbefehlsantrags. Wird gemäß § 408 Abs. 3 Satz 2 Hauptverhandlung anberaumt, so ergeht kein Eröffnungsbeschluss. Demgemäß ist § 215, wonach der Eröffnungsbeschluss dem Angeklagten spätestens mit der Ladung zum Termin zuzustellen ist, unanwendbar (o. Rn. 43). Da es aber rechtsstaatlich unvertretbar ist, den Beschuldigten zu einer Hauptverhandlung zu laden, ohne dass er Kenntnis von dem Inhalt der Beschuldigung erhält, entsprach es schon früher der herrschenden Meinung, dass dem Angeklagten spätestens mit der Ladung von der gegen ihn erhobenen Beschuldigung durch Bekanntgabe des Strafbefehlsantrags Kenntnis zu geben sei; zweifelhaft oder streitig war nur, ob der Antrag auch die beantragte Rechtsfolge enthalten dürfe oder müsse, und ob er zuzustellen oder nur mitzuteilen[103] sei. Abs. 3 Satz 3 legalisiert die früher herrschende Meinung, indem er ausdrücklich vorschreibt, dass dem Angeklagten mit der Ladung der Strafbefehlsantrag durch **Übersendung einer Abschrift** bekanntzugeben sei. Zugleich stellt er klar, dass die Abschrift – zur Vermeidung von Missverständnissen – die **beantragte Rechtsfolge nicht enthält** und dass sie nicht zuzustellen, sondern nur mitzuteilen ist. Zur Mitteilung kann eine durch Unkenntlichmachung des Rechtsfolgeantrags entsprechend hergerichtete Kopie verwendet werden, die nach Nr. 176 Abs. 2 RiStBV die Staatsanwaltschaft ihrem Entwurf des Strafbefehls beizufügen hat. Die Gründe, die den Richter zur Anberaumung der Hauptverhandlung veranlasst haben, werden nicht mitgeteilt. Die hiermit beschriebene Praxis muss als **wenig transparent** angesehen werden; während alle auf Seiten der Justiz Beteiligten die volle Verfahrensgeschichte und die vom Gericht bereits einmal befürwortete konkrete Beurteilung kennen, ist der Angeklagte auf die Wahrnehmung der Akteneinsicht und damit ggf. auf seinen Verteidiger angewiesen. 50

Wird der Beschuldigte entgegen § 408 Abs. 3 Satz 3 ohne gleichzeitige Übersendung einer Abschrift des Strafbefehlsantrags geladen, so soll dieser Mangel, wie im Falle der entgegen § 215 unterbliebenen Zustellung des Eröffnungsbeschlusses, durch Bekanntgabe des Strafbefehlsantrags in der Hauptverhandlung **geheilt** werden können. Der **Angeklagte** soll allenfalls, entsprechend dem Grundgedanken des § 265 Abs. 4, **beantragen** können, die **Hauptverhandlung** zur genügenden Vorbereitung seiner Verteidigung **auszusetzen.**[104] Dies erscheint aber ohne nähere Maßstäbe zur Anwendung des § 265 Abs. 4 problematisch, zumal die Mitteilung des Strafbefehlsantrags die Mitteilung der Anklageschrift (§ 201 Abs. 1) und die Zustellung des Eröffnungsbeschlusses ersetzt. Dem nun Angeklagten wird prinzipiell eine *ad hoc*-Verteidigung zugemutet. Lediglich eine großzügige Handhabung der Aussetzung oder nennenswerte Unterbrechungen dürften hier eine Verletzung des Art. 6 Abs. 3 lit. b EMRK verhindern. Wenn es versäumt wurde, bei der Mitteilung des Strafbefehlsantrags den die beantragten Rechtsfolgen betreffenden 51

101 S. Vor § 407, 36.

102 Entsprechend der h. M. zur Situation im Eröffnungsverfahren, vgl. LR/*Erb* § 16, 8; *Gössel* GedS H. Kaufmann 977, 983; ebenso Meyer-Goßner/*Schmitt* § 16, 4; **a.A.** KK/*Scheuten* § 16, 6 m.w.N.: Einstellung nach § 206a, oder, in der Hauptverhandlung, nach § 260 Abs. 3.

103 LR/*Schäfer*[23] 122; 23.

104 KK/*Maur* 23.

Teil wegzulassen (unkenntlich zu machen), ist dies grundsätzlich ohne rechtliche Bedeutung. Die Weglassung soll bei dem Angeklagten nur das Missverständnis vermeiden, es handele sich bereits um eine Vorwegnahme der Schlussanträge der Staatsanwaltschaft (§ 258).

52 **6. Wirkung.** Mit der Anberaumung der Hauptverhandlung wird das Strafbefehlsverfahren in das normale Strafverfahren überführt.[105] Damit sind die Regeln der Abs. 2-4 des § 411 unanwendbar, die sich nur auf die Durchführung der Hauptverhandlung nach Einspruch beziehen: Die **Vertretungsregelung** des § 411 Abs. 2 Satz 1 gilt daher ebenso wenig wie die vereinfachte Beweisaufnahme nach §§ 411 Abs. 2 Satz 2 i. V. m. § 420.[106] Auch die erweiterte **Rücknahmemöglichkeit** des § 411 Abs. 3 scheidet aus (zur Unanwendbarkeit des § 408a s. § 408a, 16).[107]

§ 408a
Strafbefehlsverfahren nach Eröffnung des Hauptverfahrens

(1) [1]Ist das Hauptverfahren bereits eröffnet, so kann im Verfahren vor dem Strafrichter und dem Schöffengericht die Staatsanwaltschaft einen Strafbefehlsantrag stellen, wenn die Voraussetzungen des § 407 Abs. 1 Satz 1 und 2 vorliegen und wenn der Durchführung einer Hauptverhandlung das Ausbleiben oder die Abwesenheit des Angeklagten oder ein anderer wichtiger Grund entgegensteht. [2]In der Hauptverhandlung kann der Staatsanwalt den Antrag mündlich stellen; der wesentliche Inhalt des Strafbefehlsantrages ist in das Sitzungsprotokoll aufzunehmen. [3]§ 407 Abs. 1 Satz 4, § 408 finden keine Anwendung.

(2) [1]Der Richter hat dem Antrag zu entsprechen, wenn die Voraussetzungen des § 408 Abs. 3 Satz 1 vorliegen. [2]Andernfalls lehnt er den Antrag durch unanfechtbaren Beschluß ab und setzt das Hauptverfahren fort.

Schrifttum

Deckers/Kuschnik Darf trotz Abwesenheit und Unkenntnis des Angeklagten nach § 408a StPO von der Hauptverhandlung in das Strafbefehlsverfahren gewechselt werden? StraFo **2008** 418; *Kirch* Das Strafbefehlsverfahren nach dem Strafverfahrensänderungsgesetz 1987, Diss. Köln 1987; *Martin* Freiheitsstrafen beim Ausbleiben des Angeklagten? GA **1995** 121; *Meurer* Der Strafbefehl, JuS **1987** 882; *Meyer* § 408a StPO – ein Flaschenöffner in der („Corona"-)Hauptverhandlungskrise, COVuR **2020** 750; *Meyer-Goßner* Das Strafverfahrensänderungsgesetz 1987, NJW **1987** 1161; *Rieß* Zweifelsfragen zum neuen Strafbefehlsverfahren, JR **1988** 133; *Schellenberg* Der Strafbefehl nach § 408a StPO in der Praxis, NStZ **1994** 370; *Zähres* Erlass eines Strafbefehls gem. § 408a StPO in der gem. § 408 III 2 StPO anberaumten Hauptverhandlung? NStZ **2002** 296; s. auch die Schrifttumsverzeichnisse zu § 407 und Vor § 407.

Entstehungsgeschichte

Die Vorschrift wurde durch Art. 1 Nr. 31 des StVÄG 1987 (BGBl. I S. 475) eingefügt. Art. 3 des 1. JuMoG fügte in Abs. 1 einen neuen Satz 2 ein, der die Möglichkeit eines mündlichen Antrags des Staatsanwalts auf Erlass eines Strafbefehls einführte. Der bishe-

105 S. aber gegen die Wirkung als Eröffnungsbeschluss AG Eggenfelden NStZ-RR **2009** 139, 140.
106 HK/*Brauer* 15; AnwK-StPO/*Böttger* 15.
107 KK/*Maur* 25.

https://doi.org/10.1515/9783110765540-004

rige Satz 2 wurde Satz 3. Die Vorschrift ist ohne Vorbild im bisherigen deutschen Recht. Die gesetzliche Überschrift „Strafbefehlsverfahren nach Eröffnung des Hauptverfahrens" wurde mit Wirkung vom 25.7.2015 eingeführt durch Art. 1 Nr. 13 Gesetz zur Stärkung des Rechts des Angeklagten auf Vertretung in der Berufungsverhandlung und über die Anerkennung von Abwesenheitsentscheidungen in der Rechtshilfe vom 17.7.2015.[1]

Übersicht

I. Bedeutung der Vorschrift

1. Gesetzgeberisches Ziel. Um dem Rückgang der verfahrensökonomischen Strafbefehlsverfahren[2] zu begegnen, will der Gesetzgeber dem **Strafbefehlsverfahren** mit § 408a einen **erweiterten Anwendungsbereich** sichern, indem er den nachträglichen Übergang eines vor dem Amtsgericht bereits eröffneten Hauptverfahrens in dieses Verfahren gestattet.[3] Darüber hinaus soll § 408a „in einigen Fällen dazu beitragen, steckengebliebene Verfahren abzuschließen".[4] Der Gesetzgeber geht davon aus, dass sich die bei Anklageerhebung fehlenden Voraussetzungen zur Anwendung des schriftlichen Strafbefehlsverfahrens noch nachträglich einstellen[5] können. Stellt sich dieser Fall nach Erlass des Eröffnungsbeschlusses ein, soll unter der zusätzlichen Voraussetzung eines der Durchführung der Hauptverhandlung entgegenstehenden wichtigen Grundes, wie z.B. dem Ausbleiben oder der Abwesenheit des Angeklagten, der Übergang ins Strafbefehlsverfahren noch nachträglich möglich sein. 1

1 BGBl. 2015 I S. 1332, 1344.
2 S. Vor § 407, 14 ff.
3 BTDrucks. **10** 1313 S. 13.
4 BTDrucks. **10** 1313 S. 35 und 13.
5 BTDrucks. **10** 1313 S. 36 („nunmehr").

2 In der amtl. Begründung ist – von den beiden Beispielen der Norm abgesehen – leider kaum davon die Rede, in welchen Fällen sich die **Voraussetzungen** des Strafbefehlsverfahrens noch **nachträglich** einstellen können sollen (zu dieser „Crux" s. unten Rn. 6 f.).[6] Der zusätzlich notwendige **„wichtige Grund"** für den Übergang vom Normalverfahren in das summarische Verfahren ist jedoch mittlerweile relativ ausführlich erörtert worden. Zu Recht wird darauf hingewiesen, dass die Möglichkeiten, das Normalverfahren gegen einen ausgebliebenen Angeklagten auf Grund der hier notwendigen Hauptverhandlung (sieht man von den Einstellungsmöglichkeiten ab) zum Abschluss zu bringen, durch §§ 232, 233 sehr begrenzt sind und dass gegen einen im Sinne des § 276 abwesenden Angeklagten ein derartiger Abschluss nach § 285 Abs. 1 Satz 1 gar nicht möglich ist. Ebenso wenig wie die Hauptverhandlung bei Nichterreichbarkeit eines menschlichen Beweisträgers (Zeuge oder Sachverständiger) abgeschlossen werden kann, kann vom Gebot der Unmittelbarkeit der Beweisaufnahme (s. § 250 Satz 2) nicht ausnahmsweise (z.B. durch § 251 Abs. 2) abgewichen werden. Erweist sich in solchen Fällen die Verhängung der in § 407 Abs. 2 genannten Sanktionen als angemessen, so bietet sich das Strafbefehlsverfahren als Ausweg an, wenn die Voraussetzungen des § 407 Abs. 1 Satz 1 und 2 vorliegen. Im Strafbefehlsverfahren sind die beispielhaft genannten gesetzlichen Vorgaben für die (Beweisaufnahme in der) Hauptverhandlung wegen der Schriftlichkeit des Verfahrens gegenstandslos.[7]

3 **2. Bedenken.** In der Literatur sind erhebliche Bedenken gegen den nachträglichen Übergang vom Normal- ins Strafbefehlsverfahren geltend gemacht worden. Sie beziehen sich auf die vorgeblich mögliche Divergenz zweier Eröffnungsbeschlüsse und die dadurch bedingten Komplikationen (u. Rn. 4), auf eine befürchtete praktische Bedeutungslosigkeit (u. Rn. 6) und vor allem auf die Gefahr, mit der Vorschrift eine übermäßige Zurücksetzung der staatlichen Rechtsdurchsetzung im Rahmen informeller Verständigungen („Deal") zu protegieren (u. Rn. 7):

4 **a) Divergierende Entscheidungen.** Die befürchtete[8] mögliche **Divergenz zweier Eröffnungsbeschlüsse** beruht darauf, dass der Strafbefehlsantrag den Gegenstand des Verfahrens und damit auch den Umfang der Rechtskraft abweichend vom Eröffnungsbeschluss bestimmen kann.[9] Die darauf gestützten Bedenken sind aber insoweit unberechtigt, als sie unzutreffend voraussetzen, dass dem Strafbefehl nach Einspruch die Funktion eines Eröffnungsbeschlusses zuerkannt[10] wird. Die den Verfahrensgegenstand bestimmende Wirkung kommt im Verfahren nach § 408a auch nach Einspruch gegen den erlassenen Strafbefehl allein dem Eröffnungsbeschluss[11] zu, nicht aber dem Strafbefehl selbst, weshalb die befürchtete Möglichkeit divergierender Eröffnungsbeschlüsse nicht besteht. Wie bereits oben (§ 408, 37) ausgeführt, ist zwischen dem Wesen des Strafbefehls und der Not-

---

6 Auch Nr. 175a RiStBV wiederholt weitgehend nur die in der Gesetzesbegründung gegebenen Beispiele.

7 Für die Anwendung in diesem Fall schon BTDrucks. **10** 1313 S. 36. Krit. OK-StPO/*Temming* Nr. 175a RiStBV Rn. 5.

8 *Meurer* JuS **1987** 887; *Meyer-Goßner* NJW **1987** 1166.

9 *Meurer* JuS **1987** 887; vgl. auch HK/*Brauer* 3. Dieser Einwand lässt sich nicht schon durch den Hinweis auf den dynamischen Charakter des Verfahrens – so aber *K. Müller* 305 – ausräumen.

10 So, ausdrücklich im Anschluss an LR/*Schäfer*[23] § 411, 5, *Meyer-Goßner* NJW **1987** 1167; s. auch *Meurer* JuS **1987** 887; ganz ähnlich hat auch BGHSt **23** 280, 281 in einem obiter dictum dem Strafbefehl nach Einspruch die Aufgabe zuerkannt, „den Gegenstand des gerichtlichen Verfahrens in persönlicher, sachlicher und rechtlicher Hinsicht" abzugrenzen. Wie hier aber KK/*Maur* 3.

11 **A.A.** *Rieß* JR **1988** 134 (ebenso SK/*Weßlau* 16), demzufolge der Eröffnungsbeschluss seine Bedeutung verliert.

wendigkeit zu unterscheiden, auch im Strafbefehlsverfahren einen Zeitpunkt festzusetzen, der dem des Erlasses eines Eröffnungsbeschlusses entspricht. Entscheidend ist, dass auch im Strafbefehlsverfahren der Verfahrensgegenstand – auch unter dem Aspekt der Rechtskraft – bestimmt werden muss. Da diese besondere Verfahrensart aber eines Eröffnungsbeschlusses ermangelt, muss eine andere richterliche Entscheidung gefunden werden. Die dem Eröffnungsbeschluss im Normalverfahren zukommende **Begrenzung des Verfahrensgegenstandes** kann insoweit nur dem Strafbefehl selbst zuerkannt werden: Im Erlass des Strafbefehls ist die richterliche Zustimmung dazu zu erblicken, dass die im Strafbefehlsantrag bezeichneten Taten in diesem Umfang zum Gegenstand des Strafverfahrens gemacht werden (dazu erneut schon § 408, 37). Der allgemeinen Annahme, der Strafbefehlsantrag sei ein Eröffnungsbeschluss,[12] stehe diesem gleich oder erfülle wenigstens uneingeschränkt alle diesem zukommenden Funktionen bedarf es aber nicht. Im Fall des § 408a liegt bereits ein Eröffnungsbeschluss vor, sodass keine Notwendigkeit besteht, dem nachträglich erlassenen Strafbefehl eine den Verfahrensgegenstand begrenzende Wirkung zuzuerkennen. Hier erschöpft sich das Wesen des Strafbefehls in seiner **urteilsgleichen Bedeutung**[13] (§ 408, 37; u. Rn. 38), die ihm auch sonst, im regelmäßigen Verfahren außerhalb des § 408a, zukommt. Das bedeutet, dass eine etwaige Divergenz zwischen dem nach § 408a erlassenen Strafbefehl und dem vorausgegangenen Eröffnungsbeschluss ebenso zu behandeln ist wie im Normalverfahren eine etwaige Divergenz zwischen Urteil und Eröffnungsbeschluss,[14] und im normalen Strafbefehlsverfahren eine solche zwischen Strafbefehlsantrag und dem daraufhin ergangenen Strafbefehl.[15] Die nach § 408 zusätzlich mögliche Divergenz zwischen dem Strafbefehlsantrag der Staatsanwaltschaft nach § 408a Abs. 1 Satz 1 und dem bereits ergangenen Eröffnungsbeschluss spielt im Übrigen *theoretisch* nur insoweit eine Rolle, als dieser Umstand zur Ablehnung des Antrags nach § 408a Abs. 2 Satz 2 führen kann. Er kann aber *praktisch* im Hinblick auf etwaige problematische Abreden bedeutsam werden (u. Rn. 7). Zur Wirkung des Ablehnungsbeschlusses und zur möglichen Rücknahme des Antrags s. u. Rn. 36, 39 und § 407, 42.

Allerdings bleibt damit im Verfahren nach § 408a darauf zu achten, dass der Strafbefehl sowohl den Eröffnungsbeschluss erschöpft als auch mit dem Strafbefehlsantrag genau übereinstimmen muss (u. Rn. 34).[16] 5

b) Praktische Bedeutung. Im Schrifttum wurde § 408a zum Teil eine verschwindend geringe Bedeutung vorausgesagt.[17] Weil die Staatsanwaltschaft zur Stellung eines angemessenen Strafbefehlsverfahrens verpflichtet ist,[18] dürfte es bei einer pflichtgemäßen Gesetzesanwendung nur selten vorkommen, dass sie die zunächst verneinte **Möglichkeit** einer **Entscheidung ohne Hauptverhandlung später doch bejaht.** Immerhin ist dies aber bei einer von der Staatsanwaltschaft nachträglich als *irrig* erkannten Beurteilung der Voraussetzungen des § 407 Abs. 1 Satz 2 im Zeitpunkt der Anklageerhebung 6

12 Dagegen zutr. OLG Stuttgart NStZ **1998** 100, 101.

13 KK/*Maur* 2.

14 Vgl. dazu auch *Rieß* JR **1988** 134 f.

15 s. dazu § 408, 39 ff.; u. Rn. 5.

16 Erschöpft der Strafbefehl den Eröffnungsbeschluss nicht, soll darin laut KMR/*Metzger* 21 eine konkludente Verfahrenstrennung zu erblicken sein. Dies ist allerdings zweifelhaft bzw. keine stets hilfreiche Lösung. Ein gerichtlicher und damit staatlicher Fehler kann jedenfalls nicht zur Vermeidung unliebsamer Folgen (Strafklageverbrauch) durch interpretatorische Kunstgriffe gleichsam „weginterpretiert" werden.

17 KK/*Meyer-Goßner*[2] 3, vgl. auch KK/*Maur* 3; AnwK-StPO/*Böttger* 3; *Meyer-Goßner* NJW **1987** 1167 und, diesem folgend, *Meurer* JuS **1987** 887; ferner *Berz* FS Blau 57.

18 Dazu § 407, 48.

denkbar, ferner im Fall einer *nachträglichen Änderung* der Sach- oder Rechtslage und schließlich bei *neuen Erkenntnissen* auf Grund nachträglicher Ermittlungen etwa auf richterliche Anordnung gemäß § 202 oder durch die Beweisaufnahme in einer wegen Aussetzung oder Unterbrechung nicht zu Ende geführten Hauptverhandlung.[19] Entsprechend hat sich auch die Befürchtung, § 408a werde praktisch bedeutungslos sein, nicht bestätigt. Im Gegenteil ist die Quote der Verfahren, die durch einen Antrag nach § 408a entschieden werden, nun nachhaltig auf über vier Prozent angestiegen.[20] Eine Bedeutungslosigkeit ist darin bei weitem nicht zu erkennen.[21] Trotz einer Vielzahl konkurrierender summarischer Erledigungsarten, zu denen auch die Einstellung nach § 153a[22] zählt, hat die Norm einen nennenswerten Platz in der Rechtspraxis eingenommen. Es stellt sich jedoch die Frage, ob dies im Rahmen der Voraussetzungen der Norm geschieht oder doch Ausdruck der sogleich zu behandelnden Sorgen vor informellen und auch in der Sache rechtswidrigen Deals ist.

7 **c) Rechtsstaatliche Vertretbarkeit – Verhältnis zur Verständigung.** Schon die Vorauflage hat indes auch die Frage aufgeworfen, ob § 408a rechtsstaatlich vertretbar erscheint. *Gössel* befürchtete, das Gebot zu einer möglichst zeit- und arbeitssparenden Erledigung könne so übergewichtig werden, dass im Fall des § 408a das vorrangige Ziel eines jeden Strafverfahrens aus dem Blick gerate, das Verfahren durch eine Rechtsfrieden schaffende und am Ziel der Gerechtigkeit orientierte Entscheidung zu beenden.[23] Dies hat Gewicht, zumal schon der Gesetzgeber in Situationen an die Anwendung der Norm zu denken scheint, in denen Verzögerungen des Verfahrens auftreten, die für sich genommen kaum als solche regelmäßig oder gar notwendig mit der nachträglichen Erfüllung der Voraussetzungen der §§ 407 f. einschließlich einer richterlichen Tatüberzeugung einhergehen.[24] Der Gesetzgeber wies darauf hin, dass – soll das Verfahren nach § 408a „Gewinn versprechen" – regelmäßig eine „Vorklärung mit dem Beschuldigten oder seinem Verteidiger zweckmäßig" sei, da der Einspruch die Effizienz in vielen Anwendungsfällen beeinträchtigen könne.[25] Die gerade in den letzten Jahren gestiegene Anwendungshäufigkeit stimmt in diesem Sinne nachdenklich. Gerade nach Einführung des – im Sinne des BVerfG präzisierten und bekräftigten – Rechts der Verständigung (insbesondere § 257c) wird man auf zweierlei achten müssen: *Erstens* darf die Vorschrift nicht so verstanden werden, dass der „wichtige Grund" die in der Regelung kumulativ genannten Voraussetzungen der § 407 Abs. 1 Satz 1 und 2 ersetzt. Es kann allein zulässig sein, die Erforderlichkeit der Hauptverhandlung (§ 407 Abs. 1 Satz 2) nochmals im Wis-

---

19 Vgl. dazu KK/*Maur* 5; *Meyer-Goßner* NJW **1987** 1166; s. auch *Meurer* JuS **1987** 886.

20 S. näher Vor § 407, 15 und 16.

21 S. insoweit auch SK/*Weßlau* 20 und schon *Martin* GA **1995** 122 f. Für den Ausbau im Zuge der SARS-CoV-2-Pandemie *Meyer* COVuR **2020** 750.

22 KK/*Maur* 3.

23 Siehe LR/*Gössel*[26] 6 f.; siehe ferner *Fezer* FS Baumann 397 m.w.N.: unakzeptable Grenzüberschreitung; *ders.* ZStW **106** (1994) 18 f.; *Martin* GA **1995** 123 f., 130 ff.; SK/*Weßlau* 3; verhalten krit. im Verhältnis zu § 257c KK/*Maur* 12; als Beispiel für eine allzu flexible Interpretation des wichtigen Grundes zur SARS-CoV-2-Pandemie *Meyer* COVuR **2020** 750, 754: „elastisch handhabbarer Handlungsspielraum". Eher unbesorgt AK/*Loos* 2; KMR/*Metzger* 4: Vermeidung einer Hauptverhandlung, nachdem die Wahrheitsfindung auf der Grundlage der Akten bereits stattgefunden habe und eine strafprozessuale Absprache vorangegangen sei (sic!); für eine Chance, Verfahren wieder „flottzumachen" Meyer-Goßner/*Schmitt* 1 (in Fällen, in denen nicht mit einem Einspruch zu rechnen ist); AnwK-StPO/*Böttger* 2.

24 Präzise schon SK/*Weßlau* 3 m.w.N. zu dieser Kritik.

25 BTDrucks. **10** 1313 S. 36; *Martin* GA **1995** 130.

sen um den wichtigen Grund zu prüfen.[26] Die in der Hauptverhandlung prinzipiell besser mögliche Aufklärung bleibt den eingetretenen Schwierigkeiten bei der Verhandlungsdurchführung gegenüberzustellen; sie muss ggf. wie bisher den Ausschlag für die gebotene Fortsetzung der Hauptverhandlung geben. *Zweitens* darf die Norm **keinen informellen Deals Raum geben**, die unter Abweichung von § 407 Abs. 1 Satz 1 und 2 gezielt die vom BVerfG gestärkten Anforderungen insbesondere des § 257c und damit zum Beispiel das Verbot der Absprache über den Schuldspruch unterlaufen.[27] Schon § 257c erklärt nirgends explizit, dass er bezüglich der Hauptverhandlung allein resultierende Urteile binden wolle. Zum Beispiel bleibt die Bekanntgabe einer Verständigung gem. § 257c Abs. 3 Satz 1 weiterhin geboten.[28] Im Lichte der verfassungsrechtlichen Bewertung des Rechts der Verständigung ist systematisch bedingt davon auszugehen, dass § 257c der Praxis nach wie vor Maßstäbe setzt.[29] Auch § 243 Abs. 4 ist zu beachten, *wenn* der vom Staatsanwalt gestellte Antrag auf einen Strafbefehl auf einer vorherigen Verständigung beruht.

II. Inhaltliche Voraussetzungen des nachträglichen Übergangs

Der Übergang des bereits eröffneten Hauptverfahrens in das Strafbefehlsverfahren kommt in Betracht, wenn die allgemeinen inhaltlichen **Voraussetzungen** des **§ 407 Abs. 1 Satz 1 und 2** vorliegen und kumulativ hierzu ein besonderer **Übergangsgrund** eintritt, der als „wichtiger Grund" der Durchführung der Hauptverhandlung entgegensteht (§ 408a Abs. 1 Satz 1). 8

1. Allgemeine inhaltliche Voraussetzungen des Strafbefehlsverfahrens. Der ausdrücklichen gesetzlichen Anordnung zufolge müssen die in **§ 407 Abs. 1 Satz 1 und 2** normierten Anwendungsvoraussetzungen des Strafbefehlsverfahrens auch für den nachträglichen Übergang[30] vorliegen. Insoweit ist auf die Ausführungen zu § 407 zu verweisen. 9

Immerhin regelmäßig wird eine positive Subsumtion der allgemeinen Voraussetzungen dabei insbesondere zur Entbehrlichkeit der Hauptverhandlung den Verweis auf **nachträglich aufgetretene Ereignisse oder Erkenntnisse** erforderlich machen, zumal die Staatsanwaltschaft sonst ihrer in § 407 Abs. 1 niedergelegten Pflicht zur Stellung eines Strafbefehlsantrages schon früher hätte nachkommen müssen.[31] Dies kann entsprechend den obigen Ausführungen (Rn. 6) angenommen werden, wenn sich die **Sach- und Rechtslage** nachträglich **geändert** hat: So kann sich z.B. die zunächst angenommene Schadenshöhe oder der Umfang der erlittenen Verletzungen als bedeutend geringer erweisen; etwa stellt sich ein im Eröffnungsbeschluss zunächst angenommenes Verbrechen nun als Vergehen dar[32] (dazu auch Rn. 15). Ebenso kann ein milderes Gesetz in 10

---

26 Weitgehend wie hier schon LR/*Gössel*[26] 7, allerdings mit einer Überbetonung der eigenmächtigen Abwesenheit des Angeklagten, siehe zum Verhältnis von Anwesenheitsrecht und Anwesenheitspflicht näher *Gaede* ZStW **129** (2017) 911, 951 ff.

27 S. ferner Vor § 407, 64.

28 S. auch KMR/*Metzger* Vor § 407, 31 und HK/*Brauer* § 407, 4.

29 S. erneut KMR/*Metzger* Vor § 407, 31; s. auch HK/*Brauer* § 407, 4; SSW/*Momsen* § 407, 5: dem Sinn nach anwendbar, § 408b, 6.

30 KK/*Maur* 8; *Berz* FS Blau 56 f.

31 OLG Hamburg NStZ **1988** 522; *Meyer-Goßner* NJW **1987** 1166.

32 *Rieß* JR **1988** 135; *Schellenberg* NStZ **1994** 371; *Meyer* COVuR **2020** 750, 751.

Kraft getreten und nach § 2 Abs. 3 StGB beachtlich sein. Ferner sind **Erkenntnisse auf Grund nachträglicher Ermittlungen** (§ 202) **oder der bereits durchgeführten Hauptverhandlung** zu nennen (etwa: die zunächst nicht erkannte erhebliche Mitschuld des Tatopfers führt nun zur Geld- statt Freiheitsstrafe; ein konkreter, zum möglichen Unrechts- und Schuldausmaß entlastend beitragender persönlicher Eindruck des Angeklagten; die Hauptverhandlung hat z.B. durch einen Sachverständigenbeweis Fragen bereits geklärt, derentwegen die Hauptverhandlung für unverzichtbar erachtet wurde, die drohenden Rechtsfolgen aber abgemildert etc.).

11 Gänzlich auszuschließen ist jedoch auch der Fall nicht, dass die Staatsanwaltschaft eine ursprünglich **irrige Beurteilung** des Falles nachträglich korrigieren muss. Obschon § 408a nicht dazu dienen kann, die Anforderungen der § 407 Abs. 1 Satz 1 und 2 im Angesicht einer schwierigen Hauptverhandlung schlicht zu schleifen (Rn. 7), muss der dem Recht gemäße Zugang zum nicht selten eingriffsschonenden Strafbefehlsverfahren eröffnet bleiben. Letztlich ist auch ein **Wechsel in der Bewertung** der Verfahrenstatsachen möglich,[33] solange die Neubewertung vertretbar bleibt. Im Übrigen wird stets ein Rekurs auf eine immerhin teilweise geänderte Bewertungsgrundlage möglich sein, weil die für den wichtigen Grund notwendigen Sachverhalte nun in die Bewertung einzustellen sind (siehe schon Rn. 7). Letztlich wird man der Staatsanwaltschaft angesichts der stets partiell veränderten Verfahrenslage einen eher breiten Beurteilungsspielraum für die Antragstellung zugestehen können,[34] bei dem aber die Orientierung an § 257c zu beachten bleibt (Rn. 7). Nach wie vor hat das Gericht die Wahrung des Beurteilungsspielraums bzw. der Voraussetzungen des § 407 Abs. 1 Satz 1 und 2 zu prüfen.

12 **2. Der besondere Übergangsgrund.** Ist das Hauptverfahren eröffnet, so soll es grundsätzlich auch durchgeführt und durch Urteil abgeschlossen werden. Allein die nachträgliche Feststellung der in § 407 Abs. 1 Satz 1 und 2 normierten Voraussetzungen des Strafbefehlsverfahrens kann demnach nicht zum nachträglichen Übergang ins Strafbefehlsverfahren berechtigen. Auch nach dem Willen des Gesetzgebers bedarf es zur Abweichung von der Regel der Durchführung der Hauptverhandlung eines **wichtigen Grundes**, der der **Durchführung der Hauptverhandlung entgegensteht**. Konkret ist hiermit die Beendigung der Hauptverhandlung durch eine hinreichend zeitnahe verfahrensabschließende Entscheidung gemeint.[35]

13 **a) Ausbleiben oder Abwesenheit des Angeklagten.** Das Gesetz nennt zunächst selbst zwei Beispiele für wichtige Gründe: einmal das **Ausbleiben** des Angeklagten und zudem seine **Abwesenheit.** In beiden Fällen ist die Durchführung einer Hauptverhandlung nach den Regeln der StPO[36] entweder gänzlich unzulässig (§ 285 bei Abwesenheit) oder nur unter einschränkenden Voraussetzungen möglich. Kann die Hauptverhandlung nicht durchgeführt werden, weil der Angeklagte ausbleibt (z.B. unter den im Übrigen vorliegenden Voraussetzungen des § 232 soll eine Geldstrafe über 180 Tagessätzen verhängt werden), stellt er z.B. keinen Befreiungsantrag nach § 233 oder liegen sonst die Voraussetzungen der §§ 232, 233 nicht vor, liegt nach der gesetzlichen Konzeption ein wichtiger Grund zum nachträglichen Übergang ins Strafbefehlsverfahren vor. Dies gilt z.B. auch im Fall eines unentschuldigten Fernbleibens, in dem ein Haftbefehl oder auch

---

33 KK/*Maur* 5; *Meyer-Goßner* NJW **1987** 1166; ebenso trotz der Kritik dann auch LR/*Gössel*[26] 11.

34 Noch weiter *Rieß* JR **1988** 135; eindämmend hingegen LR/*Gössel*[26] 11.

35 *Rieß* JR **1988** 135.

36 Siehe allerdings zur Kritik an der breiten Anwesenheitspflicht m.w.N. *Gaede* ZStW **129** (2017) 911, 951 ff.

nur die polizeiliche Vorführung unverhältnismäßig wäre.[37] Ein Anwendungsfall ist auch gegeben, wenn der Beschuldigte mit bekanntem Aufenthalt im Ausland wohnt und seine Einlieferung zur Durchführung der Hauptverhandlung faktisch nicht möglich oder unangemessen ist.[38] Gleiches gilt in den Fällen entschuldigten Ausbleibens z.B. wegen Krankheit, ohne dass die Verhandlungsfähigkeit beeinträchtigt ist.[39] Klar muss bei alledem bleiben, dass § 408a **keine Strafe gerade für das Ausbleiben/die Abwesenheit des Angeklagten** gestattet.

b) Andere wichtige Gründe. In Betracht kommen nach dem Gesetz auch weitere Gründe. Die bloße Eigenschaft eines beliebigen Umstandes, der Durchführung einer Hauptverhandlung faktisch entgegenzustehen, reicht als Übergangsgrund allerdings nicht aus. Dies gilt z.B. für die grundlose Nichtanberaumung (Aussetzung etc.) einer Hauptverhandlung und für den bloßen Wunsch, „die Sache nunmehr durch Strafbefehlsverfahren zu erledigen".[40] Damit allein lässt sich nicht begründen, dass eine verfahrensabschließende Entscheidung ausscheidet. Der Grund, welcher der Durchführung einer Hauptverhandlung entgegensteht, muss im Sinne des Rechts wichtig sein und damit von Rechts wegen ein solches Gewicht haben, dass eine **verfahrensabschließende Entscheidung** auf Grund einer Hauptverhandlung **nicht erreicht** werden kann. Ein sonstiger wichtiger Grund ist danach z.B. in der Nichterreichbarkeit eines wichtigen Zeugen oder eines sonstigen wichtigen Beweismittels zu erblicken, ohne dass es möglich ist, die jeweils zu beweisende Tatsache auf anderem Wege (etwa durch Verlesung nach § 251 Abs. 2) in das Verfahren einzuführen.[41] Die „Notwendigkeit kurzzeitiger Terminsverschiebung" dürfte hingegen keinen „wichtigen Grund"[42] ausmachen. Anders ist dies, wenn der voraussichtlich abschließende Hauptverhandlungstermin um mehrere Monate oder gar auf einen nicht absehbaren Zeitpunkt verschoben werden müsste. 14

III. Formelle Voraussetzungen des nachträglichen Übergangs

1. Überblick. Der nachträgliche Übergang ins Strafbefehlsverfahren ist erst nach **Erlass** des **Eröffnungsbeschlusses** und nur im (erstinstanzlichen) Verfahren vor dem 15

37 BTDrucks. **10** 1313 S. 36, gerade für den Fall, dass die 180 Tagessätze der §§ 232 und 233 nicht genügen.

38 BTDrucks. **10** 1313 S. 36; KK/*Maur* 9.

39 BTDrucks. **10** 1313 S. 36; zur möglichen Bedeutung in der SARS-CoV-2-Pandemie *Meyer* COVuR **2020** 750, 752 f.; krit. OK-StPO/*Temming* Nr. 175a RiStBV Rn. 4: Ziel der Erledigung des Verfahrens um jeden Preis. Die dagegen von *Deckers/Kuschnik* (StraFo **2008** 418 ff.) vorgebrachten Bedenken erscheinen zwar verständlich (s. schon Vor 407, 29 ff.), aber doch deshalb nicht durchschlagend, weil der Strafbefehl nicht öffentlich zugestellt werden darf (Vor § 407, 48; § 409, 42), der Angeklagte gegen den nach § 408a erlassenen Strafbefehl Einspruch einlegen kann (§ 410) und ggf. ein Wiedereinsetzungsantrag möglich ist, der besonderen Maßstäben unterliegen muss (s. Vor § 407, 33 ff.).

40 *Rieß* JR **1988** 135.

41 Jedoch erscheint in den Fällen, in denen die Verlesung des Protokolls einer früheren Zeugenvernehmung am fehlenden Einverständnis des Verteidigers scheitert (etwa § 251 Abs. 2 Nr. 3), der Übergang ins Strafbefehlsverfahren deshalb wenig sinnvoll, weil der Angeklagte den Strafbefehl kaum hinnehmen wird, ebenso KK/*Maur* 10. Durch übermäßige Rechtsfolgenvorteile darf ihm seine Zustimmung auch nicht „abgekauft" werden.

42 A.A. *Rieß* JR **1988** 135, bei vorliegenden sachlichen Gründen für die Verschiebung wie z.B. einer Terminkollision.

Amtsgericht auf ausdrücklichen **Antrag der Staatsanwaltschaft** zulässig. Dass eine Hauptverhandlung auch nur teilweise schon stattgefunden hat, verlangt das Gesetz hingegen nicht.[43] Ebenso wenig verlangt es, dass das Verfahren wegen eines Vergehens eröffnet worden sein muss; entscheidend ist, ob die Tat **im Strafbefehlsantrag** als **Vergehen** bewertet[44] wird. Hierin schlägt sich nieder, dass sich die Bewertung einer angeklagten Tat im Verlauf eines Verfahrens durchaus ändern kann,[45] so wie dies etwa auch in § 265 deutlich zum Ausdruck kommt.

16 **2. Eröffnungsbeschluss.** Solange das Hauptverfahren noch nicht eröffnet wurde, hat der Staatsanwalt die Möglichkeit, durch die **Rücknahme der öffentlichen Klage** und die anschließende Einreichung eines Strafbefehlsantrags das Strafbefehlsverfahren zu wählen; eine nachträgliche Übergangsmöglichkeit besteht deshalb nicht und ebenso wenig bedarf es einer solchen.[46] Dies gilt auch für das beschleunigte Verfahren, in dem ein Eröffnungsbeschluss nicht ergeht und die Staatsanwaltschaft ihren Antrag auf Durchführung des beschleunigten Verfahrens bis zur Urteilsverkündung zurücknehmen kann,[47] wodurch sie auch die Befugnis zu einem Strafbefehlsantrag zurückgewinnt. Nach einem Einspruch gegen einen erlassenen Strafbefehl scheidet der nachträgliche Übergang nach § 408a ebenfalls aus. Er ist hier aber auch entbehrlich, weil der durch den erneuten Strafbefehlserlass erstrebte Effekt entweder durch Einspruchsrücknahme (§ 411 Abs. 3 Satz 1) leichter erreicht wird oder aber, wofür der Einspruch ein Indiz ist, durch den erneut zu erwartenden Einspruch nicht zu erreichen wäre. In gleicher Weise ist der erneute nachträgliche Übergang in den Fällen unmöglich, in denen gegen einen nach § 408a erlassenen Strafbefehl Einspruch eingelegt[48] wurde. Hatte der Richter auf den Strafbefehlsantrag der Staatsanwaltschaft nach § 408 Abs. 3 Satz 2 die Hauptverhandlung anberaumt, so wäre zwar ein Übergang nach § 408a denkbar und ggf. sinnvoll, wenn z.B. der bereits durchgeführte Teil der Verhandlung die bisherigen richterlichen Bedenken aufklärt. Die Anwendung des § 408a ist jedoch auch in diesem Falle unmöglich, weil es an einem Eröffnungsbeschluss fehlt.[49]

17 **3. Amtsgerichtliches Verfahren.** Weil ein Strafbefehl nur vom Strafrichter oder vom Vorsitzenden des Schöffengerichts erlassen werden kann,[50] ist auch der nachträgliche Übergang ins Strafbefehlsverfahren nur im Verfahren vor dem Amtsgericht statthaft: Im Fall der **erstinstanzlichen Zuständigkeit des Landgerichts** oder des **Oberlandesgerichts** ist § 408a folglich ebenso wenig anwendbar wie im **Rechtsmittelverfahren.** Anderes sollte auch *de lege ferenda* im Hinblick auf die Legitimitätsgrenzen des Strafbefehlsverfahrens[51] nicht erwogen werden.

---

43 KK/*Maur* 6.

44 KK/*Maur* 6; HK/*Brauer* 7; SK/*Weßlau* 5; KMR/*Metzger* 11; AnwK-StPO/*Böttger* 6; *Rieß* JR **1988** 135; *Schellenberg* NStZ **1994** 371; **a.A.** Meyer-Goßner/*Schmitt* 3.

45 *Schellenberg* NStZ **1994** 371.

46 KK/*Maur* 7; Meyer-Goßner/*Schmitt* 3; de lege ferenda **a.A.** KMR/*Metzger* 6.

47 Dazu § 417, 21.

48 KK/*Maur* 7 und die amtl. Begründung BTDrucks. **10** 1313 S. 36.

49 BTDrucks. **10** 1313, S. 36: Eröffnungsbeschluss für § 408a erforderlich; Meyer-Goßner/*Schmitt* 3; KK/*Maur* 7; SK/*Weßlau* 4; HK-GS/*Andrejtschitsch* 4; s. auch AG Eggenfelden NStZ-RR **2009** 139, 140; **A.A.** AK/*Loos* 4, der den Übergang in analoger Anwendung des § 408a zulassen will; i.E. *Zähres* NStZ **2002** 297.

50 S. dazu § 407, 62.

51 S. Vor § 407, 29 ff.

4. Antrag der Staatsanwaltschaft

a) Voraussetzungen. Der in § 408a Abs. 1 Satz 1 zum nachträglichen Übergang verlangte Strafbefehlsantrag der Staatsanwaltschaft muss den Erfordernissen des § 407 entsprechen: Er muss also insbesondere grundsätzlich **schriftlich** gestellt werden. Nach dem durch das 1. JuMoG in § 408a Abs. 1 eingeführten Satz 2 kann er aber ebenso mündlich unter Aufnahme in das Sitzungsprotokoll gestellt[52] werden. Im Hinblick auf die zum Erlass des Strafbefehls notwendige vollständige Übereinstimmung zwischen Gericht und Staatsanwaltschaft[53] muss der Antrag den in § 409 Abs. 1 Nr. 1 bis 6 bezeichneten **Inhalt** haben („der wesentliche Inhalt des Strafbefehlsantrages ist in das Sitzungsprotokoll aufzunehmen"). Er braucht jedoch keinerlei Belehrung zu enthalten. Ein Antrag oder die Zustimmung des Angeklagten ist weder notwendig noch zulässig. Der Angeklagte oder sein Verteidiger wie auch das Gericht können die Stellung eines derartigen Antrags bei der Staatsanwaltschaft aber anregen.[54] 18

Der Antrag ist an den **mit der Sache befassten** amtsgerichtlichen Spruchkörper zu richten. Er kann sowohl **innerhalb** einer **Hauptverhandlung**, als auch **vor** oder **außerhalb** einer solchen (nach Aussetzung) gestellt werden. Hierbei untersagt das Gesetz Bezugnahmen auf die zugelassene Anklage nicht, auch nicht durch das Schriftformerfordernis. Dennoch sollte schon aus Gründen der Verfahrensökonomie das übliche Verfahren der Einreichung eines Strafbefehlsentwurfs auch hier in der Regel beibehalten, also der Antrag der Staatsanwaltschaft außerhalb der Hauptverhandlung gestellt werden, auch wenn dies innerhalb einer Hauptverhandlung sogar in mündlicher – zu protokollierender – Form (o. Rn. 18) möglich ist. Der Strafbefehl selbst ergeht außerhalb der Hauptverhandlung im schriftlichen Verfahren,[55] also ohne Mitwirkung der Schöffen.[56] In besonders gelagerten Hauptverhandlungen kann sich allerdings ein möglichst sofortiger Übergang ins Strafbefehlsverfahren als sinnvoll erweisen. Dies lässt sich z.B. erreichen, indem auf einen in der Hauptverhandlung schriftlich gestellten Strafbefehlsantrag die Hauptverhandlung mindestens unterbrochen wird, der Richter den Strafbefehl nun außerhalb der Hauptverhandlung erlässt und sogleich nach § 37; § 173 ZPO zustellt.[57] Daraufhin kann ein Einspruchsverzicht bei der Geschäftsstelle (zu Protokoll oder durch Übergabe eines entsprechenden Schreibens) erklärt werden. Einer Fortführung der unterbrochenen oder ausgesetzten Hauptverhandlung bedarf es dann nicht, weil das Verfahren außerhalb der Hauptverhandlung inzwischen beendet wurde. Scheidet ein sofortiger Einspruchsverzicht aus, sollte eine bloß unterbrochene Hauptverhandlung zur Verkündung eines Aussetzungsbeschlusses fortgeführt werden. 19

Weil die **Anklage bereits erhoben** und sogar zugelassen, also anhängig und auch rechtshängig ist, kann dem im Verfahren nach § 408a gestellten Strafbefehlsantrag nicht mehr die Wirkung der Erhebung der öffentlichen Klage zukommen. Die in § 408a Abs. 1 Satz 3 angeordnete Unanwendbarkeit des § 407 Abs. 1 Satz 4 stellt dies ausdrücklich klar. 20

---

52 Zu Recht weist *Neuhaus* (StV **2005** 47, 53) auf die geringe Bedeutung dieser Neuregelung hin: Wird es doch im Regelfall kaum einen Unterschied machen, „ob der Sitzungsvertreter den Antrag auf Erlass eines Strafbefehls kurz selbst schreibt oder zur Niederschrift diktiert".

53 Dazu § 407, 54 f.

54 KK/*Maur* 11; AnwK-StPO/*Böttger* 9.

55 OLG Oldenburg MDR **1990** 946 f.

56 AK/*Loos* 8; *Schellenberg* NStZ **1994** 374.

57 S. § 409, 41.

21 **b) Fehlerhaftigkeit des Antrags. Fehlt** es an einem **Antrag** der Staatsanwaltschaft, so liegt darin ein **Verfahrensverstoß** im Sinne des § 337 Abs. 2. Da allerdings gegen einen Strafbefehl die Revision nicht statthaft ist, kann dieser Verfahrensverstoß erst dann revisibel werden, wenn gegen das auf den Einspruch ergehende amtsgerichtliche Urteil Sprungrevision oder eine Revision gegen das Berufungsurteil eingelegt wird. Weil nun aber in beiden Fällen die mit der Revision angefochtenen Urteile auf Basis der durchgeführten Hauptverhandlung und auf Grund der Kognitionspflicht des jeweiligen Gerichts ergehen, deren Umfang durch die ursprüngliche Anklage und den daraufhin ergangenen Eröffnungsbeschluss bestimmt wird, können die angefochtenen Urteile nicht mehr auf dem im Verfahren nach § 408a fehlerhaft gestellten Strafbefehlsantrag und ebenso wenig auf dem daraufhin ergangenen Strafbefehl **beruhen.**[58]

22 Dem Antrag ist auch nicht die Bedeutung einer **Prozessvoraussetzung** beizumessen. Wie oben § 408, 37 näher dargelegt wurde, kann selbst der Strafbefehl nicht an die Stelle des Eröffnungsbeschlusses treten. Deshalb bestimmen auch im Fall des Übergangs in das Strafbefehlsverfahren Anklage und Eröffnungsbeschluss (o. Rn. 5) den Verfahrensgegenstand (s. dazu auch u. Rn. 23). Die Zulässigkeit des Verfahrens ist insofern unabhängig vom Antrag der Staatsanwaltschaft auf Erlass eines Strafbefehls zu bestimmen; ein fehlender Antrag der Staatsanwaltschaft kann daher nicht zur Einstellung[59] des Verfahrens führen.

IV. Das Verfahren

23 **1. Bedeutung des nachträglichen Strafbefehlsantrags und des daraufhin ergehenden Strafbefehls.** Stellt die Staatsanwaltschaft den in § 408a Abs. 1 Satz 1 bezeichneten Antrag, so gelten wegen des Übergangs in das Strafbefehlsverfahren grundsätzlich die dafür normierten allgemeinen Vorschriften, jedoch nur unter Berücksichtigung des bisher erreichten Verfahrensstandes. Das Verfahren ist bereits anhängig; der ergangene Eröffnungsbeschluss begründet nicht bloß die Rechtshängigkeit, sondern bestimmt überdies den Verfahrensgegenstand (Rn. 4 f.). Der nachträgliche Strafbefehlsantrag ändert daran nichts, was die Nichtanwendbarkeit des § 407 Abs. 1 Satz 4 infolge des § 408a Abs. 1 Satz 2 bestätigt. Er **versetzt** das **Verfahren** also **nicht** etwa – im Stile der Wiedereinsetzung – in das Stadium vor Erlass des Eröffnungsbeschlusses oder gar der Klageerhebung **zurück**. Kommt dem Strafbefehlsantrag so keine klagebegründende Funktion zu, kann ihm nur noch die Bedeutung zuerkannt werden, das bereits eröffnete Verfahren im Umfang des nach wie vor wirksamen Eröffnungsbeschlusses[60] von dem üblichen mündlichen Verfahren in einer Hauptverhandlung zum schriftlichen Verfahren zu überführen. Dies hat zur Folge, dass die Entscheidung über den Antrag ausschließlich **außerhalb der Hauptverhandlung** (s. aber o. Rn. 19) getroffen werden kann; einer vorherigen Anhörung des Angeklagten bedarf es nach herrschender Meinung in Orientierung an § 407 Abs. 3 nicht.[61] Der **Strafbefehl** selbst stellt die abschließende Entscheidung über den durch Anklage und Eröffnungsbeschluss bestimmten Verfahrensgegenstand dar und erschöpft sich in seiner urteilsgleichen Bedeutung.

---

58 *Rieß* JR **1989** 173.

59 OLG Stuttgart NStZ **1998** 100, 101.

60 Der Eröffnungsbeschluss verliert nicht etwa seine Wirkung; s. zu dieser von *Rieß* JR **1988** 134 vertretenen Auffassung oben Rn. 4 f.

61 Meyer-Goßner/*Schmitt* 5; entsprechend LR/*Gössel*[26] 23; i.E. **a.A.** *Deckers/Kuschnik* StraFo **2008** 420.

2. Richterliche Entscheidungsmöglichkeiten

a) Überblick. Werden Strafbefehlsantrag und Strafbefehl in dem soeben in Rn. 23 dargelegten Sinne verstanden, sind die richterlichen Entscheidungsmöglichkeiten gegenüber jenen im primären Strafbefehlsverfahren **beschränkt.** Dies findet seinen Ausdruck in der von § 408a Abs. 1 Satz 3 angeordneten Unanwendbarkeit des § 408. Die Entscheidung des Richters über den nachträglichen Erlass eines Strafbefehls betrifft damit primär den **Übergang** ins schriftliche Verfahren. Nur bei Erlass des beantragten Strafbefehls liegt zudem eine **urteilsgleiche** Entscheidung über den Verfahrensgegenstand vor. Grundsätzlich hat der Richter lediglich die Wahl, den beantragten Strafbefehl entweder zu **erlassen** oder aber den Antrag **abzulehnen**. Darüber hinaus kommt auch die **Einstellung des Verfahrens** nach allgemeinen Vorschriften in Betracht. 24

Wie im primären Strafbefehlsverfahren hat der Richter auch im Verfahren nach § 408a nach Bejahung der Zuständigkeit und nach Verneinung von Einstellungsmöglichkeiten zu prüfen, ob dem Erlass des Strafbefehls **Bedenken** entgegenstehen: Die in § 408 Abs. 3 Satz 2 vorgesehene Möglichkeit, die Hauptverhandlung anzuberaumen, wenn Bedenken gegen eine Entscheidung ohne Hauptverhandlung bestehen oder der Richter hinsichtlich der rechtlichen Beurteilung oder der beantragten Rechtsfolge anders als beantragt entscheiden will, führt hier indes nicht weiter. Die Hauptverhandlung ist im Regelverfahren ohnehin anzuberaumen oder eben dies ist bereits geschehen. § 408a Abs. 1 Satz 3 schließt den Rekurs auf § 408 überdies aus. Soweit eine möglicherweise zu überbrückende Divergenz in der Beurteilung der Rechts- und Sanktionsfragen vorliegt, ist es aber auch hier entsprechend dem unter § 408, 47 erwähnten Verfahren möglich und empfehlenswert,[62] die Chancen für einen veränderten Strafbefehlsantrag auszuloten. Dies sollte nicht nur zwischen Staatsanwaltschaft und Gericht, sondern, im Hinblick auf einen möglichen Einspruch, auch mit der Verteidigung abgestimmt werden (zu Grenzen s. aber Rn. 7). 25

b) Zuständigkeitsprüfung. In dem Verfahrensstadium, das im Fall des § 408a erreicht ist, muss die Zuständigkeitsfrage längst geprüft worden sein. Dennoch bleibt eine **mangelnde Zuständigkeit** des angegangenen Gerichts zum Erlass des nachträglich beantragten Strafbefehls durchaus denkbar; die Zuständigkeit gehört weiter zum Prüfprogramm des Gerichts. Die Regel des § 408 Abs. 1 ist hierbei wegen § 408a Abs. 1 Satz 3 unanwendbar. 26

aa) Bei **funktioneller Unzuständigkeit** ist die Abgabe an den zuständigen Richter zu verfügen, notfalls die Entscheidung des Präsidiums einzuholen.[63] 27

bb) Hinsichtlich der **örtlichen Zuständigkeit** gelten die Darlegungen zu § 408, 5 ff. ebenfalls entsprechend. Eine Klagerücknahme, verbunden mit einem neuen Strafbefehlsantrag beim örtlich zuständigen Gericht, ist jedoch wegen des bereits erlassenen Eröffnungsbeschlusses nicht mehr möglich. Der Eröffnungsbeschluss steht auch einer Prüfung der örtlichen Zuständigkeit von Amts wegen entgegen. Die mangelnde örtliche Zuständigkeit ist jedoch auf den Einwand des Angeklagten zu berücksichtigen, soweit mit dessen Vernehmung zur Sache in einer Hauptverhandlung noch nicht begonnen wurde (§ 16). Erweist sich der Einwand der örtlichen Unzuständigkeit als zutreffend, so ist auch hier das Verfahren nach § 206a einzustellen und wegen der bloß formellen Rechtskraftwirkung eine neue Anklage zum örtlich zuständigen Gericht zu erheben (bei Zuständigkeitsstreit gilt § 14). Dies kann ggf. durch einen Strafbefehlsantrag geschehen, 28

---

62 KK/*Maur* 12; Meyer-Goßner/*Schmitt* 5 und § 408, 13; *Meyer-Goßner* NJW **1987** 1166.
63 S. § 408, 4.

der dann zum primären Strafbefehlsverfahren unter Anwendung auch der §§ 407 und 408 führen würde. Die im primären Strafbefehlsverfahren vorgeschlagene Ablehnung des Strafbefehlsantrags[64] kommt im Verfahren nach § 408a deshalb nicht in Betracht, weil sich die Wirkung des Ablehnungsbeschlusses in der Ablehnung des schriftlichen Verfahrens erschöpft und zur bloßen Fortführung des normalen Verfahrens führt (u. Rn. 34), die Entscheidung über die Zuständigkeitsfrage aber nicht herbeiführt, sondern bloß in das (fortzuführende) Verfahren nach der Ablehnung des Strafbefehlsantrags verlegen würde. Ebenso wenig kommt der Ausspruch der örtlichen Unzuständigkeit im Beschlussweg in Betracht, der weitgehend einer Einstellung nach § 206a entspräche. Dies folgt zum einen aus der Anwendbarkeit des § 206a und zum anderen aus einem mangelnden rechtspolitischen Bedarf.[65]

29 **cc) Bei sachlicher Unzuständigkeit** kommt wegen des bereits erlassenen Eröffnungsbeschlusses eine **Rücknahme** der Anklage, verbunden mit einer neuen Anklage beim zuständigen Gericht, **nicht** mehr in Betracht.

30 Beruht die sachliche Unzuständigkeit auf der Zuständigkeit eines Gerichts **höherer Ordnung**, so ist zu unterscheiden, ob der Strafrichter das Schöffengericht für sachlich zuständig hält oder aber die erstinstanzliche Zuständigkeit einer **Strafkammer** oder des **Strafsenats** angenommen wird. In den letztgenannten Fällen ist das Strafbefehlsverfahren **unanwendbar** und folglich der Antrag nach § 408a Abs. 2 Satz 2 abzulehnen. Es ist dann im fortzusetzenden Normalverfahren nach §§ 225a oder 270 zu prozedieren. Ablehnungsbeschluss und Verweisungsentscheidung können in diesem Fall in einer Entscheidung miteinander verbunden werden. Hält der Strafrichter dagegen den Vorsitzenden des **Schöffengerichts** für sachlich zuständig,[66] ist mangels Anwendbarkeit des in § 408 Abs. 1 Satz 1 vorgesehenen Verfahrens (§ 408a Abs. 1 Satz 3) ebenfalls nach §§ 225a oder 270[67] zu verfahren. Ein beschlussmäßiger Ausspruch der Unzuständigkeit ist vom Gesetz in beiden Fällen nicht vorgesehen.[68] § 209 ist nach Erlass des Eröffnungsbeschlusses nicht mehr anwendbar.

31 Ein Gericht **niederer** sachlicher Zuständigkeit kann lediglich vom Schöffengericht für zuständig gehalten werden. Da § 408a Abs. 1 Satz 3 die Unanwendbarkeit des § 408 vorschreibt, ist dieser Zuständigkeitsmangel jedoch gemäß § 269 prinzipiell unbeachtlich.

32 **c) Verfahrenseinstellung.** Kann und soll das Verfahren eingestellt werden, so entfällt wie im primären Strafbefehlsverfahren die Möglichkeit, gegen den Angeklagten Rechtsfolgen auch nur durch Strafbefehl festzusetzen.[69] In diesen Fällen ist der **Antrag** auf Erlass eines Strafbefehls **abzulehnen** und das fortzuführende Verfahren einzustellen. Dies gilt nicht nur in den Fällen der §§ 205, 206b und 153 ff. (s. dazu § 408, 29 bis 35), sondern grundsätzlich auch bei Verfahrenshindernissen (zur Ausnahme bei der sachlichen Unzuständigkeit s. o. Rn. 29 bis 31). Im Gegensatz zum primären Strafbefehlsverfahren[70] ist dabei wegen des hier vorliegenden Eröffnungsbeschlusses § 206a anwendbar.

---

64 S.o. § 408, 7 f.

65 S. schon § 408, 6.

66 Zu diesem Fall s. § 408, 10.

67 Wird hier aber nach § 270 verfahren, was erst in der auf den Einspruch des Angeklagten durchgeführten Hauptverhandlung der Fall sein wird, wird die Möglichkeit einer Unwirksamkeit des Verweisungsbeschlusses wegen willkürlicher Verfahrensweise zu bedenken sein.

68 S. dazu § 408, 13.

69 S. dazu § 407, 47.

70 Vgl. § 408, 29.

V. Die Ablehnung des Strafbefehlsantrags

1. Inhaltliche Voraussetzungen. Grundsätzlich sind die inhaltlichen Voraussetzungen zur Ablehnung des nach § 408a Abs. 1 Satz 1 beantragten Strafbefehls die gleichen wie bei dem im primären Strafbefehlsverfahren beantragten. Insoweit wird hier die Ablehnung wegen **fehlenden hinreichenden Tatverdachts** (vgl. § 408 Abs. 2) in der Regel nicht in Betracht kommen, weil dieser schon beim Erlass des Eröffnungsbeschlusses geprüft und bejaht wurde. Von Fehlern abgesehen ist es aber möglich, dass sich das Vorliegen des hinreichenden Tatverdachts nachträglich anders darstellt. Die Verneinung des hinreichenden Tatverdachts berechtigt den Richter nach herrschender Ansicht zwar nicht zum Widerruf des Eröffnungsbeschlusses (zur Debatte siehe LR/*Stuckenberg* § 207, 39 ff., 45 ff.). Die Ablehnung eines beantragten Strafbefehls ist jedoch möglich[71] mit der Folge, dass im anschließend fortzuführenden Verfahren (§ 408a Abs. 2 Satz 2) entweder ein Freispruch ergeht oder bei Bestätigung der staatsanwaltschaftlichen Vorwürfe verurteilt werden kann. Gleiches gilt, wenn der Richter aus sonstigen Gründen den notwendig verdichteten hinreichenden Tatverdacht **nicht gewinnen** kann[72] oder die Voraussetzungen des nachträglichen Übergangs ins schriftliche Verfahren (o. Rn. 8 ff. und 15 ff.) nicht vorliegen. 33

Infolge der auch hier bestehenden **Bindung des Richters** aus § 408a Abs. 2 Satz 1[73] an den Strafbefehlsantrag[74] ist dieser Antrag ferner abzulehnen, wenn der Richter den Strafbefehl nur mit einem anderen als dem beantragten Inhalt erlassen, insbesondere eine andere Rechtsfolge festsetzen will oder das dem Angeklagten vorgeworfene Verhalten rechtlich anders beurteilt. Lassen sich bestehende Divergenzpunkte nicht ausräumen (Rn. 25), muss der Strafbefehlsantrag abgelehnt werden; das eröffnete Hauptverfahren ist fortzusetzen. Bei **Prozesshindernissen** oder fehlenden Prozessvoraussetzungen ist der Strafbefehlsantrag ebenfalls abzulehnen und das Verfahren anschließend (abgesehen von den Fällen fehlender Zuständigkeit, s. oben Rn. 26 bis 31) nach § 206a oder § 260 Abs. 3 einzustellen. 34

Wenngleich der Strafbefehlsantrag auf abtrennbare Teile beschränkt und im Übrigen z.B. nach §§ 153 ff. verfahren werden[75] kann, ist doch wegen der notwendigen vollständigen Übereinstimmung zwischen dem Strafbefehl und dem dazu führenden Antrag eine **teilweise Ablehnung** ebenso **unzulässig** wie im primären Strafbefehlsverfahren;[76] jedoch ist hier die Möglichkeit einer Verfahrenstrennung zu bedenken (s. o. Rn. 5). 35

2. Wirkungen des Ablehnungsbeschlusses. Der Ablehnungsbeschluss nach § 408a Abs. 2 Satz 2 ist den Beteiligten nach § 35 Abs. 2 Satz 2 durch formlose Mitteilung bekannt zu machen.[77] Er unterscheidet sich aber hinsichtlich seiner Bedeutung und seiner Wirkungen erheblich vom Ablehnungsbeschluss im primären Strafbefehlsverfahren. Wegen des schon ergangenen Eröffnungsbeschlusses kann dem Ablehnungsbeschluss im Fall des § 408a nicht mehr die Bedeutung eines Nichteröffnungsbeschlusses zukommen. Auch dies wurde in Gestalt des § 408a Abs. 1 Satz 3 durch die Nichtanwendbarkeit des § 408 Abs. 2 Satz 2 klargestellt. Ebenso wenig kann dieser Beschluss **nicht in** die nach 36

---

71 Dazu § 408, 15 f.
72 Näher dazu s. Vor § 407, 24 ff.
73 S. dazu § 408, 38.
74 KK/*Maur* 12; Meyer-Goßner/*Schmitt* 5.
75 S. oben Rn. 5; vgl. dazu ferner KK/*Maur* 13.
76 Dazu § 408, 18.
77 Vgl. schon § 408, 22.

§ 211 beschränkte Rechtskraft oder in sonstige materielle **Rechtskraft erwachsen**, weil er keine Entscheidung über den durch den Eröffnungsbeschluss bestimmten Verfahrensgegenstand enthält. Er beinhaltet vielmehr lediglich die Ablehnung einer Entscheidung im schriftlichen Verfahren und führt zur Fortsetzung des Hauptverfahrens. Auch infolge dieser geringen Bedeutung ist der Ablehnungsbeschluss unanfechtbar (§ 408a Abs. 2 Satz 2). Die Staatsanwaltschaft kann den Antrag jedoch – mangels einer dem Ablehnungsbeschluss zukommenden materiellen Rechtskraftwirkung – etwa bei veränderter Sachlage wiederholen.[78]

VI. Der Erlass des Strafbefehls

37 **1. Erlasspflicht und Zustellung.** Wie im primären Strafbefehlsverfahren muss der Richter nach der entsprechend für anwendbar erklärten Regel aus dem Bereich des § 408 den Strafbefehl dann erlassen, wenn gegen diesen keine Bedenken bestehen (§ 408a Abs. 2 Satz 1; § 408 Abs. 3 Satz 1). Diese Verpflichtung ist aber nur zu bejahen, wenn zusätzlich die Voraussetzungen für den nachträglichen Übergang ins Strafbefehlsverfahren (oben Rn. 8 ff.; 15 ff.) vorliegen. Die Frage, in welchen Fällen dem Erlass eines Strafbefehls keine Bedenken entgegenstehen, ist grundsätzlich so wie für das primäre Strafbefehlsverfahren zu beantworten. Die Ausführungen zu § 408, 44 gelten auch hier, wobei die mittlerweile eingetretenen Sachverhalte einzubeziehen sind (siehe oben schon Rn. 7 und 10 ff., ferner Rn. 33). Zu der gemäß § 35 Abs. 2 notwendigen **Zustellung** des Strafbefehls und zur Bedeutung einer fehlerhaften Zustellung s. Vor § 407, 47, § 409, 41 und § 412, 5 ff.

38 **2. Wirkungen.** Der erlassene Strafbefehl ist ebenso wie im primären Strafbefehlsverfahren eine **urteilsgleiche Entscheidung**, die nur vom Angeklagten, nicht aber von der Staatsanwaltschaft mit dem Rechtsbehelf des Einspruchs angefochten werden kann (§ 410; vgl. § 408, 40 f.). Das weitere Verfahren richtet sich nach §§ 410 ff. Besonderheiten gegenüber dem im primären Verfahren erlassenen Strafbefehl bestehen grundsätzlich nicht, weder hinsichtlich der fehlenden Bindung des Gerichts an den im Strafbefehl enthaltenen Rechtsfolgenausspruch[79] noch hinsichtlich der Rechtskraftwirkung und der Kostenentscheidung nebst Belehrung dazu.[80] Auch die § 411 Abs. 1, 2 und 4 sowie § 412 gelten[81] ohne Einschränkungen gegenüber dem primären Strafbefehlsverfahren.[82]

39 Eine **Klagerücknahme** durch die Staatsanwaltschaft ist hingegen nur bis zum Erlass des Eröffnungsbeschlusses möglich. Im Übrigen schließt diese schon § 411 Abs. 3 Satz 3 für den nachträglichen Übergang ins Strafbefehlsverfahren aus.[83] In der Verhandlung über einen Einspruch gegen den nach § 408a erlassenen Strafbefehl kann nicht erneut nach § 408a verfahren werden (siehe schon Rn. 16).

---

78 KK/*Maur* 16; Meyer-Goßner/*Schmitt* 5 m.w.N.
79 KK/*Maur* 17; Meyer-Goßner/*Schmitt* 6; AK/*Loos* 27.
80 KK/*Maur* 14 und § 409, 9.
81 KK/*Maur* 17.
82 Zur Unzulässigkeit des Verfahrens gegen Abwesende s. Vor § 407, 45 ff.
83 KK/*Maur* 17; SK/*Weßlau* 23; *Rau/Zschieschack* JuS **2005** 804.

§ 408b
Bestellung eines Verteidigers bei beantragter Freiheitsstrafe

Erwägt der Richter, dem Antrag der Staatsanwaltschaft auf Erlaß eines Strafbefehls mit der in § 407 Abs. 2 Satz 2 genannten Rechtsfolge zu entsprechen, so bestellt er dem Angeschuldigten, der noch keinen Verteidiger hat, einen Pflichtverteidiger.

Schrifttum

Brackert/Staechelin Die Reichweite der im Strafbefehlsverfahren erfolgten Pflichtverteidigerbestellung, StV **1995** 547; *Hohendorf* Probleme bei Pflichtverteidigerbestellung nach § 408b StPO, MDR **1993** 597; *Lutz* Wie weit reicht die Verteidigerbestellung gem. § 408b StPO? NStZ **1998** 395; *Schellenberg* Zur Verhängung von Freiheitsstrafen im Strafbefehlsweg, NStZ **1994** 570; *Tiemer* Die Verteidigerbestellung im Strafbefehls- und im beschleunigten Verfahren gemäß §§ 408b, 418 Abs. 4 StPO (1998); s. auch das Schrifttumsverzeichnis zu § 408a.

Entstehungsgeschichte

Die Vorschrift wurde durch das RpflEntlG neu in das Gesetz eingefügt. Die gesetzliche Überschrift „Bestellung eines Verteidigers bei beantragter Freiheitsstrafe" wurde mit Wirkung vom 25.7.2015 eingeführt durch Art. 1 Nr. 13 Gesetz zur Stärkung des Rechts des Angeklagten auf Vertretung in der Berufungsverhandlung und über die Anerkennung von Abwesenheitsentscheidungen in der Rechtshilfe vom 17.7.2015.[1] Ein früher in § 408b Satz 2 aufgenommener Verweis auf § 141 Abs. 3 a. F. („§ 141 Abs. 3 findet entsprechende Anwendung.") wurde durch das Gesetz zur Neuregelung des Rechts der notwendigen Verteidigung[2] mit Wirkung vom 13.12.2019 gestrichen. Ebenso ist seitdem in § 408b Satz 1 nicht mehr von einem „Verteidiger", sondern von einem „Pflichtverteidiger" die Rede.

Übersicht

I. Bedeutung und systematische Stellung der Vorschrift

1 **1. Gesetzgeberische Motive.** Nach § 407 Abs. 2 Satz 2 dürfen Freiheitsstrafen durch Strafbefehl aus gutem Grund **nur gegen verteidigte Beschuldigte** festgesetzt werden.

1 BGBl. I S. 1332, 1344.
2 BGBl. I S. 2128, 2131. Zur insoweit nicht bezweckten Änderung BTDrucks. **19** 13829 S. 51 f.

https://doi.org/10.1515/9783110765540-005

Der Gesetzgeber will mit dem Erfordernis einer formellen Verteidigung Besonderheiten des rein schriftlichen Verfahrens kompensieren.[3] Diese im Interesse der Beschuldigten notwendige Beschränkung kann sich aber **nachteilig** auswirken, wenn auch der unverteidigte Beschuldigte, der sich einen Verteidiger nicht leisten kann, die als diskret und kostengünstig empfundene[4] Erledigung im Wege des schriftlichen Strafbefehls anstrebt. Aus diesem Grunde versucht § 408b diesen Nachteil aufzufangen: Kommt die Festsetzung einer Freiheitsstrafe gemäß § 407 Abs. 2 Satz 2 in Betracht, wird dem Beschuldigten ein Verteidiger bestellt.[5] Insofern dürfte aber auch bedeutsam gewesen sein, dass der durch § 407 bezeichnete Anwendungsbereich des vereinfachenden Strafbefehlsverfahrens hierdurch vermehrt ausgeschöpft werden kann.[6] „Daß die Bestellung eines Verteidigers den Ablauf des Strafbefehlsverfahrens verzögern kann", hat der Gesetzgeber bewusst in Kauf genommen.[7]

2 **2. Verhältnis zu den allgemeinen Vorschriften über die notwendige Verteidigung.** In § 408b liegt ein **Spezialfall notwendiger Verteidigung.**[8] Dies vermittelte zur Zeit ihrer Etablierung bereits der heute gestrichene Verweis in § 408b Satz 2 a. F., der sich auf § 141 Abs. 3 bezog. Nunmehr hat der Gesetzgeber insoweit über die Materialien verdeutlicht, dass er von der **direkten Anwendung** der novellierten **Vorschriften über die notwendige Verteidigung** ausgeht. Auch zu diesem Zweck spricht die Norm heute von der Bestellung eines „Pflichtverteidigers".[9] Indem der singuläre Verweis auf § 141 Abs. 3 a. F. gestrichen wurde, wird die Anwendung der §§ 141 ff. allgemein eröffnet.[10] Anderes kann damit nur gelten, wenn sich aus den §§ 407 ff. selbst, und hier insbesondere aus § 408b, etwas anderes ergibt.

3 § 408b stellt danach einen Sonderfall der notwendigen Verteidigung für das Strafbefehlsverfahren dar. Gebietet jedoch schon § 140 die Bestellung eines Verteidigers, kommt es auf eine Verteidigerbestellung nach § 408b nicht mehr konstitutiv an. Insbesondere kann eine Verteidigerbestellung bereits gem. **§ 140 Abs. 2** geboten sein.[11] Sie kann auch konkludent zur Grundlage geworden sein.[12] Ein Beispielsfall ist eine vorliegende akute psychische Erkrankung des Beschuldigten, über welche die Strafverfolgungsorgane nicht einfach hinweggehen dürfen.[13]

---

3 So wieder BTDrucks. **19** 13829 S. 51.

4 *Siegismund/Wickern* wistra **1993** 90.

5 Siehe hierzu den Entwurf des Bundesrates zum RpflEntlG in der Amtl. Begr. BTDrucks. **12** 3832 S. 42, allerdings nicht so formuliert, dass es um die Erhaltung einer eröffneten Erledigungsart zugunsten des Beschuldigten geht; immerhin wird Art. 3 GG erwähnt.

6 Vgl. *Brackert/Staechelin* StV **1995** 547 f.

7 BTDrucks. **12** 3832 S. 42; krit. aber *Hohendorf* MDR **1993** 598: mit § 408b habe der Gesetzgeber die von ihm verfolgten Ziele der „Verfahrensstraffung und Personalfreisetzung" verfehlt und „in vielen Fällen ins Gegenteil" verkehrt.

8 KK/*Maur* 4; AK/*Loos* 2; KMR/*Metzger* 1; SK/*Weßlau* 1; HK/*Brauer* 2; AnwK-StPO/*Böttger* 2; HK-GS/*Andrejtschitsch* 1 f.; *Brackert/Staechelin* StV **1995** 551; *Schellenberg* NStZ **1994** 570; *Siegismund/Wickern* wistra **1993** 90. Bestätigend BTDrucks. **19** 13829 S. 52.

9 BTDrucks. **19** 13829 S. 52.

10 BTDrucks. **19** 13829 S. 52.

11 Bestätigend BTDrucks. **19** 13829 S. 52: notwendige Verteidigung kann auch aus anderen Gründen geboten sein; entsprechend schon BTDrucks. **12** 3832 S. 42.

12 OLG Karlsruhe StraFo **2015** 36, 37; *Deutscher* jurisPR-StrafR 7-2015 Anm. 3.

13 BVerfG StV **2021** 213.

Nach der gesetzgeberischen Intervention ist im Sinne der bereits in der Vorauflage vertretenen Position[14] überdies **§ 142** und damit insbesondere das heute in § 142 Abs. 5 geregelte Gebot zu beachten, den **Beschuldigten** in die **Auswahl des Verteidigers einzubeziehen.**[15] Der These, die gebotene Befragung des Beschuldigten sei mit der Beschleunigungsfunktion des Strafbefehlsverfahrens unvereinbar[16] und entbehrlich, „da der Verteidiger den Beschuldigten [...] nur im Rahmen des Strafbefehlsverfahrens beraten soll",[17] ist der Gesetzgeber nicht gefolgt.[18] Das Parlament hat vielmehr das gerade zur Legitimation der Freiheitsstrafe eingesetzte Institut der notwendigen Verteidigung mit Fug und Recht an einen Verteidiger des Vertrauens im Sinne des Art. 6 Abs. 3 lit. c EMRK gebunden. Das Vertrauensverhältnis zwischen Verteidiger und Beschuldigtem ist bei der notwendigen Verteidigung unverzichtbar und insbesondere im Fall des § 408b vonnöten.[19] Dem Rat des Verteidigers, den Strafbefehl entweder hinzunehmen oder aber unter Inkaufnahme des Risikos einer *reformatio in peius* die Entscheidung in einer Hauptverhandlung zu erstreben, wird der Beschuldigte nur folgen können, wenn zu diesem Verteidiger ein Vertrauensverhältnis besteht. Dass die Beachtung der § 142 Abs. 5 Satz 1 das Verfahren insoweit verlängert,[20] ist zutreffend, aber hinzunehmen. Benennt der Beschuldigte keinen Verteidiger, greift § 142 Abs. 6. Zur Dauer der Bestellung siehe Rn. 11 ff. 4

II. Voraussetzungen

1. Antrag der Staatsanwaltschaft. Das Gesetz verlangt als erste Voraussetzung der Verteidigerbestellung (zur Ausnahme der Verteidigerbestellung im Ermittlungsverfahren s. u. Rn. 8 ff.) einen **Antrag** der Staatsanwaltschaft, gegen den Angeschuldigten durch Strafbefehl eine Freiheitsstrafe unter den in § 407 Abs. 2 Satz 2 genannten Voraussetzungen festzusetzen. Über den Strafbefehlsantrag hinausgehende weitere Handlungen der Staatsanwaltschaft setzt die Bestellung nicht voraus: Weder muss der Erlass des Bewährungsbeschlusses beantragt sein[21] noch die Verteidigerbestellung nach § 408b. 5

2. Maßgebliches Erwägen. Bekanntlich bestehen mehrere Möglichkeiten, über einen Strafbefehlsantrag zu entscheiden: Stattgeben, Ablehnung, Anberaumung einer Hauptverhandlung (§ 408 Abs. 3) oder die Einstellung des Verfahrens.[22] Anlass zur Bestellung eines Pflichtverteidigers gem. § 408b besteht indessen nur dann, wenn sich das Gericht auf Grund der Aktenlage die Überzeugung von der Schuld des Angeschuldigten verschafft hat, auch im Übrigen die Voraussetzungen zum Erlass des Strafbefehls bejaht und deshalb den beantragten Strafbefehl grundsätzlich (zur Ausnahme bei Bestellung im Ermittlungsverfahren s. u. Rn. 8) auch **erlassen will**, sobald der Angeschuldigte 6

---

14 Wie hier etwa auch schon KK/*Maur* 7; SK/*Weßlau* 8 f.; KMR/*Metzger* 7; HK/*Brauer* 5; AnwK-StPO/*Böttger* 6; *Böttcher/Mayer* NStZ **1993** 153, 156; *Schellenberg* NStZ **1994** 570; *Deckers/Kuschnik* 419; *Siegismund/Wickern* wistra **1993** 91.

15 Siehe schon LR/*Gössel*[26] 4 und nun explizit BTDrucks. **19** 13829 S. 52.

16 Vgl. z.B. AK/*Loos* 3. Dagegen auch schon *Brackert/Staechelin* StV **1995** 548.

17 So früher *Meyer-Goßner*[51] 4; **dagegen** *Brackert/Staechelin* StV **1995** 548 ff.

18 BTDrucks. **19** 13829 S. 52.

19 KK/*Maur* 7; *Deckers/Kuschnik* 419.

20 Krit. Meyer-Goßner/*Schmitt* 6: merklich verzögert und verkompliziert (auch durch § 142 Abs. 6).

21 KK/*Maur* 2.

22 S. § 408, 29 ff.; § 408a, 24 ff.

nicht mehr unverteidigt ist. Hält das Gericht dagegen das Verfahren für *einstellungsreif* oder will es nach *§ 408 Abs. 2 oder 3 Satz 2*[23] verfahren, so „erwägt" es nicht mehr im Sinne des Satzes 1 und sieht deshalb in diesen Fällen von der Bestellung eines Pflichtverteidigers ab.

III. Bestellung

7 **1. Verfahren.** Die Bestellung erfolgt durch **richterliche Verfügung** des jeweils zuständigen Strafrichters oder – im Fall des § 408a[24] – Vorsitzenden des Schöffengerichts, die mit der einfachen Beschwerde nach § 304 anfechtbar ist. Die getroffene Entscheidung ist nach § 34 zu begründen und dem Beschuldigten formlos mitzuteilen (§ 35 Abs. 2 Satz 2), nach Möglichkeit mit einer Kopie des Strafbefehlsantrags, wenn dieser schon vorliegt (vgl. u. Rn. 9), sonst mit dem Hinweis, dass eine Rechtsfolge nach § 407 Abs. 2 Satz 2 in Betracht kommt.[25] Dem gesetzlichen Wortlaut zufolge erfolgt die Bestellung **von Amts wegen**; ein **Antrag der Staatsanwaltschaft** ist zur Bestellung nicht erforderlich. Den auf die Festsetzung der in § 407 Abs. 2 Satz 2 bezeichneten Rechtsfolge gerichteten *Strafbefehlsantrag* wird die Staatsanwaltschaft nur dann stellen, wenn sie die *Ermittlungen* bereits *abgeschlossen* hat. In der Regel wird sie *erst jetzt* die Mitwirkung eines *Verteidigers* nach § 408b für notwendig halten können und dies auch beantragen, zweckmäßigerweise zugleich mit dem Strafbefehlsantrag. Diesem Antrag muss nach § 408b Satz 2, § 141 Abs. 3 Satz 3 entsprochen werden, soweit das Gericht nach § 408b Satz 1 erwägt, den beantragten Strafbefehl zu erlassen und der Angeschuldigte noch unverteidigt ist.

2. Zeitraum

8 **a) Frühester Zeitpunkt.** Der Wortlaut des Satzes 1 legt es zunächst nahe, als frühestmöglichen Zeitpunkt der Verteidigerbestellung das Vorliegen des Strafbefehlsantrags der Staatsanwaltschaft anzusehen. Tatsächlich wird die Staatsanwaltschaft den Antrag regelmäßig mit der Übersendung des Strafbefehlsantrages stellen.[26] Möglich ist die Antragstellung aber angesichts der Geltung der allgemeinen Regeln und hiermit des § 141 bereits früher, wenn dies zur Gewährleistung einer effektiven Verteidigung im laufenden Ermittlungsverfahren angezeigt sein sollte.[27]

9 Allerdings begrenzt die spezifische Anknüpfung des § 408b an die im Strafbefehlsverfahren zu erwartende Freiheitsstrafe den tatsächlich bestehenden Anwendungsbereich des § 408b. Ist der auf eine Freiheitsstrafe nach § 407 Abs. 2 Satz 2 gerichtete Antrag noch nicht gestellt, kann das Gericht diese Rechtsfolge schwerlich schon „erwägen". Will man eine gerade aus einem bevorstehenden Strafbefehlsverfahren abgeleitete Pflichtverteidigung nicht gänzlich leerlaufen lassen, wird jedenfalls erforderlich sein, dass die Staatsanwaltschaft die Schuld des Beschuldigten und eine deswegen mit dem Strafbefehl zu verhängende **Rechtsfolge** nach § 407 Abs. 2 Satz 2 für **wahrscheinlich**

---

23 KK/*Maur* 3.

24 S. § 407, 62.

25 Meyer-Goßner/*Schmitt* 6.

26 Meyer-Goßner/*Schmitt* 3.

27 Meyer-Goßner/*Schmitt* 3; siehe auch KK/*Maur* 6; AK/*Loos* 3 und *Lutz* 396: Verweis auf § 141 Abs. 3 dient der Eröffnung im Ermittlungsverfahren; abl. aber noch LR/*Gössel*[26] 8 f.; siehe dagegen aber schon BTDrucks. **12** 3832 S. 42.

erachtet und die Stellung eines entsprechenden Antrages bald bevorsteht.[28] Hier mag dann die Staatsanwaltschaft ggf. sogar nach § 142 Abs. 4 agieren, soweit eine eilige Bestellung im Einzelfall angezeigt ist. Diese Konstellation dürfte allerdings in der Praxis kaum auftreten, weil sich in der Regel erst nach Abschluss der Ermittlungen die in Betracht kommenden Sanktionen beurteilen lassen werden.[29] Zudem bliebe die Zuspitzung der Lage für die Verteidigung erst darzulegen. Praktisch relevant dürfte insoweit eher die Frage sein, ob die **frühere Verteidigerbestellung** nicht **aus anderen Gründen notwendig** sein könnte.[30]

Bei alledem ist zu bedenken, dass der frühere isolierte Verweis in § 408b Satz 2 a. F. auf § 141 Abs. 3 a. F., der die Pflichtverteidigerbestellung im Ermittlungsverfahren ermöglicht, regelmäßig als versteckte Ermunterung zu Verständigungen gesehen wurde.[31] Hier bleibt aber anzumerken, dass auch der nach § 408b bestellte Verteidiger einzig und allein dem Beschuldigten Beistand zu leisten hat: Kein Pflichtverteidiger darf sich dafür hergeben, lediglich als Garant des Gerichts für eine Verständigung in Gestalt eines Strafbefehls im Verfahren mitzuwirken.[32] 10

b) Dauer der Bestellung. Die Dauer richtet sich nach § 143, weshalb die Bestellung zum Beispiel jedenfalls mit der Rechtskraft des betreffenden Strafbefehls gem. § 143 Abs. 1 endet.[33] Kontrovers wird seit langem die Frage behandelt, ob die Verteidigerbestellung für das gesamte Verfahren in der ersten Instanz vor dem Amtsgericht gilt oder doch nur für das schriftliche Verfahren bis zur Einlegung des Einspruchs gegen den erlassenen Strafbefehl. Auf diese Frage kommt es dabei nicht an, wenn die Bestellung schon, ggf. konkludent, nach den §§ 140 ff. erfolgt ist.[34] 11

Den **Gesetzesmaterialien** ist insoweit eine **differenzierende Position** zu entnehmen. Legt der Angeschuldigte Einspruch ein, soll mit der vorherrschenden Rechtsprechung bei einer zu erwartenden Freiheitsstrafe von mindestens einem Jahr die Bestellung nach § 140 Abs. 2 Satz 1 fortdauern; liegt die Erwartung darunter, soll die Bestellung „nach pflichtgemäßem Ermessen des Gerichts" nach § 143 Abs. 2 aufhebbar sein, soweit nicht im Übrigen ein Fall des § 140 Abs. 2 Satz 1 vorliegt.[35] Entfällt mit dem schriftlichen Verfahren ein besonderer Grund für die Pflichtverteidigerbestellung, soll die einzelfallabhängige Möglichkeit zur Fortdauer gem. § 140 Abs. 2 Satz 1 genügen, zumal Gesichtspunkte des Vertrauensschutzes berücksichtigungsfähig seien.[36] Dies setzt im Wesentlichen die Linie der eher engherzigen Rspr. fort, die auch auf den früheren § 408b Satz 2 verwiesen hatte.[37] § 408b wird so weiter dahingehend verstanden, dass er lediglich „das Manko der fehlenden persönlichen Anhörung" (§ 407 Abs. 3) kompensie- 12

28 Für einen entsprechenden Hinweis bei der Bestellung Meyer-Goßner/*Schmitt* 7.
29 Vgl. dazu KK/*Maur* 6.
30 Siehe auch Meyer-Goßner/*Schmitt* 3: frühe Verteidigerbestellung, weil das Verfahren umfangreich und schwierig ist.
31 KK/*Maur* 2; *Meyer-Goßner*[51] 2; HK/*Brauer* 3.
32 Vor der Gefahr, einen Handel auf Kosten und zu Lasten des Beschuldigten abzuschließen, warnte insofern bereits LR/*Gössel*[26] 10, siehe ferner *Zschockelt* FS Salger 435.
33 BTDrucks. **19** 13829 S. 52.
34 OLG Karlsruhe StraFo **2015** 36, 37; *Deutscher* jurisPR-StrafR 7-2015 Anm. 3.
35 BTDrucks. **19** 13829 S. 52. Insoweit positiv für eine weite Deutung Meyer-Goßner/*Schmitt* 10: § 140 Abs. 2 großzügiger als sonst anzuwenden, weil der Entzug des Verteidigers im gleichen Verfahren schwer zu vermitteln sei.
36 BTDrucks. **19** 13829 S. 52.
37 OLG Düsseldorf NStZ **2002** 390; AG Höxter StV **1995** 519; KMR/*Metzger* 10; *Hohendorf* MDR **1993** 598; *Lutz* 396.

ren solle, was schon erreicht sei, wenn der Verteidiger vor der Entscheidung Gelegenheit hat, den Beschuldigten „insbesondere im Hinblick auf die beantragte Rechtsfolge zu beraten"; dadurch seien „die berechtigten Interessen des" Beschuldigten „auf ein rechtsstaatlich faires Verfahren gewahrt".[38] Der Angeschuldigte soll im Falle des § 408b nicht besser stehen, „als er stünde, wenn das Hauptverfahren nach Anklageerhebung eröffnet worden wäre".[39]

13 Dass § 408b eine spezifische Antwort auf das gerade schriftliche Verfahren geben will, wird man zwar nicht bestreiten können. Drei Gründe sprechen aber dafür, die Verteidigerbestellung jedenfalls immer dann nicht aufzuheben, wenn nach dem Einspruch weiter die Verhängung einer Freiheitsstrafe zu erwarten ist: *Erstens* ist das Ausmaß der notwendigen Verteidigerunterstützung nicht nur anhand der deutschen Rechtsprechung zu messen. Im Lichte des **Art. 6 Abs. 3 lit. c EMRK** ist eine staatliche Pflicht zur Stellung bzw. Finanzierung eines Verteidigers nach § 140 Abs. 2 mindestens geboten, wenn eine Freiheitsstrafe ernsthaft im Raum steht, die nicht zur Bewährung ausgesetzt werden soll.[40] *Zweitens* erschöpfen sich die **berechtigten Interessen** des **Beschuldigten** im Fall des angestrengten Strafbefehlsverfahrens nicht in der Beratung darüber, ob gegen den Strafbefehl Einspruch eingelegt werden soll oder nicht. Der Strafbefehl macht eine Sonderlage aus, weil sich der zuständige Richter bereits einmal für eine Sanktionierung entschieden hatte. So ist nicht selten festzustellen, dass die auf Grund der Aktenlage gebildete richterliche Überzeugung von der Schuld des Angeklagten sich derart verfestigt hat, dass in der auf den Einspruch anberaumten Hauptverhandlung fachkundiger anwaltschaftlicher Beistand unentbehrlich ist.[41] *Drittens* verlangt die anstehende Verhandlung dem Angeklagten insbesondere im Hinblick auf eine mögliche *reformatio in peius*,[42] aber auch infolge der Anwendbarkeit des § 420 über § 411 Abs. 2 Satz 2[43] verfahrensspezifische Entscheidungen ab. Hier ist es vorzugswürdig, den fortbestehenden Bedarf nach einer formellen Verteidigung anzuerkennen.[44] Richtig bleibt lediglich, dass sich die Bestellung nicht auf die Einlegung eines Rechtsmittels gegen das auf den Einspruch ergangene Urteil erstreckt.[45] Für das Rechtsmittel der Berufung oder Revision, die zu einem anderen Spruchkörper führt, bleibt allein § 140 im Übrigen weiter zu prüfen.

14 **c) Wahlverteidiger.** Sobald der Beschuldigte einen Wahlverteidiger mit der Vertretung seiner Interessen beauftragt, ist die Pflichtverteidigerbestellung nach dem ebenfalls

38 AG Höxter StV **1995** 519; ebenso OLG Düsseldorf NStZ **2002** 390 f. **Dagegen** aber *Brackert/Staechelin* StV **1995** 548.

39 AG Höxter StV **1995** 519, 520; ebenso OLG Düsseldorf NStZ **2002** 390. Zust. *Hohendorf* MDR **1993** 598; **dagegen** aber *Lutz* NStZ **1998** 396 und auch *Brackert/Staechelin* StV **1995** 551.

40 Im Überblick zu den Maßstäben m.w.N. MüKo/*Gaede* Art. 6 EMRK, 208 ff.; LR/*Esser*[26] Art. 6 EMRK, 739: in der Regel erforderlich; *Bannehr* Der europäische Pflichtverteidiger, 2020, 50 ff., 134 f. m.w.N.; zur engeren Auffassung der Praxis siehe aber Meyer-Goßner/*Schmitt* § 140, 23 ff.

41 Dazu auch § 411, 62 ff.

42 S. § 411, 56 ff.

43 Vgl. dazu *Brackert/Staechelin* StV **1995** 551: die Gegenansicht fügt „einer defizitiären Veranstaltung nur eine weitere" hinzu. BTDrucks. **12** 1217 S. 18 und **12** 3832 S. 37 und 42.

44 So auch vor der Novellierung KK/*Maur* 8; SK/*Weßlau* 10; AK/*Loos* 4; HK/*Brauer* 6; AnwK-StPO/*Böttger* 9; HK-GS/*Andrejtschitsch* 4; *Böttcher/Mayer* NStZ **1993** 156; *Brackert/Staechelin* StV **1995** 551; *Schellenberg* NStZ **1994** 570; *Siegismund/Wickern* wistra **1993** 91; s. nun auch aus der Rspr. OLG Köln NStZ-RR **2010** 30 f.; OLG Celle StV **2011**, 661; OLG Oldenburg BeckRS **2017** 119219 m.w.N.; eingehend auch AG Villingen-Schwenningen BeckRS **2019** 2685; abl. AG Tostedt NStZ **2018** 680.

45 Siehe entsprechend auch schon LR/*Gössel*[26] 13.

anwendbaren § 143a zurückzunehmen.[46] Ein etwaiger Verteidigerwechsel richtet sich auch im Übrigen nach § 143a.[47]

3. Folgen unterlassener Bestellung

a) Keine Wirkungslosigkeit des Strafbefehls. Wird ein **Strafbefehl** unter Festsetzung der in § 407 Abs. 2 Satz 2 bezeichneten Rechtsfolge **ohne Beteiligung** eines **Verteidigers** erlassen, insbesondere ohne die nach §§ 407 Abs. 2 Satz 2, 408b notwendige Bestellung eines Pflichtverteidigers, soll der Strafbefehl nach allg.M. nicht wirkungslos sein und vielmehr in materielle Rechtskraft erwachsen können; insoweit werden die Ausführungen zu § 408, 39 in Bezug genommen. Eine Wiederaufnahme kann aus der mangelnden Bestellung *de lege lata* nicht hergeleitet werden.[48] Der Angeklagte ist damit allein auf den **Einspruch** verwiesen.[49] Und zu diesem soll die ausbleibende notwendige Verteidigung nicht einmal eine **Wiedereinsetzung in den vorigen Stand** gegen die Versäumung der Einspruchsfrist **erleichtern**, indem aus der ausfallenden Unterstützung durch den Verteidiger auf ein mangelndes Verschulden geschlossen wird.[50] Tatsächlich ist dies jedoch unzutreffend: Der Staat hat dem vom Verfahren belasteten Bürger im Fall der Verletzung des § 408b eine der Rechtsmittelbelehrung (siehe § 44 S. 2) funktional vergleichbare und regelmäßig noch wirksamere prozessuale Sicherung entzogen, welche die gründliche Prüfung der Sache und die Beachtung der laufenden Einspruchsfristen regelmäßig entscheidend fördert. Es ist daran zu erinnern, dass der Staat die Verhängung einer **Freiheitsstrafe** im schriftlichen Verfahren beansprucht. Hier wird regelmäßig kein Verschulden des Bürgers anzunehmen sein, das dem Wiedereinsetzungsantrag bei im Übrigen erfüllten Voraussetzungen entgegenstehen könnte (s. schon Vor § 407, 33 f.).[51] 15

b) In dem soeben in Rn. 15 bezeichneten Fall liegt zwar eine **Gesetzesverletzung** im Sinne des § 337, die aber für die Verhandlung auf Einspruch oder auf die Berufung gegen das auf den Einspruch ergangene Urteil grundsätzlich folgenlos[52] ist. Amtsgericht wie Berufungsgericht werden jedoch sorgfältig zu prüfen haben, ob nicht unabhängig von § 408b eine Verteidigerbestellung nach den allgemeinen Regeln der §§ 140 ff. in Betracht kommt – erst jetzt kommt ein revisibler Verfahrensverstoß in Betracht. Wenn auch eine nach § 408b erfolgte Bestellung für das gesamte erstinstanzliche Verfahren gilt, so verpflichtet diese Vorschrift doch nicht dazu, im Verfahren über den Einspruch eine bisher unterlassene Pflichtverteidigerbestellung nachzuholen (s. dazu o. Rn 13). 16

IV. Anfechtbarkeit

Fehler bei der Auswahl und Bestellung des Pflichtverteidigers, etwa bzgl. der Regeln des § 142, sind mit der einfachen **Beschwerde** nach § 304 angreifbar (o. Rn. 7) und nach 17

46 BTDrucks. **19** 13829 S. 52: §§ 141 bis 144 kommen zur Anwendung.
47 Meyer-Goßner/*Schmitt* 5.
48 Dazu *Tiemer*, 138 f.
49 Meyer-Goßner/*Schmitt* 13.
50 So i.E. etwa KK/*Maur* 9; Meyer-Goßner/*Schmitt* 13.
51 Im Ergebnis wie hier schon weithin *Tiemer* 138 ff.: Analogie zu § 44 Satz 2; s. ferner zum Einfluss des Art. 6 EMRK auf den Umgang mit Rechtsmitteln m.w.N. MüKo/*Gaede* Art. 6 EMRK, 70. Siehe ferner zu § 408a zur mangelnden Zustellung an den Verteidiger *Martin* GA **1995** 121, 129 f.
52 KK/*Maur* 9; AK/*Loos* 5; HK/*Brauer* 7.

Maßgabe des **§ 336** revisibel.[53] Die sofortige Beschwerde ist nach den §§ 142 Abs. 7, 143 Abs. 3 und 143a Abs. 4 zulässig.[54]

§ 409
Inhalt des Strafbefehls

(1) [1]Der Strafbefehl enthält
1. **die Angaben zur Person des Angeklagten und etwaiger Nebenbeteiligter,**
2. **den Namen des Verteidigers,**
3. **die Bezeichnung der Tat, die dem Angeklagten zur Last gelegt wird, Zeit und Ort ihrer Begehung und die Bezeichnung der gesetzlichen Merkmale der Straftat,**
4. **die angewendeten Vorschriften nach Paragraph, Absatz, Nummer, Buchstabe und mit der Bezeichnung des Gesetzes,**
5. **die Beweismittel,**
6. **die Festsetzung der Rechtsfolgen,**
7. **die Belehrung über die Möglichkeit des Einspruchs und die dafür vorgeschriebene Frist und Form sowie den Hinweis, daß der Strafbefehl rechtskräftig und vollstreckbar wird, soweit gegen ihn kein Einspruch nach § 410 eingelegt wird.**

[2]Wird gegen den Angeklagten eine Freiheitsstrafe verhängt, wird er mit Strafvorbehalt verwarnt oder wird gegen ihn ein Fahrverbot angeordnet, so ist er zugleich nach § 268a Abs. 3 oder § 268c Satz 1 zu belehren. [3]§ 267 Abs. 6 Satz 2 gilt entsprechend.

(2) Der Strafbefehl wird auch dem gesetzlichen Vertreter des Angeklagten mitgeteilt.

Schrifttum

Greßmann Strafbefehlsverfahren mit Auslandsberührung, NStZ **1991** 216; s. auch die Nachweise Vor § 407 und zu § 407.

Entstehungsgeschichte

Das Gesetz v. 9.7.1927 (RGBl. I 175) ersetzte in dem ursprünglichen Text „Gerichtsschreiber" in Absatz 1 durch „Geschäftsstelle". Durch das 3. StRÄndG wurde der bisherige Absatz 2 („Auf den Einspruch kann vor Ablauf der Frist verzichtet werden") durch einen Abs. 3 und den jetzigen Abs. 2 ersetzt. Das 2. StraßenVSichG fügte in Absatz 1 hinter „Strafe" die Wörter „Nebenfolge oder Maßregel der Sicherung und Besserung" ein, an anderer Stelle die Verweisung auf § 267 Abs. 6 Satz 2 und verfügte damit die Aufnahme der Begründung für das Absehen von der Fahrerlaubnisentziehung in den Strafbefehl. Ein Satz 2 des Absatzes 1 wurde angefügt durch das EGOWiG 1968, der bestimmte Belehrungspflichten normierte. In seiner bis zum 31.12.1974 geltenden Fassung hatte Absatz 1 danach folgenden Inhalt:

53 Vgl. dazu KK/*Maur* 9.

54 Meyer-Goßner/*Schmitt* 12.

https://doi.org/10.1515/9783110765540-006

Der Strafbefehl muss außer der Festsetzung der Strafe, Nebenfolge oder Maßregel der Sicherung und Besserung die strafbare Handlung, das angewendete Strafgesetz und die Beweismittel bezeichnen, auch die Eröffnung enthalten, daß er vollstreckbar wird, wenn der Beschuldigte nicht binnen einer Woche nach der Zustellung bei dem Amtsgericht schriftlich oder zu Protokoll der Geschäftsstelle Einspruch erhebt. Wird die Strafe zur Bewährung ausgesetzt oder ein Fahrverbot angeordnet, so ist der Beschuldigte zugleich nach § 268a Abs. 2, § 268c Satz 1 zu belehren.

Die derzeitige Fassung geht im Wesentlichen auf Art. 21 Nr. 106 EGStGB 1974 zurück, mit der die von der Rechtsprechung erarbeiteten Grundsätze berücksichtigt wurden, die beim Bußgeldbescheid bereits in der Neufassung des § 66 OWiG ihren Niederschlag gefunden hatten (vgl. dazu u. Rn. 1). Die Änderungen durch das StVÄG 1987 sind redaktioneller Art, die z. T. durch die Anpassung an die Sprachregelung des § 157, jedoch überwiegend durch die Neufassung des § 410 bedingt sind. Mit dem RpflEntlG wurde in Abs. 1 ein Satz 2 angefügt, mit dem der Erweiterung des Rechtsfolgenkatalogs für das Strafbefehlsverfahren um die in § 407 Abs. 2 Satz 2 und Satz 1 Nr. 3 bezeichneten Rechtsfolgen (Freiheitsstrafe, Absehen von Strafe) Rechnung getragen wurde.

Die gesetzliche Überschrift „Inhalt des Strafbefehls" wurde mit Wirkung vom 25.7.2015 eingeführt durch Art. 1 Nr. 13 Gesetz zur Stärkung des Rechts des Angeklagten auf Vertretung in der Berufungsverhandlung und über die Anerkennung von Abwesenheitsentscheidungen in der Rechtshilfe vom 17.7.2015.[1] Bezeichnung bis 1924: § 449.

Übersicht

1 BGBl. 2015 I S. 1332, 1344.

I. Verwertbarkeit der Rechtsprechung zu § 66 OWiG für die Auslegung des § 409

1 Die Neufassung des § 409 Abs. 1 Satz 1 durch das EGStGB 1974 beruhte nach der amtlichen Begründung des Entwurfs auf dem Bestreben, „die von der Rechtsprechung erarbeiteten Grundsätze über den wesentlichen Inhalt des Strafbefehls in einer modernen, § 66 OWiG angeglichenen Form" aufzunehmen.[2] Demgemäß ist die Rechtsprechung zu **§ 66 OWiG** auch für die **Auslegung des § 409 Abs. 1** von Bedeutung. Umgekehrt kann die Rechtsprechung zu § 66 OWiG auch auf die zu § 409 entwickelten Grundsätze zurückgreifen. Die folgenden Ausführungen beschränken sich indes weitgehend auf die inzwischen gefestigte Entscheidungspraxis zur heute tradierten strafprozessualen Norm § 409. Hinsichtlich § 66 OWiG wird auf die Literatur zum Ordnungswidrigkeitenrecht verwiesen.

II. Überblick über die Folgen von Mängeln des Strafbefehls

2 **1. Strafbefehl und Eröffnungsbeschluss.** Wie bereits oben § 408, 37 dargelegt, wird dem Strafbefehl in Rechtsprechung wie Literatur nicht selten die Funktion eines Eröffnungsbeschlusses zuerkannt. Dieser Auffassung ist zwar nicht zu folgen, weil der Strafbefehl einem Urteil gleichsteht. Dem Strafbefehl können aber doch im Einzelfall prozessuale Wirkungen zuerkannt werden, die im normalen Verfahren dem Eröffnungsbeschluss zukommen. Wie in jeder Art des Strafprozesses bedarf es auch im Strafbefehlsverfahren der üblicherweise im Eröffnungsbeschluss enthaltenen richterlichen Zustimmung dazu, dass die von der Staatsanwaltschaft angeklagten Taten in einem bestimmten Umfang zum **Verfahrensgegenstand** gemacht werden.[3] Weil es im Strafbefehlsverfahren aber, vom Fall des § 408a abgesehen, an einem Eröffnungsbeschluss fehlt, muss die verfahrensbegrenzende Wirkung mit einer anderen richterlichen Entscheidung verbunden werden. Und diese Entscheidung ist der **Strafbefehl** selbst.[4]

3 **2. Bedeutung von Mängeln des Strafbefehls.** Bekanntlich können schwerwiegende Mängel des Eröffnungsbeschlusses wie dessen gänzliches Fehlen dazu führen, dass die gesamte verfahrensbegrenzende Wirkung und mit ihr eine wesentliche Prozessvoraussetzung entfällt; in solchen Fällen ist das Verfahren einzustellen (s. LR/*Stuckenberg* § 207, 48 ff., 82 ff.). In gleicher Weise können schwerwiegende **Mängel des Strafbefehls** dazu führen, dass diesem die zur Durchführung des Strafverfahrens notwendige verfah-

2 BTDrucks. **7** 550 S. 306.
3 S. § 408, 37.
4 S. § 408a, 4.

rensbegrenzende Wirkung nicht mehr zuerkannt werden kann. Auch in solchen Fällen ist das Verfahren **einzustellen.**[5] Ob derartige Mängel vorliegen, welche die Durchführung des gesamten Verfahrens hindern, richtet sich zum einen danach, ob die inhaltlichen (u. Rn. 4 ff.) oder formellen Erfordernisse (u. Rn. 21 ff.) eines Strafbefehls gegeben sind. Zum anderen ist gegebenenfalls nach der Bedeutung eines diesbezüglichen Mangels zu fragen. Dabei können Mängel, die sich nur auf Teile des Strafbefehls beziehen, die Existenz des Strafbefehls insgesamt unberührt lassen und nur dessen **materielle Rechtskraftfähigkeit** ausschließen. Weniger schwerwiegende Mängel können **heilbar** oder sogar **folgenlos** sein. Im Rahmen der folgenden Erörterung der inhaltlichen und formellen Strafbefehlsvoraussetzungen werden auch die jeweiligen Folgen etwaiger Mängel erörtert.

III. Inhaltliche Voraussetzungen

1. Überblick. Mit der Regelung des § 409 wird der Strafbefehl zunächst in seinen sachlichen und personellen Inhalten näher umrissen (s. § 409 Abs. 1 Satz Nr. 1 bis 6) und damit als Rechtsakt *inhaltlich geprägt* (hierzu sogleich Rn. 5 ff.). Die in § 409 Abs. 1 Satz 1 Nr. 1 bis 5 aufgestellten Voraussetzungen entsprechen insoweit den Anforderungen, die § 200 für die Anklageschrift verlangt. Abs. 1 Satz 1 Nr. 6 verlangt angesichts des besonderen Verfahrensansatzes zusätzlich die Festsetzung der Rechtsfolgen. § 409 Abs. 1 Satz 1 Nr. 7, Abs. 1 Satz 2 und Abs. 2 normieren sodann zahlreiche formelle Anforderungen, die den zuvor inhaltlich definierten Rechtsakt *verfahrensbezogen einrahmen* (hierzu unten Rn. 21 ff.). 4

2. Die Angaben zur Person des Angeklagten und der Nebenbeteiligten

a) Erforderliche Angaben. Wie bei der Anklageschrift bezweckt § 409 Abs. 1 Satz 1 Nr. 1, den Tatvorwurf nicht schon in persönlicher Hinsicht klar von anderen möglichen Tatvorwürfen und anderen Tatbeteiligten abzugrenzen.[6] Es müssen deshalb die Personalien so umfassend bezeichnet werden, dass sie eine genaue **Identifizierung** des Angeklagten ermöglichen. Dazu gehört namentlich (Nr. 110 Abs. 2 lit. a RiStBV) der Familienname und der Vorname, bei Namenswechsel (z.B. § 1355 BGB) auch der Geburtsname, Beruf und Wohnort, Geburtstag und -ort, die Staatsangehörigkeit. Es genügt, wenn die erforderlichen Angaben bei der Anschrift des Beschuldigten im Strafbefehl angeführt[7] werden. 5

Die Norm erfasst insofern auch **Nebenbeteiligte**. Als solche kommen in Betracht Einziehungsbeteiligte (§ 424), Nebenbetroffene (§ 439) und die juristische Person oder Personenvereinigung im Fall des § 444; neben der juristischen Person oder Personenvereinigung sind ihre zur rechtsgeschäftlichen Vertretung befugten Organe[8] anzugeben. Die genaue Bezeichnung der Nebenbeteiligten[9] ist insbesondere unter dem Aspekt der Schaffung eines Vollstreckungstitels wichtig (dazu § 459g). 6

---

5 Vgl. z.B. BGHSt **23** 336, 340; OLG Düsseldorf NJW **1989** 2145; NStZ **1991** 1999; OLG Stuttgart Justiz **1993** 266.

6 BGHSt **23** 336, 339; OLG Hamm VRS **46** (1974) 146.

7 KK/*Maur* 3; Meyer-Goßner/*Schmitt* 2; KMR/*Metzger* 2; AK/*Loos* 2; HK/*Brauer* 2; *Pfeiffer* 2.

8 KMR/*Metzger* 4.

9 KK/*Maur* 3; Meyer-Goßner/*Schmitt* 2; HK-GS/*Andrejtschitsch* 2. Wegen der Schwierigkeiten, die sich ergeben können, wenn natürliche Personen unter ihrem Handelsnamen bekannt werden, vgl. Göhler/*Seitz/Bauer* § 66 OWiG, 5 mit Rechtsprechungsnachweisen.

7 **b) Fehlerhafte Angaben. Mangelhafte, unrichtige und ungenaue Angaben zur Person** wie z.B. ein falscher Vorname oder ein fehlerhaft angegebener Geburtstag und -ort, sind nach allg.M. bedeutungslos, *wenn* sich aus den restlichen richtigen Angaben die Identität des Angeklagten oder Nebenbeteiligten zweifelsfrei[10] ergibt. Scheidet dagegen eine zweifelsfreie Identitätsfeststellung aus, liegt ein Mangel vor, der ein Prozesshindernis begründet und damit zur Einstellung führt. So liegt es z.B., wenn ein Strafbefehl sich sachlich gegen eine natürliche Person richtet, die Anschrift aber auf eine gleichnamige Handelsgesellschaft[11] lautet. Unschädlich ist es aber, wenn der Beschuldigte ein Einzelkaufmann ist, der unter seiner mit seinem persönlichen Namen identischen Firma, aber als „Firma" bezeichnet[12] wird. Im Fall einer **Personenverwechslung** richtet sich der Strafbefehl allein gegen die Person, die in ihm einer Straftat beschuldigt wird, auch wenn in Wahrheit eine andere Person beschuldigt werden sollte, die der Strafbefehl aber nicht nennt. In diesem Fall muss derjenige, der zu Unrecht als Beschuldigter genannt wurde, den **Einspruch** (§ 410)[13] einlegen. Von einer strafwürdigen willkürlichen Falschbeschuldigung bleibt dieser Fall aber abzugrenzen.

8 **3. Der Name des Verteidigers.** § 409 Abs. 1 Satz 1 Nr. 2 entspricht den vom Urteil (§ 275 Abs. 3) und der Anklageschrift verlangten Erfordernissen. Indem der Verteidiger des Beschuldigten zu nennen ist, wird einerseits die persönliche Ausrichtung des Strafbefehls nochmals vertieft. In der Sache ist das Erfordernis aber nicht nur ein Beitrag zur inhaltlichen Konkretisierung des Strafbefehls; es erhöht vielmehr den Informationsgehalt des Strafbefehls (LR/*Stuckenberg* § 200, 55) und fördert eine Prüfung des Strafbefehls durch den Verteidiger. Fehlerhafte oder fehlende Namensangaben führen nach allg.M. nicht zu einem Prozesshindernis. Sie sollen schlicht **folgenlos** bleiben.

4. Die Tatbezeichnung nach Sachverhalt und Gesetz

9 **a) Umfang.** § 409 Abs. 1 Satz 1 Nr. 3 verlangt die Bezeichnung der Tat, die dem Angeklagten zur Last gelegt wird, Zeit und Ort ihrer Begehung und die Bezeichnung der gesetzlichen Merkmale der Straftat. Damit verlangt das Gesetz schon im Strafbefehl (ohne Berücksichtigung sonstiger Erkenntnisquellen, etwa des Akteninhalts), wie bei der Anklageschrift (s. o. Rn. 4),[14] eine **eindeutige Individualisierung**[15] **des Verfahrensgegenstandes der Tat des Angeklagten** unabhängig von der Wahrheit des Vorwurfs. In der Rechtsprechung wird dies vielfach damit begründet, dem Strafbefehl komme angeblich die Funktion eines Eröffnungsbeschlusses[16] zu.[17] Die Notwendigkeit einer Individualisierung des Verfahrensgegenstandes ergibt sich in jedem Fall aus den zwei zentralen Funktionen, die Eröffnungsbeschluss und Strafbefehl gleichermaßen (s. dazu

---

10 BGHSt **23** 336; OLG Düsseldorf JMBlNRW **1974** 107; OLG Frankfurt NJW **1979** 2161; OLG Hamm VRS **40** (1971) 460; OLG Koblenz MDR **1974** 776; SK/*Weßlau* 4; KMR/*Metzger* 3; HK/*Brauer* 2; HK-GS/*Andrejtschitsch* 2; vgl. auch das instruktive Beispiel von *Göhler* NStZ **1983** 64 in seiner Stellungnahme zu OLG Karlsruhe VRS **62** (1982) 289.

11 OLG Hamm VRS **46** (1974) 146; zu Unrecht weniger streng BayObLG JR **1973** 28, wonach solche Mängel im Wege der Berichtigung behoben werden können.

12 OLG Hamm JR **1971** 383; VRS **46** (1974) 147; Göhler/*Seitz*/*Bauer* § 66 OWiG, 5 m.w.N.

13 LG Berlin NStZ **2005** 119; Meyer-Goßner/*Schmitt* 2; ebenso für den Fall einer Personenverwechslung in einer zugelassenen Anklage BGH NStZ **1990** 290 f.

14 BGHSt **23** 336, 340; OLG Karlsruhe wistra **1994** 319, 321; KK/*Maur* 5; HK/*Brauer* 5.

15 Vgl. OLG Karlsruhe wistra **1994** 320: „Einzigkeitsgewährleistung".

16 Vgl. z.B. OLG Düsseldorf NJW **1989** 2145; NStZ **1991** 1999; OLG Karlsruhe Justiz **1993** 203, 204.

17 S. dagegen aber § 408, 37.

oben Rn. 2) zukommen müssen:[18] der **Umgrenzungs-** und der **Informationsfunktion.**[19] So muss der Strafbefehl zum einen für den Angeklagten eindeutig erkennen lassen, wessen er beschuldigt wird und wogegen er sich verteidigen muss, damit er „in die Lage versetzt" wird, „vorab zu entscheiden, ob er Einspruch einlegen soll"; zum anderen muss der Strafbefehl „den Prozeßgegenstand hinsichtlich der Entscheidungsbefugnis des Gerichts und hinsichtlich des Umfangs der möglichen Rechtskraft einer gerichtlichen Entscheidung festlegen".[20]

Notwendig ist, das **konkrete Handlungsgeschehen**, das die gesetzlichen Merkmale verwirklichen soll, in allgemein verständlichen Worten der Umgangssprache **anzugeben**; nicht ist etwa (nur) das Ergebnis einer rechtlichen Subsumtion[21] in juristischen Begriffen wiederzugeben. Im Strafbefehl darf ein möglicher Täter also nicht beschuldigt werden, „eine fremde Sache in rechtswidriger Zueignungsabsicht weggenommen zu haben". Vielmehr ist etwa anzugeben, der Täter habe einem konkret genannten anderen Menschen eine diesem gehörende Brieftasche mit Inhalt aus dessen Hosentasche gezogen, um die Brieftasche samt Inhalt für sich zu verwenden. Allerdings sollen allgemein verständliche Kurzbezeichnungen wie „beleidigen" durchaus verwendbar sein.[22] Da dies jedoch abermals keinen Sachverhalt, sondern eine Subsumtion mitteilen würde, darf die Praxis hierbei tatsächlich nicht stehen bleiben. Ferner sind die Tatsachen anzugeben, aus denen sich ergibt, dass der Angeklagte **vorsätzlich oder fahrlässig** gehandelt hat: Die allein subsumierende Bezeichnung des vorgeworfenen Verhaltens als „vorsätzlich" reicht nicht[23] aus. Ebenso ist die dem Angeklagten angelastete Beteiligungsform durch die Angabe des ausfüllenden Sachverhalts zu substantiieren.[24] **Der Genauigkeitsgrad** der Schilderung richtet sich dabei nach den **Individualisierungserfordernissen** des Einzelfalls.[25] Die Schilderung muss daher unabdingbar z.B. Orts- und Zeitangaben enthalten.[26] Bei einer wahldeutigen Beschuldigung bedarf es der Angabe jener Umstände, aus denen sich die exklusive Alternativität der zur **Wahlfeststellung** in Betracht kommenden Sachverhalte ergibt.[27] 10

Gem. § 409 Abs. 1 Satz 1 Nr. 4 muss der Strafbefehl ferner die auf das individualisierte Verhalten (o. Rn. 10) anzuwendenden **Vorschriften** entsprechend § 260 Abs. 4 Satz 1 11

---

18 Vgl. dazu *Rieß* JR **1989** 438.

19 BGHSt **23** 336, 339; BGH NStZ **1984** 229; BayObLG wistra **1991** 195; OLG Düsseldorf NJW **1989** 2145 mit zust. Anm. *Rieß* JR **1989** 437; NStZ **1991** 99; StV **1989** 473; wistra **1988** 365; OLG Karlsruhe wistra **1994** 319, 320; OLG Stuttgart Justiz **1993** 266.

20 Zu beidem etwa schon OLG Düsseldorf wistra **1991** 195 mit Anmerkung *Franzheim* JR **1991** 389, der die sich schon aus dem der Personenwürde zugehörenden Verteidigungsrecht ergebende Informationsfunktion zu Unrecht bestreitet, weil sie im Gesetz keine Stütze fände; *Puppe* NStZ **1982** 230, 235.

21 Vgl. RiStBV Nr. 177 Abs. 1 Satz 2: Keine Beschränkung auf formelhafte Bezeichnungen mit den Worten des Gesetzes.

22 Vgl. entsprechend mit anderem Beispiel OLG Hamm NJW **1970** 579.

23 OLG Düsseldorf NStZ-RR **1997** 113, 114; KK/*Maur* 5.

24 OLG Düsseldorf NStZ **1991** 99, 100.

25 BayObLG wistra **1991** 195, 196; OLG Düsseldorf StV **1989** 473, 474.

26 BGHSt **23** 336; BayObLG MDR **1970** 440; OLG Braunschweig NJW **1964** 2364; OLG Hamm NJW **1970** 579; NJW **1972** 1062; VRS **50** (1976) 58; Meyer-Goßner/*Schmitt* 4.

27 OLG Stuttgart NJW **1996** 2879. Zur notwendigen Individualisierung von **Steuerstraftaten** in einem Strafbefehl s. BayObLG wistra **1991** 195; OLG Düsseldorf NJW **1989** 2145 mit zust. Anm. *Rieß* JR **1989** 437; NStZ **1991** 99; OLG Karlsruhe wistra **1994** 319, 321 (gegen OLG Düsseldorf NJW **1989** 2145). Wegen einer Straftat nach **§ 106 UrhG** s. OLG Düsseldorf StV **1989** 473 und wegen einer tateinheitlich zum Nachteil mehrerer Geschädigter begangenen Beleidigung s. OLG Stuttgart Justiz **1993** 266.

„nach Paragraph, Absatz, Nummer, Buchstabe und mit der Bezeichnung des Gesetzes" aufweisen, also das übertretene Strafgesetz exakt angeben.

12 **b) Mängel.** Ist mangels ausreichender Konkretisierung nicht ersichtlich, welche Tat dem Angeklagten vorgeworfen wird, ist der Sachverhalt derart unvollständig oder ungenau wiedergegeben, dass er nicht ermöglicht, die dem Beschuldigten zur Last gelegte Tat gegenüber anderen möglichen gleichartigen oder ähnlichen Taten in einer die Verwechslungsgefahr ausschließenden Weise abzugrenzen.[28] In diesem Fall soll der Strafbefehl nach herrschender Ansicht zwar noch nicht nichtig sein.[29] Er soll deshalb weiter verjährungsunterbrechende Wirkung[30] entfalten, der Rechtskraft fähig und nach deren Eintritt vollstreckbar sein. Auch die herrschende Ansicht will jedoch in diesen Fällen bei einem eingelegten Einspruch zugestehen, dass dem Strafbefehl die notwendige verfahrensbegrenzende Wirkung fehle; sie erkennt deshalb ein Prozesshindernis an, das auf Einspruch von Amts wegen zu berücksichtigen sei und zur **Einstellung** des Verfahrens[31] führe. Zutreffend kann es aber lediglich sein, die Nichtigkeit anzuerkennen; es ist schlicht nicht zu erkennen, weshalb die Grundbedingung der Umgrenzungsfunktion und damit die Bestimmung des Verfahrensgegenstands bei einem Rechtskraft ermöglichenden Akt verzichtbar sein sollte.[32] Es liegt dafür weder eine gesetzliche Anordnung noch eine dahingehende gesetzliche Andeutung vor. Mangelt es an der notwendigen Umgrenzung, tritt mit dem Erlass des Strafbefehls auch keine anderweitige Rechtshängigkeit ein.[33]

13 **Andere Mängel** bei der Konkretisierung der Tat, die die Abgrenzung der Tat gegenüber anderen Taten nicht in Frage stellen, sondern allein die Vorbereitung der Verteidigung des Angeklagten erschweren, sind nach herrschender Ansicht für die Rechtswirksamkeit des Strafbefehls als Verfahrensgrundlage **bedeutungslos.**[34] Sie können, falls sie nicht schon vorher etwa durch Akteneinsicht des Verteidigers behoben sind, durch entsprechende Aufklärung und Belehrung des Angeklagten durch den Vorsitzenden in der Hauptverhandlung geheilt[35] werden. Dies betrifft z.B. eine irrtümliche Angabe der Tatzeit[36] oder des Tatorts,[37] sofern dadurch die Tatidentität nicht berührt[38] wird. Gleiches soll im letztgenannten Fall für fehlende oder fehlerhafte Angaben dazu gelten, ob der Angeklagte vorsätzlich oder fahrlässig gehandelt[39] hat. Ebenso ist danach bedeutungslos, ob das angewendete Strafgesetz nicht oder unrichtig[40] angegeben ist. Frei von

---

28 Bestätigend BGH NStZ-RR **2019** 187 f. m.w.N.

29 KK/*Maur* 23; Meyer-Goßner/*Schmitt* 4; KMR/*Metzger* 12; AK/*Loos* 19; *Pfeiffer* 11: **a.A.** HK/*Brauer* 5; SK/*Weßlau* 30.

30 BayObLGSt **26** 42; **1951** 355; HRR **1926** Nr. 981.

31 BGHSt **23** 326; KG VRS **48** (1975) 444; OLG Hamm NJW **1970** 579; VRS **48** (1975) 369; KK/*Maur* 23; Meyer-Goßner/*Schmitt* 4; SK/*Weßlau* 30; KMR/*Metzger* 12; AK/*Loos* 19; HK-GS/*Andrejtschitsch* 5; *Ranft* JuS **2000** 633, 635.

32 Wie hier u. a. SK/*Weßlau* 30 m.w.N. zur Rechtsprechung; ebenso, aber mit einer Ausnahme für den Fall des anschließend ergehenden Urteils HK/*Brauer* 5.

33 BGH NStZ-RR **2019** 187 f. m.w.N.

34 AK/*Loos* 20.

35 BGHSt **23** 336, 341 m.w.N.; BayObLG NJW **1972** 1771, 1772; OLG Bremen MDR **1953** 616.

36 OLG Hamm NJW **1958** 1836; OLG Schleswig SchlHA **1970** 201.

37 OLG Hamm NJW **1973** 1709.

38 BayObLG VRS **47** (1974) 298.

39 OLG Düsseldorf JMBlNRW **1979** 259.

40 OLG Hamm NJW **1972** 1062; VRS **50** (1976) 58; OLG Karlsruhe VRS **47** (1974) 296; OLG Koblenz NJW **1975** 2306; KK/*Maur* 23; Meyer-Goßner/*Schmitt* 5.

Bedenken ist allerdings auch diese Rechtsprechung nicht; die allzu früh eingepreisten „Heilungen" sind Schall und Rauch, wenn der in der Regel unverteidigte Angeschuldigte – ggf. auch infolge der Fehlinformationen – die Mängel nicht im Verfahren über den Einspruch zur Sprache bringt. Ferner ist eine *ad hoc*-Heilung in der Hauptverhandlung regelmäßig nicht geeignet, dem Beschuldigten entgegen Art. 6 Abs. 3 lit. b EMRK eine sofortige Entscheidung im anberaumten Termin aufzuzwingen.

5. Die Angabe der Beweismittel. Gem. § 409 Abs. 1 Satz 1 Nr. 5 müssen die Beweismittel wie in der Anklageschrift (vgl. § 200 Abs. 1 Satz 2) so genau bezeichnet sein, dass der Beschuldigte möglichst prüfen kann, ob der ihm gegenüber gemachte Schuldvorwurf beweisbar ist; er soll die **Erfolgsaussichten** eines Einspruchs **abwägen** können. Unzulänglich sind deshalb Angaben wie „Augenschein" oder „Zeugenaussage"; der Beschuldigte hat im Interesse seiner Verteidigung ein Recht zu wissen, wer als Zeuge zur Verfügung steht.[41] Neben dem Namen sollte auch die Anschrift des Zeugen angegeben[42] werden; jedoch kann es im Interesse einer ersten Stufe des Zeugenschutzes bei entsprechenden rechtfertigenden Gründen ausreichen, „die Erreichbarkeit der namentlich benannten Zeugen [...] mit Blattzahlen der Ermittlungsakte zu belegen".[43] Die Angabe „Anzeige" wurde früher als genügende Beweismittelangabe gewertet, weil sie dahin zu verstehen sei, dass damit auf die Aussage des Anzeigeerstatters Bezug genommen[44] werde. Den heutigen strengeren, auf das Verteidigungsinteresse des Beschuldigten Rücksicht nehmenden Anforderungen an die Benennung der Beweismittel (s. dazu die durch das OrgKG in § 200 Abs. 1 neu eingefügten Sätze 3 und 4) kann die bloße Angabe „Anzeige", die auch schon früher als unzulänglich empfunden wurde, aber nicht[45] genügen. 14

Die mangelnde Angabe von Beweismitteln soll aber wiederum rechtlich **bedeutungslos** sein;[46] gleiches wird für ihre unzulängliche[47] Bezeichnung angenommen. Auch dieser Auslegungsstand ist aber problematisch. Ein entsprechend mangelhaftes Informationsverhalten des Staates kann im Einzelfall die Entscheidung über den Einspruch bis hin zu den Verfahrenskosten folgenreich beeinflussen; eine solche Beeinflussung schließt hier aber schon das Gesetz aus. Liegt ein solcher Fall vor, muss dies z.B. im Rahmen eines Wiedereinsetzungsantrages Berücksichtigung finden.[48] 15

6. Die Festsetzung der Rechtsfolgen. Die Rechtsfolgen sind gem. § 409 Abs. 1 Satz 1 Nr. 6 so **genau** festzusetzen, dass ihre **Vollstreckung** möglich ist. Folglich sind bei der Festsetzung einer Geldstrafe z.B. die Zahl und die Höhe der Tagessätze (nicht notwendig: die Angabe der Gesamtsumme) anzugeben. Bei der Verwarnung mit Strafvorbehalt ist der Schuldspruch, bei der Bestimmung der vorbehaltenen Geldstrafe wiederum die Zahl und die Höhe der Tagessätze sowie bei der Einziehung die genaue Bezeichnung des Gegenstandes erforderlich usw. Eine **Begründung** ist grundsätzlich nicht[49] 16

---

41 OLG Hamm NJW **1970** 579 f.; siehe ferner zum Konfrontationsrecht m.w.N. MüKo/*Gaede* Art. 6 EMRK, 238 ff.
42 BayObLG MDR **1970** 440; OLG Celle NJW **1970** 580.
43 KMR/*Metzger* 14.
44 So BayObLG JW **1928** 1751; GA **71** (1927) 518.
45 KG GA **71** (1927) 46; *Eb. Schmidt* 3; KK/*Maur* 7; Meyer-Goßner/*Schmitt* 6; *Schorn* (Verfahren) 30.
46 BayObLG JW **1928** 1751.
47 OLG Frankfurt NJW **1970** 160; OLG Celle NJW **1970** 441; OLG Hamm NJW **1970** 579 f.; Göhler/*Seitz*/*Bauer* § 66 OWiG, 29; allg.M.
48 S. auch § 408, 39.
49 KK/*Maur* 8, 8a; Meyer-Goßner/*Schmitt* 7.

erforderlich. Sie ist aber nicht unzulässig und kann z.B. im Hinblick auf die Höhe der Geldstrafe angebracht[50] sein. Anderes gilt für den Fall des Absehens von der Entziehung der Fahrerlaubnis (Absatz 1 Satz 3; u. Rn. 21). Ferner kann die Begründung ausnahmsweise bei der Festsetzung einer Freiheitsstrafe schon im Hinblick auf § 453b[51] und die §§ 47, 56 Abs. 1 StGB notwendig sein.

17 **a) Nichtigkeit.** Ist im Strafbefehl die **Festsetzung** von Rechtsfolgen **unterblieben** oder werden im Katalog des § 407 Abs. 2 **nicht enthaltene Rechtsfolgen** festgesetzt, so liegt schon keine der Rechtskraft fähige Entscheidung vor.[52] Eine Vollstreckung scheidet in diesem Fall aus. Der Mangel ist hier auch nach der Ansicht der Praxis derart schwerwiegend, dass er den gesamten Strafbefehl erfasst und zu dessen **Nichtigkeit** führt.[53] Wird der Strafbefehl im Falle eines zulässigen Einspruchs jedoch angefochten, steht nicht seine potentielle Eignung als urteilsgleicher Vollstreckungstitel in Rede. Es trifft zwar zu, dass die Nichtigkeit einer richterlichen verfahrensabschließenden Entscheidung nicht von ihrer Anfechtung abhängig gemacht werden kann;[54] vielmehr ist die anzunehmende schwerwiegende Mangelhaftigkeit maßgeblich.[55] Auch die etwaige Rücknahme des Einspruchs kann dann nicht zu einem wirksamen Strafbefehl führen. Der zu den Rechtsfolgen fehlerhafte Strafbefehl kann **im Fall des zulässigen Einspruchs** aber noch immer **taugliche Grundlage für eine Hauptverhandlung** sein, die nicht nur die Nichtigkeit des Strafbefehls feststellen muss.[56]

18 Von der Nichtigkeit ist auch auszugehen, wenn in einem Strafbefehl gegen **zwei bestimmt bezeichnete Personen eine einzige** Geldstrafe (wenn auch unter Angabe von Zahl und Höhe der Tagessätze) festgesetzt wird; dies kann nicht dahingehend verstanden werden, dass gegen jeden Beschuldigten die gleiche Geldstrafe oder gegen jeden die Hälfte des Gesamtbetrages festgesetzt sei.[57] Ist bei der Anordnung eines **Fahrverbots lediglich** dessen **Dauer** nicht bestimmt, kann nichts anderes gelten, als wenn Zahl und Höhe der Tagessätze der Geldstrafe nicht festgesetzt wurden: Es ist also die *Wirkungslosigkeit* dieser *Anordnungen*[58] bei *Wirksamkeit* des *Strafbefehls* anzunehmen. Eine Umdeutung in ein Fahrverbot bis zur gesetzlichen Mindest- oder Höchstdauer erscheint nicht statthaft,[59] während eine Unterschreitung (Fahrverbot für zwei Wochen) hinzunehmen[60] wäre. Entsprechendes gilt, unterbleibt bei **Entziehung der Fahrerlaubnis** gesetzwidrig (§ 69a StGB) die Festsetzung einer Sperre oder umgekehrt bei einer (irrig) isolierten Sperrfristentscheidung die Entziehung[61] der Fahrerlaubnis; eine nachträgliche Ergänzung ist nicht zulässig.[62]

---

50 KMR/*Metzger* 17.
51 KK/*Maur* 8a; KMR/*Metzger* 17.
52 Wohl in diesem Sinne BGHSt **30** 93, 97: keine richterliche Entscheidung; OLG Düsseldorf MDR **1984** 690.
53 S. erneut BGHSt **30** 93, 97.
54 So schon Göhler/*Seitz*/*Bauer* § 66 OWiG, 48 und 38 und LR/*Gössel*[26] 17.
55 KK/*Maur* 24; Meyer-Goßner/*Schmitt* 7; SK/*Weßlau* 32; AK/*Loos* 22; HK/*Brauer* 9; *Pfeiffer* 11.
56 KK/*Maur* 24; Meyer-Goßner/*Schmitt* 7; SK/*Weßlau* 32; AK/*Loos* 22; HK/*Brauer* 9; *Pfeiffer* 11.
57 OLG Karlsruhe MDR **1974** 955 m.w.N.
58 Göhler/*Seitz*/*Bauer* § 66 OWiG, 20.
59 Vgl. dazu KK/*Maur* 26; KMR/*Metzger* 20.
60 KK/*Maur* 26.
61 LG Mannheim StV **1995** 460.
62 KK/*Maur* 27.

b) Berichtigungsfähige Mängel. Berichtigungsfähige heilbare **Mängel** führen **nicht** zur Nichtigkeit (u. Rn. 49). Dies soll auch für die **Überschreitung** des zulässigen **Höchstmaßes** bei der Festsetzung der Rechtsfolge gelten.[63] 19

7. Die Kosten. Schon gem. §§ 464 Abs. 1, 465 **muss** der Strafbefehl eine **Kostenentscheidung** enthalten. Unterbleibt sie, hindert dies die Wirksamkeit des Strafbefehls gleichwohl nicht.[64] Es fehlt jedoch an einem Titel, um den Bestraften für die Kosten in Anspruch zu nehmen; auch eine spätere Nachholung scheidet aus,[65] der Verurteilte bleibt von den Kosten befreit. Zur Kostenentscheidung hinsichtlich des Nebenklägers und des nebenklageberechtigten Verletzten s. LR/*Hilger*[25] Erl. zu § 472. Der verurteilte Angeklagte trägt seine **notwendigen Auslagen** selbst.[66] Deshalb enthält der Strafbefehl keine Auslagenentscheidung.[67] Aufnehmbar ist aber ein etwaiger Entschädigungsausspruch nach § 8 Abs. 1 StrEG, ohne den „keine Entschädigungsgrundentscheidung vorliegt" und ebenso wenig ein entsprechender Titel zur Durchsetzung eines Entschädigungsanspruchs; eine Nachholung ist auch hier nicht möglich.[68] 20

IV. Formelle Voraussetzungen

1. Begründung. Während eine **Begründung** für die im Strafbefehl **festgesetzten** Rechtsfolgen **nicht** erforderlich ist (o. Rn. 16), ist im umgekehrten Fall die Nichtfestsetzung einer in Betracht kommenden Entziehung der Fahrerlaubnis nach § 69a Abs. 1 oder der Verhängung einer isolierten Sperre nach § 69a Abs. 1 Satz 3 StGB gem. **§ 409 Abs. 1 Satz 3 i. V. m. § 267 Abs. 6 Satz 2** mit einem sog. **Negativvermerk ausdrücklich zu begründen.**[69] Die Bedeutung des „Negativvermerks" ergibt sich aus § 3 Abs. 4 und § 4 Abs. 3 Satz 3 StVG, wonach die Verwaltungsbehörde im verwaltungsmäßigen Entziehungsverfahren nicht zum Nachteil des Beschuldigten vom Inhalt des Strafbefehls abweichen darf, soweit er sich auf die Feststellung des Sachverhalts oder die Beurteilung der Schuldfrage oder die Eignung zum Führen von Kraftfahrzeugen bezieht. Der Negativvermerk im Strafbefehl bindet also die Verwaltungsbehörde. Er ist auch (und hier sogar besonders) erforderlich, wenn im Strafbefehl auf ein Fahrverbot erkannt wird. 21

Unterbleibt der **Negativvermerk**, der nur in Verbindung mit der Entscheidung möglich ist, also nicht nachgeholt werden kann, so ist dies für den Bestand des Strafbefehls ohne Bedeutung. Die Verwaltungsbehörde ist dann nicht gebunden und kann nunmehr die strafrichterliche Verurteilung zum Anlass nehmen, die Fahrerlaubnis nach § 3 StVG zu entziehen.[70] Verwaltungsbehörden und -gerichte versuchen allerdings zunehmend, sich auch darüber hinaus von der in § 3 Abs. 4 Satz 1, § 4 Abs. 3 StVG normierten Bindungswirkung in einer mit Gesetzeswortlaut und -sinn kaum noch zu vereinbarenden Weise zu befreien, indem sie entgegen der im Bereich des Strafrechts bedenklicherweise h. M., der- 22

63 Dazu aber schon § 408, 39.
64 KK/*Maur* 9.
65 BGH NStZ-RR **1996** 352; LG Berlin NJW **1968** 1733 f.
66 LR/*Hilger*[26] § 465, 1.
67 KK/*Maur* 9; *Huber* NStZ **1985** 18, 19.
68 *Meyer* MDR **1992** 219; dazu KK/*Maur* 9.
69 Vgl. RiStBV Nr. 177 Abs. 2.
70 Hentschel/König/Dauer/*Dauer* § 3 StVG, 58 ff.

zufolge mehr als formelhafte Wendungen nicht erwartet werden können,[71] an den „Negativvermerk" hohe Anforderungen stellen. Insbesondere verlangen sie eine **ausdrückliche Prüfung der Geeignetheit zum Führen von Kraftfahrzeugen** in der strafrichterlichen Entscheidung als Voraussetzung der Bindungswirkung, während zum Beispiel der Umstand einer gar nicht erwiesenen Fahrt unbeachtlich sein soll.[72] Die Behörden begnügen sich insoweit nicht mit einem Hinweis auf die seit der Tatbegehung verstrichene Zeit oder auf andere zwischenzeitlich eingetretenen Umstände, die zu beurteilen sind.[73] Sie machen eine Bindungswirkung sogar von der **fehlerfreien Ermittlung des Sachverhalts durch den Strafrichter** abhängig, wenn etwa ein unrichtiger Registerauszug zu einer übersehenen Vortat geführt hat.[74] Dies dürfte die bindenden Regelungen des StVG aber unter unzulässiger Anmaßung strafverfahrensrechtlicher revisionsrichterlicher Prüfungsbefugnisse **unterlaufen.**[75] Die auf verwaltungsrechtliche Prävention bedachte Reduktion der Bindungswirkung müsste der Gesetzgeber herbeiführen oder doch wenigstens klarstellen.

23 **2. Belehrungen.** Mit § 409 Abs. 1 Satz 1 Nr. 7 werden zunächst zentrale Belehrungspflichten hinsichtlich der **Anfechtung** des Strafbefehls selbst und der Folgen einer unterlassenen Anfechtung aufgestellt. § 409 Abs. 1 Satz 2 gebietet ferner Belehrungen im Zusammenhang mit der **Festsetzung spezieller Rechtsfolgen.** Darüber hinaus sind weitere Belehrungspflichten zu beachten, die schon aus **anderen Vorschriften** resultieren.

24 **a) Belehrung über die Anfechtung des Strafbefehls.** Der Angeklagte und der ihm insoweit gleichstehende Einziehungsbeteiligte (§§ 427 Abs. 1, 444 Abs. 2 Satz 2) sind nach § 409 Abs. 1 Satz 1 Nr. 7 sowohl über die Möglichkeit des **Einspruchs** selbst als auch über die dabei einzuhaltenden Form- und Fristvorschriften[76] zu belehren. Darüber hinaus erstreckt sich die Belehrungspflicht auf die Folgen der **Rechtskraft** und der Vollstreckbarkeit für den Fall einer unterlassenen Anfechtung (§ 410 Abs. 3). Ist der Beschuldigte ein der deutschen Sprache nicht hinreichend mächtiger **Ausländer,** so gehört zur Rechtsbehelfsbelehrung in der Regel eine schriftliche Übersetzung in eine dem Beschuldigten geläufige Sprache (s. schon allgemein zum Strafbefehl § 187 Abs. 2 GVG und Rn. 43 zum Unionsrecht).[77] S. ferner zur Belehrung bei der Zustellung an Zustellungsbevollmächtigte gegenüber Unionsbürgern § 410, 27. Der gesetzliche Vertreter braucht über sein eigenes Anfechtungsrecht nicht belehrt[78] zu werden. Ihm ist der Strafbefehl aber gem. § 409 Abs. 2 mitzuteilen.

25 Ermangelt der Strafbefehl der Anfechtungsbelehrung, so bildet dies in entsprechender Anwendung der §§ 35a, 44 Satz 2 kraft Gesetzes einen **Wiedereinsetzungsgrund.**

---

71 Meyer-Goßner/*Schmitt* 11; *Nüse* JR **1965** 44.

72 VG Neustadt ZfS **1999** 221; BVerwG NJW **1989** 116 lässt die Bindungswirkung schon dann entfallen, wenn es unklar bleibt, ob die Eignung geprüft wurde; NJW **2012** 3669, 3672; zum auch heute entsprechenden Auslegungsstand Burmann/Heß/Hühnermann/Jahnke/*Hühnermann* § 3 StVG, 113 m.w.N.

73 BVerwG NZV **1989** 125.

74 BVerwG NZV **1988** 37: Verwendung unrichtiger Auszüge aus dem Bundes- oder dem Verkehrszentralregister; Burmann/Heß/Hühnermann/Jahnke/*Hühnermann* § 3 StVG, 113 m.w.N.

75 Kritisch zu BVerwG NJW **1989** 116 mit Recht auch *Hentschel* NZV **1989** 100.

76 Über den im Einzelfall konkreten Fristenlauf braucht aber nicht belehrt zu werden, vgl. BVerfG **31** 388, 390; KK/*Maur* 11.

77 So neben der Vorauflage etwa schon BVerfG **42** 120, 124 f. m.w.N.; BayObLG Rpfleger **1976** 21.

78 KK/*Maur* 11; Meyer-Goßner/*Schmitt* 9.

Das entspricht der heute allg.M.[79] Gleiches gilt, wenn der Adressat des Strafbefehls ein **Ausländer** ist und die in der vorherigen Randnummer erwähnte Übersetzung der Belehrung in eine ihm geläufige Sprache fehlt.[80]

b) Belehrung bei Freiheitsstrafe

aa) Bewährungsbeschluss. Während im Strafbefehl nur der Schuldspruch und die Rechtsfolge nebst der Anordnung der Aussetzung der Vollstreckung der festgesetzten Freiheitsstrafe zur Bewährung erscheinen, wird über die **Bewährungszeit**, etwaige **Auflagen, Weisungen** und die etwaige Anordnung von **Bewährungshilfe** (§§ 59a, 56a bis 56d StGB) in einem besonderen **Beschluss (§ 268a)** entschieden. Er wird üblicherweise zugleich mit dem Strafbefehl zugestellt. Seine förmliche Zustellung ist aber nicht erforderlich, weil er mit der einfachen Beschwerde anfechtbar ist (§ 305a Abs. 1) und daher keine Frist in Lauf gesetzt wird (§ 35 Abs. 2 Satz 2). **Unterbleibt** der Erlass des Bewährungsbeschlusses versehentlich, so ist eine Nachholung schon deshalb unmöglich, weil diese Entscheidung nach § 268a zusammen mit der Hauptentscheidung zu ergehen hat und weder § 453 StPO noch § 56e StGB eine Nachholung des unterlassenen Bewährungsbeschlusses erlauben. Auch eine analoge Anwendung jedenfalls im Strafbefehlsverfahren kann nicht in Betracht kommen, weil der Angeklagte den Strafbefehl „möglicherweise auch wegen unterbliebener Bewährungsweisungen und Auflagen um den Preis weiterer Aufklärung in einer Hauptverhandlung akzeptiert hat".[81] Allerdings wird sich dem Unterlassen des Bewährungsbeschlusses nicht der Fall gleichstellen lassen, in welchem dem Angeklagten der rechtzeitig erlassene Bewährungsbeschluss erst nach Ablauf der Frist zur Einlegung des Einspruchs gegen den Strafbefehl zugestellt[82] wird. Hier liegt ein wirksamer Beschluss vor, der auch nicht hinsichtlich seiner Wirkungen gleichsam als „quasi nichtig" behandelt werden[83] kann. Dem berechtigten Vertrauensschutz des Angeklagten ist in diesem Fall Rechnung zu tragen, indem ihm in (analoger) Anwendung des § 44 Wiedereinsetzung gegen die durch die verspätete Bekanntgabe bedingte Versäumung der Einspruchsfrist gewährt wird. Wird der Strafbefehl rechtskräftig, so ist gegen den mit dem Strafbefehl ergangenen Beschluss nach § 268a Abs. 1 die Beschwerde gemäß § 305a zulässig. 26

bb) Gegenstand der Belehrung. Nach § 409 Abs. 1 Satz 2 in Verbindung mit § 268a Abs. 3 ist der Angeklagte sowohl über die **Bedeutung der Strafaussetzung** zur Bewährung zu **belehren** als auch über die der übrigen in dem nach § 268a Abs. 1 erlassenen Bewährungsbeschluss erlassenen Anordnungen. 27

Eine **Belehrung über die Beschwerdemöglichkeit** ist nicht vorgeschrieben, kann sich aber **empfehlen**, um einen Beschuldigten, der sich nur gegen den Beschluss wenden will, von einem nicht zielführenden Einspruch abzuhalten. Legt der Beschuldigte aber Einspruch ein, so wird der Beschluss nach § 268a Abs. 1 gegenstandslos, da, falls noch notwendig, über die etwaige Strafaussetzung zur Bewährung dann im Urteil auf 28

---

79 Vgl. z.B. *Eb. Schmidt* Nachtr. 110; KK/*Maur* 11; Meyer-Goßner/*Schmitt* 9; HK-GS/*Andrejtschitsch* 10; zur obsoleten Gegenmeinung – bei fehlender Belehrung liege schon kein Strafbefehl vor – vgl. LR/*Schäfer*[23] 21.

80 Dazu aber näher § 410, 26 f.

81 LG Freiburg StV **1993** 122 f.

82 So aber LG Freiburg StV **1994** 534; dagegen nun auch LG Mönchengladbach NStZ-RR **2014** 284 f.; Meyer-Goßner/*Schmitt* 22.

83 Vgl. dazu schon BGHSt **33** 230.

Grund der Hauptverhandlung zu entscheiden und ggf. ein neuer Bewährungsbeschluss zu erlassen ist.

29 **cc) Unterbleiben der Belehrung.** Die in § 409 Abs. 1 Satz 2, § 268a Abs. 3 vorgeschriebene **Belehrung** erfolgt grundsätzlich schriftlich zugleich mit der Zustellung des Strafbefehls und des Beschlusses über die Bewährungszeit und -auflagen, etc. Unterblieb sie zunächst, kann sie **nachträglich** mündlich in einem besonderen Termin durch den Strafbefehlsrichter oder den von ihm ersuchten Richter beim Amtsgericht des vom Gerichtssitz verschiedenen Wohn- oder Aufenthaltsortes des Beschuldigten[84] (**§ 453a**) durchgeführt werden.

30 **c) Belehrung über die Bedeutung der Verwarnung mit Strafvorbehalt.** Wird antragsgemäß Verwarnung mit Strafvorbehalt festgesetzt, so erscheint gemäß § 260 Abs. 4 Satz 4, § 268a Abs. 1 im Strafbefehl nur der Schuldspruch, die Verwarnung und die vorbehaltene Strafe (§ 59 StGB) und ggf. die Festsetzung der in § 59 Abs. 2 StGB bezeichneten Nebenfolgen. Die Anordnungen über die Dauer der Bewährungszeit und über die Bewährungsauflagen sind in einem besonderen Beschluss zu treffen (§ 268a Abs. 1). Im Übrigen gelten die obigen Darlegungen zu Rn. 26 bis 29 entsprechend.

31 **d) Belehrung bei Fahrverbot.** Die bei der Anordnung eines Fahrverbots in § 409 Abs. 1 Satz 2 i. V. m. § 268c Satz 1 vorgeschriebene Belehrung bezieht sich nur auf den **Beginn der Verbotsfrist** (§ 44 Abs. 3 Satz 1 StGB). Sie dient der Unterrichtung des Beschuldigten, da der Beginn und damit die Dauer des Fahrverbots von mannigfachen Umständen abhängt und die Rechtskraft des Strafbefehls allein nicht maßgebend ist. Diese Belehrung erfolgt im oder zugleich mit dem Strafbefehl. Eine dem § 453a entsprechende Vorschrift über die **Nachholung** der unterbliebenen Belehrung ist nicht in das Gesetz aufgenommen. Gleichwohl muss der Richter, wenn er das Versehen bemerkt, die Belehrung (schriftlich) nachholen.[85] Die Vollstreckungsbehörde muss dies tun, wenn sie die Herausgabe des Führerscheins zur Vollstreckung verlangt (§ 59a Abs. 4 Satz 1 StVollstrO).

32 **e) Belehrung Einziehungsbeteiligter.** Bei der **Einziehung, Vernichtung und Unbrauchbarmachung täterfremden oder mit Rechten Dritter belasteten Eigentums** (dazu § 407, 31 ff.) ist ebenfalls eine Belehrung über die mögliche Anfechtung des Strafbefehls (o. Rn. 24) geboten. Dies muss auch den Hinweis an den Einziehungsbeteiligten nach § 429 Abs. 3 Nr. 3 in Verbindung mit § 432 Abs. 1 Satz 2 (aber mit versehentlichem Verweis auf Nr. 2) enthalten, dass die Entscheidung über die Einziehung auch ihm gegenüber wirksam ist. Zudem kann, soweit dies nicht bereits vor Erlass des Strafbefehls geschehen ist, die **Anordnung der Einziehungsbeteiligung** (§ 424 Abs. 1) im Strafbefehl ergehen. Entsprechendes gilt bei der **Anordnung der Nebenbeteiligung** gemäß § 444.

33 Die **Unterlassung** der Beteiligungsanordnung nach § 424 lässt dem Betroffenen die Möglichkeit offen, seine Rechte im Nachverfahren nach § 433 zu wahren. Der Hinweis nach § 432 Abs. 1 Satz 2 belehrt den Einziehungsbeteiligten darüber, dass eine ihm gegenüber wirksame Nebenfolge festgesetzt ist, deren er sich durch Einspruch erwehren kann. Praktisch liegt darin der in § 409 Abs. 1 Nr. 7 geforderte Hinweis auf die Möglichkeit und die Notwendigkeit des Einspruchs, wenn der Betroffene die ihn treffende Wir-

84 KK/*Maur* 12; Meyer-Goßner/*Schmitt* 10; KMR/*Metzger* 24.
85 *Eb. Schmidt* Nachtr. I 4.

kung der Einziehung abwenden will; es ist deshalb angebracht – in gleicher Weise wie bei der Belehrung des Täters über die Einspruchsmöglichkeit (o. Rn. 24 f.) –, die Unterlassung des Hinweises als Wiedereinsetzungsgrund zu behandeln.

f) Belehrung über die Anfechtung der Kostenentscheidung. Die notwendige Kostenentscheidung (o. Rn. 20) ist nach § 464 Abs. 3 mit der **sofortigen Beschwerde** gesondert anfechtbar. Deshalb muss der Strafbefehl auch mit einer Belehrung über deren Anfechtbarkeit nach § 464 Abs. 3 (vgl. dazu § 8 GKG) verbunden sein. Hierfür kann z.B. wegen § 465 Abs. 2 gerade bei der Nichtanwendung dieser Vorschrift ein Bedürfnis bestehen.[86] Auch hier ist bei fehlender Belehrung und Fristablauf Wiedereinsetzung in den vorigen Stand zu gewähren. 34

3. Unterzeichnung

a) Bedeutung. Anders als ein Urteil, das durch mündliche Verkündung wirksam wird (§ 268), kann der schriftliche (§ 407 Abs. 1) Strafbefehl nur als **urkundlich verkörperte Willenserklärung** des Gerichts ins Rechtsleben treten. Zum Wesen der Urkunde gehört aber, dass sich aus der Urkunde die Person dessen ergibt, der die urkundlich verkörperte Entscheidung erlassen hat. § 275 Abs. 2 verlangt beim Urteil die vollständige Unterschrift (nicht nur ein Namenszeichen) aller Richter, die bei der Entscheidung mitgewirkt haben. Dies geschieht nicht, um ihre Namen festzulegen, denn diese ergeben sich schon aus Protokoll und Urteilskopf (§ 272 Nr. 2; § 275 Abs. 3). Es geht vielmehr um eine Gewähr, dass Urteilsformel und Gründe in der schriftlich niedergelegten Form dem Willen und der Auffassung der beteiligten Richter oder doch beim Kollegium dem der maßgeblichen Mehrheit entsprechen.[87] 35

b) Begriff. Dem Erfordernis der Schriftlichkeit des Strafbefehls wird indes nicht bloß durch eine Unterschrift im Sinne des § 275 Abs. 2 genügt.[88] Diese ausdrücklich nur für Urteile geltende Vorschrift ist auf Beschlüsse nicht anwendbar.[89] Zwar muss auch bei Strafbefehlen wie im Fall des Urteils gewährleistet sein, dass die jeweilige Entscheidung dem Willen der entscheidenden Richter entspricht. Diesem Erfordernis kann beim Strafbefehl aber auch durch andere Formen als der vollständigen Namensunterschrift, z.B. durch bloße **Unterzeichnung**, entsprochen werden; dies gilt, sofern sie zweifelsfrei erkennen lassen, dass der Strafbefehl die Willensäußerung des Richters – und welches Richters – ist.[90] Unter dem Gesichtspunkt der Erkennbarkeit der Identität wird zwar herkömmlicherweise die vollständige Namensunterschrift mehr oder weniger dringlich empfohlen, „damit jederzeit mit Sicherheit festgestellt werden kann, welcher Richter den Strafbefehl erlassen hat".[91] Aber wie beim Bußgeldbescheid der Verwaltungsbehörde[92] wird die Unterzeichnung nur mit einem Namenszeichen als genügendes Identitätsmerkmal angesehen, wenn sie nur aus sich selbst heraus zweifelsfrei erkennen lässt, 36

---

86 Vgl. LG Bamberg NJW **1973** 1144; KK/*Maur* 9; HK/*Brauer* 11; HK-GS/*Andrejtschitsch* 12; **a.A.** Meyer-Goßner/*Schmitt* 8: nur bei Anwendung des § 465 Abs. 2.

87 BGH MDR **1975** 482 m.w.N.

88 BGHSt **12** 317.

89 RGSt **43** 218; OLG Saarbrücken NJW **1973** 2041; vgl. auch OLG Stuttgart MDR **1970** 68.

90 Vgl. dazu auch OLG Karlsruhe Justiz **1993** 203.

91 So Nr. 164 RiStBV 1953; seit der Neufassung 1966 fehlt es an einem solchen Hinweis.

92 OLG Frankfurt NJW **1970** 161; OLG Oldenburg NJW **1970** 719, 720; LG Frankfurt NJW **1975** 2078, jeweils m.w.N.

welcher Richter den Strafbefehl erlassen[93] hat. Erforderlich ist damit ein die **Identität des Unterschreibenden ausreichend kennzeichnender individueller Schriftzug**, „d. h. Linienführung, die sich als Schrift darstellt; ihrer Art nach einmalig ist und entsprechende charakteristische, individuelle Merkmale aufweist".[94] Wenn die Rechtsprechung auch in dieser Hinsicht keine zu strengen Anforderungen stellen will,[95] kann damit doch eine bloße „geschlängelte Linie" nicht genügen.[96] Ein Faksimilestempel oder ein Handzeichen zur Feststellung der Identität können aber ausreichen.[97]

37 Noch weitergehend wird zwar bei **Bescheiden der Verwaltungsbehörden**, die wegen ihres massenhaften Anfalls z.B. bei Steuerbescheiden[98] mittels elektronischer Datenverarbeitungsanlagen hergestellt werden, angenommen, dass eine individuelle Unterzeichnung entbehrlich sei, wenn nur der Bescheid eine endgültige Willensäußerung der Behörde, aus deren Bereich er stammt, darstellt und damit zum Ausdruck kommt, dass dem Bescheid die Entscheidung des zuständigen Beamten zugrunde liegt. Eine Übertragung dieser gesenkten Standards scheidet hier aber aus: Der Strafbefehl darf nur durch den **gesetzlichen Richter** erlassen werden; er ist ein Akt der Judikative. Ihm kommt, wenn er unangefochten bleibt, die Wirkung eines rechtskräftigen Urteils zu (§ 410 Abs. 3). In diesem Sinne muss sich der Strafbefehl stets als Willensäußerung eines **bestimmten**, des gesetzlichen, Richters darstellen und nicht als die Willensäußerung des Amtsgerichts.

38 **c) Fehlen der Unterzeichnung und Fehlen der unterzeichneten Urschrift.** Ein nicht unterzeichneter Strafbefehl verbleibt im Regelfall im Entwurfszustand; er ist schlechthin nicht existent.[99] Mangels eines Strafbefehls fehlt es damit an einer Voraussetzung zur Durchführung des Verfahrens: Die fehlende Unterzeichnung führt deshalb im Regelfall zur **Einstellung** wegen eines Verfahrenshindernisses[100] nach § 206a oder § 260 Abs. 3.

39 **Ausnahmsweise** führt das Fehlen der Unterzeichnung aber dann nicht zur Einstellung des Verfahrens, wenn das Vorliegen eines konkreten richterlichen Willensaktes auch ohne Unterzeichnung des Strafbefehls aus den Akten sonst hinreichend sicher festgestellt werden kann.[101] Ebenso wenig führt die fehlende Datumsangabe zur Einstellung des Verfahrens: Das Fehlen dieses zur Unterzeichnung gehörenden Elementes ist folgenlos.[102] Gleichwohl muss es der Anspruch der Justiz sein, derartige Situationen bei einer Entscheidung über die Bestrafung zu vermeiden. Verbleiben relevante Restzweifel, dürfen diese nicht schlicht zur Steigerung der Effizienz verdrängt werden.

---

93 KG VRS **26** (1964) 445; *Eb. Schmidt* 7 und Nachtr. I 5; KK/*Maur* 13; Meyer-Goßner/*Schmitt* 13; SK/*Weßlau* 19; KMR/*Metzger* 31; HK/*Brauer* 15; *Pfeiffer* 9; HK-GS/*Andrejtschitsch* 13; *Schorn* (Verfahren) 70.

94 Vgl. dazu hinsichtlich des Erfordernisses der Unterschrift bei unterschriftsbedürftigen Prozesshandlungen BGHSt **12** 317 und hinsichtlich der Unterschrift des ein Urteil ausfertigenden Urkundsbeamten BGH VersR **1966** 827.

95 Vgl. BGH NJW **1976** 626.

96 OLG Düsseldorf NJW **1956** 923.

97 RGSt **62** 53; OLG Frankfurt VRS **50** (1976) 215; OLG Saarbrücken NJW **1973** 2041; KK/*Maur* 13; Meyer-Goßner/*Schmitt* 13; KMR/*Metzger* 31; HK/*Brauer* 15; *Pfeiffer* 9; HK-GS/*Andrejtschitsch* 13.

98 BFHE **162** 263, 265; **175** 425, 431.

99 Vgl. OLG Saarbrücken JBlSaar **1961** 134.

100 OLG Hamm JR **1982** 389 mit Anm. *Meyer-Goßner*; OLG Karlsruhe Justiz **1993** 203; KK/*Maur* 14; Meyer-Goßner/*Schmitt* 13; **a.A.** BayObLG NJW **1961** 1782 mit Anm. *Maywald* NJW **1962** 549.

101 BayObLG MDR **1957** 374; OLG Hamm JR **1982** 390; OLG Karlsruhe Justiz **1993** 203, 204; OLG Stuttgart MDR **1970** 68.

102 BayObLG DAR **1971** 191; KK/*Maur* 15; Meyer-Goßner/*Schmitt* 13; HK/*Brauer* 16; *Pfeiffer* 9.

Rechtlich bedeutungslos ist es auch für das spätere Verfahren, wenn sich die **Urschrift** des unterzeichneten Strafbefehls nicht bei den Akten befindet, sondern sich nur nach den Regeln des Freibeweises feststellen lässt, dass die Verfahrensvoraussetzung des Erlasses eines Strafbefehls gegeben ist.[103] 40

4. Bekanntmachung

a) Zustellung als alleinige Bekanntmachungsform. Während Urteile nur auf Grund einer mündlichen Verhandlung, die sonstigen richterlichen Entscheidungen in ihrer überwältigenden Mehrheit sowohl innerhalb als auch außerhalb mündlicher Verhandlung ergehen können, ordnet das Gesetz in § 407 Abs. 1 Satz 2 ausdrücklich an, dass der Strafbefehl schriftlich zu ergehen habe, und damit ausnahmslos außerhalb einer mündlichen Verhandlung. Das aber bedeutet, dass Strafbefehle **niemals in Anwesenheit** des Angeklagten ergehen können, auch wenn er zusehen kann, wie der Richter eigenhändig einen Strafbefehl schreibt und unterschreibt: Anders als das Urteil (§ 268) „ergeht" der Strafbefehl, wenn er in seiner schriftlichen Form einschließlich der Unterzeichnung fertiggestellt und in den Geschäftsgang gegeben ist (u. Rn. 48). Wegen dieser Bedeutung der Schriftlichkeit kann auch der aus einer begonnenen Hauptverhandlung resultierende Strafbefehl gem. § 408a stets nur außerhalb der Hauptverhandlung (also in Abwesenheit des Angeklagten) ergehen.[104] Der Strafbefehl muss deshalb nach § 35 Abs. 2 Satz 1 durch **Zustellung bekannt** gemacht werden. Eine mündliche Bekanntmachung nach § 35 Abs. 1 z.B. bei vorläufig Festgenommenen und bei Vorführung aus der Untersuchungshaft entsprechend Nr. 179 Abs. 1 Satz 1 RiStBV ist entgegen einer dies befürwortenden Literaturansicht[105] unzulässig: Weil die Belehrung über die Verwarnung mit Strafvorbehalt ebenfalls Teil des Inhalts des Strafbefehls ist, darf auch diese grundsätzlich **nicht mündlich** eröffnet[106] werden. Anderes gilt nur, wenn die Belehrung unterblieben ist und sie gemäß § 453a in der regelmäßigen mündlichen Form (§ 453a Abs. 2) nachgeholt wird.[107] Für die hier vertretene Auffassung spricht auch die Fassung des § 410 Abs. 1: Wenn dort davon die Rede ist, dass die Einspruchsfrist *mit der Zustellung* beginnt, ohne auf eine etwaige Verkündung einzugehen, so spricht dies im Vergleich mit den §§ 314, 341 dafür, dass der Gesetzgeber von einer Bekanntmachung nur durch Zustellung ausgeht. Allerdings ist die praktische Differenz der Ansichten denkbar gering. Während nach der Gegenansicht bei der mündlichen Bekanntmachung durch den Richter dem Angeklagten auf sein Verlangen eine Abschrift zu erteilen ist (§ 35 Abs. 1 Satz 2), genügt es nach der hier vertretenen Meinung für die Zustellung, wenn der Strafbefehl dem Angeklagten gem. § 37 Abs. 1 Satz 1 StPO und § 173 ZPO durch „Aushändigung an der Amtsstelle", auch im Sitzungssaal oder im Arbeitszimmer des Richters, durch den Richter selbst übergeben wird.[108] Eine wirksame Zustellung setzt bei alledem die **Verhandlungsfähigkeit** des Adressaten voraus (näher zur notwendigen besonderen Sorgfalt der Justiz bei Anhaltspunkten für ihren Mangel Vor § 407, 35).[109] 41

---

103 BGHSt **23** 280; OLG Frankfurt NJW **1970** 160; OLG Oldenburg NJW **1970** 719 m.w.N. gegen LG Wiesbaden DAR **1970** 24; KK/*Maur* 15.
104 Vgl. § 408a, 19.
105 So AK/*Loos* 27.
106 KMR/*Metzger* 37; SK/*Weßlau* 23; HK/*Brauer* 19; *Pfeiffer* 10.
107 Auch insoweit **anders** LR/*Schäfer*[23] 33.
108 KK/*Maur* 18; SK/*Weßlau* 23.
109 BVerfG StV **2021** 213 m.w.N.

42 **b) Ersatzzustellung und öffentliche Zustellung.** Zeitweise war sehr streitig, ob § 232 Abs. 4 – die Zustellung des in Abwesenheit des Angeklagten ergehenden Urteils durch **Übergabe** – auf die Zustellung des Strafbefehls entsprechend anwendbar sei und ob bejahendenfalls nicht schon die Ersatzzustellung, mindestens durch Niederlegung,[110] ausgeschlossen sei, welche durch die Verweisung in § 37 Abs. 1 auf die Zustellungsvorschriften der ZPO grundsätzlich ermöglicht wird. Die Neufassung der Zustellungsvorschriften der ZPO aus dem Jahre 2002 hat diesen Streit unberührt gelassen, auch wenn die §§ 181, 182 und 183 a. F. ZPO durch die Neufassung in den jetzt geltenden §§ 178 ff. ZPO erheblich modifiziert[111] worden sind. Schon früher aber hatte sich die Rechtsprechung[112] zutreffend auf den Standpunkt gestellt, dass § 232 Abs. 4 auf die besondere Situation des ungehorsamen Angeklagten abstelle und in erhöhtem Maße Vorsorge treffe, dass er von der ihn belastenden Entscheidung Kenntnis erhält, während Gesichtspunkte dieser Art beim Erlass des Strafbefehls nicht vorliegen und deshalb für eine Abweichung von den nach § 37 StPO anwendbaren Zustellungsvorschriften der ZPO hier kein Bedürfnis und keine Veranlassung bestehe. Endgültig aber hat das Bundesverfassungsgericht dem Streit den Boden entzogen.[113] Mit Recht hat es ausgeführt, dass die Durchführbarkeit des summarischen Strafverfahrens, dessen Bestand zur verhältnismäßig billigen und raschen Erledigung zumeist einfacherer Straffälle nicht nur im Interesse der staatlichen Strafgerichtsbarkeit, sondern auch im Interesse des Staatsbürgers liege, von der Möglichkeit abhänge, **Ersatzzustellungen** vorzunehmen. Auch durch eine Ersatzzustellung nach § 182 a. F. ZPO (heute § 181 ZPO) werde das Recht des Betroffenen, sich im Einspruchsverfahren rechtliches Gehör zu verschaffen, nicht in verfassungswidriger Weise beschnitten, verfassungsrechtlich bestehe zwischen einer Ersatzzustellung durch Niederlegung nach § 182 a. F. (heute: § 181) ZPO und einer Ersatzzustellung in der Wohnung, in Geschäftsräumen oder in Einrichtungen nach § 181 a. F. und § 183 a. F. ZPO (heute: § 178 ZPO) kein wesentlicher Unterschied im Sinne einer besseren Wahrung des Anspruchs auf rechtliches Gehör.[114] Diese Überlegungen schlagen auch gegenüber der nun urteilsgleichen Stellung des Strafbefehls (vgl. § 410 Abs. 3; § 373a) durch; damit ist die Ersatzzustellung des Strafbefehls **zulässig.**[115] Gleichwohl bleiben insoweit die erhebliche Bedeutung der Wiedereinsetzung in den vorigen Stand, aber auch einer möglicherweise infolge Verhandlungsunfähigkeit unwirksamen Zustellung zur Erhaltung der Justizgrundrechte des Angeklagten zu bedenken.[116] Zur **Unzulässigkeit**[117] **der öffentlichen Zustellung**[118] siehe schon Vor § 407, 48; zur Zustellung im Ausland[119] LR/*Graalmann-Scheerer* § 37, 53 und 87 ff.

43 **c) Adressat.** Der Strafbefehl ist grundsätzlich dem betroffenen Angeklagten zuzustellen. Ist der **Angeklagte der deutschen Sprache nicht mächtig**, so ist der Strafbe-

---

110 Vgl. die Übersicht über den Streitstand bei LG Waldshut und LG Krefeld NJW **1966** 216, 2078.

111 Die Normen des vor der Reform von 2002 geltenden Zustellungsrechts sind abgedruckt bei Wieczorek/Schütz/*Rohe*, Anhang nach § 213a ZPO.

112 BGHSt **11** 152, 156; **13** 182, 184; **22** 52, 55; s. auch OLG Karlsruhe NJW **1967** 458.

113 BVerfGE **25** 158 mit Bespr. *Endemann* NJW **1969** 1197; BVerfGE **26** 315, 319 mit Bespr. *Hanack* JZ **1974** 55; BVerwG NJW **1980** 1480, 1481.

114 BVerfGE **25** 158, 164 f.

115 H. M.; vgl. z.B. KK/*Maur* 19; Meyer-Goßner/*Schmitt* 20; SK/*Weßlau* 24; AnwK-StPO/*Böttger* 12; HK-GS/*Andrejtschitsch* 15.

116 S. Vor § 407, 33 ff.

117 Für Zulässigkeit aber *Schmid* MDR **1978** 98.

118 H. M.; vgl. z.B. KK/*Maur* 19; Meyer-Goßner/*Schmitt* 21.

119 Vgl. insoweit auch *Greßmann* NStZ **1991** 216.

fehl in der Regel gem. § 187 Abs. 2 GVG in eine dem Angeklagten geläufige Sprache zu übersetzen.[120] Dies gilt auch gem. Art. 3 der Richtlinie 2010/64/EU des Europäischen Parlaments und des Rates vom 20.10.2010 über das Recht auf Dolmetschleistungen und Übersetzungen.[121] Insoweit ist angesichts der angestrebten urteilsgleichen Wirkung des Strafbefehls nach richtiger Ansicht § 37 Abs. 3 analog anzuwenden, weshalb eine wirksame Zustellung die Beifügung der Übersetzung bei derselben voraussetzt.[122] Die Zustellung kann unter den Voraussetzungen des § 145a – bei gleichzeitiger formloser Unterrichtung des Angeklagten (§ 145a Abs. 3 Satz 1) – aber auch an den **Verteidiger**[123] oder an einen **Zustellungsbevollmächtigten**[124] (vgl. §§ 116a Abs. 3, 127a Abs. 2, 132 Abs. 2) erfolgen. Insoweit ist für Beschuldigte mit Wohnsitz oder festem Aufenthalt im Geltungsbereich des Schengener Durchführungsübereinkommens allerdings nun ein Ausschluss der zwangsweise angeordneten Zustellungsbevollmächtigung zu beachten (s. zur zuvor zu beachtenden weiträumigen Wiedereinsetzung insbesondere in grenzüberschreitenden Fällen innerhalb der EU § 410, 27).[125] Dem gesetzlichen Vertreter ist der Strafbefehl nach § 409 Abs. 2 nur „mitzuteilen", weshalb die formlose Übersendung[126] einer Abschrift des Strafbefehls genügt.

Der Strafbefehl ist ferner dem **Einziehungsbeteiligten** oder dessen bevollmächtigtem Vertreter zuzustellen (§ 428 Abs. 1 i. V. m. § 145a; § 432 Abs. 1 Satz 1; § 439 Abs. 1; § 444 Abs. 2 Satz 1). Hinsichtlich des gesetzlichen Vertreters des Einziehungsbeteiligten gilt über § 427 Abs. 1 Satz 1 ebenfalls § 409 Abs. 2. Eine Zustellung an die **Staatsanwaltschaft** ist nicht erforderlich: Ihr hat das Gesetz kein Einspruchsrecht[127] eingeräumt. Ebenso wenig wird der Strafbefehl dem **Nebenklageberechtigten** zugestellt, der sich erst nach Anberaumung einer Hauptverhandlung auf Einspruch des Angeklagten nach § 396 Abs. 1 anschließen[128] kann. 44

Zur Frage der **Wiedereinsetzung** in den vorigen Stand s. Vor § 407, 33 ff. und 410, 24 ff. 45

d) Abweichungen der Ausfertigung von der Urschrift des Strafbefehls. Enthält die Urschrift des Strafbefehls die vorgeschriebenen Angaben, die dem Beschuldigten zugestellte Ausfertigung dagegen nicht oder weicht die Ausfertigung in wesentlichen Teilen von der Urschrift ab (z.B. durch Fehlen des angeordneten Fahrverbots), so kann dieser Mangel durch **nachträgliche Zustellung** einer vollständigen Ausfertigung beseitigt werden. Die Zustellung einer solchen mit der Urschrift nicht übereinstimmenden oder unvollständigen Ausfertigung ist keine ordnungsgemäße Zustellung und setzt 46

---

120 BVerfGE **40** 95; KK/*Fischer* 11; s. auch oben Rn. 25 und Nr. 181 Abs. 2 RiStBV; zur „nicht ganz stringent[en]" praktischen Umsetzung *Schellenberg* NStZ **1994** 374.

121 EuGH NJW **2018** 142 – Rn. 25 ff. (Tranca); zust., aber eine Klärung der Rechtsfolgen vermissend: KK/*Maur* 11.

122 LG Stuttgart NStZ-RR **2014** 216 m. zust. Anm. *Hinderer* m.w.N.; LG Berlin StV **2020** 579 m.w.N.; Meyer-Goßner/*Schmitt* § 37, 31; s. auch entgegenkommend BVerfG StV **2017** 775 f.; **a.A.** LG Ravensburg NStZ-RR **2015** 219 ff.; LG Stuttgart BeckRS **2016** 18557; BeckOK/*Temming* § 409, 14: nur Wiedereinsetzung möglich; KK/*Maur* 11 m.w.N.

123 BayObLG NJW **1966** 2323.

124 Meyer-Goßner/*Schmitt* 16; KMR/*Metzger* 41; hierzu näher in Fällen mit Auslandsberührung *Greßmann* NStZ **1991** 216 ff.; zur Bedeutung der notwendigen Anhörung des Beschuldigten AG Kehl NStZ-RR **2016** 17 f.

125 Dazu BTDrucks. **19** 27654 S. 2, 16, 37 und 78 ff.

126 Nr. 179 Abs. 3 RiStBV; KK/*Maur* 20; Meyer-Goßner/*Schmitt* 17.

127 KK/*Maur* 21; Meyer-Goßner/*Schmitt* 18.

128 KK/*Maur* 21; Meyer-Goßner/*Schmitt* 19; s. auch Vor § 407, 39.

schon die Einspruchsfrist nicht[129] in Lauf. Erst mit der **Zustellung der inhaltlich richtigen Ausfertigung beginnt**[130] der Lauf der **Frist.**

V. Zurücknahme und Änderung des Strafbefehls

47 **1. Der Erlass des Strafbefehls und seine Bedeutung. Vor** dem **Erlass** des Strafbefehls kann die Staatsanwaltschaft ihren Antrag unbeschadet der Regelung des § 411 Abs. 3 **zurücknehmen.** Nach der Bekanntmachung durch Zustellung kann der Richter den erlassenen Strafbefehl aber weder ändern noch zurücknehmen. Dabei ist fraglich, ob der Strafbefehl schon vor seiner Bekanntmachung erlassen wird oder ob dem Richter noch ein bestimmter Zeitraum für die Änderung oder die Rücknahme eines „erlassenen" Strafbefehls verbleibt.

48 In der 23. Auflage wurde erst **mit der Bekanntmachung** des Strafbefehls dessen Erlass mit der Folge angenommen, dass bis dahin nicht nur die Rücknahme des Strafbefehlsantrags durch die Staatsanwaltschaft, sondern ebenso die Änderung und sogar Rücknahme durch den Richter möglich sei.[131] Mit Recht hat indessen der Bundesgerichtshof darauf hingewiesen, dass das Gesetz z.B. in § 5 Abs. 1 Nr. 4 BZRG für die Eintragung im Register und in § 78c Abs. 2 StGB für die Verjährungsunterbrechung auf die Unterzeichnung durch den Richter[132] abstelle. Ferner kann sich die Notwendigkeit zu einer nachträglichen Gesamtstrafenbildung nach § 55 StGB nur bis zum Erlass des Strafbefehls ergeben.[133] Derartige Wirkungen aber lassen sich mit einer Rücknahmemöglichkeit oder auch nur Änderungsmöglichkeit durch den Richter, erst recht aber mit der Möglichkeit einer Rücknahme des Strafbefehlsantrags durch die Staatsanwaltschaft, in dieser Phase nur schwer vereinbaren. Zwischen Erlass und Zustellung des Strafbefehls bestünde anderenfalls ein Schwebezustand, der mit der Notwendigkeit eindeutiger Prozesslagen nicht in Einklang steht (vgl. LR/*Graalmann-Scheerer* § 33, 9). Deshalb ist der Strafbefehl in dem Augenblick als erlassen anzusehen, in dem der Richter den Strafbefehl **unterzeichnet und** aus seinem Herrschaftsbereich entlassen hat, indem er den unterzeichneten Strafbefehl **in den Geschäftsgang**[134] **hinausgibt.** Deshalb ist nach der Unterzeichnung und dem anschließenden Hinausgeben in den Geschäftsgang nicht nur die Rücknahme des Strafbefehlsantrags unmöglich geworden, sondern entgegen der wohl überwiegenden Meinung auch die Rücknahme und Abänderung durch den Richter selbst.[135] Anderes kann allein bei einem zu beseitigenden nichtigen Strafbefehl gelten.

49 **2. Änderung des Strafbefehls nach Erlass.** Sobald der Strafbefehl erlassen ist, entfällt jede Möglichkeit seiner sachlichen Änderung oder Ergänzung durch den Strafrich-

129 KG LZ **13** 168; **1923** 116.

130 OLG Hamm GA **1959** 287; OLG Oldenburg VRS **32** (1967) 356; KK/*Maur* 22; Meyer-Goßner/*Schmitt* 22.

131 LR/*Schäfer*[23] 38 mit zahlreichen Nachweisen aus der Rspr.

132 BGHSt **33** 230, 232; s. auch BGHSt **25** 187, 188 f.

133 BGHSt **33** 230, 232.

134 Vgl. BGHSt **25** 187, 189; BayObLG NStZ-RR **1999** 243, 244; KK/*Maur* 16; SK/*Weßlau* 20; AnwK-StPO/*Böttger* 9; *Pfeiffer* 9; HK-GS/*Andrejtschitsch* 13; **a.A.** Meyer-Goßner/*Schmitt* 14, AK/*Loos* 25 und KMR/*Metzger* 36: Herausgabe an eine Person außerhalb des Gerichts; wieder **anders** BayObLG NStZ-RR **1997** 143, 144 m.w.N. zum Beschluss nach § 72 OWiG: wenn die Geschäftsstelle die Entscheidung zwecks Zustellung oder Mitteilung in den Auslauf gibt.

135 Wie bei LR/*Gössel*[26] 4 auch schon KK/*Maur* 16; **a.A.** *Mayer* NStZ **1992** 605; wohl auch OLG Karlsruhe NStZ **1991** 602. Näheres zu dieser Problematik m.w.N. zu anderen Problemfällen s. LR/*Graalmann-Scheerer* § 33, 9 ff., insbesondere differenzierend Rn. 12.

ter. Zulässig bleibt nur eine **Berichtigung** offensichtlicher Fehler ohne sachliche[136] Änderung, z.B. der falschen Schreibweise eines Namens, der falschen Bezeichnung des Verteidigers oder der offensichtlich fehlerhaften Berechnung des Gesamtbetrags der Geldstrafe bei der Bildung des Produkts aus der Zahl der Tagessätze und deren Höhe.[137] Zulässig ist es danach aber auch noch, die Fassung „Die Entziehung der Fahrerlaubnis ist geboten" zu berichtigen durch die Fassung „Die Fahrerlaubnis wird entzogen".[138] Wird aber z.B. nur eine Sperrfrist nach § 69a Abs. 1 Satz 1 StGB angeordnet, kann die bisher unterbliebene Entziehung der Fahrerlaubnis nicht nachträglich angeordnet[139] werden. Gleiches gilt, lauten z.B. Strafbefehlsantrag und Strafbefehl bei Entziehung der Fahrerlaubnis versehentlich auf eine Sperre von zehn Tagen (statt von zehn Monaten): Auch dieser Fehler kann nicht mehr durch eine Berichtigung behoben werden, da dies eine beträchtliche inhaltliche Änderung der festgesetzten Rechtsfolgen bedeutete.[140] Mit der Rechtskraft des Strafbefehls wird der Mangel der Unterschreitung der gesetzlichen Mindestdauer der Sperre (§ 69a Abs. 1 StGB) geheilt. Auch eine unzutreffende Namensangabe auf Grund einer Personenverwechslung kann nicht im Wege der Berichtigung geändert[141] werden. Hier muss der zu Unrecht als Beschuldigter Bezeichnete Einspruch einlegen.[142]

§ 410
Einspruch; Form und Frist des Einspruchs; Rechtskraft

(1) [1]Der Angeklagte kann gegen den Strafbefehl innerhalb von zwei Wochen nach Zustellung bei dem Gericht, das den Strafbefehl erlassen hat, schriftlich oder zu Protokoll der Geschäftsstelle Einspruch einlegen. [2]Die §§ 297 bis 300 und § 302 Abs. 1 Satz 1, Abs. 2 gelten entsprechend.

(2) Der Einspruch kann auf bestimmte Beschwerdepunkte beschränkt werden.

(3) Soweit gegen einen Strafbefehl nicht rechtzeitig Einspruch erhoben worden ist, steht er einem rechtskräftigen Urteil gleich.

Schrifttum

Achenbach Neue Impulse bei der Rechtskraft des Strafbefehls, ZRP **1977** 86; *ders.* Der BGH zur Rechtskraft des Strafbefehls – causa finita? NJW **1979** 2021; *Groth* Die Rechtskraft des Strafbefehls, NJW **1978** 197; *ders.* Ein Dogma fällt – das BVerfG zur Rechtskraft des Strafbefehls, MDR **1985** 716; *Grünwald* Die materielle Rechtskraft im Strafverfahren der Bundesrepublik Deutschland, Beiheft zu ZStW **86** (1974) 126; *Kohlhaas* Die Rechtskraft des Strafbefehls, ZStW **77** (1965) 563; *Molière* Die Rechtskraft des Bußgeldbeschlusses, eine Untersuchung zum Umfang der materiellen Rechtskraft des Beschlusses nach § 72 OWiG. Zugleich ein Beitrag zur Rechtskraft des Strafbefehls (1975); *Neumann* Zur Frage der Rechtskraft von Strafbefehlen, NJW **1984** 779; *Seifert* Zustellungsvollmacht, Strafbefehlsverfahren und der fair-trial-Grundsatz, StV **2018** 123; *Vogler* Die Rechtskraft des Strafbefehls (1959); s. auch Schrifttumsangaben Vor § 407.

136 KK/*Maur* 17.
137 OLG Zweibrücken NStZ-RR **1997** 311.
138 LG Zweibrücken VRS **110** (2006) 122.
139 LG München II DAR **2000** 87.
140 LG Berlin DAR **1973** 157; LG Flensburg MDR **1973** 869; *Vent* JR **1980** 402ff.
141 BGH NStZ **1990** 290, 291.
142 S. dazu o. Rn. 7.

https://doi.org/10.1515/9783110765540-007

Entstehungsgeschichte

Die bislang geltende, auf der Bek. der StPO v. 22.3.1924 (RGBl. I 322) beruhende Fassung wurde durch das StVÄG 1987 v. 27.1.1987 (BGBl. I 1475) geändert. Der bisherige einzige Absatz wurde dahingehend neugefasst, dass der nicht mehr anfechtbare Strafbefehl einem rechtskräftigen Urteil gleichgestellt wird. Darüber hinaus wurde die bisherige Vorschrift durch Voranstellung zweier Absätze erweitert. Absatz 1 betrifft die Zulässigkeitserfordernisse für den Einspruch, während der neue Absatz 2 dessen Beschränkbarkeit entsprechend der bei Berufung und Revision geltenden Regelung (vgl. § 318 Abs. 1 Satz 1) normiert. Die gesetzliche Überschrift „Einspruch; Form und Frist des Einspruchs; Rechtskraft" wurde mit Wirkung vom 25.7.2015 eingeführt durch Art. 1 Nr. 13 Gesetz zur Stärkung des Rechts des Angeklagten auf Vertretung in der Berufungsverhandlung und über die Anerkennung von Abwesenheitsentscheidungen in der Rechtshilfe vom 17.7.2015.[1] Bezeichnung bis 1924: § 450.

Übersicht

I. Anfechtbarkeit des Strafbefehls

1 **1. Statthaftigkeit.** Zur Anfechtung des Strafbefehls stellt die StPO keine Rechtsmittel, sondern nur den des Devolutiveffekts entbehrenden **Rechtsbehelf des Einspruchs** zur Verfügung. Damit ist die nur für Rechtsmittel geltende Vorschrift des § 473 nicht anwendbar (s. LR/*Hilger*[26] Erl. zu § 473), welche die Kostenverteilung im Falle eines teilweise erfolgreichen Rechtsmittels regelt. Dies führt dazu, dass der Angeklagten auch dann die vollen **Kosten** (und notwendigen eigenen Auslagen) trägt (§ 465), wenn dem Einspruch teilweise entsprochen[2] wird. Wird also durch einen Strafbefehl wegen Verkehrsgefährdung und fahrlässiger Körperverletzung eine Geldstrafe von 120 Tagessätzen zu je 200 € festgesetzt und die Entziehung der Fahrerlaubnis mit einer Sperrfrist von 18 Monaten angeordnet, so trägt der Angeklagte wegen der Nichtanwendbarkeit des § 473 Abs. 4 auch dann die vollen Verfahrenskosten sowie seine notwendigen Auslagen, wenn die nach Einspruch durchgeführte Hauptverhandlung lediglich zu einer Verurteilung wegen fahrlässiger Körperverletzung und zu einer Geldstrafe von 20 Tagessätzen zu je 30 € führt. Diese

1 BGBl. I S. 1332, 1344.

2 OLG Stuttgart NStZ **1989** 589; LG Hamburg NZV **1993** 205; LG Hildesheim NdsRpfl **1898** 41; LG München I NStZ **1988** 473; LG Stuttgart NStZ **1989** 589; KK/*Maur* 14 m.w.N.; Meyer-Goßner/*Schmitt* § 473, 1 m.w.N.; AK/*Loos* § 411, 30; *Pfeiffer* 4; **a.A.** OLG München NStZ **1988** 241; *Reisser* MDR **1990** 880. Zum Ganzen ausführlich LR/*Hilger*[26] Erl. zu §§ 465, 473. Die Nichtanwendbarkeit des § 473 entspricht auch dem Willen des Gesetzgebers: s. dazu BTDrucks. **10** 1313 S. 38.

Regelung, die allenfalls durch § 465 Abs. 2 gemildert[3] werden kann, wird damit gerechtfertigt, im Verfahren nach Einspruch finde lediglich, wie im normalen Verfahren, eine Hauptverhandlung statt, und dort habe ein gegenüber der Anklageschrift geringerer Schuldspruch ebenfalls keine kostenrechtlichen Auswirkungen. Dies übersieht aber, dass auf die zugelassene Anklage hin stets eine Hauptverhandlung stattfindet. Zudem kann der Einspruch beim Strafbefehl und die durch ihn bedingte Hauptverhandlung gerade auf unberechtigten Teilvorwürfen oder überhöhten Strafvorstellungen beruhen, gegen die sich der Angeklagte spezifisch wehrt und wehren darf. Einspruch, Verteidigerzuziehung und Hauptverhandlung wären entbehrlich gewesen, hätten Schuldspruch und/oder Rechtsfolgenfestsetzung schon dem späteren, insoweit geänderten Urteil entsprochen. Der Gesetzgeber hat dies durch die Befugnis, den Einspruch beschränken zu können (§ 410 Abs. 2), zwar teilweise berücksichtigt. Die kostenrechtliche Konsequenz einer Anlehnung an § 473 Abs. 4 hat er aber bedenklicherweise und offenbar bewusst nicht gezogen, was eine analoge Anwendung ausschließt.[4] Dies ist auch deshalb bedauerlich, weil sich der Anreiz zur Beschränkung des Einspruchs nicht unerheblich steigern ließe, wenn die Staatskasse bei einem Erfolg des beschränkt eingelegten Einspruchs die notwendigen Auslagen des Angeklagten (und damit die Verteidigerkosten) mindestens teilweise tragen würde.

Die allgemeinen für **Rechtsmittel** geltenden Vorschriften erklärt § 410 Abs. 1 Satz 2 2
mit Ausnahme derjenigen für **entsprechend** anwendbar, die sich auf die Rechtsmittelbefugnis der Staatsanwaltschaft beziehen: Die Staatsanwaltschaft ist zur Einlegung des Einspruchs nicht berechtigt.

2. Rechtsmittelberechtigung. Einspruchsberechtigt sind der Angeklagte (§ 410 3
Abs. 1 Satz 1), sein Verteidiger (§ 410 Abs. 1 Satz 2 i. V. m. § 297) und sein gesetzlicher Vertreter (u. Rn. 4); ferner der **Nebenbeteiligte** und sein gewählter Vertreter (§§ 427 Abs. 1 Satz 1, 428; 439, 444 Abs. 2). Der Einspruch kann auch von einem (Zustellungs-)Bevollmächtigten für einen Berechtigten eingelegt[5] werden. **Nicht** einspruchsberechtigt sind neben der Staatsanwaltschaft auch die ggf. beteiligte Finanzbehörde in Steuerstrafsachen (§§ 386, 400 AO).[6] Nämliches gilt für den Nebenkläger[7] und den nebenklageberechtigten Verletzten.[8]

Der Hervorhebung bedarf, dass auch der **gesetzliche Vertreter** des Angeklagten 4
einspruchsberechtigt ist (§ 410 Abs. 1 Satz 2; § 298). § 67 Abs. 5 JGG gilt entsprechend. Der gesetzliche Vertreter kann (binnen der für den Beschuldigten laufenden Frist) den Einspruch **kraft eigenen Rechts** einlegen. Er kann dies auch gegen den Willen des Beschuldigten tun. Hieraus ergeben sich beim Strafbefehl aber Schwierigkeiten. Während nämlich die Einlegung eines Rechtsmittels (Berufung; Revision) durch den gesetzlichen Vertreter wegen des Verbots der *reformatio in peius* nicht dazu führen kann, dass die

3 Meyer-Goßner/*Schmitt* § 473, 1 m.w.N.; *Meyer* JurBüro **1989** 1329, 1331.

4 Anders aber OLG München NStZ **1988** 241 mit abl. Anm. *Mertens* NStZ **1988** 473, welches zur Vermeidung dieser unerfreulichen Konsequenzen zur Schließung einer angeblichen Gesetzeslücke § 473 entsprechend anwenden will; dies setzt sich in Widerspruch zu dem – vom OLG München zutreffend dargelegten – Willen des Gesetzgebers (s. Fn. 1): Wenn der Gesetzgeber die bisherige Regelung beibehalten will, so ist das von den Gerichten zu respektieren und für die Annahme einer Gesetzeslücke kein Raum; wie hier LG München I NStZ **1988** 473; siehe zudem vergleichsweise explizit BTDrucks. **10** 1313 S. 38: keine Anwendung des § 473.

5 BayObLGE **28** 296.

6 OLG Tübingen JZ **1953** 314.

7 S. Vor § 407, 43.

8 S. Vor § 407, 44.

Strafe des Angeklagten durch die Einlegung des aufgedrängten Rechtsmittels verschärft wird, kann § 411 Abs. 4 diese Folge im Fall des Strafbefehls auslösen. Um diesen dem Angeklagten drohenden Nachteil auszuschließen, muss in diesem Fall abweichend von § 411 Abs. 4 das Verbot der ***reformatio in peius*** entgegen anderslautenden Stimmen gelten,[9] damit der Verweis auf die Bestimmungen über die Rechtsmittel tatsächlich nur zu einer entsprechenden Geltung führt. Nur wenn der Angeschuldigte selbst das Risiko der eintretenden Verschlechterung eingehen will, das ihn höchstpersönlich und nicht den gesetzlichen Vertreter trifft, kann ihm diese Folge zugemutet werden. Dies lässt sich jetzt auch auf § 410 Abs. 1 Satz 2 stützen: Die entsprechende Anwendbarkeit des § 298 Abs. 1 kann dahin verstanden werden, dass der Einspruch des gesetzlichen Vertreters in vollem Umfang wie ein Rechtsmittel behandelt wird, also auch hinsichtlich des bei einem Rechtsmittel geltenden Verbots der *reformatio in peius*.

3. Wirksame Einlegung

5 **a) Adressat und Frist.** Der Einspruch ist binnen einer Frist von **zwei Wochen** nach Zustellung[10] bei dem **Amtsgericht** einzulegen, welches den Strafbefehl erlassen hat. Wird der Angeklagte behördlich verwahrt, so kann er den Einspruch auch beim Amtsgericht seines Verwahrungsortes einlegen (§§ 410 Abs. 1 Satz 2, 299). Ob der Einspruch an das richtige Gericht gerichtet ist, ist ohne Bedeutung, wenn er nur innerhalb der Zweiwochenfrist beim richtigen Adressaten eingeht. Gerade bei der Prüfung der Frage, ob ein Einspruch rechtzeitig erhoben worden ist, hat das Gericht von Verfassungs wegen etwa bei Hinweisen auf eine mangelnde **Verhandlungsfähigkeit besondere Sorgfalt** anzuwenden; es hat sich die erforderliche Überzeugung vom Beginn der Einspruchsfrist zu verschaffen, die eine wirksame Zustellung des Strafbefehls voraussetzt (s. zur Rechtsprechung des Bundesverfassungsgerichts schon Vor § 407, 35).[11]

6 Mit der durch das StVÄG 1987 auf zwei Wochen verlängerten **Einspruchsfrist** (zur Berechnung s. §§ 42, 43 Abs. 2) will der Gesetzgeber den Verteidigungsinteressen des Beschuldigten besser als bisher Rechnung tragen. Er will zugleich Wiedereinsetzungsverfahren sowie Verfassungsbeschwerden wegen angeblicher Verletzungen des rechtlichen Gehörs vermeiden.[12] Die Einspruchsfrist beim Strafbefehl entspricht der beim Bußgeldbescheid (§ 67 Abs. 1 OWiG). Nachfolgende weitere und überflüssige Zustellungen setzen keine neue Einspruchsfrist in Lauf.[13]

7 Der Einspruch kann auch schon **vor Zustellung** des Strafbefehls eingelegt werden, nach h. M. allerdings nur, wenn der Strafbefehl schon **erlassen**,[14] also nach Unterzeichnung in den Geschäftsgang gegeben[15] worden ist.[16]

---

9 Ebenso neben LR/*Gössel*[26] etwa KK/*Maur* 2; SK/*Weßlau* § 411, 40; *Pfeiffer* § 411, 9; *Schorn* Verfahren 94; **a.A.** aber *Stenglein* 2; Meyer-Goßner/*Schmitt* § 411, 11; HK/*Brauer* § 411, 23; KMR/*Metzger* § 411, 32: Verschärfung entspreche „der Gerechtigkeit und Wahrheit", und „das unkorrekte Verhalten des Einspruchsführers" könne und müsse „bei der Strafzumessung berücksichtigt" werden.

10 s. § 409, 41 ff.

11 BVerfG StV **2021** 213; s. auch schon zum Erlass des Strafbefehls AG Kehl BeckRS **2016** 4917.

12 BTDrucks. **10** 1313 S. 37.

13 OLG Bamberg NStZ-RR **2019** 93 f.; Meyer-Goßner/*Schmitt* 8.

14 RGSt **64** 428; BGHSt **25** 187, 189 mit krit. Anm. *Kohlhaas* LM § 309 Nr. 3 und *Hanack* JR **1974** 295; OLG Hamm MDR **1970** 949; KK/*Maur* 5; Meyer-Goßner/*Schmitt* 1; AK/*Loos* 3; HK/*Brauer* 4; SK/*Weßlau* 3; AnwK-StPO/*Böttger* 3.

15 BayObLG NStZ-RR **1999** 243, 244.

16 S. § 409, 48.

Demgegenüber wird im Schrifttum hin und wieder verlangt, den schon **vor Erlass** des Strafbefehls eingelegten Einspruch mit dem Erlass wirksam werden zu lassen, wobei auch auf die Parallele zum Wirksamwerden des Nebenklägeranschlusses im Strafbefehlsverfahren[17] hingewiesen wird.[18] Die Situation des Nebenklageberechtigten unterscheidet sich indes von der des Angeklagten im Strafbefehlsverfahren: Während dem Angeklagten der Strafbefehl zugestellt wird und dieser folglich notwendigerweise Kenntnis vom Erlass des Strafbefehls erhalten kann, wird der Strafbefehl dem Nebenklageberechtigten nicht zugestellt. Letzterem muss deshalb die möglichst frühzeitige Wahrung seiner Rechte zugestanden werden, damit er sie auch wahrnehmen[19] kann. Mit einer Parallele zu § 396 dürfte sich also ein Einspruchsrecht vor Erlass des Strafbefehls nicht begründen lassen. Eine bedingte Einlegung des Rechtsbehelfs für den Fall des Erlasses des Strafbefehls ist sodann zwar nicht schon im Hinblick auf die hierin liegende Bedingung unzulässig, da es sich bei dem Strafbefehl um eine sog. Rechtsbedingung handelt.[20] Entscheidend ist aber, dass der Anfechtungsgegenstand, auf den sich das Begehren beziehen muss, schlicht noch nicht existiert. Solange dieser fehlt, ist noch niemand beschwert. Die gleichwohl gegen die bisher nur mögliche Entscheidung erklärte Anfechtung ist für unzulässig[21] zu erachten. Dies wird auch gemäß Art. 6 EMRK gelten müssen, weil die Staaten selbst für den Zugang zum Gericht verlangen dürfen, dass der Rechtsuchende die begehrte Entscheidung zunächst zur Kenntnis nimmt. Insoweit bleibt allerdings ein nennenswertes Restrisiko für Fälle, in denen der Einspruch des Beschuldigten durch eine von vornherein kategorisch geltend gemachte Unschuld und die Forderung nach einer Verhandlung geprägt ist. Hier spricht viel dafür, den Vorwurf, der Beschuldigte habe später nicht nochmals rechtzeitig seine Ausführungen bestätigt, als **unverhältnismäßige Einschränkung des Zugangs zum Gericht** gemäß Art. 6 Abs. 1 Satz 1 EMRK sehen. 8

b) Form. Wie die Rechtsmittel kann auch der Einspruch nur **schriftlich** oder zu **Protokoll der Geschäftsstelle** eingelegt werden (vgl. §§ 306 Abs. 1, 314 Abs. 1, 341 Abs. 1). Zu den Erfordernissen im Einzelnen s. § 314, 6 ff., 24 ff. Grundsätzlich ist der Einspruch in deutscher Sprache abzufassen. Dies ist aber unter Geltung der **RL 2010/64/EU** nicht mehr ohne weiteres unionsrechtskonform, da es sich beim Einspruch um ein stets wesentliches Verfahrensdokument handelt, für welches das Unionsrecht ein Übersetzungsgebot aufstellt.[22] Das Gebot zur Nutzung der deutschen Sprache setzt demnach voraus, dass dem Angeklagten eine **Übersetzung innerhalb der Frist rechtzeitig ermöglicht** wird.[23] In jedem Fall soll die Pflicht, die deutsche Sprache zu verwenden, 9

---

17 § 396 Abs. 1 Satz 3, s. dazu Vor § 407, 39.

18 So etwa noch LR/*Schäfer*[23] § 409, 42; im Ergebnis ebenso noch heute, wenngleich ohne nähere Begründung, KMR/*Metzger* 2.

19 Vgl. KK/*Maur* 5.

20 Vgl. BGHSt **25** 187, 188; vgl. auch *Hanack* JR **1974** 295.

21 **A.A.** LR-*Schäfer*[23] § 409, 42 m.w.N.; im Erg. wie hier KK/*Maur* 5; SK/*Weßlau* 3 und explizit BGHSt **25** 187, 189: Einspruch lediglich vor der *Zustellung* des Strafbefehls wirksam.

22 Dazu EuGH StV **2016** 205 – Rn. 25 ff. m. Anm. *Brodowski* und Anm. *Zündorf* NStZ **2017** 41; wie hier im Ergebnis differenzierend Meyer-Goßner/*Schmitt* § 184 GVG, 2a.

23 Wie hier mit Kritik *Brodowski* StV **2016**, 210: faktische Fristverkürzung; im Ausgangspunkt auch, dann aber mit der Behauptung, der schriftlich nötige Einspruch sei kein wesentliches Verfahrensdokument, *Zündorf* NStZ **2017** 42. Diskutieren ließe sich allein, ob nicht die mögliche Erklärung zu Protokoll mit der Unterstützung eines Dolmetschers genügen könnte; allerdings stellt das deutsche Recht nicht allein hierauf ab. Unionsbürgern wäre eine prozessuale Option grundlos genommen. Für die Zulässigkeit der Forderung eines deutsch formulierten Einspruchs aber uneingeschränkt KMR/*Metzger* 4.

fortbestehen, wenn der Angeschuldigte formell verteidigt ist.[24] Ein schriftlich eingelegter Einspruch ist nicht notwendigerweise wegen **fehlender Unterschrift** unwirksam. Es genügt, dass die Person des Einlegenden und ihr Wille zur Einspruchseinlegung aus dem Schriftstück deutlich hervorgeht.[25] Besteht aber die Möglichkeit, dass die nicht unterschriebene Schrift bloß einen Entwurf darstellt und nicht auf dem Willen des Rechtsvertreters des Angeklagten beruht (Diktatzeichen nicht eines Rechtsanwalts, sondern nur eines Kanzleiangestellten), so fehlt es[26] an der Einhaltung der Schriftform. Einlegung durch **Telebrief** und **Telefax** genügen der Schriftform (§ 314, 28, 30 f.), ebenso (das fernmündlich aufgegebene) Telegramm[27] (§ 314, 26 f.): Die in diesen Fällen meist fehlende Unterzeichnung durch den Rechtsmittelführer schadet nicht,[28] soweit aus der übermittelten Erklärung deren Inhalt „und die Person, von der sie ausgeht, hinreichend zuverlässig entnommen werden können".[29] Eine bloße **falsche Bezeichnung** des Rechtsbehelfs ist schon nach den §§ 410 Abs. 1 Satz 2, 300 unschädlich – das eingehende Begehren ist rechtsschutzfreundlich auszulegen.

10 Umstritten ist, ob der Einspruch **fernmündlich eingelegt** werden kann. Wenn auch auf diese Weise nicht der Schriftform genügt werden kann, so bleibt doch zu fragen, ob Erklärungen zu Protokoll der Geschäftsstelle nicht fernmündlich abgegeben werden[30] können. Während der Bundesgerichtshof die telefonische Einlegung des *Einspruchs* gegen einen *Bußgeldbescheid* zu Protokoll der Verwaltungsbehörde für zulässig[31] erachtet, hat er die fernmündliche Einlegung von *Rechtsmitteln* für *unzulässig*[32] erklärt. Zur Frage der Zulässigkeit des *telefonischen Einspruchs* gegen einen *Strafbefehl* hat er noch nicht ausdrücklich Stellung genommen.[33] Im Schrifttum wird die fernmündliche Einlegung sowohl bejaht,[34] als auch verneint.[35] Bei der Beantwortung dieser Frage wird zunächst zu berücksichtigen sein, dass Erklärungen zu Protokoll grundsätzlich mündlich, also in Anwesenheit der erklärenden Person abgegeben werden.[36] Wenn davon für das Bußgeldverfahren eine Ausnahme zugelassen wird, so dürfte für die gleichliegende Problematik im Strafbefehlsverfahren von Bedeutung sein, ob die Gründe für diese Ausnahme auch für das Strafbefehlsverfahren gelten. Dies dürfte aber zu verneinen sein. Für die Zulässigkeit des telefonischen Einspruchs gegen einen Bußgeldbescheid hat der Bundesgerichtshof entscheidend auf die verschiedenen Funktionen dieses Rechtsbehelfs einerseits und der der strafprozessualen Rechtsmittel und auch des Einspruchs gegen einen Strafbefehl andererseits abgestellt. Der Einspruch im Bußgeldverfahren bewirke „den Übergang der Sache aus dem Bereich der Verwaltung an den Richter, den Eintritt einer

24 BGH NStZ **2017** 601 f.; NStZ-RR **2018** 57 f.; Meyer-Goßner/*Schmitt* § 184 GVG, 2a; KK/*Maur* 3; *Brodowski* StV **2016** 211; s. auch EuGH StV **2016** 205 Rn. 43.

25 BayObLG HRR **1929** Nr. 1081; OLG Düsseldorf NJW **1962** 551.

26 BayObLG NJW **1980** 2367; bestätigend BVerfG NJW **2002** 3534, 3535.

27 Vgl. zur Revisionsbegründungsschrift BGHSt **31** 7, 8.

28 BGHSt **31** 7, 8 f. zum Telefax.

29 BVerfG NJW **2002** 3534, 3535.

30 Dazu zur Berufung verneinend, aber erörternd, BGHSt **30** 64, 65 ff.; näher LR/*Graalmann-Scheerer* Vor § 42, 8 ff.

31 BGHSt **29** 173.

32 BGHSt **30** 64, 65 ff. (zur Berufung); ebenso OLG Zweibrücken StV **1982** 415.

33 Der BGH dürfte aber der hier vertretenen Auffassung zuneigen, weil er auf den Unterschied des Einspruchs im Vergleich zum Bußgeldbescheid auch gegenüber dem Einspruch gegen einen Strafbefehl abstellt (BGHSt **29** 173, 175 f.).

34 AK/*Lemke* § 42, 14; LR/*Graalmann-Scheerer* Vor § 42, 11.

35 KK/*Maur* 4; Meyer-Goßner/*Schmitt* Einl. 140; HK/*Brauer* 5.

36 S. § 314, 6 ff.

Prozeßlage, die das bisherige Verfahren lediglich als Vorverfahren erscheinen läßt"; überdies führten die Zuständigkeitsregelungen des Bußgeldverfahrens dazu, dass der Sitz der den Bußgeldbescheid erlassenden Zentralbehörde und der Wohnort des Betroffenen so weit auseinander liegen, dass die Möglichkeit einer Erklärung am Ort und zu Protokoll der Verwaltungsbehörde faktisch nicht in Betracht[37] komme. Entsprechend hat der Bundesgerichtshof dazu ausgeführt, dass die „verfahrensspezifische Situation in Bußgeldsachen [...] im strafprozessualen Bereich keine Parallele findet".[38] Weil zudem im Strafbefehlsverfahren mit dem Einspruch eine richterliche Entscheidung und nicht lediglich eine Verwaltungsanordnung angegriffen wird, lässt sich das Verfahren über den Erlass eines Strafbefehls auch immerhin deutlich weniger als „Vorverfahren" betrachten. Aus der Zulässigkeit des telefonischen Einspruchs gegen einen Bußgeldbescheid allein dürfte die Zulässigkeit des telefonischen Einspruchs gegen einen Strafbefehl daher nicht herzuleiten sein. Da der Einspruch aber auch hier aus der Perspektive des Art. 6 EMRK auf die erstmalige Gewährleistung einer mündlichen Verhandlung und damit auf den Zugang zum Gericht zielt, ergeben sich jedoch nach wie vor Parallelen. Eine den Zugang erschwerende Form sollte deshalb nur dann verlangt werden, wenn sie auf einer gesetzlichen Anordnung fußt, die einer überzeugenden Ratio folgt und lediglich verhältnismäßige Obliegenheiten auslöst.[39] Dies wird man mit Bedenken – etwa im Hinblick auf eine in Zukunft mögliche Videotelefonie – aber noch bejahen können. Die Rechtsmittelerklärung zu Protokoll der Geschäftsstelle nach § 410 Abs. 1 Satz 1 steht unmittelbar neben dem expliziten identifikationsfördernden Schriftformgebot. Als Ausnahme von der Schriftform verfolgt sie den Zweck, dass der aufnehmende Urkundsbeamte sich „Gewißheit über die Person des Erklärenden und Klarheit über den Inhalt seiner Erklärung" verschaffen soll. Hierbei dürfte dem Gesetzgeber jedenfalls für das Strafverfahren die körperliche Anwesenheit des Erklärenden vor Augen gestanden haben, die auf andere Art und Weise eine Identifikation fördert. Dieser rationale Zweck wäre telefonisch nur eingeschränkt zu erfüllen, zumal der Gesetzgeber keine Regelungen erkennen lässt, nach welchen Maßgaben eine Prüfung erfolgen müsste. Im Bußgeldverfahren mag man angesichts der anderen Rechtsfolgen und der typisiert betrachtet geringeren Bedeutung insofern mit BGHSt **29** 173, 175 f. für Verwaltungsanordnungen großzügiger sein. Im Fall der prozessualen Ablehnung der immerhin richterlichen Entscheidung des Strafbefehls, die nach richtiger Ansicht jedenfalls eine verfahrensrelative Überzeugung voraussetzt,[40] wird man das Verlangen nach einer klaren Identifikationsgrundlage hingegen wie bei der Einlegung von Rechtsmitteln noch nicht unverhältnismäßig nennen können.

c) Beschränkbarkeit des Einspruchs. Nach der früheren Rechtslage wurde die **vertikale** Beschränkung des Einspruchs auf einzelne selbständige Taten und auch auf einzelne von mehreren Tätern (auch derselben Tat) für zulässig[41] erachtet, nicht aber die **horizontale** Beschränkung z.B. auf den Rechtsfolgenausspruch insgesamt oder auf die Festsetzung einzelner Rechtsfolgen. Die damit verbundene Bindung der sodann ent- 11

37 BGHSt **29** 173, 175 f.

38 BGHSt **29** 173, 176.

39 S. auch BVerfGE **133** 168, 227: Angeschuldigter muss es in der Hand haben, durch eine einfache Erklärung die Hauptverhandlung zu erzwingen.

40 S. Vor § 407, 24 f.

41 AnwK-StPO/*Böttger* 7; HK-GS/*Andrejtschitsch* 5. Zum Zusammentreffen von Ordnungswidrigkeit und Straftat z.B. auch hinsichtlich der Rechtsfolgen bloß der Straftat oder nur aus der Ordnungswidrigkeit, vgl. OLG Karlsruhe VRS **46** (1974) 195.

scheidenden Gerichte an eine bloß „summarisch" getroffene Schuldfeststellung wurde für unerträglich[42] gehalten. Lediglich die Beschränkung auf den **Kostenausspruch** wurde bereits früh zu Recht für zulässig erachtet, weil diese als – mit einer einwöchigen Frist einzulegende – sofortige Beschwerde[43] im Sinne des § 464 Abs. 3 aufzufassen sei.

12 **aa)** Die heute seit langem geltende **Neufassung** des § 410 Abs. 2 lässt die Beschränkung des Einspruchs auf bestimmte Beschwerdepunkte nunmehr ausdrücklich zu. Hiermit wurde nach allgemeiner Meinung grundsätzlich die Regelung übernommen, die auch für die Beschränkung der Berufung und der Revision (§§ 318, 344 Abs. 1) gilt. Zumal der rechtskräftige **Strafbefehl** einem rechtskräftigen Urteil nach § 410 Abs. 3 gleichsteht, kann er in gleicher Weise wie ein Urteil in **volle** wie in **vertikal oder horizontal beschränkte Rechtskraft** erwachsen. Entsprechend ist die Möglichkeit einer **Einspruchsbeschränkung** zu bejahen, die ebenfalls zu diesen Arten der Teilrechtskraft führt.[44] Folglich gelten insoweit die zur Beschränkbarkeit der Berufung und der Revision (§ 318, 38 ff.; LR/*Franke*[26] § 344, 6 ff.) dargelegten Regeln grundsätzlich auch für die Beschränkung des Einspruchs gegen einen Strafbefehl.[45] Eine nach diesen Regeln unzulässige Beschränkung führt nicht etwa zur Unzulässigkeit des Einspruchs, sondern nur zur Unzulässigkeit der Beschränkung: In diesem Fall ist der Einspruch unbeschränkt eingelegt.

13 **bb)** Hinsichtlich der horizontalen Rechtskraft und der horizontalen Beschränkbarkeit von Rechtsmitteln ergeben sich aber insofern Schwierigkeiten, als die Rechtsmittelgerichte die **Beschränkung** selbst und den mit ihr verbundenen Eintritt der Teilrechtskraft **verneinen**, wenn das Rechtsmittelgericht die an sich von ihm hinzunehmenden **tatsächlichen Feststellungen** der Vorinstanz für **unzureichend** hält, die darauf aufbauende Entscheidung zu tragen.[46] So wird „die Beschränkung des Einspruchs auf den Rechtsfolgenausspruch" als unwirksam angesehen, „wenn die Feststellungen des Strafbefehls zum Schuldspruch so weitgehende Lücken aufweisen, dass sich Art und Umfang des Unrechts und der Schuld nicht [...] bestimmen lassen und deshalb die sonst in der Regel gegebene Trennbarkeit zwischen Schuld- und Strafausspruch ausnahmsweise zu verneinen ist"[47] und „keine hinreichende Grundlage für die revisionsrechtliche Überprüfung der Rechtsfolgenentscheidung bilden".[48] Dies gilt insbesondere dann, „wenn das AG nicht geprüft hat, ob der Angeklagte schuldunfähig i. S. von § 20 StGB war, obwohl die Höhe der Blutalkoholkonzentration oder andere Umstände dazu Anlass gegeben hätten".[49] Eine Beschränkung auf die *Anzahl der Tagessätze* einer Geldstrafe ist mangels **Trennbarkeit** des Schuldspruchs vom Rechtsfolgenausspruch deshalb unwirksam, weil sich in dieser Zahl „das Ausmaß der festgestellten Schuld" widerspiegelt – wirksam ist dagegen eine Beschränkung auf die Höhe der Tagesätze.[50] Dagegen führt eine **unzutreffende rechtliche Würdigung** ausreichender tatsächlicher Feststellungen nicht zur Unwirksamkeit einer Einspruchsbeschränkung auf den Rechtsfolgenausspruch. Daraus folgt, dass „sich der Tatrichter [...] über die Sperrwirkung des rechtskräftigen Schuld-

42 Vgl. dazu LR/*Schäfer*[23] § 409, 48 ff.
43 LG Bamberg NJW **1973** 1144.
44 **A.A.** *Bohnert* NZV **1988** 201.
45 BayObLG NStE Nr. 2 zu § 410; BayObLG bei *Janiszewski* NStZ **1988** 267; OLG Schleswig SchlHA **1996** 108; KK/*Maur* 9; Meyer-Goßner/*Schmitt* 4; SK/*Weßlau* 9; HK-GS/*Andrejtschitsch* 5. Zur früheren Rechtslage vgl. LR/*Schäfer*[23] § 409, 48 ff.
46 Vgl. BTDrucks. **10** 1313 S. 38.
47 BayObLG DAR **2004** 282; OLG Düsseldorf NStZ-RR **1997** 113, 114; ebenso OLG Kiel SchlHA **1996** 108.
48 OLG Koblenz NStZ **2003** 617.
49 BayObLG NStZ **2004** 646 (L).
50 OLG Hamm DAR **2001** 133; vgl. dazu auch § 409, 18.

spruchs“ wegen Betrugs durch eine nunmehr zutreffende rechtliche Würdigung der festgestellten Tatsachen als Vorenthalten von Arbeitsentgelt „nicht hinwegsetzen“[51] darf. Ebenso steht die Rechtskraft des Schuldspruchs „weitere(n) Feststellungen zu den Tatbestandsvoraussetzungen“[52] entgegen.

Weil im Strafbefehlsverfahren lediglich eine eindeutig individualisierbare Tat angegeben sein muss (§ 409, 9), im Übrigen aber keine Begründung erforderlich ist (§ 409, 21), führt diese **Rechtsprechung** de facto dazu, dass eine **horizontale Beschränkung** des Einspruchs zu einem nicht unerheblichen Teil unzulässig ist. Damit sind indessen grundsätzliche Fragen zur Rechtskraft, insbesondere zur Teilrechtskraft im Allgemeinen angesprochen, die zum Strafbefehl nicht nochmals vertieft werden können (eingehend dazu § 318, 23 ff.). Zu Einzelfragen wirksamer Teilanfechtung s. die Ausführungen zur Berufungsbeschränkung (§ 318, 36 ff.). 14

d) Verzicht und Rücknahme (§§ 410 Abs. 1 Satz 2, 302). Ein **Verzicht** auf Einlegung des Einspruchs (§ 302) kann nur in der gleichen Form wie die Einlegung des Einspruchs, d. h. schriftlich beim Amtsgericht oder zu Protokoll der Geschäftsstelle, erklärt werden. Er kann damit zum Beispiel nicht schon darin liegen, dass der Angeklagte die im Strafbefehl festgesetzte Geldstrafe zahlt.[53] Auch ein schriftliches Gesuch um Ratenzahlung stellt keinen Verzicht dar, wenn der Verzichtswille nicht durch zusätzliche Angaben eindeutig zum Ausdruck gebracht wurde.[54] Entsprechendes gilt für die **Zurücknahme** eines eingelegten Einspruchs. Hier kann die Zurücknahme aber auch durch Erklärung gegenüber dem Richter gemäß § 411 Abs. 3 erfolgen. 15

Verzicht und Rücknahme können wie die Einlegung des Einspruchs nach § 410 Abs. 2 **beschränkt** werden. In ihrem jeweiligen Umfang führen sie zur Rechtskraft des Strafbefehls.[55] Der Verteidiger bedarf einer ausdrücklichen Ermächtigung zum Verzicht oder zur Rücknahme (§ 410 Abs. 1 Satz 2, § 302 Abs. 2). Wegen der Unanwendbarkeit des § 303 (s. § 410 Abs. 1 Satz 2) ist die Zustimmung der Staatsanwaltschaft zur Rücknahme oder zum Verzicht entbehrlich. Nach Beginn der Hauptverhandlung über den Einspruch gelten allerdings die §§ 411 Abs. 3 Satz 2 und 303.[56] 16

e) Begründung. Der Einspruch bedarf **keiner Begründung**. Jedoch sollte zweckmäßigerweise der Urkundsbeamte bei der Einlegung zur Niederschrift der Geschäftsstelle darauf hinwirken, dass der Einspruch begründet und die Beweismittel bezeichnet werden. 17

II. Rechtskraft des Strafbefehls

1. Formelle Rechtskraft. § 410 knüpft den **Eintritt der formellen Rechtskraft des Strafbefehls** und seiner Wirkung an den ungenutzten Ablauf der Einspruchsfrist (beachte in EU-Fällen aber Rn. 27). Die gleiche Wirkung haben aber auch der Verzicht auf den Einspruch (o. Rn. 15 f.), die Zurücknahme eines fristgemäß eingelegten Einspruchs 18

---

51 OLG München wistra **2006** 395.
52 OLG Schleswig ZfS **2001** 91.
53 OLG Stuttgart DAR **1998** 29; LG Hannover MDR **1950** 630; KK/*Maur* 7; Meyer-Goßner/*Schmitt* 3; SK/*Weßlau* 8.
54 OLG Hamm VRS **36** (1969) 21; LG Frankfurt/M StV **2021** 356 (L).
55 KK/*Maur* 7.
56 S. § 411, 50.

(§ 411 Abs. 3) und die Verwerfung des Einspruchs nach § 412. Bei entsprechender Beschränkung des Einspruchs oder bei beschränktem Verzicht oder beschränkter Rücknahme tritt formelle horizontale wie vertikale Teilrechtskraft ein (s. dazu oben Rn. 12 ff.), wie sich auch aus dem Wortlaut des Abs. 3 („soweit") ergibt.[57]

19 **2. Materielle Rechtskraft.** Auch hier ist sowohl eine vertikale als auch eine horizontale Teilrechtskraft möglich (o. Rn. 12, 18). Besonderer Erwähnung bedarf der Umfang der **materiellen Rechtskraft** (einschließlich der Teilrechtskraft) des Strafbefehls.

20 **a)** § 410 a. F. erkannte dem rechtskräftigen Strafbefehl lediglich die *Wirkung* eines rechtskräftigen Urteils zu. Wegen der im summarischen Charakter begründeten Verschiedenheit des Strafbefehlsverfahrens vom normalen Strafprozess hat es das Bundesverfassungsgericht ausdrücklich gebilligt, dass „der Strafbefehl nicht einem im ordentlichen Strafverfahren ergangenen Urteil gleichgestellt werden"[58] kann. Dies gilt insbesondere hinsichtlich der Rechtskraftwirkung, weshalb es ausdrücklich für zulässig erachtet wurde, die **Rechtskraftwirkung** und damit den Verbrauch der Strafklage bei **Strafbefehlen enger** zu bestimmen als beim Urteil.[59] Damit war die bisherige Rechtsprechung verfassungsgerichtlich abgesichert, der zufolge die Rechtskraft des Strafbefehls der erneuten Verfolgung dann nicht entgegenstand, wenn ihr Anlass ein neuer, im Strafbefehl nicht gewürdigter rechtlicher Gesichtspunkt war, der eine erhöhte Strafbarkeit[60] begründete. Diese Rechtsprechung war jedoch von jeher umstritten. Ihr wurde vor dem Hintergrund des Verfassungssatzes *ne bis in idem* im Schrifttum zunehmend weniger gefolgt, seitdem der Einstellung nach § 153a Abs. 1 Satz 4 und dem Bußgeldbescheid nach den §§ 84, 85 Abs. 3 OWiG eine weitergehende Rechtskraft als dem Strafbefehl[61] zuerkannt wurde.

21 Diese Streitfrage hat der **Gesetzgeber** zwischenzeitlich mit der Neufassung des § 410 in dessen Abs. 3 entschieden, indem er den rechtskräftigen Strafbefehl mit einem rechtskräftigen Urteil gleichgestellt und damit eine **weitergehende Rechtskraft anerkannt** hat.[62] So steht das Doppelverfolgungsverbot etwa auch dann einer gesonderten Strafverfolgung hinsichtlich einer Trunkenheitsfahrt entgegen, wenn der unmittelbar damit zusammenhängende nachfolgende tätliche Angriff auf Polizeibeamte bereits im Wege des Strafbefehls rechtskräftig abgeurteilt wurde.[63] Dem Bedürfnis nach einer erneuten Würdigung der mit dem Strafbefehl bereits „abgeurteilten" Tat wegen der Berücksichtigung solcher straferhöhender Umstände, die auf Grund des summarischen Charakters des Strafbefehlsverfahrens nicht erkannt wurden, wurde durch die – verfassungsrechtlich nicht unproblematische – gleichzeitige Schaffung eines **neuen Wiederaufnahmegrundes** Rechnung getragen: Gemäß § 373a Abs. 1 ist die Wiederaufnahme eines durch rechtskräftigen Strafbefehl abgeschlossenen Verfahrens zusätzlich zu den in § 362 aufgeführten Gründen zuungunsten des Angeklagten schon dann zulässig, wenn neue Tatsachen oder Beweismittel beigebracht sind, die die Verurteilung wegen eines Verbrechens zu begründen geeignet sind. **§ 410 Abs. 3** und **§ 373a ergänzen** sich **gegenseitig**: Während die erstgenannte Vorschrift die **materielle Rechtskraft des Strafbefehls der des Urteils gleichstellt,** erlaubt § 373a die Wiederaufnahme unter den

---

57 Vgl. die amtl. Begr. BTDrucks. **10** 1313 S. 38.

58 BVerfGE **3** 248 ff., 353 f. zur Rechtskraftwirkung (Strafklageverbrauch).

59 BVerfGE **3** 248, 253 f.

60 Vgl. dazu LR/*Schäfer*[23] 13 bis 21. Zur heutigen Reichweite etwa instruktiv KG StV **2020** 578.

61 Vgl. zu dieser Problematik die Ausführungen von *Schäfer* in der 23. Aufl.; ferner *Achenbach* NJW **1979** 2021; *Groth* NJW **1978** 197 und MDR **1985** 716; *Neumann* NJW **1984** 779.

62 Bestätigend BGH NZV **2013** 93 m. Bespr. *Mitsch* NZV **2013** 63.

63 So nun etwa OLG Stuttgart NJW **2021** 2596 m. Anm. *Eisele*.

Voraussetzungen des förmlichen Rechtsbehelfs der Wiederaufnahme des Verfahrens nach den §§ 359 ff., allerdings vermehrt um den in § 373a Abs. 1 genannten Grund für eine Wiederaufnahme zulasten des Angeklagten. Hiermit wird zugleich die früher bestehende Möglichkeit ausgeschlossen, die Wiederaufnahme eines durch Strafbefehl abgeschlossenen Verfahrens im Klageerzwingungsverfahren[64] zu erreichen: Sinn des § 373a Abs. 1 ist es, die Abkehr von der Rechtskraft des Strafbefehls nur noch nach den Bedingungen der Wiederaufnahme zulassen. Für eine weitergehende Legalitätspflicht besteht infolge der Schranke des § 373a Abs. 1 schon systematisch bedingt keinerlei Raum.

Mit dieser Gesetzgebung ist zugleich der Auffassung die Grundlage entzogen, die anzweifelt, ob sich der **Widerruf der Strafaussetzung zur Bewährung** auch auf einen rechtskräftigen Strafbefehl stützen[65] kann: Steht der Strafbefehl einem rechtskräftigen Urteil gleich, so ist diese gesetzgeberische Entscheidung ohne Einschränkung zu akzeptieren, auch bei Entscheidungen nach § 56f StGB.[66] Etwas anderes könnte allenfalls erwogen werden, wenn man auf die richterliche Überzeugung von der Schuld des Angeschuldigten als Voraussetzung des Strafbefehlserlasses verzichten und sich stattdessen mit einem schlichten hinreichenden Tatverdacht begnügen[67] wollte.[68] Aus § 410 Abs. 3 lässt sich allerdings nach wie vor keine **Bindungswirkung** hinsichtlich anwaltsgerichtlicher Verfahren[69] entnehmen. Erst recht gilt dies für sonstige Verfahren etwa vor Zivilgerichten oder Gerichten eines anderen Gerichtszweiges[70] mit Ausnahme derjenigen nach § 4 StrEG und den §§ 3 Abs. 4, 4 Abs. 3 Satz 2 StVG. 22

b) Ist die Rechtskraft des Strafbefehls gem. § 410 Abs. 3 eingetreten, ist die **nachträgliche Bewilligung von Zahlungserleichterungen** und die Änderung oder Aufhebung etwa im Strafbefehl ausgesprochener Vergünstigungen Sache der Vollstreckungsbehörde (§ 459a). 23

III. Wiedereinsetzung

1. Grundsätzliche Erwägungen. Nach der Rechtsprechung des Bundesverfassungsgerichts ist für das Strafbefehlsverfahren „das **Rechtsinstitut der Wiedereinsetzung in den vorigen Stand** die unter dem Blickpunkt der Rechtsschutzgarantien der Art. 19 Abs. 4 und 103 Abs. 1 GG **verfassungsrechtlich geforderte Ergänzung** seines nur,summarischen‘ Charakters und jener Risiken, die für den Betroffenen in der Zulässigkeit der Ersatzzustellung liegen“.[71] Es ist danach bei der Auslegung und Anwendung der §§ 44, 45 darauf Bedacht zu nehmen, dass der **Zugang zum Gericht nicht unzumutbar erschwert**[72] wird. Hierbei ist insbesondere zu berücksichtigen, dass es sich bei einem Einspruch gegen einen Strafbefehl „um den ersten Zugang zu Gericht und um die Möglichkeit“ handelt, „sich überhaupt vor Gericht Gehör zu verschaffen“.[73] Erforderlich ist es 24

---

64 OLG Karlsruhe NJW **1977** 72, 73 f.; *Rieß* JR **1988** 136; **A.A.** m.w.N. KK/*Moldenhauer* § 172, 61 u. a. mit Verweis auf eine frühere, später verworfene gegenteilige Äußerung von *Rieß*.
65 So in einem obiter dictum OLG Zweibrücken JR **1991** 477.
66 Wie hier KK/*Maur* 16.
67 Vgl. insoweit *Stree* JR **1991** 478 und nun diff. KG BeckRS **2014** 19174 m.w.N.; StV **2018** 361.
68 Vgl. dazu Vor § 407, 21 ff.
69 Hierzu näher BGHSt **45** 46 ff., dort aber immerhin für eine indizielle Bedeutung 49.
70 S. § 409, 21 f.
71 Zum Zitat BVerfGE **41** 23, 26; grundlegend schon BVerfGE **25** 158, 165 ff.
72 BVerfGE **26** 315, 319 ff.; **38** 35, 38; **40** 88, 91 f.; **41** 23, 26 f.; BVerfG NJW **2002** 3534 f.
73 BVerfG NJW **1991** 351; **2001** 1563; **2002** 3534 f.

hier, auch individuell vom Angeschuldigten herrührende Erschwernisse wie die Ausländereigenschaft (u. Rn. 26) oder Fähigkeitsdefizite zu berücksichtigen, die einer eigenverantwortlichen Rechtswahrnehmung entgegenstehen können.[74]

25 **2. Im Einzelnen.** Daraus folgt u. a.: Wenn bei einer vorübergehenden Abwesenheit des Beschuldigten von seiner ständigen Wohnung, z.B. bei einer dreiwöchigen Urlaubsreise, die in seiner Abwesenheit ersatzzugestellte summarische Festsetzung rechtskräftig geworden ist, ohne dass er von der Zustellung erfuhr, so ist es bei dem Antrag auf Wiedereinsetzung in den vorigen Stand – von gesondert gerechtfertigten Ausnahmen[75] abgesehen – nicht als **verschuldete Unkenntnis** von der Zustellung (§ 44 Satz 1) anzusehen, wenn er für die Zeit einer solchen Abwesenheit keine besonderen Vorkehrungen traf, dass mögliche Zustellungen ihn erreichten, auch wenn er von dem gegen ihn laufenden Ermittlungsverfahren weiß.[76] Zwischenzeitlich hat das BVerfG dies auch für eine **bis etwa sechs Wochen überdauernde, aber vorübergehend gedachte Abwesenheit** bejaht und betont, dass es nicht darauf ankomme, ob eine allgemeine Urlaubszeit betroffen ist.[77] In diesem Zusammenhang ist auch die Rechtsprechung zu erwähnen, die **das Maß der Sorge für den rechtzeitigen Eingang** des Einspruchs begrenzt: Legt der Beschuldigte schriftlich gegen den Strafbefehl Einspruch ein, der bei normaler Postlaufzeit fristwahrend eintreffen würde, und wird diese Normalzeit aus Gründen, die er nicht zu vertreten hat, von der Post nicht eingehalten, so dass der Einspruch verspätet ist, so muss ihm die Wiedereinsetzung gewährt werden; der Beschuldigte braucht sich nicht auf mögliche Verzögerungen bei hinreichend frühzeitiger Absendung des Einspruchs einzurichten.[78] In der Regel darf der Absender einer Rechtsmittel- oder Rechtsbehelfsschrift mit einer Postlaufzeit von einem Tag innerhalb des Bundesgebietes[79] rechnen. Mit dieser Rechtsprechung steht es nicht in Einklang, wenn das OLG Schleswig[80] eine genügende Entschuldigung im Sinne des § 412 a. F. bei einem Angeklagten verneinte, der nach Einspruch gegen den Strafbefehl seinen Wohnsitz wechselte, ohne besondere Sorge dafür zu tragen, dass er von der an die alte Adresse gerichteten Terminsladung rechtzeitig Kenntnis erhielt. Bei Zustellung an den Angeklagten soll die fehlende Benachrichtigung des Verteidigers gemäß § 145a Abs. 3 Satz 2 keinen Wiedereinsetzungsgrund ausmachen[81] (s. im Übrigen zu den vorherrschenden Maßstäben LR/*Graalmann-Scheerer* § 44, 18 ff.). Tatsächlich ist aber auch in diesem Fall angesichts der in Kanzleien üblichen Vorsorge gegen Fristversäumungen in dem Gebot eine sinnlose Doppelung zu erkennen und die Verletzung ein möglicher Grund für eine erfolgreiche Wiedereinsetzung in den vorigen Stand.[82]

---

74 S. schon Vor § 407, 27, 34 f.

75 So z.B. BVerfGE **41** 332, 336 f. für regelmäßige berufsbedingte längere Abwesenheiten. Gegen übermäßige Ausdehnungen i.E. VerfGH Berlin HRRS **2019** Nr. 730.

76 S. explizit gegen anders lautende Vorsorgeobliegenheiten BVerfGE **25** 158, 165 ff.: Gebot des rechtlichen Gehörs; **26** 315, 319 ff. (auch gegen zu strenge Anforderungen an die Glaubhaftmachung); **40** 182, 186 f. (zu Urlaubsfällen); **41** 332, 336 f. (auch für Urlaube außerhalb der Ferienzeit); s. auch VerfGH Berlin HRRS **2019** Nr. 730.

77 BVerfG NJW **2013** 592 f., zudem unter Verzicht auf eine Anhörungsrüge nach § 33a; OLG Naumburg BeckRS **2013** 5466.

78 BVerfGE **41** 23, 26 f.

79 OLG Stuttgart Justiz **1975** 316.

80 SchlHA **1973** 189.

81 So zweifelhaft LG Frankfurt MDR **1983** 152.

82 VerfGH Berlin HRRS **2019** Nr. 730, überdies wegweisend zur Glaubhaftmachung in Sonderkonstellationen.

Wird dem Angeklagten Wiedereinsetzung in einem Fall verweigert, in dem die Einspruchsschrift des Verteidigers durch dessen **fehlerhaft agierendes Büropersonal** allein dem Angeklagten mit dem Vermerk: „Sie brauchen noch nicht zu zahlen" zugesandt wurde, nicht aber dem Gericht, so ist das Recht des Angeklagten auf Gewährung rechtlichen Gehörs verletzt.[83] Gleiches gilt im Fall einer **ausgebliebenen Übersetzung der Rechtsmittelbelehrung,**[84] wenn einem insoweit der deutschen Sprache nicht hinreichend mächtigen Ausländer die Wiedereinsetzung pauschal deshalb verwehrt wird, weil er sich nicht „innerhalb der ihm nicht bekannten Einspruchsfrist um ein genaues Verständnis von Strafbefehl und Rechtsmittelbelehrungsfrist" bemüht[85] habe. Ausnahmsweise soll die Wiedereinsetzung aber versagt werden können, wenn der Ausländer sich nicht zureichend um die Verfolgung seiner Interessen kümmerte, „obwohl er nach Lage des Falles dazu Anlaß hatte und in der Lage war", so z.B. dann, „wenn der Betroffene den Inhalt eines Bußgeldbescheids oder Strafbefehls jedenfalls soweit erfasst hat, daß es sich um ein amtliches Schriftstück handeln könnte, das eine ihn belastende Verfügung enthält, und er sich gleichwohl binnen eines Monats nicht Gewißheit über den genauen Inhalt verschafft".[86] Dies setzt aber offenbar zunächst den **fallkonkreten Nachweis** voraus, dass dem Ausländer die rechtliche Bedeutung einschließlich der Frist vor Augen stand.[87] Zudem ist innerhalb der EU vor jeder Ausreizung dieser Rechtsprechung zu warnen: Auch Deutschland darf sich seinen oft schon aus Art. 6 Abs. 3 lit. e EMRK abzuleitenden Verpflichtungen nicht im Wege einer Etablierung von Verfahrensobliegenheiten entziehen. Zunächst sind im Fall der fehlenden Übersetzung die Verfahrensrechte des Unionsbürgers verletzt. Es ist zuallererst die **Aufgabe des auf Strafe bedachten Staates**, von sich aus dem Adressaten die konkrete Bedeutung des „amtlichen Schriftstücks" klarzumachen, damit er *davon* ausgehend[88] die konkrete Notwendigkeit zur prozessualen Wahrung seiner Rechte erkennen kann. 26

3. Einfluss des Unionsrechts. Über die aus Art. 6 EMRK abzuleitenden Einwirkungen[89] hinaus ist auch im Recht der Wiedereinsetzung in besonderer Weise auf das Unionsrecht zu achten (s. schon Rn. 26). Dies gilt besonders für die **Zustellung von Strafbefehlen, die sich an Beschuldigte richten, die in Deutschland keinen Wohnsitz oder Aufenthaltsort aufweisen.** Ihnen gewährleisten Art. 2, Art. 3 Abs. 1 lit. c und Art. 6 Abs. 1 und 3 der Richtlinie 2012/13/EU des Europäischen Parlaments und des Rates v. 22.5.2012 Rechte auf Belehrung und Unterrichtung in Strafverfahren. Vor diesem Hintergrund ist zwar unionsrechtlich die Zustellung an einen zu benennenden Zustellungsbevollmächtigten nicht *per se* ausgeschlossen; insbesondere kann eine solche prinzipiell zum Ablauf der Einspruchsfrist führen (dazu aber gleich Rn. 28).[90] In der Sache ist ihre Bedeutung aber nun beschränkt, was offenbar bereits zu einer fragwürdigen Ausdehnung der Untersuchungshaft führt.[91] Nach der Rechtsprechung des **EuGH** muss dem 27

83 S. unmissverständlich BVerfG NJW **1991** 351.
84 S. schon § 409, 24 f.
85 BVerfG NJW **1991** 2208 f.
86 BVerfGE **42** 120, 126 ff. (mit Zitaten auf S. 127); zu Unrecht offenbar noch weiter *Greßmann* NStZ **1991** 219 f. Eher großzügiger für eine fallkonkrete Darlegung BVerfG **1991** 2208.
87 So wohl BVerfG NJW **1991** 2208: nähere Darlegung der Umstände des Einzelfalles notwendig, die für eine Pflicht zur alsbaldigen Vergewisserung über den konkreten Inhalt des Strafbefehls gestritten haben.
88 S. im Ansatz auch BVerfGE **42** 120, 125.
89 Dazu Vor § 407, 30 ff.
90 EuGH StV **2016** 205 – Rn. 52 ff.; EuGH StV **2018** 69 (L) = JR **2017** 488.
91 *Brodowski* StV **2016** 211; vgl. ferner LG Landshut StV **2016** 813 m. Anm. *Kulhanek*.

Beschuldigten nämlich in diesem Fall (mangelnder Wohnsitz) ab seiner **tatsächlichen Kenntniserlangung** die im deutschen Recht vorgesehene Zweiwochenfrist zur Einspruchseinlegung zur Verfügung stehen, damit er sein Recht auf den Zugang zu einer gerichtlichen Verhandlung des Tatvorwurfs ggf. über die Wiedereinsetzung in den vorigen Stand geltend machen kann.[92] Bis zum Eintritt der – nach seiner Rechtsprechung kaum sicher prognostizierbaren – Unanfechtbarkeit des Strafbefehls **versagt** der **EuGH** dem **Strafbefehl letztlich die Wirkung als prozessual und materiell-rechtlich wirksame justizielle Entscheidung.**[93] Sie zwingt im Fall einer bereits abgelaufenen oder ablaufenden Einspruchsfrist dazu, im Wege einer richtlinienkonformen Auslegung von einer ***unverschuldeten*** **Säumnis** auszugehen, soweit kein Fall einer bewussten Zugangsvereitelung festgestellt wird.[94] Unlängst hat der EuGH insoweit klargestellt, dass der Angeschuldigte für die erfolgreiche Wiedereinsetzung nicht dartun muss, dass er die erforderlichen Schritte zeitnah eingeleitet hat, um sich bei dem benannten Zustellungsbevollmächtigten nach der Existenz des Strafbefehls zu erkundigen.[95] Darüber hinaus kann die **Wochenfrist des § 45 Abs. 1 Satz 1 StPO** infolge des – hier kaum durch Auslegung zu wahrenden – Vorrangs des Unionsrechts **nicht zugrunde gelegt** werden,[96] soweit sie die vom EuGH geforderte Zweiwochenfrist vereitelt.[97] Insoweit ist das letztlich hinreichend klare und begünstigende Richtlinienrecht anzuwenden, das auf eine nicht diskriminierende Rechtsgewährleistung zielt. Auch die Kostentragung gem. § 473 Abs. 7 muss bezüglich der Wiedereinsetzung ausscheiden.[98] Die Belehrung gem. § 409 Abs. 1 Nr. 7 muss die Option der Wiedereinsetzung im vorliegenden Sonderfall umfassen, weil die vom EuGH verlangte wirksame Rechtsausübung anderenfalls nicht gewährleistet wäre.[99]

28 Angesichts der Folgen der Rechtsprechung des EuGH drängte sich jedoch die Frage förmlich auf, ob insoweit nicht tatsächlich der konsequente *Ausschluss* des Rückgriffs auf aufgezwungene[100] Zustellungsbevollmächtigte vorzugswürdig ist.[101] Eben diesen hat

---

92 EuGH StV **2016** 205 – Rn. 52 ff., 64 ff. (Covaci) m. Anm. *Brodowski* und Anm. *Zündorf* NStZ **2017** 41; EuGH StV **2018** 69 (L) = JR **2017** 488 (Tranca); EuGH NJW **2020** 1873 – Rn. 48 ff. (UY) OLG München NStZ-RR **2016** 249; HK/*Brauer* 3.

93 EuGH NJW **2020** 1873 – Rn. 58 ff., 61 ff. (UY): Bis zum Ablauf der vom EuGH angesprochenen Zweiwochenfrist des Angeschuldigten dürfe der Strafbefehl keine Wirkungen entfalten; dies gelte, ist die Kenntnis des Angeschuldigten nicht gesichert, auch materiell-rechtlich bezüglich eines angeordneten befristeten Fahrverbots (mit der Folge eines Ausschlusses des § 22 StVG). Zu möglichen praktischen Folgen der mangelnden Wirkung auch schon *Seifert* StV **2018** 126 ff.

94 EuGH StV **2018** 69 (L) = JR **2017** 488 (Tranca); wohl auch OLG München NStZ-RR **2016** 249; diese Möglichkeit nur erwägend *Brodowski* StV **2016** 211, dann anerkennend *ders.* StV **2018** 69 f.; wohl auch KK/*Maur* § 407, 35 und KMR/*Metzger* 6; i.E. auch *Kulhanek* JR **2016** 210 ff.; *ders.* StV **2016** 814, 815.

95 EuGH NJW **2020** 1873 – Rn. 35 ff., 56 f. (UY) m. krit. Anm. *Bollacher* NZV **2021** 98, 99: Besserstellung des EU-Bürgers im Ergebnis; **a.A.** noch *Kulhanek* StV **2016** 814, 815.

96 Nur erwägend *Brodowski* StV **2016** 211, dann anerkennend *ders.* StV **2018** 69 f.; KMR/*Metzger* 6. Anders und für den Betroffenen belastend konstruiert *Kulhanek* JR **2016** 210 f.; *ders.* StV **2016** 814 f.: notwendige Kette an Wiedereinsetzungen.

97 Explizit so nun auch EuGH NJW **2020** 1873 – Rn. 54 f., zum Vorrang des Unionsrechts 68 (UY).

98 *Brodowski* StV **2016** 211 und anerkennend *ders.* StV **2018** 70.

99 So schon überzeugend *Brodowski* StV **2018** 70; erwägend auch in Fällen einer vollzogenen Ersatzfreiheitsstrafe *Seifert* StV **2018** 127 f.; distanziert aber KMR/*Metzger* § 409, 23.

100 Siehe etwa die freiwillige Benennung ausnehmend *Bollacher* NZV **2021** 98, 99.

101 Zur bislang in Deutschland notwendigen Umsetzung siehe auch krit. *Seifert* StV **2018** 127 f., der gleichwohl die Zustellungsvollmacht gar – bei der eingeforderten Beachtung des Richtervorbehalts – für „ein Stück weit rehabilitiert" sieht und letztlich u. a. für die Einrichtung eines elektronischen Postfachs wirbt.

der Gesetzgeber mit einer Änderung des § 132 für die Zukunft insbesondere für Beschuldigte mit Wohnsitz oder festem Aufenthalt im Geltungsbereich des Schengener Durchführungsübereinkommens[102] nun auch vorgesehen; er setzt insoweit auf die im Rahmen der Justiziellen Zusammenarbeit in der EU verbessert mögliche Zustellung im Schengenraum.

§ 411
Verwerfung wegen Unzulässigkeit; Termin zur Hauptverhandlung

(1) [1]Ist der Einspruch verspätet eingelegt oder sonst unzulässig, so wird er ohne Hauptverhandlung durch Beschluß verworfen; gegen den Beschluß ist sofortige Beschwerde zulässig. [2]Andernfalls wird Termin zur Hauptverhandlung anberaumt. [3]Hat der Angeklagte seinen Einspruch auf die Höhe der Tagessätze einer festgesetzten Geldstrafe beschränkt, kann das Gericht mit Zustimmung des Angeklagten, des Verteidigers und der Staatsanwaltschaft ohne Hauptverhandlung durch Beschluss entscheiden; von der Festsetzung im Strafbefehl darf nicht zum Nachteil des Angeklagten abgewichen werden; gegen den Beschluss ist sofortige Beschwerde zulässig.

(2) [1]Der Angeklagte kann sich in der Hauptverhandlung durch einen Verteidiger mit nachgewiesener Vertretungsvollmacht vertreten lassen. [2]§ 420 ist anzuwenden.

(3) [1]Die Klage und der Einspruch können bis zur Verkündung des Urteils im ersten Rechtszug zurückgenommen werden. [2]§ 303 gilt entsprechend. [3]Ist der Strafbefehl im Verfahren nach § 408a erlassen worden, so kann die Klage nicht zurückgenommen werden.

(4) Bei der Urteilsfällung ist das Gericht an den im Strafbefehl enthaltenen Ausspruch nicht gebunden, soweit Einspruch eingelegt ist.

Schrifttum

Groth Einspruchsrücknahme nach Rückverweisung einer Strafbefehls- oder Ordnungswidrigkeitssache durch das Rechtsmittelgericht? NStZ **1983** 9; *Meyer-Goßner* Verwerfung der Berufung wegen Ausbleibens des Angeklagten bei Fehlen von Prozessvoraussetzungen, NJW **1978** 528; *Weidemann* Die Stellung der Beschwerde im funktionalen Zusammenhang der Rechtsmittel des Strafprozesses (1999).

Entstehungsgeschichte

§ 411 in der Fassung der Bekanntmachung v. 22.3.1924 (RGBl. I 322) wurde erstmals durch das 1. StVRG geändert, welches im Wesentlichen die Rücknahmemöglichkeiten für Klage und Einspruch bis zur Verkündung des Urteils erster Instanz erweiterte. Durch Art. 1 Nr. 34 des StVÄG 1987 wurde in § 411 Abs. 1 im Wesentlichen die bisherige Praxis über die Verwerfung eines unzulässigen Einspruchs durch Beschluss in Gesetzesform gegossen und zugleich als Anfechtungsmöglichkeit die sofortige Beschwerde zugelassen. Der bisherige einzige Satz dieses Absatzes wurde zum neuen Satz 2. In Abs. 3 wurde in Satz 3 die Rücknahmemöglichkeit für die Klage in einer dem Verfahren nach § 408a entsprechenden Weise geregelt. Die Änderung des Abs. 4 trägt der durch § 410 Abs. 2

102 Dazu BTDrucks. **19** 27654 S. 2, 16, 37 und 78 ff.

https://doi.org/10.1515/9783110765540-008

eingeführten Beschränkbarkeit des Einspruchs Rechnung. Das VerbrBekG normierte in einem § 411 Abs. 2 neu angefügten Satz 2 die Übernahme der im beschleunigten Verfahren in § 420 vorgesehenen Erleichterungen bei der Beweisaufnahme auch in das Verfahren auf Einspruch gegen einen Strafbefehl. Mit dem 1. JuMoG wurde durch den in § 411 Abs. 1 eingefügten Satz 3 ein schriftliches Beschlussverfahren für die Fälle ermöglicht, in denen der Einspruch auf die Höhe der Tagessätze einer Geldstrafe beschränkt wird. Die gesetzliche Überschrift „Verwerfung wegen Unzulässigkeit; Termin zur Hauptverhandlung“ wurde mit Wirkung vom 25.7.2015 eingeführt durch Art. 1 Nr. 13 Gesetz zur Stärkung des Rechts des Angeklagten auf Vertretung in der Berufungsverhandlung und über die Anerkennung von Abwesenheitsentscheidungen in der Rechtshilfe vom 17.7.2015.[1] Die Vorschrift des § 411 Abs. 2 Satz 1 wurde mit dem Gesetz zur Einführung der elektronischen Akte in der Justiz und zur weiteren Förderung des elektronischen Rechtsverkehrs vom 5.7.2017[2] mit Wirkung zum 1.1.2018 zugunsten elektronischer Nachweise präzisiert. Bezeichnung bis 1924: § 451.

Übersicht

1 BGBl. I S. 1332, 1344.
2 BGBl. I S. 2208, 2214.

Alphabetische Übersicht

I. Anwendungsbereich

§ 411 betrifft nur den Fall, dass gegen einen Strafbefehl **Einspruch** eingelegt wurde. 1
Die Vorschrift, insbesondere Abs. 2, ist hingegen unanwendbar, wenn wegen Bedenken

im Sinne des § 408 Abs. 2 Hauptverhandlung anberaumt wurde; sie ist dann nach den Vorschriften über das „normale" Verfahren durchzuführen.[3]

II. Verfahren bei unzulässigem Einspruch

2 **1. Entscheidung über den unzulässigen Einspruch vor Anberaumung einer Hauptverhandlung.** Die **Unzulässigkeit** des Einspruchs bemisst sich nach den Grundsätzen, die oben § 410, 1 bis 17 dargelegt worden sind. Bei unbehebbaren **Zweifeln** über die Rechtzeitigkeit ist der Einspruch als rechtzeitig eingelegt[4] anzusehen. Rechtzeitig ist der Einspruch auch, wenn der Beschuldigte ihn zwar zu spät eingelegt, aber gegen die Versäumung der Frist **Wiedereinsetzung** in den vorigen Stand (§ 44) erlangt hat.

3 Der unzulässige Einspruch *muss* nach dem Gesetz ohne Anberaumung einer Hauptverhandlung durch **Beschluss** verworfen werden (§ 411 Abs. 1 Satz 1: „wird [...] verworfen"). Die Verwerfung darf also anders als im Fall der unzulässigen Berufung (§ 322 Abs. 1), jedoch wie bei der unzulässigen Revision (§ 349 Abs. 1), nicht der Hauptverhandlung über diesen Rechtsbehelf vorbehalten bleiben. **Prozessvoraussetzungen** und Prozesshindernisse bleiben unberücksichtigt: Mangels eines zulässigen Rechtsbehelfs besteht insoweit keine Prüfungsbefugnis.

4 Die früher umstrittene Frage, welches Rechtsmittel gegen einen Verwerfungsbeschluss statthaft ist, hat der Gesetzgeber ausdrücklich durch die Einräumung der **sofortigen Beschwerde** (§ 411 Abs. 1 Satz 1, 2. Hs.)[5] geklärt.

5 **2. Entscheidung über die Unzulässigkeit des Einspruchs in der Hauptverhandlung über den Einspruch.** Ist der Einspruch unzulässig, so wird der Strafbefehl mit Ablauf der Einspruchsfrist und dem damit verbundenen Ausschluss der Möglichkeit zur Einlegung eines zulässigen Einspruchs nach § 410 Abs. 3 rechtskräftig. Wurde die Unzulässigkeit des Einspruchs, insbesondere die mangelnde Fristwahrung, übersehen, so steht die Rechtskraft des Strafbefehls dem weiteren Verfahren entgegen. Dies gilt, sofern sie nicht im Wege der Wiedereinsetzung in den vorigen Stand durchbrochen wird, über die nach § 46 Abs. 1 das Amtsgericht zu entscheiden hat. Gleichwohl führt dieses Verfahrenshindernis nicht etwa zu einem Einstellungsurteil nach § 260 Abs. 3[6] mit einer Kostenentscheidung aus § 467 zu Lasten der Staatskasse. Das Verfahrensrecht zwingt hier dazu, den Einspruch, wenn auch als eine Konsequenz der Rechtskraft, als unzulässig zu verwerfen und geht damit einer Einstellungsentscheidung vor.[7] Wird die Unzulässigkeit des Einspruchs erst in der (zu Unrecht) anberaumten Hauptverhandlung bemerkt, so ist wie bei der Berufung (§ 322 Abs. 1 Satz 2; bei der Revision s. aber § 349 Abs. 1) der Einspruch nach der Regel des § 260 Abs. 1 in **entsprechender** Anwendung des **§ 322 Abs. 1 Satz 2** durch **Urteil als unzulässig** auf Kosten des Angeklagten (§ 465)[8] zu verwerfen. § 411 Abs. 1 Satz 1 bildet keine Sonderregel etwa des Inhalts, dass der Einspruch auch

3 BayObLG GA **1972** 367; OLG Celle NJW **1970** 906.
4 BayObLG JR **1966** 146; OLG Stuttgart Justiz **1981** 57; allg.M., vgl. z.B.: KK/*Maur* 2; Meyer-Goßner/*Schmitt* 1.
5 Vgl. *Fritzsche* DRiZ **1980** 142.
6 Vgl. aber LR/*Schäfer*[23] 3.
7 So zutr. *Weidemann* 197 zu Recht gegen die in der 25. Aufl. hier vertretene Auffassung.
8 BayObLG NJW **1962** 118; OLG Hamm VRS **41** 174; Meyer-Goßner/*Schmitt* 12; SK/*Weßlau* 5; KMR/*Metzger* 6; AK/*Loos* 2; AnwK-StPO/*Böttger* 4; *Meyer-Goßner* NJW **1987** 1168; *Rieß*/*Hilger* NStZ **1987** 205 Fn. 288.

noch in der Hauptverhandlung durch Beschluss verworfen werden könne oder solle. Er lässt vielmehr diesen Fall ungeregelt, so dass für die hier vorgeschlagene entsprechende Anwendung des § 322 Abs. 1 Satz 2 Raum bleibt. Gegen dieses Verwerfungsurteil sind die üblichen Rechtsmittel gegeben, also Berufung und Sprungrevision,[9] mit denen allerdings nicht die im Strafbefehl getroffene Sachentscheidung überprüft, sondern nur die doch gegebene Zulässigkeit geltend gemacht[10] werden kann.

3. Entscheidung über die Unzulässigkeit des Einspruchs in der Rechtsmittelinstanz

a) Rechtskraft wird erkannt

6 **aa) Übersicht.** Wird die Unzulässigkeit des Einspruchs erst im Rechtsmittelverfahren über das Sachurteil erkannt, welches auf Grund einer Hauptverhandlung auf den irrig für zulässig erachteten Einspruch erging, so steht dem Urteil der Vorinstanz(en) der Eintritt der Rechtskraft entgegen. Dies führt zur Begründetheit der Berufung mit der Kostenfolge aus § 473 Abs. 1, zur **Aufhebung** dieser Urteile von Amts wegen (Verfahrenshindernis) und zur **Verwerfung des Einspruchs** gegen den Strafbefehl als unzulässig.

7 **bb) Entscheidungen.** In der **Berufungsinstanz** ist der Einspruch gegen einen Strafbefehl nur auf Grund einer Hauptverhandlung und demnach (§ 260 Abs. 1) durch Urteil nach § 328 Abs. 1 als unzulässig[11] zu verwerfen, nicht aber das Verfahren wegen des Verfahrenshindernisses der Rechtskraft nach § 260 Abs. 3 etwa mit der Kostenfolge aus § 467 einzustellen. Wie schon im Verfahren vor dem Amtsgericht über den Einspruch, so gilt auch hier: Zwar ist es die Rechtskraft des Strafbefehls, die eine Sachentscheidung des Berufungsgerichts hindert, jedoch gebietet auch hier der zwingende § 411 Abs. 1 Satz 1 die Verwerfung des Rechtsbehelfs (o. Rn. 5; ähnlich bei Berufung und Revision, vgl. §§ 322 Abs. 1, 346 Abs. 1) wegen Unzulässigkeit.[12] Entsprechend ist auf eine begründete **Revision** der Einspruch unter Aufhebung der Urteile beider Vorinstanzen (bei der Sprungrevision nur des amtsgerichtlichen Urteils) durch Beschluss gemäß § 349 Abs. 4 oder durch Urteil gemäß § 349 Abs. 5 in entsprechender Anwendung des § 354 Abs. 1 als unzulässig zu verwerfen. Ist in diesem Fall ein Antrag auf Wiedereinsetzung gegen die Versäumung der Einspruchsfrist gestellt, so sind die Rechtsmittelgerichte zur Entscheidung darüber nicht berufen (§ 46 Abs. 1). Zuständig ist nur das Amtsgericht, an das die Sache auch nicht zu diesem Zweck zurückverwiesen[13] zu werden braucht.

Nach KK/*Maur* 4 ist das Urteil aber deshalb nicht mit einer Kostenentscheidung zu versehen, weil die weiteren Kosten durch den Kostenausspruch des Strafbefehls mitumfasst seien.

9 BayObLG NJW **1962** 118, 119 unter Aufgabe von BayObLGE **1959** 84; **a.A.** *Eb. Schmidt* Nachtr. I 15, der die durch Urteil ausgesprochene Verwerfung wesensmäßig als mit der Beschwerde anfechtbaren Beschluss ansieht, damit jedoch wegen der fehlenden Bindungswirkung der Beschwerdeentscheidung in die von BayObLG NJW **1962** 118 aufgezeigten Schwierigkeiten gerät. Wie hier KK/*Maur* 4; KMR/*Metzger* 7; AK/*Loos* 2; SK/*Weßlau* 6; AnwK-StPO/*Böttger* 4.

10 KK/*Maur* 4; SK/*Weßlau* 6; KMR/*Metzger* 7.

11 BGHSt **13** 306.

12 Zutr. **gegen** die in der 25. Aufl. hier vertretene Auffassung *Weidemann* 197.

13 M.w.N. BayObLG JR **1990** 36 f.

8 **cc) Geltung des Verschlechterungsverbots.** Die in den hier behandelten Fällen aufzuhebenden Urteile der Vorinstanzen sind trotz der entgegenstehenden Rechtskraft des Strafbefehls **nicht etwa nichtig,**[14] sondern grundsätzlich in der Lage, die Wirkung des **Verschlechterungsverbots** zu entfalten. Entsprechend wird die Frage kontrovers erörtert, ob die Rechtsmittelgerichte den Einspruch nur unter **Beachtung** des Verschlechterungsverbots (§§ 331, 358 Abs. 2) verwerfen dürfen: Welcher Rechtsfolgenausspruch gilt, wenn die im Strafbefehl festgesetzte Geldstrafe von 100 Tagessätzen zu je 200 € in der Verhandlung über den verspäteten und daher unzulässigen Einspruch auf 20 Tagessätze zu je 50 € ermäßigt wird und der Angeklagte auf seine Berufung trotz des unzulässigen Einspruchs freigesprochen wird? *Meyer-Goßner* hat in diesem Fall wegen der Rechtskraft des Strafbefehls jede Möglichkeit zur Anwendung des Verschlechterungsverbotes verneint: „Rechtskraft geht vor Verschlechterungsverbot und nicht umgekehrt".[15] Zuzugeben ist, dass die materielle Rechtskraft des Strafbefehls zunächst jeder inhaltlichen Abänderung des Rechtsfolgenausspruchs im Strafbefehl entgegenzustehen scheint. Gleichwohl erscheint der Schluss vom Vorrang der Rechtskraft gegenüber dem Verschlechterungsverbot nicht überzeugend. Jedenfalls Zweifel an dieser These erweckt schon die mögliche formelle Rechtskraft des Urteils über den Einspruch gegen den Strafbefehl und ebenso des freisprechenden Berufungsurteils.[16] Vor allem aber ist der Sinn des Verschlechterungsverbots entscheidend: Der Angeklagte soll „von der Einlegung von Rechtsmitteln gegen Urteile nicht durch die Besorgnis abgehalten werden [...], es könne ihm dadurch ein Nachteil entstehen";[17] überdies ist bei einer fehlenden explizit anderen Regelung des Gesetzgebers zum Vorrang der Rechtskraft „der allgemeine Rechtsgedanke" zu beachten, „dass ein Urteil auf ein Rechtsmittel des Angeklagten nur zu" dessen „Gunsten" abgeändert werden[18] darf. Wer im Vertrauen auf dieses Verbot Rechtsmittel einlegt und gleichwohl nur deshalb im Ergebnis eine härtere Rechtsfolge zu tragen hat als diejenige, die in der angefochtenen Entscheidung ausgesprochen wurde, weil das oder die Gerichte fehlerhaft entschieden haben, wird in seinem Vertrauen auf die Gültigkeit des Verschlechterungsverbots gröblich enttäuscht, wie die obigen Beispielsfälle aufzeigen dürften. Entgegen den Bedenken u. a. von *Eb. Schmidt*[19] ist zu berücksichtigen, dass dem Angeklagten ohne sein Rechtsmittel die Vorteile der (später aufgehobenen) Urteile erhalten geblieben[20] wären, auch wenn ihm gemäß der hier abgelehnten Meinung lediglich ein ungerechtfertigter Vorteil entzogen[21] wird. Letztere Erwägung kann gegenüber dem Vertrauensschutz im Umgang mit Rechtsmitteln und Entscheidungen aber nicht durchdringen. Deshalb ist der **h. M.** zuzustimmen, welche **bei der Einspruchsverwerfung die Beachtung des Verschlechterungsverbots** verlangt.[22] Im Te-

---

14 KK/*Maur* 5; *Welp* JR **1986** 123 f.

15 *Meyer-Goßner* FS Jung 543, 554 unter Berufung auf *Eb. Schmidt* Nachtr. 1 § 411, 15; folgend auch Meyer-Goßner/*Schmitt* 12; *Staudinger* JA **2021** 159, 161. Ähnlich auch OLG Dresden JW **1929** 2773, *Mamroth* JW **1932** 1782, die allerdings das Urteil, dessen Sperrwirkung verneint wurde, zu Unrecht als nichtig ansehen wollen (vgl. dazu BayObLGSt **1953** 34).

16 BGHSt **18** 127, 129 f. Insoweit aber etwa mit guten Gründen krit. *Meyer-Goßner* NJW **2008** 1332 f.

17 Meyer-Goßner/*Schmitt* § 331, 1.

18 OLG München NJW **2008** 1331, 1332 mit abl. Anm. *Meyer-Goßner*.

19 Nachtr. I 15.

20 Zutr. *Welp* JR **1986** 124.

21 *Meyer-Goßner* NJW **2008** 1332.

22 BGHSt **18** 127 ff.; OLG Bamberg NStZ-RR **2019** 93 f.; BayObLGSt **1953** 34; OLG München NJW **2008** 1331, 1332 (zur Einlegung einer Berufung) mit abl. Anm. *Meyer-Goßner* (mit Hinweis auf die nicht unbe-

nor der Entscheidungen der Rechtsmittelgerichte ist neben der Aufhebung der Vorverurteilung unter Verwerfung des Einspruchs damit zusätzlich auszusprechen, dass der Strafbefehl des Amtsgerichts [...] mit der Maßgabe aufrechterhalten wird, dass die niedrigste der in den nachfolgenden Urteilen ausgesprochenen Rechtsfolgen festgesetzt[23] wird.

b) Rechtskraft wird nicht erkannt. Wird ein Urteil rechtskräftig, welches trotz der 9
übersehenen Rechtskraft des Strafbefehls erging, so ist es unter Beseitigung des Strafbefehls wirksam,[24] solange es nicht im Wege der Wiederaufnahme des Verfahrens oder der Verfassungsbeschwerde beseitigt wird.

4. Verfahren bei Einspruchsverzicht oder -rücknahme. Der fehlende Verzicht 10
und die fehlende Rücknahme sind Voraussetzungen eines wirksamen Einspruchs. Liegen Verzicht oder Rücknahme vor, wird der **Strafbefehl** ohne weitere richterliche Entscheidung **rechtskräftig.** Bei Teilverzicht und Teilrücknahme gilt das Gleiche im Umfang der jeweiligen Beschränkung. Da der Einspruch kein Rechtsmittel darstellt, ist § 473 unanwendbar;[25] es verbleibt bei der Kostenentscheidung im Strafbefehl. Die Anberaumung einer Hauptverhandlung unterbleibt.

Werden Verzicht oder Rücknahme übersehen und erst in der Hauptverhandlung 11
festgestellt, so ist durch **Urteil** gemäß **§ 260 Abs. 3** auszusprechen, dass das Verfahrenshindernis der Rechtskraft dem Verfahren **vom Eintritt der Rechtskraft des Strafbefehls an** entgegensteht und dass die Staatskasse die von diesem Zeitpunkt ab entstandenen Kosten und die dem Angeklagten entstandenen notwendigen Auslagen trägt. Ein Verfahren wie beim unzulässigen Einspruch gegen einen Strafbefehl kommt mangels einer dem § 322 Abs. 1 für diesen Fall entsprechenden Vorschrift nicht in Betracht; auch wäre die sich dabei ergebende Kostenfolge aus § 465 inakzeptabel, weil nicht einsichtig ist, dass der Angeklagte die Kosten und seine notwendigen Auslagen tragen muss, wenn z.B. erst der Einsatz der Verteidigung dazu führt, dass das Gericht von der bisher übersehenen Rücknahme erfährt.

Ergeht **trotz wirksamer Rücknahme** des Einspruchs ein **Verwerfungsurteil** 12
(§ 412), so ist es auf Rechtsmittel hin unter Belastung der Staatskasse mit den Kosten und den seit der Rechtskraft durch Einspruchsrücknahme erwachsenen notwendigen Auslagen des Angeklagten aufzuheben.[26] Dabei ist es ohne Bedeutung, ob das Gericht die Rücknahme übersehen hat, oder ob sie ihm nicht bekannt war und auch nicht bekannt sein konnte, etwa bei verspäteter Leerung des am Gerichtsgebäude angebrachten Hausbriefkastens.[27] Im Übrigen ergeht eine Einstellungsentscheidung.

---

dingt überzeugende, aber ggf. abgrenzbare Entscheidung zur übersehenen Revisionsrücknahme BGH NStZ **2005** 115); OLG Düsseldorf JR **1986** 121 mit Anm. *Welp*; OLG Hamm NJW **1970** 1039; KK/*Maur* § 411, 5; KMR/*Metzger* 8; *Hanack* JZ **1974** 56. Vgl. BayObLGSt **1953** 5 = NJW **1953** 756 und OLG Oldenburg NJW **1959** 1983 hinsichtlich der vergleichbaren Rechtslage bei einem trotz fehlender Verfahrensvoraussetzungen ergangenen Berufungsurteil.

23 BGHSt **18** 127, 130; OLG Hamm NJW **1970** 1092, 1093.

24 BGHSt **13** 306, 309; BayObLG **1953** 35; KK/*Maur* 6; Meyer-Goßner/*Schmitt* 12; HK/*Brauer* 5; *Hanack* JZ **1974** 56; **a.M.** noch OLG Dresden JW **1929** 2773: Nichtigkeit des Urteils.

25 S. dazu § 410, 1.

26 OLG Hamm VRS **43** (1972) 112; OLG Karlsruhe DAR **1960** 237; OLG Koblenz VRS **46** (1974) 63; Meyer-Goßner/*Schmitt* 13.

27 BayObLG VRS **36** (1969) 368.

III. Verfahren bei zulässigem Einspruch

13 **1. Entscheidungsmöglichkeiten.** Der rechtzeitige Einspruch zwingt – trotz des Wortlauts des Abs. 1 Satz 2 – nicht ausnahmslos zur **Terminsanberaumung** und Durchführung der Hauptverhandlung. Das Recht belässt vielmehr dem Gericht die auch sonst außerhalb der Hauptverhandlung gegebenen Möglichkeiten, das Verfahren zu beenden. So kann das Verfahren z.B. wegen eines Verfahrenshindernisses nach § 206a oder nach § 153 Abs. 2,[28] § 153a Abs. 2 oder sonst nach Opportunitätsgesichtspunkten[29] einzustellen sein. Ebenso kann das Gericht nach den §§ 205, 206b das Verfahren einstellen.

14 Erkennt der Richter erst nach Einlegung des Einspruchs, möglicherweise erst auf Grund dieses Rechtsbehelfs, seine **fehlende Zuständigkeit**, so gelten im Wesentlichen die zu § 408, 3 bis 14 und § 408a, 26 bis 31 dargelegten Grundsätze. Bei *funktioneller* Unzuständigkeit gelten die Darlegungen zu § 408, 4: Abgabe an den zuständigen Richter, notfalls Entscheidung des Präsidiums. Die *örtliche* Unzuständigkeit ist nach § 16 in diesem Verfahrensstadium nur noch auf Einwand des Angeklagten zu berücksichtigen, weil die in § 16 dem Eröffnungsbeschluss zugesprochene Wirkung hier dem Erlass des Strafbefehls zuzuerkennen ist.[30] Wird die örtliche Unzuständigkeit vom Angeklagten zu Recht geltend gemacht, so ist entsprechend den zu § 408a, 28 dargelegten Grundsätzen das Verfahren nach § 206a einzustellen. Die Staatsanwaltschaft kann entweder nach § 206a Abs. 2 verfahren oder aber Anklage zum örtlich zuständigen Gericht erheben (bei Zuständigkeitsstreit gilt § 14). Nach Beginn der Vernehmung zur Sache kann die fehlende örtliche Zuständigkeit nicht mehr berücksichtigt werden (§ 16 Satz 3). Eine Änderung der örtlichen Zuständigkeit nach § 12 Abs. 2 ist erst nach dem Verlust der Möglichkeit der Staatsanwaltschaft zur einseitigen Rücknahme des Strafbefehls zu Beginn der Hauptverhandlung möglich. Bis dahin muss der Staatsanwaltschaft die Wahl des zuständigen Gerichts – eventuell durch einseitige Rücknahme – möglich bleiben.[31]

15 Bei **sachlicher Unzuständigkeit** ist auch hier zu unterscheiden: Soweit divergierende Auffassungen über die sachliche Zuständigkeit innerhalb des Amtsgerichts (Strafrichter oder Schöffengericht) noch von Bedeutung sind, gilt § 408 Abs. 1.[32] Hält der Richter die sachliche Zuständigkeit eines höheren als des Amtsgerichts für gegeben, ist nach den §§ 225a oder 270 zu verfahren.[33]

16 **2. Anberaumung einer Hauptverhandlung und Eröffnungsbeschluss.** Macht das Gericht von den zuvor Rn. 13ff. erwähnten **Entscheidungsmöglichkeiten** keinen Gebrauch, so muss es nach § 411 Abs. 1 Satz 2 Termin zur Hauptverhandlung anberaumen.

17 **a) Ausschluss eines Eröffnungsbeschlusses.** Ein **Beschluss** über die **Eröffnung** des Hauptverfahrens ist im Gesetz nicht vorgesehen; er ist deshalb **ausgeschlossen.**[34] Wie oben § 408, 37 bereits ausgeführt wurde, tritt nicht etwa der **Strafbefehl** an die Stelle des Eröffnungsbeschlusses; vielmehr sind ihm einzelne der **Wirkungen zuzuordnen,** die im Normalverfahren (oder im Verfahren nach § 408a) dem Eröffnungsbeschluss

---

28 OLG Hamm NJW **1961** 233.
29 Näheres § 408, 32 bis 35; vgl. KK/*Maur* 7.
30 § 408, 37, s. auch unten Rn. 37.
31 BGHSt **26** 374 f.
32 S. dazu § 408, 10.
33 S. § 408a, 30 und § 408, 12 ff.
34 § 408, 43.

zukommen, insbesondere die den Verfahrensgegenstand begrenzende[35] und die die Rechtshängigkeit[36] begründende Wirkung. Weil der Strafbefehlsantrag die öffentliche Klage *ist* (§ 407 Abs. 1 Satz 4), kann mindestens nach der aktuellen Gesetzeslage nicht mehr davon gesprochen werden, dass dieser Antrag die öffentliche Klage *ersetze*.[37]

Ist der Strafbefehl **mangelhaft**, so gelten die Ausführungen zu § 409, 3. Sind diese Mängel derart schwerwiegend, dass dem Strafbefehl die verfahrensbegrenzende Wirkung eines Eröffnungsbeschlusses nicht mehr zuerkannt werden kann, so ist das Verfahren nach § 206a oder in der Hauptverhandlung nach § 260 Abs. 3 einzustellen.[38] So kann ein Strafbefehl ohne seine (nicht nur versehentlich weggelassene) richterliche Unterzeichnung nicht Verfahrensgrundlage sein und auch nicht durch den Strafbefehlsantrag als Verfahrensgrundlage ersetzt[39] werden. 18

b) Weitere Ermittlungen. Wenn auch nach Erlass des Strafbefehls § 202 nicht mehr anwendbar ist, so kann doch das Gericht bei der Staatsanwaltschaft weitere Ermittlungen **anregen**.[40] Im Regelfall wird die Staatsanwaltschaft dem nachkommen, weil andernfalls mit der Aussetzung der Hauptverhandlung zur Durchführung weiterer Ermittlungen zu rechnen ist, sofern nicht die angeregten Ermittlungen durch Beweisaufnahme innerhalb der Hauptverhandlung erfolgen können. Für die **Vorbereitung der Hauptverhandlung** gelten im Übrigen die §§ 213 ff. 19

c) Durchführung der Hauptverhandlung

aa) Urteilsverfahren. Es gelten die allgemeinen Vorschriften der §§ 226 ff. Eine nur theoretische Frage ist, ob der Staatsanwalt als **Anklagesatz** (§ 243 Abs. 3 Satz 1) den Strafbefehls*antrag*, soweit er die Beschuldigung betrifft,[41] oder den entsprechenden Teil des *Strafbefehls*[42] verliest, da Strafbefehlsantrag und Strafbefehl sich insoweit decken. Nur wenn ausnahmsweise eine Abweichung vorliegen sollte,[43] würde es dem Sinn des § 243 Abs. 3 entsprechen, wenn er den Strafbefehlsantrag verliest und die Abweichungen im Strafbefehl vorträgt. Die im Strafbefehl festgesetzten Unrechtsfolgen werden nicht verlesen, weil sie im Hinblick auf § 411 Abs. 4 bedeutungslos[44] sind. Im Anschluss an die Verlesung erfolgt die **Feststellung**, dass der Einspruch form- und fristgerecht eingelegt ist. Nach Einlegung des Einspruchs ist der amtierende Richter erkennender Richter im Sinne des § 28 Abs. 2 Satz 2, so dass ein dessen **Ablehnung** als unbegründet zurückweisender Beschluss nur noch mit dem Urteil zusammen angefochten werden kann[45] (vgl. dazu § 407, 45). 20

---

35 § 408, 37.
36 O. Vor § 407, 36.
37 Vgl. die zur früheren Rechtslage bei LR/*Schäfer*[23] 5 zitierte Rechtsprechung; ferner heute noch KK/*Maur* 8; SK/*Weßlau* 8; HK-GS/*Andrejtschitsch* 3; s. auch Meyer-Goßner/*Schmitt* 3.
38 BayObLG NJW **1960** 2013, 2014; OLG Düsseldorf NJW **1956** 923 (mangelnde Unterschrift); HK/*Brauer* 6.
39 Ebenso *Eb. Schmidt* Nachtr. I § 409, 5; Näheres oben § 409, 38 f. m.w.N.; **a.M.** BayObLG NJW **1961** 1782.
40 KK/*Maur* 8.
41 So OLG Frankfurt NJW **1970** 159, 161; KK/*Maur* 9; Meyer-Goßner/*Schmitt* 3.
42 So *Eb. Schmidt* Nachtr. I 8 a; KMR/*Metzger* 10; *Gegenfurtner* DRiZ **1965** 335.
43 § 408, 39.
44 KK/*Maur* 9; KMR/*Metzger* 10.
45 OLG Köln MDR **1967** 437.

21 **bb) Beschlussverfahren.** Für den Fall eines auf die **Höhe** der im Strafbefehl verhängten **Tagessätze** beschränkten Einspruchs hat der Gesetzgeber durch das 1. JuMoG im Jahre 2004 die Möglichkeit geschaffen, ohne Hauptverhandlung im **schriftlichen Verfahren**[46] durch Beschluss zu entscheiden. Mit einem so beschränkten Einspruch wird zumeist die unrichtige Festsetzung der Tagessatzhöhe geltend gemacht, die häufig auf Unkenntnis über die Einkommensverhältnisse des Angeklagten beruht oder mit einer Verschlechterung der Vermögensverhältnisse des Angeklagten begründet wird wie auch mit einer fehlerhaften Schätzung nach § 40 Abs. 3 StGB. Der Gesetzgeber geht davon aus, dass sich in einem derartigen Fall zwecks Verfahrensbeschleunigung eine persönliche Vernehmung zur Feststellung der Einkommensverhältnisse und damit die Durchführung einer Hauptverhandlung durch Vorlage schriftlicher Unterlagen[47] vermeiden lassen wird. Dies erscheint gleichwohl fragwürdig, weil die jeweiligen schriftlichen Unterlagen der Staatsanwaltschaft zur Kenntnis gebracht[48] werden müssen. Nicht unbegründet erscheint ferner die mit Verfahrensverzögerungen verbundene Gefahr unvollständiger staatsanwaltschaftlicher Ermittlungen, die im Hinblick auf ein erstrebtes Beschlussverfahren auftreten könnten.[49] Das Beschlussverfahren setzt bei alledem die **Zustimmungen** des Angeklagten, seines Verteidigers und der Staatsanwaltschaft voraus. Sie sollen nach den Vorstellungen des Gesetzgebers *schriftlich*[50] vorliegen, müssen dies aber nicht. Die Wahl dieser Verfahrensart, für die das **Verschlechterungsverbot** (§ 411 Abs. 1 Satz 3, 2. Hs.) gilt, liegt im pflichtgemäßen Ermessen des Gerichts.[51] Die Rechtsprechung wendet das Verfahren auch an, wenn der Einspruch auf die Gewährung von Zahlungserleichterungen gerichtet ist.[52] Gegen den Beschluss ist die **sofortige Beschwerde** statthaft (§ 411 Abs. 1 Satz 3, 3. Hs.). Auf eine begründete Beschwerde setzt das Beschwerdegericht im Regelfall die Tagessatzhöhe selbst fest (§ 309 Abs. 2). Wird das Rechtsmittel auf Mängel bei der Durchführung des Beschlussverfahrens selbst gestützt, etwa das Fehlen einer Zustimmung, ist **ausnahmsweise** die Aufhebung des angefochtenen Beschlusses mit Zurückverweisung an das Amtsgericht[53] möglich. Soweit ein Beschluss gem. § 411 Abs. 1 Satz 3 ergangen ist, ist er die für die mögliche Bildung einer nachträglichen Gesamtstrafe maßgebliche letzte Entscheidung im Sinne des § 55 StGB.[54] In der Berufung ist § 411 Abs. 1 Satz 3 nach richtiger Ansicht nicht anzuwenden.[55]

22 **3. Anwendung des § 420.** In **§ 411 Abs. 2 Satz 2** liegt eine zentrale Regelung, die mit dem VerbrBekG geschaffen wurde. Sie ordnet an, dass die Vorschriften über die im beschleunigten Verfahren gemäß § 420 gestattete erleichterte Beweisaufnahme auf die Hauptverhandlung anzuwenden sind, die im Verfahren auf den Einspruch gegen einen Strafbefehl durchgeführt wird. Dies macht zum einen die Einschränkungen des Unmittelbarkeitsprinzips durch § 420 Abs. 1 bis 3 anwendbar, die im Vergleich zu den §§ 250 ff.

---

46 *Huber* JuS **2004** 970, 972.

47 Die Gesetzesbegründung (BTDrucks. **15** 3482 S. 22) benennt hier beispielhaft: Lohnabrechnung, Bescheide über Arbeitslosengeld oder Sozialhilfe, Kontoauszüge. Weiter denkbar sind hier Einkommensnachweise wie Steuerbescheide, ferner Nachweise zu Verbindlichkeiten wie z.B. Unterhaltsverpflichtungen etc. (*Huber* JuS **2004** 970, 972).

48 Meyer-Goßner/*Schmitt* 2 zust. zu *Neuhaus* StV **2005** 47, 53.

49 Krit. auch zu gebührenrechtlichen Konsequenzen *Schneider* AnwBl **2006** 274.

50 BTDrucks. **15** 3482 S. 22.

51 Meyer-Goßner/*Schmitt* 2; AnwK-StPO/*Böttger* 7.

52 So AG Kehl NJW-Spezial **2015** 442; Meyer-Goßner/*Schmitt* 2a.

53 S. dazu Meyer-Goßner/Schmitt/*Schmitt* § 309, 7 f.

54 BGH NJW **2020** 1380 ff.; NStZ-RR **2020** 240, 241; Meyer-Goßner/*Schmitt* 2a.

55 OLG Dresden, 2 Ws 30/14, 2 Ws 0030/14, Beschl. v. 22.1.2014; *Lampe* jurisPR-StrafR-2014-Anm. 2.

erweiterte Verlesungsmöglichkeiten mit sich führen. Zum anderen wird die Bindung des **Strafrichters**[56] an das **Beweisantragsrecht abgeschwächt**: Er muss über Beweisanträge nicht mehr anhand der §§ 245, 244 Abs. 3 bis 5 entscheiden; vielmehr ist allein die **Aufklärungspflicht** des § 244 Abs. 2 sein Maßstab. Diese Anschlüsse an die schon im beschleunigten Verfahren hoch problematische Regelung des § 420 sind kritikwürdig (siehe bereits Vor § 417, 14 ff. und § 420, 8 ff., 24, 33, 35 ff.).[57] Dies gilt für den Strafbefehl im Besonderen, weil § 420 angesichts der erheblich größeren Bedeutung des Strafbefehlsverfahrens mit der Verweisung eine ungleich größere Wirkung erfährt. Überdies ist die Zurücksetzung einer effektiven Verteidigungsteilhabe in den Konstellationen des Strafbefehls nicht durch eine einfache Ausgangslage oder besondere Gründe der Beschleunigung[58] immerhin prinzipiell gerechtfertigt. Im Fall des § 411 Abs. 2 Satz 2 verkürzt der Gesetzgeber die Rechte der Verteidigung vielmehr kurzerhand mit Verweis auf den vorherigen Willen von Staatsanwaltschaft und Gericht, das schriftliche Verfahren zu wählen. Allenfalls dann, wenn das Rechtsmittel der Berufung in diesen Fällen stets vollständig zur Verfügung steht, lässt sich diese Regelung mit Art. 6 EMRK vereinbaren.[59] Im Verfahren über die **Berufung** gegen ein auf Einspruch des Angeklagten ergangenes Urteil ist § 420 **von vornherein nicht anwendbar**.[60] Schon im Hinblick auf die erheblichen Bedenken gegen diese Vorschrift[61] sollte davon kein Gebrauch gemacht werden.

IV. Vertretung des Angeklagten in der Hauptverhandlung über den Einspruch

1. Ausnahmecharakter des § 411 Abs. 2

a) Grundsatz. Im Verfahren nach § 408 Abs. 3 Satz 2[62] gilt für die **Hauptverhandlung** zunächst der Grundsatz des § 230, dass gegen den ausgebliebenen Angeklagten eine Hauptverhandlung nicht stattfinden darf. Dieser Grundsatz ist jedoch von Ausnahmen durchbrochen, zumal eine Anwesenheitspflicht – im Gegensatz zum Menschenrecht auf Anwesenheit in der Verhandlung – der Rechtfertigung bedarf.[63] Eine **solche Ausnahme** liegt seit langem in § 411 Abs. 2 Satz 1. Danach ist das persönliche Erscheinen des Angeklagten nicht erforderlich, wenn er – entsprechend § 234 – durch einen Verteidiger vertreten wird, der seine Vertretungsvollmacht nachgewiesen hat. Eine Verhandlung, die weder mit dem Angeklagten noch mit einem zur Vertretung (u. Rn. 27 ff.) bevollmächtigten Verteidiger durchgeführt wird, bleibt hingegen unzulässig. In diesen Fällen ist nach § 412 zu verfahren. 23

Auf die Zulässigkeit des Verfahrens in seiner Abwesenheit und auf die Zulässigkeit der Vertretung[64] muss das Gericht den Angeklagten nach herrschender Ansicht in der 24

---

56 Siehe zur mangelnden Geltung vor dem Schöffengericht § 420, 5.

57 S. u. a. auch MüKo/*Eckstein* 37: Fehl am Platz; KK/*Maur* 20; eingehend SK/*Weßlau* 22 ff. m.w.N.: Strafbefehlsverfahren habe einen anderen Charakter bekommen; instruktiv auch *Meyer-Lohkamp* StraFo **2012** 171: Einsatz des Verfahrens zur gezielten Herbeiführung gerade der Rechtseinschränkungen; s. eher vermittelnd HK/*Brauer* 9.

58 S. Vor § 417, 16 ff.

59 Zur Geltung dieser Norm für jedes Delikt Vor § 417, 14 f., 19 ff.

60 Dazu siehe Vor § 417, 35 ff.

61 § 420, 5 ff.

62 BayObLGE **1972** 47; KK/*Maur* 10.

63 Dazu näher *Gaede* ZStW **129** (2017) 911, 951 ff. m.w.N.

64 HK/*Brauer* 8.

Ladung nicht **hinweisen**,[65] obwohl dies allgemein bereits als zweckmäßig angesehen wird.[66] Die entsprechende Hinweise regelnden §§ 232 Abs. 1 und 323 Abs. 1 finden hier zwar keine unmittelbare Anwendung.[67] Sieht man die anderenfalls konkludent in den Raum gestellte Anwesenheitspflicht aber zu Recht zunächst als belastende und rechtfertigungsbedürftige Maßnahme, wird man den Hinweis als *rechtlich geboten* erachten müssen.[68] Schließt sich an die Verhandlung über den Einspruch eine *Berufungsinstanz* an, sind beide vorgenannten Hinweise gemäß § 323 Abs. 1 zwingend zu erteilen.[69]

25 **b) Anordnung des persönlichen Erscheinens.** Trotz des Vertretungsrechts soll das Gericht das persönliche Erscheinen des Angeklagten **in den Grenzen der Verhältnismäßigkeit nach den §§ 230 Abs. 2, 236** anordnen dürfen, *wenn* es dies im Sinne der Sachaufklärung für erforderlich und im Übrigen verhältnismäßig erachtet.[70] Hiergegen spricht zunächst, dass schon die Reichstagskommission einen Antrag abgelehnt hat, nach welchem die Befugnis des § 236 dem Gericht auch hier ausdrücklich beigelegt werden sollte.[71] Ferner hat der Gesetzgeber in § 412 n. F. nicht auf die Vorführungsbefugnis des § 329 Abs. 4 verwiesen. Dennoch wird man der Anwendbarkeit des § 236 folgen müssen: Zum einen gestatten der Wortlaut und ggf. auch der Sinn der auf Aufklärung bedachten Norm die Vorführung des Angeklagten zur Förderung der von der Strafprozessordnung verfolgten **Wahrheitsaufklärung**. Zum anderen ist auch für den vergleichsweise geringfügigen bis mittel-schweren Fallbereich des Strafbefehlsverfahren denkbar, dass es für die Wahrheitsfindung explizit und in besonderem Maße auf die Anwesenheit zu Beweiszwecken ankommt. Die Befugnis des Gerichts, das persönliche Erscheinen des Angeklagten anzuordnen, ist zum Beispiel unentbehrlich, wenn der Angeklagte einem Zeugen zwecks Wiedererkennung gegenübergestellt werden muss; bestünde kein Gestellungszwang, könnte auch der schuldige Angeklagte unter Umständen seine Freisprechung erzwingen, indem er sich in der Hauptverhandlung vertreten ließe. Überdies lässt das Gesetz sogar im Privatklageverfahren (§ 387 Abs. 3) die Vorführung des Angeklagten zu (dazu auch die Vorschriften der §§ 427 Abs. 2, 435 Abs. 3, 444 Abs. 2); sie kann also in den Fällen des § 411, in denen ein öffentliches Interesse an der Bestrafung des Schuldigen besteht, nicht ausgeschlossen sein. § 329 Abs. 4 ist insofern kein durchschlagendes Gegenargument zu entnehmen, weil er nicht nur eine Anordnungs- und Vorführungsbefugnis schafft, sondern überdies eine Verwerfung der Berufung gestatten will. Allerdings ist (nochmals) zu betonen: Der **Rückgriff auf die persönliche Anwesenheit ist nicht selbstverständlich**; er ist einzig zulässig, wenn er einzelfallkonkret als erforderlich und verhältnismäßig hergeleitet werden kann.

26 Die Anordnung nach § 236 kann indes die gesetzliche **Vertretungsbefugnis nicht ausschalten** (ergänzend § 412, 47).[72] Erscheint der Angeklagte trotz der Anordnung nach

65 LR/*Gössel*[26] 24; KK/*Maur* 11.

66 LR/*Gössel*[26] 24; HK/*Brauer* 8.

67 OLG Dresden StraFo **2005** 299; OLG Düsseldorf NJW **1963** 264 f.; OLG Köln JMBlNRW **1959** 72; KK/*Maur* 11; *Küper* GA **1971** 291.

68 I.E. wie hier schon *Pfeiffer* 3 unter Bezugnahme auf OLG Bremen StV **1989** 54, das jedoch eine Berufungsverhandlung betrifft; für den Hinweis auf das Vertretungsrecht ebenso schon KK/*Maur* 11 und KMR/*Metzger* 12.

69 OLG Bremen StV **1989** 54; HK/*Brauer* 8.

70 BGHSt **9** 356; OLG Bremen NJW **1962** 1735; OLG Dresden HRR **1937** Nr. 1064; m.w.N. Meyer-Goßner/*Schmitt* 4; HK-GS/*Andrejtschitsch* 6; s. auch wieder KG NStZ-RR **2014** 378 f.; BeckRS **2015** 14469.

71 Prot. S. 695 ff.

72 OLG Hamburg NJW **1968** 1687 f.; BayObLG MDR **1978** 510; OLG Frankfurt StV **1983** 268; OLG Düsseldorf StV **1985** 52.

§ 236 nicht, so kann bei Erscheinen eines zur Vertretung berechtigten Verteidigers der Einspruch nach wie vor nicht nach § 412 verworfen[73] werden. Das Gericht kann lediglich, aber auch immerhin, gemäß § 236 die polizeiliche Vorführung anordnen oder Haftbefehl[74] erlassen.

2. Vertretung in der Hauptverhandlung durch einen Verteidiger

a) Bedeutung der Vertretung. Nur ein **Verteidiger** (die §§ 137, 138, 139 gelten) kann vom Angeklagten zu seiner Vertretung in der Hauptverhandlung bevollmächtigt werden, wobei im Lichte des Art. 6 Abs. 3 lit. c EMRK eine weite Auslegung geboten ist. Im Fall der Vertretung geht das Aufgabenspektrum des Verteidigers über die grundsätzliche Beistandsfunktion hinaus. Es geht ausweislich des Gesetzes um eine **„echte Vertretung"**. Sie kennzeichnet, dass der Verteidiger anstelle des Angeklagten auftritt mit der Folge, dass es einer Befreiung des Angeklagten von seiner Erscheinungspflicht nicht bedarf. Erst recht darf das Gericht den Einspruch in diesem Fall **nicht nach § 412 verwerfen.**[75] Ebenso wenig bedarf es – anders als etwa im Fall des § 233 Abs. 2 – einer vorherigen richterlichen[76] Vernehmung. 27

Die Bevollmächtigung eines Verteidigers zur Vertretung lässt allerdings das **Recht des Angeklagten zur Teilnahme an der Hauptverhandlung** unberührt. Trotz Vertretungsvollmacht hat das Gericht dem Angeklagten, der ausdrücklich oder konkludent deutlich gemacht hat, an der Hauptverhandlung persönlich teilnehmen zu wollen, die Teilnahme an der Hauptverhandlung zu ermöglichen. Nur wenn das Gericht davon ausgehen kann, dass der Angeklagte sein Anwesenheitsrecht[77] nicht wahrnehmen will, kann ohne ihn in Anwesenheit des Vertreters verhandelt werden.[78] 28

b) Inhalt und Umfang der Vertretung. Der **Umfang der Vertretungsbefugnis** entspricht dem im Fall des § 234. Die dortigen Erläuterungen gelten auch hier. Der Vertreter ist insbesondere berechtigt, die Einlassung des Angeklagten vorzutragen, in Anwesenheit des Angeklagten aber nur mit dessen Genehmigung.[79] Im Übrigen gehört zur Vertretung nicht mehr, als dass der bevollmächtigte Verteidiger für den Angeklagten anwesend ist; eine weitere Mitwirkung an der Verhandlung obliegt ihm so wenig wie dem Angeklagten, wenn dieser selbst anwesend wäre. Wie der Angeklagte von seinem Schweigerecht Gebrauch machen darf, so braucht auch der Vertreter **keine Erklärung zur Sache**[80] abzugeben. Jedoch ist der Angeklagte nicht schon durch die bloße körperliche Anwesenheit eines zur Vertretung bevollmächtigten Verteidigers vertreten, sondern nur dann, wenn der Verteidiger „seinen Mandanten auch tatsächlich vertreten will"[81] (siehe auch § 329 Abs. 1 S. 2 Nr. 1) – es muss eine **tatsächliche Bereitschaft zur Vertre-** 29

---

73 BayObLG MDR **1978** 510; OLG Karlsruhe NStZ **1983** 43; OLG Köln StV **1993** 292; KK/*Maur* 14; AnwK-StPO/*Böttger* 13.

74 BayObLG JZ **1970** 384; OLG Celle NJW **1970** 906; OLG Düsseldorf NStZ-RR **1998** 180; AnwK-StPO/*Böttger* 13.

75 Statt vieler schon BGHSt **9** 356, 357; KK/*Maur* 10, 14.

76 OLG Düsseldorf NJW **1960** 1921; SK/*Weßlau* 17; KK/*Maur* 11.

77 Zur menschenrechtlichen Grundlage siehe etwa m.w.N. EGMR StV **2013** 289 – Neziraj/D, Rn. 46 ff.; m.w.N. MüKo/*Gaede* Art. 6 EMRK, 282 ff.

78 OLG Karlsruhe MDR **1985** 868; Meyer-Goßner/*Schmitt* 4; bedenklich hingegen KG JR **1985** 343.

79 So *Beulke* FS Strauda 87, 93 ff.

80 KG VRS **33** (1967) 448; OLG Köln NJW **1962** 1735; StV **1993** 292; OLG Schleswig SchlHA **1968** 232; BayObLG NStZ **1981** 112; Meyer-Goßner/*Schmitt* 6; KMR/*Metzger* 14; HK/*Brauer* 12.

81 KG JR **1985** 343, 344; OLG Köln StV **1993** 292.

tung bestehen. Demgegenüber hielt das BayObLG den Angeklagten bereits für vertreten, wenn ein vertretungsberechtigter Verteidiger bei Aufruf der Sache erscheint und erklärt, er *könne* den Angeklagten nicht vertreten, weil er nicht über ausreichend Informationen zur Sache verfüge und davon ausgegangen sei, der Angeklagte werde erscheinen und damit hinreichende Informationen und Instruktionen ermöglichen.[82] Die Frage des zur Vertretung notwendigen Vertretungswillens wurde dabei allerdings verkannt. Sie wurde zudem mit der Frage nach dem unentschuldigten Nichterscheinen des Angeklagten in der Hauptverhandlung vermengt. Zwar konnte der Einspruch des erschienenen Angeklagten, der sich alsbald wieder entfernt, früher nicht nach §§ 412, 329 Abs. 1 verworfen[83] werden. Heute ist dies allerdings möglich.[84] Das Gericht hatte zudem schon früher die Möglichkeit, entweder nach § 231 Abs. 2 weiter zu verhandeln, oder aber die Anwesenheitspflicht zwangsweise[85] durchzusetzen. Diese Möglichkeiten stehen dem Gericht gegenüber dem zur Vertretung zwar bevollmächtigten, die Verteidigung aber nicht führenden Verteidiger nicht zu. Damit wäre ein Weg zugelassen, den Abschluss des Verfahrens mindestens auf unabsehbare Zeit zu verzögern, wenn nicht gänzlich zu verhindern.[86] „Soll es nach dem erklärten Willen des Verteidigers überhaupt nicht zu einer Sachentscheidung kommen, in der allein eine Vertretung des Angeklagten möglich und sinnvoll wäre“, so wird der Angeklagte auch dann nicht vertreten, wenn der zur Vertretung in der Hauptverhandlung bevollmächtigte Verteidiger dies sogleich nach Aufruf und Präsenzfeststellung[87] erklärt. Allerdings bleibt eine Verwerfung des Einspruchs gemäß den §§ 412, 329 Abs. 1 noch immer an eine *zu prüfende* mangelnde Entschuldigung des Angeklagten gebunden. Ferner wäre der Fall **anders** zu behandeln, wenn der **mangelnde Verteidigungswille aus berechtigten Einwänden gegen die staatliche Prozessführung** wie einer unzumutbar aufgeschobenen Akteneinsicht oder einer zu kurzfristigen Ladung **abgeleitet** wurde.

30 Die in der Praxis nicht seltenen Fälle, in denen ein zur Vertretung in der Hauptverhandlung bevollmächtigter Verteidiger auftritt und erklärt, er habe **keine Informationen** vom Angeklagten, sind demgemäß – vom genannten Fall der staatlichen Versäumnisse abgesehen – prozessual danach zu beurteilen, ob der Verteidiger gleichwohl den Angeklagten **vertreten will oder aber nicht**. Erklärt der Verteidiger in diesen Fällen, mangels Informationen wolle er, wie der Angeklagte selbst, schweigen, so liegt eine Vertretung des Angeklagten vor, und eine Verwerfung nach § 412 scheidet aus. Gleiches gilt, wenn sich der anwesend bleibende Verteidiger auf die Erklärung beschränkt, mangels Informationen könne er keine Erklärung in der Sache[88] abgeben. Erklärt der Verteidiger indessen, mangels ausreichender Informationen beantrage er die Aussetzung des Verfahrens, er lege das Mandat nieder oder aber, er bestehe auf der persönlichen Einvernahme des Angeklagten,[89] wird oft keine Vertretung vorliegen[90] und entsprechend die

82 BayObLG NStZ **1981** 112 m. abl. Anm. *Meyer-Goßner*.

83 Hiermit argumentiert BayObLG NStZ **1981** 112.

84 S. § 412, 14 und 16.

85 So zutr. *Meyer-Goßner* NStZ **1981** 113.

86 Zutr. *Meyer-Goßner* NStZ **1981** 113.

87 So im Ansatz überzeugend KG JR **1985** 343, 344 gegen BayObLG NStZ **1981** 112.

88 Zutr. OLG Köln NJW **1962** 1735 mit abl. Anm. *Blei* NJW **1962** 2024, gegen ihn *Baumhaus* NJW **1962** 2337 und *Ostler* JR **1967** 136; offen gelassen von OLG Köln StV **1993** 292.

89 Siehe auch BayObLG NJW **2004** 532 aus dem Ordnungswidrigkeitenverfahren, aber ohne Positionierung zur Vertretung.

90 KK/*Maur* 15; Meyer-Goßner/*Schmitt* 6. Dafür hinsichtlich eines Aussetzungsantrags des Verteidigers mit dem Rekurs auf die Verhandlungsunfähigkeit des Angeklagten KG JR **1985** 343 f.; OLG Köln StV **1993** 292.

Prüfung des unentschuldigten Nichterscheinens des Angeklagten gemäß den §§ 412, 329 Abs. 1 maßgeblich sein.[91] Notwendig ist hier aber der Ausschluss einer ggf. konventionswidrigen Schlechtverteidigung[92] durch das Gericht. Ferner hat das Gericht in Fällen, in denen der Verteidiger bestimmte Verfahrensschritte verlangt, durchaus noch eine inhaltliche Prüfung zu vollziehen. So stellt sich etwa ein Aussetzungsantrag, der spezifisch aus der notwendigen Vorbereitung der Verteidigung oder aus der Verhandlungsunfähigkeit des anwesenheitsberechtigten Angeklagten gemäß Art. 6 Abs. 1 bzw. 3 lit. b EMRK hergeleitet ist, oder auch eine aus der Aufklärungspflicht hergeleitete Forderung, den Angeklagten zu vernehmen, ggf. als **Wahrnehmung der Verteidigung** dar. Entsprechende Anträge können nicht als störend aktive Verteidigung ohne weiteres in eine Nichtverteidigung umgedeutet werden. Trägt der die Verteidigung explizit unterlassende Verteidiger hingegen nur vor, er könne sich das Ausbleiben des Angeklagten nicht erklären, weil dieser zum Ausdruck gebracht habe, an der Hauptverhandlung teilnehmen zu wollen, oder weil ihn der Angeklagte nicht unterrichtet[93] habe, ist diesem Vortrag noch keine genügende Entschuldigung für das Ausbleiben des Angeklagten zu entnehmen. Allerdings liegen in diesem Vortrag Anhaltspunkte dafür, dass der Angeklagte von seinem Anwesenheitsrecht Gebrauch machen wollte (oben Rn. 28). Eine Verwerfung nach § 412 kommt dann nur in Betracht, wenn das Gericht dem Angeklagten die Teilnahme an der Hauptverhandlung ermöglicht hat (z.B. durch Einhaltung einer gewissen Wartefrist,[94] die bei angekündigter Verspätung auch 15 Minuten überschreiten[95] kann, ferner durch rechtzeitige Ladung oder mindestens Terminsmitteilung, auch nach § 145a). Dem Verteidiger wird Gelegenheit zu geben sein, das Ausbleiben fernmündlich aufzuklären.

3. Vollmacht

a) Inhalt. Auf Grund der weitreichenden Folgen, die mit der Vertretung verbunden 31
sein können, setzt das Gesetz in § 411 Abs. 2 Satz 1 eine nachgewiesene Vertretungsvollmacht als Grundlage der Zurechnung zum Angeklagten voraus. Der Angeklagte muss den Verteidiger, ebenso wie in den §§ 234, 387 Abs. 1 usw., **ausdrücklich zur Vertretung ermächtigen**. Kraft der allgemeinen Verteidigervollmacht wird der Verteidiger nur als Beistand des Beschuldigten tätig (§ 137 Abs. 1). Mit der Vertretervollmacht legt der Angeklagte wichtige Verfahrensrechte – insbesondere auf Anwesenheit und rechtliches Gehör – im Besonderen in die Hände des Vertreters, der an seine Stelle tritt und mit Wirkung für ihn Erklärungen abgeben und entgegennehmen kann. Z.B. der Hinweis auf die Änderung eines rechtlichen Gesichtspunkts (§ 265) kann wirksam allein gegenüber dem Verteidiger ausgesprochen werden (siehe dazu auch § 234a). Andererseits ist dem Schutzbedürfnis des Angeklagten aber auch genügt, wenn die Vollmacht sich auf eine ausdrückliche Ermächtigung „zur Vertretung“[96] beschränkt. Es ist nicht erforderlich, dass sie auch auf die Vertretung des Angeklagten „in dessen Abwesenheit“[97] lautet. Eine

---

91 KG JR **1985** 343, 344; KK/*Maur* 15; *Baumhaus* NJW **1962** 2337.
92 Dazu § 412, 21.
93 HK/*Brauer* 12.
94 Wohl deshalb wird man im Erg. OLG Düsseldorf MDR **1958** 623 zustimmen können; zutr. OLG Düsseldorf DAR **1995** 336.
95 OLG Köln NVZ **1997** 494.
96 OLG Düsseldorf JMBlNRW **1979** 246; StV **1992** 154; OLG Köln StV **1981** 119; OLG Stuttgart NJW **1968** 1733.
97 BGHSt **9** 356 ff.; OLG Düsseldorf StV **1992** 154; KK/*Maur* 12; HK/*Brauer* 11.

Vollmacht „für den Fall der Abwesenheit" reicht[98] aus. Unzutreffend erscheint es aber, wenn das OLG Düsseldorf[99] eine formularmäßige Ermächtigung „zu allen den Rechtsstreit betreffenden Prozesshandlungen" für eine genügend deutliche Vertretungsvollmacht[100] hält, da gerade der von der allgemeinen Verteidigung abkehrende Aspekt der *Vertretung* insoweit nicht explizit verdeutlicht wird. Ausreichen sollte dagegen eine schriftliche Vollmacht, die den Verteidiger ermächtigt, in Abwesenheit des Angeklagten „zu verhandeln".[101] Allerdings ist auch hier eine klarere Bezeichnung gerade der expliziten Vertretung zu empfehlen.

32 **b) Nachweis (Schriftlichkeit).** Der Angeklagte kann sich – auch wenn er in gleicher Sache in Untersuchungshaft ist (allg.M.) – nach Abs. 2 durch einen Verteidiger nur dann vertreten lassen, wenn er diesem die notwendige Vertretungsvollmacht zur Verfügung stellt und der Verteidiger diese nachweist. Das Gesetz forderte hierfür lange Zeit eine **schriftliche Vollmacht**, die der Verteidiger nach Ansicht der Praxis vorzulegen hatte. Mit der Hinwendung zu einem vermehrt digitalen Rechtsverkehr spricht das Gesetz nun davon, dass ein „Verteidiger mit nachgewiesener Vollmacht" vertretungsberechtigt ist. Dies eröffnet einen „medienneutralen" Nachweis mithilfe des „technikoffenen" Begriffs „Verteidiger mit nachgewiesener Vollmacht".[102] Nach wie vor soll aber im Termin ein sicherer Nachweis über die bestehende Vollmacht ermöglicht werden. Gedacht ist – neben der nach wie vor möglichen Schriftform – z.B. daran, dass der Vertretene ein Dokument übermittelt, das die bestehende Vollmacht bestätigt und **mit einer qualifizierten elektronischen Signatur** versehen ist. Zumal Angeklagte, anders als Verteidiger, selbst nicht ohne weiteres über ein solches Sicherungsinstrument verfügen, dürfte die Schriftform indes weiterhin als Nachweisinstrument dominieren. Der Schriftlichkeit ist auch noch genügt, wenn die Vollmachtsurkunde mit mündlicher Ermächtigung durch den Angeklagten von einem Dritten mit dem Namen des Angeklagten unterzeichnet[103] ist. Eine schriftliche Vollmacht liegt ebenso vor, wenn der Angeklagte in einer schriftlichen Erklärung oder **zu Protokoll** gegenüber dem Gericht die Erteilung des Vertretungsauftrags mitgeteilt hat.[104] Die letztgenannte Form gestattet den gleichen sicheren Nachweis wie die schriftliche Vollmachtsurkunde. Stets muss die schriftliche Vollmacht **im Zeitpunkt des Beginns der Hauptverhandlung vorliegen**. Die spätere schriftliche Bestätigung einer mündlich erteilten Vollmacht genügt nicht,[105] wenngleich unter Umständen ein Antrag des Angeklagten auf Wiedereinsetzung in den vorigen Stand vergleichbare Ergebnisse erzielen kann. Auf das Schriftlichkeitserfordernis kann nach allg.M. bei der **Untervollmacht** verzichtet werden, sofern diese auf andere Weise sicher nachgewiesen[106] und die Hauptvollmacht schriftlich erteilt und zu Beginn der

98 OLG Köln NJW **1969** 705; OLG Hamm JMBlNRW **1976** 70.
99 OLG Düsseldorf NJW **1961** 89; zust. HK/*Brauer* 11, ablehnend und wie hier KK/*Maur* 12.
100 Vgl. dazu OLG Stuttgart OLGSt § 411, 6a.
101 OLG Hamm NJW **1963** 1793.
102 BTDrucks. **18** 9416 S. 70.
103 BayObLG NJW **1963** 862.
104 OLG Düsseldorf NStZ **1984** 524; OLG Hamburg VRS **35** (1968) 205.
105 OLG Koblenz MDR **1972** 801; OLG Köln MDR **1964** 435; OLG Saarbrücken NStZ **1999** 265, 266 m. Anm. *Fahl* NStZ **2000** 53; KK/*Maur* 12; HK-GS/*Andrejtschitsch* 7; aus jüngerer Zeit auch OLG Hamburg StraFo **2017** 371; *Rinklin* jurisPR-StrafR 21-2017 Anm. 5 m.w.N., auch zu einer früheren gegenteiligen Auffassung des BayObLG.
106 OLG Hamm MDR **1985** 957.

Hauptverhandlung nachgewiesen[107] wurde. Obschon die Gesetzgebung primär auf Medienneutralität abzielt, wird man die Regelung angesichts ihres Wortlauts insgesamt auch als **Auflockerung des** früher ausdrücklich aufgestellten **Schriftlichkeitserfordernisses** verstehen müssen: Kann das Bestehen einer Vertretungsvollmacht auf andere Weise sicher festgestellt werden, ist allein die fehlende Schriftform kein Grund, die Vertretung zurückzuweisen,[108] solange die schriftliche Bevollmächtigung nur vor dem Termin selbst existierte.[109]

c) Folgen fehlender Vollmacht. Mangels wirksamer Vertretung muss im Falle einer fehlenden Vollmacht nach § 412 verfahren werden. Ergeht gleichwohl ein Sachurteil, so liegt ein bloßer Verfahrensfehler, aber **kein Prozesshindernis** vor, welches vom Berufungsgericht von Amts wegen zu berücksichtigen[110] wäre. Das Revisionsgericht kann in diesen Fällen die Sache nach § 354 Abs. 2 zurückverweisen. Für das Berufungsgericht wird im Schrifttum unter Verweis auf die Streichung des § 328 Abs. 2 a. F. eine eigene Sachentscheidung gemäß § 328 Abs. 1 verfolgt.[111] Näher liegt aber die rechtsmittelerhaltende Zurückverweisung.[112] 33

Im umgekehrten Fall der **Verwerfung** nach § 412 **trotz ordnungsgemäßer Vertretung** ist das Verwerfungsurteil, sofern nicht Wiedereinsetzung in den vorigen Stand gewährt werden kann,[113] vom Rechtsmittelgericht aufzuheben und an das zur Entscheidung über den Einspruch allein zuständige Amtsgericht **zurückzuverweisen.** Die Aufhebung des § 328 Abs. 2 a. F. steht der Zurückverweisung durch das Berufungsgericht nicht[114] entgegen. 34

4. Erstreckung auf die Berufung. § 411 Abs. 2 findet auch in der **Berufungsinstanz** Anwendung, da die ratio des Absatzes 2 – Auflockerung des Verfahrens in Sachen von regelmäßig geringerer Bedeutung – auch für das Verfahren in der Berufungsinstanz zutrifft. Dies wurde früher vielfach verneint.[115] Nachdem aber das Reichsgericht[116] diese Frage bejaht hatte, haben sich Rechtsprechung und Schrifttum einhellig dieser Auffassung angeschlossen.[117] Heute findet sich dies mit § 329 Abs. 1 StPO nochmals weithin bestätigt. 35

---

107 OLG Hamm NJW **1963** 1793 f.; MDR **1985** 957; OLG Karlsruhe NStZ **1983** 43; OLG Köln VRS **60** (1981) 441; KK/*Maur* 13.

108 So bereits OLG Düsseldorf NStZ **1984** 524; zust. KK/*Maur* 13; abl. LR/*Gössel*[26] 32. Die Entscheidung erging jedoch in einem Fall, in dem die Schriftlichkeit durch Erklärung zu Protokoll noch als gewahrt anzusehen war, s. dazu auch OLG Köln MDR **1964** 435.

109 Hierzu auch schon OLG Saarbrücken NStZ **1999** 265, 266 m. Anm. *Fahl* NStZ **2000** 53: anwaltliche Versicherung ausreichend.

110 Zutr. OLG Koblenz MDR **1972** 801.

111 So neben LR/*Gössel*[26] 33 etwa KK/*Maur* 17; HK/*Brauer* § 412, 13.

112 LG München I NStZ **1983** 427, zust. Meyer-Goßner/*Schmitt* § 412, 10; dazu § 412, 40 ff., insbesondere 43.

113 Vgl. OLG Bremen OLGSt § 411, 13.

114 KK/*Maur* 16; HK/*Brauer* § 412, 13; s. auch § 412, 44 f.

115 So z.B. BayObLGE **25** 1; HRR **1925** Nr. 463; KG JW **1926** 1247.

116 RGSt **66** 68; RG JW **1932** 3114.

117 BayObLG JW **1932** 3118; GA **1972** 367; NJW **1956** 839; KG JW **1932** 125; OLG Celle NJW **1970** 906; OLG Dresden DRiZ **1933** 201; StraFo **2005** 299; OLG Düsseldorf NJW **1961** 89; **1963** 264; NStZ **1984** 524; OLG Köln JMBlNRW **1959** 72; StV **1981** 119; KK/*Maur* 18; Meyer-Goßner/*Schmitt* 4; SK/*Weßlau* 21; HK/*Brauer* 9; AnwK-StPO/*Böttger* 12; HK-GS/*Andrejtschitsch* 8.

V. Rücknahme von Klage und Einspruch

36 **1. Überblick.** § 411 Abs. 3 ermöglicht dem Angeklagten und der Staatsanwaltschaft unter Bindung an § 303, die mit dem Einspruch ausgelöste Hauptverhandlung wieder zu beenden. Zum einen kann hiermit der Angeklagte den Strafbefehl noch in Rechtskraft erwachsen lassen, wenn sich sein Einspruch absehbar als erfolglos erweist. Zum anderen kann auch die Staatsanwaltschaft unter dem Eindruck der Verhandlung reagieren. Im normalen Strafverfahren kann die Klage nach **§ 156** nach der Eröffnung des Hauptverfahrens allerdings nicht mehr zurückgenommen werden. Obschon ein Eröffnungsbeschluss im Strafbefehlsverfahren fehlt, wird allgemein angenommen, dass **§ 411 Abs. 3** von diesem Grundsatz eine **Ausnahme** normiert. Damit soll eine vereinfachte und raschere Erledigung der Verfahren von geringerer Bedeutung in den Fällen ermöglicht werden, in denen sich alsbald offenbart, dass der von der Staatsanwaltschaft erhobene Vorwurf in der Hauptverhandlung nicht beweisbar ist.[118] Diese Erwägung hat der Gesetzgeber allerdings selbst explizit begrenzt: Beim Übergang vom normalen Strafverfahren in das Strafbefehlsverfahren gem. § 408a verbleibt es nach § 411 Abs. 3 Satz 3 beim Grundsatz des § 156. Hier ist ein Eröffnungsbeschluss ergangen, dessen Wirksamkeit durch den Übergang ins schriftliche Verfahren nach § 408a nicht berührt wird.[119] Er kann, wie jeder andere Eröffnungsbeschluss, nicht zurückgenommen werden.[120] Entsprechendes gilt für das Verfahren nach § 408 Abs. 3 Satz 2.[121]

2. Klagerücknahme

37 **a) Rücknahme im System des Strafbefehlsverfahrens.** Im Strafbefehlsverfahren wird die öffentliche Klage – von § 408a abgesehen – gemäß § 407 Abs. 1 Satz 4 durch den schriftlichen Strafbefehlsantrag der Staatsanwaltschaft erhoben. Die von § 411 Abs. 3 genannte Rücknahme der „Klage" kann daher nur in der Rücknahme des Strafbefehlsantrags bestehen. Für den letzten Zeitpunkt zur Rücknahme der „Klage" ist anstelle des – hier fehlenden – richterlichen Beschlusses über die Eröffnung des Hauptverfahrens auf den Erlass des Strafbefehls abzustellen, weil ihm die Wirkung der richterlichen Zustimmung zur Bestimmung des Verfahrensgegenstandes durch die Anklage eigen ist.[122]

38 Dies führt allerdings zu der Besonderheit, dass die Rücknahme des Strafbefehlsantrags zunächst **bis zum Erlass des Strafbefehls** zuzulassen, danach aber einstweilen für unzulässig zu erachten ist, während sie später infolge eines Einspruchs gemäß § 411 Abs. 3 wieder nur in den Grenzen der §§ 411 Abs. 3 Satz 2, 303 bis zur Verkündung des Urteils zulässig ist. Zur Vermeidung dieser Konsequenz wird vorgeschlagen, die Rücknahme des Strafbefehlsantrags durchgehend auch nach Erlass des Strafbefehls bis zur Verkündung des Urteils in der auf Grund des Einspruchs gegen den Strafbefehl anberaumten Hauptverhandlung entweder *unbeschränkt*[123] oder *eingeschränkt*[124] unter be-

---

118 Instruktiv zur Gesetzgebungsgeschichte LR/*Schäfer*[23] 18. S. aber zum streitigen Umfang der Rücknahme Rn. 37 ff.
119 Vgl. § 408a, 4 f. und 16.
120 § 408a, 33.
121 Vgl. § 408, 52.
122 S. näher § 408, 37.
123 OLG Karlsruhe NStZ **1991** 602 mit abl. Anmerkung *Mayer* NStZ **1992** 605; *Eb. Schmidt* Nachtr. I 2.
124 So LR/*Schäfer*[23] 19: Vor Einspruchseinlegung kann die Klage nur bei wesentlichen Rechtsverletzungen zurückgenommen werden.

stimmten Voraussetzungen zuzulassen. Diesen Auffassungen kann indessen nicht gefolgt werden. Dem Strafbefehl kommt urteilsgleiche Bedeutung zu,[125] wie sich insbesondere § 410 Abs. 3 entnehmen lässt. So wenig wie die Klage nach Erlass eines Eröffnungsbeschlusses zurückgenommen[126] und damit die Entscheidung über die Eröffnung des Hauptverfahrens gegenstandslos gemacht werden kann, so wenig kann sie *nach* Erlass einer potentiell bereits *verfahrensabschließenden* Entscheidung zurückgenommen werden. Allein der summarische Charakter des schriftlichen Verfahrens und auch der von Abs. 3 verfolgte Vereinfachungs- und Beschleunigungszweck berechtigen nicht zu solch weitreichenden Konsequenzen. § 411 Abs. 3 regelt das weitere Verfahren nach einhelliger Meinung nur für den Fall des zulässigen Einspruchs.[127] Erst wenn der vom Gesetz ausdrücklich zur Verfügung gestellte Rechtsbehelf den Verhandlungsgegenstand der mit diesem Rechtsbehelf angefochtenen richterlichen Entscheidung der erneuten richterlichen Prüfung und Entscheidung unterstellt, hat der Gesetzgeber eine Rücknahme des Strafbefehlsantrags wieder ermöglicht. Deshalb ist die Besonderheit hinzunehmen. Die **Rücknahmemöglichkeit lebt** erst mit einem **zulässigen Einspruch wieder auf.**[128] Sie endet mit dem Beginn der Verkündung des Urteils in erster Instanz.

Im Verfahren nach Einspruch ist die **Rechtshängigkeit** nicht anders zu beurteilen 39
als sonst im Strafbefehlsverfahren: Sie tritt ein im Zeitpunkt des Erlasses des Strafbefehls.[129] Allerdings wird vor allem in der Rechtsprechung die Meinung vertreten, dass der über den Eintritt der Rechtshängigkeit entscheidende Wegfall der Möglichkeit zur Klagerücknahme erst mit dem **Beginn der Hauptverhandlung** zu bejahen sei: Wegen der notwendigen Zustimmung des „Gegners" sei die Entschließungsfreiheit der Staatsanwaltschaft dann entscheidend eingeschränkt und die Staatsanwaltschaft grundsätzlich an die Klage gebunden, d. h. ihr sei die einseitige Verfügung darüber entzogen.[130] Diese Bindung bewirke, dass erst mit diesem Zeitpunkt die gerichtliche Untersuchung i. S. des § 12 eröffnet[131] und die Sache rechtshängig geworden[132] sei. Die Rechtshängigkeit gelte bis zur Verkündung des erstinstanzlichen Urteils auflösend bedingt durch die mögliche Zurücknahme der Klage mit Zustimmung des Angeklagten. Dem ist jedoch **nicht zu folgen.** Die Ansicht würde den Eintritt der Rechtshängigkeit davon abhängig machen, ob der Strafbefehl angefochten wird oder nicht: Wird er nicht angefochten, so tritt Rechtshängigkeit mit Erlass des Strafbefehls ein, sonst aber erst mit Beginn der Hauptverhandlung über den Einspruch. Es müsste überdies angenommen werden, dass die zunächst eingetretene Rechtshängigkeit mit dem zulässigen Einspruch beseitigt werde. Die notwendige Klarheit und Eindeutigkeit des Prozessgeschehens, die schon der Bedingtheit von Prozesshandlungen entgegenstehen, sind mit einer derart konditionierten Rechtshängigkeit schwerlich zu vereinbaren.[133] Abgesehen vom Fall des § 408a, in dem die Rechtshängigkeit schon mit dem Erlass des Eröffnungsbeschlusses eintritt, tritt

---

125 Vor § 407, 21.
126 § 408a, 33.
127 Vgl. auch oben Rn. 1 ff.
128 Ebenso KK/*Maur* 22; Meyer-Goßner/*Schmitt* 8; KMR/*Metzger* 19; AK/*Loos* 16; HK/*Brauer* 15; *SK/Weßlau* 26; AnwK-StPO/*Böttger* 16; *Pfeiffer* 7; zur bestätigenden Rspr. *Staudinger* jurisPR-StrafR 21-**2018** Anm. 4; *ders.* DRiZ **2019** 302.
129 Vor § 407, 36.
130 BGHSt **26** 374, 375; BGH NJW **1974** 708, 709 aber zum Ordnungswidrigkeitenverfahren.
131 BGHSt **26** 374 f.; ohne die Bezugnahme auf die Ableitung aus der Zustimmungsbedürftigkeit noch BGHSt **13** 186, 189 f.
132 Dazu etwa BGH (Z) NJW **1975**, 1829, 1830 m.w.N.
133 Näher wie hier bereits LR/*Gössel*[26] 39. **A.A.** LR/*Schäfer*[23] 20.

im Strafbefehlsverfahren die **Rechtshängigkeit mit dem Erlass des Strafbefehls**[134] unabhängig vom Einspruch des Betroffenen und unabhängig von der Rücknahmemöglichkeit des § 411 Abs. 3 ein.

40 **b) Voraussetzungen der Klagerücknahme im Überblick.** Nach den obigen Darlegungen zu Rn. 37 f. kann der Strafbefehlsantrag und damit die Klage nach Erlass des Strafbefehls nicht zurückgenommen werden, solange kein **zulässiger Einspruch** eingelegt wurde. Erst nach seiner Einlegung ist die Rücknahme bis zum Beginn der Hauptverhandlung ohne Einschränkung möglich, von da an aber bis zur Verkündung des Urteils im ersten Rechtszug nur mit Zustimmung des Gegners. Die Klage kann überdies nicht mehr zurückgenommen werden, sobald der Strafbefehl auf nur einen **beschränkten Einspruch** hin in **Teilrechtskraft** erwachsen ist: Der Antrag auf Erlass eines Strafbefehls kann nur einheitlich zurückgenommen[135] werden. Hatte die **Finanzbehörde** wegen eines Steuervergehens den Erlass des Strafbefehls beantragt (§ 407, 46), so nimmt sie nach § 406 Abs. 1 AO die Rechte und Pflichten der Staatsanwaltschaft nur wahr, solange nicht nach § 408 Abs. 2 StPO Hauptverhandlung anberaumt oder gegen den Strafbefehl Einspruch eingelegt ist. Von da ab kann nur die Staatsanwaltschaft die Klage zurücknehmen.

41 **Die Rücknahmebefugnis nach Einlegung des Einspruchs** soll nicht auf den Fall beschränkt sein, dass sich nach dem Verfahrensstand der Strafbefehl als unbegründet erweist. Sie soll vielmehr im pflichtmäßigen Ermessen der Staatsanwaltschaft stehen.[136]

42 **c) Für die Klagerücknahme zur Verfügung stehender Zeitraum.** Der frühestmögliche Zeitpunkt der Klagerücknahme ist nach der hier vertretenen Auffassung der **Eingang** des zulässigen **Einspruchs** bei Gericht; der letztmögliche Zeitpunkt ist der der Verkündung; damit der *Beginn* der **Verkündung** des Urteils im ersten Rechtszuge.

43 **d) Zustimmungserfordernis.** Die Möglichkeit **einseitiger Zurücknahme** (ohne Zustimmung des Gegners) endet mit dem Beginn der Hauptverhandlung (§ 411 Abs. 3 Satz 2, § 303 Satz 1). Die Verweisung auf den entsprechend anzuwendenden § 303 verleiht auch den zu § 303 Satz 1 ausgebildeten Grundsätzen Bedeutung für die Auslegung des § 411 Abs. 3, so dass insoweit auf die Erläuterungen zu § 303 verwiesen werden kann.

44 **aa) Zustimmungsbedürftige „Gegner"** i. S. des § 303 Satz 1 sind der Angeklagte und etwaige Nebenbeteiligte, nicht aber der Nebenkläger (§ 303 Satz 2).[137]

45 **bb)** Beginn der Hauptverhandlung ist nach § 243 Abs. 1 der **Aufruf der Sache**. Mag es auch sinnvoll erscheinen, die Befugnisse zur einseitigen Rücknahme des Strafbefehlsantrags auf den Beginn der Verhandlung zur Sache[138] hinauszuschieben, so steht dem doch der Wortlaut der §§ 411 Abs. 3 Satz 2, 303 und 243 Abs. 1 Satz 1 letztlich entgegen. Deshalb kann die Möglichkeit zur einseitigen Klagerücknahme auch nicht bis zum Beginn einer zweiten Hauptverhandlung fortbestehen, wenn die erste Hauptverhandlung ohne Eingehen auf die Sache sofort ausgesetzt oder unterbrochen wurde. Der Ausschluss der einseitigen Rücknahme tritt mit dem Beginn der ersten Hauptverhandlung

---

134 AK/*Loos* 17.

135 KK/*Maur* 22; Meyer-Goßner/*Schmitt* 8; SK/*Weßlau* 27; AnwK-StPO/*Böttger* 16; BTDrucks. **10** 313 S. 38.

136 OLG Darmstadt ZStW **47** (1927) Sonderbeilage Höchstrichterliche Rechtsprechung auf dem Gebiet des Strafrechts Band 2, S. 13. S. aber Rn. 48 f.

137 KK/*Maur* 23; Meyer-Goßner/*Schmitt* 8; SK/*Weßlau* 28.

138 Dafür in der Tat LG Düsseldorf JMBlNRW **1967** 139.

ein, gleichviel ob die Hauptverhandlung noch innerhalb der Frist des § 229 fortgesetzt werden kann oder nicht.[139]

Zum Fall der **Aufhebung** des amtsgerichtlichen Urteils durch ein **Rechtsmittelgericht** s. u. Rn. 51. 46

e) Wirkungen der Klagerücknahme. Mit der Zurücknahme der Klage ist das gerichtliche Verfahren kraft Gesetzes beendet. Eines **Einstellungsbeschlusses** bedarf es nicht. Das Verfahren befindet sich damit wieder im Stand des staatsanwaltschaftlichen Ermittlungsverfahrens.[140] Dies wird bestätigt durch die kostenrechtliche Regelung: Weil das Verfahren nach der Versetzung in den Stand des Ermittlungsverfahrens nicht nach § 206a eingestellt werden kann, kann auch keine Kostenentscheidung nach § 467 ergehen; möglich ist allein eine Entscheidung nach § 467a, der diesen Fall regelt.[141] Deshalb muss die Staatsanwaltschaft erneut eine das Verfahren abschließende Entscheidung treffen.[142] 47

Die Staatsanwaltschaft kann das Verfahren – ggf. nach weiteren Ermittlungen – gemäß § 170 Abs. 2 oder nach § 153 Abs. 1 **einstellen.** Sie kann aber auch auf der Grundlage der bisherigen oder ergänzten Ermittlungen erneut einen Strafbefehl beantragen oder Anklage erheben, denn ein Verbrauch der Strafklage tritt durch die Klagerücknahme nicht[143] ein. Die Staatsanwaltschaft kann ferner z.B. die Klage zurücknehmen, um alsbald eine **neue Klage** im beschleunigten Verfahren zu erheben, wenn sie sich davon eine raschere und zweckmäßigere Durchführung des Verfahrens[144] verspricht und die Voraussetzungen des § 417 vorliegen. Unzulässig wäre ein solches Verhalten allerdings im Hinblick auf die Garantie des gesetzlichen Richters nach **Art. 101 Abs. 1 Satz 2 GG,** wenn nicht sachliche Gründe der Verfahrensgestaltung, sondern das Bestreben maßgebend wäre, einen bestimmten Richter auszuschalten und die Sache vor einen anderen Richter zu bringen. 48

Ob allein dieser abstrakte Maßstab ergänzt durch das Zustimmungserfordernis (§§ 411 Abs. 3 Satz 2, 303 Satz 1) eine hinreichende Gewähr für den Ausschluss einer solchen willkürlichen Praxis bieten, ist jedoch fraglich. Hat der Angeklagte der Rücknahme gemäß den §§ 411 Abs. 3 Satz 2, 303 Satz 1 zugestimmt, soll die Staatsanwaltschaft für die **erneute Klageerhebung** (auch durch neuerlichen Strafbefehlsantrag) nach herrschender Meinung der Zustimmung des Beschuldigten nicht bedürfen.[145] Dass sich die zur Klagerücknahme notwendige Zustimmung explizit auch auf die *Wirkungen* der Rücknahme und damit insbesondere auf die mögliche spätere neue Klage erstreckt, soll im Lichte der aus dem Legalitätsprinzip folgenden Anklagepflicht nicht zu verlangen sein, zumal eine solche Zustimmungspflicht im Gesetz nirgends vorgesehen sei und auch nicht aus kostenrechtlichen Überlegungen hergeleitet[146] werden könne. Richtig kann dies allerdings vor dem Hintergrund der gefährdeten Achtung des gesetzlichen Richters nur sein, wenn das **neutrale Gericht** den **Angeklagten zuvor über die Bedeutung** 49

139 BGHSt **23** 277; KK/*Maur* 23; Meyer-Goßner/*Schmitt* § 303, 2.

140 BayObLG VRS **45** (1973) 384; KK/*Maur* 25; Meyer-Goßner/*Schmitt* 8; KMR/*Metzger* 24; HK/*Brauer* 17; AK/*Loos* 21; SK/*Weßlau* 31; AnwK-StPO/*Böttger* 18; *Pfeiffer* 7.

141 KK/*Maur* 25; Meyer-Goßner/*Schmitt* 8.

142 KK/*Maur* 26.

143 RGSt **61** 99; **63** 268; RG DRiZ **1927** Nr. 244; *Feisenberger* JZ **9** 940.

144 OLG Frankfurt DAR **1960** 265.

145 KK/*Maur* 27; KMR/*Metzger* 24; HK/*Brauer* 17; SK/*Weßlau* 31; **a.A.** *Schlüchter* 791.3 ohne Begründung.

146 Wie hier jetzt KK/*Maur* 27; **a.A.** KK/*Meyer-Goßner*[2] 24.

seiner Zustimmung aufklärt:[147] Es kann nicht annehmen, dass dem Angeklagten die im Grunde für ihn fast absurde Konsequenz der möglichen neuen Anklage bewusst ist. Er muss auch angesichts des Rechts auf Verhandlung in angemessener Frist nicht erwarten, dass die Staatsanwaltschaft eine verhandlungsfähige Anklage einem Richter entzieht, nur um diese zur Verbesserung der eigenen Position einem anderen Richter mit absehbar verzögernden Wirkungen anzutragen.

3. Einspruchsrücknahme

50 **a) Voraussetzungen.** Hier gelten die gleichen Grundsätze wie bei der Rücknahme der Klage durch die Staatsanwaltschaft. Ist der Strafbefehl bereits in (Teil-)Rechtskraft erwachsen, scheidet die Einspruchsrücknahme aus (vgl. dazu o. Rn. 40).[148] Jedoch hat der Angeklagte entsprechend der Beschränkbarkeit seines Einspruchs auch die Möglichkeit zu einer **Teilrücknahme.**[149] Nach Beginn der Hauptverhandlung (oben Rn. 45) bedarf der Angeklagte zur Rücknahme (auch zur Teilrücknahme) der Zustimmung des Gegners. Dies ist allein die Staatsanwaltschaft, nicht hingegen ein Nebenbeteiligter.[150] Nach § 303 Satz 2 (§ 411 Abs. 3 Satz 2) bedarf es auch nicht der Zustimmung des Nebenklägers. Wird ein Strafbefehlsverfahren zu einem erstinstanzlichen landgerichtlichen Verfahren gem. § 4 Abs. 1 verbunden, hat die mit der **Verbindung** eintretende Verfahrensverschmelzung zur Folge, dass der Einspruch gegen den Strafbefehl nicht mehr zurückgenommen werden kann.[151] Dem muss jedoch eine **Anhörung** zur erwogenen Verbindung **vorausgehen**, um dem Angeklagten eine Ausübung einer Rücknahmebefugnis zu ermöglichen.[152]

51 Wird das **Urteil** des Amtsgerichts **auf Rechtsmittel hin aufgehoben** und die Sache z.B. in die erste Instanz zur erneuten Verhandlung und Entscheidung zurückverwiesen, lebt auch die Rücknahmemöglichkeit wieder auf, da das frühere Urteil seine ausschließende Bedeutung verloren hat.[153] Die mit Beginn der früheren ersten Hauptverhandlung eingetretene Bindung an die Zustimmung des Gegners ist aber bestehen[154] geblieben.

52 **b) Wirkungen.** Wird der Einspruch wirksam zurückgenommen, erwächst der angefochtene Strafbefehl in Rechtskraft (§ 410 Abs. 3), bei zulässiger Teilrücknahme in entsprechende Teilrechtskraft. Das Verfahren wird in diesem Falle – jenseits der Teilrücknahme – **ohne richterliche Entscheidung** allein durch die Prozesshandlung der Einspruchsrücknahme beendet. Die Rechtskraft erstreckt sich auf die im Strafbefehl getroffene **Kostenentscheidung**, weshalb es nach Einspruchsrücknahme einer erneuten

147 So auch schon SK/*Weßlau* 31.

148 BayObLGSt **1996** 104 zur Einspruchsrücknahme beim Bußgeldbescheid.

149 BTDrucks. **10** 1313 S. 38; KK/*Maur* 30; Meyer-Goßner/*Schmitt* 9; KMR/*Metzger* 30; AnwK-StPO/*Böttger* 21.

150 KK/*Maur* 31.

151 So grundsätzlich überzeugend BGH NJW **2021** 895, 897 f., allerdings mit einer weiten Auslegung der Verbindungsbefugnis und für die Verbindung vor dem AG noch offenlassend. Auch in letzterem Falle ist der Einspruch indes wegen der vollständigen Überleitung in das Regelverfahren als ausgeschlossen zu erachten.

152 BGH NJW **2021** 895, 898.

153 BayObLG GA **1982** 325, 326; OLG Hamm MDR **1980** 161; KK/*Maur* 31; Meyer-Goßner/*Schmitt* 9; HK/*Brauer* 20; **a.A.** LG München II NJW **1981** 65.

154 BayObLG NJW **1985** 754, 755 (dort auch für eine konkludente Zustimmung des schweigenden Angeklagten, der die Zustimmung seines Verteidigers hinnimmt); Meyer-Goßner/*Schmitt* § 303, 2; *Groth* NStZ **1983** 9, 10 f.; *Rieß* JR **1986** 441.

Kostenentscheidung grundsätzlich nicht bedarf. Dies kann allerdings nicht für die **Nebenklagekosten** gelten. Die früher übliche analoge Anwendung des § 471 scheidet im Hinblick auf die ausdrückliche Regelung der Nebenklagekosten durch den mit dem OpferschutzG eingeführten § 472 aus. Die dort in § 472 Abs. 1 S. 3 für den Fall einer unbilligen Belastung vorgesehene Ermessensentscheidung erfordert nach Einspruchsrücknahme eine isolierte und „ausdrückliche Entscheidung über die notwendigen Auslagen der Nebenklage".[155]

4. Einspruchsrücknahme im Bußgeldverfahren. Nach Übergang des Bußgeld- in 53
das Strafverfahren gemäß § 81 OWiG kann der gegen den Bußgeldbescheid erhobene Einspruch **nicht** mehr **zurückgenommen**[156] werden.

VI. Entscheidung über den zulässigen Einspruch

1. Entscheidung bei unbeschränktem Einspruch. Nach § 411 Abs. 4 hat das Ge- 54
richt **nicht über die Aufhebung oder Aufrechterhaltung des Strafbefehls zu entscheiden.** Das Gericht ist an den im Strafbefehl enthaltenen Ausspruch nicht gebunden. Es hat vielmehr so über den Verfahrensgegenstand zu erkennen, als ob der Strafbefehl überhaupt nicht erlassen worden wäre. Der Strafbefehl ist zwar nicht schon dadurch, dass das Gericht in die Hauptverhandlung eintrat, außer Kraft getreten; er behielt bis zum Beginn der Verkündung des Urteils seine Bedeutung insofern, als er rechtskräftig werden konnte, wenn bis dahin der Angeklagte mit Zustimmung der Staatsanwaltschaft den Einspruch zurücknahm. Mit dem Untergang des Rechts zur Zurücknahme hat aber der Strafbefehl seine rechtliche Bedeutung zugunsten des Urteils verloren; er muss weder in der Urteilsformel noch in den Urteilsgründen weiter Erwähnung finden.[157] Ein dem Strafbefehl anhaftender Mangel ist grundsätzlich auf das Verfahren ohne Einfluss,[158] es sei denn, dass er schwerwiegende Mängel aufweist, die ihm die Eignung nehmen, die Verfahrensgrundlage zu bilden.[159] Hinsichtlich der rechtlichen Qualifizierung der Tat sind für das Gericht lediglich die §§ 264 und 265 maßgebend. Es hat daher ggf. auch bei sachlicher Unzuständigkeit nach § 270 zu verfahren.

2. Entscheidung bei beschränktem Einspruch. Hier gelten grundsätzlich die vor- 55
stehenden Ausführungen zu Rn. 54. Ist der Einspruch aber auf den Rechtsfolgenausspruch beschränkt, muss der Richter den **Schuldausspruch** des Strafbefehls aber nicht etwa bestätigen, sondern lediglich voraussetzen.[160] Dies geschieht, indem der Richter den Angeklagten „wegen des im Strafbefehl vom [...] bezeichneten Diebstahls"[161] zu bestimmten Rechtsfolgen verurteilt.

---

155 LG Zweibrücken Rpfleger **1992** 128 im Anschluss an LG Rottweil NStZ **1988** 523; KK/*Maur* 32.
156 BGHSt **29** 305, 307 ff.; BayObLG MDR **1975** 515; VRS **54** (1978) 294; **str.**; vgl. dazu Göhler/*Seitz/Bauer* § 81, 19.
157 KK/*Maur* 33; Meyer-Goßner/*Schmitt* 10; HK/*Brauer* 22.
158 OLG Naumburg LZ **22** 140; HRR **1927** Nr. 1175.
159 § 408, 39.
160 BTDrucks. **10** 1313 S. 38; KK/*Maur* 33; Meyer-Goßner/*Schmitt* 10; HK/*Brauer* 22. **A.A.** noch verfehlt AG Braunschweig MDR **1987** 1049; **1989** 481.
161 So das Beispiel von Meyer-Goßner/*Schmitt* 10.

56 **3. Keine Geltung des Verschlechterungsverbots.** Nach den Mot. S. 238 „rechtfertigt" sich die heutige Vorschrift des Abs. 4 daraus, dass der Einspruch nicht die Natur eines **Rechtsmittels** hat. Deshalb soll nach der gesetzlichen Konzeption auch das Verbot der ***reformatio in peius*** **keine Anwendung** finden.[162] Der Strafbefehl hat die Wirkung eines Urteils tatsächlich nur unter der Voraussetzung, dass er nicht angefochten wird, der Angeklagte sich vielmehr „bei demselben beruhigt".[163] Verlangt der Angeklagte dagegen die mündliche Verhandlung unter Geltung der Kognitions- und Aufklärungspflicht, so muss er sich grundsätzlich auch den möglichen Folgen derselben unterwerfen.[164] Auch das Gericht kann nicht genötigt werden, eine andere Entscheidung zu fällen als diejenige, welche sich nach dem Ergebnis der Verhandlung und dem geltenden (Strafzumessungs-)Recht als die gerechte darstellt. Siehe allerdings zu einem **Ausnahmefall,** in dem das Verbot der *reformatio in peius* Platz greift, § 410, 4 und § 411 Abs. 1 S. 3.

57 **a) Einschränkende Auslegung.** Nach *Ostler*[165] der eine einschränkende Auslegung befürwortet, darf die **Strafe** im Urteil gegenüber dem Strafbefehl **nur verschärft** werden, wenn die **Hauptverhandlung** gegenüber dem Akteninhalt des summarischen Verfahrens einen **schwerwiegenderen Sachverhalt ergeben** habe, und sie muss gemildert werden, wenn die Hauptverhandlung gegenüber dem Akteninhalt des summarischen Verfahrens milder zu beurteilende Sachverhaltsumstände ergeben habe. Das soll sich aus dem Grundgedanken des § 410 ergeben, wonach[166] nach Rechtskraft des Strafbefehls eine erneute Verfolgung nur unter einem nicht gewürdigten, eine erhöhte Strafbarkeit begründenden rechtlichen Gesichtspunkt möglich war. Die These folge im Übrigen aus dem Gleichheitsgrundsatz, dem Willkürverbot und dem beherrschenden Grundsatz von Treu und Glauben (§ 242 BGB), wobei allerdings nur der Fall in Betracht kommen soll, dass derselbe Richter, der den Strafbefehl erlassen hat, alsbald auch im Einspruchsverfahren tätig wird. Dann werde eine Abweichung im Strafmaß als ungerecht, nämlich als eine „Bestrafung" für die Einlegung des Einspruchs und als „Warnung" für andere empfunden.

58 *Esser* hat für Einschränkungen mittlerweile eine weitergehende Begründung vorgelegt:[167] Er hebt gegen die schon von *Ostler* als formal empfundenen Argumente der h. M. hervor, dass der Einspruch immerhin vom summarischen Verfahren zur Hauptverhandlung führe und der Strafbefehl auf einer Überzeugung des Richters beruhe, schließlich eine der Rechtskraft fähige Entscheidung sei. Menschenrechtlich seien die in der Praxis oft gemachten großzügigen und insofern **zum Verzicht drängenden Angebote** allenfalls zulässig, wenn man die Abkehr von einem solchen Angebot an eine rechtfertigende Begründung und damit an neue unrechts- und sodann schulderhöhende Umstände binde; nur hiermit schließe man aus, dass die Justiz missbräuchlich schuldunangemessene Angebote machen und/oder den Einspruch im Wege der Strafzumessung gleichsam bestrafen könne.

162 M.w.N. hierfür wieder OLG Stuttgart StV **2007** 232 f. m. abl. Anm. *Esser*.

163 S. aber Vor § 407, 21 ff.

164 S. auch zur grundsätzlichen Justizpflicht des Bürgers und sodann des Beschuldigten, *Gaede* Fairness als Teilhabe, S. 367 ff.; *ders.* ZStW **129** (2017) 911 ff., 924 ff.

165 *Ostler* NJW **1968** 486 f.; zust. *Roxin/Schünemann* § 68, 12; offenlassend OLG Hamm VRS **36** (1969) 117 zur Erhöhung der Strafbefehlsstrafe von 120 auf 600 DM.

166 Nach damals h. M., s. § 410, 20.

167 *Esser* StV **2007** 235 ff.; zust. *Staudinger* JA **2021** 159, 160.

Dem ist so aber mit der herrschenden Ansicht nicht zu folgen.[168] Es ist zwar in der Tat ein berechtigtes und dringlich scheinendes Anliegen, einen „Strafzuschlag" für die Einlegung eines Aufwand bereitenden Einspruchs zu vermeiden.[169] Schon aus der Entscheidung OLG Zweibrücken MDR **1967** 236, an die *Ostler* anknüpft, lässt sich das gewünschte Ergebnis aber nicht herleiten. Dort wird in einem Fall, in dem das Amtsgericht im Urteil die im Strafbefehl festgesetzte Strafe auf den doppelten Betrag festgesetzt und die Revision diese Erhöhung als willkürlich und deshalb rechtsfehlerhaft bemängelt hatte, ausgeführt, die Erhöhung bilde angesichts des Grades des Verschuldens „für sich allein" noch keinen Grund für die Annahme, dass sie möglicherweise auf einer rechtsfehlerhaften Erwägung beruhe; es empfehle sich jedoch, die **Gründe** einer solchen **Erhöhung** des Strafmaßes (auf das Doppelte) in den Urteilsgründen darzulegen. Eine Empfehlung, *stets* die Gründe einer Erhöhung der Strafe – gleichviel in welchem Ausmaß – darzulegen, ist damit aber nicht ausgesprochen, und noch weniger lässt sich aus der „Empfehlung" herleiten, dass das Gericht in allen Fällen einer Erhöhung zur Darlegung der Gründe für die Abweichung vom Strafbefehl im Urteil verpflichtet sei. Auch die Berufung auf die Rechtskraft des Strafbefehls geht fehl. Hat der Angeklagte Einspruch gegen den Strafbefehl eingelegt, so hat sich damit erwiesen, dass eine summarische Erledigung des Verfahrens unmöglich war. Der Strafbefehl verliert seine Bedeutung als strafrichterliche Erkenntnis und sein Adressat sieht sich in die Rolle eines Angeklagten – mit allen ihren Folgen – versetzt, gegen den erstmals auf Grund einer Anklage in einer Hauptverhandlung geurteilt wird. Er hat damit bewusst das Risiko auf sich genommen, dass er hierdurch besser, aber auch schlechter wegkommen kann. Überdies wäre es mit dem Gleichheitssatz schwerlich vereinbar, wenn die Frage, ob der Strafbefehl eine begrenzende Wirkung hat, von dem Zufall abhängt, ob die mündliche Verhandlung über den Einspruch zum selben Richter führt. Die abweichende Begründung von *Esser* spricht zunächst zutreffende Charakteristika des Strafbefehls an. Ebenso adressiert sie eine offenbar reale Missbrauchsgefahr; die dem Angeklagten aufgezeigte „Sanktionsschere" hat sich schon im Rahmen der Deals/Verständigungen als eine leider ernstzunehmende Problematik erwiesen. Noch immer führt der Einspruch aber zu einer ***de lege lata*** **entscheidenden Hauptverhandlung**, die überdies die erste Gewährung einer Verhandlung im Sinne des Art. 6 EMRK und nicht nur einen Verzicht auf diese bedeutet. Die dem partiell widerstreitende, aber von *Esser* vorgeschlagene Bindungswirkung des Angebots könnte nur der Gesetzgeber einführen, was indes im Rahmen der notwendigen besseren Ausdifferenzierung der „Verständigung im Gewande des Strafbefehls" erwogen werden könnte.[170] Selbst die per se problematische Entscheidung des deutschen Gesetzgebers, gerade dem erkennenden Gericht Verständigungsangebote nach § 257c oder den §§ 407 ff. zu gestatten, dürfte noch nicht zu einer Bindungswirkung unmittelbar aus Art. 6 Abs. 1 Satz 1 EMRK führen. Die Bedingungen des § 257c StPO selbst liegen mindestens nicht vollständig vor. De lege lata ist allein, aber auch immerhin, zu sichern, dass der Einspruch nicht über die entfallende „Geständnisfiktion" zum legitimen Strafschärfungsgrund mutiert (Rn. 62 ff.). Ferner ist auch im Fall des Strafbefehls auf die mögliche Besorgnis der Befangenheit im Einzelfall und ggf. auf § 136a StPO zu achten. 59

168 Wie hier auch OLG Hamburg MDR **1980** 598; KMR/*Metzger* 31; Meyer-Goßner/*Schmitt* 11; SK/*Weßlau* 39; AnwK-StPO/*Böttger* 23; ebenso KK/*Maur* 34 unter zusätzlichem Hinweis auf den Ausnahmecharakter der Vorschriften über das Verbot der *reformatio in peius* (vgl. dazu *Meyer-Goßner* FS Kleinknecht 287, 291) sowie darauf, dass der Angeklagte im Strafbefehlsverfahren nicht gegenüber jenem besser gestellt werden dürfe, gegen den gleich Anklage erhoben würde; wie hier auch *Schlüchter* 792.2, Fn. 35.

169 Hierzu Rn. 62 f.

170 s. Vor § 407, 64.

60 **b) Ergebnis.** Es ist damit dem Gericht auch bei gegenüber dem Strafbefehl **gleichbleibendem Sachverhalt und Vorwurf** – soweit ihm dieses nicht etwa durch eine Beschränkung des Einspruchs verwehrt ist[171] – möglich, eine höhere Strafe festzusetzen. Es bedarf insofern keines vorherigen Hinweises nach **§ 265**: Weil der Strafbefehl keinerlei Strafzumessungserwägungen enthält, können sich in der Hauptverhandlung keine *neuen* Strafzumessungstatsachen ergeben, auf die sich der Angeklagte erst einstellen[172] müsste. Das Gericht kann ferner im Strafbefehl nicht angeordnete Rechtsfolgen festsetzen und insbesondere den Wegfall der im Strafbefehl gewährten Strafaussetzung zur Bewährung anordnen. In diesem Fall ist jedoch ein Hinweis nach § 265 deshalb geboten, unter Umständen verbunden mit dem Rat zur Rücknahme[173] des Einspruchs, weil der Angeklagte im Hinblick auf § 407 Abs. 2 Satz 2 damit zunächst nicht rechnen muss. Die Verschärfung des Schuldspruchs, ohnehin vom Verschlechterungsverbot nicht erfasst, ist ebenfalls möglich, hier auch unter Beachtung des § 265.

61 Werden die Rechtsfolgen **verschärft**, so bedarf es **keiner Begründung**, wenngleich eine solche für zweckmäßig erachtet[174] wird. Hier ist indes zu berücksichtigen, dass das Urteil im Gegensatz zum Strafbefehl stets eine die jeweilige Rechtsfolgenanordnung tragende Begründung enthalten muss, insbesondere hinsichtlich einer Nichtanwendung der §§ 47, 56 StGB: Ein zusätzliches Eingehen darauf, warum der Strafbefehl die angeordnete Sanktion nicht oder nur in geringerem Maße festsetzte, wird sich deshalb im Regelfall erübrigen.[175] Was vielmehr oftmals nötig sein wird, ist die explizite Erklärung, dass in der Hauptverhandlung „von Null" begonnen werden müsse, der Strafbefehl also nicht länger der Bezugspunkt sei.

62 **4. Strafzumessung und Geständnisfiktion.** Die voranstehend geschilderte Praxis hebt zwar abstrakt betrachtet zu Recht hervor, dass die Verhandlung infolge des Einspruchs zu einer neuen und primär eigenständigen Hauptverhandlung und im Fall der Verurteilung ggf. zu einer eigenständigen Strafzumessung führt. Der Strafbefehl darf insoweit keinen Anker setzen. Gleichwohl hat sich in der Praxis eine Haltung etabliert, die den **Strafbefehl zu einem Instrument der Strafschärfung** macht, das sich dem Angeklagten bei jedem rechtmäßig eingelegten Einspruch entgegenhalten lässt: Lässt der Angeschuldigte den Strafbefehl durch Nichtanfechtung rechtskräftig werden, zeige er sich geständig.[176] Legt er hingegen einen Einspruch ein, dürfe die etwaige Strafzumessung sodann aber dem Umstand Rechnung tragen, dass die bei einem akzeptierten Strafbefehl anzunehmende **Geständnisfiktion** im Falle des Einspruchs entfalle.[177]

63 Diese **Rechtsprechungslinie** ist **scharf abzulehnen**: Das Gericht darf *allein* die vor ihm in der Hauptverhandlung ausgebreiteten Tatsachen würdigen. Zwar darf es prüfen, ob und in welchem bestimmungsbedürftigen Ausmaß sich ein abgelegtes Geständnis positiv

171 O. Rn. 55.

172 OLG Hamm NJW **1980** 1587; OLG Stuttgart StV **2007** 232, 233; KK/*Maur* 35; Meyer-Goßner/*Schmitt* 11; HK/*Brauer* 23; **a.A.** *Esser* StV **2007** 235, der auf § 265 Abs. 2 verweist.

173 OLG Stuttgart StV **2007** 232, 233; KK/*Maur* 35; Meyer-Goßner/*Schmitt* 11; HK/*Brauer* 23; SK/*Weßlau* 39.

174 OLG Zweibrücken MDR **1967** 236; Meyer-Goßner/*Schmitt* 11; weitergehend krit. *Esser* StV **2007** 235.

175 *Esser* StV **2007** 235.

176 Hierzu schon OLG Stuttgart StV **2007** 232, 234 f.

177 OLG Stuttgart StV **2007** 232, 234 f.; ebenso etwa auch KG Berlin Beschl. v. 16.1.2017 – 5 Ws 2/17 – 161 AR 197/16: „Die Strafzumessung hat sich allein an den Vorschriften der §§ 46 ff. StGB auszurichten und darf auch dem Umstand Rechnung tragen, dass die bei einem akzeptierten Strafbefehl anzunehmende Geständnisfiktion im Falle des Einspruchs entfällt".

auf die Strafzumessung auswirkt.[178] Das Ausbleiben desselben und die Wahrnehmung eröffneter Verteidigungsrechte müssen hingegen ein **Nullum** bleiben, wenn es um Gründe für die Strafbegründung oder -schärfung geht.[179] Dies gilt auch für das Strafbefehlsverfahren und insbesondere für den Einspruch.[180] Der Strafbefehl leitet seine Legitimation zwar auch aus dem prozessualen Verhalten des Angeklagten ab.[181] Der ausbleibende Einspruch kann aber mangels eines tatsächlich aufgestellten Geständniserfordernisses nicht mit einem solchen identifiziert werden[182] – dem nach Art einer Widerspruchslösung geregelten Verfahren genügen völlig indifferente Handlungen und Unterlassungen, erst recht rein taktische Entscheidungen für die Unterwerfung unter das staatliche Verfahren.[183] Die Strafe und die übrigen Rechtsfolgen dürfen *ausschließlich* aus der festgestellten Tat und ihren tatsächlichen wie persönlichen Umständen gemäß § 46 StGB hergeleitet werden. Eine irgendwie geartete **Bezugnahme darauf**, dass der Einspruch einen **hypothetisch denkbaren entlastenden Faktor** hat entfallen lassen, **verbietet sich**. Anderenfalls wäre hiermit ein Begründungsgang zugelassen, der argumentativ aus dem Nichtvorliegen eines Milderungsgrundes die Schärfung einer Strafe vorsieht.[184] Vor allem würde der gegen die Forderung nach einem umfassenderen Verbot der *reformatio in peius* ins Feld geführte Grund entfallen, der Strafbefehl habe gar keine Ankerwirkung mit einer belastenden Grundrichtung. Überdies besteht schon kein erdenklicher Sachgrund, die Strafzumessung nicht wie gehabt ablaufen zu lassen: Übt der Berechtigte den Einspruch aus, findet schlicht eine Hauptverhandlung statt. Die frühere Rechtsfolgenfestsetzung, die dem Angeklagten ggf. nicht einmal bekannt werden soll,[185] ist nichts, was der Richter benötigt, um nach einer aussagekräftigen Hauptverhandlung eine angemessene Rechtsfolgenentscheidung treffen zu können. Ein Strafrichter, der meint, er *müsse* auf die entfallene Geständnisfiktion zurückgreifen, um sein Ergebnis begründen zu können, lässt vielmehr besorgen, dass für ihn die Ablehnung des „früheren Angebots“ noch immer eine Rolle spielt und ihn der selbstverständliche Umstand der infolge des Einspruchs ggf. notwendigen Urteilsbegründung über Gebühr beschäftigt.

5. Kostenentscheidung. Weil der Einspruch kein Rechtsmittel ist, ist **§ 473 unanwendbar;** dies gilt auch für den nur beschränkten Einspruch.[186] Deshalb gelten die §§ 465, 467; bei teilweise erfolgreichem Einspruch kann § 465 allerdings über § 465 Abs. 2 gemildert werden (zur Fragwürdigkeit dieser Regelung s. § 410, 1). 64

6. Bekanntmachung. Das auf den Einspruch gegen den Strafbefehl ergangene Urteil ist, wie jedes andere auch, nach den **§§ 35, 36 und 37** bekanntzumachen. War der nicht erschienene Angeklagte i. S. des § 411 Abs. 2 vertreten, so kann die Zustellung statt 65

---

178 Dazu im Überblick *Fischer* § 46 StGB, 50 f. m.w.N. sowie § 257c Abs. 2 Satz 2 und BVerfGE **133** 168, 228, aber auch mit 229 f.

179 BGH NStZ-RR **2014** 205 m.w.N.; OLG Stuttgart NStZ-RR **2005** 349; *Fischer* § 46 StGB 50b m.w.N.

180 Die Hervorhebung dessen hält auch für erforderlich: *Fischer* § 46, 50b StGB.

181 Vor § 407, 21 ff.

182 Ebenso etwa *Fischer* § 46, 50b StGB; dazu auch OLG Stuttgart NStZ-RR **2005** 349: Strafbefehl beruht nicht auf Geständnisfiktion.

183 Siehe abl. auch bereits *Esser* StV **2007** 235, 238, der gar *nemo tenetur* durch eine Geständnisfiktion verletzt sehen will; *Putzke/Putzke* JR **2019** 324; *Gerson* GVRZ **2020** Rn. 26; *Staudinger* JA **2021** 159, 160.

184 I.E. so wohl auch *Esser* StV **2007** 235, 238. Zur Debatte um die zu Recht nicht zuzulassende Vorhaltung fehlender Milderungsgründe *Fischer* § 46 StGB, 73 ff. StGB m.w.N.

185 § 408, 50.

186 LG München I NStZ **1988** 473; **a.A.** OLG München MDR **1988** 431 = NStZ **1988** 241 mit abl. Anm. *Mertens* NStZ **1988** 473; s. dazu § 410, 1 und die dortige Fn. 3.

an ihn nach § 35 Abs. 2[187] auch an den empfangsbevollmächtigten Verteidiger erfolgen[188] (§ 145a). Wird die Zustellung an den Angeklagten und den Verteidiger bewirkt, so richtet sich der Fristbeginn gemäß § 37 Abs. 2 nach der letzten Zustellung. § 232 Abs. 4 ist nicht anwendbar, weil diese Ausnahmevorschrift nur für das Verfahren nach § 232[189] gilt.

66 **7. Rechtskraft.** Da das Urteil auf Grund einer Hauptverhandlung nach vorangegangenem Strafverfahren sich in nichts von einem Urteil in einem Verfahren unterscheidet, in dem eine förmliche Anklage erhoben und das Hauptverfahren eröffnet worden ist, richtet sich auch der Umfang seiner Rechtskraftwirkung nach den **allgemeinen Grundsätzen.**[190]

§ 412
Ausbleiben des Angeklagten; Einspruchsverwerfung

[1]§ 329 Absatz 1, 3, 6 und 7 ist entsprechend anzuwenden. [2]Hat der gesetzliche Vertreter Einspruch eingelegt, so ist auch § 330 entsprechend anzuwenden.

Schrifttum

Busch Begründung, Anfechtung und Revisibilität der Verwerfungsurteile der §§ 329 I und 412 I StPO, JZ **1963** 457; *Frisch* Verwerfung der Berufung ohne Sachverhandlung und Recht auf Verteidigung – Zur Änderung des § 329 StPO, NStZ **2015** 69; *Gaede* Fairness als Teil – das Recht auf konkrete und wirksame Verteidigung gemäß Art. 6 EMRK (2007); *Nöldeke* Zur Vereinfachung des Rechtsschutzes gegen die Verwerfungsurteile nach §§ 329 Abs. 1 und 412 StPO, GedS Meyer 295; *Werny* Die Berufung gegen Urteile nach § 412 StPO und die Änderung des § 328 StPO, NJW **1988** 187.

Entstehungsgeschichte

§ 412, der bis 1924 als § 452 bezeichnet war, lautete früher:

(1) Bleibt der Angeklagte ohne genügende Entschuldigung in der Hauptverhandlung aus und wird er auch nicht durch einen Verteidiger vertreten, so wird der Einspruch ohne Beweisaufnahme durch Urteil verworfen.

(2) Ein Angeklagter, dem gegen den Ablauf der Einspruchsfrist Wiedereinsetzung in den vorigen Stand gewährt worden war, kann sie nicht mehr gegen das Urteil beanspruchen.

Unter Streichung des bisherigen Absatzes 2 lautete § 412 durch Art. 1 Nr. 105 des 1. StVRG 1974 sodann wie folgt:

Ist bei Beginn einer Hauptverhandlung der Angeklagte weder erschienen noch durch einen Verteidiger vertreten und ist das Ausbleiben nicht genügend entschuldigt, so ist § 329 Abs. 1, 3 und 4 entsprechend anzuwenden. Hat der gesetzliche Vertreter Einspruch eingelegt, so ist auch § 330 entsprechend anzuwenden.

---

187 BayObLG NJW **1966** 2323.
188 BayObLG NJW **1967** 2124; OLG Braunschweig NJW **1965** 1194; Meyer-Goßner/*Schmitt* 16; HK/*Brauer* 24; *Oppe* NJW **1969** 829.
189 BayObLG NJW **1967** 2124, 2125.
190 KK/*Maur* 36.

https://doi.org/10.1515/9783110765540-009

Seine jetzige, stärker auf die EMRK abgestimmte Fassung hat die Norm grundsätzlich durch Art. 1 Nr. 13 Gesetz zur Stärkung des Rechts des Angeklagten auf Vertretung in der Berufungsverhandlung und über die Anerkennung von Abwesenheitsentscheidungen in der Rechtshilfe vom 17.7.2015[1] mit Wirkung vom 25.7.2015 erhalten. Mit diesem Gesetz wurde auch die gesetzliche Überschrift „Ausbleiben des Angeklagten; Einspruchsverwerfung" eingeführt. Der in Bezug genommene § 329 Abs. 7 wurde selbst mit dem Gesetz zur Stärkung des Rechts des Angeklagten auf Anwesenheit in der Verhandlung vom 17.12.2018[2] mit Wirkung zum 21.12.2018 durch die Hinzufügung eines Belehrungserfordernisses novelliert. Bezeichnung bis 1924: § 452.

Übersicht

I. Überblick – Verwerfung ohne Verhandlung zur Sache

1 Mit **§ 412 Satz 1** wird dem Gericht auch heute insbesondere vorgegeben, einen vom Angeklagten erhobenen Einspruch ohne eine Verhandlung zur Sache zu verwerfen, wenn er selbst oder sein Vertreter in der Hauptverhandlung ausbleiben (§ 329 Abs. 1). Die Reichweite der zulässigen Verwerfung ist allerdings schon zu § 329 verändert, weil der Gesetzgeber immerhin spät mit den novellierten §§ 329 f. die Notwendigkeit anerkannt hat, das von Art. 6 Abs. 3 lit. c EMRK gewährleistete **Recht des Angeklagten** zu achten, **sich** in der Hauptverhandlung durch einen Verteidiger seines Vertrauens **vertre-**

1 BGBl. I S. 1332, 1333.
2 BGBl. I S. 2571.

ten zu lassen.[3] Die – gerade im Fall des Strafbefehls besonders anstößige – Option, die Anwesenheit des Angeklagten zu erzwingen, indem die prüfungslose Verwerfung des Einspruchs angedroht wird, wurde hiermit deutlich verringert. Mit § 412 Satz 1 wird dem Gericht ferner die Befugnis eingeräumt, den Angeklagten vorführen oder verhaften zu lassen, soweit dies im Einzelfall erforderlich ist (§ 329 Abs. 3). Gleichermaßen gebietet die Norm, bei einem Wegfall der Verurteilung wegen einzelner von mehreren Taten den Inhalt des aufrechterhaltenen Urteils klarzustellen, was mit einer neuen Gesamtstrafenbildung verbunden sein kann (§ 329 Abs. 6). Sodann wird dem Angeklagten die Wiedereinsetzung in den vorigen Stand unter den in den §§ 44 und 45 bezeichneten Voraussetzungen in Wochenfrist nach der Zustellung des Urteils eröffnet (§ 329 Abs. 7). Schließlich regelt **§ 412 Satz 2** durch den entsprechenden Verweis auf § 330, welche Konsequenzen aus einer Einspruchseinlegung durch den gesetzlichen Vertreter und ggf. aus seinem Ausbleiben zu ziehen sind.

2 *Soweit* es nach § 412 Satz 1 und § 329 Abs. 1 noch *relevant* ist, hat das Ausbleiben des Angeklagten zur Folge, dass der Einspruch ohne Verhandlung zur Sache zu verwerfen ist. Die **dogmatische Begründung** dieser Konsequenz ist streitig. Nach den ursprünglichen Mot.[4] greift beim Ausbleiben „die Annahme Platz, dass der Angeklagte den Einspruch nur deshalb erhoben habe, um die Strafvollstreckung aufzuschieben". Nach anderer Auffassung ist in § 412 – wie in § 329[5] – eine praesumtio iuris et de iure, also eine unwiderlegbare Vermutung dahingehend zu sehen, dass der unentschuldigt ausgebliebene Angeklagte an der Durchführung der Hauptverhandlung kein Interesse habe und seinen Einspruch als zurückgenommen angesehen wissen[6] wolle. Dieser sog. Verzichtsvermutungstheorie steht wiederum eine andere Auffassung gegenüber, die den Grund für die Verwerfung des Einspruchs darin sieht, dass der Angeklagte durch das Ausbleiben das mit der Einlegung des Einspruchs begründete Recht auf eine Hauptverhandlung **verwirkt**[7] habe. Zutreffend ist es hingegen, die heute deutlich eingeschränkten §§ 412 Satz 1, 329 Abs. 1 als **Obliegenheit** zu betrachten, die den u. a. **von Art. 6 EMRK gewährleisteten Zugang zum Gericht beschränkt**:[8] Dem Angeklagten wird aufgetragen, das Verfahren selbst oder durch einen Vertreter weiter zu betreiben. Diese Regelung mag für ein *ergänzendes* echtes Rechtsmittel in § 329 Abs. 1 grundsätzlich berechtigt sein. Im Falle des Einspruchs, der *erstmals* zu der von Art. 6 EMRK geforderten entscheidungserheblichen mündlichen Verhandlung führt,[9] bleibt die Verhältnismäßigkeit der Rechtseinschränkung hingegen fraglich:[10] Hat der Angeklagte das unzweifelhaft bestehende Recht auf eine mündliche Verhandlung eingefordert, ist nicht zu erkennen, weshalb das Gericht dem nicht durch eine Prüfung in der Sache nachkommen sollen muss, soweit diese möglich ist. Die überaus beschränkten Rechtsmittel leisten keine Sachprüfung (dazu Rn. 34 ff.). Die Begründung, dass sich der

3 M.w.N. EGMR StV **2013** 289 (Neziraj/D); MüKo/*Gaede* Art. 6 EMRK, 200 f., 283 f. Zur Gesetzgebung BTDrucks. **18** 3562 S. 1 f., 53, 62 f., 67 ff. Völlig unzureichend aber noch BVerfG StraFo **2007** 190.

4 Mot. S. 228.

5 BGHSt **15** 287, 289.

6 Ebenso BayObLG **1962** 6; OLG Hamburg NJW **1965** 315. S. hingegen noch dafür, dass das Ausbleiben eine widerlegbare Vermutung begründe, OLG Dresden JW **1929** 1041; OLG Königsberg JW **1932** 2920; LG Düsseldorf NJW **1952** 38.

7 *Eb. Schmidt* Nachtr. I 2; KK/*Maur* 1; *Schlüchter* 682.1; *Busch* JZ **1963** 458; *Hanack* JZ **1973** 694; *Küper* JuS **1972** 128; *Schroeder* NJW **1973** 309.

8 Zur Behandlung von rechtsbeschränkenden Obliegenheiten siehe m.w.N. *Gaede*, Fairness als Teilhabe, 775 ff.

9 Dies erkennt immerhin auch schon OLG Bremen NJW **1962** 1735, 1736.

10 A.A. ohne jede Bedenken LR/*Gössel*[26] 2 und im Ergebnis mit der Annahme eines breiten Ermessens des Gesetzgebers letztlich ebenso früher OLG Bremen NJW **1962** 1735, 1736.

Angeklagte nicht zugleich dem Verfahren entziehen dürfe, mag zwar rechtfertigen, dann in Abwesenheit zu einem Urteil nach einer Sachprüfung zu gelangen. Die mündliche Verhandlung aber „beleidigt“ schlicht *ganz* zu entziehen, um sodann ein ebenfalls nicht (!) von der Anwesenheit profitierendes schriftliches Verfahren vorrangig sein zu lassen, das auf einer deutlich verminderten Unmittelbarkeit beruht, leitet den notwendigen Tatnachweis nach den Bedingungen des Art. 6 EMRK zum einen letztlich aus einem Ungehorsam des Angeklagten ab. Deutschland **rutscht** so jedenfalls in der Bagatell- bis mittleren Kriminalität **unter das Niveau der** – mit der Rühmung des eigenen Modells nicht selten kritisch gesehenen[11] – Staaten ab, die *immerhin* mündliche **Abwesenheitsverfahren** durchführen. Zum anderen beruht gerade bei der Bagatellkriminalität *nicht* jedes unentschuldigte Ausbleiben tatsächlich auf dem Vorsatz, sich dem Verfahren und seinen Konsequenzen ganz entziehen zu wollen.

Nach dem Willen des Gesetzes wirkt das Ausbleiben – in der gemäß § 329 einge- 3
schränkten Form – wie eine Zurücknahme. Die Folge des Ausbleibens ist also nicht, dass die in dem Strafbefehl angeführten Tatsachen für zugestanden angesehen werden, sondern dass eine *Verhandlung in der Sache selbst überhaupt nicht stattfindet.* Da es aber an einer förmlichen Einspruchszurücknahme, die das Verfahren ohne richterliche Entscheidung beendet,[12] fehlt, ist zwingend vorgeschrieben, dass das Gericht den Einspruch zu seiner Erledigung durch ein Urteil verwirft. Das Verwerfungsurteil ist damit ein **prozessuales Formalurteil.**[13]

II. Anwendungsbereich des § 412

Wie § 411,[14] so setzt auch § 412 voraus, dass die Hauptverhandlung nach (zulässigem) 4
Einspruch gegen den Strafbefehl angeordnet wurde. § 412 ist insoweit auch dann anwendbar, wenn der angefochtene Strafbefehl im Verfahren nach § 408a erlassen wurde. Unanwendbar ist er dagegen, wenn die Hauptverhandlung gemäß § 408 Abs. 3 Satz 2 infolge richterlicher Bedenken anberaumt wurde.[15] Auch die Überleitung des **Bußgeldverfahrens** in das Strafverfahren gemäß § 81 OWiG hat nicht zur Folge, dass beim Ausbleiben des Angeklagten in der Hauptverhandlung eine Verwerfung des Einspruchs gegen den Bußgeldbescheid in entsprechender Anwendung des § 412 zulässig wäre.[16] Nach § 412 darf ferner nicht verfahren werden, wenn der Angeklagte die nach zugelassener Wiederaufnahme gegen den Strafbefehl anberaumte Hauptverhandlung versäumt (§ 370 Abs. 2).[17]

III. Voraussetzungen des Verwerfungsurteils

1. Allgemeine Voraussetzungen außerhalb des § 412

a) Erlass des Strafbefehls und zulässiger Einspruch. In Übereinstimmung mit al- 5
len o. Rn. 2 erwähnten Lehren über den Grund der Verwerfung kann § 412 nur im Verfahren nach Einspruch gegen einen erlassenen Strafbefehl angewendet werden (o. Rn. 4),

11 Siehe die BVerfG StraFo **2007** 190, 191 f. und etwa BVerfGE **140** 317 – Rn. 60 ff., 112 ff.
12 § 411, 52.
13 OLG Hamburg NJW **1965** 315.
14 Dort Rn. 1 ff. und 37.
15 BayObLG GA **1972** 368.
16 OLG Celle MDR **1974** 600.
17 OLG Oldenburg MDR **1971** 680; KK/*Maur* 3; s. auch § 329 Abs. 1 Satz 2.

also nur **in einer Hauptverhandlung über den Einspruch** des Angeklagten. Das setzt voraus, dass nicht nur ein Strafbefehl wirksam erlassen,[18] sondern auch, dass dieser mit dem Einspruch in zulässiger Weise angefochten wurde. Fehlt es schon hieran, ist der **Einspruch** vorrangig als **unzulässig** zu verwerfen.[19] Dies geschieht außerhalb der Hauptverhandlung nach § 411 Abs. 1 Satz 1 durch Beschluss. Wird die Unzulässigkeit erst in einer Hauptverhandlung bemerkt, so wird durch Verwerfungsurteil in entsprechender Anwendung des § 322 Abs. 1 Satz 2 entschieden.[20] Bei einem bereits **fehlenden Strafbefehl** wäre das gesamte Verfahren mangels einer Voraussetzung des Rechtsbehelfsverfahrens unzulässig und deshalb außerhalb der Hauptverhandlung durch Beschluss nach § 206a, innerhalb der Hauptverhandlung durch Urteil nach § 260 Abs. 3 einzustellen. **Fehlt es am Einspruch**, etwa weil er bereits zurückgenommen wurde, gilt – mit einer allerdings unterschiedlichen Wirkung – das Gleiche, auch wenn dem Gericht die Rücknahme unbekannt war[21] (s. § 411, 11). Auch bei erheblichen materiellrechtlichen Mängeln besteht in diesem Fall kein Prüfungsrecht des Gerichts.[22] Dies betrifft auch Fälle, in denen das materielle Recht im Strafbefehl offensichtlich fehlerhaft angewendet worden ist,[23] solange nicht schon die schiere Nichtigkeit des Strafbefehls anzunehmen ist.

b) Ordnungsgemäße Zustellung

6 **aa) Charakter als Verwerfungsvoraussetzung. Fehlt** es an der **Zustellung** des Strafbefehls,[24] so mangelt es grundsätzlich zugleich an einer Voraussetzung für die Durchführung der Hauptverhandlung über den Einspruch. Wird dies erst in der Hauptverhandlung bemerkt, kann grundsätzlich kein Verwerfungsurteil[25] ergehen, da schon die Durchführung der Hauptverhandlung unzulässig ist. Die Hauptverhandlung ist nicht etwa zu unterbrechen oder auszusetzen, sondern ohne verfahrensabschließende Entscheidung zu beenden. Sodann ist die Zustellung nachzuholen und ggf. erneut Hauptverhandlung über den Einspruch anzuberaumen, sofern dieser eingelegt wurde.

7 Dies soll nach herrschender Ansicht allerdings nicht in den Fällen gelten, in denen der Angeklagte **zuverlässig Kenntnis vom Erlass** des Strafbefehls mittels einer zutreffenden Ausfertigung desselben erlangt und daraufhin frist- und formgerecht Einspruch eingelegt hatte. In einer gegenteiligen Entscheidung erkennt die Praxis eine sinnlose Förmelei, da das materielle Ziel der hier gebotenen Form, die zutreffende Kenntnis des Betroffenen zu erzielen, in diesem Fall bereits auf anderem Wege erreicht worden ist. Steht die Kenntnis aber sicher fest, weil der Angeklagte z.B. erklärt, er lege gegen den mit einfachem Brief „ihm zugeschickten Strafbefehl“ Einspruch ein,[26] soll es keiner er-

---

18 § 409, 47 f.
19 Meyer-Goßner/*Schmitt*, 2.
20 § 411, 5.
21 BayObLG DAR **1969** 108.
22 OLG Frankfurt NJW **1963** 460; OLG Köln JMBlNRW **1963** 96; *Meyer-Goßner* NJW **1978** 528.
23 KK/*Maur* 11.
24 § 409, 41 ff.
25 BayObLG NStZ-RR **1999** 243, 244; OLG Hamm JMBlNRW **1952** 222; **1959** 161; OLG Karlsruhe Justiz **1993** 388; LG Bonn MDR **1974** 862; KK/*Maur* 4; Meyer-Goßner /*Schmitt* 2; SK/*Weßlau* 4; AnwK-StPO/*Böttger* 2; HK/*Brauer* 5; **a.A.** OLG Köln VRS **99** (2000) 431; OLG Zweibrücken NStZ **1994** 602; KMR/*Metzger* 15.
26 So OLG Zweibrücken NStZ **1994** 602; ganz ähnlich auch der vom OLG Köln VRS **99** (2000) 431 entschiedene Fall; zust. LR/*Gössel*[26] 6.

neuten Bekanntmachung durch förmliche Zustellung bedürfen.[27] Dem wird man aber nur zustimmen können, wenn das verfügbare Schreiben noch immer im Wege einer dem Staat zurechenbaren Information zur Einlegung des Einspruchs geführt hat oder das Verhalten des Angeklagten als ein hinreichend deutlicher Verzicht auf die aufschiebend wirkende förmliche Zustellung interpretiert werden kann.

bb) Weiteres Verfahren bei unzulässig unterbliebener Zustellung. Wird die fehlende Zustellung **in der Hauptverhandlung** über den Einspruch **in Anwesenheit des Angeklagten** bemerkt, so ist die Hauptverhandlung zwar ebenfalls ohne verfahrensabschließende Entscheidung zu schließen. Die Zustellung kann aber gemäß § 37 StPO und § 173 ZPO nachgeholt,[28] sogleich Hauptverhandlung anberaumt und alsdann über den Einspruch verhandelt werden, sofern auf Einhaltung der notwendigen Ladungsfristen verzichtet wird. Wird die fehlende Zustellung erst **in der Rechtsmittelinstanz bemerkt,** ist das Verwerfungsurteil aufzuheben; das Verfahren gelangt damit[29] an das Amtsgericht zurück. Dieses hat dann zunächst die Zustellung zu veranlassen und danach die Hauptverhandlung über den Einspruch anzuberaumen. 8

c) Ordnungsgemäße Ladung. Voraussetzung der Verwerfung des Einspruchs ist ferner eine *ordnungsmäßige Ladung* zur Hauptverhandlung, entsprechend dem allgemeinen prozessualen Grundsatz, dass eine ordnungsgemäße Ladung Voraussetzung für die an das Nichterscheinen des Angeklagten geknüpften Rechtsfolgen[30] ist. Zwar fehlt eine dem § 323 Abs. 1 Satz 2 entsprechende Vorschrift, nach welcher der Angeklagte in der Ladung auf die Folgen des unentschuldigten Ausbleibens hingewiesen werden müsste. Da aber **§ 323 Abs. 1 Satz 2** auch für § 329 Abs. 1 eine Grundlage bietet, auf den § 412 Satz 1 verweist, muss der Angeklagte auch im Fall des § 412 durch eine entsprechende Belehrung vor den im Fall des Ausbleibens drohenden Folgen geschützt werden.[31] Finden **mehrere Hauptverhandlungen** statt (u. Rn. 14), so muss die Belehrung in jeder Ladung erfolgen. Eine Belehrung in einer früheren Ladung ist unzureichend.[32] Es genügt ebenso wenig ein bloßer Hinweis in der neuen Ladung, dass in der früheren Ladung bereits über die Folgen des Ausbleibens belehrt worden sei; vielmehr muss die Belehrung jeweils ausdrücklich und aus sich heraus verständlich[33] gehalten sein. 9

Die Ladung kann nach § 40 Abs. 1 und 2 auch **öffentlich zugestellt** werden. Die nur für das Berufungsverfahren geltende Vorschrift des § 40 Abs. 3 hat der Gesetzgeber dagegen nicht für entsprechend anwendbar erklärt.[34] 10

Der Umstand, dass die **Ladungsfrist** (§ 217) **nicht eingehalten ist,** soll der Verwerfung des Einspruchs nach herrschender Ansicht nicht entgegenstehen. Nur der erschienene Angeklagte habe das Recht aus § 217 Abs. 2, die Aussetzung der Hauptverhandlung 11

---

27 Im Erg. deshalb zutr. OLG Köln VRS **99** (2000) 431 und OLG Zweibrücken NStZ **1994** 602 (**dagegen** Meyer-Goßner /*Schmitt* 2); zust. LR/*Gössel*[26] 6; offen gelassen von BayObLG NStZ-RR **1999** 243, 244. Ebenso KMR/*Metzger* 15 und wohl auch KK/*Maur* 3, der in diesem Fall den „Nachweis förmlicher Zustellung" für „nicht erforderlich" hält.

28 S. § 409, 41.

29 Trotz Wegfalls des § 328 Abs. 2 a. F., s. dazu u. Rn. 40 ff., 45.

30 *Koffka* JR **1967** 191.

31 BayObLG **1962** 6; OLG Hamburg MDR **1976** 1041; OLG Köln NJW **1969** 246; KK/*Maur* 5; Meyer-Goßner/*Schmitt* 2; AK/*Loos* 5; HK/*Brauer* 6; SK/*Weßlau* 3; AnwK-StPO/*Böttger* 2.

32 OLG Bremen MDR **1968** 1031; Meyer-Goßner/*Schmitt* 2; AnwK-StPO/*Böttger* 2; HK-GS/*Andrejtschitsch* 3.

33 BayObLG Rpfleger **1975** 255.

34 KK/*Maur* 5.

zu verlangen; im Übrigen verlange die Ordnung der Rechtspflege, dass der Angeklagte auf Ladung erscheint oder sich vertreten lässt.[35] Gleiches wird angenommen, wenn die Ladungsfrist gegenüber dem Verteidiger nicht eingehalten wird.[36] Erscheint der Angeklagte bei Nichteinhaltung der Ladungsfrist gegenüber ihm oder seinem Verteidiger nicht und bleibt er unvertreten, so kann sein Ausbleiben aber auch nach der herrschenden Ansicht entschuldigt und ein Wiedereinsetzungsantrag begründet sein, soweit der Angeklagte im konkreten Einzelfall wegen der späten Zustellung (z.B. eine halbe Stunde vor dem Termin) entweder nicht mehr rechtzeitig oder wegen beruflicher Abwesenheit oder krankheitsbedingt nicht erscheinen[37] konnte. Ein wegen der Nichteinhaltung der Ladungsfrist begründeter Aussetzungsantrag des Angeklagten oder seines Verteidigers, der auch schriftlich außerhalb der Hauptverhandlung gestellt werden kann,[38] dem nicht stattgegeben wird, kann die Revision begründen.[39] Wenngleich der Hinweis auf die mögliche Wiedereinsetzung und ein mangelndes Verschulden im – schon recht streng bestimmten – Einzelfall die **herrschende Meinung** abmildert, **vermag** diese Ansicht doch **nicht zu überzeugen.** Wird die gesetzliche Ladungsfrist nicht gewahrt, ist schlicht das Gesetz gebrochen worden. Auch die von der h. M. ebenfalls betonte (o. Rn. 9) Belehrung über Folgen des Ausbleibens kann dann nur eingeschränkt wirken. Dem Angeklagten wird ohne eine den Fehler des Staates kompensierende Begründung und ohne eine gesetzliche Grundlage die Anstrengung einer Wiedereinsetzung mit ggf. ungewissem Ausgang aufgezwungen; aus Rechten des Angeklagten (§ 217 Abs. 2 und §§ 44 ff.) wird zum Ausgleich staatlicher Versäumnisse eine Pflicht. All dies geschieht, wenn der Angeklagte sein Recht auf die erste Hauptverhandlung in seiner Sache eingefordert hat. Hier kann er nicht erst von der durchaus dehnbar erscheinenden Prüfung der hinreichenden Entschuldigung abhängen. Vielmehr ist die begründungslose Distanzierung des Staates vom eigenen Rechtsfehler zu beenden, indem die auch **zeitlich ordnungsgemäße Ladung des Angeklagten als Voraussetzung des Verwerfungsurteils** anerkannt wird. Der Staat hat es dann nach wie vor in der Hand, mit einer ordnungsgemäßen Ladung die Grundlage für ein solches Urteil zu legen.

12 **d) Prozessvoraussetzungen.** Schließlich bedarf auch das Verwerfungsurteil der allgemeinen Prozessvoraussetzungen. Fehlt es an einer allgemeinen Voraussetzung eines jeden Strafverfahrens und damit an einer Prozessvoraussetzung bzw. liegt ein Verfahrenshindernis vor, muss vorrangig ein Einstellungsurteil nach § 260 Abs. 3 ergehen. Die mangelnde Prozessvoraussetzung steht einem Verwerfungsurteil gemäß § 412 Satz 1 entgegen. Dies wird allgemein auch für jene Prozessvoraussetzungen und -hindernisse angenommen, die erst nach Erlass des Strafbefehls eingetreten sind. Nichts anderes hat zu gelten, wenn Prozesshindernisse schon im Zeitpunkt des Erlasses des Strafbefehls vorlagen oder schon zu diesem Zeitpunkt eine Prozessvoraussetzung fehlte, ohne dass der den Strafbefehl erlassende Richter dies bemerkt hatte.[40] Für die Notwendigkeit eines Verwerfungsurteils wurde zwar u. a. vorgebracht, dass kein triftiger Grund erkennbar

---

35 RG DRZ **1931** Nr. 501; BGHSt **24** 143 mit abl. Anm. *Cramer* NJW **1971** 1278; BayObLG DRZ **1930** Nr. 154; NJW **1967** 457; KG VRS **17** (1959) 139; OLG Bremen JR **1959** 391; OLG Köln NJW **1955** 1243; KK/*Maur* 5; Meyer-Goßner/*Schmitt* 2; KMR/*Metzger* 6; HK/*Brauer* 6; SK/*Weßlau* 3; AnwK-StPO/*Böttger* 2; **a.A.** OLG Dresden GA **71** (1927) 59; *Eb. Schmidt* Nachtr. I 2; *Koffka* JR **1967** 191.

36 OLG Karlsruhe NJW **1983** 1072; OLG Köln VRS **71** (1986) 449.

37 BGHSt **24** 143, 152; BayObLG NJW **1967** 457; KG VRS **17** (1959) 139.

38 BGHSt **24** 143, 151 f.

39 OLG Köln VRS **71** (1986) 449; KK/*Maur* 5; SK/*Weßlau* 3.

40 Wie hier auch schon LR/*Gössel*[26] 37 f.

sei, übersehene Verfahrenshindernisse anders zu behandeln als sonstige erkennbare materielle Mängel des Strafbefehls.[41] § 412 Satz 1 verweist aber lediglich auf die Verwerfung der Berufung ohne Verhandlung zur Sache; er führt nicht aus, dass der Gesetzgeber nunmehr im Strafbefehlsverfahren zusätzlich auf die allgemein erforderlichen Prozessvoraussetzungen verzichten wollte. Auch im Strafbefehlsverfahren wird lediglich die *Verhandlung zur Sache* ausgeschlossen, nicht aber die Prüfung von Verfahrensvoraussetzungen oder -hindernissen. Dass dadurch u. U. ein Freispruch verhindert wird, trifft zwar zu.[42] Dies erscheint allerdings hinnehmbar im Hinblick auf die im Einstellungsurteil dokumentierte Unzulässigkeit schon des Verfahrens. Ferner liegt darin keine Besonderheit des Strafbefehlsverfahrens. Deshalb ist mit der h. M. davon auszugehen, dass **Prozesshindernisse** (wie fehlende Prozessvoraussetzungen) in der Hauptverhandlung über den Einspruch entsprechend der zu § 329 überwiegend vertretenen Auffassung auch dann zu einem **Einstellungsurteil**[43] führen, wenn der Angeklagte unentschuldigt ausgeblieben und nicht vertreten[44] ist. Demgemäß ergeht insgesamt ein Verwerfungsurteil, wenn die notwendigen Prozessvoraussetzungen vorliegen, die allgemeinen Voraussetzungen eines Verwerfungsurteils eingreifen,[45] der Angeklagte unentschuldigt ausbleibt und nicht vertreten ist.

2. Ausbleiben und fehlende Vertretung bei Beginn der Hauptverhandlung

a) Regelung durch Verweisung und Fallgruppen. Obschon die Funktion der 13
Hauptverhandlung in der Folge eines Einspruchs beim Strafbefehl nicht vollständig der Hauptverhandlung im Rechtsmittel der Berufung gleichsteht,[46] hat sich der Gesetzgeber in früheren Fassungen und mit der nun geltenden Fassung des § 412 Satz 1 entschieden, die Verwerfungsbefugnis „entsprechend" § 329 Abs. 1 zu regeln. Diesen Verweis konnte er heute auf eine konventionsrechtlich geläuterte Novellierung des § 329 stützen, wobei § 411 Abs. 2 schon zuvor abweichend von der Berufung zu beachten war. Angesichts dieser Regelungsstruktur wäre es unangemessen, die Kommentierung des § 329 Abs. 1 an dieser Stelle allgemein zu duplizieren. Angezeigt ist es aber, zum einen die auch für die Hauptverhandlung im Strafbefehlsverfahren weithin geltende Regelung in ihrer Struktur zu verdeutlichen und ggf. zu erörtern, auf welche möglichen Abweichungen die „entsprechend" notwendige Anwendung hinauslaufen könnte und sollte.

§ 329 Abs. 1 ermöglicht die Verwerfung des Einspruchs hiernach zu zwei verschiede- 14
nen Zeitpunkten: Sein Satz 1 gestattet die Verwerfung in bestimmten Fällen des Ausbleibens **zu Beginn der Hauptverhandlung.**[47] Sein Satz 2 fügt die Befugnis hinzu, den Einspruch in Fällen des Ausbleibens/der vorwerfbaren Verhandlungsunfähigkeit des Angeklagten bei Abwesenheit eines geeigneten Verteidigers zu verwerfen, wenn hier-

41 Im Ergebnis ebenso Meyer-Goßner/*Schmitt* 2; AK/*Loos* 7. Siehe auch OLG Frankfurt NJW **1963** 460; OLG Köln JMBlNRW **1963** 96; *Meyer-Goßner* NJW **1978** 528.

42 In diesem Sinne krit. *Meyer-Goßner* NJW **1978** 528.

43 OLG Celle NStZ-RR **2012** 75 (zur Verjährung vor Erlass des Strafbefehls); KK/*Maur* 12; HK/*Brauer* 3 m.w.N.

44 LG Frankfurt NJW **1977** 508; zur Berücksichtigung von Prozessvoraussetzungen und -hindernissen vor einer Hauptverhandlung s. § 411, 3 und 13 f.

45 O. Rn. 5 ff.

46 Dazu schon Rn. 3.

47 Zur Anwendung auf eine anfangs mangelnde Verhandlungsunfähigkeit schon BGHSt **23** 332 ff.; näher dazu aber auch zu § 329 Abs. 1 S. 2 Nr. 4 Meyer-Goßner/*Schmitt* § 329, 18; zur Entfernung des Angeklagten (Betroffenen) bei einer eintretenden Verzögerung des Aufrufs der Sache vor dem Aufruf streng OLG Düsseldorf NZV **1997** 451.

durch die **Fortführung der Hauptverhandlung in einem Termin** verhindert wird. Beide Fälle schließt § 329 Abs. 1 ausweislich seines Satz 4 aber aus, wenn das (Berufungs-)Gericht die Sache erneut verhandelt, nachdem das Revisionsgericht diese zurückverwiesen hat. Diese Ausnahme gilt, um die durch die Revisionsentscheidung geschaffenen Bindungen in der Sache nicht durch ein Prozessurteil wieder zu beseitigen. Weil dieser Grund dann aber nicht besteht, wenn schon das Amtsgericht nur ein Prozessurteil erlassen hat, gilt diese Ausnahme vom Verwerfungsgebot der §§ 412 Satz 1, 329 Abs. 1 Satz 4 nur dann, wenn das Amtsgericht ein Sachurteil erlassen hatte.[48]

15 Eine Verwerfung (zusätzlich zu den in Rn. 4-11 behandelten Aspekten) zu Beginn der Hauptverhandlung setzt gemäß § 329 Abs. 1 Satz 1 voraus, dass **weder der Angeklagte noch ein Verteidiger** mit nachgewiesener Vertretungsvollmacht **erschienen** sind und das Ausbleiben nicht genügend entschuldigt ist. Mit dieser Regelung ist das Recht auf Vertretung durch einen Verteidiger gem. Art. 6 Abs. 3 lit. c EMRK geachtet. Auf eine etwaig missachtete Anordnung des persönlichen Erscheinens des Angeklagten gemäß § 236 kommt es nicht an; sie kann nicht zur Verwerfung gemäß den §§ 412 Satz 1, 329 Abs. 1 führen.[49]

16 Bezüglich der Fortführung der Hauptverhandlung, die in einem Termin durch eine Abwesenheit verhindert wird, fächert das Gesetz – wieder im Anschluss an die übrigen Voraussetzungen (Rn. 4-11) – diverse Fälle auf, die auch für die Verhandlung über den Einspruch relevant sind: Zunächst greift die Verwerfung des Einspruchs gemäß **§ 329 Abs. 1 Satz 2 Nr. 1**, wenn sich der Verteidiger ohne genügende Entschuldigung entfernt hat und eine Abwesenheit des Angeklagten nicht genügend entschuldigt ist oder der Verteidiger den ohne genügende Entschuldigung nicht anwesenden Angeklagten nicht weiter vertritt. Gleiches gilt gemäß **§ 329 Abs. 1 Satz 2 Nr. 2**, wenn sich der Angeklagte ohne genügende Entschuldigung entfernt hat und kein Verteidiger mit nachgewiesener Vertretungsvollmacht verteidigungsbereit anwesend ist. Schließlich sieht **§ 329 Abs. 1 Satz 2 Nr. 3** die Einspruchsverwerfung auch dann vor, wenn sich der Angeklagte vorsätzlich und schuldhaft in einen seine Verhandlungsfähigkeit ausschließenden Zustand versetzt hat und kein Verteidiger mit nachgewiesener Vertretungsvollmacht anwesend ist. Für diesen Fall klärt § 329 Abs. 1 Satz 3, dass das Gericht für die Verwerfung wegen Verhandlungsunfähigkeit zuvor einen Arzt als Sachverständigen zu hören hat.

17 Diese Regelungen bestätigen abermals, dass die in § 411 Abs. 2 Satz 1 anerkannte und auf einer hinreichenden Bevollmächtigung fußende **Vertretung** durch § 412 Satz 1 **nicht konterkariert** wird. Dies gilt auch für die Berufungsinstanz, wenn der Angeklagte trotz Anordnung des persönlichen Erscheinens ausbleibt, aber genügend vertreten ist.[50] Die im Einklang mit § 411 Abs. 2 Satz 1 stehende Vertretung[51] verhindert, dass das Ausbleiben des Angeklagten zur Verwerfung seines Einspruchs führen kann; auch das Argument der für die Aufklärung erforderlichen Anwesenheit kann nicht zur Verwerfung führen. Der anwendbare § 329 Abs. 1 Satz 2 Nr. 1 unterstreicht gleichwohl die Erwartung, dass der **Verteidiger** die übernommene Aufgabe der **Vertretung** auch **tatsächlich vor Ort wahrnehmen** muss.[52]

---

48 BGHSt **27** 236, 238 ff.; OLG Zweibrücken VRS **51** (1976) 365; KK/*Maur* 2; Meyer-Goßner/*Schmitt* 4.

49 Siehe auch schon m.w.N. LR/*Gössel*[26] 30, ferner m.w.N. KK/*Maur* 9; KMR/*Metzger* 8; SK/*Weßlau* 7.

50 Siehe schon BayObLG MDR **1970** 608; OLG Celle NJW **1970** 906 mit Anm. *Küper* NJW **1970** 1430; s. auch *Küper* NJW **1973** 1334.

51 Dazu schon § 411, 27 ff.

52 Zur Wiedereinsetzung siehe aber Rn. 33 ff.

b) Ausbleiben des Angeklagten. Soweit es wegen eines ausgebliebenen Verteidigers auf den Angeklagten ankommt, ist von dessen Ausbleiben zunächst auszugehen, wenn er körperlich nicht anwesend ist.[53] Dies wird allerdings nicht gelten können, wenn das Gericht den Angeklagten im Vorhinein gemäß **§ 233 Abs. 1 von der Anwesenheit befreit** hat; auch auf einen Vertreter kommt es dann nicht an.[54] Zusätzlich ist, soweit es den Beginn der Hauptverhandlung betrifft, die gemäß § 243 Abs. 1 Satz 1 mit dem Aufruf der Sache beginnt,[55] stets zu bedenken, dass eine sofortige Verwerfung des Einspruchs im Allgemeinen schon der gerichtlichen Fürsorgepflicht nicht entspricht: Es ist **nicht allein auf die exakt festgesetzte Terminszeit abzustellen**, zu der die Sache aufgerufen wird.[56] Es obliegt dem Angeklagten zwar „grundsätzlich", die Anwesenheit durch geeignete Abreden und Vorkehrungen zu sichern; entsprechend ist etwa für Fahrten mit dem Pkw eine angemessene Zeitreserve einzuplanen.[57] Mit unverschuldeten, kurzfristigen Verspätungen, die wiederum z.B. wegen der Verspätung von Beförderungsmitteln oder des Suchens nach dem Sitzungssaal im weitläufigen Gerichtsgebäude eintreten können, muss auch bei einem erscheinungsbereiten Angeklagten gerechnet werden – namentlich in Großstädten oder wenn der Angeklagte von auswärts kommt. Zu Recht erblickt auch die Rechtsprechung in der Verwerfung des Einspruchs wenige Minuten nach der festgesetzten Terminszeit im Anschluss an RGSt **61** 177 einen Gesetzesverstoß. Die Dauer der **Wartepflicht** richtet sich nach den besonderen Verhältnissen des Einzelfalles. Es haben sich aber gewisse Faustregeln herausgebildet. So soll in einer mittelgroßen Stadt eine Wartefrist von fünf Minuten ausreichend sein.[58] In Großstädten sollen 15 Minuten erforderlich und ausreichend sein, wenn keine besonderen Erschwernisse wie z.B. großstädtische Verkehrsschwierigkeiten vorliegen.[59] *Eb. Schmidt*[60] fordert weitergehende Rücksichtnahme, an der es die Gerichte in geeigneten Fällen auch nicht fehlen lassen.[61] Um dem Rechtsmittelgericht eine Nachprüfung zu ermöglichen, ob das Gericht die Wartepflicht erfüllt hat, empfiehlt es sich, den **genauen Zeitpunkt der Verkündung des Verwerfungsurteils im Urteil oder im Sitzungsprotokoll** festzustellen.[62] Im Übrigen hat aber, wenn weder der Angeklagte vorher beachtliche Gründe für ein verspätetes Erscheinen mitgeteilt hat noch sonst konkrete Anhaltspunkte für genügende Entschuldigung der Terminsversäumnis gegeben sind, das Gericht keine Veranlassung, den Gründen des Nichterscheinens nachzugehen und z.B. Nachschau nach dem Angeklagten oder seinem Bevollmächtigten im Gerichtsgebäude[63] zu halten. 18

Auch der körperlich anwesende Angeklagte ist dann nicht erschienen, wenn er **verhandlungsunfähig** ist. Allerdings beschränkt § 329 Abs. 1 Satz 2 Nr. 3 die Einspruchsverwerfung in diesem Fall gerade auf die vorsätzliche und schuldhafte Herbeiführung 19

53 Zum Ganzen näher LR/*Hanschke/Jesse* § 329.
54 Siehe entsprechend schon LR/*Gössel*[26] 32.
55 SK/*Weßlau* 5.
56 BayObLG StV **1989** 94, 95 in einem Bußgeldverfahren.
57 Siehe beispielhaft und bemerkenswert streng für eine frühe Verhandlung OLG Bamberg NJW **1995** 740: eine halbe Stunde Reserve für eine Fahrtstrecke von 100 km.
58 OLG Celle NdsRpfl. **1963** 237; OLG Hamburg NJW **1963** 552; OLG Hamm DAR **1962** 341; VRS **40** (1970) 49.
59 KK/*Maur* 6; Meyer-Goßner/*Schmitt* 3.
60 *Eb. Schmidt* Nachtr. I 3.
61 Vgl. OLG Hamm NJW **1972** 1064: gewährte Wartezeit von 35 Minuten; zur Wartepflicht des Gerichts s. noch BayObLG NJW **1959** 2224; OLG Frankfurt NJW **1954** 394; OLG Hamburg MDR **1960** 335; OLG Hamm VRS **40** (1970) 49; OLG Koblenz VRS **45** (1973) 456; OLG Neustadt GA **1961** 186.
62 OLG Stuttgart NJW **1962** 2023; KK/*Maur* 6.
63 OLG Hamburg JR **1956** 70.

der Verhandlungsfähigkeit[64] und das Ausbleiben eines geeigneten Verteidigers. Zu beachten bleibt ferner die nötige Anhörung eines Arztes als Sachverständigen. Dagegen ist der verhandlungsfähig anwesende Angeklagte dann nicht ausgeblieben, wenn er in der Hauptverhandlung jede Einlassung zur Sache verweigert, wozu er schon gemäß § 243 Abs. 5 befugt ist. In diesem Fall darf der Einspruch nicht verworfen, sondern es muss in der Sache erkannt werden.

20 Für das Ausbleiben kommt es gemäß § 329 Abs. 1 auf das Ausbleiben während „eines Hauptverhandlungstermins" an. Damit ist der Einspruch erst recht auch dann, wie es bisher bereits herrschende Ansicht war, ohne Verhandlung zur Sache zu verwerfen, wenn in einer Sache **mehrere Hauptverhandlungen** stattfinden und der Angeklagte in der ersten Hauptverhandlung, in der zur Sache verhandelt wurde, erschienen (oder vertreten) war, bei Beginn der späteren Hauptverhandlung aber ausbleibt.[65]

21 **c) Ausbleiben des Verteidigers.** Nach den Maßgaben der §§ 412 Satz 1, 329 Abs. 1 kommt es gerade auch auf ein etwaiges Ausbleiben des im Sinne des § 411 Abs. 2 Satz 1 geeigneten Verteidigers bzw. auf seinen mangelnden Vertretungswillen an.[66] Zu beachten ist hierbei, dass auch der Verteidiger nach den geschilderten Maßstäben[67] nicht schon durch jede kurzzeitige Verspätung, bemessen am tatsächlichen Aufruf der Sache, „ausbleibt".[68] Obgleich es auch ihm obliegt, seine Pünktlichkeit angemessen abzusichern, muss er keine lebensfremden Vorkehrungen treffen. Ein kurzes Zuwarten über die Terminszeit hinaus ist insbesondere geboten, wenn dem Gericht bekannt ist, dass der Angeklagte einen Verteidiger mit Verteidigungsvollmacht bestellt[69] hat: In diesem Fall kann die Fürsorgepflicht bzw. treffender die **Achtung des Rechts auf Verteidigung/ein faires Verfahren**, das ein Recht auf eine Vertretung bedeuten kann,[70] sogar durchaus die Unterbrechung oder Aussetzung der Hauptverhandlung von Amts wegen[71] gebieten. Dies gilt insbesondere dann, wenn der Verteidiger dem Gericht mitgeteilt hat, er werde kurzfristig verspätet erscheinen[72] oder die Verhinderung des Verteidigers wegen eines Fahrzeugdefektes für den Angeklagten nicht vorhersehbar war und der Verteidiger überdies angekündigt hatte, einen Beweisantrag stellen zu wollen. Dem Verteidiger ist aber auch dringlich zu raten, durch regelmäßig leicht verfügbare Kommunikationsinstrumente mit dem Gericht Kontakt aufzunehmen, um eine (versehentlich bzw. unvermeidlich) aufgetretene Verzögerung anzuzeigen und eine die Rechte des Mandanten wahrende Lösung zu suchen. Ferner muss im Rahmen des Strafbefehlsverfahrens die ggf. notwendige Verteidigung beachtet werden: War die **Bestellung eines Verteidigers** nach den §§ 140 ff. oder 408b **notwendig**, ist diese aber ausgeblieben, wird sich die Anwendung der §§ 412, 329 Abs. 1 auch im Fall eines ausbleibenden unverteidigten Angeklagten verbieten: Das angesichts des Rechts auf Vertretung stets ebenfalls konsti-

---

64 Siehe für einen Fall zweifelsfrei selbstverschuldeter Trunkenheit BGHSt **23** 332 mit krit. Besprechung *Küper* JuS **1972** 127; OLG Frankfurt NJW **1968** 217 mit zust. Besprechung *Kaiser* NJW **1968** 185.

65 S. schon zur früheren Fassung entsprechend, die auf das Ausbleiben zu Beginn „einer Hauptverhandlung" abstellte, LR/*Gössel*[26] 13. Für die Beibehaltung des alten Maßstabes *Frisch* NStZ **2015** 69 ff.

66 S. auch schon § 411, 30.

67 Rn. 18.

68 Bestätigend etwa m.w.N. Meyer-Goßner/*Schmitt* § 329, 13 und zum Gesetzgeber BTDrucks. **18** 3562 S. 68 f.

69 BayObLG NJW **1959** 2224; KK/*Maur* 6.

70 M.w.N. EGMR StV **2013** 289 (Neziraj/D); MüKo/*Gaede* Art. 6 EMRK, 200 f., 283 f.

71 Siehe für einen Einzelfall schon BayObLG StV **1989** 94, 95 in einem Bußgeldverfahren.

72 OLG Düsseldorf DAR **1995** 336. Zur Bedeutung des Hinweises für die gebotene Wartefrist auch über 15 Minuten hinaus BTDrucks. **18** 3562 S. 68 f.

tutive mangelnde Erscheinen eines Verteidigers ist hier immer auch auf das staatliche Versäumnis zurückzuführen.[73] Schließlich können insbesondere die in § 329 Abs. 1 S. 2 vorgesehenen Fälle der mangelnden Vertretung durch den Verteidiger den Staat nicht stets zur Verwerfung der Berufung berechtigen. Ist für den Staat erkennbar, dass die **formelle Verteidigung entgegen Art. 6 Abs. 3 lit. c EMRK** im Widerspruch zu den professionellen Pflichten eines Verteidigers ausbleibt, ist der Staat gehalten, die formelle Verteidigung durch geeignete Maßnahmen herzustellen.[74]

d) Genügende Entschuldigung. Bei der Prüfung der Frage, ob ein Verwerfungsurteil zu erlassen ist, kommt es zunächst nicht darauf an, ob der Angeklagte sich genügend *entschuldigt hat*, sondern ob er (objektiv) genügend **entschuldigt ist**.[75] Eine rechtzeitig vor dem Termin vorgebrachte genügende Entschuldigung begründet auch dann die Fehlerhaftigkeit des Verwerfungsurteils, wenn der erkennende Richter von ihr ohne sein Verschulden keine Kenntnis hat, etwa weil ihm ein rechtzeitig beim Amtsgericht eingegangenes Entschuldigungsschreiben des Angeklagten infolge langsamen Geschäftsgangs verspätet vorgelegt wurde.[76] Eine bislang verkannte Entschuldigung ist jedoch mittels eines Rechtsmittels[77] geltend zu machen; sie bewirkt kein Verfahrenshindernis für das Verwerfungsurteil. (Auch) im Übrigen gelten grundsätzlich die zu § 329 Abs. 1 darzulegenden Maßstäbe.[78] 22

Hinsichtlich der Subsumtion der in Bezug genommenen Regelung des § 329 Abs. 1 ist aber gerade **für § 412 Satz 1 ein großzügigerer Maßstab unentbehrlich**.[79] Es ist zur Kenntnis zu nehmen, dass § 412 Satz 1 die erste, schon von Art. 6 Abs. 1 Satz 1 EMRK menschenrechtlich gebotene mündliche Verhandlung zur Sache betrifft. Von dem Bedarf abgesehen, eine klare und rechtzeitige Ladung des Angeklagten zu sichern,[80] muss bei der Entscheidung, dem Angeklagten im Hinblick auf eine Unpünktlichkeit zunächst jede mündliche Verhandlung zu nehmen, die tiefergehende Wirkung des § 412 Satz 1 bedacht werden; er lässt nicht „nur" eine weitere mündliche Verhandlung entfallen. 23

Beispiele für eine genügende Entschuldigung sind etwa Fehler bei der Ladung und hier z.B. die verspätete Ladung oder die Ladung unter Angabe des falschen Sitzungssaals, soweit sie verhindert haben, dass der teilnahmegewillte Angeklagte an der Hauptverhandlung rechtzeitig teilnehmen konnte.[81] Ebenso ist das Ausbleiben des Angeklagten zu entschuldigen, wenn „er sich darauf verlassen hat und verlassen konnte, der Verteidiger werde pünktlich in der Hauptverhandlung erscheinen und ihn vertre- 24

---

73 Gleichsinnig schon zu § 329 m.w.N. Meyer-Goßner/*Schmitt* § 329, 12 zu § 140 Abs. 2, auch für die mangelnde Ladung.

74 Siehe auch m.w.N. krit. Meyer-Goßner/*Schmitt* § 329, 16; *Frisch* NStZ **2015** 75 f. und näher m.w.N. EGMR 9.4.**2015** – 2870/11, Rn. 39 – Vamvakas/GRE (Nr. 2); EGMR ÖJZ **1999**, 198 – Daud/POR; MüKo/*Gaede* Art. 6 EMRK, Rn. 218; *Gaede*, Fairness als Teilhabe, 846 ff. Konventionsrechtlich ahnungslos aber leider: BTDrucks. **18** 3562 S. 69.

75 Vgl. etwa OLG Brandenburg NJW **1998** 842; OLG Dresden HRR **1938** 1266; OLG Hamburg JR **1956** 70; OLG Köln NJW **1955** 1243; OLG Naumburg NStZ-RR **2001** 87, 88; KK/*Maur* 8; Meyer-Goßner/*Schmitt* 6; KMR/*Metzger* 11; HK/*Brauer* 9.

76 BayObLG NJW **1969** 1222.

77 Dazu Rn. 32 ff.

78 LR/*Hanschke*/*Jesse* § 329.

79 Gleichsinnig wohl auch LG Braunschweig BeckRS **2020** 4794 („weitere Auslegung").

80 Dazu Rn. 6 ff., 9 ff.

81 BayObLG VRS **38** (1970) 392; KG GA **1975** 148; zur unterlassenen Ladung des Verteidigers OLG Köln VRS **98** (2000) 138.

ten“,[82] wie z.B. bei einer plötzlichen Erkrankung des Verteidigers.[83] Dies soll aber nicht gelten, wenn das persönliche Erscheinen des Angeklagten angeordnet war und sowohl der Angeklagte wie auch – entgegen seiner Erwartung – der Verteidiger ausbleiben.[84] Zur möglichen Entschuldigung aus anderen Gründen, insbesondere wegen Erkrankung des Angeklagten, Verpflichtungen gegenüber Familienangehörigen oder Geschäftsreisen siehe die Kasuistik bei LR/*Hanschke/Jesse* § 329. Selbstverständlich ist die Beachtung einer Quarantäneanordnung ein relevanter Entschuldigungsgrund; gleiches gilt für die Selbstisolation eines Verteidigers nach einem mehrstündigen engen Kontakt mit einer (möglicherweise) mit SarsCoV-2 infizierten Person.[85]

25 **Keine genügende Entschuldigung** wird in Fällen gesehen, in denen der Angeklagte – jenseits § 217 Abs. 1 – mit einem Vertagungsantrag nicht erfolgreich war und ihm dies rechtzeitig mitgeteilt wurde.[86] Gleiches gilt, ist ein Antrag von der Entbindung zum Erscheinen in der Hauptverhandlung ablehnend[87] beschieden oder ein Verteidiger nach § 138 Abs. 2 nicht zugelassen[88] worden. In diesen Fällen soll folglich ein Verwerfungsurteil ergehen dürfen, wenn hierdurch Angeklagter und Verteidiger ausbleiben. Eine völlig verfehlte These liegt in diesen Fällen aber in der Annahme, das Gericht sei im Fall der Ablehnung eines gewählten Verteidigers nicht genötigt zu vertagen, um dem Angeklagten Gelegenheit zur Bestellung eines anderen Verteidigers[89] zu geben. Vielmehr bleibt das Recht auf einen Verteidiger des Vertrauens[90] auch im Kontext der §§ 411 und 412 uneingeschränkt zu achten.

26 Der Angeklagte braucht die Tatsachen, mit denen er seine Entschuldigung begründet, **nicht glaubhaft** zu machen, etwa durch Vorlage eines amtsärztlichen Attestes über seine Erkrankung.[91] Wenn „die an sich schlüssigen, eine Unzumutbarkeit des Erscheinens indizierenden Tatsachenbehauptungen vom Gericht nicht als glaubwürdig angesehen werden“, so ist das Gericht vielmehr auf Grund seiner Amtsaufklärungspflicht gehalten, „etwaige Zweifel [...] durch Ermittlungen **im Freibeweis** zu beheben“,[92] da die verschuldete Säumnis des Angeklagten eine verfahrensrechtliche Voraussetzung für den Erlass des Verwerfungsurteils darstellt. Das Gericht hat auf diesem Wege die irgendwie erkennbar gewordenen Entschuldigungsgründe nachzuprüfen und im Urteil[93] zu würdigen. Die im Urteil darzulegenden Gründe, aus denen das Gericht eine Entschuldigung als nicht genügend bezeichnet, müssen so beschaffen sein, dass das Rechtsmittelgericht die Gesetzmäßigkeit der Entscheidung nachprüfen[94] kann. Sie müssen also z.B. die Erwägungen angeben, warum eine vorgebrachte Tatsache nicht als Entschuldigungsgrund

---

82 OLG Hamburg NJW **1965** 315, 316; vgl. ferner BayObLG DAR **1960** 237; OLG Schleswig SchlHA **1968** 232; OLG Bremen NJW **1962** 1735, 1736.

83 Dazu beispielhaft BayObLG NStZ-RR **2002** 79, 80.

84 OLG Bremen NJW **1962** 1735, 1736. Hierzu aber Rn. 46 f.

85 LG München StV-S **2021** 4.

86 OLG Düsseldorf JMBlNRW **1966** 153.

87 BGHSt **25** 281.

88 OLG Köln NJW **1970** 721.

89 KG DJZ **1928** 462; OLG Köln NJW **1970** 27; *Eb. Schmidt* 6.

90 Zur Wahl des Verteidigers und dem notwendigen Vertrauensverhältnis m.w.N. MüKo/*Gaede* Art. 6 EMRK, 184 ff., 197 ff.

91 OLG Jena NVZ **1997** 494 für das Bußgeldverfahren.

92 BayObLG NJW **1998** 172; für das Bußgeldverfahren ebenso OLG Hamm NVZ **1997** 325 und OLG Jena NVZ **1997** 494; *Busch* JZ **1963** 458. Dazu auch LR/*Hanschke/Jesse* § 329.

93 OLG Oldenburg NJW **1964** 830.

94 BayObLG NJW **1969** 1222; NJW **2001** 1438, 1439; OLG Köln GA **1963** 58; OLG Schleswig SchlHA **1968** 232.

anerkannt[95] wird. Nur eine bestimmte Feststellung, nicht schon der bloße Verdacht, dass die vorgebrachte Entschuldigung unwahr sei, rechtfertigt die Verneinung der genügenden Entschuldigung.[96] Zweifelhafterweise sollen, wurde ein Vertagungsantrag des Angeklagten bereits ablehnend beschieden, die im Vertagungsantrag vorgebrachten Entschuldigungsgründe im Fall seines späteren Ausbleibens in der Hauptverhandlung keiner erneuten Überprüfung bedürfen.[97]

Hat das Gericht im Wege des Freibeweisverfahrens das Entschuldigungsvorbringen des Angeklagten geprüft und festgestellt, dass keine genügenden Entschuldigungsgründe vorliegen, so verwirft es **nach der bisherigen Praxis** den Einspruch, **ohne den ausgebliebenen Angeklagten zum Ermittlungsergebnis zu hören**. Es soll dem Wesen des Strafbefehlsverfahrens als eines beschleunigten Verfahrens widersprechen, wenn ihm vorheriges rechtliches Gehör zum Ergebnis der in seiner Abwesenheit angestellten Ermittlungen gewährt werden müsste. Dem Grundsatz des rechtlichen Gehörs (Art. 103 Abs. 1 GG) soll Genüge getan sein, weil der Angeklagte – in gleicher Weise wie der Betroffene im Haftbefehls- und Beschlagnahmeverfahren – Gelegenheit habe, sich durch die Einlegung von Rechtsmitteln gegen das Verwerfungsurteil und den Antrag auf Wiedereinsetzung in den vorigen Stand gegen die Terminsversäumnis nachträglich rechtliches Gehör zu verschaffen.[98] 27

Ob dem vollständig zuzustimmen ist, bleibt fraglich. Das Freibeweisverfahren eröffnet mit seiner geringeren Formenstrenge vergleichsweise direkte Ansprachen, die etwa telefonisch möglich sind. Wenn der Angeklagte erreichbar ist und das Gericht neue, von diesem noch nicht kommentierte Sachverhaltsbehauptungen bzw. -indizien zur Verwerfung des Einspruchs verwerten will, ist ein im Einzelfall leicht möglicher Versuch der weiteren Sachverhaltsaufklärung durchaus im Sinne der Justiz, in jedem Falle aber im Sinne des hier nicht aus einleuchtenden Gründen aufgeschobenen rechtlichen Gehörs. Ist eine nennenswerte Verzögerung gar nicht zu besorgen, sollte dem Angeklagten eine direktere Reaktion auf die ggf. von Dritten eingebrachten Verfahrenstatsachen eingeräumt werden. 28

IV. Die Entscheidung des Amtsgerichts

1. Der Verwerfungszwang. § 412 Satz 1 und § 329 Abs. 1 begründen die Pflicht des Gerichts, den Einspruch gegen den Strafbefehl in den konkret geregelten Fällen des unentschuldigten Ausbleibens des Angeklagten und seiner fehlenden Vertretung zu verwerfen: Nach § 412 Satz 1 „ist" in diesem Fall § 329 anwendbar und nach § 329 Abs. 1 „hat" das Gericht den Rechtsbehelf ohne Verhandlung zur Sache zu verwerfen.[99] Entsprechend ist ein Verwerfungsurteil auch dann noch geboten, wenn das Gericht **versehentlich mit der Verhandlung zur Sache begonnen**[100] hat, z.B. weil es zunächst übersehen hatte, dass keine nachgewiesene Vertretungsvollmacht i. S. des § 411 Abs. 2 Satz 1 vorlag. 29

Allerdings bleibt nochmals zu betonen, dass der Verwerfungszwang gerade nur eintritt, wenn ***alle*** **Voraussetzungen des Verwerfungsurteils gegeben** sind.[101] Insofern ist z.B. nochmals an die einschränkende Regelung in § 329 Abs. 1 Satz 4 zu erinnern und 30

---

95 OLG Celle NdsRpfl. **1954** 71.
96 KG DRspr. **IV** 466 Bl. 15.
97 OLG Düsseldorf JMBlNRW **1966** 153; s. dazu BGH NJW **1968** 1544 und OLG Hamm NJW **1967** 1152.
98 BayObLG NJW **1966** 1981; OLG Hamm NJW **1965** 410.
99 LG München I NStZ **1983** 427, 428 mit Anm. *Hilger*; Meyer-Goßner/*Schmitt* 8; KK/*Maur* 10.
100 LG München I NStZ **1983** 427; KK/*Maur* 13; HK/*Brauer* 1.
101 Siehe dazu auch LR/*Gössel*[26] 33 ff., allerdings mit der These, es handele sich um Ausnahmen.

die Bedeutung der allgemeinen Voraussetzungen des Verwerfungsurteils zu unterstreichen. Selbst wenn der Angeklagte unentschuldigt ausgeblieben und nicht vertreten ist, darf ein Verwerfungsurteil z.B. nicht ergehen, wenn sich in der Hauptverhandlung die Unzulässigkeit des Einspruchs herausstellt oder der Strafbefehl nicht zugestellt worden ist.[102] Gleiches hat für mangelnde Prozessvoraussetzungen zu gelten.[103]

31 **2. Das Verwerfungsurteil.** Das Verwerfungsurteil ist als Prozessurteil zu verfassen. Da der Einspruch kein Rechtsmittel ist, gilt § 473 nicht; einer **Kostenentscheidung** bedarf es daher nicht. Vielmehr erwächst der Strafbefehl selbst samt seiner Kostenentscheidung ggf. in Rechtskraft.[104] Weil das Verwerfungsurteil keine Sachentscheidung enthält, gilt für seine Begründung nicht § 267, sondern § 34.[105] Das Urteil ist gemäß § 35 Abs. 2 durch Zustellung bekanntzumachen. Insoweit gelten die Ausführungen zu § 411, 65. Insbesondere ist die Ersatzzustellung durch Niederlegung gemäß § 181 ZPO[106] zulässig.

V. Anfechtbarkeit des Verwerfungsurteils

32 **1. Überblick.** Zunächst eröffnen die §§ 412 Satz 1, 329 Abs. 7 Satz 1 für das Verwerfungsurteil den Antrag auf die Wiedereinsetzung in den vorigen Stand. Darüber hinaus sind, wie gegenüber jedem amtsgerichtlichen Urteil, auch gegen das nach § 412 ergangene Verwerfungsurteil die **Rechtsmittel** der Berufung und der Revision statthaft.

33 **2. Wiedereinsetzung gegen die Versäumung der Hauptverhandlung.** Nach § 412 Satz 1 kann der Angeklagte, der unentschuldigt und unvertreten ausblieb, kraft der Verweisung auf § 329 Abs. 7 Satz 1 gegen das den Einspruch verwerfende Urteil unter den Voraussetzungen der §§ 44 und 45 die Wiedereinsetzung in den vorigen Stand beanspruchen.[107] Über das Recht, einen Wiedereinsetzungsantrag stellen zu können, ist der Angeklagte gemäß § 412 Satz 1 und § 329 Abs. 7 Satz 2 bei der Zustellung des Urteils zu belehren. Einem Angeklagten, der Berufung eingelegt hatte und in der Hauptverhandlung ausblieb, stand (und steht) das Recht auf Wiedereinsetzung gegen die Versäumung der Hauptverhandlung auch zu, wenn ihm zuvor die Wiedereinsetzung gegen die Versäumung der Berufungsfrist gewährt[108] worden war. Beim **Zusammentreffen mit den Rechtsmitteln** gelten die §§ 315 (Berufung) und 342 (Revision).[109]

3. Rechtsmittel

34 **a) Umfang der Nachprüfung durch die Rechtsmittelgerichte.** Berufung und Revision können nur auf die Behauptung gestützt werden, dass der Einspruch zu Unrecht verworfen worden sei. Erweist sich diese Behauptung als unbegründet, ist in der Rechtsmittelinstanz jedes **Eingehen auf die Sache selbst** ausgeschlossen. Legt der Angeklagte

102 S. oben Rn. 5 und 6ff.
103 Rn. 12.
104 KK/*Maur* 14; SK/*Weßlau* 15.
105 *Busch* JZ **1963** 459; diesem zustimmend KK/*Maur* 15; ebenso AK/*Loos* 9.
106 KG VRS **22** (1962) 370; KK/*Maur* 16; Meyer-Goßner/*Schmitt* 8; HK/*Brauer* 12; **a.A.** OLG Düsseldorf NJW **1956** 642.
107 Vgl. § 410, 24 f.
108 Zur früheren Rechtslage s. LR/*Schäfer*[23] 32.
109 Bedenken gegen die Mehrgleisigkeit des geltenden Rechtsschutzes bei *Nöldeke* GedS Meyer 295.

Revision ein (§ 335), so ergibt sich diese Folgerung ohne weiteres daraus, dass die Gründe des Verwerfungsurteils keine Erörterung der Sache selbst enthalten. Hiermit bieten sie keine Grundlage, um die Revision auf die Verletzung einer materiellen Rechtsnorm zu stützen. Für die *Berufung* kann nichts anderes gelten,[110] denn es ist kein Grund erkennbar, der den Gesetzgeber bestimmt haben könnte, die Erörterung der Sache selbst zwar in der ersten Instanz auszuschließen, in der zweiten dagegen zuzulassen; es ergäbe auch keinen Sinn, den Angeklagten für sein Ausbleiben mit dem Verlust einer Instanz strafen zu wollen.[111]

In der Berufungsinstanz sind nicht nur die bei Verkündung des angefochtenen Urteils dem Amtsgericht bekannten Tatsachen, sondern auch in der **Berufungsinstanz neu vorgebrachten Tatsachen** für eine einschlägige Entschuldigung zu berücksichtigen.[112] Dies folgt einmal schon daraus, dass es allein darauf ankommt, ob der Angeklagte objektiv unentschuldigt ausgeblieben und unvertreten war, nicht aber daraus, ob das Amtsgericht dies von seinem Standpunkt aus im Zeitpunkt der Hauptverhandlung rechtsfehlerfrei annehmen durfte.[113] Darüber hinaus wäre es auch unter Berücksichtigung der Besonderheiten des Strafbefehlsverfahrens nicht gerechtfertigt, im Falle des § 412 von der Regel abzuweichen, dass in der Berufungsinstanz neue Tatsachen und Beweismittel grundsätzlich unbeschränkt vorgebracht werden können: Gerade im Hinblick auf den summarischen Charakter des Strafbefehlsverfahrens in Verbindung mit den §§ 412 Satz 1, 329 Abs. 1 könnte gerade die Nichtberücksichtigung von Nova zu großen Härten bzw. zu einer unverhältnismäßigen Verwehrung des Zugangs zum Gericht führen. 35

Im **Rechtsmittelverfahren** wandelt sich die **verschuldete Säumnis** des Angeklagten damit von einer verfahrensrechtlichen Voraussetzung für den Erlass des Verwerfungsurteils (o. Rn. 24) in eine materielle Voraussetzung für die inhaltliche Richtigkeit der angefochtenen Entscheidung. Sie ist nunmehr im **Strengbeweisverfahren** als eine die **Schuld- und Straffrage betreffende Tatsache** zu ermitteln.[114] 36

b) Entscheidung des Berufungsgerichts. aa) Ist die Berufung **unzulässig oder unbegründet**, so ist das Rechtsmittel zu verwerfen. Hier gelten in der Regel keine Besonderheiten. 37

bb) Wird bei **Zulässigkeit der Berufung** erst in der Berufungsinstanz erkannt, dass der **Einspruch unzulässig** war, so verwirft das Berufungsgericht den Rechtsbehelf unter Aufhebung des amtsgerichtlichen Urteils als unzulässig,[115] denn hier steht die Rechtskraft des Strafbefehls als *Verfahrenshindernis* jeder anderen Entscheidung entgegen. Es kommt nicht zu einem Eingriff in die sachliche Zuständigkeit des Amtsgerichts. Gleiches gilt, wenn dem Amtsgericht die Rücknahme des Einspruchs nicht bekannt war oder es diese übersehen hatte. Hier ist erneut das Verfahren durch das Berufungsgericht nach § 260 Abs. 3 einzustellen.[116] Wie schon das Amtsgericht bei unzulässigem Einspruch fehlende Prozessvoraussetzungen und vorliegende Prozesshindernisse nicht berücksichtigen darf, weil ihm mangels eines zulässigen Rechtsbehelfs insoweit keine Prüfungsbe- 38

110 Siehe auch schon BayObLG GA **72** (1928) 144; KG HRR **1925** Nr. 98 1; GA **70** (1926) 118.

111 S. auch u. Rn. 47.

112 BayObLG NJW **1953** 1196; **2001** 1438; OLG Naumburg NStZ-RR **2001** 87, 88; KG DJZ **1933** 441; OLG Hamm VRS **23** (1962) 299; OLG Oldenburg StraFo **2020** 71 f.; KK/*Maur* 18; KMR/*Metzger* 21; Meyer-Goßner/*Schmitt* 10; HK/*Brauer* 13; HK-GS/*Andrejtschitsch* 9; *Busch* JZ **1963** 460; früher **a.A.** KG JW **1928** 834; OLG Kiel GA **76** (1932) 115.

113 O. Rn. 18 ff.

114 M.w.N. OLG Naumburg NStZ-RR **2001** 87, 88; Meyer-Goßner/*Schmitt* 10; HK/*Brauer* 13; *Pfeiffer* 8.

115 Näher § 411, 6 f.

116 S. dazu § 411, 10 ff.

fugnis zugewachsen ist (§ 411, 3), darf in diesen Fällen auch das Berufungsgericht den Mangel an Prozessvoraussetzungen nicht berücksichtigen. Anderenfalls wäre das Berufungsgericht gehalten, das amtsgerichtliche Urteil deshalb aufzuheben, weil die Vorinstanz unterlassen hat, was sie gar nicht tun durfte.

39 Erweisen sich hingegen sowohl der Einspruch als auch die Berufung als zulässig, ist das Verwerfungsurteil aufzuheben, wenn es ihm an den allgemeinen (Rn. 5 ff.) oder speziellen (Rn. 13 ff.) Voraussetzungen des Verwerfungsurteils fehlt. Hiermit gelangt das Verfahren auch ohne ausdrückliche Zurückverweisung an das Amtsgericht zurück (s. o. Rn. 8). Im Fall des zulässigen Einspruchs muss das Berufungsgericht insbesondere von Amts wegen darauf achten, dass die **Prozessvoraussetzungen** vorlagen/keine Prozesshindernisse dem Verwerfungsurteil entgegenstanden. Das Rechtsmittelgericht kann dann von den **Einstellungsmöglichkeiten** Gebrauch machen, die auch dem Amtsgericht zukommen: Im Hinblick auf Prozessvoraussetzungen nach § 206a, aber auch aus Opportunitätsgesichtspunkten nach den §§ 153 ff.[117] Im Fall der fehlenden Zuständigkeit gilt § 328 Abs. 2.

40 **cc)** Erweist sich die Berufung als zulässig und begründet, ohne dass von den Einstellungsmöglichkeiten (o. Rn. 39) Gebrauch gemacht wurde, ist das Verwerfungsurteil des Amtsgerichts aufzuheben. Weil dieses Urteil keine **Sachentscheidung** enthält, ist diese nun **nachzuholen**. Da insoweit das Amtsgericht zuständig ist, konnte in diesen Fällen nach § 328 Abs. 2 a. F. die Sache vom Berufungsgericht an das Amtsgericht **zurückverwiesen** werden. Ob diese Möglichkeit auch nach der derzeitigen Rechtslage noch fortbesteht, ist zweifelhaft, weil Art. 1 Nr. 25 des StVÄG 1987 § 328 Abs. 2 a. F. aufgehoben hat[118] – indessen, ohne dabei den Fall des § 412 zu bedenken.[119] Mag deshalb auf den ersten Blick bei ausnahmslosem Wegfall der Zurückverweisungsmöglichkeit die Selbstentscheidung des Berufungsgerichts nahe liegen, so bleibt im Fall der Verwerfung nach § 412 doch zu bedenken, dass das Amtsgericht *in der Sache* noch gar nicht entschieden hat, die Zurückverweisung deshalb vorzugswürdig erscheint, weil damit eine erstmalige Hauptverhandlung vor dem Amtsgericht ermöglicht[120] werden würde.

41 Gleichwohl kann nicht übersehen werden, dass eine **ausdrückliche Zurückverweisungsmöglichkeit** nicht mehr besteht. Wenn auch das Bundesverfassungsgericht die Gewichtigkeit des Arguments, dem Angeklagten gehe eine Tatsacheninstanz verloren, relativiert hat, indem es mehrfach ausgesprochen hat, dass „das Grundgesetz [...] keine mehrstufige Gerichtsbarkeit“ gebiete,[121] so ist doch zu bedenken, dass es in den hier behandelten Fällen weniger um „mehrere Tatsacheninstanzen“ geht als darum, dass die gesetzlich vorgesehene Zuständigkeit zur Verhandlung in Strafsachen erster Instanz eingehalten wird. Das schriftliche Strafbefehlsverfahren ist nicht etwa eine eigene Instanz, vielmehr stellt es eine vereinfachte Form zur Durchführung des Verfahrens in erster Instanz dar: Wird auf den Einspruch zur Hauptverhandlung geschritten, so bleibt das Verfahren in erster Instanz vor dem Amtsgericht anhängig. Gebietet auch das Grundgesetz keine „mehrstufige Gerichtsbarkeit“, so doch die Wahrung des Grundsatzes des gesetzlichen Richters und damit die Wahrung der sachlichen Zuständigkeit. Würde das Berufungsgericht im Falle einer begründeten Berufung gegen ein Verwerfungsurteil in der Sache selbst entscheiden, so würde es sich damit eine **sachliche Zuständigkeit** anmaßen, die nicht

117 Näheres § 411, 13 ff.

118 Trotz der Aufhebung für die amtsgerichtliche Zuständigkeit auch ohne Zurückverweisung *Werny* NJW **1988** 187, 188.

119 S. dazu § 328, 20 f.

120 BGHSt **36** 139, 142 ff. mit zust. Anm. *Gössel* JR **1990** 302; *Meyer-Goßner* NStZ **1988** 290 f.; ferner OLG Stuttgart NStZ **1995** 301.

121 Vgl. z.B. BVerfGE **9** 223, 230.

ihm zukommt, sondern dem Amtsgericht zugewiesen[122] ist. Im Ergebnis ist die Zurückverweisung daher auch nach der Rechtsprechung unstreitig geboten.[123] Die entgegengesetzte Meinung würde überdies dazu führen, die in § 411 Abs. 3 ausdrücklich nur für den ersten Rechtszug vorgesehene Möglichkeit der Rücknahme von Klage und Einspruch im zweiten Rechtszug auszuschließen. Hiermit wäre dem vom Gesetzgeber erstrebten Ziel der Verfahrensbeschleunigung gewiss nicht gedient. Dagegen lässt sich auch nicht die – zu bezweifelnde – Zulässigkeit der Nachtragsanklage in der Berufungsinstanz[124] anführen: Die Nachtragsanklage, bei der stets ein persönlicher Zusammenhang mit der bereits anhängigen Berufungssache im Sinne des § 3 besteht, führt zu einer Verfahrensverbindung, der das Gesetz selbst eine die sachliche Zuständigkeit ändernde Kraft zugesteht (vgl. §§ 2, 4). Nach Aufhebung des Verwerfungsurteils muss deshalb das Amtsgericht in der Sache über den Einspruch entscheiden.[125] Dies erscheint auch kriminalpolitisch begrüßenswert, weil auf diese Weise leichtfertige Verwerfungen nach § 412 Satz 1 nicht noch durch Abwälzung der Arbeitslast auf den Berufungsrichter belohnt werden.

Zu klären bleibt, *wie* das **Verfahren nach der Aufhebung des Verwerfungsurteils** 42
an das Amtsgericht zurückgelangt. Eine gewohnheitsrechtliche oder auf die hier behandelten Fälle beschränkte Weitergeltung des § 328 Abs. 2 a. F. dürfte im Hinblick auf die nicht erkennbar beschränkte Beseitigung der Zurückverweisungsmöglichkeit ausscheiden. Eine etwaige analoge Anwendung des § 354 Abs. 2 hätte den Nachteil, dass der ggf. leichtfertig nach § 412 Satz 1 verfahrende Richter sich auf Kosten seiner Kollegen Arbeitserleichterung verschaffen könnte. Bedenkt man, dass es in den Fällen der vorliegenden Art um die **Wahrung der sachlichen Zuständigkeit des Amtsgerichts** geht, bietet sich zunächst der Weg über die Prüfung der sachlichen Zuständigkeit an. Dem stünde aber regelmäßig § 269 aus der Perspektive des Berufungsgerichts entgegen. Zudem hat das Berufungsgericht eine Entscheidungszuständigkeit nur im Umfang der Urteilsanfechtung[126] erlangt; es besitzt deshalb schon keinerlei Sachentscheidungskompetenz; einer Aussprache der eigenen Unzuständigkeit bedarf es daher nicht. Mit der das Verwerfungsurteil aufhebenden Entscheidung ist vielmehr schlicht der **Weg für eine Entscheidung in der Sache durch das zuständige Amtsgericht freigemacht** worden; sie muss nunmehr unabhängig von einer ausdrücklich bestehenden Zurückverweisungsmöglichkeit in dem von der StPO zur Verfügung gestellten Verfahren gefunden werden. Wie bei der Gewährung von Wiedereinsetzung in den vorigen Stand durch das Beschwerdegericht ist das Verfahren vor dem Gericht weiterzuführen, dessen Entscheidung mit der Wiedereinsetzung erfolgreich angefochten wurde. Tatsächlich weist schon der lediglich verbleibende Prüfungsumfang der Rechtsmittel[127] Parallelen zu den Fragestellungen der Wiedereinsetzung auf. Entsprechend ist das Verfahren auch hier nach der Aufhebung des Verwerfungsurteils vor dem Amtsgericht weiterzuführen: Durch **Vermittlung der Staatsanwaltschaft sind die Akten dem Erstrichter zur Anberaumung eines Termins zur Hauptverhandlung[128] wieder vorzulegen.** Einer förmlichen Zurückverweisung bedarf es also nicht. Es

---

122 BGHSt **36** 139, 142; OLG Stuttgart NStZ **1995** 301.

123 BGHSt **36** 139, 142 ff.; OLG Stuttgart NStZ **1995** 301.

124 S. LR/*Stuckenberg* § 266, 13 f.

125 Wie hier KK/*Maur* 19; Meyer-Goßner/*Schmitt* 10; HK-GS/*Andrejtschitsch* 9, *Werny* NJW **1988** 187 f., der zudem auf die störenden praktischen Auswirkungen der abgelehnten Ansicht hinweist; **a.A.** OLG Düsseldorf NStZ **1988** 290 mit abl. Anm. *Meyer-Goßner*.

126 Darauf stellt zutreffend schon *Werny* NJW **1988** 187, 188 ab.

127 Rn. 34 ff.

128 So wohl auch KK/*Maur* 19.

erscheint aber zweckmäßig, den deklaratorischen Zurückverweisungsausspruch in den Tenor des aufhebenden Urteils aufzunehmen.[129]

43 Hat das Amtsgericht anstelle des allein richtigen Verwerfungsurteils ein **Sachurteil** erlassen, liegt eine Entscheidung in Wahrnehmung der erstinstanzlichen Zuständigkeit vor, die das Berufungsgericht durch eine **eigene Entscheidung nach § 328 Abs. 1** korrigieren kann. *Meyer-Goßner* weist zu Recht darauf hin, dass dann allerdings die Berufung gegen das Verwerfungsurteil ausscheidet. Er plädiert daher in diesen Fällen zu Recht für eine Zurückverweisung, um den Verlust einer Rechtsmittelinstanz zu vermeiden.[130] Dem ist entgegen anderslautenden Stimmen beizupflichten: Allein der Umstand, dass eine mehrstufige Gerichtsbarkeit verfassungsrechtlich nicht ohne weiteres geboten ist,[131] führt nicht dazu, dass ein Gericht mit seiner im Ergebnis ungesetzlichen Vorgehensweise dem Angeklagten eine Instanz entziehen dürfte.

44 **c) Entscheidung des Revisionsgerichts. aa)** Für die Revision gelten zunächst die für die Berufung dargelegten Regeln (o. Rn. 37 ff.) entsprechend. Die Sachrüge ist insoweit unstreitig zulässig, als sie zur Nachprüfung von Prozessvoraussetzungen und Verfahrenshindernissen[132] führt. Dabei ist das Gericht in seiner Prüfung an die tatsächlichen Feststellungen des Verwerfungsurteils gebunden.[133] Im Übrigen soll die Revision nur auf die Verfahrensrüge gestützt werden können, dass der **Einspruch wegen Verletzung des Gesetzes**, insbesondere wegen Verletzung der Aufklärungspflicht oder Verkennung des Rechtsbegriffs der genügenden Entschuldigung, **zu Unrecht verworfen** worden[134] sei. Dabei kann als Verletzung des Gesetzes gerügt werden, dass rechtzeitig vorgebrachte Entschuldigungsgründe unberücksichtigt geblieben sind, die dem Erstrichter bei dem Verwerfungsurteil ohne sein Verschulden unbekannt[135] waren. Ob die für das Ausbleiben vorgebrachten Entschuldigungsgründe der Wahrheit entsprechen, hat das Revisionsgericht insoweit nicht nachzuprüfen.[136] Das Entschuldigtsein ist bei alledem nicht als Verfahrenshindernis zu betrachten.[137] Soweit allerdings tatsächlich allein eine unrichtige rechtliche Beurteilung der vom Gericht verneinten Entschuldigung Gegenstand des Revisionsangriffes ist, der sich in tatsächlicher Hinsicht allein auf die Urteilsfeststellungen bezieht, wird im Sinne der sog. Leistungsmethode bereits die **Sachrüge** genügen (siehe auch zur notwendigen Auslegung einer erhobenen Rüge vergleichbar LR/*Franke*[26] § 344, 95, ergänzend 79 sowie, auch krit., § 337, 94 ff.).[138] Da die Verwerfungsgründe des

129 *Gössel* JR **1990** 304; i.E. ebenso, jedoch wohl eine förmliche Zurückverweisungsentscheidung verlangend, ohne allerdings den Weg dazu aufzuzeigen, BGHSt **36** 139, 143 ff.; OLG Stuttgart NStZ **1995** 301, 302; KK/*Maur* 19; Meyer-Goßner/*Schmitt* 10; AK/*Loos* 11; HK/*Brauer* 14; SK/*Weßlau* 19; AnwK-StPO/*Böttger* 8; *Pfeiffer* 8.

130 *Meyer-Goßner* NStZ **1988** 290, 291; ebenso LG München I NStZ **1983** 427 mit abl. Anm. *Hilger*; Meyer-Goßner/*Schmitt* 10; HK-GS/*Andrejtschitsch* 10.

131 Anders aber LR/*Gössel*[26] 43 und i.E. auch KK/*Maur* 20; AK/*Loos* 12; HK/*Brauer* 14; *Pfeiffer* 8.

132 KK/*Maur* 22; zur Prüfung von Verfahrenshindernissen auch BayObLG Rpfleger **1960** 213 und OLG Hamburg NJW **1965** 315.

133 BGHSt **28** 384, 386 ff.; KK/*Maur* 22.

134 RGSt **61** 175; **64** 245; BayObLG DRZ **1931** 877; HRR **1931** Nr. 1826; OLG Hamburg JZ **1963** 480 mit Besprechung *Busch* JZ **1963** 457; OLG Hamburg NJW **1965** 315; *Beling* 477 Anm. 1; *Doerr* JW **1926** 1989; *Mannheim* JW **1926** 1250.

135 S. dazu *Krause* MDR **1964** 897.

136 BayObLG NJW **1966** 191.

137 Hierzu schon im Anschluss an BGHSt **15** 287 m.w.N. OLG Hamburg NJW **1965** 315 f.; später etwa OLG Brandenburg NStZ 1996, 249, 250.

138 Siehe schon zu § 329 m.w.N. OLG Dresden NJW **2020** 3295 f.; OLG Saarbrücken NStZ **1991** 147; m.w.N. *Weidemann* NStZ **2010** 472. Entsprechend verzichtet die Rechtsprechung auch bereits darauf, dass

(unentschuldigten) Nichterscheinens in einem Prozessurteil funktional mit den sonst im Urteil zugrunde gelegten materiellen Entscheidungsinhalten vergleichbar sind, ist insoweit die Rüge der unzureichenden Darstellung der Verwerfungsgründe anzuerkennen.[139]

bb) Hebt das Revisionsgericht das Verwerfungsurteil auf, weil entweder das Amtsgericht (bei Sprungrevision) oder sowohl das Amtsgericht als auch das Berufungsgericht den **Begriff der genügenden Entschuldigung** – oder den Begriff der Vertretung durch den Verteidiger – **verkannt** haben, so hebt es beide Urteile auf und verweist die Sache an das Amtsgericht[140] zurück. Hat das Amtsgericht den Einspruch wegen nicht genügend entschuldigten Ausbleibens verworfen, das Landgericht auf Berufung des Angeklagten die genügende Entschuldigung angenommen, während das Revisionsgericht die Rechtsauffassung des Amtsgerichts billigt, so hat das Revisionsgericht selbst in Anwendung des § 354 Abs. 1 unter Aufhebung des Berufungsurteils die Berufung als unbegründet zu verwerfen:[141] Eine erneute Berufungsverhandlung vor dem Landgericht, das wegen seiner Bindung an die Rechtsauffassung des Revisionsgerichts die Berufung lediglich als unbegründet verwerfen könnte, wäre sinnentleert. 45

VI. Befugnis zur Vorführung und Inhaftierung

§ 412 Satz 1 sieht auch die *entsprechende* Anwendung des § 329 Abs. 3 vor. Diese Vorschrift gebietet, die Vorführung oder Verhaftung des Angeklagten anzuordnen, soweit dies zur Durchführung der Hauptverhandlung in Fällen geboten ist, in denen die Hauptverhandlung auf eine Berufung der Staatsanwaltschaft hin nicht ohne den Angeklagten abgeschlossen werden kann oder eine Verwerfung der Berufung nach Absatz 1 Satz 4 (erneute Verhandlung durch das Berufungsgericht nach Zurückverweisung durch das Revisionsgericht) nicht zulässig ist. Die Bedeutung dieser Norm ist vergleichsweise kryptisch, weil es ein Pendant zu einer Berufung der Staatsanwaltschaft im Strafbefehlsverfahren gar nicht geben kann, da sie insoweit auch im weiteren Sinne gar kein Rechtsmittel einlegt und einlegen kann. Allenfalls ist im Strafbefehlsverfahren die Situation denkbar, dass auf Grund einer Revision gegen das auf den Einspruch hin ergehende Urteil eine erneute Verhandlung über die Sache anberaumt wird. Immerhin für diese Fälle gibt der Gesetzgeber damit die Vorführung oder Verhaftung des Angeklagten frei. Insoweit ist auf die zu § 329 Abs. 3 zu entwickelnden Maßstäbe zu verweisen.[142] Zu betonen ist dabei aber, dass der Norm nicht schon die Haltung genügt, die Anwesenheit des Angeklagten sei immer besser, daher immer erforderlich. Dies kann von vornherein nicht mehr gemeint sein. Vielmehr muss der Spruchkörper einzelfallbezogen rechtfertigen können, weshalb er die Anwesenheit mit Zwang durchsetzt.[143] 46

Bei alledem darf nicht übersehen werden, dass der ersichtlich auswählende Gesetzgeber der Justiz nur für die genannten Fälle Vorführungs- und Inhaftierungsbefugnisse geschaffen hat. Die allgemeinen Befugnisse der **§§ 230 ff. leben im Übrigen nicht sub-** 47

---

die tatsächlichen Feststellungen des Urteils in der Revisionsbegründungsschrift wiederholt werden müssen, s. m.w.N. Meyer-Goßner/*Schmitt* § 329, 48 (dann aber gegen die Sachrüge in Rn. 49), so etwa OLG Brandenburg NStZ **1996** 249 f.

139 I.E. so schon OLG Dresden NJW **2020** 3295 f.

140 OLG Köln GA **1955** 61, 62; NStZ-RR **1997** 208; OLG Karlsruhe StV **1995** 8, 9; BayObLGSt **2003** 155; KK/*Maur* 24; Meyer-Goßner/*Schmitt* 11; AK/*Loos* 14; HK/*Brauer* 16; *Pfeiffer* 10, HK-GS/*Andrejtschitsch* 10.

141 BayObLG MDR **1975** 597; KK/*Maur* 24; *Pfeiffer* 10.

142 S. LR/*Hanschke*/*Jesse* § 329.

143 Gleichsinnig Meyer-Goßner/*Schmitt* § 329, 15a. S. auch § 411, 25 am Ende.

sidiär ***im Sinne weitergehender Verwerfungsgrundlagen für den Fall wieder auf, dass der Angeklagte nicht erscheint.***[144] Dies bestätigt der Umstand, dass der Gesetzgeber **nicht auf** den – sehr problematischen[145] – **§ 329 Abs. 4 verwiesen** hat. Er sieht für eine vom Angeklagten eingelegte Berufung für den Fall, dass die Anwesenheit des Angeklagten trotz der Vertretung durch einen Verteidiger erforderlich ist, insbesondere die Befugnis zur Anordnung seines persönlichen Erscheinens bei einer Belehrungspflicht hinsichtlich der drohenden Rechtsfolge vor; bleibt der Angeklagte dann unentschuldigt aus, soll bei fortbestehender Erforderlichkeit die Verwerfung des Rechtsmittels zulässig sein. Für den Strafbefehl gilt insoweit vielmehr allein § 411 Abs. 2 Satz 1, der das Recht der Vertretung undurchbrochen anerkennt.

VII. Einspruch des gesetzlichen Vertreters

48 **1. Ladung des Angeklagten.** § 412 Satz 2 gebietet auch eine *entsprechende* Anwendung des § 330, der sich mit der vom gesetzlichen Vertreter eingelegten Berufung befasst. Hiermit wird das Gericht zunächst gemäß § 330 Abs. 1 dazu verpflichtet, nicht nur den gesetzlichen Vertreter zu laden, der den Einspruch eingelegt hat; es muss ebenso den betroffenen Angeklagten zur Hauptverhandlung laden. Insoweit gelten dann zur Zustellung keine Besonderheiten.

49 **2. Verwerfung des Einspruchs.** § 412 Satz 2 verweist entsprechend ebenso auf § 330 Abs. 2. Hieraus folgt zunächst gemäß § 330 Abs. 2 Satz 1, dass eine **Abwesenheit des gesetzlichen Vertreters** nicht zur Verwerfung des Einspruchs führen kann; es ist „ohne ihn zu verhandeln".

50 Sodann regelt § 330 Abs. 2 Satz 2 a.B. auch den Fall, in dem **weder der gesetzliche Vertreter noch der Angeklagte oder ein Verteidiger** mit schriftlicher Vertretungsvollmacht bei Beginn eines Hauptverhandlungstermins erschienen sind. Für diesen Fall eröffnet das Gesetz mit einem erneuten Verweis auf § 329 Abs. 1 Satz 1 eine Einspruchsverwerfung ohne sachliche Prüfung des Strafbefehls.[146]

51 Schließlich wird mit dem Verweis auf § 330 Abs. 2 Satz 2 a. E. der Fall einer Klärung zugeführt, in dem zwar der **gesetzliche Vertreter, nicht aber der Angeklagte erschienen** ist. § 330 Abs. 2 Satz 2 a. E. verweist hier wiederum entsprechend auf § 329 Abs. 2 und 3. Dem ist zu entnehmen, dass die Verhandlung über den Einspruch dann stattfindet, wenn die Anwesenheit des Angeklagten nicht erforderlich ist und er **durch einen Verteidiger mit nachgewiesener Vertretungsvollmacht vertreten** wird (siehe schon § 411 Abs. 2)[147] oder seine Abwesenheit im Fall der Verhandlung auf eine Berufung der Staatsanwaltschaft nicht genügend entschuldigt ist. Zusätzlich bleibt § 231b anwendbar (§ 329 Abs. 2 Satz 2). Ergänzend greift ggf. wieder § 329 Abs. 3.[148]

---

144 Gleichsinnig LG Zweibrücken VRS **112** (2007) 40; Meyer-Goßner/*Schmitt* 7: Vorführung und Verhaftung *nur* unter den eingeschränkten Voraussetzungen zulässig. Siehe auch LR/*Gössel*[26] 30: Gericht kann ohne den vorangegangenen Versuch verhandeln, die Anwesenheit des Angeklagten zu erzwingen, wenn es diese nicht für unerlässlich ansieht. S. dazu aber auch § 411, 25 f.

145 Siehe auf der einen Seite Meyer-Goßner/*Schmitt* § 329, 15b, wie hier krit. auf der anderen Seite *Sommer* StV **2016** 56 ff.

146 S. entsprechend schon Rn. 1 ff.

147 S. ebenso Meyer-Goßner/*Schmitt* 5.

148 Dazu Rn. 46 f.

ZWEITER ABSCHNITT
Sicherungsverfahren

Vorbemerkungen

Schrifttum

Dörffler Das Sicherungsverfahren, DJ **1933** 749; *Henkel* Das Sicherungsverfahren gegen Gemeingefährliche, Teil A, ZStW **57** (1938) 702; *ders.* Das Sicherungsverfahren gegen Gemeingefährliche, Teil B, ZStW **58** (1939) 167; *Nagler* GerS **112** (1939) 133, 144, 308; *Pfeiffer* Nebenklage und Sicherungsverfahren, FS Meyer-Goßner 705; *L. Schäfer/Wagner/Schafheutle* Kommentar zum Gesetz gegen gefährliche Gewohnheitsverbrecher und über Maßregeln der Sicherung und Besserung mit dem dazu gehörenden Ausführungsgesetz (1934); *Sëyfi* Das Sicherungsverfahren (§§ 413–416 StPO) (2002).

Übersicht

1. Entstehungsgeschichte des Zweiten Abschnitts. Das Sicherungsverfahren war nach seiner Einführung durch das AGGewVerbrG 1933 vor dem 1.1.1975 im 3. Abschnitt geregelt, der ursprünglich die Benennung 3a führte und die §§ 429a bis 429e umfasste. Von diesen Vorschriften war § 429e durch das 3. StRÄndG aufgehoben worden. Durch Art. 21 Nr. 108 EGStGB 1974 wurde der bisherige 3. Abschnitt als 2. Abschnitt mit neuer Benennung seiner Vorschriften – §§ 413 bis 416 – (die bei dieser Gelegenheit auch inhaltlich verändert wurden) an der jetzigen Stelle eingeordnet. Der frühere § 413 regelte das richterliche Strafverfügungsverfahren bei Übertretungen. Er wurde wegen Wegfalls der Übertretungen gegenstandslos und durch Art. 21 Nr. 107 EGStGB 1974 aufgehoben. Die früheren §§ 414 bis 418 enthielten Vorschriften über polizeiliche Strafverfügungen; diese Vorschriften, zum Teil schon in der Zeit nach dem 8.5.1945 durch Besatzungsrecht aufgehoben, verloren mit der Beseitigung der polizeilichen Strafverfügung durch das VereinhG endgültig ihre Bedeutung (vgl. LR/*Kühne* Einl. F 79 ff.). Der ursprüngliche 3. Abschnitt „Verfahren bei Zuwiderhandlungen gegen die Vorschriften über die Erhebung öffentlicher Abgaben und Gefälle" mit den §§ 419 bis 429 a. F., der sich mit den nach Maßgabe landesrechtlicher Vorschriften (§ 6 Abs. 2 Nr. 3 a. F. EGStPO) zulässigen Strafbescheiden der Verwaltungsbehörden bei Zuwiderhandlungen gegen Abgabevorschriften befasste, wurde dadurch gegenstandslos, dass das VereinhG (Änderung des § 6 Abs. 2 EGStPO durch Einfügung einer Nr. 2) nur noch Strafbescheide zuließ, die auf die Verfahrensvorschriften der AO (§§ 421 ff. a. F.) verwiesen. **Seit 1974** gelten die Vorschriften des 2. Abschnitts **unverändert** in der Fassung, die sie durch das EGStGB erhalten haben. Mit dem **Gesetz zur Fortentwicklung der Strafprozessordnung** und zur Änderung weiterer Vor- 1

https://doi.org/10.1515/9783110765540-010

schriften vom 25.6.2021[1] hat der Gesetzgeber das Sicherungsverfahren in § 413 für die Einziehung geöffnet.[2]

2 **2. Ursprüngliche Begrenzung des Sicherungsverfahrens.** Als der heutige Abschnitt 2 als Abschnitt 3a durch das AGGewVerbrG eingefügt wurde, beschränkte sich das Sicherungsverfahren nach dem früheren § 429a auf die **selbständige**, d. h. ohne gleichzeitige Verurteilung zu Strafe erfolgende Anordnung der Unterbringung in der früheren Heil- und Pflegeanstalt. Das entsprach dem damaligen materiellen Recht; nur der damals neugeschaffene § 42b a. F. StGB (heute: § 63) ließ eine solche selbständige Anordnung einer Maßregel der Sicherung und Besserung gegen denjenigen zu, der im Zustand der Schuldunfähigkeit (im seitherigen Sprachgebrauch) den Tatbestand eines Verbrechens oder Vergehens rechtswidrig verwirklichte, sofern die öffentliche Sicherheit es erforderte. Diese Vorschrift bedurfte der verfahrensrechtlichen Ergänzung. Denn ein subjektives Strafverfahren kann nur betrieben werden mit dem Ziel, eine gerichtliche Entscheidung darüber herbeizuführen, ob eine bestimmte Person Strafe verwirkt, also schuldhaft und rechtswidrig die Tatbestandsmerkmale eines Strafgesetzes verwirklicht hat. Die Erhebung einer öffentlichen Klage wegen eines Verbrechens oder Vergehens entfällt daher, wenn der Beschuldigte nicht hinreichend verdächtig ist, zur Zeit der Tat schuldfähig gewesen zu sein. Um in den Fällen, in denen davon auszugehen ist, dass das Hauptstrafverfahren nicht eröffnet wird, weil der Täter bei der Tatbestandsverwirklichung nicht schuldfähig war, die gerichtliche Entscheidung über die selbständige Anordnung der Unterbringung in der Heil- und Pflegeanstalt herbeiführen zu können, musste das Sicherungsverfahren geschaffen werden.

3 **3. Erweiterung des Sicherungsverfahrens.** Die materiellrechtliche Beschränkung der selbständigen Anordnung von Maßregeln der Besserung und Sicherung und die korrespondierende Beschränkung des Sicherungsverfahrens auf die Unterbringung gefährlicher Schuldunfähiger entsprach nicht dem praktischen Bedürfnis. Um diesem Rechnung zu tragen, erklärte es der Bundesgerichtshof in einer Entscheidung aus dem Jahre 1959[3] unter Zustimmung der im Schrifttum herrschenden Meinung für zulässig, in einem Sicherungsverfahren nach den §§ 429a ff. a. F. gegen einen zur Tatzeit Schuldunfähigen neben der Unterbringung in einer Heil- und Pflegeanstalt auch die Entziehung der Fahrerlaubnis nach § 42m a. F. StGB anzuordnen, obwohl § 42m StGB die Entziehung der Fahrerlaubnis nur neben einem Freispruch wegen erwiesener oder nicht auszuschließender Schuldunfähigkeit vorsah. Später hat, im Anschluss an frühere, zum Teil noch weitergehende Entwürfe (§ 69 StGB-Entwurf 1936, § 411 StPO-Entwurf 1939, § 103 StGB-Entwurf 1962, § 81 Abs. 2 des StGB-Alternativentwurfs), der durch das 2. StRG 1969 geschaffene und durch Art. 18 Nr. 37 EGStGB 1974 nur terminologisch geänderte § 71 StGB („Krankenhaus“ statt „Krankenanstalt“) mit Wirkung vom 1.1.1975 die **selbständige Anordnung von Maßregeln** der Besserung und Sicherung in zwei Richtungen **erweitert**: Zunächst wurde die Zahl der Maßregeln vermehrt, die selbständig – ohne Verbindung mit einem subjektiven Strafverfahren gegen zur Tatzeit schuldunfähige Täter – angeordnet werden können. Die selbständige Anordnung ist jetzt zulässig bei Unterbringung in einem psychiatrischen Krankenhaus, in einer Entziehungsanstalt, bei der Entziehung der Fahrerlaubnis und beim Berufsverbot. Ferner ist

1 BGBl. 2021 I S. 2099, 21.
2 Dazu BTDrucks. **19** 27654 S. 20 und 108.
3 BGHSt **13** 91 = NJW **1959** 1185.

die selbständige Anordnung dieser Maßregeln auch gegen zur Tatzeit Schuldfähige zulässig, wenn ein Strafverfahren gegen den Täter wegen dessen Verhandlungsunfähigkeit (z.B. bei nachträglichem Verfall in Geisteskrankheit) nicht durchführbar ist. Dieser Erweiterung trägt die auf Art. 21 Nr. 108 EGStGB 1974 beruhende neue Fassung des **§ 413 Rechnung,** indem sie *die* Maßregeln der Besserung und Sicherung, die **selbständig** im Sicherungsverfahren angeordnet werden können, nicht enumerativ aufzählt, sondern insoweit auf das **materielle Recht** verweist („wenn dies gesetzlich zulässig ist").

4. Rechtsnatur des Sicherungsverfahrens

a) Selbständige Anordnung. Die in § 71 StGB vorgesehene selbständige Anordnung 4
von Maßregeln der Besserung und Sicherung (nur *Unterbringung* in einem psychiatrischen Krankenhaus oder in einer Entziehungsanstalt, *Entziehung* der *Fahrerlaubnis, Berufsverbot*) wird verfahrensrechtlich durch das in den §§ 413 ff. vorgesehene Sicherungsverfahren[4] ermöglicht. Weil die Anordnung von Maßregeln an die Begehung einer rechtswidrigen Tat anknüpft, muss auch in diesem Verfahren eine **tatbestandsmäßige rechtswidrige Tat**[5] des Betroffenen festgestellt werden. Sie stellt nicht nur einen bloßen Anlass der Maßregelverhängung dar.[6] Vielmehr liegt in ihr zugleich, *neben* der Gefährlichkeit des Täters, ihr (realer) **Grund.**[7] Obwohl das Sicherungsverfahren damit insofern wesensmäßig vom eigentlichen (auf die Feststellung strafrechtlicher Schuld gerichteten) Strafverfahren verschieden ist, als es **die Sicherung der Allgemeinheit** vor den aus dem gefährlichen Zustand des Täters drohenden Gefahren insbesondere durch eine bessernde oder schützende Einwirkung bezweckt, spielt es sich technisch *grundsätzlich* in den Formen und nach den Regeln des Strafverfahrens ab (§ 414 Abs. 1). Dies gilt, soweit nicht die besonderen Umstände und Zwecke dieses Verfahrens Abweichungen erfordern. Im Ergebnis liegt damit kein echtes Strafverfahren vor, das vielmehr an die Verhandlungsfähigkeit gebunden wäre. Das Prozessrecht setzt stattdessen mehr oder weniger konsequent die materiellrechtlich mit den §§ 61 ff. StGB gegebene präventionsorientierte Zweispurigkeit fort. Dies geschieht, obgleich diese die **Sachzusammenhänge zur Straftat und das Gewicht des strafrechtlichen Unrechts aufgreifende Lösung** nun auch das Strafprozessrecht an die verwaltungsrechtliche Gefahrenabwehr annähert. Die so gestaltete Verhängung der Maßregel bleibt dabei aber mehr als eine *reine* Verwaltungstätigkeit, obschon die Maßregelverhängung funktional der Gefahrenabwehr dient.[8] Es liegt vielmehr eine explizit richterliche Tätigkeit vor (siehe auch Art. 104 Abs. 2 S. 1 GG),[9] die überdies Justizgrundrechten genügen muss (dazu § 415, 2 und 7 f.).

4 BGHSt **31** 132, 134; KK/*Maur* § 413, 3; KMR/*Metzger* 2; AK/*Keller* 1; AnwK-StPO/*Böttger* 1; HK-GS/*C. Koch* 1.

5 Ebenso KK/*Maur* 11.

6 So aber BGH bei *Holtz* MDR **1985** 449, einer Entscheidung, in der die Frage nach dem Grund der Maßregelanordnung aber nicht beantwortet und übersehen wird, dass eine etwaige (auch nur real-)grundlose Verhängung strafrechtlicher Sanktionen einschließlich der Maßregeln unzulässig wäre; ebenso KK/*Maur* § 413, 11; KMR/*Metzger* § 413, 3; AnwK-StPO/*Böttger* 1; *Roxin/Schünemann* § 66, 3; krit. dazu AK/*Keller* 2 ff. und *Weigend* NStZ **1991** 98, 99.

7 *Gössel* Wesen und Begründung der strafrechtlichen Sanktionen, FS Pfeiffer 3, 8 f.; auch SK/*Weßlau* 6 spricht von „Anknüpfungstat"; *Sëyfi* 28 ff. verlangt eine „Symptomtat" als „Anknüpfungstat", die in einer „reine(n) Anlaßtat" nicht erblickt werden könne.

8 So aber *Roxin/Schünemann* § 66, 3.

9 Wie hier neben LR/*Gössel*[26] u. a. KK/*Maur* § 413, 3; KMR/*Metzger* 15 ff., 18.

5 **b) Vermindert Schuldfähige.** Gegenüber erheblich vermindert Schuldfähigen (§ 21 StGB) gab es nach der Auslegung des früheren Rechts keine selbständige, d. h. auch ohne gleichzeitige Bestrafung zulässige Unterbringung in einem psychiatrischen Krankenhaus, da § 42b Abs. 2 a. F. dahin verstanden wurde, dass die Unterbringung nur neben einer Strafe angeordnet[10] werden könne. Das seit dem 1.1.1975 geltende Recht ist insofern undeutlich: Einerseits stellt § 63 StGB unter den dort genannten Voraussetzungen für die Zulässigkeit der Unterbringung die verminderte Schuldfähigkeit dem Ausschluss der Schuldfähigkeit gleich. Andererseits hat § 21 StGB die verminderte Schuldfähigkeit nur in ihrer Bedeutung für die Straffrage zum Gegenstand und auch § 71 StGB sowie § 413 StPO bezeichnen die Undurchführbarkeit eines Strafverfahrens wegen Schuldunfähigkeit als Voraussetzung der selbständig anzuordnenden Unterbringung in einem psychiatrischen Krankenhaus. Das könnte den Gedanken nahelegen, dass die Unterbringung in einem psychiatrischen Krankenhaus oder die Anordnung einer sonst in § 71 StGB genannten Maßregel auch dann im selbständigen Verfahren angeordnet werden kann, wenn der Täter i. S. des § 21 StGB nur erheblich vermindert schuldfähig[11] ist. Indessen sind die inhaltlichen Voraussetzungen der Anordnung der Maßregel nach § 63 StGB von den Voraussetzungen der Zulässigkeit des selbständigen Verfahrens zu unterscheiden. Kraft ausdrücklicher gesetzlicher Anordnung in § 71 StGB und in § 413 StPO darf das selbständige Sicherungsverfahren nur durchgeführt werden, wenn der Durchführung des Strafverfahrens entweder Schuldunfähigkeit oder aber Verhandlungsunfähigkeit entgegenstehen; erweist sich ein Strafverfahren aus anderen Gründen als undurchführbar, können die in § 71 StGB bezeichneten Maßregeln auch im selbständigen Sicherungsverfahren nicht angeordnet werden. Mit Recht hat deshalb der Bundesgerichtshof die Auffassung vertreten, das Sicherungsverfahren sei „nach Wortlaut und Sinn des § 413 StPO für vermindert Schuldfähige nicht vorgesehen"[12] (s. aber zur Zulässigkeit des selbständigen Sicherungsverfahrens bei **nicht ausschließbarer Schuldunfähigkeit** § 413, 4 f.).

6 **c) Jugendliche.** Das Sicherungsverfahren scheidet auch im Fall der fehlenden **Verantwortlichkeit Jugendlicher** nach § 3 JGG aus.[13] Dies gilt auch dann, wenn fehlende Entwicklungsreife und erheblich verminderte Schuldfähigkeit zusammentreffen. Dass in diesem Fall nach § 63 StGB die Unterbringung in einem psychiatrischen Krankenhaus zulässig ist und deshalb im Strafverfahren gegen den Jugendlichen neben dem Freispruch wegen mangelnder Verantwortlichkeit im Sinne des § 3 JGG angeordnet werden[14] kann, bedeutet nicht etwa, dass damit auch das selbständige Sicherungsverfahren zulässig[15] würde. Können weder die erheblich verminderte Schuldfähigkeit noch die fehlende Verantwortlichkeit im Sinne des § 3 JGG für sich allein das Sicherungsverfahren eröffnen, so ist nicht einsichtig, wie deren Zusammentreffen die Zulässigkeit des Sicherungsverfahrens begründen können soll: Wird bei dem im Sinne des § 20 StGB schuldfähigen, jedoch entwicklungsbedingt nicht verantwortlichen Jugendlichen die Anordnung der Unterbringung im selbständigen Verfahren für unzulässig erachtet, so ist nicht einzusehen, dass die in ihrer Schuldfähigkeit im Sinne des § 21 StGB erheblich verminderten und zudem wegen Reiferückstandes nicht verantwortlichen Jugendlichen insoweit

---

10 RGSt **69** 263; BGH NJW **1958** 1050; zweifelnd BGHSt **26** 67, 69.
11 BGHSt **26** 67 mit zust. Anm. *Brunner* JR **1976** 116, 117.
12 BGHSt **31** 132, 134, 136; zust. KK/*Maur* § 413, 8; AnwK-StPO/*Böttger* § 413, 5; *Pfeiffer* § 413, 2.
13 BayObLGSt **1958** 263; Meyer-Goßner/*Schmitt* § 413, 4; AK/*Keller* § 413, 4.
14 So zutr. BGHSt **26** 67, 68 mit zust. Anm. *Brunner* JR **1976** 116, 117; zust. auch KK/*Maur* § 413, 2.
15 So aber LK/*Hanack* § 71, 7; SK/*Weßlau* § 413 11.

schlechter gestellt sein sollen (s. auch § 413, 2). Wegen eines weiteren Falles der Unterbringung in einem psychiatrischen Krankenhaus wegen erheblich verminderter Schuldfähigkeit neben einem Freispruch vgl. § 416, 9.

d) Prozessbeteiligte. Im selbständigen Sicherungsverfahren nehmen der **Täter**, die **Staatsanwaltschaft** und, nach der Neuregelung des Rechts zur Nebenklage durch das OpferschutzG, auch der **Nebenkläger** (s. explizit § 395 Abs. 1 und 2, enger aber Abs. 3) die Stellung von Prozessbeteiligten ein. 7

aa) Täter. Den Täter bezeichnet das Gesetz als „Beschuldigten", obwohl diesem eine strafrechtliche Schuld gerade nicht vorgeworfen wird; eine neutrale Bezeichnung (etwa „**Betroffener**", wie § 413 StPO-Entw. 1939 vorschlägt) an Stelle dieser fehlsamen Abkürzung, die die Einsicht in das Wesen des Sicherungsverfahrens als aliud gegenüber dem Strafverfahren trübt, wäre vorzugswürdig[16] gewesen. Die Wahl des Ausdrucks „Beschuldigter" damit zu rechtfertigen, das Gericht müsse immer auch prüfen, ob der Betroffene nicht doch schuldhaft gehandelt habe (§ 416), er sei „Eventualangeklagter",[17] geht nicht an: Die Gesetzessprache muss sich nach dem im Vordergrund stehenden Untersuchungsthema richten. Dennoch wird hier infolge der expliziten gesetzgeberischen Vorgabe die Terminologie des Gesetzes genutzt, zumal ein allgemein konsentierter Ersatzbegriff nicht zur Verfügung steht. 8

bb) Nebenkläger. Aus dem primären Zweck des Sicherungsverfahrens, drohende Gefahren von der Allgemeinheit abzuwenden,[18] wurde **früher** zu Recht geschlossen, dass ein Anschluss als Nebenkläger oder ein **Auftreten als entschädigungsberechtigter Verletzter** (§ 403) deshalb nicht in Betracht kam, weil in beiden Fällen eine Bestrafung des Täters erstrebt wurde. Diese Überlegung trifft indessen nur noch im Fall des § 403 zu mit der Folge der **Unzulässigkeit des Adhäsionsverfahrens**[19] im Rahmen des Sicherungsverfahrens. 9

Seit der Neufassung des § 395 durch das OpferschutzG dürfte die Zulässigkeit der **Nebenklage** auch im **Sicherungsverfahren** nicht mehr bestritten werden[20] können. Die Verknüpfung der Nebenklage mit dem Ziel der Täterbestrafung beruhte auf der Anbindung der Nebenklage an die auf die Verurteilung des Täters zielende Privatklage in § 395 Abs. 1 Satz 1 a. F. Ausdrücklich hat der Gesetzgeber diese Anbindung als „der heutigen Funktion der Nebenklage als einer auch und in erster Linie dem Verletztenschutz dienenden Vorschrift nicht mehr gerecht" werdend bezeichnet, die Nebenklage nunmehr vom Vorliegen einer rechtswidrigen und damit nicht mehr schuldhaft begangenen Tat (§ 11 Abs. 1 Nr. 5 StGB) abhängig gemacht und dadurch von der Privatklage zu dem Zweck abgekoppelt, „dem Verletzten auch zur Abwehr von Verantwortungszuweisungen durch den Beschuldigten eine gesicherte Rolle als Prozeßbeteiligte(r) einzuräumen".[21] Wegen der darin liegenden Veränderung der Natur des Instituts der Nebenklage lässt sich damit deren Zulässigkeit auch im Sicherungsverfahren – von **§ 395 Abs. 1 und 2** 10

16 Ebenso KK/*Maur* § 413, 4; *Henkel* 417; *Peters* 569. Krit. dazu *Sëyfi* 54 f., Fn. 129, die die Bezeichnung „Maßregelbetroffener" vorschlägt.
17 So KMR/*Metzger* 30.
18 BGHSt **22** 1, 3; KK/*Maur* § 413, 3.
19 KK/*Maur* § 414, 4a; HK/*Pollähne* § 414, 5.
20 So aber noch BGHSt **46** 345, 349 mit insoweit abl. Anm. *Gössel* JR **2001** 522; *Pfeiffer* 707 ff.
21 BTDrucks. **10** 5305 S. 13; **abl.** dazu *Schünemann* NStZ **1986** 193, 196, gegen ihn aber mit Recht *Rieß* Jura **1987** 287.

abgesehen – schon aus § 414 Abs. 1, Abs. 2 Satz 1 herleiten, auch wenn der Antrag der Staatsanwaltschaft auf Durchführung des Sicherungsverfahrens, anders als die öffentliche Klage, gerade nicht die Verurteilung des Täters wegen einer schuldhaft begangenen Tat erstrebt. Deshalb kann es auch nicht mehr darauf ankommen, ob der Nebenklageberechtigte mit seinem Anschluss die Überleitung des Sicherungsverfahrens in das normale Strafverfahren *beabsichtigt*.[22]

11 Die hier vertretene Auffassung von der Zulässigkeit der Nebenklage im Sicherungsverfahren entspricht heute der **allgemeinen Meinung.**[23] In der amtl. Begr. zum OpferschutzG sind zwar diese Auswirkungen der Änderungen des Rechts der Nebenklage auf das Sicherungsverfahren nicht angesprochen worden, was sich im Hinblick auf die bislang entgegenstehende Rechtsprechung empfohlen hätte. Angesichts der vorgenannten Überlegungen ließ sich aber schon diesem früheren Schweigen des Gesetzgebers entgegen der früheren Auffassung des Bundesgerichtshofs[24] nicht entnehmen, es solle bei der Unzulässigkeit der Nebenklage[25] verbleiben. Dem lässt sich auch nicht entgegenhalten, das Opfer bedürfe des vom Gesetzgeber des OpferschutzG intendierten Schutzes nicht.[26] Vielmehr könnte der Verletzte ohne Zulassung der Nebenklage seine Rechte aus § 406d bis einschließlich § 406h nicht ausreichend wahrnehmen.[27] Mit Recht haben das OLG Frankfurt/M und das OLG Düsseldorf überdies darauf hingewiesen, dass der Nebenkläger bei Freispruch des Täters wegen Schuldunfähigkeit die Nebenklage, „ohne sich gegen den Freispruch zu wenden“ mit dem Ziel der Unterbringung des Täters weiterbetreiben kann, wenn der Tatrichter auch die Unterbringung abgelehnt hat:[28] Es „ist kein sachlicher Grund erkennbar, dem Tatopfer [...] diese Möglichkeit nur deshalb zu verwehren, weil sich die Schuldunfähigkeit des Täters nicht erst nach der Einleitung eines Strafverfahrens herausgestellt hat, sondern von ihr von vornherein ausgegangen wurde“.[29]

12 **5. Niederschlagung des Verfahrens.** Bei Undurchführbarkeit eines subjektiven Strafverfahrens wegen des Verfahrenshindernisses der Niederschlagung sehen im Allgemeinen die Straffreiheitsgesetze (so schon § 13 StrFG 1954 und zuletzt § 4 StrFG 1970) vor, dass **Maßregeln** der Besserung und Sicherung unter sinngemäßer Anwendung des § 429b Abs. 1, 2 a. F. (jetzt § 414) selbständig **angeordnet werden können** (dazu § 413, 12).

---

22 Vgl. dazu aber KG JR **1995** 127 mit Anm. *Gössel.*

23 BGHSt **47** 202 unter Aufgabe seiner bisherigen Rechtsprechung mit zust. Anm. *Gössel* JR **2002** 437; BGH NJW **2001** 3489; OLG Düsseldorf OLGSt § 395 Nr. 4; OLG Frankfurt NJW **1994** 3243 und NStZ-RR **2000** 17; OLG Hamburg NStZ **1997** 406; JR **2001** 213 mit zust. Anm. *Gössel*; OLG Köln JR **1994** 344 mit zust. Anm. *Gössel*; OLG Nürnberg NJW **1999** 3647; OLG Saarbrücken NStZ **1997** 453; LG Essen NStZ **1991** 98 mit zust. Anm. *Weigend*; LG München II NStZ-RR **1998** 78; KK/*Maur* § 414, 4; AK/*Keller* § 414, 4; HK/*Pollähne* § 414, 4; *Gruhl* NJW **1991** 1874; *Kurth* NStZ **1997** 1, 6; **a.A.** früher z.B. BGH bei *Kusch* NStZ **1992** 30; OLG Hamm StV **1992** 460 Leitsatz; OLG München MDR **1994** 402; OLG Oldenburg NStZ-RR **1996** 310; offen gelassen von BGH NStZ **1996** 244 und KG JR **1995** 127 mit Anm. *Gössel.*

24 BGH NStZ **1999** 312, 313.

25 So auch OLG Hamburg JR **2001** 213, 214 mit zust. Anm. *Gössel*, OLG Frankfurt NStZ-RR **2000** 17, 18 und OLG Nürnberg NJW **1999** 3647, 3648, jeweils mit Recht abl. zu BGH NStZ **1999** 312.

26 So aber noch OLG München MDR **1994** 402; OLG Oldenburg NStZ-RR **1996** 310.

27 Treffend OLG Frankfurt/M NJW **1994** 3243; OLG Saarbrücken NStZ **1997** 453, 454; LG München II NStZ-RR **1998** 78; *Weigend* NStZ **1991** 98, 99.

28 So BGH NStZ **1995** 609, 610; OLG Hamburg JR **2001** 213, 214 mit zust. Anm. *Gössel.*

29 OLG Frankfurt/M NStZ-RR **2000** 17, 18; ebenso OLG Düsseldorf OLGSt § 395 Nr. 4.

6. Übergangsvorschriften. Art. 306 EGStGB 1974 bestimmt, dass die am 1.1.1975 in Kraft getretenen Vorschriften über die selbständige Anordnung von Maßregeln der Besserung und Sicherung auch für Taten gelten, die vor dem 1.1.1975 begangen worden sind. Ausnahmen von diesem Grundsatz erkennt **Art. 306 Satz 2, 305 EGStGB 1974** für das Berufsverbot an, das für Taten, die vor dem 1.1.1975 begangen worden sind, nur angeordnet werden darf, wenn außer den Voraussetzungen des § 70 StGB auch die Voraussetzungen der Untersagung der Berufsausübung oder der Betriebsführung nach bisherigem Recht vorliegen. 13

§ 413
Zulässigkeit

Führt die Staatsanwaltschaft das Strafverfahren wegen Schuldunfähigkeit oder Verhandlungsunfähigkeit des Täters nicht durch, so kann sie den Antrag stellen, Maßregeln der Besserung und Sicherung sowie als Nebenfolge die Einziehung selbständig anzuordnen, wenn dies gesetzlich zulässig ist und die Anordnung nach dem Ergebnis der Ermittlungen zu erwarten ist (Sicherungsverfahren).

Schrifttum

Siehe Vor § 413.

Entstehungsgeschichte

§ 413 (früher § 429a) ist durch Art. 21 Nr. 108 EGStGB 1974 neu gefasst. § 429a lautete:

Liegen Anhaltspunkte dafür vor, daß der Beschuldigte eine mit Strafe bedrohte Handlung im Zustand der Zurechnungsunfähigkeit begangen hat, und führt die Staatsanwaltschaft das Strafverfahren wegen der Zurechnungsunfähigkeit des Beschuldigten nicht durch, so kann sie den Antrag stellen, seine Unterbringung in einer Heil- oder Pflegeanstalt selbständig anzuordnen (Sicherungsverfahren).

Die gesetzliche Überschrift „Zulässigkeit" wurde mit Wirkung vom 25.7.2015 eingeführt durch Art. 1 Nr. 13 Gesetz zur Stärkung des Rechts des Angeklagten auf Vertretung in der Berufungsverhandlung und über die Anerkennung von Abwesenheitsentscheidungen in der Rechtshilfe vom 17.7.2015.[1] Mit dem Gesetz zur Fortentwicklung der Strafprozessordnung und zur Änderung weiterer Vorschriften vom 25.6.2021[2] hat der Gesetzgeber die Nebenfolge der Einziehung in das Sicherungsverfahren einbezogen.[3]

Übersicht

1 BGBl. 2015 I S. 1332, 1344.
2 BGBl. 2021 I S. 2099, 21.
3 Dazu BTDrucks. **19** 27654 S. 20 und 108.

https://doi.org/10.1515/9783110765540-011

I. Überblick: Voraussetzungen des selbständigen Sicherungsverfahrens

1 § 413 regelt die Zulässigkeit eines selbständigen Sicherungsverfahrens. Die Vorschrift setzt zunächst einen **Antrag** der Staatsanwaltschaft auf selbständige Anordnung von Maßnahmen der Besserung und Sicherung voraus. Die Zulässigkeit dieses Antrags und damit des gesonderten Sicherungsverfahrens ist an **drei** Voraussetzungen gebunden: zum einen an die **fehlende** Durchführung eines **Strafverfahrens** durch die Staatsanwaltschaft wegen fehlender oder nicht ausschließbarer Schuld- oder Verhandlungsfähigkeit des Täters, zum anderen an die **gesetzliche Zulässigkeit** der Anordnung von **Maßregeln** im selbständigen Verfahren und endlich die **Erwartung**, dass solche Maßnahmen auch gerichtlich angeordnet werden.

II. Fehlende Durchführung des Strafverfahrens

1. Schuldunfähigkeit des Beschuldigten

2 **a) Begriff der Schuldunfähigkeit.** Unter Schuldunfähigkeit ist lediglich der in § 20 StGB umschriebene Zustand zu verstehen (wegen der Bedeutung erheblich **verminderter Schuldfähigkeit** s. Vor § 413, 5). **Kinder** werden von § 19 StGB zwar als schuldunfähig bezeichnet, sie sind aber zugleich strafunmündig und damit von einem Prozesshindernis betroffen (LR/*Kühne* Einl. K 40); gegen sie kann weder ein subjektives Strafverfahren noch ein Sicherungsverfahren durchgeführt[4] werden. **Mangelnde Reife** des Jugendlichen (§ 3 JGG) ist keine Schuldunfähigkeit. Ein Jugendlicher, der *nur* wegen mangelhafter Reife nicht verantwortlich ist, kann im Strafverfahren nicht nach § 63 StGB in einem psychiatrischen Krankenhaus untergebracht werden (vgl. § 5 Abs. 3 JGG; § 7 JGG), auch nicht im selbständigen Verfahren.[5] Dies gilt selbst dann, wenn zur fehlenden

4 Kintzi DRiZ **1997** 32, 33.
5 BayObLGSt **1958** 263; KK/*Maur* 2; SK/*Weßlau* 11.

Verantwortlichkeit nach § 3 JGG erheblich verminderte Schuldfähigkeit i. S. des § 21 StGB (Näheres Vor § 413, 6) hinzutritt. Sind allerdings Jugendliche oder Heranwachsende schuldunfähig im Sinne des § 20 StGB, so können Maßregeln nach den Regeln des materiellen Rechts gegen sie verhängt werden[6] (§§ 2, 7, 105, 106 JGG), und zwar auch dann, wenn zudem jugendlich bedingte Unreife[7] vorliegt.

b) Nichtdurchführung des Strafverfahrens. Weil das Gesetz die Nichtdurchführung des Strafverfahrens durch die **Staatsanwaltschaft** zur Voraussetzung des Sicherungsverfahrens macht, kann für die Antragstellung nur die Zeit der staatsanwaltschaftlichen Verfahrensherrschaft in Betracht kommen. Demnach wird das Strafverfahren einmal dann wegen der Schuldunfähigkeit des Täters i. S. des § 413 nicht durchgeführt, wenn die Staatsanwaltschaft von vornherein davon absieht, die öffentliche Anklage zu erheben, oder wenn sie eine erhobene öffentliche Anklage zulässigerweise (§ 156) zurücknimmt, weil sie erwartet, dass die Eröffnung des Hauptverfahrens wegen Schuldunfähigkeit zur Tatzeit abgelehnt werde. „Nichtdurchführung" ist aber auch – über den insoweit ungenauen Wortlaut des § 413 hinaus – gegeben, wenn nach Erhebung der öffentlichen Klage das Gericht wegen der Schuldunfähigkeit die Eröffnung des Hauptverfahrens ablehnt; § 211 steht dann der Einleitung des Sicherungsverfahrens nicht[8] entgegen. Ist dagegen das Hauptverfahren mit dem Ziel der Urteilsfällung über die Täterschaft und Schuld des Angeklagten eröffnet, so ist für ein selbständiges Sicherungsverfahren kein Raum mehr. Vielmehr muss jetzt die Hauptverhandlung durchgeführt und durch Urteil über die Schuld des Angeklagten entschieden werden (Näheres § 416, 16). Lautet das Urteil auf **Freisprechung**, weil die Schuldunfähigkeit des Angeklagten zur Tatzeit feststeht (§ 267 Abs. 5), so kann, wenn im Übrigen die materiellrechtlichen Voraussetzungen einer selbständigen Anordnung der Maßregel gegeben sind, diese in dem freisprechenden Urteil angeordnet werden. Sieht das Gericht entgegen einem in der Hauptverhandlung gestellten Antrag der Staatsanwaltschaft von der Anordnung ab, so wird die Ablehnung in der Urteilsformel nicht erwähnt, vielmehr müssen sich die Urteilsgründe mit dem Antrag auseinandersetzen (§ 267 Abs. 6). 3

c) Nichtausschließbare Schuldunfähigkeit. Zweifel an der Schuldfähigkeit werden sich zwar häufig, aber doch nicht stets, durch Anordnungen nach §§ 80a, 81 klären lassen (s. dazu aber auch § 414, 3). Die Anordnung der Unterbringung in einer psychiatrischen Krankenanstalt war nach früherer Auslegung nicht möglich, wenn Freispruch geboten war, weil **Zweifel** an der Zurechnungsunfähigkeit **nicht behoben** werden[9] konnten, ohne dass jedoch die Zurechnungsunfähigkeit zur Überzeugung des Gerichts festgestellt war.[10] 4

Mit dieser Auslegung hat der Bundesgerichtshof aber mit Recht gebrochen: **Nicht ausschließbare Schuldunfähigkeit** schließt die Verhängung einer Strafe aus[11] und steht der Schuldunfähigkeit gleich, weshalb ein Strafverfahren nicht eingeleitet werden kann. In diesem Fall ist deshalb das selbständige Verfahren zulässig, sofern mindestens erheblich verminderte Schuldfähigkeit i. S. der §§ 21, 63 StGB als Voraussetzung einer 5

---

6 KK/*Maur* 2; Meyer-Goßner/*Schmitt* 1.
7 BGHSt **26** 67, 68 f.; KK/*Maur* 2; HK/*Pollähne* 10.
8 RGSt **72** 143, 145; KK/*Maur* 6; Meyer-Goßner/*Schmitt* 3.
9 RGSt **69** 14; **70** 128; BGHSt **14** 68, 71.
10 LK II 1 zu § 42b a. F. StGB.
11 BGHSt **18** 167.

Maßregelanordnung vorliegt.[12] Die §§ 63, 64, 69 StGB lassen die Anordnung der in § 71 StGB genannten Maßregeln ausdrücklich auch in diesen Fällen[13] zu, so dass es naheliegt, auch in diesem Fall die selbständige Anordnung nach § 71 StGB zuzulassen: Bleibt offen, ob der Betroffene möglicherweise nicht *verhandlungs*fähig ist, so steht schon dieser Zweifel am Vorliegen einer Prozessvoraussetzung (LR/*Kühne* Einl. K 40) der Durchführung eines Strafverfahrens entgegen, weil das Vorliegen von Prozessvoraussetzungen unabhängig von dem Grundsatz in dubio pro reo feststehen muss (LR/*Kühne* Einl. K 44 und LR/*Stuckenberg* Erl. zu § 206a; s. auch u. Rn. 7). Ist aber die selbständige Anordnung schon bei Zweifeln an der Verhandlungsfähigkeit möglich, so kann bei möglicherweise gegebener gänzlicher Schuldunfähigkeit schon deshalb nichts anderes gelten, weil mögliche Verhandlungsunfähigkeit recht häufig mit Schuldunfähigkeit zusammenfällt. Die gegenteilige Auslegung würde zu dem befremdlichen Ergebnis führen, dass die tatsächlich gefährliche Person bei unaufklärbarem Zweifel, ob Verhandlungsfähigkeit, nur erheblich verminderte Schuldfähigkeit (§ 21 StGB) oder bereits Schuldunfähigkeit (§ 20 StGB) vorliegt, nicht nur von Strafe, sondern – vorbehaltlich der landesrechtlichen Unterbringungsmöglichkeiten (u. Rn. 22 f.) – auch von Unterbringung verschont bleiben müsste, obwohl das Bedürfnis für eine Unterbringung offensichtlich gegeben ist.

6 Die **Einwendungen,** die im Schrifttum gegen diese **verfahrensrechtliche Gleichstellung** der erwiesenen mit der nicht auszuschließenden Schuldunfähigkeit erhoben[14] werden, erscheinen schon aus den oben unter Rn. 5 dargelegten Gründen nicht durchgreifend. Anderes gilt auch nicht deshalb, weil aus Gründen der Verfahrenssicherheit grundsätzlich das allgemeine Strafverfahren durchzuführen sei, das dem Beschuldigten unter Umständen auch die Garantie der höheren Gerichtsbarkeit (Schwurgericht, Oberlandesgericht als erste Instanz)[15] gewähre, solange die Schuldunfähigkeit nicht feststehe. Gerade dieser Gesichtspunkt hat durch die ersatzlose Beseitigung des § 429b Abs. 3 a. F. und die Geltung des neuen § 414 seine Bedeutung verloren (§ 414, 5 ff.).

2. Verhandlungsunfähigkeit des Täters

7 **a) Bedeutung.** Die Verhandlungsunfähigkeit des Beschuldigten ist ein aus dem Gebot des rechtlichen Gehörs (Art. 103 Abs. 1 GG) und dem Recht auf ein faires Verfahren (Art. 6 EMRK, Art. 2 Abs. 1, Art. 20 Abs. 3 GG)[16] abzuleitendes **Verfahrenshindernis,** das der Durchführung eines subjektiven Strafverfahrens entgegensteht (o. Rn. 5). Verhandlungsunfähigkeit führt zur Ablehnung der Eröffnung des subjektiven Strafverfahrens und nach dessen Eröffnung grundsätzlich (Ausnahme: § 231a) zur Einstellung des Verfahrens[17] (§§ 206a, 260 Abs. 3). In Betracht kommt zunächst der Fall, dass der Täter zur Tatzeit schuldunfähig (oder seine Schuldunfähigkeit nicht auszuschließen, o. Rn. 4 ff.) war. Gleiches gilt aber, wenn der zur Tatzeit Schuldfähige auf Grund eines von seinem

---

12 BGHSt **18** 167; BGHSt **22** 1 mit zust. Anm. *Hübner* NJW **1968** 412 und abl. Anm. *Sax* JZ **1968** 533; BGH NJW **1967** 297; OLG Hamm JMBlNRW **1963** 34; KK/*Maur* 8; Meyer-Goßner/*Schmitt* 4; HK/*Pollähne* 8; KMR/*Metzger* 4; AnwK-StPO/*Böttger* 5; SSW/*Rosenau* § 413, 7; *Pfeiffer* 2; *Jakobs* GA **1971** 263; **a.A.** insbesondere mit einem nicht überzeugenden Wortlautargument SK/*Weßlau* 9 f.; AK/*Keller* 6.

13 Nicht bedacht von AK/*Keller* 2 und SK/*Weßlau* 9 f.

14 AK/*Keller* 6; *Foth* JZ **1963** 605; *Sax* JZ **1968** 533; *Peters* Der Strafprozeß in der Fortentwicklung (1970) 36; *Hanack* JZ **1974** 56.

15 *Hanack* JZ **1974** 56.

16 Zur notwendigen Teilhabefähigkeit des Beschuldigten m.w.N. *Gaede* Fairness als Teilhabe, 299 f., 589 ff.

17 BGHSt **46** 345, 346 mit insoweit zust. Anm. *Gössel* JR **2001** 521, 523; AnwK-StPO/*Böttger* 6.

Zustand zur Tatzeit unabhängigen nachträglichen Ereignisses verhandlungsunfähig wurde, aber aus der Tat erkennbar ist, dass vom Täter eine Gefahr für die Allgemeinheit drohen kann. § 71 StGB sieht für alle in dieser Vorschrift genannten Maßregeln der Besserung und Sicherung die selbständige Anordnung für den Fall der Verhandlungsunfähigkeit ohne Einschränkung vor. Tritt Verhandlungsunfähigkeit erst **nach Eröffnung** des subjektiven Strafverfahrens ein, so steht sie nicht nur der Verhängung einer Strafe und anderer nur neben einer Strafe zulässigen Rechtsfolgen entgegen, sondern auch der Fortsetzung des Verfahrens[18] zur Feststellung, ob die Voraussetzungen der selbständigen Anordnung einer Maßregel der Besserung und Sicherung vorliegen. In diesem Fall ist das Strafverfahren gemäß §§ 206a, 260 Abs. 3 wegen eines nicht behebbaren Verfahrenshindernisses einzustellen (anders aber bei Schuldunfähigkeit, s. oben Rn. 3).

b) Verhandlungsunfähigkeit. Der Begriff der Verhandlungs- bzw. treffender **Verteidigungsfähigkeit** verweist im Kern darauf, ob der von den Vorwürfen betroffene Adressat die erhobenen Vorwürfe und ihre möglichen Konsequenzen prinzipiell versteht und ggf. durch unterstützende Schritte wie zum Beispiel den Verteidigerbeistand und/oder weitere organisatorische Möglichkeiten in der Lage ist, seine Verteidigungsrechte grundsätzlich selbst wahrzunehmen[19] (vgl. bereits näher LR/*Stuckenberg* Erl. zu §§ 206a, 205). In Betracht kommt hier nur eine **dauernde**, d. h. eine überhaupt oder jedenfalls auf unabsehbare Zeit nicht zu behebende Verhandlungsunfähigkeit, weil eine bloß vorübergehende Verhandlungsunfähigkeit nur zu einer vorläufigen Einstellung nach § 205, nicht aber zur Undurchführbarkeit des Verfahrens führen[20] würde. Bei **nicht auszuschließender dauernder Verhandlungsunfähigkeit** ist das Sicherungsverfahren aus den Gründen zulässig, die oben unter Rn. 4 bis 6 dargelegt[21] wurden. Eine nur vorübergehende Verhandlungsunfähigkeit, d. h. eine solche, mit deren Behebung, wenn auch erst nach gewisser Zeit, gerechnet werden kann, erfüllt die Voraussetzungen nicht; zu einer solchen Beschränkung des Begriffs nötigt die Rechtssicherheit, die gebietet, auf Dauer angelegte Regelungen zu treffen (dazu § 414, 32). Liegt eine Verhandlungsunfähigkeit dieses Ausmaßes nicht vor, so reichen im Allgemeinen Verwaltungsmaßnahmen aus, um Gefahren von der Allgemeinheit abzuwenden. Keine Verhandlungsunfähigkeit i. S. der § 71 StGB, § 413 StPO ist eine bloße **Beschränkung** der Verhandlungsfähigkeit, die nur zu rücksichtnehmenden Maßnahmen bei der Durchführung der Hauptverhandlung im Strafverfahren[22] führt. Sofern nicht die Voraussetzungen des § 231a gegeben sind, ist es ohne Bedeutung, ob der Beschuldigte die Verhandlungsunfähigkeit selbst verursacht hat, z.B. als Folge eines missglückten Selbstmordversuchs.[23] 8

18 **A.A.** AK/*Keller* 7, der ohne nähere Begründung nur bei von Anfang an bestehender Verhandlungsunfähigkeit das Sicherungsverfahren für zulässig hält.

19 Hierzu siehe m.w.N. *Gaede*, Fairness als Teilhabe, 589 ff. und ferner zu Recht im Sinne einer „Verteidigungsfähigkeit" im Anschluss an *Widmaier* verstanden bei m.w.N. BGH NStZ-RR **2018** 320, 321 (aber mit allzu großer Aufgeschlossenheit gegenüber der Herbeiführung über Hilfen insbesondere in der Revision); Meyer-Goßner/*Schmitt* Einl. 97 f.; siehe ferner zum Begriff *Bischoff/Kusnik/Bünnigmann* StraFo 2015, 222; allzu streng abblockend BGH NStZ **2017** 487, 488.

20 KK/*Maur* 9; Meyer-Goßner/*Schmitt* 5; HK/*Pollähne* 6.

21 KK/*Maur* 9; Meyer-Goßner/*Schmitt* 5; AnwK-StPO/*Böttger* 6; *Pfeiffer* 2; *Schlüchter* 796; **a.A.** HK/*Pollähne* 6; SK/*Weßlau* 14, die eine Aushöhlung des § 205 befürchtet, aber nicht zureichend beachtet, dass nur die *dauernde* Verhandlungsunfähigkeit zur Zulässigkeit des selbständigen Sicherungsverfahrens führt.

22 BGHSt **19** 144.

23 BGHSt **19** 144; KK/*Maur* 9; AK/*Keller* 7.

3. Bedeutung von Verfahrenshindernissen für das Sicherungsverfahren

9 **a) Problematik.** § 413 macht die Stellung des Sicherungsverfahrensantrags davon abhängig, dass die Staatsanwaltschaft das Strafverfahren *gerade wegen* der Schuld- oder Verhandlungsunfähigkeit des Beschuldigten nicht durchführt. Das Gesetz geht hierbei von dem Regelfall aus, dass die Staatsanwaltschaft das Strafverfahren durchführen würde, wenn nicht die Schuld- oder Verhandlungsunfähigkeit dem entgegenstünde. Dagegen ist in § 413 die Frage nicht geregelt, welche Folgen sich für das Sicherungsverfahren wegen **Schuldunfähigkeit** ergeben, wenn gegen einen Schuldfähigen das Strafverfahren wegen eines Verfahrenshindernisses nicht durchgeführt werden könnte. Bei einem nur mit dem Verfahrenshindernis der **Verhandlungsunfähigkeit** begründeten Sicherungsantrag stellt sich diese Frage nicht. Denn hier hat der mögliche Täter die Tat als Schuldfähiger begangen und alle Rechtsfolgen der Tat verwirkt. Der Umstand, dass die nachträglich eintretende Verhandlungsunfähigkeit in Berücksichtigung der dadurch eingetretenen Verteidigungsunfähigkeit den Täter der Verantwortung in einem Strafverfahren entzieht, kann nicht dazu führen, dass im **Sicherungsverfahren Verfahrenshindernisse** unberücksichtigt bleiben, die der Durchführung eines Strafverfahrens entgegenstehen würden.

10 Dagegen kommt gegen den **zur Tatzeit schuldunfähigen Täter** von vornherein ein Strafverfahren, in dem über Schuld oder Nichtschuld zu entscheiden wäre, nicht in Betracht. Deshalb besteht hier Anlass zur Prüfung, welche Wirkungen ein Verfahrenshindernis, das der Durchführung eines Strafverfahrens gegen einen (wenn auch nur erheblich vermindert) Schuldfähigen entgegenstünde, für das Sicherungsverfahren hat. Denn dem Gesetz kann entnommen werden, dass die Aufzählung der Voraussetzungen eines selbständigen Verfahrens insofern **abschließend**[24] ist, als dass andere Gründe als die in § 71 StGB, § 413 StPO genannten der Schuldunfähigkeit und der Verhandlungsunfähigkeit ein selbständiges Verfahren nicht zulassen.[25] Damit ist aber nichts darüber gesagt, ob nicht – von der Verhandlungsunfähigkeit abgesehen – Verfahrenshindernisse, die einem Strafverfahren entgegenstehen, auch das Sicherungsverfahren hindern und ggf. zu dessen Einstellung nach § 206a oder § 260 Abs. 3 führen, obschon zum Beispiel auch die Schuldunfähigkeit vorliegt. Dadurch unterscheidet sich § 71 StGB grundsätzlich von dem Vorschlag in § 103 des Entwurfs StGB 1962. Dort wurde die selbständige Anordnung bestimmter Maßregeln schlicht schon dann für zulässig erklärt, „wenn das Strafverfahren undurchführbar ist". Die Begründung[26] führt dazu aus: „Das Strafverfahren ist undurchführbar, wenn ein Verfahrenshindernis besteht, z.B. weil der Täter dauernd verhandlungsunfähig ist, weil Straffreiheit gewährt ist, ein Strafantrag, eine Ermächtigung oder ein Strafverlangen zur Durchführung fehlt oder ein Verfolgungsverbot eingreift". Hiernach sollte *jede* Undurchführbarkeit eines Strafverfahrens infolge eines Verfolgungshindernisses das Sicherungsverfahren eröffnen. Demgegenüber gestattet § 71 StGB die selbständige Anordnung infolge der Undurchführbarkeit eines Strafverfahrens *nur* wegen Schuldunfähigkeit oder Verhandlungsunfähigkeit. Und § 413 bestimmt, dass die Staatsanwaltschaft, falls sie wegen Schuldunfähigkeit oder Verhandlungsunfähigkeit das Strafverfahren nicht durchführt, die selbständige Anordnung beantragen könne, „wenn dies gesetzlich zulässig ist". Nach dem Wortlaut des § 71 StGB („wegen") kommt es insofern in Betracht, eine strikte Kausalität in dem Sinne zu verlangen, dass etwa eine Einstellungsentscheidung gerade auf die Schuldunfähigkeit und nicht etwa

24 AK/*Keller* 3.

25 BGHSt **31** 132, 134 ff.: kein Sicherungsverfahren z.B. bei mangelndem Strafantrag oder strafbefreiendem Rücktritt.

26 BTDrucks. **VI** 650 S. 233.

auf einen anderen Hinderungsgrund (ein anderes Verfahrenshindernis) abstellt. Gleichwohl ist dies nicht naheliegend, weil zum einen nicht ersichtlich ist, dass § 71 StGB mehrere einschlägige Gründe für eine Einstellung des Strafverfahrens leugnen will, und die Praxis zum anderen das Kausalitätserfordernis in Fällen doppelter Hinderungsgründe vergleichsweise leicht erfüllen könnte – nicht stets ist eine Hierarchie der heranzuziehenden Verfahrenshindernisse erkennbar. Insgesamt bietet es sich danach im Ergebnis entgegen einer Tendenz in der Rechtsprechung[27] an, im Fall weiterer Verfahrenshindernisse/fehlender Prozessvoraussetzungen, die einem Strafverfahren entgegenstehen würden, eine **Einzelprüfung nach dem Sinn und Zweck des Verfahrenshindernisses/der fehlenden Prozessvoraussetzung** entscheiden zu lassen:

b) Verjährung. Die **Bedeutung** dieses Verfahrenshindernisses für das Sicherungs- 11
verfahren ist gesetzlich geklärt: § 78 Abs. 1 StGB bestimmt ausdrücklich, dass die Strafverfolgungsverjährung auch die Anordnung von Maßregeln der Besserung und Sicherung ausschließt.[28]

c) Niederschlagung. Auch die Frage, welche Auswirkung die **Niederschlagung ei-** 12
nes Strafverfahrens durch ein Straffreiheitsgesetz (eine Amnestie) auf die Zulässigkeit eines selbständigen Sicherungsverfahrens hat, erscheint geklärt. Ordnet das Gesetz **uneingeschränkt** die Niederschlagung von Strafverfahren an, so liegt an sich der Gedanke nahe, dass der Verzicht auf den Strafanspruch alle Rechtsfolgen der Tat umfasst, also auch Maßregeln der Besserung und Sicherung; das müsste dann folgerichtig dazu führen, dass auch die Durchführung von Sicherungsverfahren entfiele.[29] Einen Verzicht mit dieser Wirkung anzunehmen, widerspricht aber in der Regel dem **Sinn der Amnestie**. Denn mit dieser will der Gesetzgeber dem Täter das Strafübel ersparen; daraus folgt aber noch nicht, dass er auch auf den Schutz der Allgemeinheit vor künftigen Gesetzesverletzungen verzichten wolle, den die Maßregel bezweckt. Deshalb war in der Rechtsprechung[30] schon früher angenommen worden, dass eine solche Vorschrift grundsätzlich der Einleitung und Durchführung eines selbständigen Sicherungsverfahrens bei entsprechenden Tatverwirklichungen nicht entgegenstehe, wenn ein Straffreiheitsgesetz sich darauf beschränkt, die Einstellung der Strafverfahren wegen bestimmter Straftaten vorzuschreiben und die Einleitung neuer Strafverfahren zu verbieten. Die neueren Amnestiegesetze haben dies nicht nur ausdrücklich anerkannt; sie haben darüber hinaus in den Fällen, in denen eine Maßregel der Besserung und Sicherung nur in Verbindung mit einer Strafe ausgesprochen werden kann, unter Durchbrechung der Folgerungen, die sich nach der formalen Rechtslogik aus dem Verzicht auf den Strafanspruch für die Anordnung von Maßregeln ergeben, selbständige Sicherungsverfahren trotz Einstellung des Strafverfahrens zugelassen (Vor § 413, 12). Daraus wird **ein allgemeiner Rechtsgrundsatz** zu entnehmen sein, der den Amnestiegesetzgeber nötigt, beabsichtigte Abweichungen jeweils deutlich zum Ausdruck zu bringen. In diesem Zusammenhang darf auch auf Art. 313 Abs. 1 EGStGB 1974 verwiesen werden. Diese Norm spricht einen Straferlass für rechtskräftig verhängte Strafen, Nebenstrafen und Nebenfolgen wegen solcher Taten aus, die nach neuem Recht nicht mehr strafbar sind. Davon sind aber Maßregeln der Besserung und Sicherung ausgenommen.

27 BGHSt **31** 132, 134 ff.
28 KK/*Maur* 10; KMR/*Metzger* 12; SK/*Weßlau* 15.
29 RGSt **69** 262, 263.
30 OLG Hamburg HRR **1935** Nr. 758.

13 **d) Strafantrag, Ermächtigung, Strafverlangen, Strafmündigkeit.** Die früher umstrittene Frage, ob das Sicherungsverfahren bei Bestehen sonstiger Verfahrenshindernisse (wie z.B. ein etwa fehlender Strafantrag) durchgeführt werden kann, darf als geklärt gelten: Mit Recht folgert auch der Bundesgerichtshof aus dem Wortlaut des § 71 StGB und dem des § 413, dass die fehlende Durchführung des subjektiven Strafverfahrens aus anderen als in diesen Vorschriften genannten Gründen zur **Unzulässigkeit** auch des Sicherungsverfahrens[31] führt, wie beim Fehlen eines erforderlichen Strafantrags etc. oder beim strafbefreienden Rücktritt vom Versuch.[32] Entsprechendes gilt im Falle der fehlenden Strafmündigkeit[33] (§ 19 StGB, s. oben Rn. 2).

14 Gleichwohl kann das Sicherungsverfahren auch in den Fällen eines fehlenden Strafantrags, eines fehlenden Strafverlangens (§ 104a StGB) oder einer fehlenden Ermächtigung zur Strafverfolgung (vgl. § 90 Abs. 4 StGB) dann durchgeführt werden, wenn der fehlende Antrag etc. nach den Vorschriften des materiellen Rechts durch die Erklärung der Staatsanwaltschaft über das Bestehen eines **besonderen öffentlichen Interesses** an der Strafverfolgung ersetzt werden kann[34] (z.B. §§ 183 Abs. 2, 230 Abs. 1, 248a, 257 Abs. 4 Satz 2, 263 Abs. 4, 265a Abs. 3, 266 Abs. 2, 303c StGB).

III. Gesetzliche Zulässigkeit der selbständigen Maßregelanordnung

15 **1. Notwendigkeit einer gesetzlichen Grundlage der selbständigen Anordnung.** Die Erweiterung des Kreises derjenigen Maßregeln der Besserung und Sicherung, die selbständig angeordnet werden können, war die Veranlassung, in § 413 nicht die einzelnen Maßregeln aufzuführen, die der Anordnung im Sicherungsverfahren unterliegen, sondern die Aufzählung durch eine **allgemein gefasste Verweisung** („wenn dies gesetzlich zulässig ist") auf das materielle Recht zu ersetzen. Um den Weg des Sicherungsverfahrens zu eröffnen, bedarf es danach einer **ausdrücklichen** Vorschrift im materiellen Strafrecht, die – wie § 71 StGB – die **selbständige** Anordnung zulässt.[35]

16 Es genügt also nicht, wenn das Nebenstrafrecht über den Katalog des § 61 StGB hinaus Maßregeln der Besserung und Sicherung vorsieht, die auch dann angeordnet werden können, wenn der Täter wegen bestimmter Taten „nur deshalb nicht verurteilt wird, weil seine Schuldunfähigkeit erwiesen oder nicht auszuschließen ist" (so z.B. § 20 des TierSchG hinsichtlich des Verbots des Haltens etc. von Tieren oder § 41 BJagdG zum Jagdschein), ohne zugleich deutlich zum Ausdruck zu bringen, dass die Anordnung „selbständig" erfolgen kann. Auch im Übrigen können im Sicherungsverfahren keine Maßnahmen verhängt werden, deren **selbständige Anordnung** das Gesetz **nicht** vorsieht. Dies galt lange Zeit auch für Einziehungsentscheidungen als sonstige Maßnahmen im Sinne des § 11 Abs. 1 Nr. 8 StGB.[36] Nur für schuldunfähige Personen kam sie nach § 435 dann in Betracht, wenn die Regelung des § 76a Abs. 1 Satz 1 StGB gegriffen hatte.[37]

---

31 BGHSt **31** 132, 1344 ff. mit Anm. *Blau* JR **1984** 27 f.; KK/*Maur* 10; Meyer-Goßner/*Schmitt* 8; AK/*Keller* 8; SK/*Weßlau* 15; AnwK-StPO/*Böttger* 7.

32 BGHSt **31** 132, 134; KK/*Maur* 10; HK/*Pollähne* 7.

33 SK/*Weßlau* 15.

34 Meyer-Goßner/*Schmitt* 8.

35 Siehe aber krit. zum Zusammenspiel der Normen und zum prozessualen Gehalt des § 71 StGB HK/*Pollähne* Vor § 413, 2.

36 BGH NStZ 2018, 559; BGH bei *Becker* NStZ-RR **2005** 69 Nr. 15 = BGH-DAT-St – 3 StR 405/03 v. 25.11.2003; Meyer-Goßner/*Schmitt* 1; zur früheren Rechtsprechung zu § 429a a. F. s. LR/*Gössel*[26] 16.

37 M.w.N. BGH NStZ **2018** 235; 2018, 559; BGH HRRS **2020** Nr. 378; Meyer-Goßner/*Schmitt* 1.

Der als Prozessvoraussetzung für das Verfahren gemäß § 435 erforderliche Antrag kann insofern aber nicht schon darin gesehen werden, dass die Staatsanwaltschaft im Antrag gemäß § 414 Abs. 2 Satz 2 ausgeführt hat, sichergestellte Asservate unterlägen der Einziehung.[38] Nunmehr hat der Gesetzgeber die Anwendung des Sicherungsverfahrens auf die **Nebenfolge der Einziehung** jedoch **gesetzlich** schon in § 413 **zugelassen.** Er sah den Verzicht auf ein Sicherungsverfahren nicht mehr als gerechtfertigt an und wollte die bisher bestehende Rechtslage explizit korrigieren.[39] Nach wie vor gestattet § 413 jedoch allein dann die Anordnung der Einziehung, wenn sie neben eine Maßregelanordnung tritt.[40] Und schon der Gesetzgeber weist daraufhin, dass eine Einziehung von Tatprodukten, Tatmitteln und Tatobjekten regelmäßig ausgeschlossen bleibe, weil diese regelmäßig den Nachweis einer schuldhaft verübten Straftat voraussetzen werde.[41]

2. Gesetzlichkeit der Maßregeln. Im Übrigen umfasst die Wendung **„wenn dies gesetzlich zulässig ist"** in § 413 nicht nur die Zulassung des Sicherungsverfahrens im Allgemeinen, sondern sie bedeutet, dass – von dem Erfordernis der Schuld- und Verhandlungsfähigkeit abgesehen – im Sicherungsverfahren im Einzelfall alle Vorschriften des materiellen Rechts Anwendung finden, die für die in Frage stehende Maßregel gelten, so im Fall des § 71 StGB zunächst als Anordnungsgrundlagen die §§ 63, 64, 69, 70 StGB, ferner aber auch die Konkretisierungen dieser Vorschriften, z.B. durch §§ 62, 67b, 72 StGB. 17

3. Gesetzliche Zulässigkeit nach dem JGG. Auch gegen **Jugendliche und Heranwachsende** ist das selbständige Sicherungsverfahren zulässig (s. näher auch zu materiellrechtlichen Einschränkungen §§ 2, 7, 105, 106 JGG); wegen der sachlichen Zuständigkeit vgl. § 414, 14. 18

IV. Hinreichende Erwartbarkeit der selbständigen Anordnung

Der Antrag der Staatsanwaltschaft setzt voraus, dass die beantragte selbständige Anordnung der Maßregel nach dem Ergebnis der Ermittlungen zu erwarten ist. Das bedeutet, dass der Erfolg des Antrags **wahrscheinlich** sein[42] muss. Das ergibt sich daraus, dass nach § 414 Abs. 1 für das Sicherungsverfahren grundsätzlich die Vorschriften über das Strafverfahren sinngemäß gelten. Der Antrag entspricht der öffentlichen Klage (§ 414 Abs. 2 Satz 1). Die Klageerhebung aber setzt nach § 170 voraus, dass nach den Ermittlungen ein genügender Anlass dazu besteht. Die Auslegung dieser Vorschrift muss sich an dem „hinreichend verdächtig erscheint"[43] des § 203 orientieren: Der auch im Sicherungsverfahren nötige Eröffnungsbeschluss (§ 414, 22) darf nach § 414 Abs. 1, § 203 nur ergehen, wenn die Wahrscheinlichkeit besteht, dass für die beantragte Maßregel die Voraussetzungen der §§ 61 ff., 71 StGB gegeben sind. Dem muss die Staatsanwaltschaft bei ihrer Entschließung über die Antragstellung Rechnung tragen. So muss also z.B. bei dem Antrag auf Unterbringung in einem psychiatrischen Krankenhaus wegen **Schuldunfähigkeit** nach dem Ergebnis der Ermittlungen zunächst ein „hinreichender Verdacht" vorliegen, 19

---

38 M.w.N. BGH NStZ **2018** 235; 2018, 559.
39 BTDrucks. **19** 27654 S. 108.
40 Explizit so BTDrucks. **19** 27654 S. 108.
41 BTDrucks. **19** 27654 S. 108.
42 KK/*Maur* 12; Meyer-Goßner/*Schmitt* 6; *Pfeiffer* 3; *Schlüchter* 798.1; AK/*Keller* 9; HK/*Pollähne* 8; SK/*Weßlau* 17; AnwK-StPO/*Böttger* 8; HK-GS/*C. Koch* 6; *Lüttger* GA **1957** 210.
43 Zu seinem Verständnis vgl. m.w.N. *Gaede* ZStW **129** (2017) 911, 936 ff.

dass der „Beschuldigte“ rechtswidrig den objektiven und subjektiven Tatbestand eines Verbrechens oder Vergehens verwirklicht hat. Die ältere Rechtsprechung hielt insoweit den durch die Schuldunfähigkeit bedingten Ausschluss des subjektiven Tatbestandes (z.B. Vorsatz) zwar noch für unerheblich.[44] Tatsächlich muss sich die Wahrscheinlichkeit aber auch auf den etwa gemäß §§ 63 und 11 Abs. 1 Nr. 5 StGB verlangten subjektiven Tatbestand beziehen.[45] Es muss ferner bei einer Gesamtwürdigung des Täters und seiner Tat wahrscheinlich sein, dass von ihm infolge seines Zustandes erhebliche rechtswidrige Taten zu erwarten sind[46] und er deshalb **für die Allgemeinheit gefährlich** ist. Dies muss sich nach zutreffender Ansicht auch symptomatisch in der zugrundeliegenden rechtswidrigen Tat ausgedrückt haben.[47] Ferner darf der Grundsatz der Verhältnismäßigkeit (§ 62 StGB) der beantragten Maßregel nicht entgegenstehen. Und es muss schließlich für die Staatsanwaltschaft nach dem Stand der Ermittlungen kein vernünftiger Zweifel daran bestehen, dass der Beschuldigte zur Tatzeit schuldunfähig war, oder es muss wenigstens bei einem unaufklärbaren Zweifel, ob erheblich verminderte Schuldfähigkeit oder schon Schuldunfähigkeit vorlag, keine hinreichende Aussicht bestehen, dass die Schuldfähigkeit vor Gericht festgestellt werden würde (o. Rn. 4).

20 Entsprechendes gilt, wenn ein Anordnungsantrag mit einer dauerhaften **Verhandlungsunfähigkeit** begründet wird. Auch in diesem Fall muss der „hinreichende Tatverdacht“ einer zu erwartenden Maßregelanordnung in gleichem Umfang dargelegt sein.

V. Geltung des sog. Opportunitätsprinzips

21 Die Staatsanwaltschaft „kann“ den Antrag auf selbständige Anordnung stellen. Insoweit gilt also das Legalitätsprinzip nicht (§ 152 Abs. 2): Die Entschließung über die Stellung des Antrags liegt im pflichtmäßigen **Ermessen der Staatsanwaltschaft.**[48] Dieses Ermessen ist aber am Maßstab der Erforderlichkeit der Maßregel zur Sicherung der Allgemeinheit und an der für das Gericht ggf. zwingenden Natur der einschlägigen Rechtsgrundlage (siehe etwa § 63 StGB und § 69 StGB) sowie am Verhältnismäßigkeitsgrundsatz (zu ihm bereits § 62 StGB) auszurichten.[49]

22 Sie hat dabei auch zu prüfen, ob nicht der Zweck eines Sicherungsverfahrens auf andere Weise erreicht werden kann, z.B., ob nicht anstelle eines selbständigen Berufsverbots oder einer selbständigen Entziehung der Fahrerlaubnis eine Untersagung eines Gewerbes nach § 35 GewO oder die Entziehung der Fahrerlaubnis nach verkehrsrechtlichen Vorschriften (z.B. § 3 StVG) durch die Verwaltungsbehörde als **milderes Mittel** in Betracht kommt. In Ausübung ihres Ermessens hat die Staatsanwaltschaft insbesondere

44 Z.B. RGSt **71** 219, 220; BGHSt **10** 355.

45 Wie hier im Ergebnis u. a. auch AK/*Keller* 2; KK/*Maur* 11; m.w.N. MüKo/*Putzke*/*Scheinfeld* 9.

46 KK/*Maur* 12; AnwK-StPO/*Böttger* 8.

47 AK/*Keller* 10; *Sëyfi* 52: „nur der an einer Symptomtat anknüpfende, sichernde Maßregeleingriff“ ist eine „Rechtsfolge der Strafrechtsanwendung“; **a.A.** RGSt **69** 242; BGHSt **5** 140; KMR/*Metzger* 3; *Pfeiffer* 3.

48 BGHSt **46** 345, 348; BGH NStZ-RR **2007** 339; RGSt **71** 218, 219; RG JW **1935** 532 Nr. 37, 2368 Nr. 18; KK/*Maur* 14; Meyer-Goßner/*Schmitt* 10; KMR/*Metzger* 13; SK/*Weßlau* 2; AK/*Keller* 11; HK/*Pollähne* 9; AnwK-StPO/*Böttger* 9; *Pfeiffer* 5. Zum nicht zu leugnenden Spannungsverhältnis zwischen der ggf. bestehenden Anordnungspflicht des Gerichts und der Entscheidungsoption der Staatsanwaltschaft SK/*Weßlau* Vor § 413, 4.

49 Vgl. auch KK/*Maur* 14; Meyer-Goßner/*Schmitt* 10; AK/*Keller* 11; zur Beachtung des Verhältnismäßigkeitsgrundsatzes auch *Peters* 570. Umgekehrt zu weitgehend will KMR/*Metzger* 14 generell auf das „öffentliche Interesse am Sicherungsverfahren“ abstellen und nicht nur auf die Erforderlichkeit der jeweiligen Maßregel zur Sicherung der Allgemeinheit.

zu erwägen, ob sie unter Berücksichtigung des Grundsatzes der Verhältnismäßigkeit von einem Antrag nach § 413 auf Unterbringung in einem psychiatrischen Krankenhaus oder einer Entziehungsanstalt absehen[50] kann, um die Vorgänge an die Verwaltungsbehörde zur weiteren Behandlung nach Maßgabe der **landesrechtlichen Vorschriften über die Unterbringung gemeingefährlicher** (d. h. sich selbst oder anderen gegenüber gefährlicher) psychisch Kranker und Alkohol- oder Rauschgiftsüchtiger abzugeben.[51] Die Unterbringung kann auch hier nur durch gerichtliche Entscheidung erfolgen (Art. 104 Abs. 2 GG). Die Staatsanwaltschaft hat in gleicher Weise zu prüfen, ob nicht im Hinblick auf die **familiengerichtlich** genehmigte Unterbringung eines Mündels oder Pfleglings (§§ 1800, 1631b, 1909, 1915 BGB) von der Antragstellung nach § 413 abgesehen werden kann[52] (s. aber u. Rn. 23). Sicherungsverfahren und sonstige Unterbringungsverfahren sind grundsätzlich nebeneinander[53] möglich.

Eine bereits nach **Landesrecht angeordnete Unterbringung** machte nach früherer Rechtsprechung eine strafrichterliche Unterbringungsanordnung im Allgemeinen entbehrlich, weil sie in der Regel keine geringere Sicherheit der Allgemeinheit biete.[54] Ein Bedürfnis für das Sicherungsverfahren wurde angenommen, wenn das Landesrecht sich gegenüber bundesrechtlichen Unterbringungsmöglichkeiten Subsidiarität[55] beilegt oder die Entscheidung über eine vorläufige Entlassung oder längere Beurlaubung nicht dem Richter vorbehalten, sondern dem Anstaltsleiter übertragen[56] hat. Der Bundesgerichtshof hat jedoch den Satz, dass landesrechtliche und strafgerichtliche Unterbringung im Allgemeinen gleichwertig seien, weitgehend eingeschränkt, insbesondere dadurch, dass schon jede in weiterem Umfang als nach Bundesrecht zulässige Entlassung und jede landesgesetzlich vorgesehene Möglichkeit einer Beurlaubung die Gleichwertigkeit ausschließt.[57] Bei Prüfung eines etwaigen Vorrangs des Sicherungsverfahrens oder der Maßregel nach Landesrecht sind eine Abwägung und eine Beachtung des Verhältnismäßigkeitsgrundsatzes geboten, wie er auch in § 62 StGB für die Maßregeln des StGB aufgestellt wird.[58] Die **freiwillige** Unterbringung eines Schuldunfähigen durch den gesetzlichen Vertreter in einer geschlossenen Anstalt macht das Sicherungsverfahren nicht entbehrlich, weil jederzeit mit einer Entlassung auf dessen Verlangen gerechnet werden[59] muss. Eine nach den landesrechtlichen Vorschriften angeordnete Unterbringung endet, wenn der Strafrichter rechtskräftig die Unterbringung anordnet oder wenn die Aussetzung einer solchen Unterbringung widerrufen[60] wird. 23

---

50 BGHSt **20** 232, 233; KK/*Maur* 14. Ein *genereller Vorrang* (näher dazu unten Rn. 23) etwa möglicher landesrechtlicher Unterbringung besteht dabei freilich nicht (ebenso wenig umgekehrt, vgl. insoweit OLG Düsseldorf MDR **1984** 71); stets kommt es auf die Abwägung im Einzelfall an, vgl. dazu BGHSt **24** 134 und BGH NStZ-RR **2007** 339.

51 Dafür wieder BGH NStZ-RR **2007** 339.

52 AnwK-StPO/*Böttger* 9.

53 KK/*Maur* 15.

54 So BGHSt **12** 50; **17** 123.

55 BGHSt **7** 61, 63; **12** 50, 51; vgl. OLG Düsseldorf MDR **1984** 71.

56 BGHSt **19** 348, 349; BGH NJW **1967** 686; **1971** 1850; dazu krit. *Schmidt-Futterer* MDR **1967** 357.

57 BGHSt **24** 98, 102; krit. dazu *Hanack* JZ **1974** 57.

58 Ein *genereller Vorrang* der möglichen landesrechtlichen Unterbringung besteht damit nicht; stets kommt es auf die Abwägung im Einzelfall an. Diese reflektiert etwa wieder BGH NStZ-RR **2007** 339. Zum Verständnis der Verhältnismäßigkeitsprüfung bei Taten von unmittelbar geringer Bedeutung siehe dabei auch BGHSt **24** 134 ff. = NJW **1971** 1849 und §§ 62 und – verfassungsrechtlich einordnungsbedürftig – 69 Abs. 1 S. 2.

59 BGH NJW **1971** 1849 f. (= BGHSt **24** 134, dort insoweit nicht abgedruckt).

60 OLG Stuttgart Die Justiz **1975** 313.

VI. Wechsel zwischen Straf- und Sicherungsverfahren

24 Der Übergang vom (subjektiven) Strafverfahren zum selbständigen Sicherungsverfahren ist nach Eröffnung des Hauptverfahrens ausgeschlossen.[61] Im Zwischenverfahren kann die Staatsanwaltschaft aber nach § 156 (o. Rn. 3) verfahren und eine Antragsschrift nach § 414 zugunsten der Einleitung eines Sicherungsverfahrens stellen.[62] Ebenso kann sie sogleich oder noch im Beschwerdeverfahren gegen die Nichteröffnung des Strafverfahrens die selbständige Anordnung nach § 413 hilfsweise (vgl. § 416, 10)[63] begehren. In der Anklageschrift kann ein Antrag nach § 413 nicht erblickt werden.[64] Die Sache bleibt im ordentlichen Strafverfahren anhängig und führt im Falle der Schuldunfähigkeit zum Freispruch, im Fall der Verhandlungsunfähigkeit kommt es zur Einstellung wegen eines Verfahrenshindernisses (o. Rn. 7 f.). Das Verfahren bleibt auch dann im ordentlichen (subjektiven) Strafverfahren anhängig, wenn sich das Rechtsmittel des freigesprochenen Angeklagten zulässigerweise auf die Anordnung einer Maßregel beschränkt[65] oder sich das Rechtsmittel des Staatsanwalts dagegen wendet, dass eine Maßregel gegen den Freigesprochenen nicht selbständig angeordnet wurde. Zum umgekehrten Übergang vom Sicherungsverfahren zum Strafverfahren s. § 416.

§ 414
Verfahren; Antragsschrift

(1) Für das Sicherungsverfahren gelten sinngemäß die Vorschriften über das Strafverfahren, soweit nichts anderes bestimmt ist.

(2) [1]Der Antrag steht der öffentlichen Klage gleich. [2]An die Stelle der Anklageschrift tritt eine Antragsschrift, die den Erfordernissen der Anklageschrift entsprechen muß. [3]In der Antragsschrift ist die Maßregel der Besserung und Sicherung zu bezeichnen, deren Anordnung die Staatsanwaltschaft beantragt. [4]Wird im Urteil eine Maßregel der Besserung und Sicherung nicht angeordnet, so ist auf Ablehnung des Antrages zu erkennen.

(3) Im Vorverfahren soll einem Sachverständigen Gelegenheit zur Vorbereitung des in der Hauptverhandlung zu erstattenden Gutachtens gegeben werden.

Schrifttum

Siehe Vor § 413 und *Allgayer* Vertikale Teilrechtskraft im Unterbringungsverfahren? NStZ **2013** 559.

Entstehungsgeschichte

Absatz 3 des früheren § 429b (jetzt § 414) lautete ursprünglich: „Wäre für das Strafverfahren das Reichsgericht oder das Oberlandesgericht in erster Instanz oder das Schwurgericht zuständig, so tritt für das Sicherungsverfahren die große Strafkammer an ihre Stelle". Durch das VereinhG erhielt Absatz 3 folgende Fassung: „Für das Siche-

---

61 BGHSt **46** 345.
62 BGHSt **47** 52, 53 f.; Meyer-Goßner/*Schmitt* 3.
63 BGHSt **47** 52, 53.
64 AK/*Keller* § 416, 9 und aus jüngerer Zeit BGH NStZ-RR **2021** 221 m. Anm. *Müller-Metz*.
65 RGSt **69** 12, 13; BGHSt **5** 267; KK/*Maur* 7.

https://doi.org/10.1515/9783110765540-012

rungsverfahren ist die Strafkammer als erkennendes Gericht des ersten Rechtszuges zuständig". Durch Art. 21 Nr. 108 EGStGB 1974 erhielt § 414 seine jetzige Fassung. Die Änderungen gegenüber der früher geltenden Fassung bestehen darin, dass in Absatz 2 ein neuer Satz 3 („In der Antragsschrift") eingestellt, in Satz 4 die Wörter „die Unterbringung" durch den Satzteil „eine Maßregel der Besserung und Sicherung" ersetzt wurden und an die Stelle des bisherigen Absatzes 3 der jetzige Absatz 3 trat. Die gesetzliche Überschrift „Verfahren; Antragsschrift" wurde mit Wirkung vom 25.7.2015 eingeführt durch Art. 1 Nr. 13 Gesetz zur Stärkung des Rechts des Angeklagten auf Vertretung in der Berufungsverhandlung und über die Anerkennung von Abwesenheitsentscheidungen in der Rechtshilfe vom 17.7.2015.[1]

Übersicht

I. Allgemeine Bemerkungen zur sinngemäßen Anwendung der Strafverfahrensvorschriften (Absatz 1)

Neben den speziellen Vorschriften für das Sicherungsverfahren in § 414 Abs. 2 und 3, §§ 415, 416 gelten die allgemeinen Vorschriften über das Strafverfahren nur **subsidiär**. 1

1 BGBl. 2015 I S. 1332, 1344.

Da das Sicherungsverfahren kein echtes Strafverfahren[2] ist (Vor § 413, 4), können die für das Strafverfahren geltenden Regeln überdies nur **sinngemäß** angewendet werden. Zur sinngemäßen Anwendung gehört insbesondere die Rücksichtnahme auf die besonderen Umstände, Ziele und Zwecke des Verfahrens (Vor § 413, 4 ff.), die allerdings Änderungen unterworfen sind. Ließen diese Umstände früher z.B. für einen Anschluss als **Nebenkläger** (§ 395) keinen Raum, so führt die neuere (opferbetonte) Sicht des Nebenklägers gerade umgekehrt zur Zulässigkeit der Nebenklage auch im Sicherungsverfahren (näher dazu Vor § 413, 9 ff.). Abweichungen vom Strafverfahren ergeben sich insbesondere aus der Aufhebung des Legalitätsprinzips (§ 413, 21) und aus § 415. Der Begriff **Sicherungsverfahren** umfasst dabei das Verfahren in allen seinen Abschnitten, nicht nur das Stadium der gerichtlichen Anhängigkeit. Wird das Sicherungsverfahren wegen Verhandlungsunfähigkeit betrieben, so ist § 205 schon begrifflich unanwendbar, es sei denn, es liegt bloß vorübergehende Verhandlungsunfähigkeit vor (§ 413, 8): Wie sich aus § 415 ergibt, bedarf es nicht der Verhandlungsfähigkeit des „Beschuldigten", so dass auch die §§ 206a, 260 Abs. 3 *insoweit* (im Übrigen vgl. § 413, 9 ff.) unanwendbar[3] sind. Auch bei Annahme des Sicherungsgrundes der Schuldunfähigkeit ist § 205 unanwendbar. Die Bestellung eines Betreuers (§§ 1896 ff., 1902 BGB) oder eines sonstigen **gesetzlichen Vertreters** soll – zusätzlich zur notwendigen Verteidigung – grundsätzlich nicht[4] erforderlich sein. Ist ein Betreuer aber vorhanden, ist er regelmäßig zu hören.[5] Und soweit sich der die Betreuung anordnende Beschluss gerade auf die Vertretung im Strafverfahren erstreckt, ist eine rechtzeitig nachgewiesene **Betreuung** etwa hinsichtlich der Einlegung von Rechtsmitteln zu beachten.[6]

II. Das Vorverfahren zum Sicherungsverfahren

2 **1. Verteidiger.** Im Vorverfahren ist wegen § 140 Abs. 1 Nr. 7 nach dem Regime der §§ 141 und 142 zu prüfen, ob eine umgehende Verteidigerbestellung auf einen entsprechenden Antrag (§ 141 Abs. 1) oder von Amts wegen (§ 141 Abs. 2) ggf. schon durch die Staatsanwaltschaft (vorläufig) vorzunehmen ist (§ 142 Abs. 4). Hiernach wird die Staatsanwaltschaft die Bestellung eines Verteidigers spätestens dann selbst verfügen oder durch einen Antrag beim Gericht einleiten (§ 142 Abs. 1 oder 2), wenn sie beabsichtigt, einen Antrag nach § 413[7] zu stellen. Zu beachten ist ggf. auch § 140 Abs. 1 Nr. 6.[8] Bei alledem erkennt der BGH immerhin an, dass der Verteidiger auch im Sicherungsverfahren **Mindeststandards** einhalten, sich dementsprechend insbesondere um eine Kontaktaufnahme mit dem „Beschuldigten" bemühen muss.[9] Pflichtwidrig ausbleibende Be-

2 Meyer-Goßner/*Schmitt* 1; SK/*Weßlau* 3; AnwK-StPO/*Böttger* 1; zum verfolgten Sicherungszweck gegenüber der Allgemeinheit, der historisch auf das maßlose „Gesetz gegen gefährliche Gewohnheitsverbrecher und über Maßregeln der Sicherung und Besserung vom 24. November 1933" zurückgeht, BGHSt **22** 1, 3; **46** 345, 348 f.

3 Meyer-Goßner/*Schmitt* 1; zu § 206a ebenso OLG Frankfurt NStZ-RR **2018** 148 f. m. zust. Anm. *Metz*.

4 RGSt **70** 176; BGH NStZ **1996** 610 (allerdings eine Analogie zu § 149 offenlassend); Meyer-Goßner/*Schmitt* 7.

5 Meyer-Goßner/*Schmitt* 7; schwächer aber BGH NStZ **1996** 610: Anhörung regelmäßig naheliegend und nach § 244 Abs. 2 zu beurteilen. Näher § 415, 17.

6 Siehe im Umkehrschluss m.w.N. OLG Hamburg FamRZ **2021** 1147, 1148.

7 KK/*Maur* § 413, 13; zum Regime der §§ 141 f. insoweit auch MüKo/*Putzke*/*Scheinfeld* 4.

8 KK/*Maur* § 413, 13.

9 BGH NStZ **2009** 465; vertiefend zum angemessenen Prüfungsmaßstab der Rüge der Schlechtverteidigung, *Gaede*, Fairness als Teilhabe, 846 ff.

stellungen werden gerade bei der Vernehmung nicht verhandlungsfähiger Beschuldigter zu Beweisverwertungsverboten führen müssen.[10]

2. Sachverständiger. Nach Absatz 3 soll einem Sachverständigen Gelegenheit zur Vorbereitung des in der Hauptverhandlung zu erstattenden Gutachtens (§ 415 Abs. 5 Satz 1) gegeben werden. Diese Bestimmung ergänzt zunächst § 80a,[11] der nur die freiheitsentziehenden Maßregeln der Besserung und Sicherung betrifft, indem sie die Beteiligung eines Sachverständigen auch für die Fälle der Entziehung der Fahrerlaubnis und des Berufsverbots regelt. Im Übrigen besteht ein gewisser Unterschied in den Voraussetzungen des Abs. 3 gegenüber denen des § 80a: § 414 hat den Fall im Auge, dass das Vorverfahren mit dem Ziel betrieben wird, die Voraussetzungen für einen Sicherungsantrag zu klären, und regelt für diesen Fall, zwar in Form einer Sollvorschrift, im Übrigen aber ohne Einschränkungen, die Beteiligung eines Sachverständigen. § 80a hat das Ermittlungsverfahren im Auge, das allgemein der Klärung der Frage dient, welche Rechtsfolgen sich aus der Tat ergeben können, und sieht hier die Beteiligung des Sachverständigen vor, wenn **damit zu rechnen ist**, dass eine freiheitsentziehende Maßregel in der Hauptverhandlung des Strafverfahrens (§ 246a) angeordnet wird. Die Begründung des Entwurfs des EGStGB 1974 bemerkt zum Verhältnis von § 414 Abs. 3 zu § 80a: „Liegen die Voraussetzungen der §§ 80 a, 81 [...] vor, so haben diese, nach § 414 Abs. 1 anzuwendenden Vorschriften den Vorrang“.[12] Zur Fachrichtung des Sachverständigen vgl. § 415, 16. 3

3. Haft- oder Unterbringungsbefehl. Ist ein **Haftbefehl** erlassen, so wird dieser in der Regel schon im Vorverfahren in einen **Unterbringungsbefehl** umzuwandeln sein, wie auch umgekehrt zu verfahren ist, wenn sich im Vorverfahren die Schuldfähigkeit des Betroffenen[13] herausstellt; bei Jugendlichen (nicht aber bei Heranwachsenden, vgl. § 109 JGG) gelten insoweit §§ 71, 72 JGG. 4

III. Gerichtliche Zuständigkeit

1. Wegfall des § 429b Abs. 3 a. F. Nach dem vor dem 1.1.1975 geltenden Abs. 3 des § 429b a. F. war für das Sicherungsverfahren, das damals nur die selbständige Unterbringung in einer Heil- oder Pflegeanstalt umfasste, die Strafkammer als erkennendes Gericht des ersten Rechtszuges zuständig. Diese Zuständigkeitskonzentration, die dem Amtsgericht und dem erstinstanzlich tätigen Oberlandesgericht (§ 120 GVG) die Zuständigkeit für das selbständige Sicherungsverfahren entzog, bezweckte – außer einer Entlastung des Oberlandesgerichts – offenbar, bei der verhältnismäßig geringen Zahl der Anwendungsfälle des § 429a a. F. einer kleineren Zahl von Richtern zu ermöglichen, ausreichend Erfahrungen zu sammeln, um eine möglichst gleichmäßige Anwendung der Vorschrift, insbesondere zur Frage der Unterbringungsbedürftigkeit, zu gewährleisten und zugleich die Rechtsmittelkontrolle dem Bundesgerichtshof vorzubehalten.[14] Diese **Zuständigkeitskonzentration** ist **entfallen**, indem Art. 21 Nr. 108 EGStGB 1974 bei der Neufassung des § 429b a. F. (jetzt: § 414) den bisherigen Absatz 3 durch eine Vorschrift 5

10 Zutreffend schon Radtke/Hohmann/*Börner* 2, siehe auch § 415, 6; MüKo/*Putzke*/*Scheinfeld* 5.
11 SK/*Weßlau* 27.
12 BTDrucks. **7** 550 S. 307.
13 KK/*Maur* 3.
14 Vgl. LR/*Schäfer*[23] § 429b, 8.

anderen Inhalts ersetzte. Dies geschah mit Rücksicht auf die wesentliche Erweiterung des Anwendungsbereichs des Sicherungsverfahrens (Vor § 413, 3). Die sachliche Zuständigkeit für das Sicherungsverfahren richtet sich damit bis heute nach den allgemeinen Vorschriften des GVG.[15]

6 **2. Zuständigkeit des Amtsgerichts.** Durch § 24 Abs. 2 GVG ist dem **Amtsgericht** die Zuständigkeit für das Sicherungsverfahren entzogen, soweit die Unterbringung in einem psychiatrischen Krankenhaus oder die Sicherungsverwahrung in Betracht kommt. Die Amtsgerichte sind danach zuständig für das Sicherungsverfahren mit dem Ziel der **Unterbringung in einer Entziehungsanstalt, der Entziehung der Fahrerlaubnis und der Anordnung des Berufsverbots.** Diese Zuständigkeit entfällt, wenn die Staatsanwaltschaft gemäß § 24 Abs. 1 Nr. 3 GVG wegen der besonderen Bedeutung des Falles den Sicherungsantrag beim Landgericht stellt (§ 74 Abs. 1 Satz 2 GVG). Die Erstreckung der amtsgerichtlichen Zuständigkeit auch auf das Sicherungsverfahren zwecks Unterbringung in einer Entziehungsanstalt wird in der Begründung des RegE des EGStGB darauf gestützt, dass Anlass zur Unterbringung in einer Entziehungsanstalt häufig eine zum Bereich der Kleinkriminalität gehörige Tat sei und außerdem ihre Dauer nach § 67d Abs. 1 Satz 1 StGB zwei Jahre nicht übersteigen dürfe, so dass das durch die Unterbringung dem Beschuldigten zugefügte Übel dasjenige einer (nunmehr) vierjährigen Freiheitsstrafe, für deren Verhängung die Amtsgerichte zuständig sind (§ 24 Abs. 2 GVG), nicht[16] übersteige.

7 **Innerhalb des Amtsgerichts** ist grundsätzlich das Schöffengericht zuständig[17] (§§ 24, 28 GVG). Allerdings soll der Strafrichter (der „Richter beim Amtsgericht") zuständig sein, wenn die Staatsanwaltschaft den Sicherungsantrag bei ihm stellt und ein Vergehen betroffen ist (siehe § 25 Nr. 2 GVG). Die Staatsanwaltschaft soll den Antrag nach § 414 „noch in schwerwiegenden Fällen" beim Schöffengericht stellen dürfen, soweit nicht insbesondere angesichts der drohenden Rechtsfolge ein Antrag beim Landgericht notwendig ist (siehe § 24 Abs. 2 GVG).[18] Letztlich ist die **Zuständigkeit** mit der Regelung des § 25 Nr. 2 GVG **kaum sauber** bzw. überzeugend **auf den Strafrichter übertragen.** Eine klare sinngemäße Anwendung (§ 414 Abs. 1) wird allein darin liegen, den Strafrichter bei allen Vergehen als zuständig anzusehen.[19] Anderenfalls hätte die StA ein vom Gesetz nicht näher umrissenes Wahlrecht, mit dem sie die Zuständigkeit bestimmen könnte. Der Gesetzgeber sollte in § 414 in Zukunft Klarheit schaffen.

3. Zuständigkeit des Landgerichts

8 **a) Zuständigkeit der Strafkammern.** Die Große Strafkammer ist nach **§ 74 Abs. 1 Satz 2 GVG** stets zuständig für das Sicherungsverfahren mit dem Ziel der **Unterbringung in einem psychiatrischen Krankenhaus.** Für Sicherungsverfahren mit dem Ziel der Unterbringung in einer Entziehungsanstalt, dem der Entziehung der Fahrerlaubnis oder der Anordnung eines Berufsverbots ist die Große Strafkammer nur dann zuständig,

15 KK/*Maur* 14.

16 BTDrucks. **7** 550 S. 317 zu Art. 20 Nr. 1 betr. §§ 24, 25 GVG.

17 KMR/*Metzger* 7.

18 Meyer-Goßner/*Schmitt* 8. Dagegen kann auf die – bei hypothetischer Schuldfähigkeit zu verhängende – hypothetische Freiheitsstrafe nicht abgestellt werden, gegen diese in der 25. Aufl. vertretene Ansicht zu Recht KMR/*Metzger* 7.

19 Siehe auch KMR/*Metzger* 7: nur bei Verbrechen ist das Schöffengericht zuständig.

wenn die Staatsanwaltschaft wegen der besonderen Bedeutung des Falles den Sicherungsantrag beim Landgericht stellt (§ 24 Abs. 1 Nr. 3 GVG).

Welche von **mehreren allgemeinen Strafkammern** des Landgerichts für das Sicherungsverfahren zuständig ist, bestimmt der Geschäftsverteilungsplan. Enthält er keine Bestimmung, so ist die Strafkammer als zuständig anzusehen, die bei Schuld- und Verhandlungsfähigkeit des Täters als zuständig anzusehen wäre.[20] Statt bei der normalen Großen Strafkammer kann der Staatsanwalt unter den Voraussetzungen des § 26 GVG den Antrag auch bei der **Jugendschutzkammer**[21] stellen. 9

b) Zuständigkeit der Spezialkammern. Innerhalb des Landgerichts sind die Strafkammer als Schwurgericht **(§ 74 Abs. 2 GVG),** die Staatsschutzstrafkammer **(§ 74a GVG)** und die Wirtschaftsstrafkammer **(§ 74c GVG)** in gleicher Weise für das Sicherungsverfahren zuständig, wie sie bei Schuldfähigkeit und Verhandlungsfähigkeit des Beschuldigten für das subjektive Strafverfahren zuständig wären.[22] 10

Dieser inzwischen h. M. hat das OLG München in einer vereinzelt gebliebenen Entscheidung entgegengehalten, sie begründe die Gefahr zeitraubender Verweisungen und laufe dem Ziel zuwider, möglichst schnell zu einer gesicherten Rechtsprechung zu gelangen, zumal im Sicherungsverfahren nicht die rechtswidrige Tat Entscheidungsgegenstand sei, sondern die Schuldunfähigkeit und Gefährlichkeit[23] des Betroffenen. Diese Ausführungen können indessen nicht überzeugen. So lässt sich der Gefahr zeitraubender Verweisungen durch klare und eindeutige Geschäftsverteilungspläne leicht begegnen. Ferner ist die Gefährdung des Ziels einer möglichst baldigen gesicherten Rechtsprechung mindestens nicht größer als bei der Zuständigkeit der allgemeinen Strafkammern. Im Übrigen ist mit der Aufhebung des § 429b Abs. 3 a. F. das früher verfolgte Ziel der Zuständigkeitskonzentration bei den Sicherungsverfahren ohnehin entfallen (o. Rn. 5). Entscheidend aber dürfte sein, dass die Gegenauffassung den Gegenstand des Sicherungsverfahrens verkennt: Mag auch die verfehlte Rede von der rechtswidrigen Tat als bloßem „Anlass" der Maßregel im Sicherungsverfahren die wirkliche Bedeutung dieser Tat verdunkeln (s. dazu Vor § 413, 4 und § 413, 19), so bleibt doch die Tat Gegenstand auch des Sicherungsverfahrens. Ferner ist zu bedenken, dass der gesetzgeberische Grund, einer bestimmten Strafkammer die Aburteilungszuständigkeit bei bestimmten Straftaten zuzuweisen, um die Spezialerfahrungen der Richter dieser Kammer im Interesse einer gleichmäßigen Rechtshandhabung nutzbar zu machen, in gleicher Weise beim Sicherungsverfahren durchgreift. Dies gilt ohne weiteres, wenn das Sicherungsverfahren gegen den zur Tatzeit schuldfähigen und nachträglich dauernd **verhandlungsunfähig** gewordenen Täter betrieben wird. Dann ist die besondere Sachkunde des Gerichts nicht nur für die richtige Würdigung der subjektiven und objektiven Merkmale der rechtswidrigen Tat, sondern auch bei der Entscheidung der Frage bedeutsam, ob von dem Täter infolge seines Zustandes noch eine Gefahr für die Allgemeinheit ausgeht, die es rechtfertigt, zur Abwendung der Gefahren seine Unterbringung anzuordnen. Aber auch beim Sicherungsverfahren gegen den zur Tatzeit **Schuldunfähigen** kommt es bei der Würdigung der von ihm noch für die Allgemeinheit drohenden Gefahr auf die richti- 11

20 KK/*Maur* 15; HK/*Pollähne* 15.

21 OLG Hamm JMBlNRW **1963** 33, 35.

22 BGH NStZ-RR **2002** 104 Nr. 56; BGHR StPO § 354 Abs. 2 Wirtschaftsstrafkammer 1; OLG Frankfurt vom 13.2.1976 – 3 Ws 89/76; OLG Saarbrücken NStZ **1985** 93; OLG Stuttgart NStZ **1987** 292; KK/*Maur* 15, u. a. unter Berufung auf die unveröffentlichte Entscheidung BGH 3 StR 297/77 vom 24.8.1977; Meyer-Goßner/*Schmitt* 8; KMR/*Metzger* 6; HK/*Pollähne* 15; SK/*Weßlau* 21.

23 OLG München MDR **1983** 514.

ge Bewertung der Anknüpfungstat an. Dies gilt insbesondere für die Zuständigkeit der Schwurgerichtskammer. Bei ihr sollen die Fälle der Schwerstkriminalität konzentriert werden, um eine einheitliche Beurteilung durch einen Spruchkörper[24] zu gewährleisten. Eine solche einheitliche Beurteilung ist auch dann geboten, wenn es sich nicht um ein Strafverfahren, sondern um ein Sicherungsverfahren handelt und die zugrundeliegende Tat in den Katalog des § 74 Abs. 2 GVG[25] fällt.

12 Die vorgenannte auf gesetzlicher Anordnung beruhende Zuständigkeit der „Spezialkammern" ist **jeder Disposition des Präsidiums entzogen**. Weder kann dieses im Geschäftsverteilungsplan eine andere als die Spezialkammer für das Sicherungsverfahren für zuständig erklären, noch ist es berufen, bei einem negativen Kompetenzkonflikt hinsichtlich der gesetzlichen Zuständigkeitsvoraussetzungen zwischen einer Spezial- und einer allgemeinen Strafkammer zu entscheiden.[26] Ebenso wenig könnte etwa die Schwurgerichtskammer sich durch „Verweisung" an eine allgemeine Kammer ihrer Zuständigkeit entziehen. Bei negativen Kompetenzkonflikten zwischen verschiedenen Kammern des Landgerichts entscheidet vielmehr in entsprechender Anwendung der §§ 14, 19 das Oberlandesgericht als gemeinschaftliches oberes Gericht.[27] Unberührt bleiben die §§ 209, 209a,[28] 13a.

13 **4. Zuständigkeit des Oberlandesgerichts.** Nicht völlig zweifelsfrei erscheint, ob dem **Oberlandesgericht** als Gericht des ersten Rechtszuges (§ 120 GVG) die Zuständigkeit für das Sicherungsverfahren entzogen ist. Eine ausdrückliche Bestimmung des Inhalts, wie sie ehedem in der ursprünglichen Fassung des § 429b a. F. enthalten war (o. Entstehungsgeschichte), fehlt, wenn man sie nicht aus § 74 Abs. 1 Satz 2 GVG („sie sind auch zuständig für *alle* Straftaten, bei denen [...] die Unterbringung in einem psychiatrischen Krankenhaus, [...] zu erwarten ist") entnehmen will. Man müsste dann aber § 74 Abs. 1 Satz 2 insoweit als Ausnahme von dem Grundsatz des § 74 Abs. 1 Satz 1 ansehen, wonach die Strafkammerzuständigkeit entfällt, wenn die des Oberlandesgerichts gegeben ist. **Für die Zuständigkeit** des Staatsschutzstrafsenats auch für das Sicherungsverfahren, wenn für das subjektive Verfahren dessen Zuständigkeit gegeben ist, sprechen die gleichen Erwägungen, die o. (Rn. 10 f.) für den Vorrang der Spezialkammern geltend gemacht werden.[29] Für eine unterschiedliche Behandlung der Zuständigkeitsfrage bei dem personellen gegenüber dem gegenständlichen Sicherungsverfahren lassen sich schwerlich durchgreifende Gründe finden. Schließlich ist zu bedenken, dass das Oberlandesgericht (schon gemäß § 269) für die selbständige Anordnung von Maßregeln der Besserung und Sicherung zuständig bleibt, wenn sich nach Eröffnung des Strafverfahrens die Schuldunfähigkeit des Angeklagten zur Tatzeit ergibt oder seine Verhandlungsunfähigkeit eintritt oder zutage tritt. Von diesem Standpunkt aus richtet sich dann auch die Zuständigkeit der **Staatsanwaltschaft** zur Stellung des Sicherungsantrags nach § 142a GVG.

---

24 Begründung des Regierungsentwurfs des 1. StVRG, BTDrucks. **7** 551 S. 101; Bericht des Rechtsausschusses BTDrucks. **7** 2600 S. 11.

25 Gegen OLG München MDR **1983** 514 wie hier auch OLG Saarbrücken NStZ **1985** 93; OLG Stuttgart NStZ **1987** 292; KK/*Maur* 15; im Erg. so auch Meyer-Goßner/*Schmitt* 8; KMR/*Metzger* 6.

26 BGHSt **26** 191, 200.

27 OLG Frankfurt vom 13.2.1976 – 3 Ws 89/76.

28 KK/*Maur* 15; für § 209a ebenso *Pfeiffer* 2.

29 I.E. ebenso KK/*Maur* 15; Meyer-Goßner/*Schmitt* 8; AK/*Keller* 6; *Pfeiffer* 2.

5. Zuständigkeit im Verfahren gegen Jugendliche und Heranwachsende. Im Sicherungsverfahren gegen Jugendliche und Heranwachsende richtet sich die sachliche Zuständigkeit nach den **§§ 39, 40, 41 JGG**. Danach ist, abweichend von § 24 Abs. 2 GVG,[30] in verfassungsrechtlich zulässiger Weise[31] grundsätzlich das Jugendschöffengericht zuständig (§ 40 Abs. 1 JGG), es sei denn, dass dieses vor Eröffnung des Hauptverfahrens die Sache wegen ihres besonderen Umfanges der Jugendkammer zur Übernahme vorlegt und diese sie übernimmt[32] (§ 40 Abs. 2; § 41 Abs. 1 Nr. 2 JGG). Eine Zuständigkeit der Jugendkammer kann sich auch aus § 41 Abs. 1 JGG ergeben, wie auch nach § 39 Abs. 1 Satz 1 JGG eine solche des Jugendrichters zur Entziehung der Fahrerlaubnis; § 26 GVG bleibt unberührt.[33] 14

IV. Das Zwischenverfahren

1. Antragsschrift

a) Inhalt. An Stelle der Anklageschrift tritt nach Abs. 2 eine **Antragsschrift**, die den Erfordernissen einer Anklageschrift (§ 200) entsprechen muss.[34] Diese ausdrückliche gesetzliche Anordnung mag selbstverständlich erscheinen, ist aber im Hinblick auf den möglichen Übergang ins subjektive Strafverfahren nach § 416 Abs. 2 auch notwendig.[35] Es handelt sich um eine nicht ersetzbare Prozessvoraussetzung des Sicherungsverfahrens.[36] 15

Die Antragsschrift muss demgemäß die Bezeichnung des „Beschuldigten“ und der Tat samt ihren gesetzlichen Merkmalen und den anzuwendenden Vorschriften (§ 200 Abs. 1 Satz 1) im **Antragssatz** enthalten, unter Umständen mit dem Zusatz: „im Zustand der Schuldunfähigkeit begangen“.[37] Ferner muss sie die in **§ 200 Abs. 1 Satz 2** verlangten Angaben (Beweismittel, zuständiges Gericht – s. dazu o. Rn. 5 ff. – und Verteidiger) enthalten. Darüber hinaus ist grundsätzlich das **wesentliche Ergebnis der Ermittlungen** (§ 200 Abs. 2 Satz 1) einschließlich der „ärztlichen Befunde zur Schuld-“ oder „Verhandlungsunfähigkeit des Beschuldigten“[38] darzulegen. Dies gilt ausnahmslos, wenn der Antrag auf eine freiheitsentziehende Maßregel (Unterbringung in einem psychiatrischen Krankenhaus oder in einer Entziehungsanstalt) gerichtet ist. Dagegen kann nach § 200 Abs. 2 Satz 2 vom Ermittlungsergebnis abgesehen werden, wenn der Antrag auf Entziehung der Fahrerlaubnis und auf Berufsverbot an den Strafrichter (o. Rn. 7) gerichtet ist. 16

Darüber hinaus bedarf es des Antrags auf **Eröffnung** des Hauptverfahrens im Sicherungsverfahren (§ 199 Abs. 2 Satz 1) und nach § 414 Abs. 2 Satz 3 der Bezeichnung der **beantragten Maßregel.** Sie muss deutlich erkennbar sein, damit der Beschuldigte sich mit seiner Verteidigung darauf einrichten kann. Die konkrete Maßregel muss aber nicht zwingend dem Eröffnungsantrag oder sonst einem bestimmten Teil der Antragsschrift 17

---

30 OLG Saarbrücken NStZ **1985** 93; KK/*Maur* 16.

31 BVerfG (Vorprüfungsausschuß) NJW **1986** 771; s. dazu *Eisenberg* NJW **1986** 2408.

32 Ebenso OLG Karlsruhe JZ **1957** 31; OLG Oldenburg NJW **1958** 1200; LG Bonn NJW **1976** 2312; LG Waldshut NJW **1956** 1488; AK/*Keller* 7; **a.A.** noch OLG Hamm JMBlNRW **1955** 116, das die Jugendkammer für zuständig hält.

33 KK/*Maur* 16; KMR/*Metzger* 8.

34 Für die entsprechend entscheidende Rspr. anhand von Serientaten einschließlich der dort anerkannten Lockerungen der Umgrenzungsfunktion BGH NStZ-RR **2018** 291.

35 KK/*Maur* 6; Meyer-Goßner/*Schmitt* 4; SK/*Weßlau* 23; AnwK-StPO/*Böttger* 5.

36 M.w.N. BGH NStZ **2016** 693; Meyer-Goßner/*Schmitt* 3.

37 KK/*Maur* 7.

38 KK/*Maur* 6; *Pfeiffer* 2.

zugeordnet werden.[39] Ferner wird das Gericht durch die genaue Bezeichnung in der Antragsschrift nicht auf die Anordnung der beantragten Maßregel beschränkt.[40] Bei den freiheitsentziehenden Maßregeln ist in der Regel neben der Antragsschrift nach § 414 zugleich ein **Antrag** auf Erlass, Aufrechterhaltung, Außervollzugsetzung oder Aufhebung eines **Unterbringungsbefehls**[41] zu stellen.

18 **b) Wesen.** Die besondere Antragsschrift bildet die **Prozessvoraussetzung** für das gerichtliche Verfahren, deren Fehlen in jedem Stadium von Amts wegen zur Verfahrenseinstellung[42] führt. Daraus folgt, dass auf eine die Durchführung eines Strafverfahrens bezweckende Anklageschrift hin das Hauptverfahren im Sicherungsverfahren nicht eröffnet werden kann, wenn der Eröffnungsrichter die Schuld- oder Verhandlungsfähigkeit verneint. Dies würde bedeuten, dass der Eröffnungsrichter in unzulässiger Weise in das Ermessen des Staatsanwalts, ob er das selbständige Sicherungsverfahren betreiben will, eingreift.[43] Umgekehrt kann dagegen auf einen Sicherungsverfahrensantrag hin das Gericht das Hauptverfahren als Strafverfahren eröffnen.[44] Zulässig ist es, mit einer Anklageschrift **hilfsweise** einen Sicherungsverfahrensantrag für den Fall zu verbinden, dass das Eröffnungsgericht die Schuldfähigkeit des Angeschuldigten nicht als hinreichend dargetan, aber hinreichenden Verdacht der Schuldunfähigkeit als gegeben ansehen sollte.[45] Dagegen wäre es nicht genügend, dass die Staatsanwaltschaft sich bei Bedenken des Eröffnungsrichters mit einer Behandlung der Anklage als Antragsschrift einverstanden[46] erklärt, denn damit wären dem Beschuldigten die Möglichkeiten, sich nach § 201 gerade gegen den Antrag zu wenden (u. Rn. 20), entzogen.

19 **c) Verhältnis zwischen Straf- und Sicherungsverfahren.** Unzulässig ist es, nach Anklageerhebung und Eröffnung des subjektiven Strafverfahrens wegen hervorgetretener Bedenken gegen die Schuld- oder Verhandlungsfähigkeit einen **neuen Sicherungsverfahrensantrag** zu stellen, denn dann steht nach dem Grundsatz des § 414 Abs. 1 dem Sicherungsverfahren das Verfahrenshindernis der **Rechtshängigkeit** des subjektiven Verfahrens entgegen. Ist das Verfahren allerdings noch nicht eröffnet,[47] ist eine Rücknahme der Anklage (§ 156) und – auch noch im Verfahren auf die Beschwerde gegen die Nichteröffnung des Verfahrens[48] – des Antrags nach § 414 möglich. Das Gericht könnte auch nicht das anhängige Strafverfahren mit dem Sicherungsverfahren zur gemeinsamen Verhandlung und Entscheidung verbinden, denn die §§ 4, 5 sind unanwendbar, da es sich nicht um zusammenhängende Strafsachen, sondern nur um Verfahren verschiedener Art handelt.[49] Es muss dann das Sicherungsverfahren eingestellt[50] und das Verfahren vor dem zuerst angegangenen Gericht durchgeführt[51] werden.

---

39 OLG Düsseldorf OLGSt S. 1.

40 KG StV **2019**, 231; KK/*Maur* 7. Vgl. aber zur Hinweispflicht § 265 Abs. 2.

41 KK/*Maur* 8. Vgl. § 207 Abs. 4.

42 RGSt **68** 291; BGHSt **47** 52, 53; KK/*Maur* 9.

43 RGSt **72** 143 f.; BGHSt **47** 52, 53; KK/*Maur* 10; SK/*Weßlau* 25; AnwK-StPO/*Böttger* 4.

44 KK/*Maur* 11; AnwK-StPO/*Böttger* 6; § 416, 1 ff.

45 RGSt **72** 143, 144; BGHSt **47** 52, 53; KK/*Maur* 10; Meyer-Goßner/*Schmitt* 3; *Pfeiffer* 2. Vgl. § 416, 9.

46 BGHSt **47** 52, 53; KK/*Maur* 10; **a.A.** *Peters* 572.

47 Zur insoweit aber erreichten Grenze einer Rücknahme nur BGH NStZ-RR **2007** 339 f., aber mit dem Verweis auf alternative Lösungen etwa nach § 67e StGB.

48 BGHSt **47** 52, 53 f.

49 BGHSt **22** 185, 186 f.; KK/*Maur* 12.

50 § 414 Abs. 1, § 206a.

51 BGHSt **22** 185, 187, dazu krit. *Hanack* JZ **1974** 54, 57; KK/*Maur* 12.

2. Das gerichtliche Zwischenverfahren. Da der Antrag der **öffentlichen Klage gleichsteht,** muss das Gericht, wenn der Antrag bei ihm eingeht, zunächst nach §§ 201, 202[52] verfahren. Zugleich ist dem Betroffenen gemäß § 140 Abs. 1 Nr. 7 nach dem Regime der §§ 141 und 142 ein Verteidiger zu bestellen, soweit dies noch nicht im Vorverfahren geschehen ist (o. Rn. 2). Sodann ist über den Antrag in gleicher Weise wie über eine Anklage zu entscheiden – die §§ 209, 209a gelten[53] (vgl. o. Rn. 12). Genügt die Antragsschrift den wesentlichen Erfordernissen des § 414 nicht, so muss das Gericht die Eröffnung des Sicherungs(haupt)verfahrens bis zur Beseitigung des Mangels nach den gleichen Grundsätzen ablehnen, nach denen es im Strafverfahren bei sog. wesentlichen Mängeln der Anklageschrift zu verfahren[54] hat. 20

Die **Eröffnung** wird durch begründeten Beschluss gemäß § 204 **abgelehnt,** wenn rechtliche oder tatsächliche Bedenken entgegenstehen, etwa wenn kein hinreichender Verdacht der Täterschaft oder keine hinreichenden Anhaltspunkte dafür vorliegen, dass die Tat im Zustand der Schuldunfähigkeit verwirklicht wurde oder Verhandlungsunfähigkeit gegeben ist.[55] Die Wiederaufnahme und Fortführung des Verfahrens ist nur dann möglich, wenn die Nichteröffnung auf dem Mangel der Schuld- oder Verhandlungsunfähigkeit beruht:[56] Wird dagegen die Nichteröffnung auf andere Gründe gestützt (z.B. mangelnde Erwartung der Anordnung von Maßregeln), so erwächst der Nichteröffnungsbeschluss in die nach § 211 beschränkte Rechtskraft. 21

Wird die **Eröffnung** des Hauptverfahrens im Sicherungsverfahren **beschlossen** – ggf. unter gleichzeitiger Entscheidung über die Fortdauer einer einstweiligen Unterbringung (§ 126a) gemäß § 207 Abs. 4 –, so finden die allgemeinen Vorschriften über die Vorbereitung der Hauptverhandlung entsprechende Anwendung (u. Rn. 23). Der Antrag kann nach Eröffnung des Hauptverfahrens nicht mehr zurückgenommen werden (§ 156). Beim Übergang vom Sicherungs- zum Strafverfahren nach § 416 ersetzt er die Anklageschrift.[57] 22

V. Das Hauptverfahren

1. Die Hauptverhandlung

a) Vorbereitung und Durchführung. Für die Vorbereitung der Hauptverhandlung gelten die §§ 213 ff.,[58] für deren Durchführung die **allgemeinen Vorschriften** (einschl. des § 171a GVG[59]) mit den Besonderheiten, die sich aus § 415 ergeben. Auch die Angaben des geisteskranken oder geistesschwachen Beschuldigten sind im Sicherungsverfahren Beweismittel und nach dem Grundsatz der freien Beweiswürdigung zu werten; denn auch ein Geisteskranker kann in der Lage sein, einfache ihn betreffende Lebensvorgänge zu erfassen und wiederzugeben oder bestimmte einfache Fragen zu beantworten, auch wenn er sonst außerstande ist, einer oft schwierigen Verhandlung zu folgen.[60] 23

---

52 KMR/*Metzger* 23; AnwK-StPO/*Böttger* 6.
53 KK/*Maur* 15; KMR/*Metzger* 23.
54 RG JW **1935** 532 Nr. 37, 2368 Nr. 18.
55 § 413, 19.
56 S. auch § 416, 1.
57 S. § 416, 10.
58 Meyer-Goßner/*Schmitt* 5.
59 KK/*Maur* 2.
60 BGHSt **2** 269.

24 **b) Anwendbarkeit der §§ 264 und 265.** § 264 ist zwar in dem Sinne **entsprechend**[61] **anwendbar**, dass die Anordnung nur auf eine der im Eröffnungsbeschluss bezeichneten oder der auf Nachtragsantrag (§ 266) hin durch Beschluss in das Verfahren einbezogenen Handlungen gestützt werden kann. Das schließt aber nicht aus, dass bei der Prüfung, ob der Schutz der Allgemeinheit die Maßregel erfordert, auch Taten berücksichtigt werden, die nicht Gegenstand der Antragsschrift sind, wenn sie lediglich zur Vervollständigung des Bildes über die Persönlichkeit und Gefährlichkeit des Beschuldigten herangezogen werden.[62] Ferner kann das Gericht nach § 265 Abs. 2 andere als von der Staatsanwaltschaft beantragte Maßregeln[63] anordnen, soweit sie im Sicherungsverfahren selbständig verhängt werden können. Auch **§ 265 Abs. 1 ist anwendbar:**[64] Weil die Anordnung der je in Betracht kommenden Maßregeln voraussetzt, dass die Verwirklichung des objektiven wie auch des subjektiven (Vorsatz!) Tatbestandes eines bestimmten Strafgesetzes festgestellt wird, ist es für die Verteidigung des Beschuldigten von Bedeutung, zu wissen, welchen Straftatbestand das Gericht als Grundlage der Anordnung in Erwägung[65] zieht.

25 **c) Verbindung eines Strafverfahrens mit einem Sicherungsverfahren.** Durch Beschluss gemäß § 4 kann bei **Tatmehrheit** ein selbständiges Sicherungsverfahren mit einem bereits eröffneten Strafverfahren gegen denselben Beschuldigten **verbunden** werden. Die Urteilsformel muss dann für beide Verfahren Entscheidungen treffen und lautet gegebenenfalls auf Freispruch und Maßregelanordnung oder auf Verurteilung und Ablehnung[66] der Anordnung, während die Ablehnung in der Urteilsformel nicht in Erscheinung tritt, wenn nur das Hauptverfahren in einem Strafverfahren eröffnet ist und Freispruch und Anordnung einer Maßregel beantragt[67] werden.[68]

26 **2. Die verfahrensabschließenden Entscheidungen.** Im Sicherungsverfahren wird allein über den **Antrag** der Staatsanwaltschaft auf Verhängung der jeweils in Betracht kommenden Maßregel **entschieden**, nicht aber ein Schuldspruch gefällt. Deshalb wird im Urteilstenor regelmäßig nur entweder auf Anordnung einer Maßregel oder auf Ablehnung des Antrags, nicht aber auf Freispruch[69] erkannt, die an die Stelle des Freispruchs (als eines gleichsam negativen Schuldspruchs) bei einer schuldhaften Tat tritt.[70] Die konkret begangene/nicht begangene rechtswidrige Tat wird dabei nicht bezeichnet.[71]

---

61 KK/*Maur* 2.

62 Hierfür siehe BGHSt **58** 242, 243.

63 KK/*Maur* 7.

64 KK/*Maur* 2.

65 *Eb. Schmidt* Nachtr. I § 429b a. F. 6.

66 RGSt **73** 314; KK/*Maur* 13.

67 Im Ergebnis so BGH bei *Holtz* MDR **1985** 449; AK/*Keller* 13.

68 Vgl. § 267 Abs. 6.

69 BGH bei *Becker* NStZ-RR **2004** 68 Nr. 28; KK/*Maur* 17; Meyer-Goßner/*Schmitt* 6; KMR/*Metzger* 32; AnwK-StPO/*Böttger* 7.

70 BGH NJW **1970** 1242; HK/*Pollähne* 8.

71 BGH bei *Holtz* MDR **1985** 449; Meyer-Goßner/*Schmitt* 6; AnwK-StPO/*Böttger* 7; *Pfeiffer* 4. Die Bezeichnung der begangenen rechtswidrigen Tat unterbleibt indessen allein mangels Schuldspruchs, nicht aber deswegen, weil die vom Betroffenen begangene rechtswidrige Tat etwa nur eine „Anlasstat" sei (so aber z.B. BGH bei *Holtz* MDR **1985** 449); mit dieser Beweisführung würde verkannt, dass auch die Maßregeln Rechtsfolgen einer Tat sind, also nicht bloß einen „Anlass", sondern, was z.B. auch in § 62 StGB aufscheint, notwendigerweise einen Grund haben müssen, der (als Realgrund) in der rechtswidrigen Tat und der Tätergefährlichkeit liegt – s. dazu *Gössel* FS Pfeiffer 3, 8 ff.

Auch die Frage nach **sonstigen verfahrensabschließenden Entscheidungen** in der Hauptverhandlung ist daran auszurichten, dass im Sicherungsverfahren über die Schuld des Betroffenen nicht entschieden wird: Deshalb sind im weitesten Sinne „schuldabhängige" Einstellungen z.B. nach §§ 153 Abs. 2, 153a Abs. 2, 153b Abs. 2 ausgeschlossen.[72] In Betracht kommen hingegen **„schuldunabhängige" Einstellungen** z.B. aus verfahrensökonomischen Gründen nach § 154 Abs. 2 und § 154a Abs. 2,[73] in den Fällen des § 153e Abs. 2, des § 154b Abs. 4 und ebenso in Fällen vorliegender Prozesshindernisse (soweit möglich, vgl. § 413, 9 ff.; zur Frage des nachträglichen Wegfalls von Schuld- oder Verhandlungsfähigkeit s. § 416, 16 f.).

Bei Anordnung einer freiheitsentziehenden Maßregel ist die **Auswahl und Bezeichnung der Vollzugsanstalt** naturgemäß nicht Sache des Gerichts.[74] Die Anordnung setzt die Feststellung der Verhandlungsunfähigkeit oder die positive Feststellung der Schuldunfähigkeit oder doch wenigstens einen unbehebbaren Zweifel voraus, ob erheblich verminderte Schuldfähigkeit oder Schuldunfähigkeit vorlag. Kann eine solche Feststellung nicht getroffen werden, so muss das Gericht den Antrag ablehnen und nach § 416[75] verfahren. Der Antrag ist nach dem Grundsatz in dubio pro reo auch abzulehnen, wenn zweifelhaft bleibt, ob der Beschuldigte die ihm zur Last gelegte Tat begangen hat, oder ob ihm ein Rechtfertigungsgrund oder ein anderer Schuldausschließungsgrund als Schuldunfähigkeit oder ein Strafaufhebungsgrund wie Rücktritt vom Versuch zur Seite[76] steht. 27

Liegt dem Eröffnungsbeschluss die Annahme **mehrerer selbständiger Handlungen** zugrunde und wird eine der Taten in der Hauptverhandlung nicht erwiesen, so erfolgt keine Teilablehnung (noch weniger ein Teilfreispruch), denn es ist dann nur einer von mehreren Unterbringungsgründen weggefallen.[77] Zur Kostenentscheidung in einem solchen Fall s. u. Rn. 30. 28

Lautet das Urteil auf eine freiheitsentziehende Maßregel der Besserung und Sicherung, so kann sie unter den Voraussetzungen des § 67b StGB zugleich zur **Bewährung ausgesetzt** werden. Es gelten dann die Vorschriften des § 268a Abs. 2, 3.[78] 29

3. Verfahrenskosten. Kostenmäßig steht die selbständige Anordnung einer Maßregel gemäß **§ 465 Abs. 1** einer Verurteilung zu Strafe, die Ablehnung des Sicherungsantrags gemäß **§ 467 StPO, §§ 2, 8 StrEG** einem Freispruch gleich.[79] Hat der Eröffnungsbeschluss mehrere selbständige Straftaten zum Gegenstand, von denen nur ein Teil als erwiesen angesehen wird (o. Rn. 28), so erfolgt Kostenverteilung in gleicher Weise wie bei einem Urteil, das teils auf Strafe, teils auf Freispruch lautet („insoweit zu tragen, als sie durch das Verfahren wegen einer Tat entstanden sind, wegen deren eine Maßregel gegen ihn angeordnet wird").[80] 30

4. Vollstreckung. Wegen der Vollstreckung der selbständig angeordneten Maßregeln vgl. § 463. 31

---

72 LG Krefeld NJW **1976** 815.

73 KK/*Maur* 17; Meyer-Goßner/*Schmitt* 6; *Pfeiffer* 4; **a.A.** KMR/*Metzger* 25. Insbesondere zu § 154 Abs. 2 befürwortend auch BGH StV **2007** 411.

74 RGSt **70** 176, 177; OLG Hamm SJZ **1950** 213; AK/*Keller* 13.

75 KK/*Maur* 18; vgl. auch AnwK-StPO/*Böttger* 7.

76 BGHSt **13** 91, 94; **31** 132.

77 RG DJ **1939** 1087 f.; KK/*Maur* 17; Meyer-Goßner/*Schmitt* 6; AnwK-StPO/*Böttger* 7.

78 AnwK-StPO/*Böttger* 7.

79 RG HRR **1939** Nr. 604; **1940** Nr. 138; KK/*Maur* 20; *Pfeiffer* 4. S. LR/*Hilger* Erl. zu §§ 465, 467.

80 Vgl. dazu RG HRR **1939** Nr. 1012; **1940** Nr. 137, 138; RGSt **73** 303, 306; HK/*Pollähne* 10.

VI. Rechtskraft

32 **1. Sicherungsverfahren wegen Verhandlungsunfähigkeit.** Wurde das Sicherungsverfahren wegen Verhandlungsunfähigkeit des zur Tatzeit Schuldfähigen betrieben, so verbraucht das rechtskräftige Urteil nicht nur den **Sicherungsanspruch** in gleichem Umfang wie ein Urteil im Sicherungsverfahren gegen den zur Tatzeit Schuldunfähigen, sondern auch den **Strafanspruch**;[81] denn Gegenstand des Verfahrens war auch, ob überhaupt ein Strafanspruch entstanden sei, der sich nur wegen der Verhandlungsunfähigkeit als unrealisierbar erwies und sich deshalb in einen Sicherungsanspruch verwandelte.

33 Dies gilt auch dann, wenn die Staatsanwaltschaft lediglich aus prozessualen Gründen eine **beschränkte Sachentscheidung** erstrebt, etwa mit einem Antrag auf Entziehung der Fahrerlaubnis **wegen Verhandlungsunfähigkeit.**[82] Die früher insoweit vertretene Gegenansicht[83] geht offenbar davon aus, dass die Staatsanwaltschaft bei Stellung des Sicherungsantrags und das Gericht bei Durchführung des Sicherungsverfahrens dauernde Verhandlungsunfähigkeit des Beschuldigten annahmen, erwartungswidrig aber nach rechtskräftigem Abschluss des Sicherungsverfahrens der „Beschuldigte" die Verhandlungsfähigkeit wiedererlangt. Dieser Fall rechtfertigt keine Sonderbehandlung. Denn das auf Fahrerlaubnisentziehung oder Berufsverbot lautende Sicherungsurteil weist begrifflich Elemente eines Strafurteils auf, in dem das Gericht feststellen muss, dass der Täter zu verurteilen wäre, wenn nicht seine Verhandlungsunfähigkeit der Verurteilung entgegenstünde. Die Anforderungen an diese Feststellung sind nicht geringer, als wenn der verhandlungsfähige Täter verurteilt und ihm deshalb nach § 69 StGB die Fahrerlaubnis entzogen würde. Der verfassungsrechtliche Grundsatz ne bis in idem (Art. 103 Abs. 3 GG) lässt bei solcher Lage ein „nachträgliches Strafverfahren" mit „umfassender Beurteilung" nicht[84] zu. Zur Statthaftigkeit der **Wiederaufnahme des Verfahrens** s. aber u. Rn. 38 ff.

2. Sicherungsverfahren wegen Schuldunfähigkeit

34 **a) Strafverfahren.** Ein im Strafverfahren ergangenes rechtskräftiges, freisprechendes Urteil verbraucht den Strafanspruch mit der Wirkung, dass wegen der Tat, die den Gegenstand des Strafverfahrens bildete, ein selbständiges Sicherungsverfahren nicht mehr betrieben werden[85] kann. Das bedarf keiner Begründung, wenn der Freispruch wegen Verneinung der Täterschaft oder wegen eines Unrechtsausschließungsgrundes oder wegen eines anderen Schuldausschließungsgrundes als der Schuldunfähigkeit erfolgt. Aber auch der Freispruch wegen Schuldunfähigkeit steht einem nachträglichen selbständigen Sicherungsverfahren entgegen, denn das Gericht war in der Lage und verpflichtet zu prüfen, ob mit dem Freispruch eine Anordnung nach § 71 StGB zu verbinden sei. Die Nichtanordnung entspricht daher einer Verneinung der Anordnungsvoraussetzungen. Es geht mithin nicht an, mit *Nagler*[86] die Zulässigkeit des nachträglichen Sicherungsverfahrens damit zu begründen, die Rechtskraft des Strafurteils verbiete nur eine nochmalige Behandlung der

---

81 KK/*Maur* 22; Meyer-Goßner/*Schmitt* § 416, 9; AK/*Keller* 15 f.; KMR/*Metzger* 34; HK/*Pollähne* 12; AnwK-StPO/*Böttger* 8.

82 KK/*Maur* 23; Meyer-Goßner/*Schmitt* § 416, 9.

83 *Kleinknecht/Meyer* § 416, 8.

84 Wie hier i.E. auch KK/*Maur* 23; Meyer-Goßner/*Schmitt* § 416, 9; KMR/*Metzger* 34.

85 RGSt **68** 171; 383, 384, 392; **69** 170; BGHSt **11** 319, 322; *Eb. Schmidt* § 429b a. F., 16; KK/*Maur* 23; Meyer-Goßner/*Schmitt* § 416, 9; AK/*Keller* 15 f.; *Pfeiffer* 6; *Hanack* JZ **1974** 57; **a.M.** *Nagler* GerS **112** (1939) 334.

86 *Nagler* GerS **112** (1939) 334; im Erg. ebenso z.B. *Peters* 572; offen gelassen von *Roxin* § 64, 10.

Straffrage, nicht eine erneute Würdigung des Sachverhalts unter dem ganz anderen Gesichtspunkt des Sicherungserfordernisses. Auch wenn im Strafurteil die Anordnung unterbleibt, weil Gefährlichkeit und Sicherungsbedürfnis verneint werden, ist ein nachträgliches Sicherungsverfahren wegen neu hervorgetretener, die Gefährlichkeit offenbarender Umstände ausgeschlossen. Es gilt hier das Gleiche, wie bei einer in Rechtskraft erwachsenen Ablehnung der Anordnung im Sicherungsverfahren.

b) Sicherungsverfahren. Kraft der in § 414 Abs. 1 angeordneten Geltung der allge- 35
meinen strafverfahrensrechtlichen Regeln werden auch durch ein im selbständigen Sicherungsverfahren ergangenes rechtskräftiges Urteil, es mag auf Anordnung oder Ablehnung lauten, sowohl ein **Strafanspruch** als auch ein Sicherungsanspruch **verbraucht**. In der im Sicherungsverfahren ergehenden Entscheidung liegt, soweit es sich um den Strafanspruch handelt, gewissermaßen der Freispruch wegen Schuldunfähigkeit hinsichtlich einer möglichen Straftat.[87] Dies ergibt sich aus der Erwägung, dass das Gericht stets sein Augenmerk darauf zu richten hat, ob der Beschuldigte nicht doch – entgegen der Annahme des Eröffnungsbeschlusses – schuldfähig war, und dass es gemäß § 416 in das Strafverfahren übergehen muss, wenn sich die Schuldfähigkeit des Beschuldigten herausstellt.[88] Erweist sich also nach Rechtskraft einer selbständigen Anordnung, dass der Beschuldigte im Zeitpunkt der Tat schuldfähig war, so ist die Durchführung eines Strafverfahrens ausgeschlossen.[89] Das Gleiche gilt selbstverständlich, wenn eine Maßregel abgelehnt wird, weil der Beschuldigte nicht der Täter sei. Es gilt aber auch dann, wenn die Ablehnung nur darauf gestützt wird, dass der Schutz der Allgemeinheit die Anordnung einer Maßregel nicht erfordere; denn nicht diese Begründung, sondern die Feststellung, dass die Voraussetzungen eines Sicherungsanspruchs nicht gegeben seien, wird rechtskräftig.[90]

Mithin steht die rechtskräftige **Ablehnung wegen mangelnder Gefährlichkeit** ei- 36
nem neuen Sicherungsverfahren auf Grund der in dem früheren Eröffnungsbeschluss bezeichneten Taten auch dann entgegen, wenn sich bezüglich gerade dieser Taten nach Rechtskraft neue Anhaltspunkte für die Gefährlichkeit[91] ergeben. Bestehen diese Anhaltspunkte in der ***erneuten* Verwirklichung von Verbrechens- oder Vergehenstatbeständen**, so rechtfertigt dieser Umstand natürlich ein **neues Sicherungsverfahren**, wobei die in dem früheren Urteil gewürdigten Tatbestandsverwirklichungen, auch wenn sie nicht die Grundlage des neuen Verfahrens bilden können, doch zur Vervollständigung des Bildes herangezogen werden dürfen[92] (o. Rn. 24). Ergibt sich dagegen nachträglich die Gefährlichkeit aus anderen Gesichtspunkten, so ist, soweit es sich um eine freiheitsentziehende Maßregel handelt, dem praktischen Bedürfnis dadurch genügt, dass ein Unterbringungsverfahren auf Grund der Landesunterbringungsgesetze[93] betrie-

---

87 BGHSt **11** 319, 322; **13** 91, 94; **16** 198, 199.

88 § 416, 4.

89 Ebenso OLG Hamm JMBlNRW **1949** 202; KK/*Maur* 22; Meyer-Goßner/*Schmitt* § 416, 9; *Schäfer/Wagner/Schafheutle* § 429b, 1g; *Schlüchter* 805. Zur Frage der (weiteren) Vollstreckung einer freiheitsentziehenden Maßregel bei nun vorliegender Schuldfähigkeit vgl. *Radtke* ZStW **110** (1998) 297.

90 Ebenso RGSt **68** 171; 383, 384; 392, 393; **69** 172; BGHSt **58** 242 f. = NJW **2013** 2043; BGH BeckRS **2013** 9601 und das überwiegende Schrifttum, z.B. Meyer-Goßner/*Schmitt* 6; *Eb. Schmidt* § 429b a. F., 14; *Schäfer/Wagner/Schafheutle* § 429b, 1g; *Dörffler* DJ **1933** 749, 751; **a.A.** *Henkel* 418 und ZStW **70** (1958) 214; **81** (1969) 987; *Peters* 572.

91 KK/*Maur* 22; Meyer-Goßner/*Schmitt* 6, § 416, 9; HK/*Pollähne* § 414, 12; AK/*Keller* 16; *Schlüchter* 805; **a.A.** nun verfehlt gegen die jüngere Rechtsprechung *Allgayer* NStZ **2013** 559, 561 f.; MüKo/*Putzke/Scheinfeld* 26.

92 BGHSt **58** 242, 243 = NJW **2013** 2043; AK/*Keller* 15.

93 § 413, 22.

ben werden[94] kann. Ein solches Unterbringungsverfahren wäre übrigens selbst dann zulässig, wenn das Strafgericht die Unterbringung – gleichviel ob wegen fehlender Täterschaft oder mangelnder Gefährlichkeit – ablehnt und keine neuen Gesichtspunkte nachträglich hervortreten. Denn wie die Ablehnung einer Unterbringung durch den Richter einer anderen Gerichtsbarkeit (Zivil- oder Verwaltungsgerichtsbarkeit) den Strafrichter nicht hindert, die Unterbringung nach § 413 anzuordnen, so hindert die vorgängige Ablehnung im selbständigen Sicherungsverfahren den Richter der anderen Gerichtsbarkeit ebenso wenig, auf der Grundlage der für ihn bestehenden Vorschriften und seiner eigenen Ermittlungen die Unterbringung anzuordnen. Entsprechendes gilt bei der rechtskräftigen Ablehnung der Entziehung der Fahrerlaubnis oder der Verhängung eines Berufsverbots in den Fällen, in denen etwa durch Maßnahmen der Verwaltungsbehörden Gefahren ausgeschlossen werden können.

VII. Rechtsbehelfe

37 **1. Rechtsmittel.** Die verfahrensabschließenden Entscheidungen sind mit den **allgemeinen Rechtsmitteln** anfechtbar. Ein Rechtsmittelverzicht des schuldunfähigen Betroffenen wird wegen der regelmäßig, wenn auch nicht zwingend, vorliegenden Verhandlungsunfähigkeit[95] unwirksam[96] sein, deren Vorliegen im Freibeweisverfahren zu klären[97] ist.

38 **2. Wiederaufnahme gegen das Sicherungsurteil.** Wegen der umfassenden Rechtskraftwirkung des im Sicherungsverfahren ergangenen Urteils (o. Rn. 32) sind weitergehende Angriffe auf das Urteil grundsätzlich nur mit dem außerordentlichen Rechtsbehelf der **Wiederaufnahme** des Verfahrens zulässig.

39 Die Möglichkeit der Wiederaufnahme des Verfahrens **zugunsten** des Beschuldigten, gegen den nach § 413 eine Maßregel angeordnet wurde, wegen neuer Tatsachen und Beweismittel ergibt sich unmittelbar aus § 359 Nr. 5.

40 Ist durch ein rechtskräftiges Urteil der Antrag abgelehnt worden, so ist eine Wiederaufnahme des selbständigen Sicherungsverfahrens **zuungunsten** des Beschuldigten nach § 362 Nr. 4, § 414 Abs. 1 möglich, wenn die Ablehnung wegen Verneinung der Täterschaft erfolgte und er ein Geständnis über die Täterschaft[98] ablegt. Dem Sinn des § 416 entsprechend soll das Verfahren auch dann zuungunsten des Beschuldigten nach § 362 Nr. 4 wiederaufgenommen werden dürfen, wenn der Beschuldigte entgegen der Annahme in dem rechtskräftig abgeschlossenen Sicherungsverfahren zur Tatzeit schuld- oder verhandlungsfähig war, so etwa dann, wenn der Beschuldigte, gegen den die Unterbringung selbständig angeordnet wurde, die Schuld- oder Verhandlungsunfähigkeit zur Tatzeit vorgetäuscht hatte und dies gesteht.[99] Dann soll die bloße Unterbringung als „Freispruch" i. S. des § 362 Nr. 4 und das Geständnis der Schuldfähigkeit als „Geständnis der strafbaren Handlung", d. h. als Geständnis, dass nicht nur der objektive Tatbestand einer strafbaren Handlung erfüllt, sondern eine Straftat begangen wurde,[100] angesehen werden können. Zustimmungs-

---

94 KK/*Maur* 22.

95 Vgl. dazu BGH NStZ **1999** 526, 527.

96 Vgl. KK/*Maur* 21.

97 BGH NStZ **1999** 526, 527 m.w.N.

98 KK/*Maur* 24.

99 Vgl. den von OLG Hamm JMBlNRW **1949** 202 entschiedenen Fall; wie hier auch KK/*Maur* 24; KMR/*Metzger* 36.

100 KMR/*Metzger* 36; *Peters* 573; *Ranft* 2377.

würdig ist diese herrschende Interpretation indes nur dann, wenn den Kommunikationen im Einzelfall tatsächlich entnommen werden kann, dass der Betreffende nunmehr damit auch die Begehung der schuldhaften Tat selbst gesteht. Dies ist etwa im Fall der vorgetäuschten Verhandlungsunfähigkeit, die eine – unzulässige – Verteidigungsstrategie in einer schwierigen Beweislage sein kann, nicht notwendigerweise der Fall. Davon abgesehen ist eine Begründung der Wiederaufnahme im Wege der belastenden Rechtsfortbildung dem Rechtsanwender im Kontext der Rechtskraft nicht zuzugestehen.

3. Wiederaufnahme gegen ein Strafurteil wegen nachträglich erkannter Schuldunfähigkeit. Wird die **Wiederaufnahme** gegen ein im **Strafverfahren** ergangenes Urteil wegen nachträglich erkannter **Schuldunfähigkeit** des Verurteilten angeordnet, und steht dann nur noch die Maßregel in Frage, so muss das Gericht in einer Hauptverhandlung darüber entscheiden. In einem solchen Fall ist § 371 Abs. 2 **unanwendbar**, weil nicht ein objektives Verfahren betrieben wird, sondern im Strafverfahren eine Entscheidung über Schuld oder Nichtschuld zu treffen[101] ist. 41

§ 415
Hauptverhandlung ohne Beschuldigten

(1) Ist im Sicherungsverfahren das Erscheinen des Beschuldigten vor Gericht wegen seines Zustandes unmöglich oder aus Gründen der öffentlichen Sicherheit oder Ordnung unangebracht, so kann das Gericht die Hauptverhandlung durchführen, ohne daß der Beschuldigte zugegen ist.

(2) [1]In diesem Falle ist der Beschuldigte vor der Hauptverhandlung durch einen beauftragten Richter unter Zuziehung eines Sachverständigen zu vernehmen. [2]Von dem Vernehmungstermin sind die Staatsanwaltschaft, der Beschuldigte, der Verteidiger und der gesetzliche Vertreter zu benachrichtigen. [3]Der Anwesenheit des Staatsanwalts, des Verteidigers und des gesetzlichen Vertreters bei der Vernehmung bedarf es nicht.

(3) Fordert es die Rücksicht auf den Zustand des Beschuldigten oder ist eine ordnungsmäßige Durchführung der Hauptverhandlung sonst nicht möglich, so kann das Gericht im Sicherungsverfahren nach der Vernehmung des Beschuldigten zur Sache die Hauptverhandlung durchführen, auch wenn der Beschuldigte nicht oder nur zeitweise zugegen ist.

(4) [1]Soweit eine Hauptverhandlung ohne den Beschuldigten stattfindet, können seine früheren Erklärungen, die in einem richterlichen Protokoll enthalten sind, verlesen werden. [2]Das Protokoll über die Vorvernehmung nach Absatz 2 Satz 1 ist zu verlesen.

(5) [1]In der Hauptverhandlung ist ein Sachverständiger über den Zustand des Beschuldigten zu vernehmen. [2]Hat der Sachverständige den Beschuldigten nicht schon früher untersucht, so soll ihm dazu vor der Hauptverhandlung Gelegenheit gegeben werden.

Schrifttum

Siehe Vor § 413.

---

101 BGHSt **14** 64.

https://doi.org/10.1515/9783110765540-013

Entstehungsgeschichte

Der frühere § 429c ist mit neuer Benennung (§ 415) durch Art. 21 Nr. 108 EGStGB 1974 neu gefasst worden. Änderungen gegenüber der bisherigen Fassung bestehen in der lediglich redaktionellen Änderung der Eingangsworte des Absatzes 2 Satz 3 (bisher: „Ihrer Anwesenheit bei [...]") und der Einfügung des Absatzes 5. Die gesetzliche Überschrift „Hauptverhandlung ohne Beschuldigten" wurde mit Wirkung vom 25.7.2015 eingeführt durch Art. 1 Nr. 13 Gesetz zur Stärkung des Rechts des Angeklagten auf Vertretung in der Berufungsverhandlung und über die Anerkennung von Abwesenheitsentscheidungen in der Rechtshilfe vom 17.7.2015.[1] Übersehen wurde damit die von der Verhandlung in Abwesenheit unabhängige Regelung des Absatzes 5, die die sachverständige Bewertung des Beschuldigtenzustandes verlangt.

Übersicht

1 **1. Bedeutung des § 415.** Im Strafverfahren darf nach §§ 232, 233 auch in den Fällen, in denen eine Hauptverhandlung **ausnahmsweise in Abwesenheit** des Angeklagten zulässig ist,[2] abgesehen von der Entziehung der Fahrerlaubnis (§ 232 Abs. 1 Satz 3), eine Maßregel der Besserung und Sicherung nicht verhängt werden, weil die Verhängung einer solchen Maßregel eine eingehende Prüfung der Persönlichkeit des Beschuldigten erfordert. Die Bedeutung des § 415, der inhaltlich im Wesentlichen aus Art. 70 Nr. 152 Entw. EGStGB 1930 übernommen worden ist, besteht darin, dass er, gleichviel ob das Sicherungsverfahren wegen Schuldunfähigkeit oder wegen Verhandlungsunfähigkeit betrieben wird, von dem grundsätzlichen Erfordernis der Anwesenheit des Beschuldigten unter bestimmten Voraussetzungen Ausnahmen zulässt, weil nach dem Zweck des Sicherungsverfahrens die Anordnung der Maßregel nicht daran scheitern darf, dass der Beschuldigte in der Hauptverhandlung nicht zugegen sein[3] kann.

2 Gleichwohl kann diese Zielsetzung den Gesetzgeber und die Praxis nicht von der Pflicht entbinden, auch im Sicherungsverfahren die insbesondere **verfassungsmäßigen Justizgrundrechte** zu gewährleisten, selbst wenn es nicht um die Verteidigung gegen eine Strafe geht und damit letztlich auch Art. 6 EMRK nicht unter dem Gesichtspunkt der strafrechtlichen Anklage anwendbar[4] ist. Insbesondere das rechtliche Gehör, aber

---

1 BGBl. 2015 I S. 1332, 1344.

2 Zur Problematik dieser weiten Anwesenheitspflicht m.w.N. *Gaede* ZStW **129** (2017) 911, 951 ff.

3 KK/*Maur* 1; SK/*Weßlau* 1; krit. dazu *Seyfi* 57 ff. (die dann selbst eine Teilung der Hauptverhandlung vorschlägt).

4 Wie hier schon m.w.N. MüKo/*Gaede* Art. 6 EMRK, 52; LR/*Esser* Art. 6 EMRK, 79, der aber zu Recht schon auf den Aspekt der ggf. betroffenen zivilen Rechte hinweist; **a.A.** HK/*Pollähne* Vor § 413, 3.

auch der Grundrechtsschutz durch Verfahren sowie das Recht auf ein faires Verfahren sind zu respektieren, mag der hier „Beschuldigte" auch nicht stets zu eigenständiger Rechtsausübung befähigt sein. Dies zwingt im Folgenden zu einer vorsichtigen Normanwendung[5] und konkret dazu, dass sich das **Gericht** bis zur faktischen Grenze der Verständigungsmöglichkeit **um ein auch persönliches Gehör für den Beschuldigten bemühen muss.**[6]

2. Verfahren in Abwesenheit des Beschuldigten

a) Voraussetzungen. Nach Absatz 1 kann das Gericht durch **Beschluss**[7] anordnen, **während der ganzen Hauptverhandlung** auf die Anwesenheit des Beschuldigten zu verzichten, wenn sein Erscheinen vor Gericht wegen seines Zustandes geradezu unmöglich oder aus Gründen der öffentlichen Sicherheit und Ordnung unangebracht ist. Das Erscheinen kann zunächst **unmöglich** sein, weil es der Zustand des Beschuldigten nach ärztlicher Auffassung verbietet, ihn vor Gericht zu verbringen (Transportunfähigkeit; Verschlechterung seines Gesundheitszustandes).[8] Als unmöglich ist das Erscheinen ferner dann anzusehen, wenn von dem Auftreten in der Verhandlung, insbesondere als Folge der damit verbundenen Erregung, ernste Gefahren für den Zustand des Beschuldigten (z.B. Selbstmordgefahr) drohen. Ist dies ernsthaft zu besorgen, kann es dem Gericht nicht zugemutet werden, sich mit der Verantwortung für einen solchen Ausgang zu belasten. Auch vom Standpunkt des Beschuldigten aus gesehen ist die Beschränkung prozessualer Rechte grundsätzlich das bei weitem geringere Übel gegenüber einer ernstlich drohenden Gefahr einer erheblichen Verschlechterung seines Zustandes. Zu prüfen ist aber jeweils, ob **mildere Maßnahmen** wie das Anlegen von Hand- oder Fußfesseln zum Ausschluss der jeweils gegebenen Gefahren genügen.[9] Die bloße sich *aus dem Geisteszustand* des Beschuldigten ergebende Verhandlungsunfähigkeit macht dagegen sein *Erscheinen* nicht unmöglich.[10] 3

Unangebracht aus Gründen der öffentlichen Sicherheit oder Ordnung ist das Erscheinen, wenn bei dem Zustand des Beschuldigten mit Tobsuchtsanfällen, tätlichen Angriffen, Ausbruchsversuchen usw. während des Transports oder der Hauptverhandlung zu rechnen[11] ist, *soweit* dieser Gefahr nicht in zumutbarer Weise begegnet werden[12] kann. Die Anordnung des Gerichts, in Abwesenheit des Beschuldigten zu verhandeln, unterliegt nicht der Beschwerde. Auch eine analoge Anwendung des § 231a Abs. 3 soll nicht in Betracht kommen.[13] Wurde jedoch zu Unrecht in Abwesenheit des Betroffenen verhandelt, kann dies mit der Revision gerügt werden[14] (§§ 337, 338 Nrn. 5, 8). 4

---

5 Vgl. auch schon wie hier krit. *Seyfi* 57 f. und SK/*Weßlau* Vor § 413, 8; HK/*Pollähne* 1; für eine ultima ratio auch SSW/*Rosenau* 1; AK/*Keller* 2; Radtke/Hohmann/*Börner* § 415, 2, siehe auch § 413, 16.

6 So schon m.w.N. zur Rechtsprechung zu anderen Verfahren AK/*Keller* 10; Radtke/Hohmann/*Börner* § 413, 16.

7 KK/*Maur* 3; Meyer-Goßner/*Schmitt* 12; HK/*Pollähne* 3; KMR/*Metzger* 13; SK/*Weßlau* 2; AnwK-StPO/*Böttger* 3; *Pfeiffer* 3.

8 KK/*Maur* 4; Meyer-Goßner/*Schmitt* 2; SK/*Weßlau* 3; AnwK-StPO/*Böttger* 3; *Pfeiffer* 2; *Schlüchter* 801.

9 Dafür m.w.N. MüKo/*Putzke*/*Scheinfeld* 5; KMR/*Metzger* 10.

10 KK/*Maur* 4; Meyer-Goßner/*Schmitt* 2; SK/*Weßlau* 3; zu Unrecht weitergehend AK/*Keller* 2: jede Verhandlungsunfähigkeit.

11 KK/*Maur* 5; Meyer-Goßner/*Schmitt* 3; AnwK-StPO/*Böttger* 3; *Pfeiffer* 2.

12 Meyer-Goßner/*Schmitt* 3; SK/*Weßlau* 4.

13 OLG Koblenz MDR **1976** 602; Meyer-Goßner/*Schmitt* 12; **a.A.** KMR/*Metzger* 13 bei Umgehung der aufschiebenden Beschwerde durch das Gericht; AnwK-StPO/*Böttger* 13; *Pfeiffer* 7.

14 *Pfeiffer* 7; Meyer-Goßner/*Schmitt* 12.

5 **b) Vernehmung vor der Hauptverhandlung.** Um dem Gericht, das ohne den Beschuldigten verhandeln muss, wenigstens mittelbar den Eindruck seiner Persönlichkeit zu geben und ihn mittelbar zu Wort kommen zu lassen, ist der Beschuldigte vor der Hauptverhandlung zu vernehmen (Absatz 2, sog. **Vorvernehmung**). Diese Vernehmung ist zweckmäßigerweise zugleich mit dem Beschluss nach Absatz 1 ebenfalls durch Beschluss entsprechend §§ 231a Abs. 1 Satz 2, 233 Abs. 2[15] anzuordnen. Das Protokoll muss in der Hauptverhandlung verlesen werden (Absatz 4 Satz 2). Andere vor der Hauptverhandlung abgegebene Erklärungen, die in einem richterlichen Protokoll enthalten sind (z.B. solche, die im Vorverfahren aufgenommen wurden, als der Beschuldigte noch als schuldfähig angesehen wurde), dürfen ohne die Einschränkungen in § 254 verlesen werden; anders als im Fall des § 251 Abs. 4 Satz 1 genügt die Anordnung durch sachleitende Verfügung (§ 238).[16] Die Vernehmung nach Absatz 2 ist nicht Teil der Hauptverhandlung und bedarf der Einführung in diese durch Verlesung des Vernehmungsprotokolls (Absatz 4 Satz 2).[17]

6 Beim Kollegialgericht geschieht die Vernehmung durch einen **beauftragten Richter**, also durch ein Mitglied des Spruchkörpers, bei dem die Sache nach Eröffnung des Hauptverfahrens anhängig ist, beim Amtsgericht durch den Vorsitzenden des Schöffengerichts oder – in den Fällen des § 25 GVG (s. § 414, 7) – den zuständigen Strafrichter. Der vernehmende Richter braucht aber in der Hauptverhandlung nicht mitzuwirken.[18] Denn Urteilsgrundlage kann nur das in der Hauptverhandlung zu verlesende Protokoll bilden; der persönliche Eindruck des Vernehmenden ist verfahrensrechtlich grundsätzlich nicht verwertbar, da die Verwendung von Wahrnehmungen eines an der Entscheidung mitwirkenden Richters, die die anderen Mitglieder nicht gemacht haben, gegen § 261 verstieße. Jedoch kann der in der Hauptverhandlung nicht mitwirkende beauftragte Richter seine Beobachtungen anlässlich der Vernehmung in die Hauptverhandlung einführen, indem er diese Beobachtungen in sein „Vernehmungsprotokoll" aufnimmt, „das in der Hauptverhandlung verlesen"[19] wird. Ebenso ist es zulässig, den beauftragten Richter als Zeugen über seine Wahrnehmungen bei der Vernehmung[20] zu befragen. Die Vernehmung durch einen **ersuchten** Richter genügt indessen – abweichend von § 233 Abs. 2 – nicht:[21] Die Mitglieder des erkennenden Gerichts können kraft ihrer Erfahrungen aus einschlägigen Verfahren und aus ihrer Vertrautheit mit der Praxis des Spruchkörpers besser als ein fremder Richter beurteilen, ob bei der Vernehmung hervortretende Umstände es als möglich und geboten erscheinen lassen, weitere Beweise zu erheben, den Beschuldigten doch in der Hauptverhandlung anzuhören und einen entsprechenden Beschluss anzuregen, welche Fragen ihm zu stellen und welche Antworten zu protokollieren[22] sind.

7 Der Inhalt und Umfang des Gesprächs richtet sich danach, inwieweit der Zustand des „Beschuldigten" eine Verständigung möglich macht.[23] Insoweit kann die Spanne von einer klassischen Vernehmung bis zu einem vergleichsweise bescheidenen persönlichen Kommunikationsversuch reichen. Die Vernehmung des „Beschuldigten" setzt aber

15 KK/*Maur* 3; KMR/*Metzger* 13; *Pfeiffer* 3.
16 KK/*Maur* 11; Meyer-Goßner/*Schmitt* 10; KMR/*Metzger* 28.
17 KMR/*Metzger* 14.
18 Ebenso BGHSt **2** 1 ff.; KK/*Maur* 6; Meyer-Goßner/*Schmitt* 5; SK/*Weßlau* 6; *Pfeiffer* 3.
19 BGHSt **2** 1, 3.
20 BGHSt **2** 1, 3; KK/*Maur* 6.
21 BGHSt **2** 1, 3; KK/*Maur* 6; Meyer-Goßner/*Schmitt* 5; *Pfeiffer* 3.
22 KK/*Maur* 6 und Meyer-Goßner/*Schmitt* 5.
23 So auch OLG Frankfurt NStZ-RR **2018** 148, 149 im Anschluss an LR/*Gössel*[26] 3.

nach herrschender und letztlich zutreffender Ansicht **keine Verhandlungs- und Vernehmungsfähigkeit des „Beschuldigten"** voraus.[24] Dies trifft trotz der erheblichen Bedenken unter dem Aspekt des rechtlichen Gehörs zu, zumal der Gesetzgeber selbst mit den §§ 413 ff. den Verzicht auf eine Verhandlungsfähigkeit ausgesprochen hat. Trotz der möglichen Unterscheidung von Verhandlungs- und Vernehmungsfähigkeit würde es das Sicherungsverfahren insgesamt *ad absurdum* führen, würde man den in § 415 herangezogenen Vernehmungsbegriff trotz der lediglich **entsprechenden** Orientierung am Strafverfahren mit der Forderung nach einer klassischen Vernehmungsfähigkeit verbinden und die Vernehmung so für regelmäßig undurchführbar halten.[25] Dies gilt auch deshalb, weil die von der Gegenseite ergebnisorientiert lediglich vorausgesetzte Fähigkeit, den Fragenden zu verstehen, den auf das rechtliche Gehör gerichteten Sinn der prozessualen Vernehmung gar nicht mehr träfe. Hieran zeigt sich letztlich, dass das Sicherungsverfahren nur sehr bedingt und keinesfalls ein volles Strafverfahren ist (siehe § 414 Abs. 1 und Vor § 413, 4).[26] Es handelt sich um eine in vielem, nicht aber in allem an das Strafverfahren angelehnte Sonderform. Sie setzt die materiellrechtliche Zweispurigkeit des Strafrechts prozessual fort, obschon das Strafprozessrecht damit eine Hinwendung zu einer gefahrenabwehrrechtlichen Institution[27] erfährt. Schließlich bewirkte die Engführung des Sicherungsverfahrens für den Betroffenen nur scheinbar Verfahrensvorteile, da sich sein rechtliches Gehör im Verfahren nach Landesrecht nicht etwa besser darstellen würde. Langfristige Folgen eines anderen Standpunkts wären allenfalls ausgedehnte landesrechtliche Befugnisse zur Freiheitsentziehung, nicht aber der erhoffte Gewinn an prozessualer Gerechtigkeit; er ist im Fall der Vernehmungsunfähigkeit über die Ernstnahme der **materiellen Verteidigung durch den gesetzlichen Vertreter und den notwendigen Verteidiger** zu suchen.

Gerade dann, wenn man keine Verhandlungs- und Vernehmungsfähigkeit des „Be- 8
schuldigten" voraussetzt, erlangen die in § 415 Abs. 2 Satz 2 durch eine Pflicht zur Terminbenachrichtigung vorgesehenen Anwesenheitsrechte der Staatsanwaltschaft, des Verteidigers und des gesetzlichen Vertreters eine zentrale Bedeutung.[28] Die in § 415 Abs. 2 Satz 3 folgende Aussage, dass es der Anwesenheit der zu benachrichtigenden Personen nicht bedürfe, ist überaus problematisch. Tatsächlich kommt es zentral darauf an, eine **eingeschränkte oder gar fehlende Teilhabefähigkeit** des ggf. im strengen Sinne zur verständigen Vernehmung unfähigen „Beschuldigten" gerade durch die **Anwesenheit des gesetzlichen Vertreters und nicht zuletzt des Verteidigers** zu kompensieren. Nur auf diesem Wege lässt sich sagen, dass die betroffene Person gegenüber dem Staat, auch in Gestalt des Richters, nicht als bloßes Objekt des Verfahrens betrachtet wird. Jedenfalls dann, wenn schon die Benachrichtigung des Verteidigers unterblieben ist, muss ohne seine Beteiligung ein **Verwertungsverbot** bestehen,[29] das im Ergebnis zur Wiederholung der Vernehmung zwingen wird. § 415 Abs. 2 Satz 3 kann im Lichte

24 Näher OLG Frankfurt NStZ-RR **2018** 148 f.; so auch schon LR/*Gössel*[26] 3; Meyer-Goßner/*Schmitt* § 414, 1; OK-StPO/*Temming* 2; siehe schon *Eb. Schmidt* § 429c, 19.

25 So aber unter Verweis auf das Unterbringungsverfahren nach Landespolizeirecht KMR/*Metzger* 12; KK/*Maur* 6; AK/*Keller* 6; MüKo/*Putzke*/*Scheinfeld* § 413, 14; Radtke/Hohmann/*Börner* 2, § 415, 16. vgl. auch *Sëyfi* 109 ff. und nun LG Aachen Urt. v. 11.12.**2020** – 60 KLs 15/19.

26 Treffend insoweit auch Meyer-Goßner/*Schmitt* § 414, 1: Sicherungsverfahren kein echtes Strafverfahren; insoweit weit formulierend SSW/*Rosenau* § 413, 1.

27 Zu diesem zentralen Argument der Gegenansicht schon AK/*Keller* 6: Sicherungsverfahren sei rein präventives Verwaltungsverfahren. Tatsächlich tritt der Schritt, dass es nicht mehr um ein Strafverfahren geht, schon mit der zugelassenen Verhandlungsunfähigkeit ein.

28 Siehe auch schon – aber auf Art. 6 Abs. 1 und 3 EMRK gestützt – HK/*Pollähne* § 415, 6.

29 Radtke/Hohmann/*Börner* 6.

des Art. 103 Abs. 1 GG allein bedeuten, dass die Staatsanwaltschaft und ggf. auch der etwaige gesetzliche Vertreter und der notwendige (!) Verteidiger in Sonderfällen einen Verzicht erwägen können.

9 **c) Zuziehung eines Sachverständigen.** Die nach Absatz 2 erforderliche Zuziehung eines Sachverständigen zur Vernehmung, zweckmäßigerweise desselben, der nach Absatz 5 zu vernehmen ist, ist unverzichtbar.[30] Der Vorschrift ist nicht genügt, wenn der Sachverständige nur zum Teil der Vernehmung beigewohnt hat, es sei denn, dass die Unwesentlichkeit des Teils, bei dem er fehlte, feststeht[31] (s. aber auch u. Rn. 15). Verstöße gegen das Gebot der ständigen Anwesenheit des Sachverständigen sind durch Wiederholung der betroffenen Vernehmungsteile (soweit teilbar, sonst der gesamten Vernehmung) heilbar.[32] Die Wahrnehmungen des Sachverständigen bei der Vernehmung des Betroffenen sind als Befundtatsachen durch Gutachten, als Zusatztatsachen durch Vernehmung des Sachverständigen als Zeugen in die Hauptverhandlung[33] einzuführen. Die Vorschrift über die Benachrichtigung vom Vernehmungstermin entspricht dem § 233 Abs. 3. Dass auch der Beschuldigte von dem Termin nur zu „benachrichtigen" ist, erklärt sich daraus, dass er sich bei der ursprünglichen Beschränkung des Sicherungsverfahrens auf die Unterbringung in einer Heil- und Pflegeanstalt stets in Verwahrung befand und vorgeführt wurde. Befindet er sich nach der Erweiterung der Voraussetzungen des Sicherungsverfahrens auf freiem Fuß, so gehört jetzt zur „Benachrichtigung", dass er förmlich geladen wird[34] (§ 216 Abs. 1 Satz 1); zur Beteiligung eines **Betreuers** (§ 1896 BGB) s. u. Rn. 17.

10 **d) Teilweise Abwesenheit.** Sind die Voraussetzungen des Absatzes 1 dafür, die ganze Hauptverhandlung in Abwesenheit des Beschuldigten durchzuführen, nicht gegeben, so kann nach Absatz 3 die Hauptverhandlung **wenigstens zum Teil**, ebenfalls auf Grund eines **Beschlusses,**[35] ohne seine Gegenwart durchgeführt werden. Erscheint der Betroffene nicht, ohne dass die Voraussetzungen des Absatz 1 vorliegen, gilt § 230.[36] Eine zwangsweise Entfernung aus dem Sitzungssaal ist nach Absatz 3 nicht möglich, wohl aber nach **§ 247** und nach **§ 177 GVG.**[37]

11 Für das Strafverfahren bestimmen – von § 231a abgesehen – die §§ 231 Abs. 2, 231b, 247, unter welchen Voraussetzungen ausnahmsweise eine Hauptverhandlung zum Teil ohne die Anwesenheit des Angeklagten durchführbar ist. § 415 Abs. 3 lässt die Abwesenheit in erheblich weiterem Umfang zu. Danach ist **nach der Vernehmung** des Beschuldigten zur Sache (§ 243 Abs. 4 Satz 2) dessen weitere Anwesenheit entbehrlich, falls und soweit es die Rücksicht auf den Zustand des Beschuldigten erfordert (also um dessen Gesundheitszustand zu schonen) oder eine ordnungsmäßige Durchführung der Hauptverhandlung sonst nicht möglich ist (z.B., weil der erregte Beschuldigte ständig stört).[38] Soweit hiernach die Hauptverhandlung ohne den Beschuldigten stattfindet, können – über § 254 hinaus – nach Absatz 4 Satz 1 seine früheren Erklärungen,

30 KK/*Maur* 7; Meyer-Goßner/*Schmitt* 6; AnwK-StPO/*Böttger* 12.
31 RGSt **72** 182 183; *Kions* NJW **1967** 1379; StV **1999** 470; KK/*Fischer* 7; Meyer-Goßner/*Schmitt* 6.
32 *Schmid* JZ **1969** 757, 760; vgl. auch KK/*Maur* 7.
33 KK/*Maur* 7.
34 So auch KK/*Maur* 8; Meyer-Goßner/*Schmitt* 7; HK/*Pollähne* 6.
35 KK/*Maur* 9; Meyer-Goßner/*Schmitt* 8; KMR/*Metzger* 23; AnwK-StPO/*Böttger* 9.
36 KK/*Maur* 9; Meyer-Goßner/*Schmitt* 8; AnwK-StPO/*Böttger* 8; *Schlüchter* 801.
37 KK/*Maur* 9; Meyer-Goßner/*Schmitt* 8.
38 KK/*Maur* 9.

auch wenn sie in einem zunächst gegen den Beschuldigten betriebenen Strafverfahren abgegeben[39] wurden, verlesen werden, wenn sie in einem richterlichen Protokoll enthalten sind; die (durch Verfügung anzuordnende, o. Rn. 5) Verlesung ist zu protokollieren (§ 273).

Nimmt der Beschuldigte nach vorübergehender Abwesenheit wieder an der Hauptverhandlung teil, so ist, anders als in §§ 231a Abs. 2, 231b Abs. 2, 247 Abs. 1 Satz 4, eine **Unterrichtung** des Beschuldigten über den wesentlichen Inhalt der Verhandlungsergebnisse während seiner Abwesenheit **nicht vorgeschrieben.**[40] Soweit nicht wiederum die Rücksicht auf den Zustand des Beschuldigten oder die ordnungsmäßige Durchführung der Hauptverhandlung dies ausschließen, ist das Gericht aber regelmäßig schon nach der Aufklärungspflicht aus § 244 Abs. 2, jedenfalls aber infolge des zu gewährenden **rechtlichen Gehörs (Art. 103 Abs. 1 GG)** zur Unterrichtung verpflichtet.[41] Eine fehlende Unterrichtung beeinträchtigt das Grundrecht des Betroffenen auf rechtliches Gehör (Art. 103 Abs. 1 GG) *stets,*[42] weil jeweils die Möglichkeit bestehen kann, dass gerade der betroffene Beschuldigte **persönliche Kenntnisse** besitzt, die zur Entscheidung beitragen können. Der Verweis auf den (notwendig) mitwirkenden Verteidiger (u. Rn. 13) kann dies wie im klassischen Strafverfahren allein nicht ausräumen. 12

e) Verteidigerbeistand in der Hauptverhandlung. Sowohl im Fall des Absatzes 1 wie dem des Absatzes 3 muss der **notwendige Verteidiger** (§ 414, 2) ununterbrochen anwesend sein[43] (vgl. § 338 Nr. 5); unter den Voraussetzungen des § 234 kann er den Betroffenen vertreten.[44] 13

3. Verfahren in Anwesenheit des Betroffenen. Verhandelt das Gericht in Anwesenheit des Betroffenen, so darf er alle mit seiner Prozessrolle verbundenen **Rechte** wahrnehmen.[45] Dem Betroffenen nachteilige Prozesshandlungen werden indessen häufig mangels Verhandlungsfähigkeit unwirksam[46] sein, deren Vorliegen, auch im Revisionsverfahren, im Freibeweisverfahren geklärt werden[47] kann. 14

4. Sachverständigenvernehmung (Absatz 5)

a) Grundsatz. Nach dem für das Straf-, nicht aber für das Sicherungsverfahren[48] geltenden **§ 246a** ist in der Hauptverhandlung ein Sachverständiger über den Zustand des Angeklagten zu vernehmen, wenn mit der Anordnung einer freiheitsentziehenden Maßregel zu rechnen ist. Der (1974 eingefügte) **Absatz 5 geht darüber hinaus**, indem er in allen Fällen einer Hauptverhandlung im Sicherungsverfahren, also auch, wenn der 15

---

39 KK/*Maur* 11; Meyer-Goßner/*Schmitt* 10; SK/*Weßlau* 13; KMR/*Metzger* 25 ff.; AnwK-StPO/*Böttger* 11; *Pfeiffer* 5.
40 KK/*Maur* 10.
41 Siehe dafür auch HK/*Pollähne* 9; m.w.N. KMR/*Metzger* 24; KK/*Maur* 10 (mit Rückausnahmen); wohl auch MüKo/*Putzke*/*Scheinfeld* 12 f.; enger aber ohne jede Begründung Meyer-Goßner/*Schmitt* 9, der allein auf die mögliche Gebotenheit infolge der Aufklärungspflicht hinweist.
42 So schon AK/*Keller* 8; KMR/*Metzger* 24; wohl auch *Sëyfi* 57; siehe aA noch LR/*Gössel*[26] 7.
43 KK/*Maur* 2; Meyer-Goßner/*Schmitt* 1.
44 KK/*Maur* 2; Meyer-Goßner/*Schmitt* 1.
45 KK/*Maur* 2; Meyer-Goßner/*Schmitt* 1.
46 KK/*Maur* 2.
47 OLG Hamm NJW **1973** 1894.
48 BGH NJW **1967** 990 mit erwägenswert abl. Anm. *Kions* NJW **1967** 1379; zust. aber *Rejewski* NJW **1967** 1813; KK/*Maur* 12.

Antrag auf Entziehung der Fahrerlaubnis oder Anordnung eines Berufsverbots gerichtet ist, die Vernehmung eines Sachverständigen über den Zustand der Beschuldigten fordert. Absatz 5 Satz 2 entspricht dem § 246a Satz 2 (vgl. dazu § 414 Abs. 3). Anders als bei einer Vernehmung nach Absatz 2 ist die ständige Anwesenheit des Sachverständigen in der Hauptverhandlung grundsätzlich nicht erforderlich.[49] Die Aufklärungspflicht kann jedoch verletzt sein, wenn „der Sachverständige einem wesentlichen Teil der Hauptverhandlung nicht beigewohnt hat, der ihm ein zutreffendes Bild von der Persönlichkeit des Beschuldigten und dessen Zustand vermittelt hätte".[50]

16 **b) Fachrichtung des Sachverständigen.** In dem ersten Bericht des Sonderausschusses für die Strafrechtsreform[51] ist zu Absatz 5 ausgeführt (S. 31): „Wie in der Neufassung des § 246a Satz 1 soll auch hier davon abgesehen werden, die Fachrichtung des Sachverständigen auf den Arzt festzulegen. Die Entscheidung war allerdings umstritten [...] Ein zunächst gestellter, mit der Regierungsvorlage im wesentlichen übereinstimmender Antrag, in jedem Fall einen Arzt, darüber hinaus aber auch andere Sachverständige hinzuzuziehen, falls sich dies als erforderlich erweise [...], wurde (aber) bei Stimmengleichheit abgelehnt. Die Mehrheit sprach sich schließlich dahin aus, die Entscheidung über die Fachrichtung des Sachverständigen den Gerichten zu überlassen; an der Praxis, stets wenigstens auch einen Arzt zu hören, werde sich kaum etwas ändern; man wolle nur den denkbaren Ausnahmefällen Rechnung tragen, in denen man auf den **Arzt** zugunsten anderer Sachverständiger – z.B. **Psychologen** – verzichten könne". Bei der Auswahl des Sachverständigen sollte nicht unberücksichtigt bleiben, dass Psychiater auch zur Beurteilung psychologischer Fragen und Probleme kompetent[52] sind.

17 **5. Beteiligung eines Betreuers.** Die §§ 413 ff. sehen zwar die Beteiligung eines Betreuers (§§ 1896 ff., 1902 BGB) nicht vor; er hat insbesondere grundsätzlich keine Befugnis, ein Rechtsmittel gemäß § 298 einzulegen; dies gilt, soweit sich die Betreuungsanordnung nicht ausdrücklich gerade auf eine Vertretung im Sicherungsverfahren bezieht.[53] Jedoch wird dieser „wenn nicht gar zum Krankheitsbild und dessen kriminalsozialen Auswirkungen (§ 63 StGB), so doch zumindest zu der Frage, ob vollstreckungsrechtliche Regelungen ausreichen (§ 67b Abs. 1 Satz 1 StGB) [...] meist sachdienliche Angaben machen können". Soweit „der nach §§ 246a, 415 Abs. 5 StPO zu vernehmende Sachverständige diese Beweisquelle noch nicht „ausgeschöpft hat", kann deshalb die **Aufklärungspflicht** dem Gericht auch nach Ansicht des BGH die Anhörung des Betreuers als Zeugen[54] gebieten. Tendenziell wird dem Gericht aber stets eine unmittelbare eigene Auswertung dieser ganz regelmäßig bedeutsamen „Quelle" geboten sein, soweit nicht der Betreuer etwa infolge eines noch unzureichenden Kontaktes gar keine Kenntnisse besitzt bzw. besitzen kann.

---

49 KK/*Maur* 12; Meyer-Goßner/*Schmitt* 11; KMR/*Metzger* 30; AK/*Keller* 9; HK/*Pollähne* 11; AnwK-StPO/*Böttger* 12.

50 BGH StV **1999** 470.

51 BTDrucks. **7** 1261 zu Art. 19 Nr. 100.

52 *Rauch* NStZ **1984** 497.

53 Dazu näher m.w.N. OLG Hamburg FamRZ **2021** 1147, 1148.: Wahrnehmung der Interessen ist grundsätzlich in die Hände des notwendigen Verteidigers gelegt, dort auch zum Ungenügen einer nachträglichen Erweiterung des Aufgabenkreises des Betreuers.

54 Dazu und zum Vorhergehenden BGH NStZ **1996** 610; *Pfeiffer* 6; vertiefend auch HK/*Pollähne* § 414, 3.

§ 416
Übergang in das Strafverfahren

(1) [1]Ergibt sich im Sicherungsverfahren nach der Eröffnung des Hauptverfahrens die Schuldfähigkeit des Beschuldigten und ist das Gericht für das Strafverfahren nicht zuständig, so spricht es durch Beschluß seine Unzuständigkeit aus und verweist die Sache an das zuständige Gericht. [2]§ 270 Abs. 2 und 3 gilt entsprechend.

(2) [1]Ergibt sich im Sicherungsverfahren nach der Eröffnung des Hauptverfahrens die Schuldfähigkeit des Beschuldigten und ist das Gericht auch für das Strafverfahren zuständig, so ist der Beschuldigte auf die veränderte Rechtslage hinzuweisen und ihm Gelegenheit zur Verteidigung zu geben. [2]Behauptet er, auf die Verteidigung nicht genügend vorbereitet zu sein, so ist auf seinen Antrag die Hauptverhandlung auszusetzen. [3]Ist auf Grund des § 415 in Abwesenheit des Beschuldigten verhandelt worden, so sind diejenigen Teile der Hauptverhandlung zu wiederholen, bei denen der Beschuldigte nicht zugegen war.

(3) Die Absätze 1 und 2 gelten entsprechend, wenn sich im Sicherungsverfahren nach Eröffnung des Hauptverfahrens ergibt, daß der Beschuldigte verhandlungsfähig ist und das Sicherungsverfahren wegen seiner Verhandlungsunfähigkeit durchgeführt wird.

Schrifttum

Siehe Vor § 413.

Entstehungsgeschichte

Bei der Neufassung des § 429d a. F. (jetzt § 416) durch Art. 21 Nr. 108 EGStGB v. 2.3.1974 ist Absatz 3 eingefügt worden und die Absätze 1, 2 haben lediglich Anpassungsänderungen (Schuldfähigkeit statt Zurechnungsfähigkeit) erfahren. Die gesetzliche Überschrift „Übergang in das Strafverfahren" wurde mit Wirkung vom 25.7.2015 eingeführt durch Art. 1 Nr. 13 Gesetz zur Stärkung des Rechts des Angeklagten auf Vertretung in der Berufungsverhandlung und über die Anerkennung von Abwesenheitsentscheidungen in der Rechtshilfe vom 17.7.2015.[1]

Übersicht

1 BGBl. 2015 I S. 1332, 1344.

https://doi.org/10.1515/9783110765540-014

I. Allgemeines

1 **1. Geltungsbereich.** § 416 regelt **nach seinem Wortlaut** nur den Fall, dass sich im selbständigen Sicherungsverfahren **nach der Eröffnung** des Hauptverfahrens die Schuldfähigkeit des Beschuldigten oder, wenn es wegen Verhandlungsunfähigkeit eröffnet war, dessen Verhandlungsfähigkeit (Abs. 3) ergibt. Der Wortlaut der Vorschrift ist aber zu eng, denn nicht erst nach Eröffnung, sondern schon **bei der Beschlussfassung über die Eröffnung** des Hauptverfahrens kann die Notwendigkeit der Überleitung vom Sicherungs- in das Strafverfahren eintreten, so z.B., wenn sich aus der Antragsschrift ergibt, dass die Schuldunfähigkeit lediglich in der mangelnden Reife (§ 3 JGG; § 413, 2) erblickt wurde. Nach der vorherrschenden Ansicht sollte der Antrag auch in diesem Fall schon als Anklage bewertet werden können.[2] Angemessener ist es hingegen, wenn die Staatsanwaltschaft in diesem Fall den Antrag nach § 413 zurücknimmt und eine die Klarheit fördernde Anklage erhebt.[3]

2 **2. Wesen.** § 416 **modifiziert** die nach Wegfall des § 429b Abs. 3 a. F. (§ 414, 5) nunmehr auch im Sicherungsverfahren anzuwendenden allgemeinen Regeln über die **sachliche Zuständigkeit** und ergänzt sie durch spezielle Verweisungsregeln. Erweist sich die Auffassung der Staatsanwaltschaft über die Zuständigkeit zur Durchführung des Sicherungsverfahrens schon im **Eröffnungsverfahren** als unzutreffend, so sind, wie gleichermaßen im subjektiven Strafverfahren, auch im Sicherungsverfahren die **§§ 209, 209a** anzuwenden (§ 414, 20). Stellt sich die sachliche Unzuständigkeit erst **nach** der **Eröffnung** des Sicherungsverfahrens heraus, so sind nach § 416 Abs. 1 Satz 2 zwar § 270 Abs. 2 und 3 anzuwenden, nicht aber die §§ 269, 270 Abs. 1 (u. Rn. 7 f.).

3 Diese allgemeinen Regeln (o. Rn. 1, 2) modifiziert § 416 als lex specialis für alle Fälle, in denen sich **nach** dem Eingang der Antragsschrift nach § 413 bei Gericht die **Schuld-** (Abs. 1 und 2) oder **Verhandlungsfähigkeit** (Abs. 3) des Betroffenen ergibt.

II. Inhalt der Vorschrift

4 **1. Verfahren im Fall des Absatzes 2.** Ist das Gericht in diesem Fall (o. Rn. 3) nach den *allgemeinen Regeln* über die sachliche Zuständigkeit auch zur Durchführung des subjektiven **Strafverfahrens zuständig**, so bleibt es auch zur Durchführung dieses Strafverfahrens zuständig, in welches das Sicherungsverfahren nun überzuleiten ist (Abs. 2) – eine Verweisung kommt hier nicht in Betracht.

5 **2. Verfahren im Fall des Absatzes 1. Entbehrt** dagegen das Gericht, bei dem das Sicherungsverfahren anhängig ist, der **Zuständigkeit** zur Durchführung des subjektiven Strafverfahrens, so ist zu beachten, dass die allgemeinen Verweisungsregeln in §§ 225a,

2 BayObLGSt **1958** 263; KK/*Maur* 7; Meyer-Goßner/*Schmitt* 4; KMR/*Metzger* 1; AnwK-StPO/*Böttger* 1; *Pfeiffer* 1 und LR/*Gössel*[26] 1.
3 So schon zu Recht SK/*Weßlau* 2; zust. HK/*Pollähne* 2.

269 und § 270 Abs. 1 durch die Sonderregel des § 416 Abs. 1 Satz 1 ersetzt worden sind. Lediglich § 270 Abs. 2 und 3 gelten nach § 416 Abs. 1 Satz 2 entsprechend; demnach ist zu unterscheiden, in welchem Stadium des gerichtlichen Verfahrens sich die Schuld- oder Verhandlungsfähigkeit ergibt.

a) Zwischenverfahren. Im Zwischenverfahren verbleibt es in diesem Fall bei den 6
allgemeinen Regeln: Die §§ 209, 209a sind anzuwenden (o. Rn. 2).

b) Nach Eröffnung des Sicherungsverfahrens. Ergibt sich die Schuld- oder Ver- 7
handlungsunfähigkeit dagegen erst nach der Eröffnung des Sicherungsverfahrens und liegt die Zuständigkeit bei einem höheren Gericht, so spricht das Gericht, bei dem das Sicherungsverfahren anhängig ist, nach Absatz 1 seine Unzuständigkeit durch Beschluss aus und verweist die Sache an das höhere Gericht. Dies gilt auch, wenn die vorrangige Zuständigkeit einer **Spezialstrafkammer** nach § 74e GVG gegeben ist, jedoch ist hier § 6a zu beachten[4] (rechtzeitiger Einwand, Satz 2, 3), der allerdings im Verhältnis der Jugendgerichte zu Erwachsenengerichten nicht gilt.[5] Auch an ein **Gericht niederer** Ordnung ist in gleicher Weise bei Feststellung der eigenen Unzuständigkeit durch Beschluss zu verweisen: Die in § 416 Abs. 1 Satz 2 normierte Unanwendbarkeit des § 270 Abs. 1 führt dazu, nicht nur bei sachlicher Zuständigkeit eines höheren, sondern auch bei der eines niederen Gerichts die Verweisung vorzuschreiben, und damit die Unanwendbarkeit des § 269 zur Folge.[6] In diesem Fall allerdings muss „die Kammer nach pflichtgemäßem Ermessen darüber entscheiden dürfen, ob das Verfahren wegen der besonderen Bedeutung des Falles weiterhin vor ihr oder mangels einer solchen Bedeutung vor dem Schöffengericht durchgeführt werden soll“.[7]

Auf Grund des entsprechend anwendbaren § 270 Abs. 3 hat der Verweisungsbe- 8
schluss (Inhalt: § 270 Abs. 2) die **Wirkung** eines **Eröffnungsbeschlusses**, der nach § 210 anfechtbar ist (§ 270 Abs. 3 Satz 2).

3. Verfahren bei Zweifeln an der Schuld- oder Verhandlungsunfähigkeit. Die 9
Überleitung setzt dem gesetzlichen Wortlaut zufolge voraus, dass **Schuld**- oder **Verhandlungsfähigkeit** zur Überzeugung des Gerichts **feststehen**;[8] des Hinzutritts neuer Umstände bedarf es nicht.[9] Die Überleitung setzt vielmehr voraus, dass der Beschuldigte schuld- oder verhandlungsfähig *ist*: Dies „ergibt sich“ **nicht** schon bei **nichtbehebbaren Zweifeln** an der Schuld- oder Verhandlungsunfähigkeit[10] – in diesem Fall ist das Sicherungsverfahren (auch bei Unzuständigkeit des im Sicherungsverfahren entscheidenden Gerichts für das Strafverfahren)[11] fortzuführen: Weil im Sicherungsverfahren keine Anklage wegen einer Straftat[12] vorliegt – und überdies im Hinblick auf den Strafklageverbrauch durch eine Entscheidung im Sicherungsverfahren (§ 414, 32) – erfordert das etwaige Interesse des Betroffenen an einem Freispruch „von dem aufgetauchten Ver-

4 KK/*Maur* 3; Meyer-Goßner/*Schmitt* 6; HK/*Pollähne* 5; KMR/*Metzger* 6; *Pfeiffer* 3.
5 BGHSt **30** 260.
6 BGHSt **21** 334, 357; KK/*Maur* 3; Meyer-Goßner/*Schmitt* 6; KMR/*Metzger* 7; AK/*Keller* 5; HK/*Pollähne* 5; SK/*Weßlau* 3; AnwK-StPO/*Böttger* 6; *Pfeiffer* 3.
7 BGHSt **21** 334, 357 f., zust. etwa *Hanack* JZ **1974** 57.
8 KK/*Maur* 1; Meyer-Goßner/Schmitt/*Schmitt* 3; HK/*Pollähne* 1; AnwK-StPO/*Böttger* 2 f.; *Pfeiffer* 2.
9 KK/*Maur* 1; Meyer-Goßner/Schmitt/*Schmitt* 3; HK/*Pollähne* 1.
10 BGHSt **16** 198 mit Anm. *Sax* JZ **1962** 501; KK/*Maur* 1.
11 **A.A.** *Sax* JZ **1962** 501.
12 So schon zutr. *Sax* JZ **1962** 502.

dacht strafbaren Tuns“ nicht den Übergang ins Strafverfahren.[13] Die im Schrifttum dagegen für den Fall vorgebrachten Bedenken, dass das Gericht des Sicherungsverfahrens nicht auch zur Durchführung des Strafverfahrens zuständig sei, dürften verkennen, dass § 416 selbst in zulässiger Weise bestimmt, in welchen Fällen von den allgemeinen Regeln über die sachliche Zuständigkeit abzuweichen ist. Lassen sich also Schuld- oder Verhandlungsfähigkeit nicht zweifelsfrei feststellen, so ist § 416 nicht anwendbar – die gegenteilige und zum Übergang führende Feststellung bindet freilich den Richter des nachfolgenden Strafverfahrens nicht.

III. Das Verfahren

10 **1. Verfahren vor und bei Eröffnung des Sicherungsverfahrens.** Im **Ermittlungsverfahren** (§ 160) kann in der Regel zwischen Strafverfahren und Sicherungsverfahren zunächst nicht unterschieden werden. Nur ausnahmsweise ist dies von vornherein möglich, z.B., wenn nach dem Ergebnis eines wegen einer früheren Tat durchgeführten Strafverfahrens ohne Weiteres davon auszugehen ist, dass der Beschuldigte auch die jetzt den Gegenstand der Ermittlungen bildende Tat im Zustand der Schuldunfähigkeit begangen hat. Im Allgemeinen aber wird erst, wenn sich Anhaltspunkte für eine zur Tatzeit bestehende Schuldunfähigkeit oder für das Vorliegen von Verhandlungsunfähigkeit ergeben, ein Sachverständigengutachten[14] Klarheit bringen, ob Anklage zu erheben ist oder ggf. ein Sicherungsantrag gestellt werden kann. Erhebt die Staatsanwaltschaft die öffentliche Klage und hält das Eröffnungsgericht die Schuldfähigkeit zur Tatzeit oder die Verhandlungsfähigkeit nicht für gegeben, so ist die Eröffnung des Sicherungsverfahrens nur zulässig, wenn die Staatsanwaltschaft dies wenigstens hilfsweise beantragt hat,[15] denn ohne einen solchen Hilfsantrag würde es in die Ermessensfreiheit der Staatsanwaltschaft, das Sicherungsverfahren zu beantragen, eingreifen. Dagegen kann auf einen Sicherungsantrag hin das beschließende Gericht, wenn es die Schuld- oder Verhandlungsunfähigkeit nicht für dargetan ansieht, nach Maßgabe der §§ 209, 209a das subjektive Strafverfahren deshalb ohne nachträgliche Anklageschrift eröffnen, weil die Antragsschrift stets zugleich hilfsweise eine Anklageschrift darstellt. Der Beschluss kann von der Staatsanwaltschaft nur insoweit angefochten werden, als die Verweisung an ein Gericht niederer Ordnung ausgesprochen worden ist (§§ 209 Abs. 2, 210 Abs. 2).

2. Überleitung nach Absatz 2

11 **a) Wesen der Überleitung.** Mit dem Hinweis über die veränderte Rechtslage (Abs. 2 Satz 1) verwandelt sich das Sicherungsverfahren kraft Gesetzes[16] in ein (schon nach der früheren Rechtslage) dem Anschluss eines Nebenklägers zugängliches **Strafverfahren**, und der vom Gesetz „beschuldigt“ genannte Betroffene in einen **Angeklagten.**[17] Kraft Gesetzes tritt der Sicherungsantrag an die Stelle einer Anklageschrift, der Eröffnungsbeschluss im Sicherungsverfahren an die Stelle des Eröffnungsbeschlusses[18] im Strafverfahren.

---

13 BGHSt **16** 198, 199 mit Anm. *Sax* JZ **1962** 501; **a.A.** AK/*Keller* 2.

14 § 414 Abs. 3; § 81.

15 § 414, 18.

16 **A.A.** KK/*Maur* 2: konstitutiver Verfahrensakt.

17 KK/*Maur* 2.

18 *Fränkel* in seiner Anm. zu BGH LM § 429d a. F. Nr. 1; KMR/*Metzger* 11.

b) Verfahren

aa) Hinweis, Aussetzung und Unterbrechung. Die Veränderung wird dem Angeklagten durch einen gemäß § 273 zu protokollierenden **Hinweis** des Vorsitzenden in einem § 265 nachgebildeten[19] Verfahren deutlich gemacht. Nach Absatz 2 Satz 2 hat der **Angeklagte ein Recht auf Aussetzung**. Der Aussetzungsanspruch wird ausgelöst durch die bloße Behauptung des Angeklagten, auf die Verteidigung nicht genügend vorbereitet zu sein; eine Entscheidung über die Erforderlichkeit der Aussetzung steht dem Gericht nicht[20] zu: Einem auf die bloße Behauptung mangelnder Vorbereitung gestützten **Antrag muss** das Gericht **entsprechen.**[21] Diese auf den ersten Blick besonders großzügige Regelung kompensiert letztlich die weitgehende Regelung des § 416 Abs. 2 und 5, die einen fundamentalen Verfahrenswechsel grundsätzlich ad hoc für zulässig erachtet. Aus der Verwendung des Begriffs „Aussetzung" (§ 228) im Gegensatz zu „Unterbrechung" (§ 229) ergibt sich, dass mit der Verhandlung neu zu beginnen ist, wenn der Angeklagte (oder sein Verteidiger) Aussetzung **verlangt**, und zwar unabhängig von den Fristen der Absätze 2 und 3 des § 229,[22] aber auch unabhängig von der Drei-Wochen-Frist des § 229 Abs. 1. Die Bestimmung der Aussetzungsdauer im Übrigen steht aber im pflichtgemäßen Ermessen[23] des Gerichts. 12

Der Aussetzungsanspruch umfasst den weniger weitgehenden Anspruch auf eine bloße **Verfahrensunterbrechung.**[24] Begnügt sich der Angeklagte bzw. der Verteidiger damit, zwecks Vorbereitung seiner Verteidigung eine Unterbrechung, also einen Zeitraum von nicht mehr als zehn Tagen, zu beantragen, so steht die Entscheidung über die erforderliche Vorbereitungsdauer auch hier nur der Verteidigung, nicht dem Gericht[25] zu. 13

bb) (Teilweise) Wiederholung der Hauptverhandlung. Zur weiteren Wahrung der Rechte des Angeklagten schreibt Absatz 2 Satz 3 vor, dass die Teile der Hauptverhandlung, an denen er aus den Gründen des § 415 nicht teilgenommen hat, zu **wiederholen** sind, d. h. die Hauptverhandlung muss insoweit von neuem durchgeführt werden; verwertet werden dürfen nur die in der Wiederholung erhobenen Beweise, während hinsichtlich der früher erhobenen Beweise (in den zu wiederholenden Teilen) ein Verwertungsverbot besteht.[26] Soweit sich hingegen die Gründe der Abwesenheit mit denjenigen decken, die in einem Strafverfahren nach §§ 231b Abs. 1, 247 Satz 3 das Gericht berechtigt hätten, ohne den Angeklagten zu verhandeln, genügt es, wenn die Wiederholung in Form der Unterrichtung durch den Vorsitzenden nach §§ 231a Abs. 2, 231b Abs. 2, 247 Satz 4[27] erfolgt. 14

cc) Zeitraum für den Übergang. Der Übergang vom Sicherungs- zum Strafverfahren nach § 416 Abs. 2 ist während der **gesamten Dauer der Hauptverhandlung** bis zur vollständigen Verkündung des tatrichterlichen Urteils[28] möglich. Er ist ferner auch dann 15

---

19 KK/*Maur* 4.
20 BGHSt **13** 121, 122 f.; KK/*Maur* 5; KMR/*Metzger* 12; HK/*Pollähne* 6.
21 BGHSt **13** 121, 122; KK/*Maur* 5; HK/*Pollähne* 6; SK/*Weßlau* 4; AnwK-StPO/*Böttger* 9.
22 KK/*Maur* 5.
23 BGHSt **13** 121, 122 f. = LM § 429d a. F. Nr. 1 mit Anm. *Fränkel*; BGHSt **13** 342; Meyer-Goßner/*Schmitt* 7; HK/*Pollähne* 6.
24 KK/*Maur* 5.
25 BGHSt **13** 121, 122 f.; Meyer-Goßner/*Schmitt* 7.
26 Meyer-Goßner/*Schmitt* 8; HK/*Pollähne* 6; SK/*Weßlau* 5.
27 KK/*Maur* 6.
28 KK/*Maur* 8; Meyer-Goßner/*Schmitt* 5.

zulässig, wenn das im Sicherungsverfahren ergangene, auf Unterbringung in einem psychiatrischen Krankenhaus wegen Schuldunfähigkeit lautende Urteil **auf die Revision des Beschuldigten aufgehoben**, die Sache zurückverwiesen und nunmehr die erheblich verminderte Schuldfähigkeit (§ 21 StGB) festgestellt wird. Dann steht die Aufhebung gemäß § 358 Abs. 2 Satz 2 der Verhängung einer Strafe nicht entgegen.[29] Die Unterbringung darf aber – jetzt im Strafverfahren – erneut angeordnet werden, da § 21 StGB im Hinblick auf § 63 StGB nicht mehr die Bedeutung beizumessen ist, dass er die Unterbringung nur neben einer Strafe[30] zulässt.

IV. Kein Übergang vom Straf- zum Sicherungsverfahren

16 **1. Nachträglich erkannte Schuldunfähigkeit.** Ist auf **Anklage hin das Hauptverfahren im Strafverfahren eröffnet** und stellt sich jetzt die **Schuldunfähigkeit** heraus, so ist ein Übergang vom Strafverfahren zum Sicherungsverfahren ausgeschlossen,[31] auch bei Zustimmung des Betroffenen, seines Verteidigers und der Staatsanwaltschaft.[32] Einem solchen Übergang stünde zunächst das Bedenken entgegen, dass die zur Eröffnung des Hauptverfahrens führende Anklageschrift nicht als Antragsschrift i. S. des § 413 angesehen werden kann[33] (zum umgekehrten Fall s. o. Rn. 10). Es fehlt deshalb an der Verfahrensvoraussetzung eines Sicherungsantrages, weshalb das Strafverfahren nicht mit dem Ziel einer Entscheidung über die Anordnung einer Maßregel weitergeführt werden kann. Zum anderen würde das Gericht in die Ermessensausübung der Staatsanwaltschaft hinsichtlich der Stellung eines Sicherungsantrages eingreifen. Die Staatsanwaltschaft wäre auch nicht in der Lage, ihre Anklage in einen Sicherungsantrag umzudeuten oder einen solchen nachzuschieben, denn mit der Eröffnung des Hauptverfahrens ist die Anklage ihrer Verfügung entzogen (§ 156), und es muss nunmehr in einer Hauptverhandlung über die Schuldfrage entschieden werden, wobei dann bei nachgewiesener oder nicht auszuschließender Schuldunfähigkeit mit einem Freispruch die Anordnung der Maßregel verbunden werden[34] kann.

17 **2. Nachträglich eintretende oder erkannte Verhandlungsunfähigkeit.** Stellt sich nach Eröffnung des Hauptverfahrens die dauernde Verhandlungsunfähigkeit des Angeschuldigten heraus, so kann das Verfahren ebenfalls nicht in das Sicherungsverfahren übergeleitet werden: Auch hier fehlt es schon an der Prozessvoraussetzung einer Antragsschrift, so dass das Strafverfahren durch Einstellung nach §§ 206a, 260 Abs. 3 zu beenden ist (§ 414, 18). Es liegt dann im Ermessen der Staatsanwaltschaft, die Durchführung eines Sicherungsverfahrens durch Einreichung einer entsprechenden Antragsschrift[35] zu beantragen (dazu auch § 414, 18).

---

29 Siehe auch m.w.N. BGH BeckRS **2019** 10875; MüKo/*Putzke/Scheinfeld* 7.

30 BGHSt **26** 67; KK/*Maur* 8; Meyer-Goßner/Schmitt/*Schmitt* 5.

31 BGHSt **46** 345, 347 f.; BGH NStZ **2016** 693; **2010** 228, 229; KK/*Maur* 9; KMR/*Metzger* 20; *Eb. Schmidt* § 429d a. F., 1; AK/*Keller* 10; HK/*Pollähne* 4; SK/*Weßlau* 6; AnwK-StPO/*Böttger* 5; siehe Meyer-Goßner/*Schmitt* 1: bei festgestellter Schuldfähigkeit ggf. im Strafverfahren Maßregel anzuordnen; **a.M.** *Peters* 572.

32 KK/*Maur* 9.

33 RGSt **72** 143, 144.

34 BGH NStZ **1995** 609.

35 KK/*Maur* 10; Meyer-Goßner/*Schmitt* 1; HK/*Pollähne* 4; SK/*Weßlau* 6; AK/*Keller* 12; KMR/*Metzger* 22; *Pfeiffer* 1.

ABSCHNITT 2A
Beschleunigtes Verfahren

Vorbemerkungen

Schrifttum

Ambos Verfahrensverkürzung zwischen Prozeßökonomie und „fair trial". Eine Untersuchung zum Strafbefehlsverfahren und zum beschleunigten Verfahren, Jura **1998** 281; *Bandisch* Zum Entwurf eines Kriminalitätsbekämpfungsgesetzes der Fraktionen der CDU/CSU und FDP vom 4.1.1994, StV **1994** 153; *Bommer u. a.* Alternativentwurf Abgekürzte Verfahren im Rechtsstaat (AE-ASR), GA **2019** 1; *Bürgle* Die Neuregelung des beschleunigten Verfahrens nach dem Verbrechensbekämpfungsgesetz, Diss. Gießen 1997; *ders.* Die Neuregelung des beschleunigten Verfahrens durch das Verbrechensbekämpfungsgesetz – ein Erfolg? StV **1998** 514; *Dähn* Möglichkeiten einer verstärkten Anwendung des beschleunigten Verfahrens bei Bagatelldelikten, FS Baumann 349; *Dünnebier* Das beschleunigte Verfahren, GA **1959** 272; *Dury* Das beschleunigte Strafverfahren – eine Bestandsaufnahme, DRiZ **2001** 207; *Ernst* Das beschleunigte Verfahren im Strafprozeß und seine Handhabung in Bochum (2001); *Feyer* Das Verfahren nach § 212 der Strafprozeßordnung, Diss. Freiburg 1926; *Fezer* Vereinfachte Verfahren im Strafprozeß, ZStW **106** (1994) 1; *Gaede*, Fairness als Teilhabe – Das Recht auf konkrete und wirksame Teilhabe durch Verteidigung (2007); *Gallrein* Das schleunige Verfahren im Strafprozess, Strafr. Abh. H. 347; *Gerson* Beschleunigung des Verfahrens durch Verkürzung von „Gerechtigkeit", GVRZ **2020** 9; *Haack* Die Systematik der vereinfachten Strafverfahren, 2009; *Hagemann* Das summarische Verfahren (Schnellverfahren) im Strafprozess, DJZ **1932** 729; *Heinz* Entlastung durch Beschleunigung und Vereinfachung – zur Krise des Strafprozesses, FS Brohm 351; *ders.* Die Strafverfahrenswirklichkeit im Spiegel der Justizgeschäftsstatistiken, GedS Schlüchter 691; *Herzler* Das beschleunigte Strafverfahren – ein notwendiger Schritt auf dem richtigen Wege, NJ **2000** 399; *Jeney* Vereinfachtes Strafverfahren mit Hauptverhandlung, Diss. Hamburg 2002; *Jostes* Veränderungen der Hauptverhandlung durch die Neuregelung des beschleunigten Verfahrens (2003); *Köckerbauer* Geltung der Rechtsfolgengrenze bei der Gesamtstrafenbildung im beschleunigten Verfahren, NJW **1990** 170; *König/Seitz* Die straf- und strafverfahrensrechtlichen Regelungen des Verbrechensbekämpfungsgesetzes, NStZ **1995** 11; *Kohler* Beschleunigte Verfahren im deutschen und französischen Recht (2001); *Lehmann* Zur Aburteilung von Demonstranten im beschleunigten Verfahren, DRiZ **1970** 287; *Lemke* Schnelle Strafverfahren. Erfahrungen aus der Praxis eines neuen Bundeslandes, FS Schreiber 249; *Loos/Radtke* Das beschleunigte Verfahren (§§ 417–420 StPO) nach dem Verbrechensbekämpfungsgesetz, NStZ **1995** 569; **1996** 7; *Lubitz* Das beschleunigte Verfahren der StPO und seine rechtstatsächliche Durchführung in Berlin und Brandenburg (2010); *Meurer* Das beschleunigte Strafverfahren – ein Akt angewandter Kriminalpolitik? GedS Zipf 485; *Meyer-Goßner* Wesen und Sinn des beschleunigten Verfahrens nach den §§ 417 ff. StPO, GedS Meurer 421; *Priestoph* Beschleunigte Verurteilung festgestellter Fußballrowdies am Beispiel Berlin, Polizei **1979** 296; *Putzke* Beschleunigtes Verfahren bei Heranwachsenden (2004); *Ranft* Das beschleunigte Verfahren (§§ 417–420 StPO), Jura **2003** 382; *ders.* Das beschleunigte Verfahren (§ 417–420 StPO) in der Rechtsmittelinstanz, NStZ **2004** 424; *Rengier* Zur Gegenwart und Zukunft des beschleunigten Verfahrens, FS Rogall 631; *Salzmann* Die beschleunigte Ahndung von Verkehrsdelikten, Diss. Marburg, 1962; *Schauinsland* Das schleunige Verfahren im Strafprozess, Diss. Göttingen 1912; *Scheffler* Kurzer Prozeß mit rechtsstaatlichen Grundsätzen? NJW **1994** 2191; *ders.* Das „beschleunigte Verfahren" in Brandenburg aus rechtsstaatlicher Sicht, NJ **1999** 113; *ders.* Das beschleunigte Verfahren als ein Akt angewandter Kriminalpolitik, GedS Meurer 437; *Schlothauer* Vereinfachte Beweisaufnahme nach dem Verbrechensbekämpfungsgesetz auch in der Berufungsinstanz? StV **1995** 46; *Schlüchter/Fülber/Putzke* Herausforderung: Beschleunigtes Verfahren (§§ 417 ff. StPO) (1999); *Schröer* Das beschleunigte Strafverfahren gem. §§ 417 ff. StPO (1998); *Schünemann* Das beschleunigte Verfahren im Zwiespalt von Gerechtigkeit und Politik, NJW **1968** 975; *Schultz* Das beschleunigte Verfahren in Verkehrsstrafsachen, DAR **1957** 93; *Schwarz* Zur rechtspolitischen Wertung des schleunigen Verfahrens, Diss. Bonn 1929; *Siegert* Kritische Bemerkungen zum Schnellverfahren, GerS **102** (1933) 30; *Sprenger* Fördert die Neuregelung des beschleunigten Verfahrens seine breitere Anwendung? NStZ **1997** 574; *Thamann* Gerechtigkeit und Verfahrensvielfalt. Logik der beschleunigten, konsensuellen und vereinfachten Strafverfahrensmodelle, FS Röhl 306; *Tiedemann, Petra* Das beschleunigte Strafverfah-

https://doi.org/10.1515/9783110765540-015

ren – Eine Untersuchung in Bonn (2008); *von Danwitz* „Die Strafe folgt der Tat auf dem Fuße“ – eine kriminalpolitische Analyse, FS Eisenberg 3; *Wächtler* Der autoritäre Strafprozeß;- das beschleunigte Verfahren neuer Art im Entwurf eines sogenannten Kriminalitätsbekämpfungsgesetzes von CDU/CSU und FDP, StV **1994** 159; *Wenske* 10 Jahre Hauptverhandlungshaft (§ 127b II StPO), NStZ **2009** 63; *Werner* Gelten die Vorschriften der §§ 203 und 204 StPO auch für Anträge auf Aburteilung im beschleunigten Verfahren? DRZ **1947** 146; *Wieneck* Das beschleunigte Verfahren gem. §§ 417 ff. StPO, JuS **2018** 249; *Wolf* Der Richter als Aktenbote? NJW **2001** 46; *Zimmermann* Das beschleunigte Verfahren im Strafprozeß, Diss. Köln 1962.

Entstehungsgeschichte[1]

Die Entwicklung des beschleunigten Verfahrens ist eng verknüpft mit den Regeln des GVG über die sachliche Zuständigkeit. Zunächst in § 211 der StPO von 1877 geregelt (Wortlaut in der 24. Aufl., Entstehungsgeschichte zu § 212) war es grundsätzlich nur vor dem mit einem Amtsrichter und zwei Schöffen besetzten Schöffengericht bei *Übertretungen* statthaft, mit allerdings zwei bedeutsamen Ausnahmen: Zum einen war auch bei *Vergehen* dieses Verfahren dann zulässig, wenn der Beschuldigte „entweder sich freiwillig stellt oder in Folge einer vorläufigen Festnahme dem Gerichte vorgeführt“ wird (§ 211 Abs. 1 StPO 1877). Zum anderen konnte „der Amtsrichter“ allein entscheiden, „wenn der Beschuldigte nur wegen Uebertretung verfolgt wird und die ihm zur Last gelegte Tat eingesteht“ (§ 211 Abs. 2 StPO 1877).

Mit der allgemeinen Einführung des allein entscheidenden Amtsrichters durch die EmmingerVO wurde § 211 StPO 1877 durch § 212 ersetzt. Absatz 2 des bisherigen § 211 StPO 1877 wurde dabei aufgehoben, während Absatz 1 bis auf die Einfügung der Worte „dem Amtsrichter oder“ vor „dem Schöffengerichte“ äußerlich unverändert blieb. Jedoch erweiterte sich der Anwendungsbereich des beschleunigten Verfahrens dadurch ganz erheblich, dass die Amtsgerichte nunmehr für alle Vergehen und den überwiegenden Teil der Verbrechen zuständig waren (LR/*Kühne* Einl. F 36 ff.). Mit der VO des Reichspräsidenten zur Bekämpfung politischer Ausschreitungen v. 28.3.1931 (RGBl. I S. 79) wurde bei allen in der Öffentlichkeit begangenen und zur Zuständigkeit des Amtsgerichts gehörenden Straftaten das beschleunigte Verfahren unabhängig davon für statthaft erklärt, ob sich der Beschuldigte freiwillig gestellt hatte oder als Folge einer vorläufigen Festnahme dem Gericht vorgeführt[2] wurde. § 22 des 3. Abschnitts der 1. VereinfVO bestimmte, dass auch ohne die Voraussetzungen des § 212 Vergehen im Schnellverfahren abgeurteilt werden können, „wenn der Sachverhalt einfach und die sofortige Aburteilung aus besonderen Gründen geboten ist“. Durch die §§ 28 bis 30 der ZustVO wurde unter Aufhebung des § 212[3] das beschleunigte Verfahren in der Form neu geregelt, die in etwa den durch das VereinhG eingeführten §§ 212, 212a, 212b entsprach, jedoch ohne Begrenzung des Sanktionsrahmens.

Das VereinhG führte erstmals (in § 212b Abs. 1 a. F.)[4] zu einer Begrenzung des Strafbannes, wobei die auch in § 419 Abs. 1 Satz 2 und 3 beibehaltene Begrenzung erst durch Art. 9 Nr. 9 des 1. StrRG verwirklicht wurde.

Seine derzeitige Gestalt erhielt das beschleunigte Verfahren durch das VerbrBekG. Trotz aller Verschiedenheit von den im Sechsten Buch der StPO bisher geregelten besonderen Verfahrensarten wurde das beschleunigte Verfahren insgesamt zu Recht als ein

---

1 Ausführliche Darstellung der Entwicklung bei *v. Hippel* 507, 704, 713; *Lehmann* DRiZ **1970** 288; *Schröer* 27 ff.

2 Vgl. dazu *Schröer* 38 f.

3 Durch § 21 Abs. 2 Nr. 1 der DurchführungsVO v. 13.3.1940 (RGBl. I 489).

4 Amtl. Begr. zum VerbrBekG, BTDrucks. **12** 6853 S. 36.

weiteres besonderes Verfahren in das Sechste Buch (Abschnitt 2a, §§ 417 mit 420) eingeordnet und aus dem Vierten Abschnitt des Zweiten Buches über das Zwischenverfahren herausgelöst.[5] Insbesondere durch die in § 420 vorgesehenen Möglichkeiten, „die Hauptverhandlung zu straffen und zu verkürzen“,[6] aber auch durch die bei Vorliegen der in § 417 genannten Voraussetzungen nunmehr eingeführte Pflicht der Staatsanwaltschaft, den Antrag auf Durchführung des beschleunigten Verfahrens zu stellen, beabsichtigt der Gesetzgeber „die häufigere Anwendung des beschleunigten Verfahrens“.[7]

Übersicht

5 *Meyer-Goßner* GedS Meurer 421, 422 f. und BTDrucks. **12** 6853 S. 35.

6 Amtl. Begr. zum VerbrBekG, BTDrucks. **12** 6853 S. 34 f., 36. Gerade die vereinfachte Hauptverhandlung sollte danach Beschleunigungs- und Entlastungseffekte erzielen.

7 Amtl. Begr. zum VerbrBekG, BTDrucks. **12** 6853 S. 19, 34 f.

Alphabetische Übersicht

A. Wesen und Legitimität des beschleunigten Verfahrens

I. Ziel und Gegenstand

1 **1. Gesetzgeberischer Wille.** Nach dem Willen des Gesetzgebers dient das beschleunigte Verfahren dem Ziel, unter weitgehender Ausnutzung der Möglichkeiten des § 417 eine **Entlastung** der Justiz durch eine Aburteilung zu erreichen, „die der Tat möglichst auf dem Fuße folgt".[8] Damit sollen bei dieser Verfahrensart **„general- und spezialprä-**

8 Amtl. Begr. zum VerbrBekG, BTDrucks. **12** 6853 S. 34; s. auch als „berechtigte Erwartung" der Bevölkerung, BTDrucks. **13** 2576 S. 3; krit. z.B. *von Danwitz*, FS Eisenberg, 12 f.

ventive Effekte einer reaktionsschnellen Strafrechtspflege [...] im Vordergrund stehen". Über die gesetzgeberische Absicht hinaus wird ferner im Schrifttum zum Teil ein „wohl doch gegebene[s] Interesse des Beschuldigten an einer größtmöglichen Beschleunigung des Strafverfahrens" ins Feld geführt, um die mit einem schwebenden Strafverfahren verbundenen erheblichen **Belastungen** zu vermindern (dazu aber Rn. 14 f.).[9]

Als **Gegenstand** dieser Verfahrensvariante dürften schon wegen der in den §§ 417, 419 Abs. 1 normierten Voraussetzungen in erster Linie jene Straftaten aus dem Bereich der **Bagatellkriminalität** in Betracht kommen, die auch im Strafbefehlsverfahren abgeurteilt (zum Verhältnis dieser Verfahrensarten zueinander s. u. Rn. 30) oder aber, mindestens bei Ersttätern, nach § 153a behandelt werden können: so z.B. Ladendiebstahl,[10] Beförderungserschleichung, Verstöße gegen das AuslG und jene Fälle, in denen der Täter einem behördlichen Aufenthaltsverbot in bestimmten öffentlichen Einrichtungen (z.B. Bahnhöfen) zuwiderhandelt und deshalb Hausfriedensbruch[11] begeht. Weitere denkbare Anwendungsbereiche dieser Variante dürften Verkehrsstraftaten[12] bilden. Ferner wird auf Fälle der vorläufigen Festnahme im Zusammenhang mit der Vorführung nach § 128 verwiesen.[13] Insbesondere früher wurden auch im Schrifttum – im Wesentlichen zu Unrecht – Strafverfahren gegen sog. Fußballrowdies[14] und Verfahren in Fällen von Gewalttätigkeiten bei Demonstrationen[15] genannt. 2

2. Wesenselemente und verfahrensspezifische Prozessvoraussetzungen. In der Reihe der vereinfachten Verfahrensformen steht das beschleunigte Verfahren dem Normalverfahren schon deshalb am nächsten, weil noch immer eine mündliche Hauptverhandlung durchgeführt wird, zu der es bei der Einstellung nach § 153a nicht kommt und auf die im schriftlichen Strafbefehlsverfahren verzichtet wird. Es weist indessen bestimmte **prozessverkürzende und -beschleunigende Elemente** (s. u. Rn. 5 ff.) zur Durchführung derjenigen Verfahren auf, die „auf Grund des einfachen Sachverhalts oder der klaren Beweislage zur sofortigen Verhandlung geeignet" sind bzw. nach Ansicht der Strafjustiz sein sollen (§ 417). Soweit insbesondere der Verteidigung in § 420 bezüglich des Ablaufs ein Mitbestimmungsrecht eingeräumt ist, weist das Verfahren auch Anleihen an die vor allem in § 257c geregelte Verständigung als Sonderfall des Normalverfahrens auf (bzw. greift diese Aspekte des beschleunigten Verfahrens auf). 3

Die besondere Verfahrensart des beschleunigten Verfahrens ist im Ganzen nur zulässig, wenn bestimmte, zu den Prozessvoraussetzungen für das Normalverfahren hinzutretende besondere Verfahrensvoraussetzungen vorliegen. **Fehlen** sie, ist das Verfahren in **jeder Lage** von dem mit der Sache jeweils befassten Gericht in der Hauptverhandlung nach § 260 Abs. 3, außerhalb derselben nach § 206a, **einzustellen,**[16] sofern das **Amtsgericht** nicht schon nach **§ 419 Abs. 2** verfahren kann. Konkret handelt es sich bei den besonderen Verfahrensvoraussetzungen um die Folgenden: den Antrag der Staatsan- 4

9 So etwa LR/*Gössel*[26] 1 in Anknüpfung an AK/*Loos* 3.

10 Hierzu gerade aus jüngerer Zeit eindrucksvoll zur Praxis in NRW *Rengier* FS Rogall, 635 ff.

11 M.w.N. *Fezer* ZStW **106** (1994) 13 f.

12 Zum Anwendungsbereich und den Erfahrungen *Bohnenberger* DAR **1960** 197; *Hartmann* MDR **1964** 190; *Lueken* DAR **1960** 250; *Schulz* DAR **1957** 94; *Zimmermann* 183. Mit der Umwandlung vieler für eine Aburteilung an Ort und Stelle besonders geeigneter kleinerer Verkehrsdelikte in Ordnungswidrigkeiten ist die Bedeutung dieses Verfahrens deutlich zurückgegangen.

13 *Fezer* ZStW **106** (1994) 13, 37 ff.

14 Dazu aber *Fezer* ZStW **106** (1994) 14 Fn. 46 und S. 15.

15 Gerade abl. *Schünemann* NJW **1968** 975 f.; *Lehmann* DRiZ **1970** 287; *Dähn* FS Baumann 349, 353 f.; *Fezer* ZStW **106** (1994) 15: Überdehnungen; *Wenske* NStZ **2009** 66, 67 f.

16 *Ranft* Jura **2003** 386.

waltschaft auf Durchführung des beschleunigten Verfahrens, die spezielle Zuständigkeit des Amtsgerichts zur Durchführung des beschleunigten Verfahrens und die Eignung der verfolgten Sache zur sofortigen Verhandlung.[17]

II. Die verfahrensbeschleunigenden Elemente

5 **1. Klassische Instrumente der Beschleunigung.** Vor der Neufassung der Regeln über das beschleunigte Verfahren durch das VerbrBekG wurden die verfahrensverkürzenden und -vereinfachenden Merkmale[18] im Wegfall des Zwischenverfahrens, in der sofortigen oder in „kürzester Frist" erfolgenden Anberaumung der Hauptverhandlung und im fakultativen Verzicht auf die Einreichung einer Anklageschrift erblickt.[19] Diese Elemente kennzeichnen die Verfahrensart grundsätzlich auch noch in der bis heute geltenden Neufassung.

6 Die **verfahrensbeschleunigende Wirkung** dieser Elemente erschien und erscheint noch heute recht **schwach.** Der Wegfall des Zwischenverfahrens dürfte nur unter dem formellen Aspekt des Wegfalls des Eröffnungsbeschlusses und der mit einer Zeitersparnis von regelmäßig nicht mehr als zwei Wochen[20] verbundenen Nichtanwendung der §§ 201 bis 203 (kaum)[21] bedeutsam sein. Bezüglich der in jedem Verfahren notwendigen inhaltlichen Prüfung z.B. der von Amts wegen zu berücksichtigenden Verfahrensvoraussetzungen (wie die sachliche Zuständigkeit), des hinreichenden Tatverdachts (vgl. dazu Rn. 55) sowie daraufhin, ob sich die Sache zur Aburteilung im beschleunigten Verfahren eignet (§ 419 Abs. 1), dürfte die vom Strafrichter oder Schöffengericht verlangte Prüfung aber weitgehend derjenigen nach den §§ 203, 204 im formellen Zwischenverfahren entsprechen. Zudem wird der Eröffnungsbeschluss zumeist (jedenfalls vom Amtsgericht und problematischerweise) formularmäßig erlassen, weshalb der Verzicht darauf kaum eine beschleunigende Wirkung entfalten dürfte. Auch der fakultative Verzicht auf die Einreichung einer Anklageschrift verspricht eher wenig Zeitgewinn, weil auch bei mündlicher Erhebung der Anklage § 200 zu beachten ist und im Hinblick auf § 418 Abs. 3 Satz 2 nicht einmal der Schreibvorgang entfällt[22] – und dies auch nicht dann, wenn die Anklageschrift durch Ausfüllen eines standardisierten Anklageformulars[23] erstellt wird.

7 Die verfahrensbeschleunigende Wirkung der **sofortigen** oder kurzfristigen **Anberaumung** der Hauptverhandlung dürfte schon deshalb überschätzt werden, weil die richterlichen Terminpläne nur selten einen Spielraum für die kurzfristige Ansetzung eines beschleunigten Verfahrens lassen werden.[24] Organisatorische Schwierigkeiten z.B.

---

17 Näheres s. § 417, 1ff. und zu den Rechtsfolgen § 417, 36ff., 40ff. sowie § 419, 1ff.

18 Überschießend ist, jedenfalls anhand der gesetzgeberischen Konzeption, die Charakterisierung bei *Thamann* FS Röhl 306, der meint, dass das beschleunigte Verfahren das Ermittlungsverfahren überspringe. Z.B. die Entscheidung über eine Anklage und die Vorbereitung derselben sind dem Rechtsanwender aber nicht erlassen. S. auch *Schröer* 206f. und HK-GS/*Weiler* § 417, 4.

19 Vgl z.B. KK/*Graf* 1.

20 Die von KMR/*Metzger* 16 angenommene Ersparnis von einem Monat dürfte sich indessen nur selten erzielen lassen.

21 So auch *Kohler* 127.

22 Treffend *Meyer-Goßner* GedS Meurer 421, 432f.

23 Vgl. *Meurer* GedS Zipf 491.

24 *Herzler* NJ **2000** 399, 400; *Ranft* Jura **2003** 383; skeptisch auf der Basis einer Befragung auch *Bürgle* StV **1998** 514. Dass die Staatsanwaltschaft den Terminkalender führt, „bei dem die Polizeibeamten [...] jeweils die freien Termine abrufen können", wie dies beim AG Potsdam eingeführt worden ist – vgl. dazu *Bielefeld* DRiZ **1998** 429, 432 – ist mit § 213 unvereinbar; näher dazu s. Rn. 16, 22.

hinsichtlich des Sitzungstages und des Sitzungssaals oder der Bereitstellung von Dolmetschern kommen hinzu.[25] Dass die Hauptverhandlung im beschleunigten Verfahren hin und wieder erst in etwa drei oder gar vier Monaten anberaumt wird (zur Unzulässigkeit dessen § 418, 18 ff.), zeigt diese Schwierigkeiten überdeutlich. Darüber hinaus bestehen **rechtsstaatliche Bedenken,** weil nicht ausgeschlossen werden kann, dass das Recht auf eine effektive Verteidigung entgegen Art. 14 Abs. 3 lit. b IPBPR, Art. 6 Abs. 3 lit. b EMRK (s. dazu u. Rn. 14) beeinträchtigt[26] wird.

2. Ausbau des beschleunigten Verfahrens durch das VerbrBekG. Die demgemäß wenig erstaunlich **geringe praktische Bedeutung** des Verfahrens nach § 212 a. F. hat den Gesetzgeber des VerbrBekG dazu veranlasst, die Vorschriften des beschleunigten Verfahrens zum Zwecke der vermehrten Anwendung zu ändern. Der Gesetzgeber sah Anlass zu beklagen, dass „die Justizpraxis [...] von der mit dem beschleunigten Verfahren [...] gebotenen Möglichkeit, überschaubare Sachverhalte mit geringem Unrechts- und Schuldgehalt rasch abzuurteilen, insgesamt nur sehr zurückhaltend Gebrauch" macht – wurden doch im Jahre 1990 in den alten Bundesländern **nur 4,02 % der Verfahren vor dem Amtsgericht** durch „Antrag auf beschleunigtes Verfahren eingeleitet".[27] Daraufhin hat das Parlament zusätzliche beschleunigende Regelungen eingeführt und prima facie anwendungsfördernde Regelungen erlassen: 8

So hat der Gesetzgeber zunächst versucht, den o. unter Rn. 7 erwähnten rechtsstaatlichen Bedenken Rechnung zu tragen, indem er die bisherige sofortige oder „mit kürzester Frist" notwendige *Anberaumung* gemäß § 212a Abs. 1 a. F. in § 418 Abs. 1 durch die sofortige oder „in **kurzer Frist**" (die inzwischen auf etwa acht Wochen verlängerte Frist, vgl. § 418, 18) mögliche Durchführung der Hauptverhandlung ersetzt hat. Zugleich hat er zur Sicherung der alsbaldigen Durchführung der Hauptverhandlung das rechtsstaatlich bedenkliche Instrument[28] der „Hauptverhandlungshaft" (§ 127b) eingeführt, um den Rückgriff auf das beschleunigte Verfahren zu fördern. 9

Darüber hinaus verfolgt der Gesetzgeber mit den durch **§ 420** eingeführten Regeln den Zweck einer Straffung und Verkürzung[29] der Hauptverhandlung: Über eine Zurückdrängung des Unmittelbarkeitsgrundsatzes und des Beweisantragsrechts will er das Verfahren vereinfachen und damit abermals die Attraktivität des beschleunigten Verfahrens steigern. 10

Schließlich wollte der Gesetzgeber die Anwendung des beschleunigten Verfahrens fördern, indem er der **Staatsanwaltschaft** gemäß § 417 die **Verpflichtung** auferlegt, in geeigneten Fällen stets den Antrag auf Entscheidung im beschleunigten Verfahren zu stellen; damit wurde die frühere Kann-Bestimmung des § 212 a. F. aufgegeben. 11

3. Praktische Bedeutung. Die Praxis des beschleunigten Verfahrens ist durch die (im Ergebnis allerdings fragwürdigen) Bemühungen der Politik zwischenzeitlich in den 90er Jahren in Bewegung geraten; dies hat insbesondere zu verschiedenen Umsetzungs- 12

---

25 *Dury* DRiZ **2001** 207, 208 f.; *Ranft* Jura **2003** 383; vgl. ferner *Meurer* GedS Zipf 491 und *Sprenger* NStZ **1997** 576.

26 Vgl. z.B. *Meurer* GedS Zipf 492.

27 BTDrucks. **12** 6853 S. 34.

28 Vgl. dazu mit umfassenden Nachweisen zur vielfältigen Kritik LR/*Hilger*[26] § 127b, 7 und *Scheffler* NJW **1994** 2191, 2192 ff. Zur Evaluation auch unter besonderer Einbeziehung der praktischen Realität *Wenske* NStZ **2009** 63: ohne positive Effekte für die §§ 417 ff. wurde die Zahl der Inhaftierungen vergrößert. Zu sinnvollen rechtspolitischen Konsequenzen *Bommer u. a.* AE-ASR, GA **2019** 12 f., 110 und 112.

29 BTDrucks. **12** 6853 S. 35 und 36.

modellen geführt (dazu näher Rn. 45 ff.). In einer dauerhaft nennenswert vermehrten Anwendung der Verfahrensart hat sich das VerbrBekG aber weder in dem Anteil der von der Staatsanwaltschaft erledigten Verfahren (bezogen auf die Gesamtzahl aller erledigten Verfahren Rückgang von 0,81 % im Jahre 2002 bis auf 0,52 % im Jahre 2007 und auf 0,28 % im Jahre 2018)[30] noch in dem entsprechenden Anteil der Amtsgerichte (zwar kontinuierlicher Anstieg von 2,59 % im Jahre 1994 bis auf 4,14 % im Jahre 2003, danach aber insgesamt kontinuierlicher Rückgang auf 2,87 % im Jahre 2007 und auf 2,10 % im Jahre 2018)[31] niedergeschlagen. Entsprechendes gilt, wenn man auf den Anteil der **von der Staatsanwaltschaft gestellten Anträge nach § 417**[32] an *allen* Anklagen abstellt (nach 6,88 % im Jahre 2003 ist der stetig auf 4,57 % im Jahre 2007 und **auf 3,21 % im Jahre 2018 gesunken**). Insgesamt bleibt nach wie vor und umso mehr festzuhalten: „Das beschleunigte Verfahren (§ 417 StPO) und das vereinfachte Jugendverfahren (§ 76 JGG) spielen quantitativ [...] keine allzu große Rolle",[33] wenngleich erhebliche regionale Unterschiede insbesondere zwischen Großstädten und ländlichen Gegenden bestehen.[34] Diese insgesamt bescheidene Bedeutung sollte dabei nicht als Ärgernis begriffen werden, weil das beschleunigte Verfahren mit anderen vereinfachten Verfahren konkurriert und ein Sonderverfahren nach Art der §§ 417 ff. nur in wenigen Konstellationen rechtsstaatlich vertretbar ist (s. auch Rn. 20 ff.).[35]

III. Das Verhältnis der allgemeinen Verfahrensvorschriften zu den §§ 417 ff.

13 Als Sonderform des allgemeinen Verfahrens bleiben die **allgemeinen Verfahrensvorschriften** auch im beschleunigten Verfahren anwendbar, soweit die §§ 417 ff. und § 127b zur Hauptverhandlungshaft[36] nichts anderes bestimmen. Damit bleiben die Vorschriften des ersten Buches ohne Einschränkungen anwendbar. Gleiches gilt für die ersten beiden Abschnitte des Zweiten Buches über die öffentliche Klage und deren Vorbereitung, weil auch das beschleunigte Verfahren die Erhebung der öffentlichen Klage verlangt, wenn auch nicht zwingend durch Einreichung einer Anklageschrift.[37] Dagegen schließen die §§ 417 bis 419 die Anwendung der Vorschriften des Vierten Abschnitts des Zweiten Buches über die Entscheidung hinsichtlich der Eröffnung des Hauptverfahrens weitgehend aus, während die Regeln des Fünften Abschnitts über die Vorbereitung der (auch im beschleunigten Verfahren durchzuführenden) Hauptverhandlung insoweit anzuwenden sind, als sie nicht durch § 418 modifiziert werden (so die §§ 215 bis 218) oder sonst wegen der Natur des beschleunigten Verfahrens (so die §§ 222a bis 225a) nicht anwendbar sind. Die Normen des Sechsten Abschnitts über die Hauptverhandlung werden lediglich hinsichtlich der Beweisaufnahme durch § 420 modifiziert, gelten aber im

30 Vgl. Vor § 407, 14 Tabelle 1.

31 Vgl. Vor § 407, 15 Tabelle 3 und Vor § 407, 16.

32 S. dazu Vor § 407, 14 Tabelle 2.

33 *Heinz* FS Brohm 351, 370; s. nun auch KMR/Metzger 5: hohe Quoten der 90er Jahre auf Engagement einzelner zurückzuführen; vgl. dazu auch *Heinz* GedS Schlüchter 691; schärfer noch OK-StPO/*Bosch* Nr. 146 RiStBV 9: nahezu bedeutungslos.

34 Mit entsprechenden Gesamtzahlen, aber unter Hinweis auf die Anstrengungen insbesondere in NRW m.w.N. *Rengier* FS Rogall, 632 f., 635 ff.

35 Meyer-Goßner/*Schmitt* 7: sinkende Verfahrenszahlen erfreulich. S. auch OK-StPO/*Bosch* Nr. 146 RiStBV 2 und 6: Strafbefehl ressourcenschonender, der innerhalb der EU auch verbessert zugestellt werden kann; Bedarf nach schriftlicher Übersetzung der schriftlichen Anklage; ferner *Lubitz* 225 ff.

36 Zur Zuordnung zum beschleunigten Verfahren s. etwa LR/*Hilger*[26] § 127b, 4.

37 Vgl. § 170 Abs. 1 und § 418 Abs. 3.

Übrigen uneingeschränkt. Weil die §§ 417 ff. überdies nur das erstinstanzliche Verfahren vor den Amtsgerichten betreffen,[38] enthalten sie auch keine Sonderregeln für das Rechtsmittelverfahren (näher dazu Rn. 33 ff.).

IV. Prinzipielle Legitimation des Verfahrenstyps

1. Problematik des beschleunigten Verfahrens – Rechtfertigungsbedarf. Schon die Bezeichnung einer Verfahrensart als *beschleunigtes Verfahren* führt assoziativ zu den Begriffen „Schnellverfahren" und „kurzer Prozess", die denkbar negativ belastet sind. Auch bei einer differenzierten Betrachtung verbleiben mit den geschilderten und vom Gesetzgeber sukzessiv ausgebauten Einschränkungen bestehender schützender Verfahrensstrukturen (Zwischenverfahren, förmliche Anklage und Unmittelbarkeit) und Verteidigungsrechte (hinreichende und nicht betont kurze Vorbereitungszeit sowie Beweisantragsrechte) zum Teil einschneidende Schlechterstellungen. Sie schwächen das verfassungsrechtlich notwendige Unterfangen, den Unschuldigen durch eine tatsächlich sichergestellte Wahrheitssuche und hinreichende Teilhaberechte zu schützen,[39] gezielt zugunsten der Entlastung der Justiz ab. Der Gesetzgeber bleibt hinter den Verfahrenssicherungen zurück, die er selbst prinzipiell für erforderlich erachtet.[40] Dies geschieht, obschon das Recht auf ein faires Strafverfahren einschließlich des Rechts auf eine effektive Verteidigung auch nach der Rechtsprechung des EGMR für jedes Delikt gleichermaßen gilt[41] und ausdrücklich gemäß Art. 6 Abs. 3 lit. b EMRK eine ausreichende Zeit und **Gelegenheit zur Vorbereitung der Verteidigung** gebietet.[42] Dies macht es erforderlich, die verbundenen Einschnitte verfassungs- und konventionsrechtlich – im Übrigen ggf. auch unionsrechtsrechtlich nach der GRC[43] – zu rechtfertigen. 14

Anderes gilt nicht etwa deshalb,[44] weil schon das Konventionsrecht selbst gemäß Art. 5 Abs. 3 Satz 2 und Art. 6 Abs. 1 Satz 1 EMRK dem Beschuldigten ein Recht auf die Verhandlung in angemessener Frist gewährt, um die mit einem schwebenden Verfahren regelmäßig verbundenen erheblichen, insbesondere psychischen Belastungen nicht länger als unbedingt notwendig währen zu lassen.[45] Hierin liegt **ausschließlich ein Recht des Betroffenen**, das – sind Dritte nicht betroffen – als solches nicht herangezogen 15

---

38 S. § 417.

39 BVerfGE **133** 168, 197 ff. in Anknüpfung an den Schuldgrundsatz.

40 Zur Selbstbindung s. anhand der EMRK insoweit m.w.N. *Gaede* Fairness als Teilhabe, 489 ff.

41 Hierfür beispielhaft EGMR 9.6.1998 – 44/1997/828/1034, Rn. 36, NStZ **1999** 47 – *Teixeira de Castro/POR*; *Gaede* Fairness als Teilhabe, 669 ff., 683 ff., 185; Meyer-Goßner/*Schmitt* Art. 6 EMRK, 3a (zu terroristischen Straftaten); Karpenstein/Mayer/*Meyer* Art. 6 EMRK, 6, 53. S. ferner zu § 127b *Wenske* NStZ **2009** 67: Gleichbehandlung aller Straftaten und Straftäter droht aufgegeben zu werden.

42 AK/*Loos* 6; *Schröer* 152 f.; *Fezer* ZStW **106** (1994) 14 f.; *Loos/Radtke* NStZ **1996** 14; zu Mindestbedingungen in Verfahren gegen „Aufrührer" *Schünemann* NJW **1968** 975 f.; zur Konventionsauslegung s. m.w.N. MüKo/*Gaede* Art. 6 Rn. 150 ff.

43 Zum nennenswerten Anwendungsbereich der Charta im Strafrecht und den geltenden Maßstäben s. m.w.N. Enzyklopädie-Europarecht/*Gaede* Band 11, 2. Aufl. (2021), § 3, 25 ff. und 29 ff.

44 Insoweit leider undeutlich LR/*Gössel*[26] 51, etwas korrigierend 52.

45 Zu dieser tatsächlich einschlägigen Ratio s. aber schon EGMR 27.6.1968 – 2122/64, Rn. 18, EGMR-E 1, 54 – *Wemhoff/D*: *"The Court is of opinion that the precise aim of this provision in criminal matters is to ensure that accused persons do not have to lie under a charge for too long"*; m.w.N. *Wohlers/Gaede* NStZ **2004** 9, 14.

werden kann, um ihm gegen seinen Willen Verfahrensrechte zu entziehen, die im Normalverfahren jeder voll beanspruchen kann.[46] Der Betroffene selbst hat dann zu entscheiden, ob er die Verfahrensrechte ausschöpfen oder das Interesse an einem baldigen Verfahrensende höher gewichten will. Wenn der Staat hingegen zugunsten des vom Individualrecht zu unterscheidenden objektiven Beschleunigungsgebots Verfahrensrechte einschränken will, muss er dies näher rechtfertigen, was allenfalls in verhältnismäßiger Form möglich ist.

16 **2. Legitimierbare Fallgruppen des beschleunigten Verfahrens.** Das beschleunigte Verfahren unterliegt seit langem einer vielschichtigen Kritik.[47] Sie setzt zum einen an der Durchbrechung zahlreicher Verfahrensprinzipien insbesondere durch bestimmte Handhabungen der §§ 417 ff. an.[48] Zum anderen wird vielfach auf Gefahren für die Wahrheitsfindung, insbesondere hinsichtlich einer notwendigen Persönlichkeitserforschung bei der Strafzumessung[49] und hinsichtlich der Verteidigungsmöglichkeiten des Beschuldigten hingewiesen. Hierbei unterliegt vornehmlich die sofortige Hauptverhandlung bei extremer Verkürzung der Ladungsfrist oder bei Vorführung der Kritik; es wird befürchtet, dass namentlich bei der sofortigen Aburteilung nach öffentlichen Gewalttätigkeiten generalpräventive Erwägungen einen unzulässig hohen Stellenwert erhalten könnten.[50]

17 Diese und weitere Einwände können nicht schon mit dem schlichten Bedarf der Justiz nach Entlastung oder damit zurückgewiesen werden, dass eine Aburteilung „der Tat möglichst auf dem Fuße folgen" sollte.[51] Dass general- und spezialpräventive Teilrechtfertigungen der konkret zu verhängenden Strafe materiellrechtlich bei einer Beachtung des Schuldgrundsatzes in Betracht kommen, soll hier zwar nicht in Abrede gestellt werden.[52] Das Gebot zur möglichst zeitnahen Aburteilung und ggf. Ahndung ist jedoch kein Proprium einfacher oder leicht beweisbarer Taten; vielmehr ist dies eine gänzlich allgemeine Forderung. Vor allem aber steht die **Aburteilung in einem Rechtsstaat**, insbesondere gemäß Art. 6 EMRK, **von vornherein unter dem Vorbehalt eines fairen Strafprozesses**, der die Unschuldsvermutung achtet und den der Beschuldigte bei jedem Delikt gleichermaßen einfordern darf. Durch diesen Prozess wird die Strafe erst legitimiert.[53] Der Verweis auf den verständlichen Wunsch, die Aburteilung eilig folgen

---

46 Gleichsinnig bereits m.w.N. *Fezer* FS Widmaier 177 ff.; *Tepperwien* NStZ **2009** 1, 5 ff.; Karpenstein/Mayer/*Meyer* Art. 6 EMRK, 72 f.; m.w.N. MüKo/*Gaede* Art. 6 EMRK, 403 f.

47 Grundlegende Kritik z.B. bei Meyer-Goßner/*Schmitt* 5 f.; KMR/*Metzger* 18 ff.; SK/*Paeffgen* 1 ff.; *Henkel* 399; *Peters* § 63 I; *Dünnebier* GA **1959** 273; *Neumann* StV **1994** 273, 275 f.; *Scheffler* NJW **1994** 2191 ff.; *Wächtler* StV **1994** 159 f.; *Hassemer* DRiZ **1998** 391, 401 f.; *Gerson* GVRZ **2020** 9 Rn. 27 ff., 39 ff.; zusf. zur Kritik an der Hauptverhandlungshaft m.w.N. LR/*Hilger*[26] § 127b, 7. Die Leugnung der dort jeweils beschriebenen Nachteile durch *Lemke* (FS Schreiber 257) deshalb, weil damit das rechtsstaatliche Selbstverständnis staatlicher Behörden in Frage gestellt werde, er entzieht die staatlichen Behörden faktisch der Kritik und redet letztlich unvertretbarer Autoritätsgläubigkeit das Wort. Krit., aber dann mit dem Vorschlag einer Integration des § 420 in das Normalverfahren (!) *Meyer-Goßner* GedS Meurer 421, 432 ff.

48 Dazu vor allem LR/*Gössel*[26] 17 ff. und hier 52 ff.

49 Vgl. z.B. *Ambos* Jura **1998** 293.

50 *Lehmann* DRiZ **1970** 289; *Rieß* FS Dünnebier 166 f.; *Schünemann* NJW **1968** 975, 976.

51 So aber neben dem Verweis auf die Entlastung der Justiz Amtl. Begr. zum VerbrBekG, BTDrucks. **12** 6853 S. 34.

52 Zur eigenen Sicht auf die Strafbegründung s. m.w.N. *Gaede* Rechte und Strafen für Roboter? (2019) S. 59 ff.

53 Näher hierzu m.w.N. *Gaede* Fairness als Teilhabe, 339 ff. und knapper m.w.N. MüKo/*Gaede* Art. 6 EMRK, 2 ff. S. auch scharf krit. zum Sinne der „Redensart" *von Danwitz* FS Eisenberg, 12 f.

zu lassen, gestattet nun aber nicht die Aussage, dass deshalb auch jeder verkürzte Weg zur Aburteilung noch fair genannt werden könne.

Zugleich wird zugunsten des beschleunigten Verfahrens geltend gemacht, dass vereinfachte Verfahren für manche Erscheinungsformen der einfachen Massenkriminalität kaum zu entbehren seien[54] und die §§ 417 ff. durchaus „bei sachgerechter Nutzung" zu einer sinnvollen Verkürzung der Verfahrensdauer beitragen könnten.[55] Ferner ist nicht zu übersehen, dass sowohl das BVerfG als auch der EGMR aus den jeweiligen Verfahrensgarantien **nicht ein von vornherein bis in jedes Detail unveränderliches Verfahrensmodell** ableiten; der Gesetzgeber ist durchaus befugt, das Verfahren unterschiedlich zu modellieren.[56] Das BVerfG geht – in bisweilen zu großem Ausmaß – davon aus, dass es zunächst dem Gesetzgeber und subsidiär den Gerichten obliegt, die Erfordernisse des fairen Verfahrens in einer Gesamtschau zu konkretisieren.[57] Auf der Ebene der EMRK ist anerkannt, dass bei mehreren vorgesehenen Verfahrensstufen bzw. Rechtsmitteln nicht jede Verfahrensstufe gleichermaßen bestimmte Rechte vorhalten muss.[58] So kann der Gesetzgeber etwa für vergleichsweise geringfügige Vorwürfe ein vereinfachtes Sanktionsverfahren vorsehen, solange hiergegen ein effektives Rechtsmittel zur Verfügung steht, das den Zugang zum Gericht eröffnet und die Rechte des Art. 6 EMRK wahren kann.[59] 18

Nach diesen Maßstäben wird insgesamt Folgendes zu gelten haben: Die Vorschaltung eines beschleunigten Verfahrens, in dem jedenfalls ein Abbau der vom Gesetzgeber selbst anerkannten Notwendigkeiten betrieben wird, ist angesichts der Gestaltungsspielräume **nicht per se eine Verletzung der verfassungs- und konventionsmäßigen Rechte.**[60] Etwa der Verzicht auf das Zwischenverfahren ist nicht sogleich mit einem unfairen Prozess gleichzusetzen, zumal auch für das beschleunigte Verfahren zu verlangen ist, dass der Spruchkörper des Amtsgerichts die Verhandlung vorbereitet (dazu Rn. 13, 55 und 60). Ferner bietet ein Verfahren mit Hauptverhandlung jedenfalls bei einer (zeitweisen) **Anwesenheit des Angeklagten** im Vergleich zum Strafbefehlsverfahren ggf. eine bessere Chance dafür, dass der nicht per se sozial versierte Angeklagte die drohende Strafe tatsächlich vor Augen hat und sein Verhalten auf den Ernst der Lage ausrichtet.[61] Schließlich lassen eine Reihe von Regelungen wie zum Beispiel diejenige zur zu- 19

54 S. etwa schon *Eb. Schmidt* Vor § 212, 3 und differenziert im Gesamtkontext *Fezer* ZStW **106** (1994) 36 ff., 58 f.

55 So LR/*Gössel*[26] 51 unter Berufung auf *Dünnebier* GA **1959** 275; *Henkel* 399; *Peters* § 63 I; *Schlüchter* 779.3; *Zimmermann* 190.

56 S. insoweit zur EMRK m.w.N. MüKo/*Gaede* Art. 6 EMRK, 23 ff.

57 M.w.N. nur wieder BVerfGE **133** 168, 200 f., 202; **122** 248, 272; **57** 250, 275 f.; klarer hingegen BVerfG **118** 212; einordnend zu dieser Rechtsprechung insgesamt m.w.N. *Gaede* GA **2008** 394, 399 ff. sowie *ders.* wistra **2016** 89 ff.

58 *Gaede* Fairness als Teilhabe, 436 ff., zur vermittelnden Gesamtbetrachtung auch 433 ff.; etwa zum Anwesenheitsrecht in Rechtsmittelverfahren zusf. m.w.N. MüKo/*Gaede* Art. 6 EMRK, 291 ff., zur öffentlichen Verhandlung, 120 f., zum Konfrontationsrecht, 243 f.

59 EGMR 21.2.1984 – 8544/79, Rn. 56, NJW **1985** 1273 – *Öztürk/D*; EGMR 22.11.1995 – 19178/91, Rn. 40, NLMR **1995** 222 – *Bryan/UK*; EGMR 26.10.1984 – 9186/80, Rn. 32, EuGRZ **1985** 407 – *De Cubber/BEL*; EGMR 14.11.2000 – 35115/97, Rn. 39 f., ÖJZ **2001** 357 – *Riepan/AUT*; näher *Esser* Auf dem Weg zu einem europäischen Verfahrensrecht, 2002, S. 602 ff.; LR/*Esser* Art. 6 EMRK, 105; krit. *Gaede* Fairness als Teilhabe, 184 ff.

60 Ebenso etwa auch LR/*Esser* Art. 6 EMRK, 634.

61 Vgl. auch *Dähn* FS Baumann 349, 354, der den möglichen persönlichen Eindruck vom Beschuldigten hervorhebt; zur Bedeutung der Hauptverhandlung in Abgrenzung von anderen Sonderformen des Verfahrens auch HK/*Zöller* § 417, 3.

nächst notwendigen Verfahrenseignung (§ 417, 25 ff., 40 ff.) und zur Zustimmung zu Verfahrenserleichterungen (§ 420, 31 f.) immerhin regelmäßig Raum, die erforderliche Verfahrensfairness zu wahren, was sich insbesondere in der Abkehr von einem beschleunigten Verfahren niederschlagen kann (s. aber *de lege ferenda* Rn. 64 ff.). Das insgesamt angemessen „bescheidene" rechtspraktische Dasein des beschleunigten Verfahrens (Rn. 12) dürfte insoweit zum Ausdruck bringen, dass auch die Praxis das beschleunigte Verfahren regelmäßig nicht mit einem – vermeintlich attraktiven, aber – flagrant rechtsstaatswidrigen „kurzen Prozess" gleichsetzt.[62] Eine offenbar geringe Rechtsmittelquote spricht dafür, dass auch das beschleunigte Verfahren eine befriedende Wirkung haben kann.[63]

20 Gleichwohl bleiben einschränkende Handhabungen in der Praxis zunächst ungewiss. Angesichts der verhältnismäßig vagen Voraussetzungen der §§ 417 bis 419 wird gar der Missbrauch des beschleunigten Verfahrens, der mit der Hauptverhandlungshaft verbunden sein kann, als „präventiv-polizeiliche Drohgebärde"[64] gerade in politisierten, öffentlichkeitswirksamen Fällen befürchtet. Jedenfalls ist davon auszugehen, dass die Häufung von Regelungen, die letztlich schützende Formen und Rechte entziehen, stets zu einer verbleibenden Schlechterbehandlung führt, obschon eine vergleichsweise geringfügige Verurteilung zum Beispiel zu einer Vorstrafe führen und etwa durch die Ersatzfreiheitsstrafe (§ 43 StGB) enorm folgenreich sein kann. Die **Legitimität** auch des – wie geschildert – nicht beliebig rechtsstaatswidrig auszulegenden beschleunigten Verfahrens **hängt deshalb von drei Prämissen ab:** *Erstens* muss das Aufzwingen dieses abgeschwächten Verfahrensdurchgangs sachlich überzeugend begründet sein. *Zweitens* darf der Einsatz des konkreten beschleunigten Verfahrens nach den §§ 417 ff. nicht außer Verhältnis zu den Rechtsfolgen stehen, die in ihm verhängt werden dürfen. *Drittens* muss ein Rechtsmittel für den Angeklagten verfügbar sein, um die volle Geltung des Art. 6 EMRK in Umsetzung des nationalen Regelverfahrens zu erlangen.

21 Der **notwendige sachliche Grund** folgt schon aus der vom Gesetzgeber anderenfalls willkürlich vorgenommenen Rechtsbeeinträchtigung. Allein mit einer stets wünschenswerten Reaktion, die auf dem „Fuße folgt", kann sie im Rechtsstaat nicht begründet werden (dazu schon Rn. 17). Ein überzeugender Grund kann aber grundsätzlich darin liegen, dass die **Durchführung des Verfahrens** ohne eine kurzfristige Reaktion **schlechthin unmöglich** zu werden droht.[65] Art. 6 EMRK gewährt dem Angeklagten kein Recht, sich etwa durch Flucht dem Verfahren zu entziehen.[66] Soweit also eine beschleunigte Verfahrensdurchführung gerade aus dem Verhalten des Betroffenen bzw. der rational drohenden Verfahrensflucht abgeleitet ist (s. § 127b, aber auch schon tradiert §§ 112 Abs. 2 Nr. 2 und 113 Abs. 2), kann ein staatlich vorgegebener Sonderweg legitimierbar sein, zumal er eine anderenfalls drohende unverhältnismäßig lange Verfahrenshaft[67] zu

62 S. auch SSW/*Rosenau* 4 und *Lubitz* 226 f. S. aber auch OK-StPO/*Temming* (36. Ed) § 417, Vor 1: zurückhaltender Gebrauch infolge von Schwierigkeiten bei der Beschaffung von Beweismitteln (etwa BZR-Auszüge oder BAK-Gutachten) und der notwendigen Verteidigung (§ 418 Abs. 4); HK/*Zöller* 2.

63 *Tiedemann* 198 f., 207.

64 *Rieß* FS Dünnebier 166; LR/*Gössel*[26] 53; *Dähn* FS Baumann 349, 355.

65 S. statt vieler etwa *Rengier* FS Rogall 647 f., mit berechtigten Hinweisen insbesondere auf Alternativen wie § 153 StPO.

66 *Gaede* Fairness als Teilhabe, 383 ff., 669 ff.; s. auch *Fezer* ZStW **106** (1994) 14 f.; zur Verfahrensdauer aber auch MüKo/*Gaede* Art. 6 EMRK, 363. S. auch ohne ein Zustimmungserfordernis in diesen Fällen *Bommer u. a.* AE-ASR, GA **2019** 12 f., 108.

67 Dies heben etwa hervor *Fezer* ZStW **106** [1994] 37 ff.; *Loos/Radtke* NStZ **1996** 12 f.; *Dury* DRiZ **2001** 207, 211.

vermeiden hilft.[68] Dies gilt auch deshalb, weil angesichts der grundsätzlich weiter gebotenen rechtsstaatsgemäßen Prozessführung die Chance besteht, dass der Angeklagte das Urteil als fair akzeptieren wird. Bei alledem ist aber – worauf zu § 127b schon zu Recht hingewiesen wurde – tatsächlich zu gewährleisten, dass die Haft keinen apokryphen Gründen dient und das Verfahren zügig geführt wird; die Fallgruppe darf nicht als Freibrief für eine verkappte sofortige Strafhaft missbraucht werden.

Zweifelhaft ist hingegen die vom Gesetzgeber deutlich raumgreifender in § 417 ange- **22**
ordnete **Herleitung aus einem einfachen Sachverhalt und/oder einer klaren Beweislage**, soweit es nach der ganz herrschenden Meinung möglich sein soll, dies auch abweichend von der Einschätzung des von Art. 6 EMRK berechtigten Angeklagten zu bejahen.[69] Indem das Gericht trotz der bestehenden Irrtumsrisiken[70] von vornherein einseitig erklären kann, die Beweislage hinsichtlich einer (informell) erhobenen Anklage sei so klar, dass es der normalen Vorsicht und der normalen Rechte nicht mehr bedürfe, legt dies bei Lichte besehen noch weit über die Bejahung eines hinreichenden Tatverdachts[71] hinaus eine Axt an die Unvoreingenommenheit der Richter. Nur dann, wenn der Angeklagte bzw. die Verteidigung diesen Standpunkt teilt und der **Angeklagte** infolgedessen in Kenntnis der Konsequenzen auf das Normalverfahren **verzichtet**, ist hier eine Verletzung des Art. 6 Abs. 1 Satz 1 EMRK klar ausgeschlossen. Eine solche Auslegung beschränkt zwar scheinbar gravierend den Anwendungsbereich der §§ 417 ff., den sich der Gesetzgeber offenbar weiter gewünscht hat.[72] Auch der Gesetzgeber ist jedoch an die Gewährleistung eines fairen Verfahrens gem. Art. 6 EMRK gebunden, der entsprechend seiner Umsetzung unmittelbar geltendes Recht ausmacht.[73] Überdies sind „streitige" Fälle regelmäßig kaum geeignet, tatsächlich zügig abgeurteilt zu werden. Wenn dementsprechend die Eignung zur Durchführung nach den §§ 417 ff. jenseits der ersten Fallgruppe (Rn. 21) in Zukunft so verstanden wird, dass **auch aus Sicht des Angeklagten ein einfacher Sachverhalt und/oder eine klare Beweislage** vorliegt, dürfte dies den Anwendungsbereich der §§ 417 ff. kaum schmälern (s. aber auch Rn. 46). Das beschleunigte Verfahren ist damit in seiner zweiten Anwendungsfallgruppe im Ergebnis eine besondere, vereinfachte Form der Verfahrensverständigung.[74] Ein entsprechendes Zustimmungserfordernis findet auch *de lege ferenda* insoweit bereits großen Anklang.[75]

---

68 S. nun auch rechtspolitisch vergleichbar mit der Beschränkung auf diese Fallgruppe *Bommer u. a.* AE-ASR, GA **2019** 12 f., 108 ff.; s. ferner *Rengier* FS Rogall, 647 ff.

69 Statt vieler auch trotz seiner Kritik m.w.N. SK/*Paeffgen* § 418, 4 (aber mit dem Hinweis auf ein „Veto" nach Art. 6 Abs. 3 lit. b EMRK). S. auch schon, aber zu pauschal, für ein notwendiges Einverständnis des Beschuldigten, *Deumeland* NStZ **1983** 41; wohl auch *Thamann* FS Röhl 308 f. S. Rn. 46 und § 417, 25 ff.

70 S. auch LR/*Gössel*[26] 53.

71 Zur Debatte um eine mögliche Besorgnis der Befangenheit s. etwa *Wohlers* FS Roxin II, 1313.

72 S. etwa abl. LR/*Gössel*[26] § 417, 24. S. aber etwa schon zu einer regionalen Untersuchung *Tiedemann* 206 f.: in über 81 % geständige Angeklagte, Rechtsmittelquote bei rund 6,7 %.

73 Dazu m.w.N. MüKo/*Gaede* Art. 6 EMRK, 3 und 6 und Art. 1, 6 ff.

74 S. zur nicht selten konsensorientierten Praxis auch *Lubitz* 167 ff., 200.

75 Ebenso z.B. LR/*Gössel*[26] 53 f.; SK/*Paeffgen* 10; KMR/*Metzger* 28; *Jostes* 230 f.; *Loos/Radtke* NStZ **1996** 13; *Ranft* Jura **2003** 382, 386; *Tiedemann* 214; m.w.N. zum Vorschlag *Baumanns, Dähn* FS Baumann 349, 356, 358; *Ambos* Jura **1998** 293: Erfordernis der Zustimmung nach einer richterlichen Belehrung; *Jeney* 188; partiell *Fezer* ZStW **106** (1994) 15 f., 39 f., 58: kein absolutes Zustimmungserfordernis infolge regelmäßiger Überforderung mit der Entscheidung, aber Möglichkeit, eine max. sechstägige Ladungsfrist einzufordern und Ausschluss der Freiheitsstrafe (zust. SK/*Paeffgen*, 10; ähnlich für die noch anerkannten Anwendungsfälle und angemessen beschränkt auf eine Fluchtgefahr nun *Bommer u. a.* AE-ASR, GA **2019** 12 f., 108 ff.); dies tlw. ergänzend aufgreifend wiederum *Ambos* Jura **1998** 293. Eine bereits jetzt regelmäßige Zustimmung zum Verfahren hält für die Fälle des § 127b Abs. 2 auch fest BT-Drucks. **19** 13829, 65.

23 Das zweite Erfordernis der **verfahrensangemessenen Rechtsfolgen** leitet sich aus dem Umstand ab, dass der grundrechtliche Legitimationsbedarf insbesondere bei gravierenden Rechtseingriffen, die etwa die Freiheit der Person betreffen, graduell zunimmt. Es stünde auch nach den Maßgaben des BVerfG zur gebotenen bestmöglichen Sachaufklärung außer Verhältnis, einem Beschuldigten ein auf Bagatellverfahren bezogenes Schnellverfahren aufzunötigen, wenn doch die notwendige Verfahrenswiederholung angesichts der erheblichen Rechtsfolgen, die auf dem Spiel stehen, absehbar erscheint. Dem deutschen Gesetzgeber kann insofern aber noch attestiert werden, dass er jedenfalls ein vertretbares Maß gefunden hat. Er hat mit der Rechtsfolgenschranke des § 419 Abs. 1 Satz 2 ein immerhin nennenswertes Problembewusstsein bewiesen[76] und die nach wie vor erheblichen Rechtsfolgen weiter einem mündlich verhandelnden Gericht vorbehalten. Dieses kann und *muss* den Angeklagten über die Besonderheiten des Verfahrens[77] und die Bedeutung seiner ggf. konstitutiven Zustimmung[78] aufklären.[79] Die Aufklärungspflicht besteht fort, ein Beweisantragsrecht kann sie immerhin effektuieren und ihre Einhaltung kontrollieren.[80] Die Verteidigerbestellung tritt bei umfänglicheren Freiheitsstrafen hinzu.[81]

24 Das dritte Erfordernis des verfügbaren Rechtsmittels ist in seiner Ratio schon aus der Rechtsprechung des EGMR abzuleiten. Nach ihr setzt die Vorschaltung vereinfachender Sanktionsverfahren für geringfügige Fälle zum Beispiel für das Strafbefehlsverfahren den **anschließenden Zugang zu einer vollen gerichtlichen Prüfung** voraus.[82] Die Konvention gewährleistet über Art. 6 EMRK zwar grundsätzlich kein Rechtsmittelverfahren.[83] Die in mehrfacher Hinsicht kumulativ verkürzten Verteidigungsrechte, die mit dem beschleunigten Verfahren z.B. hinsichtlich des Beweisantragsrechts einhergehen und die den Angeklagten in großem Umfang auf die Fürsorge des Gerichts verweisen,[84] setzen diese Verfahrensart aber so sehr von der – auch vom deutschen Gesetzgeber als grundsätzlich erforderlich angesehenen – Umsetzung eines fairen Verfahrens ab, dass jedenfalls ein aufgezwungenes beschleunigtes Verfahren dem Anspruch des Art. 6 EMRK nicht genügt. Dies gebietet es, die Annahmeberufung gemäß § 313 in Fällen geringer Geldstrafen und Geldbußen, die lediglich auf einem beschleunigten Verfahren nach den §§ 417 ff. beruhen, so zu handhaben, dass die Berufung stets anzunehmen ist: Die abgeschwächte Verfahrensgewährleistung durch die §§ 417 ff. steht dem Verdikt, die Berufung könne nur offensichtlich unbegründet sein, wegen der einzurechnenden Verfahrensverkürzungen

---

76 Was indes nicht mehr für die Verdoppelung des Maximalstrafrahmens gelten würde, die in BRDrucks. 660/01, S. 18 f., erwogen wurde, s. zutr. abl. schon *Wenske* NStZ **2009**, 66, 67 f.

77 Dazu etwa § 420, 31.

78 Für diese Voraussetzung Rn. 22, § 417 Rn. 24.

79 S. aber skeptisch LR/*Gössel*[26] 54 und zutr. *Bandisch* StV **1994** 157: Einschätzung des Vorgehens nach § 420 Abs. 1 und 2 wird der Angeklagte oft nicht leisten können und daher an einer sachgemäßen Verteidigung gehindert sein. Krit. zur möglichen Verhängung einer Freiheitsstrafe *Fezer* ZStW **106** (1994) 39 f., 58.

80 § 420, 13 ff., 34 ff.

81 S. § 418 Abs. 4 und ggf. § 140 Abs. 1 Nr. 4 und Abs. 2.

82 Zu Nachweisen schon Fn. 59 und i.E. auch LR/*Gössel*[26] 54, der die Nachteile des beschleunigten Verfahrens für „unerträglich" erachtet, wenn eine Korrektur über die Berufung infolge einer unterbleibenden Annahme der Berufung scheitert. S. ferner *Jeney* 178 f., 189.

83 Dazu schon näher LR/*Esser* Art. 6 EMRK, 123, 991 ff.

84 Dieses Kernproblem benennt auch KMR/*Metzger* 26, der allerdings auch auf eine geringe Bedeutung des § 313 hinweist (21); s. ferner SK/*Paeffgen* § 420, 19 und 22.

entgegen.[85] Ferner darf die Handhabung der §§ 312 ff. insgesamt nicht hinter die Maßgaben des Art. 6 EMRK zurückfallen. Anderes kann nur gelten, soweit der Angeklagte der Durchführung des beschleunigten Verfahrens im Bewusstsein über die Bedeutung dieser Entscheidung zugestimmt hat.[86]

B. Anwendungsbereich und Zuständigkeit

I. Anwendung im Verhältnis zu anderen Verfahrensarten

1. Privat- und Nebenklage. Während das **Privatklageverfahren** kein beschleunigtes Verfahren kennt,[87] ist eine Beteiligung als **Nebenkläger** auch im beschleunigten Verfahren möglich.[88] Dabei ist zweifelhaft, ob der Anschluss bereits mit dem Antrag der Staatsanwaltschaft auf Entscheidung im beschleunigten Verfahren wirksam wird oder, worauf der Wortlaut der §§ 395 Abs. 1, 396 Abs. 1 Satz 2 hindeuten könnte, erst mit der regelmäßig in der Hauptverhandlung stattfindenden Erhebung der öffentlichen Klage.[89] Weil der Nebenkläger andernfalls angesichts der Besonderheiten des beschleunigten Verfahrens seine Befugnisse kaum wahrnehmen könnte, sprechen wohl die überwiegenden Gründe dafür, der erstgenannten Auffassung den Vorzug[90] zu geben. 25

2. Jugendliche. Gegen Jugendliche ist das beschleunigte Verfahren unzulässig (§ 79 Abs. 2 JGG). An seine Stelle tritt ggf. das **vereinfachte Jugendverfahren nach den §§ 76 ff. JGG,**[91] jedoch nur, soweit gegen den Jugendlichen vor dem Jugendrichter verhandelt wird.[92] Wird gegen einen Jugendlichen vor einem Erwachsenengericht verhandelt, so ist weder das beschleunigte Verfahren (§ 104 Abs. 1 Nr. 14 i. V. m. § 79 Abs. 2 JGG) noch das vereinfachte Jugendverfahren zulässig; doch kann dieser Fall, wenn überhaupt, nur noch ganz ausnahmsweise[93] vorkommen. Dagegen kann gegen einen **Heranwachsenden** das beschleunigte Verfahren auch vor den Jugendgerichten und unabhängig davon durchgeführt werden, ob Erwachsenen- oder Jugendstrafrecht angewendet wird (vgl. den fehlenden Verweis auf gegenteilige Normen in § 109 JGG). 26

---

85 Jedenfalls für eine restriktive Auslegung bereits *Jostes* 202 ff., 232; *Tiedemann* 179 f.; HK-GS/*Weiler* § 420, 7. Noch weitergehend *Weigend* ZStW **113** (2001), 295: grundlegende Missachtung des „grundlegenden Verteidigungsrechts" des Art. 6 Abs. 3 EMRK; s. auch HK-GS/*Weiler* § 417, 1: ausreichende Legitimation fraglich; KK/*Graf* 3: verantwortungsbewusste und maßvolle Anwendung vorauszusetzen. **A.A.** aber ohne Analyse des Konventionsrecht und ohne nähere verfassungsrechtliche Darlegung OLG Frankfurt NStZ-RR **1997** 273: noch verfassungskonform; Meyer-Goßner/*Schmitt* § 313, 1, selbst indes mit Kritik an der Norm; SSW/*Rosenau* 3: restriktive Anwendung erforderlich.

86 Zum möglichen Verzicht auf den Zugang zum Gericht s. nur LR/*Esser* Art. 6 EMRK, 106 f.; zu den Bedingungen an einen wirksamen Verzicht m.w.N. MüKo/*Gaede* Art. 6 EMRK, 77 ff.

87 Allg.M., vgl. z.B. KK/*Graf* § 417, 2; KMR/*Metzger* § 417, 3; *Ernst* 67; zu den Gründen s. *Zimmermann* 66.

88 KMR/*Metzger* § 417, 34; Meyer-Goßner/*Schmitt* § 417, 7; *Zimmermann* 68.

89 So wohl *Eb. Schmidt* § 395, 15.

90 Meyer-Goßner/*Schmitt* § 417, 7; im Erg. ebenso KMR/*Metzger* § 417, 34.

91 SK/*Paeffgen* § 417, 8; *Ernst* 67.

92 *Brunner/Dölling* §§ 76-78, 1.

93 Bei Verfahrensverbindung gegen Jugendliche und Erwachsene ist beim Amtsgericht regelmäßig das Jugendgericht zuständig (§ 103 Abs. 2 Satz 1 JGG); der ausnahmsweise Vorrang der Erwachsenengerichte (§ 102 Satz 1, § 103 Abs. 2 Satz 2 JGG) betrifft nur die Strafkammer oder das Oberlandesgericht, an denen das beschleunigte Verfahren nicht zulässig ist.

27 **3. NATO-Angehörige.** Bei NATO-Angehörigen ist das beschleunigte Verfahren gegen Mitglieder einer Truppe und des zivilen Gefolges eines NATO-Entsendestaates sowie deren Angehörige gemäß Art. 27 des ZusatzAbk. unzulässig.

28 **4. Sicherungsverfahren.** Das Sicherungsverfahren nach den §§ 413 ff. kann nicht als beschleunigtes Verfahren geführt werden. Dem steht schon § 417 deshalb entgegen, weil keine Anklage erhoben werden kann, zudem aber auch das Verbot der im Sicherungsverfahren einzig möglichen Verhängung von Maßregeln der Besserung und Sicherung.[94]

29 **5. Objektives Verfahren.** Die Einziehung in ihren verschiedenen Formen (§§ 73 ff. StGB) kann auch im beschleunigten Verfahren angeordnet werden.[95] Allerdings gilt dann auch für sie, dass die Anforderungen des § 417 für die Einziehung erfüllt sein müssen. Das sog. objektive Verfahren nach § 435 kann hingegen nicht nach den Regeln des beschleunigten Verfahrens durchgeführt werden.[96]

30 **6. Strafbefehlsverfahren.** Das beschleunigte Verfahren und das Strafbefehlsverfahren weisen schon hinsichtlich der in beiden Verfahrensarten bestehenden *Rechtsfolgenbegrenzung* (§ 407 Abs. 2 einerseits und § 419 Abs. 1 Satz 2 und 3 andererseits) sich relativ weit überschneidende Anwendungsbereiche auf. Gleichwohl wird man der Staatsanwaltschaft kein direktes Ermessen hinsichtlich der Wahl einer der beiden Verfahrensarten zugestehen können. Weil im beschleunigten Verfahren notwendigerweise in öffentlicher Hauptverhandlung zu prozedieren ist, darf die Staatsanwaltschaft den Antrag nach § 417 nicht stellen, wenn sie „eine **Hauptverhandlung nicht** für **erforderlich**" erachtet (§ 407 Abs. 1 Satz 2). Damit wird eine Abgrenzung zwischen beiden Verfahrensarten anhand des Bedarfs für eine mündliche und öffentliche Hauptverhandlung durchaus möglich:[97] Die Frage nach den etwaigen Voraussetzungen des beschleunigten Verfahrens stellt sich erst dann, wenn zuvor die Durchführung einer Hauptverhandlung für erforderlich erachtet wird.[98] Allerdings bleibt es richtig, dass bei der Frage nach dem Bedarf zu einer Hauptverhandlung ein Beurteilungsspielraum der Staatsanwaltschaft anzuerkennen ist, der in der Abgrenzung beider Verfahrensarten insoweit zu Schwierigkeiten führen kann.

II. Zuständigkeit zur Durchführung des beschleunigten Verfahrens

31 **1. Gerichte erster Instanz.** Der Gesetzestext in § 417 ist insoweit eindeutig: Nur vor dem **Amtsgericht** ist das beschleunigte Verfahren statthaft,[99] nicht aber im Verfahren vor der **Strafkammer** und dem **Oberlandesgericht** im ersten Rechtszug. Ein beim Amtsgericht als beschleunigtes Verfahren begonnenes Verfahren kann auch nicht durch Verweisung nach § 270[100] oder Übernahme nach § 225a vor ein Gericht höherer Ordnung

---

94 § 419 Abs. 1 Satz 2.

95 S. ferner § 419, 5; § 435, 14.

96 Anhand der früheren Rechtslage schon näher LR/*Gössel*[26] 30.

97 **A.A.** *Loos/Radtke* NStZ **1996** 13: „kein abgrenzbarer Anwendungsbereich", s. auch NStZ **1995** 569 f.

98 So die Begr. BTDrucks. **12** 6853 S. 35; im Erg. ebenso KK/*Graf* § 417, 3; KMR/*Metzger* 29; AnwK-StPO/*Böttger* 8; *Schröer* 72.

99 Zum Schöffengericht s. § 417, 4 f.

100 RGSt **68** 334 = JW **1935** 205 mit Anm. *Fraeb*; *Eb. Schmidt* 4.

gebracht werden. Wenn sich dessen Zuständigkeit herausstellt, ist in solchen Fällen ebenso nach § 419 Abs. 3 zu verfahren wie in denjenigen, in denen der Amtsrichter bei Prüfung des Antrags auf Aburteilung im beschleunigten Verfahren zu der Auffassung kommt, ein Gericht höherer Ordnung sei zuständig.[101]

2. Revisionsgerichte. Als ausschließlich tatrichterliches Verfahren kann das beschleunigte Verfahren im **Revisionsrechtszug** nicht durchgeführt werden. So sind insbesondere die Regeln über die Ladung des Beschuldigten nach § 418 Abs. 2 **unanwendbar.** Sie können die auf die Besonderheiten des Revisionsverfahrens speziell zugeschnittene Norm des § 350 nicht verdrängen. Ebenso kann z.B. eine bisher entgegen § 418 Abs. 4 unterbliebene Verteidigerbestellung im Revisionsverfahren nicht nachgeholt werden, sondern nur eine Gesetzesverletzung im Sinne der §§ 337, 338 Nr. 5 darstellen. Gleiches gilt für sonstige Verstöße gegen die §§ 417 ff., die Tatgerichten unterlaufen.[102] 32

3. Berufungsgerichte. Trotz des gesetzlichen Wortlauts des § 417, der ein beschleunigtes Verfahren nur vor dem Amtsgericht kennt, ist umstritten, ob auch in der Berufungsinstanz das beschleunigte Verfahren nach dessen Regeln fortgeführt wird: 33

a) Befürwortung im Schrifttum. Insbesondere *Meyer-Goßner* und nun auch *Schmitt* sind der Auffassung, das sechste Buch der StPO enthalte „eben besondere Arten des Verfahrens" und wandele „nicht nur das amtsgerichtliche Verfahren ab", vielmehr seien „die Vorschriften des beschleunigten Verfahrens" allgemein **auch im Berufungsrechtszug maßgeblich.**[103] Zur Begründung wird einmal darauf verwiesen, dass nur Absatz 4 des § 420 auf das Verfahren vor dem Strafrichter beschränkt sei, nicht aber Abs. 1 bis 3 dieser Vorschrift,[104] ferner auf die Vertretungsregel des § 411 Abs. 2 im Strafbefehlsverfahren, die auch für die Berufung gegen ein in der Hauptverhandlung nach Einspruch gegen einen Strafbefehl erlassenes amtsgerichtliches Urteil gelte und zur Anwendung des § 420 führe.[105] Schließlich wird geltend gemacht, „dass die Voraussetzungen für ein Tätigwerden im Normalverfahren nicht erfüllt sind" und es insbesondere an der nach § 419 Abs. 3 notwendigen Überleitung in das Normalverfahren fehle.[106] 34

Die geschilderte Rechtsauffassung wird regelmäßig vor allem vertreten, um herzuleiten, weshalb auch **in der Berufung der Rechtsfolgenbann des § 419 Abs. 1 Satz 2** gelte.[107] Eben dies wird insbesondere aus der allgemeinen Anwendbarkeit der Regeln über das beschleunigte Verfahren hergeleitet.[108] 35

---

101 § 418, 9.

102 Zum Verfahren nach Aufhebung eines im beschleunigten Verfahren ergangenen Urteils und Zurückverweisung der Sache nach § 354 Abs. 2 und 3 s. Rn. 42.

103 So z.B. *Meyer-Goßner*[51] § 420, 12 und nun Meyer-Goßner/*Schmitt* § 420, 12; ebenso *Ranft* NStZ **2004** 424. Für diese Auffassung wird oft auch herangezogen OLG Oldenburg JR **1983** 302 mit Anm. *Wagner* und *Meyer-Goßner* JR **1984** 75; dazu aber instruktiv schon LR/*Gössel*[26] 36 f. und 48: Bindung nur für das erstinstanzliche Gericht ohne Weiterung ausgesprochen.

104 Meyer-Goßner/*Schmitt* § 420, 12.

105 *Meyer-Goßner* GedS Meurer 421, 427 ff.

106 *Meyer-Goßner* GedS Meurer 421, 426 f.

107 So schon LR/*Gössel*[26] 37.

108 Meyer-Goßner/*Schmitt* § 417, 17.

36 **b) Gesetzesnahe Ablehnung eines beschleunigten Berufungsverfahrens.** Gesetz und Recht angemessen ist jedoch nur eine Zurückweisung dieser Auffassung.[109] Diese noch zum alten Recht der §§ 212 ff. entwickelte Ansicht dürfte schon darunter leiden, dass sie die Frage nach einer Fortgeltung der Vorschriften über das beschleunigte Verfahren auch in der Berufungsinstanz nahezu ausschließlich unter dem Gesichtspunkt einer Überschreitung der Rechtsfolgenbeschränkung durch das Amtsgericht[110] und unter dem Aspekt einer möglichen Bindung des Berufungsgerichts an die Schranke des § 419 Abs. 1 Satz 2 beurteilt. Insoweit folgt eine Bindung an den Strafbann des § 419 Abs. 1 Satz 2 aber aus gänzlich anderen Erwägungen, die dem Angeklagten/Verurteilten nicht noch zusätzlich Verfahrensrechte entziehen.[111]

37 Die Zurückweisung eines „beschleunigten Berufungsverfahrens" folgt zunächst schon daraus, dass der Gesetzgeber eine so fundamentale Veränderung des Prozedierens wie etwa im Fall der Teilanordnung des § 411 Abs. 2 Satz 2 hätte anordnen müssen. Die mit dem beschleunigten Verfahren eintretende Einschränkung von Verfahrensrechten und -abläufen entbehrt einer gesetzlichen Grundlage – die **StPO kennt kein „beschleunigtes Berufungsverfahren"**.[112] Eine belastende, Verfahrensrechte verkürzende Rechtsfortbildung ist dem Rechtsanwender hier schon deshalb verwehrt, weil die Aufdrängung eines beschleunigten Verfahrens sich nur infolge des weiter verfügbaren Berufungsverfahrens mit Art. 6 EMRK vereinbaren lässt (dazu schon Rn. 18 ff., 24).[113]

38 Überdies ist an mehreren Normen abzulesen, dass die §§ 417 ff. nicht auf die Berufung zugeschnitten sind und vielmehr die §§ 313 ff. mit den §§ 417 ff. auch im Konflikt stehen: So legt schon § 417, der den Anwendungsbereich des beschleunigten Verfahrens allgemein und abschließend bestimmt, die **Zuständigkeit zur Durchführung des beschleunigten Verfahrens** dem Strafrichter und dem Schöffengericht und damit **allein** dem für die Berufung unzuständigen **Amtsgericht** in die Hand; folglich kann auch aus § 420 Abs. 4 kein genereller Rückschluss gezogen werden, die übrigen Vorschriften seien auch auf das Landgericht anwendbar.[114] Ferner kollidiert die propagierte Anwendbarkeit des § 420 Abs. 1-3 mit den speziell für die Berufung geschaffenen und nicht vollständig identischen §§ 324, 325, 323 Abs. 3.[115] Das Berufungsgericht wird auch in der Praxis häufig gerade wegen einer als mangelhaft angesehenen Sachaufklärung in der ersten Instanz angerufen.[116]

39 Soweit *Meyer-Goßner* davon ausgeht, dass das Berufungsgericht die §§ 417 ff. anwenden müsse, weil es wegen des Fehlens eines Eröffnungsbeschlusses im Normalverfahren nicht prozedieren könne,[117] übersieht er zum einen, dass das Berufungsverfah-

---

109 S. schon LR/*Gössel*[26] 35 ff. und wie hier OLG Stuttgart NJW **1999** 511 f.; OLG Hamburg NStZ **1999** 266, 267; BayObLG NStZ **2005** 403 f. mit zust. Anm. *Metzger*; *Schlothauer* StV **1995** 46 f.; KK/*Graf* 4; AK/*Loos* 28, § 418, 18; SK/*Paeffgen* § 420, 30 f; *Pfeiffer* 1; *Ernst* 144 ff.; wohl auch *Schlüchter/Fülber/Putzke* 115, *Schröer* 192 ff., jedoch nur hinsichtlich § 420 Abs. 1 bis einschließlich 3; *Loos/Radtke* NStZ **1996** 8; *Jostes* 208 ff.

110 Dazu krit. LR/*Gössel*[26] 37 und 41.

111 Dazu § 419, 13.

112 So klar für die heute ganz herrschende Ansicht OLG Stuttgart NJW **1999** 511 f.

113 S. auch unabhängig von Art. 6 EMRK: BayObLG NStZ **2005** 403, 404 und RGSt **69** 59, 61.

114 So zu Recht schon LR/*Gössel*[26] 39; vgl. auch *Loos/Radtke* NStZ **1996** 9: Systematisch bezieht sich § 420 insgesamt auf §§ 417, 419; bestätigend auch BayObLG NStZ **2005** 403, 404.

115 Dazu schon LR/*Gössel*[26] 41 und 46 sowie AK/*Loos* § 419, 18 und *Schlüchter/Fülber/Putzke* 114 ff. S. auch krit. zur Berufungsbegründungsschrift nach § 317 LR/*Gössel*[26] 45, auch im Hinblick auf Nr. 156 Abs. 1 RiStBV.

116 S. auch LR/*Gössel*[26] 44.

117 *Meyer-Goßner* GedS Meurer 421, 424 f.

ren kein normales erstinstanzliches Verfahren ist.[118] Zum anderen ist es gerade der Gesetzgeber, der für das beschleunigte Verfahren von einem notwendigen Eröffnungsbeschluss absieht, dennoch aber die Berufung weiter für statthaft erachtet; die Berufung ist unabhängig davon durchführbar, ob das angefochtene Urteil im beschleunigten oder im Normalverfahren ergangen ist.[119] Nur im normalen erstinstanzlichen Verfahren kann ein Eröffnungsbeschluss als Voraussetzung auch des Berufungsverfahrens verlangt werden.

Zum Argument aus § 411 Abs. 2 ist zu bedenken, dass die Regeln des Sechsten Bu- **40**
ches lediglich die Vorschriften über das Normalverfahren abwandeln. Sie greifen im besonderen Vertretungsfall den § 420 auf; nicht hingegen lassen sie sich für den Regelfall des anwesenden Angeklagten heranziehen, der zunächst die Basis auch des beschleunigten Verfahrens darstellt. Die für das Strafbefehlsverfahren geschaffene Vorschrift des § 411 hat der Gesetzgeber für das beschleunigte Verfahren gerade *nicht* für anwendbar erklärt.[120] Deshalb erscheint es wenig einsichtig, die für das Strafbefehlsverfahren normierte Vertretungsregel des § 411 Abs. 2 auch im beschleunigten Verfahren für anwendbar zu halten. Die für die Beweisaufnahme im beschleunigten Verfahren in § 420 vorgesehenen Abweichungen vom Normalverfahren legen es überdies eher nahe, die direkte Vernehmung des Beschuldigten durch den Richter beizubehalten und gerade nicht durch Erklärungen des Verteidigers zu ersetzen.

c) Konsequenzen. Entsprechend der zutreffenden Ansicht **endet** das **beschleunig- 41**
te Verfahren mit der **Verkündung** des **Urteils** der ersten Instanz.[121] Eine vereinzelt vertretene These, das Verfahren ende schon mit dem Abschluss der Beweisaufnahme,[122] überzeugt dagegen nicht: Sonst müsste angenommen werden, bei einem Wiedereintritt in die früher bereits geschlossene Beweisaufnahme etwa nach schon begonnener Urteilsberatung könne nunmehr nach den Regeln des Normalverfahrens auch dann prozediert werden, wenn durch den Wiedereintritt in die Beweisaufnahme die Eignung im Sinne des § 417 nicht entfällt. Dies erscheint aber ebenso wenig attraktiv wie die weiter mögliche, aber doch wohl überflüssige Annahme, nach erstmaligem Abschluss der Beweisaufnahme sei das beschleunigte Verfahren zwar beendet, es könne aber noch in erster Instanz in das Stadium vor Beendigung zurückversetzt werden.

Kann damit das Berufungsverfahren nicht als beschleunigtes Verfahren durchge- **42**
führt werden, so lässt sich daraus nicht ableiten, „mit der Einlegung eines Rechtsmittels" gehe das bisher beschleunigte Verfahren „ohne weiteres in das Normalverfahren über" mit der Folge, dass auch nach einer (in der Revision) angeordneten Zurückverweisung der Sache an das Amtsgericht (§ 354 Abs. 2; § 328 Abs. 2) „das beschleunigte Verfahren nicht wieder" auflebe.[123] In diesem Zusammenhang ist die **Wirkung** der Aufhebung einer Entscheidung in der Rechtsmittelinstanz nebst **Zurückverweisung** der Sache von entscheidender Bedeutung. Sie besteht darin, dass „das Verfahren in den

---

118 Insoweit zutr. *Ranft* NStZ **2004** 424 f., der diese – zutr. – Überlegung jedoch zu Unrecht für die Fortgeltung der §§ 417 ff. auch im Berufungsverfahren in Anspruch nehmen will.
119 Im Erg. so auch LR/*Gössel*[26] 39 und BayObLG NStZ **2005** 403, 404.
120 Dies betont auch schon die LR/*Gössel*[26] 40.
121 KK/*Graf* 4: im Erg. so auch *Kohler* 58 ff.
122 AK/*Loos* § 420, 26.
123 So aber KK/*Graf* 4; SK/*Paeffgen* § 420, 31; ebenso wohl auch AK/*Loos* § 420, 18, allerdings schon mit Abschluss der Beweisaufnahme im beschleunigten Verfahren erster Instanz.

Zustand zurück" versetzt wird, „in dem es sich vor der Urteilsfindung" befand.[124] Eine mit der Aufhebung verbundene Zurückverweisung an das **Amtsgericht** setzt damit das Verfahren in den Zustand zurück, in dem es sich im amtsgerichtlichen beschleunigten Verfahren vor Erlass des aufgehobenen Urteils befand, so dass die §§ 417 ff. uneingeschränkt gelten. Folglich wird insbesondere die Anwendung der §§ 420, 418 Abs. 4 wieder möglich. Gleichwohl bleibt die Ablehnung des beschleunigten Verfahrens nach § 419 Abs. 2 und 3 möglich,[125] weshalb die Zurückweisung in das beschleunigte Verfahren nicht dauerhaft folgenreich bleiben muss. Zu beachten ist allerdings auch nach einer Urteilsaufhebung die Rechtsfolgenbeschränkung des § 419 Abs. 1 Satz 2 – an ihr muss sich der Staat festhalten lassen, der einen Beschuldigten in das verkürzte Verfahren zwingt.[126]

43 **4. Verfahrensverbindung.** Eine **Verbindung** verschiedener, aber i. S. des § 3 zusammenhängender Strafsachen nach den **§§ 2 oder 4** führt bekanntlich zu einer Verfahrensverschmelzung mit gemeinsamer Verhandlung und Aburteilung. Sie schließt es aus, in den jeweiligen miteinander verbundenen oder verbunden anhängig gemachten Strafsachen nach je verschiedenen Verfahrensregeln zu prozedieren. Soll eine Strafsache, die für eine Verhandlung im beschleunigten Verfahren geeignet wäre, mit einer im Normalverfahren durchzuführenden Strafsache nach den §§ 2, 4 verbunden werden, so ist das zwar möglich, jedoch können beide Strafsachen dann wegen ihrer Verbindung nur *einheitlich* nach den Regeln des **Normalverfahrens** verhandelt werden.[127]

44 Bei einer Verbindung nach **§ 237** behält hingegen jede der miteinander verbundenen Strafsachen ihre Selbständigkeit (LR/*Erb* § 2, 6). Folglich kann hier ein beschleunigtes Verfahren prinzipiell mit einem Normalverfahren *derart* **verbunden werden**, dass beide Sachen nach den jeweils für sie geltenden Regeln verhandelt[128] werden. Sind allerdings Beweismittel, -thema, -gegenstand oder die etwaige Gesamtstrafenbildung[129] beider nach § 237 verbundenen Strafsachen *untrennbar miteinander verwoben*, so kann die Beweisaufnahme insoweit nur nach den Regeln des Normalverfahrens durchgeführt werden mit der Folge, dass § 420 unanwendbar bleibt – auch in der sonst nach den Regeln des beschleunigten Verfahrens zu verhandelnden Sache. Zur Gesamtstrafenbildung in derartigen Fällen s. LR/*Becker* Erl. zu § 237.

C. Umsetzungsmodelle der Praxis

I. Verfahrensmodelle in der Praxis

45 **1. Überblick.** Die Regelungen des Gesetzgebers klären nicht alle Fragen, die sich zu den konkreten Verfahrensabläufen stellen. Angesichts der geschilderten überschaubaren

124 *Gössel* JR **1982** 270, 272 (dort nur für die Folgen der Zurückverweisung durch das Revisionsgericht an das Berufungsgericht – für den hier erörterten Fall einer Zurückverweisung an das Amtsgericht kann nichts anderes gelten); zust. *Meyer-Goßner* JR **1984** 76.

125 Nur scheinbar anders OLG Oldenburg in dem missverständlichen Leitsatz JR **1983** 302: Hier wird eine Ablehnung des beschleunigten Verfahrens wegen entgegenstehender Rechtshängigkeit zu Recht nicht mehr für möglich gehalten.

126 Näher § 419, 13. **A.A.** SK/*Paeffgen* § 420, 31; *Loos/Radtke* NStZ **1996** 9: absurde Konsequenz.

127 Näher dazu § 419, 26.

128 Vgl. KK/*Graf* 4.

129 Vgl. dazu § 419, 3.

Bedeutung des beschleunigten Verfahrens hat es zahlreiche Versuche gegeben, durch organisatorische Maßnahmen die Effizienz und Reichweite der §§ 417 ff. zu befördern.[130] Es dürften sich im Wesentlichen **drei Hauptmodelle** herausgebildet haben, die in unterschiedlicher Weise angewandt werden und regional verschiedene Abweichungen aufweisen können. Zum Teil ist anzunehmen, dass – auch im Hinblick auf zwischenzeitlich eingewendete Kritik – früher zu berichtende Modellausprägungen nicht mehr oder nicht mehr in der gleichen Form praktiziert werden. Da allerdings die insoweit kreative Praxis nicht selten alte problematische Verfahrensstrukturen „neu erfinden" dürfte, werden hier weiter zwischenzeitlich verfolgte Verfahrensansätze dargestellt und beurteilt.[131]

2. Organisationsmodell. Als erstes und wohl noch überwiegend angewandtes Modell ist jenes zu erwähnen, bei dem die Beschleunigung im Wesentlichen durch **organisatorische Maßnahmen**[132] erreicht wird. Im Geschäftsverteilungsplan des Amtsgerichts wird funktionell die Zuständigkeit mindestens eines Richters als Schnellrichter zur Durchführung des beschleunigten Verfahrens vorgesehen, dem die Staatsanwaltschaft nach Abschluss ihrer Ermittlungen (§ 169a) die Akten in einer § 199 Abs. 2 entsprechenden Weise zusammen mit der Anklageschrift (bei der weitgehend von der Möglichkeit des Verzichts auf das wesentliche Ergebnis der Ermittlungen nach § 200 Abs. 2 Satz 2 Gebrauch gemacht wird) und dem Antrag nach § 417 zuleitet. Nach der üblichen Prüfung (z.B. Prozessvoraussetzungen, hinreichender Tatverdacht, Eignung zur Aburteilung im beschleunigten Verfahren) wird kurzfristig und gemäß § 213 ein Termin zur Hauptverhandlung anberaumt. Dieses gleichsam **klassische Modell** wird auch (und vor allem) in Verfahren gegen leugnende Beschuldigte eingesetzt. 46

3. Haftrichtermodell. Ein **zweites** Hauptmodell wird in Verbindung mit der sog. Hauptverhandlungs- oder auch **Wochenhaft** des § 127b bei geständigen Beschuldigten angewandt. Bei dem (zumeist im Polizeipräsidium tätig werdenden) **Haftrichter** stellt die Staatsanwaltschaft unter Aktenvorlage einen Antrag auf Erlass eines Haftbefehls nach § 127b, verbunden mit dem Antrag auf Durchführung des beschleunigten Verfahrens. Wird der Haftbefehl erlassen, so beraumt der Haftrichter nunmehr in seiner Eigenschaft als erkennender Richter kurzfristig einen Termin zur Hauptverhandlung an, in dem sodann mündlich Anklage erhoben wird. 47

4. Kompetenzverlagerungsmodelle

a) Übersicht. Das dritte Hauptmodell mit vielfältigen Variationen einschließlich einer Aufnahme des Organisationsmodells **ähnelt** nicht nur dem alten *germanischen* 48

---

130 Zu den zu bewältigenden Problemen und den Unterschieden hinsichtlich der Regionen Deutschlands *Wenske* NStZ **2009**, 64 f.

131 S. ferner zu jüngeren Entwicklungen auch *Lubitz* 15 ff. und *Rengier* FS Rogall 631 ff.

132 So nach *Petra Tiedemann* 31 etwa das beschleunigte Verfahren am AG Frankfurt/M. Gleiches dürfte im Wesentlichen auch für das am AG Bonn geübte Verfahren gelten (*Petra Tiedemann* 38 f.) – indessen lässt sich dem Bericht der Verfasserin nicht entnehmen, ob die Staatsanwaltschaft erst im Hauptverhandlungstermin Anklage erhebt und ebenso wenig, wie die auf S. 39 erwähnte „Zusammenarbeit" zwischen Geschäftsstelle und zuständigem Richter organisiert ist, so dass offen bleibt, ob die hier erhobenen Bedenken gegen eine mündliche Anklageerhebung erst in der Hauptverhandlung auch hier gelten und ebenso diejenigen Bedenken, die gegen eine Beeinträchtigung der richterlichen Prüfungskompetenz zur Eignung der Sache zur Aburteilung im beschleunigten Verfahren erhoben werden wie auch gegen eine mögliche Beeinträchtigung sonstiger richterlicher Prüfungspflichten und auch der Beschuldigtenrechte. Zum Düsseldorfer Politprojekt „Kurzer Prozess für Kriminelle" (!) s. auch *Rengier* FS Rogall 635 ff.

Rechtsgang, sondern auch heutigen Verfahrensformen, wie sie bekanntlich im *angelsächsischen* Rechtskreis praktiziert werden. Hier ist vor allem auf den „rund um die Uhr" im Schichtbetrieb tätigen Richter hinzuweisen, der, wie aus den USA bekannt, die ihm erst in der Verhandlung bekannt werdenden Fälle mit einer durchschnittlichen Verfahrensdauer von nur wenigen Minuten abhandelt, wobei dem Bekenntnis der eigenen Schuld durch den Beschuldigten die entscheidende Bedeutung zukommt. Den vielfältigen Unterformen dieses Modells ist eine **Verlagerung richterlicher Kompetenzen** auf Polizei oder Staatsanwaltschaft gemeinsam, aber auch eine Verlagerung **staatsanwaltschaftlicher Kompetenzen** auf die Polizei.[133] In vielen Einzelausprägungen wird der Strafrichter entweder im Rahmen eines vom Präsidium des Amtsgerichts festgelegten Bereitschaftsdienstes tätig oder er setzt eine Art **Gerichtstag** an: In beiden Fällen verhandelt er im beschleunigten Verfahren bei *mündlicher* Anklageerhebung und auch Antragstellung gemäß § 417 erst in der Hauptverhandlung solche Fälle, die ihm vorher nicht bekannt waren.

49 **b) Einzelfälle.** Diesem dritten Hauptmodell seien zunächst diejenigen Formen des beschleunigten Verfahrens zugeordnet, die aus dem Land Brandenburg bekannt geworden sind. Sie kennzeichnet(e), dass die **Polizei** dem Gericht die Akten **direkt** und **ohne** Einschaltung der **Staatsanwaltschaft** zuleitet, die von dem Fall erst über den zum Gerichtstag ebenfalls eingeteilten Sitzungsstaatsanwalt erfährt, der nach der Urteilsfindung dafür sorgt, dass die Akten von der Geschäftsstelle der Staatsanwaltschaft ordnungsgemäß eingetragen und weiterbehandelt werden. Insbesondere der nicht inhaftierte Beschuldigte wird informell ohne richterliche Ladung über den Hauptverhandlungstermin verständigt, wie auch etwaige Zeugen. Bei der beim Amtsgericht *Potsdam* praktizierten Variante führt ein *Staatsanwalt* den *Terminkalender*, „bei dem die Polizeibeamten [...] jeweils die freien Termine telefonisch abrufen können", die „für das beschleunigte Verfahren geeigneten Fälle in kurzer Zeit der Staatsanwaltschaft zuleiten und den Beschuldigten gleich zur Hauptverhandlung vor dem Amtsgericht laden".[134] In der beim Amtsgericht *Eisenhüttenstadt* geübten Variante stellt die Polizei nach einer „vom Amtsgerichtsdirektor erstellten Checkliste" die Geeignetheit der Sache zur Aburteilung im beschleunigten Verfahren[135] fest und übersendet „die Ermittlungsakten [...] unmittelbar an das Gericht [...], ohne dass die Staatsanwaltschaft das polizeiliche Ermittlungsergebnis zur Kenntnis genommen, geprüft, den Abschluss der Ermittlungen verfügt, über die Anklageerhebung entschieden oder den Antrag auf Entscheidung im beschleunigten Verfahren gestellt hätte. Vielmehr prüft das Gericht die Aktenlage und holt per Fax die Zustimmung der Staatsanwaltschaft zu der vom Gericht beabsichtigten Verfahrensweise ein",[136] was das Justizministerium des Landes Brandenburg damit rechtfertigen will, dass dem Amtsrichter „insoweit lediglich Botenfunktion"[137] zukomme. Ganz ähnlich erscheint die im Schrifttum für „denkbar und rechtlich zulässig" gehaltene Variation dieses Modells, „in dem ein nach § 127 Festgenommener unmittelbar

133 Der an dieser Stelle fortgeführten Kritik von LR/*Gössel*[26] stimmen insbesondere zu MüKo/*Putzke*/*Scheinfeld* 29.

134 Vgl. dazu den Bericht von *Bielefeld* über die Praxis am Amtsgericht Potsdam in DRiZ **1998** 429, 432; s. aber auch die von *Scheffler* NJ **1999** 113, 114 ff. mitgeteilten Fälle.

135 *Scheffler* GedS Meurer 444.

136 *Wolf* NJW **2001** 46 f.; vgl. dazu auch *Scheffler* GedS Meurer 444 f.

137 Dies berichtet zu Recht scharf abl. *Wolf* a. a. O.

nach seiner Ergreifung dem Gericht vorgeführt wird, die Staatsanwaltschaft mündlich Anklage erhebt und der zuständige Strafrichter [...] den Angeklagten [...] verurteilt".[138]

50 Von ähnlichen Modellen im Land Nordrhein-Westfalen, insbesondere in Bochum, berichtet *Ernst*. Die Eignung einer Sache zur Aburteilung im beschleunigten Verfahren prüft der **ermittelnde Polizeibeamte** anhand einer vom Polizeipräsidium Bochum verfügten Liste[139] bestimmter Tat- und Tätergruppen. Bejahendenfalls stellt er die Aburteilung des Beschuldigten im beschleunigten Verfahren spätestens am darauffolgenden Tage zum einen durch dessen vorläufige Festnahme sicher. Zum anderen erstellt er auf der Polizeidienststelle nach der Frage an den Beschuldigten, ob er die Tat zugebe,[140] eine Strafanzeige mittels eines Formblatts „Beschleunigtes Verfahren" unter Beschränkung des dem Beschuldigten zu gewährenden rechtlichen Gehörs. Davon wird alsdann der Eildienst der jeweiligen Staatsanwaltschaft verständigt, der ohne Aktenkenntnis telefonisch über die Fortdauer der vorläufigen Festnahme und darüber entscheidet, ob ein Antrag nach § 417 gestellt werden wird. Bejahendenfalls unterrichtet der bearbeitende Polizeibeamte eine bestimmte Geschäftsstelle des Amtsgerichts Bochum, die den zuständigen Richter informiert. Die anschließend von der Polizei erstellten Akten[141] werden nach der Entscheidung zur Beantragung des beschleunigten Verfahrens entweder „direkt" den örtlichen Amtsgerichten Herten, Herten-Wanne oder Witten „übergeben" oder aber in Bochum „dem zuständigen Amts- oder Staatsanwalt".[142] Der Beschuldigte wird entweder noch am selben Tage etwa zwei Stunden nach seiner Festnahme, die zu einer bestimmten Zeit am Vormittag erfolgte, oder am nächsten Tage in den Gewahrsam des Amtsgerichts überführt. Dort wird noch am selben Tage die Hauptverhandlung im beschleunigten Verfahren durchgeführt, in der der Richter als Konsequenz dieser Verfahrensweise erstmals mit dem Ergebnis der bisherigen Ermittlungen bekannt gemacht[143] wird.

51 Von einem weiteren Verfahrensmodell berichtet *Dury*.[144] Dabei wird dem Angeklagten zum Beispiel mit einer Vorlaufzeit von maximal drei Wochen bereits durch die **Polizei** ein Termin zugeteilt und die Akten von der Staatsanwaltschaft mit der Antragsschrift dem jeweiligen Gericht zugeleitet, welches an einem in jeder Woche fest bestimmten Wochentag die beschleunigten Verfahren durchführt.

II. Bewertung der verschiedenen Verfahrensmodelle nach den Prozessgrundsätzen

52 **1. Bedeutsame Prinzipien.** Bei der Beurteilung der vorgestellten Modelle wird man den Blick nicht nur auf die Vereinbarkeit mit den Regeln der § 417 ff. und den Justizgrundrechten richten müssen. Von Belang sind auch die für das deutsche Strafverfahren

---

138 *Loos/Radtke* NStZ **1995** 571; *Fezer* ZStW **106** (1994) 13 – allerdings ohne Aussage, ob die Polizei die Vorführung *zur Verhandlung der Strafsache* veranlassen darf; *Rengier* FS Rogall 647 f. Zu weiteren Fällen ähnlicher oder gleicher Art im Lande Brandenburg s. *Scheffler* NJ **1999** 114 ff.

139 Abgedruckt bei *Ernst* 152 ff.

140 *Ernst* 261.

141 *Ernst* 160.

142 *Ernst* 160.

143 *Ernst* 150 ff. S. für den Verzicht auf einen zwischenzeitlichen Haftbefehl als Grundlage, ausschließlich an der Effektivität für den Staat orientiert, auch *Wieneck* JuS **2018** 253.

144 S. zu an die Polizei vergebenen „Terminfenstern" mit mehreren regionalen Beispielen *Dury* DRiZ **2001** 207, 209.

charakteristischen **Grundsätze**. Insofern ist zunächst in Erinnerung zu rufen, dass das deutsche Strafverfahren auch verfassungsrechtlich bedingt ein auf die Ermittlung der Wahrheit gerichtetes[145] *Amtsermittlungsverfahren* und gerade kein Parteiprozess ist.[146] Des Weiteren sind der *Anklagegrundsatz*, das *Anklagemonopol* der Staatsanwaltschaft und deren Stellung als *Herrin* des Ermittlungsverfahrens und damit zugleich die „strikte Trennung zwischen Ermittlungs- und Hauptverfahren" in Erinnerung zu rufen.[147]

53 **2. Allgemeine Konsequenzen.** Mit diesen Grundsätzen dürften *de lege lata* weder die Anberaumung eines Gerichtstages noch die Tätigkeit im Rahmen eines vom Gerichtspräsidiums festgesetzten Bereitschaftsdienstes (vgl. das dritte Hauptmodell, Rn. 48) vereinbar sein und grundsätzlich auch erhebliche Bedenken gegen die mündliche **Anklageerhebung erst in der Hauptverhandlung** bestehen.[148] Gleiches gilt für die mündliche Antragstellung nach § 417 erst in der Hauptverhandlung[149] (vgl. dazu § 417, 11). Das zweite und das dritte Verfahrensmodell weisen, wenn auch in unterschiedlichem Ausmaß, gewisse Züge des längst überwunden geglaubten *geheimen Inquisitionsprozesses* alter Prägung auf und sind wegen der damit verbundenen Gefahr einer Beeinträchtigung der unverzichtbaren Verteidigungsmöglichkeiten mit Recht bereits hart kritisiert worden.[150]

54 Im Strafprozess hat jede Hauptverhandlung, und damit auch die im beschleunigten Verfahren, die Untersuchung eines ausschließlich von der Staatsanwaltschaft zu erhebenden Vorwurfs (§ 152 Abs. 1) mit dem Ziel einer gerichtlichen Entscheidung über Schuld und Strafe zum Gegenstand. Der in § 151 normierte Anklagegrundsatz besagt, dass eine derartige Untersuchung niemals von Amts wegen durch das Gericht in Gang gesetzt[151] werden darf, sondern eine **ausdrückliche Anklageerhebung** voraussetzt. Zu diesem Schritt ist die Polizei hingegen durch keine Regelung der StPO auch nur im Ansatz ermächtigt. Der Anklagegrundsatz, der jedenfalls im deutschen Strafprozess „die Einleitung des Erkenntnisverfahrens in seiner Gesamtheit" betrifft, unterliegt keinen Einschränkungen; er gilt lückenlos.[152] Jedenfalls die Anberaumung des Termins zur Hauptverhandlung, die § 213 ausschließlich dem Richter vorbehält,[153] ist eine richterli-

---

145 BVerfGE **133** 168, 197 ff.; *Weigend* ZStW **113** (2001) 271, 303 f. erblickt darin einen unverzichtbaren Grundsatz des Strafverfahrens, wobei Wahrheit im Wesentlichen i. S. der Korrespondenztheorie (zutr. *Löffelmann* Die normativen Grenzen der Wahrheitserforschung im Strafverfahren (2003), S. 31: „geurteilte Wahrscheinlichkeit des Wahrseins einer Theorie") verstanden wird; ähnlich z.B. *Herdegen* StraFo **2008** 137. Vgl. ferner *Gössel* (FS Fezer 507, 523 ff.) insbesondere gegen Versuche, Wahrheit als Konsens zu deuten.

146 S. dazu, aber ebenso zur gleichfalls verfassungsrechtlich notwendigen Ergänzung durch Teilhaberechte, m.w.N. *Gaede* StV **2012** 51, 53 ff. (am Beispiel des Fragerechts).

147 *Weigend* ZStW **113** (2001) 271, 282.

148 Zu Ausnahmen s. § 418, 33 ff.

149 Vgl. z.B. LR/*Rieß*[24] § 212, 17; KK/*Graf* § 417, 4 f.; SK/*Paeffgen* § 417, 9. Meyer-Goßner/*Schmitt* § 417, 11 f., AK/*Loos* § 417, 7 und *Schröer* 108 f. halten zwar eine mündliche Antragstellung für möglich, äußern sich aber nicht dazu, ob der Antrag noch oder erst in der Hauptverhandlung gestellt werden kann.

150 Vgl. z.B. *Wächtler* StV **1994** 159, 160.

151 Die Bedeutung dieses den alten Inquisitionsprozess vom modernen Anklageverfahren unverzichtbar unterscheidenden Erfordernisses verkennt *Herzler* NJ **2000** 399, 400, wenn er es nur „besserer Optik halber" für erforderlich hält, dass die Staatsanwaltschaft „den Sachverhalt an das Gericht heranträgt" – und der auf das Initiativrecht der Staatsanwaltschaft verzichtende Weg, wie es *Herzler* a. a. O. vorschlägt, kann deshalb nicht mit dem Grundsatz „volenti non fit iniuria" gerechtfertigt werden, weil die Staatsanwaltschaft nicht berechtigt ist, über rechtsstaatliche Erfordernisse des modernen Strafverfahrens zu verfügen.

152 LR/*Kühne* Einl. I 11 und 17.

153 *Schröer* 142 hält mangels eines Eröffnungsbeschlusses die §§ 213 ff. nicht für anwendbar – zu Unrecht, wie sich aus dem Folgenden ergibt.

che Handlung, die durch die Erhebung der öffentlichen Klage bedingt ist. Eine dem Anklagegrundsatz genügende Anklage muss der Terminsbestimmung daher zwingend vorausgehen. Da im deutschen Prozessmodell das Gericht den Verfahrensgegenstand (mit-)bestimmen muss, muss ihm – anders als im angelsächsischen Rechtskreis – der Verhandlungsgegenstand vor der Hauptverhandlung bekannt sein.

Würde das Gericht einen **Termin** zur Hauptverhandlung **ohne vorherige Anklageerhebung anberaumen,** verstieße es damit aber nicht nur **gegen** das im Sinne des deutschen Strafverfahrensrechts verstandene **Akkusationsprinzip**. Es würde eine gerichtliche Untersuchung vielmehr gleichsam „blind" anordnen, weil erst die Anklage den Gegenstand der anberaumten Verhandlung bestimmt. Gerade deshalb unterliegt jedes Gericht in jeder Verfahrensart einer **Nachprüfungspflicht** insbesondere dahingehend, ob gegen den Beschuldigten ein hinreichender Tatverdacht[154] besteht. Wer eine derartige Nachprüfungspflicht verneint, müsste es für zulässig halten, den Beschuldigten auch dann schon den erheblichen Belastungen einer gerichtlichen Hauptverhandlung zu unterwerfen, wenn kein hinreichender Tatverdacht vorliegt und es bloß als möglich erscheint, dass der Beschuldigte (möglicherweise neben anderen) als Täter einer Straftat in Betracht[155] kommt. Dies ist insbesondere deshalb von Bedeutung, weil die bisherige Praxis und h. M. das beschleunigte Verfahren nicht als konsensgebundenes Verfahren betrachten (zur hiesigen Sicht Rn. 21 f.). Überdies würde der erst nachträglich Angeklagte in unverhältnismäßiger Weise zum Objekt des Strafverfahrens herabgewürdigt, weil dem Beschuldigten der gegen ihn erhobene Vorwurf bis zur mündlichen Erhebung der Anklage verborgen bliebe und damit dessen Verteidigungsmöglichkeiten auch unter dem Gesichtspunkt der Gewährung ausreichenden rechtlichen Gehörs entscheidend eingeschränkt[156] sein dürften.[157] 55

3. Konsequenzen für die Modelle beschleunigter Verfahren

a) Organisationsmodell (o. Rn. 46). Insgesamt gebietet das Recht damit eine **verfassungs- und prozessmodellkonforme Beschränkung** des **Anwendungsbereichs des § 418 Abs. 3**. Sie erscheint zudem durch die häufig fehlende Praktikabilität einer mündlichen Anklageerhebung insgesamt geboten: Einmal schon wegen des eher unerheblichen Zeitgewinns (o. Rn. 6), zum anderen deshalb, weil es sich für den Regelfall (zu Ausnahmen s. § 418, 33 ff.) als zweckmäßig erweist, den **Antrag** nach § 417 **frühestens zugleich** mit der Anklageschrift zu stellen. Denn nur diese bestimmt den Verhandlungsgegenstand und weist erst damit dem Antrag nach § 417 einen Gegenstand zu. Endlich erscheint dieses Verfahren auch deshalb zweckmäßig, weil das Gericht schon vor der Terminsanberaumung die Eignung der Sache zur sofortigen Entscheidung beurteilen kann. Ist der der Terminsanberaumung im Normalverfahren notwendigerweise vorhergehende Eröffnungsbeschluss bereits erlassen, ist der Antrag nach § 417 unzulässig.[158] Dies spricht für das Organisationsmodell, bei dem in entsprechender Anwendung des 56

154 KK/*Graf* § 418, 2; AK/*Loos* § 418, 2; Meyer-Goßner/*Schmitt* § 418, 3; SK/*Paeffgen* § 417, 16 und § 418, 9; HK/*Zöller* § 418, 2; AnwK-StPO/*Böttger* 2; *Loos/Radtke* NStZ **1995** 573 f.; *Ambos* Jura **1998** 292 f.; HK-GS/*Weiler* § 418, 4; zu **entgegen**stehenden Auffassungen zur Rechtslage vor dem VerbrBekG vgl. die Nachweise bei SK/*Paeffgen* § 418, 9 und *Sprenger* NStZ **1997** 575 Fn. 22, 23.

155 Vgl. dazu schon SK/*Paeffgen* § 417, 16; s. ferner die insoweit berechtigten Einwendungen von *Scheffler* NJ **1999** 113, 116, gegen diesen *Faupel* NJ **1999** 182 f.

156 Vgl. dazu *Ernst* 70 ff.

157 S. mit weiteren Erwägungen auch schon LR/*Gössel*[26] 18b.

158 Zum letztmöglichen Zeitpunkt der Antragstellung s. § 417, 14.

§ 199 Abs. 2 dem Gericht die Akten zugleich mit der Anklageschrift und dem Antrag nach § 417 zugeleitet werden.

57 **b) Kompetenzverlagerungsmodelle.** Die o. unter Rn. 48 ff. beschriebenen Kompetenzverlagerungsmodelle des beschleunigten Verfahrens erscheinen hingegen gänzlich **inakzeptabel**, da sie sowohl kompetenziell als auch hinsichtlich der Amtsaufklärung und der Verteidigungsrechte die Differenz zum Normalverfahren nochmals ohne klare Rechtsgrundlage vertiefen:

58 **aa) Beeinträchtigung der Verfahrensherrschaft der Staatsanwaltschaft.** Zunächst ist schon zu bemängeln, dass die **Staatsanwaltschaft**, z. T. erst in der Hauptverhandlung, durch die Polizei davon unterrichtet wird, was sie nach Meinung der Polizei anklagen soll: Hier wird die **Stellung** der Staatsanwaltschaft als **Herrin** des Ermittlungsverfahrens nebst der ihr obliegenden **Kontrolle** der polizeilichen Ermittlungstätigkeit de facto vollständig **beseitigt.**[159] Die Erwartung, die Staatsanwaltschaft werde ihre Herrschafts- bzw. Prüfungsaufgabe nach all dem bewusst unternommenen Organisationsaufwand in der Hauptverhandlung völlig frei und unverändert ausüben, verkennt psychologisch die zur zügigen Erledigung gewünschte Eigenlogik des erdachten Verfahrensmodells. Erst recht bleiben die allein der Staatsanwaltschaft vorbehaltenen Entscheidungen über den Abschluss der Ermittlungen (§ 169a), über das Vorliegen eines hinreichenden Tatverdachts (§ 170 Abs. 1) und über eine etwaige Einstellung nach den §§ 153 ff. nur noch theoretisch möglich. Die Verfahrensweise degradiert die Staatsanwaltschaft vielmehr endgültig zur Aktenbearbeitungsbehörde der Polizei. Dies gilt insbesondere für die an den Amtsgerichten Potsdam und Eisenhüttenstadt (zeitweise) praktizierten Verfahren (o. Rn. 49): Auf Grund der Vorentscheidung der Polizei über die Eignung der Sache zur Entscheidung im beschleunigten Verfahren und der Ladung des Beschuldigten zum Hauptverhandlungstermin maßt sich die Polizei, de facto die der Staatsanwaltschaft, bei der Antragstellung nach § 417 vorbehaltene Kompetenz zur Beurteilung der Eignung der Sache zur Aburteilung im beschleunigten Verfahren an. Diesem Vorwurf entgeht auch die am Amtsgericht Bochum geübte Praxis (o. Rn. 50) nicht, der zufolge der Eildienst der Staatsanwaltschaft auf Grund einer Verständigung durch die Polizei nur telefonisch[160] über die voraussichtliche Stellung eines Antrags nach § 417 entscheidet, ohne die zu diesem Zeitpunkt noch gar nicht fertiggestellten Akten[161] zu kennen.

59 **bb) Beeinträchtigung der Kompetenz zur Beurteilung der Eignung i. S. der §§ 417, 419 Abs. 1 Satz 1.** Die polizeiliche Vorentscheidung über die Eignung der Sache anhand einer selbstherrlich nach Tätern und Taten selektierenden Checkliste des Polizeipräsidiums[162] (o. Rn. 50, vgl. auch Rn. 49) greift überdies nicht nur in die Kompetenz der Staatsanwaltschaft ein, zu beurteilen, ob sich die Sache für ein beschleunigtes Verfahren eignet und daher ein Antrag nach § 417 zu stellen ist.[163] Sie schmälert auch die nach § 419 Abs. 1 Satz 1 **notwendige Beurteilung der Geeignetheit der Sache durch das Gericht**, weil schon die Anberaumung der Hauptverhandlung nun nicht mehr auf

159 So die zutr. Kritik von *Ernst* 172 an dem in Bochum geübten Verfahren. Übersehen von *Herzler* NJ **2000** 399, 400, der gleichwohl dennoch die Stellung der Staatsanwaltschaft als Verfahrensherrin gewahrt sieht.

160 *Ernst* 191.

161 Vgl. *Ernst* 160.

162 Krit. dazu *Ernst* 174 und *Scheffler* GedS Meurer 440.

163 Zutr. *Ernst* 164, 202 und *Scheffler* GedS Meurer 440.

einer gerichtlichen Eignungsprüfung beruht. Davon abgesehen beeinträchtigt eine rein polizeiliche Checkliste den Zugriff der Staatsanwaltschaft, und in der Folge ggf. des Gerichts, auf die nach ihrer Beurteilung gemäß der §§ 417, 419 Abs. 1 Satz 1 geeigneten Fälle.

cc) Beeinträchtigung richterlicher Prüfungspflichten. Darüber hinaus erscheint es unerträglich, wie der **richterliche Entscheidungsspielraum** auch im Übrigen hinsichtlich der Prüfung des hinreichenden Tatverdachts derart verengt wird, dass er der ihm obliegenden Nachprüfungspflicht (o. Rn. 55) praktisch kaum noch nachkommen kann. Dem Richter wird hier organisatorisch – auch durch die gerichtliche Anberaumung eines Gerichtstages – deutlich gemacht, dass das gesamte System nur funktioniert und „sich lohnt", wenn er regelmäßig die Wertungen der Polizei (!) teilt. Ferner ist die – bei einigen Varianten geübte – Ansetzung eines Gerichtstages in Unkenntnis der Sachen, die dem Richter von der Polizei zur Verhandlung zugeteilt und diesem möglicherweise (wenn eine Ladung nach § 418 Abs. 2 und auch die Ladung von personalen Beweismitteln entfällt) erst am Sitzungstag bekannt werden, mit der von § 213 vorgeschriebenen ermessensfehlerfreien Terminanberaumung nicht zu vereinbaren. Mangels einer bisher erhobenen Anklage **widerspricht** eine derartige Festsetzung von „Gerichtstagen" auch dem **Anklagegrundsatz** der deutschen Prozessordnung (o. Rn. 52, 54). Erst recht aber verstößt die **Ladung** durch die **Polizei** (Brandenburger Variante, o. Rn. 49) gegen § 213 und ist deshalb gesetzeswidrig – diese Behörde darf den Beschuldigten lediglich vom richterlich festgesetzten Hauptverhandlungstermin formlos **benachrichtigen**, sofern eine förmliche Ladung nach § 418 Abs. 2 entbehrlich ist.[164] 60

dd) Beeinträchtigung der Beschuldigtenrechte. Von entscheidender Bedeutung ist überdies, dass bei dem besprochenen Kompetenzverlagerungsmodell die **Verteidigungsmöglichkeiten** schon durch die Polizei (!) entscheidend beeinträchtigt werden können: Weil die polizeiliche Belehrung gemäß §§ 163a Abs. 4, 136 Abs. 1 Satz 1 die Eröffnung des mit der staatsanwaltschaftlichen Anklage erhobenen Vorwurfs nicht ausreichend ersetzen kann, erfahren der Beschuldigte und sein Verteidiger (möglicherweise auch noch ohne vorherige Ladung) erst in der Hauptverhandlung endgültig von dem gegen den Beschuldigten konkret erhobenen Vorwurf und auch, dass darüber im beschleunigten Verfahren entschieden werden soll.[165] Dies wird – gerade bei Verhandlungen gegen bestreitende Beschuldigte – kaum einmal die Anforderungen an ein faires Verfahren bzw. einer effektiven Verteidigung wahren. 61

c) Bamberger Variation des Kompetenzverlagerungsmodells. Die soeben unter Rn. 58 mit 61 vorgebrachten Bedenken gelten für die von *Dury* o. Rn. 51 mitgeteilte Variante dieses Modells[166] nur dann und insoweit, wenn der Termin zur Hauptverhandlung von der Polizei festgesetzt wird, die Akten von der Staatsanwaltschaft ohne Anklageschrift übermittelt werden und dem Richter vor dem Verhandlungstermin keine Überprüfung der Anklage (s. dazu o. Rn. 60) möglich ist. 62

d) Haftrichtermodell. Auch das o. bei Rn. 47 beschriebene **zweite** Hauptmodell leidet an der **fehlenden Anklageerhebung** *vor* der Anberaumung der Hauptverhandlung. Im Übrigen aber erscheint dieses Modell insoweit **weniger inakzeptabel** als das 63

164 § 418, 26 ff. Zur Kritik auch *Lubitz* 119 ff., 212, 227.
165 Zu diesem Gesichtspunkt s. etwa schon *Scheffler* NJ **1999** 113.
166 DRiZ **2001** 207, 209.

soeben kritisierte Kompetenzverlagerungsmodell. Gericht, Staatsanwaltschaft und auch der Beschuldigte sind hier ggf. schon auf Grund des Haftbefehlsantrags der Staatsanwaltschaft ausreichend informiert, soweit er den Anforderungen entspricht, die § 200 Abs. 1 an eine Anklageschrift stellt.[167] Eine ausreichende richterliche Nachprüfung erscheint jedenfalls regelmäßig möglich, weil der Haftbefehl *dringenden* Tatverdacht[168] voraussetzt und, ist der Fall tatsächlich geeignet, durch spätere Ermittlungen hinzutretende Erkenntnisse nicht zu erwarten sind. Zu beseitigen wäre aber der Makel der fehlenden Anklageerhebung, indem die Staatsanwaltschaft **im Vorführungstermin** ihre Antragstellung nach § 417 mit einer mündlichen Erhebung der Anklage verbindet, welcher eine Terminsbestimmung und die Hauptverhandlung nachfolgen.[169] *Ein* grundsätzliches Bedenken bleibt allerdings unabhängig vom hier zu behandelnden beschleunigten Verfahren bestehen: Wenn der Haftrichter zugleich den Haftbefehl erlässt und den Termin zu der vor ihm als erkennendem Richter durchzuführenden Hauptverhandlung ansetzt, so verstärken sich die ohnehin vorhandenen Bedenken dagegen, dass der Haftrichter die Aufgabe als erkennender Richter wahrnehmen wird.[170]

D. Reformbedarf

64 Nach den oben dargelegten Ausführungen ist ein beschleunigtes Verfahren nicht als ein stets rechtsstaatswidriger Verfahrensansatz zurückzuweisen. Vorschläge, das Verfahren gänzlich abzuschaffen, sind verständlich, zumal sich übermäßige Anwendungserwartungen der Politik etwa zu aufsehenerregenden Gewalttaten mit den §§ 417 ff. tatsächlich nicht befriedigen lassen.[171] Insbesondere die §§ 153a ff., die §§ 407 ff. und das Recht der Verständigung stehen alternativ zur Verfahrensverkürzung zur Verfügung.[172] Angesichts der durchaus vorhandenen Tücken und Schwächen konkurrierender Verfahrenswege[173] sollte die immerhin zu einer Hauptverhandlung führende Verfahrensform aber gleichwohl nicht abgeschafft werden.[174] Dennoch besteht durchaus Anlass, das beschleunigte Verfahren zu novellieren:

65 Zunächst sollte der Gesetzgeber § 417 reformieren, indem er die **verschiedenen Fallgruppen** eines besonderen Bedarfs zur eiligen und möglichen Sicherung der Verfahrensdurchführung und der bejahten anderweitigen Eignung infolge eines einfachen

167 Bei der regelmäßig zum Strafrichter erhobenen Anklage wird schon angesichts der notwendigen Eignung der Sache zur Entscheidung im beschleunigten Verfahren von der Darstellung des wesentlichen Ergebnisses der Ermittlungen abgesehen werden können.

168 LR/*Hilger*[26] § 127b, 8.

169 § 418, 37.

170 Vgl. dazu nicht nur für die Haftsituation m.w.N. MüKo/*Conen*/*Tsambikakis* § 23, 4 ff., § 24, 50 ff.; zur Vorbefassung auch m.w.N. MüKo/*Gaede* Art. 6 EMRK, 114 ff.; zur Haltung des Gesetzgebers s. aber die §§ 22 und 23 sowie Meyer-Goßner/*Schmitt* § 23, 1, § 2, 12 ff.

171 *Jeney* 29 ff.; *Lubitz* 230; s. auch zur Zielgruppe der „reisenden Täter" *von Danwitz*, FS Eisenberg, 7 f., 9 f.

172 Zu dieser Erwägung – noch ohne § 257c – m.w.N. *Ambos* Jura **1998** 292 f. S. ferner *Bommer u. a.* AE-ASR, GA **2019** 12 f., 107 f.

173 S. nur zum Strafbefehl Vor § 407, ff.

174 S. aber für eine Teilabschaffung nun auch *Bommer u. a.* AE-ASR, GA **2019** 12 f., 106 ff.: Beschränkung auf Fälle, in denen innerhalb von zwei Wochen das Verfahren durchgeführt werden kann und anderenfalls die Verfahrensdurchführung gefährdet wäre. Dies entspricht der hier identifizierten ersten Fallgruppe. Zuzugestehen ist dem Ansatz, dass auch im Normalverfahren unter Umständen Beschleunigungsmöglichkeiten bestehen. Ob sie genügen, ist aber fraglich. Überdies droht die Verhandlung zugunsten einer weiteren Aufwertung des schriftlichen Verfahrens verloren zu gehen.

Sachverhalts und/oder einer klaren Beweislage klarer als solche benennt und im letzteren Fall an die Zustimmung des Angeklagten/der Verteidigung bindet. Allein die hier angeregte konventionskonforme Auslegung sichert das Zustimmungserfordernis in der zweiten Fallgruppe noch nicht hinreichend. Im gleichen Atemzug sollte der Gesetzgeber die (Annahme-)Berufung so ausgestalten, dass sie als verfügbares Rechtsmittel im Fall des beschleunigten Verfahrens nicht in Frage gestellt werden kann. Schließlich ist eine hinreichend detaillierte Belehrung des Angeklagten als Voraussetzung für eine wirksame Zustimmung gem. § 420 Abs. 3 gesetzlich abzusichern.[175]

Zu erwägen ist ferner der weitere Ausbau der notwendigen Verteidigung,[176] zumal 66
das Verfahren noch immer unmittelbar (§§ 38 ff.) oder mittelbar (§ 43 StGB) zu einer Freiheitsstrafe führen kann. Ob dieser Vorschlag ohne einen weiteren Ausbau auch im Normalverfahren realisierbar ist und er das beschleunigte Verfahren ohne diesen allgemeinen Ausbau nicht vielmehr drastisch einschränkt, ist aber fraglich. *Meyer-Goßner* hat bereits zu Recht die Befürchtung geäußert, dass sich der Richter „die Frage stellen wird, ob er im beschleunigten Verfahren mit einem Verteidiger oder lieber im Normalverfahren ohne Verteidiger verhandeln will".[177] Diese – bedenkliche – Befürchtung ließe sich nur durch die notwendige Mitwirkung eines Verteidigers auch in jedem Normalverfahren ausräumen. Ob sich Verteidiger in ausreichender Zahl finden werden, die zur Mitwirkung im beschleunigten Verfahren und zur schnellen Einarbeitung bereit sind und eine bestmögliche Verteidigung gewährleisten, ist ebenfalls nicht frei von Zweifeln.

Schließlich ist der (klarstellende) Ausschluss der bisweilen in der Praxis verfolgten 67
krass verkürzenden Verfahrensmodelle zu befürworten, die letztlich die Strafjustiz selbst weithin im Konflikt mit Art. 92 GG entmachten.[178] Die Anwendbarkeit des § 418 Abs. 3 sollte auf den Fall der Rücknahme des Strafbefehlsantrags nach § 408 Abs. 3 beschränkt werden.[179]

§ 417
Zulässigkeit

Im Verfahren vor dem Strafrichter und dem Schöffengericht stellt die Staatsanwaltschaft schriftlich oder mündlich den Antrag auf Entscheidung im beschleunigten Verfahren, wenn die Sache auf Grund des einfachen Sachverhalts oder der klaren Beweislage zur sofortigen Verhandlung geeignet ist.

Schrifttum

Fülber/Putzke Ist die Staatsanwaltschaft Herrin des beschleunigten Verfahrens? DRiZ **1999** 196; *Radtke* Die verfahrensrechtlichen Konsequenzen fehlender Beschleunigung im beschleunigten Verfahren, JR **2001** 133; s. ferner die Nachweise Vor § 417.

---

175 Vorschlag dazu auch schon bei *Ambos* Jura **1998** 293.

176 Dafür auch schon LR/*Gössel*[26] 54.

177 Dies fortführend Meyer-Goßner/*Schmitt* 5; s. auch *Bürgle* StV **1998** 514, 517 und recht platt *Sprenger* NStZ **1997** 574, 575, 576.

178 In diese Richtung wohl auch schon LR/*Gössel*[26] 54.

179 Dazu § 418, 33.

https://doi.org/10.1515/9783110765540-016

Entstehungsgeschichte

§ 212 a. F. StPO war Vorläufer dieser Vorschrift. Sie wurde durch das VerbrBekG in Anlehnung an den bisherigen Wortlaut neu gefasst, wobei insbesondere das Merkmal des einfachen Sachverhalts durch das die Geeignetheit der Sache zur sofortigen Verhandlung als Voraussetzung des beschleunigten Verfahrens ersetzt wurde. Die gesetzliche Überschrift „Zulässigkeit" wurde mit Wirkung vom 25.7.2015 eingeführt durch Art. 1 Nr. 13 Gesetz zur Stärkung des Rechts des Angeklagten auf Vertretung in der Berufungsverhandlung und über die Anerkennung von Abwesenheitsentscheidungen in der Rechtshilfe vom 17.7.2015.[1]

Übersicht

I. Prozessvoraussetzungen

1 **1. Überblick.** § 417 normiert die wichtigsten, **speziell** für die Durchführung des beschleunigten Verfahrens erforderlichen und damit verfahrensspezifischen **Prozessvo-**

1 BGBl. 2015 I S. 1332, 1344.

raussetzungen, die zu den allgemeinen Prozessvoraussetzungen hinzutreten müssen: die spezielle Zuständigkeit ausschließlich des Amtsgerichts (u. Rn. 3 ff.), den Antrag der Staatsanwaltschaft auf Entscheidung im beschleunigten Verfahren (u. Rn. 6 ff.) und die Eignung der Sache zur sofortigen Verhandlung (u. Rn. 25 ff., 36 ff.).

2. Fehlen der speziellen Prozessvoraussetzungen. Wie die allgemeinen für jedes Verfahren und für jede Verfahrensart geltenden Verfahrensvoraussetzungen sind die speziellen Voraussetzungen für die Durchführung des beschleunigten Verfahrens in jeder Lage des Verfahrens von Amts wegen zu beachten. Fehlen sie, so steht dieser Verfahrensart ein Prozesshindernis entgegen, welches zur **Einstellung** nach § 206a oder § 260 Abs. 3 führt, die mangels einer Entscheidung in der Sache nur in formelle Rechtskraft erwächst, einer erneuten Anklage im Normalverfahren also nicht entgegensteht. 2

II. Zuständigkeit des Amtsgerichts

1. Natur der Zuständigkeit als Prozessvoraussetzung. Dem Gesetz zufolge darf das beschleunigte Verfahren **nur** vor dem **Amtsgericht** durchgeführt werden. Unabhängig davon, ob man darin nun eine Frage der sachlichen Zuständigkeit oder einer solchen nach § 27 GVG erblickt, handelt es sich jedenfalls um eine **gesetzlich** festgelegte **Befugnis** zur Durchführung des beschleunigten Verfahrens, die einem erstinstanzlichen beschleunigten Verfahren, etwa vor der großen Strafkammer oder dem Strafsenat, entgegensteht. Fehlt aber diese Befugnis, steht dies der Durchführung des beschleunigten Verfahrens vor den letztgenannten Spruchkörpern insgesamt und damit als **Prozesshindernis** entgegen, welches von Amts wegen beachtet werden muss: Strafkammer und Strafsenat müssten das Verfahren also einstellen, würden sie erstinstanzlich mit der Sache befasst. 3

2. Zuständige Spruchkörper

a) Ausschluss des erweiterten Schöffengerichts. Das Gesetz benennt zwar Strafrichter und Schöffengericht gleichermaßen als zuständig zur Durchführung des beschleunigten Verfahrens. Jedoch **scheidet** das erweiterte Schöffengericht schon deshalb **aus,** weil dieses nach § 29 Abs. 2 GVG im Eröffnungsverfahren zu bilden ist, welches im beschleunigten Verfahren gerade entfällt und überdies eine Sache, deren Umfang die Zuziehung eines zweiten Richters erfordert, wohl kaum einen einfachen Sachverhalt betreffen[2] kann. Folglich kommt dieser Spruchkörper zur Durchführung des beschleunigten Verfahrens faktisch nicht in Betracht.[3] Sollte allerdings das beschleunigte Verfahren gleichwohl vor dem erweiterten Schöffengericht durchgeführt worden sein, ist die gesetzliche Zuständigkeit für sich genommen gewahrt, so dass jedenfalls kein Verfahrenshindernis entsteht. Ein solches kann sich aber aus der Überschreitung der zulässigen Rechtsfolgen ergeben.[4] 4

b) Verfahren vor dem Schöffengericht. Wegen der im beschleunigten Verfahren bestehenden Rechtsfolgenbeschränkung auf eine höchstens einjährige Freiheitsstrafe und der Zuständigkeit des Strafrichters bei einer bis zu zweijährigen Freiheitsstrafe wird 5

2 *Zimmermann* 69; **a.A.** *Deisberg/Hohendorf* DRiZ **1984** 264.
3 KK/*Graf* 1; Meyer-Goßner/*Schmitt* 3; KMR/*Metzger* 4; SK/*Paeffgen* 6; AnwK-StPO/*Böttger* 2; *Ernst* 56.
4 Näher § 419, 6 ff., 9 ff.

das beschleunigte Verfahren **regelmäßig** nur vor dem **Strafrichter** durchgeführt werden.[5] Nur ausnahmsweise wird dies auch für das Schöffengericht dann zutreffen, wenn die Staatsanwaltschaft zwar wegen eines Verbrechens Anklage erhebt (vgl. § 25 GVG), jedoch wegen Anwendung eines milderen Strafrahmens eine höchstens einjährige Freiheitsstrafe zu erwarten ist.[6]

III. Antrag

6 **1. Natur des Antrags als Prozessvoraussetzung.** Das Gericht kann nicht etwa von sich aus eine Strafsache im beschleunigten Verfahren entscheiden: Das Gesetz normiert in § 417 einen **Antrag** der Staatsanwaltschaft auf Entscheidung im beschleunigten Verfahren als **zwingende Voraussetzung** der Anwendung dieser Verfahrensart. Zu Recht ist deshalb die Natur dieses Antrags als einer besonderen Verfahrensvoraussetzung unbestritten und allgemein anerkannt, dass ein fehlender Antrag ein **Verfahrenshindernis** begründet.

7 Im Verfahren vor den **Rechtsmittelgerichten** führt das Fehlen dieser Prozessvoraussetzung zur **Verfahrenseinstellung**, die nur in formelle Rechtskraft erwachsen kann und einer erneuten Anklageerhebung nicht im Wege steht (o. Rn. 2). Im Verfahren vor dem **Amtsgericht** wird dieses Hindernis aber in der Regel nur auftreten, wenn die Staatsanwaltschaft ihren zunächst gestellten Antrag in der Hauptverhandlung zurücknimmt (zu dieser Möglichkeit s. u. Rn. 15 ff.). Auch in diesem Fall wird eine **Einstellung** nach § 260 Abs. 3 in Betracht kommen, weil eine Ablehnung etwa nach § 419 Abs. 3 Satz 1 ihres Gegenstandes ermangeln würde. Diese Einstellungsentscheidung kann wieder nur in formelle Rechtskraft erwachsen mit der Folge, dass die Staatsanwaltschaft den Antrag nach § 417 erneut stellen kann, solange kein Eröffnungsbeschluss ergangen ist (u. Rn. 14). **Anschließend** an die Einstellung ist nach §§ 201 ff. zu verfahren. Bei einem verteidigten Angeklagten dürfte es aber zulässig sein, in der gleichen Sitzung, in der nach § 260 Abs. 3 verfahren wurde, bei Verzicht auf Einwendungen und Anträge i. S. des § 201 sogleich einen **Eröffnungsbeschluss** zu erlassen und im Normalverfahren weiter zu verhandeln, sofern ebenso auf die Einhaltung von Ladungsfristen verzichtet wird. Ähnliches gilt bei Rücknahme des Antrags schon vor der Hauptverhandlung: Weil das Gericht hier noch gar nicht begonnen hat, nach den Regeln des beschleunigten Verfahrens zu prozedieren, wird man, gegebenenfalls unter Absetzung des bereits anberaumten Termins, auf eine förmliche Einstellung (§ 206a) verzichten und sogleich nach §§ 201 ff. verfahren können. Ebenso wie bei der Rücknahme ist zu verfahren, erkennt das Amtsgericht, dass es das Vorliegen eines **Antrags** nach § 417 **zu Unrecht angenommen** hatte.

8 **2. Adressat.** Der Antrag ist stets an das zuständige Gericht zu adressieren; der Beschuldigte muss Gelegenheit zur Äußerung erhalten (§ 33 Abs. 3). Das geschieht zweckmäßigerweise bei schriftlicher Antragstellung und Ladung des Beschuldigten dadurch, dass ihm mit dem Anklagevorwurf (§ 418 Abs. 2 Satz 2) auch der Antrag der Staatsanwaltschaft mitgeteilt wird; bei mündlicher Antragstellung wird der Beschuldigte regelmäßig anwesend sein.

9 **3. Form.** Der Antrag kann dem Gesetzeswortlaut zufolge nicht nur schriftlich, sondern auch **mündlich** gestellt werden.

---

5 Zur Dominanz des Strafrichters siehe auch regional betrachtet m.w.N. *Lubitz* 202.

6 Vgl. z.B. OLG Koblenz StV **1996** 588, 589; KK/*Graf* 1; Meyer-Goßner/*Schmitt* 2; *Schröer* 132. S. auch § 419 Abs. 1 Satz 2.

Ermöglicht **§ 418 Abs. 3** eine mündliche Anklageerhebung erst in der Hauptverhandlung,[7] so mag man es prima facie auch für zulässig halten wollen, den Antrag auf Entscheidung im beschleunigten Verfahren in **mündlicher** Form erst **in der Hauptverhandlung** zu stellen (dagegen aber § 418, 19). In diesem Fall ist der Antrag als wesentliche Förmlichkeit zu protokollieren. Die mündliche Antragstellung soll insbesondere in Betracht kommen, wenn der Beschuldigte vorgeführt wird oder sich freiwillig zur Hauptverhandlung stellt.[8] Vgl. dazu im Übrigen näher § 418, 26 ff. 10

Wer es indessen mit der **hier vertretenen Auffassung**[9] nach dem Anklageprinzip und nach § 213 für unverzichtbar hält, dass dem Richter zu einer ermessensfehlerfreien Terminsbestimmung die Anklage bekannt und diese also schon erhoben sein muss, wird ebenso verlangen müssen, dass dem Richter (zusätzlich zur Anklage) schon **bei der Terminsanberaumung der Antrag** nach § 417 vorliegen muss (zur Ausnahme bei Rücknahme des Strafbefehlsantrags s. u. Rn. 13), damit er die Eignung der Sache zur Entscheidung im beschleunigten Verfahren[10] z.B. im Hinblick auf die voraussichtliche Verfahrensdauer und die etwa herbeizuschaffenden Beweismittel prüfen und berücksichtigen kann. Die demgemäß in der Regel unzweckmäßige, aber doch mögliche mündliche (oder fernmündliche) Antragstellung vor der Hauptverhandlung, z.B. auf Anregung des Gerichts,[11] ist aktenkundig zu machen. 11

4. Inhalt. Der Antrag nach § 417 tritt an die Stelle des im Normalverfahren notwendigen Antrags nach § 199 Abs. 2. Er muss seine Zielrichtung eindeutig erkennen lassen: eine Entscheidung im beschleunigten Verfahren[12] in *dieser* Sache. Eines darüber hinausgehenden Inhalts bedarf es nicht. Über den dem Gericht zur Prüfung und Aburteilung unterbreiteten Sachverhalt unterrichtet die neben dem Antrag nach § 417 weiter notwendige Anklage, die den Erfordernissen des § 200 entsprechen muss, mit dem Antrag nach § 417 äußerlich verbunden werden kann (§ 418, 40) und dem Beschuldigten mit der Ladung zuzustellen ist.[13] Zur Frage, ob die Antragstellung die Anklageerhebung ersetzen kann, vgl. § 418, 39. 12

5. Zeitpunkt

a) Frühester Zeitpunkt. Der Antrag kann **frühestens** nach **Abschluss der Ermittlungen** (§ 169a) gestellt werden, wenn genügender Anlass zur Erhebung der öffentlichen Klage (§ 170 Abs. 1) besteht. Er bleibt während der gesamten Dauer des Verfahrens wirksam, muss also auch nach einer etwaigen Aussetzung oder Unterbrechung (s. dazu u. Rn. 32) nicht wiederholt werden.[14] Auch wenn bereits eine mit einem Antrag auf Eröffnung des Hauptverfahrens (§ 199 Abs. 2 Satz 1) verbundene **Anklage erhoben** worden ist, kann der Antrag nach § 417 noch gestellt werden.[15] Darin liegt zugleich die Rücknah- 13

7 S. dazu aber Vor § 417, 53 ff.
8 LR/*Rieß*[24] § 212, 17.
9 Vor § 417, 54.
10 Vor § 417, 59.
11 Dieses Verfahren wird zu Recht gebilligt von OLG Stuttgart NJW **1999** 511.
12 *Schlüchter/Fülber/Putzke* 83; offener *Schröer* 108 f.
13 *Dünnebier* GA **1959** 274.
14 OLG Hamburg NJW **1966** 1279; **1966** 2179.
15 OLG Oldenburg NJW **1960** 352, und zwar auch für den Fall, dass sich erst in der Hauptverhandlung das Fehlen eines Eröffnungsbeschlusses herausstellt; wohl zust. *Schröer* 106.

me des Antrags auf Eröffnung des normalen Hauptverfahrens,[16] während die Anklage wirksam erhoben bleibt. Hat die Staatsanwaltschaft **Strafbefehlsantrag** gestellt, ist aber der Strafbefehl noch nicht erlassen worden, so kann der Antrag nach § 417 noch unter Rücknahme des Strafbefehlsantrags gestellt werden. Hat die Staatsanwaltschaft nach rechtzeitigem Einspruch gegen einen Strafbefehl die Klage zurückgenommen (§ 411 Abs. 3 Satz 1), kann sie den Antrag stellen,[17] auch in mündlicher Form, jedoch nur unter gleichzeitiger Anklageerhebung, die gemäß § 418 Abs. 3 auch mündlich erhoben werden kann:[18] In diesem Sonderfall dürften wegen der vorausgegangenen (Strafbefehls-)Verfahrensschritte die Vor § 417, 53 ff. erhobenen Bedenken entfallen.

14 **b) Spätester Zeitpunkt: Übergang der Verfahrensherrschaft auf das Gericht.** Nach Eröffnung des Hauptverfahrens (§ 207 Abs. 1) ist die Verfahrensherrschaft vollständig auf das Gericht übergegangen. So wie diese durch die Rücknahme der Anklage nicht mehr beseitigt werden kann (§ 156), kann auch die Verfahrensart nicht mehr durch die Rücknahme des Antrags nach § 417 gewechselt werden; der Antrag kann **nicht** mehr gestellt[19] werden. Eine Mindermeinung, welche den Antrag ebenfalls noch nach Erlass eines Eröffnungsbeschlusses für zulässig hält, weist unter Hinweis auf § 420 mit einem gewissen Recht darauf hin, dass das bisher gegen die Zulässigkeit des Antrags nach dem Erlass des Eröffnungsbeschlusses vorgebrachte Argument, dieser gehe ins Leere, weil er gerade auf Vermeidung des Eröffnungsbeschlusses ziele, seine Überzeugungskraft eingebüßt habe.[20] Das aber dürfte nicht ausreichen, um die Beeinträchtigung der Verfahrensherrschaft des Gerichts durch die Staatsanwaltschaft zu rechtfertigen, auch nicht durch die Berufung auf § 408a Abs. 1.[21] Ein derartiger Eingriff in die Verfahrenshoheit des Gerichts bedarf einer ausdrücklichen gesetzlichen Vorschrift, die für das Strafbefehlsverfahren durch die Sondervorschrift des § 408a geschaffen wurde, die aber wegen ihres Ausnahmecharakters im beschleunigten Verfahren nicht angewandt werden kann. Entsteht nach Erlass des Eröffnungsbeschlusses ein Bedürfnis für die Durchführung der Hauptverhandlung in kurzer Frist, so kann der Angeklagte auf die Einhaltung der Ladungsfrist verzichten; ist er dazu nicht bereit, so hat sein Anspruch auf Wahrung der für das Normalverfahren vorgeschriebenen Förmlichkeiten Vorrang. Allgemein wird man annehmen dürfen, dass dem **Angeklagten** der (zwangsweise) Übergang in das nennenswert Verfahrensrechte verkürzende Verfahren **nicht mehr zugemutet werden kann**, wenn zwei Justizorgane bis in ein fortgeschrittenes Verfahrensstadium hinein den Fall als solchen des Normalverfahrens beurteilt haben. Schließlich bietet auch das Normalverfahren zum Beispiel mit der Verständigung hinreichend brauchbare Rechtsinstitute für ein abgekürztes Verfahren.

6. Rücknahme

15 **a) Problematik.** Zur Frage einer etwaigen Rücknahme des Antrags schweigt das Gesetz. Regelmäßig wird nur die Frage kontrovers diskutiert, ob die Rücknahme nur bis zum Beginn der Vernehmung des Beschuldigten zur Sache in der Hauptverhandlung

---

16 Zust. SK/*Paeffgen* 10; Meyer-Goßner/*Schmitt* 12.
17 OLG Frankfurt DAR **1960** 265.
18 § 418, 37.
19 BayObLG MDR **1988** 77 = OLGSt § 212 Nr. 1 mit zust. Anmerkung *Rieß*; *Eb. Schmidt* § 212, 9; Meyer-Goßner/*Schmitt* 12.
20 SK/*Paeffgen* 10; KK/*Graf* 5.
21 So aber *Schlüchter/Fülber/Putzke* 85 f.

zulässig sei oder bis zur Urteilsverkündung, wobei insbesondere umstritten ist, ob der **Zeitpunkt der Rechtshängigkeit** insoweit von Bedeutung sei. Tatsächlich ist aber schon die generelle Befugnis zur Rücknahme des Antrags herleitungsbedürftig:

16 **b) Möglichkeit zur Rücknahme.** Die **Rücknahme** des Antrags nach § 417 erscheint keineswegs derart selbstverständlich zulässig zu sein, wie es allgemeiner Auffassung entspricht[22] (vgl. insoweit auch LR/*Kühne* Einl. K 23 ff.), zumal der Antrag den Beschuldigten angesichts der begrenzenden Wirkung des § 419 Abs. 1 Satz 2 durchaus begünstigen kann. Dass die Rücknahme den **Prozesshandlungen** zuzurechnen ist, wird ebenso selbstverständlich angenommen, wie deren wohl auf *Rosenberg* zurückgehende *Definition* als „diejenigen prozeßgestaltenden Verhaltensweisen, die nach Voraussetzungen und Wirkungen vom Prozeßrecht geregelt sind".[23] Mag auch der Antrag nach § 417 selbst wenigstens nach seinen Wirkungen im Prozessrecht geregelt sein, so aber jedenfalls nicht dessen Rücknahme. Insbesondere denjenigen, die weder die Rechtsprechung noch die Wissenschaft als Reparaturbetrieb für verunglückte Gesetze missverstanden wissen wollen, sollte man es deshalb nachsehen, wenn sie mangels einer gesetzlichen Regelung die Möglichkeit zur Rücknahme konsequent gänzlich leugnen sollten. Damit würden der Praxis allerdings noch größere Probleme bereitet, als es die insgesamt undurchdachte Regelung der §§ 417 ff.[24] ohnehin schon tut. Bedenkt man, dass immerhin die Rücknahme der öffentlichen Klage im Normalverfahren durch § 156 ebenso geregelt ist wie die Rücknahme der öffentlichen Klageerhebung durch einen Strafbefehlsantrag[25] und auch die Rücknahme des der öffentlichen Klageerhebung gleichstehenden Antrags nach § 413,[26] so bietet sich hier der Ausweg an, die Möglichkeit einer **Rücknahme des Antrags** nach § 417 in **analoger Anwendung der §§ 156, 411, 414** ebenso zuzulassen wie die einer Rücknahme der **Anklage**, die in den §§ 417 ff., insbesondere in § 418, ebenfalls nicht explizit vorgesehen ist. Hierfür spricht auch das Argument, dass die Rücknahme die Rückkehr zum Normalverfahren bedeutet, welches der Staatsanwaltschaft unzweifelhaft im Fall des hinreichenden Tatverdachts eröffnet ist und die verfassungsmäßigen Rechte aller Beteiligten vollständig achten kann. Überdies steht der Antrag der Staatsanwaltschaft stets unter der Bedingung der andauernden Eignungsprüfung durch das Gericht, weshalb in einer eher großzügigen Eignungsprüfung noch kein hinreichend schutzwürdiges Interesse des Beschuldigten zu erblicken ist. Damit darf – und muss – auch nach dem **Zeitpunkt** der Rücknahme gefragt werden.

17 **c) Frühester Rücknahmezeitpunkt.** Als frühester immerhin denkbarer zulässiger Rücknahmezeitpunkt erscheint die **Antragstellung** selbst. Eine bereits vor der Antragstellung erklärte Rücknahme könnte allenfalls als Verzicht auf diesen Antrag behandelt werden, der allerdings in den §§ 417 ff. nicht vorgesehen ist. Infolge der Verschiedenheit dieses Antrags von den Rechtsmitteln erscheint hier auch eine analoge Anwendung der §§ 302, 303 nicht möglich.

18 **d) Spätester Rücknahmezeitpunkt.** Die Bestimmung des **letztmöglichen Rücknahmezeitpunktes** bereitet hingegen Schwierigkeiten. Die analoge Anwendung der

22 Vgl. nur BayObLG NJW **1998** 2152; Meyer-Goßner/*Schmitt* 13.

23 *Eb. Schmidt* I 203 im Anschluss an *Niese* 83 und *Rosenberg*[9] 271.

24 S. dazu z.B. Vor § 417, 52 ff.

25 § 407 Abs. 1 Satz 3; § 411 Abs. 3.

26 § 414 Abs. 2 Satz 1; § 414 Abs. 1 i. V. m. § 156.

§§ 156, 414 und 411 führt hier deshalb nicht weiter, weil die erstgenannten Vorschriften als letztmöglichen Rücknahmezeitpunkt den Erlass eines im beschleunigten Verfahren gerade fehlenden Eröffnungsbeschlusses festlegen, während § 411 Abs. 3 die Urteilsverkündung im ersten Rechtszug als letzten Zeitpunkt benennt, ebenso wie die Festlegung des letzten Zeitpunkts für die Ablehnung des Antrags nach § 419 Abs. 2 Satz 1 durch das Gericht.

19 Auf den ersten Blick scheint die Festlegung des letzten Zeitpunkts für die Rücknahme des Antrags nach § 417 auf einen dem Erlass des **Eröffnungsbeschlusses entsprechenden Zeitpunkt** auch deshalb sinnvoll, weil zu diesem Zeitpunkt die **Rechtshängigkeit** begründet wird,[27] die Staatsanwaltschaft ihre letzte Möglichkeit zur Verfügung über die Sache verliert und nunmehr die alleinige Dispositionsbefugnis des Gerichts begründet wird. Damit erscheint der hier gesuchte Zeitpunkt aber keineswegs ausreichend bestimmt, weil über den Zeitpunkt, der dem Erlass des Eröffnungsbeschlusses entspricht, erhebliche Unklarheit besteht.

20 **aa) Beginn der Vernehmung.** Der hier häufig benannte Zeitpunkt des Beginns der Vernehmung des Beschuldigten zur Sache in der Hauptverhandlung[28] erscheint indessen wenig überzeugend. Zur Begründung wird hier einmal auf den Eintritt der Rechtshängigkeit abgestellt.[29] Zum anderen soll mit dem OLG Oldenburg für die Frage nach der Rechtshängigkeit auf „den Beginn der Untersuchung" abzustellen sein.[30] Eine entsprechende Bedeutung der Vernehmung des Angeklagten ist aber tatsächlich begründungsbedürftig. Es erscheint widersprüchlich, im Normalverfahren die Rechtshängigkeit mit dem Erlass des Eröffnungsbeschlusses eintreten zu lassen, im beschleunigten Verfahren dagegen erst mit dem Beginn der Vernehmung des Angeklagten, die auch im Normalverfahren dem Erlass des Eröffnungsbeschlusses deutlich abgesetzt nachfolgt. Sucht man nach einem dem Eröffnungsbeschluss des Normalverfahrens entsprechenden Zeitpunkt im beschleunigten Verfahren, so wird man mit dem OLG Oldenburg auf den Beginn der Untersuchung abzustellen haben, also notwendig auf einen der Anklageerhebung nachfolgenden[31] Zeitpunkt. Dafür bietet sich die dem Erlass des Eröffnungsbeschlusses im Normalverfahren meist unmittelbar nachfolgende und eindeutig erkennbare **Terminsbestimmung** nach § 213 an. Nach der auf den Eröffnungsbeschluss abstellenden Betrachtungsweise wäre daher die richterliche Bestimmung des Termins zur Verhandlung und Entscheidung im beschleunigten Verfahren der **letztmögliche Zeitpunkt** zur Rücknahme des Antrags nach § 417.[32] Dies gilt selbst dann, hielte man entgegen der hier vertretenen Auffassung das Kompetenzverlagerungsmodell eines beschleunigten Verfahrens für zulässig.[33] Allerdings käme hier wohl erst der **Aufruf der Sache** deshalb als letzter Rücknahmezeitpunkt in Betracht, weil mangels vorheriger richterlicher Kenntnis der konkret zu verhandelnden Sache noch kein Beginn der Untersuchung angenommen werden könnte.

---

27 Vgl. Meyer-Goßner/*Schmitt* § 156, 1.

28 OLG Oldenburg NJW **1961** 1127; JR **1983** 302; Meyer-Goßner/*Schmitt* 13; AK/*Loos* § 418, 14; KMR/*Metzger* 11; *Ranft* NStZ **2004** 424, 425; *Schröer* 108; *ders.* NStZ **1999** 214; *Treier* NStZ **1983** 234.

29 So etwa AK/*Loos* § 418, 14.

30 So OLG Oldenburg NJW **1961** 1127.

31 **A.A.** *Fülber/Putzke* DRiZ **1999** 198.

32 So schon LR/*Kohlhaas*[22] 3.

33 Vor § 417, 48 ff., 57 ff.

bb) Beginn der Urteilsverkündung. Die soeben unter Rn. 20 abgelehnte Auffassung leidet indes nicht nur daran, dass sie den dem Erlass eines Eröffnungsbeschlusses entsprechenden Zeitpunkt zu spät ansetzt. Entscheidend dürfte sein, dass sie unberücksichtigt lässt, aus welchem **inhaltlichen Grund** der Eintritt der **Rechtshängigkeit** im beschleunigten Verfahren als der Zeitpunkt angesetzt wird, der dem Erlass des Eröffnungsbeschlusses im Normalverfahren entspricht. Und dieser Grund liegt darin, dass im Normalverfahren mit dem Erlass des Eröffnungsbeschlusses die **Verfahrensherrschaft endgültig** von der Staatsanwaltschaft auf das **Gericht** übergeht (vgl. § 156), welches damit aber auch endgültig – vorbehaltlich zulässiger Einstellungen – zur Durchführung des Verfahrens bis zur Urteilsverkündung verpflichtet ist: Entfällt der hinreichende Tatverdacht auf Grund der Ergebnisse der Hauptverhandlung, kann das Gericht nicht etwa kurzerhand seinen Eröffnungsbeschluss zurücknehmen (dafür würde es nach herrschenden Ansicht schon an der notwendigen gesetzlichen Möglichkeit fehlen, vgl. LR/*Stuckenberg* § 207, 39 ff., 45 ff.) und das Verfahren nun wegen eines Prozesshindernisses einstellen; es muss den Angeklagten vielmehr freisprechen. An dieser **Endgültigkeit** aber **fehlt** es im beschleunigten Verfahren: Das Gesetz räumt dem Gericht in § 419 Abs. 2 bis zum Zeitpunkt der Urteilsverkündung die Möglichkeit ein, den Antrag der Staatsanwaltschaft nach § 417 in unanfechtbarer Weise abzulehnen. Gerade deshalb wird die mit der – nach der hier unter Rn. 20 vertretenen Auffassung – Terminsbestimmung eintretende **Rechtshängigkeit** mit Recht als durch die Antragsablehnung **auflösend bedingt** betrachtet:[34] „Die Annahme, das Verfahren könne beschleunigt abgewickelt werden“, ist insoweit nur **vorläufiger** Natur.[35] Lehnt das Gericht den Antrag der Staatsanwaltschaft im Rahmen seiner alleinigen Verfahrensherrschaft, in welche die Staatsanwaltschaft nicht eingreifen darf und kann, nach § 419 Abs. 2 ab, so wird die erwähnte Annahme mit der Folge beseitigt, dass die Rechtshängigkeit und mit ihr der nur bedingt endgültige Übergang der Verfahrensherrschaft auf das Gericht entfallen: Mit dem Eintritt der (auflösenden) Bedingung erlangt die Staatsanwaltschaft ihre völlige Entschließungsfreiheit wieder zurück, insbesondere darüber, ob sie ein wegen § 420 „hinsichtlich der Beweisanforderungen“ minderes Verfahren durchführen lassen will oder nicht.[36] Eine Zäsur, mit der die Verfahrensherrschaft auf das Gericht ganz übergeht, wird man demnach infolge § 419 Abs. 2 Satz 1 erst mit der Verkündung des Urteils annehmen können. Deshalb bildet der **Beginn der Urteilsverkündung bzw. die Zeit vor ihrem Beginn** auch den **letztmöglichen** Zeitpunkt für die Staatsanwaltschaft, ihren Antrag nach § 417 zurückzunehmen.[37] Dieses Ergebnis ist allerdings für den Angeklagten durchaus misslich, weil die Staatsanwaltschaft ihn damit – vorbehaltlich der Beurteilung durch das Gericht – in ein vergleichsweise defizitäres Verfahren zwingen kann, dessen ggf. für ihn vorteilhaften Ergebnisse es ihm noch nahezu beliebig – etwa bei einer geänderten Rechtsfolgeneinschätzung – entziehen kann. Da auch das Gericht seine Beurteilung der Eignung im Laufe des Verfahrens ändern kann, wird man zwar keinen prinzipiellen Vertrauensschutz aufseiten des Angeklagten bejahen können. Staatsanwaltschaften sind je- 21

34 BayObLG MDR **1988** 77 = OLGSt StPO § 212 mit Anm. *Rieß*; KK/*Graf* § 418, 4; Meyer-Goßner/*Schmitt* § 418, 4; AK/*Loos* § 418, 14; *Loos*/*Radtke* NStZ **1995** 572.

35 BayObLG NJW **1998** 2152, 2153. Deshalb sind die von *Fülber*/*Putzke* DRiZ **1999** 200 f. unter dem Gesichtspunkt eines unzulässigen Eingriffs der Staatsanwaltschaft in die Verfahrensherrschaft des Gerichts vorgetragenen Bedenken unbegründet: Das Gericht hat diese eben noch nicht endgültig erlangt.

36 BayObLG NJW **1998** 2152, 2153.

37 BayObLG NJW **1998** 2152 f.; OLG Celle NStZ **1983** 233; KK/*Graf* 6; SK/*Paeffgen* 11; HK/*Zöller* 8; AnwK-StPO/*Böttger* 6; *Ernst* 63; *Kohler* 33 ff.; *Ranft* NStZ **2004** 424, 425; unklar HK-GS/*Weiler* 4: Rücknahme zulässig „nach der Durchführung einer Beweisaufnahme“.

doch gehalten, die Eignung des Verfahrens keinesfalls willkürlich und nur aus evidenten Erwägungen heraus noch zu verneinen. Soweit sie zum Schutz des Angeklagten agieren wollen,[38] werden sie sich mit diesem und seiner Verteidigung abstimmen müssen, um ein nur vermeintlich schützendes Vorgehen zu vermeiden.

22 In diesem Kontext kann auch die Frage aufkommen, wann für die Staatsanwaltschaft der letzte Zeitpunkt erreicht ist, eine **Klagerücknahme** zu vollziehen. Gewinnt die Staatsanwaltschaft aber mit dem Eintritt der auflösenden Bedingung ihre volle Dispositionsbefugnis zurück, gewinnt sie auch die Möglichkeit zur Rücknahme der Klage nach § 156. Der letztmögliche Zeitpunkt für eine Klagerücknahme ist damit derselbe wie derjenige der Antragsrücknahme. Jedoch umfasst die Rücknahme des Antrags nicht ohne weiteres und in jedem Fall (wenn auch wohl in der Regel) zugleich auch die Rücknahme der Anklage. Vielmehr kann bei ihrer Aufrechterhaltung ein Eröffnungsantrag nach § 199 Abs. 2 Satz 1 nachgereicht und damit das Verfahren in das normale Zwischenverfahren übergeleitet werden.

23 **e) Form, Inhalt und Adressat der Rücknahme.** Der Antrag auf Durchführung des beschleunigten Verfahrens nach § 417 kann **schriftlich** oder **mündlich** sowohl durch eine ausdrückliche Erklärung der Staatsanwaltschaft zurückgenommen werden, als auch **konkludent**, etwa durch den Antrag der Staatsanwaltschaft, das Gericht möge die Entscheidung im beschleunigten Verfahren nach § 419 Abs. 2 Satz 1 ablehnen.[39] Auch die konkludente Erklärung muss aber den **eindeutigen Willen** der Staatsanwaltschaft erkennen lassen, die Sache **nicht** (mehr) im beschleunigten Verfahren entscheiden lassen zu wollen. In der Hauptverhandlung ist § 273 zu beachten. Tauglicher **Adressat** ist ausschließlich das Gericht, bei dem die Entscheidung im beschleunigten Verfahren beantragt worden war.

24 **7. Pflicht zur Antragstellung.** Im Gegensatz zur früheren Rechtslage, der zufolge es der Staatsanwaltschaft überlassen blieb, den **Antrag** auf Aburteilung im beschleunigten Verfahren nach ihrem *pflichtgemäßen Ermessen* zu stellen (§ 212 a. F.), ist die Staatsanwaltschaft nach geltendem Recht **verpflichtet**, den Antrag nach § 417 zu stellen, wenn die sogleich unter Rn. 25 ff. näher behandelten Voraussetzungen zur Durchführung des beschleunigten Verfahrens[40] vorliegen. Deshalb hat unzweifelhaft schon die Staatsanwaltschaft diese Voraussetzungen zu prüfen.[41] Weder das Gericht noch der Beschuldigte haben ein Antragsrecht, was eine Anregung nicht ausschließt, im beschleunigten Verfahren vorzugehen. Zum partiell bestehenden Bedarf, die Zustimmung des Beschuldigten einzuholen, siehe bereits Vor § 417, 22 f.[42] Dem **Gericht** ist dagegen angesichts der einen weiten Beurteilungs- bzw. Prognosespielraum eröffnenden Eignungsklausel (dazu sogleich Rn. 26 und 42 ff.) der Sache nach die Ablehnung des Antrags zwar stets möglich. Prinzipiell muss es dem Antrag jedoch entsprechen, wenn die Sache zur sofortigen Verhandlung geeignet ist.[43]

---

38 Diese Option heben zugunsten einer lange währenden Rücknahmeoption hervor: MüKo/*Putzke*/*Scheinfeld* 32.

39 BayObLG NJW **1998** 2152.

40 Allg.M. vgl. nur KK/*Graf* 3 und BTDrucks. **12** 6853 S. 35.

41 Unbestritten, vgl. z.B. KK/*Graf* 10.

42 S. auch schon, aber zu pauschal, *Deumeland* NStZ **1983** 41.

43 § 419 Abs. 1 Satz 1.

IV. Die Eignung der Sache zur Entscheidung im beschleunigten Verfahren

1. Die Voraussetzungen der Eignung

a) Überblick. Während nach der alten Rechtslage allein die Einfachheit des Sach- 25
verhalts und die Möglichkeit sofortiger Aburteilung kumulativ als Voraussetzungen des beschleunigten Verfahrens normiert waren (§ 212 a. F.), wollte der Gesetzgeber mit der noch heute geltenden **Neuregelung** des beschleunigten Verfahrens in den §§ 417 ff., ursprünglich unter Verzicht „auf das Tatbestandsmerkmal des einfachen Sachverhalts", „allein darauf" abstellen, „ob die Sache zur sofortigen Verhandlung geeignet ist".[44] Die diesbezügliche Fassung des § 417 im Entwurf eines VerbrBekG vom 18.2.1994 ist indes nicht Gesetz geworden. Angenommen wurde vielmehr eine vom Vermittlungsausschuss vorgeschlagene Fassung,[45] mit der eine ***entweder* durch die Einfachheit des Sachverhalts *oder* durch die Klarheit der Beweislage bedingte Geeignetheit** der Sache zur sofortigen Verhandlung verlangt wird. Offenbar sollten die genannten Eingangsfallgruppen konkretisierend wirken[46] und Staatsanwaltschaft und Gericht (§ 419 Abs. 1 Satz) den Rückgriff auf das beschleunigte Verfahren vorschreiben. Überdies tendiert der Wortlaut zu einer Ausdehnung des Anwendungsbereichs des beschleunigten Verfahrens gegenüber der früheren Rechtslage, weil er die klare Beweislage neben der Einfachheit des Sachverhalts als Fallgruppe der Geeignetheit hervorhebt.[47]

Tatsächlich fällt die reale Bedeutung der Regelung aber hinter diesem ersten Ein- 26
druck zurück: So kann die Eignung zur sofortigen Verhandlung nicht schon abstrakt *allein* damit bejaht werden, dass einer der genannten Fälle vorliegt. Wenn der gesetzlich zuständige Strafrichter eine Verhandlung frühestens zu einem eine „kurze Frist" i. S. des § 418 Abs. 1 ausschließenden Zeitpunkt ansetzen kann, weil vorher kein Sitzungssaal bzw. Termin zur Verfügung steht, ist die **maßgebliche konkrete Eignung des Falles zur Verhandlung im Wege des beschleunigten Verfahrens** zu verneinen. Weil das Verfahren kein beschleunigtes mehr wäre, muss die faktische Möglichkeit zur sofortigen Verhandlung in diesem Sinne zu den Voraussetzungen des beschleunigten Verfahrens[48] gerechnet werden: Die Anforderungen an die Eignung gliedern sich so in eine Eignung der Sache selbst und in eine Eignung nach den effektiv vorhandenen Ressourcen.[49] Dass der Gesetzgeber dabei von vorhandenen oder in Zukunft geschaffenen Ressourcen ausgegangen sein mag,[50] ändert an diesem Ergebnis in einer konkret anstehenden Entscheidungssituation nichts. Ferner ist die scheinbar alternativ mögliche Prüfung der Eingangsfallgruppen zugunsten einer **immer kumulativen Eignungsprüfung** zu verwerfen: Im Sinne des Gesetzes ist zwar zunächst zu verlangen, dass jedenfalls ein einfacher Sachverhalt oder eine klare Rechtslage gegeben ist. Der eigentliche und vom Gesetz nicht ausgesprochene Maßstab der Eignung liegt aber in der begründeten **Prognose**, dass eine **Aburteilung des Fal-**

---

44 Amtliche Begründung BTDrucks. **12** 6853 S. 35.

45 BTDrucks. **12** 7837, S. 3.

46 So aber *Radtke/Loos*, die in der Regelung eine nähere Ausfüllung der Geeignetheit erblicken, NStZ **1995** 572.

47 So SK/*Paeffgen* 12.

48 Wie hier auch KK/*Graf* 10; Meyer-Goßner/*Schmitt* 17; *Pfeiffer* 3; nur über das Fristerfordernis anerkennend OK-StPO/*Temming*[36] § 417, 2.1.

49 Anerkennend letztlich auch BTDrucks. **12** 6853 S. 35: Begriff der Eignung ist „ein umfassender Begriff, der die Möglichkeit einer sofortigen Verhandlung ebenso umfaßt".

50 Dazu siehe BTDrucks. **12** 6853 S. 36.

les innerhalb der gesetzlichen Frist,[51] **im Rahmen der Rechtsfolgenbegrenzung des § 419 Abs. 1 Satz 2 und 3**[52] **in einer rechtsstaatlich noch tragfähigen Form realistisch**[53] **zu erwarten** ist. Insoweit ist z.B. bei einem zunächst einfach liegenden Sachverhalt stets „kumulativ" zu fragen, ob eine einschlägige schwierige Beweis- oder Rechtslage die an sich naheliegende Eignung noch in Fortfall geraten lässt[54] oder ob die trotz der Schlichtheit des Falles drohende hohe Strafe die Anwendung des beschleunigten Verfahrens untunlich macht. Im Ergebnis besteht damit keine vom Gesetz nahegelegte einseitige Kausalität zwischen den gesetzlich normierten Bedingungen der Geeignetheit und dieser selbst; die Erfüllung einer **Eingangsfallgruppe** ist vielmehr eine **notwendige**, nicht aber auch eine hinreichende **Bedingung.**

27 **b) Eingangsfallgruppe Einfachheit des Sachverhalts.** Der Sachverhalt muss nach allgemeiner Auffassung für **alle** Verfahrensbeteiligten einschließlich des **Beschuldigten einfach** und in tatsächlicher Hinsicht **leicht überschaubar** sein, und zwar „sowohl" hinsichtlich der „tatsächlichen Voraussetzungen des Schuldspruchs als auch" der „Strafzumessungstatsachen".[55] Rein **rechtliche Schwierigkeiten** sollen die Einfachheit des Sachverhalts **grundsätzlich nicht** berühren.[56] Hier ist indessen die Interdependenz von Sach- und Rechtsfrage von Bedeutung. Welcher Sachverhalt entscheidungserheblich ist, wird durch die anzuwendenden Rechtsnormen mitbestimmt: Sachverhaltsfeststellung und Rechtsanwendung sind einander zugeordnete und sich gegenseitig beeinflussende Vorgänge.[57] Komplizierte Rechtsfragen können so schon eine **leichte Überschaubarkeit** des Sachverhalts (und nicht erst die Eignung zur sofortigen Verhandlung)[58] deshalb **hindern**, weil unklar ist, *welcher* Sachverhalt entscheidungserheblich ist. Im Übrigen mag zwar die Eingangsfallgruppe vorliegen; die entscheidende **Eignung** zur zügigen Verhandlung wird aber insgesamt **bei erheblich streitigen Rechtsfragen regelmäßig fehlen.**

28 Verfahren, in denen die **Verteidigung** nach § 140 Abs. 2 Var. 1 **notwendig** wäre, scheiden in aller Regel für das beschleunigte Verfahren aus.[59] Nach der zweiten und dritten Variante jedoch kann eine Verteidigerbestellung in Betracht kommen, wenn sich der Beschuldigte nicht selbst verteidigen kann[60] oder er die Verteidigerbestellung beantragt. Fälle, in denen die Verteidigung nach § 140 **Abs. 1** notwendig ist, werden in der Regel ebenfalls für das beschleunigte Verfahren **ausscheiden**, vor allem in den Fällen der Nr. 8, während in denen der Nrn. 1 und 3 die Durchführung des beschleunigten Verfahrens schon gesetzlich ausgeschlossen ist. Ebenso wird die Einfachheit des Sach-

---

51 S. § 418, 19 f.

52 So auch die amtliche Begründung zu dem durch den Vermittlungsausschuss noch unveränderten Entwurf BTDrucks. **12** 6853 S. 35; wie hier auch *Pfeiffer* 5.

53 BTDrucks. **12** 6853 S. 35: kurzfristiger Verfahrensabschluss muss realistisch erscheinen.

54 OLG Stuttgart NJW **1999** 511; siehe schon *Neumann* StV **1994** 273, 275; i.E. wohl ebenso KK/*Graf* 7; Meyer-Goßner/*Schmitt* 16; AnwK-StPO/*Böttger* 9; *Ernst* 54 und *Sprenger* NStZ **1997** 574; s. ferner auch *König/Seitz* NStZ **1995** 4; partiell *Loos/Radtke* (NStZ **1995** 573): Regel-Ausnahme-Verhältnis.

55 *Schröer* 77.

56 KK/*Graf* 8; Meyer-Goßner/*Schmitt* 15; **a.A.** KMR/*Metzger* 17.

57 Dazu etwa *Gössel* Die Nachprüfung von Tatsachenfeststellungen in der Revisionsinstanz in Strafsachen, in: Schlosser u. a. (Hrsg.), Tatsachenfeststellung in der Revisionsinstanz (1982) 117, 129 f. m.w.N.; ähnlich wohl auch SK/*Paeffgen* 13.

58 So aber LR/*Rieß*[24] § 212, 22; *Schlüchter/Fülber/Putzke* 80; *Schröer* 78; *Loos/Radtke* NStZ **1995** 572; *Zimmermann* 32.

59 *Schröer* 133 f., 135 ff.

60 *Schröer* 137.

verhalts regelmäßig zu verneinen sein, wenn, wie z.B. regelmäßig bei Heranwachsenden[61] und in den Fällen der Nrn. 6 und 7, „die **Person** des Beschuldigten und sein **Vorleben** genauer zu erforschen“[62] sind. Die Einfachheit des Sachverhalts muss aber nicht beeinträchtigt sein, wenn lediglich die Voraussetzungen des § 140 Abs. 1 Nr. 2 oder 5 vorliegen. An einem überschaubaren Sachverhalt wird es in der Regel **fehlen**, werden dem Beschuldigten **mehrere Taten** zu Last gelegt, ist er nur einer von mehreren **Mitbeschuldigten** oder werden ihm mehrere Taten als (teilweise) Mitbeschuldigter vorgeworfen oder kommen insbesondere auch unterschiedliche Beteiligungsformen in Betracht; die Einfachheit des Sachverhalts kann hier jedoch nicht generell abstrakt verneint werden, sondern nur unter Berücksichtigung des jeweiligen Einzelfalls.[63]

Bei der Verhängung von **Freiheitsstrafen** werden insbesondere die Voraussetzungen des § 56 Abs. 1 StGB, ggf. auch die des § 47 StGB zu prüfen sein. Die hier notwendige Persönlichkeitserforschung soll nach h. M. auch bei „Wiederholungstätern“ nicht notwendig der Überschaubarkeit des Sachverhalts entgegenstehen, zumal § 419 Abs. 1 Satz 2 ausdrücklich die Verhängung von Freiheitsstrafen bis zu einem Jahr erlaubt (siehe aber nochmals Rn. 28).[64] Dies wird im Schrifttum kritisch betrachtet.[65] Die Annahme dürfte jedoch – von der gebotenen weitgehenden Ausrichtung auf konsensuale Verfahren abgesehen[66] – dem Gesetz entsprechen. Damit ist freilich die Antwort, dass das beschleunigte Verfahren auch im konkreten *Einzelfall* zum Beispiel die hinsichtlich § 56 StGB anzustellende Prognose über die Legalbewährung tatsächlich fair ermöglicht, noch längst nicht abschließend zu geben. Die Eignung muss gerade auch in individueller Hinsicht plausibel sein. 29

c) Eingangsfallgruppe klare Beweislage. Obgleich es auch im Regelfall schon zur Einfachheit des Sachverhalts notwendig sein wird, dass dieser unschwer aufzuklären[67] ist, erkennt das Gesetz die Klarheit der Beweislage explizit als **eine** weitere mögliche Fallgruppe der Geeignetheit an (zum Zusammenhang zu weiteren Kriterien der Eignung schon Rn. 25 f.). 30

Für eine klare Beweislage muss der Beschuldigte nach h. M. nicht notwendigerweise **geständig**[68] sein. Die Notwendigkeit einer umfangreichen Beweisaufnahme schließt die klare Beweislage aber regelmäßig aus,[69] namentlich eine solche mit einander widersprechenden Bekundungen, die Notwendigkeit kommissarischer Vernehmungen vor der Hauptverhandlung oder ein verwickelteres **Sachverständigengutachten.**[70] Einfachere Sachverständigengutachten, etwa solche, die nach § 256 verlesbar sind, wie z.B. Atteste über Körperverletzungen oder Blutalkoholfeststellungen, können jedoch die Klarheit der Beweislage unbeeinträchtigt lassen. Hat sich der Beschuldigte **nicht zur Sache eingelassen**, so entscheidet die Beweislage im Übrigen über deren Klarheit; bei sich widersprechenden Zeugenaussagen ist die Beweislage ebenso wenig klar wie bei divergieren- 31

61 KK/*Graf* 8.
62 Vgl. insoweit schon Nr. 146 Abs. 1 Satz 2 Hs. 1 RiStBV, s. ferner z.B. KK/*Graf* 8; Meyer-Goßner/*Schmitt* 15.
63 KK/*Graf* 8; Meyer-Goßner/*Schmitt* 15; SK/*Paeffgen* 13; *Schröer* 79; **a.A.** KMR/*Metzger* 17, der bei einer „Vielzahl von Straftaten“ die Einfachheit generell verneint.
64 Wie hier KK/*Graf* 8; LR/*Gössel*[26] 29; siehe auch *Dähn* FS Baumann 349, 354.
65 Krit. de lege lata etwa SK/*Paeffgen* 13; *Loos*/*Radtke* NStZ **1996** 9 f.; *Ambos* Jura **1998** 291, 293.
66 Vor § 417, 22 f.
67 Vgl. dazu *Lehmann* DRiZ **1970** 287.
68 S. so auch schon *Eb. Schmidt* § 212, 10.
69 KK/*Graf* 9; Meyer-Goßner/*Schmitt* 16.
70 SK/*Paeffgen* 14; *Schlüchter*/*Fülber*/*Putzke* 80.

den Auffassungen zwischen Staatsanwaltschaft und Gericht über das Bestehen eines hinreichenden Tatverdachts.[71] Bereits **gestellte** Beweisanträge müssen die Klarheit der Beweislage nicht in Frage stellen, wenn ihnen zur Hauptverhandlung stattgegeben werden kann. Anderes wird aber gelten, wenn sie „sich gegen das Beschuldigungsmaterial"[72] richten.

32 **d) Konkrete Möglichkeit zur sofortigen Verhandlung.** Die früher überwiegend vertretene Auffassung, der zufolge eine sofortige Verhandlung bedeute, dass eine Hauptverhandlung in einer deutlich kürzeren Frist möglich sein müsse als bei Durchführung des normalen Zwischenverfahrens,[73] erscheint mit dem Begriff „sofortige Verhandlung" ebenso wenig vereinbar wie mit der in § 418 Abs. 1 angeordneten Durchführung der „Hauptverhandlung sofort oder in kurzer Frist". Diese Gesetzesfassung dürfte es nicht mehr zulassen, die Begriffe „sofort" und „kurze Frist" nur *relativ* nach der fiktiven Dauer eines sonst durchzuführenden ebenso fiktiven Normalverfahrens[74] zu bestimmen, weshalb die **objektive sprachliche Bedeutung** von „sofort" und „kurz" maßgeblich sein solle.[75] Der früher überwiegend vertretenen Auffassung zufolge sei eine Sache nur dann zur sofortigen Verhandlung i. S. des § 417 geeignet gewesen, wenn „die Zeitspanne zwischen der Antragstellung der" Staatsanwaltschaft „und der Hauptverhandlung" nicht mehr als zwei Wochen betrug[76] und „diese voraussichtlich in einem Termin abgeschlossen werden kann".[77] Der Gesetzgeber des 1. JuMoG hat indessen durch einen in Absatz 1 des § 418 neu eingefügten Satz 2 bestimmt, dass „zwischen dem Eingang des Antrags bei Gericht und dem Beginn der Hauptverhandlung **nicht mehr als sechs Wochen** liegen" *sollen*, also ein Zeitraum, der sechs Wochen auch überschreiten darf. Der Gesetzgeber hat damit nicht nur die sprachliche Bedeutung mindestens des Begriffs „kurze Frist" bewusst missachtet, sondern zudem offengelassen, in welchen Fällen die Eignung i. S. des § 417 wegen Überschreitung der „kurzen Frist" des § 418 Abs. 1 entfällt.[78] Die darin liegende unehrliche Verschleierung[79] hätte der Gesetzgeber dadurch vermeiden können und sollen, dass er den in § 418 Abs. 1 Satz 1 verwendeten sprachlichen Ausdruck „sofort oder in kurzer Frist" etwa durch das Wort „baldmöglichst" ersetzt hätte, was allerdings nicht geschehen ist. Die heutige Regelung wird mit der Konsequenz zu beachten sein, dass erst die Überschreitung einer Zeitspanne von acht Wochen die Eignung der Sache zur Behandlung im beschleunigten Verfahren klar entfallen lässt – eine *danach* im ersten Hauptverhandlungstermin, etwa wegen Fehlens einzelner Beweismittel, notwendig

71 SK/*Paeffgen* 14; *Schlüchter/Fülber/Putzke* 81.

72 SSW/*Rosenau* 16; KK/*Graf* 9; abl. SK/*Paeffgen* 14.

73 OLG Düsseldorf NStZ **1997** 613 (aber mit der Angabe der Regelvorstellung von bis zu zwei Wochen) mit (insoweit) abl. Anm. *Radtke* NStZ **1998** 370 f. und *Scheffler* NStZ **1998** 371 f.; KK/*Graf* 10; Meyer-Goßner/*Schmitt* 17; SK/*Paeffgen* 18; *Loos/Radtke* NStZ **1995** 573; *Schröer* 82; offenlassend später etwa zu sechs Wochen Dauer OLG Düsseldorf NJW **2003** 1470 f.

74 So auch OLG Stuttgart NJW **1999** 511 in seinen Bemerkungen zum Verfahren vor dem Amtsgericht.

75 I.E. ebenso schon *Scheffler* NStZ **1998** 370, 371 f.

76 OLG Stuttgart NJW **1998** 3134 f. und **1999** 511 f., welches diese Frist allerdings, im Einklang mit der amtlichen Begründung (BTDrucks. **12** 6853 S. 36), als ausnahmsweise auch überschreitbare Regelfrist begreift, was sich aber mit der Wortbedeutung von „sofort" und „kurze Frist" kaum mehr vereinbaren lassen dürfte. Dass die Frist allenfalls „unwesentlich" überschritten werden dürfe (so OLG Stuttgart NJW **1999** 511 f.), führt zu unnötiger Unklarheit.

77 OLG Stuttgart NJW **1998** 3134, 3135.

78 Krit. dazu auch Meyer-Goßner/*Schmitt* § 418, 5.

79 Mit Recht wird daran auch kritisiert, dass auf diese Weise die Beweiserleichterungen des § 420 in missbräuchlicher Weise erstrebt werden können (*Ernst* 47).

werdende einmalige **Aussetzung** oder auch mehrmalige **Unterbrechung** der Hauptverhandlung[80] dürfte der Wahrung dieser Frist jedenfalls dann nicht entgegenstehen, würde die Urteilsverkündung innerhalb der genannten Achtwochenfrist[81] erfolgen. Wird diese Frist überschritten, ist nach § 419 Abs. 2 Satz 1 zu verfahren.

Die Möglichkeit zu sofortiger Verhandlung setzt ferner voraus, dass die für die Hauptverhandlung erforderlichen **Beweismittel** (z.B. Beweispersonen und Zentralregisterauszug) im **Hauptverhandlungstermin zur Verfügung** stehen,[82] es sei denn, es reicht aus, dass voraussichtlich nach § 420 Abs. 1 bis 3 verfahren werden kann. Die Staatsanwaltschaft muss sich daher bei Antragstellung von der Verfügbarkeit der Beweismittel oder deren Entbehrlichkeit z.B. im Hinblick auf die genannte Vorschrift[83] oder aber auf die Glaubwürdigkeit eines Geständnisses überzeugen.[84] 33

e) Rechtsfolgenprognose. Ferner ist zu prüfen, ob die Festsetzung einer Rechtsfolge zu erwarten ist, welche die Strafmaßbegrenzung des § 419 Abs. 1 Satz 2 und 3 übersteigt. Fehlt es hieran, ist die Sache ebenfalls nicht zur Entscheidung im beschleunigten Verfahren geeignet.[85] Dies gilt nach zutreffender Ansicht auch dann, wenn die Überschreitung des Strafbanns nur wegen einer gebotenen Gesamtstrafenbildung notwendig wird.[86] 34

f) Rechtsstaatliche Tragfähigkeit. Schließlich, aber nicht in einem wertenden Sinne zuletzt, setzt die Eignung zur sofortigen Verhandlung voraus, dass die mit der Anwendung des beschleunigten Verfahrens verbundene Reduktion von sonst vorgeschriebenen Zwischenschritten und Verfahrensmaßstäben[87] für den konkreten Fall weder das Recht des Beschuldigten auf ausreichende Zeit zur **Vorbereitung der Verteidigung (Art. 6 Abs. 3 lit. b. EMRK)**[88] **noch sein Recht auf eine effektive Verteidigung (Art. 6 Abs. 4 lit. c EMRK) verletzt** (vgl. ebenso Nr. 146 Abs. 1 Satz 2 Hs. 2 RiStBV und Vor § 417, 14, 61) und ebenso wenig die **Wahrheitsfindung** absehbar beeinträchtigt.[89] Dies wird bei einem einfachen Sachverhalt, hinsichtlich dessen eine klare Beweislage vorliegt, nicht schon regelmäßig der Fall sein. Eine ernsthafte Beachtung dieses Erfordernisses wird jedoch angesichts der drastisch verkürzten Ladungsfristen und ihrer teilweise angeordneten Entbehrlichkeit nicht selten zu einer Reduktion des Anwendungsbereichs der Norm führen.[90] Entscheidend bleibt aber 35

---

80 Vgl. dazu OLG Hamburg NJW **1966** 1278 f.; **1966** 2179.

81 Ähnlich OLG Karlsruhe NJW **1999** 3061, 3062 zur bisherigen Rechtslage vor dem 1. JuMoG. S. auch § 418, 20.

82 KK/*Graf* 10.

83 In diese Richtung auch KK/*Graf* 10.

84 *Eb. Schmidt* Nachtr. I § 212, 12; Meyer-Goßner/*Schmitt* 17; AK/*Loos* 12; AnwK-StPO/*Böttger* 12; *Schröer* 81; *Schultz* DAR **1957** 93 f.

85 BTDrucks. **12** 6853 S. 35; Meyer-Goßner/*Schmitt* § 419, 3; AK/*Loos* § 419, 4; SK/*Paeffgen* 15; *Jostes* 178; *Schünemann* NJW **1968** 975, 976; unklar – mittelbare Auswirkung auf die Eignungsfrage – *Schröer* 84.

86 Vgl. dazu § 419, 3.

87 Vor § 417, 5 ff.

88 BTDrucks. **12** 6853 S. 35; KK/*Graf* 11; AnwK-StPO/*Böttger* 12; HK/*Zöller* Vor § 417, 5. vgl. auch Nr. 146 Abs. 1 Satz 2 RiStBV.

89 S. entsprechend mit dem Gebot zu einer restriktiven Handhabung *Schröer* 73 ff., 204 f., 211 f.

90 In diesem Sinne mit zahlreichen Nachweisen *Ambos* Jura **1998** 292.

stets die konkrete Situation des Einzelfalles, der fortwährend auf seine Eignung geprüft werden muss.[91]

2. Die Natur der Eignung als Prozessvoraussetzung

36 **a) Überblick.** Die etwaigen Folgen einer fehlerhaften Bejahung der Eignung einer Sache zur sofortigen Verhandlung und die diesbezügliche Kontrolle im Rechtsmittelzug werden **kontrovers** beurteilt. Die sich hier stellenden Fragen dürften sich indes nur beantworten lassen, wäre zuvor klargestellt, welche (prozess-)rechtliche Natur der von § 417 verlangten Eignung zur sofortigen Verhandlung zukommt.

37 **b) Eignung als Verfahrensvoraussetzung.** Nach § 417 wird die Durchführung des beschleunigten Verfahrens von einem Antrag der Staatsanwaltschaft und dieser wiederum von der Eignung der Sache zur sofortigen Verhandlung abhängig gemacht. Damit aber normiert der Gesetzeswortlaut die hier erforderliche Eignung ausdrücklich zu einer Voraussetzung dafür, dass in dieser besonderen Verfahrensart eine Sachentscheidung ergehen darf – und damit nach der überwiegend vertretenen Auffassung zu einer **Prozessvoraussetzung,**[92] **beschränkt** allerdings **auf diese besondere Verfahrensart**, deren Fehlen zu einem Verfahrenshindernis führt. Der Annahme einer solchen Prozessvoraussetzung steht insbesondere nicht entgegen, dass die fehlende Geeignetheit zu einem weiteren Vorgehen nach § 419 Abs. 3 führt, nicht aber zur Einstellung. Zum einen ist der Gesetzgeber frei, besondere Prozessvoraussetzungen zu schaffen, die hier überdies eine zum Teil fundamental veränderte Verfahrensstruktur bedeuten. Zum anderen kann ein Verfahrenshindernis auch in anderen Fällen zu verfahrensökonomischeren Entscheidungen als der Einstellung führen, siehe z.B. in den Fällen der §§ 209, 225a.

38 Demgegenüber überzeugt es nicht, wenn der 1. Strafsenat des OLG Stuttgart im Gegensatz[93] zu seiner früheren Entscheidung, in der er die Eignung ausdrücklich als **Sachurteilsvoraussetzung** anerkannt hatte,[94] heute ausdrücklich die Natur der Eignung zur sofortigen Verhandlung als einer Verfahrensvoraussetzung unter Berufung auf die mangelnde Schwere der etwaigen Abweichung vom prozessrechtlichen Maßstab **verneint.**[95] Zum Beispiel ein Verstoß gegen die Vorschriften über die örtliche Zuständigkeit,[96] die unstreitig zu den Prozessvoraussetzungen zählt, muss nicht stets schwerwiegender sein als die fehlende Eignung zur sofortigen Verhandlung im beschleunigten Verfahren. Im Übrigen ist für die Einordnung als Prozessvoraussetzung/Verfahrenshindernis nicht allein die Schwere eines Verfahrensmangels heranzuziehen (zur Kritik LR/*Kühne* Einl. K 38). Entscheidend bleibt, dass schon der Gesetzgeber die Eignung unmissverständlich zur Voraussetzung des besonderen Verfahrens gemacht hat. Von einer zutreffenden Beurteilung dieser Frage hängen funktional eine ganze Reihe besonders bedeutsamer Verfahrensrechte und -schritte ab. Die mangelnde eindeutige Bestimmbarkeit[97] kann

---

91 S. § 419, 20 f.

92 Zur Maßgeblichkeit des gesetzgeberischen Willens siehe LR/*Kühne* Einl. K 37. Zum weiteren Meinungsstreit über Wesen und Bestimmung von Prozessvoraussetzungen kann hier nicht näher Stellung genommen werden, vgl. LR/*Kühne* Einl. K 35 ff. und *Volk* Prozessvoraussetzungen, insbes. S. 204 ff.

93 Zu Unrecht ausdrücklich verneint vom OLG Stuttgart NJW **1999** 511, 512.

94 So OLG Stuttgart NJW **1998** 3134, 3135; daran sodann etwa ansetzend *Radtke* JR **2001** 136 ff.

95 OLG Stuttgart NJW **1999** 511, 512, das sich hier auf die Rechtsfolge des Verfahrenshindernisses bezieht.

96 Vgl. KK/*Scheuten* Vor § 7, 1 zum Charakter der örtlichen Zuständigkeit als Verfahrensvoraussetzung.

97 So vom OLG Stuttgart NJW **1999** 511 ausdrücklich anerkannt.

hiergegen nicht durchschlagend eingewendet werden, weil das Gesetz selbst die wegweisende (Nicht-)Eignung klar zur Prämisse des beschleunigten Verfahrens macht – dies muss vorrangig sein.[98]

c) Geltung für die erste Instanz. Wie bereits Vor § 417, 31 ff. dargelegt wurde, gelten die Vorschriften über das beschleunigte Verfahren ausschließlich für das erstinstanzliche Verfahren vor den Amtsgerichten. Siehe indes zur Bedeutung für Rechtsmittelverfahren sogleich Rn. 40 ff. und § 419, 10 ff. und 44. **39**

V. Konsequenzen fehlender Eignung

Bejaht oder verneint das Amtsgericht die Eignung der Sache zur Entscheidung im beschleunigten Verfahren zu Unrecht, so stellt sich die Frage der Nachprüfbarkeit dieser Entscheidung durch die Rechtsmittelgerichte. Der Gesetzgeber hat nur einen Teil dieser Problematik entschieden: Ein die **Eignung verneinender** und die Durchführung des beschleunigten Verfahrens ablehnender **Beschluss** ist **unanfechtbar** (§ 419 Abs. 2 Satz 2). **Unklarheit** besteht allerdings über die Beantwortung der Frage nach der Überprüfung einer zu Unrecht **bejahten** Eignung: **40**

Nicht selten wird vertreten, dass die – vom Tatgericht bejahte – Eignung der Sache für die Durchführung im beschleunigten Verfahren in der Revisionsinstanz keiner Überprüfung unterliege.[99] Verwiesen wird hiermit letztlich auf die Rüge etwaiger zusätzlicher Verfahrensfehler, die sich aus der mangelnden Eignung ergeben könnten. **41**

1. Anfechtbarkeit. Die These[100] der gänzlichen Unanfechtbarkeit ist im Einklang mit der Rechtsprechung u. a. des OLG Hamburg und des OLG Stuttgart[101] zurückzuweisen. Der bisweilen hierfür herangezogene § 336 Satz 2 nimmt gerade nur die ausdrücklich unanfechtbar gestellte Vorentscheidung von der Revision aus.[102] Eine ausdrückliche Aussage des Gesetzgebers lässt sich auch nicht durch die Analogie zu den §§ 210 Abs. 1, 419 Abs. 2 Satz 2 konstruieren.[103] Dies gilt auch deshalb, weil die Bejahung der Eignung funktional nicht dem Eröffnungsbeschluss gleichzustellen ist; sie bezieht sich vielmehr auf die Eignung eines bestimmten Verfahrens und nicht auf die Freigabe einer Hauptverhandlung als solcher. Der Angeklagte muss das Recht haben, sich einer etwaigen rechtsmissbräuchlichen Bejahung der Geeignetheit durch die Amtsgerichte zu erwehren.[104] **42**

---

98 S. im Übrigen zur Durchbrechung der „Bestimmtheitslehre" m.w.N. BGHSt **60** 276, 290 ff., 297 f.

99 BayObLGSt **1997** 15, 17, offen gelassen in BayObLG NJW **1998** 2152, 2153; i.E. auch OLG Hamburg NJW **1966** 1278 mit abl. Anm. *Jerusalem*; *Eb. Schmidt* § 212a, 18; HK/*Zöller* § 419, 10; Meyer-Goßner/*Schmitt* § 419, 12; *Schlüchter*/*Fülber*/*Putzke* 113, die aber „auf der Ungeeignetheit" beruhende Fehler für rügbar halten. **A.A.** *Radtke* JR **2001** 136 ff. im Hinblick auf die von Amts wegen bestehende Pflicht zur Prüfung der Prozessvoraussetzungen.

100 So noch LR/*Gössel*[26] § 413, 41 ff insbesondere für die Berufung.

101 OLG Hamburg NStZ **1999** 266 f.; OLG Stuttgart NJW **1998** 3134 und **1999** 511 f.; ebenso m.w.N. SSW/*Rosenau* § 419, 18; KK/*Graf* § 419, 18; MüKo/*Putzke*/*Scheinfeld* § 419, 22: Vertretbarkeitsprüfung; wohl entsprechend schon AK/*Loos* § 419, 2: „nicht überprüfbarer Beurteilungsspielraum" des Tatrichters.

102 Dazu im hiesigen Kontext schon *Radtke* JR **2001** 138 f. und *Ranft* Jura **2003** 382, 390: schon keine unanfechtbare vorherige Entscheidung.

103 **A.A.** LR/*Gössel*[26] 45.

104 So i.E. auch OLG Hamburg NStZ **1999** 266 f.; OLG Stuttgart NJW **1998** 3134 und **1999** 511.

43 Zutreffend ist lediglich, dass die Eignung ein prognostisches Element etwa zur erforderlichen Verfahrenszeit oder des zu erwartenden Verteidigungsaufwandes enthält, das im Rahmen der Überprüfung zu beachten ist. Ebenso ist hinsichtlich der zu erwartenden Rechtsfolgen zu respektieren, dass die Strafzumessung weithin Sache des Tatrichters als gesetzlichem Richter ist; nicht jede abweichend vertretbare Einschätzung der Straferwartung kann hier zu einem Fehlervorwurf führen. In Betracht kommt insgesamt lediglich eine **Vertretbarkeitskontrolle.**[105] Nicht hingegen darf das Revisionsgericht etwa die Eignung verneinen, weil es selbst – ohne Rechtsfehler in der Strafzumessung geltend machen zu können – zu einer den Strafbann des § 419 Abs. 1 Satz 2 übertretenden Strafe gelangt wäre.

44 **2. Verfahrenshindernis.** Fraglich ist sodann, ob eine unvertretbare Annahme der Eignung zu einem Verfahrenshindernis[106] führt oder (lediglich) einen Verfahrensfehler beinhaltet, der mit der Verfahrensrüge geltend zu machen ist.[107] In letzterem Fall wäre überdies die Frage zu stellen, ob die mit der Eröffnung des beschleunigten Verfahrens grundsätzlich eröffnete Außerachtlassung normalerweise geltender Regelungen etwa bei gestellten Beweisanträgen tatsächlich zu einer Gesetzesverletzung geführt hat, auf der das Urteil beruht.[108] Entscheidend wäre danach lediglich, ob die Ungeeignetheit zu prozessualen Verstößen in der Hauptverhandlung geführt hat, etwa zu einer Verletzung der Aufklärungspflicht oder zu Beschlüssen, die die Verteidigung im Sinne von § 338 Nr. 8 unzulässig beeinträchtigen würden.[109]

45 Vorzugswürdig ist aber schon die Annahme eines Verfahrenshindernisses, weil es sich bei der Eignung um die fundamentale Prämisse des gesamten Verfahrenstyps und nicht nur um einen denkbaren Verfahrensfehler innerhalb des grundsätzlich statthaften Prozesses handelt (siehe schon Rn. 36 ff.). Eine Strafsache, die sich nicht für ein abgekürztes Verfahren eignet, darf einem solchen Verfahren von vornherein nicht unterworfen werden. Es ist dem Angeklagten insoweit nicht zuzumuten, die ihm aufgezwungene (siehe aber Vor § 417, 22 f.) Verfahrensform im Einzelnen unter den zum Teil übersteigerten Anforderungen an die Verfahrensrüge aufzuarbeiten, wenn schon Staatsanwaltschaft und Gericht eine **per se unvertretbare Verfahrensform** gewählt haben. Hierfür spricht auch die – im Ergebnis für die Begründung eines Verfahrensmangels aber subsidiäre – Überlegung, dass das Gericht mit seiner § 419 Abs. 3 widersprechenden Verfahrensweise einen ansonsten notwendigen Eröffnungsbeschluss umgangen habe, der zu den Prozessvoraussetzungen zähle.[110] Unstreitig besteht ein Verfahrenshindernis dann, wenn das Amtsgericht **nach Ablehnung des Antrags** nach § 417 bis zur Urteilsverkündung prozediert, **ohne** zuvor einen **Eröffnungsbeschluss** zu erlassen,[111] weshalb *in diesem Fall* in der Rechtsmittelinstanz das Verfahren *einzustellen* wäre (§§ 206a; 260 Abs. 3).

---

105 MüKo/*Putzke/Scheinfeld* § 419, 22; KK/*Graf* § 419, 18.

106 So schon *Ranft* NStZ **2004** 424, 428, 431; *Radtke* JR **2001** 136 ff.; *Jerusalem* NJW **1966** 1281.

107 So etwa BayObLG StV **2000** 403 und i.E. BayObLG NStZ **2005** 403, 404 f. mit Anm. *Metzger*; KK/*Graf* 18a; SSW/*Rosenau* § 419, 19; zur Übertretung des Strafbanns so wohl auch *Treier* NStZ **1983** 234; vom OLG Stuttgart NJW **1998** 3134, 3135 zunächst noch offengelassen; i.E. auch für den Fall der Anfechtbarkeit LR/*Gössel*[26] 46.

108 Dazu näher (die Revisibilität der Eignung selbst aber ganz abl.) LR/*Gössel*[26] 46.

109 S. abermals (die Revisibilität der Eignung selbst aber ganz abl.) LR/*Gössel*[26] 46.

110 S. auch für ein Verfahrenshindernis des fehlenden Eröffnungsbeschlusses OLG Düsseldorf NStZ **1997** 613, 614 sowie OLGSt § 417 Nr. 3; abl. zu gerade diesem Lösungsansatz OLG Hamburg NStZ **1999** 266; OLG Stuttgart NJW **1999** 511, 512; OLG Düsseldorf NJW **2003** 1470, 1471; ferner LR/*Gössel*[26] 42 f.: vorherige Antragsablehnung sei Voraussetzung des Eröffnungsbeschlusses.

111 BayObLG NStZ **2005** 403, 404 f. mit zust. Anm. *Metzger*.

3. Folgen für einzelne Rechtsmittel. Zu den resultierenden Folgen für die Revision und die Berufung siehe § 419, 10 ff. und 44. 46

§ 418
Durchführung der Hauptverhandlung

(1) [1]Stellt die Staatsanwaltschaft den Antrag, so wird die Hauptverhandlung sofort oder in kurzer Frist durchgeführt, ohne daß es einer Entscheidung über die Eröffnung des Hauptverfahrens bedarf. [2]Zwischen dem Eingang des Antrags bei Gericht und dem Beginn der Hauptverhandlung sollen nicht mehr als sechs Wochen liegen.

(2) [1]Der Beschuldigte wird nur dann geladen, wenn er sich nicht freiwillig zur Hauptverhandlung stellt oder nicht dem Gericht vorgeführt wird. [2]Mit der Ladung wird ihm mitgeteilt, was ihm zur Last gelegt wird. [3]Die Ladungsfrist beträgt vierundzwanzig Stunden.

(3) [1]Der Einreichung einer Anklageschrift bedarf es nicht. [2]Wird eine solche nicht eingereicht, so wird die Anklage bei Beginn der Hauptverhandlung mündlich erhoben und ihr wesentlicher Inhalt in das Sitzungsprotokoll aufgenommen. [3]§ 408a gilt entsprechend.

(4) Ist eine Freiheitsstrafe von mindestens sechs Monaten zu erwarten, so wird dem Beschuldigten, der noch keinen Verteidiger hat, für das beschleunigte Verfahren vor dem Amtsgericht ein Verteidiger bestellt.

Schrifttum

Ernst Die notwendige Verteidigung im beschleunigten Verfahren vor dem Amtsgericht, StV **2001** 367; *Tiemer* Die Verteidigerbestellung im Strafbefehls- und im beschleunigten Verfahren gemäß § 408b, 418 Abs. 4 StPO (1998); vgl. ferner die Nachweise Vor § 417 und zu § 417.

Entstehungsgeschichte

Die Vorschrift wurde als § 29 des Art. III ZustVO geschaffen (vgl. Entstehungsgeschichte Vor § 417) und im Wesentlichen unverändert als § 212a durch Art. 3 I Nr. 95 des VereinhG in die Strafprozessordnung übernommen. Mit der Einordnung des beschleunigten Verfahrens in die besonderen Verfahrensarten des Sechsten Buches der Strafprozessordnung durch das VerbrBekG (vgl. auch hier Entstehungsgeschichte Vor § 417) wurde § 212a a. F. in § 418 neu gefasst und insbesondere hinsichtlich der Frist für die Durchführung der Hauptverhandlung in Abs. 1 verändert. Die Absätze 2 und 3 des § 212a a. F. blieben inhaltlich unverändert, jedoch wurde der bisherige Absatz 3 des § 212a in § 418 als Absatz 2 übernommen und entsprechend der bisherige Absatz 2 als § 418 Abs. 3 geändert. Angefügt wurde ein neuer Absatz 4, in dem die Bestellung eines Pflichtverteidigers für den Fall vorgeschrieben ist, dass eine Freiheitsstrafe von mindestens sechs Monaten zu erwarten ist. Das 1. JuMoG brachte zwei Änderungen: Einmal wurde Absatz 1 ein Satz 2 über die Frist zur Durchführung der Hauptverhandlung angefügt, zum anderen sieht der Absatz 3 angefügte Satz 3 vor, dass „auch im beschleunigten Verfahren der Übergang ins Strafbefehlsverfahren" möglich[1] ist. Die gesetzliche Überschrift „Durchführung der Hauptverhandlung" wurde mit

1 BT-Drucks. **15** 1508 13, 27 f.

https://doi.org/10.1515/9783110765540-017

Wirkung vom 25.7.2015 eingeführt durch Art. 1 Nr. 13 Gesetz zur Stärkung des Rechts des Angeklagten auf Vertretung in der Berufungsverhandlung und über die Anerkennung von Abwesenheitsentscheidungen in der Rechtshilfe vom 17.7.2015.[2]

Übersicht

2 BGBl. 2015 I S. 1332, 1344.

Alphabetische Übersicht

A. Aufbau und Bedeutung

I. Allgemeines

1. Inhalt und Aufbau der Vorschrift. § 418 schreibt – unter dem Vorbehalt der gerichtlichen (Eignungs-)Prüfung (§ 419) – zahlreiche der Elemente vor, welche den Verfahrensablauf im Vergleich zum Normalverfahren beschleunigen. Absatz 1 Satz 1, erster Halbsatz, steht in Zusammenhang mit Absatz 2 Satz 1 und 3 und durchbricht die für das Normalverfahren geltende Regelung des § 217 Abs. 1. Er bestimmt i. V. m. Absatz 1 Satz 2, mit welcher **Frist** die Hauptverhandlung durchzuführen ist. Absatz 1 Satz 1 ordnet in seinem zweiten Halbsatz an, dass kein **Eröffnungsbeschluss** ergeht. Wegen des Fehlens des Eröffnungsbeschlusses und möglicherweise auch der schriftlichen Anklage[3] be- 1

3 S. dazu aber Vor § 417, 53 ff.

stimmt Absatz 2 Satz 2, dass dem zur Hauptverhandlung zu ladenden Beschuldigten der **Anklagevorwurf mitzuteilen** ist. Damit wird in diesen Fällen ein Minimum an Gewährung rechtlichen Gehörs und effektiver Verteidigung vorgeschrieben. Absatz 3 regelt die Erhebung der **Anklage**; er verzichtet namentlich auf die schriftliche Anklageerhebung. Absatz 4 normiert einen Spezialfall notwendiger Verteidigung, der Bedenken hinsichtlich der Rechtsstaatlichkeit des beschleunigten Verfahrens eindämmen soll.

2 **2. Anhängigkeit und Rechtshängigkeit.** Die Bestimmung des Zeitpunkts der Rechtshängigkeit mit den sich daran knüpfenden Konsequenzen bereitet wegen des Fehlens eines Eröffnungsbeschlusses und wegen der unterschiedlichen zeitlichen Möglichkeiten der Anklageerhebung im beschleunigten Verfahren Schwierigkeiten und wird kontrovers[4] diskutiert. Es erscheint sachgerecht, **Rechts*an*hängigkeit** anzunehmen, sobald das Gericht mit der Sache befasst wird, in der Regel also mit Anklageerhebung, im beschleunigten Verfahren auch mit dem Eingang des Antrags der Staatsanwaltschaft nach § 417 Abs. 1.[5] Die **Rechtshängigkeit** tritt auflösend bedingt durch eine Entscheidung nach § 419 Abs. 2 Satz 1 mit dem **Beginn** der **Urteilsverkündung** ein und damit mit dem letztmöglichen Zeitpunkt, zu dem die Staatsanwaltschaft ihren Antrag auf Entscheidung im beschleunigten Verfahren zurücknehmen kann.[6]

3 **3. Der dem Erlass eines Eröffnungsbeschlusses entsprechende Zeitpunkt.** Obwohl die **Rechtsanhängigkeit** *kein Prozesshindernis* darstellt, sind mit ihr doch gewisse Wirkungen verbunden,[7] zu denen indessen **nicht** diejenigen gehören, die vom **Erlass** eines **Eröffnungsbeschlusses** abhängig sind. So obliegt dem Gericht im Normalverfahren im Zeitraum zwischen Anhängigkeit und dem Erlass dieses Beschlusses insbesondere noch die Prüfung, ob es in der bei ihm anhängigen Sache die Anklage zur Hauptverhandlung zulassen (vgl. § 207 Abs. 1), also eine Hauptverhandlung durchführen will. Im beschleunigten Verfahren dürfte hier allein der Zeitpunkt der **Terminsbestimmung** in Betracht kommen: Erst darin kommt der anhand § 419 zu beurteilende Wille des Gerichts zum Ausdruck, eine Hauptverhandlung durchzuführen.

4 Dies gilt insbesondere hinsichtlich der Prüfung der **örtlichen Zuständigkeit:** Diese ist nach § 16 Satz 1 ausdrücklich über den Zeitpunkt der Anhängigkeit hinaus bis zum Erlass des über die Durchführung einer Hauptverhandlung entscheidenden Eröffnungsbeschlusses zu prüfen: Im beschleunigten Verfahren endet diese Prüfungspflicht deshalb erst mit der Terminsbestimmung (o. Rn. 3). Folglich kann auch der Beschuldigte erst von diesem Zeitpunkt an als Angeklagter bezeichnet werden, auf dessen Einwand die Überprüfung der örtlichen Zuständigkeit nach § 16 Satz 3 noch bis zum Beginn seiner Vernehmung zur Sache möglich ist.

II. Wegfall des Eröffnungsbeschlusses

5 **1. Unanwendbarkeit der §§ 201 ff.** Aus der Regelung in Absatz 1, dass es einer Entscheidung über die Eröffnung des Hauptverfahrens nicht bedarf, ergibt sich, dass im beschleunigten Verfahren weder ein positiver noch ein negativer Eröffnungsbeschluss nach den §§ 203, 204, 207 ergeht und die §§ 207 bis 211 unanwendbar sind. Das bedeutet

4 Nachweise bei *Zimmermann* 124 ff.; s. ferner § 417, 19 ff.
5 Vgl. dazu § 417, 20.
6 § 417, 21.
7 Vor § 407, 37.

zugleich, dass außerhalb der Hauptverhandlung eine Umgestaltung der Strafklage (s. LR/*Stuckenberg* § 206, 4 ff.) nicht vorgenommen werden kann. Nach allgemeiner und zutreffender Auffassung ergibt sich aus dem Wegfall des formellen Zwischenverfahrens weiter, dass die §§ 201, 202 nicht anwendbar sind[8] und eine vorläufige Einstellung des beschleunigten Verfahrens nach § 205 mangels Eignung der Sache zur sofortigen Verhandlung nicht in Betracht kommt. Trotz der Prüfungspflicht des Gerichts hinsichtlich der Prozessvoraussetzungen ist aber auch § 206a deshalb unanwendbar, weil bei Vorliegen eines Prozesshindernisses der Antrag auf Entscheidung im beschleunigten Verfahren nach § 419 Abs. 2 abzulehnen ist.[9] Hierdurch gewinnt die Staatsanwaltschaft die Verfahrensherrschaft zurück.[10] Sie kann das Verfahren entweder selbst nach § 170 Abs. 2 einstellen oder aber Anklage im Normalverfahren erheben, falls sie das vom Amtsgericht angenommene Verfahrenshindernis verneinen sollte. Entsprechendes gilt im Fall des § 206b.

2. Prüfungspflichten des Gerichts. Obschon im beschleunigten Verfahren kein Zwischenverfahren durchgeführt wird, so hat das Gericht doch gleichwohl zu prüfen, ob es **zulässig** ist, gegen den Beschuldigten eine **Hauptverhandlung durchzuführen.** 6

a) Prozessvoraussetzungen; gerichtliche Zuständigkeit. Wie in jeder Verfahrensart hat das Gericht, soweit dazu Anlass besteht, **auch** im beschleunigten Verfahren in **jeder Verfahrenslage** und damit vom Eingang des Antrags der Staatsanwaltschaft an festzustellen, ob die allgemeinen Prozessvoraussetzungen vorliegen (allg.M.). Dies gilt insbesondere für die **gerichtliche Zuständigkeit in allen ihren Arten** unabhängig davon, ob sie zu den Prozessvoraussetzungen gerechnet werden. Die Zuständigkeit ist wie im Normalverfahren grundsätzlich **von Amts wegen** zu prüfen; Zuständigkeitsmängel stehen der Durchführung des beschleunigten Verfahrens entgegen. Aus den Besonderheiten des beschleunigten Verfahrens ergeben sich gegenüber den für das Normalverfahren geltenden Regeln für die Lösung von Zuständigkeitskonflikten jedoch einige Besonderheiten: 7

aa) Örtliche Zuständigkeit. Bei der örtlichen Zuständigkeit endet die Pflicht zur Prüfung von Amts wegen mit der Terminsbestimmung (o. Rn. 3 f.); das Rügerecht des Angeklagten (§ 16 Satz 3) endet mit dem Beginn seiner Vernehmung zur Sache (o. Rn. 4). Eine Übertragung nach § 12 Abs. 2 kommt im beschleunigten Verfahren nicht in Betracht, da bei Streit über die örtliche Zuständigkeit die Möglichkeit der sofortigen Aburteilung nicht mehr gegeben und daher nach § 419 Abs. 2 Satz 1 zu verfahren ist.[11] Hält sich das angegangene Gericht, solange seine Prüfungsbefugnis noch besteht, für örtlich unzuständig, so hat es sich nicht etwa, wie im Normalverfahren, für unzuständig zu erklären (§ 204), sondern die Aburteilung im beschleunigten Verfahren abzulehnen.[12] 8

bb) Sachliche Zuständigkeit. Hält der Strafrichter oder der Vorsitzende des Schöffengerichts die sachliche Zuständigkeit der Strafkammer oder des Oberlandesgerichts für gegeben, so ist nicht etwa § 209 Abs. 2 anzuwenden, sondern das beschleunigte Verfahren mangels Eignung abzulehnen (allg.M.). 9

---

8 S. schon *Zimmermann* 106 ff., 116 f.
9 Vgl. § 419, 22.
10 § 417, 21.
11 S. schon mit weiteren Gründen abl. BGHSt **15** 314, 315 f.; *Eb. Schmidt* Nachtr. I § 212, 13.
12 Meyer-Goßner/*Schmitt* 2; SK/*Paeffgen* 6 m.w.N.; AK/*Loos* 4; **a.A.** *Eb. Schmidt* 2.

10 Bei sachlichen **Zuständigkeitskonflikten innerhalb des Amtsgerichts**, wenn also der Strafrichter die Zuständigkeit des Schöffengerichts für gegeben hält oder umgekehrt, wird man jedenfalls seit der Neufassung des § 408 durch das StVÄG 1979 angesichts der erkennbar lückenhaften Regelung des beschleunigten Verfahrens eine **analoge** Anwendung des § 209 und des § 408 Abs. 1 für zulässig halten müssen.[13] Danach kann der Vorsitzende des Schöffengerichts die Sache mit insoweit bindender Wirkung an den Strafrichter zur Entscheidung über den Antrag auf Aburteilung im beschleunigten Verfahren abgeben, der Strafrichter die Sache dem Vorsitzenden des Schöffengerichts vorlegen. Jedoch ist dieses Verfahren **nur möglich**, wenn dadurch die **Möglichkeit der sofortigen Aburteilung nicht beeinträchtigt** wird, in der Regel daher nur dann, wenn die Staatsanwaltschaft den Antrag nach § 417 frühzeitig stellt und der Beschuldigte geladen werden soll. Bei Vorführung des Beschuldigten oder freiwilliger Gestellung wird das durch die Abgabe notwendig werdende Zwischenverfahren meist (Ausnahmen sind denkbar) die Möglichkeit der sofortigen Aburteilung und damit die Eignung ausschließen.

11 **cc) Geschäftsplanmäßige Zuständigkeit.** Die geschäftsplanmäßige Zuständigkeit ist auch im beschleunigten Verfahren zu beachten. Der Beschuldigte darf seinem gesetzlichen Richter (Art. 101 Abs. 1 Satz 2 GG) nicht entzogen werden. Dem wird beim beschleunigten Verfahren mit rechtzeitigem schriftlichem Antrag der Staatsanwaltschaft im Regelfall durch formlose Abgabe innerhalb des Gerichts Rechnung getragen werden können. Erfolgt dagegen eine Vorführung vor den geschäftsplanmäßig unzuständigen Richter und ist der zuständige Richter nicht verhandlungsbereit, so muss die Aburteilung im beschleunigten Verfahren, wenn die Staatsanwaltschaft ihren Antrag nicht zurücknimmt, mangels Eignung abgelehnt werden, weil vor dem angerufenen Richter eine sofortige Aburteilung nicht möglich ist.[14]

12 **b) Tatverdacht.** Zur alten Rechtslage vor dem VerbrBekG wurde der Vorschrift über den Wegfall des Eröffnungsbeschlusses in § 212b Abs. 1 a. F. teilweise die Aussage entnommen, dass dem Richter (abgesehen von der Prüfung der Prozessvoraussetzungen) außerhalb der Hauptverhandlung keine Befugnis zur Prüfung des hinreichenden Tatverdachts zustehe.[15] Teilweise wurde er zur Prüfung für verpflichtet[16] oder mindestens für berechtigt[17] angesehen. Auch im Lichte verfassungsrechtlicher Überlegungen ist eine richterliche Prüfungspflicht hinsichtlich des **hinreichenden Tatverdachts** klar zu **bejahen**,[18] zumal ein fehlender hinreichender Tatverdacht zur Ablehnung des beschleunigten Verfahrens nach § 419 Abs. 2 führt.[19]

13 **aa) Prüfungspflicht.** Der **Wortlaut** des § 418 Abs. 1 steht der Annahme einer richterlichen Prüfungspflicht **nicht** etwa **entgegen**: Dieser geht nicht dahin, dass die §§ 199

---

13 SK/*Paeffgen* 7; *Roestel* NJW **1966** 1952; *Jostes* 191 f.; *Zimmermann* 73 ff.; **a.A.** KK/*Graf* 3; Meyer-Goßner/*Schmitt* 3; für die jetzige Rechtslage auch *Ernst* Handhabung Bochum 57 f.; differenzierend AK/*Loos* 5 ff.

14 Diese Schwierigkeiten können dadurch vermieden werden, dass im Geschäftsverteilungsplan dem für Vorführungen nach § 128 zuständigen Richter auch die Zuständigkeit zur Aburteilung nach § 417 übertragen wird, wie es vielfach geschieht.

15 OLG Oldenburg GA **1961** 187; *Dünnebier* GA **1959** 275; LR/*Kohlhaas*[22] 1; *Eb. Schmidt* 5; *Schulz* DAR **1957** 95.

16 LG Berlin DAR **1957** 190; LR/*Rieß*[24] § 212a, 9; *Gössel* § 14 A II; *Lüttger* GA **1957** 207; *Werner* DRZ **1947** 147.

17 *Zimmermann* 102.

18 So z.B. auch *Ernst* Handhabung Bochum 95.

19 § 419, 22 f.

bis 211 nicht anzuwenden seien, sondern bestimmt nur, dass eine Entscheidung über die Eröffnung des Hauptverfahrens nicht stattfindet, und schließt damit die materielle Prüfung des Tatverdachts nicht aus.[20] Eine Pflicht zur Prüfung entspricht auch der Grundstruktur des deutschen Strafverfahrens: Eine Hauptverhandlung soll nur nach vorheriger richterlicher Verdachtsprüfung stattfinden. Die gegenteilige Auffassung führte dazu, dass gerade im Bereich der Kleinkriminalität nicht hinreichend verdächtige Personen in eine Hauptverhandlung gezogen werden könnten, ein weder rechtsstaatlich noch prozessökonomisch sinnvolles Ergebnis. Dieses Ergebnis würde auch mit der Behandlung des Antrags beim Fehlen von Prozessvoraussetzungen (o. Rn. 5) im Widerspruch stehen. Ihr Vorliegen setzt der hinreichende Tatverdacht voraus (s. nur LR/*Stuckenberg* § 203, 18).

Vor allem aber geht es nicht an, den Richter nur für berechtigt, nicht aber für verpflichtet zu halten, den Tatverdacht zu prüfen. Denn diesem Recht muss notwendigerweise gegenüber dem Beschuldigten die **Pflicht entsprechen,** ihn **vor der Verstrickung** in eine **unberechtigte Hauptverhandlung** zu bewahren und das Verfahren auf die schonendste und ökonomischste Weise zu beenden. Wie bereits Vor § 417, 5 ausgeführt wurde, verstieße es gegen das Recht auf eine Verhandlung in angemessener Frist und zudem gegen das Verhältnismäßigkeitsprinzip, eine Hauptverhandlung gegen einen Beschuldigten durchzuführen, gegen den kein hinreichender Tatverdacht bestünde.[21] **14**

bb) Entscheidungsgrundlage. Entscheidungsgrundlage für die Tatverdachtsprüfung ist **allein** der **Akteninhalt**, da der Beschuldigte zur Erklärung über die Anklageschrift nicht aufgefordert wird und ergänzende Beweisaufnahmen nach § 202 nicht stattfinden können. Werden die Akten mit einem schriftlichen Antrag auf Aburteilung im beschleunigten Verfahren zur Terminierung und Ladung des Beschuldigten dem Gericht zugeleitet, so ist auf Grund des Akteninhalts der Tatverdacht in ähnlicher Weise wie im Normalverfahren zu prüfen. Aber auch, wenn man es im Gegensatz zur hier vertretenen Auffassung[22] für zulässig halten wollte, das beschleunigte Verfahren unter Vorführung oder freiwilliger Gestellung des Beschuldigten ohne **vorherige richterliche Terminsbestimmung** durchzuführen und den Antrag vor dem verhandlungsbereiten Richter mündlich zu stellen, sind spätestens zu diesem Zeitpunkt die vorhandenen Akten dem Gericht zur Prüfung des Tatverdachts vorzulegen (§ 199 Abs. 2 Satz 2). Insbesondere in dem Vor § 417, 48 ff., 57 ff. vorgestellten dritten Hauptmodell des beschleunigten Verfahrens erscheint es indessen als durchaus fragwürdig, ob sich der Richter dem nunmehr bestehenden psychologischen Druck zur Durchführung des beschleunigten Verfahrens entziehen und den Tatverdacht und die Geeignetheit zur sofortigen Verhandlung in ausreichendem Maße prüfen kann. **15**

c) Geeignetheit zur sofortigen Verhandlung. Als verfahrensspezifische Prozessvoraussetzung[23] unterliegt der **Prüfungspflicht** des Gerichts auch die Eignung der Sache zur Entscheidung im beschleunigten Verfahren.[24] **16**

---

20 *Zimmermann* 96.

21 S. vertiefend zur notwendigen Rechtfertigung der insbesondere öffentlichen Verfahrensfortführung m.w.N. *Gaede* ZStW **129** (2017) 911 ff., 933 ff.; auch unter Berufung auf die Menschenwürde (bzw. das allgemeine Persönlichkeitsrecht) LR/*Gössel*[26] 14.

22 Vor § 417, 54, 55, 56.

23 § 417, 36 ff. und § 419, 6 ff.

24 Einschließlich der Möglichkeit zur kurzfristigen Durchführung der Hauptverhandlung, näher zur Eignung s. § 417, 25 ff.

B. Die Hauptverhandlung

I. Anberaumung

17 **1. Zuständigkeit.** Auch im beschleunigten Verfahren ist die für alle Verfahrensarten geltende Vorschrift des § 213 (s. dazu Vor § 417, 54) zu beachten, der zufolge allein der **Vorsitzende**, hier also der Strafrichter oder der Vorsitzende des Schöffengerichts, den Termin zur Hauptverhandlung festsetzt.[25]

18 **2. Frist.** In krassem Gegensatz zum Sprachgebrauch **soll** nach dem Willen des Gesetzgebers für den in § 418 Abs. 1 Satz 1 zur Durchführung der Hauptverhandlung vorgesehenen Zeitraum („sofort oder in kurzer Frist") gem. Satz 2 eine Frist von sechs Wochen ab Eingang des Antrags nach § 417 gelten. Sie soll überdies infolge des Sollcharakters dieser Vorschrift überschritten werden können, aber wohl nicht über eine insgesamt entstehende Zeitspanne von acht Wochen hinaus (§ 417, 32).[26] Eine evidente Überdehnung der Frist kann zu einem Verfahrenshindernis bzw. einem gebotenen Abbruch des beschleunigten Verfahrens führen.[27] Die fehlende Geeignetheit in zeitlicher Hinsicht kann zudem **mittelbar** zu revisiblen Verfahrensverstößen führen (§ 419, 44).[28]

3. Die fristbegrenzenden Ereignisse

19 **a) Fristbeginn.** Als **fristauslösendes** Ereignis bestimmt das Gesetz den **Eingang** des Antrags bei Gericht (§ 418 Abs. 1 Satz 2). Damit ist allerdings eine **mündliche** Antragstellung *erst in der Hauptverhandlung* nicht mehr zu vereinbaren: § 418 Abs. 1 sieht eine der Antragstellung nachfolgende Hauptverhandlung vor und diese vom Gesetz normierte zeitliche Abfolge würde durch eine Antragstellung erst in der Hauptverhandlung in ihr Gegenteil verkehrt. Immerhin diskutabel wäre eine mündliche Antragstellung kurz vor Beginn der Hauptverhandlung, verbunden mit einem entsprechenden richterlichen Vermerk in den Akten. Dieser sehr formalen Verfahrensweise dürften indes ebenfalls Bedenken unter dem Gesichtspunkt einer ausreichenden Wahrnehmung der richterlichen Prüfungspflicht entgegenstehen.[29]

20 **b) Fristende.** Das **Fristende** markiert die Durchführung der Hauptverhandlung. Anders als bei der in § 417 normierten Antragsvoraussetzung kommt es hier nicht mehr auf die *Eignung* der Sache zur sofortigen Verhandlung an, sondern auf die tatsächliche *Durchführung* der Hauptverhandlung. Weil die Eignung als besondere Prozessvoraussetzung[30] des beschleunigten Verfahrens bis zur Urteilsverkündung zu berücksichtigen ist (§ 419 Abs. 2 Satz 1), kann unter *Durchführung* nur die gesamte Hauptverhandlung bis zur Urteilsverkündung verstanden werden, so dass die hier als Achtwochenfrist verstandene „kurze Frist" des § 418 Abs. 1 (o. Rn. 18) die Gesamtdauer des erstinstanzlichen

---

25 Zu grundsätzlichen Bedenken gegen die Terminsbestimmung ohne Vorliegen der Anklage oder des Antrags nach § 417 s. Vor § 417, 54 ff., 60.

26 MüKo/*Putzke/Scheinfeld* 9: geringfügige Überschreitungen unproblematisch.

27 **A.A.** LR/*Gössel*[26] 18: keinerlei Überprüfung zulässig; für fehlende Auswirkungen auf das Berufungsverfahren MüKo/*Putzke/Scheinfeld* § 419, 23.

28 Vgl. auch MüKo/*Putzke/Scheinfeld* 24: Darlegung, dass Fristverstoß das Urteil negativ beeinflusst haben kann.

29 Vgl. Vor § 417, 60.

30 § 417, 36.

Verfahrens einschließlich einer etwa notwendig werdenden Aussetzung oder Unterbrechung bis zur Urteilsverkündung bestimmt.[31]

II. Ladungen

1. Übersicht. Wie schon § 213 (o. Rn. 17), so gelten die übrigen Vorschriften des Fünften Abschnitts des Zweiten Buches über die Vorbereitung der Hauptverhandlung grundsätzlich auch für das beschleunigte Verfahren. **Ausnahmslos** gilt etwa die ausschließliche **Zuständigkeit allein** des **Vorsitzenden** nach § 214 Abs. 1 zur Anordnung aller notwendigen Ladungen, deren Ausführung von der Geschäftsstelle besorgt wird. Ebenso ausnahmslos gelten die §§ 214 ff. für die Ladung etwaiger persönlicher Beweismittel. Folglich sind weder Polizei noch Staatsanwaltschaft berechtigt, den **Beschuldigten zu laden** (vgl. Vor § 417, 60). Sie können den vom Vorsitzenden festgesetzten Termin allenfalls formlos in den Fällen mitteilen, in denen der Beschuldigte entweder vorgeführt wird oder sich freiwillig stellt.[32] 21

2. Ladung des Beschuldigten. Besonderheiten gelten für die Ladung des **Beschuldigten** und seines **Verteidigers.** Diese sind immer erforderlich, wenn kein Fall der Vorführung oder freiwilligen Gestellung vorliegt, was Absatz 2 Satz 1 mit der Regelung von Ausnahmefällen unangemessen beiläufig zum Ausdruck bringt.[33] Für die Ladung gelten die §§ 214, 216 bis 218 mit der einzigen Abweichung, dass die **Ladungsfrist**, auch für den Verteidiger, nach § 418 Abs. 2 Satz 3 **grundsätzlich auf 24 Stunden verkürzt** ist. Auch auf die Einhaltung der verkürzten Ladungsfrist kann verzichtet werden. Ihre Nichteinhaltung eröffnet dem Beschuldigten das Recht auf Aussetzung der Verhandlung, wobei ein Aussetzungsantrag, soweit die Achtwochenfrist für die Durchführung der Hauptverhandlung gewahrt wird (o. Rn. 18), die Eignung zur Aburteilung im beschleunigten Verfahren nicht notwendig beseitigt.[34] 22

a) Ladungsfrist. Die Ladungsfrist von 24 Stunden ist gewahrt, wenn zwischen der Stunde der Zustellung und der des Hauptverhandlungsbeginns 24 Zeitstunden liegen.[35] Im Hinblick auf Art. 6 Abs. 3 lit. b **EMRK**, der als innerstaatlich geltendes Recht auch bei der Anwendung des Absatzes 2 Satz 3 zu beachten ist und auch die Verfassungsauslegung inspiriert, wird diese Frist aber, wenn nicht besondere Umstände wie ein aufgeklärter Verzicht des Beschuldigten vorliegen, regelmäßig nicht mehr als ausreichend anzusehen sein.[36] Die **Ladungsfrist** ist deshalb nicht selten **gem. Art. 6 Abs. 3 lit. b EMRK** 23

---

31 Vgl. dazu auch OLG Karlsruhe NJW **1999** 3061 f.

32 § 418 Abs. 2 Satz 1, s. dazu u. Rn. 26 ff.

33 Um einen Fall der freiwilligen Gestellung handelt es sich auch, wenn dem Beschuldigten statt einer Ladung die richterliche Terminsanberaumung formlos mitgeteilt wird (Näheres zur freiwilligen Gestellung s. u. Rn. 28).

34 Dazu OLG Karlsruhe NJW **1999** 3061 f.

35 LR/*Graalmann-Scheerer* § 42, 6; allg.M. Dies folgt daraus, dass der Wortlaut von der sonstigen Terminologie der StPO abweicht, die nach Tagen und Wochen rechnet.

36 Wie hier SK/*Paeffgen* 14; HK/*Zöller* 6; vgl. auch HK-GS/*Weiler* 6: oft zu kurz; nach KMR/*Metzger* 22 nur *Gefährdung* der Wahrheitsfindung und einer ausreichenden Verteidigungsvorbereitung; **a.A.** KK/*Graf* 7, der mit der amtl. Begr. (BT-Drucks. **12** 6853 S. 36) eine Beeinträchtigung der Verteidigungsmöglichkeiten nur in Einzelfällen für möglich und die 24-Stundenfrist grundsätzlich für ausreichend hält, falls der Richter nicht entweder eine längere Ladungsfrist zugestehen (so auch und nur AK/*Loos* 11) oder das beschleunigte Verfahren als ungeeignet ablehnen will.

zu verlängern oder aber die Entscheidung im beschleunigten Verfahren abzulehnen.[37] I. d. R. erscheint eine Ladungsfrist von mindestens drei Tagen als das Minimum dessen, was mit dem Anspruch auf „ausreichend Zeit und Gelegenheit zur Vorbereitung seiner Verteidigung" noch zu vereinbaren ist.[38] Nur unter Einhaltung der rechtsstaatlich gebotenen ausreichenden Vorbereitungszeit für die Verteidigung erscheint es zulässig, die verkürzte Ladungsfrist auch für den Verteidiger gelten zu lassen. Im Übrigen ist auf die gebotene Begrenzung des Anwendungsbereichs der §§ 417 ff. zu verweisen.[39] Ersatzzustellung der Ladung ist zulässig.[40]

24 Beim **Ausbleiben** des ordnungsgemäß geladenen **Beschuldigten** kann gem. § 230 Abs. 2 die Vorführung angeordnet werden. Auch die Durchführung der Hauptverhandlung ohne den Angeklagten nach § 232 Abs. 1 ist zulässig, wenn die übrigen Voraussetzungen dieser Vorschrift vorliegen. Bei einer sehr kurzen Ladungsfrist wird indes die Voraussetzung, dass der Beschuldigte unentschuldigt nicht erscheint, für das Gericht nicht ausreichend sicher[41] festzustellen sein. Kann der Beschuldigte weder vorgeführt noch ohne ihn verhandelt werden, so ist es eine Frage des Einzelfalls, ob ein neuer Hauptverhandlungstermin im beschleunigten Verfahren bestimmt werden darf oder nach § 419 Abs. 2 Satz 1 zu verfahren ist.[42] Ein Haftbefehl nach § 230 Abs. 2 darf allenfalls so lange ergehen, wie eine alsbaldige Aburteilung möglich bleibt. Da dies bei Ausbleiben des Beschuldigten, wenn eine Vorführungsanordnung nicht ausreicht, regelmäßig nicht sicher vorauszusehen sein wird, kommt ein solcher Haftbefehl im beschleunigten Verfahren praktisch nicht[43] in Betracht.

25 **b) Mitteilung des Tatvorwurfs.** Die Mitteilung des Tatvorwurfs (Absatz 2 Satz 2) ist, weil im beschleunigten Verfahren § 201 nicht gilt, mit der Ladung vorgeschrieben. Am besten geschieht dies dadurch, dass die Staatsanwaltschaft mit dem Antrag auf Aburteilung im beschleunigten Verfahren eine Anklageschrift einreicht oder, sofern man eine richterliche Terminsbestimmung ohne Kenntnis der Anklage entgegen der hier vertretenen Auffassung[44] für zulässig hält, dass dem Antrag eine Tatbeschreibung in Form eines Anklagesatzes beigegeben wird und Anklageschrift oder Tatbeschreibung mit der Ladung dem Beschuldigten mitgeteilt[45] wird. Auf jeden Fall muss der Beschuldigte aus der Mitteilung entsprechend den Anforderungen des § 200 Abs. 1 Satz 1 die ihm **zur Last gelegte Tat, Zeit und Ort der Begehung, die gesetzlichen Merkmale der Straftat und die anzuwendenden Strafvorschriften** entnehmen können.[46] Die Angabe der Beweismittel ist zwar nicht vorgeschrieben, aber zur Förderung der Vorbereitung auf die

---

37 Meyer-Goßner/*Schmitt* 8; *Ernst* Handhabung Bochum 103; zu einem rechtspolitischen Vorstoß dahingehend, weithin im Anschluss an *Fezer*, nun *Bommer u. a.* AE-ASR, GA **2019** 12 f., 111.

38 *Dünnebier* GA **1959** 273; dessen Unterscheidung zwischen dem unverteidigten Beschuldigten (drei Tage) und dem verteidigten (eine Woche) leuchtet freilich nicht ein; gerade beim bisher unverteidigten Beschuldigten kann die Ladung das Bedürfnis nach der Hinzuziehung eines Verteidigers auslösen. **A.A.** KK/*Graf* 7.

39 Vor § 417, 22 f.

40 OLG Hamburg NJW **1966** 2180.

41 AK/*Loos* 11.

42 KMR/*Metzger* 20.

43 OLG Hamburg NStZ **1983** 40; Meyer-Goßner/*Schmitt* 9; im Wesentlichen so auch AK/*Loos* 11.

44 Vor § 417, 54.

45 *Dünnebier* GA **1959** 274.

46 Meyer-Goßner/*Schmitt* 7; KMR/*Metzger* 23; HK-GS/*Weiler* 7; *Eb. Schmidt* 10; *Schröer* 151 f.; *Zimmermann* 152.

kurzfristig anberaumte Hauptverhandlung stets empfehlenswert.[47] Entbehrlich ist die Mitteilung dann, wenn der Beschuldigte bereits vorher über den Gegenstand des Verfahrens unterrichtet worden ist, etwa weil die Staatsanwaltschaft nach Zustellung der Anklage im Normalverfahren den Antrag auf Aburteilung im beschleunigten Verfahren gestellt hat[48] oder wenn einer früheren Ladung zu einem wieder aufgehobenen Hauptverhandlungstermin die Mitteilung bereits beigefügt war. Die Vorschrift hat die Bedeutung, dass spätestens mit der Ladung der Tatvorwurf mitgeteilt werden muss.

3. Entbehrlichkeit einer Ladung des Beschuldigten (§ 418 Abs. 2 Satz 1)

a) Umfang. Das Gesetz benennt zwei Ausnahmefälle, in denen der **Beschuldigte** 26
nicht zu laden **ist.** In diesen Fällen entfällt mit der Ladung zugleich der mit ihr nach § 418 Abs. 2 Satz 2 zu verbindende Hinweis darüber, was dem Beschuldigten zur Last gelegt wird. Regelmäßig ist dem Beschuldigten in diesen Fällen der gegen ihn erhobene Tatvorwurf schon bekannt (vgl. dazu o. Rn. 25 sowie §§ 114a, 114b und 115 Abs. 2, 116 Abs. 2, s. aber auch Rn. 28). Durch den Verzicht dennoch ggf. bedingte Beeinträchtigungen seiner Verteidigung können aber zu revisiblen Verfahrensverstößen führen.[49] Wegen seines Ausnahmecharakters kann der geregelte Ladungsverzicht zudem **nicht für den Verteidiger** gelten. Er ist ausnahmslos zu laden, wenngleich mit der grundsätzlich auf 24 Stunden verkürzten Ladungsfrist (dazu nochmals Rn. 23): Insoweit sieht § 418 keine Ausnahme von §§ 217, 218 vor.

b) Voraussetzungen. Voraussetzungen des von Absatz 2 Satz 1 vorgeschriebenen 27
Verzichts auf die Ladung des Beschuldigten sind dessen freiwillige Gestellung oder dessen Vorführung. In diesen Fällen kann die Staatsanwaltschaft, wenn das Gericht verhandlungsbereit ist, den Antrag auf Aburteilung im beschleunigten Verfahren unmittelbar vor dem Beginn der Hauptverhandlung stellen. Es bleibt jedoch der in § 418 nicht hinreichend widergegebene Anspruch auf Einhaltung einer **Frist** zur **Vorbereitung seiner Verteidigung** gem. Art. 6 Abs. 3 lit. b **EMRK** zu achten (vgl. schon Rn. 23). Deshalb sollte von diesem Verfahren Abstand genommen werden, wenn der Beschuldigte erkennen lässt, dass er seine Verteidigung noch vorbereiten will.[50] Macht der Beschuldigte von seinem Recht Gebrauch, vor seiner Aussage einen Verteidiger zu konsultieren (§ 136 Abs. 1 Satz 2) und äußert er sich deshalb nicht, so ist die Sache für das beschleunigte Verfahren regelmäßig schon ungeeignet, weil im Normalverfahren eine Äußerung des Beschuldigten und damit eine bessere Aufklärung möglich erscheinen.

c) Freiwillige Gestellung. Eine freiwillige Gestellung zur Hauptverhandlung liegt im- 28
mer dann vor, wenn das Erscheinen des Beschuldigten vor Gericht auf seinem freien Willen beruht, **ohne** dass ihm gegenüber eine **Pflicht zum Erscheinen** geltend gemacht worden ist. Dem Beschuldigten muss klar sein, dass es allein von seinem Willen abhängt, vor Gericht zu stehen, und dass er keinen Sanktionen unterliegt, wenn er nicht erscheint. Ferner wird man angesichts der funktionalen Bedeutung der Freiwilligkeit für den Ladungsverzicht vorauszusetzen haben, dass dem Beschuldigten der gegen ihn erhobene **Tatvorwurf hinreichend** bekannt war – nur dann weiß er, worauf er sich mit der Gestellung einlässt.

---

47 *Pfeiffer* 3 hält dies für notwendig.
48 § 417, 13.
49 S.u. Rn. 27 f.; vgl. auch § 417, 42 ff.
50 Vgl. die bei *Hartmann* MDR **1964** 191 geschilderte Verfahrensweise, die diesen Bedenken nicht ausgesetzt ist.

Eine gerichtliche oder staatsanwaltschaftliche Aufforderung, zum Termin zu erscheinen, die diese Rechtslage deutlich macht, beseitigt die Freiwilligkeit auch dann nicht, wenn sie sich äußerlich als „Ladung" darstellt. Freiwillig erscheint auch derjenige, der zwar äußerlich „vorgeführt" wird, weil er sich in behördlichem Gewahrsam befindet, der aber seine Vorführung vor Gericht aus eigenem Antrieb[51] veranlasst hat. Ist ein Angeklagter zu einer Hauptverhandlung geladen und erschienen und ist er damit einverstanden, dass eine weitere Tat im beschleunigten Verfahren mit verhandelt wird, so hat er sich in dieser zweiten Sache freiwillig[52] gestellt. Für den freiwillig Erschienenen entsteht nach Aufruf der Sache die Pflicht des § 231 Abs. 1, sich nicht zu entfernen.[53]

29 **d) Vorführung.** Eine Vorführung liegt vor, wenn der Beschuldigte ohne Rücksicht auf seinen Willen aus einer behördlichen Verwahrung vor das Gericht gebracht wird. Dabei braucht es sich nicht um eine Vorführung nach § 128 auf Grund einer vorläufigen Festnahme gem. §§ 127, 127b zu handeln. Auch eine solche aus Hauptverhandlungshaft, Untersuchungshaft, Strafhaft oder einer anderen Verwahrung reicht aus.[54] In der Praxis spielt allerdings die Vorführung nach § 128, zumeist auf Grund vorläufiger Festnahme nach § 127b Abs. 1, die Hauptrolle, weil sie, wenn das Urteil noch am Tage der Vorführung gefällt wird (vgl. dazu Vor § 417, 63),[55] dazu führen kann, dass der Erlass eines Haftbefehls entbehrlich wird.

30 Absatz 2 Satz 1 setzt die Befugnis zur behördlichen Verwahrung und Vorführung voraus; er stellt **keinen Rechtsgrund für eine Vorführung** dar.[56] Eine nach § 127 erfolgte Festnahme, deren Voraussetzungen nicht mehr vorliegen, darf nicht deshalb aufrechterhalten werden, um eine Aburteilung im beschleunigten Verfahren herbeizuführen,[57] es sei denn, die Voraussetzungen des § 127b liegen vor. Deshalb muss das Gericht in den Fällen der §§ 127, 128 prüfen, ob die vorläufige Festnahme im Zeitpunkt des Beginns der Hauptverhandlung wenigstens nach § 127b noch gerechtfertigt ist.[58] Ist dies nicht der Fall, so fehlt es jedenfalls an der die Ladung entbehrlich machenden Voraussetzung der „Vorführung". Die sofortige Hauptverhandlung im beschleunigten Verfahren ist dann nur noch zulässig, wenn der Beschuldigte (nach Belehrung) freiwillig zur Hauptverhandlung bleibt oder (nach mündlicher Ladung) auf die Einhaltung der Ladungsfrist verzichtet (§ 217 Abs. 3).

III. Anklageerhebung

31 **1. Überblick.** Auch im beschleunigten Verfahren bedarf es neben dem Antrag auf Aburteilung im beschleunigten Verfahren stets einer Anklage der Staatsanwaltschaft; sie

---

51 RGSt **66** 108, 109, 111 f.

52 KG DAR **1956** 334.

53 So *Zimmermann* 149. S. allerdings zur Anwesenheitspflicht näher m.w.N. *Gaede* ZStW **129** (2017) 911, 951 ff.

54 Meyer-Goßner/*Schmitt* 6; KMR/*Metzger* 21; SK/*Paeffgen* 12; *Zimmermann* 143; *Dünnebier* GA **1959** 272 Fn. 3.

55 Vgl. LR/*Hilger* § 118a, 7. Nicht unberechtigte Bedenken wegen mangelnder Gewährleistung der Verteidigungsmöglichkeiten schon bei *Dünnebier* GA **1959** 273; *Zimmermann* 143.

56 AK/*Loos* 10; SK/*Paeffgen* 12.

57 Ein Festhalten zur Identitätsfeststellung nach § 163b Abs. 1 Satz 2 kann deshalb niemals die Vorführung im Sinne des Absatzes 2 Satz 1 rechtfertigen. Denn die Anklage im beschleunigten Verfahren setzt voraus, dass die Identität feststeht; steht sie aber fest, so ist die Festhaltung zu beenden (§ 163c Abs. 1 Satz 1).

58 *Zimmermann* 144 (m. N. des ält. Schrifttums).

ist wie im Normalverfahren eine **Prozessvoraussetzung** (allg.M.). Die Besonderheit des beschleunigten Verfahrens besteht allein darin, dass die Anklage nach Absatz 3 **auch mündlich** erhoben werden kann. Jedoch liegt in § 418 Abs. 3 insoweit eine **problematische** Vorschrift, als die in Satz 2 erwähnte **mündliche Anklage** erst in der Hauptverhandlung erhoben werden und damit der nach § 213 unverzichtbaren richterlichen Anberaumung der Hauptverhandlung nachfolgen kann; sie würde deshalb eine mit dem Akkusationsprinzip unvereinbare gerichtliche Untersuchung ohne Anklage darstellen.[59]

2. Mündliche Anklage

a) Anwendungsbereich. Gleichwohl sind Fälle anzuerkennen, in denen eine **mündliche** Anklage durchaus **möglich** und sinnvoll erscheint. Dabei ist aber jeweils auf einen ggf. bestehenden **Übersetzungsbedarf** zu achten. Es kann infolge der bestehenden Sprachunkundigkeit des Beschuldigten im Einzelfall geboten sein, eine vorherige schriftlich übersetzte Klage (und ggf. der Antragsschrift) vorzuhalten, wodurch es nicht selten bereits an der Eignung zur Durchführung des beschleunigten Verfahrens fehlen wird.[60] 32

aa) Strafbefehlsverfahren. Hier ist zunächst die Rücknahme der mit dem Antrag auf Erlass eines **Strafbefehls** erhobenen öffentlichen Klage (§ 407 Abs. 1 Satz 4) in der auf den Einspruch gegen den antragsgemäß erlassenen Strafbefehl durchgeführten Hauptverhandlung nach § 411 Abs. 3 zu erwähnen. In diesem Fall erscheint es denkbar, dass die Staatsanwaltschaft das mit dem Einspruch in das Normalverfahren übergegangene Strafbefehlsverfahren als beschleunigtes Verfahren weiterführen will und nunmehr mündlich Anklage erhebt. Den Antrag nach § 417 kann sie ebenfalls mündlich stellen. Weil die Hauptverhandlung hier auf Grund einer wirksamen Anklage anberaumt und die notwendige Prüfung z.B. von Prozessvoraussetzungen und Tatverdacht auch schon vorausgegangen ist, entfallen die Vor § 417, 54, 55 geäußerten Bedenken mit der Folge, dass die Verhandlung sofort weitergeführt werden kann. Dies gilt, sofern das Gericht die Eignung zur sofortigen Verhandlung bejaht, deren ausreichende Prüfung ihm allerdings möglich sein muss. 33

bb) Vorführungsverfahren. Den wohl praktisch bedeutsamsten Anwendungsbereich dürfte die mündliche Anklageerhebung in den Fällen der **Vorführung** eines vorläufig Festgenommenen oder des auf Grund eines bestehenden Haftbefehls Ergriffenen nach §§ 115, 128 besitzen, wie aber auch im Haftprüfungsverfahren. Bekanntlich ist die Staatsanwaltschaft in diesen Fällen zu beteiligen (§ 168c Abs. 5, § 118a Abs. 1), so dass sie die Möglichkeit hat, **zugleich** mit ihren Anträgen auf Aufrechterhaltung (§§ 115, 118a) oder Erlass (§ 128 Abs. 2 Satz 2) eines **Haftbefehls** den Antrag nach § 417 zu stellen und zudem die **Anklage mündlich** zu erheben. Dies setzt aber voraus, dass das jeweilige Vorführungsverfahren vor dem Richter durchgeführt wird, der auch für die Durchführung der Hauptverhandlung zuständig ist. Freilich besteht auch hier das o. Vor § 417, 63 geäußerte grundsätzliche Bedenken, weshalb auch in diesen Fällen auf die schriftliche 34

59 Siehe auch zur mangelnden Praxis anhand einer regionalen Untersuchung *Tiedemann* 202. Zur Kritik schon Vor § 417, 54 f.

60 Näher LR/*Esser* Art. 6 EMRK, 561; KK/*Graf* § 417, 11; HK-GS/*Weiler* § 417, 8; zur prinzipiellen Möglichkeit der genügenden Übersetzung der mündlichen Anklage in der Hauptverhandlung hingegen OLG Stuttgart NStZ **2005** 471 f.; OK-StPO/*Temming* (36. Ed) § 417, 2; dagegen scharf krit. SK/*Paeffgen* 15 unter Verweis auf OLG Hamm StV **2004** 364.

Anklageerhebung nicht verzichtet werden sollte. Jenes Vorgehen sollte umso leichter fallen, wenn man bedenkt, dass der den dringenden Tatverdacht voraussetzende Haftbefehlsantrag ohnehin gestellt werden muss – werden dieser Antrag und die Anklage am Computer mittels eines gängigen Textverarbeitungssystems erstellt und ausgedruckt, so dürfte in dieser Verfahrensweise in etwa die gleiche Zeit eingespart werden können wie beim Verzicht auf eine schriftliche Anklage.

35 In einigen seltenen Fällen wird es *prima facie* möglich sein, die **Hauptverhandlung unmittelbar** an die mündliche Verhandlung in der Vorführungssache **anzuschließen**, sodann nach § 418 Abs. 3 zu verfahren und den Antrag nach § 417 mündlich zu stellen und in der Hauptverhandlung ebenso zu protokollieren wie die Anklage selbst.[61] Gleichwohl können Bedenken gegen diese Verfahrensweise vor allem schon im Hinblick auf die Bewahrung des Beschuldigten vor unnötiger Verstrickung in eine unberechtigte Hauptverhandlung (o. Rn. 14) nicht unterdrückt werden. Dies gilt zudem wegen des o. Rn. 15 erwähnten psychischen Druckes, dem der Richter bei der Durchführung einer Hauptverhandlung ohne vorherige richterliche Terminsbestimmung unterliegt. Hier bleibt es vorzugswürdig, dass der Richter einen Termin zur Hauptverhandlung erst in den nächsten Tagen ansetzt.

36 Anderes wird man jedenfalls *de lege lata* nicht mit dem Argument begründen können, dass die sehr kurzfristige Verhandlung der Strafsache Haftzeiten verkürzen kann. Zum einen lässt sich das Beschleunigungsanliegen des betroffenen Beschuldigten nicht gegen seinen Willen zulasten seiner Beschuldigtenrechte und hier im regelmäßigen Widerspruch zu seinem Interesse an der Vorbereitung seiner Verteidigung ausspielen (dazu Rn. 15). Zum anderen ist auch eine Lösung, die auf seine freiwillige Unterwerfung setzt, angreifbar, weil *de lege lata* keine vorherige *verhandlungsspezifische* Aufklärung über die Tatvorwürfe und die Unterschiede der alternativen Verfahrensformen gesichert ist (dazu aber auch Rn. 25 und 28).

b) Verfahren

37 **aa) Mündliche Form.** Wird mündlich Anklage erhoben, so tritt **an die Stelle** der **Verlesung** des **Anklagesatzes** nach § 243 Abs. 3 Satz 1 dieser Vorgang. Sachliche Unterschiede in Hinblick auf den Anklagesatz (§ 200 Abs. 1 Satz 1) bestehen nicht.[62] Die Angabe der Beweismittel (§ 200 Abs. 1 Satz 2) ist vom Gesetz nicht unmittelbar vorgeschrieben, jedoch anzuraten.[63] Der **mündliche Vortrag** ist auch erforderlich, wenn bereits der schriftliche und bei den Akten befindliche Antrag auf Aburteilung im beschleunigten Verfahren einen Anklagesatz enthält oder wenn, was Nr. 146 Abs. 2 RiStBV empfiehlt („soll"), die Staatsanwalt dem Gericht einen Abdruck der schriftlich niedergelegten Anklage überreicht, die als Anlage zu Protokoll genommen wird. In diesen Fällen sollte auch stets der Angeschuldigte einen Abdruck des Anklagesatzes erhalten.[64]

---

61 So etwa auch *Fezer* ZStW **106** (1994) 13.

62 Nach *Eb. Schmidt* 13 (unklar Nachtr. I 6); *Zimmermann* 158 soll abweichend von der in § 243 Abs. 2, 3 geregelten Reihenfolge die mündliche Anklageerhebung der Vernehmung zur Person vorangehen; jedoch wird, auch wenn man dieser Auffassung folgt, eine Identitätsfeststellung des erschienenen Beschuldigten vorher unerlässlich sein. Mehr aber wird unter Vernehmung zur Person ohnehin nicht zu verstehen sein.

63 M.w.N. *Kohler* 47; SK/*Paeffgen* 15 („dringend zu empfehlen"); enger *Schlüchter/Fülber/Putzke* 87: „empfehlenswert".

64 *Dünnebier* GA **1959** 274.

bb) Protokollierungspflicht. Der Vorgang der mündlichen Anklageerhebung ist in das **Hauptverhandlungsprotokoll** aufzunehmen, wie sich schon aus § 273 Abs. 1 ergibt. Darüber hinaus schreibt § 418 Abs. 3 Satz 2 vor, dass der wesentliche Inhalt der Anklage in das Protokoll aufzunehmen ist. Dazu gehört stets der den Anforderungen des § 200 Abs. 1 Satz 1 entsprechende Anklagesatz; lässt die schriftliche Fixierung der mündlich erhobenen Anklage im Protokoll „nicht erkennen, [...] was dem Angeklagten konkret vorgeworfen wird", so fehlt es an einer wirksamen Anklagerhebung und damit an einer Prozessvoraussetzung.[65] Die Protokollierung kann auch dergestalt geschehen, dass eine übergebene schriftliche Fassung der mündlich erhobenen Anklage als Anlage zum Protokoll genommen wird[66] (siehe auch Nr. 146 Abs. 2 RiStBV). Unzulässig dürfte es sein, wenn das Protokoll lediglich unter genauer Angabe der Blattzahl auf den bereits bei den Akten befindlichen schriftlichen Antrag der Staatsanwaltschaft verweist.[67] Dass und mit welchem Inhalt mündlich Anklage erhoben worden ist, kann nach § 274 nur durch die Sitzungsniederschrift bewiesen[68] werden. Nur wenn die ausschließliche Beweiskraft des Protokolls wegen Verlustes,[69] Unklarheit oder Unvollständigkeit entfällt, kann das Rechtsmittelgericht im Wege des Freibeweises Klarheit über die Tatsache und den Inhalt der mündlichen Anklageerhebung herbeiführen.[70] Wie der Antrag auf Entscheidung im beschleunigten Verfahren bis zur Urteilsverkündung zurückgenommen werden kann (§ 417, 21), soll zweifelhafterweise auch die mündliche (wie schriftliche) Anklageerhebung bis zu diesem Zeitpunkt zurückgenommen werden können (str.; näher dazu LR/*Mavany* § 156, 3).[71] 38

3. Schriftliche Anklage. Schriftlich wird die öffentliche Klage ausschließlich durch die Einreichung einer **Anklageschrift** erhoben, die gem. § 243 Abs. 3 Satz 1 zu verlesen ist. Die bloße inhaltliche Wiedergabe der Anklage durch mündlichen Vortrag reicht nicht aus und begründet einen Verfahrensfehler, wenn auch kein Verfahrenshindernis.[72] Letzteres wird aber dann anzunehmen sein, wenn der Inhalt der Anklageschrift nicht einmal mündlich vorgetragen wird. Wegen der grundsätzlichen Bedeutung des Anklageprinzips, welches jede richterliche Initiative zur Durchführung eines Strafverfahrens ausschließt und damit den Wandel vom Inquisitionsprozess alter Prägung zum modernen Anklageprozess vollzieht, erscheint eine *ausdrückliche Erklärung* der Staatsanwaltschaft dahingehend, dass sie die öffentliche Klage erhebe, unverzichtbar. Deshalb kann der **Antrag** nach § 417 allein **nicht** als **Anklageschrift** angesehen oder in eine solche umge- 39

---

65 OLG Frankfurt StV **2000** 299; **2001** 341 f.

66 AK/*Loos* 12.

67 OLG Frankfurt StV **2001** 341, 342 (obiter); OLG Hamburg NJW **2012** 631, 632; LG Köln StV **2003** 156, 157; **a.A.** OLG Schleswig SchlHA **1977** 211.

68 OLG Frankfurt StV **2001** 341 f.; LG Köln StV **2003** 156, 157; *Eb. Schmidt* § 212a, 15; KK/*Graf* 8; SK/*Paeffgen* 15.

69 Der spätere Verlust des den Anklageinhalt beurkundenden Teils der Niederschrift hindert die Fortsetzung des Verfahrens nicht; RGSt **66** 108, 110.

70 KG DAR **1956** 335; SK/*Paeffgen* 15.

71 **A.A.** z.B. *Ernst* Handhabung Bochum 79 ff.: Rücknahme der mündlich erhobenen Anklage nur bis zum Beginn der mündlichen Vernehmung des Beschuldigten zur Sache, die der schriftlich erhobenen Anklage bis zu dem Zeitpunkt, zu dem „das Gericht zu erkennen gegeben hat, dass es auf die Sache eingeht".

72 OLG Köln NStZ-RR **2003** 17, 18. Das Urteil soll allerdings fraglicherweise auf diesem Verfahrensfehler *in der Regel* nicht beruhen.

deutet werden.[73] Dies gilt ebenso dann, wenn der Antrag den **Erfordernissen des § 200 Abs. 1** genügen sollte.[74] Wenn auch das Gericht überprüfen (können) muss, ob eine wirksame und den Erfordernissen des § 200 entsprechende Anklage vorliegt, so kann ihm doch nicht die Macht zugestanden werden, eine staatsanwaltschaftliche Erklärung, mit welcher die öffentliche Klage nicht explizit erhoben wird, dennoch als Anklage im Sinne des § 151 zu behandeln: Damit würde das Gericht die Initiative zur Durchführung eines Strafverfahrens wieder an sich reißen und somit gegen das Anklageprinzip verstoßen. Eine schriftliche Anklage ist erst recht zu verneinen, wenn der Antrag nach § 417 lediglich die **Ankündigung**[75] enthält, mündlich Anklage erheben zu wollen: In diesem Fall liegt in Wahrheit noch gar keine Anklage vor, weder in mündlicher noch in schriftlicher Form.

40 Die schriftliche Anklage kann **mit dem Antrag** auf Aburteilung im beschleunigten Verfahren **verbunden** oder nachgereicht werden. Sie kann ihm auch vorausgegangen sein, falls im Normalverfahren vor Erlass des Eröffnungsbeschlusses noch der Antrag auf Aburteilung im beschleunigten Verfahren gestellt wird.[76] Obwohl ihre Mitteilung an den Angeklagten nicht zwingend vorgeschrieben ist, wie sich aus der Zulässigkeit der mündlichen Anklageerhebung ergibt, ist dies jedenfalls dann geboten, wenn der Beschuldigte geladen[77] wird. Darin liegt zugleich die Mitteilung des Tatvorwurfs i. S. des Absatzes 2 Satz 2. Wird der Beschuldigte nicht geladen, so sollte ihm die schriftliche Anklage spätestens zu Beginn der Hauptverhandlung, wenn möglich früher, ausgehändigt werden. In der Hauptverhandlung trägt der Staatsanwalt den Anklagesatz nach § 243 Abs. 3 Satz 1 vor, gegenüber dem Normalverfahren ergeben sich hier keine Abweichungen.[78] Dagegen bedarf es nicht der Verlesung eines bereits schriftlich gestellten Antrags auf Aburteilung im beschleunigten Verfahren. Eine dennoch stattfindende Verlesung ist jedoch unschädlich; sie kann zur Unterrichtung des Angeschuldigten zweckmäßig sein.

41 **4. Inhalt.** Der **Inhalt der Anklage** muss in allen Fällen den Anforderungen des § 200 Abs. 1 Satz 1 entsprechen. Bei einer mündlichen Anklageerhebung gelten keine geringeren Anforderungen. Deshalb empfiehlt sich auch in diesen Fällen die vorherige schriftliche Fixierung (ebenso Nr. 146 Abs. 2 RiStBV). Das wesentliche Ergebnis der Ermittlungen ist dagegen auch beim beschleunigten Verfahren vor dem Schöffengericht entbehrlich.[79]

IV. Verteidigerbestellung (Absatz 4)

42 **1. Verhältnis zu den §§ 140 ff.** Die Vorschriften der **§§ 137 ff.** über die **Verteidigung** gelten auch im beschleunigten Verfahren. Hat der Beschuldigte keinen Verteidiger ge-

---

73 AK/*Loos* § 417, 8; *Jostes* 38 f.; vgl. dazu auch OLG Hamburg StV **2000** 127 f.: Anklage *neben* dem Antrag erforderlich.

74 Wie hier u. a. *Jostes* 38 f.; Meyer-Goßner/*Schmitt* § 417, 11; dahin tendierend OLG Hamburg NJW **2012** 631; **a.A.** m.w.N. OLG Hamburg NJW **1966** 2179 f.; AK/*Loos* § 417, 8.

75 OLG Hamburg VRS **39** 352; OLG Schleswig SchlHA **1957** 211; *Schröer* 109 f.

76 § 417, 13 f.

77 *Dünnebier* GA **1959** 274.

78 OLG Köln NStZ-RR **2003** 17, 18; implizit OLG Frankfurt StV **2001** 341 f.; offenlassend OLG Hamburg NJW **1966** 2179, 2180.

79 *Eb. Schmidt* 12; AK/*Loos* 12; SK/*Paeffgen* 15; HK-GS/*Weiler* 8.

wählt (§ 138), so ist ihm in den Fällen des **§ 140** ein Verteidiger zu bestellen,[80] und zwar spätestens mit der Ladung (siehe nun auch § 142 Abs. 1 Nr. 4), wenn nicht die Notwendigkeit der Verteidigung die Sache als ungeeignet für das beschleunigte Verfahren erscheinen lässt.[81] Soweit sich aus dem reformierten **§ 141** etwa infolge einer Haftvorführung (§ 141 Abs. 1 Nr. 1) ein früherer Zeitpunkt ergibt, ist dieser vorrangig maßgeblich. Um den mit der nach § 420 erleichterten Beweisaufnahme verbundenen Gefahren[82] zu begegnen, hat der Gesetzgeber durch das VerbrBekG in **Absatz 4** einen § 140 partiell erweiternden[83] Spezialfall einer notwendigen Verteidigung[84] (§§ 140 ff.) eingeführt. Partiell ist diese Erweiterung, weil die Bestellung auf das beschleunigte Verfahren beschränkt bleibt (näher Rn. 53). Folgt die Notwendigkeit zur Bestellung bereits aus anderen Fällen des § 140 sind diese vorrangig und nicht durch § 418 Abs. 4 verdrängt.[85]

2. Voraussetzung. Einzige Voraussetzung der Pflichtverteidigerbestellung nach Absatz 4 ist die **Erwartung** einer **Freiheitsstrafe** von mindestens sechs Monaten für den bisher nicht verteidigten Beschuldigten. Hier sind Schwierigkeiten voraussehbar, in der zur Durchführung der Hauptverhandlung zur Verfügung stehenden Zeit einen verteidigungsbereiten Verteidiger zu finden. Die Praxis sollte deshalb in Fällen der genannten Straferwartung zumeist von der Durchführung des beschleunigten Verfahrens absehen.[86] 43

Das Gesetz stellt bei der Straferwartung nur darauf ab, ob eine **Freiheitsstrafe** zu erwarten ist. Ob die Vollstreckung dieser Strafe zur **Bewährung** ausgesetzt werden kann oder wird, ist nicht entscheidend (allg.M). Es genügen folglich alle Fälle, in denen das Tatgericht eine Freiheitsstrafe von sechs oder mehr Monaten vorbehaltlich der Hauptverhandlung für naheliegend hält. Im Lichte des **Art. 6 Abs. 3 lit. c EMRK** wird darüber hinaus jedenfalls bei einer naheliegenden Freiheitsstrafe, die nicht zur Bewährung ausgesetzt werden soll, eine staatliche Pflicht zur Stellung bzw. Finanzierung eines Verteidigers nach § 140 Abs. 2 ernsthaft zu erwägen sein (zur Anwendbarkeit des § 140 Abs. 2 auch Rn. 42, 46 und 53).[87] Erst recht darf die vom Gesetzgeber angestrebte Verteidigerbestellung nicht unterlaufen werden, indem eine knapp unterhalb der für § 418 Abs. 3 erforderlichen Dauer liegende Rechtsfolge angestrebt wird, obschon eine sechs Monate umfassende Freiheitsstrafe naheliegt.[88] 44

Grundlage der Prognose ist stets die vom **Richter** während des gesamten Verfahrens[89] zu beurteilende **konkrete Straferwartung**, nicht die abstrakte Strafdrohung.[90] Hierbei ist insbesondere in Fällen einer gesetzlichen **Mindeststrafdrohung** zu berück- 45

80 Vgl. auch schon RGSt **66** 108, 112; RG JW **1930** 929, allg.M.
81 § 417, 28.
82 Vgl. z.B. KK/*Graf* 10; SK/*Paeffgen* 18; *Loos*/*Radtke* NStZ **1996** 11.
83 Schlicht als weiteren Anwendungsfall des § 140 sehend AK/*Loos* 16 und *Loos*/*Radtke* NStZ **1996** 11; ebenso SK/*Paeffgen* 21.
84 KK/*Graf* 10 und SK/*Paeffgen* 18 beklagen dabei die geringe Abstimmung dieser Vorschrift mit dem Normalverfahren.
85 OLG Brandenburg NJW **2005** 521; Meyer-Goßner/*Schmitt* 13.
86 Vgl. KK/*Graf* 12; siehe auch die grundsätzlicheren Bedenken bei *Fezer* ZStW **106** (1994) 39 f., 58 (*de lege ferenda*).
87 Im Überblick zu den Maßstäben m.w.N. MüKo/*Gaede* Art. 6 EMRK, 208 ff.; LR/*Esser* Art. 6 EMRK, 739: in der Regel erforderlich; zur engeren Auffassung der Praxis s. aber Meyer-Goßner/*Schmitt* § 140, 23 ff.
88 S. krit. SK/*Paeffgen* 19b: Regelung als Bumerang; HK-GS/*Weiler* 11; zur Empirie auch bezeichnend *Lubitz* 157 f.
89 M.w.N. OLG Braunschweig StV **2006** 519; BayObLG NStZ **1998** 372, 373.
90 BayObLG NStZ **1998** 372, 373; zust. u. a. *Ernst* StV **2001** 367 f.

sichtigen, ob ein milderer Strafrahmen für minder schwere Fälle zur Verfügung steht oder sonst eine Strafrahmenverschiebung etwa wegen der Voraussetzungen der §§ 17, 21 oder über § 49 StGB (z.B. wegen Versuchs, vgl. § 23 Abs. 2 StGB) in Betracht kommt. Im Übrigen obliegt dem Gericht „eine überschlägige Prognoseentscheidung aufgrund der allgemeinen Strafzumessungsgründe unter Berücksichtigung der nach § 160“ Abs. 2 „ermittelten rechtsfolgenerheblichen Umstände [...] und im Laufe der Hauptverhandlung auch aufgrund des Ergebnisses der Beweisaufnahme mit der Fragestellung, ob eine Freiheitsstrafe von 6 Monaten zu erwarten ist“.[91] Die dahingehende **Antragstellung** der Staatsanwaltschaft soll eine indizielle Bedeutung haben.[92] Führt erst die **Urteilsberatung** zu der Prognose einer mindestens sechsmonatigen Freiheitsstrafe, so ist „spätestens zu diesem Zeitpunkt vor der Verkündung des Urteils [...] die Verteidigerbestellung nach dem Gesetz notwendig geworden“.[93] Dies gilt selbst dann, wenn der Wahlverteidiger nicht erschienen ist, der sich zuvor für den Beschuldigten gemeldet hatte.[94] Wird die zur Notwendigkeit einer Verteidigerbestellung führende Straferwartung erst während der Hauptverhandlung erkennbar, ist grundsätzlich ein Verteidiger zu bestellen mit der Konsequenz, dass alle wesentlichen Teile der Hauptverhandlung zu wiederholen sind,[95] um die Folge des § 338 Nr. 5 zu vermeiden.[96] Nicht selten wird in diesen Fällen aber die Eignung der Sache zur sofortigen Verhandlung entfallen,[97] zumal eine Unterbrechung oder gar Aussetzung erforderlich sein kann; die Entscheidung im beschleunigten Verfahren ist damit abzulehnen.

3. Bestellung

46 **a) Anwendbare Vorschriften.** § 418 Abs. 4 begründet einen **Spezialfall** der **notwendigen Verteidigung**, trifft aber im Übrigen keine besondere Regelung weder für die Bestellung des Pflichtverteidigers in diesem Fall noch in sonstiger Hinsicht. Deshalb sind hier die allgemeinen Vorschriften über die Verteidigung in **§§ 137 ff.** und insbesondere über die notwendige Verteidigung in **§§ 141 ff. direkt** anzuwenden,[98] soweit nicht die §§ 417 ff. abweichende Regelungen enthalten.[99] Dass in anderen Spezialfällen notwendiger Verteidigung (§§ 60 OWiG, § 68 JGG; § 364a, § 364b und § 408b) die §§ 141 ff. höchstens teilweise gelten, folgt aus der jeweiligen Besonderheit dieser Regeln und steht der direkten Anwendung der allgemeinen Vorschriften deshalb nicht entgegen.[100] Anwendbar und ggf. zu prüfen ist insbesondere eine über § 418 Abs. 4 hinausgehende Verteidigerbestellung gem. § 140 Abs. 2 (siehe schon Rn. 44).[101] Rechtspolitisch wird gerade

91 BayObLG NStZ **1998** 372, 373.

92 BayObLG NStZ **1998** 372, 373.

93 BayObLG NStZ **1998** 372, 373; OLG Karlsruhe NJW **1999** 3061, 3062 m.w.N.

94 BayObLG StV **1998** 367.

95 OLG Frankfurt StV **2001** 342; *Kohler* 43; *Ernst* StV **2001** 367, 368.

96 BGHSt **9** 243; BayObLG NStZ **1998** 372, 373; OLG Karlsruhe NJW **1999** 3061 f.; Meyer-Goßner/*Schmitt* 12; HK-GS/*Weiler* 11.

97 OLG Braunschweig StV **2006** 519.

98 So z.B. zur Anwendung des § 140 Abs. 2 KG NStZ-RR **2002** 242; zum Vorschlag des Beschuldigten *Loos/Radtke* NStZ **1996** 11.

99 *Kohler* 44 m.w.N.; KK/*Graf* 12; im Ergebnis wohl auch SK/*Paeffgen* 21; KMR/*Metzger* 33; *Pfeiffer* 4; Meyer-Goßner/*Schmitt* 14; *Loos/Radtke* NStZ **1996** 10; *Herzler* NJ **2000** 402.

100 **A.A.** *Schröer* 140 f. und, diesem folgend, *Ernst* StV **2001** 368, die indessen dennoch ein Mitspracherecht des Beschuldigten bejahen, jedoch aus dem Grundsatz fairer Verfahrensführung ableiten wollen.

101 Zu dieser und der möglichen Reichweite etwa bereits *Ernst* StV **2001** 367, 368 f.

für Fälle der Hauptverhandlungshaft eine erweiterte Verteidigerbestellung vorgeschlagen.[102]

Dabei werden freilich **Verzögerungen** auftreten können, insbesondere wegen der nun in **§ 142 Abs. 5 Satz 1** vorgesehenen vorherigen Befragung[103] des Beschuldigten, aber auch wegen der praktisch unvermeidbaren vorherigen Absprache mit dem Verteidiger hinsichtlich seiner Bereitschaft zur kurzfristigen Übernahme der Verteidigung.[104] Auch wenn diese Verzögerungen mit den Zielsetzungen des beschleunigten Verfahrens tendenziell kollidieren,[105] so sind sie doch zur Wahrung der – dem einfachen Recht nicht beliebig ausgelieferten – verfassungs- und konventionsmäßigen Beschuldigtenrechte[106] hinzunehmen. Es kann nicht angenommen werden, dass der Gesetzgeber den auch zur Legitimation der Rechtsfolgen ausgebauten Einsatz des Verteidigers nur als inhaltlich sinnentleerte Formalie gleichsam zum Schein einsetzen wollte. Ebenso hinzunehmen ist eine ggf. notwendig werdende **Aussetzung** des Verfahrens, sei es nach § 265 Abs. 4[107] oder nach § 145. Hier wird allerdings im Regelfall die Eignung der Sache zur sofortigen Verhandlung mit der Folge aus § 419 Abs. 2, 3 entfallen.[108] Anderes gilt allein dann, wenn die in Rn. 18 erwähnte Achtwochenfrist dadurch nicht überschritten wird. 47

b) Zuständigkeit und Form. Zur Bestellung nach § 418 Abs. 4 ist nach den allgemeinen Vorschriften regelmäßig das **Amtsgericht bzw. der Vorsitzende** (§ 142 Abs. 3 Nr. 1 bzw. 3) zuständig, im Regelfall also der Strafrichter.[109] Die Bestellung geschieht durch ausdrückliche **richterliche Verfügung**, über die der Beschuldigte baldmöglichst auch dann zu unterrichten ist, wenn er nicht geladen wird: Die Unterrichtung erst „bei Gestellung oder Vorführung“[110] dürfte eine vermeidbare Beeinträchtigung seiner Verteidigungsrechte darstellen. Dies gilt erst recht, seitdem der Gesetzgeber die Bedeutung einer rechtzeitigen Verteidigerbestellung mit der Reform des § 141 allgemein hervorgehoben hat. Das Gericht muss schon **von Amts wegen** tätig werden; es wird seiner Amtspflicht jedoch nicht selten erst durch einen entsprechenden **Antrag der Staatsanwaltschaft (§ 142 Abs. 1 Satz 1) oder des Beschuldigten (§§ 141 Abs. 1 Satz 1, 142 Abs. 1 Satz 1)** gewahr werden. Bedenklicherweise sieht § 141 Abs. 2 Satz 2 eine Bestellung aber nur auf Antrag des zuvor belehrten Beschuldigten vor, wenn eine Vorführung zur Entscheidung über den Erlass eines Haftbefehls im beschleunigten Verfahren gem. § 127b Abs. 2 ansteht.[111] Hiermit soll – angesichts der oft beschränkten Urteilskraft des inhaftierten Beschuldigten auch bedenklicherweise – Raum dafür gegeben werden, unnötige Verzögerungen und eine verlängerte Haft zu vermeiden.[112] 48

102 *Bommer u. a.* AE-ASR GA **2019** 12 f., 111.
103 Vgl. *Ernst* Handhabung Bochum, 108 f.; siehe auch *Ernst* StV **2001** 367, 368.
104 Vgl. dazu die Bedenken bei SK/*Paeffgen* 21.
105 Vgl. Meyer-Goßner/*Schmitt* 14.
106 AnwK-StPO/*Böttger* 8; KMR/*Metzger* 34; s. grundsätzlicher *Gaede* GA **2008** 394, 399 ff.; MüKo/*Gaede* Art. 6 EMRK, 6, 28 ff.
107 Vgl. dazu BayObLG NStZ **1998** 372, 373.
108 Vgl. auch dazu BayObLG NStZ **1998** 372, 373.
109 § 417, 5.
110 So aber KK/*Graf* 13; Meyer-Goßner/*Schmitt* 12.
111 Zurückgehend auf BT-Drucks. **19** 13829 S. 65 mit der Behauptung, es handele sich dann „stets“ um Verfahren mit einfacher Sach- und Rechtslage. Eben dies ist ggf. erst zu klären.
112 Meyer-Goßner/*Schmitt* § 141, 15.

49 **c) Antrag der Staatsanwaltschaft.** Stellt die Staatsanwaltschaft diesen **Antrag**, so ist das Gericht daran nicht ohne weiteres **gebunden.**[113] Es hat diesen aber daraufhin zu prüfen, ob die Voraussetzungen zur Bestellung eines Verteidigers nach § 418 Abs. 4 vorliegen[114] und ob es die ihm obliegende Amtspflicht gebietet, dem Antrag stattzugeben. Damit das Gericht aber seiner Amtspflicht genügen kann, muss es nicht nur die Straferwartung überprüfen können, sondern schon vorher, ob die Voraussetzungen zur Durchführung des beschleunigten Verfahrens wirklich vorliegen. Deshalb kann die Staatsanwaltschaft den Antrag auf Bestellung eines Verteidigers nach § 418 Abs. 4 **frühestens** mit dem Antrag nach § 417 stellen, nicht aber erfolgstauglich schon vorher.[115] Allerdings wird ein gleichwohl vorher gestellter Antrag auf Verteidigerbestellung eine Amtspflicht des Gerichts begründen, nach Eingang des Antrags auf Durchführung des beschleunigten Verfahrens von sich aus und ohne Rücksicht auf den vorher gestellten Antrag der Staatsanwaltschaft die Frage einer Verteidigerbestellung nach § 418 Abs. 4 zu prüfen.

50 Ihre allgemeine Bindung an die Wahrung von Recht und Gerechtigkeit (Art. 20 Abs. 3 GG) wie aber auch ihr spezieller Auftrag zur Wahrung der Gesetzlichkeit des Verfahrens[116] **verpflichten** die **Staatsanwaltschaft** dazu, einen Antrag auf Bestellung eines Verteidigers nach § 418 Abs. 4 zu stellen, sobald sie erkennt, dass die entsprechenden gesetzlichen Voraussetzungen dazu vorliegen[117] (siehe ferner nun § 141). In der Sache wird die Staatsanwaltschaft einen erwogenen und für zutreffend befundenen Antrag nach § 417 sodann unverzüglich stellen müssen, um § 418 Abs. 4 auch nach seinem Sinn und Zweck genügen zu können. Überdies dürfte es bei einer alsbald im Raum stehenden Verhandlung in Betracht kommen, dass die **Staatsanwaltschaft selbst** gem. § 142 Abs. 4 Satz 1 die **Bestellung verfügt**, um Beeinträchtigungen der Verteidigung zu vermeiden, die anderenfalls die beschleunigte Verfahrensdurchführung vereiteln könnten. Schließlich ist zu beachten, dass eine **schon aus § 140 abzuleitende Bestellungspflicht** keinesfalls von der Antragstellung abhängig ist; sie ist nach allgemeinen Maßstäben ggf. eiliger notwendig. Ist allerdings nach § 418 Abs. 4 oder § 140 von vornherein ein sehr ausgeprägter Verteidigungsbedarf ersichtlich, dürfte die Eignung zur Verhandlung im beschleunigten Verfahren schon allgemein regelmäßig fehlen.

51 **d) Auswahl und Stellung des Verteidigers.** Mangels einer Sondervorschrift in den §§ 417 ff. gelten insoweit die §§ 142 ff. (o. Rn. 46). Der Bestellung des Pflichtverteidigers auf **Vorschlag des Beschuldigten** (siehe schon Rn. 47) steht auch hier ein wichtiger Grund entgegen (§ 142 Abs. 5 Satz 3), wenn sich der Benannte zur Mitwirkung im beschleunigten Verfahren nicht bereit oder er sich dazu innerhalb der für die Durchführung des beschleunigten Verfahrens zur Verfügung stehenden Frist nicht in der Lage sieht.

---

113 KK/*Graf* 11; **a.A.** SK/*Paeffgen* 20.

114 Ebenso wohl Meyer-Goßner/*Schmitt* 12, der allerdings zu der im Ergebnis freilich wenig bedeutsamen Frage keine Stellung nimmt, ob das Gericht bei Vorliegen der Voraussetzungen des § 418 Abs. 4 an den Antrag der Staatsanwaltschaft gebunden ist.

115 **A.A.** Meyer-Goßner/*Schmitt* 11; SK/*Paeffgen* 19; *Herzler* NJ **2000** 402. KK/*Graf* 11 weist mit Recht, wie aus dem Folgenden ersichtlich, auf die geringe praktische Bedeutung dieser Streitfrage hin; wie hier *Schröer* 142.

116 Näheres dazu bei *Gössel* GA **1980** 325, 331 ff., 336.

117 So auch *Ernst* StV **2001** 367, 368; im Erg. ebenso SK/*Paeffgen* 19.

Der Verteidiger hat von der Stellung des Antrags auf Aburteilung im beschleunigten Verfahren an das unbeschränkte **Akteneinsichtsrecht** nach § 147.[118] Ihm muss auch bei sofortiger Hauptverhandlung eine tatsächlich ausreichende Gelegenheit zur Akteneinsicht ebenso eingeräumt werden wie ausreichende **Zeit zur Vorbereitung** der Verteidigung auch durch eine eingehende Erörterung der Sache mit dem Beschuldigten.[119] Im Hinblick auf § 338 Nr. 5 muss der Verteidiger „bei allen wesentlichen Teilen der Hauptverhandlung anwesend sein", zu denen insbesondere „die Beweisaufnahme und die Schlußvorträge" zählen.[120] 52

4. Dauer der Bestellung. Kraft ausdrücklicher gesetzlicher Anordnung gilt die Verteidigerbestellung **ausschließlich** für das beschleunigte Verfahren und damit für das erstinstanzliche Verfahren vor dem **Amtsgericht.** Sie gilt infolge der gesetzlichen Formulierung in Abweichung von § 143 Abs. 1 nicht für das weitere Verfahren vor den Rechtsmittelgerichten,[121] die indessen bei vorangegangener Bestellung nach § 418 Abs. 4 eine etwaige Bestellung nach § 140 Abs. 2 besonders sorgfältig zu erwägen haben werden (siehe auch schon oben Rn. 46). Ob die Bestellung nach § 418 Abs. 4 auch für die **Einlegung** und ggf. Begründung von Rechtsmitteln gilt, erscheint zweifelhaft. Diese Frage ist aber schon deshalb zu bejahen, weil die Tätigkeit des Verteidigers in der ersten Instanz noch die Beratung des Beschuldigten dahingehend umfassen dürfte, ob, wie, wann und aus welchen Gründen das resultierende Urteil angefochten werden soll.[122] Bei einer Zurückverweisung durch die Rechtsmittelgerichte kann dies zu einer erneuten Verteidigerbestellung nach § 418 Abs. 4 führen, allerdings mit der vom Gesetzgeber nicht bedachten unerfreulichen Folge einer verteidigerlosen Zeit im Rechtsmittelverfahren. Diese Folge wird sich jedoch durch eine Verteidigerbestellung nach § 140 Abs. 2 für das gesamte folgende Verfahren beheben lassen, deren Voraussetzungen in diesen Fällen unter dem Eindruck des Art. 6 Abs. 3 lit. c EMRK in der Regel zu bejahen sein werden. 53

5. Rechtsmittel

a) Beschwerde. Die **Bestellung** eines Verteidigers nach § 418 Abs. 4 ist nach den Regeln anfechtbar, die auch sonst für die Bestellung eines Pflichtverteidigers nach den §§ 141 ff. gelten (s. dazu LR/*Jahn* § 140, 129 ff. und nun insbesondere § 142 Abs. 4 Satz 3, Abs. 7 sowie § 143 Abs. 3 und § 143a Abs. 4). 54

Der Auffassung, die Beschwerde sei im beschleunigten Verfahren schon deshalb ausgeschlossen, weil das Verfahren über die Beschwerde dem angestrebten **Beschleunigungszweck** zuwiderliefe,[123] kann – von den jüngeren Gesetzesänderungen abgesehen – schon deshalb nicht zugestimmt werden, weil der Beschleunigungszweck eine mit 55

---

118 Das folgt daraus, dass der Abschlussvermerk nach § 169a vor der Antragstellung erforderlich ist; bis zur Einführung dieses Schlussvermerks durch das StPÄG **1964** war es in § 147 Abs. 1 Satz 2 ausdrücklich geregelt.

119 Insoweit zur in der Praxis drohenden Aushöhlung des Verteidigerbeistandes *Tiedemann* 204; krit. auch HK-GS/*Weiler* 11: „naive" Vorstellung, der Verteidigerbeistand könne kompensieren.

120 OLG Oldenburg ZfS **1997** 313; *Herzler* NJ **2000** 402.

121 KK/*Graf* 15; KMR/*Metzger* 36; AK/*Loos* 17; HK/*Zöller* 12; HK-GS/*Weiler* 12; **a.A.** für das Berufungsverfahren Meyer-Goßner/*Schmitt* 15, konsequent vom Boden der hier abgelehnten Auffassung von der Fortgeltung der § 417 ff. auch im Berufungsverfahren (s. dazu Vor § 417, 35 ff.).

122 Wie hier AK/*Loos* 17; *Loos/Radtke* NStZ **1996** 11.

123 So KK/*Graf* 17; im Ergebnis so auch HK/*Zöller* 14.

der Beschwerde regelmäßig geltend gemachte Beeinträchtigung der Verteidigungsmöglichkeiten durch den Beschleunigungszweck nicht rechtfertigen kann.[124] Ferner wird es kaum möglich sein, die Beschwerde in allen Fällen mangels **Beschwer** für unzulässig zu halten.[125]

56 In der Literatur wird indessen eine Beschwerde gegen die Bestellung selbst nach **§ 305** für unzulässig gehalten[126] wie auch gegen deren Unterbleiben. Dem ist aber deshalb zu widersprechen, weil diese Entscheidungen mangels eines inneren Zusammenhangs mit der Urteilsfällung dieser nicht – wie es § 305 zur Unzulässigkeit der Beschwerde voraussetzt – unmittelbar[127] vorausgehen: Die Bestellung eines Pflichtverteidigers wie auch deren Unterbleiben stehen nicht, wie etwa Beschlüsse oder Verfügungen über die Beweisaufnahme, in einem inneren Zusammenhang mit der Urteilsfindung, können aber eine **eigene prozessuale Beschwer** für den Angeklagten beinhalten[128] und sind in diesem Fall mit der Beschwer **anfechtbar.**[129] Die damit verbundene praktische Konsequenz einer Verzögerung des beschleunigten Verfahrens sollte allerdings nicht der hier vertretenen Auffassung angelastet werden: Sie ist eine unvermeidbare Folge der gesetzlichen Regelung des insoweit wenig geglückten beschleunigten Verfahrens. Aber auch die hier abgelehnte Auffassung dient nicht notwendig der Verfahrensbeschleunigung: Scheidet die Beschwerdefähigkeit nach § 305 aus, so können § 336 und auch § 338 Nrn. 5, 8 zur Aufhebung des Urteils und damit zu einer erheblich längeren Verfahrensverzögerung führen (s. dazu u. Rn. 58).

57 **b) Berufung und Revision.** Gegen das im beschleunigten Verfahren ergehende **Urteil** stehen die normalen Rechtsmittel zur Verfügung. Ob und wie damit eine fehlerhafte Anwendung des § 418 Abs. 4 gerügt werden kann, wird unterschiedlich beurteilt.

58 **aa) Revisibler Verfahrensverstoß.** Die entgegen § 418 Abs. 4 **unterbliebene** Verteidigerbestellung stellt einen revisiblen Verfahrensverstoß dar, welcher einen **absoluten Revisionsgrund** nach § 338 Nr. 5 bildet[130] und auf **Sprungrevision** zur Aufhebung des amtsgerichtlichen Urteils und zur Zurückverweisung nach § 354 Abs. 2 an das Amtsgericht führt, welches entweder weiter nach den §§ 417 ff. prozediert[131] und dann nach § 418 Abs. 4 einen Pflichtverteidiger bestellt oder aber, wenn es die Voraussetzungen für die Durchführung des beschleunigten Verfahrens nicht mehr als gegeben erachtet, nach § 419 Abs. 2, 3 verfährt.[132] Die nach § 418 Abs. 4 **fehlerhaft** vorgenommene **Bestellung** stellt lediglich einen nach § 337 revisiblen Verfahrensverstoß dar, der zu den gleichen Folgen führt (Aufhebung, Zurückverweisung und Entscheidungsfreiheit hinsichtlich fehlerfreier Verteidigerbestellung oder aber Verfahren nach § 419 Abs. 2 und 3).

---

124 Im Ergebnis wie hier OLG Celle NStZ **1988** 39; SK/*Paeffgen* 23; *Ernst* Handhabung Bochum 110 f.

125 So aber Meyer-Goßner/*Schmitt* 16; gegen ihn *Ernst* StV **2001** 367, 370.

126 KK/*Graf* 17; Meyer-Goßner/*Schmitt* 16; *Pfeiffer* 4.

127 LR/*Matt*[25], § 305, 16; vgl. auch Meyer-Goßner/*Schmitt* § 305, 1.

128 LR/*Matt*[25], § 305, 29; Meyer-Goßner/*Schmitt* § 305, 5.

129 LR/*Jahn* § 140, 129 ff., § 142, 38; SK/*Paeffgen* 23; *Ernst* StV **2001** 367, 370.

130 OLG Düsseldorf StraFo **1999** 353; OLG Karlsruhe StraFo **1999** 240; OLG Braunschweig StV **2006** 519; KK/*Graf* 18.

131 **A.A.** AK/*Loos* 18, der in diesem Fall den Beschleunigungseffekt nicht mehr für erreichbar hält, was in dieser Allgemeinheit nicht zutreffen dürfte, und folglich nur die Regeln des Normalverfahrens für anwendbar hält.

132 Meyer-Goßner/*Schmitt* 17.

bb) Berufung. Mit der Berufung können die fehlerhafte wie auch die unterbliebene Verteidigerbestellung deshalb **nicht** erfolgreich angefochten werden, weil die Vorschriften über das beschleunigte Verfahren und damit auch § 418 Abs. 4 unanwendbar sind[133] und eine Zurückverweisung an das Amtsgericht durch § 328 ausgeschlossen ist.[134] 59

§ 419
Entscheidung des Gerichts; Strafmaß

(1) [1]Der Strafrichter oder das Schöffengericht hat dem Antrag zu entsprechen, wenn sich die Sache zur Verhandlung in diesem Verfahren eignet. [2]Eine höhere Freiheitsstrafe als Freiheitsstrafe von einem Jahr oder eine Maßregel der Besserung und Sicherung darf in diesem Verfahren nicht verhängt werden. [3]Die Entziehung der Fahrerlaubnis ist zulässig.

(2) [1]Die Entscheidung im beschleunigten Verfahren kann auch in der Hauptverhandlung bis zur Verkündung des Urteils abgelehnt werden. [2]Der Beschluß ist nicht anfechtbar.

(3) Wird die Entscheidung im beschleunigten Verfahren abgelehnt, so beschließt das Gericht die Eröffnung des Hauptverfahrens, wenn der Angeschuldigte einer Straftat hinreichend verdächtig erscheint (§ 203); wird nicht eröffnet und die Entscheidung im beschleunigten Verfahren abgelehnt, so kann von der Einreichung einer neuen Anklageschrift abgesehen werden.

Schrifttum

Vgl. Vor § 417.

Entstehungsgeschichte

Die Vorschrift hatte einen Vorläufer in § 30 der ZustVO, allerdings ohne Begrenzung der Strafgewalt im beschleunigten Verfahren (vgl. Entstehungsgeschichte Vor § 417) und wurde durch Art. 3 I Nr. 95 des VereinhG als § 212b übernommen. Die seitherigen Änderungen durch Art. 3 Nr. 2 des 1. StraßenVSichG, Art. 9 Nr. 9 des 1. StrRG, Art. 21 Nr. 61 in der Fassung des EGStGB 1974 und Art. 1 Nr. 67 des 1. StVRG brachten im Wesentlichen terminologische Änderungen zur Anpassung an neue gesetzliche Vorschriften (vgl. dazu die Darlegungen in der 24. Auflage dieses Kommentars zur Entstehungsgeschichte des § 212b). Das VerbrBekG übernahm die Norm des § 212b a. F. teilweise in den heutigen § 419. Absatz 1, behält im Wesentlichen den Inhalt des § 212b Abs. 1 a. F. bei. Er „verlängert" aber gleichsam § 417 durch die der Regelung im Strafbefehlsverfahren in § 408a Abs. 2 entsprechende Klarstellung,[1] dass das Gericht dem Antrag der Staatsanwaltschaft nach § 417 dann zu entsprechen hat, wenn sich die Sache zur Verhandlung im beschleunigten Verfahren eignet. Absatz 2 des § 419 übernimmt § 212b Abs. 2 a. F. bis auf eine terminologische Anpassung an § 417 unverändert. Das weitere Verfahren nach Ablehnung des Antrags auf Entscheidung im beschleunigten Verfahren wird in § 419 Abs. 3

---

133 AK/*Loos* 18; **a.A.** Meyer-Goßner/*Schmitt* 17: das Berufungsgericht bestellt einen Verteidiger, konsequent von seinem Standpunkt der Fortgeltung der §§ 417 ff. auch in der Berufungsinstanz. Vor § 417, 33 ff.
134 Meyer-Goßner/*Schmitt* 17; *Ernst* StV **2001** 367, 370.
1 BT-Drucks. **12** 6853 S. 36.

https://doi.org/10.1515/9783110765540-018

gegenüber der alten Regelung in § 212b Abs. 3 a. F. neu geregelt. Die **gesetzliche Überschrift** „Entscheidung des Gerichts; Strafmaß" wurde mit Wirkung vom 25.7.2015 eingeführt durch Art. 1 Nr. 13 Gesetz zur Stärkung des Rechts des Angeklagten auf Vertretung in der Berufungsverhandlung und über die Anerkennung von Abwesenheitsentscheidungen in der Rechtshilfe vom 17.7.2015.[2]

Übersicht

I. Aufbau der Vorschrift und Grundgedanken

1 Die Vorschrift verdeutlicht die **Bindung des Gerichts** an das vom Gesetzgeber geschaffene beschleunigte Verfahren für den Fall, dass seine Voraussetzungen vorliegen. Sie stellt zugleich **Schranken hinsichtlich der zulässigen Rechtsfolgen** auf und klärt, dass die rechtsstaatlich heikle Annahme der Eignung des Falles für das beschleunigte Verfahren einer fortlaufenden Prüfung unterliegt. Der Versuch, ein vereinfachtes, auf wesentliche Förmlichkeiten verzichtendes Verfahren durchzuführen, darf – und muss (siehe Rn. 20 f.) – immer dann abgebrochen werden, wenn sich erweist, dass mit ihm das Ziel des Strafverfahrens nicht mehr zu erreichen ist, in justizförmiger Weise eine der Wahrheit möglichst nahekommende, gerechte Entscheidung herbeizuführen.

2 BGBl. 2015 I S. 1332, 1344.

Absatz 1 Satz 1 bezeichnet als **generelle Voraussetzung** der Durchführung des beschleunigten Verfahrens abermals die „**Eignung** der Sache", die wie in § 417 zu verstehen ist.[3] Aus Absatz 2 Satz 1 ergibt sich, dass eben diese Voraussetzung bis zum Ende der erstinstanzlichen Hauptverhandlung vorliegen muss (näher Rn. 20 f.). In Absatz 1 Satz 2 und 3 enthält die Vorschrift außerdem eine Begrenzung des Sanktionsrahmens für das beschleunigte Verfahren (zu ihr sogleich Rn. 3 ff.), welche die zentrale zusätzliche Festlegung des § 419 enthält, die auch die Eignung der Sache mittelbar präzisiert – **Sachverhalte, die eine weitergehende Sanktionserwartung auslösen, sind ungeeignet.** Zu den Folgen mangelnder Eignung bestimmen Absatz 1 Satz 1 und Absatz 2 Satz 1, dass das Gericht die Aburteilung im beschleunigten Verfahren „abzulehnen" hat. Aus Absatz 2 Satz 2 ergibt sich die Unanfechtbarkeit dieser Ablehnung. Absatz 3 bestimmt das weitere Verfahren nach Erlass des Ablehnungsbeschlusses und hiermit insbesondere, dass selbst bei einer unterbleibenden Eröffnung des Normalverfahrens abweichend von § 211 kein Strafklageverbrauch eintritt. 2

II. Begrenzung des Sanktionsrahmens

1. Grenzen der Rechtsfolgenfestsetzung

a) Hauptstrafen. Zulässig ist im beschleunigten Verfahren die Verhängung von Freiheitsstrafen bis zu einem Jahr sowie von Geldstrafen bis zu der unter Beachtung des § 43 StGB bestehenden Obergrenze von 360 Tagessätzen[4] (§§ 40, 54 Abs. 2 Satz 2 StGB). Eine Freiheitsstrafe, die ein Jahr überschreitet, darf als Entscheidung im beschleunigten Verfahren[5] auch dann nicht ausgesprochen werden, wenn es sich um eine **Gesamtstrafe** handelt, bei der die im beschleunigten Verfahren verhängte Einzelstrafe unter einem Jahr liegt:[6] Die mit dem beschleunigten Verfahren verbundenen Gefahren für eine ausreichende Verteidigung des Beschuldigten[7] verbieten eine Überschreitung des Sanktionsrahmens auch im Wege der **Gesamtstrafenbildung.**[8] Dass diesem Ergebnis „gewichtige Gründe" deshalb entgegenstehen sollen, weil in eine im Normalverfahren festgesetzte Gesamtstrafe auch eine im beschleunigten Verfahren verhängte Einzelstrafe nach § 55 StGB einbezogen werden könne und überdies in den Fällen der Verfahrensverbindung „die für das beschleunigte Verfahren geltenden besonderen Vorschriften nicht auf das ganze Verfahren ausgedehnt"[9] werden, kann indessen nicht überzeugen. Entscheidend ist allein, ob die **Gesamtstrafe im beschleunigten Verfahren** mit seinen **Gefahren** für eine ausreichende Verteidigung verhängt wird; dies geschieht in beiden vom Bundesgerichtshof erwähnten Fällen gerade 3

---

3 § 417, 25 ff.

4 KK/*Graf* 3; SK/*Paeffgen* 4 f.; **a.A.** LR/*Rieß*[24] § 212b, 2: die jeweils nach dem Gesetz zulässige höchste Geldstrafe kann verhängt werden, nach § 54 Abs. 2 Satz 2 StGB also 720 Tagessätze, dies jedoch, ohne § 43 StGB zu berücksichtigen.

5 Zu den sich aus einer Verfahrensverbindung insoweit ergebenden Konsequenzen s. Vor § 417, 43 f.

6 OLG Hamm JMBlNW **1979** 59; OLG Celle NStZ **1983** 233; KK/*Graf* 3; Meyer-Goßner/*Schmitt* 1; SK/*Paeffgen* 4; AnwK-StPO/*Böttger* 4.

7 Vor § 417, 14 ff., 53 ff.

8 *Jostes* 199 f.; *Kohler* 29; *Ranft* Jura **2003** 382, 384 und NStZ **2004** 424, 430; *Schweckendieck* NStZ **1989** 486.

9 So aber in einem *obiter dictum* BGHSt **35** 251, 254, und diesem zust. OLG Oldenburg NdsRpfl. **1989** 13 f.; *Ernst* Handhabung Bochum 65 ff.; im Erg. dem BGH zustimmend *Köckerbauer* NJW **1990** 170 f.

nicht,[10] wohl aber in dem hier behandelten Fall, in dem das Amtsgericht eine anderweitig verhängte Freiheitsstrafe in die im beschleunigten Verfahren verhängte Freiheitsstrafe einbezieht und *dabei* den Sanktionsrahmen des § 419 Abs. 1 Satz 2 und 3 überschreitet. Ebenso wenig spricht gegen das gefundene Ergebnis die Erwägung, „was dem Beschlußrichter erlaubt" sei, könne „dem Tatrichter nicht verwehrt"[11] sein: Bei diesem Argument bleibt unberücksichtigt, dass der sog. Beschlussrichter im Gegensatz zum Tatrichter gerade nicht im beschleunigten Verfahren entscheidet, und dass der Tatrichter des beschleunigten Verfahrens, erkennt er die Notwendigkeit einer Gesamtstrafenbildung jenseits der Grenzen des § 419 Abs. 1, die Entscheidung im beschleunigten Verfahren wegen fehlender Eignung der Sache dazu nach § 419 Abs. 2 Satz 1 abzulehnen hat.[12]

4 **b) Maßregeln.** Unter den mittlerweile zahlreichen Maßregeln ist allein die **Entziehung der Fahrerlaubnis** (§ 69 StGB) zulässig. Dies gilt, anders als im Strafbefehlsverfahren (§ 407 Abs. 2 Nr. 2), ohne eine Obergrenze. Wegen der weitreichenden Folgen für den Beschuldigten sollte allerdings bei einer unbefristeten Entziehung der Fahrerlaubnis (§ 69a Abs. 1 Satz 2 StGB) im Hinblick auf die unverzichtbare Erforschung der Persönlichkeit des Betroffenen die Eignung des beschleunigten Verfahrens besonders sorgfältig geprüft[13] werden. Im Ergebnis unzulässig ist damit neben der Anordnung freiheitsentziehender Maßregeln der Besserung und Sicherung auch die Anordnung der Führungsaufsicht und des Berufsverbots (§§ 68, 70 StGB).

5 **c) Sonstige Rechtsfolgen.** § 419 Abs. 1 **schränkt** die Kompetenz zur Verhängung von Rechtsfolgen hinsichtlich der Freiheitsstrafe (über § 43 StGB auch der Geldstrafe, vgl. o. Rn. 3) und der Maßregeln **ein.** Im Übrigen stellt das Gesetz **grundsätzlich** aber keine Schranken auf, es sei denn, die Anordnung sonstiger Sanktionen ist an die Verhängung einer nach § 419 Abs. 1 Satz 2 oder 3 unzulässigen Strafe oder Maßregel geknüpft: So kam die frühere **Vermögensstrafe** nach § 43a StGB a. F. schon vor der Nichtigkeitserklärung durch das Bundesverfassungsgericht[14] schon deshalb **nicht** in Betracht, weil sie nur neben einer lebenslangen oder einer zwei Jahre überschreitenden Freiheitsstrafe zulässig war. Die **Einziehung** (§§ 73 ff. StGB), die **Nebenstrafe** des Fahrverbots (§ 44 StGB) und auch **Nebenfolgen** (§ 45 StGB) **können** nach der gesetzlichen Regelung hingegen im beschleunigten Verfahren **ausgesprochen**[15] werden, soweit sie nicht schon von Amts wegen (vgl. § 45 Abs. 1 StGB) eintreten. Auch die **Verwarnung** mit Strafvorbehalt (§ 59 StGB) und das **Absehen** von Strafe (§ 60 StGB) werden durch Absatz 1 Satz 2 per se nicht ausgeschlossen.[16] Kommen diese strafrechtlichen Reaktionen in Betracht, wird der Sachverhalt aber oft nicht einfach sein und sich deshalb das beschleunigte Verfahren nicht eignen.

---

10 Wohl aber bei der Einbeziehung von in Normalverfahren verhängten Einzelstrafen in eine im beschleunigten Verfahren verhängte Einzelstrafe, wie es das OLG Oldenburg NdsRpfl. **1989** 13 f. für zulässig gehalten hat, jedoch ohne die mit der Entscheidung im beschleunigten Verfahren verbundenen Nachteile zu berücksichtigen; gegen OLG Oldenburg a. a. O. auch *Schweckendieck* NStZ **1989** 486.

11 *Köckerbauer* NJW **1990** 170, 171.

12 Dazu näher § 417, 34.

13 KK/*Graf* 4; teilweise **anders** SK/*Paeffgen* 6, der die unbefristete Entziehung für unzulässig hält.

14 BVerfG 2 BvR 794/95 (BGBl. I S. 1340).

15 KK/*Graf* 3; KMR/*Metzger* 7; Meyer-Goßner/*Schmitt* 1; SK/*Paeffgen* 5.

16 **A.A.** SK/*Paeffgen* 5.

2. Rechtliche Natur. Der Strafbann des § 419 Abs. 1 Satz 2 und 3 wird bis heute oftmals als eine **Prozessvoraussetzung** für das beschleunigte Verfahren angesehen.[17] Diese Auffassung wurde einmal auf den engen Zusammenhang mit den allgemein anerkannten Prozessvoraussetzungen der sachlichen Zuständigkeit[18] gestützt. Zudem hat das OLG Celle vertreten, ein Amtsgericht habe mit der Überschreitung des Strafbanns „auf eine Rechtsfolge wie in einem Regelverfahren erkannt, ohne dass jedoch der dafür als Verfahrensvoraussetzung notwendige Eröffnungsbeschluss" vorhanden gewesen sei.[19] *Schröer* will die Natur des Strafbanns als Verfahrensvoraussetzung aus der inhaltlichen Bestimmung des Begriffs der Prozessvoraussetzung herleiten.[20] 6

Gegen diese Sicht der Dinge haben aber insbesondere der **5. Strafsenat des BGH** und *Gössel* in der Vorauflage Einwände erhoben und die These aufgestellt, dass ein gerade durch das Urteil eintretendes Verfahrenshindernis, das letztlich die vorherige Verfahrensführung nachträglich unzulässig mache, nicht in Betracht komme.[21] Hier wird geltend gemacht, dass der Strafbann des § 419 Abs. 1 Satz 2 und 3 keine Bestimmung über die sachliche Zuständigkeit betreffe, solange das Gericht seine Strafgewalt nach § 24 Abs. 2 GVG nicht überschreitet.[22] Auch dem OLG Celle könne nicht gefolgt werden, weil der zum Übergang vom beschleunigten Verfahren ins Normalverfahren notwendige Eröffnungsbeschluss nach § 419 Abs. 3 die vorherige Ablehnung der Entscheidung im beschleunigten Verfahren ausdrücklich voraussetze.[23] 7

Vorzugswürdig ist es hingegen, ein **von Amts wegen auch in Rechtsmitteln zu prüfendes Verfahrenshindernis** anzuerkennen.[24] Bereits *Gössel* hat zutreffend geltend gemacht, dass der Strafbann mit der Eignung zur Durchführung des beschleunigten Verfahrens in einer engen Verbindung steht.[25] Die mögliche Wahrung des Strafbanns ist ein **Kriterium der Geeignetheit** der Sache zur Entscheidung im beschleunigten Verfahren.[26] Diese Eignung ist aber schon ausweislich § 417 eine besondere Verfahrensvoraussetzung der einschlägigen Verfahrensart. Selbst wenn man nun davon ausgehen wollte, dass die Annahme der Geeignetheit nicht revisibel sei oder nur einer nachträglichen Vertretbarkeitskontrolle unterliegt, muss doch das nachträgliche evidente Dementi der Eignung des Falles durch den Rechtsfolgenausspruch beachtet werden: Das Gericht selbst gibt verbindlich zu erkennen, dass die Prozessvoraussetzung mindestens im Zeit- 8

17 BayObLGSt **1997** 15, 16; OLG Celle NStZ **1983** 233 mit abl. Anm. *Treier*; OLG Hamm JR **1978** 120, 121 mit Anm. *Meyer-Goßner*; *Meyer-Goßner* JR **1984** 75, 76; LR/*Rieß*[24] § 212b, 5 und 22; Meyer-Goßner/*Schmitt* 16; SK/*Paeffgen* 15; MüKo/*Putzke*/*Scheinfeld* 24; *Ranft* Rn. 2344; *Schröer* 201; siehe schon OLG Köln GA **1971** 27 zum Strafbann des § 233.

18 So OLG Celle NStZ **1983** 233; OLG Hamm JR **1978** 121 im Anschluss an OLG Köln GA **1971** 28, welches die Natur des Strafbanns des § 233 als Prozessvoraussetzung zusätzlich auf die Anwesenheitspflicht des Angeklagten stützt, die ebenfalls als Prozessvoraussetzung angesehen wird.

19 So OLG Celle NStZ **1983** 233.

20 *Schröer* 200 f.: Verfahrenshindernis hinsichtlich der weiteren Durchführung des beschleunigten Verfahrens in der Berufungsinstanz.

21 Vgl. z.B. BGHSt **35** 251, 255; OLG Oldenburg NStZ **1987** 90, 91; LR/*Gössel*[26] 7 ff.; KMR/*Metzger* 3; *Schlüchter*/*Fülber*/*Putzke* 113; i.E. so auch KK/*Graf* 20: keine Berücksichtigung von Amts wegen in der Revisionsinstanz.

22 BGHSt **35** 251, 255; OLG Oldenburg NStZ **1987** 90, 91; *Treier* NStZ **1983** 234; *Schröer* 200.

23 LR/*Gössel*[26] 7.

24 OLG Celle NStZ **1983** 233; HK/*Zöller* 12.

25 LR/*Gössel*[26] 9. S. auch schon zur Eignung als Prozessvoraussetzung Meyer-Goßner/*Schmitt* 16; ebenso *Meyer-Goßner* JR **1984** 75, 76 f.; SK/*Paeffgen* 15; vgl. ferner *Schröer* 84 und 201.

26 § 417, 26, 34 f.

punkt der Urteilsfällung nicht mehr bestanden haben kann. In dieser nachträglichen Offenbarung liegt zwar, worauf der BGH kritisch verwiesen hat, eine Novität, die bei der Anerkennung von Verfahrenshindernissen sonst nicht auftritt.[27] Eine ungewöhnliche und anerkannte Grundsätze durchbrechende Verfahrensform liegt aber schon im beschleunigten Verfahren selbst. Angesichts der empfindlichen verfahrensrechtlichen Einschnitte, die mit dem beschleunigten Verfahren verbunden sind,[28] kommt man nicht umhin, die Leugnung der besonderen Prozessvoraussetzung der Eignung der Sache zur Kenntnis zu nehmen, sobald sie – wie hier – unzweifelhaft feststeht.

9 Dass das Tatgericht insoweit vielleicht nur eine unzutreffende Rechtsfolgenbemessung vorgenommen haben mag, während die Eignung durchaus vertretbar oder gar überzeugend zu bejahen war, führt bei alledem zu nichts anderem. Nach einem letztlich flagranten Rechtsfehler wie der Übertretung der unmissverständlichen Schranke des § 419 Abs. 1 Satz 2, die auch an der Legitimation der Verfahrensform schlechthin Anteil hat,[29] lässt sich dem betroffenen Bürger das rechtsbeschränkende Sonderverfahren der §§ 417 ff. nicht länger aufdrängen.[30] Allein die etwaige Vertretbarkeit einer Sanktion, die noch im Strafbann liegt, macht das exzessiv angewendete beschleunigte Verfahren nicht ungeschehen.

3. Folgen einer Missachtung des Strafbanns durch das Amtsgericht

10 **a) Verfahren in der Berufungsinstanz.** Die sich aus einer **Überschreitung** des **Strafbanns** durch das **Amtsgericht** ergebenden Folgen für die Entscheidung des Berufungsgerichts sind Gegenstand einer Kontroverse, die zum Teil auf unterschiedlichen Auffassungen über die rechtliche Natur des Strafbanns beruht.[31]

11 **aa)** Der **5. Strafsenat des BGH**, der in der Rechtsfolgenbegrenzung des § 419 Abs. 1 keine Prozessvoraussetzung erblickt, hält es für zulässig, dass das **Berufungsgericht** die **Rechtsfolgen unter Beachtung des in § 419 Abs. 1 normierten Strafbanns selbst** nach § 328 Abs. 1 eigenständig **festsetzt.**[32] Er sieht das Berufungsgericht dabei unter Zustimmung eines Teils der Literatur an den Rechtsfolgenbann des (heutigen) § 419 Abs. 1 gebunden.[33]

12 Wenn das Berufungsgericht die vom Amtsgericht festgesetzten, den Strafbann des beschleunigten Verfahrens jedoch übersteigenden Rechtsfolgen selbst als gerechtfertigt oder sogar als nicht ausreichend erachtet, kann diese Lösung als unbefriedigend empfunden werden. Bisweilen wird im **Schrifttum** deshalb angenommen, das Berufungsge-

---

27 BGHSt **35** 251, 255: „Ein Verfahrenshindernis [...] fände in den sonstigen anerkannten Verfahrenshindernissen keine Entsprechung". Es „leuchtet [...] nicht ein, daß der Strafrichter durch den Inhalt seiner Sachentscheidung einen Umstand geschaffen haben soll, der dem Ergehen eben dieses Sachurteils hätte entgegenstehen müssen.".

28 Für ein Prozesshindernis gerade mit dem Argument des schwerwiegenden Verfahrensmangels *Schröer* 200 f. S. auch LR/*Gössel*[26] 8: gewichtiger Verfahrensfehler (i.E. dann aber abl.). S. auch SK/*Paeffgen* 15.

29 S. Vor § 417, 23.

30 S. auch schon Vor § 417, 14 ff.

31 Dazu schon Rn. 6 ff. und § 417, 41 ff.

32 BGHSt **35** 251, 253, 255; OLG Oldenburg NStZ **1987** 90, 92; *Schlüchter/Fülber/Putzke* 113; hierfür auch LR/*Gössel*[26] 13 f.

33 I.E. so auch Meyer-Goßner/*Schmitt* 17. Siehe aber den Fall offenlassend, in dem das Berufungsgericht eine weitergehende Bestrafung befürwortet, BGHSt **35** 251, 255; eher gegen eine Bindung interpretiert die Entscheidung *Köckerbauer* NJW **1990** 170, 171.

richt sei nicht an den Strafbann gebunden und könne im Rahmen des § 24 GVG und des § 331 die Übertretung des § 419 Abs. 1 sogar bestätigen.[34]

Letztere Auffassung ist zwar nicht schon deshalb verfehlt, weil die §§ 417 ff. nach einer Verhandlung im beschleunigten Verfahren automatisch auch im Berufungsverfahren gelten würden.[35] Die Frage nach einer etwaigen Bindung des **Berufungsgerichts** an die in § 419 Abs. 1 normierte Rechtsfolgenbegrenzung hängt indessen nicht ausschließlich von der Fortgeltung der §§ 417 ff. in der Berufung ab. Aus ihrer mangelnden Geltung folgt nicht notwendig die Freiheit der Kleinen Strafkammer zur Festsetzung von Rechtsfolgen über die Grenzen des § 419 Abs. 1 Satz 2 und 3 hinaus. Vielmehr ist eine Bindung an den Rechtsfolgenbann im Ergebnis überzeugend: Würde das Berufungsgericht eine Rechtsfolge festsetzen, die den von § 419 Abs. 1 gezogenen Rahmen überschreitet, so würde es damit zugleich die Eignung verneinen, die der ersten Instanz zugrunde lag. Der auf Beschleunigung bedachte Rechtsstaat muss sich hier an seiner Erstbeurteilung festhalten lassen, die dem Beschuldigten ein erstes Normalverfahren entzogen hat. Aus diesem Grunde darf das **Berufungsgericht** den für das nur erstinstanzliche beschleunigte Verfahren vorgesehenen **Sanktionsrahmen nicht überschreiten.** Dies gilt auch dann, wenn das Gericht auf die Berufung der Staatsanwaltschaft eine höhere Strafe für erforderlich hält; sie kann folglich bei einer Strafmaßberufung der Staatsanwaltschaft zum Nachteil des Angeklagten den Rechtsfolgenausspruch nur erhöhen, sofern der Sanktionsrahmen des § 419 Abs. 1 hierfür noch einen Spielraum lässt. 13

bb) Vorzugswürdig ist jedoch nicht nur eine fortwährende Bindung an § 419 Abs. 1. Die **Rechtsfolgenbegrenzung** ist ein **Merkmal der Eignung der Sache zur Entscheidung im beschleunigten Verfahren**, in der eine verfahrensspezifische Prozessvoraussetzung liegt.[36] Erkennt das Berufungsgericht, dass die Eignung unvertretbar angenommen wurde, muss es das amtsgerichtliche Urteil aufheben und die Zurückverweisung der Sache an das Amtsgericht zur Entscheidung anweisen.[37] 14

b) Verfahren in der Revisionsinstanz

aa) Sprungrevision. Die Norm des § 419 Abs. 1 Satz 2 begrenzt schon die dem materiellen Recht zugehörige Strafzumessung, ihre Verletzung ist überdies aber von Amts wegen infolge eines anzunehmenden Verfahrenshindernisses zu beachten (dazu schon Rn. 7 ff.). Nach einer oft vertretenen Gegenauffassung ist hingegen eine Geltendmachung im Wege der **Verfahrensrüge**[38] erforderlich; manche Autoren wollen auch die **Sachrüge**[39] genügen lassen. 15

bb) Revision gegen das Berufungsurteil. Hat **nur** die Kleine **Strafkammer** den **Sanktionsrahmen** in einem Normalverfahren **überschritten**, nicht aber das Amtsgericht, so ist das Berufungsurteil aufzuheben und die Sache nach § 354 Abs. 2 zurückzuverweisen. Haben **sowohl** das **Amtsgericht** als auch das **Berufungsgericht** über § 419 Abs. 1 Satz 2 und 3 hinausgehende Rechtsfolgen festgesetzt, so sind beide vorausgegan- 16

---

34 So KK/*Graf* 19; KMR/*Metzger* 38; MüKo/*Putzke*/*Scheinfeld* 46; *Ranft* NStZ **2004** 424, 430 f.

35 Dazu schon Vor § 417, 33 ff.

36 S. § 417, 37 f. und o. Rn. 8.

37 OLG Celle NStZ **1983** 233 f.; SK/*Paeffgen* 16 f.; HK/*Zöller* 12; Meyer-Goßner/*Schmitt* 14, diesem folgend *Schröer* 201 f.: § 328 Abs. 2 sei nicht betroffen, § 419 Abs. 3 spreche für die Verweisung.

38 So etwa *Treier* NStZ **1983** 234; LR/*Gössel*[26] 44; offenlassend aber BGHSt **35** 251, 256.

39 So *Wagner* JR **1983** 304; LR/*Gössel*[26] 14; dagegen aber schon Meyer-Goßner/*Schmitt* 18; KMR/*Metzger* 48.

genen Entscheidungen aufzuheben und die Sache an das Gericht des ersten Rechtszuges zurückzuverweisen.[40]

III. Die Durchführung des beschleunigten Verfahrens

17 Eine gesetzliche Regelung für den Fall der Stattgabe des Antrags nach § 417 und damit der Durchführung des beschleunigten Verfahrens existiert nicht. Der im Normalverfahren vorgesehene Eröffnungsbeschluss entfällt im beschleunigten Verfahren, so dass die **Stattgabe formlos** erfolgt und in der **Bestimmung** eines **Termins** zur Hauptverhandlung[41] zu erblicken ist. Nach diesem Zeitpunkt ist so lange nach den Regeln des beschleunigten Verfahrens zu prozedieren, bis ein Ablehnungsbeschluss nach § 419 Abs. 2 ergeht.

IV. Der Ablehnungsbeschluss

18 **1. Grundsatz.** § 212b Abs. 1 Satz 1 a. F. schrieb lediglich negativ die Ablehnung der „Aburteilung im beschleunigten Verfahren" für den Fall der Nichteignung der Sache zur Verhandlung im beschleunigten Verfahren vor. Zur Förderung der Anwendung dieser Verfahrensart legt § 419 Abs. 1 Satz 1 dem Gericht die **Pflicht** auf, dem Antrag der Staatsanwaltschaft nach § 417 zu entsprechen, „wenn sich die Sache zur Verhandlung in diesem Verfahren eignet". Diese Änderung hat aber nicht zu einer vermehrten Anwendung geführt, was angesichts der weiter entscheidenden Ausdifferenzierung des zentralen Eignungsbegriffs nicht überrascht. Die Zweifel an der Sinnhaftigkeit und Legitimität der §§ 417 ff. können in der Eignungsfrage berücksichtigt werden; ein Rechtsbehelf ist nicht vorgesehen (Rn. 43).

19 **2. Prüfungspflicht des Gerichts.** Der Zusammenhang der Absätze 1 und 2 des § 419 lässt erkennen, dass eine Ablehnung der Entscheidung im beschleunigten Verfahren in erster Linie bei fehlender **Eignung** der Sache zur Verhandlung **in gerade dieser Verfahrensart** in Betracht kommt. Eine Ablehnung nach § 419 Abs. 2 ist aber darüber hinaus auch dann geboten, wenn der Durchführung des beschleunigten Verfahrens Gründe entgegenstehen, die schon die Durchführung des Normalverfahrens hindern. Solche Hindernisse, die auch als Elemente einer **Eignung im weiteren Sinne** bezeichnet werden mögen, sind das Fehlen eines hinreichenden Tatverdachts und von allgemeinen Prozessvoraussetzungen, insbesondere der Zuständigkeit.

20 **a) Eignung.** Die Eignung der Sache zur Verhandlung im beschleunigten Verfahren kann nur dann verneint werden, wenn einer der **Gründe** vorliegt, welche diese Eignung ausschließen; s. im Einzelnen dazu § 417, 25 ff. Weil jede Nichteignung die Erreichung des Verfahrenszwecks gefährdet, ist die Eignungsprüfung eine bis zum Erlass des Urteils **andauernde Pflicht des Gerichts.**[42] Wird erst während des Verfahrens die mangelnde Eignung erkennbar, so muss das Gericht dieses Verfahren abbrechen. Zur Bejahung oder Verneinung der Eignung zur Verhandlung im beschleunigten Verfahren wird dem Gericht entgegen dem missverständlichen Wortlaut des § 419 Abs. 2 Satz 1 nicht etwa ein

---

40 Vgl. OLG Oldenburg NStZ **1987** 90, 92.
41 § 418, 3.
42 KMR/*Metzger* 10; vgl. auch *Jostes* 179.

Ermessen eingeräumt.[43] Vielmehr handelt es sich bei der Eignung um einen **unbestimmten Rechtsbegriff**, der allerdings im Rechtsmittelverfahren als solcher nur partiell überprüft werden kann.[44]

Die fehlende Eignung kann sich damit erst **nachträglich** ergeben, namentlich durch die Beweisaufnahme in der Hauptverhandlung. Dies kann beispielsweise der Fall sein, wenn die Beweisaufnahme Umstände zu Tage fördert, die zu einer wesentlichen Komplikation des Sachverhalts führen (etwa die Möglichkeit, dass Rechtfertigungs- oder Schuldausschließungsgründe vorliegen) oder eine im beschleunigten Verfahren unzulässige Rechtsfolge wahrscheinlich machen. Entsprechende Sachverhalte können auch aus gestellten Beweisanträgen folgen.[45] Allerdings schließen Beweisschwierigkeiten, die durch eine kurzfristige Unterbrechung der Hauptverhandlung beseitigt werden können, die Eignung nicht ohne weiteres aus. 21

b) Hinreichender Tatverdacht und Prozessvoraussetzungen. Den hinreichenden Tatverdacht und die Prozessvoraussetzungen hat das Gericht ebenfalls zu prüfen (§ 418, 6 ff., 12). Erweist sich hier ein Mangel, führt dies grundsätzlich (zu Ausnahmen s. u. Rn. 23) zum Wegfall der Eignung im weiteren Sinne und damit zur Ablehnung nach § 419 Abs. 2.[46] Weil ein Zwischenverfahren nicht durchgeführt wird, kann auch nicht etwa analog § 204 die Nichteröffnung des Hauptverfahrens beschlossen werden.[47] Diese früher umstrittene Frage[48] hat § 419 Abs. 3 in diesem Sinne entschieden. 22

Bei **Freispruchs-** oder **Einstellungsreife** (§ 260 Abs. 3) in der Hauptverhandlung **entfällt** die **Eignung** der Sache zur Aburteilung im beschleunigten Verfahren hingegen **nicht**. Kann der Angeklagte mit den in der Hauptverhandlung verwendeten Beweismitteln nicht überführt werden oder stellt sich das Vorliegen eines (allgemeinen) Verfahrenshindernisses heraus, so ist, wenn eine weitere Aufklärung des Sachverhalts nicht möglich erscheint, durch freisprechendes oder einstellendes Urteil zu entscheiden.[49] Das beschleunigte Verfahren darf nicht allein deshalb abgebrochen werden, um der Staatsanwaltschaft die Möglichkeit einer Verfahrenseinstellung nach § 170 Abs. 2 zu geben. Auch wenn Gericht und Staatsanwaltschaft die Voraussetzungen der **§§ 153, 153a, 154, 154a** für gegeben erachten, ist nach diesen Vorschriften zu verfahren und nicht etwa die Aburteilung im beschleunigten Verfahren abzulehnen.[50] 23

c) Sonstige Fälle. Welche **weiteren Umstände** zur Ablehnung des beschleunigten Verfahrens als ungeeignet i. w. S. führen können, lässt sich angesichts der unterschiedlichen Varianten seiner Durchführung[51] und der Vielfalt der Lebensverhältnisse nicht generalisierend[52] beschreiben. Sie werden umso seltener sein, je mehr das beschleunigte Verfahren im Einzelfall dem Normalverfahren angenähert ist, und umso häufiger, in je größerem Umfang die Reduzierung der für das Normalverfahren vorgeschriebenen 24

43 **A.A.** *Schulz* DAR **1957** 95; *Zimmermann* 170.
44 § 417, 41 ff.
45 S. auch § 420, 20.
46 Vgl. § 418, 5; zu Ausnahmen bei Zuständigkeitskonflikten innerhalb des Amtsgerichts s. § 418, 10.
47 *Jostes* 184 ff.
48 Vgl. dazu LR/*Rieß*[24] § 212a, 17 und Fn. 19 daselbst.
49 Zust. etwa HK/*Zöller* 8.
50 So auch AK/*Loos* 14.
51 Vor § 417, 45 ff.
52 Zu schematisch und undifferenziert *Deumeland* NStZ **1983** 41, der z.B. bei Verstößen gegen ausländerrechtliche Vorschriften das beschleunigte Verfahren generell für unanwendbar hält (aber möglicherweise nur für den Fall mangelnder Deutschkenntnisse).

Förmlichkeiten vorangetrieben wird. Jede erhebliche Gefährdung der Wahrheitsfindung und des Anspruchs auf ein faires Strafverfahren beseitigt die Eignung, so etwa in sog. politischen Verfahren, in denen mit dem beschleunigten Verfahren eine übertriebene Berücksichtigung generalpräventiver Strafzwecke verbunden sein könnte.[53]

3. Inhalt, Form und Zeitpunkt der Ablehnung

25 **a) Inhalt, Beschlussform.** Der Beschluss lautet dahin, dass die Aburteilung im beschleunigten Verfahren **abgelehnt** wird. § 419 Abs. 2 verlangt ausdrücklich einen Beschluss des Gerichts, den der Vorsitzende des Schöffengerichts aber auch **ohne** Beteiligung der **Schöffen** erlassen kann, soweit er ihn **außerhalb** der Hauptverhandlung trifft. Die Entscheidung ist zwar nicht anfechtbar (Absatz 2 Satz 2), wohl aber als Ablehnung eines Antrags zu begründen (§ 34). Sie muss die tragenden Gründe dafür erkennen lassen, warum sich die Sache nicht zur Aburteilung im beschleunigten Verfahren eignet.[54] Ergeht die Entscheidung in der Hauptverhandlung, so ist sie zu verkünden (§ 35 Abs. 1) und außerhalb derselben (formlos) bekanntzumachen (§ 35 Abs. 2). Fehlt es an einem Ablehnungsbeschluss, so liegt ein mit der Verfahrensrüge geltend zu machender Verfahrensverstoß vor: Es fehlt an einer Voraussetzung des für einen etwaigen Übergang in das Normalverfahren nach § 419 Abs. 3, 1. Halbsatz notwendigen Eröffnungsbeschlusses (zum Fehlen des Eröffnungsbeschlusses s. u. Rn. 34).

26 **b) Ausdrücklicher Erlass.** Schon mangels Begründung und Bekanntmachung kann die Ablehnung grundsätzlich **nicht konkludent** ergehen.[55] Etwas **Anderes** gilt indessen, wenn ein beschleunigtes Verfahren durch Beschluss mit einem Normalverfahren verbunden wird: In diesem Fall wird in beiden Verfahren einheitlich nach den Regeln des Normalverfahrens verhandelt.[56] Dies gilt allerdings erst vom Zeitpunkt der Verbindung ab mit der Folge, dass die **Verfahrensverbindung** die Ablehnung nach § 419 Abs. 2 in sich enthält[57] und überdies der „Verbindungsbeschluß konkludent zugleich auch“ die Entscheidung über die Eröffnung des Hauptverfahrens in dem hinzuverbundenen bisherigen beschleunigten Verfahren[58] enthält. Jedoch verlieren die bisher für das hinzuverbundene beschleunigte Verfahren geltenden **besonderen Vorschriften** ihre bereits geäußerte verfahrensrechtliche **Wirkung** nicht, so dass insbesondere eine **Verteidigerbestellung** nach § 418 Abs. 4 auch dann wirksam bleibt, sollte sie nach der Verbindung gemäß den nunmehr geltenden Vorschriften der §§ 140 ff. nicht notwendig sein. Dies erfasst infolge der durch die Verbindung eingetretenen Verfahrensverschmelzung das Gesamtverfahren und nicht etwa nur die bisher allein als beschleunigtes Verfahren geführte Strafsache. Ferner bleibt der Antrag nach § 417 nach wie vor erforderlich, der aber wegen der seit der Verbindung geltenden Regeln des Normalverfahrens nicht mehr rücknehmbar ist: Sonst würde eine Verfahrensvoraussetzung für das bisherige beschleunigte Verfahren entfallen mit der Folge, dass das Verfahren insoweit einzustellen wäre und eben nicht mehr mit einem Normalverfahren verbunden werden könnte. Ein Eröffnungsbeschluss ist jedoch dann erforderlich, wenn das Amtsgericht ohne eine ausdrückliche ablehnende Entscheidung offensichtlich davon ausgeht, dass „eine beschleunigte

---

53 *Lehmann* DRiZ **1970** 289; *Schünemann* NJW **1968** 976.

54 *Zimmermann* 172.

55 KK/*Graf* 11; **a.A.** OLG Düsseldorf NStZ **1997** 613.

56 S. dazu Vor § 417, 43.

57 **A.A.** BayObLGSt **1997** 15.

58 BGHR StPO § 203, Beschluss 5.

Durchführung des Verfahrens nicht möglich war" und es die Sache nach den Regeln des normalen Verfahrens verhandelt.[59]

Ein Aussetzungsbeschluss, mit dem einem Antrag der Staatsanwaltschaft entsprochen wird, „die Sache in das ordentliche Verfahren überzuleiten", ist zwar als solcher unzulässig. Er kann aber in einen Ablehnungsbeschluss **umzudeuten**[60] sein, wenn er die Absicht des Gerichts hinreichend erkennen lässt, das beschleunigte Verfahren nicht weiter fortsetzen zu wollen. 27

c) Ablehnungszeitpunkt. Der Ablehnungsbeschluss kann **frühestens** nach der Antragstellung ergehen; vorher würde er eines Gegenstandes ermangeln. Er ist zulässig und geboten, *sobald* sich die mangelnde Eignung der Sache herausstellt. Deshalb kann der Antrag nach § 417 bereits abgelehnt werden, wenn sich die Nichteignung aus dem Antrag der Staatsanwaltschaft und den beigefügten Akten ergibt. Die Ablehnung kann aber auch auf dem Verteidigungsvorbringen des Beschuldigten, der Beweisaufnahme in der Hauptverhandlung oder der Beratung beruhen. Die **Ablehnungsmöglichkeit endet**, wenn das Gericht mit der Urteilsverkündung begonnen hat (Absatz 2 Satz 1). Ein Ablehnungsbeschluss, der nach diesem Zeitpunkt gefällt wird, ist unwirksam; einer anderweitig erhobenen Anklage steht das Verfahrenshindernis der Rechtshängigkeit im beschleunigten Verfahren entgegen.[61] Zur Ablehnungsmöglichkeit nach Zurückverweisung in der Rechtsmittelinstanz s. Vor § 417, 42. 28

4. Kosten- und Auslagenentscheidung. Eine **Kosten- und Auslagenentscheidung** enthält der Beschluss nicht, da er keine die Untersuchung einstellende Entscheidung darstellt[62] (§ 464 Abs. 1, 2). Ergeht nach dem Ablehnungsbeschluss ein Eröffnungsbeschluss nach Absatz 3, so umfasst die abschließende Kostenentscheidung die Kosten des gescheiterten beschleunigten Verfahrens. Ergeht kein Eröffnungsbeschluss und stellt die Staatsanwaltschaft das Verfahren ein, so ist eine Entscheidung über die notwendigen Auslagen des Beschuldigten nach § 467a möglich. Wird es entgegen der hier vertretenen Auffassung[63] für zulässig erachtet, den Antrag nach § 417 schon vor der Erhebung der Anklage zu stellen und wird dementsprechend die Aburteilung im beschleunigten Verfahren vor Anklageerhebung abgelehnt, so ist § 467a analog[64] anzuwenden. 29

5. Rechtskraft. Die Ablehnung hat ausschließlich den Antrag nach § 417 zum Gegenstand, nicht aber, wie sich schon aus § 419 Abs. 3 ergibt, die von der Staatsanwaltschaft erhobene öffentliche Klage. Dem Ablehnungsbeschluss kann deshalb **keinerlei Rechtskraftwirkung** zukommen, auch nicht im Umfang des beschränkten Strafklageverbrauchs des § 211. **Verbraucht** ist lediglich der **Antrag nach § 417**: Ein **erneuter Antrag** auf Aburteilung im beschleunigten Verfahren ist durch die vom Ablehnungsbe- 30

---

59 OLG Düsseldorf NStZ **1997** 613 f.; die Konsequenzen einschränkend aber OLG Hamburg NStZ-RR **2001** 206 ff. und auch OLG Düsseldorf NJW **2003** 1470 f.

60 OLG Hamburg vom 30.1.1963 – 1 Ss 175/62 –, mitgeteilt bei OLG Hamburg NJW **1966** 1280.

61 OLG Oldenburg JR **1983** 302 mit Anm. *Wagner*.

62 KK/*Graf* 11; Meyer-Goßner/*Schmitt* 8; SK/*Paeffgen* 8.

63 § 417, 11.

64 LG Aachen JMBlNW **1970** 47; AG Wetzlar AnwBl. **1983** 464; *Geisler* NJW **1972** 754; KK/*Graf* 11; **a.A.** AG Geilenkirchen NJW **1970** 2308.

schluss ausgehende **Sperrwirkung** ausgeschlossen.[65] Die Staatsanwaltschaft kann dieser Sperrwirkung des Ablehnungsbeschlusses aber zuvorkommen, indem sie den Antrag auf Aburteilung im beschleunigten Verfahren zurücknimmt, so lange sie dazu noch befugt ist.[66] Die bloße Rücknahme des Antrags hindert seine Wiederholung nicht.

V. Das weitere Verfahren

31 **1. Entscheidungsalternativen.** Die Ablehnung beendet das beschleunigte Verfahren, unabhängig von dem Zeitpunkt, in dem sie ausgesprochen wird. Im Gegensatz zur Rechtslage vor dem VerbrBekG, nach der das Verfahren in allen Fällen der Ablehnung der Entscheidung im beschleunigten Verfahren in das Stadium des staatsanwaltschaftlichen Ermittlungsverfahrens zurückversetzt[67] wurde, zwingt § 419 Abs. 3 das Gericht zu einer **Prüfung** und Entscheidung darüber, ob direkt durch den Erlass eines **Eröffnungsbeschlusses** in das Normalverfahren übergegangen werden kann (sogleich Rn. 32 ff.) oder ob es bei dem Beschluss über die **Ablehnung** der Entscheidung im beschleunigten Verfahren **verbleibt** (dazu unten Rn. 39 ff.).

2. Erlass eines Eröffnungsbeschlusses

a) Überblick

32 **aa) Prüfungsumfang.** Ist das beschleunigte Verfahren mit der Ablehnung endgültig beendet, so prüft das Gericht zunächst, ob einer der Fälle vorliegt, in denen ein Eröffnungsbeschluss **unabhängig** davon nicht erlassen werden kann, ob gegen den Angeschuldigten hinreichender **Tatverdacht** besteht. Dies sind die in den §§ 205, 206a, 209 erwähnten Fälle, in denen Verfahrenshindernisse vorliegen, Prozessvoraussetzungen oder die Eröffnungszuständigkeit fehlen. Hier fehlt es nicht bloß an der Eignung zur Durchführung des beschleunigten Verfahrens, sondern zudem an der Möglichkeit, einen Eröffnungsbeschluss zu erlassen. Deshalb gelten für das **weitere Verfahren** die für die Nichteröffnung des Verfahrens geltenden Regeln (hierzu Rn. 39 ff.).

33 **bb) Hinreichender Tatverdacht.** Liegt keiner dieser Fälle vor, prüft das Gericht das Vorliegen des hinreichenden **Tatverdachts** gegen den Angeschuldigten. **Verneint** es diesen, so ergeht kein Eröffnungsbeschluss und das weitere Verfahren folgt abermals den Regeln, die für den Fall der Nichteröffnung des Verfahrens gelten (dazu erneut Rn. 39 ff.).

34 **Bejaht** das Gericht den **hinreichenden Tatverdacht** gegen den Angeschuldigten, so kann es den nun nach § 419 Abs. 3 zu erlassenden Eröffnungsbeschluss **nur** in dem dafür vorgesehenen **Zwischenverfahren** der §§ 199 ff. erlassen (dazu Rn. 37). Allerdings gestattet § 419 Abs. 3 einen **erleichterten Übergang** in dieses Stadium des Normalverfahrens[68] (näher Rn. 36). Dem Gesetzeswortlaut zufolge setzt der Eröffnungsbeschluss den **vorherigen Erlass** des **Ablehnungsbeschlusses** voraus (Absatz 3, 1. Halbsatz).

---

65 OLG Hamburg vom 30.1.1963 – 1 Ss 175/62 –, mitgeteilt bei OLG Hamburg NJW **1964** 2124; Meyer-Goßner/*Schmitt* 9; *Gössel* § 14 C; *Henkel* 400; **a.A.** mit beachtlichen Gründen *Zimmermann* 175.

66 § 417, 15 ff.

67 Näheres dazu LR/*Rieß*[24] § 212b, 17.

68 BTDrucks. **12** 6853 S. 36.

Ohne diesen ist ein Übergang in das Normalverfahren nicht möglich.[69] Sein Fehlen lässt eine Verfahrensvoraussetzung entfallen und ist deshalb **entgegen der Rechtsprechung von Amts wegen**[70] **zu beachten.**

Weil die erhobene Anklage bisher nicht erschöpft wurde, bleibt die Sache trotz des Ablehnungsbeschlusses **anhängig**; sie wird aber erst mit dem Erlass des Eröffnungsbeschlusses **rechtshängig.**[71] 35

b) Übergang in das Normalverfahren

aa) Erleichterter Übergang. § 419 Abs. 3, 1. Halbsatz **verzichtet** auf den sonst notwendigen **Antrag** der Staatsanwaltschaft auf **Eröffnung** des Hauptverfahrens (§ 199 Abs. 2), so dass es einer etwaigen „Umdeutung des abgelehnten Antrags" nicht bedarf.[72] 36

bb) Verfahren. Darüber hinausgehende Erleichterungen für den Übergang in das Zwischenstadium des Normalverfahrens dürften sich Absatz 3 allerdings **nicht** entnehmen lassen. Der 2. Halbsatz dieser Vorschrift erlaubt lediglich für den Fall der **Nichteröffnung** einen Verzicht auf die Einreichung einer **neuen Anklageschrift**, enthält sonst aber keine Regelung über eine etwaige Fortwirkung der früher im beschleunigten Verfahren erhobenen Anklage. Daher bedarf es als Voraussetzung eines Eröffnungsbeschlusses einer wirksamen Anklage, die den Erfordernissen des § 200 Abs. 1 und 2 entsprechen muss. Weil die schon im beschleunigten Verfahren erhobene Anklage der Staatsanwaltschaft kein Gegenstand des Ablehnungsbeschlusses und damit auch nicht erschöpft war, braucht die Staatsanwaltschaft aber jedenfalls dann keine neue Anklage als Voraussetzung des Eröffnungsbeschlusses zu erheben, wenn die frühere Anklage durch die Einreichung einer den Anforderungen des § 200 entsprechenden Anklageschrift[73] erhoben wurde. Eine nur **mündlich** nach § 418 Abs. 3 Satz 2 **erhobene Anklage** ist hingegen **unzureichend.** Die mündliche Form ist nur in dem mit dem Ablehnungsbeschluss beendeten beschleunigten Verfahren zulässig. Entgegen anderen Stimmen,[74] die hier das gerade zurückgewiesene beschleunigte Verfahren in das Normalverfahren hinübertragen, gelten mangels einer dies zulassenden Sondervorschrift in den §§ 417 ff. die 37

---

69 OLG Karlsruhe NJW **1999** 3061, 3062.

70 **A.A.** OLG Hamburg NStZ-RR **2001** 206 ff. und OLG Düsseldorf NJW **2003** 1470 f., welche das Vorliegen des durch den fehlenden Eröffnungsbeschluss bedingten Verfahrenshindernisses verfehlt in eine lediglich auf Rüge zu beachtende Überschreitung der Frist des § 418 Abs. 1 umdeuten und so der Verfahrensökonomie den Vorrang vor der Beachtung unverzichtbarer Verfahrensgrundsätze einräumen. I.E. ebenso BayObLG NStZ **2005** 403, 404 f. mit zust. Anm. *Meyer-Goßner*. Wie hier aber *Radtke* JR **2001** 136 ff., der überdies schon der Überschreitung der Frist des § 418 Abs. 1 den Charakter eines Verfahrenshindernisses zuschreibt.

71 **A.A.** *Sprenger* NStZ **1997** 574, 576, der auch fortdauernde *Rechts*hängigkeit annimmt. Dem kann indessen deshalb nicht zugestimmt werden, weil die Rechtshängigkeit im beschleunigten Verfahren erst mit dem Beginn der Urteilsverkündung eintritt, bei Erlass eines Ablehnungsbeschlusses also noch gar nicht eingetreten sein kann (vgl. dazu o. § 417, 19 ff.). Nach *Schlüchter/Fülber/Putzke* 91 soll mit dem Ablehnungsbeschluss eine etwa schon gegebene Rechtshängigkeit entfallen. Vgl. auch § 418, 2.

72 So aber SK/*Paeffgen* 10. Gegen die Möglichkeit der Umdeutung angesichts der Erledigung des Antrages LR/*Gössel*[26] 36.

73 Zu Unrecht **a.A.** SK/*Paeffgen* 10, der davon ausgeht, die Anklage sei auch dann zuzulassen, wenn die Anklageschrift den Voraussetzungen des § 200 nicht entspreche – das kann aus den obigen Erwägungen nicht zugegeben werden.

74 **A.A.** KK/*Graf* 13; KMR/*Metzger* 24; HK-GS/*Weiler* 6.

Regelungen des allgemeinen Zwischenverfahrens. Hierfür spricht auch der 2. Halbsatz des § 419 Abs. 3.[75] Im Übrigen muss insbesondere nach **§ 201**[76] verfahren werden, der als Erfordernis rechtlichen Gehörs zu achten ist. Entgegen LR/*Gössel*[26] können hingegen einzelne Beweiserhebungen nach **§ 202** nicht im Vorfeld der Anwendung des § 419 Abs. 3 angeordnet werden. Es widerspricht zum einen dem „Sinn und Zweck des § 419 Abs. 3", „einen vereinfachten Übergang ins Normalverfahren" zu ermöglichen.[77] Zum anderen kann der Antrag, der sich als unberechtigt erwiesen hat, nicht durch eine partielle Außerkraftsetzung des Regelverfahrens „belohnt" werden, wenn nicht einmal in der Sache eine hinreichende Eröffnungslage vorliegt.[78]

38 **c) Praktische Bedeutung.** Dem Übergang ins Normalverfahren durch Erlass eines Eröffnungsbeschlusses dürften im Übrigen erhebliche **praktische Schwierigkeiten** entgegenstehen. So kann das Gericht, welches den Ablehnungsbeschluss erlassen hat, die Eröffnung des Hauptverfahrens nach § 419 Abs. 3 nur dann beschließen, wenn es zur Behandlung dieser Sache auch im **Normalverfahren zuständig**[79] ist: § 419 Abs. 3 lässt sich ebenso wenig eine Modifizierung auch nur der geschäftsplanmäßigen Zuständigkeit entnehmen wie eine Zuständigkeit des Gerichts des beschleunigten Verfahrens zur Eröffnung des Hauptverfahrens vor einem anderen Gericht. Darüber hinaus dürfte die notwendige Beachtung schon des § 201 einer Verbindung des Ablehnungsbeschlusses mit dem Eröffnungsbeschluss[80] in der Regel, wenn auch nicht notwendig, entgegenstehen.[81]

3. Nichteröffnung des Verfahrens

39 **a) Konsequenzen der Nichteröffnung.** Erlässt das Gericht keinen Eröffnungsbeschluss (Absatz 3, 1. Halbsatz), liegt es nahe, es nicht bei dem Ablehnungsbeschluss zu belassen, sondern, z.B. bei fehlendem hinreichenden Tatverdacht, einen Nichteröffnungsbeschluss nach **§ 204** zu erlassen oder, je nach Fallkonstellation, nach **§§ 205 ff.** zu verfahren, etwa bei Vorliegen von Verfahrenshindernissen das Verfahren nach §§ 206a, 260 Abs. 3 einzustellen. Genau diese Verfahrensweisen aber dürften durch die im 2. Halbsatz des Absatzes 3 vorgesehene Regelung auch im Fall einer naheliegenden Vorlage zum Landgericht gem. § 209 Abs. 2[82] **ausgeschlossen**[83] sein. Ist lediglich der Erlass eines Eröffnungsbeschlusses, nicht aber eines Nichteröffnungsbeschlusses vorgesehen, so lässt sich daraus schließen, dass sich das Zwischenverfahren des Normalverfahrens nur dann an den Ablehnungsbeschluss nach § 419 Abs. 2 anschließen soll, wenn das Hauptverfahren (Normalverfahren) wirklich eröffnet werden kann. Besteht diese Möglichkeit nicht, wird das Zwischenverfahren mit der Folge der Unanwendbarkeit der §§ 204 ff. gar nicht erst durchgeführt – und dies erscheint auch verfahrensökonomischer.

---

75 Meyer-Goßner/*Schmitt* 9. Für eine genügende Protokollierung s. *Jostes* 180.

76 Meyer-Goßner/*Schmitt* 9; *Schlüchter/Fülber/Putzke* 91; *Jostes* 180.

77 KK/*Graf* 13; AK/*Loos* 11 und *Loos/Radtke* NStZ **1995** 569, 572.

78 Wie hier auch schon *Loos/Radtke* NStZ **1995** 572; *Jostes* 181. **A.A.** auch *Kohler* 40, die eine Anwendung des § 419 Abs. 3 hiermit erreichen will.

79 Dazu näher *Sprenger* NStZ **1997** 574, 575 f., diesem zust. u. a. Meyer-Goßner/*Schmitt* 9.

80 Wie dies *Schlüchter/Fülber/Putzke* 91 für möglich halten.

81 Ähnlich schon AK/*Loos* 11.

82 OLG Celle NStZ-RR **2017** 20 f.; HK/*Zöller* 7. Siehe aber auch § 418, 10.

83 Für die Nichtanwendung des § 204 auch KK/*Graf* 14 und *Schröer* 124 f.

Diese Überlegung gilt zwar auch für eine etwaige Einstellung nach § 206a, nicht aber für die nach § 260 Abs. 3.

Die Unanwendbarkeit der Regeln des Zwischenverfahrens in den Fällen, in denen das Gericht keinen Eröffnungsbeschluss erlässt, führt zu dem Ergebnis, dass es hier nach der im 2. Halbsatz des Absatzes 3 vorgesehenen Regelung **bei dem Ablehnungsbeschluss verbleiben soll**. Für das weitere Verfahren ist zunächst bedeutsam, dass auch hier mangels Erschöpfung der Anklage die Sache zwar **anhängig** bleibt, bisher aber noch nicht rechtshängig geworden ist (o. Rn. 35), weil die **Rechtshängigkeit** erst mit dem Beginn der Urteilsverkündung im beschleunigten Verfahren eintritt, zu der es wegen des Ablehnungsbeschlusses nicht gekommen ist und auch nicht kommen kann.[84] Damit verbleibt es im Wesentlichen bei der alten Rechtslage, der zufolge das Gericht nach Erlass des Ablehnungsbeschlusses die Akten an die **Staatsanwaltschaft** zurückleitet.[85] Sie erhält damit mangels irgendeiner dem Ablehnungsbeschluss zukommenden Rechtskraftwirkung **grundsätzlich** ihre volle **Entschließungsfreiheit** zurück.[86] Dies gilt vor allem in der Frage, ob sie das Verfahren im Normalverfahren weiter betreiben oder aber die Strafverfolgung beenden will. *Gebunden* allerdings ist die Staatsanwaltschaft an die endgültige Ablehnung ihres Antrags: In der gleichen Sache ist ihr die erneute Stellung eines solchen Antrags verwehrt (siehe schon oben Rn. 30). 40

b) Weiteres Verfahren. Will die Staatsanwaltschaft die Sache **nicht** weiter **verfolgen**, so ist zu bedenken, dass die früher erhobene Anklage wegen der darauf beruhenden Anhängigkeit der Sache (o. Rn. 35) noch fortwirkt, auch wenn sie nach § 418 Abs. 3 nur mündlich erhoben wurde. Deshalb wird die Staatsanwaltschaft zunächst ihre früher erhobene **Anklage** nach § 156 **zurückzunehmen** haben, bevor sie die ihr dann möglichen Abschlussverfügungen nach **§ 170 Abs. 2** oder nach den **§§ 153 ff.**[87] trifft. 41

Will die **Staatsanwaltschaft** allerdings die Sache einer **gerichtlichen Entscheidung zuführen**, so ist nicht nur zu berücksichtigen, dass dies in allen Verfahrensarten (mit Ausnahme des beschleunigten Verfahrens, vgl. o. Rn. 40) geschehen kann, sondern auch, dass die Sache noch anhängig ist (o. Rn. 35). Hier sind verschiedene Konstellationen zu unterscheiden: Will die Staatsanwaltschaft das Verfahren im **Normalverfahren** weiter betreiben, so braucht sie nach dem 2. Halbsatz des Absatzes 3 – und wegen der Fortwirkung der Anklage (o. Rn. 41) – zusätzlich zu einer etwa bereits eingereichten und den Anforderungen des § 200 genügenden **Anklageschrift** nicht erneut eine weitere schriftliche Anklage zu erheben. Es reicht aus, dass die Staatsanwaltschaft nunmehr den Antrag auf Eröffnung des Hauptverfahrens nach § 199 Abs. 2 stellt.[88] Einer Rücknahme der früheren Anklage und der Einreichung einer neuen Anklageschrift bedarf es in diesem Fall nicht, obwohl dies bei Unklarheiten darüber zweckmäßig sein kann, ob die Aktenrückgabe „als Zeichen für das Ausbleiben eines Eröffnungsbeschlusses" und für die Rückgewinnung der staatsanwaltschaftlichen Entscheidungsfreiheit gewertet werden[89] kann. Hatte die Staatsanwaltschaft ihre frühere Anklage indessen nur in **mündlicher Form** nach § 418 Abs. 3 erhoben, so ist diese mangels Wahrung der Schriftform zur Fortführung des Verfahrens nicht geeignet. Vor der Einreichung der notwendigen 42

84 § 417, 19 ff.; § 418, 2.
85 KK/*Graf* 15; *Sprenger* NStZ **1997** 574, 576.
86 So zur alten Rechtslage schon BGHSt **15** 314, 316; nunmehr allg.M.
87 AK/*Loos* 8; Bedenken gegen eine zustimmungsfreie Einstellung nach § 153 Abs. 1 Satz 4 für den Fall eines Ablehnungsbeschlusses wegen fehlender Zuständigkeit bei *Roestel* NJW **1966** 1953.
88 KK/*Graf* 15; Meyer-Goßner/*Schmitt* 9.
89 *Sprenger* NStZ **1997** 574, 576.

Anklageschrift[90] muss deshalb die frühere Anklage zur Beseitigung der insoweit noch bestehenden Anhängigkeit nach § 156 zurückgenommen werden, was sich auch in den Fällen einer den Erfordernissen des § 200 nicht genügenden früheren Anklageschrift zur Vermeidung von Unklarheiten unabhängig davon empfiehlt, ob diese Mängel schon zur Nichtigkeit der Anklage geführt haben. Mit der Wiedergewinnung ihrer Entscheidungsfreiheit kann die Staatsanwaltschaft eine erneute Anklage auch dadurch erheben, dass sie den **Erlass eines Strafbefehls** beantragt. Jedoch ist auch hier die vorherige Rücknahme der früher erhobenen Anklage notwendig. Ob sich die Sache nach einem Ablehnungsbeschluss allerdings für das Strafbefehlsverfahren eignet, ist eine Frage des Einzelfalls. Sie dürfte regelmäßig zu verneinen sein, wenn die Ablehnung auf der mangelnden Einfachheit des Sachverhalts beruht, kann aber beispielsweise bejaht werden, wenn lediglich die Möglichkeit der sofortigen Aburteilung nicht gegeben war.

VI. Anfechtung

43 **1. Beschwerde.** Gegen die Durchführung des beschleunigten Verfahrens steht weder der Staatsanwaltschaft, deren Antrag erforderlich ist und ggf. noch zurückgenommen werden kann, noch dem Beschuldigten eine Beschwerde zu.[91] Auch die Ablehnung des beschleunigten Verfahrens nach Absatz 2 Satz 1 ist, wie in Absatz 2 Satz 2 ausdrücklich bestimmt ist, **unanfechtbar.** Diese Bestimmung bezieht sich nicht nur auf die Ablehnung in der Hauptverhandlung, sondern auf jede Ablehnung mangels Eignung.[92] Da ein beschleunigtes Verfahren auch bei fehlendem hinreichenden Tatverdacht oder bei Vorliegen eines Verfahrenshindernisses[93] mangels Eignung abgelehnt wird (o. Rn. 22), ist auch in diesen Konstellationen keine Beschwerde möglich.

2. Berufung und Revision

44 **a) Eignung der Sache.** Die Eignung der Sache zur Verhandlung im beschleunigten Verfahren ist eine Prozessvoraussetzung dieser Verfahrensform,[94] deren Vorliegen in der Sprungrevision und der Berufung überprüft werden kann.[95] Das Rechtsmittelgericht kann ferner (auf entsprechende Verfahrensrüge) nachprüfen, ob die Ungeeignetheit zu prozessualen Verstößen in der Hauptverhandlung geführt hat, etwa zu einer Verletzung der Aufklärungspflicht, zu unzulässiger Ablehnung von Beweisanträgen oder zu Beschlüssen, die die Verteidigung im Sinne von § 338 Nr. 8 unzulässig beeinträchtigen.[96] Zur Berücksichtigung eines Verstoßes gegen die Strafmaßbegrenzung des § 419 Abs. 1 Satz 2 und 3 in den Rechtsmittelinstanzen s. o. Rn. 10 ff.

45 **b) Verfahrenshindernisse.** Verfahrenshindernisse sind nach allgemeinen Grundsätzen auch ohne ausdrückliche Rüge auf ein zulässiges Rechtsmittel hin von der

---

90 KK/*Graf* 15; Meyer-Goßner/*Schmitt* 9.

91 Allg.M.; ausführlich *Giesler* Der Ausschluß der Beschwerde gegen richterliche Entscheidungen im Strafverfahren (1981) 264; KK/*Graf* 16; KMR/Metzger 35; Meyer-Goßner/*Schmitt* 11.

92 Allg.M; **a.A.** nur LG Berlin DAR **1957** 191 (einfache Beschwerde bei Ablehnung vor Beginn der Hauptverhandlung).

93 Zu Ausnahmen bei etwaiger Unzuständigkeit vgl. § 418, 9 ff.

94 § 417, 36 ff.

95 § 417, 41 ff.

96 *Eb. Schmidt* § 212a, 18.

Rechtsmittelinstanz von Amts wegen zu berücksichtigen: Sie führen zur **Einstellung** des Verfahrens unter Aufhebung des ergangenen Urteils. Das Rechtsmittelgericht muss daher auch von Amts wegen prüfen, ob die besonderen Verfahrensvoraussetzungen des beschleunigten Verfahrens,[97] namentlich der Antrag der Staatsanwaltschaft, vorliegen. Verneint es dies, so ist das Verfahren unter Aufhebung des Urteils einzustellen.[98] Ebenso ist zu verfahren, wenn das beschleunigte Verfahren generell unzulässig war, so wenn es im Verfahren vor der Strafkammer oder gegen einen Jugendlichen oder gegen einen dem NATO-Truppenstatut unterliegenden Beschuldigten[99] angewandt worden ist oder wenn ein zweites beschleunigtes Verfahren nach einem Ablehnungsbeschluss durchgeführt wird (o. Rn. 30). In diesen Fällen ist stets eine Einstellung (nicht nur die Zurückweisung zur Aburteilung im ordentlichen Verfahren) geboten, weil dem Verfahren ein Prozesshindernis entgegensteht.[100]

§ 420
Beweisaufnahme

(1) Die Vernehmung eines Zeugen, Sachverständigen oder Mitbeschuldigten darf durch Verlesung von Protokollen über eine frühere Vernehmung sowie von Urkunden, die eine von ihnen erstellte Äußerung enthalten, ersetzt werden.

(2) Erklärungen von Behörden und sonstigen Stellen über ihre dienstlichen Wahrnehmungen, Untersuchungen und Erkenntnisse, sowie über diejenigen ihrer Angehörigen dürfen auch dann verlesen werden, wenn die Voraussetzungen des § 256 nicht vorliegen.

(3) Das Verfahren nach den Absätzen 1 und 2 bedarf der Zustimmung des Angeklagten, des Verteidigers und der Staatsanwaltschaft, soweit sie in der Hauptverhandlung anwesend sind.

(4) Im Verfahren vor dem Strafrichter bestimmt dieser unbeschadet des § 244 Abs. 2 den Umfang der Beweisaufnahme.

Schrifttum

Anders Beweiserhebungskontrollen des Tatgerichts und Autonomie der Verteidigung etc. (1998); *Engels* Die Aufklärungspflicht nach § 244 Abs. 2 StPO, Diss. Bonn 1979; *Frister* Das Verhältnis von Beweisantragsrecht und gerichtlicher Aufklärungspflicht im Strafprozeß, ZStW **105** (1993) 340; *Gössel* Zum Verhältnis von Beweisantragsrecht und Amtsermittlung, FS Gollwitzer 47; *Herdegen* Aufklärungspflicht – Beweisantragsrecht – Beweisantrag – Beweisermittlungsantrag, GedS Karlheinz Meyer 187; *ders.* Bemerkungen zum Beweisantragsrecht, NStZ **1984** 97; *ders.* Da liegt der Hase im Pfeffer – Bemerkungen zur Reform des Beweisantragsrechts, NJW **1996** 26; *Johannes Magnus Hirsch* Der zum Zwecke der Prozeßverschleppung gestellte Beweisantrag etc. (1996); *Hoffmann* Der unerreichbare Zeuge im Strafverfahren (1991); *Bertram Schmitt* Die richterliche Beweiswürdigung im Strafprozess (1992); weiteres Schrifttum Vor § 417.

---

97 § 417, 1 f.
98 Vor § 417, 4.
99 Vor § 417, 26 f.
100 Zweifelhaft ist, ob die anfängliche Unzulässigkeit des beschleunigten Verfahrens geheilt werden kann, wenn das im beschleunigten Verfahren erlassene Urteil in der Rechtsmittelinstanz aufgehoben und die Sache unrichtigerweise zur Aburteilung im ordentlichen Verfahren zurückverwiesen wird, so die problematische Entscheidung RGSt **68** 332 = JW **1935** 205 mit Anm. *Fraeb*; *Eb. Schmidt* § 212, 4; *Zimmermann* 64.

https://doi.org/10.1515/9783110765540-019

Entstehungsgeschichte

§ 420 wurde durch das VerbrBekG mit dem Ziel neu eingeführt, „den Entscheidungsrahmen des Richters bei der Beurteilung der Notwendigkeit weiterer Beweisaufnahme" zu „vergrößern und ihm die Möglichkeit" zu „geben, die Hauptverhandlung zu straffen und zu verkürzen" (BTDrucks. **12** 6853, S. 36). Absatz 4 entspricht inhaltlich der Regelung des § 384 Abs. 3, die Absätze 1, 2 und 3 den Regelungen in § 77a Abs. 1, 2 und Abs. 4 Satz 1 OWiG. Der Wortlaut des § 420 Abs. 1 wurde durch Art. 1 Nr. 39 des Gesetzes zur Einführung der elektronischen Akte in Strafsachen und zur weiteren Förderung des elektronischen Rechtsverkehrs vom 5.7.2017 mit Wirkung zum 1.1.2018 novelliert.[1] Um elektronische Fassungen sicher zu erfassen, spricht das Gesetz nicht mehr länger von „Niederschriften", sondern von „Protokollen"; ebenso greift es nicht mehr eine „von ihnen stammende schriftliche Äußerung", sondern eine „von ihnen erstellte Äußerung" auf (BTDrucks. **18** 9416 S. 65 mit 59). Die **gesetzliche Überschrift** „Beweisaufnahme" wurde mit Wirkung vom 25.7.2015 eingeführt durch Art. 1 Nr. 13 Gesetz zur Stärkung des Rechts des Angeklagten auf Vertretung in der Berufungsverhandlung und über die Anerkennung von Abwesenheitsentscheidungen in der Rechtshilfe vom 17.7.2015.[2]

Übersicht

1 BGBl. 2015 I S. 2208, 2212.
2 BGBl. 2015 I S. 1332, 1344.

A. Ziel, Struktur und Bedeutung

I. Wesen

Durch ein gegenüber dem Normalverfahren **vereinfachtes Beweisverfahren**[3] hat der Gesetzgeber in § 420 weitere verfahrensbeschleunigende Elemente geschaffen, von denen er sich eine häufigere Anwendung dieser Verfahrensart erhofft.[4] 1

II. Aufbau

1. Absätze 1 und 2. Gemäß den Absätzen 1 und 2 gelten die im Ordnungswidrigkeitenverfahren geschaffenen **Ausnahmen** vom **Grundsatz der Unmittelbarkeit** (§ 77a Abs. 1 und 2 OWiG) auch für das beschleunigte Verfahren.[5] Absatz 1 entbindet das Gericht von dem im Normalverfahren geltenden Grundsatz des § 250 Satz 2 und erlaubt ihm, die Vernehmung von Mitbeschuldigten und Beweispersonen auch dann durch die Verlesung von Vernehmungsprotokollen oder von sonstigen Urkunden, die eine Äußerung dieser Personen beinhalten, zu ersetzen, wenn sie prinzipiell dem Beweisverbot des § 250 unterliegen. Dies gilt jedoch nach Absatz 3 nur dann, wenn der Angeklagte, sein Verteidiger und die Staatsanwaltschaft zustimmen, sofern sie in der Hauptverhandlung anwesend sind (siehe bereits § 77a Abs. 4 Satz 1 OWiG). 2

Schon im Normalverfahren normiert **§ 256** eine Ausnahme vom grundsätzlichen Beweisverbot des § 250. § 420 Abs. 2 erlaubt dem Gericht des beschleunigten Verfahrens jedoch, über die in § 256 gezogenen Grenzen der **Verlesbarkeit** von Erklärungen der Behörden oder sonstigen Stellen noch hinauszugehen, wenn sie dienstliche Wahrnehmungen, Untersuchungen oder Erkenntnisse dieser Stellen selbst oder derjenigen ihrer Angehörigen zum Gegenstand haben. Auch insofern bindet Absatz 3 das Gericht aber an die Zustimmung der genannten Verfahrensbeteiligten. 3

2. Absatz 4. Mit § 420 Abs. 4 will der Gesetzgeber dem Gericht insoweit „einen größeren Ermessensraum als [in] anderen Verfahren" einräumen, als es „an die Ablehnungsgründe" der §§ 244, 245 „nicht gebunden"[6] ist: Maßstab für den **Umfang der Beweisaufnahme** soll allein die gerichtliche Aufklärungspflicht nach § 244 Abs. 2 sein.[7] 4

III. Geltungsbereich

1. Verfahren vor dem Strafrichter. Die Regelung des **Absatzes 4** über den Umfang der Beweisaufnahme gilt dem eindeutigen Gesetzeswortlaut zufolge unbestritten **nur** im 5

3 Vgl. z.B. KK/*Graf* 1; *Schlüchter/Fülber/Putzke* 103. Siehe allerdings mit einem Erfahrungsbericht, dass sich kaum ein Unterschied zu übrigen Hauptverhandlungen am Amtsgericht fühlbar macht, *Tiedemann* 174 f., 205 f.; vgl. ferner *Lubitz* 195 ff., 200 f.

4 Vgl. dazu auch BTDrucks. **12** 6853 S. 36.

5 Die Besonderheiten des Strafverfahrens, insbesondere in seiner besonderen Form der §§ 417 ff., führen zu einer gegenüber dem Ordnungswidrigkeitenverfahren eigenständigen Beurteilung dieser Regelungen, weshalb Hinweise auf etwaige konkrete Abweichungen und Übereinstimmungen weitgehend entbehrlich erscheinen.

6 BTDrucks. **12** 6853 S. 36.

7 Explizit so BTDrucks. **12** 6853 S. 36.

erstinstanzlichen Verfahren **vor dem Strafrichter**, nicht aber vor dem Schöffengericht und auch nicht in den Rechtsmittelinstanzen.

6 **2. Erweiterte Verlesungsmöglichkeiten.** Die Anwendbarkeit der Vorschriften über die erweiterten Verlesungsmöglichkeiten (Absatz 1 bis 3) kennt dagegen keine Beschränkung auf das Verfahren vor dem Strafrichter. Deshalb gelten diese Regeln in allen beschleunigten Verfahren vor dem Amtsgericht, also sowohl vor dem Strafrichter als **auch vor dem Schöffengericht** (allg.M.).

7 **Kontrovers** wird dagegen die Frage behandelt, ob auch das **Berufungsgericht** von den erweiterten Verlesungsmöglichkeiten Gebrauch machen kann. Weil nur die Anwendung des Absatzes 4 auf das Verfahren vor dem Amtsrichter beschränkt sei, sei unter zusätzlicher Berücksichtigung der allg.M. zum Strafbefehlsverfahren zu schließen, dass die Vorschriften über die erweiterten Verlesungsmöglichkeiten „auch im Verfahren über die Berufung gegen ein im beschleunigten Verfahren erlassenes amtsrichterliches Urteil gelten“.[8] Wie bereits Vor § 417, 33 ff. ausgeführt wurde, gibt es indessen **kein beschleunigtes Berufungsverfahren.**[9] Im Lichte der Garantien des Art. 6 Abs. 1 S. 1 EMRK *darf* es ein solches auch nicht geben. Vielmehr ist die Option der Überprüfung im Vollverfahren ein zentraler Legitimationsbaustein dafür, das beschleunigte Verfahren überhaupt zu akzeptieren.[10] Die Anwendbarkeit des § 420 mit allen seinen Absätzen ist im Ergebnis auf das Verfahren vor dem Amtsgericht mit der Maßgabe beschränkt, dass Absatz 4 ausschließlich vom Strafrichter angewendet werden darf.

B. Kritik

I. Überblick

8 Die in § 420 vorgesehenen Verfahrenserleichterungen sind in der Literatur auf erhebliche Kritik gestoßen, die sich im Wesentlichen auf **rechtsstaatliche Bedenken**[11] stützt. Wie bereits Vor § 417, 14 ff. dargelegt wurde, gefährdet das **insbesondere durch die § 420 Abs. 1 bis 3 gekennzeichnete beschleunigte Verfahren** in der Tat in großem Umfang die menschenrechtlich gebotene konkrete und wirksame Verteidigung. Dies gilt insbesondere, wenn die Vor § 417, 22 f. geltend gemachte Reduzierung des Anwendungsbereichs des beschleunigten Verfahrens keine Beachtung findet.

II. Amtsaufklärung und Beweisantragsrecht

9 Im Zentrum der Kritik steht § 420 Abs. 4, der entsprechend einer vertieften Erörterung bedarf. In ihm wird eine „**Abschaffung** des förmlichen Beweisantragsrechts“ nach

8 Meyer-Goßner/*Schmitt* 12.

9 Vor § 417, 41. Zust. auch MüKo/*Putzke*/*Scheinfeld* 3.

10 Dazu Vor § 417, 20 und 24.

11 Die im Schrifttum (u. a. von SK/*Paeffgen* 3, *Lubitz* 190 ff. und Meyer-Goßner/*Schmitt* 3) erkannte Gefahr vermehrter Verfahrensfehler wegen des „recht komplizierte[n] Regelwerk[s]“ dürfte allerdings nicht bestehen: § 420 normiert in der Tat Verfahrenserleichterungen und dürfte die Gefahr von Verfahrensfehlern mindestens nicht erhöhen; i.E. wie hier SSW/*Rosenau* 1.

Maßgabe der richterlichen Aufklärungspflicht[12] oder doch eine erhebliche und übermäßige **Einschränkung** des Beweisantragsrechts infolge der erweiterten Ablehnungsmöglichkeiten gesehen.

1. Beschränkung des Beweisantragsrechts durch § 420 Abs. 4. Insoweit wird vorgebracht, hier bestimme der Richter „unbeschadet des § 244 Abs. 2 den Umfang der Beweisaufnahme“, weshalb „das Beweisantragsrecht des Angeklagten zur Farce und die Subjektstellung des Angeklagten in einem zentralen Punkt infragegestellt“[13] werde. Kern der Kritik ist der Vorwurf, die Vorschrift hebe das für Beweisanträge grundsätzlich geltende Verbot der antizipierten Beweiswürdigung auf.[14] 10

2. Verteidigung der Regelung insbesondere durch *Gössel*. Dieser Kritik ist vor allem *Gössel* in der Vorauflage eingehend entgegengetreten.[15] Er bezeichnet § 420 Abs. 4 wörtlich als „bedeutungslos“.[16] Der Unterschied zum Normalverfahren erschöpfe sich darin, dass die Ablehnung eines Beweisantrags lediglich *nicht* auf die in § 244 (Abs. 3 bis 5) und § 245 genannten Gründe gestützt zu werden braucht.[17] Es entfalle lediglich „ein Stück Rechtssicherheit und Rechtsklarheit“.[18] Im Kern hat *Gössel* geltend gemacht, dass die Kritik auf einer **unnötigen Geringschätzung der Aufklärungspflicht** beruhe, aus der sich die verteidigten Ablehnungsgründe des Beweisantragsrechts des Normalverfahrens historisch entwickelt hätten.[19] Schon die Aufklärungspflicht verbiete – recht verstanden – in gleichem Maße wie das Recht der Ablehnungsgründe eine antizipierende Beweiswürdigung. Allein die Antizipation der möglichen Verfahrensbedeutsamkeit eines Beweismittels sei dem Gericht gestattet.[20] Es lasse sich mit dem Gebot des § 244 Abs. 2 zur umfassenden Erforschung aller Tatsachen und zur Benutzung aller Beweismittel aber z.B. nicht vereinbaren, auf die Feststellung bestimmter Tatsachen oder auf die Benutzung bestimmter Beweismittel etwa deshalb zu verzichten, weil die betreffende Tatsache auf Grund des bisherigen Ergebnisses der Beweisaufnahme gar nicht wahr sein könne oder das Beweismittel unzuverlässig (unglaubwürdiger Zeuge) sei; das Verbot einer antizipierten Beweiswürdigung folge schon aus § 244 Abs. 2,[21] nicht erst aus den 11

---

12 *Bittmann* DRiZ **2001** 112, 116; *Schlothauer* StV **1995** 46; vgl. auch *Wächtler* StV **1994** 159, 160: „Liquidation des § 244 Abs. 3 StPO“ und *Feigen* Rudolphi-Symp. 161, 170: Verhandlung „faktisch […] ohne Beweisantragsrecht“; etwas abgeschwächt *Ambos* Jura **1998** 292.

13 *Neumann* StV **1994** 273, 276.

14 Hierzu AK/*Loos* 19; Meyer-Goßner/*Schmitt* 10 in Verbindung mit § 384, 14; HK/*Zöller* 5; dies hält wohl auch *Schröer* 179 ff. für möglich; der Sache nach ebenso *Johannes Magnus Hirsch* 41, der meint, im Beweisantragsrecht besitze „der Antragsteller das Recht zur antizipierenden Beurteilung des Beweisergebnisses“, dagegen *Gössel* GA **1998** 255 und FS Gollwitzer 56 ff.; vgl. dazu ferner *Frister* ZStW **105** (1993) 340, gegen ihn wiederum *Anders* 125 ff.; Näheres dazu s. u. Rn. 17 ff.

15 S. mit zahlreichen Nachweisen LR/*Gössel*[26] 10 ff. Zust. MüKo/*Putzke*/*Scheinfeld* 22; ähnlich *Herzler* NJ **2000** 400, 403.

16 So wörtlich LR/*Gössel*[26] 24 im Anschluss an *Herdegen* GedS Meyer 187, 197.

17 So LR/*Gössel*[26] 12 ff., 40.

18 LR/*Gössel*[26] 24 im Anschluss an *Herdegen* GedS Meyer 187, 197.

19 Dazu und zur Historie LR/*Gössel*[26] 10 f. mit Verweisen auf die Sekundärquellen *Hoffmann* 60 ff. und *Herdegen* GedS Meyer 187, 189 f.; krit. hingegen *Widmaier* **NStZ 1994** 414, 415 f.: Ableitung sei aus der Funktion erhobener Beweisanträge erfolgt.

20 Zu dieser auch zutr. SK/*Paeffgen* 18.

21 So unter Bezugnahme auf *Bertram Schmitt* 181 m.w.N.; *Gössel* FS Gollwitzer 55; *Schröer* 180; vgl. auch *Hoffmann* 88.

Absätzen 3 und 4 des § 244. Eine dem entgegenstehende Rechtsprechung des BGH[22] sei formelhaft und unmaßgeblich, weil auch sie nicht die subjektive Überzeugung des Tatrichters zum Maßstab erhebe.[23] Etwa die Antizipation der völligen Unbrauchbarkeit eines Beweismittels (§ 244 Abs. 3 Satz 3 Nr. 3) sei inhaltlich der Antizipation der Verfahrensbedeutsamkeit der mit diesem Beweismittel zu ermittelnden Tatsache gleichzusetzen. Die §§ 244 Abs. 3, 245 seien als Konkretisierungen der Aufklärungsplicht fortwährend zu beachten.

12 Ferner zieht *Gössel* für seine Sicht den Umstand heran, dass sich der Umfang der Aufklärungspflicht tatsächlich nicht allein nach der Auffassung des Tatgerichts richte: Die Frage, ob das Tatgericht seiner Pflicht zur vollständigen und wahrheitsgemäßen Sachverhaltsfeststellung nachgekommen ist, sei gerade **objektiv** zu bestimmen und der Prüfung durch die Revisionsgerichte zugänglich.[24] Er kann insofern darauf verweisen, dass der BGH schon in einer Entscheidung aus dem Jahre 1952 es als eine Verletzung der Pflicht zur Wahrheitserforschung angesehen hat, wenn sich das Tatgericht mit seiner auf dem Ergebnis der bisherigen Beweisaufnahme beruhenden subjektiven Überzeugung vom Tathergang begnügt, „obwohl der ihm bekannte Sachverhalt zur Benutzung weiterer Beweismittel drängte oder diese mindestens nahelegte".[25] Die in der jeweiligen Hauptverhandlung erreichte Verfahrenslage sei allein maßgebend dafür, ob aus objektiver Sicht vernünftige Zweifel am bisherigen Beweisergebnis die Beiziehung weiterer Beweismittel nahelegen.[26] Eine von diesen Maßstäben abweichende Praxis könne das Verständnis des Gesetzes schließlich nicht zugunsten einer Einschränkung der Aufklärungspflicht verändern.

13 **3. Berechtigte und unberechtigte Kritik.** Zu Recht hat *Gössel* mit seiner Verteidigung der Aufklärungspflicht geltend gemacht, dass auch sie keine willkürlich verkürzte Beweisaufnahme legitimiert (dazu sogleich Rn. 14). Zugleich verzeichnet *Gössel* aber den Willen des Gesetzgebers, die Realität der Aufklärungspflicht und die effektiven Möglichkeiten, mit dem Maßstab des § 244 Abs. 2 ein Verbot der Beweisantizipation wie in den Regelungen zum Beweisantragsrecht durchzusetzen – die Kritik an der Einschränkung einer weithin autonom durch die Verteidigung wahrnehmbaren Beweisteilhabe bleibt weitgehend berechtigt (dazu Rn. 15 ff.).

14 **a) Potentiale der Aufklärungspflicht.** Zunächst trifft es zu, dass schon die Bindung an die Maßstäbe einer ernstgenommenen Aufklärungspflicht in Verbindung mit der weiter möglichen Stellung von Beweisanträgen (siehe Rn. 34) durchaus für die Bewertung relevant ist. Ein Richter, der pflichtgemäß und offen auf die vom BVerfG gefor-

---

22 S. etwa BGH NStZ-RR **1998** 178; StV **1994** 293; BGHR StPO § 244 Abs. 5 Satz 2, Auslandszeuge 2 und 3.

23 LR/*Gössel*[26] 23, u. a. unter Verweis auf die Entscheidung BGH StV **1994** 229, 230, in der die Formel von der angeblichen Befreiung von Antizipationsverbot zwar verwendet, dann aber nicht schlicht auf die subjektive Überzeugung des Tatrichters, sondern auf die Darlegung von Grundlagen abgestellt wird, aus denen sich der Schluss auf eine hinreichend sichere Unmaßgeblichkeit der Beweiserhebung ergibt.

24 Dazu insbesondere LR/*Gössel*[26] 20 mit Verweis auf *Grünwald* Das Beweisrecht der Strafprozeßordnung (1993) 106.

25 BGHSt **3** 169, 175; i.E. ebenso BGHR § 244 Abs. 2, Aufdrängen 1, 2, 4, 5 und 6 und BGH NStZ **1985** 324, 325 (Zurückweisung einer „zu weitgehenden Beweisantizipation").

26 M.w.N. LR/*Gössel*[26] 21; ferner z.B. *Bertram Schmitt* 181; *Engels* 64 ff., dessen Auffassung, dass das Beweisantizipationsverbot im Bereich des § 244 Abs. 2 in gleicher Weise gelte wie im Beweisantragsrecht, zu diesem Ergebnis führt. Ebenso auch *Herdegen* NJW **1996** 26 – entgegen seiner früheren Auffassung in NStZ **1984** 98 f.

derte tatsächliche Wahrheitsaufklärung[27] bedacht ist, kann mit dem Mittel des Beweisantrages nach wie vor dazu angehalten werden, die Beweiserhebung auch in entlastender Richtung zu fördern. Der Angeklagte muss die **objektive Aufklärungstätigkeit des Staates** insofern nicht vollständig passiv hinnehmen; er kann sie **kontrollierend einfordern**, ohne dass eine völlige Subjektivierung des Überprüfungsmaßstabes dies in Bausch und Bogen entwerten würde.[28] Insoweit ist einzurechnen, dass das Beweisantragsrecht im Lichte der geregelten Ablehnungsgründe jedenfalls in seiner heutigen Gestalt nicht stets weiter als die Aufklärungspflicht reicht.[29] Z.B. bei der nun möglicherweise entgrenzten Prozessverschleppungsabsicht, die vor allem aus der subjektiven Zielrichtung des Antragstellers abgeleitet wird, bietet die Aufklärungspflicht eine entscheidende Schranke für die Gefahr, sachdienliche Beweise außen vor zu lassen.

b) Verbleibende Zurücksetzung der Beweisteilhabe. Obschon der Angeklagte über seine Beweisanträge im Verfahren die Bindung an die Aufklärungspflicht aktivieren kann, führt § 420 Abs. 4 doch insbesondere vor dem Hintergrund der **auf Richterinnen und Richtern in der Praxis lastenden Erledigungsdrucks** zu einer deutlichen Schlechterstellung: **15**

So ist nicht zu verkennen, dass der **Gesetzgeber** den Rechtsanwender für § 420 Abs. 4 explizit mit einem Verständnis der Aufklärungsplicht konfrontiert, das ihn zu einer **großzügigen Ausschöpfung der Einschränkungspotentiale** auffordert.[30] Das im Schrifttum unternommene „Starkmachen“ der Aufklärungspflicht im Sinne der jedenfalls *de lege lata* verfehlten[31] sog. Identitätslehre[32] weicht eklatant vom historischen Willen des Gesetzgebers ab, ohne dies durch nähere verfassungsrechtliche Herleitungen zu rechtfertigen. Die unternommenen Anstrengungen haben es demzufolge schon methodisch bedingt schwer, die vermeintliche Trumpfkarte der starken Aufklärungspflicht in eine tatsächliche Praxis zu übersetzen: Der Gesetzgeber wollte den Rechtsanwender explizit von den „Fesseln“ etwa des § 244 Abs. 3 freistellen.[33] Richter und Staatsanwälte werden sich demzufolge nicht von der in den Materialien bestätigten aktuellen Rechtsprechung zu § 244 Abs. 2 abbringen lassen, nach der ein Beweisantrag antizipierend abgelehnt werden kann, wenn der Strafrichter „den Sachverhalt für genügend geklärt **16**

---

27 BVerfGE **133** 168, 197 ff.; zum Bemühen um das beste Beweismittel m.w.N. OLG Düsseldorf NStZ **2008** 358 f.: „Gebot bestmöglicher Sachaufklärung“.

28 Zur anerkannten „aktualisierenden und präzisierenden“ Wirkung der Beweisanträge statt vieler KK/*Krehl* § 244, 34 f.; das Gebot der objektiven Nachvollziehbarkeit der Entscheidung hebt auch hervor SSW/*Rosenau* 10 (s. dann aber entwertend 11).

29 S. auch schon LR/*Gössel*[26] 16. Vgl. ferner Meyer-Goßner/*Schmitt* § 244, 12 am Ende: anwendbare Ablehnungsgründe der § 243 Abs. 3 und 4 schließen nur im Regelfall Verletzung der Aufklärungspflicht aus.

30 Si. zum Widerspruch zu den gesetzgeberischen Zielen etwa schon früh AK/*Loos* 21. Eingestehend LR/*Gössel*[26] 24, ohne jede Erklärung, warum der gesetzgeberische Wille, der das einfache Recht prägt, etwa aus verfassungsrechtlichen Gründen unbeachtlich sein sollte. Offenbar soll eine Autorenmeinung hier schlicht an die Stelle des gesetzgeberischen Willens treten können.

31 Wie hier i.E. etwa m.w.N. Meyer-Goßner/*Schmitt* § 244, 12; *Widmaier* **NStZ 1994** 414, 415 f.; *Ranft* Jura **2003** 382, 388: m.w.N. MüKo/*Trüg*/*Habetha* § 244, 11 ff.; KK/*Krehl* § 244, 65 f.

32 Für diese Bezeichnung etwa *Schatz* Das Beweisantragsrecht in der Hauptverhandlung (1999), 215; *Hoffmann* 88; *Ranft* NStZ **2004** 424, 429. Dagegen unter Hinweis auf eine unter Umständen weitergehende Aufklärungspflicht LR/*Gössel*[26] 14. Neben *Gössel* siehe für diese Lehre auch *Fezer* 12/98 f. m.w.N. Zum Ansatz an einer sog. Teilkongruenzlehre, die ein eingeschränktes Beweisantizipationsverbot für die Aufklärungspflicht vertritt, m.w.N. SK/*Paeffgen* 16 ff.

33 BTDrucks. **12** 6853 S. 36.

hält und der Auffassung ist, daß die Vernehmung eines Zeugen an der bereits vorliegenden Überzeugung des Gerichts nichts ändern würde".[34]

17 Ferner übersieht die Antikritik, dass mit der übernommenen **Formel des zu prüfenden „Aufdrängens" oder doch „Naheliegens"** strukturell eine von vielen Ablehnungsgründen etwa des § 244 Abs. 3 abkehrende Bewertung des Beweisantragsinhaltes freigegeben wird.[35] Allein der Umstand, dass diese Bewertung zu objektiveren ist und keine rein subjektive Entscheidung ermöglichen soll, bedeutet nicht, dass das „Aufdrängen" und das „Naheliegen" dem Richter nicht gestatten würden, die verlangte Beweiserhebung gerade aus der Perspektive seines eigenen unmittelbaren Erlebens der vorgebrachten (hier: ggf. eher verlesenen) Beweismittel zu evaluieren. Nicht schon die fassbare Möglichkeit des sachdienlichen Beitrages zum Verfahren, sondern ein qualifizierter, nämlich aus Sicht des Richters sogar naheliegender Beitrag ist nach der real existierenden Interpretation des § 244 Abs. 2 der Maßstab der Aufklärungspflicht.[36] Dass sich die insoweit schärferen Ablehnungsgründe auch vor dem Hintergrund der Aufklärungspflicht entwickelt haben, bedeutet schon deshalb nicht, dass sich der aktuelle Maßstab der intersubjektiv einforderbaren Aufklärungspflicht kurzerhand mit den gerade für existente Beweisanträge kodifizierten Ablehnungsgründen gleichsetzen ließe. Und schon *Gössel* muss eingestehen, dass bereits das Reichsgericht selbst die Differenz zwischen Beweisantrags- und Aufklärungsrüge gesehen hat; auch nach dem Verständnis des RG gewährte nur das Beweisantragsrecht das Recht, Ermittlungen auch dann zu verlangen, wenn diese nach der Auffassung des Gerichts nicht mehr erforderlich sind.[37] Längst hat auch die Entscheidungspraxis für das beschleunigte Verfahren durchaus offensiv geltend gemacht, dass die Gerichte durch § 420 Abs. 4 vom Verbot der Beweisantizipation befreit worden seien und so zum Beispiel eine fragliche Behauptung, eine Zeugenvernehmung sei völlig ungeeignet, gedeckt.[38]

18 Es kommt hinzu, dass sich die **Rügemöglichkeiten gravierend unterscheiden**, wenn nicht mehr die §§ 244 Abs. 3 ff., sondern der Maßstab der Aufklärungspflicht gilt: Der um Beweisteilhabe nachsuchende Angeklagte muss sein Begehren nun vor dem

---

34 BTDrucks. **12** 6853 S. 36. Zur teilweise gemäß § 244 Abs. 2 gestatteten antizipativen Beweiswürdigung auch m.w.N. Meyer-Goßner/*Schmitt* § 244, 12; KK/*Krehl* § 244, 34 f.; als Anwendungsbeispiel s. nun KG NJOZ **2015** 1968 f.

35 S. nur zur h. M. Meyer-Goßner/*Schmitt* § 244, 12: „verständige Würdigung der Sachlage" zulässig, nur „sinnvolle Möglichkeiten" sind auszuschöpfen; *Widmaier* NStZ **1994** 414, 416 f.; aus der Entscheidungspraxis etwa BGH NStZ **1998** 50 f.; **2005** 44, 45: „Bedeutung der Aussage" zu berücksichtigen; ferner auch *Fezer* 12/94: konkrete Beweissituation des Verfahrens entscheide über die Reichweite der Aufklärungspflicht; m.w.N. MüKo/*Trüg*/*Habetha* § 244, 11, 54 f. Zur gestatteten Prognose über die Erbringung der Beweistatsache auch vom Boden der Teilkongruenzlehre m.w.N. SK/*Paeffgen* 17.

36 In diesem Sinne treffend m.w.N. Meyer-Goßner/*Schmitt* § 244, 12 und KK/*Krehl* § 244, 33; früher weiter tendierend aber etwa noch m.w.N. BGHSt **30** 131, 143 (s. dort aber auch schon 139 f.); s. auch *Fezer* 12/93 mit Kritik am Begriff „aufdrängen"; zur schwierigen und bisher eher wenig erfolgreichen Suche nach Entscheidungskriterien m.w.N. MüKo/*Trüg*/*Habetha* § 244, 54 ff.

37 S. LR/*Gössel*[26] 15, Fn. 17: „So früher das Reichsgericht, Nachweise bei *Fezer* FS II BGH 847, 848 f.; *Herdegen* NStZ **1984** 97, 98 f." Für diese Ansicht z.B. auch *Foth* JR **1996** 1999; *Herdegen* NStZ **1984** 97, 99; *Herdegen* GedS Meyer 187: Kontrolle der Handhabung des Beweisantragsrechts aus verschiedenen Gründen effektiver als die Kontrolle der Beachtung des Beweisantragsrechts; *Julius* NStZ **1986** 61; AK/*Schöch* § 244, 43; *Werle* JZ **1991** 789, 792; ebenso wohl *Hoffmann* 91.

38 M.w.N. KG NJOZ **2015** 1968 f.; grundsätzlich aber zust. etwa SSW/*Rosenau* 10; HK/*Zöller* 5. Immerhin war in diesem Fall aber keine Erkenntnisquelle angegeben worden, weshalb die geltend gemachten Beweistatsachen naheliegen sollten.

Hintergrund der gesamten, schwer rekonstruierbaren Beweisaufnahme begründen,[39] während er im Kontext der Ablehnungsgründe regelmäßig nur die Aussagen zum konkreten Beweisbegehren und den spezifischen Ablehnungsgründen darlegen muss. Selbst wenn man die unmittelbare Beweisantizipation im Kontext des § 244 Abs. 2 für gleichermaßen ausgeschlossen hielte, ist die Frage der Aufklärungspflicht noch immer auch anhand der übrigen Beweismittel zu beurteilen. Hierfür ist im Kontext der §§ 244 Abs. 2 und 261 die objektivierte Perspektive des Strafrichters maßgeblich. Im Ergebnis überzeugt damit auch der Verweis auf eine kraftvoll die Aufklärungspflicht durchsetzende Revision nicht. Vielmehr sind die von *Gössel* nicht geleugneten **Mängel der Praxis der Aufklärungspflicht**[40] ein zu berücksichtigendes Rechtsproblem, weil der Entzug der eigenständigen Maßstäbe des Beweisantragsrechts diese vermehrt entscheidungserheblich werden lässt.

19 Insgesamt ergeben sich **zahlreiche Zurücksetzungen**, die insbesondere in den Händen eines Strafrichters, der vom gesetzgeberischen Ziel der Verfahrensbeschleunigung beseelt ist und unter dem Druck der Erledigungszahlen liegt, gravierend ausfallen können. Der Anspruch des reformierten Strafprozesses, dass der Angeklagte durch eine autonom wahrnehmbare Beweisteilhabe am Prozess des Richtens aktiv teilhaben kann,[41] wird empfindlich zurückgesetzt; der Angeklagte ist wieder in großem Umfang von der Grundhaltung des Strafrichters und damit **von einem Einzelrichter abhängig**, der bestehende Spielräume strikt pflichtbewusst oder effizienzorientiert ausfüllen kann.[42] Da jeder strafrechtliche Vorwurf den ungeteilten Anspruch auf ein faires Verfahren auslöst, ist die primär kritische Sicht auf § 420 Abs. 4 damit berechtigt. Das vorreformatorische und praxisferne Vertrauen auf eine ideale richterliche Aufklärung ersetzt im beschleunigten Verfahren allzu schnell die verfassungsmäßig gebotene Subjektstellung des Angeklagten.

20 **c) Konsequenzen.** Sieht man § 420 Abs. 4 realistischer, bleibt zu konstatieren, dass *de lege lata* eine Reduktion der Beweisteilhabe im beschleunigten Verfahren vom Gesetzgeber vorgesehen ist.[43] Soweit das Aufzwingen eines abgeschwächten Verfahrens nicht schon verfassungs- und/oder konventionswidrig ist, ist grundsätzlich vom Ansatz des Gesetzgebers und damit von der Rechtsprechung zur Aufklärungspflicht auszugehen. Die latent drohende Unterschreitung eines hinreichenden Maßes an aktiver Beweisteilhabe muss den Strafrichter jedoch dazu anhalten, seine Würdigungen und sodann sein Handeln gerade nicht nur an dem ausgerufenen Beschleunigungsziel auszurichten. Auch Revisionsgerichte müssen erkennen, dass ggf. ihre Subsumtion der Aufklärungsrüge darüber entscheidet, ob sich ein insgesamt noch verfassungskonformes Strafverfahren ereignet. Die zentrale Bedeutung der Aufklärungspflicht muss dementsprechend gerade zu einem **eher skrupulösen Umgang mit der Ablehnung von Beweisanträgen** führen (siehe auch Rn. 38 ff.), damit nicht tatsächlich die Subjektstellung des Angeklag-

---

39 Zu den Anforderungen an eine Verletzung der Aufklärungspflicht entsprechend im Überblick Meyer-Goßner/*Schmitt* § 244, 12 ff., 101 ff.; KK/*Krehl* § 244, 33 f.

40 S. LR/*Gössel*[26] 24 mit Verweis auf *Herdegen* GedS Meyer 187, 197 f. Für eine erhebliche Bedeutung der Mängel der Praxis auch schon m.w.N. KK/*Krehl* § 244, 34; ähnlich u. a. *Ranft* Jura **2003** 382, 388. Nicht unbedenklich nun etwa KG NJOZ **2015** 1968 f.

41 Hierzu s. *Fezer* 1/13; *Gaede* StV **2012** 51, 52 f., 54 ff.; *ders.* Fairness als Teilhabe, 349 ff.

42 S. auch Vor § 417, 24.

43 Eine solche gestehen etwa auch MüKo/*Putzke/Scheinfeld* 21 ein, obschon sie *Gössel* im Übrigen zustimmen wollen; ebenfalls mit dem Votum für eine verfassungskonforme Beschränkung OLG Frankfurt NStZ-RR **1997** 273.

ten im beschleunigten Verfahren zur Farce wird. Dies ist, bei Lichte besehen, auch keine Korrektur des Gesetzes: Wenn der Angeklagte sachdienliche Beweise einbringen will, die eine zügige Aburteilung verhindern, zeigt sich hieran vielmehr, dass letztendlich kein geeigneter Fall vorliegt. § 419 Abs. 2 denkt dies bis zur Urteilsverkündung längst mit.

C. Die erweiterten Verlesungsmöglichkeiten

I. Gegenstand

21 **1. Bedeutung.** Die nach § 249 Abs. 1 grundsätzlich umfassende Verlesungsmöglichkeit schränkt § 250 bekanntlich wieder weitgehend ein: Jene Tatsachen, die auf der Wahrnehmung einer Person beruhen, dürfen grundsätzlich nicht im Wege des Urkundenbeweises in das Verfahren eingeführt werden. Die Einschränkung des § 250 ist aber nun ihrerseits wieder insbesondere durch die Regelungen der §§ 251, 253 ff. durchbrochen mit der Folge, dass insoweit die Verlesbarkeit nach § 249 Abs. 1 in größerem Umfang wiederhergestellt ist. Diese das Verbot des § 250 durchbrechenden und bereits bestehenden Verlesungsmöglichkeiten werden durch **§ 420 Abs. 1 und 2** nicht berührt. Vielmehr wollen diese Absätze der Norm die bereits bestehenden Verlesungsmöglichkeiten insbesondere nach den **§§ 251 ff. erweitern.**

2. Nach Absatz 1 verlesbare Urkunden

22 **a) Erklärungen als Inhalt.** Absatz 1 erfasst nur Urkunden, die **Erklärungen** von **Mitbeschuldigten** und **Beweispersonen** (Zeugen, Sachverständige) enthalten; Erklärungen anderer Personen können deshalb zwar nach Absatz 1 nicht verlesen werden, wohl aber nach anderen Vorschriften, insbesondere nach § 249.

23 Erklärungen des **Angeklagten** selbst werden in **Absatz 1** nicht erwähnt, so dass diese Vorschrift **keine Grundlage** für die **Verlesung** derartiger Erklärungen bietet. Insoweit verbleibt es daher grundsätzlich bei der Verlesungsmöglichkeit nach § 254. Andere als die in § 254 genannten Erklärungen des Angeklagten können nach § 249 verlesen werden, allerdings nur, soweit nicht das Verbot des § 250 entgegensteht oder etwa durch § 251, § 232 Abs. 3 oder § 233 Abs. 3 Satz 2 durchbrochen wird.

24 Dabei können allerdings **Diskrepanzen** insbesondere dann auftreten, wenn der Angeklagte und ein Mitbeschuldigter vor der Polizei die ihnen vorgeworfene Tat gestanden haben, der **Angeklagte** die Tat aber in der Hauptverhandlung und im Gegensatz zum **Mitbeschuldigten** nunmehr leugnet. Speziell durch § 420 Abs. 1 begründete Ungereimtheiten etwa wegen der Verlesung des Geständnisses des Mitbeschuldigten, nicht aber das des Angeklagten, können sich indessen nur ergeben, wenn der Mitbeschuldigte in der Hauptverhandlung gegen den Angeklagten nicht anwesend ist und auch kein – ggf. nach § 418 Abs. 4 notwendiger – Verteidiger anwesend ist. Hier steht dem Angeklagten bzw. dem Verteidiger im Regelfall mit dem Zustimmungserfordernis des Absatz 3 ein wirksames Mittel zur Verhinderung solcher Ungereimtheiten zur Verfügung. Die problematische[44] Ungereimtheit bleibt allerdings, ist der **Angeklagte in der Hauptverhandlung weder anwesend** (§§ 231c, 232, 233) **noch verteidigt**: In diesem Fall kann er von seinem Zustimmungsrecht keinen Gebrauch machen, was im Fall einer zwangsweisen

44 Vgl. dazu *Schlüchter/Fülber/Putzke* 104; krit. auch *Neumann* StV **1994** 273, 275 f.; *Loos/Radtke* NStZ **1996** 12. Keinen Anstoß nehmend nun MüKo/*Putzke/Scheinfeld* 18.

Entfernung nach § 231b besonders misslich erscheint. Im Fall des § 231a kann das Zustimmungserfordernis über den nach § 231a Abs. 4 notwendigen Verteidiger gewahrt werden, im Fall des § 247 wird sein Zustimmungsrecht nicht beeinträchtigt. Weil § 420 Abs. 3 allein auf anwesende Verfahrensbeteiligte abstellt, sollte in der Ladung, soweit diese erforderlich ist, jedenfalls der **unverteidigte Beschuldigte darauf hingewiesen** werden, dass er durch eine Abwesenheit das Zustimmungserfordernis verlieren kann.[45]

b) Form der verlesbaren Erklärungen. Nicht alle verkörperten Erklärungen der genannten Personen können nach § 420 Abs. 1 zum Gegenstand des Urkundenbeweises gemacht werden, sondern nur solche, die in verlesbarer Weise entweder in Vernehmungsprotokollen (einerlei, ob die Vernehmung vor der Polizei, der Staatsanwaltschaft oder einem Richter erfolgte) oder in sonstigen **Urkunden im Sinne der StPO**[46] (so dass es z.B. auf die Beweisbestimmtheit der Erklärung nicht ankommt)[47] fixiert sind. Eine frühere Beschränkung auf schriftliche Dokumente hat der Gesetzgeber dabei im Zuge der Einführung der (Heranführung an die) elektronische(n) Akte gestrichen und zugunsten einer „erstellte[n] Äußerung“ erweitert, um auch elektronische Dokumentationen in Zukunft zu erfassen.[48] 25

c) Grenzen der Verlesbarkeit. § 420 Abs. 1 **befreit nur** in dem **gesetzlich vorgesehenen Umfang** von den **Grenzen** des § 250, nicht aber von den sonstigen Grenzen, die dem **Urkundenbeweis** des Normalverfahrens gezogen sind. Stehen der Verwertbarkeit der Erklärung einer Person etwa sonstige Hindernisse wie die Wahrung eines Zeugnisverweigerungsrechts oder sonstige **Beweisverwertungsverbote** entgegen, so sind diese Verbote auch im beschleunigten Verfahren[49] zu beachten. 26

Hier ist zunächst daran zu erinnern, dass z.B. nach den §§ 251 ff. nur solche Protokolle verlesen werden dürfen, die **eine ordnungsgemäße Vernehmung** beurkunden: Verstöße etwa gegen Belehrungspflichten oder die Vorschriften über Anwesenheitsrechte bei den jeweiligen Vernehmungen führen zur Unverlesbarkeit der jeweiligen Protokolle und damit zu deren Unverwertbarkeit (vgl. LR/*Erb* § 168c, 57 ff.; LR/*Cirener/Sander* § 251, 14 ff., 49 f.). Daran ändert auch § 420 Abs. 1 nichts, und derartige Verstöße führen ebenfalls zur Unverwertbarkeit solcher Erklärungen, die bei ordnungsgemäßem Zustandekommen über die in den §§ 250 ff. gezogenen Grenzen hinaus nach § 420 Abs. 1 verlesbar wären. 27

Ferner sind das **Verwertungsverbot** aus **§ 136a Abs. 3** sowie diejenigen Verbote zu nennen, die z.B. aus einem **Verstoß gegen** die **Belehrungsvorschriften** des § 136 Abs. 1 Satz 2, 3 folgen. Insbesondere verlangt auch das Verwertungsverbot des **§ 252** strikte Beachtung.[50] Deshalb ist ggf. vor der Verlesung des Protokolls der Vernehmung eines zeugnisverweigerungsberechtigten Zeugen dessen Zustimmung dazu einzuholen, soweit dies nach dem streitigen Umfang des Verwertungsverbotes jeweils erforderlich und zulässig ist (zum Streit s. LR/*Cirener/Sander* § 252, 7 ff., 37 ff.).[51] Diese Zustimmung kann 28

---

45 So schon zu Recht AK/*Loos* 15.
46 S. dazu LR/*Mosbacher* Erl. zu § 249, ferner z.B. *Gössel* § 27 B.
47 **A.A.** AK/*Loos* 5.
48 Dazu BTDrucks. **18** 9416 S. 65 mit 59.
49 AK/*Loos* 6; *Schlüchter/Fülber/Putzke* 108; MüKo/*Putzke/Scheinfeld* 10.
50 *Schröer* 160 ff.
51 Wie hier *Schröer* 162; MüKo/*Putzke/Scheinfeld* 11; **a.A.** KK/*Graf* 4; Meyer-Goßner/*Schmitt* 5; SK/*Paeffgen* 5: alle richterlichen Protokolle dürfen ohne Befragung des Zeugen verlesen werden; offengelassen von AK-*Loos* 7.

auch außerhalb der Hauptverhandlung erteilt werden.[52] Ob die Zustimmung vorliegt, kann im Freibeweisverfahren geklärt werden.[53] Sie darf aber nicht etwa deshalb kurzerhand als fortbestehend angenommen werden, weil sie bei früheren richterlichen Vernehmungen[54] erteilt worden sei, es sei denn, „in Anwesenheit der Prozeßbeteiligten" hat eine „ausführliche Vernehmung durch einen beauftragten Richter [...] kurze Zeit vor Beginn der Hauptverhandlung" stattgefunden, „zu der die Zeugin geladen war".[55] Es muss auf Grund der gesamten Umstände des Einzelfalles sicher darauf zu schließen sein, dass der Zeuge von seinem Verweigerungsrecht keinen Gebrauch machen will.[56] Die gemäß § 420 Abs. 3 zusätzlich erforderlichen Zustimmungen bleiben unberührt.

3. Nach Absatz 2 verlesbare Schriftstücke

29 **a) Behörden.** Absatz 2 **erweitert** den Anwendungsbereich des **§ 256**, der seinerseits nunmehr großen Raum einnimmt.[57] Auch hier sind Erklärungen für verlesbar erklärt worden, die allerdings nicht natürlichen Personen, sondern Institutionen zugerechnet werden. Das Gesetz nennt insoweit **Behörden und sonstige Stellen** als Erklärende, ohne diese aber näher zu bestimmen. Der Gesetzgeber hielt dies deshalb nicht für notwendig, weil die Vorschrift dem § 77a OWiG nachgebildet sei und insoweit Rechtsprechung und das einschlägige Schrifttum zur Auslegung herangezogen werden könnten,[58] was jedoch tatsächlich nur eingeschränkt hilfreich ist. Im Ordnungswidrigkeitenrecht sind unter „Behörden und sonstigen Stellen" diejenigen i. S. des § 36 OWiG zu verstehen, also die zur Verfolgung und Ahndung von Ordnungswidrigkeiten befugten Verwaltungsbehörden oder die nach § 36 Abs. 1 und 2 OWiG dazu ermächtigten Stellen. Indessen ist der Begriff der Behörde im Ordnungswidrigkeitenrecht nicht anders zu verstehen als in § 256.[59] Damit sind darunter die Stellen zu verstehen, denen die Strafverfolgung gesetzlich anvertraut ist (Polizei i. S. des § 163 Abs. 1 StPO, § 152 GVG, Staatsanwaltschaft und Gerichte), ferner alle sonstigen öffentlichen Behörden i. S. des § 256 (vgl. dazu LR/*Mosbacher* Erl. zu § 256) und endlich, unter Berücksichtigung des Wortes „dienstlich" in § 420 Abs. 2 und des § 11 Abs. 1 Nr. 2 und 4 StGB, sonstige Stellen, die öffentliche Aufgaben durch *Bedienstete* wahrnehmen, deren Verhältnis zu der jeweiligen Stelle von öffentlich-rechtlichen Pflichten geprägt ist,[60] nicht aber selbst öffentlich-rechtlicher Natur sein muss. Erfasst sind im Ergebnis u. a. staatliche Krankenhäuser, Universitätsinstitute der Rechtsmedizin, das BKA und die LKÄ.[61]

30 **b) Dienstliche Erklärungen.** Verlesen werden dürfen nur solche Erklärungen der soeben unter Rn. 29 genannten Stellen, die „Wahrnehmungen, Untersuchungen und Erkenntnisse" zum Gegenstand haben, die entweder **diese Stellen selbst oder aber ihre Angehörigen** „dienstlich", also **im Rahmen ihres Aufgabenbereichs**, gemacht haben und nicht privat oder sonst außerhalb der ihnen obliegenden Aufgaben. Darunter fallen

---

52 Offen gelassen von AK/*Loos* 7.
53 BGH NStZ **1996** 295; MüKo/*Putzke*/*Scheinfeld* 11.
54 So wohl auch AK/*Loos* 7, wenngleich im Ergebnis offengelassen.
55 BGH NStZ **1996** 295.
56 BGH NStZ **1996** 295; MüKo/*Putzke*/*Scheinfeld* 11.
57 S. statt vieler MüKo/*Putzke*/*Scheinfeld* 14: kein signifikanter Unterschied mehr zu erkennen.
58 BTDrucks. **12** 6853, S. 37.
59 KK-OWiG/*Senge* § 77a, 11.
60 Vgl. dazu auch AK/*Loos* 9.
61 Mit weiteren Fällen MüKo/*Putzke*/*Scheinfeld* 15.

alle schon in § 256 genannten Erklärungen wie Zeugnisse, Gutachten und ärztliche Atteste, und zwar unabhängig davon, ob sie schon nach § 256 verlesen werden dürfen, ferner Leumundszeugnisse, Aktenvermerke und auch Ermittlungsvorgänge. Privat gemachte verfahrensrelevante Wahrnehmungen sind durch die Zeugenvernehmung bzw. die Protokollverlesung nach § 420 Abs. 1 einzuführen.

II. Zustimmung (Absatz 3)

1. Zustimmungssubjekte. Von den erweiterten Verlesungsmöglichkeiten der Absätze 1 und 2 darf das Tatgericht nur Gebrauch machen, wenn es das Zustimmungserfordernis des Absatzes 3 wahrt. Zustimmen müssen der Angeklagte, sein Verteidiger und die Staatsanwaltschaft, jedoch nur, soweit diese in der Hauptverhandlung anwesend sind. Daher müssen die **Staatsanwaltschaft** (§ 226) und der notwendige **Verteidiger** (§§ 140, 338 Nr. 5) stets und der **Angeklagte** regelmäßig (siehe aber §§ 230, 231, 231a, 231b, 231c, 232, 233; vgl. dazu o. Rn. 24) der Verlesung zustimmen. Sonstige Verfahrensbeteiligte müssen der Verlesung nur dann zustimmen, wenn ihnen die gleichen Rechte zustehen wie den in Absatz 3 ausdrücklich Genannten; dazu und zu den Erfordernissen einer wirksamen Zustimmung wird auf LR/*Cirener*/*Sander* § 251, 20 ff. Bezug genommen. Der **unverteidigte Angeklagte** ist durch das Gericht über die Bedeutung seiner Zustimmung für Beweiserhebung und -verwertung verständlich und genau, d. h. insbesondere über die Folgen, aufzuklären.[62] Dies muss letztlich auch eine regelmäßig durch Akteneinsicht noch nicht gesicherte Vorstellung von den zu verlesenden Inhalten voraussetzen.[63] Ein Widerruf vor der Verlesung ist zulässig.[64] 31

2. Umfang. Die **Zustimmung** bezieht sich **nur** auf die **Verwertung** der jeweiligen einzelnen Erklärungen nach den **Absätzen 1 und 2,** beinhaltet also „nur einen Verzicht auf die Unmittelbarkeit der Beweisaufnahme",[65] nicht aber auf die Wahrung der sonstigen Voraussetzungen einer wirksamen Verlesung (o. Rn. 26 ff.) und auch nicht auf eine etwaige Entbindung des Gerichts von den ihm sonst insoweit obliegenden Pflichten. So darf dieses insbesondere nicht auf die von **§ 244 Abs. 2 gebotene Anhörung einer Beweisperson** verzichten und durch die mit der erforderlichen Zustimmung erfolgte Verlesung nach den Absätzen 1, 2 ersetzen.[66] 32

3. Form. Die Zustimmung muss jedenfalls der unverteidigte Angeklagte ausdrücklich erklären.[67] Überwiegend wird angenommen, die Verlesung nach Absatz 1, 2 bedürfe nach dem Vorbild des § 252 Abs. 4 Satz 1 eines **Gerichtsbeschlusses**, der zwar zu protokollieren, nicht aber zu begründen[68] sei. § 420 schreibt dies aber auch nicht im Wege der Verweisung vor. Es ist insoweit angesichts des Beschleunigungsziels des Gesetzgebers aber nicht einzusehen, warum (etwa nach dem Vorbild des § 256) die Verlesung 33

---

62 Meyer-Goßner/*Schmitt* 8; MüKo/*Putzke*/*Scheinfeld* 19; KMR/*Metzger* 8 f.; eine gesetzgeberische Klarstellung verlangt mit guten Gründen *Ambos* Jura **1998** 293.

63 S. zur Kritik am Wert des Zustimmungserfordernisses deshalb etwa schon HK/*Zöller* 2 und *Ranft* NStZ **2004** 429.

64 MüKo/*Putzke*/*Scheinfeld* 19; SK/*Paeffgen* 9: ohne Angaben von Gründen möglich.

65 SK/*Paeffgen* 9; **a.A.** MüKo/*Putzke*/*Scheinfeld* 18: nur Zustimmung zur Verlesung gemeint.

66 MüKo/*Putzke*/*Scheinfeld* 13; AK/*Loos* 18.

67 MüKo/*Putzke*/*Scheinfeld* 19; SK/*Paeffgen* 9; GS/*Weiler* Rn. 5.

68 KK/*Graf* 8; Meyer-Goßner/*Schmitt* 11; HK/*Zöller* 4, AK/*Loos* 16; KMR/*Metzger* 17; *Schröer* 165.

nicht auch vom Vorsitzenden im Rahmen seiner Sachleitungsbefugnis nach § 238 Abs. 1 durch **richterliche Verfügung** angeordnet werden können soll,[69] die freilich ebenfalls zu protokollieren ist.

D. Umfang der Beweisaufnahme und Urteilsanfechtung

I. Verfahren bei Beweisanträgen

34 **1. Grundsätzliche Geltung des Beweisantragsrechts.** Absatz 4 lässt grundsätzlich das Recht von Verteidigung und Anklage unberührt, **Beweisanträge wie im Normalverfahren** stellen zu dürfen. Eine Abschaffung des förmlichen Beweisantragsrechts als solches hat der Gesetzgeber weder beabsichtigt noch tatsächlich vorgesehen. Beweisanträge können nach den gesetzgeberischen Motiven in der amtlichen Begründung zum VerbrBekG auch im beschleunigten Verfahren „uneingeschränkt gestellt werden“.[70]

35 **2. Konkrete Konsequenzen der Regelung.** Die **Ablehnung** von Beweisanträgen bedarf unter Beachtung des geltenden § 246[71] nach § 244 Abs. 6, § 34 grundsätzlich eines **begründeten** und zu protokollierenden **Beschlusses.**[72] Dies schließt es aus, Beweisanträge im beschleunigten Verfahren von vornherein nur als Beweisanregungen zu behandeln.[73]

36 Hinsichtlich der **Entscheidung** über gestellte Beweisanträge (zum Begriff nunmehr § 244 Abs. 3 Satz 1 mit Abs. 6 Satz 2) führt das Gesetz sodann jedoch zu einem **erheblichen Einschnitt**, der die materielle Bedeutung des Beweisantragsrechts auch im Vergleich zu den novellierten §§ 244 Abs. 3 ff. erheblich schmälert: Nach der gesetzlichen Konzeption gelten für die Prüfung der Ablehnung eines Beweisantrages im beschleunigten Verfahren die Maßstäbe, die für eine erfolgreiche Aufklärungsrüge und mithin für die Verletzung der Aufklärungspflicht des § 244 Abs. 2 gelten.

37 Insofern trifft es zwar durchaus zu, dass dem pflicht- und gesetzesgemäß agierenden Strafrichter mit § 244 Abs. 2 keine Befugnis eröffnet ist, (Entlastungs-)Beweise beliebig zu verwerfen (dazu schon näher Rn. 10 f., 16, 20). Nach dem Willen des Gesetzgebers kann zum Beispiel ein Beweisantrag auf die Vernehmung eines Zeugen aber noch immer abgelehnt werden, wenn der Strafrichter „den Sachverhalt für genügend geklärt hält und der Auffassung ist, daß die Vernehmung eines Zeugen an der bereits vorliegenden Überzeugung des Gerichts nichts ändern würde“.[74] Eine revisible Verletzung der Aufklärungspflicht ist in diesem Sinne daran gebunden, dass sich die begehrte **Beweiserhebung** aus der Sicht des Strafrichters **aufgedrängt** hätte oder doch **nahelag.**[75] Mit dieser Formel darf der Strafrichter den Beweisantrag aus der Perspektive seiner zu objektivierenden, immer aber noch intersubjektiv besonders schwer fassbaren Würdigung der anderen Beweismittel beantworten (dazu schon Rn. 17 f.).

---

69 So zu § 256 allg.M., vgl. z.B. Meyer-Goßner/*Schmitt* § 256, 29. Wie hier MüKo/*Putzke/Scheinfeld* 6.

70 BTDrucks. **12** 6853 S. 36; KK/*Graf* 7; Meyer-Goßner/*Schmitt* 10; MüKo/*Putzke/Scheinfeld* 21; KMR/*Metzger* 16; HK-GS/*Weiler* 7; *Kohler* 52; allg.M.

71 AK/*Loos* 22, nur hinsichtlich Abs. 1 dieser Vorschrift.

72 Vgl. z.B. KK/*Graf* 8; Meyer-Goßner/*Schmitt* 11; BTDrucks. **12** 6853 S. 36; allg.M.

73 Zutr. KMR/*Metzger* 16; **a.A.** *Kohler* 52 m.w.N.

74 BTDrucks. **12** 6853 S. 36.

75 OLG Frankfurt NStZ-RR **1997** 273; MüKo/*Putzke/Scheinfeld* 21.

Gleichwohl ist nicht zu verkennen, dass hiermit noch immer alle von § 244 Abs. 2 bekannten Maßstäbe gelten. Das Gesetz legitimiert nicht etwa eine Praxis, nach der sich ein Strafrichter infolge der gestatteten Beschleunigung vorschnell auf bestimmte Sachverhaltsannahmen festlegt (siehe schon Rn. 12, 14 und 20).[76] Das Vorgehen des Richters im Angesicht aufgeworfener insbesondere entlastender Beweise muss nach wie vor einer **objektivierenden Prüfung** standhalten; die eigene subjektive Anschauung von der Beweislage darf nicht kurzerhand mit der Erfüllung der Aufklärungspflicht gleichgesetzt werden. Zum Beispiel gilt im Rahmen des objektivierenden Maßstabes der Rechtsprechung auch der Rechtssatz fort, dass eine weitere erkennbare Beweiserhebung umso näher liegt, je weniger gesichert das bisherige Beweisergebnis erscheint bzw. je größer die Unsicherheitsfaktoren sind, die etwa durch aufgetretene Widersprüche im Raum stehen.[77] 38

II. Begründung von Ablehnungsentscheidungen

Die nach den §§ 34, 244 Abs. 6 grundsätzlich erforderliche **Begründung** muss nach zutreffender, aber gerade in der Praxis bestrittener Ansicht allen Anforderungen entsprechen, die auch im **Normalverfahren** an die Ablehnung von Beweisanträgen gestellt werden.[78] Ausnahmen von diesem Erfordernis lassen sich, ebenso wenig wie bei der Urteilsbegründung (§ 267), weder aus der Natur des beschleunigten Verfahrens ableiten noch ist dies durch die §§ 417 ff., insbesondere § 420, vorgesehen. Im Einzelnen reicht nach der gesetzlichen Konzeption aber jede Begründung aus, mit der dem Revisionsgericht nachvollziehbar und überzeugend unter Rekurs auf vorhandene Beweismittel dargelegt wird, dass die beantragte Beweiserhebung **nicht entscheidungserheblich**[79] ist und folglich von der Amtsaufklärungspflicht nicht gefordert wird. Nach dem KG soll es insbesondere möglich sein, die begehrte Beweiserhebung mit der Begründung abzulehnen, das Gegenteil der Beweistatsache sei bereits erwiesen und das neue Beweismittel ungeeignet, die bereits gebildete Überzeugung des Gerichts zu erschüttern.[80] 39

Allein der Hinweis in den Gesetzgebungsmaterialien, dass ggf. eine **kurze Begründung**[81] genügen könne, berechtigt entgegen einer Entscheidung des KG[82] keineswegs dazu, die Ablehnung in formelhafter Weise bloß damit zu begründen, „dass die Beweiserhebung zur Erforschung der Wahrheit nicht erforderlich“[83] sei: Dies reicht in 40

---

76 Zu Recht so statt vieler zum Maßstab der Aufklärungspflicht KK/*Krehl* § 244, 29.

77 Zu dieser Rspr. etwa BGH NStZ 2013, 725; m.w.N. KK/*Krehl* § 244, 33.

78 Im Ergebnis wie hier AK/*Loos* 25; SK/*Paeffgen* 28; HK/*Zöller* 6; MüKo/*Putzke*/*Scheinfeld* 24; *Schlüchter*/*Fülber*/*Putzke* 112, *Schröer* 184. **A.A.** Meyer-Goßner/*Schmitt* 11; KMR/*Metzger* 17; OK-StPO/*Temming* (36. Ed) § 420, 5; mit einer Einschränkung für die Orientierung an den §§ 245 und 244 Abs. 3 und 4 SSW/*Rosenau* 11; KK/*Graf* 8.

79 So etwa auch schon AK/*Loos* 24 f. Ein entsprechendes, überzeugungstragendes Beweismittel benennt auch näher KG NJOZ **2015** 1968 f.

80 KG NJOZ **2015** 1968 f.; ebenso KG Beschl. v. 16.10.2017 – (5) 121 Ss 143/17 (65/17) – Rn. 7 (juris); HK/*Zöller* 5; KMR/*Metzger* 17.

81 BTDrucks. **12** 6853, S. 36.

82 KG Beschl. v. 16.10.2017 – (5) 121 Ss 143/17 (65/17) –, Rn. 8 (juris).

83 So aber auch KK/*Graf* 8; Meyer-Goßner/*Schmitt* 11; missverständlich zur vergleichbaren Situation im Ordnungswidrigkeitenrecht OLG Zweibrücken MDR **1991** 1192, 1193, das zwar einerseits eine formelhafte Begründung für ausreichend hält, andererseits aber doch verlangt, dass die Begründung „dem Antragsteller Aufschluß darüber gibt, wie er sein weiteres prozessuales Verhalten einrichten“ soll. Wie hier im Wesentlichen AK/*Loos* 25; *Loos*/*Radtke* NStZ **1996** 12; HK-GS/*Weiler* 7; HK/*Zöller* 6; *Schlüchter*/*Fülber*/*Putzke* 112; *Lubitz* 187; *Schröer* 184 und wohl auch SK/*Paeffgen* 28.

aller Regel schon nicht aus, dem Revisionsgericht eine Überprüfung der Ablehnungsentscheidung und der Wahrung der Amtsaufklärungspflicht durch das Tatgericht zu ermöglichen.[84] Von der Beachtung der Amtsaufklärungspflicht hat der Gesetzgeber den Strafrichter mit § 420 Abs. 4 unstreitig nicht freigestellt. Entscheidend für eine ernst genommene Begründungspflicht ist ferner, dass dem jeweiligen Antragsteller mit einer fallunangemessenen Kurzformel die Möglichkeit genommen werden kann, seine Verteidigungsstrategie oder sein weiteres Verhalten zur Untermauerung der Anklage wirksam zu ändern:[85] Dies kann das Grundrecht auf Gewährung des rechtlichen Gehörs und insbesondere das Recht auf eine konkrete und wirksame Verteidigung verletzen. Deshalb bedarf jede einen Beweisantrag ablehnende Entscheidung auch im beschleunigten Verfahren einer Begründung, die den Anforderungen der §§ 34, 244 Abs. 6 in Verbindung mit den Maßstäben der Aufklärungsrüge entsprechen muss. Die Ablehnung eines Beweisantrags erst in den Entscheidungsgründen und nicht durch einen begründeten Beschluss ist auch im beschleunigten Verfahren nach den Regeln möglich, die im Normalverfahren (mittlerweile) gelten.

III. Rechtsmittel

41 **Statthaft** sind, wie auch im Normalverfahren, die Rechtsmittel der Berufung (§ 312) und der Sprungrevision (§ 335). Auch für die Annahmeberufung (§ 313) gelten keine Besonderheiten, *soweit* man die hier geltend gemachten Einschränkungen des Anwendungsbereichs beachtet (siehe Vor § 417, 24). Zur Unanwendbarkeit der §§ 417 ff. im Berufungsverfahren s. Vor § 417, 33 ff.

42 Die von den Absätzen 1 und 2 nicht gedeckte und auch nicht geheilte[86] Verlesung von Erklärungen führt ebenso zu einem revisiblen Verwertungsverbot wie die Verlesung ohne die nach Absatz 3 erforderliche Zustimmung.[87] Die fehlerhafte Ablehnung von Beweisanträgen im beschleunigten Verfahren begründet die **Revision** prinzipiell wie im Normalverfahren. Sie ist regelmäßig mit einer auf einen Verstoß gegen § 244 Abs. 2 gestützten Verfahrensrüge geltend zu machen.[88] Die Chancen dieser sog. Aufklärungsrüge sind indes nicht zu überschätzen (siehe schon Rn. 17 ff.). Eine Verletzung des § 244 Abs. 3 und 4 ist selbst bei einer tatsächlichen Orientierung des Strafrichters an diesen ursprünglich aus der Aufklärungspflicht abgeleiteten Vorschriften nicht der eigentliche Ansatz; vielmehr bleibt die ggf. revisible Verletzung nach dem Willen des Gesetzgebers allein aus § 244 Abs. 2 abzuleiten, weshalb es – auch für § 344 Abs. 2 Satz 2 – auf die Maßstäbe der Aufklärungsrüge ankommt.[89] Mit empfindlichen Konsequenzen zu beachten ist ggf. § 335 Abs. 3 Satz 1.

---

84 Vgl. dazu SK/*Paeffgen* 32.

85 Vgl. insoweit OLG Köln StV **1988** 335, 336 und AK/*Loos* 25. Art. 103 Abs. 1 GG hebt hervor: HK-GS/*Weiler* § 420, 7.

86 MüKo/*Putzke*/*Scheinfeld* 27.

87 KK/*Graf* 9; Meyer-Goßner/*Schmitt* 13.

88 Strikt insofern OLG Köln StV **2001** 343: Nur Verfahrensrüge; Meyer-Goßner/*Schmitt* 13; weitergehend (bei fehlerhafter Anwendung materiellen Rechts infolge einer fehlerhaften Sachverhaltsermittlung) LR/*Hanack*[25] § 337, 127 f.; **a.A.** *Bauer* StraFo **2000** 345 ff.

89 M.w.N. OLG Köln StV **2001** 343; StraFo **2003** 380; KG Beschl. v. 16.10.2017 – (5) 121 Ss 143/17 (65/17) –, Rn. 11 ff. (juris); Meyer-Goßner/*Schmitt* 13. **A.A.** etwa MüKo/*Putzke*/*Scheinfeld* 25; SK/*Paeffgen* 28 und LR/*Gössel*[26] 44.

DRITTER ABSCHNITT
Verfahren bei Einziehung und Vermögensbeschlagnahmen

Vorbemerkungen

Schrifttum

Bittmann Vom Annex zur Säule – Vermögensabschöpfung als 3. Spur des Strafrechts, NZWiSt **2016** 131; *Bittmann/Köhler/Seeger/Tschakert* Handbuch der strafrechtlichen Vermögensabschöpfung (2020); *Gerlach/Manzke* Verzichtserklärung und Einziehung nach der Reform der strafrechtlichen Vermögenabschöpfung, StraFo **2018** 101; *Göhler* Die neue Regelung zum Verfall im StGB und OWiG, wistra **1992** 133; *Köhler/Burkhard* Die Reform der strafrechtlichen Vermögensabschöpfung – Überblick und Normverständnis für die Rechtspraxis, NStZ **2017** 497; 665; *Korte* Vermögensabschöpfung reloaded, wistra **2018** 1; *ders.* Grundzüge der Reform der Vermögensabschöpfung, NZWiSt **2018** 231; *Meißner/Schütrumpf* Vermögensabschöpfung – Praxisleitfaden zum neuen Recht (2018); *Peters/Bröckers* Vermögenabschöpfung im Strafverfahren (2019); *Reh* Praxisprobleme im Umgang mit dem neuen Recht der Vermögensabschöpfung aus staatsanwaltlicher Sicht, NZWiSt **2018** 20; *Reitemeier* Vermögensabschöpfung – ein Jahr nach der Gesetzesreform, DRiZ **2018** 306; *Rettke* Einziehung und Vermögensarrest im Steuerstrafverfahren, wistra **2017** 417; *Rieß* Neue Gesetze zur Bekämpfung der Organisierten Kriminalität, NJ **1992** 491; *Rose* Das Absehen von der vermögensrechtlichen Einziehung im jugendstrafrechtlichen Verfahren, NStZ **2019** 648; *Rönnau* Vermögensabschöpfung in der Praxis, 2. Aufl. (2015); *Saliger* Grundfragen der Vermögensabschöpfung, ZStW **129** (2017), 995; *Savini* Handbuch zur Vermögensabschöpfung – nach altem und neuem Recht, 5. Aufl. (2017); *Schmidt* Vermögensabschöpfung – Handbuch für das Straf- und Ordnungswidrigkeitenverfahren, 2. Aufl. (2019); *Trüg* Die Reform der strafrechtlichen Vermögensabschöpfung, NJW **2017** 1913; *Ullenboom* Praxisleitfaden Vermögenabschöpfung, 2. Aufl. (2021); *Wilke* Notwendiger Abstimmungsbedarf zwischen Steuerstraf- und Besteuerungsverfahren bei der strafrechtlichen Vermögenseinziehung, wistra **2019** 81.

Entstehungsgeschichte

Der jetzige Dritte Abschnitt bestand früher als Vierter Abschnitt aus den §§ 430 bis 433 a. F. Von ihnen regelten die §§ 430 bis 432 das Verfahren in den Fällen, in denen nach § 42 a. F. – jetzt § 76a StGB – oder nach anderen gesetzlichen Vorschriften **selbständig** auf Einziehung, Vernichtung oder Unbrauchbarmachung erkannt werden kann, während § 433 die Beschlagnahme des Vermögens solcher Beschuldigter betraf, gegen die wegen bestimmter gegen den Staat gerichteter Delikte die öffentliche Klage oder ein Haftbefehl erlassen worden ist. Zugleich mit der damaligen **Neuregelung des materiellen Rechts der Einziehung** (§§ 40 bis 42 a. F. und sodann §§ 74 ff. a. F. StGB) durch Art. 1 Nr. 2 ff. EGOWiG wurde durch Art. 2 Nr. 16 dieses Gesetzes der 4. Abschnitt völlig umgestaltet. Neu eingefügt wurden die §§ 430 bis 439, 441, 442 a. F. An die Stelle des § 430 a. F. trat § 440 a. F. § 433 a. F., der durch das 8. StRÄndG neu gefasst wurde, wurde der in der Folge wesentlich erweiterte § 443. Ergänzt wurde diese Regelung durch die Einfügung eines neuen 5. (jetzt 4.) Abschnitts „Verfahren bei Festsetzung von Geldbußen gegen juristische Personen und Personenvereinigungen“ (§ 444), der die verfahrensrechtlichen Folgerungen aus der Möglichkeit der Festsetzung einer Geldbuße gegen eine juristische Person oder Personenvereinigung zog, die heute als selbständige Sanktion des Ordnungswidrigkeitenrechts in Betracht kommen kann.

Die **Einführung des** früheren **Verfalls** am 1.1.1975 (§§ 73 bis 73d StGB i. d. F. des 2. StRG und des Art. 18 Nr. 39 EGStGB 1974) als allgemeines Institut für das gesamte Strafrecht wurde verfahrensrechtlich durch Art. 21 Nr. 109 ff. EGStGB in der Weise er-

https://doi.org/10.1515/9783110765540-020

gänzt, dass der neugefasste und ergänzte § 442 a. F. grundsätzlich die Vorschriften über das Verfahren bei Einziehungen auch auf das Verfahren bei Verfall für anwendbar erklärte (§ 442 Abs. 1 a. F.) und Besonderheiten in der Stellung des Verfallsbeteiligten gegenüber derjenigen des Einziehungsbeteiligten in einem neuen Abs. 2 des § 442 Rechnung trug.[1] Auch § 439 Abs. 2 Satz 2 a. F. wurde im Hinblick auf den Verfall geändert, während einige weitere Änderungen des bisherigen 4. und nunmehr 3. Abschnitts (in §§ 430, 431, 433, 436, 438, 440 a. F.) sowie des § 444 lediglich erforderliche Anpassungen umsetzten oder redaktioneller Natur waren.

Eine umfassende Neuordnung der früheren §§ 430 ff. hat der Gesetzgeber zum 1.7.2017 mit dem **Gesetz zur Reform der strafrechtlichen Vermögensabschöpfung** vom 13.4.2017 (BGBl. I S. 872, 886) ins Werk gesetzt. Mit diesem hat das Parlament das Recht der Nebenfolgen insbesondere durch die Umwandlung des früheren Verfalls in eine zentrale Fallgruppe der strafrechtlichen **Einziehung** unter zahlreichen materiell-sanktionsrechtlichen Weiterungen tiefgreifend überarbeitet, um die Abschöpfung nicht zuletzt durch eine angestrebte Vereinfachung zu stärken. Im Zuge dessen hat der Gesetzgeber auch die prozessuale Dimension der Einziehungsbeteiligung und ihrer selbständigen Anordnung mit Rückwirkungen auf die Verfahrensteilhabe von Verbänden (§ 444) redaktionell neugestaltet. Insofern kam es ihm auf eine systematisch folgerichtige Trennung zwischen demjenigen, gegen den sich die Einziehungsanordnung richtet (**„Einziehungsbeteiligter“**), und dem Dritten, der sonst in seinen Rechten von der Einziehung betroffen sein kann (**„Nebenbetroffener“**) an.[2] Zahlreiche Vorschriften wurden insoweit auffächernd unter Ausnutzung der freien §§ 421 ff. neu angeordnet. Die ausgelösten Verschiebungen sind im Einzelnen zu Beginn der jeweils betroffenen Regelungen nachgewiesen. Die Novellierung hat aber auch inhaltlich Neues gebracht, weil der Gesetzgeber die zuvor nur in § 441 rudimentär mit einem Verweis auf andere Fälle geregelte **Einziehung von Taterträgen** (= den früheren Verfall) nunmehr als Schwerpunkt sieht und eine nähere Ausgestaltung des prozessualen Rechts wünscht.[3] Insbesondere wurde eine **Abtrennungsmöglichkeit** in § 422 n. F. erstmals geschaffen, die auf der Grundlage einer Bindung an die Entscheidung im subjektiven Verfahren die Einziehung in einem **Nachverfahren** gestattet (§ 423 n. F.).[4] Ferner unternimmt der Gesetzgeber in den §§ 435 ff. n. F. Anstrengungen, um die als Lücke betrachtete bisher unterbliebene **Einziehung von Vermögen unklarer Herkunft** auch prozessual zu fördern. Hier ist vornehmlich die in die freie richterliche Beweiswürdigung tatsächlich eingreifende Regelung des § 437 hervorzuheben.[5] Schließlich wird die Einziehung von Taterträgen dem Gericht mit § 421 nochmals prinzipiell vorgeschrieben, indem grundsätzlich nur in bestimmten Fällen ein Absehen von der Einziehung gestattet wird.[6] Mit dem **Gesetz zur Fortentwicklung der Strafprozessordnung** und zur Änderung weiterer Vorschriften vom 25.6.2021[7] hat der Gesetzgeber in einigen Punkten die Reform des Rechts der Vermögensabschöpfung prozessual „nachgesteuert“.[8]

1 Zu seiner Bedeutung s. noch LR/*Gössel*[26] § 431 a. F., 21 ff.
2 BTDrucks. **18** 9525 S. 87.
3 BTDrucks. **18** 9525 S. 87.
4 BTDrucks. **18** 9525 S. 55.
5 Zu ihrer Kritik § 437, 2 ff.
6 Dazu § 421, 1, 4 f.; BTDrucks. **18** 9525 S. 60.
7 BGBl. 2021 I S. 2099.
8 Dazu BTDrucks. **19** 27654 S. 20, 39 und 109 f.

Übersicht

I. Bedeutung des Dritten Abschnitts

1. Überblick

a) Inhalt. Der **Dritte Abschnitt** des 6. Buches der StPO **enthält** in den §§ 421 ff. primär die verfahrensrechtliche Ausgestaltung der im materiellen Recht geregelten Institute der *Einziehung*, die in mehreren Unterarten vorgesehen ist. Ebenso finden über eine verweisende Regelung die Rechtsfolgen der *Vernichtung*, der *Unbrauchbarmachung* und der *Beseitigung eines rechtswidrigen Zustandes* eine prozessuale Grundlage (hierzu § 439). Insbesondere mit der in den letzten Jahrzehnten vollzogenen Aufwertung der Vermögensabschöpfung, die traditionell unter dem eigenständigen Begriff des (Wertersatz-)Verfalls vollzogen wurde, zieht nun auch die neu gestaltete prozessuale Durchsetzung der Einziehung eine größere Aufmerksamkeit auf sich. Die einstweilige Sicherung der in den §§ 421 ff. prozessual vorbereiteten Sanktionen durch die Beschlagnahme und den Vermögensarrest bleibt anderen Regelungen vorbehalten (s. vor allem die §§ 111b ff. und 111e ff. sowie § 75 Abs. 3 und 4 StGB).[9] Am Ende des Abschnitts tritt mit der in § 443 vorgesehenen *Vermögensbeschlagnahme* eine rechtsstaatlich defizitär geregelte abwehrrechtliche Sicherungsmaßnahme hinzu. Angesichts ihres Charakters als Fremdkörper im Dritten Abschnitt des 6. Buches ist sie allein bei der Norm selbst zu erläutern.[10] 1

b) Subjektives und objektives Verfahren. Die genannten Rechtsfolgen und damit insbesondere die praktisch bedeutsame Einziehung können zunächst in zwei verschiedenen Verfahrensarten verhängt werden: 2

Erstens kommt eine Sanktionierung in einem sog. **subjektiven Verfahren** in Betracht. In diesem Fall richtet sich ein Strafverfahren gegen einen bestimmten Beschuldigten mit dem Vorwurf einer tatbestandsmäßigen, rechtswidrigen und schuldhaften Handlung. In diesem Verfahren oder als Nachgang zu einem solchen Verfahren (§ 423) wird auch die Sanktion etwa der Einziehung von Taterträgen verhängt. Die entsprechenden Regelungen finden sich in den **§§ 421-434**. 3

Denkbar ist jedoch auch ein sog. **objektives Verfahren**, das nicht mehr an einer parallelen oder doch vorhergehenden Bestrafung einer natürlichen Person ansetzt. Ein 4

9 KK/*Schmidt* 7; Meyer-Goßner/Schmitt/*Köhler* 13.
10 § 443, 1 ff.

entsprechendes kriminalpolitisches Ansinnen wurde durch den Ausbau des § 76a StGB einschließlich der „non-conviction based confiscation" erheblich aufgewertet. Entsprechend finden sich nun in den **§§ 435-437** stützende Normen. Sie gestalten und protegieren ein selbständiges Verfahren, das ohne eine im Kontext erfolgende Bestrafung insbesondere die Einziehung von Taterträgen ermöglicht. Dieses Verfahren kann sich sowohl gegen Tatbeteiligte als auch gegen an der Tat unbeteiligte Personen (s. § 73b StGB) richten.[11] Nach den insoweit noch nicht überarbeiteten RiStBV (Nr. 180 Abs. 1) besteht insoweit aber kein Verfolgungszwang. RiStBV Nr. 180 Abs. 4 Satz 1 hält eine **formlose Einziehung** für möglich, wenn keine Beteiligten vorhanden sind[12] oder diese auf ihre Rechte und auf die Durchführung des selbständigen Verfahrens (nach den §§ 435 ff.) verzichtet haben. Hier ist nun aber § 421 und die zwingende Natur der Einziehung zu beachten.[13] Zu weitgehend bzw. zu undifferenziert ist in den RiStBV dort ferner die Möglichkeit der formlosen Einziehung vorgesehen, wenn die Befragung der Beteiligten nicht in Betracht komme. Hiermit darf ein mögliches, aber vielleicht beschwerliches förmliches Verfahren nicht umgangen werden. RiStBV Nr. 180 Abs. 4 Satz 2 selbst sieht vor, dass das Verfahren in allen genannten Fällen auch dann durchzuführen sei, wenn es zur Herbeiführung einer gerichtlichen Entscheidung wegen tatsächlicher oder rechtlicher Schwierigkeiten oder wegen der sonstigen Bedeutung der Sache zweckdienlich sei.

5 **2. Gesetzeszwecke.** Die §§ 421 ff. sind in jüngerer Zeit nicht zuletzt umgestaltet worden, um die kriminalpolitisch in den letzten Jahrzehnten effektuierte und deutlich ausgedehnte **Einziehung** (bzw. lange Zeit: den Verfall) insbesondere durch die Ausdehnung einer selbständigen bzw. zeitlich getrennten Anordnung prozessual **besser durchsetzen** zu können.[14] Eine vormals auf Eindämmung bedachte kriminalpolitische Linie, welche die gerade zu Tatmitteln früher krass weiten Einziehungsformen begrenzen sollte, wurde zum Verfall bzw. der heutigen Einziehung von Taterträgen insofern *ad acta* gelegt.[15] Jenseits dieser aktuell vorherrschenden Perspektive bezwecken die §§ 421 ff. aber nach wie vor in erster Linie die Verwirklichung der schon früh erhobenen Forderung, dass am **subjektiven Strafverfahren** gegen einen bestimmten Täter auch die **Personen zu beteiligen** seien, die **nicht Beschuldigte** sind, in deren Rechte die Entscheidung über die Einziehung, die Vernichtung, die Unbrauchbarmachung oder die Beseitigung eines rechtswidrigen Zustandes aber eingreifen kann. Die Entwicklungsgeschichte dieses Problems, das sich an der Einziehung entzündete, wurde in der 21. Aufl.[16] eingehend dargestellt. Sie wird hier zum Verständnis der allgemeinen Bedeutung des 3. Abschnitts weiter skizziert (u. Rn. 18 ff.). Soweit es um die Einräumung einer zugleich die begehrten Rechtsfolgen legitimierenden Verfahrensteilhabe geht, sind **zwei Konstellationen sog. Nebenbeteiligter** zu unterscheiden, die der Gesetzgeber nun deutlich unterschieden wissen will:

6 **a) Einziehungsbeteiligte.** Zunächst eröffnen die §§ 424 ff. Teilhaberechte gerade für diejenigen Personen, gegen die sich eine Einziehung richtet, ohne dass diese hierdurch zum Beschuldigten werden (s. die **Legaldefinition** des § 424 Abs. 1). Anhand die-

---

11 Meyer-Goßner/Schmitt/*Köhler* 8.

12 Meyer-Goßner/Schmitt/*Köhler* 7.

13 Dazu § 421, 5.

14 S. erneut BTDrucks. **18** 9525 S. 2 und 87 ff.

15 S. aber noch LR/*Gössel*[26] Vor §§ 430 ff. a. F., 7 ff., der noch Ansätze zum Vorwurf einer „dinglichen Haftung" des Eigentümers der zur Tat gebrauchten fremden Sache nachweist.

16 Dort insbes. Erl. 7 Vor § 430 a. F.

ser Fallgruppe, die nach dem aktuellen Recht der §§ 73 ff. in erheblichem Ausmaß in Betracht kommt, modellieren die §§ 425 ff. das Einziehungsverfahren.

b) Nebenbetroffene. Ob der in § 424 aufgegriffene und formal nach dem Verfah- 7
rensadressaten bestimmte Einziehungsbeteiligte der rechtlich zutreffende bzw. einzig zutreffende Anordnungsadressat ist, kann in der Praxis in Frage stehen. Dritten, die nicht als Betroffene der begehrten Einziehung (einer entsprechenden Rechtsfolge) erkannt worden sind, können entgegenstehende Rechte zustehen bzw. diesen Dritten gegenüber können die gesetzlichen Einziehungsvoraussetzungen fehlen. Jedenfalls können Dritte entsprechendes zunächst behaupten und einen Klärungsbedarf auslösen. Für diese Konstellationen gestattet § 438 Abs. 3 eine weitgehende entsprechende Anwendung der §§ 426 ff. und damit die Verfahrensteilhabe des Nebenbetroffenen.[17] Die hier gemeinten Fälle werden in § 438 Abs. 1 Satz 1 beschrieben.[18] Grundlage ist eine entsprechende Beteiligungsanordnung des Gerichts gemäß § 438 Abs. 1, die ggf. nicht auf die Schuld des jeweiligen Angeklagten erstreckt werden muss (§ 438 Abs. 2).

3. Geltungszeitpunkt und Rückwirkung. Die zum 1.7.2017 neu erlassenen Normen 8
finden grundsätzlich ohne Übergangsregelungen auf laufende Strafverfahren Anwendung.[19] Anderes ist gemäß § 14 EGStPO aber der Fall, soweit ein Ausspruch nach § 111i Abs. 2 a. F. vorliegt. Umstritten ist, ob § 435 auch angewendet werden darf, wenn die Anlasstat vor dem 1.7.2017 bereits verjährt war.[20]

II. Einziehungsarten und angemessene Verfahrensteilhabe

1. Erfasste Einziehungsarten. Die aktuellen Regelungen der §§ 421 ff. sind insbe- 9
sondere von dem Bestreben motiviert, die Schlagkraft der Einziehung von Taterträgen zu erhöhen. Die Regelungen erfassen aber schon unabhängig von § 439 letztlich bereits eine Vielzahl an Einziehungskonstellationen, da alle im Folgenden knapp umrissenen Einziehungsfälle den Normen unterfallen:[21]

Zuallererst ist die im StGB am Anfang stehende **Einziehung von Taterträgen** zu 10
nennen. Sie kann gemäß § 73 StGB und in erweiterter Form nach § 73a StGB gegenüber Tätern und Teilnehmern angeordnet werden, welche nicht selten schon als Beschuldigte verfahrensbeteiligt sind. Ebenso kommt – mit besonderer Bedeutung für die §§ 424 ff. – gemäß § 73b StGB eine Einziehung von Taterträgen ggf. auch gegenüber Dritten („anderen") in Betracht, die mangels Beschuldigtenstellung zunächst keine Verfahrensteilhabe beanspruchen können. Die Einziehung gegenüber tatunbeteiligten Dritten setzt dabei – wie auch im Fall des § 74a StGB – einen besonderen, im Gesetz auszuprägenden Rechtsgrund voraus.

Scheidet die Einziehung nach den §§ 73-73b StGB etwa auf Grund eines Verlusts aus, 11
sieht das Recht der Einziehung in § 73c (mit § 73d) StGB auch die Anordnung der **Einziehung des Wertersatzes** anstelle einer im Übrigen zulässigen Einziehung von Taterträgen vor.

---

17 BTDrucks. **18** 9525 S. 87.
18 Näher § 438, 2 ff.
19 SSW/*Heine* § 421, 3.
20 Dazu § 435, 26.
21 Meyer-Goßner/Schmitt/*Köhler* 1: alle Formen der Einziehung nach den §§ 73-76a StGB erfasst.

12 Beide bis hierin genannten Einziehungskonstellationen sind aus Sicht der in Deutschland herrschenden, aber bestrittenen[22] Ansicht materiell-rechtlich keine Strafen, sondern primär präventionsorientierte Nebenfolgen.[23] Jeweils sind Ausschlussgründe des § 73e StGB zu prüfen, zu denen etwa die Anspruchsbefriedigung gegenüber dem Opfer und eine differenziert geregelte Entreicherung zählt.

13 Der Einziehung im Sinne der §§ 421 ff. unterfällt ferner die **Einziehung von Tatprodukten, Tatmitteln und Tatobjekten.** Die betrifft gemäß § 74 StGB zunächst wieder Täter oder Teilnehmer, gemäß § 74a StGB (unter Einbindung des § 74e StGB) ggf. aber auch Dritte („andere"), die nicht ohne weiteres prozessual zur Teilhabe legitimiert sind. Hinzu kommt gemäß § 74b StGB sowohl gegenüber Tatbeteiligten als auch gegenüber Unbeteiligten der Sonderfall der **Sicherungseinziehung**, die zur Abwendung gegenstandsbedingter Gefahren legitim sein kann. In diesem Fall kann eine Entschädigung gemäß § 74b Abs. 2 und 3 StGB geboten und im Verfahren zu berücksichtigen sein.

14 Auch im Kontext der Tatprodukte, Tatmittel und Tatobjekte kann die **Einziehung ihres Wertes** gemäß § 74c StGB angezeigt sein. Dies gilt gegenüber Tatbeteiligten.

15 Ferner sieht das geltende Recht in § 74d StGB insbesondere die **Einziehung von Schriften** vor, deren vorsätzliche Verbreitung strafbar ist.[24]

16 Für die zuletzt genannten Einziehungsformen der §§ 74 ff. StGB ist – mit Ausnahme der Sicherungseinziehung – anerkannt, dass sie **strafähnlichen Charakter** haben, soweit sie nur gegenüber einem Tatbeteiligten verhängt oder darauf gestützt werden dürfen, dass der Gegenstand missbiligenswerter Weise zur Tat zur Verfügung gestanden oder der Dritte denselben auf verwerfliche Art und Weise erworben hatte. Als rein **präventive Maßnahme** wird dagegen die Sicherungseinziehung eingeordnet. In allen Fällen fordert § 74f StGB zur Beachtung des Verhältnismäßigkeitsgrundsatzes auf.

17 Schon das geltende materielle Recht schafft überdies in § 76 StGB die Option, die **Einziehung des Wertsatzes** ggf. **nachträglich anzuordnen**, wenn deren Voraussetzungen später eingetreten oder dem Gericht offenbar geworden sind. Schließlich gestattet § 76a StGB in einem heute breiten Rahmen die **selbständige Einziehung**, die nicht mehr von einer konkreten verfolgbaren Straftat abhängt – die sog. non-conviction based confiscation).

18 **2. Problematik und Entwicklung der Debatte.** Das Strafverfahren ist traditionell vor allem auf die Klärung des Tatverdachts und die Entscheidung über eine mögliche Verurteilung sowie Bestrafung eines ggf. anzuklagenden Beschuldigten gerichtet. Anderweitig beteiligte Personen standen insoweit lange Zeit nicht im Licht des öffentlichen und rechtlichen Interesses, obschon drohende, nicht selten mit Vorwürfen verbundene Rechtsverluste in einem freiheitlichen Rechtsstaat auch jenseits einer klassischen Beschuldigtensituation Mitwirkungs- und Äußerungsbedürfnisse nahelegten. Dies galt insbesondere in Fällen, in denen die Einziehung explizit auch dann zugelassen oder vorgeschrieben war, wenn der einzuziehende Gegenstand dem Täter oder Teilnehmer nicht gehörte (vgl. etwa § 73b StGB, Rn. 10 f.). Für den tatunbeteiligten Dritten konnte ein Bedürfnis, an dem subjektiven Verfahren beteiligt zu werden, insbesondere unter dem Gesichtspunkt bestehen, bei zwingend vorgeschriebener Einziehung darzutun, dass in der Person des Beschuldigten die Einziehungsvoraussetzungen nicht gegeben seien. Bei fakultativer Einziehung sollte darüber hinaus dargelegt werden können, dass ein Einzie-

22 Zur Debatte *Schäuble/Pananis* NStZ **2019** 65, 66; OK-StGB/*Heuchemer*, Ed. 1.2.2021, § 73, 1 und 1.16 m.w.N. sowie LG Kaiserslautern NZWiSt **2018** 149, 151 ff. m. Anm. *Saliger/Schörner* StV **2018** 388.

23 Meyer-Goßner/Schmitt/*Köhler* 2 m.w.N.

24 S. ergänzend zur Unbrauchbarmachung § 439, 1 f.

hungsbedürfnis nicht bestehe. Wie diese Interessen etwa eines nicht tatbeteiligten Eigentümers, der durch eine Einziehung gegen ihn selbst oder auch gegen einen der Tat beschuldigten vermeintlichen Eigentümer beeinträchtigt werden kann, angemessen und rechtssicher in das auf Tataufklärung gerichtete Strafverfahren integriert oder in einem gesonderten Verfahren beachtet werden können, ist im Rückblick Gegenstand einer eher zähen Entwicklung:

a) Ursprüngliche Ablehnung. Das Reichsgericht und zunächst auch der BGH hielten es noch – nach anfänglichem Schwanken[25] – unter weitgehender Zustimmung des Schrifttums für überzeugend, dass § 304 Abs. 2 a. F. zwar den Personen, die als dinglich Berechtigte von einer Beschlagnahme des Einziehungsgegenstandes berührt werden, das Recht der Beschwerde gewähre; sie aber in dem subjektiven Verfahren als Ganzem, soweit es die Frage der Einziehung betraf, nicht die Stellung Prozessbeteiligter erlangten, also nicht zur Wahrung ihrer Rechte auftreten und nicht gegen das Einziehungsurteil Rechtsmittel einlegen könnten.[26] Im Hintergrund stand insbesondere die Befürchtung, dass die Hinzuziehung Dritter, die nur durch Nebenfolgen der Verurteilung betroffen werden konnten, den zügigen Fortgang des Verfahrens erschweren und die Entscheidung „zur Hauptsache" – über Schuld und Strafe – unangemessen verzögern könne. Schwierigkeiten ergaben sich dann indes zum Beispiel schon bei der Vollstreckung der im Urteil angeordneten Nebenfolge gegenüber dem davon betroffenen Dritten: War (ausnahmsweise) die vorherige Beschlagnahme der einzuziehenden Gegenstände vor dem Urteil unterblieben, ließ sich mit Fug bestreiten, dass die Staatsanwaltschaft als Vollstreckungsbehörde auf Grund des in § 451 Abs. 1 bezeichneten Vollstreckungstitels dem Besitzer den eingezogenen Gegenstand wegnehmen lassen dürfe, wenn er nicht in der Urteilsformel angeführt worden sei. 19

Für den Fall, dass die Einziehung einer Sache nur unter der Voraussetzung zulässig war, dass sie **dem Täter oder einem Teilnehmer gehörte** (s. etwa heute § 74 StGB), vertrat die früher h. M. die Auffassung, es sei für die Beteiligung eines Dritten an dem Verfahren, das sich gegen einen bestimmten Beschuldigten richtet, kein Raum, da die Strafprozessordnung eine Hinzuziehung nur nach Maßgabe der §§ 430 ff. a. F. vorsehe. Daraus ergaben sich Schwierigkeiten, wenn im Urteil die Einziehung eines Gegenstandes in der Annahme ausgesprochen war, er gehöre dem Beschuldigten, während ein Dritter sich berühmte, der wirkliche Eigentümer[27] zu sein. Zunächst versuchte das Reichsgericht insoweit, die Rechtskraft der Einziehungsentscheidung zu beschränken, indem es hervorhob, die Einziehung richte sich als Nebenstrafe nur gegen den Täter oder Teilnehmer, und die im Urteil getroffene Feststellung, dass der Verurteilte Eigentümer sei, entfalte keine Wirkung gegenüber einem unbeteiligten Dritten, der der wirkliche Eigentümer sei.[28] Ein solcher Ansatz schied aber jedenfalls aus, als sich die Auffassung durchsetzte, der Staat erwerbe mit der Rechtskraft des die Einziehung aussprechenden Urteils Eigentum am Einziehungsgegenstand ohne Rücksicht darauf, ob im Urteil die 20

---

25 RGSt **5** 372, 375; **8** 362, 363.

26 RGSt **34** 388; **66** 405; **69** 35; BGHSt **6** 62; **7** 333.

27 Vgl. dazu *Creifelds* Die strafrechtliche Einziehung gegen den „Dritteigentümer", JR **1955** 403; *Arndt* Die fehlerhafte Einziehung, NJW **1957** 856; *Vogel* Die Rechtsstellung des Dritteigentümers im Falle ungerechtfertigter Einziehung, GA **1958** 33; *Gilsdorf* Die verfassungsrechtlichen Schranken der Einziehung, JZ **1958** 641, 685; *Beckmann* Die fehlerhafte Einziehung von täterfremdem Eigentum nach § 40 StGB, GA **1960** 205; *Eser* Die strafrechtlichen Sanktionen gegen das Eigentum (1969).

28 Vgl. RGSt **57** 335; RG GA **69** (1925) 177. Zu weiteren Einschränkungsansätzen s. auch LR/*Gössel*[26] Vor §§ 430 a. F., 5.

Eigentumsfrage richtig beurteilt worden sei (s. auch heute differenziert § 75 Abs. 1 StGB). Die Frage konnte vielmehr – wollte man nicht den Weg der legitimierenden Beteiligung gehen – nur noch dahin lauten, ob und unter welcher Voraussetzung die Entziehung des Eigentums gegenüber dem tatunbeteiligten Dritten durch das objektiv unrichtige Urteil dem Betroffenen Ansprüche auf Entschädigung gegen die Staatskasse unter dem Gesichtspunkt eines „enteignungsgleichen Eingriffs" verschaffe.

21 **b) Sukzessive Änderung der Rechtslage.** Die eine Verfahrensteilhabe ablehnende Haltung wurde im Laufe der Zeit zunehmend als unangemessen und reformbedürftig empfunden, zumal gerade für eine Einziehung gegenüber Dritten auch nach früherem Recht bereits besondere legitimierende Voraussetzungen wie etwa ein verwerflicher Rechtserwerb zu prüfen waren.[29] Die Reformforderungen richteten sich entsprechend auch auf die Beteiligung des von einer Einziehungsentscheidung Betroffenen am subjektiven Strafverfahren, die sich stufenweise durchsetzte.

22 Zunächst sahen das **OWiG 1952 und** die ihm angepassten strafrechtlichen **Nebengesetze**, wie z.B. das WiStG, die Beteiligung der von einer Einziehung Betroffenen am subjektiven Strafverfahren vor.[30] Eine entsprechende Überarbeitung des allgemeinen Strafprozessrechts blieb jedoch ebenso wie ein Wandel der herrschenden Meinung noch aus, weil nun aus den abweichenden Vorschriften der Nebengesetze und des OWiG ein Umkehrschluss für die Strafprozessordnung im Übrigen gezogen wurde. Da die unterschiedliche Behandlung gleichwohl sachlich nicht zu rechtfertigen war, traten aber nun auch Stimmen auf den Plan, die eine Verwirklichung der Reformforderungen durch die rechtsanaloge Anwendung der § 24 bis 26 OWiG 1952 in allen Strafverfahren befürworteten.[31]

23 Diese **Bestrebungen kamen zum Durchbruch**, als BGHSt **19** 7 (GrSSt)[32] grundsätzlich anerkannte, dass aus dem rechtlichen Gehör gemäß Art. 103 Abs. 1 GG die Notwendigkeit abzuleiten ist, den tatunbeteiligten Dritteigentümer am subjektiven Strafverfahren zu beteiligen und ihm insbesondere das Recht zur Einlegung von Rechtsmitteln gegen ein auf Einziehung lautendes Urteil zuzugestehen.[33] Dies geschah freilich noch mit Einschränkungen, zumal die Entscheidung zunächst nur die frühere extrem weite sog. unterschiedslose Einziehung betraf. Sie machte auch einen Vorbehalt dahingehend, dass in Fällen schwerer Kriminalität die Klärung der Schuldfrage und das Recht des Angeklagten auf eine Verhandlung in angemessener Frist der Rechtsgewährung nicht entgegenstehen dürfe.[34]

24 Schließlich ging der **Gesetzgeber des Jahres 1968** mit dem EGOWiG und dem OWiG über diese vorsichtigen Schritte der Rechtsprechung auf neuen Wegen hinaus. Er schrieb, den Geboten der Art. 14 und 103 Abs. 1 GG entsprechend, die Verfahrensbeteiligung der von einer Einziehung in ihren Rechten Betroffenen allgemein vor (§ 431 Abs. 1 a. F.), ohne auf verschiedene Fälle der (damaligen) Einziehung Bezug zu nehmen. Danach war ein Dritter grundsätzlich zu beteiligen, der glaubhaft machte, dass nicht der Täter, sondern er selbst Eigentümer einer Sache sei. Der Dritte brauchte nicht einmal Tatunbeteiligter zu sein; er musste nur „ein anderer als der Angeschuldigte" sein, so

29 Zu Recht und näher etwa LR/*Gössel*[26] Vor §§ 430 ff a. F., 8 und 10.

30 Zur Entwicklungsgeschichte im Einzelnen s. die N. in Vorbem. 5 – Bd. II, S. 217 der 21. Aufl. und in der 24. Aufl. Rn. 10.

31 Vgl. die Ausführungen in Bd. II, S. 221 der 21. Aufl.

32 NJW **1963** 1988.

33 S. anknüpfend dann auch BGHSt **21** 66 für das Lebensmittelstrafrecht.

34 So BGHSt **19** 7, 15 ff.

dass auch ein Tatbeteiligter, der nicht Angeschuldigter war, am Verfahren zu beteiligen war. Auch einen allgemeinen Vorbehalt, dass die Bedeutung der Einziehung ggf. nicht hinter der Schuld- und der Straffrage zurücktreten könne, erkannte der Gesetzgeber nicht an. Andererseits hat der Gesetzgeber die in BGHSt **19** 7 geäußerten Bedenken, die sich aus einer allgemeinen, uneingeschränkten Verfahrensbeteiligung ergeben können, durchaus aufgegriffen. So hat er mit den früheren, aber heute weithin fortbestehenden Regelungen der §§ 430 und § 431 Abs. 1 Satz 2 und 3 und Abs. 2 a. F., konkretere Auswege geregelt, die eine Abstandnahme von der Einziehung bzw. von der Beteiligung fallgruppenbezogen ermöglichen.

c) Heutiges Recht. Das aktuelle, in seinen Regelungen über die §§ 424 ff. hinweg aufgefächerte Recht bildet unter dem Gesichtspunkt der Verfahrensteilhabe weithin das mit der früheren Novellierung entstandene Recht in einer neuen, verbesserten Struktur ab. Die Einschränkungen der §§ 430, 431 Abs. 2 und 7 a. F. finden sich heute in § 421 (mit einer Erweiterung für Fälle der Geringfügigkeit), § 425 sowie differenziert in § 430 Abs. 2 und 438 Abs. 2 wieder. Ein entscheidender Unterschied kommt in ihm aber darin zum Tragen, dass es die Möglichkeiten zu einer selbständigen bzw. nachgelagerten Entscheidung in den §§ 422 f. und 435 ff. schafft bzw. erweitert. 25

3. Bewertung des heutigen Rechts. Dem heutigen Recht ist zuzugestehen, dass es mit guten Gründen einerseits anstrebt, die Verfahrensteilhabe der ggf. auch massiv von strafrechtlichen Rechtsfolgen betroffenen Personen systematisch zu verwirklichen, hierbei aber andererseits auch die Rückwirkungen auf die Prozessführung im Übrigen nicht völlig ausblendet. Das Recht will das heute nicht mehr bestrittene prozessuale Bedürfnis des Einziehungsbeteiligten befriedigen, ohne dies um jeden, nunmehr andere valide Rechte verletzenden Preis zu tun. Auch ein ggf. notwendiges Nachverfahren, welches die Rechtskraft zu durchbrechen vermag, sehen die §§ 433 und 434 vor. Grundsätzlich wird man die hierbei zugrunde gelegte Regelungsstruktur der grundsätzlichen Rechtsanerkennung bei Ausprägung von Sonderfallgruppen drohender unverhältnismäßiger Belastungen als gelungen bezeichnen können. Kritik im Einzelnen ist zwar durchaus möglich und zum Teil nötig; sie ist hier aber grundsätzlich bei den konkreten Regelungen anzubringen. 26

Der vorweggezogenen Erörterung bedarf gleichwohl der mit der schlanken Regelung des § 426 bewirkte **Aufschub einer formalen Rechtsstellung auf das Stadium des gerichtlichen Verfahrens.**[35] Diese Regelung blendet aus, dass das spätere gerichtliche Verfahrensstadium allzu oft vom vorherigen Ermittlungsverfahren beherrscht wird. Selbst wenn die Gerichte die Hauptverhandlung nicht vorschnell als eine Art öffentlichen Notartermin verzeichnen, wirken die Erkenntnisse der Akten und ggf. auch ungenutzt gebliebene Ermittlungs- und hier insbesondere Entlastungsansätze häufig in derselben fort. Die heutige Binsenweisheit der beträchtlichen und oft vorentscheidenden Bedeutung des Ermittlungsverfahrens weckt insofern Zweifel, ob die Regelungen der §§ 426 und 427 eine insgesamt hinreichende prozessuale Teilhabe verbürgen. So wie beim Beschuldigten ist auch für den Einziehungsbeteiligten ein Ausbau der Teilhaberechte zu fordern. 27

In der Literatur wird ferner nicht grundlos darauf hingewiesen, dass die zum Teil geregelten Möglichkeiten, von der Einziehung im Lichte prozessualer Belastungen zum Beispiel in Anlehnung an die §§ 154 und 154a auch ganz abzusehen (§ 421 Abs. 1), mit 28

35 Offenbar akzeptierend aber Meyer-Goßner/Schmitt/*Köhler* 5.

Opferinteressen und dem Interesse an einem effektiven Vollzug auch der kriminalpolitischen Ziele der Einziehung (des Verfalls) kollidieren können.[36] Hier ist heute insbesondere zu bemängeln, dass der Gesetzgeber den von ihm offenbar gewünschten Raum für eine sog. **außergerichtliche Einziehung** auf Verzichtsbasis gerade im Verhältnis zu § 421 **nur undeutlich geregelt** hat.[37] Zum Teil ist der Gesetzgeber auch Opferinteressen mit der Möglichkeit zu einer Verfahrensabtrennung entgegengekommen, die unter Umständen das vollständige Absehen von der Einziehung erübrigen kann. Darüber hinaus ist nicht zu übersehen, dass eine vollständige Umsetzung jedes Verletzteninteresses zum Teil tatsächlich die Möglichkeiten des Strafprozesses übersteigen kann; zum Teil lassen sich Abwägungen mit den insbesondere verfassungsrechtlich und menschenrechtlich gewichteten Rechten gerade des Beschuldigten nicht vermeiden, wenn man nicht – weder realistisch noch verfassungsrechtlich erzwungen – eine unbegrenzte Pflicht zur Ressourcenschaffung für die Strafjustiz zugrunde legen will. Vorbehaltlich der bei den einzelnen Normen vorzunehmenden Detailbewertung sollte das Recht der §§ 421 ff. insofern als eine durchaus ansprechende Realisierung der verschiedenen Gesichtspunkte begriffen werden.

III. Wirkungen und Vollstreckung

29 Mit der Rechtskraft der Einziehungsentscheidung wird der Staat gemäß § 75 StGB originär – also ohne, dass es weiterer Vollstreckungshandlungen bedarf – Eigentümer des **eingezogenen Gegenstandes.** Befindet sich dieser aber nicht (durch Beschlagnahme oder freiwillige Herausgabe) in amtlichem Gewahrsam, so kann die rechtskräftige Entscheidung gegen einen **Einziehungsbeteiligten** (§ 424 Abs. 1) gemäß § 459g nach den Vorschriften des Justizbeitreibungsgesetzes (für das Ordnungswidrigkeitenrecht vgl. § 90 Abs. 3 OWiG) durch Wegnahme auf Grund der Entscheidung als Vollstreckungstitel (§ 451) vollstreckt werden. Hierfür muss sich aus dem Rubrum der Entscheidung, in dem der Einziehungsbeteiligte aufgeführt ist, in Verbindung mit dem Tenor der Entscheidung ergeben, dass dieser zur Herausgabe verpflichtet ist. Das ist, wenn der Einziehungsbeteiligte Eigentumsrechte geltend gemacht hat, ohne weiteres der Fall, denn indem die Entscheidung auf Einziehung lautet, bringt sie zum Ausdruck, dass sein Eigentum verneint wurde oder die Einziehung nicht hindert. Hat der Einziehungsbeteiligte beschränkte dingliche Rechte geltend gemacht, so bildet die Einziehungsentscheidung ihm gegenüber hingegen nur dann einen Vollstreckungstitel, wenn in ihr das Erlöschen der Rechte angeordnet ist (§ 75 Abs. 2 Satz 2, 3 StGB).

30 In den **übrigen Fällen**, in denen ein Dritter im Besitz der rechtskräftig eingezogenen Sache ist, muss der Fiskus, wenn die freiwillige Herausgabe verweigert wird, seinen durch den Eigentumserwerb nach § 75 Abs. 1 StGB begründeten Herausgabeanspruch (§ 985 BGB) im Wege der Klage vor dem Zivilgericht geltend machen.

31 Soweit die **Einziehung von Wertersatz** angeordnet wurde, ist ein staatlicher Zahlungsanspruch Gegenstand der Vollstreckung. Die rechtskräftige Anordnung der Einziehung von Wertersatz stellt hier den Titel dar, auf dessen Grundlage der Staat seinen Zahlungsanspruch vollstrecken darf.[38]

---

36 Näheres bei SK/*Paeffgen* 19 m.w.N.

37 Dazu § 421, 5.

38 BTDrucks. **18** 11640 S. 86; Meyer-Goßner/Schmitt/*Köhler* 11.

IV. Entschädigung

1. Materiellrechtlicher Hintergrund. Die rechtskräftig entschiedene Einziehung nach den §§ 73 ff. StGB führt, wie § 75 Abs. 1 StGB näher klärt, zu einem **Übergang des Eigentums** an der betroffenen Sache **oder** zum Übergang des eingezogenen **Rechts auf den Staat**. Andere Rechte Dritter am Einziehungsgegenstand bleiben grundsätzlich bestehen (§ 75 Abs. 2 Satz 1 StGB), sofern das Gericht nicht unter den Voraussetzungen des § 75 Abs. 2 Satz 2 oder 3 StGB ihr Erlöschen anordnet. Grundsätzlich ist hiernach weder hinsichtlich eines verlorenen Eigentums noch hinsichtlich eines erloschenen dinglichen Rechts eine Entschädigung vorgesehen. Dies gilt undurchbrochen für Täter, Teilnehmer sowie für den tatunbeteiligten Dritteigentümer, dem gegenüber eine Einziehung schon nach § 74a StGB zulässig ist. Anders kann dies aber insbesondere bei der auf Gefahrenabwehr gerichteten **Sicherungseinziehung** gemäß § 74b Abs. 2 StGB liegen, bei der nicht ein beanstandungswürdiges Verhalten den staatlichen Zugriff legitimiert. Hier sieht das geltende Recht nach den Bedingungen primär des § 74b Abs. 2 StGB eine schon verfassungsrechtlich nach Art. 14 GG erforderliche Entschädigung des vom Verlust betroffenen Dritten aus der Staatskasse „unter Berücksichtigung des Verkehrswertes des eingezogenen Gegenstandes“ vor. Dies betrifft zum einen Eigentümer, zum anderen Inhaber beschränkter dinglicher Rechte, wenn das Erlöschen dieser Rechte angeordnet wurde. Unter den Voraussetzungen des § 74b Abs. 3 Satz 1 StGB kann die Entschädigung aus Gründen entfallen, die der vom Rechtsverlust Betroffene zu vertreten hat. § 74b Abs. 3 Satz 2 StGB gestattet dann wieder eine – nicht notwendig am Verkehrswert orientierte – Rückausnahme, wenn ansonsten eine „unbillige Härte“ einträte. Die Entschädigungsregelung ist auch dann anwendbar, wenn dem Gericht das Recht unbekannt geblieben war und es infolgedessen die Rechtsverhältnisse bzgl. des Gegenstandes unrichtig beurteilte. Eine weitere, weithin parallele Entschädigungsregelung liegt für eingezogene oder unbrauchbar gemachte Schriften in **§ 74d Abs. 5 StGB**. 32

2. Verfahrensrechtliche Regelung. Auch die Entscheidung über eine mögliche Entschädigung ist dem Gericht in Fällen aufgetragen, in denen dies nach den §§ 74b Abs. 1 oder 74d Abs. 1-4 StGB erforderlich ist. Die Frage, ob eine Entschädigung geboten oder etwa infolge der Konstellationen des § 74b Abs. 3 StGB auszuschließen oder nur nach Maßgabe der Billigkeit noch zu gewähren ist, ist danach ein konkretes und ggf. besonders bedeutsames Entscheidungsfeld, auf dem eine Verfahrensteilhabe des Einziehungsbeteiligten vielleicht im Besonderen erforderlich ist. § 430 Abs. 3 Satz 1 StPO ordnet insoweit ergänzend an, dass das Strafgericht explizit über die Frage der Entschädigung zu entscheiden hat und damit auch eine ggf. ausbleibende Entschädigung im Tenor festhalten muss. Für den Fall der Anwendung des § 74b Abs. 3 Satz 2 StGB wird dem Gericht ferner aufgetragen, auch über die Höhe der Entschädigung zu befinden. Zu Recht sieht § 430 Abs. 3 Satz 3 schließlich vor, den Einziehungsbeteiligten auf eine mögliche Entscheidung über diese Entschädigung hinzuweisen und ihm Gelegenheit zur diesbezüglichen Äußerung zu geben. 33

War der Dritte ohne sein Verschulden am subjektiven Verfahren nicht beteiligt oder trotz Anordnung seiner Beteiligung nicht in der Lage, die sich daraus ergebenden Rechte wahrzunehmen, so kann er seine unberücksichtigt gebliebenen Rechte auch bezüglich der Entschädigung in einem Nachverfahren (§§ 433 und 434) geltend machen. Der in seinen Rechten beeinträchtigte Rechtssuchende ist aber nicht auf diesen Weg beschränkt, sondern hat die Wahl zwischen dem Weg des § 433 und dem Entschädigungsbegehren aus § 74b Abs. 2 und 3 StGB, über welches das Strafgericht nur im Falle des 34

§ 430 Abs. 3 entscheidet. Der Weg führt dann zur obersten Justizbehörde oder, falls eine Einigung mit dieser nicht zustande kommt, zum Zivilgericht.[39]

V. Bedeutung für das Bußgeldverfahren

35 Gemäß § 46 Abs. 1 OWiG gelten die §§ 421 ff. sinngemäß grundsätzlich auch dann, wenn über die Einziehung als **Nebenfolge einer Ordnungswidrigkeit** (§§ 22 ff. OWiG) zu entscheiden ist. Ergänzende oder abweichende Vorschriften, die den Besonderheiten des Bußgeldverfahrens Rechnung tragen, finden sich in § 87 OWiG.

§ 421
Absehen von der Einziehung

(1) Das Gericht kann mit Zustimmung der Staatsanwaltschaft von der Einziehung absehen, wenn
1. **das Erlangte nur einen geringen Wert hat,**
2. **die Einziehung nach den §§ 74 und 74c des Strafgesetzbuchs neben der zu erwartenden Strafe oder Maßregel der Besserung und Sicherung nicht ins Gewicht fällt oder**
3. **das Verfahren, soweit es die Einziehung betrifft, einen unangemessenen Aufwand erfordern oder die Herbeiführung der Entscheidung über die anderen Rechtsfolgen der Tat unangemessen erschweren würde.**

(2) [1]Das Gericht kann die Wiedereinbeziehung in jeder Lage des Verfahrens anordnen. [2]Einem darauf gerichteten Antrag der Staatsanwaltschaft hat es zu entsprechen. [3]§ 265 gilt entsprechend.

(3) [1]Im vorbereitenden Verfahren kann die Staatsanwaltschaft das Verfahren auf die anderen Rechtsfolgen beschränken. [2]Die Beschränkung ist aktenkundig zu machen.

Schrifttum

Bach Beschränkung des Einsatzbereichs der Zurückgewinnungshilfe durch Gesichtspunkte der Strafverfahrensökonomie, JR **2008** 230; *Bender* Fragen der Wertersatzeinziehung, NJW **1969** 1056; *Bode* Das neue Recht der Einziehung im Strafrecht nach dem EGOWiG, NJW **1969** 1052; *Eser* Die strafrechtlichen Sanktionen gegen das Eigentum (1969).

Entstehungsgeschichte

Die Regelungen des heutigen § 421 waren zuvor weitgehend bereits in § 430 a. F. enthalten, der seinerseits auf dem EGOWiG beruhte. Die Regelung wurde zum 1.7.2017 mit dem **Gesetz zur Reform der strafrechtlichen Vermögensabschöpfung** v. 13.4.2017 (BGBl. I S. 872, 886) von ihrem ursprünglichen Standort mit inhaltlichen Änderungen und einer angepassten gesetzlichen Überschrift auf § 421 vorgezogen.[1] Die einzelnen Ver-

39 BayObLG VRS **46** (1974) 271, 274 f.; KG NJW **1978** 2406, 2407; KK/*Schmidt* 8; *Pfeiffer* Vor §§ 430 ff. a. F. 5.

1 BTDrucks. **18** 9525 S. 87.

https://doi.org/10.1515/9783110765540-021

änderungen bzw. Kontinuitäten werden in den Erläuterungen dargestellt. Mit dem **Gesetz zur Fortentwicklung der Strafprozessordnung** und zur Änderung weiterer Vorschriften vom 25.6.2021[2] hat der Gesetzgeber die Reichweite des § 424 Abs. 1 Nr. 2 beschränkt.[3]

Übersicht

I. Grundgedanken und Einordnung der Regelung

1 Ausweislich der Gesetzesbegründung schafft die Vorschrift für alle Fälle der Einziehung oder Wertersatzeinziehung „die Möglichkeit, **aus Gründen der Verfahrensökonomie** von der Einziehung abzusehen".[4] Ferner soll die Vorschrift zur Verfahrensbeschleunigung beitragen, was insbesondere an § 421 Abs. 1 Nr. 3 Alt. 2 deutlich wird. Die Vorschrift gibt bereits der Staatsanwaltschaft die Möglichkeit, das Verfahren ggf. frühzeitig auf die übrigen Rechtsfolgen zu beschränken (Abs. 3). Sie stellt insoweit eine Erweiterung der Grundgedanken der §§ 154 und 154a dar. Über die §§ 154 und 154a hinaus wird eine Beschränkung auf **einzelne Rechtsfolgen** einer im Übrigen verfolgten Tat möglich. Von der vorgesehenen zwingenden Durchsetzung des Einziehungsrechts soll auf der prozessualen Ebene nach den Kautelen des § 421 eine Abstandnahme möglich bleiben.[5]

2 Mit der jüngeren Neuregelung hat der Gesetzgeber der prozessualen Vorschrift den **Fall hinzugefügt**, dass von der Einziehung auch dann abgesehen werden kann, wenn das **Erlangte lediglich einen geringen Wert** hat (§ 421 Abs. 1 Nr. 1).[6] Diese Regelung soll an die Stelle der früheren materiellrechtlichen Lösung über § 73c Abs. 1 Satz 2 StGB a. F. treten und es der Staatsanwaltschaft gerade im Ermittlungsverfahren ermöglichen, „in Bagatellsachen die Frage der Vermögensabschöpfung im Sinne der Verfahrensöko-

2 BGBl. 2021 I S. 2099.
3 Dazu BTDrucks. **19** 27654 S. 20, 39 und 109.
4 BTDrucks. **18** 9525 S. 87; s. auch schon zur Vorgängernorm LR/*Gössel*[26] § 431 a. F., 21: Ziel der Vereinfachung und Beschleunigung des Verfahrens grundsätzlich nicht im Individualinteresse des Angeklagten oder Einziehungsbeteiligten, sondern im Interesse der Allgemeinheit an einer zügigen Strafrechtspflege. Zum Schicksal der Vorgängernorm skeptisch *Bach* 323: in der „Strafrechtspraxis" wie auch in der „Literatur [...] weitestgehend" ignoriert.
5 S. auch BTDrucks. **18** 9525 S. 60.
6 BTDrucks. **18** 9525 S. 87.

nomie frühzeitig auszuscheiden“.[7] Indem damit eine Fallgruppe eingeführt wurde, die nicht auf eine vergleichende Betrachtung gegenüber anderen im Verfahren relevanten Rechtsfolgen abstellt, ist § 421 Abs. 1 Nr. 1 auch auf das selbständige Verfahren anwendbar, was § 433 Abs. 5 bestätigt. § 421 Abs. 1 Nr. 2 und 3 setzen hingegen voraus, dass die Tat wegen ihrer sonstigen Rechtsfolgen verfolgt wird.[8]

3 Nicht zu übersehen ist ferner, dass der Grundsatz der **Verhältnismäßigkeit** von Mittel und Zweck schon materiellrechtlich die Einziehung – über den Wortlaut des § 74f StGB hinaus – beschränkt. Er stellt ein **materiellrechtliches Verbot** an den Richter dar, die Einziehung anzuordnen, wenn sie zur Bedeutung der begangenen Tat und zum Vorwurf, der den Täter oder Teilnehmer und in den Fällen des § 74a StGB auch den tatunbeteiligten Dritten trifft, außer Verhältnis steht. Insofern ist es problematisch, dass die Begrenzung der allzu weiten Vermögensabschöpfung nach den §§ 73 ff. StGB nun weithin auf das prozessuale Recht verschoben ist.[9]

4 Eine **Verständigung** gemäß § 257c kann **auf der Grundlage des § 421 Abs. 1** auch hinsichtlich der Einziehung geschlossen werden,[10] was auch für ein teilweises Absehen von der Anordnung der Einziehung gilt (dazu Rn. 23).[11] Darüber hinaus steht der nunmehr regelmäßig zwingende Charakter der Einziehung einer Einbindung in die Verständigung entgegen.[12]

5 Nach den wenig deutlichen Vorstellungen des Gesetzgebers soll es durch die Kriterien des § 421 nicht ausgeschlossen sein, eine gebotene Einziehung durch einen **wirksamen Verzicht des Einziehungsgegners** zu verwirklichen (sog. außergerichtliche oder formlose Einziehung).[13] Dies gilt jedenfalls, soweit die materiell-rechtlichen Ziele der jeweiligen Einziehungsregelung mit der sog. außergerichtlichen Einziehung insbesondere durch einen wirksamen Eigentumsübergang vollständig verwirklicht werden können.[14] Dann ist kein von § 421 geregelter Fall anzunehmen, in dem das geltende Recht nur unter bestimmten Gesichtspunkten davon absieht, seine Ziele auf dem Wege der Einziehung durchzusetzen. Wann in diesem Sinne schon der Verzicht die Ziele der Einziehung tatsächlich durchsetzt, bleibt allerdings weiter zu klären. Insoweit bietet **§ 421** in Zweifelsfällen insbesondere über Abs. 3 Nr. 3 die ggf. **rechtssichere, wenngleich tendenziell engere, Grundlage für eine Beschränkung der justiziellen Aufarbeitung.**[15]

---

7 BTDrucks. **18** 9525 S. 87.

8 Dazu auch schon LR/*Gössel*[26] § 430 a. F., 2.

9 S. jedoch keinen Anstoß nehmend Meyer-Goßner/Schmitt/*Köhler* 1.

10 BGH NStZ **2018** 366; *Schneider* NStZ **2018** 743; Meyer-Goßner/Schmitt/*Köhler* 2 und 13a; KK/*Moldenhauer/Wenske* § 257c, 15c.

11 Die Bedeutung dessen hervorhebend *Schneider* NStZ **2018** 743.

12 BGH NStZ **2018** 366; *Rose* NStZ **2019** 648, 649; KK/*Moldenhauer/Wenske* § 257c, 15c; s. auch zur sog. außergerichtlichen Einziehung *Rönnau/Begemeier* JR **2019** 471, 474 und BTDrucks. **18** 9525 S. 60.

13 In diesem Sinne mit weiteren Maßgaben u. a. im Anschluss an BTDrucks. **18** 9525 S. 61 insbesondere BGHSt **63** 305 ff. und **63** 314 (aber undeutlich zum Verhältnis ggü. §§ 421 f.) m.w.N.; zur Debatte etwa *Rönnau/Begemeier* JR **2019** 471 ff.

14 Unter dem Aspekt einer verfahrensmäßigen Sicherheit auch für das Opfer dürfte die „formlose Einziehung“ allerdings kaum vollständig dem staatlichen Einziehungsvollzug gleichstehen können, s. nur *Rönnau/Begemeier* JR **2019** 471, 473 f. Gleichwohl scheint der Gesetzgeber etwa aus zunächst abstrakteren Zweifeln hinsichtlich eines drohenden Nachverfahrens keinen pauschalen Ausschluss der Verzichtslösung ableiten zu wollen.

15 Lehnt man die sog. außergerichtliche Einziehung prinzipiell ab (*Rönnau/Begemeier* JR **2019** 471, 475), wird die Norm vielmehr insbesondere über Nr. 3 zum eigentlichen Sitz der bisherigen und nun an der Norm auszurichtenden Praxis.

II. Fallgruppen des Absehens von der Einziehung

Für das Absehen von der Einziehung bzw. die Verfahrensbeschränkung im Ermittlungsverfahren kommen nach der aktuellen Normfassung verschiedene alternative Fallgruppen in Betracht: der *geringe Wert des Erlangten*, die *relative Unerheblichkeit der Einziehung*, der *unangemessene Verfolgungsaufwand* und die *unangemessene Erschwerung der Entscheidung über die übrigen Rechtsfolgen der Tat*. Eine scharfe Trennung der Fallgruppen ist dabei kaum möglich, aber auch entbehrlich; die Fälle können sich im Einzelfall überschneiden. Das Absehen kann dabei in allen Fallgruppen auch in der **Berufungs- oder der Revisionsinstanz**[16] angeordnet werden. 6

1. Geringer Wert des Erlangten (§ 421 Abs. 1 Nr. 1). Neu eingefügt hat der Gesetzgeber die explizite Fallgruppe des geringen Werts des Erlangten. Sie erweitert in gewisser Weise § 421 Abs. 1 Nr. 3 Alt. 1, da die Unangemessenheit bereits bisher auch in Relation zum Sachwert zu bestimmen war. Der Gesetzgeber selbst denkt – ohne die konkrete Vorgabe einer Bezifferung – an Betrugsfälle zum Nachteil der Sozialkassen mit vergleichsweise niedrigem Schaden.[17] 7

Für den geringen Wert wird in Anlehnung an die frühere materiellrechtliche Norm vereinzelt ein Betrag von maximal € 30 vorgeschlagen.[18] Dies dürfte aber zu eng sein, vielmehr eine einzelfallbezogen höhere Summe möglich sein.[19] Mindestens dürfte die Norm, die § 73c Abs. 1 S. 2 StGB a. F. ersetzt, die zu diesem regelmäßig mindestens angegebene Summe von € 50 bzw. € 100 erfassen.[20] Angesichts des erheblichen Aufwandes gerade bei einer notwendigen Auskehrung an einen Verletzten dürfte der Vorschlag von ca. **€ 150** als maximaler Betrag zielführend und angemessen sein.[21] Dieser Wert kommt praktischen Bedürfnissen entgegen, ohne die Geringwertigkeit allein nach diesen zu bestimmen. Die Ermessensausübung gestattet die nötige Feinsteuerung im Einzelfall. Noch weitergehende Vorschläge, die einzelfallunabhängig und mit Verweis auf eine Praxis zum Steuerstrafrecht Beträge bis zu € 500 propagieren,[22] mögen bereits vorhandene interne Anweisungen der Verfolgungsinstitutionen treffen; sie lösen sich aber von der bei Nr. 1 *schon aus dem Betrag* abzuleitenden Entbehrlichkeit der nun zwingenden Einziehung. Die Nr. 1 soll nach dem Willen des Parlaments „Bagatellsachen" betreffen.[23] Bei größeren Beträgen ist an § 421 Abs. 1 Nr. 3 zu denken. Dort ist ohne strengere Betragsbegrenzung auch der Fall zu verankern, in dem die Einziehungskosten den Wert des einzuziehenden Vermögensgegenstandes übersteigen.[24] 8

2. Relative Unerheblichkeit der Einziehung (§ 421 Abs. 1 Nr. 2). Seit längerem darf von der Einziehung abgesehen werden, wenn die Einziehung neben der zu erwartenden Strafe oder Maßregel der Besserung und Sicherung nicht ins Gewicht fällt (§ 430 Abs. 1 a. F.). Allgemein lässt sich sagen, dass die Einziehung nicht ins Gewicht fällt, 9

16 St.Rspr. des BGH, vgl. z.B. BGH-DAT 4 StR 322/02 v. 29.10.2002 = BeckRS **2002** 9496; 2 StR 586/06 v. 21.2.2007 = BeckRS **2007** 5015.
17 BTDrucks. **18** 9525 S. 87.
18 Meyer-Goßner/Schmitt/*Köhler* 3 m.w.N.
19 OK-StPO/*Temming* 5; nach der Vermögenslage des Betroffenen differenziert SK/*Paeffgen* 7.
20 Dazu m.w.N. OK-StPO/*Temming* 5 und HK/*Retemeyer* 4.
21 *Rose* NStZ **2019**, 648, 649; MüKo/*Putzke/Scheinfeld* 19 f.; ähnlich HK/*Retemeyer* 4.
22 S. *Schmidt* Handb. Vermögensabschöpfung Rn. 1687; KK/*Schmidt* 3; SSW/*Heine* 5 f. m.w.N.
23 BTDrucks. **18** 9525 S. 87.
24 S. aber auch hier für die Anwendung der Nr. 1 *Rose* NStZ **2019**, 648, 649.

wenn die sonstigen zu erwartenden Rechtsfolgen zum notwendigen **Schutz der Rechtsordnung genügen.**[25] In diesem Sinne muss also, soweit die Einziehung strafähnlichen Charakter hat, bereits die Hauptstrafe den Strafzwecken ausreichend gerecht werden; soweit für die Einziehung präventive Funktionen im Vordergrund stehen, müssen die anderen Rechtsfolgen dem bestehenden Sicherungsbedürfnis bereits genügen.

10 Nach diesen Grundannahmen war bereits bisher in den Fällen des § 74b StGB regelmäßig angenommen worden, dass das vorgenannte Sicherungsbedürfnis in der Regel eine Anwendung des **§ 74b StGB** verlangt, wenn seine Voraussetzungen vorliegen, § 421 Abs. 1 Nr. 2 also nicht eingreifen kann.[26] Denn hier dient die Einziehung gerade der Beseitigung einer auch bei Berücksichtigung aller übrigen Umstände noch von dem Gegenstand ausgehenden Gefahr für die Allgemeinheit oder der Abwendung einer noch bestehenden Gefahr der Verwendung des Gegenstandes zur Begehung weiterer mit Strafe bedrohter Handlungen. Werden diese Voraussetzungen als gegeben angesehen, scheidet im Regelfall die Annahme aus, dass die Einziehung im Hinblick auf die anderen zu erwartenden Rechtsfolgen der Tat nicht ins Gewicht falle. Nunmehr hat der Gesetzgeber darüber hinaus § 421 Abs. 1 Nr. 2 **explizit an die Einziehung nach § 74 StGB oder § 74c StGB gebunden.**[27] Für die Einziehung gemäß § 74b StGB ist die Vorschrift demnach von vornherein bedeutungslos.

11 Nach der bisherigen Rechtsprechung fand § 421 Abs. 1 Nr. 2 a. F. zu Recht auch auf die **Einziehung von Taterträgen und des entsprechenden Wertersatzes** Anwendung.[28] Dies wurde indes bereits bemängelt, weil ihre herrschende Begründung als primär präventiv ausgerichtete Rechtsfolge wie bei der Sicherungseinziehung zu einem weitreichenden Ausschluss führen sollte; die präventive Einziehung lasse sich nicht zur repressiven Sanktion ins Verhältnis setzen.[29] Das Gesetz kannte gleichwohl auch hier bei einer präventiven Sinngebung keine pauschale Unanwendbarkeit der Vorschrift. Selbst wenn man die herrschende Begründung akzeptiert, bleibt auch die Prävention an das Gebot der Verhältnismäßigkeit gebunden, für welches die von Nr. 2 aufgegriffenen anderen Rechtsfolgen relevant bleiben. Bei alledem darf auch nicht vergessen werden, dass die Strafen und Maßregeln auch (Strafe) bzw. nur (Maßregeln) präventiven Zielen dienen.

12 Mit der Novellierung ist der Gesetzgeber aber auch dieser Rechtsprechung entgegengetreten. Mit der Beschränkung der Norm auf die §§ 74 und 74c StGB verdeutlicht er explizit, dass er § 421 Abs. 1 Nr. 2 allein als Regelung für strafähnlich ausgestaltete Fallgruppen der Einziehung betrachtet.[30] Zugleich hat er abschließend klargestellt, dass jedenfalls er selbst der Einziehung nach den §§ 73 ff. StGB eine lediglich vermögensordnende Funktion und gerade keine strafähnliche Bedeutung beimessen will. Selbst wenn die tatsächliche Funktion der Einziehung nach den §§ 73 ff. StGB weiter in Streit steht, wird man dem den klaren Willen entnehmen müssen, dass § 421 Abs. 1 Nr. 2 insoweit

---

25 *Eb. Schmidt* Nachtr. II 3; KK/*Schmidt* 4; Meyer-Goßner/Schmitt/*Köhler* 5; AnwK-StPO/*Lohse* § 430 a. F., 2; *Pfeiffer* § 430 a. F., 1.

26 *Eb. Schmidt* Nachtr. II 3; KK/*Schmidt* 4; AK/*Günther* § 430 a. F., 21; KMR/*Metzger* 9; vgl. auch AnwK-StPO/*Lohse* § 421 a. F., 4.

27 BTDrucks. **19** 27654 S. 20, 39 und 109; zuvor schon gegen jede Anwendbarkeit Meyer-Goßner/Schmitt/*Köhler* 1 und 6; KK/*Schmidt* 4; SK/*Paeffgen* 11.

28 Dazu u. a. BGH 4 StR 286/17 vom 2.11.2017 = BeckRS **2017** 131923; BGH 1 StR 511/18 vom 8.11.2018 = BeckRS **2018** 31676; BGH 4 StR 401/18 vom 8.1.2019 = BeckRS **2019** 1271; wie hier zust. OK-StPO/*Temming* 6; *Rose* NStZ **2019** 648, 649; s. ferner BGH 3 StR 6/17 vom 30.11.2017 = BeckRS **2017** 139770.

29 *Korte* wistra 2018, 1, 10; HK/*Retemeyer* 5; dazu tendiert auch m.w.N. Meyer-Goßner/Schmitt/*Köhler* 6a mit Hinweis auf Einschränkungspläne.

30 BTDrucks. **19** 27654 S. 109.

prozessual ausscheidet. Dem Gesichtspunkt der Prozessökonomie ist nach den Maßgaben der § 421 Abs. 1 Nr. 1 und 3 Rechnung zu tragen.[31]

3. Unangemessener Aufwand (§ 421 Abs. 1 Nr. 3 Alt. 1). Von der Einziehung darf ferner – wie schon nach § 430 Abs. 1 a. F. – abgesehen werden, wenn die verfahrensmäßige Durchsetzung gerade der Einziehung einen unangemessenen Aufwand erfordern würde.[32] Der Gesetzgeber hat dies beispielgebend für die Einziehung gegenüber ersichtlich vermögenslosen Tatverdächtigen erwogen.[33] 13

Hier ist an Fälle gedacht, in denen die **Einziehung** zwar gegenüber der zu erwartenden Strafe oder Maßregel der Besserung und Sicherung durchaus **ins Gewicht fällt**, die Einziehung betreffende **Verfahren** die Justiz jedoch im Übermaß belasten. Als Beispiel nennt schon die amtliche Begründung zu § 430 Abs. 1 a. F. den Fall, in dem neben einer geringen Geldstrafe die Einziehung eines Luftgewehrs in Frage steht, die Anordnung der Einziehung aber eine umfangreiche Beweisaufnahme erfordern würde mit einem Kostenaufwand, der im Verhältnis zur Bedeutung der Einziehung unangemessen wäre.[34] Ein wichtiger Anwendungsfall kann es auch sein, wenn eine Schadenswiedergutmachung auf anderem Wege geleistet werden konnte.[35] 14

Bei dem **„Aufwand“** ist vorzugsweise an das Maß der Mühewaltung von Gericht, Staatsanwaltschaft und Beweispersonen bei umfangreichen oder schwierigen Beweisaufnahmen, an den ihnen entstehenden Zeitverlust und den damit verbundenen Kostenaufwand etwa durch komplexe Sachverständigengutachten oder Zeugenvernehmungen im Ausland zu denken.[36] Gleiches gilt für Vollstreckungsschwierigkeiten.[37] Der Aufwand ist **unangemessen**, wenn er zu der Bedeutung der Einziehung in keinem sinnvollen Verhältnis[38] steht. Bei der „Bedeutung“ der Einziehung kann es wiederum entscheidend darauf ankommen, welchen Zweck sie verfolgt und ob damit zum Beispiel ein bestimmter Sicherungscharakter einhergeht.[39] So kann im Fall des § 74b StGB die Schwere der drohenden Gefahr auch einen besonders hohen Aufwand rechtfertigen.[40] Ist bei der (Wertersatz-)Einziehung nach den §§ 73 ff. StGB eine vorläufige Sicherstellung bereits vollzogen worden, dürfte der Aufwand selten unangemessen sein.[41] Allein der Umstand, dass der Verletzte seine Ansprüche auf Grund eines Titels (z.B. der Fiskus) oder vorhandener organisatorischer Einrichtungen (z.B. Abteilungen von Versandhäusern) vergleichsweise leicht vollstrecken kann, führt nicht zu einem unangemessenen Aufwand, zumal der Staatsanwaltschaft ggf. überlegene Vollstreckungsbefugnisse zustehen.[42] 15

---

31 So auch BTDrucks. **19** 27654 S. 109.

32 S. insofern zu absehbaren Effekten der Streichung der früheren Härtefallklausel Meyer-Goßner/Schmitt/*Köhler* 8.

33 BTDrucks. **18** 9525 S. 87; *Rose* NStZ **2019** 648, 649 f.; enger für die Eröffnung des Insolvenzverfahrens über das Vermögen des Einziehungsadressaten vor der Durchführung von Sicherstellungsmaßnahmen Meyer-Goßner/Schmitt/*Köhler* 12; näher BKST/*Tschakert* Handb. Vermögensabschöpfung Rn. 1382, 1386 ff.

34 BTDrucks. **V** 1319 S. 74; Meyer-Goßner/Schmitt/*Köhler* 7.

35 Dazu Meyer-Goßner/Schmitt/*Köhler* 11.

36 S. auch Meyer-Goßner/Schmitt/*Köhler* 8.

37 Mit Beispielen wie der notwendigen Opferentschädigung Meyer-Goßner/Schmitt/*Köhler* 11; *Köhler/Burkhard* NStZ **2017** 665, 675.

38 KK/*Schmidt* 5; KMR/*Metzger* 10; vgl. dazu auch SK/*Paeffgen* 14.

39 AK/*Günther* § 430 a. F., 22.

40 Wie hier auch KK/*Schmidt* 5; LR/*Gössel*[26] § 430 a. F., 8; noch enger *Eb. Schmidt* Nachtr. II 4: bei einer Sicherungseinziehung scheide der Aspekt des unangemessenen Aufwands stets aus.

41 Meyer-Goßner/Schmitt/*Köhler* 10.

42 Meyer-Goßner/Schmitt/*Köhler* 10 unter Verweis auf BTDrucks. **18** 11640 S. 77.

16 Letztlich wird man den Aufwand aber auch noch weiter interpretieren dürfen; so kann der Aufwand, etwa in Staatsschutzstrafsachen weitere Verfahrensbeteiligte informieren zu müssen, auch aus Gründen der **Geheimhaltung** unangemessen sein.

17 **4. Unangemessene Erschwerung der Entscheidung über andere Rechtsfolgen der Tat (§ 421 Abs. 1 Nr. 3 Alt. 2).** Die Beschränkung ist schließlich – in Anknüpfung an § 430 Abs. 1 a. F. – zulässig, wenn die Entscheidung über die anderen Rechtsfolgen der Tat **unangemessen erschwert** würde. Hier ist in erster Linie an einen unverhältnismäßigen **Zeitverlust** gedacht, der durch die Aufklärung der Einziehungsvoraussetzungen, insbesondere der Rechtsverhältnisse am Einziehungsgegenstand, entstünde, während die Sache im Übrigen entscheidungsreif wäre. Dies gilt etwa dann, wenn mehrere Personen wegen ihres angeblichen Rechts am Einziehungsgegenstand die Beteiligung erzwingen oder wenn eine zeitraubende kommissarische Vernehmung einer Mehrzahl von Zeugen an verschiedenen Orten nötig wäre, auch wenn der Kostenaufwand sich in erträglichen Grenzen hält, oder wenn auf Zeugen gewartet werden muss, die für längere Zeit nicht zur Verfügung stehen. Die Vorschrift ermöglicht es, dem Grundsatz des § 424 Abs. 5 Rechnung zu tragen, nach dem die Verfahrensbeteiligung den Fortgang des Verfahrens nicht über Gebühr aufhalten soll. Sie gibt – nun durch die vorrangigen §§ 422 und 423 bewusst ergänzt[43] – eine Handhabe, eine Verletzung des Rechts auf Verhandlung innerhalb angemessener Frist (Art. 6 Abs. 1 Satz 1 EMRK) auszuschließen, die aus der Entscheidung über die Einziehung und hier insbesondere aus der Einziehungsbeteiligung (§ 424) erwachsen könnte.[44]

III. Zuständigkeit und Zustimmungsbedarf

18 **1. Absehen von der Einziehung.** Im **Ermittlungsverfahren** steht die Entscheidung über das Absehen der Staatsanwaltschaft zu (§ 421 Abs. 3 Satz 1), *soweit* es dabei um die Beschränkung auf die Verfolgung anderer Rechtsfolgen geht (§ 421 Abs. 1 Nr. 2 und 3 – „auf die anderen Rechtsfolgen beschränken"). Sie hat die entsprechende Beschränkung aktenkundig zu machen (§ 421 Abs. 3 Satz 2).

19 Nach **Einreichung der Anklageschrift** kann das **Gericht** (außerhalb der Hauptverhandlung in Beschlussbesetzung, im Verfahren vor dem Amtsgericht und der Kleinen Strafkammer also durch den Vorsitzenden allein) in jeder Lage des Verfahrens das Absehen gem. § 421 Abs. 1 anordnen. Es bedarf dazu jedoch nach dieser Norm der **Zustimmung der Staatsanwaltschaft**. Ein etwaiger Einziehungsbeteiligter muss diesem Vorgehen nicht zustimmen.

20 **2. Wiedereinbeziehung der Einziehung.** Das **Gericht** ist nach § 421 Abs. 2 Satz 1 in jeder Lage des Verfahrens befugt, die Wiedereinbeziehung der Einziehung trotz eines zuvor beschlossenen Absehens anzuordnen. Dies gilt sowohl dann, wenn die Staatsanwaltschaft im Ermittlungsverfahren von der Einziehung abgesehen hatte, also auch in dem Fall, in dem das Gericht mit Zustimmung der Staatsanwaltschaft das Absehen angeordnet hatte. Einer (erneuten) Zustimmung der Staatsanwaltschaft bedarf es nicht.[45] Erforderlich ist in diesem Fall jedoch ein entsprechender **Hinweis** gemäß §§ 421 Abs. 2

43 § 422, 1.
44 Zust. KK/*Schmidt* 6; AK/*Günther* § 430 a. F., 23; SK/*Paeffgen* 16; AnwK/*Lohse* § 430 a. F., 4.
45 KK/*Schmidt* 9; AK/*Günther* § 430 a. F., 16.

Satz 3, 265.[46] Zu beachten ist, dass die Staatsanwaltschaft gem. § 421 Abs. 2 Satz 2 die Wiedereinbeziehung zwingend beantragen kann; hierin liegt ein **beachtlicher Widerruf der früheren Zustimmung**.

Obschon eine dahingehende explizite Regelung fehlt, soll auch die **Staatsanwaltschaft** im **Ermittlungsverfahren** nicht gehindert sein, eine bereits aktenkundig zurückgestellte Einziehung im Lauf des Ermittlungsverfahrens oder bei Erhebung der Anklage erneut aufzunehmen. Sie hat diese – auch im Rahmen der Akteneinsicht erhebliche – Veränderung des Verfahrensstandes dann jedoch entsprechend § 421 Abs. 3 Satz 2 aktenkundig zu machen. 21

3. Ermessen und Ermessensgrenzen. Die Entscheidungen des Gerichts und der Staatsanwaltschaft werden im Schrifttum insoweit als Ermessensfragen bewertet, die der nachträglichen Kontrolle weithin entzogen sind.[47] In jedem Fall eröffnen die wenig deutlichen Kriterien der Nr. 1 bis 3 insoweit Beurteilungsspielräume. Zu berücksichtigen ist, ob eine Einziehung durch europäisches Recht grundsätzlich geboten ist.[48] Hierbei ist freilich nicht zu übersehen, dass auch das Unionsrecht an Grundrechte und den Verhältnismäßigkeitsgrundsatz gebunden bleibt. Der Angeklagte und der Einziehungsbeteiligte sollen im Übrigen kein Recht darauf haben, dass von der Ermächtigung zum Absehen von der Einziehung Gebrauch gemacht werde; dies soll für den Angeklagten auch unter dem Gesichtspunkt der Beschleunigung seines Verfahrens zwecks Aburteilung „innerhalb einer angemessenen Frist" (Art. 5 Abs. 3 Satz 2; Art. 6 Abs. 1 Satz 1 EMRK) nicht anders sein. Gegen ein Urteil, das der materiellen Rechtslage entsprechend auf Einziehung erkennt, können folglich keine Rechtsmittel mit der Begründung ergriffen werden, es wäre bei einer zweckmäßigen Verfahrensbeschränkung gar nicht zur Einziehung gekommen.[49] Grundsätzlich wird man dies zwar teilen müssen. Allerdings ist nicht zu übersehen, dass zumindest der Angeklagte gemäß Art. 6 Abs. 1 Satz 1 und 5 Abs. 3 Satz 2 EMRK sehr wohl eine **Verletzung des Rechts auf Verhandlung in angemessener Frist geltend machen** kann. Insoweit kann gerade in der Abstandnahme von beschleunigenden Maßnahmen nach § 421 ein entscheidender Baustein für die gebotene Feststellung und Kompensation einer Verletzung des Beschleunigungsgebots liegen. Allein das national den entscheidenden Stellen eingeräumte Ermessen schützt nicht vor der ggf. zu treffenden Feststellung, dass das Verfahren insgesamt unverhältnismäßig lange betrieben wurde. Soweit zivile Rechte im Sinne des Art. 6 Abs. 1 Satz 1 EMRK betroffen sind, kann auch der Einziehungsbeteiligte eine entsprechende Rüge erheben. 22

4. Teilweises Absehen/Beschränken. Die Gerichtspraxis hat § 421 auch die Befugnis entnommen, von einer Einziehung ggf. nicht ganz, sondern nur teilweise abzusehen.[50] Dies gilt jedenfalls, wenn insofern nach verschiedenen und unterschiedliche Probleme bereitenden Gegenständen bzw. dementsprechendem Wertersatz differenziert wird.[51] Dem ist zuzustimmen, zumal der Gesetzgeber keine Änderung der zuvor bereits anerkannten Praxis angestrebt hat und das auf Prozessökonomie bedachte Telos der 23

46 So etwa statt vieler auch *Meißner/Schütrumpf* Rn. 187; näher MüKo/*Putzke/Scheinfeld* 32.

47 S. nur LR/*Gössel*, § 430 a. F., 21.

48 S. etwa *Meißner/Schütrumpf* Rn. 353 ff. zur Richtlinie 2014/42/EU.

49 KK/*Schmidt* 10; *Pfeiffer* § 430 a. F., 5.

50 Grundlegend BGH NStZ **2018** 742 f. m. zust. Anm. *Schneider*; Meyer-Goßner/Schmitt/*Köhler* 2 und 9; folgend etwa BGH 1 StR 511/18 vom 8.11.2018 = BeckRS **2018** 31676; BGH 5 StR 229/18 vom 24.10.2018 = BeckRS **2018** 28624.

51 Meyer-Goßner/Schmitt/*Köhler* 2.

Norm ebenfalls für die Zulassung einer teilweisen Einschränkung streitet. Übertragen wird das teilweise Absehen auch auf Fälle, in denen sowohl eine Einziehung von Wertersatz als auch eine Einziehung eines anderen Tatertrages in Betracht kommen.[52] Werden z.B. bei einem Wohnungseinbruchdiebstahl mehrere später nicht mehr auffindbare Gegenstände wie Bargeld oder Schmuck entwendet, kann die für die Einziehung nach § 73c StGB notwendige Wertbestimmung unterschiedlich schwer möglich und unter Umständen teilweise unangemessen schwer sein (etwa: die Bezifferung des Werts des Schmucks).[53] Dann ist es zulässig, die Einziehung auf die einfach zu bestimmenden Gegenstände zu beschränken.[54]

IV. Sonderfälle

24 **1. Strafbefehlsverfahren.** Im **Strafbefehlsverfahren** kann der Richter den Strafbefehl gem. § 408 Abs. 3 nur entsprechend dem Antrag der Staatsanwaltschaft erlassen. Er muss also, sofern eine Einigung mit der Staatsanwaltschaft nicht zustande kommt, Hauptverhandlung anberaumen, wenn er die Ausklammerung der Einziehung durch die Staatsanwaltschaft im Strafbefehlsantrag nicht für gerechtfertigt oder entgegen dem Strafbefehlsantrag die Ausscheidung der Einziehung für geboten hält.[55]

25 **2. Privatklageverfahren.** Im **Privatklageverfahren** ist § 421 ebenfalls anwendbar.[56] Hier entscheidet über das Absehen und die Wiedereinbeziehung allein der Richter (§ 25 Nr. 1 GVG) oder im Berufungsverfahren außerhalb der Hauptverhandlung der Vorsitzende der Kleinen Strafkammer.

26 **3. Nebenklage.** Der **Nebenkläger** hat keinen Einfluss auf das Absehen und die Wiedereinbeziehung des Verfahrens über die Einziehung. § 395 Abs. 5 ist nicht entsprechend anwendbar.[57]

27 **4. Steuerstrafverfahren.** Bei **Steuervergehen** hat die Finanzbehörde, wenn sie das Ermittlungsverfahren selbständig durchführt (§ 386 Abs. 2 AO), die Rechte und Pflichten der Staatsanwaltschaft (§ 399 AO). Sie kann daher im Ermittlungsverfahren und beim Strafbefehlsantrag (§ 400 AO) die Einziehung ausscheiden (dazu § 406 AO). Im gerichtlichen Verfahren hat die Finanzbehörde zwar im Rahmen des § 407 AO ein Anhörungsrecht, hinsichtlich der Entscheidung über das Absehen oder die Wiedereinbeziehung aber kein Gestaltungsrecht, das dem der Staatsanwaltschaft entspräche.

V. Rechtsmittel

28 Gerichtliche Entscheidungen über das Absehen von der Einziehung oder die Anordnung ihrer Wiedereinbeziehung ergehen in **Beschlussform**, nachdem zuvor den Beteiligten rechtliches Gehör gewährt worden ist (§ 33). Eine Beschwerde des Beschuldigten,

52 Meyer-Goßner/Schmitt/*Köhler* 2; dazu auch BGH 1 StR 511/18 vom 8.11.2018 = BeckRS **2018** 31676.
53 Meyer-Goßner/Schmitt/*Köhler* 2 mit Verweis auf den Fall BGH NJW **2018** 3325.
54 BGH 5 StR 229/18 vom 24.10.2018 = BeckRS **2018** 28624; Meyer-Goßner/Schmitt/*Köhler* 2.
55 HK-GS/*Koch* § 430 a. F., 6.
56 Meyer-Goßner/Schmitt/*Köhler* 13; AnwK/*Lohse* § 430 a. F., 6.
57 Meyer-Goßner/Schmitt/*Köhler* 13.

Privat- oder Nebenklägers oder Einziehungsbeteiligten ist gem. § 305 Satz 1 ausgeschlossen. Dies gilt aber auch für die Staatsanwaltschaft, wenn sie sich beschwert fühlt, weil das Gericht entgegen § 421 Abs. 1 ohne ihre Zustimmung von der Einziehungsentscheidung abgesehen oder entgegen ihrem Antrag und § 421 Abs. 2 Satz 2 eine Wiedereinbeziehung unterlassen[58] hat. Das Rechtsmittel gegen das Absehen liegt damit in der **Revision**, in der allerdings die von der Norm anerkannten Ermessenspielräume die Revisibilität begrenzen.[59] Dabei bleibt materiell-rechtlich das Verhältnismäßigkeitsgebot nach wie vor zu wahren; das Ermessen hinsichtlich der Anwendung des § 421 gestattet keine unverhältnismäßige Einziehung.[60]

§ 422
Abtrennung der Einziehung

[1]Würde die Herbeiführung einer Entscheidung über die Einziehung nach den §§ 73 bis 73c des Strafgesetzbuches die Entscheidung über die anderen Rechtsfolgen der Tat unangemessen erschweren oder verzögern, kann das Gericht das Verfahren über die Einziehung abtrennen. [2]Das Gericht kann die Verbindung in jeder Lage des Verfahrens wieder anordnen.

Schrifttum

Ergänzend zum Schrifttum Vor § 421 s. *Emmert* Gerichtliche Bindung an die Hauptsacheentscheidung im abgetrennten und im selbstständigen Einziehungsverfahren, NStZ **2020** 587.

Entstehungsgeschichte

§ 422 wurde zum 1.7.2017 mit dem **Gesetz zur Reform der strafrechtlichen Vermögensabschöpfung** vom 13.4.2017 (BGBl. I S. 872, 886) neu geschaffen, um die Einziehung von Taterträgen nach den §§ 73-73c StGB auch in einem abgetrennten Verfahren zu ermöglichen.[1]

Übersicht

58 *Eb. Schmidt* Nachtr. II 10; KK/*Schmidt* 10; Meyer-Goßner/Schmitt/*Köhler* 16; AK/*Günther* § 430 a.F., 28; SK/*Paeffgen* 24; HK/*Retemeyer* 9; **a.A.** KMR/*Metzger* 21; AnwK/*Lohse* § 430 a.F., 8; HK-GS/*Koch* 8.
59 OK-StPO/*Temming* 9 und 9.1.
60 Dazu auch bereits im Anschluss an *Gössel* näher MüKo/*Putzke*/*Scheinfeld* 37.
1 BTDrucks. **18** 9525 S. 87.

https://doi.org/10.1515/9783110765540-022

I. Überblick: Schaffung eines Verfahrens nach Abtrennung

1 Die Vorschrift gestattet für Verfahren, in denen eine Einziehung nach den §§ 73-73c StGB in Frage kommt, eine Abtrennung der Einziehungsentscheidung von der Hauptsacheentscheidung zur Schuld- und Straffrage.[2] Die Einziehungsentscheidung darf hiernach in einem gesonderten Verfahren auf die Hauptentscheidung folgen (s. zu diesem Verfahren § 423). Der kriminalpolitisch betonte Zweck der Vermögensabschöpfung soll insbesondere mit dem Beschleunigungsgrundsatz in Haftsachen besser in Einklang gebracht werden.[3] Vor allem zielt die Neuregelung damit aber darauf ab, die Einziehung zu stärken und ein **Absehen von ihrer Anordnung** zugunsten anderer Verfahrensziele **zu vermeiden.**[4] Entsprechend wird die **Abtrennung** gegenüber dem Absehen nach § 421 Abs. 3 Alt. 2 als **vorrangig** angesehen.[5] Obschon nur für die erneute Verbindung ein Zeitpunkt benannt ist, kommt die Abtrennung angesichts der zu wahrenden Rechte (dazu Rn. 5 und 7) und Ziele nicht nur in der Hauptverhandlung, sondern prinzipiell in allen Verfahrensstadien seitens des Gerichts in Betracht.[6] Ob bei alledem, wie sich der Gesetzgeber erhofft, die auch auf Vereinfachung abzielende Reform der Vermögensabschöpfung den Bedarf weithin erübrigen wird,[7] auf die Abtrennung zurückzugreifen, bleibt sehr zu bezweifeln.[8]

II. Voraussetzungen der Abtrennungsentscheidung

2 **1. Einziehung von Taterträgen.** Explizit eröffnet die Norm die Abtrennung für Einziehungsentscheidungen nach den §§ 73-73c StGB im Fall eines tatsächlich weiter betriebenen Hauptverfahrens.[9] Folglich gilt sie für die Einziehung von Taterträgen gegenüber Tätern, Teilnehmern und Dritten („anderen") nach den §§ 73-73b StGB, ebenso aber für die Einziehung des Wertes von Taterträgen nach § 73c StGB. Der Rückgriff auf § 422 Satz 1 kommt damit sowohl für Einziehungen zulasten Beschuldigter als auch Einziehungsbeteiligter (Einziehungsinteressenten) nach den §§ 424 und 426 in Betracht.

3 Die Abtrennung einer Einziehungsentscheidung nach den §§ 74 ff. StGB hat der Gesetzgeber explizit nicht gewünscht. Er begründet dies damit, dass diese Maßnahmen – im Gegensatz zu den §§ 73-73c StGB – strafähnlichen Charakter hätten und deshalb bei der Strafzumessung in der Hauptsache Berücksichtigung finden müssten.[10]

4 **2. Drohende unangemessene Erschwerung oder Verzögerung der Entscheidung über andere Rechtsfolgen der Tat.** Die Entscheidung über die Einziehung muss die Entscheidung über andere Rechtsfolgen der Tat und damit über die Schuld- und Straffrage im Übermaß beeinträchtigen. Konkret muss die Annahme substantiiert sein,

---

2 BTDrucks. **18** 9525 S. 87.

3 OLG Bamberg StraFo **2019** 210, 211; LG Offenburg, 3 Qs 118/17 vom 8.1.2018 = BeckRS **2018** 10560; BTDrucks. **18** 9525 S. 55; Meyer-Goßner/Schmitt/*Köhler* 1.

4 BTDrucks. **18** 9525 S. 2, 55 und 87.

5 *Korte* wistra **2018** 1, 10; Meyer-Goßner/Schmitt/*Köhler* 2; MüKo/*Putzke/Scheinfeld* 4; s. a. BTDrucks. **18** 9525 S. 55 („vor allem mit der Einführung einer Abtrennungsregelung"); offenbar anders *Meißner/Schütrumpf* Rn. 353 ff.

6 So i.E. auch MüKo/*Putzke/Scheinfeld* 11; OK-StPO/*Temming* 4.

7 So BTDrucks. **18** 9525 S. 4 und Meyer-Goßner/Schmitt/*Köhler* 3.

8 Krit. etwa MüKo/*Putzke/Scheinfeld* 5.

9 MüKo/*Putzke/Scheinfeld* 2.

10 BTDrucks. **18** 9525 S. 87 („exklusiv"); dem folgend etwa MüKo/*Putzke/Scheinfeld* 2.

dass die weitere Entscheidung über die Einziehung die Hauptsacheentscheidung unangemessen erschweren oder verzögern werde, womit eine Schnittmenge zu § 421 Abs. 1 Nr. 3 Alt. 2 entsteht.[11] Die Gesetzgebungsmaterialien denken insofern vornehmlich an **(Untersuchungs-)„Haftsachen"** in Konstellationen, in denen Gericht oder Staatsanwaltschaft ein Absehen von der Einziehung gemäß § 421 nicht als angemessene alternative Lösung beurteilen.[12]

In der Sache müssen insoweit hinsichtlich der drohenden Verzögerung die **Kriterien** entscheiden, die für die **Wahrung des Rechts auf eine Verhandlung in angemessener Frist** maßgeblich sind.[13] Dabei sollte die Abtrennung aber nicht nur dann erfolgen, wenn anderenfalls eine kompensationsbedürftige Verletzung des Art. 6 Abs. 1 Satz 1 EMRK unvermeidlich wäre. Vielmehr ist das neue Recht möglichst für eine optimierte Verwirklichung eines schleunigen Prozesses zu nutzen.[14] Ein Anwendungsbeispiel kann eine Konstellation sein, in der hinsichtlich der Einziehung eine Vorlage zum BGH infolge einer zu beachtenden abweichenden Rechtsauffassung eines anderen OLG angezeigt wäre.[15] Hinsichtlich der Erschwerung des Verfahrens ist eine Relation zu dem Aufwand herzustellen, der durch eine gesonderte Verfahrensdurchführung entstehen kann. Ein weiteres Anwendungsbeispiel dürfte der Bedarf zu umfangreichen Beweiserhebungen hinsichtlich einer möglichen Entreicherung eines gutgläubigen Drittbegünstigten (dazu § 73e Abs. 2 StGB) ausmachen. Schließlich kann die Wirksamkeit der Anfechtung eines betrügerisch zustande gekommenen Kaufvertrages für die Bestimmung des Werts des Erlangten (§ 73d Abs. 1 Satz 2 StGB) Beweiserhebungen nach sich ziehen, die das Verfahren allzu sehr verlängern.[16] Im **Strafbefehlsverfahren** wird die bei einer Einbeziehung der Einziehung notwendige Anberaumung der Hauptverhandlung nach § 408 Abs. 3 Satz 2 allein regelmäßig keine unangemessene Verzögerung oder Erschwerung ausmachen.[17] Ein strikter Vorrang des § 408 Abs. 3 Satz 2 vor § 422 wird damit aber nicht begründet.[18] 5

3. Anordnungsermessen. Nach dem Wortlaut der Norm „kann" das Gericht die Verfahrensabtrennung anordnen. Darin wird regelmäßig die Grundlage für eine gerichtliche Ermessensentscheidung gesehen.[19] Gleichwohl muss das Gericht schon gem. **Art. 6 Abs. 1 Satz 1 EMRK** und **Art. 5 Abs. 3 Satz 2 EMRK** die ggf. notwendigen Schritte einleiten, um anderenfalls eintretende Verletzungen des Rechts auf eine Verhandlung in angemessener Frist zu verhindern. Das **Ermessen** des Gerichts ist insofern **begrenzt**. Unzweifelhaft bedarf es keiner Zustimmung der Staatsanwaltschaft.[20] 6

4. Formelle Anordnung. Das Gericht ordnet die Verfahrensabtrennung in Form eines Beschlusses an (s. § 2 Abs. 2 und § 4 Abs. 1).[21] 7

---

11 Meyer-Goßner/Schmitt/*Köhler* 2.

12 BTDrucks. **18** 9525 S. 87.

13 Zu diesen MüKo/*Gaede* Art. 6 EMRK Rn. 371 ff., 375 ff. m.w.N.

14 Enger *Korte* wistra **2018** 1, 10, der in der Praxis angesichts des mit zwei Verfahren verbundenen Aufwandes eine Abtrennung nur bei besonders komplexen Verfahren erwartet.

15 MüKo/*Putzke/Scheinfeld* 8.

16 *Köhler/Burkhard* NStZ **2017** 665, 676.

17 So mit denkbaren Ausnahmen LG Offenburg, 3 Qs 118/17 vom 8.1.2018 = BeckRS **2018** 10560.

18 Insoweit zu weit formulierend aber Meyer-Goßner/Schmitt/*Köhler* 2.

19 Meyer-Goßner/Schmitt/*Köhler* 4.

20 Meyer-Goßner/Schmitt/*Köhler* 4.

21 Zur einheitlichen Forderung nach einem Beschluss etwa MüKo/*Putzke/Scheinfeld* 10.

III. Rechtsfolgen

8 **1. Wirkungen.** Mit der Verfahrenstrennung existieren nunmehr formell zwei Verfahren. Gerade infolge der in § 423 Abs. 1 Satz 2 angeordneten Bindungswirkung ist davon auszugehen, dass die Regelungen über eine Einziehungsbeteiligung auch nach einer Abtrennungsentscheidung unverändert gelten; eine bereits **angeordnete Einziehungsbeteiligung besteht** auch im Hauptverfahren **fort**, da der vom Gesetzgeber nun uneingeschränkt anerkannte Beteiligungsbedarf angesichts der Bindungswirkung gerade nicht entfällt.[22]

9 **2. Rechtsmittel.** Gegen die Abtrennungsanordnung soll neben der Staatsanwaltschaft[23] auch der Einziehungsbeteiligte nach der wohl herrschenden Ansicht das Recht auf (einfache) Beschwerde haben.[24] Hierfür spricht zwar, dass die Beschwerde nicht explizit ausgeschlossen wurde. Jedenfalls bei einer mit der Verzögerungsgefahr begründeten Anordnung wird das Rechtsmittel jedoch als implizit ausgeschlossen anzusehen sein:[25] Die unbefristet mögliche einfache Beschwerde könnte die angestrebten Effekte sonst *ad absurdum* führen. Auch der Angeklagte muss den Beschluss hinnehmen.[26]

IV. Erneute Verbindung der Verfahren

10 **1. Eröffnung in jeder Lage des Verfahrens.** Das Gesetz räumt dem Gericht mit seinem Satz 2 große Flexibilität bei der Frage ein, ob es seine Entscheidung zugunsten einer erneuten Verbindung korrigieren möchte. Dem Gericht ist dies in jeder Lage des Verfahrens und damit auch in der Berufungsinstanz[27] gestattet. In der Revisionsinstanz wird sie für möglich erachtet, wenn das Gericht den von der Einziehung betroffenen Angeklagten von der Erwerbstat freisprechen will (§ 354 Abs. 1).[28]

11 **2. Formelle Anordnung und Rechtsmittel.** Für die Verbindung nach zwischenzeitlicher Abtrennung ist ein Beschluss des Gerichts zu erlassen.[29] Zur Anfechtung Rn. 9.

---

22 OLG Bamberg StraFo **2019** 210, 211; OK-StPO/*Temming* 1; Meyer-Goßner/Schmitt/*Köhler* 5; **a.A.** *Emmert* NStZ **2020** 587 ff., der eine anderenfalls nicht erzielbare Beschleunigung geltend macht, damit aber letztlich nur offenlegt, dass die beschleunigende Wirkung der Abtrennung tatsächlich beschränkt bleibt – sie bezieht sich auf Fragen, die nicht für beide Verfahren, sondern vielmehr nur für die Einziehungsentscheidung relevant sind.

23 LG Offenburg, 3 Qs 118/17 vom 8.1.2018 = BeckRS **2018** 10560; **a.A.** etwa *Meißner/Schütrumpf* Rn. 206.

24 OLG Bamberg StraFo **2019** 210, 211 f. unter Berufung auf das Beschleunigungsrecht und das Recht auf ein faires Verfahren des Einziehungsbeteiligten; wohl auch SK/*Paeffgen* 6; nur distanziert im Hinblick auf § 305 Satz 1 Meyer-Goßner/Schmitt/*Köhler* 5.

25 Wie hier schon, auch zur „Erschwerung", OK-StPO/*Temming* 5 m.w.N.; BKST/*Tschakert* Handb. Vermögensabschöpfung Rn. 1438; MüKo/*Putzke/Scheinfeld* 12; i.E. *Meißner/Schütrumpf* Rn. 206.

26 MüKo/*Putzke/Scheinfeld* 12.

27 Meyer-Goßner/Schmitt/*Köhler* 6.

28 Meyer-Goßner/Schmitt/*Köhler* 6: Folgeverfahren anderenfalls bloße Förmelei.

29 MüKo/*Putzke/Scheinfeld* 10; Meyer-Goßner/Schmitt/*Köhler* 1.

§ 423
Einziehung nach Abtrennung

(1) [1]Trennt das Gericht das Verfahren nach § 422 ab, trifft es die Entscheidung über die Einziehung nach der Rechtskraft des Urteils in der Hauptsache. [2]Das Gericht ist an die Entscheidung in der Hauptsache und die tatsächlichen Feststellungen, auf denen diese beruht, gebunden.

(2) Die Entscheidung über die Einziehung soll spätestens sechs Monate nach dem Eintritt der Rechtskraft des Urteils in der Hauptsache getroffen werden.

(3) [1]Das Gericht entscheidet durch Beschluss. [2]Die Entscheidung ist mit sofortiger Beschwerde anfechtbar.

(4) [1]Abweichend von Absatz 3 kann das Gericht anordnen, dass die Entscheidung auf Grund mündlicher Verhandlung durch Urteil ergeht. [2]Das Gericht muss die Anordnung nach Satz 1 treffen, wenn die Staatsanwaltschaft oder derjenige, gegen den sich die Einziehung richtet, dies beantragt. [3]Die §§ 324 und 427 bis 431 gelten entsprechend; ergänzend finden die Vorschriften über die Hauptverhandlung entsprechende Anwendung.

Schrifttum

Ergänzend zum Schrifttum Vor § 421 s. *Emmert* Gerichtliche Bindung an die Hauptsacheentscheidung im abgetrennten und im selbstständigen Einziehungsverfahren, NStZ **2020** 587.

Entstehungsgeschichte

§ 423 wurde zum 1.7.2017 mit dem **Gesetz zur Reform der strafrechtlichen Vermögensabschöpfung** vom 13.4.2017 (BGBl. I S. 872, 886) als Durchführungsregelung zur eingeführten Einziehung nach Abtrennung neu geschaffen.[1]

Übersicht

I. Überblick: Regelung des Verfahrens nach Abtrennung

1 Die Vorschrift gestaltet die Durchführung des neu geschaffenen Einziehungsverfahrens nach Abtrennung aus. Insbesondere legt die Norm eine bindende Wirkung der vorrangig zu treffenden Entscheidung zur Hauptsache fest (Absatz 1). Ferner gebietet sie eine vergleichsweise zeitnahe Einziehungsentscheidung (Absatz 2). Das konkrete Verfahren wird sodann in Fortführung der für das einheitliche Verfahren geltenden Vorschriften über die Einziehungsbeteiligung (s. Absatz 4 Satz 3, mit einer Anlehnung an

1 BTDrucks. **18** 9525 S. 87 f.

https://doi.org/10.1515/9783110765540-023

die Berufungshauptverhandlung) und in Anlehnung an Regelungen des Nachverfahrens (s. Absatz 3 und 4 Satz 1 und 2) ausdifferenziert.

II. Bindende Entscheidung zur Hauptsache

2 **1. Hauptsacheentscheidung.** Eingangs legt das Gesetz fest, dass die regelmäßig vorgreifliche Hauptsacheentscheidung vom Gericht vorrangig zu treffen ist; **erst nach** der **Rechtskraft** des Urteils in der Hauptsache darf die **Entscheidung über die Einziehung** gefällt werden.[2] Hiermit werden der Hauptsacheentscheidung widersprechende Entscheidungen vermieden. Für die Rechtskraft genügt es, wenn der für die Einziehung vorgreifliche Teil vollständig in Rechtskraft erwachsen ist.[3]

3 **2. Bindungswirkung.** Das Gesetz ordnet darüber hinaus eine Bindung an das Urteil zur Hauptsache an, die sich sowohl auf den **Entscheidungstenor** als auch auf die **tatsächlichen Feststellungen** bezieht, auf denen die Entscheidung beruht. Im Konnex zum ersten Satz ist dabei ein rechtskräftiges Urteil gemeint. Als Folge dieser Bestimmung ist die Beweiserhebung über die der Einziehung zugrundeliegende materiellrechtliche Tat im Verfahren über die Einziehung ausgeschlossen.[4] Dies kann allerdings bei doppelt-relevanten Umständen durchaus zu Problemen führen, wenn sich unter dem Gesichtspunkt der spezifischen, nicht nur durch die Anlasstat motivierten Voraussetzungen der Einziehungsnormen Folgefragen im Einziehungsverfahren stellen.

4 Gerade infolge der angeordneten Bindungswirkung ist davon auszugehen, dass die Regelungen über eine Einziehungsbeteiligung auch nach einer Abtrennungsentscheidung unverändert gelten und eine angeordnete Einziehungsbeteiligung fortbesteht.[5]

III. Entscheidung zur Einziehung

5 **1. Entscheidungsmaßstäbe.** Die Entscheidung ist nach den auch sonst maßgeblichen materiellen Rechtsvorschriften zu treffen. Die Entscheidung selbst wird dabei regelmäßig als zwingend angesehen, zumal allenfalls eine Anwendung des § 421 Abs. 1 Nr. 3 auf Grund eines unangemessenen Aufwandes denkbar sei.[6] Allerdings gilt § 421 durchaus auch weiterhin für das abgetrennte Verfahren; lediglich der Verweis auf die erschwerte Entscheidung über andere Rechtsfolgen scheidet aus.[7]

6 **2. Entscheidungszeitraum.** Wurde zur Hauptsache durch Urteil rechtskräftig entschieden, soll das Gericht gemäß § 423 Abs. 2 spätestens sechs Monate nach Eintritt der Rechtskraft des Urteils über die Einziehung befinden. Diese Sollvorschrift will auf einen

2 SSW/*Heine* 3; MüKo/*Putzke*/*Scheinfeld* 5 (aber mit Kritik hinsichtlich der Folgen für den Einziehungsbeteiligten, 3); **a.A.** KMR/*Metzger* 2.

3 Bestätigend zu § 423 Abs. 2 BTDrucks. **18** 9525 S. 88; Meyer-Goßner/Schmitt/*Köhler* 2: Teilrechtskraft genügt; s. aber auch MüKo/*Putzke*/*Scheinfeld* 5.

4 Meyer-Goßner/Schmitt/*Köhler* 5; s. a. OLG Hamm NZWiSt **2019** 477 m. Anm. *Kremer*.

5 OLG Bamberg StraFo **2019** 210, 211; OK-StPO/*Temming* § 422, 1; Meyer-Goßner/Schmitt/*Köhler* 5; **a.A.** *Emmert* NStZ **2020** 587.

6 Meyer-Goßner/Schmitt/*Köhler* 1; SSW/*Heine* 1.

7 *Korte* wistra **2018** 1, 10; KMR/*Metzger* § 421, 5.

zügigen Verfahrensbeginn hinwirken, nach dem die Entscheidung innerhalb der Regelfrist getroffen werden kann.[8] Die Materialien weisen insoweit auf die Rolle der Staatsanwaltschaft als „Wächterin der Gesetze" hin; sie habe die Aufgabe, auf eine zeitnahe Entscheidung hinzuwirken.[9]

3. Entscheidungsverfahren

a) Entscheidungsform. § 423 Abs. 3 Satz 1 sieht – §§ 433 Abs. 2 und 436 Abs. 2 entsprechend – prinzipiell eine **Entscheidung im** schriftlichen **Beschlussverfahren** vor.[10] Zugleich sieht das Gesetz in § 423 Abs. 4 nach dem Modell der §§ 433 Abs. 3 und 436 Abs. 2 die **mögliche Entscheidung durch Urteil** vor. Hierzu kann es von Amts wegen (§ 423 Abs. 4 Satz 1) oder – im Rahmen einer gebundenen Entscheidung – auf den dahingehenden Antrag eines Einziehungsbeteiligten oder der Staatsanwaltschaft (§ 423 Abs. 4 Satz 2) kommen. Ist kein Antrag gestellt, billigt die Praxis dem Gericht insoweit ein Auswahlermessen zu.[11] Dieses Ermessen kann es ausdrücklich oder auch konkludent nutzen.[12] Das Ermessen kann auf null reduziert sein, wenn die Rechtsstellung des Einziehungsbeteiligten nur durch das mündliche Verfahren gewahrt werden kann; dann ist auch ein Wechsel der Verfahrensform möglich.[13] 7

b) Verfahren im Übrigen. § 423 Abs. 4 Satz 3 ordnet ferner einen entsprechenden Verweis auf die §§ 324 und 427 bis 431 sowie die Anwendung der Vorschriften über die Hauptverhandlung an. Der Einziehungsbetroffene soll damit die gleiche Rechtsstellung haben, die er bei einer einheitlichen Verhandlung und Entscheidung im Hauptsacheverfahren hätte.[14] Dies gilt zum Beispiel für das Beweisantragsrecht nach den §§ 427 Abs. 1 Satz 1 und 430 Abs. 2 StPO. Der Verweis auf § 324 wurde in den Materialien nicht näher erhellt. Er soll aber offensichtlich die Grundlage dafür bieten, die vorausgehende Entscheidung zur Hauptsache in geeigneter Form in die Hauptverhandlung einführen zu können. Die Verlesung der ursprünglichen Anklage soll dann verzichtbar sein.[15] 8

IV. Anfechtbarkeit der Entscheidung

Soweit der gesetzliche Regelfall des § 423 Abs. 3 Satz 1 zum Tragen kommt, eröffnet das Gesetz mit § 423 Abs. 3 die Möglichkeit der sofortigen Beschwerde. Zur Anfechtung im Urteilsfall nach den allgemeinen Regeln s. § 434, 23 f.[16] Hinsichtlich der Kosten gilt § 472b. 9

---

8 BTDrucks. **18** 9525 S. 88. Zur zweifelhaften Natur und praktischen Bedeutung dieses Hinweises etwa SSW/*Heine* 5.
9 BTDrucks. **18** 9525 S. 88.
10 S. auch OLG Köln StV **2020** 655 (L): Regelverfahren.
11 OLG Köln StV **2020** 655 (L).
12 OLG Köln StV **2020** 655 (L).
13 OLG Köln StV **2020** 655 (L); Meyer-Goßner/Schmitt/*Köhler* 4.
14 BTDrucks. **18** 9525 S. 88.
15 Meyer-Goßner/Schmitt/*Köhler* 4.
16 Meyer-Goßner/Schmitt/*Köhler* 4.

§ 424
Einziehungsbeteiligte am Strafverfahren

(1) Richtet sich die Einziehung gegen eine Person, die nicht Beschuldigter ist, so wird sie auf Anordnung des Gerichts am Strafverfahren beteiligt, soweit dieses die Einziehung betrifft (Einziehungsbeteiligter).

(2) [1]Die Anordnung der Verfahrensbeteiligung unterbleibt, wenn derjenige, der von ihr betroffen wäre, bei Gericht oder bei der Staatsanwaltschaft schriftlich oder zu Protokoll oder bei einer anderen Behörde schriftlich erklärt, dass er gegen die Einziehung des Gegenstandes keine Einwendungen vorbringen wolle. [2]War die Anordnung zum Zeitpunkt der Erklärung bereits ergangen, wird sie aufgehoben.

(3) Die Verfahrensbeteiligung kann bis zum Ausspruch der Einziehung und, wenn eine zulässige Berufung eingelegt ist, bis zur Beendigung der Schlussvorträge im Berufungsverfahren angeordnet werden.

(4) [1]Der Beschluss, durch den die Verfahrensbeteiligung angeordnet wird, kann nicht angefochten werden. [2]Wird die Verfahrensbeteiligung abgelehnt, ist sofortige Beschwerde zulässig.

(5) Durch die Verfahrensbeteiligung wird der Fortgang des Verfahrens nicht aufgehalten.

Entstehungsgeschichte

Die Regelungen des heutigen § 424 waren ursprünglich in § 431 a. F. enthalten, der seinerseits auf dem EGOWiG beruhte. Die Regelung wurde zum 1.7.2017 mit dem **Gesetz zur Reform der strafrechtlichen Vermögensabschöpfung** vom 13.4.2017 (BGBl. I S. 872, 886) von ihrem ursprünglichen Standort mit einigen erheblichen inhaltlichen Änderungen und einer angepassten gesetzlichen Überschrift auf § 424 vorgezogen und hierbei insbesondere auf die als zwingend erachtete Beteiligung gerade des Einziehungsbeteiligten ausgerichtet.[1] Die einzelnen Veränderungen bzw. Kontinuitäten werden bei den jeweiligen Regelungen dargestellt. Zum Teil wurden frühere Inhalte des § 431 auch in andere Regelungen wie z.B. § 425 oder § 438 überführt.

Übersicht

1 Dazu BTDrucks. **18** 9525 S. 88 f.

https://doi.org/10.1515/9783110765540-024

Alphabetische Übersicht

I. Überblick: mögliche Einziehungsbeteiligte nach § 424

1. Beschränkter Regelungsansatz des geltenden Rechts. Die Vorschrift widmet 1
sich der Verfahrensteilhabe von Personen, die nicht Beschuldigte sind und dennoch mit einer belastenden Einziehung nach den §§ 73b ff. StGB konfrontiert sind. Mit § 424 gestaltet der Gesetzgeber die sog. Nebenbeteiligung und damit die Etablierung belastender Rechtsfolgen im Strafverfahren anders als bisher zunächst ausschließlich anhand der Einziehungsbeteiligung aus.[2] Die Kategorie der Nebenbeteiligten wird damit nun beispielgebend und umfassend über den Einziehungsbeteiligten ausdifferenziert, der wiederum im Anschluss an die materielle Rechtslage definiert wird.[3] Erst im Anschluss werden die geschaffenen Verfahrensmaßstäbe über die §§ 438 und 439 durch anknüpfende oder abwandelnde Regelungen auf andere Nebenbeteiligte übertragen. Hiermit wird insbesondere der früher in § 431 Abs. 1 Satz 1 Nr. 2 a. F. erfasste Inhaber beschränkt dingli-

2 BTDrucks. **18** 9525 S. 87 und 88 f.
3 Dazu krit. OK-StPO/*Temming* 6.1.; SK/*Paeffgen* 7.

cher Rechte an einem eingezogenen Gegenstand spezifisch in den Blick genommen. Differenzierungen nach dem Verfall (Einziehung von Taterträgen) und der (übrigen) Einziehung hat der Gesetzgeber zugunsten einer nun allgemein aufgewerteten Verfahrensteilhabe aller Einziehungsbeteiligten weithin eingeebnet.[4]

2 **2. Legaldefinition des Einziehungsbeteiligten.** Mit § 424 Abs. 1 stellt der Gesetzgeber eine Legaldefinition für den Einziehungsbeteiligten auf.[5] Einziehungsbeteiligter ist danach jede Person, gegen die sich die Einziehung richtet und die nicht zugleich Beschuldigter ist, soweit das Gericht die Beteiligung anordnet. Materiell verweist dies vor allem darauf, dass der als Einziehungsgegner Betrachtete tatsächlich Eigentümer der von der Einziehung betroffenen Sache und damit der zutreffende Verfahrensgegner sein sollte. Formell muss – dem Beschuldigtenbegriff strukturell nicht unähnlich – die entsprechende staatliche Einstufung als Einziehungsgegner und hiermit die **gerichtliche Anordnung** der Beteiligung hinzutreten. Dabei ist nicht von einem Einziehungsbeteiligten zu sprechen, wenn die betreffende Person zugleich Beschuldigter des Verfahrens ist.

3 **3. Erfasste Konstellationen des materiellen Rechts.** Schon die Gesetzesmaterialien weisen als Hauptanwendungsfall bei der Einziehung von Taterträgen auf die Anordnung der Einziehung oder der Wertersatzeinziehung gegen einen **Drittbegünstigten (§ 73b StGB)** hin.

4 Ebenso unterfällt der Einziehungsbeteiligung die Einziehung von Tatmitteln, Tatprodukten und Tatobjekten nach den §§ 74a und 74b StGB. Hierbei kann gemäß § 425 ein mögliches Absehen von der Beteiligung zu erwägen sein.[6]

5 Ein weiterer Anwendungsfall ist die zuvor gesondert über § 431 Abs. 3 a. F. geregelte Verfahrensbeteiligung hinsichtlich der **Wertersatzeinziehung nach § 74c StGB**, die gegen eine juristische Person oder eine Personenvereinigung im Sinne des § 74e StGB angeordnet wird. Nach § 74e StGB werden Handlungen bestimmter **Vertreter** juristischer Personen und bestimmter Personenvereinigungen, die den Vertretern gegenüber unter den übrigen Voraussetzungen der §§ 73 ff. StGB die Einziehung eines Gegenstandes oder des Wertersatzes zulassen oder den Ausschluss der Entschädigung begründen würden, **dem vertretenen Verband** „zugerechnet“. Das bedeutet insbesondere, dass eine Einziehung zulässig ist, wenn nicht der handelnde Vertreter, sondern die vertretene juristische Person oder Personenvereinigung im Zeitpunkt der Entscheidung Eigentümerin des Gegenstandes ist. In diesen Fällen ist der vertretene Verband entsprechend der möglichen Einziehung am Verfahren zu beteiligen.[7] Da die Wertersatzeinziehung bei natürlichen Personen schon nach dem materiellen Recht nur für Tatbeteiligte zulässig ist (§ 74c Abs. 1 StGB), scheidet eine entsprechende Einziehungsbeteiligung für Nichttatbeteiligte aus. Erneut ist auf § 425 hinzuweisen.

---

4 Im Rückblick s. aber noch zum früheren Recht LR/*Gössel*[26] § 431 a. F., 21 ff., 44 und § 442 Abs. 2 a. F.; s. zuvor für ein besonderes Teilhabebedürfnis des Verfallsbeteiligten BTDrucks. **7** 550 zu Art. 19 Nr. 108, das einer Verfallsanordnung ohne vorherige Verfahrensbeteiligung entgegenstand: „Es erscheint grundsätzlich immer erforderlich, den Dritten an dem Verfahren gegen den Täter oder Teilnehmer zu beteiligen, in welchem hinsichtlich des Verfalls auch gegen ihn entschieden wird.“.

5 BTDrucks. **18** 9525 S. 88.

6 Dazu § 425, 1 ff.

7 Hierzu früher schon OLG Düsseldorf wistra **1999** 477, 478.

Explizit nicht länger ein direkter Anwendungsfall der § 431 a. F. fortführenden Norm ist die Beteiligung sonstiger Personen, die von der Einziehung in ihren beschränkt dinglichen Rechten betroffen sein können („**Nebenbetroffene**"). Ihre Beteiligung regelt § 438 StPO. Weiterhin außen vor bleibt die Einziehung einer Schrift (§ 74d StGB), soweit der Adressat oder Besteller derselben kein Eigentum an ihr erlangt hat.[8] Z.B. Adressaten von Sendungen, die der Post zur Beförderung übergeben sind, sind als solche keine Einziehungsbeteiligten, da die Post nur Bote des Absenders ist und das Vertragsverhältnis zwischen Post und Absender keine Rechte des Empfängers am Beförderungsgegenstand und keine Rechte gegen die Post[9] begründet. Auch der **Insolvenzverwalter** des einziehungsbeteiligten Unternehmens ist nicht selbst als Einziehungsbeteiligter berechtigt.[10] 6

II. Die Anordnung der Einziehungsbeteiligung

Voraussetzungen der Einziehungsbeteiligung sind zum einen die materiell erwartete Einziehungsgegnerschaft der nicht als Beschuldigter geführten zu beteiligenden Person, zum anderen die Beachtung der zeitlichen Anordnungsgrenzen und der konstitutive[11] formelle *Beschluss* über die Anordnung der Beteiligung (s. Rn. 8 ff.). Liegen diese vor, ist das Gericht grundsätzlich zur Anordnung der Einziehungsbeteiligung verpflichtet (zum ggf. entgegenstehenden Verzicht s. aber Rn. 24 ff.). Zur gegenständlichen Wirkung und zur möglich bleibenden Zeugenrolle Rn. 23. 7

1. Die Voraussetzungen im Einzelnen

a) Erwartete Einziehung zulasten der zu beteiligenden Person. Die Frage der Beteiligungsanordnung kann von Amts wegen, auf Antrag oder Anregung zu prüfen sein, wenn die Einziehung im Strafverfahren in Betracht kommt. Ist eine Einziehung von Gesetzes wegen anzuordnen, bedarf es keines entsprechenden Antrages der Staatsanwaltschaft.[12] Wurde die Einziehung förmlich gemäß § 421 ausgeschieden, lebt die Prüfungs- und Anordnungspflicht erst mit einem Wiedereinbeziehungsbeschluss nach § 421 Abs. 2 wieder auf.[13] 8

Mit der Reform der Vermögensabschöpfung hat die Konstruktion des § 424 Abs. 1 (bzw. des vorausgehenden § 431 Abs. 1 a. F.) eine erhebliche Änderung erfahren. Das Gesetz leitet die Einziehungsanordnung nicht mehr aus einer glaubhaften Rechtsposition des zu Beteiligenden ab. Vielmehr wählt es die Perspektive des Gerichts und der von diesem jedenfalls vorläufig erlangten **Einschätzung, dass gegen den zu Beteiligenden eine Einziehung zu richten** und damit anzuordnen **sein werde**. Es kommt insofern darauf an, dass das Gericht in dem zu Beteiligenden den Adressaten einer Einziehung 9

---

8 Zu dieser Fallgruppe anhand der früheren Regelung LR/*Gössel*[26] § 431 a. F., 17 ff.

9 Zu § 431 a. F. vgl. BGH GA **1961** 55; *Wagner* MDR **1961** 93, 97; BTDrucks. **V** 1319, S. 74 ff.; **a.A.** *Konow* NJW **1961** 397. Vgl. auch KK/*Schmidt* 7: Verweis auf § 438; abgrenzend zu einem Eigentumserwerb nach dänischem Recht OLG Hamm NJW **1970** 1754; LG Bayreuth NJW **1970** 574.

10 BGH wistra **2019** 187 189; Meyer-Goßner/Schmitt/*Köhler* 2; eingehend BKST/*Tschakert* Rn. 1582 ff.

11 BTDrucks. **18** 9525 S. 88.

12 OLG Düsseldorf wistra **1999** 477, 478; SK/*Paeffgen* 8.

13 S. auch zur Staatsanwaltschaft, § 421, 20 f.

erkennt, **ohne dass dieser zugleich als Angeschuldigter/Angeklagter einzustufen wäre.** Der zuletzt genannte Ausschlussfall betrifft auch Mitangeklagte und Mitangeschuldigte – auch sie erlangen ihre Teilhaberechte nicht erst über § 424 Abs. 1 Satz 1. Denn in dieser Eigenschaft haben sie bereits die Verteidigungsbefugnisse, die dem Einziehungsbeteiligten (vgl. § 427 Abs. 1 Satz 1) erst mit der Anordnung der Beteiligung beigelegt werden sollen.[14] Allerdings werden die Begriffe formal verstanden. Deshalb kommt auch ein **Tatbeteiligter** (Mittäter, Anstifter oder Gehilfe, §§ 25 ff. StGB) als Einziehungsbeteiligter in Betracht, der in dem konkreten Verfahren z.B. nach einer Verfahrensabtrennung nicht selbst die prozessuale Stellung als (Mit-)Angeschuldigter innehat.[15] Wird der sodann Einziehungsbeteiligte später aber durch eine Verbindung (wieder) in das Verfahren einbezogen, so wird die Beteiligungsanordnung *ipso iure* gegenstandslos.

10 Mittelbar bedeutet dieser Maßstab, dass das Gericht die für die **Einziehung notwendigen gesetzlichen Voraussetzungen**, welche die Rechtsfolge zulässig und geboten sein lassen, auf dem aktuellen Verfahrensstand bejahen muss. So muss also etwa im Fall des § 73b Abs. 1 Nr. 1 StGB u. a. zu erwarten sein, dass der Täter oder Teilnehmer für den Dritten als jetzigen Einziehungsadressaten gehandelt hat etc. Ebenso darf z.B. der Verhältnismäßigkeitsgrundsatz (§ 74f StGB) bei der Einziehung von Tatprodukten, Tatmitteln und Tatobjekten einer Einziehung nicht entgegenstehen. Soweit es um das Eigentum des Dritten (des Einziehungsadressaten) an dem einzuziehenden Gegenstand geht, kommt es für die Prüfung auf den **Zeitpunkt der Entscheidung**[16] (d. h. der letzten tatrichterlichen Entscheidung) an. Auf das Eigentum im Zeitpunkt der Entscheidung über die Einziehung kann es aber bei der vorangehenden Entscheidung über die Anordnung der Beteiligung nicht ankommen. Hier genügt, dass Eigentum (Rechtsinhaberschaft) im Zeitpunkt der Anordnung glaubhaft erscheint. Wer also Eigentum (oder Rechtsinhaberschaft) am Gegenstand, dem *instrumentum* oder *productum sceleris* oder Beziehungsgegenstand (§ 74 Abs. 4 StGB) im Zeitpunkt der Entscheidung über die Verfahrensbeteiligung für sich in Anspruch nimmt, hat im Verfahren über die Einziehung darzutun, dass der Gegenstand jetzt ihm gehöre (zustehe) und demgemäß nach dem gewöhnlichen Verlauf der Dinge auch im Zeitpunkt der Entscheidung nicht dem Täter oder Teilnehmer gehören (zustehen) werde, so dass die Voraussetzungen einer Einziehung nicht gegeben sind.

11 Fraglich ist nun, nach welchem Maßstab aus Sicht des Gerichts die Einziehung gegen den Dritten nahe liegen muss. Hier stellt die überwiegende Ansicht im Anschluss an die frühere Regelung des § 431 Abs. 1 Satz 1 a. F. darauf ab, ob das **Gericht die Anordnung der Einziehung gegen den Dritten erwartet.**[17] Entsprechend kommt es im Fall einer gesetzlich zwingenden Anordnung darauf an, ob das Gericht im Sinne des § 203 die hierfür notwendigen tatsächlichen und rechtlichen Voraussetzungen bejaht. So ist etwa die Einziehungsbeteiligung im Fall des § 73b Abs. 1 StGB anzuordnen, wenn das Vorliegen ihrer gesetzlichen Voraussetzungen wahrscheinlich[18] ist. Soweit das materielle Recht dem Gericht wie im Fall des § 73b Abs. 3 StGB ein Ermessen einräumt, kommt es grundsätzlich auf den vorläufig gefassten oder ggf. nicht gefassten Entschluss des Gerichts an, die Einziehung voraussichtlich anzuordnen.

---

14 OLG Hamm NJW **1973** 1141, 1142 f.

15 OLG Karlsruhe NJW **1974** 709, 712; KMR/*Metzger* 7.

16 SK/*Paeffgen* 4.

17 So anhand der Ermessensfälle KK/*Schmidt* 5 und Meyer-Goßner/Schmitt/*Köhler* 7; offen gelassen von AK/*Günther* § 431 a. F., 24.

18 Zur Vorläufervorschrift schon OLG Düsseldorf wistra **1999** 477, 478.

Zumal die Einziehungsbeteiligung im Verfahren gegen den Beschuldigten zu Friktionen führen kann (s. a. Rn. 38 ff. zu Abs. 5), ist es grundsätzlich einsichtig, die Verfahrensbeteiligung nur vorzusehen, wenn sie im Verfahren vom Gericht ernsthaft erwogen wird. Es sollte daher nicht allein auf die abstrakte Möglichkeit der Einziehung ankommen.[19] Zugleich ist der Blick auf die jeweils vorläufige Einschätzung des Gerichts bedenklich, weil die **Dynamik des Strafverfahrens** zu einem anderen Stand führen kann, nach dem das Gericht eine zuvor verworfene Einziehung gegen einen Dritten nunmehr verfolgt. Eine dann ggf. sehr spät angeordnete Einziehungsbeteiligung konfrontiert den teilhabebedürftigen Einziehungsadressaten aber mit einem fortgeschrittenen Verfahrensstand, den es unter Umständen bei einer frühen Beteiligung nie gegeben hätte und der bei der späten Beteiligung möglicherweise nur noch besonders schwierig verändert werden kann. 12

Ein Beispiel: Angenommen, ein von einer Einziehung nach § 74a StGB bedrohter Einziehungsinteressent würde schon im Ermittlungsverfahren erklären, dass er gegen die Einziehung Einwendungen vorbringen wolle (§ 426 Abs. 2). Dennoch würde die Staatsanwaltschaft die Einziehung gegen ihn in der Anklageschrift beantragen. Nun soll es, wenn das Gericht im Zusammenhang mit der Eröffnung des Hauptverfahrens von Amts wegen über die Beteiligung zu entscheiden hat, nach dem „Erwartungsansatz" darauf ankommen, ob das beschließende und in der Folge erkennende Gericht erwartet bzw. für wahrscheinlich erachtet, dass es künftig sein Ermessen zum Nachteil des Einziehungsinteressenten ausüben wird. Verneint es diese Frage, müsste es die Anordnung der Einziehungsbeteiligung ablehnen. Nähmen Staatsanwaltschaft und Einziehungsinteressent die Ablehnung hin (§ 424 Abs. 4 Satz 2) und würde erst die Beratung nach der im Übrigen durchgeführten Hauptverhandlung zu dem Ergebnis führen, dass die Einziehung nach § 74a StGB anzuordnen sei, sähe sich das Gericht in die Zwangslage versetzt, entweder auf eine für erforderlich erachtete Einziehung zu verzichten oder in die Hauptverhandlung wieder zwecks Beteiligung des Dritten einzutreten. Letzteres würde auf die Gefahr hin geschehen, dass eine neue Hauptverhandlung notwendig werden könnte (§ 229), weil das Gericht nicht ohne Verletzung der Verfahrensvorschriften die Einziehung anordnen und die Beteiligung dem Nachverfahren (§ 433) überlassen dürfte.[20] 13

Hier wird allein der Verweis auf eine späte Beteiligung kaum befriedigen können. Als Alternative hat insbesondere *Gössel* vorgeschlagen, in Ermessensfällen darauf abzustellen, ob im Verfahren eine **Konfrontation des Gerichts mit der Einziehungsfrage wahrscheinlich** sei, wodurch das rechtliche Gehör des Einziehungsinteressenten bereits akut werde.[21] Praktisch würde dies bedeuten, dass sich eine fakultativ vorgesehene Einziehung schon dann gegen den Einziehungsinteressenten richten würde, wenn nach den im Zeitpunkt der Entscheidung über die Beteiligungsanordnung bekannten Umständen damit zu rechnen wäre, dass das erkennende Gericht sich „ernstlich" weiter vor die Frage gestellt sehen dürfte, die Einziehung in Ausübung seines Ermessens anzuordnen. Dies wäre z.B. dann in der Regel anzunehmen, wenn die **Staatsanwaltschaft** bei Erhebung der Anklage die Einziehung anstrebt,[22] indem sie zugunsten eines hinreichenden 14

19 So etwa schon LR/*Gössel*[26] § 431 a. F., 40; Meyer-Goßner/Schmitt/*Köhler* 7.

20 Zu der gleichwohl dann regelmäßig eingreifenden Anwendung des § 433 s. aber Meyer-Goßner/Schmitt/*Köhler* 16 und BGH 3 StR 160/19 vom 24.9.2019, BeckRS **2019** 21733 (Nachverfahren stehe offen), dort mit einer bemerkenswerten „Klarstellung" einer Urteilsformel zulasten einer nicht einziehungsbeteiligten Gesellschaft.

21 LR/*Gössel*[26] § 431 a. F., 42; zust. SSW/*Heine* 6.

22 Ebenso zu § 444 Abs. 1 OLG Celle NStZ-RR **2005** 82, 83.

Vollstreckungstitels den Einziehungsbeteiligten im Anklagesatz namentlich aufführt. Ein solcher Antrag bedeute mittelbar das stillschweigende Verlangen nach Anordnung der Einziehungsbeteiligung. Allgemein komme es nach dem Zweck der Einziehungsbeteiligung, das rechtliche Gehör vor der Entscheidung effektiv zu gewähren, für die Notwendigkeit einer Beteiligungsanordnung darauf an, ob bei Erhebung der öffentlichen Anklage Umstände vorhanden sind oder später hervortreten, die dem erkennenden Gericht Anlass geben können, sich mit der Frage einer Anordnung der Einziehung „zu *befassen*".

15 Diesem Ansatz ist zuzustimmen, wenn die **Staatsanwaltschaft die Einziehung zulasten des zu Beteiligenden** etwa in ihrer Anklageschrift **verfolgt** hat. In diesem Fall ist der Anspruch auf eine waffengleiche Teilhabe in einem Verfahren über hier betroffene zivile Rechte des Einziehungsinteressenten nach Art. 6 Abs. 1 EMRK zu berücksichtigen.[23] Er ließe sich mit einer späteren Beteiligungsanordnung nicht mehr mit dem Anspruch des § 427 Abs. 1 Satz 1 erfüllen, wenn die auf Einziehung drängende Staatsanwaltschaft zunächst allein unter den Verhältnissen des § 424 Abs. 5 auf einen Meinungsumschwung dringen könnte. Nur mit einer früheren Beteiligung wird man hier eine hinreichende Partizipation etablieren können.[24] Die erheblichen Nachteile, die mit einer veränderten Position des Gerichts prozessual drohen, legen die vorsorgliche, aber nicht nur an einer abstrakten Möglichkeit ansetzende Beteiligung des Einziehungsinteressenten nahe. Davon abgesehen wird man allerdings die gesetzliche Regelung jedenfalls dann akzeptieren müssen, wenn dem Einziehungsinteressenten eine stärkere Stellung **nicht willkürlich vorenthalten** wird. Die Prärogativen, die der Gesetzgeber bei der Ausgestaltung des rechtlichen Gehörs und des Rechts auf ein faires Strafverfahren beanspruchen kann, erscheinen jenseits der Fallgruppe des staatsanwaltlichen Streitens für die belastende Einziehung noch nicht verletzt. Dies gilt jedenfalls dann, wenn nicht zusätzlich § 426 verletzt wurde.

b) Zeitliche Grenzen

16 **aa) Hauptverfahren.** Der Zeitraum für die Anordnung der Verfahrensbeteiligung beginnt mit der Erhebung der öffentlichen **Klage** und endet zu den in § 424 Abs. 3 benannten Zeitpunkten. Früher folgte dies deutlich aus dem Wortlaut des § 431 Abs. 1 Satz 1 a. F., der eine Abgrenzung gerade von einem Angeschuldigten vorsah. Der heutige Wortlaut, der vom Beschuldigten spricht, ist aber nicht als Änderung zu begreifen. Zum einen sieht § 426 weiter für das vorbereitende Verfahren eine Sonderlösung vor. Zum anderen hat der Gesetzgeber in den Materialien keinen Willen zu einer prinzipiellen Änderung erkennen lassen.[25]

17 Bei Erhebung der öffentlichen Klage durch Einreichung einer **Anklageschrift**, in der sowohl der Einziehungsbeteiligte als auch der insoweit relevante Sachverhalt darzustellen[26] sind, ist vom Eingang dieser Schrift, bei mündlicher Anklageerhebung im **beschleunigten** Verfahren (§ 418 Abs. 3 Satz 2) von diesem Zeitpunkt an die Anordnung über die Einziehungsbeteiligung möglich. Im **Strafbefehlsverfahren** entscheidet insoweit der Eingang des Antrags auf Erlass des Strafbefehls. Die Beteiligung kann ohne weiteres bis zum Ausspruch der jeweiligen Rechtsfolge durch Verkündung des erstins-

---

23 Zur Bedeutung für den Angeklagten, dessen Teilhaberechte der Gesetzgeber letztlich mit § 427 Abs. 1 Satz 1 abbilden will, m.w.N., MüKo/*Gaede* Art. 6 EMRK, 302 ff., zu den zivilen Rechten 11 ff.

24 S. a. schon mit einer Anleihe an § 140 Abs. 1 Nr. 3 LR/*Gössel*[26] § 431 a. F., 42.

25 S. insoweit schlank BTDrucks. **18** 9525 S. 88.

26 KK/*Schmidt* 17; Meyer-Goßner/Schmitt/*Köhler* 6.

tanzlichen Urteils angeordnet werden. **In der Berufungsinstanz** ist die Anordnung (bis zur Beendigung der Schlussvorträge, § 258)[27] nur möglich, wenn eine zulässige Berufung eingelegt wurde. Der Einziehungsinteressent kann allerdings keine Berufung einlegen, um die Anordnung seiner Verfahrensbeteiligung zu erreichen, denn er ist selbständig (gem. § 427 Abs. 1 Satz 1) nur dann rechtsmittelberechtigt, wenn vor der erstinstanzlichen Entscheidung seine Beteiligung angeordnet worden und er dadurch in die Rechtsstellung eines Einziehungsbeteiligten eingerückt[28] war. Auch gegen einen Strafbefehl, wenn darin die Einziehung festgesetzt ist, kann ein Dritter selbständig Einspruch nur einlegen (vgl. § 432 Abs. 2), wenn spätestens bei Erlass des Strafbefehls seine Beteiligung angeordnet worden ist. Andernfalls kommt die Anordnung einer Beteiligung nach Erlass des Strafbefehls nur in Betracht, wenn der Angeklagte zulässig Einspruch eingelegt hat. Die Anordnung kann nur vom **Tatrichter** getroffen werden; dies aber auch noch nach Zurückverweisung der Sache durch das Revisionsgericht.[29]

bb) Nachverfahren. Wurde die Beteiligung des Einziehungsinteressenten **nicht vor** der Entscheidung (durch Urteil oder Strafbefehl) angeordnet, und wird das Urteil nicht durch eine Berufung oder Revision seitens eines Rechtsmittelberechtigten, der Strafbefehl nicht durch Einspruch des Angeklagten angefochten, bleibt er bei einer eintretenden Rechtskraft der Einziehungsentscheidung darauf angewiesen, seine Rechte im Nachverfahren gemäß § 433 geltend zu machen. 18

c) Anordnung durch das Gericht. Die **Beteiligungsanordnung** ergeht grundsätzlich in Beschlussform (§ 424 Abs. 4) nach Anhörung der Beteiligten (§ 33), ebenso die **Ablehnung**[30] der Einziehungsbeteiligung. **Zuständig** ist das *Gericht*, grundsätzlich also nicht der Vorsitzende, es sei denn, das Gesetz sieht ausnahmsweise die alleinige Zuständigkeit des Vorsitzenden vor (z.B. bei Entscheidungen der Kleinen Strafkammer im Berufungsverfahren außerhalb der Hauptverhandlung, vgl. § 76 Abs. 1 GVG). Der Beschluss ist dem Einziehungsinteressenten bekanntzumachen, wobei nach § 35 Abs. 2 Satz 2 formlose Mitteilung genügt. Der die Einziehungsbeteiligung ablehnende Beschluss wird den Beschwerten mit Begründung und Rechtsmittelbelehrung zugestellt (§ 424 Abs. 4 Satz 2; §§ 34, 35a, 35 Abs. 2 Satz 1). 19

Fehlt ein ausdrücklicher **Beschluss**, können nach einer allerdings nunmehr bestrittenen Ansicht der älteren Rechtsprechung Maßnahmen genügen, aus denen sich der Anordnungswille des Gerichts **konkludent** ergibt, z.B. im Verfahren nach § 435 die Anhörung zum Einziehungsantrag der Staatsanwaltschaft und die Aufnahme in das Rubrum[31] der Einziehungsentscheidung. Als konkludente Anordnung hat nun aber auch der BGH wieder die Aufnahme des früheren Nebenbeteiligten in einem Eröffnungsbeschluss gewertet.[32] Dem ist zuzustimmen, solange wie hier noch immer ein beteiligungsfreundlich interpretierbarer Beschluss des Gerichts vorliegt. In jedem Fall sollte der ggf. konkludent Einziehungsbeteiligte in solchen Fällen auf eine bestätigende formelle Anordnung dringen. 20

27 OLG Düsseldorf wistra **1999** 477, 478; SK/*Paeffgen* 9.
28 BGH NStZ **1995** 248; KK/*Schmidt* 18; Meyer-Goßner/Schmitt/*Köhler* 14.
29 KK/*Schmidt* 18.
30 KK/*Schmidt* 14.
31 OLG Zweibrücken NJW **1970** 1758; zust. ferner BKST/*Tschakert* Handb. Vermögensabschöpfung Rn. 1470 m.w.N.; **a.A.** nun KK/*Schmidt* 15; OK-StPO/*Temming* 7; s. auch BGH NStZ **1995** 248.
32 BGH BeckRS **2016** 116879 und BKST/*Tschakert* Handb. Vermögensabschöpfung Rn. 1470.

21 Die Anordnung erfolgt grundsätzlich **von Amts wegen**, wenn das Gericht die in § 424 Abs. 1 Satz 1 bezeichnete Lage bejaht. Eines Antrages oder auch nur einer Anregung des Einziehungsinteressenten oder der Staatsanwaltschaft auf Anordnung der Beteiligung bedarf es nicht. Auch wenn derjenige, der ein Recht am Einziehungsgegenstand hat oder zu haben glaubt, sich untätig verhält, muss seine Verfahrensbeteiligung angeordnet werden, wenn das Gericht auf Grund der Ermittlungen oder anderweitig bekannter Umstände von seiner Adressatenstellung ausgehen muss bzw. ausgeht. Daraus folgt, dass eine im ersten Rechtszug unterlassene Einziehungsbeteiligung in der Rechtsmittelinstanz von Amts wegen nachzuholen ist; dies gilt auch dann, wenn das Rechtsmittel nur von einem anderen Drittbeteiligten eingelegt worden ist.[33] Wird aber eine Anordnung beantragt oder angeregt, so bedarf es einer Entscheidung durch Beschluss. Ein ablehnender Beschluss ist nach § 424 Abs. 4 Satz 2 anfechtbar.

2. Rechtsfolgen und Reichweite

22 **a) Gegenständlicher Umfang.** Die Beteiligungsanordnung nach § 424 Abs. 1 Satz 1 lautet grundsätzlich dahin, dass die nicht beschuldigte Person (also eine bestimmte natürliche oder juristische Person, Personenvereinigung usw.) am Strafverfahren beteiligt wird, **„soweit dieses die Einziehung betrifft"**. Mit der Anordnung erlangt der bisherige Interessent in diesem Ausmaß die Stellung des Einziehungsbeteiligten, und zwar von der Eröffnung des Hauptverfahrens und den ihm gleichstehenden Verfahrensakten an mit den Befugnissen, die sich aus §§ 427 Abs. 1 Satz 1, 430 Abs. 2 ergeben. In diesem Bereich kann er sich aller verfahrensrechtlich zulässigen Einwirkungsmittel und Gestaltungsmöglichkeiten bedienen, um die Anordnung der Einziehung abzuwenden oder ein anderes, ihm günstiges Ergebnis zu erreichen. Diese Befugnisse erstrecken sich auch auf die **Frage der Schuld des Angeklagten**, d. h. auf die Frage, ob die Voraussetzungen vorliegen, unter denen der Angeklagte schuldig gesprochen und verurteilt werden kann, oder die Voraussetzungen, bei deren Vorliegen er ohne Verurteilung (bei Freispruch oder Einstellung des Verfahrens) aus dem Verfahren hervorgeht.

23 **b) Möglich bleibende Zeugenrolle.** Nach § 427 Abs. 1 Satz 1 hat der Einziehungsbeteiligte im Rahmen seiner Beteiligung die Befugnisse eines Angeklagten. Er rückt zwar nicht vollumfänglich in die Stellung eines Angeklagten ein, kann sich aber wie ein Angeklagter gegen den auf strafrechtliche Vorschriften aus Anlass einer Straftat gegründeten Eingriff der Staatsgewalt in seine Rechte wehren. Dadurch wird er insoweit **unfähig, Zeuge**[34] zu sein. Möglich ist jedoch, dass der Einziehungsbeteiligte **Zeuge hinsichtlich anderer**, von der Einziehungsfrage nicht betroffener **Sachverhalte** ist. Ebenso eröffnet der Verzicht gemäß § 424 Abs. 2 den Rückgriff auf die betreffende Person als Zeuge.

III. Wirksamer Beteiligungsverzicht

24 **1. Verzichtsberechtigte.** Der Beteiligungsverzicht kann sowohl von einem **Einziehungsinteressenten**, und zwar schon im vorbereitenden Verfahren,[35] als auch von einem bereits **Einziehungsbeteiligten** erklärt werden.

33 OLG Karlsruhe NJW **1974** 709, 711.
34 RGSt **46** 88; BGHSt **9** 250 ff.; zur einhelligen Ansicht insoweit auch KK/*Schmidt* 16.
35 § 426, 6.

2. Verzichtswirkung. Die vom Gesetz aufgegriffene Erklärung, gegen die Einziehung des Gegenstandes keine Einwendungen vorbringen zu wollen, stellt einen grundsätzlich zulässigen Verzicht auf das **Grundrecht** aus Art. 103 Abs. 1 GG und auf eine künftige oder schon angeordnete **Verfahrensbeteiligung** dar; ein Verzicht auf das Recht am Einziehungsgegenstand bzw. eine Dereliktion selbst liegt in ihr indes nicht.[36] 25

Vor allem entbindet die Entscheidung gegen eine Beteiligung das **Gericht** nicht von seiner **Pflicht**, bei der Entscheidung über die Einziehung die den **Einziehungsgegenstand betreffenden Rechtsverhältnisse zu prüfen** und zu berücksichtigen. Nach wie vor muss das Gericht die belastende Einziehung anhand der Rechts- und Tatsachenlage rechtfertigen. Insoweit erhebt sich die streitige Frage, ob der Beteiligungsverzicht nach den Umständen des Falles als Beweisanzeichen gewertet werden darf.[37] Hiergegen wird eingewandt, dass dies eine unzulässige belastende Verwertung des hier vorliegenden Schweigens einer dem Angeklagten gleichgestellten Person darstelle.[38] Angesichts der Übertragung der Rechte des Angeklagten nach dem Muster des § 427 Abs. 1[39] ist dieser Gedanke auf den ersten Blick anziehend. Allerdings liegt der Fall des § 424 Abs. 2 tatsächlich nicht parallel zu einem Angeklagten, der schweigend an einer Hauptverhandlung teilnimmt. Der Einziehungsbeteiligte entscheidet sich hier vielmehr, seine **Rechte gar nicht, auch nicht schweigend zu verteidigen**. In diesem Kontext ist zwar nach wie vor nicht der voreilige Schluss zu ziehen, dass ein nicht auf Gegenwehr stoßendes Einziehungsbegehren wohl materiellrechtlich zutreffen werde. Man wird dem mangelnden Entgegentreten aber ein Indiz entnehmen dürfen, selbst wenn man für eine volle Geltung des Schweigerechts eintritt.[40] Trotz der verfahrensrechtlichen Wirkung des Beteiligungsverzichts kommt ihm praktisch die Bedeutung einer Preisgabe der Rechte des Verzichtenden am Einziehungsgegenstand insofern zu, als er im Hinblick auf § 433 Abs. 1 von einer späteren Geltendmachung seiner Rechte im Nachverfahren ausgeschlossen ist. Allerdings wird das Gericht bei vorliegenden Indizien, die gegen eine Einziehung streiten, den Einziehungsbeteiligten **als Zeugen hören** bzw. sich um seine Aussage bemühen müssen. Das Gericht darf sich nicht vorschnell auf das kontextabhängige Indiz des § 424 Abs. 2 stützen. 26

3. Verzichtender als Zeuge. Der Verzicht schließt nicht aus, dass das Gericht, dem die Klärung der Einziehungsvoraussetzungen obliegt, den Dritten als **Zeugen**[41] vernimmt. So liegt es etwa, wenn die Staatsanwaltschaft die Einziehung eines Gegenstandes gemäß § 74 StGB beantragt, der Angeklagte aber geltend macht, dass der Gegenstand nicht ihm, sondern dem Dritten gehöre oder zustehe. Für den Verzichtenden hat der Verzicht jedoch noch immer den Vorteil, dass er, wenn er sich nicht gegen die Einziehung einer ihm gehörenden Sache wehren will, nicht nach § 427 Abs. 2 zur Teilnahme an der Verhandlung gezwungen werden kann.[42] 27

---

36 KK/*Schmidt* 11; Meyer-Goßner/Schmitt/*Köhler* 11; KMR/*Metzger* 19; AK/*Günther* § 431 a. F., 33; HK/*Retemeyer* 7; AnwK/*Lohse* § 431 a. F., 12; HK-GS/Koch § 431 a. F., 8.

37 So u. a. LR/*Gössel*[26] § 431 a. F., 74.

38 AK/*Günther* § 431 a. F., 33; wohl auch Meyer-Goßner/Schmitt/*Köhler* 11; dagegen LR/*Gössel*[26] § 431 a. F., 74 mit einer § 427 Abs. 1 Satz 1 widerstreitenden Begründung.

39 Zur streitigen Interpretation § 427, 6 ff.

40 Dazu § 427, 6 ff.

41 KK/*Schmidt* 11; AK/*Günther* § 431 a. F., 33.

42 BTDrucks. **V** 1319 S. 76; KK/*Schmidt* 11; Meyer-Goßner/Schmitt/*Köhler* 11.

28 **4. Form.** Gemäß § 424 Abs. 2 ist der Verzicht nur in Schriftform oder zu Protokoll bei Gericht oder der Staatsanwaltschaft bzw. einer anderen Behörde möglich. Die von Abs. 2 verlangte Form des Verzichts **entspricht** der Regelung des **§ 158 Abs. 2.** Auf die Erläuterungen zu dieser Vorschrift, insbesondere über den Begriff der „anderen Behörde", kann verwiesen werden.[43] In Steuerstrafsachen steht das ermittelnde Finanzamt (§§ 399, 386 AO) der Staatsanwaltschaft gleich. Dem Formgebot wird man neben der Dokumentationsfunktion auch den Sinn einer gewissen Warnfunktion entnehmen dürfen, da die notwendige Erklärung oder Verschriftlichung gegenüber einer Behörde den Ernst der Situation verdeutlicht.

29 **5. Umfang.** Abs. 2 betrifft nur den Fall der Erhebung von **Einwendungen** gegen die **Einziehung eines Gegenstandes.** Die Worte „des Gegenstandes", die im Entw. EGOWiG fehlten, sind bei den Beratungen des Rechtsausschusses[44] eingefügt worden, um klarzustellen, dass die Vorschrift nicht bei Einziehung des Wertersatzes anzuwenden ist. Dies hat auch der Gesetzgeber unlängst nochmals bestätigt.[45]

30 **6. Unwiderruflichkeit.** Der Beteiligungsverzicht wirkt nach allgemeiner Ansicht **für das ganze Verfahren** und ist **grundsätzlich unwiderruflich.**[46] Dies erfasst z.B. auch den Fall, dass der Dritte die Erklärung abgegeben hat, weil er in diesem Zeitpunkt wegen fehlender Glaubhaftmachungs- oder Beweismittel eine Beteiligung am Verfahren zur Geltendmachung seines Eigentums für aussichtslos hielt, er später aber in den Besitz solcher Mittel gelangt. Der Umstand, dass ihn diese Mittel von dem Beteiligungsverzicht abgehalten hätten, wenn sie im damaligen Zeitpunkt vorhanden gewesen wären, soll unbeachtlich sein. Allenfalls soll sich die Frage stellen lassen, ob der Verzichtende Rechte nicht bei einer solchen Sachlage im Nachverfahren mit der Begründung geltend machen kann, dass ihm die Nichtbeteiligung am Strafverfahren nicht zum Verschulden (§ 433 Abs. 1) gereiche. Hierin liegt eine durchaus problematische Rechtslage. Der Gesetzgeber hat zwar eine gewisse warnende Form (Rn. 28) verlangt. Er hat die hier regelmäßig agierenden Laien aber nicht durch Hinweispflichten in die Lage versetzt, die Konsequenzen ihres Tuns überblicken zu können. Selbst wenn man eine **Hinweispflicht** gegenüber grundsätzlich selbstbestimmten und handlungsfähigen Bürgern angesichts des Rückgriffs auf eine warnende Form nicht als unverzichtbares Element des rechtlichen Gehörs oder des Rechts auf ein faires (Straf-)Verfahren ableiten will, wird man dem Laien doch schwerlich einen Verschuldensvorwurf machen können, wenn er den Verzicht auf der Basis eines leicht möglichen Irrtums ohne vorherige staatliche Rechtsaufklärung erklärt hat und er diesen Irrtum plausibel, etwa anhand des spät erlangten Beweises, substantiieren kann.

IV. Anfechtbarkeit und Rücknahmefähigkeit der Entscheidung über die Einziehungsbeteiligung

1. Anordnungsbeschluss

31 **a) Unanfechtbarkeit.** Der die Verfahrensbeteiligung **anordnende Beschluss** ist gemäß § 424 Abs. 4 Satz 1 unanfechtbar (und nicht revisibel), weil er grundsätzlich nicht

43 Vgl. LR/*Erb* § 158, 24 ff.
44 Vgl. BTDrucks. **V** 2601 S. 18 f.
45 BTDrucks. **18** 9525 S. 88; SSW/*Heine* 7.
46 KK/*Schmidt* 13; SK/*Paeffgen* 11; KMR/*Metzger* 21.

in die Rechte Dritter eingreift.[47] Auch die Rechte des Angeklagten etwa aus Art. 6 EMRK reichen nicht so weit, als dass er schon grundsätzlich über die Verfahrensbeteiligung anderer in der Sache betroffener Personen befinden könnte. Hinsichtlich der konkreten Gestaltung der Einziehungsbeteiligung sind Konflikte und berechtigte Interessen an einer nicht überhandnehmenden Verfahrensbeteiligung aber durchaus denkbar (s. auch zum rechtlichen Gehör etwa Rn. 39 ff.).

b) Mögliche Rücknahme. Die Unanfechtbarkeit schließt es aber nicht aus, dass das Gericht die Anordnung zurücknimmt, wenn sich herausstellt, dass ihre **verfahrensrechtliche Grundlage fehlt.** So z.B., wenn das Gericht die Beteiligung des Adressaten oder Bestellers einer Schrift (§ 74d StGB) angeordnet hatte, ohne zu prüfen, ob er Eigentümer geworden war, und sich alsdann ergibt, dass ein Eigentumserwerb nicht stattgefunden hat und nicht einmal behauptet[48] wird. Weitergehend ist die Rücknahme als zulässig anzusehen, wenn das für die Einziehung gegenüber dem Beteiligten entscheidende Recht **nicht mehr glaubhaft erscheint**, z.B. weil tatsächliche Angaben des Einziehungsbeteiligten über die Eigentumsverhältnisse, die der Anordnung zugrunde liegen, sich als unrichtig[49] herausgestellt haben. Hierfür spricht auch der Umstand, dass die Zurücknahme der Beteiligungsanordnung sachlich die Ablehnung einer Verfahrensbeteiligung i. S. des § 424 Abs. 4 Satz 2 darstellt, gegen die der Beschwerte mit der sofortigen Beschwerde angehen kann.[50] In der Praxis wurde eine Aufhebung der Beteiligungsanordnung nun etwa in einem Fall akzeptiert, in welchem der betreffende Gegenstand gemäß § 111n an den wahren Eigentümer herausgegeben wurde.[51] 32

Dagegen soll es nach der in der Vorauflage vertretenen Auffassung *Gössels* ausscheiden, die Beteiligungsanordnung **in der Hauptverhandlung** vor dem Urteil allein deshalb zurückzunehmen, weil das Eigentum des Einziehungsbeteiligten nach dem Verlauf der Verhandlung nicht mehr glaubhaft erscheint:[52] Da bei alsbaldiger Urteilsverkündung eine Beschwerdeentscheidung zu spät komme, sei anderenfalls im Hinblick auf § 307 entweder die Hauptverhandlung (entgegen § 424 Abs. 5) auszusetzen oder der in die Rolle eines Einziehungsinteressenten gedrängte Dritte verliere die Möglichkeit, ein ihm nachteiliges Urteil aus eigenem Recht anzufechten. In solchen Fällen müsse vielmehr über das Eigentum im Urteil entschieden werden. Dem ist jedoch mit dem *OLG Bremen* letztlich nicht zu folgen:[53] In immerhin einigen Fällen dürfte eine Klärung über die sofortige Beschwerde möglich bleiben. Ferner dürfte mit der Abkehr von einer Einziehung gerade gegen den Betreffenden das Bedürfnis, den Prozess gegen den/die Angeklagten weiter mit der Einziehungsbeteiligung zu belasten, regelmäßig entfallen sein. In Sonderfällen steht das Nachverfahren nach § 433 zur Verfügung. 33

Eine erst **in der Berufungsinstanz angeordnete Beteiligung** ist ohne weiteres hinfällig, wenn sich herausstellt, dass gar keine zulässig eingelegte Berufung eines Rechtsmittelberechtigten vorliegt. 34

---

47 KK/*Schmidt* 7; Meyer-Goßner/Schmitt/*Köhler* 18; HK/*Retemeyer* 11; KMR/*Metzger* 17; AnwK/*Lohse* § 431 a. F. 11; HK-GS/*Koch* § 431 a. F., 7.

48 Vgl. LG Bayreuth NJW **1970** 575.

49 Für die Zulässigkeit der Rücknahme in diesen Fällen wohl ebenso KK/*Schmidt* 19; KMR/*Metzger* 27; Meyer-Goßner/Schmitt/*Köhler* 19.

50 Entsprechend nun auch OLG Bremen StV **2019** 184 (L).

51 OLG Bremen StV **2019** 184 (L); SSW/*Heine* 5.

52 LR/*Gössel*[26] § 431 a. F., 68.

53 OLG Bremen StV **2019** 184 (L); SSW/*Heine* 5; ohne Einschränkungen hinsichtlich der Rücknahme z.B. auch KMR/*Metzger* 27.

2. Anfechtung der Ablehnung

35 **a) Statthaftigkeit.** Die **Ablehnung** der Einziehungsbeteiligung ist abweichend von § 305 Satz 1 nach § 424 Abs. 4 Satz 2 mit der sofortigen Beschwerde (§ 311; dazu §§ 35, 35a) anfechtbar. Gleiches gilt für eine spätere Rücknahme.

36 **b) Beschwerdeberechtigung.** Beschwerdeberechtigt sind alle, die durch die Entscheidung betroffen sind (§ 304 Abs. 2), in erster Linie **der Einziehungsinteressent**, obwohl er im Übrigen noch nicht am Verfahren beteiligt[54] ist. Ferner kann der Angeklagte,[55] aber auch die Staatsanwaltschaft, beschwert sein, wenn sie die Beteiligung angeregt hat oder zugunsten des Einziehungsinteressenten tätig wird (§ 296 Abs. 2).

37 **c) Rechtskraftwirkung.** Ein unangefochten gebliebener und ein die sofortige Beschwerde verwerfender Beschluss haben **grundsätzlich für das ganze Verfahren** Geltung. Sie schließen aber eine spätere Anordnung der Einziehungsbeteiligung nicht aus, wenn **nachträglich Umstände** hervortreten, die nunmehr die Voraussetzungen des § 424 Abs. 1 Satz 1 als gegeben erscheinen lassen. Der Gesetzgeber hat – darin liegt der Grund für die Abweichung sowohl von § 305 Satz 1 als auch von § 424 Abs. 5 – eine Verzögerung des Verfahrens, die durch die Durchführung des Beschwerdeverfahrens eintreten kann, in Kauf genommen, um das Nachverfahren des § 433 wegen der Gefahr widersprechender Entscheidungen auf die unumgänglich notwendigen Fälle zu beschränken.[56] Damit wäre es unvereinbar, wenn nicht trotz Rechtskraft eines Ablehnungs- oder Beschränkungsbeschlusses erneut über die Einziehungsbeteiligung entschieden werden könnte.

V. Keine Beeinträchtigung des Fortgangs des Verfahrens

38 **1. Allgemeine Bedeutung.** Die Vorschrift, wonach der Fortgang des Strafverfahrens durch die Verfahrensbeteiligung (d. h. durch das Verfahren, das die Anordnung der Verfahrensbeteiligung zum Gegenstand hat, und durch die Beteiligung des Einziehungsbeteiligten nach erfolgter Beteiligungsanordnung) nicht aufgehalten wird, **lehnt sich an** die entsprechende, für den Anschluss des Nebenklägers in **§ 398 Abs. 1** getroffene Regelung an.[57] Sie will verdeutlichen, dass das den **Beschuldigten belastende Strafverfahren grundsätzlich primärer Natur** bleibt und die Förderung der Sache *nicht* im Hinblick auf die Verfahrensteilhabe des Einziehungsbeteiligten *vermeidbar* gehemmt werden soll.[58]

39 **2. Absatz 5 und rechtliches Gehör.** Absatz 5 enthält in der Sache einen Hinweis darauf, dass das Gericht durch die notwendige Beteiligung eines Dritten am subjektiven Strafverfahren nicht von seiner eigentlichen Aufgabe abgelenkt werden soll, den Schuldigen **schnell** der verdienten Strafe zuzuführen, den Unschuldigen aber von den Nach-

54 § 304 Abs. 2; wie hier auch KK/*Schmidt* 20; Meyer-Goßner/Schmitt/*Köhler* 19; KMR/*Metzger* 30; AK/*Günther* § 431 a. F., 43; HK-GS/*Koch* § 431 a. F., 7; AnwK/*Lohse* § 431 a. F., 11.

55 OLG Celle NJW **1987** 78.

56 BTDrucks. **V** 1319 S. 76; Meyer-Goßner/Schmitt/*Köhler* 19; KMR/*Metzger* 18.

57 Vgl. LR/*Wenske* Erl. zu dieser Vorschrift.

58 S. auch Meyer-Goßner/Schmitt/*Köhler* 20: mangelnde Hemmung nur annäherungsweise möglich; grundsätzlich bestätigend auch BGH 1 StR 628/17 vom 10.7.2018, BeckRS **2018** 19348.

teilen, die das Strafverfahren mit sich bringt, so bald wie möglich freizustellen. Die klassischen rechtsstaatlichen Aufgaben des Strafverfahrens sollen weiter bewältigt werden. Eine konkrete Umschreibung dessen, was nun zum Fortgang des Verfahrens auch in Relation zu der vom Gesetzgeber bejahten Verfahrenspartizipation des Einziehungsbeteiligten zu tun sein mag, leistet die Norm jedoch nicht. Und es ist nicht zu verkennen, dass auch das dem Dritten zustehende **rechtliche Gehör nicht ausgehöhlt** werden darf. So führte schon die fortwirkende Begründung der Vorgängernorm aus: „Das Gericht wird im Einzelfall zu prüfen haben, inwieweit dieser Grundsatz [der heutige § 424 Abs. 5] durch den Anspruch des Einziehungsbeteiligten auf rechtliches Gehör eingeschränkt wird.“[59] So kann es auch nach Ansicht des **BGH** notwendig sein, bei einer erst im Laufe der Hauptverhandlung angeordneten Einziehungsbeteiligung bereits gehörte Zeugen erneut zu laden, wenn die Einwendungen und Anträge des Einziehungsbeteiligten dies gebieten.[60] Es sind in diesem Sinne eher andere, konkretere Normen, die Näheres zu dem Zweck beitragen, den erkennbaren Interessengegensatz auszugleichen und die Gefahr einer Beeinträchtigung der primären Zwecke des Strafverfahrens auf ein erträgliches Maß zurückzudrängen, ohne dadurch das rechtliche Gehör zu verkürzen. Entsprechende Regelungen liegen etwa in § 430 Abs. 1 (Verhandlung in Abwesenheit des Einziehungsbeteiligten), § 430 Abs. 2 (Beschränkung des Beweisantragsrechts des Einziehungsbeteiligten) und in § 431 (Begrenzung der Nachprüfung des Schuldspruchs).

Zu beachten ist ferner, dass der Gesetzgeber bis heute keine Vorschrift erlassen hat, **40**
die § 398 Abs. 2 übernimmt.[61] Nach dieser Vorschrift kann insbesondere eine bereits anberaumte Hauptverhandlung stattfinden, selbst wenn eine rechtzeitige Ladung oder Benachrichtigung des Nebenklägers nicht mehr gelingen kann. Insoweit zieht der Gesetzgeber das rechtliche Gehör des Einziehungsbeteiligten dem zugunsten des Angeklagten schleunigen Prozess vor. Die Belange des Einziehungsbeteiligten, die letztlich durch die prozessuale Implikationen beinhaltende Eigentumsgarantie (Art. 14 Abs. 1 Satz 1 GG) und das rechtliche Gehör (Art. 103 Abs. 1 GG) geschützt sind, verlangen eine verfahrensrechtliche Berücksichtigung. Die Justizpraxis ist hiermit in der Sache gehalten, die aus der Einziehungsbeteiligung durchaus erwachsenden verlängernden und verkomplizierenden **Wirkungen** gerade **durch** die **Art und Weise ihres konkreten Vorgehens** nach (hinreichenden) Kräften **zu begrenzen.**[62]

Besondere Bedeutung zur Auflösung verbleibender Konflikte kommt insofern den **41**
§§ 421 und 422 zu: Nach ihnen ist es möglich, in einer Gesamtbetrachtung nach den dort geregelten Fallgruppen ganz auf die verkomplizierende Einziehung zu verzichten (§ 421) oder das Verfahren hinsichtlich der Einziehung von vorneherein abzutrennen (§ 422), um somit die negativen Effekte zulasten des klassischen Strafverfahrensinhalts zu vermeiden. Gleichwohl sind auch diese Wege der Verfahrensführung ihrerseits jeweils mit einem „Preis“ zu bezahlen: Im Fall des § 421 kann die Wirkkraft der Einziehung leiden, im Fall des § 422 sind Ressourcen der Justiz regelmäßig stärker als bei einer verbundenen Verhandlung gebunden.

3. Verhältnis zum Nachverfahren. Bei alledem ist zu berücksichtigen, dass – woll- **42**
te man Einschränkungen der Rechte des Einziehungsbeteiligten vermehrt auf § 424 Abs. 5 stützen – eine anders lautende Sicht der Vorschrift **zwangsläufig Druck auf das**

59 BTDrucks. **V** 1319 S. 76; heute etwa Meyer-Goßner/Schmitt/*Köhler* 20.

60 BGH 1 StR 628/17 vom 10.7.2018 = BeckRS **2018** 19348; Meyer-Goßner/Schmitt/*Köhler* 20.

61 S. noch zur Ablehnung eines entsprechenden Entwurfs des früheren § 436 Abs. 1 Satz 1 a. F. (des heutigen § 430 Abs. 1) LR/*Gössel*[26] § 431 a. F., 81 und BTDrucks. **5** 2601, S 19.

62 S. letztlich gleichsinnig schon LR/*Gössel*[26] § 431 a. F., 82.

Nachverfahren nach den §§ 433 f. ausüben müsste; es wäre eine Ausweitung zu erwägen. Diese sollte aber, schon wegen der Gefahr sich widersprechender Entscheidungen, vermieden und das Nachverfahren „auf die unumgänglich notwendigen Fälle beschränkt werden“.[63]

§ 425
Absehen von der Verfahrensbeteiligung

(1) In den Fällen der §§ 74a und 74b des Strafgesetzbuches kann das Gericht von der Anordnung der Verfahrensbeteiligung absehen, wenn wegen bestimmter Tatsachen anzunehmen ist, dass sie nicht ausgeführt werden kann.

(2) [1]Absatz 1 gilt entsprechend, wenn

1. **eine Partei, Vereinigung oder Einrichtung außerhalb des räumlichen Geltungsbereichs dieses Gesetzes zu beteiligen wäre, die Bestrebungen gegen den Bestand oder die Sicherheit der Bundesrepublik Deutschland oder gegen einen der in § 92 Absatz 2 des Strafgesetzbuches bezeichneten Verfassungsgrundsätze verfolgt, und**
2. **den Umständen nach anzunehmen ist, dass diese Partei, Vereinigung oder Einrichtung oder einer ihrer Mittelsmänner den Gegenstand zur Förderung ihrer Bestrebungen zur Verfügung gestellt hat.**

[2]Vor der Entscheidung über die Einziehung des Gegenstandes ist der Besitzer der Sache oder der zur Verfügung über das Recht Befugte zu hören, wenn dies ausführbar ist.

Entstehungsgeschichte

Die Vorgängernorm der Regelung lag in § 431 Abs. 1 Satz 2 und 3 a. F., der durch das EGOWiG eingefügt wurde. In der Sache lehnt sich die Norm auch an die Sonderregelung zum früheren Verfall an, die in § 442 Abs. 2 zu finden war.[1] Die **gesetzliche Überschrift** „Absehen von der Verfahrensbeteiligung“ beruht auf Art. 1 Nr. 13 des Gesetzes zur Stärkung des Rechts des Angeklagten auf Vertretung in der Berufungsverhandlung und über die Anerkennung von Abwesenheitsentscheidungen in der Rechtshilfe vom 17.7.2015.[2] Die Regelung wurde zum 1.7.2017 mit dem **Gesetz zur Reform der strafrechtlichen Vermögensabschöpfung** vom 13.4.2017 (BGBl. I S. 872, 886) bei einer nennenswerten materiellrechtlichen Beschränkung auf Fälle der §§ 74a und 74b StGB (s. Rn. 2) von ihrem ursprünglichen Standort (§ 431 Abs. 1 Satz 2 und 3 a. F.) in den § 425 verschoben und dabei auf zwei Absätze verteilt.[3]

1 **1. Normüberblick: Ausnahmen von der Anordnungspflicht.** In Anlehnung an die früheren § 431 Abs. 1 Satz 2 und 3 a. F. hat sich auch der Gesetzgeber der Novellierung

63 So schon BTDrucks. **V** 1319 S. 76; vgl. ferner BTDrucks. **18** 9525 S. 89, dort ist von einer entsprechenden Fortführung des früheren § 431 Abs. 7 die Rede.

1 BTDrucks. **18** 9525 S. 89.

2 BGBl. I S. 1332, 1344.

3 BTDrucks. **18** 9525 S. 89.

https://doi.org/10.1515/9783110765540-025

des Einziehungsrechts entschieden, die Teilhabe des Einziehungsbeteiligten im subjektiven Verfahren nicht undurchbrochen zu verwirklichen. Er begrenzt zwar die Option, die Verfahrensteilhabe der von der Einziehung betroffenen Person trotz der weiter verfolgten Anordnung der Einziehung aufzuschieben (dazu Rn. 2ff.). Nach wie vor hält er aber auch eine Einziehungsanordnung unter Umständen für vertretbar, obwohl die von der Anordnung betroffene Person im Verfahren nicht partizipieren durfte.[4]

2. Nichtausführbarkeit der Beteiligung.[5] Nach **§ 425 Abs. 1** kann auch dann, 2
wenn die Voraussetzungen für die Beteiligung gemäß § 424 Abs. 1 Satz 1 vorliegen, die Anordnung der Verfahrensbeteiligung unterbleiben, wenn **„infolge bestimmter Tatsachen** anzunehmen ist, dass [die Beteiligung] [...] **nicht ausgeführt werden kann"**. Die heutige Vorschrift beschränkt diesen Fall jedoch explizit auf Einziehungen von Tatmitteln, Tatprodukten und Tatobjekten, die nach den **§§ 74a und 74b StGB** angeordnet werden. Hiermit sieht der Gesetzgeber für die anderen Formen der Einziehung (§§ 73-74 StGB) von vornherein davon ab, eine Anordnung ggf. ohne die Verfahrensteilhabe einer womöglich zentral von der Entscheidung betroffenen Person vorzunehmen.[6] Allerdings sind die §§ 74a und 74b StGB auch dann relevant, wenn sie auf Grund der Zurechnungsnorm des **§ 74e StGB** zur Anwendung kommen.[7] Insbesondere in den Fällen der Einziehung von Taterträgen oder des entsprechenden Wertersatzes ist die Verfahrensbeteiligung damit aber unverzichtbar (s. auch schon § 442 Abs. 2 a. F.).

Die frühere Auslegung,[8] die in den Worten „soweit dies ausführbar erscheint" die 3
Eröffnung eines Ermessensspielraums sah, der es mehr oder weniger dem Gericht überließ, ob und in welchem Umfang die Einziehungsbeteiligung zugelassen werden sollte, ist in Rechtsprechung und Schrifttum bei alledem seit längerem aufgegeben.[9]

Nach dem Sachzusammenhang **der geltenden Verfahrensvorschriften** kann die 4
Unausführbarkeit der Beteiligung nicht darin gesehen werden, dass Ermittlungen nach dem Vorhandensein von Einziehungsinteressenten einen unangemessenen Aufwand erfordern oder die Herbeiführung der Entscheidung über die anderen Rechtsfolgen der Tat unangemessen erschweren, denn insoweit gewährt das Gesetz in § 421 Abhilfe, indem es hier schon die Abstandnahme von der Einziehung[10] zulässt. Eine Unausführbarkeit der Beteiligung kommt vielmehr nach zutreffender, aber in der Rechtsprechung nicht so eng übernommener Ansicht in Betracht, wenn es aus faktischen Gründen[11] nicht möglich erscheint, eine als Einziehungsinteressent in Betracht kommende Person (etwa durch Bekanntgabe eines Beteiligungsbeschlusses) am Verfahren zu beteiligen.[12] Zu Recht begründet ein bloßer **Auslandsaufenthalt** aber per se noch **keine Unausführbarkeit.**[13] Die amtl. Begr.,[14] die im Übrigen wegen des Begriffs der „Nichtausführbarkeit"

4 BTDrucks. **18** 9525 S. 89.
5 Zu früheren Fassungen der Norm im Rückblick LR/*Gössel*[26] § 431 a. F., 46.
6 S. schon zum früheren Verfall LR/*Gössel*[26] § 431 a. F., 24 f. und § 442 Abs. 2 a. F.
7 BTDrucks. **18** 9525 S. 89.
8 RGSt **69** 32, 37.
9 Im Rückblick s. nur LR/*Gössel*[26] § 431 a. F., 46.
10 KK/*Schmidt* 3; vgl. dazu auch AK/*Günther* § 431 a. F., 27.
11 Wohl weitergehend verlangen OLG Düsseldorf wistra **1999** 477, 478 und Meyer-Goßner/Schmitt/*Köhler* 3 „übermäßige faktische Schwierigkeiten".
12 SK/*Paeffgen* 5; AnwK/*Lohse* § 431 a. F., 6.
13 OLG Karlsruhe NJW **1974** 709, 712; KK/*Schmidt* 3.
14 BTDrucks. **V** 1319 S. 75.

auch auf § 350 StPO verweist, führt zur Vorfassung des § 431 Abs. 1 Satz 2 a. F. aus: „Dadurch sollen unangemessene Verzögerungen des Strafverfahrens vermieden werden. Die Beteiligung wird insbesondere dann nicht ausführbar erscheinen, wenn sie wegen unbekannten Aufenthalts des Einziehungsinteressenten, wegen ungenauer Absenderangaben im Falle von Druckschriften, wegen Verschleierung durch fingierte Angaben oder durch Strohmänner oder aus sonstigen Gründen auf zu große Schwierigkeiten stößt". *Eb. Schmidt* Nachtr. II 4 ist zuzugeben, dass ein Teil dieser Beispiele nicht einschlägig ist. Denn wenn z.B. aus bestimmten Tatsachen, die auch auf einschlägigen speziellen oder allgemeinen Erfahrungen beruhen können, zu folgern ist, dass ein wirklich Berechtigter Strohmänner auftreten lässt, so ist das Drittrecht des Strohmannes nicht glaubhaft, und der infolge der Verschleierungsmaßnahmen nicht zu ermittelnde Dritte scheidet schon deshalb als Einziehungsinteressent aus, weil als „anderer" nur eine bestimmte Person in Betracht kommt.

5 **3. Abstandnahme in Sonderfällen.** Mit § 425 Abs. 2 wird die von Absatz 1 gestattete Abstandnahme von der Einziehungsbeteiligung auf Sonderfälle erstreckt. Dies betrifft in persönlicher Hinsicht Parteien, Vereinigungen oder Einrichtungen (zu diesen Begriffen vgl. z.B. §§ 84, 85, 86 Abs. 1 Nr. 1 bis 3 StGB) **außerhalb des räumlichen Geltungsbereichs dieses Gesetzes** (vgl. § 86 Abs. 1 Nr. 3 StGB), die als Einziehungsbeteiligte zu beteiligen wären und die Bestrebungen gegen den Bestand oder die Sicherheit der Bundesrepublik Deutschland oder gegen einen der in § 92 Abs. 2 StGB bezeichneten Verfassungsgrundsätze (zu diesen Begriffen vgl. § 92 Abs. 3 StGB) verfolgen. Hinsichtlich des Verhaltens dieser Personen oder Einrichtungen muss davon auszugehen sein, dass sie oder einer ihrer Mittelsmänner (zu diesem Begriff vgl. z.B. § 94 Abs. 1 Nr. 1 Alt. 2 StGB) den von der Einziehung betroffenen Gegenstand zur Förderung ihrer Bestrebungen zur Verfügung gestellt hat. Die Regelung gilt ohne Rücksicht darauf, ob die Sache (das Recht) beschlagnahmt oder sonst sichergestellt ist. Die Norm soll selbst Einrichtungen mit Sitz im Inland betreffen, die international organisiert sind.[15]

6 Der Gesetzgeber nimmt in den Fällen des § 425 Abs. 2 an, dass die Beteiligung solcher Parteien usw. das Verfahren erheblich erschweren könnte und es im Hinblick auf ihre **verfassungswidrigen Bestrebungen** grundsätzlich unangemessen[16] wäre, die Beteiligung in einem subjektiven Verfahren zuzulassen. Im Fall von Parteien, Vereinigungen und Einrichtungen aus dem räumlichen Geltungsbereich der StPO sollen die national geltenden Regelungen hinsichtlich der verbotenen Parteien und Einrichtungen ausreichen. Der Gesetzgeber sieht eine solche Nichtbeteiligung als mit Art. 103 Abs. 1 GG vereinbar an, weil es „nicht Aufgabe der Verfassung sein kann, das förmliche Recht an den Gegenständen solcher Personen zu schützen, welche die Gegenstände zu derartigen Zwecken zur Verfügung gestellt haben".[17] Ob dies zutrifft, unterliegt auch angesichts des ebenso ausfallenden Rechts auf ein Nachverfahren Zweifeln. Dies gilt insbesondere dann, wenn die zur Einschränkung vorgehaltenen Gründe nicht selbst verfahrensmäßig bewiesen, sondern nach der Norm lediglich „den Umständen nach anzunehmen" sind. Ob die Norm, die keine Ausnahmen für EU-Fälle eröffnet, unionsrechtskonform ist oder entsprechend ausgelegt werden könnte, ist ebenfalls in Frage zu stellen. Dies gilt insbe-

---

15 So zweifelhaft OK-StPO/*Temming* 4; Meyer-Goßner/Schmitt/*Köhler* 3; MüKo/*Putzke/Scheinfeld* 7; SK/*Paeffgen* 6: Organisation müsse die Grenzen nach außen überschreiten; mit guten Gründen **a.A.** HK/*Retemeyer* 2.

16 BTDrucks. **V** 1319 S. 75.

17 BTDrucks. **V** 1319 S. 75.

sondere, weil der nationale Gesetzgeber in keiner Weise Rechenschaft darüber abgelegt hat, wie er Art. 8 RL **2014**/42/EU genügen will, wenn diese Richtlinie anwendbar ist; von einem völligen Rechtsentzug ist dort nicht die Rede.[18]

Greift das Gericht auf § 425 Abs. 2 Satz 1 zurück, muss dann aber wenigstens („genügt es") als eine Art Ersatz der Beteiligung der genannten Personen oder Einrichtungen vor der Entscheidung über die Einziehung des Gegenstandes der **Besitzer** der Sachen, der die **tatsächliche Verfügungsgewalt** über sie hat, oder bei Einziehung eines Rechts derjenige, der darüber verfügen kann, ohne Rechtsinhaber zu sein, **gehört werden**. Indem diesen Personen Gelegenheit zur Äußerung gegeben wird, sollen sie über die Wahrnehmung etwaiger eigener durch die Rechtsfolgenanordnung berührter Interessen hinaus im Rahmen der Anhörung gewissermaßen als Sachwalter des Berechtigten tätig werden, ohne Verfahrensbeteiligte zu sein. Ob diese fragliche Annahme im Einzelfall berechtigt ist, kann aber durchaus bestritten werden. Eine autorisierte Vertretung als anerkannte Form der Verfahrensteilhabe liegt in § 425 Abs. 2 Satz 2 sicher nicht. Überdies sieht das Gesetz den anhörungsweisen Rückgriff auf den Besitzer bzw. Rechtsausübenden auch nur vor, wenn er „ausführbar" ist. 7

§ 426
Anhörung von möglichen Einziehungsbeteiligten im vorbereitenden Verfahren

(1) [1]Ergeben sich im vorbereitenden Verfahren Anhaltspunkte dafür, dass jemand als Einziehungsbeteiligter in Betracht kommt, ist er zu hören. [2]Dies gilt nur, wenn die Anhörung ausführbar erscheint. [3]§ 425 Absatz 2 gilt entsprechend.

(2) Erklärt derjenige, der als Einziehungsbeteiligter in Betracht kommt, dass er gegen die Einziehung Einwendungen vorbringen wolle, gelten im Fall seiner Vernehmung die Vorschriften über die Vernehmung des Beschuldigten insoweit entsprechend, als seine Verfahrensbeteiligung in Betracht kommt.

Entstehungsgeschichte

Die Regelungen des heutigen § 426 waren ursprünglich in § 432 a. F. enthalten, der auf dem EGOWiG beruhte. Die **gesetzliche Überschrift** „Anhörung von möglichen Einziehungsbeteiligten im vorbereitenden Verfahren" geht auf Art. 1 Nr. 13 des Gesetzes zur Stärkung des Rechts des Angeklagten auf Vertretung in der Berufungsverhandlung und über die Anerkennung von Abwesenheitsentscheidungen in der Rechtshilfe vom 17.7.2015 (BGBl. 2015 I S. 1332, 1344) zurück. Die Regelung wurde zum 1.7.2017 mit dem **Gesetz zur Reform der strafrechtlichen Vermögensabschöpfung** vom 13.4.2017 (BGBl. I S. 872, 886) von ihrem ursprünglichen Standort mit einigen redaktionellen Änderungen (dazu Rn. 12 ff.) auf § 426 vorgezogen.[1]

18 S. Art. 8 Richtlinie **2014**/42/EU des Europäischen Parlaments und des Rates vom 3. April 2014 über die Sicherstellung und Einziehung von Tatwerkzeugen und Erträgen aus Straftaten in der Europäischen Union ABl. EU L 127/39 mit den Erwägungsgründen 38 f.

1 Dazu BTDrucks. **18** 9525 S. 89: Übernahme des § 432 a. F., soweit er auf den Einziehungsbeteiligten zugeschnitten war.

https://doi.org/10.1515/9783110765540-026

Übersicht

I. Rechtsstellung des Einziehungsinteressenten

1 **1. Vorläufige Rechtsstellung.** Die Rechtsstellung als **Einziehungsbeteiligter**, die zu einer weitgehenden Gleichstellung mit dem Beschuldigten führt (§ 427 Abs. 1 Satz 1), wird durch den gerichtlichen Beschluss erlangt, der die Beteiligung am Verfahren anordnet. Ein solcher Beschluss kann nach der gesetzlichen Konzeption erst ergehen, wenn gegen eine bestimmte Person durch Einreichung einer Anklageschrift oder einem einer solchen gleichstehenden Akt Anklage erhoben ist.[2] Vor diesem die Beteiligung anordnenden Beschluss und damit insbesondere im Ermittlungsverfahren ist ein Dritter, der von der Einziehung betroffen werden kann, nur sog. **Einziehungsinteressent.** Weil aber das Ermittlungsverfahren gemäß § 160 Abs. 3 auch die Klärung der Umstände zum Gegenstand hat, die für die Bestimmung der Rechtsfolgen der Tat und damit für die Anordnung der Einziehung und gleichstehender Maßnahmen (§ 439) von Bedeutung sind, gewährt § 432 Abs. 1 a. F. und heute § 426 Abs. 1 dem Einziehungsinteressenten (und ggf. nach § 438 weiteren Nebenfolgeninteressenten) immerhin seit längerem prinzipiell rechtliches Gehör. § 432 Abs. 2 a. F. und heute § 426 Abs. 2 lehn(t)en die Rechtsstellung in der Vernehmung an diejenige des Beschuldigten an. Auch im Übrigen sind prozessuale Möglichkeiten und Befugnisse immerhin grundsätzlich anerkannt. So kann der Einziehungsinteressent, sobald Anklage erhoben wurde, die Anordnung seiner Verfahrensbeteiligung anregen und gegen einen ablehnenden Beschluss sofortige Beschwerde einlegen (s. ferner § 428 Abs. 3). Schon im Ermittlungsverfahren kann er mit Wirkung für das künftige Verfahren auf seine Verfahrensbeteiligung verzichten (§ 424 Abs. 2). Dennoch bleibt die **vorläufige Rechtsstellung des Einziehungsinteressenten** latent prekär, weil mit der lediglich punktuellen Berechtigung im Ermittlungsverfahren schädliche Wirkungen auf die später dann vielleicht nur noch formal sinnvoll nutzbare Rechtsstellung nicht systematisch ausgeschlossen erscheinen.[3]

2 **2. Rechtliches Gehör.** Nach § 426 Abs. 1 Satz 1 ist ein Dritter („jemand") – ein Nichtbeschuldigter – zu **hören**, wenn sich tatsächliche Anhaltspunkte dafür ergeben, dass er (im Fall einer künftigen Anklageerhebung) als Einziehungsbeteiligter i. S. des § 424 Abs. 1 Satz 1, Abs. 3 in Betracht kommt.[4]

---

2 § 424, 16 f.

3 S. schon Vor § 421, 27 f.

4 Zu möglichen Rückwirkung für die Vernehmung des Beschuldigten im Ermittlungsverfahren *Reh* NZWiSt **2018** 20, 22.

a) Gehör. Hören bedeutet auch in diesem Zusammenhang, **Gelegenheit zur Äußerung zu** geben. Allgemein bedeutet die Pflicht zum Anhören, dass dem Einziehungsinteressenten unter der ernsthaften Bereitschaft, das Vorgetragene auch zu erwägen, Gelegenheit gegeben werden muss, all das vorzubringen, was zur Abwendung eines ihn möglicherweise treffenden Rechtsverlustes geeignet ist.[5] Eine bestimmte Form der Anhörung schreibt das Gesetz nicht vor (vgl. aber zu § 426 Abs. 2 u. Rn. 10). 3

b) Zwecke. Die Anhörungspflicht verfolgt **mehrere Zwecke.** Sie liegt einmal im Interesse der Verfahrensteilhabe des Dritten, der u. U. von vornherein durch seine Darlegungen eine Gefährdung seiner Rechte abwenden kann. So kann etwa die Staatsanwaltschaft bei Erhebung einer Klage durch Strafbefehl oder in anderer Form von einem Antrag oder einer Anregung der Einziehung etc. absehen oder sich zur Ausklammerung der jeweiligen Rechtsfolge nach § 421 entschließen. Die Anhörung liegt aber auch insoweit im Interesse der Strafverfolgungsorgane, als sie zu einer Verzichtserklärung des Dritten nach § 424 Abs. 2 führen oder die Grundlage für Entschließungen und Entscheidungen nach den §§ 421, 422 und 424 erhellen kann. Die Anhörung im Vorverfahren kann Ermittlungen und Verfahrensschritte ersparen, die ohne die eingeholten Informationen geboten scheinen. 4

c) Voraussetzungen. Die **Voraussetzungen** der Anhörungspflicht sind, sinnvollerweise, geringer als diejenigen der Anordnungspflicht nach § 424 Abs. 1 Satz 1. Die betroffenen Rechte brauchen, was das Gesetz für den Einziehungsinteressenten explizit anerkennt,[6] noch nicht glaubhaft gemacht zu werden. Es genügt stattdessen, wenn sich immerhin „Anhaltspunkte" dafür ergeben, dass jemand – im Fall der Anklageerhebung – „als Einziehungsbeteiligter **in Betracht kommt**". Die Anhörungspflicht entsteht also z.B., wenn sich nach dem Stand und den Ergebnissen des Ermittlungsverfahrens irgendwie „abzeichnet, daß über die Einziehung eines Gegenstandes zu befinden sein wird und daß ein anderer als der Beschuldigte daran ein Recht hat".[7] Dies wird so aufzulösen sein, dass tatsächliche Anhaltspunkte etwa auf Grund entsprechender Behauptungen vorliegen müssen, die für eine nicht ganz fernliegende Stellung als Einziehungsbeteiligter sprechen. Soweit sich jemand einer Stellung berühmt, welche die Einziehungsbeteiligung gebietet, wird die Anhörung schon zur Ausräumung etwaig verbleibender Zweifel geboten sein. 5

d) Entfallen. Die Anhörungspflicht **entfällt**, wenn schon nach den Ergebnissen des Ermittlungsverfahrens dessen Einstellung zu erwarten und auch ein selbständiges Verfahren (§ 435) *nicht* naheliegt, weil dann auch die Einziehungsbeteiligung nicht mehr „in Betracht kommt". Das gleiche gilt, wenn der Dritte bereits in diesem Stadium eine Verzichtserklärung nach § 424 Abs. 2 abgibt. Schließlich soll die Anhörung im Ermittlungsverfahren allgemein entfallen können, wenn sie in diesem Stadium **„nicht ausführbar"** ist (§ 426 Abs. 1 Satz 2). Dies bleibt kritisch zu sehen, weil hieraus eine der Rechtsstellung des Einziehungsbeteiligten besonders abträgliche Zurücksetzung seiner prozessualen Teilhabe zu erwachsen droht. Auch für Einziehungsbeteiligte ist zu bedenken, dass eine aufgeschobene Verfahrensteilhabe nicht selten weniger wirksam sein wird.[8] Die mangelnde Ausführbarkeit ist deshalb eng zu bestimmen. Sie ist nur zu beja- 6

5 Dazu LR/*Kühne* Einl. I 84 ff.
6 Zur Streichung BTDrucks. **18** 9525 S. 89: Glaubhaftmachung nur für die Fälle des Nebenbetroffenen gem. § 438 von Belang.
7 BTDrucks. **V** 1319 S. 76.
8 S. schon Vor § 421, 27.

hen, wenn die rechtzeitige Anhörung faktisch unmöglich ist.[9] Die Ausführung ist nicht schon dann unausführbar, wenn die Anhörung einen gewissen Aufwand bedeutet. Bei alledem ist zu bedenken, dass die frühe Verfahrensteilhabe auch aus Sicht der Strafverfolgung eine unnütze Verfahrensausrichtung auf einen unzutreffenden Einziehungsgegner und damit Arbeit vermeiden kann. Ferner ist an § 422 und § 421 zu denken.

7 Die Möglichkeit, nach **§ 425 Abs. 2** von der Beteiligung ganz abzusehen, wird durch § 426 Abs. 2 Satz 3 auf die Anhörung übertragen. Dies bedeutet, dass unter den dort bezeichneten Voraussetzungen auch von der Anhörung einer Partei, Vereinigung oder Einrichtung außerhalb des räumlichen Geltungsbereichs der StPO abgesehen werden kann und dass es genügt, wenn in diesen Fällen der Besitzer der Sache oder der zur Verfügung über das Recht Befugte gehört wird.[10]

II. Vernehmung des Einziehungsinteressenten

8 **1. Zeugenstellung.** Gibt der Einziehungsinteressent vor oder nach seiner Anhörung eine Erklärung nach § 424 Abs. 2 ab, so steht er von da an, auch soweit das Ermittlungsverfahren die Klärung der Voraussetzungen der Einziehung zum Gegenstand hat, als **Zeuge** zur Verfügung.[11] Erklärt er umgekehrt bei seiner Anhörung, dass er gegen die jeweilige Rechtsfolge Einwendungen vorbringen wolle, gelten laut § 426 Abs. 2 im Fall seiner förmlichen **Vernehmung** die Vorschriften über die Vernehmung des Beschuldigten entsprechend, soweit seine Verfahrensbeteiligung in Betracht kommt.

9 **a) Glaubhafterscheinen.** Die früher in der Norm aufgenommene Wendung „erscheint **glaubhaft**, dass er ein Recht an dem Gegenstand hat“, hat der Gesetzgeber für den unmittelbaren Anwendungsbereich der Einziehungsbeteiligung gestrichen.[12] Insoweit ist nur noch, aber auch immerhin, im Kontext der Nebenbetroffenen des § 438 eine entsprechende Anforderung bei Anwendung über § 439 zu beachten. Nur dort muss nach dem Ergebnis der Ermittlungen „glaubhaft erscheinen“, d. h. **wahrscheinlich** sein, dass der Gegenstand dem Nebeninteressenten gehört (zusteht) oder dass er ein beschränkt dingliches Recht an dem Gegenstand hat, dessen Erlöschen im Fall der beantragten Rechtsfolge angeordnet werden könnte.

10 **b) Vernehmung.** Absatz 2 findet aber nur Anwendung, **falls** der **Einziehungsinteressent vernommen wird**. Er soll also nicht schon dann gelten, wenn eine bloße Anhörung ausreicht, um die Belange des Interessenten zu wahren und den Verfolgungsorganen die Grundlage für die Entschließungen zu verschaffen, die hinsichtlich etwaiger Rechtsfolge- und Beteiligungsanordnungen zu treffen sind[13] (s. o. Rn. 1). Die Wörter „im Fall seiner Vernehmung“ bezwecken also eine Klarstellung, die „der unerwünschten Auslegung vorbeugen soll, dass derjenige, der [...] als Einziehungsbeteiligter in Betracht kommt, nach den Vorschriften über die Vernehmung des Beschuldigten zu vernehmen sei und deshalb nach § 163a Abs. 1 einen unbedingten Anspruch auf seine Vernehmung habe. Das ist nicht gewollt und auch nicht geboten. Aus Absatz 1 folgt, dass der Einzie-

---

9 Weiter etwa MüKo/*Putzke*/*Scheinfeld* Rn 4: es reiche, dass übermäßige faktische Barrieren vorzuliegen scheinen, was durch zumindest konkrete Schritte überprüft werden müsse; SK/*Paeffgen* 8.

10 Zur Problematik der Norm schon § 425, 5 f.

11 Dazu schon zum Einziehungsbeteiligten § 424, 23.

12 BTDrucks. **18** 9525 S. 89.

13 KK/*Schmidt* 6; AK/*Günther* § 432 a. F. 11; HK/*Retemeyer* 5; KMR/*Metzger* 9; AnwK/*Lohse* § 432 a. F., 2.

hungsbeteiligte im vorbereitenden Verfahren lediglich zu hören ist und auch nur dann, wenn dies ausführbar erscheint".[14] Offenbar ist der Gesetzgeber von dieser restriktiven Position nicht abgerückt.[15] Sie bleibt indes am rechtlichen Gehör zu messen, das durch eine aufgeschobene bzw. hier tendenziell schlechtere Teilhabemöglichkeit auch im späteren gerichtlichen Verfahrensstadium entwertet sein kann. Das Begehren nach einer Vernehmung sollte daher tunlichst nicht, und wenn doch, nur aus nennenswerten und zu dokumentierenden Gründen zurückgesetzt werden.

aa) Dass auf die Vernehmung des Einziehungsinteressenten die Vorschriften über die Vernehmung des Beschuldigten entsprechend anwendbar sind, hat seinen **Grund** darin, dass der Einziehungsinteressent, wenn er sich gegen die Einziehung wehrt, **in eigener Sache** tätig ist. In dieser Hinsicht kann er nicht als objektiver Zeuge auftreten. Seine Rolle im Ermittlungsverfahren entspricht vielmehr insoweit der des Beschuldigten, als er von den Rechtsfolgen der Straftat betroffen wird und sich gegebenenfalls auch gegen den Vorwurf eigenen vorwerfbaren Verhaltens verteidigt. „Die Verteidigungsposition, in der sich z.B. der Eigentümer einer von der Einziehung bedrohten Sache bei dem Verdacht eines besonderen Schuldvorwurfs befindet, der die Einziehung ihm gegenüber rechtfertigen könnte, würde sonst in unangemessener Weise eingeschränkt werden, wenn er zunächst in die Zeugenstellung gedrängt würde".[16] 11

bb) All dies gilt aber nur, soweit **„seine Verfahrensbeteiligung in Betracht kommt"**, d.h. soweit er sich zu den Fragen äußert, auf die sich seine künftige Verfahrensbeteiligung (nach § 424 Abs. 1 Satz 1) erstreckt. Einschlägig ist dies also z.B. bei der Vernehmung zu den zur Einziehungsfrage gehörenden Tatsachen, zu denen er im Fall der Anordnung seiner Beteiligung gehört werden müsste. Außerhalb dieses Bereichs der Verteidigung eigener Belange kommt er als **Zeuge**[17] in Betracht. 12

cc) Für den Einziehungsbeteiligten ist dabei eine zusätzliche Beschränkung seiner Beteiligung im Ermittlungsverfahren hinsichtlich der Schuld des Angeklagten (s. § 431 Abs. 2 a.F.) ausgeschlossen (s. aber auch § 438 Abs. 2). Diese heute mangels einer Nachfolgenorm zu § 431 Abs. 2 a.F. klare Rechtslage war schon zuvor deshalb angemessen, weil die Vernehmungspersonen im Ermittlungsverfahren gar nicht beurteilen können, ob das zur Beschränkung einzig befugte Gericht von der „Kann"-Vorschrift des § 431 Abs. 2 a.F. Gebrauch machen würde. 13

2. Anwendbarkeit des § 163a. Die entsprechende Anwendbarkeit der Vorschriften über die Vernehmung des Beschuldigten bedeutet insbesondere die entsprechende Anwendung des **§ 163a.** 14

a) Belehrungspflichten. Der Einziehungsinteressent ist insbesondere am Beginn der Vernehmung darüber zu belehren, dass die **Einziehung** des Gegenstandes, an dem er wahrscheinlich ein Recht hat, **in Betracht** kommt. 15

Weiter ist er über sein **Schweigerecht** zu belehren: Es steht ihm also frei, sich zur Einziehungsfrage zu äußern oder zu derselben zu schweigen (§ 163a Abs. 4 Satz 2, § 136 Abs. 1 Satz 2). Diese Belehrung dient nicht nur bei *natürlichen*, sondern auch bei **juristi-** 16

---

14 BTDrucks. **V** 1319 S. 77.
15 BTDrucks. **18** 9525 S. 89.
16 BTDrucks. **V** 1319 S. 73; Meyer-Goßner/Schmitt/*Köhler* 3; HK-GS/*Koch* § 432 a.F., 4.
17 KK/*Schmidt* 7; Meyer-Goßner/Schmitt/*Köhler* 3; AK/*Günther* § 432 a.F., 13; KMR/*Metzger* 11; HK-GS/*Koch* § 432 a.F., 4.

schen Personen der Verhinderung eines Zwangs zur Selbstbezichtigung.[18] Unstreitig sind die für die juristische Person Handelnden zu belehren, soweit gegen diese die Rechtsfolge der Einziehung (einschließlich des Wertersatzes) angeordnet werden kann. Dies ist namentlich von Bedeutung für die Frage, ob sich der Einziehungsinteressent vorwerfbar verhalten hat oder ob die Gefahr besteht, dass der Gegenstand der Begehung mit Strafe bedrohter Handlungen dienen werde.

17 Ferner sind dem Einziehungsinteressenten die in Frage stehenden **Einziehungsvorschriften** zu benennen. Von dieser Verpflichtung sind aber Polizeibeamte und die ihnen in Steuerstrafverfahren gleichstehenden Finanzbeamten entbunden (§ 163a Abs. 4 Satz 2).

18 Die Belehrung erstreckt sich auch darauf, dass der Interessent vor seiner Vernehmung einen von ihm zu wählenden **Vertretungsberechtigten** im Sinne des § 428 (nicht: einen „Verteidiger")[19] befragen könne (§ 163a Abs. 4 Satz 2, § 136 Abs. 1 Satz 2). Auch im Ermittlungsverfahren kommt die Mitwirkung eines dem Verteidiger vergleichbaren Vertreters in Betracht.[20]

19 **b) Beweisanträge.** Anträgen des Einziehungsinteressenten auf Aufnahme von Beweisen **ist zu entsprechen**, wenn sie auf die Verneinung oder Abmilderung der Einziehungsvoraussetzungen abzielen und von Bedeutung sind (§ 163a Abs. 2). Die Durchsetzungskraft dieser kaum revisiblen Vorschrift dürfte allerdings auch für den Einziehungsinteressenten überschaubar bleiben.[21]

20 **3. Informatorische Befragung.** Denkbar ist die Situation, dass jemand zunächst lediglich informatorisch oder als Zeuge vernommen worden ist und sich dann bzw. daraus ergibt, dass er Einziehungsinteressent ist. Insoweit sollten – folgt die Einziehungsbeteiligung im weiteren Verfahren – gemäß § 427 Abs. 1 Satz 1 die allgemeinen Grundsätze maßgeblich sein.[22]

§ 427
Befugnisse des Einziehungsbeteiligten im Hauptverfahren

(1) [1]Von der Eröffnung des Hauptverfahrens an hat der Einziehungsbeteiligte, soweit dieses Gesetz nichts anderes bestimmt, die Befugnisse, die einem Angeklagten zustehen. [2]Im beschleunigten Verfahren gilt dies vom Beginn der Hauptverhandlung, im Strafbefehlsverfahren vom Erlass des Strafbefehls an.

(2) [1]Das Gericht kann zur Aufklärung des Sachverhalts das persönliche Erscheinen des Einziehungsbeteiligten anordnen. [2]Bleibt der Einziehungsbeteiligte, dessen persönliches Erscheinen angeordnet ist, ohne genügende Entschuldigung aus, so kann das Gericht seine Vorführung anordnen, wenn er unter Hinweis auf diese Möglichkeit durch Zustellung geladen worden ist.

18 S. dazu § 444, 28 ff. In diesem Kontext statt vieler MüKo/*Putzke/Scheinfeld* 8 und SSW/*Heine* 4; **a.A.** recht salopp unter Ausblendung der fairnessbezogen-prozessualen Begründung des Schweigerechts SK/*Paeffgen* 10.

19 S. § 428, 1.

20 *Eb. Schmidt* Nachtr. II 6; KK/*Schmidt* 8; AK/*Günther* § 432 a. F., 12; HK/*Retemeyer* 6.

21 Zu den Potentialen und Leistungsgrenzen der Vorschrift s. hier nur LR/*Erb* § 163a, 110, 115 ff. m.w.N.

22 Zu diesen s. LR/*Erb* § 163a, 17 ff., 23 ff. m.w.N.

https://doi.org/10.1515/9783110765540-027

Entstehungsgeschichte

Die Inhalte des heutigen § 427 waren ursprünglich in § 433 a. F. geregelt, der auf dem EGOWiG beruhte. Die **gesetzliche Überschrift** „Befugnisse des Einziehungsbeteiligten im Hauptverfahren“ geht auf Art. 1 Nr. 13 des Gesetzes zur Stärkung des Rechts des Angeklagten auf Vertretung in der Berufungsverhandlung und über die Anerkennung von Abwesenheitsentscheidungen in der Rechtshilfe vom 17.7.2015 (BGBl. 2015 I S. 1332, 1344) zurück. Die Regelung wurde zum 1.7.2017 mit dem **Gesetz zur Reform der strafrechtlichen Vermögensabschöpfung** vom 13.4.2017 (BGBl. I S. 872, 886) von ihrem ursprünglichen Standort mit rein redaktionellen Änderungen auf § 427 vorgezogen.[1]

Übersicht

I. Normüberblick

Zum einen gestaltet § 427 in seinem ersten Absatz die Rechtsstellung des Einziehungsbeteiligten ab Beginn des Hauptverfahrens oder paralleler Verfahrensstufen (dazu Rn. 2 ff.) immerhin grundsätzlich aus (zu seinen Rechten Rn. 5 ff.). Die Regelung der 1

1 Dazu BTDrucks. **18** 9525 S. 89: Regelung entspricht dem § 433 a. F., soweit er auf den Einziehungsbeteiligten zugeschnitten war.

Rechtsstellung im Ermittlungsverfahren überlässt das Gesetz – in nicht unproblematischer Art und Weise – vor allem § 426.[2] Zum anderen klärt der zweite Absatz des § 427, dass das Gericht zur Aufklärung des Sachverhalts ggf. weiter auf das unter Umständen zwangsweise durchzusetzende persönliche Erscheinen des Einziehungsbeteiligten setzen kann (hierzu Rn. 33 ff.).

II. Beginn der Beteiligungsbefugnisse

2 Während § 424 die Voraussetzungen und die Form der Beteiligungsanordnung sowie den Umfang der Verfahrensbeteiligung regelt und bestimmt, von welchem Zeitpunkt an und bis zu welchem Zeitpunkt eine Beteiligungsanordnung möglich ist, setzt § 427 Abs. 1 zunächst den **Zeitpunkt** fest, von dem an im *normalen Strafverfahren*, im *beschleunigten* Verfahren (§§ 417 ff.) und im *Strafbefehlsverfahren* (§§ 407 ff.) die aus der Stellung als Einziehungsbeteiligter fließenden Befugnisse ausgeübt werden können.

3 **1. Normales Strafverfahren.** Im Regelverfahren hat der Einziehungsbeteiligte erst von der Eröffnung des Hauptverfahrens (§ 207) an grundsätzlich („soweit dieses Gesetz nichts anderes bestimmt") die Befugnisse, die einem Angeklagten zustehen. Das Gesetz stellt damit – problematischerweise – nicht schon auf den Zeitpunkt der Anklageerhebung ab. Insoweit lässt es die Rechtsposition im Zwischenverfahren offen. Den Zeitpunkt der **Eröffnung** des Hauptverfahrens dürfte das Gesetz wählen, weil erst in diesem Zeitpunkt – angesichts der ausgeschlossenen Rücknahme der öffentlichen Klage (§ 156) – feststeht,[3] dass es zu der vom Gericht ins Auge gefassten Entscheidung über die Einziehung[4] kommen wird.

4 **2. Strafbefehlsverfahren. Im Strafbefehlsverfahren** setzt das Gesetz in § 427 Abs. 1 Satz 2 Halbsatz 2 den Beginn der Befugnisse auf den Zeitpunkt des **Erlasses** des Strafbefehls fest. Hiermit eröffnet es dem Einziehungsbeteiligten insbesondere die Befugnis, selbständig den Einspruch zu erheben (§ 432 Abs. 2). Hierbei ist nach zutreffender Auffassung unter „Erlass" der Zeitpunkt der Unterzeichnung des Strafbefehls und dessen Hinausgabe in den Geschäftsgang (§ 432 Abs. 1) zu verstehen.[5] Mit der Zurücknahme der öffentlichen Klage (§ 411 Abs. 3) erschöpfen sich die Befugnisse aber in dem Anspruch auf Erstattung der durch die Verfahrensbeteiligung entstandenen notwendigen Auslagen (§ 467a Abs. 2).

5 **3. Rechtsmittelbefugnis.** Im **beschleunigten Verfahren** (§ 417) ist der **Beginn der Hauptverhandlung** (§ 243 Abs. 1 Satz 1) gem. § 427 Abs. 1 Satz 2 Halbsatz 1 maßgebend. Das Gesetz klärt damit die sonst auftauchende Zweifelsfrage,[6] welches Ereignis des beschleunigten Verfahrens – Terminsbestimmung, Beginn der Hauptverhandlung oder Beginn der Vernehmung des Beschuldigten – i. S. des § 156 der Eröffnung des Hauptverfahrens gleichzustellen ist.

---

2 Hierzu Vor § 421, 27, s. aber immerhin auch § 428 Abs. 3.
3 BTDrucks. **V** 1319 S. 77.
4 Dazu schon § 424, 2 und 8 ff.
5 Näher § 409, 48.
6 BGHSt **15** 314, 316; vgl. näher § 417, 18 ff.

III. Die Beteiligungsbefugnisse

1. Anlehnung an die Angeklagtenbefugnisse. Das Gesetz sucht die Stellung des Einziehungsbeteiligten zu klären, indem es seine **Befugnisse** an die **des Angeklagten** anlehnt. Konkret hat der Einziehungsbeteiligte diese Befugnisse, **„soweit dieses Gesetz nichts anderes bestimmt“.** Zumal darin nicht nur eine oft zu Zweifeln führende „entsprechende“ Anwendung liegt, sondern gerade *aus einem Gesetz* eine Abkehr von der geregelten Übertragung folgen muss, ist diese Regelungsstruktur *prima facie* für ihre bestimmende Wirkung zu loben. Gleichwohl ist nicht zu übersehen, dass das Gesetz den Einziehungsbeteiligten zu den in § 427 Abs. 1 genannten Zeitpunkten nicht zu einem Angeklagten macht. Noch zur Vorläufervorschrift hieß es in den Materialien, dass „die Stellung des Einziehungsbeteiligten [...] mit der des Angeklagten sicher dann nicht vergleichbar [sei], wenn er die gegen den Angeklagten gerichtete Einziehung auf Grund seines Rechts bekämpft. Die Regelung bedeutet daher nicht, dass der Einziehungsbeteiligte einem Angeklagten gleichgestellt werden soll, sondern sie will lediglich [...] in technisch einfacher Weise ein größtmögliches Maß an prozessualen Rechten sichern“.[7] Auch die jüngste Gesetzgebung zu § 427 Abs. 1 verweist in den Materialien darauf, dass die Norm den Einziehungsbeteiligten zwar zu einem Verfahrenssubjekt machen möchte, dem die prozessualen Rechte zustehen, die zur Abwehr der gegen ihn gerichteten Einziehungsanordnung erforderlich sind (z.B. das Fragerecht oder das Beweisantragsrecht).[8] Die Gesetzesbegründung weist aber darauf hin, dass der Einziehungsbeteiligte **nicht mit dem Vorwurf einer Straftat konfrontiert**, sondern vielmehr einer quasi-bereicherungsrechtlichen Maßnahme ausgesetzt sei.[9] Entsprechend soll gelten: „Das Verbot, nachteilige Schlüsse aus dem Schweigen zu ziehen, kann deshalb nicht im gleichen Umfang wie für einen Angeklagten gelten“.[10] Es sei zu berücksichtigen „dass die Stellung des Einziehungsbeteiligten eher mit der eines Beklagten im Zivilprozess als mit der eines Angeklagten vergleichbar ist“.[11] 6

Selbst dann, wenn man nicht von der Strafqualität der Einziehung ausgeht, ist der Verweis auf eine zivilprozessuale Stellung allerdings in der Sache **völlig verfehlt**: Noch immer liegt in der **Einziehung** nach dem geltenden Recht ein staatlicher und damit **hoheitlicher Grundrechtseingriff** vor,[12] der überdies – nach dem freien Willen des Parlaments – gerade in einem Strafverfahren oder doch in Anknüpfung an dasselbe (§ 435) vollzogen wird. Überdies reißen die auf zivilprozessuale Überlegungen verweisenden Materialien, wollte man ihnen folgen, die **durch das Gesetz** in § 427 Abs. 1 Satz 1 **erzielte klare Orientierung** wieder ein, weil nun wieder wie bei einer entsprechenden Anwendung streitbare Thesen über den materiellen Gleichstellungsbedarf im Einzelnen entscheiden müssten: Soweit die Materialien nicht etwa zum Frage- und Beweisantragsrechts schon selbst Klarheit geschaffen haben, wäre der Normwortlaut korrigiert. Ob- 7

---

7 BTDrucks. **V** 1319 S. 77; s. ferner KG NJW **1978** 2406; JR **1983** 127; KK/*Schmidt* 2; Meyer-Goßner/Schmitt/*Köhler* 1; HK/*Retemeyer* 1.

8 BTDrucks. **18** 9525 S. 89.

9 So in der Erwartung, es gehe vor allem um Fälle des § 73b StGB, BTDrucks. **18** 9525 S. 89.

10 BTDrucks. **18** 9525 S. 89 mit einem in keiner Weise stützenden Verweis auf KK/*Ott*[13] § 261, 38 (in aktueller Auflage: KK/*Ott* § 261, 153). Aufspringend KK/*Schmidt* 2; mit Begr. KMR/*Metzger* 2.

11 BTDrucks. **18** 9525 S. 89 mit dem Verweis auf die Folgen eines Nichtbestreitens im Zivilprozess (*Zöller*[31] § 138, 10 ZPO).

12 Grds. zutreffend etwaige Parallelen zur VwGO suchend KMR/*Metzger* 2 und zum hoheitlichen Charakter ferner BGH wistra **2019** 187, 189. S. auch für die allgemeine Einordnung als strafähnliche Maßnahme MüKo/*Putzke*/*Scheinfeld* 2 und 6; SK/*Paeffgen* 2 und 9.

schon etwa das Schweigerecht als Recht des Angeklagten über § 427 Abs. 1 Satz 1 auf den Einziehungsbeteiligten übertragen wird, soll das Gesetz sogleich wieder korrigierbar sein, indem man die mit dem Schweigerecht einhergehende Prämisse der mangelnden belastenden Verwertung einfach nach unklaren Maßstäben kappt. Zutreffend kann aber – gerade bei einer mindestens vorliegenden präventiven Sanktion in Anknüpfung an das Strafrecht – nur eines sein: **Maßgeblich ist die gesetzliche Regelung**, weil sich die von ihr *abweichenden* Materialien nicht in der Norm wiederfinden. Der Gesetzgeber hätte etwa das Recht selbst treffende Abstriche beim Schweigerecht gesetzlich regeln müssen, wenn er sie wirklich – wie genau eigentlich?[13] – für geboten erachtet hätte. Allein auf Rechtsprechung können die Abstriche angesichts der Formulierung des § 427 Abs. 1 Satz 1 nicht gestützt werden; auch § 261 äußert sich nicht spezifisch zur Bedeutung eines befugten Schweigens in der Hauptverhandlung. Davon abgesehen wäre, sollte es tatsächlich auf eine Prüfung der materiellen Übereinstimmung mit der Lage des Angeklagten ankommen, jedenfalls bei der Einziehung von Taterträgen vor dem Hintergrund des (abgeschwächten) Bruttoprinzips und einer erweiterten selbständigen Einziehung nach § 76a StGB immer erst näher zu prüfen, ob sich in der Einziehung nicht materiell betrachtet doch eine Strafe verbirgt.[14] Konkret zur vermeintlich zulässigen belastenden Würdigung des Schweigens tritt hinzu, dass für die Einziehung nun unterschiedliche Nachweisstandards gelten würden, je nachdem, ob der Einziehungsgegner zugleich Angeklagter wäre.[15]

8 Mit der Anlehnung an die Rechtsstellung des Angeklagten gehen bei alledem aber doch **implizit Einschränkungen** einher, weil auch seine rechtliche Position nicht unbegrenzt ist. Aus der Verweisung auf die dem Angeklagten zustehenden Befugnisse ergibt sich, dass Einschränkungen der verfahrensrechtlichen Befugnisse des Angeklagten zugleich die Befugnisse des Einziehungsbeteiligten begrenzen. Allerdings kann die Existenz oder die Reichweite einer geltend gemachten Einschränkung streitig sein; dann kann auch der Einziehungsbeteiligte gegen eine etwaige Einschränkung argumentativ streiten.

9 **2. Befugnisse im Hauptverfahren.** In der **Hauptverhandlung** hat der Einziehungsbeteiligte im Umfang seiner Verfahrensbeteiligung insbesondere das **Recht** auf Anwesenheit und rechtliches Gehör. Für seine **Vernehmung** gilt § 243 Abs. 5. Er kann im Rahmen seiner Beteiligung **Anträge** stellen, insbesondere Beweisanträge, wobei § 430 Abs. 2 ihre Bedeutung begrenzen kann. Der Einziehungsbeteiligte hat ferner das Fragerecht auf seiner Seite. Er hat **Anspruch** auf Befragung nach § 257, auf eigene Verteidigungsausführungen und auf Erteilung des letzten Wortes[16] (§ 258 Abs. 2 und 3). Ihm steht auch das Recht zur **Ablehnung** des Richters wegen Besorgnis der Befangenheit[17] zu. Ebenso kann – und muss (§ 222b, s. schon Rn. 8) – er die **fehlerhafte Besetzung** der Richterbank rügen, so dass die Mitteilung der Besetzung nach § 222a StPO an ihn oder seinen Vertreter zu richten ist.[18] Zur Terminsnachricht bzw. der mangelnden Über-

---

13 BTDrucks. **18** 9525 S. 89 bleibt hier völlig unkonkret, weil nur von einem nicht identischen Schutz die Rede ist und eine Berücksichtigung der Unterschiede angeregt wird.

14 Für N. zum Streit schon Vor § 421, 12.

15 Hiermit abl. etwa schon OK-StPO/*Temming* 4; MüKo/*Putzke*/*Scheinfeld* 6: verkappte sekundäre Darlegungslast im Strafverfahren; SK/*Paeffgen* 9 mit Fn. 28; für unproblematisch erklärt dies kurzerhand SSW/*Heine* 1.

16 S. dazu grundlegend nur BGHSt **17** 28, 32 ff. = NJW **1962** 500, 501 zu § 431 Abs. 3 a. F.

17 OLG Karlsruhe NJW **1973** 1658.

18 *Ranft* NJW **1981** 1473, 1474.

tragung der Ladungsvorschriften s. aber die gesetzliche Regelung des § 429 Abs. 1 und dazu § 429, 5. Zu einer etwaigen *Zeugenstellung* s. bereits § 424, 23.

Bei der Ausübung seiner Befugnisse ist der Einziehungsbeteiligte **unabhängig vom Verhalten des Angeklagten** selbst. Soweit es zur Wahrung seiner Rechte erforderlich ist, kann er der erhobenen Strafklage in all ihren Teilen widersprechen und das Nichtvorhandensein einer die Einziehung usw. begründenden Tat darlegen. Lässt der Angeklagte ein auf Einziehung lautendes Urteil durch Rechtsmittelverzicht oder Nichtanfechtung rechtskräftig werden, so hindert dies den Einziehungsbeteiligten nicht, ein beschränktes Rechtsmittel einzulegen usw. 10

3. Rechtsmittelbefugnis. Wie der Angeklagte, ist auch der Einziehungsbeteiligte befugt, **Rechtsmittel** einzulegen (§ 431). Darüber hinaus ist er befugt, von dem **Rechtsbehelf des Einspruchs** gegen Strafbefehle Gebrauch zu machen (§ 432 Abs. 2). 11

4. Wiederaufnahmebefugnis

a) Problemstellung. Eine besondere Frage ist, ob zu den „Befugnissen, die dem Angeklagten zustehen“, im Kontext des § 427 Abs. 1 Satz 1 auch das Recht des Einziehungsbeteiligten gehört, ein auf Einziehung lautendes Urteil durch den Antrag auf **Wiederaufnahme des Verfahrens (§ 359)** anzufechten. Die Erörterung dieser Frage soll hier auf den praktisch wichtigsten Fall, die Wiederaufnahme nach § 359 Nr. 5 (Beibringung neuer Tatsachen oder Beweismittel), beschränkt werden. Als Beispiel käme etwa in Betracht: In Anwendung des § 74a Nr. 1 StGB ist rechtskräftig auf Einziehung erkannt, weil der Einziehungsbeteiligte leichtfertig dazu beigetragen habe, dass eine ihm zur Zeit der Entscheidung gehörende Sache Tatwerkzeug gewesen sei. Im Strafverfahren hat er sich nach besten Kräften unter Ausnutzung aller ihm nach § 427 Abs. 1 Satz 1 zustehenden Befugnisse, aber erfolglos, gegen den Vorwurf der Leichtfertigkeit gewehrt. Erst nach Rechtskraft des Urteils gelingt ihm die Beibringung neuer Zeugen, deren glaubhafte Aussagen den Vorwurf der Leichtfertigkeit entkräften und der Einziehungsanordnung die Grundlage entziehen. 12

Die **früher h.M.**[19] lehnte die Möglichkeit einer Wiederaufnahme hauptsächlich mit der Begründung ab, dass das Gesetz dem Einziehungsbeteiligten nur Rechtsmittel zubillige, zu denen der Rechtsbehelf des Antrags auf Verfahrenswiederaufnahme nicht gehöre. Auch wurde geltend gemacht, wenn im subjektiven Verfahren auf Einziehung erkannt sei, könne der Verurteilte gemäß § 363 nicht die Wiederaufnahme mit dem Ziel des Wegfalls der Einziehung betreiben; weitergehende Rechte als der Verurteilte im subjektiven Verfahren könne der Einziehungsbeteiligte im objektiven Verfahren aber nicht haben.[20] Diese Fragen sind heute durch die **Einführung des Nachverfahrens** (§ 433) praktisch insoweit erledigt, als es darum ging, dem am objektiven Verfahren ohne sein Verschulden unbeteiligt gebliebenen Drittberechtigten einen Weg zur nachträglichen Geltendmachung seiner Rechte zu eröffnen. Im Beispielsfall liegen aber die Voraussetzungen eines Nachverfahrens nicht vor, da der Einziehungsbeteiligte im Strafverfahren beteiligt war und alle ihm damals zur Verfügung stehenden Verteidigungsmöglichkeiten wahrgenommen hat, so dass § 433 Abs. 1 nicht eingreift. Abhilfe wäre nur im Wege einer Wiederaufnahme des Verfahrens möglich. 13

19 Vgl. die Darstellung zu § 432 a. F. Anm. III der 21. Aufl.
20 OLG Neustadt NJW **1953** 1565.

b) Zulässigkeit der Wiederaufnahme

14 **aa) Gesetzliche Vorschriften.** Explizite gesetzliche Vorschriften stehen der Wiederaufnahmebefugnis des Einziehungsbeteiligten nicht entgegen.

15 Die Wiederaufnahme des Einziehungsbeteiligten wird auch materiell nicht etwa von **§ 363** gehindert.[21] Der Wegfall einer angeordneten Einziehung ist jedenfalls jenseits einer übrigen expliziten Bestrafung keine „geringere Bestrafung", die nur in Anwendung eines milderen Strafgesetzes möglich wäre (§§ 359 Nr. 5, 363 Abs. 1). Sie steht vielmehr aus der Perspektive des Strafbegehrens grundsätzlich einem Freispruch gleich (s. bestätigend § 85 Abs. 2 Satz 2 OWiG).[22]

16 Ebenso wenig stellt **§ 433 Abs. 6** ein Hindernis dar. Denn diese Vorschrift, die eine Wiederaufnahme des Verfahrens nach § 359 Nr. 5 zu dem Zweck, die in § 433 Abs. 1 bezeichneten Einwendungen geltend zu machen, für ausgeschlossen erklärt, besagt lediglich, dass ein Rechtsschutzbedürfnis für eine Verfahrenswiederaufnahme insoweit nicht bestehe, als der von einer Einziehungsentscheidung betroffene Dritte in der Lage sei, auf Beseitigung der ihm gegenüber eingetretenen Wirkungen der Einziehungsentscheidung im Wege des Nachverfahrens nach § 433 Abs. 1 hinzuwirken. § 433 Abs. 6 bedeutet also nur die deklaratorische Klarstellung eines Rechtszustandes, wie er sich aus allgemeinen Auslegungsgrundsätzen auch dann ergäbe, wenn Absatz 6 nicht[23] bestünde. § 433 Abs. 6 ist also nicht der Sinn beizumessen, dass es einem Einziehungsbeteiligten, der seine Rechte im subjektiven Verfahren wahrgenommen hat, verwehrt sei, **unter Berufung auf *neue* Tatsachen oder Beweismittel** gegen das rechtskräftige, auf Einziehung lautende Urteil mit dem Antrag auf Wiederaufnahme des Verfahrens anzugehen. Im Gegenteil: § 433 Abs. 6 deutet darauf hin, dass der Gesetzgeber von der Möglichkeit einer Wiederaufnahme gegen eine rechtskräftige Einziehungsentscheidung ausgegangen ist und es ihm zur Vermeidung von Zweifeln darauf ankam, lediglich das Verhältnis des Nachverfahrens zur Wiederaufnahme nach § 359 Nr. 5 klarzustellen. So geht denn auch das Schrifttum zu § 433 davon aus, dass Absatz 6 die übrigen Wiederaufnahmemöglichkeiten (§ 359 Nr. 1 bis 4, 6) nicht ausschließe.[24]

17 **bb) Entgegenstehende besondere Gründe.** Bei dieser Sachlage kann sich nur die Frage stellen, ob **besondere Gründe** vorliegen, die einer Anfechtung der rechtskräftigen Entscheidung nach § 359 Nr. 5 durch den von der Einziehungsentscheidung betroffenen Drittberechtigten entgegenstehen, der im subjektiven Verfahren seine Rechte als Einziehungsbeteiligter wahrgenommen hat.

18 Solche Gründe können aber auch nicht darin gefunden werden, dass § 427 Abs. 1 Satz 2 dem Einziehungsberechtigten die Befugnisse eines **Angeklagten** zuspricht, die Verfahrenswiederaufnahme aber nur zugunsten des Verurteilten in Betracht kommt. Denn den Verurteilten, wenn er als Antragsteller auftritt (§ 365), bezeichnet das Gesetz

---

21 **A.A.** aber möglicherweise (zu Nebenstrafen und Nebenfolgen) Meyer-Goßner/Schmitt § 363, 2.

22 I.E. so auch Göhler/*Seitz*/*Bauer* § 85, 11 und früher bereits *Hartstang* Anm. zu OLG Neustadt NJW **1953** 1565.

23 Vgl. auch die amtl. Begr. BTDrucks. **V** 1319 S. 81 zur Vorgängernorm § 439 Abs. 6 a. F.: „Absatz 6 stellt klar, daß die Wiederaufnahme des Verfahrens aufgrund neuer Tatsachen oder Beweismittel zu dem Zweck ausgeschlossen ist, gegen die Einziehung Einwendungen nach Absatz 1 geltend zu machen. Wegen der Möglichkeit des Nachverfahrens sind die Rechte des Einziehungsinteressenten ausreichend gewahrt".

24 KK/*Schmidt* § 433, 16; § 433, 3; Meyer-Goßner/Schmitt/*Köhler* § 433, 14; HK/*Retemeyer* § 433, 16; *Pfeiffer* § 439 a. F., 7; AnwK/*Lohse* § 439 a. F., 10; ebenso *Eb. Schmidt* Nachtr. II 16; *Wuttke* SchlHA **1970** 189, 190.

als „Angeklagten" (§ 366 Abs. 2). Die Befugnis zur Stellung des Wiederaufnahmeantrags gehört damit zu den Befugnissen des Angeklagten, die auch dem Einziehungsberechtigten zustehen. Aus diesem Grunde ist es ferner bedeutungslos, dass die Rechtsstellung als Einziehungsberechtigter im Strafverfahren mit der rechtskräftigen Beendigung des Strafverfahrens erlischt: Auch seine Befugnisse wirken über das Strafverfahren hinaus, wenn ausnahmsweise die Beseitigung des ihn treffenden Urteils in Frage steht.

Nach *Wuttke*[25] soll aber der Einziehungsbeteiligte aus **„inneren Gründen"** vom Recht, die Wiederaufnahme des Verfahrens zu beantragen, ausgeschlossen sein. Mit dem Begriff „Verurteilter" in § 359 knüpfe das Gesetz an die Begriffe der Schuld und Strafe an; Schuld- und Strafausspruch enthielten ein sozialethisches Unwerturteil. Für die „nichttätergerichtete" Einziehung gelte das aber auch dann nicht, wenn die Einziehung (vgl. § 74a Nr. 1 StGB) an vorwerfbares Verhalten des Einziehungsbeteiligten anknüpfe. Ihm gegenüber erschöpfe sich der Einziehungsausspruch in der Anordnung einer Rechtsfolge, ohne gleichzeitig auf seine Stellung in der Gemeinschaft deklassierend einzuwirken. Der Ausschluss der Wiederaufnahme *ent*spreche im Übrigen dem Grundsatz des § 424 Abs. 5 und *wider*spreche weder dem Gleichheitsgrundsatz (Art. 3 Abs. 1 GG) noch dem Rechtsstaatsprinzip (Art. 20 Abs. 3 GG). 19

Indessen kann diesen Ausführungen nicht gefolgt werden. Sie beinhalten keine zwingenden Gründe, die dem Einziehungsberechtigten zugebilligten „Befugnisse des Angeklagten" über die vom Gesetz selbst (z.B. in §§ 430 Abs. 2 und 431) vorgesehenen Einschränkungen hinaus einzuengen. Ob die Anordnung der Nebenfolge für den Betroffenen „deklassierend" wirkt oder nicht, kann nach dem Gesetz für die Frage der Wiederaufnahme keine entscheidende Rolle spielen: Auch wer durch eine „wertneutrale" Bußgeldentscheidung mit einer Nebenfolge belegt ist, kann dagegen ggf. die Wiederaufnahme des Verfahrens anstrengen (§ 85 Abs. 2 Satz 2 OWiG). Überdies bleibt bei nicht wenigen Einziehungen unter Umständen zweifelhaft, ob das Urteil nicht auch gegenüber dem Dritten ein sozialethisches Unwerturteil enthält, wenn es gegen ihn den Vorwurf der Quasi-Hehlerei oder Quasi-Begünstigung erhebt (s. dazu nochmals § 74a StGB) und ihm deshalb auch eine Entschädigung versagt (§ 74b Abs. 3 Satz 1 StGB, § 430 Abs. 3 StPO). 20

c) Zulässigkeitsgrenzen. Die **Voraussetzungen**, unter denen der Einziehungsbeteiligte gegen das rechtskräftige Einziehungsurteil mit dem Wiederaufnahmeantrag angehen kann, sind aber doch in einer Hinsicht **begrenzt**: 21

Ziel des Wiederaufnahmeverfahrens kann nur die Beseitigung der Einziehungsanordnung sein. Dies auf dem Wege über die **Verneinung der Schuld des Angeklagten** zu erreichen, kommt aber nur in Betracht, wenn die Beschränkungen der Nachprüfung des Schuldspruchs, die § 431 Abs. 1 für Rechtsmittel vorsieht und die erst recht für den ausnahmsweise zulässigen Rechtsbehelf des Wiederaufnahmeantrags gelten, die Potentiale der Wiederaufnahme nicht vereiteln. Übrige, nicht aus einem anwendbaren Gesetz abzuleitende Beschränkungen scheiden angesichts der Formulierung des § 427 Abs. 1 Satz 1 hingegen aus (s. Rn. 6 f.). 22

d) Entscheidungen im Wiederaufnahmeverfahren. Die Entscheidung über den Wegfall der Einziehung kann in **sinngemäßer Anwendung der §§ 371 Abs. 2, 424 Abs. 5** im Beschlussverfahren angeordnet werden. Ferner erscheint die sinngemäße Anwendbarkeit des § 433 Abs. 5 angebracht. 23

25 SchlHA **1970** 189, 191. Auch AK/*Günther* § 439 a. F., 3 hält dies für zutreffend, allerdings unter unzutreffender Annahme eines Gegensatzes zu der hier vertretenen Auffassung: *Günther* dürfte verkennen, dass § 439 Abs. 6 nur das Verhältnis des Nachverfahrens zu § 359 Nr. 5 betrifft.

IV. Bedeutung der Geschäfts- oder Verhandlungsfähigkeit des Einziehungsbeteiligten

24 **1. Problemstellung.** Für das selbständige Einziehungsverfahren nach den §§ 430 ff. a. F. wurde früher angenommen, dass der Einziehungsbeteiligte seine Befugnisse **selbständig** (persönlich) nur ausüben könne, wenn er geschäftsfähig[26] sei. Diese Auffassung stützt sich auf RGSt **29** 52. Dort war ausgeführt, dass es zwar bei einem Angeklagten nicht auf seine Geschäftsfähigkeit und seine Prozessfähigkeit (§ 51 ZPO), sondern nur auf seine Verhandlungsfähigkeit[27] ankomme, dass dies aber nicht für den Einziehungsinteressenten gelte, da es sich für ihn lediglich um die Wahrung vermögensrechtlicher Ansprüche handele. Dass er nach § 431 Abs. 3 a. F. alle dem Angeklagten zustehenden Befugnisse ausüben könne, besage nicht, dass er sie persönlich uneingeschränkt ausüben könne. Für diese Frage seien vielmehr die allgemeinen Grundsätze über die Wahrnehmung vermögensrechtlicher Interessen maßgebend. Dass es sich für den Einziehungsbeteiligten „nur um die Wahrung seiner Vermögensinteressen" handele, führte auch – in anderem Zusammenhang (betr. die Frage der Bedeutung des Todes des Einziehungsbeteiligten; s. u. Rn. 29 ff.) – BGHSt **12** 273, 277 noch immer aus.

25 **2. Diskussionsstand.** Die seitdem erfolgte und zuletzt nochmals vertiefte **Neuordnung** des materiellen und prozessualen Rechts der Einziehung zwingt indes zu einer Nachprüfung, ob diese Grundsätze noch heute – auch bei Beteiligung am subjektiven Verfahren – Geltung beanspruchen, obwohl auch die Begr. zum Entw. EGOWiG[28] ganz im Einklang mit der Rspr. des Reichsgerichts und des Bundesgerichtshofs bei Beschreibung der rechtlichen Stellung des Einziehungsbeteiligten noch ausführt: „Im Gegensatz zum Angeklagten geht es für den Einziehungsbeteiligten nur um vermögensrechtliche Interessen" (s. ferner zu den jüngeren Materialien Rn. 6 f.).

26 **a) Verhandlungsfähigkeit.** So genügt nach nunmehr *überwiegend vertretener Auffassung* zur Wahrnehmung der einem Angeklagten zustehenden Befugnisse durch den Einziehungsbeteiligten allgemein **Verhandlungsfähigkeit,**[29] so z.B. für Anträge und Rechtsmittel wie auch für die Erklärung nach § 424 Abs. 2, da sie keinen materiellrechtlichen Verzicht enthalte.[30] Hierfür wird insbesondere darauf verwiesen, dass der in der Geschäftsfähigkeit beschränkte Einziehungsbeteiligte nach § 107 BGB nur für vermögensrechtliche Verfügungen der Einwilligung des gesetzlichen Vertreters bedürften. Im Übrigen wird vorgetragen, dass der gesetzliche Vertreter im Prozess nur die gesetzlich besonders eingeräumten Befugnisse besitze (z.B. zur selbständigen Einlegung von Rechtsmitteln; § 298). Denn – so wird dies treffend begründet – es handele sich bei der Gegenwehr des Einziehungsbeteiligten nicht um einen in das Strafverfahren „eingebauten Zivilprozess", sondern um den Widerspruch des Einziehungsbeteiligten gegen eine – staatlicherseits erzwungene – Rechtsfolge einer Straftat (§ 11 Abs. 1 Nr. 8 StGB, s. schon Rn. 7).

---

26 Vgl. in der 21. Aufl. Vor § 430 a. F., 9 mit Nachw. So heute etwa noch OK-StPO/*Temming* 3 in Gleichsetzung mit dem Nebenintervenienten des Zivilprozesses.

27 S. zur Bedeutung für Prozesshandlungen LR/*Kühne* Einl. K 18.

28 BTDrucks. **V** 1319 S. 73.

29 KK/*Schmidt* 5; KMR/*Metzger* 5; Meyer-Goßner/Schmitt/*Köhler* 7; MüKo/*Putzke/Scheinfeld* 8; AK/*Günther* § 433 a. F., 15; HK/*Retemeyer* 3; SK/*Paeffgen* 8; *Pfeiffer* § 433 a. F., 2; HK-GS/*Koch* § 433 a. F., 4.

30 § 424, 25 und 29.

b) Differenzierung nach Hauptintervenienten und Angeklagten. Nach anderer Ansicht soll eine Differenzierung geboten sein:[31] Nimmt ein tatunbeteiligter Einziehungsinteressent den Gegenstand als Eigentümer (Rechtsinhaber) für sich in Anspruch und stellt er allein mit dieser Behauptung die Voraussetzung der z.B. nach § 74 StGB begehrten Einziehung in Frage, soll er im Strafverfahren eine Stellung einnehmen, die der des Hauptintervenienten im Zivilprozess (§ 64 ZPO) vergleichbar sei. Er handele dann nur in Wahrnehmung vermögensrechtlicher Interessen und könne, wenn er in der Geschäftsfähigkeit beschränkt ist, Prozesshandlungen nur durch seinen gesetzlichen Vertreter vornehmen lassen. Anders lägen hingegen alle Fallkonstellationen, in denen der Einziehungsbeteiligte wie etwa im Fall des § 74a StGB oder auch des § 74b Abs. 3 Satz 1 StGB mit der Vorhaltung eines vorwerfbaren Verhaltens konfrontiert sei und damit eher dem Angeklagten (bzw. Betroffenen im Ordnungswidrigkeitenverfahren) ähnele. Hier bedürfe es zur Wahrnehmung seiner Befugnisse daher, wie bei dem Angeklagten oder Betroffenen, nur der Verhandlungsfähigkeit. Endlich rücke der Einziehungsbeteiligte „in eine ähnliche Stellung" wie der Angeklagte auch im Fall des § 74b Abs. 1 StGB ein, da bei der Entscheidung, ob der generell gefährliche Gegenstand „nach den Umständen" die Allgemeinheit gefährdet und ob die Gefahr der Verwendung zur Begehung strafbarer Handlungen besteht, grundsätzlich auch die Person und das Verhalten des Eigentümers (Rechtsinhabers) in die Beurteilung einbezogen werden müsse. 27

3. Vorzugswürdige Ansicht. Die differenzierende Ansicht und erst recht die frühere ausschließlich vermögensrechtliche Deutung vermögen aber nicht zu überzeugen – es ist **einheitlich** davon auszugehen, dass die **Verhandlungsfähigkeit maßgeblich** ist. Die hoheitliche, an das sanktionierende Strafrecht mit einer grundsätzlich insbesondere präventiven Zielrichtung geknüpfte Einziehung hat vermögensrechtliche Wirkungen, bedeutet aber im Kern eine hoheitliche Sanktionierung. Der Staat geht gerade nicht hin und erhebt ggf. unter Rückgriff auf den einstweiligen Rechtsschutz eine Klage vor dem Zivilgericht. Es ist völlig unerheblich, was gelten könnte, wenn der Staat diesen Weg etwa durch eine *tatsächlich* in den §§ 812 ff. BGB ausdifferenzierte Lösung beschritten hätte. Überdies werden die Abgrenzungen brüchig, wenn etwa der Fall des § 74b Abs. 1 StGB, der nicht notwendig einen Vorwurfscharakter implizieren soll, unter die an das Strafverfahrensrecht angelehnte Betrachtung fallen müsste. Auch wird, argumentiert der Einziehungsbeteiligte mit seinem Eigentum oder seinem dinglichen Recht, nicht selten gerade die Frage nach einem etwaigen Rückgriff auf die §§ 74a und 74b StGB in das Verfahren Eingang finden, für das nun ggf. *ad hoc* ein anderer Beteiligungs- bzw. Vertretungsmaßstab maßgeblich wäre.[32] Erst recht müsste die prozessuale Maßstabsbildung leiden, wenn man eine wahlweise Begründung der Einziehung über §§ 74 oder 74a StGB zuließe.[33] Dass auch die Entschädigung im Verfahren vor dem Strafgericht nach § 430 Abs. 3 Satz 1 und 2 ausnahmsweise zur Sprache kommen kann, wäre dabei kein relevanter Einwand.[34] Denn auch nach der differenzierenden Ansicht sind die tragenden Erwägungen zum Grund des Absehens von der Entschädigung nach § 74b Abs. 2 StGB immer solche, die Vorwürfe implizieren. Eine Ansicht, die demgegenüber sodann die nicht lediglich vermögensrechtliche, sondern hoheitliche – in den Formen des Strafverfahrensrechts auf Gefahrenabwehr gerichtete – Zielsetzung des heutigen Einziehungsrechts leugnen wollte,[35] ginge an der Realität des 28

---

31 Göhler/*Gürtler*/*Thomas* § 87, 3 und Vor § 87, 4 bis 7.
32 S. auch schon in allerdings abweichender Stoßrichtung LR/*Gössel*[26] § 433 a. F., 28.
33 LR/*Gössel*[26] § 433 a. F., 28 (wieder mit anderer Zielrichtung).
34 So aber LR/*Gössel*[26] § 433 a. F., 26 f.
35 So aber LR/*Gössel*[26] § 433 a. F., 27 f.

tatsächlich weder im BGB noch nach der ZPO geregelten Rechts vorbei.[36] Dass wiederum in einem allein noch auf die *Entschädigung* gerichteten (folgenden) Zivilprozess andere prozessuale Maßstäbe gelten, folgt aus der anderen inhaltlichen und prozessualen Beurteilung bzw. Zuweisung durch den Gesetzgeber.

V. Bedeutung des Todes des Einziehungsbeteiligten während des Verfahrens

29 Da der Einziehungsbeteiligte nur die Befugnisse, nicht die Rechtsstellung des Angeklagten hat (s. o. Rn. 6), wird die Verfahrensbeteiligung durch seinen Tod während des Strafverfahrens nicht ohne weiteres gegenstandslos; der Prozess kann grundsätzlich gegenüber dem Angeklagten fortgeführt werden. Der Klärung bedarf aber, ob und inwieweit sich die Beteiligungsanordnung ggf. von selbst erledigt oder ob an die Stelle des Einziehungsbeteiligten stets seine Erben treten.[37] Hier ist unter Beachtung sowohl des materiellen als auch des formellen Rechts zu differenzieren:

30 **1. Einziehung als ggf. strafähnliche Rechtsfolge.** Die Einziehungsanordnung etwa nach den §§ 73b (partiell) oder 74a StGB setzt voraus, dass der Dritte im **Zeitpunkt der Entscheidung** (d. h. der letzten tatrichterlichen Entscheidung) **Eigentümer** (Rechtsinhaber) des Gegenstandes ist. Stirbt er, bevor die Entscheidung ergeht, so ist – nicht anders als gegenüber dem Täter im Fall des § 74 Abs. 3 StGB – eine Einziehung unter Umständen ausgeschlossen, denn in der Person des Erben, der zur Zeit der Entscheidung Eigentümer ist, sind die Voraussetzungen der §§ 73b oder 74a StGB nicht mehr notwendig erfüllt. Soweit nicht insbesondere nach § 73b Abs. 1 Satz 1 Nr. 3 StGB anderes gilt, wird die Verfahrensbeteiligung hier hinfällig, ohne dass es eines (deklaratorischen) Beendigungsbeschlusses bedürfte. Daran ändert sich auch nichts deshalb, weil ein noch nicht rechtskräftiges Urteil, das eine Einziehung anordnet, die Wirkung eines Verfügungsverbots hat (§ 75 Abs. 3 StGB), denn der Erbanfall wird dadurch nicht gehindert.[38]

31 **2. Einziehung zur Sicherung.** Hat dagegen die Einziehung **Sicherungscharakter** und ist sie ohne Rücksicht auf die Eigentums- und sonstigen Rechtsverhältnisse am Einziehungsgegenstand zulässig oder vorgeschrieben (§§ 74b Abs. 1 und 74d StGB), soll nach herrschender Ansicht maßgeblich sein, dass die Verfahrensbeteiligung in diesen Fällen primär der Wahrung vermögensrechtlicher Interessen des Einziehungsberechtigten dienen wird. In diesem Fall sollen die Erben in die Rechtsstellung als Einziehungsbeteiligte einrücken können. Diese Aufgabe wird nach seinem Tod den Erben zufallen, die kraft der ergangenen Anordnung der Einziehungsbeteiligung nunmehr an seiner Stelle in das Verfahren eintreten. Hierbei gilt aber, dass diese frei sind, ob sie einen Eintritt vollziehen (Rn. 33). Da es sich aber bei der Einziehungsbeteiligung um eine nach § 424 personenbezogen anzuordnende **Verfahrensstellung** handelt, wird man verlangen müssen, dass das **Gericht** die **Anordnung erneut** gegenüber den als solche auszumachenden Erben **erlässt**; die strafprozessuale Verfahrensstellung geht nicht schon im Wege der zivilrechtlichen Universalsukzession (§ 1922 Abs. 1 BGB) über.[39]

---

36 I.E. auch KK/*Schmidt* 5: vermögensrechtlicher Aspekt gegenüber anderen Kontexten nachrangig.

37 Für letzteres im Anschluss an BGHSt **12** 273, 277 mit Nachdruck *Eb. Schmidt* Nachtr. II 5.

38 Vgl. z.B. Meyer-Goßner/Schmitt/*Köhler* 8.

39 So schon überzeugend KMR/*Metzger* 6; SSW/*Heine* 5; SK/*Paeffgen* 6; MüKo/*Putzke*/*Scheinfeld* 9; Meyer-Goßner/Schmitt/*Köhler* 8.

3. Entschädigungslose Einziehung beschränkt dinglicher Rechte. Entsprechendes wird anzunehmen sein, wenn die Anordnung der Verfahrensbeteiligung gemäß § 424 Abs. 1 darauf gestützt ist, dass ein Dritter ein **beschränkt dingliches Recht** am Einziehungsgegenstand hat, dessen Erlöschen nach § 75 Abs. 2 Satz 2 oder 3 StGB angeordnet werden könnte. Denn die Anordnung des Erlöschens unter Versagung der Entschädigung hat in gleicher Weise eine strafähnliche Wirkung wie die Einziehung nach § 74a StGB. Diese strafähnliche Wirkung gilt nur demjenigen Drittrechtsinhaber, der sich vorwerfbar im Sinne des § 75 Abs. 2 Satz 2 oder 3 StGB verhalten hat. Es ist deshalb folgerichtig anzunehmen, dass mit dem Tod des Dritten die Möglichkeit einer Erlöschensanordnung und der Ausschluss der Entschädigung regelmäßig entfällt. Dann wird auch hier die Verfahrensbeteiligung *ipso iure* gegenstandslos. 32

VI. Anordnung des persönlichen Erscheinens

1. Beteiligungsrecht statt Beteiligungspflicht. Die Verfahrensbeteiligungsanordnung gewährt dem Einziehungsbeteiligten von dem in § 427 Abs. 1 Satz 1 bestimmten Zeitpunkt an die Befugnisse eines Angeklagten. Indem das Gesetz davon Abstand nimmt, ihm die Rechtsstellung eines Angeklagten unmittelbar zuzuweisen (vgl. o. Rn. 6), will es **dem Einziehungsbeteiligten grundsätzlich selbst überlassen**, ob er seine Rechte wahrnehmen und von den ihm zugebilligten Befugnissen **Gebrauch machen will.** *Gegen* seinen Willen soll er grundsätzlich nicht in das Strafverfahren gezogen und zur Wahrnehmung seiner Teilhaberechte gedrängt werden. Er wird daher zur Hauptverhandlung nicht geladen, sondern nur vom Termin benachrichtigt (§ 429); es steht ihm frei, der Hauptverhandlung fernzubleiben (§ 430 Abs. 1) oder sich in ihr vertreten zu lassen (§ 428). 33

2. Pflicht zum Erscheinen. Da der Einziehungsbeteiligte aber im Umfang seiner Verfahrensbeteiligung nicht formal **Zeuge** sein und demzufolge die gesetzmäßige Aussagepflicht des Zeugen auf diesem Wege nicht zur Wahrheitsfindung aktiviert werden kann,[40] bedarf es einer Vorschrift, die es ermöglicht, eine etwaig zur Erforschung der Wahrheit erforderliche Mitwirkung des Einziehungsbeteiligten sicherzustellen (zur möglichen Zeugenstellung s. wiederum Rn. 41). Dies gilt insbesondere dann, wenn – was nun der Normalfall ist – die Einschränkung der Verfahrensbeteiligung nach § 431 Abs. 2 a. F. ausgeblieben ist (s. für Nebenbetroffene nun § 438 Abs. 2). Zu diesem Zweck sieht § 427 Abs. 2 vor, dass das Gericht zur Aufklärung des Sachverhalts das persönliche Erscheinen des Einziehungsbeteiligten und unter Umständen auch dessen Vorführung anordnen kann. Die bis heute fortwirkende Begr. des Entw. EGOWiG führt dazu aus: „Der Sinn dieser Vorschrift ist es nicht, den Einziehungsbeteiligten gegen seinen Willen in das Verfahren zu zwingen. Die Vorschrift ist vielmehr notwendig, um das Wissen des Einziehungsbeteiligten auch im Hinblick auf die dem Angeklagten zur Last gelegte Tat nutzbar zu machen. Seine Anwesenheit in der Hauptverhandlung kann unter Umständen auch zum Zwecke einer Gegenüberstellung mit Zeugen oder mit dem Angeklagten geboten sein".[41] Das Gesetz geht also davon aus, dass der Einziehungsbeteiligte, auch wenn und soweit er nicht unter Zeugniszwang steht, zur Aufklärung dennoch beitragen kann und ggf. muss, soweit dies erforderlich ist (s. aber näher Rn. 36 ff.). 34

40 § 424, 23; § 426, 8 ff.
41 BTDrucks. **V** 1319 S. 77.

35 **3. Folgen des Ausbleibens.** Die Vorschrift des **§ 427 Abs. 2 Satz 2** über die Befugnis des Gerichts, die Anordnung des persönlichen Erscheinens bei Ausbleiben ohne genügende Entschuldigung durch Vorführung (Vorführungsbefehl, nicht auch durch Verhaftung) zu erzwingen, entspricht den Vorschriften der §§ 230 Abs. 2, 236; 329 Abs. 4; 387 Abs. 3.

36 **a) Verhältnismäßigkeitsgrundsatz.** Bei der Handhabung der Vorschrift ist gleichwohl, wie im Übrigen auch gegenüber Zeugen, der **Verhältnismäßigkeitsgrundsatz** zu beachten.[42] Dies steht einem beliebigen Rückgriff auf den Einziehungsbeteiligten jedenfalls dann einzelfallbezogen entgegen, wenn sich die Heranziehung als persönliche Beweisquelle nicht mit der anerkannten Rolle als Verfahrenssubjekt verträgt. Jenseits des § 55 ist insbesondere zu berücksichtigen, dass dem Einziehungsbeteiligten ein **Schweigerecht** zugebilligt wird.[43] In diesem Kontext wird gerade bei Fragen, welche die Grenze zu einem einziehungsrelevanten Anhörungsgegenstand betreffen, nicht selbstverständlich der Wahrheitsfindung, sondern dem Schweigerecht der Vortritt zu lassen sein. Das Gericht muss mindestens sorgsam durchdenken, ob sein Ansinnen tatsächlich mit der Rechtsstellung des Einziehungsbeteiligten vereinbar ist.

37 **b) Verhinderung.** Wegen der Begriffe **„Ausbleiben"** und **„ohne genügende Entschuldigung"** kann im hiesigen Kontext auf § 412, 16 ff., 22 ff. verwiesen werden.

38 **c) Voraussetzungen der Anordnung.** Die Anordnung der Vorführung setzt gem. § 429 Abs. 2 Satz 2 voraus, dass der **Einziehungsbeteiligte** – über die Terminsbekanntmachung nach § 429 Abs. 1 hinaus – unter Hinweis auf die Vorführungsmöglichkeit zum Termin **durch Zustellung geladen** worden ist. Der Beachtung der Ladungsfrist des § 217 soll es dabei nach heute allg.M. nicht bedürfen. Dies ist jedenfalls konsequent, weil es materiell um die Durchsetzung einer teilweise verbleibenden Zeugenfunktion des Einziehungsbeteiligten geht und für den Zeugen – nicht unproblematischerweise – keine konkrete Ladungsfrist vorgeschrieben ist.[44] Zudem gewährt der Gesetzgeber mit § 429 Abs. 1 und im Hinblick auf § 424 Abs. 5 keine vergleichbare Ladungsfrist.[45] Dennoch wird das Gericht – wie beim Zeugen – eine **angemessene Frist** setzen und hier überdies auf die plausibel geltend gemachte Notwendigkeit eingehen müssen, sich im Lichte der in Rede stehenden eigenen Verfahrensinteressen und -rechte hinreichend beraten und vorbereiten zu können, um etwa mit den Grenzen der Mitwirkungspflicht angemessen umgehen zu können.[46]

39 **d) Vertretungsperson.** Die Anordnung des persönlichen Erscheinens und der Vorführung ist auch zulässig, wenn der Einziehungsbeteiligte eine **Vertretungsperson** (§ 428) bestellt[47] hat.

---

42 Zur Bedeutung des Verhältnismäßigkeitsgrundsatzes allg. m.w.N. LR/*Kühne* Einl. I 96 ff.; insbesondere krit. noch *Eb. Schmidt* JZ **1968** 354, 357 ff.

43 Auch die jüngeren Gesetzgebungsmaterialien ziehen dieses nur hinsichtlich seiner Bedeutung für die Beweiswürdigung in einem noch klärungsbedürftigen Ausmaß in Zweifel, dazu schon o. Rn. 6 f.

44 Dazu statt vieler Meyer-Goßner/Schmitt/*Schmitt* § 51, 2; eine „angemessene Frist" akzeptieren auch LR/*Ignor*/*Bertheau* § 48, 13.

45 S. § 429, 5 und § 428, 17.

46 S. erneut Rn. 36 und abermals § 429, 5.

47 KK/*Schmidt* 10.

e) Durchführung der Verhandlung. Die Anordnung des persönlichen Erscheinens hindert das Gericht nicht, gemäß § 430 **ohne den ordnungsgemäß benachrichtigten Einziehungsbeteiligten zu verhandeln**, wenn er – gleichviel, ob mit oder ohne genügende Entschuldigung – ausbleibt. Doch kann eine Verletzung des dem Einziehungsbeteiligten zu gewährenden rechtlichen Gehörs darin liegen, dass sein Ausbleiben genügend entschuldigt ist und das Gericht, obwohl es zur Klärung des Sachverhalts sein Erscheinen für erforderlich hält, verhandelt, ohne durch überwiegende Gründe der Strafrechtspflege (§ 424 Abs. 5) dazu genötigt zu sein. 40

f) Einziehungsbeteiligter als Zeuge. Kommt der Einziehungsbeteiligte zugleich auch formell **als Zeuge** in Betracht, weil es um sein Wissen über Tatsachen geht, die nicht die Einziehung betreffen (§ 424 Abs. 1 Satz 1: „soweit dieses die Einziehung betrifft"), erübrigen sich Maßnahmen nach § 427 Abs. 2, da das Erscheinen dann über die weiterreichenden Maßnahmen der §§ 48, 51 gewährleistet[48] ist.[49] 41

g) Verfahren bei nicht natürlichen Personen. Ist der Einziehungsbeteiligte **nicht eine natürliche Person**, so kommt die Ladung und Vorführung vertretungsberechtigter Organe oder einzelner Organmitglieder (vgl. § 74e StGB) in Betracht.[50] Im Fall des § 425 Abs. 2 Satz 2 übernimmt der Sachbesitzer oder der über das Recht Verfügungsbefugte im Ansatz die Rolle eines Einziehungsbeteiligten.[51] 42

§ 428
Vertretung des Einziehungsbeteiligten

(1) [1]Der Einziehungsbeteiligte kann sich in jeder Lage des Verfahrens durch einen Rechtsanwalt mit nachgewiesener Vertretungsvollmacht vertreten lassen. [2]Die für die Verteidigung geltenden Vorschriften der §§ 137 bis 139, 145a bis 149 und 218 sind entsprechend anzuwenden.

(2) [1]Der Vorsitzende bestellt dem Einziehungsbeteiligten auf Antrag oder von Amts wegen einen Rechtsanwalt, wenn wegen der Schwierigkeit der Sach- oder Rechtslage, soweit sie die Einziehung betrifft, die Mitwirkung eines Rechtsanwalts geboten erscheint oder wenn ersichtlich ist, dass der Einziehungsbeteiligte seine Rechte nicht selbst wahrnehmen kann. [2]Dem Antrag eines seh-, hör- oder sprachbehinderten Einziehungsbeteiligten ist zu entsprechen.

(3) Für das vorbereitende Verfahren gilt Abs. 1 entsprechend.

Entstehungsgeschichte

Die Vorschrift beruht im Wesentlichen auf dem EGOWiG. Die **gesetzliche Überschrift** „Vertretung des Einziehungsbeteiligten" beruht auf Art. 1 Nr. 13 des Gesetzes zur Stärkung des Rechts des Angeklagten auf Vertretung in der Berufungsverhandlung und über die Anerkennung von Abwesenheitsentscheidungen in der Rechtshilfe vom 17.7.2015 (BGBl. 2015 I S. 1332, 1344). Die Regelung wurde zum 1.7.2017 mit dem **Gesetz**

48 KK/*Schmidt* 7.
49 S. aber wieder Rn. 38.
50 Zu ihren Rechten s. § 444, 25 ff.
51 S. aber krit. § 425, 6 f.

https://doi.org/10.1515/9783110765540-028

zur Reform der strafrechtlichen Vermögensabschöpfung v. 13.4.2017 (BGBl. I S. 872, 886) unter weithin redaktionellen Änderungen von ihrem ursprünglichen Standort (§ 434 a. F.) auf § 428 verschoben.[1] Abs. 2 Satz 2 wurde zum 13.12.2019 durch Art. 1 Nr. 16 des Gesetzes zur Neuregelung des Rechts der notwendigen Verteidigung vom 10.12.2019 (BGBl. I S. 2128, 2131) novelliert.

Übersicht

1 **1. Bedeutung der Vertretung.** Der Einziehungsbeteiligte braucht grundsätzlich am Verfahren **nicht persönlich mitzuwirken**, insbesondere in der Hauptverhandlung nicht zu erscheinen (vgl. aber § 427 Abs. 2). Er kann sich aber, wie § 428 Abs. 1 (vgl. auch §§ 234, 411 Abs. 2) bestimmt, bei der Ausübung der ihm zustehenden Befugnisse (§ 427 Abs. 1 Satz 1) vertreten lassen. Das Gesetz spricht bewusst von „Vertretung" und vermeidet es, den Vertreter als „Verteidiger"[2] zu bezeichnen. Zwar kann die Einziehung mit der Wirkung eines Rechtsverlusts gegenüber dem Einziehungsbeteiligten an die Voraussetzung geknüpft sein, dass dieser sich vorwerfbar verhalten hat (s. z.B. §§ 73b Abs. 1 Satz 1 Nr. 1 und 2, 74a StGB). Er wird sich dann gegen den Vorwurf „verteidigen". In anderen Fällen des drohenden Rechtsverlustes (s. etwa §§ 73b Abs. 1 Satz 1 Nr. 3 und 74b StGB) nimmt der Einziehungsbeteiligte im Strafprozess aber nur eine Stellung ein, die der eines Beteiligten im Verwaltungsprozess vergleichbar ist. Hier liegt für die Vertretungsperson der Gedanke an den Prozessbevollmächtigten des Verwaltungsgerichtsprozesses näher, in dem es insbesondere um staatlich beanspruchte und legitimationsbedürftige Einwirkungen auf Rechte einzelner Personen geht. Ferner wäre die Bezeichnung der Wahrnehmung der Befugnisse durch den Vertreter als „Verteidigung" auch in den zuerst genannten Fällen unangemessen, weil gegenüber dem Einziehungsbeteiligten grundsätzlich nicht über eine strafrechtliche Schuld zu entscheiden ist, sondern darüber, ob eine gegen den Angeklagten gerichtete Maßnahme unter Eingriff in das Vermögen tatunbeteiligter (oder wenigstens „nichtangeschuldigter")[3] Dritter zulässig ist: Die Wahrung dieser bedrohten Vermögensinteressen durch einen Bevollmächtigten lässt die Bezeichnung als Vertreter insgesamt naheliegender erscheinen. In der technischen Ausgestaltung der Vertretung knüpft das Gesetz – nach dem Modell des § 427 Abs. 1 Satz 1 – allerdings an die für die Verteidigung geltenden Vorschriften an. Dies geht so weit, dass das Gesetz neben der eigenständigen und selbst finanzierten Wahl eines Vertreters durch den Einziehungsbeteiligten eine „Beiordnung" von Amts wegen durch den Vorsitzenden vorhält (Abs. 2, dazu Rn. 11 f.). Sie entspricht in ihrer Reichweite aber nicht der mittlerweile ausgebauten notwendigen Verteidigung.

1 BTDrucks. **18** 9525 S. 89 f.: entspricht im Wesentlichen dem vorherigen § 434.
2 Hervorhebend etwa KG JR **1983** 127; KK/*Schmidt* 6.
3 Vgl. § 424, 9.

2. Vertretung in jeder Lage des Verfahrens. § 428 Abs. 1 Satz begründet das Recht 2
zunächst des **Einziehungsbeteiligten** (ferner zu weiteren Berechtigten § 438 Abs. 1), sich in jeder Lage des Verfahrens vertreten zu lassen (sog. **Wahlvertretung**). Die Rechtsstellung als Einziehungsbeteiligter wird durch den gerichtlichen Beschluss erlangt, der die gebotene Verfahrensbeteiligung anordnet, sobald die öffentliche Klage erhoben oder ein ihr gleichgestellter Akt vorgenommen ist.[4] Wie § 428 Abs. 3 heute klarstellt,[5] gilt § 428 aber schon im Ermittlungsverfahren („vorbereitende Verfahren") zugunsten des **Nebeninteressenten**, dem § 426 eine gewisse Rechtsstellung zuweist. Auch für diesen kann es zur sachgemäßen Wahrnehmung seiner Rechte geboten sein, sich früh der Mitwirkung eines Rechtskundigen zu bedienen, der später im Hauptverfahren den Einziehungsbeteiligten bei der Wahrnehmung seiner Befugnisse (§ 427 Abs. 1) vertreten[6] kann. Der Ausdruck „Beteiligter" in § 428 Abs. 1 Satz 1 ist demnach in einem weiteren, den Interessenten i. S. des § 426 mit umfassenden Sinn zu verstehen.[7] Zur Anwendung auf den Absatz 2 s. aber u. Rn. 7.

3. Der gewählte Vertreter

a) Kreis der wählbaren Vertreter. Gemäß § 428 Abs. 1 Satz 2 i. V. m. §§ 138-139 kön- 3
nen der Einziehungsbeteiligte bzw. sein gesetzlicher Vertreter (§ 137 Abs. 2) den Vertreter aus dem gleichen Personenkreis **bestellen**, aus dem Verteidiger gewählt werden können (Rechtsanwälte, Rechtslehrer, andere Personen nur mit Genehmigung des Gerichts, § 138; vgl. ferner auch § 3 Abs. 3 BRAO und § 392 AO). Für die Übertragung der Vertretung auf Referendare gilt § 139 entsprechend. Die im Wortlaut des § 428 Abs. 1 Satz 1 ausgesprochene und vom Gesetzgeber nicht näher erläuterte Konzentration auf Rechtsanwälte ist im Lichte des zweiten Satzes des ersten Normabsatz insofern nicht als Ausschlussregelung zu verstehen, zumal der Gesetzgeber eine inhaltliche Änderung nicht bezweckt hatte.[8] Anwendbar ist gemäß § 428 Abs. 1 Satz 2 auch **§ 146**. Die „entsprechende" Anwendbarkeit dieser Vorschrift ist dahingehend zu verstehen, dass nicht nur die gleichzeitige gemeinsame Vertretung mehrerer Einziehungsbeteiligter (z.B. des Dritteigentümers und des am Einziehungsgegenstand beschränkt dinglich Berechtigten), sondern auch die parallele Tätigkeit als Verteidiger des Angeklagten und als Vertreter des Einziehungsbeteiligten unzulässig[9] ist. Ferner ist eine gleichzeitige Vertretung von Personen ausgeschlossen, die nach unterschiedlichen Einziehungsvorschriften vom Verfahren betroffen sind, da insoweit vergleichbare Interessenskonflikte zwischen den Einziehungsbeteiligten denkbar sind.[10]

---

4 § 424, 16 f., 19 ff.

5 BTDrucks. **18** 9525 S. 89 f.

6 *Eb. Schmidt* Nachtr. II 2; KK/*Schmidt* 2; Meyer-Goßner/Schmitt/*Köhler* 1; AK/*Günther* § 434 a. F., 6; HK/*Retemeyer* 3; SK/*Paeffgen* 2; AnwK/*Lohse* § 434 a. F., 1; s. a. schon zum Recht des Vertreters auf Akteneinsicht im Ermittlungsverfahren BTDrucks. **V** 1319 S. 7.

7 *Obiter* enger aber OLG Hamm StraFo **2018** 63: Geltung nur für spezifische (nach der StPO bereits bestehende) Rechte eines „Nebenbeteiligten" wie z.B. dem Anhörungsrecht des § 426.

8 BTDrucks. **18** 9525 S. 89 f.: „Abs. 1 und 2 entsprechen inhaltlich dem bisherigen § 434 StPO".

9 OLG Hamm StraFo **2018** 63, 65; OLG Düsseldorf NStZ **1988** 289; KK/*Schmidt* 3; KMR/*Metzger* 5; Meyer-Goßner/Schmitt/*Köhler* 5; AK/*Günther* § 434 a. F., 14; HK/*Retemeyer* 4; SK/*Paeffgen* 7.

10 S. schon zur Kombination der früheren Einziehung mit dem früheren Verfall wie hier OLG Hamburg NJW **2013** 626 f. m. zust. Anm. *Meyer-Mews*; LR/*Gössel*[26] § 434 a. F., 3; Meyer-Goßner/Schmitt/*Köhler* 5; AK/*Günther* § 434 a. F., 14; HK/*Retemeyer* 4; KMR/*Metzger* 5; SK/*Paeffgen* 5; AnwK/*Lohse*, § 434 a. F., 1; **a.A.** KK/*Schmidt* 3 (insbesondere für unterschiedliche betroffene Gegenstände und insoweit durchaus zu erwägen); HK-GS/*Koch* § 434 a. F., 1.

4 **b) Form.** Die Vertretung muss auf einer **nachgewiesenen Vertretungsvollmacht** beruhen, die seit der jüngsten Novelle nicht mehr allein auf eine schriftliche Vollmacht festgelegt ist (zu den nunmehr „technikoffenen" Maßstäben s. bereits § 411, 32).[11] Der Vertreter wird durch seine Bestellung zugleich Beistand (vgl. § 137 Abs. 1), wie die Verweisung auf § 137 in § 428 Abs. 1 Satz 2 ergibt. Da der Bestellte nicht Verteidiger, sondern in der Sache eher Vertreter ist, bedarf es – anders als im Fall des § 411 Abs. 2[12] – keiner Vollmacht, die **ausdrücklich** zur Vertretung ermächtigt. Es genügt, wenn sich aus der Vollmacht mit hinreichender Deutlichkeit ergibt, dass dem Bevollmächtigten die Wahrnehmung der Befugnisse des Einziehungsbeteiligten übertragen[13] ist. Der Nachweis der Vertretungsmacht muss im **Zeitpunkt der vorzunehmenden Prozesshandlung** vorliegen.[14] Ggf. kann jedoch ein Wiedereinsetzungsantrag erfolgreich sein, wenn die Strafjustiz zum Beispiel irrtümlich instanzübergreifend einen vollmachtlos agierenden Vertreter akzeptiert hatte.[15]

5 **c) Vertretungsumfang.** Inhaltlich (vgl. Absatz 1 Satz 2) umfasst die Vertretungsbefugnis des gewählten Vertreters die Wahrnehmung aller dem Einziehungsbeteiligten zustehenden Befugnisse. Dies gilt insbesondere für die **Akteneinsicht** (§ 147), welche sich aber nur auf die Aktenteile bezieht, die für die Verfahrensbeteiligung von Bedeutung sein können. Soweit sich Vorgänge nicht trennen lassen, kann die Akteneinsicht gleichwohl kaum eingeschränkt sein.[16] Die Befugnisse umfassen ferner die Stellung von **Beweisanträgen** (mit der Einschränkung des § 430 Abs. 2)[17] und die Einlegung von Rechtsmitteln und **Rechtsbehelfen.**[18] Allerdings wird sich der Einziehungsbeteiligte, weil das Gesetz noch immer von einer Vertretung ausgeht, in entsprechender Anwendung des § 85 Abs. 2 ZPO i. V. m. § 173 VwGO das Verschulden seines Vertreters als eigenes zurechnen[19] lassen müssen. Einschränkungen, die selbst für den Verteidiger bei Wahrnehmung seiner Aufgaben gelten, treffen angesichts der weitgehenden Anlehnung an die Vorschriften zur Verteidigung auch den Vertreter, so etwa die Beschränkungen nach den §§ 297, 302 Abs. 2. Nach dem Sinn dieser Vorschriften, die Entscheidung über wesentliche verfahrensgestaltende Akte dem Beschuldigten zu belassen, wird bei ihrer entsprechenden Anwendung auch die Abgabe einer Beteiligungsverzichtserklärung (§ 424 Abs. 2) nicht schon durch die Vertretungsvollmacht gedeckt; sie erfordert vielmehr eine **ausdrückliche**[20] **Ermächtigung.**

4. Beiordnung eines Vertreters

6 **a) Zuständigkeit.** Die Beiordnung ist seit der jüngsten Novellierung **Sache des Vorsitzenden.**[21] Soweit eine entsprechende Anwendung für das Ermittlungsverfahren nach

11 Zur Novellierung s. i.d.S. BTDrucks **18** 11640 S. 39 und 88.
12 Dort Rn. 31.
13 KK/*Schmidt* 4.
14 M.w.N. OLG Celle StraFo **1998** 31, 32; Meyer-Goßner/Schmitt/*Köhler* 1.
15 OLG Hamburg NJW **2013** 626, 627 f. m. zust. Anm. *Meyer-Mews*; Meyer-Goßner/Schmitt/*Köhler* 1.
16 S. auch Meyer-Goßner/Schmitt/*Köhler* 6.
17 Hierzu § 430, 7 ff.
18 § 427, 11.
19 I.E. so auch KG JR **1983** 127; KK/*Schmidt* 5; KMR/*Metzger* 6; AnwK/*Lohse* § 434 a. F., 2.
20 Ebenso KK/*Schmidt* 5.
21 Zur anderen früheren Regelung noch LR/*Gössel*[26] § 434 a. F., 6.

§ 428 Abs. 3 in Betracht kommt, wird man mangels einer gesetzlichen Regelung einen Anschluss an § 142 Abs. 3 und 4 erwägen müssen.

b) Initiative und Zeitpunkt. Die Beiordnung erfolgt **von Amts wegen oder auf Antrag** der Staatsanwaltschaft oder des Einziehungsbeteiligten bzw. -interessenten. Erwägt das Gericht von Amts wegen die Beiordnung, soll dem Einziehungsbeteiligten Gelegenheit gegeben werden, einen Vertreter zu benennen (s. Rn. 10). Die Beiordnung war dabei schon nach bisher überwiegender Ansicht bereits **im Ermittlungsverfahren**[22] zulässig. Indem der Gesetzgeber in § 428 Abs. 3 für das Ermittlungsstadium nun allerdings nur auf Absatz 1 verweist und in § 428 Abs. 2 vom Einziehungsbeteiligten (§ 424) spricht, ist dies *prima facie* in Frage gestellt.[23] Dennoch sollte die Beiordnung weiter im Ermittlungsverfahren zulässig sein: Zum einen hat der Gesetzgeber nicht nur Absatz 3 eingeführt, sondern in den Materialien zum Ausdruck gebracht, dass die Absätze 1 und 2 des § 428 das bisherige Recht fortführen sollen.[24] Zum anderen kann es in den Konstellationen des § 428 Abs. 2 darauf ankommen, dass der Vertreter bereits im Ermittlungsverfahren agieren kann; nicht stets lässt sich die mit § 428 Abs. 2 erstrebte *effektive* Verfahrensteilhabe des Einziehungsbeteiligten später überhaupt noch realisieren.[25] Wenn der Gesetzgeber mit § 428 Abs. 3 in Ergänzung und Erweiterung zu § 426 die Hinzuziehung des Rechtsbeistandes gesondert gerade für das vorbereitende Verfahren hervorhebt, ist entgegen dem ersten Anschein nicht anzunehmen, dass er die Position des Einziehungsbeteiligten bzw. zunächst -interessenten im Gegensatz zur bereits erreichten Praxis schmälern wollte. Nur so dürfte es auch gelingen, Art. 8 Abs. 7 RL **2014**/42/EU stets umzusetzen.[26] 7

c) Gebundene Entscheidung. Für die Beiordnung wurde früher überwiegend angenommen, dass in ihr eine Ermessensentscheidung des bis zur Novellierung zuständigen Gerichts liege. Mit dem Wortlaut der heutigen Regelung („bestellt dem Einziehungsbeteiligten auf Antrag oder von Amts wegen einen Rechtsanwalt, wenn ...“) ist ein eigentliches Rechtsfolgenermessen der Justiz indes abzulehnen. Von dem früheren „kann“ ist nicht mehr die Rede. Vielmehr ist davon auszugehen, dass lediglich auf der Ebene der Tatbestandsprüfung ein **Beurteilungsspielraum** des entscheidenden Vorsitzenden zu beachten ist („wegen der Schwierigkeit der Sach- oder Rechtslage [...], die Mitwirkung eines Rechtsanwalts geboten erscheint“). Maßgeblicher Zeitpunkt für die Beurteilung des Beiordnungsgrundes ist der Zeitpunkt der gerichtlichen Entscheidung.[27] 8

d) Beiordnungsfähigkeit. Der Kreis der beiordnungsfähigen Vertreter ist in **Absatz 2 anders** bestimmt **als** derjenige der Wahlvertreter **nach Absatz 1.** Beigeordnet werden können nach der gesetzlichen Regelung nur noch Rechtsanwälte, nicht mehr auch „andere Personen, die als Verteidiger bestellt werden dürfen“.[28] Nach der heutigen, vom 9

22 Ebenso KK/*Schmidt* 6; KMR/*Metzger* 4; SK/*Paeffgen* 3 und 5; HK/*Retemeyer* 5; AK/*Günther*, § 434 a. F., 6; HK-GS/*Koch*, § 434 a. F., 1; AnwK/*Lohse* § 434 a. F., 3; **a.A.** Meyer-Goßner/Schmitt/*Köhler* 2.

23 S. abl. nun Meyer-Goßner/Schmitt/*Köhler* 2; SSW/*Heine* 5; OK-StPO/*Temming* 3.

24 BTDrucks. **18** 9525 S. 90; s. ferner für eine weite Interpretation auch MüKo/*Putzke/Scheinfeld* 6.

25 S. schon krit. Vor § 421, 27.

26 Richtlinie **2014**/42/EU des Europäischen Parlaments und des Rates vom 3.4.2014 über die Sicherstellung und Einziehung von Tatwerkzeugen und Erträgen aus Straftaten in der Europäischen Union ABl. EU L 127/39.

27 OLG Bremen StV **2019** 184 (L).

28 Zur früheren Fassung so aber etwa noch LR/*Gössel*[26] § 434 a. F., 8.

Gesetzgeber geänderten Rechtslage können insbesondere Referendare auch dann, wenn sie auf eine mindestens 15-monatige Beschäftigung im Justizdienst verweisen können, nicht als Vertreter bestellt werden.[29] Zweifelhaft bleibt allerdings, weshalb andere für eine Verteidigung ohne weitere Auflagen gemäß § 138 qualifizierte Personen aus dem Personenkreis ausgeschlossen worden sind. So können Hochschullehrer zwar nicht gleichermaßen ggf. auch gegen ihren Willen zu einer Verteidigung/Vertretung von Amts wegen herangezogen werden. Auch im Kontext der Vertretung bei der prozessualen Durchsetzung ziviler Rechte gemäß Art. 6 EMRK bzw. Art. 2 Abs. 1, 20 Abs. 3 und 103 Abs. 1 GG ist aber ein Vertrauensverhältnis zwischen dem Vertreter und dem Vertretenen erforderlich. Hier wurde nun eine qualifizierte Gruppe pauschal ausgeschlossen, die der mittellose Einziehungsbeteiligte möglicherweise einer anderen, ihm vom Staat aufgedrängten Person vorziehen will. Eine überzeugende Regelung liegt darin nicht.

10 Bemerkenswert bleibt überdies, dass das Gesetz in § 428 Abs. 1 Satz 2 nicht auf **§ 142** verweist, der die Auswahl eines beizuordnenden Verteidigers und hierbei in § 142 Abs. 5 insbesondere die **notwendige Anhörung des „Vertretenen"** bzw. die Benennung einer geeigneten Person betrifft. Insoweit bleibt eine im Strafverfahren bedeutsame Frage ungeregelt, die auch im Einziehungsverfahren wegweisend sein kann. Zutreffend dürfte es sein, trotz des mangelnden Verweises eine Orientierung an den Regelungen zu verfolgen.[30] Entsprechend hat sich der Vorsitzende insbesondere an § 142 Abs. 5 auszurichten, der zugunsten eines notwendigen Vertrauensverhältnisses die vorherige Gelegenheit des Beschuldigten (hier: Einziehungsbeteiligten) zur Bezeichnung einer geeigneten Person sowie die prinzipielle Achtung seines Vorschlag gebietet. Davon abgesehen muss das Gericht seine Auswahl über § 142 Abs. 6 auf das entsprechende Rechtsanwaltsverzeichnis und die fachliche Qualifikation stützen.

11 **e) Inhaltliche Voraussetzungen.** Das Gesetz erkennt **zwei Beiordnungsgründe** an. Zunächst kommt eine **Schwierigkeit der Sach- oder Rechtslage** in Betracht. Sie muss gerade die anstehende **Einziehungsentscheidung betreffen**[31] und die Mitwirkung eines Rechtsanwalts gebieten. Im Übrigen ist die Vorschrift einer Fallgruppe des § 140 Abs. 2 entlehnt, an der sich die Auslegung orientieren sollte.[32] Ein Leitbeispiel sind widersprechende Entscheidungen von Oberlandesgerichten (und dem BGH) zu einer einschlägigen Rechtsfrage.[33] Maßgeblich sollte allerdings auch hier schon die Perspektive des individuell betroffenen Rechtssuchenden sein, nicht hingegen die der entscheidenden Gerichte.[34] Zu beachten bleibt, dass das Gesetz, wie auch in § 140 Abs. 2, keine *besondere* Schwierigkeit der Sach- oder Rechtslage verlangt.

12 Der zweite, alternativ mögliche Beiordnungsgrund liegt in der **Unfähigkeit des Einziehungsbeteiligten, seine Rechte selbst wahrnehmen zu können.** Insoweit nennt

---

29 Bestätigend auch unter Bezugnahme auf § 142 Abs. 6 Meyer-Goßner/Schmitt/*Köhler* 3.

30 Entsprechend auch LR/*Gössel*[26] § 434 a. F., 9: Natur der Sache ausdrückende Grundgedanken (allerdings zu § 142 a. F.).

31 So z.B. in der Sache OLG Frankfurt NJW **1983** 1208 f.; zust. KK/*Schmidt* 7; Meyer-Goßner/Schmitt/*Köhler* 4; MüKo/*Putzke/Scheinfeld* 5; HK/*Retemeyer* 7; SK/*Paeffgen* 6; KMR/*Metzger* 8; HK-GS/*Koch* § 434 a. F., 1; *Pfeiffer* § 434 a. F., 3.

32 Zu ihr LR/*Jahn*, § 140, 82 ff.

33 OLG Frankfurt NJW **1983** 1208 f.; Meyer-Goßner/Schmitt/*Köhler* 4.

34 Dazu bereits LR/*Jahn*, § 140, 82 m.w.N.

das Gesetz in § 428 Abs. 2 Satz 2[35] heute als zwingende Anwendungsfallgruppe die **seh-, hör- oder sprachbehinderten Einziehungsbeteiligten**, die einen Beiordnungsantrag stellen. Von diesem Positivfall abgesehen ist für die Unfähigkeit des Einziehungsbeteiligten, seine Rechte selbst wahrzunehmen, zum einen auf seine **dauerhaften** persönlichen und insbesondere intellektuellen Fähigkeiten abzustellen, die ihn unabhängig[36] von der Schwierigkeit der Sach- oder Rechtslage hindern, die für die Frage der Einziehung bedeutsamen rechtlichen und tatsächlichen Umstände sachgerecht zu durchdringen und zu würdigen. Zu letzteren gehören z.B. Taubheit, Blindheit, hochgradige Schwerhörigkeit, Sprachbehinderung,[37] Geistesschwäche oder geringe Intelligenz. Zum anderen kommen Gründe anderer Art in Betracht, die den Einziehungsbeteiligten **zeitweise** hindern, sein Recht auf Anwesenheit im Termin selbst wahrzunehmen, wie Krankheit, weite Entfernung, Auslandsaufenthalt usw. Insoweit geht die Regelung auch über § 140 Abs. 2 hinaus.[38] Zu beachten ist dabei zwar, dass die Anwesenheit des Einziehungsbeteiligten im Hauptverhandlungstermin nicht vorgeschrieben ist (§ 430 Abs. 1). Gleichwohl muss dem Einziehungsbeteiligten, wenn er sich beteiligen will, seine kundige Mitwirkung im Prozess auch ggf. über den Vertreter ermöglicht werden. Ist der Einziehungsbeteiligte am Erscheinen in der Hauptverhandlung verhindert, muss es auf seinen Antrag hin aber auch möglich sein, sich durch einen beauftragten oder ersuchten Richter vernehmen zu lassen und dadurch die Beiordnung eines Vertreters zu erübrigen.[39]

f) Umfang der Beiordnung. Die Beiordnung bezieht sich nach der gesetzlichen Regelung auf die Einziehung bzw. die Rechte des Einziehungsbeteiligten. I.d.S. kommt es auch nach der Abkehr von einem Ermessen des Gerichts weiter in Betracht, die Beiordnung **nur beschränkt** für bestimmte Abschnitte des Verfahrens **anzuordnen.** So kann die Beiordnung zum Beispiel für die Einlegung der sofortigen Beschwerde nach § 424 Abs. 4 und für das Beschwerdeverfahren oder nur für den ersten Rechtszug angeordnet werden. Ggf. muss dann etwa über die Beiordnung in der Berufungsinstanz neu entschieden werden. 13

g) Rechte und Pflichten des Vertreters. Der beigeordnete Rechtsanwalt ist gemäß § 48 Abs. 1 Nr. 1 BRAO zur **Übernahme der Vertretung verpflichtet**. I.S. dieser Vorschrift ist er „der Partei auf Grund anderer gesetzlicher Vorschriften zur vorläufig unentgeltlichen Wahrnehmung ihrer Rechte beigeordnet". Er erhält gemäß § 45 Abs. 3 RVG Gebühren aus der Staatskasse. Sein gebührenrechtliches Verhältnis zu dem Einziehungsbeteiligten richtet sich nach dem RVG. 14

h) Anfechtbarkeit. Der die Beiordnung anordnende Beschluss ist **grundsätzlich unanfechtbar**, da er nicht in Rechte Dritter eingreift. Eine Ausnahme gilt, wenn zwar die Beiordnung angeordnet, aber ein Vertreter bestellt wird, der nicht zu dem Kreis der bestellungsfähigen Personen gehört oder der vom Einziehungsbeteiligten Bezeichnete 15

35 Zu seiner Einführung, die einen Verweis auf § 140 Abs. 2 Satz 2 a. F. ersetzte, BTDrucks **19** 13829 S. 13 und 52: gleichheitsbedingte Übertragung des neuen § 140 Abs. 1 Nr. 11.

36 LG Kiel StraFo **2013** 121; Meyer-Goßner/Schmitt/*Köhler* 4.

37 Zu sprachlichen Minderfähigkeiten s. allerdings zum jedenfalls *grundsätzlichen* Vorrang des Rückgriffs auf einen Dolmetscher OK-StPO/*Temming* 3 und OLG Nürnberg NStZ-RR **2014**, 183; möglicherweise etwas weiter HK/*Retemeyer* 7; für die Beiordnung bei erheblichen Sprachschwierigkeiten SK/*Paeffgen* 6.

38 So LG Kiel StraFo **2013** 121.

39 KK/*Schmidt* 7; KMR/*Metzger* 8.

ohne Beachtung des Vorschlagsrechts nach § 142 Abs. 5 beigeordnet[40] wurde. Ein Beschluss, der eine beantragte Beiordnung ablehnt, ist mit (einfacher) **Beschwerde** anfechtbar. § 305 Satz 1 ist unanwendbar, weil die Entscheidung nicht in innerem Zusammenhang mit der Urteilsfällung steht (vgl. dazu § 424 Abs. 4). Beschwerdeberechtigt sind der Einziehungsbeteiligte und die Staatsanwaltschaft. **Revision** wegen Nichtbeiordnung ist gemäß den §§ 336, 338 Nr. 8 zulässig, wenn der Vorsitzende die geltenden Maßstäbe (Rn. 7 ff.) unzutreffend unter Übertretung seines Beurteilungsspielraums angewendet hat oder die Beiordnungsmöglichkeit oder das Vorschlagsrecht gem. dem zu übertragenden (Rn. 10) § 142 Abs. 5 völlig außer Acht gelassen[41] hat.

16 **i) Rücknahme.** Die Beiordnung kann durch einen Beschluss des Vorsitzenden (s. ergänzend Rn. 6) **zurückgenommen** werden, wenn infolge veränderter Umstände deren Voraussetzungen weggefallen[42] sind. Dies gilt z.B. dann, wenn durch die Beweisaufnahme die zunächst bestehenden Schwierigkeiten hinsichtlich der Sach- oder Rechtslage völlig behoben sind. Ein bloßer Wechsel in der Beurteilung, ob Schwierigkeiten vorlagen, welche die Beiordnung erforderlich machten, würde hingegen nicht genügen.[43] Ebenso kann die Rücknahme geboten sein, wenn der Einziehungsbeteiligte seine Rechte wieder selbst wahrnehmen kann, z.B. nach Genesung von einer Krankheit oder der Rückkehr von einem Auslandsaufenthalt. Das gleiche gilt – in sinngemäßer Anwendung des § 143a Abs. 1 –, wenn der Einziehungsbeteiligte selbst einen anderen Vertreter erfolgreich wählt.

17 **5. Die entsprechende Anwendung des § 218.** Mit dem Verweis auf § 218 in § 428 Abs. 1 Satz 2 stellt sich die Frage, ob der Vertreter wie der Verteidiger in der Frist des § 217 (s. § 218 Satz 2) zu laden ist. Die nur entsprechende Anwendung des § 218 bedeutet in diesem Kontext aber, dass auch der **Vertreter** nicht geladen wird, sondern nur eine **Terminsnachricht** erhält. Die Verweisung in Absatz 1 Satz 2 auf § 218 ist erst bei den Ausschussberatungen im Bundestag eingefügt worden; sie soll klarstellen, dass auch dem Vertreter eine Terminsnachricht zuzustellen[44] ist. Schon der Einziehungsbeteiligte als unmittelbarer (möglicher) Rechtsinhaber und Verfahrensbeteiligter wird zum Hauptverhandlungstermin nicht geladen, sondern er erhält nach § 429 Abs. 1 nur eine Terminsnachricht.[45] Hier kann letztlich nicht angenommen werden, dass der Vertreter nunmehr zu laden sei. Ebenso wenig kann die Geltung der Frist des § 217 angenommen werden, die für den Einziehungsbeteiligten selbst in dieser starren Form gar nicht zum Ausdruck kommt.[46] Der Vertreter kann hier schwerlich mehr Rechte als der (unvertretene wie vertretene) Einziehungsbeteiligte haben. Dass der Gesetzgeber mit der jüngsten Novellierung eine Abkehr von dieser Ansicht erreichen wollte, hat er nicht zu erkennen gegeben.

---

40 Ebenso wohl auch AK/*Günther* § 434 a. F., 16; nur für den Fall der Bestellung einer nicht bestellungsfähigen Person ebenso KK/*Schmidt* 9; Meyer-Goßner/Schmitt/*Köhler* 7; KMR/*Metzger* 12; *Pfeiffer* § 434 a. F., 5.

41 KK/*Schmidt* 9; AK/*Günther* § 434 a. F., 16 f.; AnwK/*Lohse* § 434 a. F., 6; *Pfeiffer* § 434 a. F., 5.

42 KK/*Schmidt* 8; KMR/*Metzger* 11; AnwK/*Lohse* § 434 a. F., 5.

43 BGHSt **7** 69; KK/*Schmidt* 8.

44 BTDrucks. **V** 2601 S. 19.

45 Zur Bedeutung des rechtlichen Gehörs allerdings auch § 427, 38 und § 429, 5.

46 Ebenso KK/*Schmidt* 5; HK/*Retemeyer* 4; **a.A.** zu früherem Recht etwa AK/*Günther* § 434 a. F., 7.

§ 429
Terminsnachricht an den Einziehungsbeteiligten

(1) Dem Einziehungsbeteiligten wird der Termin zur Hauptverhandlung durch Zustellung bekanntgemacht; § 40 gilt entsprechend.

(2) Mit der Terminsnachricht wird dem Einziehungsbeteiligten, soweit er an dem Verfahren beteiligt ist, die Anklageschrift und in den Fällen des § 207 Absatz 2 der Eröffnungsbeschluss mitgeteilt.

(3) Zugleich wird der Einziehungsbeteiligte darauf hingewiesen, dass
1. **auch ohne ihn verhandelt werden kann,**
2. **er sich durch einen Rechtsanwalt mit nachgewiesener Vertretungsvollmacht vertreten lassen kann und**
3. **über die Einziehung auch ihm gegenüber entschieden wird.**

Entstehungsgeschichte

§ 429 ist aus dem früheren § 435 a. F. entstanden. Die **gesetzliche Überschrift** „Terminsnachricht an den Einziehungsbeteiligten" und die Einfügung der heutigen Nr. 2 des § 429 Abs. 3 gehen auf Art. 1 Nr. 13 des Gesetzes zur Stärkung des Rechts des Angeklagten auf Vertretung in der Berufungsverhandlung und über die Anerkennung von Abwesenheitsentscheidungen in der Rechtshilfe vom 17.7.2015 BGBl. 2015 I S. 1332, 1344 zurück. Die Regelung wurde zum 1.7.2017 mit dem **Gesetz zur Reform der strafrechtlichen Vermögensabschöpfung** vom 13.4.2017 (BGBl. I S. 872, 886) unter insbesondere redaktionellen Änderungen von ihrem ursprünglichen Standort (§ 435) auf § 429 verschoben.[1]

Übersicht

I. Die Terminsnachricht (Absatz 1)

Nach § 430 Abs. 1 kann ohne den Einziehungsbeteiligten (§ 424 Abs. 1 Satz 1) oder einen Nebenbetroffenen (§ 438 Abs. 1) nur verhandelt werden, wenn er trotz **ordnungsgemäßer Terminsnachricht** ausbleibt. § 429 umschreibt die Voraussetzungen, denen eine ordnungsgemäße Terminsnachricht genügen muss. Sie ist nur ordnungsgemäß, wenn auch die Absätze 2 und 3 beachtet sind (s. näher Rn. 14). 1

1 BTDrucks. **18** 9525 S. 90: entspricht dem vorherigen § 435 ohne jede inhaltliche Änderung; s. dann den heutigen § 429 Abs. 3 Nr. 2 neu einfügend BTDrucks **18** 11640 S. 39 und 88.

https://doi.org/10.1515/9783110765540-029

2 **1. Bekanntmachung.** Nach § 429 Abs. 1 wird der Hauptverhandlungstermin dem Einziehungsbeteiligten **bekanntgemacht.** Er wird also – anders als der Angeklagte (§ 216) – nicht zum Termin **geladen.** Damit wird zum Ausdruck gebracht, dass es dem Einziehungsbeteiligten, sofern dessen persönliches Erscheinen nicht angeordnet ist (§ 427 Abs. 2), überlassen bleibt, ob er an der Hauptverhandlung teilnehmen und die ihm eingeräumten Befugnisse wahrnehmen will.[2]

3 **2. Form.** Die Benachrichtigung erfolgt durch **Zustellung** (§ 37), notfalls durch öffentliche Zustellung gemäß § 40. Für die öffentliche Zustellung war die Erwägung maßgebend, dass der Einziehungsbeteiligte, dessen Verfahrensbeteiligung einmal angeordnet ist, einen Anspruch darauf habe, dass ihm der Termin zur Hauptverhandlung bekanntgegeben wird. Daher sei das Gericht, wenn dies auf Schwierigkeiten stoße, verpflichtet, ihm den Termin durch öffentliche Zustellung bekanntzumachen.[3] Für die Bewirkung der Ladung gelten die §§ 36, 214 Abs. 1.

4 Hat der Einziehungsbeteiligte einen **Vertreter** bestellt und ist dies dem Gericht angezeigt, oder ist ihm ein solcher Vertreter beigeordnet worden, ist gem. § 428 Abs. 1 Satz 2 in Verbindung mit § 218 auch dieser vom Termin zu benachrichtigen, und zwar ebenfalls durch **Zustellung.** Der Benachrichtigung des Vertreters bedarf es entgegen anders lautender Rechtsprechung zu Vorläufervorschriften auch dann, wenn feststeht, dass er auf andere Weise sichere Kenntnis vom Termin erlangt[4] hat.

5 **3. Frist.** Der Einziehungsbeteiligte hat **keinen Anspruch auf eine** der Ladungsfrist (§ 217) entsprechende **Benachrichtigungsfrist**, weil das Gesetz mit § 429 eine von der grundsätzlichen Übertragung der Angeklagtenbefugnisse explizit abweichende Regelung getroffen hat.[5] Dies gilt auch dann, wenn er einen Vertreter bestellt hat oder ihm ein solcher beigeordnet ist.[6] Zu beachten bleibt aber noch immer, dass der Anspruch des Einziehungsbeteiligten auf **rechtliches Gehör** (Art. 103 Abs. 1 GG) und auf Achtung des Rechts auf ein faires Verfahren (Art. 2 Abs. 1, 20 Abs. 3 GG und Art. 6 Abs. 1 EMRK zu zivilen Rechten) gilt, welchen die einschlägige **EU-Richtlinie** bekräftigt.[7] Auch unter Berücksichtigung des Grundsatzes des § 424 Abs. 5 darf die Rechtsstellung des Einziehungsbeteiligten nicht z.B. dadurch gesetzwidrig verkürzt werden, dass ihm die zur zweckvollen Wahrnehmung seiner Befugnisse in der Hauptverhandlung erforderliche und angemessene Zeit nicht mehr verbleibt.[8] Vielmehr muss er eine **angemessene Vorbereitungszeit** erhalten, die unter Umständen auch der Frist des § 217 entsprechen kann. Zur Farce darf die Verfahrensteilhabe des Einziehungsbeteiligten nicht verkommen.

---

2 BTDrucks. **V** 1319 S. 78; s. ferner zur Unanwendbarkeit des § 338 Nr. 5 BGH **1** StR 628/17 vom 10.7.2018, BeckRS **2018** 19348.

3 S. Bericht des Rechtsausschusses, BTDrucks. **V** 2601 S. 19.

4 KK/*Schmidt* 5; AK/*Günther* § 435 a. F., 2; SK/*Paeffgen* 3; AnwK/*Lohse* § 435 a. F., 1; **a.A.** OLG Hamm NJW **1969** 705 m.w.N. Zu den Folgen der Nichtbenachrichtigung des Vertreters vgl. anhand der Situation im Bußgeldverfahren OLG Hamburg MDR **1971** 70: unzulässige Beschränkung der Verteidigung.

5 § 427, 38.

6 § 428, 17.

7 Eingehend Art. 8 Richtlinie **2014**/42/EU des Europäischen Parlaments und des Rates v. 3.4.2014 über die Sicherstellung und Einziehung von Tatwerkzeugen und Erträgen aus Straftaten in der Europäischen Union ABl. EU L 127/39.

8 KK/*Schmidt* 4 und § 428, 5; KMR/*Metzger* 5; MüKo/*Putzke*/*Scheinfeld* 2; AnwK/*Lohse* § 435 a. F., 1.

II. Mitteilung von Anklageschrift und Eröffnungsbeschluss (Absatz 2)

1. Beschränkung der Mitteilungen. Während dem Angeschuldigten zur Gewährung des rechtlichen Gehörs die Anklageschrift nach § 201 alsbald, dem Angeklagten der Eröffnungsbeschluss nach § 215 spätestens mit der Ladung zum Hauptverhandlungstermin mitgeteilt wird, ist dem Einziehungsbeteiligten die **Anklageschrift erst zusammen mit der Terminsnachricht** und der **Eröffnungsbeschluss** im Fall des § 207 Abs. 2 nur dann bekanntzumachen, wenn das Gericht die Anklage lediglich mit Änderungen zur Hauptverhandlung zulässt. Von der Erhebung der Anklage erhält der Einziehungsbeteiligte vorher nur dann Kenntnis, wenn das Gericht schon im Stadium von der Erhebung der Anklage an bis zur Terminsnachricht seine Beteiligung am Verfahren angeordnet hat (§ 424 Abs. 1 Satz 1). 6

2. Mitteilung bei nachträglicher Anordnung der Einziehungsbeteiligung. Anklageschrift und ggf. Eröffnungsbeschluss werden dem Einziehungsbeteiligten zusammen mit der Terminsnachricht auch dann mitgeteilt, wenn seine Beteiligung **erst im späteren Verlauf des Hauptverfahrens** angeordnet wird. Geschieht dies, weil erst jetzt die Einziehung in Erwägung gezogen wird, so bedurfte es außer der Terminsbenachrichtigung mit dem in § 429 Abs. 1 bis 3 bezeichneten Inhalt auch gegenüber dem Einziehungsbeteiligten keines Hinweises auf die Gründe der nachträglichen Anordnung der Verfahrensbeteiligung. Dies galt, weil nach der Rspr. keine Umgestaltung der Anklage vorlag, die einen Hinweis an den Angeklagten auf die Veränderung des rechtlichen Gesichtspunkts gebietet (§ 265), wenn die Verhängung von Nebenfolgen, d. h. von Nebenstrafen und Sicherungsmaßregeln – abgesehen von den Maßregeln der Besserung und Sicherung im technischen Sinn (§ 61 StGB) –, sukzessive in Erwägung gezogen wurde.[9] Dem ist nun aber infolge der Novellierung des § 265 Abs. 2 nicht mehr beizutreten. Vielmehr ist – auch im Lichte des § 427 Abs. 1 Satz 1 – ein **aussagekräftiger Hinweis nach § 265 Abs. 2 Nr. 1** geboten, wenn „sich erst in der Verhandlung vom Strafgesetz besonders vorgesehene Umstände ergeben, welche die Strafbarkeit erhöhen oder die Anordnung einer Maßnahme oder die Verhängung einer Nebenstrafe oder Nebenfolge rechtfertigen".[10] 7

3. Verfahren bei Nachtragsanklage. Wird eine Nachtragsanklage (§ 266) erhoben und gibt erst diese den Anlass zur Anordnung der Einziehungsbeteiligung, muss grundsätzlich die **Hauptverhandlung ausgesetzt** werden, um den Einziehungsbeteiligten in der in § 429 vorgeschriebenen Form zu **benachrichtigen**. An die Stelle der Anklageschrift (§ 429 Abs. 2) tritt bei mündlich erhobener Nachtragsanklage der in § 266 Abs. 2 bezeichnete Teil der Sitzungsniederschrift. Der Mitteilung der ursprünglichen Anklageschrift bedarf es aber, wenn ihr Inhalt zum Verständnis der Nachtragsanklage, soweit sie die Einziehung betrifft, erforderlich ist. 8

4. Verfahren bei Aussetzung. Wird eine Hauptverhandlung, von der der Einziehungsbeteiligte in der nötigen Form benachrichtigt war, **über die Fristen des § 229 hinaus** ausgesetzt, müssen nicht nur der Angeklagte und grundsätzlich auch sein Ver- 9

9 Vgl. BGHSt **16** 47 ff. (allerdings noch zu einer Nebenstrafe und auf der Basis eines Antrages der StA in der Hauptverhandlung); **18** 66, 67 f.; **22** 336, 338.

10 Zur Subsumtion der Einziehung unter § 265 Abs. 2 Nr. 1, aber etwa auch der Unbrauchbarmachung s. LR/*Stuckenberg* § 265, 37 und 44. Vgl. ferner BTDrucks **18** 11277 S. 37 und OLG Koblenz NJW **2018** 2505 m. Anm. *Habetha*, allerdings bezogen auf einen Angeklagten.

teidiger schriftlich geladen (vgl. Nr. 137 Abs. 2 Satz 3 RiStBV) werden. Auch der Einziehungsbeteiligte und sein Vertreter sind von dem neuen Termin schriftlich zu benachrichtigen. Dies gilt selbst dann, wenn sie im Termin ohne genügende Entschuldigung ausgeblieben waren.[11] Einer Wiederholung der Mitteilung und Hinweise nach § 429 Abs. 2 und 3 bedarf es nicht.

5. Inhaltliche Beschränkung der mitgeteilten Anklageschrift

10 **a) Umfang.** Die Anklageschrift wird dem Einziehungsbeteiligten gem. § 429 Abs. 2 nur mitgeteilt, **„soweit er an dem Verfahren beteiligt"**, d. h. soweit ihr Inhalt für die Frage der Einziehung von Bedeutung ist. Denn „ihm die Anklageschrift insgesamt mitzuteilen, kann unter Umständen nicht angemessen sein; der Einziehungsbeteiligte würde sonst auch über Vorgänge unterrichtet werden, die für die Einziehung ohne Bedeutung sind, deren Bekanntgabe jedoch für den Angeklagten abträglich sein könnte".[12] Auch der gegenüber der Anklage geänderte Eröffnungsbeschluss wird ihm nur mitgeteilt, wenn und soweit die Änderungen auch die Fragen der Einziehung betreffen. Eine inhaltlich beschränkte Mitteilung kommt insbesondere in Betracht, wenn wegen mehrerer Taten Anklage erhoben ist und nur bei einer von ihnen die Möglichkeit besteht, dass der Einziehungsbeteiligte von der Einziehung etc. betroffen werden könnte.

11 **b) Kann-Vorschrift.** Trotz des nach dem Gesetzeswortlaut anscheinend zwingenden Charakters der Beschränkung („wird ihm, soweit er an dem Verfahren beteiligt ist, ... mitgeteilt") handelt es sich bei der Beschränkung in der Sache um eine „Kann"- bzw. Sollvorschrift. Sie stellt primär klar, dass der Einziehungsbeteiligte die ihn betreffenden Teile zur Vorbereitung erhalten soll. Keinesfalls dürften dem Einziehungsbeteiligten einschlägige Teile vorenthalten bleiben. Ob eine damit vereinbare Beschränkung tatsächlich angeordnet wird, bleibt dann aber dem **pflichtgemäßen Ermessen des Gerichts** überlassen.[13] Der Gedanke, es für den Einziehungsbeteiligten leichter überschaubar zu machen, indem eine abträgliche Bekanntgabe weiteren Prozessstoffs verhindert wird (Rn. 10), kann in schwierige und am Ende die Teilhabe des Einziehungsbeteiligten schmälernde Abgrenzungserwägungen zum Verfahrensstoff führen, während die Möglichkeit, den gesamten Verfahrensstoff einschätzen zu können, regelmäßig verfahrensrechtlich wertvoll sein dürfte. Zumal der entsprechende Prozessstoff grundsätzlich in der unmittelbar entscheidenden Hauptverhandlung auszubreiten wäre und § 438 Abs. 2 nur noch für Nebenbetroffene gilt, erzwingen auch Geheimhaltungsinteressen schwerlich eine strikte Beschränkung. Insofern besteht Raum, dem Gericht eine überflüssige oder gar problematische Abgrenzung zu ersparen, die letztlich allein eine sinnentleerte Mehrbelastung bedeuten mag. Für eine entsprechende Sicht der Dinge kann auch auf § 430 Abs. 4 Satz 2 verwiesen werden, der zur vergleichbaren Situation der Zustellung des Urteils explizit als „Kann-Regelung" formuliert wurde.[14]

---

11 S. a. § 430, 5.

12 BTDrucks. **V** 1319 S. 78. Dies ist heute zunächst auf den Einziehungsbeteiligten, entsprechend auf den Nebenbetroffenen zu übertragen.

13 KK/*Schmidt* 7; KMR/*Metzger* 8; AK/*Günther* § 435 a. F., 6; HK/*Retemeyer* 4; MüKo/*Putzke*/*Scheinfeld* 3.

14 Ebenso KK/*Schmidt* 7; Meyer-Goßner/Schmitt/*Köhler* 3: Analogie; i.E. so auch HK-GS/*Koch* § 435 a. F., 1. *Eb. Schmidt* Nachtr. II 3 sprach zur Vorgängerregelung von einer Ordnungsvorschrift, was auf das Gleiche hinausläuft.

6. Öffentliche Zustellung. Bei **öffentlicher Zustellung der Terminsnachricht** (§ 429 Abs. 1 Halbsatz 2) wird nur die Nachricht als solche, verbunden mit den Hinweisen nach § 429 Abs. 3, bekanntgemacht, während es einer Zustellung von Anklageschrift und Eröffnungsbeschluss nicht bedarf. 12

III. Weitere Hinweise (Absatz 3)

Sie werden auch bei öffentlicher Zustellung gegeben.[15] Durch den Hinweis nach **Absatz 3 Nr. 1** soll der Einziehungsbeteiligte über die Folgen seines Fernbleibens (§ 430 Abs. 1 Satz 1) und durch den Hinweis nach **Absatz 3 Nr. 3** über die Tragweite der gerade gegen ihn bevorstehenden Entscheidung unterrichtet werden. Mit **Absatz 3 Nr. 2** soll auch die Möglichkeit der Vertretung durch einen Rechtsanwalt dem Einziehungsbeteiligten in Umsetzung des entsprechenden Unionsrechts vor Augen stehen.[16] Dies soll auch dann geschehen, wenn er nicht gemäß § 426 im vorbereitenden Verfahren vernommen wird.[17] Der Hinweis gemäß **§ 430 Abs. 3 Satz 3** kann schon mit der Terminsnachricht verbunden[18] werden. 13

Ob die Hinweise nach § 429 Abs. 3 zu den Voraussetzungen einer ordnungsgemäßen Terminsnachricht im Sinne des § 430 Abs. 1 Satz 1 zählen, ist umstritten und nicht höchstrichterlich geklärt.[19] Zumal § 429 aber insgesamt die Terminsnachricht regelt und Absatz 3 die Hinweise „zugleich" mit der Terminsnachricht vorschreibt, wird man ohne die auch in der Sache bedeutungsvollen Hinweise nicht von einer ordnungsgemäßen Terminsnachricht ausgehen dürfen.[20] Zu beachten bleiben aber Heilungsmöglichkeiten des Gerichts. Nicht stets muss in einer Verzögerung insoweit ein revisibler Rechtsfehler liegen. 14

IV. Besondere Verfahrensarten

1. Beschleunigtes Verfahren. Im beschleunigten Verfahren (§ 417) bedarf es keiner Einreichung einer Anklageschrift (§ 418 Abs. 3 Satz 1) und im Falle des § 418 Abs. 2 Satz 1 nicht einmal der Ladung des Beschuldigten.[21] Da ein Einziehungsbeteiligter aber auch am beschleunigten Verfahren zu beteiligen ist – nur das Eingreifen seiner Befugnisse verlegt § 427 Abs. 1 Satz 2 auf den Beginn der Hauptverhandlung – und § 429 keine Einschränkung für das beschleunigte Verfahren vorsieht, kommt ein solches **ohne Einreichung einer Anklageschrift** nur in Betracht, wenn eine Einziehung entweder mit Wirkung gegenüber tatunbeteiligten Dritten nicht in Frage steht oder der Einziehungsbeteiligte eine Erklärung nach § 424 Abs. 2 abgegeben hat oder er im Fall des § 418 Abs. 2 15

---

15 KK/*Schmidt* 9; KMR/*Metzger* 13; Meyer-Goßner/Schmitt/*Köhler* 4; AK/*Günther* § 435 a. F., 8; *Pfeiffer* § 435 a. F., 3.

16 Zur Einführung durch BTDrucks **18** 11640 S. 88: geboten im Hinblick auf Art. 8 Abs. 7 Satz 2 Richtlinie **2014**/42/EU des Europäischen Parlaments und des Rates vom 3.4.2014 über die Sicherstellung und Einziehung von Tatwerkzeugen und Erträgen aus Straftaten in der Europäischen Union ABl. EU L 127/39.

17 BTDrucks **18** 11640 S. 88.

18 KMR/*Metzger* 13.

19 S. verneinend KK/*Schmidt* 9; SSW/*Heine* 3 mit einem nur für die öffentliche Zustellung relevanten Einwand, der den Absatz 3 gerade nicht trifft; zur Vorgängernorm LR/*Gössel*[26] § 435 a. F., 13.

20 Bejahend aber MüKo/*Putzke*/*Scheinfeld* 5.

21 Zur grundsätzlichen Problematik s. aber § 418, 31 ff. und Vor § 417, 54 f.

Satz 1 sich mit einer formlosen Benachrichtigung einverstanden erklärt (vgl. „freiwillig" in § 418 Abs. 2 Satz 1 und „Befugnisse, die einem Angeklagten zustehen" in § 427 Abs. 1 Satz 1, sowie § 424 Abs. 5).[22] Im letzteren Fall ergibt sich die entsprechende Dispositionsbefugnis des Einziehungsbeteiligten aus der weiterreichenden Befugnis des § 424 Abs. 2.

16 **2. Strafbefehlsverfahren.** Im **Strafbefehlsverfahren** gilt § 432 Abs. 1 (vgl. dessen Satz 2).

§ 430
Stellung in der Hauptverhandlung

(1) [1]Bleibt der Einziehungsbeteiligte in der Hauptverhandlung trotz ordnungsgemäßer Terminsnachricht aus, kann ohne ihn verhandelt werden; § 235 ist nicht anzuwenden. [2]Gleiches gilt, wenn sich der Einziehungsbeteiligte aus der Hauptverhandlung entfernt oder bei der Fortsetzung einer unterbrochenen Hauptverhandlung ausbleibt.

(2) Auf Beweisanträge des Einziehungsbeteiligten zur Frage der Schuld des Angeklagten ist § 244 Absatz 3 Satz 2, Absatz 4 bis 6 nicht anzuwenden.

(3) [1]Ordnet das Gericht die Einziehung eines Gegenstandes nach § 74b Absatz 1 des Strafgesetzbuches an, ohne dass eine Entschädigung nach § 74b Absatz 2 des Strafgesetzbuches zu gewähren ist, spricht es zugleich aus, dass dem Einziehungsbeteiligten eine Entschädigung nicht zusteht. [2]Dies gilt nicht, wenn das Gericht eine Entschädigung des Einziehungsbeteiligten nach § 74b Absatz 3 Satz 2 des Strafgesetzbuches für geboten hält; in diesem Fall entscheidet es zugleich über die Höhe der Entschädigung. [3]Das Gericht weist den Einziehungsbeteiligten zuvor auf die Möglichkeit einer solchen Entscheidung hin und gibt ihm Gelegenheit, sich zu äußern.

(4) [1]War der Einziehungsbeteiligte bei der Verkündung des Urteils nicht zugegen und auch nicht vertreten, so beginnt die Frist zur Einlegung eines Rechtsmittels mit der Zustellung der Urteilsformel an ihn. [2]Bei der Zustellung des Urteils kann das Gericht anordnen, dass Teile des Urteils, welche die Einziehung nicht betreffen, ausgeschieden werden.

Entstehungsgeschichte

Die Regelungen des heutigen § 430 waren ursprünglich in § 436 a. F. enthalten, der auf dem EGOWiG beruhte. Die **gesetzliche Überschrift** „Stellung in der Hauptverhandlung" geht auf Art. 1 Nr. 13 des Gesetzes zur Stärkung des Rechts des Angeklagten auf Vertretung in der Berufungsverhandlung und über die Anerkennung von Abwesenheitsentscheidungen in der Rechtshilfe vom 17.7.2015 (BGBl. I S. 1332, 1344) zurück. Die Regelung wurde zum 1.7.2017 mit dem **Gesetz zur Reform der strafrechtlichen Vermögens-**

22 Wie hier SK/*Paeffgen* 4. Für unbeschränkte Zulässigkeit des beschleunigten Verfahrens ohne Mitteilung der Anklageschrift an den Nebenbeteiligten KK/*Schmidt* 6; KMR/*Metzger* 11; HK/*Retemeyer* 3; AnwK/*Lohse* § 435 a. F., 3. Soweit AK/*Günther* § 435 a. F., 7, der ebenfalls für unbeschränkte Zulässigkeit eintritt, die hier vorgeschlagene Beschränkung mit den Vorschriften der §§ 431 Abs. 7 a. F., nunmehr § 424 Abs. 5; 431 Abs. 1 Satz 2 a. F., nunmehr § 425 Abs. 1, nicht für vereinbar hält, dürfte er deren Zusammenhang mit § 435 a. F., nunmehr § 429, übersehen.

https://doi.org/10.1515/9783110765540-030

abschöpfung v. 13.4.2017 (BGBl. I S. 872, 886) von ihrem ursprünglichen Standort mit einer Klarstellung und einigen redaktionellen, im Einzelnen aber auch im Ergebnis erheblichen Änderungen auf § 430 verschoben (dazu Rn. 12 ff.).[1] Mit dem **Gesetz zur Fortentwicklung der Strafprozessordnung** und zur Änderung weiterer Vorschriften vom 25.6.2021[2] hat der Gesetzgeber dem Gericht das Ingangsetzen der Rechtsmittelfrist durch Zustellung der Urteilsformel und damit die Abfassung eines abgekürzten Urteils in den Fällen ermöglicht, in denen der Einziehungsbeteiligte bei der Verkündung des Urteils weder zugegen noch vertreten war und keine Rechtsmittel einlegt.[3]

Übersicht

I. Ausbleiben in der Hauptverhandlung

1. Verhandlung ohne den Einziehungsbeteiligten. Die Vorschrift des heutigen § 430 Abs. 1 soll eine Verhandlungsdurchführung ermöglichen, ohne zugleich das rechtliche Gehör des Einziehungsbeteiligten zu verletzen. Die frühere Parallelfassung zu § 430 Abs. 1 (§ 436 Abs. 1 a. F.) lautete im Entw. EGOWiG: „Bleibt der Einziehungsbeteiligte [...] trotz ordnungsgemäßer Terminsnachricht aus, oder konnte er wegen der Kürze der Zeit nicht mehr benachrichtigt werden [...]“. Die Worte „oder konnte er [...] benachrichtigt werden“ sind bei den Beratungen des BT-Ausschusses[4] gestrichen worden, weil sonst der Anspruch des Einziehungsbeteiligten auf **rechtliches Gehör** verletzt sein könnte.[5] 1

Durch die i. S. des § 429 ordnungsmäßige Terminsnachricht soll es dem Einziehungsbeteiligten möglich werden, selbst oder durch einen Vertreter (§ 428)[6] in der Hauptverhandlung zur Wahrung seiner Rechte die Befugnisse auszuüben, die ihm nach § 427 Abs. 1 zustehen. Es ist seine Sache, ob er von dieser **Möglichkeit Gebrauch machen** will. I.S. des § 424 Abs. 5, nach dem die Verfahrensbeteiligung – d. h. dort: die Anordnung der Verfahrensbeteiligung – den Fortgang des Verfahrens nicht aufhält, zieht Absatz 1 die Folgerung, dass ohne den Einziehungsbeteiligten verhandelt werden 2

1 Näher BTDrucks. **18** 9525 S. 90: Klarstellung in § 436 Abs. 1 Satz 2 bei einem zugleich bestehenden Recht auf Vertretung.
2 BGBl. 2021 I S. 2099.
3 Dazu BTDrucks. **19** 27654 S. 20, 39 und 109.
4 Vgl. BTDrucks. **V** 2601 S. 18.
5 Dazu auch § 424, 39 ff.
6 Bestätigend explizit BTDrucks. **18** 9525 S. 90.

kann, wenn er ordnungsmäßig benachrichtigt wurde und dennoch weder selbst erscheint noch vertreten wird (§ 428).

3 Ohne den Einziehungsbeteiligten kann auch dann verhandelt werden, wenn er **trotz Anordnung des persönlichen Erscheinens** (§ 427 Abs. 2) ausbleibt.[7] Das Gericht ist selbst dann nicht stets verpflichtet, sein Erscheinen durch Vorführung zu erzwingen. Auch einen erlassenen Vorführungsbefehl kann es zurücknehmen ohne Rücksicht darauf, ob er ausführbar war oder nicht.

4 **2. Ausbleiben.** Der **Begriff** des Ausbleibens ist in einem weiten Sinne zu interpretieren. Ohne den Einziehungsbeteiligten kann auch dann verhandelt werden, wenn er zu Beginn der Hauptverhandlung anwesend oder vertreten ist und sich erst nach diesem Zeitpunkt ohne eine eingerichtete Vertretung entfernt.[8] Der Gesetzgeber hat dies durch Absatz 1 Satz 2 klargestellt.[9]

5 **3. Verlust prozessualer Befugnisse.** Mit seinem Ausbleiben und für dessen Dauer begibt sich der nicht vertretene Einziehungsbeteiligte der Befugnisse, die ihm wie einem Angeklagten zustehen. Wenngleich das Ausbleiben nicht immer den Schluss auf einen konkludenten Verzicht rechtfertigen dürfte, begründet das Gesetz jedenfalls eine prinzipiell verhältnismäßige Obliegenheit, die den Einziehungsbeteiligten im Interesse eines schleunigen Verfahrens bindet, wenn ihm eine angemessene Frist gesetzt wurde.[10] Mit dem Verlust der Rechtsstellung geht – unbeschadet der Pflicht des Gerichts zur Wahrheitserforschung (§ 244 Abs. 2) – auch der Wegfall der besonderen Pflichten einher, die das Gericht gegenüber dem anwesenden oder vertretenen Einziehungsbeteiligten zu beachten hat, wie z.B. die Befragungspflicht nach den §§ 257, 258 Abs. 3 oder der Hinweis nach § 430 Abs. 3 Satz 3 (s. u. Rn. 22). Der Einziehungsbeteiligte wird insoweit behandelt, als sei er nicht vorhanden. Erhalten bleiben aber Rechte, die unabhängig von der Anwesenheit bestehen, wie die Pflicht des Gerichts, bei einer die Dauer des § 229 übersteigenden Unterbrechung der Hauptverhandlung den Einziehungsbeteiligten und seinen Vertreter zu benachrichtigen.[11]

6 **4. Ausschluss des Rechtsbehelfs der Wiedereinsetzung (Absatz 1 Satz 1 Halbsatz 2).** Die Folgen des Ausbleibens trotz ordnungsmäßiger Terminsbenachrichtigung treten nach dem jüngst in der Sache bestätigten § 430 Abs. 1 Satz 1 Halbsatz 2 bemerkenswerterweise unabhängig davon ein, ob das Ausbleiben genügend **entschuldigt** ist oder nicht. Dies gilt auch dann, wenn die Terminsnachricht ordnungsmäßig zugestellt ist, der Einziehungsbeteiligte von ihr aber unverschuldet keine Kenntnis erlangt hat. Mit dem Ausschluss der Wiedereinsetzung gegen die Versäumung der Hauptverhandlung, die Satz 2 zur Bereinigung einer zu § 431 Abs. 3 a. F. entstandenen Streitfrage ausdrücklich vorschreibt, zieht das Gesetz die Folgerungen aus dem Grundsatz des § 424 Abs. 5. Der Gesetzgeber geht zu Recht davon aus, dass hierin keine Verletzung des rechtlichen Gehörs (Art. 103 Abs. 1 GG) liegt, die Regelung folglich verfassungsrechtlich zulässig ist. Hierfür spricht zum einen, dass die Regelung einer Verzögerung des regelmäßig für den

---

7 KK/*Schmidt* 1; SK/*Paeffgen* 1; KMR/*Metzger* 2; HK/*Retemeyer* 1; AnwK/*Lohse* § 436 a. F., 1; HK-GS/*Koch* § 436 a. F., 1.

8 KK/*Schmidt* 1; KMR/*Metzger* 2; Meyer-Goßner/Schmitt/*Köhler* 1; HK/*Retemeyer* 3; AnwK/*Lohse* § 436 a. F., 1; HK-GS/*Koch* § 436 a. F., 1; *Pfeiffer* § 436 a. F., 1.

9 BTDrucks. **18** 9525 S. 90.

10 Dazu § 429, 5.

11 S. auch § 429, 9.

Angeklagten nochmals deutlich belastenderen Strafverfahrens entgegenwirkt. Zum anderen kann der Einziehungsbeteiligte, der selbst oder dessen Vertreter ohne sein Verschulden ausgeblieben war, seine Einwendungen durch ein Rechtsmittel gegen das ihn beschwerende Urteil nachholen. Dies gilt zum Schuldspruch gemäß § 431 Abs. 1 auch dann, wenn er in der früheren Hauptverhandlung ohne sein Verschulden zum Schuldspruch nicht gehört wurde. Ferner kann der Einziehungsbeteiligte die Rechte, die er in den Tatsacheninstanzen ohne sein Verschulden nicht wahrnehmen konnte, im Wege des Nachverfahrens geltend machen (§ 433 Abs. 1).

II. Beweisantragsrecht

1. Beschränkungen für den Einziehungsbeteiligten. Absatz 2 stellt eine **Ausnahme** von dem Grundsatz des § 427 Abs. 1 Satz 1 dar, wonach der Einziehungsbeteiligte im Anwendungsbereich seiner Beteiligung die einem Angeklagten zustehenden Befugnisse hat. Die Regelung beschränkt das Beweisantragsrecht, soweit eine Frage der **Schuld des Angeklagten** betroffen ist, indem sie das Gericht von § 244 Abs. 3 Satz 2, Abs. 4 bis 6 befreit. Das Gesetz geht mithin bis heute davon aus, dass das rechtliche Gehör bzw. das Recht auf ein faires Verfahren nicht gebieten, den Einziehungsbeteiligten auch bei diesem aus Sicht der Justiz – jedenfalls vor seiner jüngsten Novellierung – besonders weitgehenden Angeklagtenrecht völlig gleichzustellen, weil es im Gegensatz zum Angeklagten im Wesentlichen um vermögensrechtliche Interessen[12] gehe. Diese Regelung wird man trotz des verfassungsrechtlichen Hintergrundes des Beweisantragsrechts als einer zentralen Ausprägung der Justizgrundrechte noch als verfassungs- und konventionsrechtlich zulässig erachten können. Hierfür ist aber mitzudenken und hervorzuheben, dass die Einschränkung des **§ 430 Abs. 2 ausschließlich für die mögliche Schuld des Angeklagten von Bedeutung** ist, hinsichtlich derer andere Verfahrensbeteiligte die Verfahrensführung primär bestimmen sollten. Soweit andere Einziehungsvoraussetzungen etwa des § 73b StGB Bezugspunkte eines Beweisantrages sind, die damit noch immer eine Rechtsfolgenfrage betreffen (s. § 244 Abs. 3 Satz 1), greift das über § 427 Abs. 1 Satz 1 vermittelte Beweisantragsrecht mit seiner vollen bzw. heute noch verbliebenen Schärfe unter Geltung des § 244 Abs. 3 Satz 3 und Abs. 4-6 ein.[13] So ist zum Beispiel ein Beweisantrag, der sich gegen ein etwaiges „Erkennenmüssen“ durch den Einziehungsbeteiligten i. S. des § 73b Abs. 1 Satz 2 Nr. 2b StGB richtet, uneingeschränkt nach den §§ 244 ff. StPO zu behandeln. 7

Die **Einschränkung des Beweisantragsrechts** hat sinngemäß zur Folge, dass das Gericht über Beweisanträge des Einziehungsbeteiligten zur Frage der Schuld des Angeklagten nach pflichtmäßigem Ermessen entscheidet. Die Beweisanträge des Einziehungsbeteiligten stellen zur Schuld der Sache nach **Beweisanregungen**[14] dar, denn infolge der Unanwendbarkeit des § 244 Abs. 6 ist das Gericht nicht verpflichtet, in Gestalt eines Beschlusses über den gestellten Antrag zu entscheiden, wenn es dem Antrag keine Folge[15] leisten will. 8

---

12 BTDrucks. **V** 1319 S. 73, 78.

13 Bestätigend BGH NStZ **2019** 232, 233: nicht die Schuldfrage, sondern die rechtliche Zuordnung beschlagnahmter Geldscheine war betroffen; Meyer-Goßner/Schmitt/*Köhler* 3; SSW/*Heine* 3.

14 KK/*Schmidt* 4; AK/*Günther* § 436 a. F., 10; HK/*Retemeyer* 4; SK/*Paeffgen* 5; KMR/*Metzger* 7.

15 KK/*Schmidt* 4; *Pfeiffer* § 436 a. F., 3; OK-StPO/*Temming* 2; tw. **a.A.** HK/*Retemeyer* 4: Wenn die beantragte Beweiserhebung unzulässig ist, ist sie durch Beschluss gem. § 244 Abs. 6 abzulehnen.

9 Problematisch ist allerdings die Reichweite der Rechtseinschränkung. Zum einen hat der Gesetzgeber in § 430 Abs. 2 offenbar versehentlich die Einfügung des neuen Satz 1 des § 244 Abs. 3 nicht nachvollzogen, weshalb die Norm nun wörtlich auf die Entscheidung im Fall der *Unzulässigkeit* der „beantragten" Beweiserhebung (§ 244 Abs. 3 Satz 2) verweist, während offenbar – wie bisher – die begrenzend wirkenden Ablehnungsgründe des heutigen § 244 Abs. 3 Satz 3 gemeint sein dürften. Angesichts der Tatsache, dass der Gesetzgeber die Verbescheidungspflicht (§ 244 Abs. 6) und sogar die schon großzügigeren Ablehnungsgründe der § 244 Abs. 4 und 5 weiter unzweifelhaft mit einer Bindungen zurücknehmenden Stoßrichtung zurückweist, wird man das Versehen jedoch nicht mit einem Rückgriff auf die §§ 427 Abs. 1 Satz, 244 Abs. 3 Satz 3 beantworten können. Vielmehr wird man bei der gewünschten Orientierung an § 244 Abs. 2 bleiben müssen. Die mögliche **Zurückweisung eines Beweisantrages als unzulässig** wiederum ist unabhängig von dem expliziten, nun versehentlich eingetretenen Verweis prozessual legitim. In ihr kommt eine Selbstverständlichkeit zum Ausdruck, die letztlich bereits von den Erwägungen getragen wird, welche die jeweils begehrte konkrete Beweiserhebung unzulässig sein lassen.[16]

10 Zu weit geht es jedoch, entgegen einer im Schrifttum vertretenen Ansicht,[17] aus § 430 Abs. 2, der nur bestimmte Regelungen der §§ 244 ff. ausnimmt, zu folgern, dass auch die Beweiserhebungspflicht des **§ 245** entfällt.[18] Diese Regelung wurde auch nicht mittelbar mit § 430 Abs. 2 adressiert. Sie ist anwendbar, ohne die Stoßrichtung des § 430 Abs. 2 zu konterkarieren. Im Falle präsenter Beweismittel ist grundsätzlich keine nennenswerte Verfahrensverzögerung zulasten des Angeklagten zu erwarten. Will der Gesetzgeber einen Schritt weiter gehen und den materiellen Entscheidungsmaßstab der beteiligten Gerichte nochmals ausdünnen, wäre ein expliziter Verweis zu fordern.[19] Die **Beweisaufnahme zur Frage der Schuld des Angeklagten** ist daher nach den Maßstäben des § 245 zugunsten des Einziehungsbeteiligten **auf die präsenten Beweismittel zu erstrecken.**

11 **2. Amtsermittlungsgrundsatz.** Unberührt bleibt – vom grundsätzlich erhaltenen Beweisantragsrecht abgesehen (dazu Rn. 7) – in jedem Fall die **Aufklärungspflicht** des Gerichts nach § 244 Abs. 2. Der Einziehungsbeteiligte kann demgemäß bei Nichtberücksichtigung seiner Beweisanträge eine Revision zwar nicht auf Verletzung des § 338 Nr. 8, wohl aber auf die Verletzung der Aufklärungspflicht stützen.[20] Damit bleibt die Durchsetzbarkeit der eigenen Beweisteilhabe zwar in Abhängigkeit vom Berufsethos des konkreten Gerichts zurückgesetzt. Allerdings ist der Aufklärungspflicht auch nicht pauschal jedes Potential abzusprechen.[21]

III. Entscheidungen zur Entschädigungsfrage

12 **1. Zuständigkeit.** § 74b StGB regelt, unter welchen Voraussetzungen der von einer rechtskräftigen Einziehungsentscheidung betroffene Dritte aus der Staatskasse entschä-

---

16 Gleichsinnig im Ergebnis schon LR/*Gössel*[26] 8.

17 KK/*Schmidt* 4; AK/*Günther* § 436 a. F., 9; HK/*Retemeyer* 4; AnwK/*Lohse* § 436 a. F., 2; *Pfeiffer* § 436 a. F., 3. Dies gar nicht ansprechend Meyer-Goßner/Schmitt/*Köhler* 3; offenlassend SSW/*Heine* 3.

18 I.E. wie hier MüKo/*Putzke*/*Scheinfeld* 10 (mit 2: drohende Ungleichbehandlung im Vergleich zur Verteidigung gegen eine Geldstrafe); OK-StPO/*Temming* 2; SK/*Paeffgen* 5 (mit 4).

19 S. schon § 427 Abs. 1 Satz 1 und § 427, 6 f.

20 KK/*Schmidt* 5.

21 Näher schon zu § 420, 10 ff.

digt wird. Die Frage, ob und in welchem Umfang ein Entschädigungsanspruch eines Dritten, auch wenn er Einziehungsbeteiligter ist, besteht, hat das Gesetz **grundsätzlich den Zivilgerichten** überlassen, weil es sich um Ansprüche aus Eingriffen mit bürgerlich-rechtlicher Wirkung handelt und die Erörterung der Entschädigung das Strafverfahren unangemessen belasten[22] könnte. Dieser Grundsatz ist aber in Absatz 3 Satz 1 und 2 durch zwei verschiedenartige **Ausnahmen** durchbrochen.

a) Negative Entschädigungsentscheidung. Nach Absatz 3 Satz 1 spricht das Strafgericht bei einer Einziehung **auf Grund von § 74b Abs. 1 StGB**, die keine Entschädigung nach § 74b Abs. 2 StGB gebietet, zugleich grundsätzlich aus, dass dem Einziehungsbeteiligten eine Entschädigung nicht zusteht. Die Vorschrift wurde mit der letzten Novellierung sprachlich überarbeitet und damit – ohne dass die Materialien dies offenlegen würden[23] – inhaltlich geändert. Zuvor lag hier eine in ihrer Auslegung unklare Regelung vor, deren Reichweite streitig war.[24] Heute knüpft der Gesetzgeber die Ausnahme deutlich an die Fälle des § 74b StGB und damit an die Sicherungseinziehung an. 13

Nach dem heutigen Wortlaut ist ausnahmsweise eine ablehnende Thematisierung der Entschädigung geboten, wenn das Gericht eine Einziehung nach § 74b Abs. 1 StGB anordnet und zugleich bei der Prüfung erkennt, dass eine **Entschädigung nach § 74b Abs. 2 StGB** (dem Grunde nach) **nicht geboten** ist. Diese Folgerung, die sich nur aus einer Prüfung der Maßstäbe des § 74b Abs. 3 Satz 1 ableiten kann, hat es in seinen Entscheidungstenor aufzunehmen. Den etwaig ebenso ersichtlichen Umstand, dass eine Entschädigung nach § 74b Abs. 2 StGB Platz greifen sollte, hat das Gericht in seinem Urteil nach wie vor weder zum Grund noch zur Höhe der Entschädigung zu tenorieren.[25] 14

Die Regelung beruht auf Gründen der **Prozessökonomie.** Sie soll zum einen zur Entlastung des Zivilrichters führen und zur beschleunigten Erledigung der Entschädigungsfrage die auf die Aufklärung des Sachverhalts verwendete Mühe des Strafrichters nutzbar machen. Zum anderen und wohl vor allem sollen einander widersprechende Entscheidungen vermieden werden, die sonst angesichts einer nicht eintretenden Rechtskraft möglich wären. Indem aber das Gesetz hier dem Strafrichter Aufgaben des Zivilrichters überträgt, ist damit auch der Grundsatz, dass Strafurteile den Zivilrichter nicht binden, außer Kraft gesetzt; die strafrichterliche Negativentscheidung bewirkt Rechtskraft auch für den Zivilrichter.[26] 15

Ob die nun gefundene Regelung in ihrer konkreten Abfassung sinnvoll ist, bleibt zweifelhaft, zumal sie nun andere, bisher diskutable Fälle einer ausnahmsweisen strafrichterlichen Entscheidung ausgrenzt. So ist es zwar einerseits verständlich, dass der Gesetzgeber sich weiter[27] bemüht, den Bereich der Pflicht zum Negativausspruch eng zu umgrenzen, um Belastungen des bereits anspruchsvollen Strafverfahrens zu verhindern. Ob ihm dies aber mit der Anknüpfung an § 74b StGB gelungen ist, kann angesichts der von § 74b Abs. 3 Satz 1 StGB aufgeworfenen oft zusätzlichen Prüfungen in Abrede gestellt werden. Immerhin lässt sich sagen, dass das Gesetz nach wie vor die Strafjustiz 16

---

22 BayObLG VRS **46** (1974) 275; KG NJW **1978** 2406, 2407.

23 BTDrucks. **18** 9525 S. 90: „Vorschrift [...] übernimmt den Regelungsgehalt des bislang geltenden § 436 StPO“.

24 Eingehend LR/*Gössel*[26] § 436 a. F., 11 ff.

25 SSW/*Heine* 4.

26 KK/*Schmidt* 8; SK/*Paeffgen*.

27 Zu den zugrundeliegenden Motiven und der gewünschten engen Auslegung LR/*Gössel*[26] § 436 a. F., 14.

davon freistellt, die nach § 74b Abs. 2 StGB unter anspruchsvolleren Maßstäben zu ermittelnde Entschädigung beziffern zu müssen.

17 **b) Positive Entschädigungsentscheidung.** Von dem Grundsatz des § 430 Abs. 3 Satz 1 – Verpflichtung lediglich zum Negativausspruch – **enthält Absatz 3 Satz 2 eine Ausnahme.** In den Fällen, in denen nach § 74b Abs. 2 StGB ein Entschädigungsanspruch des von der Einziehungsanordnung betroffenen Dritten nicht besteht, ihm aber nach § 74b Abs. 3 Satz 2 StGB eine Entschädigung nach Ansicht des entscheidenden Gerichts zustehen sollte, weil anderenfalls eine unbillige Härte einträte, hat das Gericht nach § 430 Abs. 3 Satz 2 zum Grund und zur Höhe zu befinden. Erst recht entfällt in dieser Konstellation der Negativausspruch („Dies gilt nicht [...]"). Auch diese Lösung beruht auf der prozessökonomischen Überlegung, dass der Strafrichter, wenn er schon – ausnahmsweise – die Voraussetzungen einer Entschädigung nach Maßgabe der Billigkeit dem Grunde nach bejaht, regelmäßig ohne besonderen Verfahrensaufwand beurteilen können dürfte, welche Höhe der Entschädigung angemessen ist, um die drohende Unbilligkeit zu verhindern.

18 **2. Entscheidung von Amts wegen.** Ob die Voraussetzungen eines Negativausspruchs nach § 430 Abs. 3 Satz 1 gegeben sind oder ob ausnahmsweise eine Entschädigung nach Billigkeitsgründen in Betracht kommt, hat das Gericht von Amts wegen[28] zu prüfen. Dabei sind aber die Grenzen zu berücksichtigen, die dem Recht und der Pflicht des Strafgerichts zu Entscheidungen über die Entschädigung durch § 430 Abs. 3 gezogen sind. Eine Entscheidung über eine Entschädigung nach Billigkeit kommt nur in Betracht, wenn Umstände in das Blickfeld des Gerichts getreten sind, die eine Versagung als unbillige Härte erscheinen lassen. Im Übrigen ist ein Negativausspruch nach der im Wortlaut veränderten Novelle **nur geboten**, wenn das Gericht eine Einziehung nach § 74b Abs. 1 StGB anordnet, die nach § 74 Abs. 2 StGB nicht zu entschädigen ist (s. o. Rn. 12, 14 f.). § 430 Abs. 3 besagt nicht, dass in allen Fällen einer Sicherungseinziehung, die festgestelltermaßen in Drittrechte eingreift, eine Aufklärung und Entscheidung geboten sei, ob Umstände vorliegen, die nach § 74f Abs. 2 StGB einer Entschädigung entgegenstehen.[29] Noch weniger ist § 430 Abs. 3 zu entnehmen, das Strafgericht habe über die Entschädigung nach Billigkeit stets zu entscheiden, wenn dem Einziehungsbeteiligten eine Entschädigung nach § 74b Abs. 2 StGB zu verwehren ist.

19 Eine derart **weitgehende Aufklärungs- und Entscheidungspflicht** wollte der Gesetzgeber dem Strafgericht – entsprechend dem Grundsatz des § 424 Abs. 5 – gerade nicht auferlegen. Sie lässt sich auch nicht mit der Erwägung rechtfertigen, die unausgesprochen oder erkennbar[30] den vorgenannten Entscheidungen zugrunde liegt, dass zunächst über die Versagungsvoraussetzungen nach § 74b Abs. 2 StGB zu befinden sei, um auf dieser Grundlage beurteilen zu können, ob eine Billigkeitsentschädigung nach § 74b Abs. 3 Satz 2 StGB in Betracht komme. Denn die Entschädigung nach Billigkeit stellt eine Ausnahme von dem Grundsatz des § 74b Abs. 2 StGB dar. Über sie ist nur zu befinden, wenn Gesichtspunkte von Gewicht hervortreten oder geltend gemacht werden, die dem Richter eine Billigkeitsentschädigung geboten erscheinen lassen, während es den gesetzgeberischen Intentionen widerspricht, dass als Vorstufe einer solchen Prüfung allgemein die Versagungsvoraussetzungen des § 74b Abs. 2 StGB zu prüfen wären.

---

28 BGH NJW **1970** 818, 820; KK/*Schmidt* 10; KMR/Metzger 9; HK/*Retemeyer* 8; HK-GS/*Koch* § 436 a. F., 4.
29 Dahingehend tendierend aber zur Vorläufervorschrift LG Bayreuth NJW **1970** 574, 577; OLG Hamm NJW **1970** 1754, 1757; wohl auch noch *Eb. Schmidt* Nachtr. II 6.
30 Vgl. OLG Hamm NJW **1970** 1754, 1757.

Unterbleibt eine gebotene Negativentscheidung, so kann die Ergänzung der Einziehungsentscheidung durch Einlegung der zulässigen Rechtsmittel gegen das Urteil erstrebt werden. Legt nur der Einziehungsbeteiligte Rechtsmittel gegen das Urteil ein, steht nach OLG Hamm NJW **1970** 1754, 1757 das Verbot der *reformatio in peius* der Ergänzung durch den Negativausspruch nicht entgegen, wenn die Einziehung als Sicherungsmaßnahme[31] angeordnet ist. Wird ein Einziehungsurteil ohne Negativausspruch rechtskräftig, ist der Dritte nicht gehindert, Entschädigungsansprüche im Weg des Zivilprozesses geltend zu machen. 20

3. Entscheidungsform. Zur **Form der Entscheidung des Rechtsmittelgerichts,** wenn die Entscheidung, die eine Billigkeitsentschädigung zuspricht, nur hinsichtlich der Höhe der Entschädigung angefochten wird, vgl. § 431 Abs. 4 und § 431, 19 ff. 21

4. Hinweispflicht. Absatz 3 Satz 3 enthält eine **Sondervorschrift über die Gewährung des rechtlichen Gehörs**, die zu beachten ist, bevor eine Entscheidung nach Absatz 3 Satz 1 oder 2 ergehen darf. Der Einziehungsbeteiligte ist auf die Möglichkeit der Entscheidung über eine etwaige Entschädigung und über seine Gelegenheit zur Äußerung hinzuweisen. Diese Pflicht wurde geschaffen, weil die Beteiligungsanordnung nur die Entscheidung über die Einziehung betrifft (§ 424 Abs. 1 Satz 1: „soweit es die Einziehung betrifft“) und dem Einziehungsbeteiligten zunächst nur in diesem Punkt die Befugnisse des Angeklagten (§ 427 Abs. 1) zustehen.[32] Die Hinweispflicht nach Satz 3 entspricht damit der gegenüber dem Angeklagten bestehenden Hinweispflicht nach § 265. Der Hinweis muss nicht in der Hauptverhandlung gegeben werden; er kann z.B. schon in der Terminsnachricht zusammen mit dem Hinweis nach § 429 Abs. 3[33] erteilt werden. Die Hinweispflicht in der Hauptverhandlung entfällt, wenn der Einziehungsbeteiligte trotz ordnungsmäßiger Terminsnachricht ohne Vertretung in der Hauptverhandlung ausbleibt (Rn. 5).[34] 22

IV. Zustellung des Urteils

1. Grundgedanke. Der trotz ordnungsmäßiger Terminsnachricht ohne Vertretung i. S. des § 428 **ausbleibende Einziehungsbeteiligte** begibt sich zwar seines Rechts, in der Hauptverhandlung die ihm zustehenden Befugnisse (§ 427 Abs. 1 Satz 1) auszuüben. Sein Recht, seine Belange im Rechtsmittelverfahren oder im Nachverfahren (§ 433) geltend zu machen, soll ihm aber nicht beschnitten werden. Deshalb legt Absatz 4 Satz 1 zugrunde, dass ihm das Urteil **zuzustellen** ist, und zwar, wie sich bereits aus § 429 Abs. 1 Halbsatz 2 ergibt, notfalls durch öffentliche Zustellung (§ 40 Abs. 2). Da das Gesetz ohne Einschränkung die Zustellung „des Urteils“ anordnet, ist es auch dann zuzustellen, wenn eine Einziehung nicht angeordnet[35] wird. Der Einziehungsbeteiligte soll in diesem 23

31 KK/*Schmidt* 11; AnwK/*Lohse* § 436 a. F., 3.

32 Ebenso KK/*Schmidt* 12.

33 BTDrucks. **V** 1319, S. 79; KK/*Schmidt* 12; Meyer-Goßner/Schmitt/*Köhler* 4; AnwK-StPO/*Lohse* § 436 a. F., 4; *Pfeiffer* § 436 a. F., 4.

34 KK/*Schmidt* 12; KMR/*Metzger* 11; Meyer-Goßner/Schmitt/*Köhler* 4; AK/*Günther* § 436 a. F., 14; HK/*Retemeyer* 10.

35 Ebenso *Eb. Schmidt* Nachtr. II 7; KK/*Schmidt* 13; Meyer-Goßner/Schmitt/*Köhler* 5; HK/*Retemeyer* 11; SK/*Paeffgen* 12; AnwK-StPO/*Lohse* § 436 a. F., 5; *Pfeiffer* § 436 a. F., 5; **a.A.** SSW/*Heine* 5; OK-StPO/*Temming* 4.

Fall Kenntnis davon erhalten, dass seine Rechte durch die Entscheidung nicht betroffen sind. § 145a ist entsprechend anwendbar (§ 428 Abs. 1 Satz 2). Die Zustellung ist auch dann erforderlich, wenn eine nach § 429 gebotene Terminsnachricht versehentlich unterblieben war und der Mangel nicht im Verlauf des Verfahrens geheilt[36] wurde.

24 **2. Ausscheidung von Urteilsteilen. Absatz 4 Satz 2** enthält eine dem § 429 Abs. 2 entsprechende Vorschrift über die Ausscheidung von Teilen des Urteils, welche die Einziehung nicht betreffen.[37] Der Gesetzgeber hat diese Option unlängst explizit auf die Zustellung des Urteils bezogen.[38]

25 **3. Wirkung der Zustellung.** War der Einziehungsbeteiligte oder sein Vertreter **bei der Verkündung des Urteils anwesend**, so **beginnt die Frist zur Einlegung eines Rechtsmittels** mit der Verkündung (§§ 314 Abs. 2, 341 Abs. 2 i. V. m. § 427 Abs. 1 Satz 1), andernfalls mit der Zustellung.[39] Entsprechendes wird für die Wirkung einer im Urteil angeordneten Einziehung als Veräußerungsverbot (§ 75 Abs. 3 StGB) zu gelten haben. Hat das Gericht die Rechtsmittelfrist durch die Zustellung der Urteilsformel in Gang gesetzt und legt der Einziehungsbeteiligte, der bei der Verkündung des Urteils weder zugegen noch vertreten war, keine Rechtsmittel ein, ist die Abfassung eines abgekürzten Urteils zulässig.[40]

§ 431
Rechtsmittelverfahren

(1) [1]Im Rechtsmittelverfahren erstreckt sich die Prüfung, ob die Einziehung dem Einziehungsbeteiligten gegenüber gerechtfertigt ist, auf den Schuldspruch des angefochtenen Urteils nur, wenn der Einziehungsbeteiligte
1. **insoweit Einwendungen vorbringt und**
2. **im vorausgegangenen Verfahren ohne sein Verschulden zum Schuldspruch nicht gehört worden ist.**

[2]Erstreckt sich hiernach die Prüfung auch auf den Schuldspruch, legt das Gericht die zur Schuld getroffenen Feststellungen zugrunde, soweit nicht das Vorbringen des Einziehungsbeteiligten eine erneute Prüfung erfordert.

(2) Im Berufungsverfahren gilt Abs. 1 nicht, wenn zugleich auf ein Rechtsmittel eines anderen Beteiligten über den Schuldspruch zu entscheiden ist.

(3) Im Revisionsverfahren sind die Einwendungen gegen den Schuldspruch innerhalb der Begründungsfrist vorzubringen.

(4) [1]Wird nur die Entscheidung über die Höhe der Entschädigung angefochten, kann über das Rechtsmittel durch Beschluss entschieden werden, wenn die Beteiligten nicht widersprechen. [2]Das Gericht weist sie zuvor auf die Möglichkeit eines solchen Verfahrens und des Widerspruchs hin und gibt ihnen Gelegenheit, sich zu äußern.

---

36 Meyer-Goßner/Schmitt/*Köhler* 5.

37 Dazu § 429, 10 f.

38 BTDrucks. **19** 27654 S. 109.

39 Zu Reformüberlegungen der früheren Bundesregierung, die auf einen Fristlauf ab Zustellung der Urteilsformel und damit auf ein abgekürztes Urteil zielen, Meyer-Goßner/Schmitt/*Köhler* 5.

40 BTDrucks. **19** 27654 S. 109.

https://doi.org/10.1515/9783110765540-031

Entstehungsgeschichte

Die Vorgängernorm § 437 a. F. wurde durch das EGOWiG eingefügt. Die **gesetzliche Überschrift** „Rechtsmittelverfahren" beruht auf Art. 1 Nr. 13 des Gesetzes zur Stärkung des Rechts des Angeklagten auf Vertretung in der Berufungsverhandlung und über die Anerkennung von Abwesenheitsentscheidungen in der Rechtshilfe v. 17.7.2015 (BGBl. I S. 1332, 1344). Die Regelung wurde zum 1.7.2017 mit dem **Gesetz zur Reform der strafrechtlichen Vermögensabschöpfung** v. 13.4.2017 (BGBl. I S. 872, 886) unter weithin redaktionellen Änderungen von ihrem ursprünglichen Standort (§ 437 a. F.) auf § 431 verschoben.[1]

Übersicht

I. Rechtsmittel des Einziehungsbeteiligten

1. Rechtsmittelberechtigung. Dass der Einziehungsbeteiligte **aus eigenem Recht** zur Einlegung von Rechtsmitteln gegen eine die Einziehung anordnende Entscheidung befugt ist, ergibt sich aus § 427 Abs. 1 Satz 1.[2] Voraussetzung der Rechtsmittelbefugnis ist, dass der Rechtsmittelführende die Stellung als Einziehungsbeteiligter durch eine Beteiligungsanordnung gemäß § 424 Abs. 1 Satz 1 bereits *vor* dem Urteil erlangt hat.[3] Voraussetzung der Zulässigkeit des Rechtsmittels ist ferner, dass der *Einziehungsbeteiligte* durch die Anordnung der Einziehung, der Einziehung des Wertersatzes oder des Einzie- 1

1 BTDrucks. **18** 9525 S. 90: entspricht dem vorherigen § 437 a. F.
2 BGH NStZ **1995** 248; § 427, 11.
3 BGH NStZ **1995** 248; § 424, 17 und 37; KK/*Schmidt* 1; KMR/*Metzger* 2; AK/*Günther* § 437 a. F., 5; AnwK/*Lohse* § 437 a. F., 1; *Pfeiffer* § 437 a. F., 1.

hungsvorbehalts (§ 74f Abs. 2 Satz 2 StGB), des Erlöschens eines beschränkt dinglichen Rechts (§ 75 Abs. 2 Satz 2 oder 3 StGB), durch die Versagung einer Entschädigung (§ 74b Abs. 3 StGB, § 430 Abs. 3 Satz 1) oder die Entscheidung über die Höhe einer Billigkeitsentschädigung (§ 74b Abs. 3 Satz 2 StGB, § 436 Abs. 3 Satz 2) **beschwert**[4] ist. Im Kontext des § 438 ist *bei Nebenbetroffenen* die hier einschlägige Anordnung und die den Rechtsmittelführenden beschwerende Wirkung maßgeblich.

2. Umfang der Nachprüfung durch das Rechtsmittelgericht

2 **a) Beschränkung der Nachprüfungsbefugnis.** Unabhängig von der nur für Nebenbetroffene ggf. noch gemäß § 438 Abs. 2 eingreifenden gesonderten Beschränkungsanordnung[5] wird der Schuldspruch im Rechtsmittelverfahren (Berufungs- und Revisionsverfahren) nur in beschränktem Umfang nachgeprüft. Dies gilt nicht nur dann, wenn der Einziehungsbeteiligte (sein Vertreter, § 428, oder sein gesetzlicher Vertreter, § 298) ein Rechtsmittel eingelegt hat, sondern, wie sich aus der Sonderregelung des Absatz 2 (s. u. Rn. 12) ergibt, auch dann, wenn ein anderer Beteiligter das **Rechtsmittel** eingelegt hat, **das den Schuldspruch unberührt lässt**. Diese Regelung beruht auf der Erwägung, dass andernfalls der Einziehungsbeteiligte „aus rein vermögensrechtlichen Interessen das Gericht zu einer weiteren Nachprüfung des Schuldspruchs würde zwingen können, als sie auf die Einwendungen der unmittelbar Beteiligten vorgenommen werden müßte".[6] § 430 Abs. 1 stellt danach eine Sonderregelung dar, welche den Umfang der Nachprüfung des Rechtsmittelgerichts gegenüber dem Einziehungsbeteiligten in Abweichung von den §§ 327 und 352 begrenzt.

3 **b) Unbeschränkte Nachprüfung.** In der Rechtsmittelinstanz kann der Einziehungsbeteiligte **im Regelfall** nur geltend machen, dass die **besonderen Rechtsfolgenvoraussetzungen zu Unrecht** angenommen worden seien. So kann er z.B. einwenden, dass bei der Einziehung gemäß § 74 StGB das Eigentum des Täters oder Teilnehmers zur Zeit der Entscheidung zu Unrecht bejaht worden sei. Ebenso kann er etwa den Vorwurf erheben, dass im Fall des § 74b Abs. 1 StGB die angenommene Gefahr nicht bestehe. Im Fall des § 74a StGB kann er ein tatsächlich mangelndes vorwerfbares Verhalten des Einziehungsbeteiligten rügen usw.

II. Voraussetzungen und Wirkungen der Überprüfung des Schuldspruchs durch die Rechtsmittelgerichte

4 **1. Übersicht.** Die Nachprüfung des Schuldspruchs setzt voraus, dass der Einziehungsbeteiligte **Einwendungen gegen den Schuldspruch** vorbringt (Nr. 1) und er bisher **ohne sein Verschulden nicht gehört** worden ist (Nr. 2). Demnach steht dem Einziehungsbeteiligten zur Geltendmachung seiner Einwendungen gegen den Schuldspruch im Regelfall nur eine Tatsacheninstanz zur Verfügung. Die Wirkung erfolgreicher Einwendungen gegen den Schuldspruch beschränkt sich auf den rechtsmittelführenden Einziehungsbeteiligten.

---

4 BGHR § 74 Abs. 2 Nr. 2 Beteiligter 1; KK/*Schmidt* 1; AK/*Günther* § 437 a. F., 5; HK/*Retemeyer* 1; SK/*Paeffgen* 2; AnwK/*Lohse* § 437 a. F., 1; HK-GS/*Koch* § 437 a. F., 1; *Pfeiffer* § 437 a. F., 1.

5 Zu dieser § 438, 30 ff.

6 BTDrucks. V 1319 S. 73.

2. Einwendungen gegen den Schuldspruch. a) Die Überprüfung des Schuldspruchs setzt gerade *gegen diesen* erhobene **ausdrückliche Einwendungen** des Einziehungsbeteiligten voraus. Eine Nachprüfung von Amts wegen ist dem Rechtsmittelgericht insoweit verwehrt (s. aber anders zur Frage der unverschuldeten Nichtanhörung Rn. 8 f.). 5

Eine besondere **Frist** für die Geltendmachung derartiger Einwendungen ist lediglich im Revisionsverfahren (Absatz 3; s. u. Rn. 16) einzuhalten, nicht aber im Berufungsverfahren: § 317 kennt keine obligatorische Berufungsbegründungsfrist. 6

b) Erstreckt sich die Prüfung des Rechtsmittelgerichts auch auf den Schuldspruch, sieht Absatz 1 Satz 2 für die Berufungsinstanz eine **Beschränkung der Aufklärungspflicht** vor. Das Berufungsgericht ist dann nicht gehalten, die gesamte Beweisaufnahme – wenn auch mit den Erleichterungen der §§ 430 Abs. 2, 323 Abs. 2; § 325 – erneut durchzuführen. Es legt seiner Entscheidung vielmehr die zur Frage der Schuld des Angeklagten getroffenen Feststellungen des ersten Richters zugrunde, ***soweit*** **nicht das Vorbringen des Einziehungsbeteiligten eine erneute Prüfung erfordert.** Das bedeutet: Das Berufungsgericht ist zwar – anders als z.B. das Beschwerdegericht im Fall des § 464 Abs. 3 Satz 2 – nicht in vollem Umfang an die tatsächlichen Feststellungen des Vorderrichters gebunden. Aber es besteht eine **relative Bindung** insoweit, als nicht das zulässige Vorbringen des Einziehungsbeteiligten eine erneute Prüfung erforderlich macht. Das Ausmaß der erforderlichen neuen Prüfung und damit die Entbindung von den tatsächlichen Feststellungen der Vorinstanz kann, je nach den zulässigen Einwendungen des Berufungsführers, verschieden weit sein: Beschränkt sich das Vorbringen auf einen einzelnen Punkt und sind die insoweit getroffenen tatsächlichen Feststellungen von den übrigen tatsächlichen Feststellungen des Schuldspruchs trennbar, so bleiben die letzteren bestehen und werden ungeprüft dem Urteil zugrunde gelegt. Es kann aber auch nach dem Vorbringen des Einziehungsbeteiligten und auf Grund einzelner Beweise erforderlich sein, die gesamte Beweisaufnahme zu wiederholen.[7] Inwieweit auf Beweisanträge des Einziehungsbeteiligten einzugehen ist, richtet sich wiederum nach § 430 Abs. 2. 7

3. Unverschuldete Nichtanhörung des Einziehungsbeteiligten. Der Einziehungsbeteiligte darf mit seinem Vorbringen nicht präkludiert sein, konkret seine bisher mangelnde Anhörung nicht durch ihn zurechenbar verschuldet sein. Eine unverschuldete Verhinderung kann auf diversen Gründen beruhen: So kann der Einziehungsbeteiligte z.B. ohne seine Schuld nicht rechtzeitig die Nachricht vom Termin erhalten haben, etwa bei einer Ersatzzustellung nach §§ 178 ff. ZPO,[8] oder weil die Terminbenachrichtigung versehentlich unterblieben war. Ebenso kann er trotz einer rechtzeitigen Benachrichtigung ohne seine Schuld am Erscheinen im Termin verhindert gewesen sein. Ferner können ihm wesentliche rechtliche oder tatsächliche Umstände erst während des zweiten Rechtszuges bekannt geworden sein. Des Weiteren kommt in Betracht, dass er unverschuldet erst im zweiten Rechtszug beteiligt wurde. Nach herrschender Meinung wird als unverschuldete Nichtanhörung jedoch nicht der Fall gewertet, in dem die Nichtanhörung auf dem Verschulden seines Vertreters (§ 428) beruht.[9] Ein **Verschulden** des Einziehungsbeteiligten kann darin bestehen, dass er sich trotz Kenntnis der eine Verfahrensbeteiligung im ersten Rechtszug rechtfertigenden Umstände im Ermittlungsverfahren 8

7 BTDrucks. **V** 1319 S. 80.

8 Dazu § 409, 42.

9 Vgl. dazu KG JR **1983** 127; OLG Düsseldorf NStZ-RR **2001** 335 (zum selbständigen Verfahren); § 428, 5; KK/*Schmidt* 1; AK/*Günther* § 437 a. F., 7.

(§ 428) und während des ersten Rechtszuges untätig verhalten hat und erst im zweiten Rechtszug seine Beteiligung erstrebte und erlangte. Ferner kommt der Fall in Betracht, dass der Einziehungsbeteiligte die durch eine Beteiligungsanordnung im ersten Rechtszug erlangten Befugnisse nicht oder nicht genügend wahrgenommen hatte.

9 Ob der Einziehungsbeteiligte bisher ohne sein Verschulden nicht angehört wurde, hat das Gericht, wenn Veranlassung dazu besteht, **von Amts wegen**[10] nachzuprüfen. Insoweit gelten die Grundsätze des **Freibeweises**, wobei das Gericht insbesondere den Einziehungsbeteiligten zur Stellungnahme auffordern und dessen Erklärungen frei würdigen kann.[11] Die Anforderungen an die Darlegung einer unverschuldeten Hinderung dürfen nicht überspannt werden, um das Rechtsmittel nicht ineffektiv werden zu lassen.[12]

10 **4. Wirkung erfolgreicher Einwendungen des Einziehungsbeteiligten gegen den Schuldspruch.** Die Berufung des Einziehungsbeteiligten bezweckt, wie sich aus § 431 Abs. 1 Satz 1 ergibt, die Nachprüfung, ob die Entscheidung über die jeweils in Betracht kommende Rechtsfolge ihm „gegenüber gerechtfertigt ist“. Der Einziehungsbeteiligte kann entsprechend nicht ein Rechtsmittel zugunsten des Angeklagten einlegen. Greift er – zulässigerweise – den Schuldspruch des ersten Urteils an, kann er legitim lediglich eine Änderung des Urteils hinsichtlich der ihn betreffenden **Rechtsfolge zu seinen Gunsten** bezwecken. Hat z.B. der erste Richter den Angeklagten wegen gefährlicher Körperverletzung zu Strafe verurteilt und die Einziehung des Tatwerkzeugs auf § 74a Nr. 1 StGB gestützt, und macht der Einziehungsbeteiligte zulässigerweise geltend, die Voraussetzungen einer Einziehung nach § 74a Nr. 1 lägen deshalb nicht vor, weil der Angeklagte nicht rechtswidrig, sondern in Notwehr gehandelt habe, so wird, wenn der Einziehungsbeteiligte damit Erfolg hat, auf seine Berufung hin das Urteil lediglich insoweit aufgehoben, als die Einziehung angeordnet ist. Hatte sich der Angeklagte bei dem Urteil beruhigt und es rechtskräftig werden lassen, so bleibt das erste Urteil, von der Einziehung abgesehen, rechtsbeständig, obwohl der Schuldspruch des ersten Richters mit den Feststellungen des Berufungsrichters unvereinbar ist. Es bleibt insoweit lediglich die Möglichkeit, eine Wiederaufnahme des Verfahrens nach § 359 Nr. 5 anzustrengen.

11 Ebenso liegt es, dringt der Einziehungsbeteiligte mit seiner Einwendung durch, der Verurteilung des Angeklagten habe ein vom ersten Richter übersehenes **Verfahrenshindernis** wie die Verjährung[13] oder die Niederschlagung durch ein Straffreiheitsgesetz entgegengestanden: Dann wäre folgerichtig das Verfahren einzustellen, soweit es die Einziehung oder eine andere in § 438 Abs. 1 genannte Rechtsfolge betrifft. An der Rechtskraft des Urteils im Übrigen, das der Angeklagte hingenommen hat, würde sich aber nichts ändern. Der sonst geltende Grundsatz, dass bei einer Teilanfechtung des Urteils das Rechtsmittelgericht, wenn es ein Verfahrenshindernis feststellt, die sich hieraus ergebenden Folgerungen für das Verfahren in seiner Gesamtheit zieht, gilt hier nicht, weil das lediglich vom Einziehungsbeteiligten eingelegte Rechtsmittel nach dem insoweit eindeutigen Wort-

---

10 HK-GS/*Koch* § 437 a. F., 1.

11 BayObLG NStZ **1994** 442; KK/*Schmidt* 4; AK/*Günther* § 437 a. F., 8; AnwK/*Lohse* § 437 a. F., 1.

12 S. auch – mit begründungsbedürftigem Verweis auf Art. 13 EMRK – MüKo/*Putzke/Scheinfeld* 8; SK/*Paeffgen* 6; s. allerdings zum Verhältnis zwischen Art. 6 EMRK und Art. 13 EMRK MüKo-StPO/*Gaede* Art. 13 EMRK, 9 ff. Einschlägig ist nach der bisherigen Rechtsprechung des EGMR eher Art. 6 EMRK, nicht Art. 13 EMRK.

13 Zur möglichen Rüge der Verjährung der ausschlaggebenden Tat auch BGH BeckRS **2018** 19348; Meyer-Goßner/Schmitt/*Köhler* 1.

laut des § 431 Abs. 1 Satz 1 nur die Prüfung herbeiführt, ob die Rechtsfolgenanordnung *ihm gegenüber* gerechtfertigt[14] ist. Das Ergebnis mag unbillig erscheinen, wurde jedoch vom Gesetzgeber in der Sache mit der Abstandnahme von einer Korrektur der Regelung bestätigt. Auch bei einem Erfolg im Nachverfahren (§ 433) ändert sich an dem Bestand des rechtskräftigen Urteils im Übrigen nichts. Zu prüfen bleibt, ob § 357 analog auf die Berufungsinstanz entsprechend anwendbar sein könnte.[15]

III. Wegfall der Beschränkungen im Berufungsverfahren

Die in Absatz 1 im Ergebnis geregelten **Beschränkungen** der Nachprüfung des Schuldspruchs **gelten** gemäß § 431 Abs. 2 im Berufungsverfahren **nicht, wenn zugleich** auf die Berufung eines anderen Beteiligten (des Angeklagten, des Staatsanwalts oder Nebenklägers) über den **Schuldspruch** zu **entscheiden** ist. An dieser Voraussetzung fehlt es, wenn sich das Rechtsmittel des anderen Rechtsmittelberechtigten auf einen abtrennbaren Teil des Urteils beschränkt, der den Schuldspruch unberührt lässt, z.B. bei Beschränkung der Berufung auf das Strafmaß (vgl. § 327). Die Vorschrift des Absatz 2 beruht auf der Erwägung, dass von den anderen Beteiligten unter Umständen zum Schuldspruch völlig neue Tatsachen und Beweismittel vorgebracht werden können und es nicht angebracht wäre, dem Einziehungsbeteiligten die Möglichkeit abzuschneiden, hierzu Stellung zu nehmen.[16] 12

IV. Einwendungen gegen den Schuldspruch im Revisionsverfahren

1. Übersicht über die Voraussetzungen für die Geltendmachung von Einwendungen. Im Revisionsverfahren können Einwendungen gegen den Schuldspruch nur im Rahmen der **allgemeinen Voraussetzungen** dieses Rechtsmittels erhoben werden (dazu Rn. 16 ff.). Darüber hinaus sind die für den **Einziehungsbeteiligten zusätzlich** geltenden Voraussetzungen, insbesondere die des § 431 Abs. 1 zu beachten (dazu Rn. 14 f.). 13

2. Einziehungsbeteiligungsrechtliche Voraussetzungen. a) Zunächst ist erforderlich, dass eine **Verfahrensbeteiligung** wirksam, insbesondere zeitgerecht (§ 424 Abs. 3) angeordnet ist, also bis zum Ausspruch der Einziehung im ersten Rechtszug und, wenn zulässige Berufung eingelegt ist, bis zur Beendigung der Schlussvorträge im Berufungsverfahren. In diesem Fall wirkt die Anordnung der Verfahrensbeteiligung auch für die Revisionsinstanz. 14

b) Die Beteiligung zur Schuldfrage in diesem Verfahrensstadium war nach dem früheren Recht weiter davon abhängig, dass **keine Beschränkung nach § 437 Abs. 2 a. F.** angeordnet ist und dass weiterhin die in Absatz 1 Satz 1 umschriebenen Voraussetzungen vorliegen, unter denen ausnahmsweise eine Beteiligung des Einziehungsbeteiligten zum Schuldspruch in den Rechtsmittelinstanzen vorgesehen ist. 15

---

14 KK/*Schmidt* 6; s. auch MüKo/*Putzke*/*Scheinfeld* 12; i.E. auch BGH BeckRS **2018** 19348.

15 Dazu abl. LR/*Franke* § 357, 4 m.w.N. Hierzu ferner differenziert befürwortend m.w.N. SK/*Wohlers* § 357, 42 ff.

16 BTDrucks. **V** 1319 S. 80.

16 **3. Revisionsrechtliche Voraussetzungen. a)** Soweit einziehungsbeteiligungsrechtliche Einwendungen gegen den Schuldspruch vorgebracht werden können (s. o. Rn. 14, 15), sind diese **beschränkt** auf die Rüge von **Gesetzesverletzungen**[17] (§ 337). Diese Einwendungen muss der Einziehungsbeteiligte innerhalb der Revisionsbegründungs**frist** (§ 345 Abs. 1) und (§ 427 Abs. 1 Satz 1) in der **Form** des § 345 Abs. 2 vorbringen.[18] Dies impliziert insbesondere, dass die streng verstandenen Darlegungsanforderungen auch in Bezug auf den Vortrag des Einziehungsbeteiligten zu beachten sind.[19] Aus diesem Grunde ist die einziehungsbeteiligungsrechtliche Beschränkung des Absatz 1 Satz 2 gegenstandslos:[20] Neue Tatsachen und Beweismittel können *in der Revisionsinstanz* auch durch andere Rechtsmittelberechtigte zur Schuld eines Angeklagten (s. o. Rn. 12) nicht mehr vorgebracht werden. Eine „erneute Prüfung" in tatsächlicher Hinsicht kommt nicht mehr in Betracht, soweit nicht ein Fall des § 354 Abs. 1a vorliegt.

17 **b)** Gleiches gilt, legt ein **anderer Rechtsmittelberechtigter** Revision ein. Auch hier kann der Einziehungsbeteiligte Einwendungen gegen den Schuldspruch – der grundsätzlich auf die Nachprüfung der Rechtsanwendung beschränkten Tätigkeit des Revisionsgerichts entsprechend – nur in Form der Erhebung zulässiger Rechtsrügen[21] vorbringen. Die Begründungsfrist, innerhalb derer der Einziehungsbeteiligte, der nicht selbst Revision eingelegt hat, nach Absatz 3 seine Einwendungen vorbringen muss, ist die für den Revisionsführer laufende Revisionsbegründungsfrist. Legen verschiedene Rechtsmittelberechtigte zu verschiedenen Zeiten Revision ein, so ist die zuletzt ablaufende Begründungsfrist[22] maßgebend. Auch hier bedarf es zur Erhebung der Einwendungen der Form des § 345 Abs. 2. Wenn der Einziehungsbeteiligte wegen Fristversäumung mit Einwendungen gegen den Schuldspruch präkludiert ist, der Schuldspruch aber auf die Revision des Angeklagten aufgehoben wird, wendet auch die Rechtsprechung die Erstreckung des Erfolges der Revision zu Recht gem. **§ 357 analog** an.[23]

18 **4. Nachtragsverfahren.** Hat der Einziehungsbeteiligte mit seinen Einwendungen wegen der dem Revisionsverfahren entsprechenden Beschränkungen der Nachprüfung keinen Erfolg, so bleibt ihm ggf. die Möglichkeit, nach **§ 433** vorzugehen.

V. Entscheidung bei Anfechtung der Höhe der Entschädigung

19 **1. Entstehungsgeschichte.** Im Entw. EGOWiG lautete Absatz 4: „wird nur [...] durch Beschluss entschieden". Die Ergänzung des Satzes durch: „wenn die Beteiligten nicht widersprechen" und die Hinzufügung des jetzigen Satzes 2 erfolgte im Rechtsausschuss des Bundestages[24] und trägt dem Grundsatz Rechnung, dass der Verzicht auf eine sonst

---

17 BayObLG NStZ **1994** 442; AK/*Günther* § 437 a. F., 15.

18 KMR/*Metzger* 4; *Pfeiffer* § 437 a. F., 5.

19 Hierzu beispielhaft BGH BeckRS **2018** 19348 mit dem Vorwurf einer ungenügenden Darlegung der unverschuldeten Hinderung infolge einer unzureichenden Darlegung der Terminsmitteilung.

20 KK/*Schmidt* 8; SK/*Paeffgen* 9.

21 Ebenso KK/*Schmidt* 8; Meyer-Goßner/Schmitt/*Köhler* 4; KMR/*Metzger 4;* HK/*Retemeyer* 6; SK/*Paeffgen* 9; HK-GS/*Koch* § 437 a. F., 3; *Pfeiffer* § 437 a. F., 5.

22 KK/*Schmidt* 8.

23 BGH wistra **2019** 243, 244; Meyer-Goßner/Schmitt/*Köhler* 4; zur eigenen grundsätzlichen Einschätzung des § 357 schon *Wohlers/Gaede* NStZ **2004** 9; **a.A.** KMR/*Metzger* 7, der allerdings wohl ohne den Rückgriff auf § 357 zum gleichen Ergebnis gelangen will. S. hingegen für den umgekehrten Fall des Rechtsmittels allein des Einziehungsbeteiligten abl. MüKo/*Putzke/Scheinfeld* 12 m.w.N.

24 Vgl. BTDrucks. **V** 2601 S. 19.

erforderliche Hauptverhandlung nicht ohne Einverständnis der Beteiligten zulässig sein soll.

2. Form der Entscheidung. Während die Absätze 1 und 3 des § 431 die Frage der Beteiligung des Einziehungsbeteiligten bzgl. der Nachprüfung des Schuldspruchs in der Rechtsmittelinstanz zum Gegenstand haben, behandelt Absatz 4 die **Form der Entscheidung** für einen Sonderfall der Anfechtung. Absatz 4, der eine Verfahrensvereinfachung bezweckt, knüpft an § 430 Abs. 3 Satz 2 an, wonach das Gericht, wenn es die Entschädigung eines Einziehungsbeteiligten aus Billigkeitsgründen für geboten hält, ausnahmsweise auch über die Höhe der Entschädigung befindet. Diese Entscheidung ergeht im ersten Rechtszug durch Urteil. Der Einziehungsbeteiligte kann es nur wegen der Höhe der Entschädigung anfechten, da er durch die Zuerkennung der Billigkeitsentscheidung dem Grunde nach nicht beschwert ist. Die Staatsanwaltschaft hingegen kann die Entscheidung sowohl dem Grunde wie der Höhe nach anfechten. Absatz 4 regelt den Fall, dass auf das Rechtsmittel des Einziehungsbeteiligten oder infolge der Beschränkung des Rechtsmittels der Staatsanwaltschaft (§§ 318, 352) nur die Entscheidung über die Höhe der Entschädigung mit den zulässigen Rechtsmitteln (Berufung, Revision, Sprungrevision) angefochten wird. Das Rechtsmittelgericht kann nach seinem zwar an keine Regeln[25] gebundenen, aber doch pflichtgemäß zu betätigenden Ermessen[26] statt durch Urteil nach durchgeführter Hauptverhandlung durch Beschluss im schriftlichen Verfahren entscheiden, vorausgesetzt, dass die Beteiligten nicht widersprechen. Zuvor sind die Beteiligten, wie **Absatz 4 Satz 2** in Übereinstimmung mit § 72 Abs. 1 OWiG ausspricht,[27] auf die Möglichkeit eines solchen Verfahrens und des Widerspruchs hinzuweisen, und es ist ihnen Gelegenheit zu geben, sich zu äußern. 20

3. Entscheidung durch Beschluss

a) Verfahren. Die Beschlussentscheidung kommt **hauptsächlich** in Betracht, wenn das Gericht eine Hauptverhandlung als entbehrlich ansieht, weil ihm der Sachverhalt durch die Ergebnisse des vorangegangenen Verfahrens ausreichend geklärt[28] erscheint oder weil der Sachverhalt nicht schwierig und der geltend gemachte Anspruch nicht hoch ist.[29] Auch hier kann sich der Einziehungsbeteiligte gemäß § 428 Abs. 1 oder 2 vertreten lassen. Zwar sind die Vorschriften der Strafprozessordnung über das Beschwerdeverfahren nicht für entsprechend anwendbar erklärt. Dem auf Verfahrensvereinfachung gerichteten Zweck der Vorschrift widerspricht es aber nicht, wenn das Gericht in entsprechender Anwendung des § 308 Abs. 2 und unter Berücksichtigung des Grundsatzes des rechtlichen Gehörs **Ermittlungen geringeren Umfangs anordnet oder selbst vornimmt.**[30] 21

b) Verwertbarkeit der Auslegung des § 72 Abs. 1 OWiG. Zu dem praktisch sehr wichtigen Widerspruchsrecht der Beteiligten und der Pflicht des Gerichts, ihnen Gele- 22

25 OLG Hamm VRS **50** (1976) 133.
26 KMR/*Metzger* 8; HK/*Retemeyer* 7.
27 S. a. § 430 Abs. 3 Satz 3 StPO und § 430, 22.
28 Meyer-Goßner/Schmitt/*Köhler* 7.
29 KK/*Schmidt* 10; KMR/*Metzger* 8; AK/*Günther* § 437 a. F., 19; SK/*Paeffgen* 10; für das Ordnungswidrigkeitenverfahren **a.A.** Göhler/*Seitz*/*Brauer* § 72, 1.
30 KK/*Schmidt* 10; Meyer-Goßner/Schmitt/*Köhler* 7; AK/*Günther* § 437 a. F., 20; HK/*Retemeyer* 7; HK-GS/*Koch* § 437 a. F., 4; für das Ordnungswidrigkeitenverfahren vgl. § 71 Abs. 2 OWiG.

genheit zur Äußerung zu geben (dazu o. Rn. 19 f.), sind in Rspr. und Schrifttum zu § 72 Abs. 1 OWiG Grundsätze entwickelt worden, die wegen der Gleichartigkeit der Rechtslage weitgehend für die Auslegung des § 431 Abs. 4 von Bedeutung[31] sind. Wegen der Einzelheiten darf auf die Darstellung in den Erläuterungswerken zum OWiG verwiesen werden. Hervorzuheben ist das Folgende:

23 Der **Widerspruch** auch nur eines Beteiligten, z.B. der Staatsanwaltschaft, schließt eine Entscheidung durch Beschluss aus.[32] Zu den widerspruchsberechtigten Beteiligten gehören auch der gesetzliche Vertreter des Einziehungsbeteiligten und der Erziehungsberechtigte (§ 298 StPO, § 67 Abs. 3 JGG); § 297 gilt entsprechend.[33] Der Widerspruch, der dem Gericht gegenüber zu erklären ist, bedarf keiner Form und keiner Begründung. Auch schlüssiges Verhalten[34] reicht für die Annahme einer Widerspruchserklärung aus.

24 Jeder Beteiligte kann mit bindender Wirkung auf sein **Widerspruchsrecht verzichten**, sodass sein späterer Widerruf wirkungslos ist, dem Gericht aber Veranlassung geben kann, von einer Entscheidung im Beschlussverfahren Abstand zu nehmen und die Hauptverhandlung durchzuführen. Ein solcher Widerspruchsverzicht liegt noch nicht vor, wenn das Gericht – in der Regel im Zusammenhang mit dem Hinweis nach Absatz 4 Satz 2 – eine angemessene, wenn auch kurze (aber nicht zu knappe) Frist zur Erklärung des Widerspruchs setzt und der Beteiligte in der Frist nicht antwortet. Ein nach Fristablauf, aber vor Erlass der Entscheidung, d. h. bevor der unterschriebene Beschluss zur Zustellung den Geschäftsbereich des Gerichts verlassen hat, eingehender Widerspruch ist zu beachten.[35] Die heute für das Ordnungswidrigkeitenverfahren in § 72 Abs. 2 OWiG getroffene Regelung, nach der ein nach Fristablauf eingehender Widerspruch zunächst stets unbeachtlich, jedoch die Wiedereinsetzung in den vorigen Stand zulässig sein soll, ist auf die Besonderheiten des Ordnungswidrigkeitenverfahrens zugeschnitten. Er ist auf die Einziehungsbeteiligung auch nicht analog anzuwenden. Unbeachtlich ist ein Widerspruch, der nach Fristablauf und nach Erlass der Entscheidung eingeht.

25 Eine **erklärte Zustimmung** zum Beschlussverfahren bezieht sich nur auf die Verfahrenslage, in der sie abgegeben wird. Wenn also das Gericht nach einer Zustimmungserklärung noch Ermittlungen betrieben hat und neue, den Beteiligten unbekannte Beweismittel[36] verwendet, ist eine Entscheidung ohne Hauptverhandlung nur zulässig (§ 33 Abs. 3), wenn entweder der Beteiligte seine Zustimmung in Kenntnis der Beweisaufnahme wiederholt oder das Gericht erneut nach § 431 Abs. 4 Satz 2 verfährt.[37]

26 **4. Zuständigkeit.** Auch das **Revisionsgericht** kann gemäß Absatz 4 durch Beschluss über die Revision entscheiden, wenn das Berufungsgericht über die Berufung gegen das erste Urteil durch Urteil entschieden hat. Unberührt bleibt die Befugnis des Revisionsgerichts, ohne Rücksicht auf den Widerspruch eines Beteiligten gemäß § 349 durch Beschluss zu entscheiden.

27 **5. Unanfechtbarkeit des Beschlusses.** Die Unanfechtbarkeit ist selbstverständlich, wenn das Revisionsgericht entscheidet. Sie gilt aber auch für die Entscheidung des Beru-

---

31 Ebenso KK/*Schmidt* 10; KMR/*Metzger* 8.

32 OLG Frankfurt VRS **37** (1969) 212.

33 Meyer-Goßner/Schmitt/*Köhler* 7.

34 Meyer-Goßner/Schmitt/*Köhler* 7.

35 BayObLG VRS **37** (1969) 457; **43** (1972) 297; OLG Hamm VRS **50** (1976) 224 m.w.N.; OLG Karlsruhe GA **1973** 246; Meyer-Goßner/Schmitt/*Köhler* 7.

36 BayObLG JR **1982** 170 mit Anm. *Göhler*.

37 BayObLG VRS **42** (1972) 221; OLG Hamm VRS **50** (1976) 59.

fungsgerichts, denn das Gesetz kennt kein Rechtsmittel gegen einen Beschluss als Surrogat für das sonst erforderliche Berufungsurteil, und überdies ist es ja der Sinn der auf Vereinfachung und Beschleunigung gerichteten Vorschrift, das Verfahren mit dem Beschluss alsbald abzuschließen.[38] Hat aber das Gericht durch Beschluss entschieden, **ohne** die Beteiligten zuvor auf die Möglichkeit eines solchen Verfahrens **hinzuweisen** und **ohne** ihnen **Gelegenheit zur Stellungnahme** zu geben, so wird es bei nachträglichem Widerspruch in entsprechender Anwendung des Grundgedankens der §§ 33a, 311a seinen Beschluss aufzuheben und durch Urteil[39] zu entscheiden haben.

6. Entsprechende Anwendung des Absatz 4. Wegen **entsprechender** Anwen- 28
dung des **§ 431 Abs. 4** im Nachverfahren vgl. § 434 Abs. 4 und § 434, 23 f.

§ 432
Einziehung durch Strafbefehl

(1) [1]Wird die Einziehung durch Strafbefehl angeordnet, so wird der Strafbefehl auch dem Einziehungsbeteiligten zugestellt, soweit er an dem Verfahren beteiligt ist. [2]§ 429 Absatz 3 Nummer 2 gilt entsprechend.

(2) Ist nur über den Einspruch des Einziehungsbeteiligten zu entscheiden, so gilt § 434 Absatz 2 und 3 entsprechend.

Entstehungsgeschichte

§ 432 ist aus dem früheren § 438 a. F. entstanden. Die **gesetzliche Überschrift** „Einziehung durch Strafbefehl" geht auf Art. 1 Nr. 13 des Gesetzes zur Stärkung des Rechts des Angeklagten auf Vertretung in der Berufungsverhandlung und über die Anerkennung von Abwesenheitsentscheidungen in der Rechtshilfe vom 17.7.2015 (BGBl. I S. 1332, 1344) zurück. Die Regelung wurde zum 1.7.2017 mit dem **Gesetz zur Reform der strafrechtlichen Vermögensabschöpfung** vom 13.4.2017 (BGBl. I S. 872, 886) unter insbesondere redaktionellen Änderungen von ihrem ursprünglichen Standort (§ 438) auf § 432 verschoben.[1]

Übersicht

38 Wie hier auch KK/*Schmidt* 10.
39 KMR/*Metzger* 16; AK/*Günther* § 437 a. F., 22.
1 BTDrucks. **18** 9525 S. 90: entspricht dem vorherigen § 438.

https://doi.org/10.1515/9783110765540-032

I. Strafbefehlsverfahren und Beteiligungsanordnung

1 **1. Voraussetzungen.** Auf eine Einziehung kann **durch Strafbefehl** nur erkannt werden, wenn die Staatsanwaltschaft (bei Steuervergehen ggf. das Finanzamt)[2] diese Rechtsfolge beantragt hat.[3] Der Einziehungsbeteiligte wird ggf. schon im Ermittlungsverfahren beteiligt (§ 426). Mit dem Eingang des Strafbefehlsantrags, der die Einziehung umfasst, kann seine Beteiligung angeordnet werden. Dem Einziehungsbeteiligten stehen mit Erlass des Strafbefehls die Befugnisse eines Angeklagten zu (§ 427 Abs. 1 Satz 2 Halbsatz 2).

2 Für **Entschädigungsentscheidungen** nach § 430 Abs. 3 ist im summarischen Verfahren kein Raum, da ein dem Erlass des Strafbefehls vorangehender Hinweis und die Gewährung vorgängigen gerichtlichen Gehörs (§ 430 Abs. 3 Satz 3) mit dem Zweck einer beschleunigten Erledigung nicht zu vereinbaren[4] wären.

3 **2. Form der Beteiligungsanordnung.** Im Allgemeinen erfolgt die Anordnung der Verfahrensbeteiligung nicht durch besonderen, dem Erlass des Strafbefehls vorangehenden Beschluss, sondern **im Strafbefehl** selbst. Der Erlass des die Einziehung anordnenden Strafbefehls hat die in § 75 Abs. 3 und 4 StGB bezeichnete Sperrwirkung (Veräußerungsverbot), auch wenn gegen ihn Einspruch eingelegt wird.

II. Ausspruch der Einziehung im Strafbefehl ohne Anordnung der Einziehungsbeteiligung

4 **1. Einspruchsberechtigung und Einziehungsbeteiligung.** Ist die durch Strafbefehl angeordnete Rechtsfolge der Einziehung mit dem Eingriff in Drittrechte verbunden, ohne dass vor oder in der Entscheidung die Verfahrensbeteiligung des Dritten angeordnet wurde, so hat der Betroffene **keine Möglichkeit, aus eigenem Recht Einspruch**[5] einzulegen. Denn dieses Recht steht nur einem Einziehungsbeteiligten zu, und eine Beteiligungsanordnung nach Erlass des Strafbefehls während der Einspruchsfrist ist ausgeschlossen, da ein solcher Beschluss nach § 424 Abs. 3 nur bis zum Ausspruch der je betroffenen Rechtsfolge möglich, die Einziehung aber bereits im Strafbefehl ausgesprochen ist. Wenn der Angeklagte aber Einspruch einlegt, besteht wieder die Möglichkeit, die Verfahrensbeteiligung anzuordnen.[6]

---

2 § 407, 46.
3 Zum notwendigen Antrag § 408, 38.
4 KK/*Schmidt* 2; Meyer-Goßner/Schmitt/*Köhler* 1; AK/*Günther* § 438 a. F., 6; HK/*Retemeyer* 1; SK/*Paeffgen* 2; HK-GS/*Koch* § 438 a. F., 1.
5 KK/*Schmidt* 4; KMR/*Metzger* 4; Meyer-Goßner/Schmitt/*Köhler* 2; *Pfeiffer* § 438 a. F., 3.
6 OLG Stuttgart StraFo **2012** 159; KK/*Schmidt* 4; Meyer-Goßner/Schmitt/*Köhler* 2; SK/*Paeffgen* 3.

2. Einziehungsbeteiligung bei rechtskräftigem Strafbefehl. Lässt der Angeklagte durch **Nichtgebrauch des Rechtsbehelfs** oder Einspruchsverzicht den Strafbefehl vor der Anordnung der Einziehungsbeteiligung rechtskräftig werden, so bleibt dem Einziehungsbeteiligten nur der Weg des **Nachverfahrens** (§ 433)[7] oder unabhängig davon der Weg der Geltendmachung von Entschädigungsansprüchen vor dem Zivilrichter. Das gleiche gilt, wenn der Angeklagte den eingelegten Einspruch zulässigerweise (§ 411 Abs. 3) zurücknimmt oder die Rücknahmefiktion des § 412 Platz greift, mag die Verfahrensbeteiligung auch zwischenzeitlich angeordnet worden sein. Denn mit der Rücknahme des Einspruchs mit der Folge der Rechtskraft des Strafbefehls entzieht der Angeklagte dem weiteren Verfahren die Grundlage – eine Beteiligungsanordnung wird gegenstandslos.[8] Hierin liegt eine ggf. durchaus empfindliche Beschränkung des rechtlichen Gehörs. Sie muss jedenfalls auf der Vollstreckungsebene beachtet werden, damit nicht vorschnell vollendete Tatsachen geschaffen werden.[9] 5

III. Erlass eines Strafbefehls mit Anordnung der Einziehungsbeteiligung

Ist die Beteiligung vor oder bei Erlass des Strafbefehls angeordnet, so richtet sich zwar die Anordnung der Einziehung unmittelbar gegen den Beschuldigten als Adressaten. Da die Rechtsfolge sich aber auch gegen den Einziehungsbeteiligten auswirkt, sieht das Gesetz in Abwandlung der für das normale Verfahren nach Einreichung einer Anklageschrift und Eröffnung des Hauptverfahrens geltenden Vorschriften **Maßnahmen** vor, die diesem die **Wahrnehmung** der ihm nach § 427 Abs. 1 Satz 1 zustehenden **Befugnisse ermöglichen** sollen. 6

1. Zustellung. Der Strafbefehl mit dem in § 409 bezeichneten Inhalt ist auch dem **Einziehungsbeteiligten zuzustellen** (§ 432 Abs. 1 Satz 1) und seinem gesetzlichen **Vertreter mitzuteilen** (§ 409 Abs. 2). Hat der Einziehungsbeteiligte einen Vertreter (§ 428), so gilt § 145a (§ 428 Abs. 1 Satz 2). Den Inhalt beschränkt der Gesetzgeber dabei nunmehr auf die Passagen der Anklageschrift, die den Einziehungsbeteiligten betreffen können und ihm damit ein berechtigtes Interesse an der Mitteilung vermitteln.[10] 7

2. Hinweispflicht

a) Beschränkung. § 432 Abs. 1 schreibt zwar vor, dass „der Strafbefehl“ mitzuteilen sei. Das schließt aber – in sinngemäßer Anwendung der §§ 429 Abs. 2, 430 Abs. 4 Satz 2 – nicht aus, dass der Inhalt des Strafbefehls **nur** insoweit wiedergegeben wird, als er für die Verfahrensbeteiligung **von Bedeutung**[11] ist, z.B. wenn ein Strafbefehl Straffestsetzungen wegen mehrerer selbständiger Straftaten enthält und die Einziehung nur aus einer der Taten hergeleitet wird. 8

b) § 429 Abs. 3 Nr. 2 und 3. Nach dem früheren § 438 Abs. 1 Satz 2 a. F. galt § 435 Abs. 3 Nr. 2 entsprechend. Damit musste deutlich zum Ausdruck gebracht werden, dass die Einziehungsanordnung eine auch dem Einziehungsbeteiligten gegenüber wirksame 9

7 KK/*Schmidt* 4; HK/*Retemeyer* 2; SK/*Paeffgen* 2; AnwK/*Lohse* § 438 a. F., 1; *Pfeiffer* § 438 a. F., 3.
8 KK/*Schmidt* 4; KMR/*Metzger* 8.
9 Dazu näher § 434 Abs. 3 und § 434, 5 ff.
10 BTDrucks. **18** 9525 S. 90.
11 MüKo/*Putzke*/*Scheinfeld* 5; AK/*Günther* § 438 a. F., 8; AnwK/*Lohse* § 438 a. F., 2; *Pfeiffer* § 438 a. F., 2.

Entscheidung darstelle. Dieser Verweis ist aber, strikt wortlautnah betrachtet, mit der Novellierung ohne eine gesetzgeberische Erklärung entfallen. Vielmehr verweist § 432 Abs. 1 Satz 2 nun entsprechend auf **§ 429 Abs. 3 Nr. 2**, der einen Hinweis auf das Recht verbürgt, sich durch einen Rechtsanwalt mit nachgewiesener Vertretungsvollmacht vertreten zu lassen. Geboten ist es aber, auch den Hinweis auf **§ 429 Abs. 3 Nr. 3** praeter legem schon im Sinne eines effektiv eröffneten rechtlichen Gehörs zu erteilen, zumal der Gesetzgeber hier wohl nur die Novellierung des § 429 Abs. 3 nicht korrekt nachvollzogen hat.[12]

10 **3. Einspruchsbelehrung.** Der Strafbefehl muss den **Hinweis** enthalten, dass die Anordnung der Einziehung (s. o. Rn. 1 ff.) dem Einziehungsbeteiligten gegenüber „rechtskräftig und vollstreckbar" werde, wenn nicht innerhalb von zwei Wochen nach der Zustellung bei dem Amtsgericht schriftlich oder zu Protokoll der Geschäftsstelle Einspruch erhoben wird, und dass der **Einspruch** auch dem Einziehungsbeteiligten zustehe. Das ist zwar nicht ausdrücklich im Gesetz ausgesprochen, da das Gesetz nun (bewusst?) § 429 Abs. 3 Nr. 2 und nicht Nr. 3 für anwendbar erklärt. Da aber die in § 410 Abs. 1 vorgeschriebene Zustellung des Strafbefehls an den Beschuldigten auch seine zuverlässige Belehrung über sein Einspruchsrecht bezweckt, kann die Vorschrift, dass der Strafbefehl auch dem Einziehungsbeteiligten zuzustellen sei, keine andere Bedeutung haben, als dass auch er über sein selbständiges Einspruchsrecht (§ 432 Abs. 2) hinreichend zu belehren sei. Letztlich streitet hierfür schon § 427 Abs. 1 Satz 1. Zur Belehrung über das Einspruchsrecht gehört bei alledem der Hinweis auf das Recht, mündliche Verhandlung und Entscheidung durch Urteil beantragen zu dürfen[13] (§ 432 Abs. 2 i. V. m. § 434 Abs. 3).

IV. Verfahren nach Erlass des Strafbefehls mit Anordnung der Einziehungsbeteiligung

11 **1. Einspruch nur des Beschuldigten.** In diesem Falle richtet sich das weitere Verfahren im Allgemeinen nach den Vorschriften, die für das normale Verfahren nach schriftlicher Anklage und Eröffnung des Hauptverfahrens gelten. Der Einziehungsbeteiligte erhält danach Terminsnachricht gemäß § 429.[14] Der Mitteilung des Strafbefehls (§ 429 Abs. 2) bedarf es naturgemäß nur, wenn die Beteiligungsanordnung erst nach dem Erlass des Strafbefehls erfolgt ist. Bleibt der Angeklagte ohne genügende Entschuldigung und unvertreten in der Hauptverhandlung aus, so wird nach **§ 411** sein Einspruch auch dann verworfen, wenn der Einziehungsbeteiligte in der Hauptverhandlung erscheint.[15] Wird das Verwerfungsurteil rechtskräftig, so endet auch die Verfahrensbeteiligung. Die Rechtslage ist die gleiche wie in dem Fall, in dem die Einziehungsbeteiligung erst nach Einspruch des Beschuldigten angeordnet wird (s. o. Rn. 4 f.). Der Einziehungsbeteiligte kann dann seine Rechte nach § 433 geltend ma-

12 I.E. wie hier BKST/*Tschakert* Handb. Vermögensabschöpfung Rn. 1528 mit Fn. 313; s. auch kurzerhand die genaue gesetzliche Verweisung sogleich korrigierend/überlesend OK-StPO/*Temming* 2; KMR/*Metzger* 6; HK/*Retemeyer* 3; **a.A.** aber KK/*Schmidt* 3; den Fehler bemerkend, aber letztlich offenlassend, SSW/*Heine* 2; gänzlich ohne Stellungnahme MüKo/*Putzke*/*Scheinfeld* 6.

13 KK/*Schmidt* 3; KMR/*Metzger* 6; Meyer-Goßner/Schmitt/*Köhler* 3 und 8; HK/*Retemeyer* 3; AK/*Günther* § 438 a. F., 9; AnwK/*Lohse* § 438 a. F., 2.

14 OLG Stuttgart StraFo **2012** 159.

15 KK/*Schmidt* 5; KMR/*Metzger* 7; AK/*Günther* § 438 a. F., 18; SK/*Paeffgen* 6; *Pfeiffer* § 438 a. F., 4.

chen oder Entschädigungsansprüche vor dem Zivilprozessgericht einklagen, nicht anders als in den Fällen, in denen der Angeklagte von der Einlegung des Einspruchs absieht, auf ihn verzichtet oder den eingelegten Einspruch rechtzeitig (§ 411) förmlich zurücknimmt. Bleibt der Einziehungsbeteiligte dagegen unvertreten in der Hauptverhandlung aus, während der Angeklagte erschienen oder vertreten ist, kann nach § 430 Abs. 1 ohne den Einziehungsbeteiligten verhandelt werden. Auf ihn ist **§ 412** auch **nicht entsprechend**[16] **anwendbar**, zumal in der insoweit schweigenden Regelungen der §§ 429 Abs. 1 und 430 Abs. 1 eine Sonderregelung im Sinne des § 427 Abs. 1 Satz 1 zu erblicken ist.

2. Einspruch nur des Einziehungsbeteiligten. Legt nur der Einziehungsbeteiligte aus eigenem Recht (§ 427 Abs. 1) Einspruch ein, während der Beschuldigte den Strafbefehl nicht anficht, sei es, dass er die Einspruchsfrist ungenutzt verstreichen lässt, auf den Einspruch verzichtet, den eingelegten Einspruch rechtzeitig zurücknimmt (§ 411) oder sein Einspruch gemäß § 412 verworfen wird, enthält Absatz 2 des § 432 eine **Sondervorschrift**, die eine Vereinfachung des Verfahrens bezweckt. Sie trägt dem Umstand Rechnung, dass nach Rechtskraft des Strafbefehls gegenüber dem Beschuldigten nur noch über vermögensrechtliche Belange zu entscheiden ist. § 432 Abs. 2 gilt ohne Rücksicht darauf, ob der Einziehungsbeteiligte im Falle der Anberaumung eines Termins zur mündlichen Verhandlung ohne genügende Entschuldigung und unvertreten ausbleibt, oder ob er genügend entschuldigt ist oder selbst erscheint oder nach § 428 vertreten wird. Im ersteren Fall ist, da er nach § 430 Abs. 1 nicht zu erscheinen braucht, eine entsprechende Anwendung des § 412 ausgeschlossen (s. o. Rn. 11). Folgende Besonderheiten des Verfahrens sind zu beachten: 12

a) Unbeschränkte Prüfung. Zunächst ist eine frühere Einschränkung für den Einziehungsbeteiligten entfallen, welche die §§ 438 Abs. 1, 439 Abs. 3 Satz 1 noch vorsahen: Die Praxis, dass das Gericht den Schuldspruch des gegenüber dem Beschuldigten rechtskräftigen Strafbefehls nicht nachprüft, wenn es im Fall eines wirksamen Einspruchs durch den Angeklagten zulässig gewesen wäre, den Einziehungsbeteiligten nach § 439 Abs. 3 Satz 1 von der Beteiligung zur Frage der Schuld des Angeklagten auszuschließen. Eine entsprechende Regelung kommt insofern nur noch im Fall des § 438 Abs. 2 für Nebenbetroffene in Betracht. 13

Der Einziehungsbeteiligte kann demnach im Verfahren nach Einspruch auch zur Schuldfrage Stellung nehmen und damit die uneingeschränkte Pflicht des Gerichts aktivieren, den Sachverhalt insoweit vollständig aufzuklären. 14

b) Entsprechende Anwendung der § 434 Abs. 2 und 3. Die Absätze 2 und 3 des § 434 gelten entsprechend. Über den Einspruch wird folglich grundsätzlich durch Beschluss und nur ausnahmsweise auf Antrag der Staatsanwaltschaft oder des Einziehungsbeteiligten oder auf Anordnung des Gerichts[17] auf Grund mündlicher Verhandlung entschieden. Diese Verfahrensvereinfachung beruht, wie die ähnliche Vorschrift des 15

---

16 KK/*Schmidt* 5; Meyer-Goßner/Schmitt/*Köhler* 4; SSW/*Heine* 3; HK/*Retemeyer* 5; SK/*Paeffgen* 6; AnwK/*Lohse* § 438 a. F., 4; HK-GS/*Koch* § 438 a. F., 3; **a.A.** MüKo/*Putzke/Scheinfeld* 9; mit gesetzesfernen Erwägungen darüber, dass der Einziehungsbeteiligte, der aber gerade nicht exakt ein Angeklagter ist, nicht besser als der Angeklagte stehen dürfe; hiervon eher distanzierend nun auch OK-StPO/*Temming* 5.

17 KK/*Schmidt* 9; KMR/*Metzger* 11; AK/*Günther* § 438 a. F., 15 f.; HK/*Retemeyer* 6; SK/*Paeffgen* 7.

§ 431 Abs. 4, auf der Erwägung, dass nur über die Einziehung etc. und damit über eine Maßnahme grundsätzlich vermögensrechtlicher Art, entschieden wird.

16 **c) Nichtvertretener Einziehungsbeteiligter.** Ist ein Termin zur mündlichen Verhandlung anberaumt, weil die Beteiligten dies beantragt hatten oder das Gericht die mündliche Verhandlung von Amts wegen angeordnet hatte, und bleibt der gemäß § 429 Abs. 1 benachrichtigte Einziehungsbeteiligte **unvertreten** (§ 428) aus, so kann das Gericht nach § 430 Abs. 1 ohne ihn verhandeln.

17 Das Gericht muss in diesem Fall – ggf. unter Erzwingung des Erscheinens (§ 427 Abs. 2) – grundsätzlich durch Urteil[18] entscheiden, wenn es die mündliche Verhandlung von Amts wegen angeordnet oder die Staatsanwaltschaft oder **der Einziehungsbeteiligte die mündliche Verhandlung beantragt** hatte. Der Antrag kann allerdings ebenso wie die entsprechende Anordnung des Gerichts zurückgenommen werden; hiermit ist wieder der Wechsel in das Beschlussverfahren möglich.[19] So kann das Gericht insbesondere dann, wenn die Staatsanwaltschaft die mündliche Verhandlung beantragt hatte, mit deren Einverständnis zum Beschlussverfahren[20] übergehen. Einen Fingerzeig, wie frühere Erklärungen des Einziehungsbeteiligten zur Wahrnehmung seiner Rechte im Fall seines Ausbleibens verwertet werden können, bietet § 74 Abs. 1 OWiG (Bekanntgabe des wesentlichen Inhalts seiner früheren Vernehmung und etwaiger schriftlicher oder protokollarischer Erklärungen zur Sache), gegen dessen analoge Anwendung insoweit keine Bedenken bestehen. Dagegen scheidet eine sinngemäße Anwendung des § 74 Abs. 2 OWiG (Möglichkeit der Verwerfung des Einspruchs ohne Beweisaufnahme, wenn der Betroffene bei Anordnung seines persönlichen Erscheinens ohne genügende Entschuldigung ausbleibt) aus, denn das liefe auf eine entsprechende Anwendung des § 412 hinaus, die, als dem Grundsatz des § 430 Abs. 1 widersprechend, nicht im Gesetz vorgesehen ist.

18 **d) Erfolg des Einspruchs.** Hat der Einziehungsbeteiligte mit **dem selbständigen Einspruch** (§ 432 Abs. 2) **Erfolg**, so wird der rechtskräftige Strafbefehl, soweit er die angeordnete Einziehung betrifft, aufgehoben. Andernfalls wird der Einspruch verworfen. Wegen der Kosten und Auslagen vgl. §§ 472b und 473.

19 **3. Einspruch des Beschuldigten und des Einziehungsbeteiligten.** Der Fall, dass **sowohl der Beschuldigte als auch** aus eigenem Recht **der Einziehungsbeteiligte Einspruch eingelegt** haben, wirft keine besonderen Probleme auf. Er wird so behandelt, als sei nach schriftlich erhobener Anklage das Hauptverfahren eröffnet und die Beteiligung angeordnet worden. Der aus eigenem Recht eingelegte Einspruch des Einziehungsbeteiligten hat auch dann keine selbständige Bedeutung, wenn der Angeklagte durch Tod oder dauernde Verhandlungsunfähigkeit aus dem Verfahren ausscheidet. Insoweit gelten im Strafbefehlsverfahren keine Besonderheiten gegenüber dem normalen Verfahren nach Erlass des Eröffnungsbeschlusses. Es bleibt dann allenfalls die Frage, ob das subjektive Strafverfahren in ein objektives Verfahren übergeleitet werden kann.[21]

---

18 O. Rn. 15; zweifelnd *Eb. Schmidt* Nachtr. II 9.

19 KK/*Schmidt* 9; KMR/*Metzger* 11; Meyer-Goßner/Schmitt/*Köhler* 8; AK/*Günther* § 438 a. F., 16; HK/*Retemeyer* 6; AnwK/*Lohse* § 438 a. F., 4.

20 Meyer-Goßner/Schmitt/*Köhler* 8; HK/*Retemeyer* 6; AnwK/*Lohse* § 438 a. F., 4.

21 Hierzu § 435, 54 ff.

§ 433
Nachverfahren

(1) Ist die Einziehung rechtskräftig angeordnet worden und macht jemand glaubhaft, dass er seine Rechte als Einziehungsbeteiligter ohne sein Verschulden weder im Verfahren des ersten Rechtszuges noch im Berufungsverfahren hat wahrnehmen können, so kann er in einem Nachverfahren geltend machen, dass die Einziehung ihm gegenüber nicht gerechtfertigt sei.

(2) [1]Das Nachverfahren ist binnen eines Monats nach Ablauf des Tages zu beantragen, an dem der Antragsteller von der rechtskräftigen Entscheidung Kenntnis erlangt hat. [2]Der Antrag ist unzulässig, wenn seit Eintritt der Rechtskraft zwei Jahre verstrichen sind und die Vollstreckung beendet ist.

(3) [1]Durch den Antrag auf Durchführung des Nachverfahrens wird die Vollstreckung der Anordnung der Einziehung nicht gehemmt; das Gericht kann jedoch einen Aufschub sowie eine Unterbrechung der Vollstreckung anordnen. [2]Wird in den Fällen des § 73b des Strafgesetzbuches, auch in Verbindung mit § 73c des Strafgesetzbuches, unter den Voraussetzungen des Absatz 1 ein Nachverfahren beantragt, sollen bis zu dessen Abschluss Vollstreckungsmaßnahmen gegen den Antragsteller unterbleiben.

(4) [1]Für den Umfang der Prüfung gilt § 431 Absatz 1 entsprechend. [2]Wird das vom Antragsteller behauptete Recht nicht erwiesen, ist der Antrag unbegründet.

(5) Vor der Entscheidung kann das Gericht unter den Voraussetzungen des § 421 Abs. 1 mit Zustimmung der Staatsanwaltschaft die Anordnung der Einziehung aufheben.

(6) Eine Wiederaufnahme des Verfahrens nach § 359 Nummer 5 zu dem Zweck, die Einwendungen nach Abs. 1 geltend zu machen, ist ausgeschlossen.

Schrifttum

Satzger Die Berücksichtigung von Opferinteressen bei der Verfallsanordnung aus materiellrechtlicher wie prozessrechtlicher Sicht, wistra **2003** 401.

Entstehungsgeschichte

Die Regelungen des heutigen § 433 waren ursprünglich in den §§ 439 a. F. und 442 Abs. 2 a. F. enthalten. Die **gesetzliche Überschrift** „Nachverfahren" geht auf Art. 1 Nr. 13 des Gesetzes zur Stärkung des Rechts des Angeklagten auf Vertretung in der Berufungsverhandlung und über die Anerkennung von Abwesenheitsentscheidungen in der Rechtshilfe vom 17.7.2015 (BGBl. I S. 1332, 1344) zurück. Die Regelungen wurden zum 1.7.2017 mit dem **Gesetz zur Reform der strafrechtlichen Vermögensabschöpfung** v. 13.4.2017 (BGBl. I S. 872, 886) von ihrem ursprünglichen Standort mit einer Reihe eher redaktioneller Änderungen auf § 433 verschoben.[1]

1 Näher BTDrucks. **18** 9525 S. 90 f. und die Kommentierung im Einzelnen.

https://doi.org/10.1515/9783110765540-033

Übersicht

I. Allgemeine Einordnung des Nachverfahrens

1 **1. Interessenlage.** Bei der stets auf bestimmte Gegenstände bzw. einen diesbezüglichen Wertersatz bezogenen Einziehung kann der tatunbeteiligte Eigentümer der betroffenen Gegenstände oder ein tatunbeteiligter Inhaber einziehungsbetroffener Rechte trotz der Möglichkeit der Einziehungsbeteiligung nach § 424 Rechtsverluste erleiden, wenn er ohne sein Verschulden nicht am Verfahren beteiligt war und er damit seine Rechte nicht durch prozessuale Schritte bewahren konnte. Unabhängig von etwaigen Entschädigungsansprüchen verlangt der Grundsatz des **rechtlichen Gehörs** (Art. 103 Abs. 1 GG), dass dem Berechtigten mit einer präventiven, jedenfalls aber mit der nachträglichen Gehörsgewährung ein Rechtsbehelf zugestanden wird, der, soweit möglich, zu einer Wiederherstellung der verlorengegangenen Rechte führt. In § 433 bzw. schon in seiner Vorgängernorm (§ 439 a. F.) ist dieser Grundgedanke (vgl. auch §§ 33a, 311a) mit dem des ausnahmslosen Rechtsschutzes gegenüber Rechtseingriffen der öffentlichen Gewalt verbunden worden: „Für den Rechtsinhaber, der am Verfahren nicht beteiligt worden ist, wirkt sich die Anordnung der Einziehung wie ein Eingriff durch die öffentliche Gewalt aus, gegen die nach Art. 19 Abs. 4 GG die Anrufung der Gerichte möglich sein muss".[2]

---

2 BTDrucks. **V** 1319 S. 74. In der Sache anknüpfend BTDrucks. **18** 9525 S. 90. Für eine Konkretisierung des Art. 19 Abs. 4 GG auch SK/*Paeffgen* 2.

2. Wesen und Ziel. Wie die Anträge auf Wiedereinsetzung in den vorigen Stand und auf Wiederaufnahme des Verfahrens, so hat auch der Antrag auf Durchführung des Nachverfahrens die **Durchbrechung der Rechtskraft** einer Entscheidung zum Ziel. Im Nachverfahren werden ein **Feststellungsbegehren** und ein **Gestaltungsbegehren** miteinander verbunden geltend gemacht. Der zulässige und begründete Antrag führt zu der Feststellung, dass die Einziehung gegenüber dem Betroffenen „nicht gerechtfertigt“ gewesen sei (s. § 433 Abs. 1). Entsprechend wird die Einziehungsanordnung **aufgehoben** und der frühere, bis zur Rechtskraft der angefochtenen Entscheidung bestehende Rechtszustand wiederhergestellt. Die bereits vollzogene **Vollstreckung** der angefochtenen Entscheidung oder eine sonstige „Erledigung“ tatsächlicher Art, wie etwa die Vernichtung des betreffenden Gegenstandes, steht der Zulässigkeit grundsätzlich nicht entgegen, es sei denn, die zweijährige Ausschlussfrist des § 433 Abs. 2 Satz 2 (s. zu ihr Rn. 27) ist abgelaufen. 2

§ 433 lässt es indessen dem Einziehungsbeteiligten unbenommen, **statt der Aufhebung** der ihn belastenden Rechtsfolgenentscheidung einen etwaigen **Entschädigungsanspruch** vor den **Zivilgerichten** geltend zu machen, im Falle der Einziehung z.B. den Anspruch aus § 74b Abs. 2 StGB.[3] Sind die Fristen des § 433 Abs. 2 verstrichen, so bleibt ihm nur dieser Weg. Der Dritte wird sich mit seinen Ansprüchen in der Regel zunächst an die zuständige Justizverwaltung wenden. Kommt eine Einigung nicht zustande, so entscheidet das Zivilgericht. Eine Entscheidung des Strafrichters über die Entschädigung nach § 430 Abs. 3 Satz 1, 2 bindet aber auch den Zivilrichter. 3

3. Verfahrensgang und -gegenstand. Während § 433 die **inhaltlichen** Voraussetzungen des Nachverfahrens normiert, enthält § 434 die **formelle** Verfahrensregelung. **Gegenstand** des Nachverfahrens ist die Prüfung, ob die Einziehung dem Antragsteller gegenüber gerechtfertigt ist. Das Verfahren setzt einen **Antrag** voraus (Absatz 2) und zerfällt in zwei Abschnitte: Der erste Abschnitt hat die Prüfung der Zulässigkeit zum Gegenstand; erst wenn diese bejaht wird, ist zweitens Raum für die Prüfung der Begründetheit des Antrags (s. u. Rn. 31 ff.). 4

4. Vollstreckung der angefochtenen Rechtsfolgenentscheidung

a) Gesetzliche Regelung. § 433 Abs. 3 Satz 1 bestimmt in nunmehr materieller Anlehnung an § 360,[4] dass der Antrag auf die Überprüfung im Nachverfahren die Vollstreckung des Urteils auch hinsichtlich der Einziehung nicht hemmt, das Gericht jedoch einen Aufschub sowie eine Unterbrechung der Vollstreckung anordnen kann. Zudem sieht der – früher in § 442 Abs. 2 Satz 3 a. F. verankerte – § 433 Abs. 3 Satz 2 für die Einziehung von Taterträgen gegenüber Dritten gemäß §§ 73b (73c) StGB vor, dass die Vollstreckungsbehörden selbst Vollstreckungsmaßnahmen gegen den Antragsteller bis zum Abschluss des von diesem beantragten Nachverfahrens unterlassen *sollen.* 5

b) Abgrenzung: unmittelbare Wirkungen der Rechtsfolgenentscheidung. Nach § 75 StGB geht, wenn die Einziehung eines Gegenstandes angeordnet ist, das Eigentum an der Sache oder das eingezogene Recht kraft Gesetzes auf den Staat über, der originär Eigentum oder das Recht erwirbt. Die **unmittelbar kraft Gesetzes mit** der Rechtskraft 6

3 KK/*Schmidt* 2; KMR/*Metzger* 4; AK/*Günther* § 439 a. F., 5; LK/*Lohse* § 74b, 15.
4 Zuvor wurde in § 439 Abs. 1 S. 2 a. F. auf § 360 verwiesen.

des Urteils (s. aber näher § 75 Abs. 1 StGB) eingetretenen Wirkungen der Einziehung stellen keine „Vollstreckung" dar.[5] Sie werden folglich durch § 433 Abs. 3 nicht berührt.

7 **c) Vollstreckungsmaßnahmen.** Unter **Vollstreckung** i. S. des § 433 Abs. 3 sind solche Maßnahmen zu verstehen, die auf die Erlangung des Besitzes[6] und die äußere Kenntlichmachung des Rechtsübergangs gerichtet sind und dem Fiskus die Ausübung der mit dem Rechtserwerb verbundenen Rechtsstellung auch faktisch und wirtschaftlich ermöglichen (s. u. Rn. 28). Solcher Maßnahmen **bedarf es bei Sachen nur**, wenn sie sich zur Zeit der Rechtskraft **nicht in amtlicher Verwahrung** (infolge Beschlagnahme oder freiwilliger Herausgabe) befinden. Ist der Gegenstand in den Händen des Verurteilten, gegen den auf Einziehung erkannt ist, oder des Einziehungsbeteiligten, der nach der Entscheidung zur Herausgabe verpflichtet ist, weil er im Spruch als solcher bezeichnet und Einziehung des ihm gehörigen oder von ihm in Anspruch genommenen Gegenstandes angeordnet ist, und gibt der Besitzer ihn trotz Aufforderung nicht freiwillig heraus, so erfolgt die Vollstreckung nach § 459g StPO.

8 Befindet sich der Gegenstand in der Hand eines **Dritten** und damit eines anderen als des Verurteilten oder des Einziehungsbeteiligten, so kann gegen ihn nicht unmittelbar aus dem die Einziehung anordnenden Urteil vorgegangen werden, denn einen Vollstreckungstitel bildet das Urteil nur gegen denjenigen, den es als Verurteilten oder Einziehungsbeteiligten nennt, der die Einziehung zu dulden hat. Der Fiskus kann gegen den dritten Gewahrsamsinhaber, der einer Aufforderung zur Herausgabe nicht nachkommt, nur mit einer Klage auf Herausgabe (§ 985 BGB) unter Berufung auf das mit der Rechtskraft (ggf. lastenfrei) erworbene Eigentum vorgehen.

9 Abgesehen von den auf Besitzerlangung gerichteten Handlungen kommen als **vollstreckungsähnliche Maßnahmen** noch solche Handlungen in Betracht, die die äußere Kenntlichmachung des mit der Rechtskraft der Entscheidung vollzogenen Eigentumserwerbs des Staates bezwecken, wie z.B. bei Einziehung eines Grundstücks oder bei Anordnung des Erlöschens von Rechten an einem Grundstück die Berichtigung des Grundbuchs. Die **Verwertung** eingezogener Gegenstände bildet **keinen Bestandteil der Vollstreckung.**

10 Für die **Einziehung von Taterträgen gegenüber Dritten** sieht das Gesetz selbst schon eine Schranke vor, die auch in Fällen des zu leistenden Wertersatzes das Absehen von Vollstreckungsmaßnahmen zum Regelfall erklärt. Die Sollvorschrift verlangt der Vollstreckungsbehörde ab, vor dem Abschluss des Nachverfahrens belastende Vollstreckungsmaßnahmen zu unterlassen, wenn sie nicht **im Einzelfall atypische Gründe** darlegen kann, welche eine eilige Vollstreckung gebieten. Bei der Anerkennung solcher Gründe muss Vorsicht walten, weil das geltende Recht noch immer in einer Reihe von Fällen die Beteiligung bedenklich aufschiebt.

II. Zulässigkeit

11 **1. Statthaftigkeit.** Das Nachverfahren ist nur **statthaft**, wenn in Gestalt einer im objektiven oder im subjektiven Verfahren ergangenen rechtskräftigen Anordnung der Einziehung ein tauglicher **Anfechtungsgegenstand** vorliegt. Ein für alle Beteiligten (absolut) formell rechtskräftiger Einziehungsausspruch reicht als tauglicher Anfechtungsgegenstand dabei aus: Das Nachverfahren dient auch dazu, die dem Einziehungsbetei-

---

5 KK/*Schmidt* 9.

6 KK/*Schmidt* 9; HK/*Retemeyer* 7.

ligten schon durch den Eintritt der formellen Rechtskraft versperrte inhaltliche Überprüfung des ihn betreffenden Rechtsfolgenausspruchs nachträglich noch zu ermöglichen. Es reicht auch aus, dass lediglich der den Einziehungsbeteiligten betreffende Rechtsfolgenausspruch (allen Beteiligten gegenüber, also absolut) in formelle Rechtskraft erwachsen ist: Das Nachverfahren ist demgemäß auch dann statthaft, wenn das im Übrigen rechtskräftige Urteil nur in einem Punkt (§§ 318, 352) angefochten ist, der die Einziehung nicht berührt. Eine Einziehung ist i. S. des § 433 ferner angeordnet, wenn ein **Vorbehalt** der Einziehung rechtskräftig angeordnet ist (§ 74f Abs. 1 Satz 2 StGB), denn durch die Befolgung der Anweisung kann das für § 433 maßgebliche Drittrecht **beeinträchtigt** werden.

2. Form. Anders als bei dem ebenfalls auf die Durchbrechung der Rechtskraft gerichteten Rechtsbehelf der Wiederaufnahme sind die **allgemeinen Vorschriften** über Rechtsmittel **nicht** für anwendbar erklärt worden. Deshalb gelten für den Antrag keine besonderen Formvorschriften. Es genügt ein schriftlicher Antrag oder ein Antrag zu Protokoll des Urkundsbeamten des Gerichts. Die Staatsanwaltschaft ist nach der Formulierung des § 433 Abs. 1 nicht berechtigt, zu Gunsten des von der Einziehung in seinen Rechten Betroffenen einen Antrag zu stellen (s. aber zur möglichen Zustimmung zu einer gerichtlichen Aufhebung § 433 Abs. 5 und u. Rn. 35). 12

3. Glaubhaftmachung inhaltlicher Zulässigkeitsvoraussetzungen. Anders als bei der Anordnung der Einziehungsbeteiligung nach § 424 Abs. 1[7] müssen für das Nachverfahren die inhaltlichen Voraussetzungen der von § 433 Abs. 1 aufgegriffenen Rechtsbeeinträchtigung **glaubhaft gemacht** werden. Gegenstand der Glaubhaftmachung ist neben der **Rechtsbeeinträchtigung** zudem das **unverschuldete Rechtsversäumnis.** 13

a) Rechtsbeeinträchtigung. In der von § 433 Abs. 1 verlangten Glaubhaftmachung einer Rechtsbeeinträchtigung ist eine modifizierte Form der Rechtsbehelfsvoraussetzung der **Beschwer** zu erblicken. Die Rechtsbeeinträchtigung liegt vor, wenn jemandem an dem von der Einziehung betroffenen Gegenstand ein Recht zustand, welches infolge der rechtskräftigen Entscheidung mindestens beeinträchtigt ist. 14

aa) Gegenstand der Rechtsbeeinträchtigung. In seinem Recht kann zunächst derjenige Einziehungsbeteiligte beeinträchtigt sein, dem das Eigentum oder ein sonstiges Recht an dem von der jeweiligen Rechtsfolgenanordnung betroffenen Gegenstand[8] im Zeitpunkt des Eintritts der Rechtskraft dieser Anordnung[9] zustand. Der Gesetzgeber geht mit der heutigen Fassung erklärtermaßen über eine gegenstandsorientierte Betrachtung hinaus und erkennt so auch andere entgegenstehende Rechte bzw. Ansprüche an. Die Beschränkung auf die Einziehung „eines Gegenstandes" wurde in Übernahme der früher in § 444 Abs. 2 a. F. geregelten Konstellationen gestrichen, weil in den Fällen der Drittbegünstigung (§ 73b StGB) auch die Einziehung des Wertes des Tatertrages möglich ist. Ferner muss heute – in Abgrenzung zu über § 438 hinzutretenden Fallgruppen – im unmittelbaren Anwendungsbereich des § 433 gerade geltend gemacht werden können, 15

---

7 § 424, 7 ff.

8 S. früher auf der Basis der früheren Gesetzesfassung enger tendierend OLG München NJW **2004** 1119 f.; krit. dazu *Frommhold* NJW **2004** 1083, 1084 f. und *Satzger* wistra **2003** 401, 406 ff. zu Ansprüchen nach § 73 Abs. 1 Satz 2 StGB a. F.

9 Zu diesem maßgeblichen Zeitpunkt etwa auch SK/*Paeffgen* 6.

dass die eigene **Rechtsstellung zur Einziehungsbeteiligung** hätte führen müssen. Im Übrigen wäre der Umweg über die § 438 Abs. 1 und 3 erforderlich.

16 Ist der im Zeitpunkt der Rechtskraft der Einziehungsanordnung in seinen Rechten Beeinträchtigte verstorben, so treten die **Erben** an seine Stelle, die nunmehr in ihren (ererbten) Rechten beeinträchtigt sein können.

17 **bb) Gegenstand der Glaubhaftmachung.** Teil der Rechtsbeeinträchtigung ist neben der *Rechtsinhaberschaft* auch die *Beeinträchtigung* dieses Rechts durch die rechtskräftige Anordnung der Einziehung. Die Rechtsbeeinträchtigung ist z.B. beim **Rechtsuntergang** in den Fällen des Rechtsübergangs auf den Staat nach § 75 Abs. 1 StGB und bei der Anordnung des Erlöschens beschränkt dinglicher Rechte nach § 75 Abs. 2 Satz 2 und 3 StGB zu bejahen. Gleiches gilt in den Fällen sonstiger Rechtsbeeinträchtigungen durch Anordnung wirtschaftlicher Maßnahmen beim Einziehungsvorbehalt nach § 74f Abs. 1 Satz 2 StGB, die mit Verlust oder wirtschaftlicher Beeinträchtigung des Eigentums verbunden waren.

18 **b) Unverschuldetes Rechtsversäumnis.** Der in seinen Rechten Beeinträchtigte muss zudem glaubhaft machen, dass er **ohne sein Verschulden** weder im Verfahren des ersten Rechtszugs noch im Berufungsverfahren **die Rechte des Einziehungsbeteiligten hat wahrnehmen können**.

19 **aa) Antragsteller nicht Einziehungsbeteiligter.** Diese Voraussetzung ist einmal dann zu bejahen, wenn der in seinen Rechten beeinträchtigte Antragsteller ohne sein Verschulden überhaupt **nicht Einziehungsbeteiligter war**, insbesondere weil er von der Verstrickung seines Eigentums oder Rechts in die Straftat oder die mit Strafe bedrohte Handlung keine Kenntnis hatte.

20 **bb) Unverschuldete Nichtwahrnehmung.** Ferner liegt kein Verschulden vor, wenn der Antragsteller **zwar Einziehungsbeteiligter** war, ihn aber etwa die Terminsnachricht nicht oder nicht rechtzeitig erreichte oder er am Erscheinen in der Hauptverhandlung und an der Sorge für Vertretung verhindert war. **Unverschuldete Nichtwahrnehmung** liegt darüber hinaus vor, wenn die Verfahrenslage die Erlangung der Stellung eines Einziehungsbeteiligten oder die Wahrnehmung der Rechte eines solchen ausschloss, so z.B., wenn er zwar von einem auf Einziehung lautenden Urteil vor dessen Rechtskraft Kenntnis erlangte, eine Beteiligung in der Rechtsmittelinstanz aber entfiel, weil der Angeklagte das Urteil hinnahm[10] oder wenn seine Beteiligung so spät in der letzten Tatsacheninstanz (§ 424 Abs. 3) angeordnet wurde, dass seine Beteiligung sich praktisch auf die Revisionsinstanz beschränkte, in der er mit tatsächlichem Vorbringen ausgeschlossen war.[11] Hinzu kommt der Fall, dass bei einer Einziehung nach §§ 74 Abs. 3 Satz 1 oder 74a StGB das Eigentum erst in der Zeit nach der Hauptverhandlung in der letzten Tatsacheninstanz vor Eintritt der Rechtskraft auf jemand anderen übergegangen ist.

21 Konnte der **Einziehungsbeteiligte** dagegen seine **Rechte wahrnehmen**, so ist es ohne Bedeutung, wenn das Gericht seinen Ausführungen und Einwendungen nicht folgte oder sie gar versehentlich unberücksichtigt ließ. Im letzteren Fall liegt nur ein Fehlverhalten des Gerichts vor, dessen sich der Einziehungsbeteiligte – nicht anders als in einem entsprechenden Fall der Angeklagte – nur mit den gesetzlich zulässigen Rechtsmitteln oder ggf. außerordentlichen Rechtsbehelfen im Strafverfahren erwehren kann.

---

10 Zum Strafbefehl s. § 432, 5, 11 ff.

11 Ebenso statt vieler etwa SK/*Paeffgen* 4 und MüKo/*Putzke*/*Scheinfeld* 5.

Nämliches gilt im Kontext des § 438 Abs. 1 für Nebenbetroffene, wenn das Gericht eine Beschränkung ihrer Verfahrensbeteiligung (§ 438 Abs. 2 Satz 1) ohne die gesetzlichen Voraussetzungen anordnete, weil in diesem Fall die sofortige Beschwerde gemäß § 438 Abs. 2 Satz 2 i. V. m. § 424 Abs. 4 Satz 2 zur Verfügung stand.

c) Glaubhaftmachung

aa) Zu den Mitteln der Glaubhaftmachung.[12] Der **eigene Eid** und die eigene eidesstattliche Versicherung des Einziehungsbeteiligten kommen als Mittel zur Glaubhaftmachung nicht in Betracht, weil er in diesem Stadium des Verfahrens eine Stellung einnimmt, die der des Einziehungsinteressenten im Ermittlungsverfahren entspricht (vgl. auch zur Vernehmung § 426 Abs. 2: Behandlung wie ein Beschuldigter). Der Gedanke lässt sich auch so wenden, dass er das nachträgliche Einrücken in die Rolle eines Einziehungsbeteiligten mit den Befugnissen eines Angeklagten (§ 427 Abs. 1) erstrebt,[13] dem eine entsprechende Glaubhaftmachung gerade verwehrt ist.[14] Bei jeder Betrachtungsweise entfallen Eid und eidesstattliche Versicherung für ihn als Mittel der Glaubhaftmachung. 22

bb) Subjekt der Glaubhaftmachung. Die Glaubhaftmachung obliegt nach dem Wortlaut des Gesetzes auch demjenigen, der am Strafverfahren bereits **als Einziehungsbeteiligter einbezogen** war (s. o. Rn. 20). Dieses Ergebnis ist gewollt: „Darin liegt keine Unbilligkeit. Denn die ursprüngliche Glaubhaftmachung kann durch die im Urteil getroffenen Feststellungen ausgeräumt sein".[15] 23

4. Antragsberechtigung. Antragsberechtigte können nur solche Personen sein, die nach § 424 Abs. 1 **Einziehungsbeteiligte** sein können:[16] Nur wer seine mit der Einziehungsbeteiligung verbundenen Rechte im Hauptverfahren nicht wahrnehmen konnte, ist dazu im Nachverfahren berechtigt – damit scheiden Verurteilte als Antragsberechtigte aus. Der Antrag kann aber auch durch einen von ihm selbst bestellten oder einen beigeordneten Vertreter (§ 428) gestellt werden. Der gesetzliche Vertreter ist selbständig antragsberechtigt. 24

5. Frist

a) Rechtsbehelfsfrist. Nach Absatz 2 Satz 1 muss der Antrag binnen Monatsfrist nach Ablauf des Tages gestellt werden, an dem der Antragsteller von der rechtskräftigen Entscheidung Kenntnis erlangt hat. Da es dem Gesetz explizit auf die **Kenntnis** der **rechtskräftigen Entscheidung** ankommt, ist es für den Fristablauf ohne Bedeutung, ob und wann der Antragsteller von der noch nicht rechtskräftigen Entscheidung Kenntnis erlangt[17] hat. Wegen der Fristberechnung vgl. § 43, wegen der Wiedereinsetzung gegen die Versäumung der Frist vgl. §§ 44, 45. Kenntnis von der rechtskräftigen Entscheidung bedeutet positive Kenntnis – Kennenmüssen genügt nicht –, dass eine 25

---

12 Vgl. bereits eingehend LR/*Siolek* § 26, 21 ff.; LR/*Graalmann-Scheerer* § 45, 17 ff.
13 So *Eb. Schmidt* Nachtr. II 8.
14 S. §§ 26 Abs. 2 Satz 2 und 74 Abs. 3 Halbsatz 2 sowie LR/*Graalmann-Scheerer* § 45, 23.
15 BTDrucks. **V** 1319 S. 81 noch zur Vorgängernorm.
16 KK/*Schmidt* 4 hält auch bloße Nebeninteressenten für antragsberechtigt.
17 KK/*Schmidt* 7; Meyer-Goßner/Schmitt/*Köhler* 7; MüKo/*Putzke/Scheinfeld* 11; AnwK/*Lohse* § 439 a. F., 4; HK-GS/*Koch* § 439 a. F., 4; **a.A.** in Abweichung vom Wortlaut SK/*Paeffgen* 11; OK-StPO/*Temming* 6.

Entscheidung ergangen und sie formell rechtskräftig ist, und zwar eine Entscheidung über die Einziehung. Dagegen braucht der Antragsteller nicht zu wissen, welche Folgen sich mit der Rechtskraft der Entscheidung für seine Rechtsstellung ergaben. Die Feststellung der Kenntniserlangung bereitet Schwierigkeiten, wenn der Einziehungsinteressent oder -beteiligte den Prozessverlauf nicht im Einzelnen verfolgt hat, namentlich aber dann, wenn er von der Verstrickung des Gegenstandes in ein Strafverfahren keine Kenntnis erlangte. Deshalb sieht Absatz 2 Satz 2 eine **absolute Ausschlussfrist** vor (zu ihr näher Rn. 27 f.).

26 Die **mangelnde Wahrung der Frist** für das Nachtragsverfahren stellt ein **Prozesshindernis**[18] für die Durchführung des Nachtragsverfahrens dar. Nach allgemeinen Grundsätzen[19] wird das Vorliegen der Prozessvoraussetzungen in jeder Lage des Verfahrens von Amts wegen im Wege des Freibeweises geprüft. Der Antragsteller muss die Fristwahrung daher nicht zusätzlich zu anderen Erfordernissen glaubhaft machen. Dabei kann die Frage auftauchen, ob sich ein **unaufklärlicher Zweifel**, ob die Frist gewahrt ist oder nicht, zum Nachteil oder **zum Vorteil des Antragstellers** auswirkt. Da der Antragsteller als der von einer rechtskräftigen Entscheidung – nach seinem Vorbringen – unmittelbar Betroffene praktisch in die Rolle eines Angeklagten eingerückt ist, der sich mit Rechtsbehelfen des Eingriffs der staatlichen Strafgewalt in seine Güter zu erwehren sucht, erhebt sich auch hier die grundsätzliche Frage, ob die Entscheidung im Sinne von „im Zweifel zugunsten des Rechtsmittels“ oder „im Zweifel zugunsten der Rechtskraft“ zu fallen hat. Ob insoweit der Grundsatz „in dubio pro reo“ entsprechend anwendbar ist, mag dahinstehen: Weil das Vorliegen von Prozessvoraussetzungen zweifelsfrei feststehen muss,[20] darf der Antrag entgegen einer früheren Rechtsprechung des OLG Hamm nur dann als verspätet verworfen werden, wenn gerade die Fristversäumung zweifelsfrei[21] feststeht. Da es sich hier um eine negative Prozessvoraussetzung bzw. eben um ein Prozesshindernis handelt, müsste der Staat den Einwand der prozesshindernden Verfristung belegen können.

27 **b) Ausschlussfrist. Nach Absatz 2 Satz 2** ist unabhängig davon, ob die Frist nach Absatz 2 Satz 1 zu laufen begonnen hat oder überhaupt noch nicht in Lauf gesetzt war, der Antrag unzulässig, wenn seit Eintritt der formellen absoluten Rechtskraft (s. o. Rn. 11) **zwei Jahre** verstrichen sind. Die Frist des Satzes 2 bezweckt die Wahrung des Rechtsfriedens. Sie beginnt, anders als die des Satzes 1, mit dem Tag des Eintritts der Rechtskraft. Die Frist ist eine absolute Ausschlussfrist.[22] Gegen ihre Versäumnis gibt es folglich keine Wiedereinsetzung. War jedoch zum maßgeblichen Zeitpunkt die Vollstreckung noch nicht beendet, so wird die Frist bis zur Beendigung der Vollstreckung verlängert. Diese (auf Art. 21 Nr. 115 EGStGB beruhende) Fristverlängerung trägt der Regelung der **Einziehung von Taterträgen** Rechnung. Die auch nach der Reform des Verfalls über § 73b StGB fortwirkende Begr. des RegE[23] führt dazu aus:

18 KK/*Schmidt* 7; HK/*Retemeyer* 8.

19 LR/*Kühne* Einl. Rn. K 41 ff.

20 LR/*Kühne* Einl. Rn. K 44.

21 Ebenso i.E. SK/*Paeffgen* 11; KK/*Schmidt* 10; KMR/*Metzger* 12; Meyer-Goßner/Schmitt/*Köhler* 10; AK/*Günther* § 439 a. F., 15; AnwK/*Lohse* § 439 a. F., 4; **a.A.** OLG Hamm VRS **47** (1974) 369; **50** (1976) 305; *Eb. Schmidt* Nachtr. **I** 14; OK-StPO/*Temming* 6.

22 Allg.M.; vgl. z.B. KK/*Schmidt* 8; Meyer-Goßner/Schmitt/*Köhler* 8.

23 BTDrucks. **V** 1319 S. 81.

„Nach § 73 Abs. 3 StGB richtet sich die Anordnung des Verfalls auch gegen möglicherweise völlig unbeteiligte Dritte, denen der für sie handelnde Täter oder Teilnehmer durch seine rechtswidrige Tat einen Vermögensvorteil zugewendet hat. Dabei braucht es sich nicht um den Verfall bestimmter Gegenstände zu handeln, die etwa – wie bei der Einziehung – auf Grund ihrer Beschaffenheit oder wegen des Verhaltens des Berechtigten mit dieser Rechtsfolge bedroht werden; erfaßt werden vielmehr Vermögensvorteile aller Art und der Wertersatz. Da die Möglichkeit besteht, dass der Betroffene von einem auch in seine Rechte eingreifenden rechtskräftigen Urteil erst durch die Einleitung von Vollstreckungsmaßnahmen Kenntnis erlangt, sollte die in Abs. 2 vorgesehene absolute Ausschlußfrist in diesen Fällen, in denen das Verfahren sowieso noch nicht zum Abschluß gekommen ist, erst mit der Beendigung der Vollstreckung beginnen."

Als **„Beendigung der Vollstreckung"** ist im Allgemeinen der Abschluss der Maßnahmen anzusehen, die darauf gerichtet sind, dem Fiskus die Ausübung der mit dem Eigentums- und sonstigen Rechtserwerb verbundenen Rechtsstellung auch wirtschaftlich und faktisch zu ermöglichen (vgl. o. Rn. 6 ff.). Die Verwertung eingezogener Gegenstände etc. bildet aber keinen Bestandteil der Vollstreckung mehr (s. schon Rn. 9). 28

6. Entscheidung

a) Bei Unzulässigkeit. Fehlen die Zulässigkeitsvoraussetzungen des Nachverfahrensantrags gem. Absatz 1 und 2, so wird der Antrag durch Beschluss (§ 434 Abs. 2) als unzulässig verworfen. 29

b) Bei Zulässigkeit. Wird der Antrag **als zulässig befunden,** so bedarf es keines besonderen Zulassungsbeschlusses.[24] Das Nachverfahren geht vielmehr ohne weiteres in das Stadium der sachlichen Nachprüfung über. 30

III. Begründetheit

1. Umfang der Nachprüfung. Nach der Novellierung des Rechts der Vermögensabschöpfung wird der Prüfungsumfang hinsichtlich des ursprünglichen Anwendungsbereichs des § 433 allein durch das Gebot zu einer entsprechenden Anwendung des § 431 bestimmt (§ 433 Abs. 4 Satz 1). Dies führt gemäß § 431 Abs. 1 dazu, dass sich die Prüfung **nur insoweit** auf den Schuldspruch (also auf die Anknüpfungstat) erstreckt, als der Einziehungsadressat im Nachverfahren **Einwendungen** gegen diesen vorbringt. Die früher in § 439 Abs. 3 a. F. aufgegriffene Option des § 431 Abs. 2 a. F., die Beteiligung des Einziehungsbeteiligten nicht auf die Frage der Schuld des Angeschuldigten zu erstrecken, hat die Novellierung entfallen lassen.[25] Allerdings ist eine entsprechende Beschränkung gemäß § 338 Abs. 2 ggf. noch im Fall der Anwendung des § 433 auf den Nebenbetroffenen zu beachten. War der Antragsteller bereits Nebenbetroffener des Strafverfahrens und bereits eine Beschränkung nach § 438 Abs. 2 angeordnet, so ist das Gericht der Prüfung, ob eine Anordnung nach § 438 Abs. 2 zulässig gewesen wäre, im Nachtragsverfahren enthoben. Ist die Einziehung durch rechtskräftigen Strafbefehl angeordnet worden, so gelten hinsichtlich der Nachprüfung des Schuldspruchs die gleichen Grundsätze wie bei einer Nachprüfung im Strafverfahren nur auf den Einspruch des Einziehungsbeteiligten hin.[26] 31

---

24 KK/*Schmidt* 10; AnwK/*Lohse* § 439 a. F., 7.
25 Näher BTDrucks. **18** 9525 S. 91.
26 § 432, 12.

2. Entscheidungsgegenstand und Überzeugungsmaßstab

32 **a) Nachweis der behaupteten Rechtsstellung.** Nach **Absatz 4 Satz 2** wird der Antrag, ohne dass es einer weiteren Prüfung bedarf, als **unbegründet** verworfen, wenn das vom Antragsteller **behauptete Recht nicht erwiesen** ist. Der Antrag kann also – was die Gesetzesreform explizit bestätigt hat[27] – nur Erfolg haben, wenn das behauptete Recht zur Überzeugung des Gerichts erwiesen ist. Ein unaufklärlicher Zweifel geht zu Lasten des Antragstellers. Diese Regelung, die konstruktiv in etwa ein Gegenstück in § 186 StGB („wenn nicht diese Tatsache erweislich wahr ist") findet, bedeutet nicht, dass den Antragsteller eine Beweislast nach den Regeln des bürgerlichen Rechts und des Zivilprozesses träfe. Vielmehr hat das **Gericht von Amts wegen zu prüfen**, ob das behauptete Recht besteht. Ein „non liquet" belastet aber den Antragsteller.[28] „Dies ist nicht zuletzt deshalb geboten, weil das Nachverfahren lange Zeit nach dem Strafverfahren stattfinden kann, und Beweismittel, die in diesem Verfahren noch zur Verfügung standen, inzwischen verlorengegangen sein können".[29] Die innere Rechtfertigung wird auch darin zu finden sein, dass es sich bei dem Nachtragsverfahren nur um vermögensrechtliche Belange handelt und dass es unter diesem Gesichtspunkt gerechtfertigt ist, Eingriffe in die Rechtskraft der Entscheidung in engen Grenzen[30] zu halten. Dies gilt auch deshalb, weil den Betroffenen, wäre er nur darauf angewiesen, Entschädigungsansprüche aus § 75 Abs. 2 StGB vor dem Zivilrichter geltend zu machen, die Beweislast für den Bestand des Rechts nach allgemeinen Beweislastregeln träfe.

33 **b) Berechtigung der Rechtsfolgenanordnung.** Ist das **Recht erwiesen**, so ist nach § 433 Abs. 1 zu prüfen, ob die Einziehung und die Anordnung des Erlöschens von Rechten (§ 75 Abs. 2 Satz 2 und 3 StGB) dem Antragsteller „gegenüber gerechtfertigt" sind. Das Gericht prüft also im Nachverfahren, wie im Strafverfahren zu entscheiden gewesen wäre, wenn der Antragsteller seine Rechte hätte wahrnehmen können. Es ist dabei aber nicht auf das damals vorhandene Beweismaterial beschränkt, sondern entscheidet auf Grundlage der jetzt zur Verfügung stehenden Erkenntnismöglichkeiten[31] („nicht gerechtfertigt **sei**"). Kann es nicht die Überzeugung gewinnen, dass die Einziehung gerechtfertigt sei, so wirkt sich der Zweifel zugunsten des Antragstellers aus.[32] Dies entspricht dem Maßstab des vorausgegangenen Strafverfahrens, in dem der **Grundsatz in dubio pro reo** auch hinsichtlich der Einziehungsvoraussetzungen zu einer Abstandnahme von der Einziehung hätte führen müssen.

34 **3. Alternative und Inhalt der Entscheidung.** Ist das behauptete Recht nicht erwiesen oder ist die **Einziehung** oder die sonst angeordnete Rechtsfolge **gerechtfertigt**, so wird der Antrag als unbegründet verworfen. Andernfalls wird die Rechtsfolgenanordnung insoweit „aufgehoben" (§ 433 Abs. 5), als sie dem Antragsteller gegenüber nicht

---

27 Näher BTDrucks. **18** 9525 S. 91. In diesem Sinne etwa auch mit näheren Ausführungen zur gebotenen Intensität der Beweiswürdigung BGH StraFo **2012** 467 f.

28 OLG Köln BeckRS **2019** 14554; KK/*Schmidt* 12; Meyer-Goßner/Schmitt/*Köhler* 11; KMR/*Metzger* 24; AK/*Günther* § 439 a. F., 23 ff.; HK/*Retemeyer* 13; SK/*Paeffgen* 15; OK-StPO/*Temming* 9; AnwK/*Lohse* § 439 a. F., 7; *Pfeiffer* § 439 a. F., 5.

29 BTDrucks. **V** 1319, S. 81.

30 Zust. dazu KK/*Schmidt* 12.

31 KK/*Schmidt* 13; SK/*Paeffgen* 15; AnwK/*Lohse* § 439 a. F., 7.

32 KK/*Schmidt* 13; KMR/*Metzger* 24; AK/*Günther* § 439 a. F., 26; SK/*Paeffgen* 1; AnwK/*Lohse* § 439 a. F., 7.

gerechtfertigt ist. Wendet sich z.B. der Antragsteller nur gegen eine Erlöschensanordnung (§ 75 Abs. 2 Satz 2 und 3 StGB), so wird nur diese aufgehoben.

Insbesondere zur **Vermeidung eines unangemessenen Aufwandes** räumt § 433 Abs. 5 dem Gericht in den Fällen des § 421 Abs. 1 alternativ die Möglichkeit ein, die Einziehungsanordnung „vor der Entscheidung" mit Zustimmung der Staatsanwaltschaft aufzuheben. Diese Aufhebung kann „in jeder Lage des Verfahrens" erfolgen, also nicht erst nach Bejahung der Zulässigkeit des Nachverfahrensantrags, sondern schon nach Eingang des Antrags, wenn etwa erkennbar wird, dass das Nachverfahren einen gegenüber der Bedeutung der Einziehung unangemessenen Aufwand erforderlich macht. Die Aufhebung hat, da sie das Nachverfahren beendet, die gleiche Wirkung wie eine rechtskräftige Entscheidung durch Urteil oder Beschluss (§ 434 Abs. 4) nach durchgeführtem Nachverfahren. Sie erfolgt in jedem Fall durch **Beschluss**. Sie ist unanfechtbar, weil der Antragsteller nicht beschwert ist und die Staatsanwaltschaft dem Vorgehen bereits zugestimmt hat. § 434 Abs. 2 Halbsatz 2 kann allerdings Anwendung finden, wenn die Aufhebung (versehentlich) ohne Zustimmung der Staatsanwaltschaft erfolgt ist. 35

IV. Wirkung der dem Antrag stattgebenden Entscheidung

1. Wirkung der Aufhebung ex tunc. Die rechtskräftige Aufhebung der angefochtenen Rechtsfolgenentscheidung stellt **rückwirkend** den Rechtszustand wieder her, wie er im Zeitpunkt der Rechtskraft der Vorentscheidung bestanden hätte, wenn diese die den Antragsteller belastende Einziehungsanordnung nicht enthalten hätte. Die Aufhebungsentscheidung hat daher unabhängig davon zu ergehen, welches rechtliche oder tatsächliche Schicksal der Einziehungsgegenstand in der Zwischenzeit erlitten hat. Eine Entscheidung über den Nachverfahrensantrag wird also nicht z.B. dadurch gegenstandslos, dass die eingezogene Sache in der Zwischenzeit verwertet worden oder durch Zufall untergegangen ist. 36

2. Vermögensrechtliche Ansprüche. Das Gericht des Nachverfahrens hat nicht darüber zu entscheiden, **welche Rechtsfolgen** sich **im Übrigen** für den Antragsteller aus der Aufhebung der Einziehung ergeben. So hat das Gericht etwa nicht zu klären, ob ihm infolge einer zwischenzeitlichen Verwertung der Sache durch die Vollstreckungsbehörde Ansprüche aus ungerechtfertigter Bereicherung gegen den Justizfiskus zustehen[33] usw. Darüber zu entscheiden ist nicht Sache des Strafgerichts, sondern den Zivilgerichten zugewiesen. Hiervon macht nur § 430 Abs. 3 eine Ausnahme.[34] 37

V. Ausschluss der Verfahrenswiederaufnahme

Das Wiederaufnahmeverfahren schließt das Gesetz explizit in Absatz 6 aus, wenn ein Vorgehen im Nachverfahren möglich war. Insofern ist also ein auf § 359 Nr. 5 begrenzter **Vorrang des Nachverfahrens vor dem Wiederaufnahmeverfahren** geregelt, *soweit* das Nachverfahren tatsächlich zur Verfügung steht.[35] 38

---

33 KK/*Schmidt* 14; SK/*Paeffgen* 18; AnwK/*Lohse* § 439 a. F., 9.

34 Dazu § 430, 12 ff.

35 Zur Bedeutung des Absatzes 6 s. schon § 427, 16.

VI. Kosten

39 Bei Zurücknahme oder **Erfolglosigkeit** des Antrags treffen den **Antragsteller** die Kosten des Verfahrens (§ 473 Abs. 1 Satz 1, Abs. 6 Nr. 2). Hat der Antrag **Erfolg**, so fallen die Kosten des Nachverfahrens und die dem Antragsteller erwachsenen notwendigen Auslagen der **Staatskasse** zur Last. Dies wird entweder aus einer sinngemäßen Anwendung des § 467[36] oder aus § 473 Abs. 1, Abs. 6 Nr. 2[37] hergeleitet. Hat der Antrag nur deshalb Erfolg, weil die Einziehungsanordnung wegen unangemessenen Verfahrensaufwands (§ 433 Abs. 5) aufgehoben wird, wird eine sinngemäße Anwendung des **§ 472b Abs. 3** vorgeschlagen.[38] Hiernach ist die Überbürdung der Auslagen des Einziehungsbeteiligten auf die Staatskasse nicht zwingend vorgeschrieben, sondern nur fakultativ zugelassen. Da der Staat es in dieser Konstellation aber selbst nicht zu einer abschließenden Entscheidung kommen lässt, dürfte die Überbürdung der Auslagen grundsätzlich angemessen sein.

§ 434
Entscheidung im Nachverfahren

(1) Die Entscheidung über die Einziehung im Nachverfahren trifft das Gericht des ersten Rechtszuges.

(2) Das Gericht entscheidet durch Beschluss, gegen den sofortige Beschwerde zulässig ist.

(3) [1]Über einen zulässigen Antrag wird auf Grund mündlicher Verhandlung durch Urteil entschieden, wenn die Staatsanwaltschaft oder sonst der Antragsteller es beantragt oder das Gericht dies anordnet; die Vorschriften über die Hauptverhandlung gelten entsprechend. [2]Wer gegen das Urteil eine zulässige Berufung eingelegt hat, kann gegen das Berufungsurteil nicht mehr Revision einlegen.

(4) Ist durch Urteil entschieden, so gilt § 431 Abs. 4 entsprechend.

Entstehungsgeschichte

Die Regelungen des heutigen § 434 waren ursprünglich in § 441 mit weiteren Vorschriften enthalten. Die **gesetzliche Überschrift** „Entscheidung im Nachverfahren" geht auf Art. 1 Nr. 13 des Gesetzes zur Stärkung des Rechts des Angeklagten auf Vertretung in der Berufungsverhandlung und über die Anerkennung von Abwesenheitsentscheidungen in der Rechtshilfe v. 17.7.2015 (BGBl. I S. 1332, 1344) zurück. Die verbliebene Regelung zu der im subjektiven Verfahren angeordneten Einziehung wurde zum 1.7.2017 mit dem **Gesetz zur Reform der strafrechtlichen Vermögensabschöpfung** v. 13.4.2017 (BGBl. I S. 872, 886) auf § 434 verschoben, ohne dass der Gesetzgeber die Regelung anders verstanden wissen wollte.[1]

---

36 KK/*Schmidt* 17; SK/*Paeffgen* 21; i.E. so auch AnwK/*Lohse* § 439 a. F., 9.

37 So KMR/*Metzger* 26; Meyer-Goßner/Schmitt/*Köhler* 15; AK/*Günther* § 439 a. F., 22; *Pfeiffer* § 439 a. F., 6.

38 Ebenso KK/*Schmidt* 17; KMR/*Metzger* 26; SK/*Paeffgen* 21; AnwK/*Lohse* § 439 a. F., 9; *Pfeiffer* § 439 a. F., 6.

1 BTDrucks. **18** 9525 S. 91: entspricht dem vorherigen § 441.

https://doi.org/10.1515/9783110765540-034

Übersicht

I. Inhalt der Norm

§ 434 enthält **gemeinsame Verfahrensvorschriften** über die Entscheidung im Nachverfahren (§ 433). Er folgt weitgehend den Vorschriften des vor der Reform durch das EGOWiG 1968 geltenden Rechts. Seine konkrete, die selbständige Einziehung nicht mehr erfassende Formulierung hat die Norm mit der Reform der Vermögensabschöpfung im Jahre 2017 erhalten. 1

II. Sachliche und örtliche Zuständigkeit (Absatz 1)

1. Nachverfahren. Die **sachliche und örtliche Zuständigkeit** ist **im Fall des** § 434 durch den Verweis auf das Gericht festgelegt, welches im vorangegangenen Verfahren erstinstanzlich entschieden hat. Das gilt auch für den Fall der Zurückverweisung durch das Revisionsgericht[2] an ein anderes Gericht oder an einen anderen Spruchkörper. 2

2. Objektives Verfahren

a) Sachliche Zuständigkeit. Die sachliche Zuständigkeit des Gerichts bestimmt sich danach, welches Gericht nach den allgemeinen Vorschriften für die subjektive Verfolgung einer bestimmten Person (des Täters oder Teilnehmers) zuständig wäre. 3

b) Örtliche Zuständigkeit. Auch die **örtliche Zuständigkeit** bestimmt sich nach den allgemeinen Vorschriften, die für die subjektive Verfolgung gelten oder – wenn der Täter nur eine rechtswidrige Tat (§ 11 Abs. 1 Nr. 5 StGB) begangen hat – bei schuldhaftem Handeln gelten würden.[3] Wird auf Grund **mündlicher Verhandlung** entschieden (§ 434 4

---

2 OLG Düsseldorf MDR **1983** 154; KK/*Schmidt* 2; KMR/*Metzger* 2; Meyer-Goßner/Schmitt/*Köhler* 1; MüKo/*Putzke/Scheinfeld* 2; HK/*Retemeyer* 2; SK/*Paeffgen* 2; AnwK/*Lohse* § 441 a. F., 1; *Pfeiffer* § 441 a. F., 2; **a.A.** OK-StPO/*Temming* 1.

3 RGSt **15** 235.

Abs. 3 Satz 1), so darf im Verhandlungstermin gem. § 434 Abs. 3 Satz 1 Halbsatz 2, § 16 eine Unzuständigkeitserklärung nicht mehr von Amts wegen, auf Einwand eines Einziehungsbeteiligten nur bis zum Beginn der Verhandlung zur Sache[4] ausgesprochen werden.

III. Verfahrensarten

5 § 434 sieht in **Absatz 2 als Regelform** das *schriftliche* **Beschlussverfahren** vor, während nach Absatz 3 auch stattdessen im **Urteilsverfahren** auf Grund *mündlicher Verhandlung* entschieden werden *kann* (bei gerichtlicher Anordnung) oder sogar *muss* (auf Antrag der Staatsanwaltschaft oder sonst eines Beteiligten). Dies gilt auch dann, wenn bei Anordnung der Einziehung durch *Strafbefehl* nur über den Einspruch des Nebenbeteiligten zu entscheiden ist (§ 432 Abs. 2).

1. Beschlussverfahren

6 **a) Rechtliches Gehör.** Vor der Entscheidung hat das Gericht nach § 33 Abs. 2, 3 die **Staatsanwaltschaft** und die **Nebenbeteiligten** zu hören. Soweit das Verfahren durch den Antrag der Staatsanwaltschaft in Gang gesetzt wird (§ 435 Abs. 1), bedeutet das Erfordernis der Anhörung, dass der Staatsanwaltschaft nach Abschluss der Ermittlungen Gelegenheit zur Stellungnahme zu geben ist. Stellt der **Privatkläger** den Antrag (§ 435 Abs. 1), so ist die Anhörung der Staatsanwaltschaft entbehrlich (§ 377 Abs. 1). Zur Anhörung der Nebenbeteiligten nach § 33 Abs. 3 gehört, dass Ermittlungsergebnisse, die neue Tatsachen oder Beweise enthalten, ihnen bekanntzugeben sind, falls eine frühere Anhörung, insbesondere nach § 426, diese nicht zum Gegenstand hatte.

7 **b) Ermittlung des Sachverhalts.** Die Ermittlungen erfolgen formlos von Amts wegen nach pflichtmäßigem Ermessen des Gerichts nach den Regeln des **Freibeweises.** Zulässig sind eidliche Vernehmungen von Zeugen durch den beauftragten oder ersuchten Richter. Möglich sind etwa zur Vernehmung oder Gegenüberstellung von Zeugen auch mündliche Erörterungen, die sich deutlich von der förmlichen mündlichen Verhandlung (§ 434 Abs. 3) abheben.

8 **c) Sonstiges.** Im Übrigen unterscheidet sich das Beschlussverfahren, was die Zuziehung der Einziehungsbeteiligten und den Inhalt der Entscheidung anlangt, in nichts von dem Verfahren, in dem die Entscheidung auf Grund mündlicher Verhandlung durch Urteil (§ 434 Abs. 3) ergeht. Der Beschluss ist zu **begründen** (§ 34) und, mit **Rechtsmittelbelehrung** versehen, allen Einziehungsbeteiligten **zuzustellen** (§§ 35, 35a), wobei die Zustellung an einen bevollmächtigten Vertreter genügt (§§ 428; 145a). § 33a findet Anwendung.

2. Urteilsverfahren

9 **a) Wahl der Verfahrensart.** Das Gericht **kann** eine mündliche Verhandlung anordnen. Es steht also grundsätzlich im Ermessen des Gerichts, ob es ohne mündliche Verhandlung durch Beschluss oder auf Grund mündlicher Verhandlung durch Urteil ent-

4 RGSt **19** 427; RG Recht 18 Nr. 2360.

scheiden will. Maßgeblich dafür ist, ob das Gericht sich zu einer sachgemäßen Entscheidung auch ohne mündliche Verhandlung in der Lage sieht.

Die mündliche Verhandlung und Entscheidung durch Urteil ist jedoch **zwingend** 10
geboten, wenn die Staatsanwaltschaft oder ein anderer Antragsteller und damit insbesondere der Einziehungsbeteiligte diese **beantragen**. Voraussetzung ist aber, dass ein nach § 433 zulässiger Antrag gestellt wurde („über einen zulässigen Antrag"). Ein unzulässiger Antrag wird stets durch Beschluss verworfen, der nach § 334 Abs. 2 mit der sofortigen Beschwerde anfechtbar ist. Nimmt das Gericht in Aussicht, im **Beschlussverfahren** sachlich zu entscheiden (§ 434 Abs. 2), so wird dem Einziehungsbeteiligten in entsprechender Anwendung des § 427 Abs. 1 in Verbindung mit § 201 Abs. 1 die Antragsschrift zur Äußerung zugestellt. Dabei wird er auf sein Recht hingewiesen, gemäß § 434 Abs. 3 mündliche Verhandlung zu beantragen, und ihm zweckmäßigerweise eröffnet, wann er das Antragsrecht vor einer gerichtlichen Entscheidung ausgeübt haben sollte.[5]

Das Gericht kann, solange es nicht durch Beschluss entschieden und dieser Be- 11
schluss durch Herausgabe Wirksamkeit erlangt hat, jederzeit zur **Anordnung der mündlichen Verhandlung**[6] übergehen. Es kann aber auch, wenn es (ohne Antrag eines Beteiligten) mündliche Verhandlung angeordnet hat, eine bereits terminierte Hauptverhandlung wieder absetzen und durch Beschluss[7] entscheiden. Gleiches gilt, wenn sich die Unzulässigkeit eines gestellten Antrages auf Durchführung eines Nachverfahrens vor der Durchführung der Hauptverhandlung herausstellt.[8]

b) Antrag auf mündliche Verhandlung. Für die Stellung des Antrags auf mündli- 12
che Verhandlung ist weder eine besondere Form noch eine Begründung vorgeschrieben, auch eine **zeitliche Begrenzung** ist nicht vorgesehen. Der Antrag kann daher so lange gestellt werden, wie das Gericht nicht zur Sache durch Beschluss entschieden und diesen Beschluss herausgegeben[9] hat. Der Antrag auf eine mündliche Verhandlung kann unter dieser Voraussetzung auch noch nach Ablauf einer vom Gericht gesetzten Äußerungsfrist gestellt[10] werden. Ein wirksamer Antrag führt zur Unzulässigkeit des Beschlussverfahrens. Umgekehrt aber macht die Entscheidung durch Beschluss den nach Erlass des Beschlusses gestellten Antrag auf mündliche Verhandlung unzulässig. Die Frage des Eingangs des Antrags auf mündliche Verhandlung ist im Freibeweisverfahren zu klären. Bleiben insoweit Zweifel, ist von der Zulässigkeit des ergangenen Beschlusses[11] auszugehen. Ein förmlicher **Verzicht** des Beteiligten auf sein Antragsrecht hat zur Folge, dass er den Antrag nicht mehr stellen kann. Die bloße Erklärung, einer Entscheidung durch Beschluss werde nicht widersprochen, bedeutet aber grundsätzlich noch keinen Verzicht auf das Antragsrecht, hindert also den Beteiligten nicht, den Antrag

---

5 S. noch für die Setzung einer Frist OLG Karlsruhe NJW **1974** 709, 711; OK-StPO/*Temming* 3; offenlassend SK/*Paeffgen* 4; zur unbefristet möglichen Antragstellung aber etwa KK/*Schmidt* 6; KMR/*Metzger* 6; HK/*Retemeyer* 4. Es kann hier nur um eine informative Zeitangabe gehen, nicht um eine Frist im strikten Sinne.

6 KK/*Schmidt* 5; KMR/*Metzger* 5; AK/*Günther* § 441 a. F., 17; HK/*Retemeyer* 4; SK/*Paeffgen* 4.

7 KK/*Schmidt* 5; AK/*Günther* § 441 a. F., 17; AnwK/*Lohse* § 441 a. F., 5; *Pfeiffer* § 441 a. F., 4.

8 BGH BeckRS **2011** 10129 (nicht in NStZ **2012** 35); Meyer-Goßner/Schmitt/*Köhler* 2.

9 OLG Koblenz VRS **48** (1975) 291; KK/*Schmidt* 6; KMR/*Metzger* 6.

10 BayObLG NJW **1970** 623; VRS **49** (1975) 281; **53** (1977) 199; Rpfleger **1975** 319; KG VRS **38** (1970) 136; OLG Celle NJW **1970** 623; OLG Hamburg MDR **1969** 950; OLG Hamm VRS **50** (1976) 224; OLG Karlsruhe GA **1973** 246; MDR **1977** 604.

11 BayObLG VRS **55** (1978) 53; OLG Hamm VRS **47** (1974) 369; **50** (1976) 305; OLG Karlsruhe Justiz **1974** 232.

noch zu stellen, solange nicht durch Beschluss entschieden ist.[12] Ein gestellter Antrag kann auch nach Terminsanberaumung, aber in Anlehnung an die §§ 303, 411 Abs. 3 Satz 2 wohl nur bis zum Beginn der mündlichen Verhandlung **zurückgenommen** werden bzw. kommt es in der Sache ab diesem Zeitpunkt auf die Zustimmung der übrigen Antragsberechtigten an. Diese könnten sich den Antrag zu eigen machen. Ebenso kann das Gericht nachträglich die mündliche Verhandlung anordnen, so dass es jeweils bei dem anberaumten Termin verbleibt. Nach Nr. 180 Abs. 3 RiStBV soll die **Staatsanwaltschaft** den Antrag auf mündliche Verhandlung stellen, wenn eine solche wegen der Bedeutung oder der Schwierigkeit der Sache oder im Interesse der Einziehungsbeteiligten geboten erscheint.

13 Wird der Antrag für zulässig befunden und liegt ein Antrag der Staatsanwaltschaft oder eines Einziehungsbeteiligten auf mündliche Verhandlung oder eine entsprechende gerichtliche Anordnung (beim Land- oder Oberlandesgericht des Kollegiums) vor, so bestimmt der Vorsitzende des jeweiligen Spruchkörpers den **Termin zur mündlichen Verhandlung.** Ein Eröffnungsbeschluss oder ein ihm entsprechender Zulassungsbeschluss ergeht nicht.

14 **c) Entsprechende Anwendung der für die Hauptverhandlung geltenden Vorschriften.** § 434 Abs. 3 bezeichnet den abzuhaltenden Termin als **„mündliche Verhandlung"** und erklärt in seinem zweiten Halbsatz die Vorschriften über die Hauptverhandlung nur für entsprechend anwendbar.[13] Die lediglich entsprechende Anwendung erklärt sich daraus, dass der Einziehungsbeteiligte zur Verteidigung seiner Rechte die „Befugnisse" eines Angeklagten hat, diesem aber doch nicht völlig gleicht.[14] Das Gericht hat zwar festzustellen, ob eine (objektiv wie subjektiv) tatbestandsmäßige und rechtswidrige und, soweit materiellrechtlich erforderlich, auch schuldhafte Tat verwirklicht wurde und dabei der Gegenstand eine die Einziehung etc. rechtfertigende Rolle gespielt hat. Diese Prüfungen haben aber im Nachverfahren nicht das Ziel, über die strafrechtliche Schuld eines Beteiligten zu entscheiden.

15 **Die entsprechende Anwendung der für die Hauptverhandlung geltenden Vorschriften** bedeutet u. a., dass der Staatsanwalt den dem Anklagesatz entsprechenden Teil der Antragsschrift verliest (§ 243 Abs. 3 Satz 1). Die Vorschriften über die Öffentlichkeit (§§ 169 ff. GVG) finden Anwendung. Dem Einziehungsbeteiligten gebührt das letzte Wort[15] (§ 258 Abs. 2, 3). Sein Vertreter (§ 428) nimmt die Stelle des „Verteidigers" ein. Es gelten sinngemäß auch für die Beweisaufnahme die allgemeinen Vorschriften, soweit sich nicht aus den §§ 426 ff. Abweichungen ergeben. Es ist zum Beispiel unzulässig, dass Erklärungen, die der Einziehungsbeteiligte früher als Beschuldigter abgegeben hat, vom Gericht verwertet werden, wenn sie nicht in der gesetzlich vorgeschriebenen Weise (§§ 250, 253) festgestellt sind. Einzuziehende Druckschriften (§ 74d StGB) müssen verlesen werden (vgl. aber § 249 Abs. 2), soweit sie für die Entscheidung bedeutsam[16] sind. Entgegen einer weit verbreiteten Ansicht gilt entsprechend auch die Mehrheitsregel des § 263, weil auch im Nachverfahren im Lichte des § 427 Abs. 1 Satz 1 die Rechtsstellung des Angeklagten abzubilden ist, soweit – wie hier der Fall – keine gesetzliche Befreiung vorgesehen wurde.[17]

---

12 BayObLG Rpfleger **1975** 319.

13 Zur verbleibenden terminologischen Absetzung vom Strafverfahren LR/*Gössel*[26] § 441 a. F., 15.

14 RGSt **37** 270.

15 BGHSt **17** 28, 32.

16 BGHSt **11** 29; BGH NJW **1962** 2019.

17 Wie hier SK/*Paeffgen* 4; SSW[3]/*Burghart* 6; **a.A.** die h. M., s. etwa SSW/*Heine* 7; OK-StPO/*Temming* 3; zweifelnd bereits KMR/*Metzger* 8.

Gleichviel, ob die Einziehungsbeteiligten erschienen sind oder nicht, soll es der Staatsanwaltschaft im Termin freistehen, bezüglich der im Antrag bereits bezeichneten Gegenstände[18] **statt** der Unbrauchbarmachung die Einziehung zu beantragen oder den gestellten Antrag aus einem **neuen**, in der Antragsschrift nicht angegebenen **rechtlichen Gesichtspunkt** zu begründen, ohne dass es der Zustimmung der etwa anwesenden oder der vorherigen Unterrichtung der vom Termin benachrichtigten, aber nicht erschienenen Einziehungsbeteiligten i. S. des § 265[19] bedarf. Diese These wird man aber unter dem Gesichtspunkt der insbesondere nach Art. 103 Abs. 1 GG auszuschießenden Überraschungsentscheidungen hinterfragen müssen. Da keine Verwerfung analog § 412 möglich ist, muss der Einziehungsbeteiligte nicht damit rechnen, dass die bisher vorgelegten Einziehungsgründe nicht mehr geprüft werden. Er kann ggf. annehmen, dass sich seine Rechtsstellung nach den bisher vorgelegten Einziehungsgründen auch ohne seine Mitwirkung behaupten werde. Ein Austauschen von Gründen bzw. gesetzlichen Regelungen kann ihn damit überraschend treffen. Ist nicht ersichtlich, dass der Einziehungsbeteiligte im konkreten Einzelfall infolge amtlicher Verlautbarungen mit den neuen Entwicklungen rechnen musste, wird man einen **Hinweis an den Einziehungsbeteiligten** vor der abschließenden Entscheidung voraussetzen müssen. Ist der Einziehungsbeteiligte anwesend, darf er nach den §§ 427 Abs. 1 Satz 1 und 434 Abs. 1 iVm Art. 6 Abs. 3 lit. b EMRK ebenfalls nicht überrumpelt werden, hier kann ein Antrag insbesondere auf Unterbrechung erfolgreich sein.[20] 16

d) Zeugenstellung. Auch für die **Vernehmung und Beeidigung von Zeugen** gelten die allgemeinen Vorschriften.[21] Der Angeklagte des früheren subjektiven Verfahrens ist Zeuge, wenn er im sukzessiven Nachverfahren als Auskunftsperson vernommen wird. 17

Der **Einziehungsbeteiligte** selbst kann hinsichtlich des Einziehungsgegenstandes **nicht Zeuge** sein:[22] Obgleich er nur die Rechte und nicht die Rechtsstellung eines Angeklagten hat (§ 427 Abs. 1), bleibt es doch dabei, dass er gegen einen ihm durch die Entscheidung drohenden Eingriff in seine Rechte kämpft, während die Aufgabe des Zeugen – der Idee nach – in der objektiven wahrheitsgetreuen Übermittlung seines Wissens besteht, die mit einer anderen, Interessen verwirklichenden Verfahrensrolle unvereinbar ist. Dass nach allgemeiner Meinung der Nebenkläger und der Antragsteller im Adhäsionsverfahren trotz eines vorhandenen subjektiven Zieles hinsichtlich des Ausgangs des Strafverfahrens Zeugen sein können, folgt aus der besonderen Stellung dieser Verfahrensbeteiligten im subjektiven Strafverfahren bzw. aus der Anerkennung vermehrter Verletztenrechte. Eine Gleichstellung ist insofern nicht geboten. 18

e) Entscheidungsform und -begründung. Insoweit gelten die §§ 260, 267;[23] insbesondere sind auch hier „eingezogene Gegenstände [...] durch Aufzählung in der Urteilsformel oder in einer besonderen Anlage dazu so genau zu bezeichnen, dass die Vollstreckung ohne weiteres möglich ist".[24] 19

Der Strafsenat des Oberlandesgerichts entscheidet nach § 122 Abs. 1 GVG in der **Besetzung** mit drei Mitgliedern. Das gilt auf Grund des eindeutigen Gesetzeswortlauts auch 20

18 Dies betont schon RGSt **37** 270, 272.
19 RGSt **37** 270, 271 f. zum objektiven Verfahren.
20 S. bereits anerkennend RGSt **37** 270, 272 f.
21 RGSt **48** 84, 85.
22 RGSt **46** 88; BGHSt **9** 250; *Eb. Schmidt* Nachtr. I 13 zu § 431 a. F.; KK/*Schmidt* 7; KMR/*Metzger* 7.
23 RGSt **41** 21.
24 BGH bei *Kusch* NStZ **1996** 22 (zu § 260 Abs. 4 StPO).

für Entscheidungen nach § 434 Abs. 3, die auf Grund einer mündlichen Verhandlung ergehen.[25]

IV. Rechtsmittel

21 **1. Beschlussverfahren.** Die in **Beschlussform** ergehende Endentscheidung ist nach § 434 Abs. 2 mit der **sofortigen** Beschwerde binnen einer Frist von einer Woche (§ 311 Abs. 2) anfechtbar. Wird die Frist versäumt, soll sich der Einziehungsbeteiligte das Verschulden des Vertreters gemäß § 85 Abs. 2 ZPO zurechnen[26] lassen müssen. Dies vermag jedoch nicht zu überzeugen, weil § 427 Abs. 1 Satz 1 die Rechte des Angeklagten überträgt und mit der Einziehung nicht nur ein rein zivilprozessuales Verfahren, sondern ein hoheitlicher Rechtsanzug zu beurteilen ist,[27] in dem der betroffene Bürger nicht selten gerade auf die Unterstützung durch rechtskundige Beistände schlicht angewiesen ist. Gemäß § 304 Abs. 4 Satz 2 Nr. 5 sind auch die in Betracht kommenden Beschlüsse der Oberlandesgerichte mit der sofortigen Beschwerde in *den* Sachen anfechtbar, in denen die Oberlandesgerichte im ersten Rechtszug zuständig sind. Das Beschwerdegericht ist hier der BGH (§ 135 Abs. 2 GVG). Im Ordnungswidrigkeitenverfahren ist die Rechtsmittelgrenze von 250 € zu beachten (§ 87 Abs. 5 OWiG).

2. Urteilsverfahren

22 **a) Entscheidung durch Beschluss nach mündlicher Verhandlung.** Da nach mündlicher Verhandlung nur über einen **zulässigen** Antrag durch Urteil entschieden wird (§ 434 Abs. 3), sollte auch ein Antrag, der sich erst in der Hauptverhandlung als unzulässig erweist, durch **Beschluss** verworfen werden,[28] der nach § 441 Abs. 2 **anfechtbar** ist.[29] Auch im Übrigen kann das Rechtsmittelgericht durch Beschluss über das Rechtsmittel entscheiden, wo dies nach den allgemeinen Vorschriften (§§ 319, 346, 349 Abs. 1, 2, 4) zulässig ist. Dabei ist im Ordnungswidrigkeitenverfahren erneut § 87 Abs. 5 OWiG zu beachten.

23 **b) Entscheidung durch Urteil.** Für die Anfechtung der in **Urteilsform** ergehenden Sachentscheidung gelten grundsätzlich die allgemeinen Regeln mit den sich aus Absatz 3 Satz 2, Absatz 4 ergebenden Abweichungen und Einschränkungen. Danach ist das erstinstanzliche Urteil der Strafkammer und des Oberlandesgerichts insbesondere mit der **Revision** anfechtbar.[30] Dagegen hat bei **amtsgerichtlichen** Urteilen jeder Anfechtungsberechtigte nur *ein* Rechtsmittel, und zwar **wahlweise** Berufung oder Revision. Diese Regelung, die der in § 55 Abs. 2 Satz 1 JGG vorgeschriebenen Rechtsmittelbe-

25 LR/*Schäfer/Harms*[24] § 122 GVG, 2; KK/*Feilcke* § 122 GVG, 3; *Eb. Schmidt* Nachtr. I 22 zu § 431 a. F.; **a.A.** OLG Celle NdsRpfl. **1954** 175.

26 OLG Düsseldorf NStZ-RR **2001** 335.

27 Dazu richtig schon s. nur BGH wistra **2019** 187, 189: hoheitliche Eingriffsmaßnahme, mit Durchsetzung von Schadensersatzansprüchen im Zivilprozess im Gleichordnungsverhältnis nicht zu vergleichen.

28 So auch Meyer-Goßner/Schmitt/*Köhler* 2.

29 S. aber für die Möglichkeit, weiter durch Urteil zu entscheiden, BGH BeckRS **2011** 10129 (nicht in NStZ **2012** 35); SSW/*Heine* 5; HK/*Retemeyer* 4; strikt gegen die Entscheidung durch Urteil LR/*Gössel*[26] § 441 a. F., 22; OK-StPO/*Temming* 2; MüKo/*Putzke/Scheinfeld* 3.

30 Übertragend auf eine Entscheidung durch Urteil trotz unzulässigen Antrags BGH BeckRS **2011** 10129 (nicht in NStZ **2012** 35).

schränkung entspricht, bezweckt einmal eine Vereinfachung und Beschleunigung des Verfahrens. Ebenso will sie eine gewisse Angleichung an die Regelung des Beschlussverfahrens erzielen, in dem es nur ein Rechtsmittel gibt. Die Revision gegen das amtsgerichtliche Urteil ist also nicht *Sprung*revision i. S. des § 335, sondern *Wahl*revision. Trotz dieser Abweichung gelten hier aber die zu § 335 entwickelten Grundsätze über die Ausübung eines Wahlrechts durch unbestimmte Anfechtung des Urteils unter Nachholung der Wahl innerhalb der Frist für die Revisionsbegründung und durch Übergang von der eingelegten Berufung zur Revision oder von der eingelegten Revision zur Berufung und über die Behandlung der Anfechtung als Berufung, wenn keine oder keine genügende Begründung (§§ 344, 337) gegeben wird. Anwendbar ist auch § 335 Abs. 3, wenn ein Anfechtungsberechtigter Revision, ein anderer Berufung eingelegt hat. Auf Einzelheiten ist an dieser Stelle nicht einzugehen; es darf auf die Erläuterungen zu § 335 und die Kommentarliteratur zu § 55 JGG verwiesen werden. Wurde trotz eines unzulässigen Antrages durch Urteil und nicht im Wege des Beschlusses entschieden, bleiben die Rechtsmittel der Revision und ggf. der Berufung eröffnet.[31]

Die in **Absatz 4 vorgeschriebene entsprechende Anwendung des § 431 Abs. 4** 24
bedeutet: Wird im Nachverfahren durch Urteil über Grund und Höhe eines Entschädigungsanspruchs (§ 430 Abs. 3 Satz 2) entschieden und nur die Entscheidung über die Höhe der Entschädigung mit Berufung oder Revision angefochten, so kann das Rechtsmittelgericht durch Beschluss über das Rechtsmittel entscheiden, falls kein Beteiligter widerspricht. Auf diese Möglichkeit und das Recht des Widerspruchs werden die Beteiligten zuvor hingewiesen und erhalten die Gelegenheit, sich zu äußern. Der Beschluss des Rechtsmittelgerichts ist **unanfechtbar.**[32]

V. Wirkungen der Rechtskraft

Wegen der Bedeutung der **rechtskräftigen Aufhebung der Einziehung** oder der 25
sonst in Betracht kommenden Rechtsfolgenanordnung **im Nachverfahren** vgl. § 433, 36.

§ 435
Selbständiges Einziehungsverfahren

(1) [1]Die Staatsanwaltschaft und der Privatkläger können den Antrag stellen, die Einziehung selbständig anzuordnen, wenn dies gesetzlich zulässig und die Anordnung nach dem Ergebnis der Ermittlungen zu erwarten ist. [2]Die Staatsanwaltschaft kann insbesondere von dem Antrag absehen, wenn das Erlangte nur einen geringen Wert hat oder das Verfahren einen unangemessenen Aufwand erfordern würde.

(2) [1]In dem Antrag ist der Gegenstand oder der Geldbetrag, der dessen Wert entspricht, zu bezeichnen. [2]Ferner ist anzugeben, welche Tatsachen die Zulässigkeit der selbständigen Einziehung begründen. [3]Im Übrigen gilt § 200 entsprechend.

---

31 BGH BeckRS **2011** 10129 (nicht in NStZ **2012** 35); MüKo/*Putzke/Scheinfeld* 6.

32 *Eb. Schmidt* Nachtr. II 10.

https://doi.org/10.1515/9783110765540-035

(3) [1]Für das weitere Verfahren gelten die §§ 201 bis 204, 207, 210 und 211 entsprechend, soweit dies ausführbar ist. [2]Im Übrigen finden die §§ 424 bis 430 und 433 entsprechende Anwendung.

(4) [1]Für Ermittlungen, die ausschließlich der Durchführung des selbständigen Einziehungsverfahrens dienen, gelten sinngemäß die Vorschriften über das Strafverfahren. [2]Ermittlungsmaßnahmen, die nur gegen einen Beschuldigten zulässig sind, und verdeckte Maßnahmen im Sinne des § 101 Absatz 1 sind nicht zulässig.

Schrifttum

S. neben dem Schrifttum Vor § 421: *Bohnekamp* Das sogenannte objektive Verfahren, Diss. Würzburg 1935; *Friedländer* Das objektive Verfahren nach dem Reichsstrafprozeßrecht, Diss. 1895; *Hiéramente/Pfister* Strafrechtliche Ermittlungen zum Zwecke der Vermögensabschöpfung, jurisPR-StrafR 7/**2021**, Anm. 2; *H. Mayer* Das objektive Verfahren auf Privatklage, Diss. Tübingen 1910; *Rettke* Der Vermögensabschöpfungsstrafbefehl, NStZ **2021** 202; *Schoetensack* Der Konfiskationsprozess (1905); *Ullenboom* Die „vergessene" Einziehung von Taterträgen und ihre Folgen nach dem Gesetz zur Reform der strafrechtlichen Vermögensabschöpfung, wistra **2018** 291.

Entstehungsgeschichte

Die Regelungen des heutigen § 435 waren überwiegend bereits in § 440 a. F. enthalten, der seinerseits auf dem EGOWiG beruhte. Die **gesetzliche Überschrift** „Selbständiges Einziehungsverfahren" geht auf Art. 1 Nr. 13 des Gesetzes zur Stärkung des Rechts des Angeklagten auf Vertretung in der Berufungsverhandlung und über die Anerkennung von Abwesenheitsentscheidungen in der Rechtshilfe v. 17.7.2015 (BGBl. 2015 I S. 1332, 1344) zurück. Die Regelung wurde zum 1.7.2017 mit dem **Gesetz zur Reform der strafrechtlichen Vermögensabschöpfung** v. 13.4.2017 (BGBl. 2017 I S. 872, 886) von ihrem ursprünglichen Standort mit einigen auch inhaltlich erheblichen Änderungen auf § 435 vorgezogen.[1] Die einzelnen Veränderungen bzw. Kontinuitäten werden bei den jeweiligen Regelungen dargestellt. Mit dem **Gesetz zur Fortentwicklung der Strafprozessordnung** und zur Änderung weiterer Vorschriften v. 25.6.2021 (BGBl. 2021 I S. 2099) hat der Gesetzgeber einen neuen Abs. 4 eingefügt, der die Ermittlung zugunsten des selbständigen Verfahrens regelt und am 1.7.2021 in Kraft getreten ist.[2]

Übersicht

1 Dazu BTDrucks. **18** 9525 S. 91 f.

2 Dazu BTDrucks. **19** 27654 S. 20, 39 und 109 f.

Alphabetische Übersicht

I. Grundgedanken der Regelung

1 **1. Selbständigkeit des Verfahrens.** Mit den §§ 435-437 erkennt das geltende Recht wie bisher den Bedarf an, im strafprozessualen Kontext ein selbständiges, **von der Existenz eines Beschuldigten gelöstes Verfahren** zur Anordnung gegenstandsbezogener Rechtsfolgen zunächst anhand der Einziehung auszugestalten. Auch dann, wenn kein Strafverfahren mit dem Ziel einer Entscheidung über die Schuld oder Nichtschuld eines Beschuldigten mehr zu führen ist, kann doch – dem Sicherungsverfahren ähnlich[3] ein Verfahren angezeigt sein, das sich trotz eines abgewandelten Gegenstandes[4] in strafprozessuale Formen und Maßstäbe einreiht. Entsprechend der Aufwertung der Einziehung im Allgemeinen und der selbständigen Einziehung im Besonderen, die das materielle Recht heute prägt, findet auch das selbständige Verfahren in der Gesetzgebung und offenbar auch in der Praxis eine **verstärkte Aufmerksamkeit.**[5]

2 Das selbständige Verfahren, das wegen des Fehlens einer subjektiv-individuell beschuldigten Person auch als **objektives Verfahren** bezeichnet wird, ist bei alledem weiter nur dann statthaft, wenn ein Gesetz die selbständige Einziehung für zulässig erklärt. Hierin liegt allerdings nur noch eine überschaubare Beschränkung, weil der Gesetzgeber die selbständige Einziehung im entscheidenden materiellen Recht deutlich ausgebaut hat. Allerdings gestattet das Prozessrecht mit § 435 Abs. 1 Satz 2 noch immer ein Absehen vom Antrag auf Durchführung eines selbständigen Verfahrens; der **Antrag** der Staatsanwaltschaft (oder des Privatklägers) bleibt eine **konstitutive** und nicht stets zwingende **Prämisse** der selbständigen Einziehung (s. a. Rn. 5).

3 **2. Konkrete Regelungsinhalte.** Der Gesetzgeber sieht in § 435 StPO „die allgemeinen Verfahrensregeln für die selbständige Einziehung nach § 76a StGB" normiert, die er eng an das Verfahren im Fall der Anklageerhebung anlehnen wollte.[6] Konkret widmet sich die Norm vor allem der **Antragstellung**, die in der Praxis seitens der Staatsanwaltschaft, kaum aber auch seitens eines Privatklägers zu erwarten ist. Für die Staatsanwaltschaft und das entscheidende Gericht gibt die Vorschrift mittelbar für die **Eröffnung des Verfahrens** den Entscheidungsmaßstab vor, dass die Anordnung nach dem Ergebnis der Ermittlungen zu erwarten sein muss (§ 435 Abs. 1 Satz 1). In einem positiven Sinne

---

3 Dazu Vor § 413, 4.

4 Vgl. zu dieser Einordnung zum früheren Recht BbgVerfG NStZ **1997** 93 und etwa LR/*Gössel*[26] § 440 a. F., 1: „unechter Strafprozess" ohne Entscheidung über die Schuld hinsichtlich einer Straftat; MüKo/*Scheinfeld/Langlitz* 1.

5 S. etwa die in jüngerer Zeit ergangenen Entscheidungen BGH NStZ **2018** 559; **2019** 271; BGH NJW **2020** 164 OLG Bamberg StraFo **2019** 382 und OLG Dresden NZWiSt **2020** 251 m. Anm. *Lubini* und die erneute Gesetzgebung durch das Gesetz zur Fortentwicklung der Strafprozessordnung und zur Änderung weiterer Vorschriften v. 25.6.2021, BGBl. I 2099 ff. und BTDrucks. **19** 30517.

6 BTDrucks. **18** 9525 S. 92 und aufgreifend BGH BeckRS **2019** 32575.

bemerkenswert ist, dass der Gesetzgeber mit der Anordnung der entsprechenden Anwendung der §§ 201 bis 204, 207, 210 und 211 eine Art **Zwischenverfahren** geschaffen hat, das immerhin regelmäßig zur Anwendung kommen soll (näher Rn. 27 und 30 ff.). Zu den materiellrechtlichen Maßstäben verhält sich die Norm bewusst nicht; sie sind primär in § 76a StGB zu finden. Seit kurzem regelt die Vorschrift explizit die Befugnis, **Ermittlungen** nach den Regeln der StPO unter Ausklammerung heimlicher Ermittlungsmethoden gerade auch **zugunsten der Durchführung eines selbständigen Verfahrens** anstellen zu dürfen (näher Rn. 63 ff.).

II. Voraussetzungen der Antragstellung

1. Überblick. Die Durchführung eines selbständigen Verfahrens gestaltet das Gesetz 4
in formeller Hinsicht bewusst in Anlehnung an die staatsanwaltliche Anklageerhebung im Strafverfahren. Entsprechend regelt § 435 Abs. 1 und 2 den vorentscheidenden Antrag auf Durchführung des selbständigen Verfahrens näher, um eine der Anklageerhebung vergleichbare formalisierte Verfahrensgrundlage abzusichern.

2. Antrag als Prozessvoraussetzung. Das selbständige Verfahren wird auch im Fall 5
der Einziehung nur auf Antrag betrieben. Ein wirksamer Antrag ist gemäß § 435 Abs. 1 in gleicher Weise **Prozessvoraussetzung** des objektiven Verfahrens wie im subjektiven Verfahren die wirksame Erhebung der Klage.[7] Nicht zuletzt angesichts des Verweises auf § 200 in § 435 Abs. 2 Satz 3 lässt sich der Antrag als besondere Form der Erhebung einer Strafklage begreifen.[8]

3. Statthaftigkeit

a) Gesetzliche Zulässigkeit. Der Antrag muss zunächst gesetzlich zulässig sein. 6
Dies verweist auf das einschlägige materielle Recht insbes. des § 76a StGB. Damit gehört zu den zu durchdenkenden Voraussetzungen auch die Frage, ob eine bestimmte Person verfolgt und ggf. verurteilt werden kann. Die **Nichtverfolgbarkeit einer bestimmten Person** ist hier in der Sache eine Prozessvoraussetzung des selbständigen Verfahrens, soweit nicht schon materiellrechtlich ein Ausnahmefall nach § 76a Abs. 3 StGB gegeben ist.[9] Ist ihre Verfolgung möglich, liegt darin ein Verfahrenshindernis, das in jeder Lage des Verfahrens und damit etwa auch in der Revisionsinstanz von Amts wegen[10] durch das Gericht zu berücksichtigen ist. Eine insbesondere früher verfolgte Gegenansicht, nach der insoweit eine vorrangige Einschätzungsprärogative der Staatsanwaltschaft bestehe,[11] findet im geltenden Recht keine Stütze: Das Gesetz weist lediglich den Antrag, nicht aber auch die entscheidende Eröffnung eines selbständigen Verfahrens der Staats-

7 OLG Karlsruhe NJW **1974** 709, 711; KK/*Schmidt* 2. Zur Erforderlichkeit des Antrages auf eine selbständige Einziehung auch im subjektiven Verfahren BGH StraFo **2018** 471, 472; Meyer-Goßner/Schmitt/*Köhler* 4.

8 So schon die LR/*Gössel*[26] § 440 a. F., 4.

9 Hierzu m.w.N. MüKo/*Scheinfeld*/*Langlitz* 21.

10 BGHSt **21** 55 f.; BGH NJW **2020** 164, 165; allg.M., vgl. z.B. KK/*Schmidt* 8; Meyer-Goßner/Schmitt/*Köhler* 11; *Hanack* JZ **1974** 57.

11 OLG Celle NJW **1958** 1837 mit N. und Einschränkungen; OLG Hamm NJW **1970** 1754, 1755; Meyer-Goßner/Schmitt/*Köhler* 15 (aber jeweils mit der Ausnahme offensichtlich fehlender tatsächlicher oder rechtlicher Voraussetzungen); MüKo/*Scheinfeld*/*Langlitz* 23; HK/*Retemeyer* 3.

anwaltschaft zu.[12] Vielmehr hat das Gericht schon nach § 435 Abs. 1 die Zulässigkeit auch des durch die Staatsanwaltschaft gestellten Antrages zu prüfen.[13]

7 **b) Anordnung zu erwarten.** Voraussetzung für die Stellung eines Antrags ist außer der gesetzlichen Zulässigkeit der selbständigen Einziehung, dass die **Anordnung** nach dem Ergebnis der Ermittlungen **zu erwarten** ist. Entsprechend muss die Anordnung der selbständigen Einziehung hinreichend wahrscheinlich sein[14] (hierzu s. anhand der gerichtlichen Entscheidung näher 20 ff.).

4. Antragsberechtigung und -verpflichtung

8 **a) Berechtigte.** Den Antrag dürfen die Staatsanwaltschaft oder der Privatkläger (Privatklageberechtigte) stellen. Hinzu kommt gemäß § 401 AO die Finanzbehörde in den Fällen, in denen sie das Ermittlungsverfahren wegen Steuervergehens selbständig durchführt und damit staatsanwaltliche Funktionen übernimmt (§ 386 Abs. 2 AO).

9 **b) Opportunitätsprinzip.** Die Staatsanwaltschaft (der Privatkläger) **kann** den Antrag stellen, d. h. die Stellung des Antrags ist in ihr pflichtmäßiges Ermessen gestellt. Nach allg.M. besteht insoweit kein Antragszwang; es gilt das sog. Opportunitätsprinzip (bestätigend bis heute Nr. 180 Abs. 1 RiStBV, allerdings mit Einschränkung in Absatz 2 für den früheren Verfall). Das gilt auch dann, wenn nach materiellem Recht eine Maßnahme zwingend vorgeschrieben ist.[15] Denn eine solche Vorschrift richtet sich nur an das Gericht, das, wenn z.B. die Einziehungsvoraussetzungen im Übrigen erfüllt sind, auf Einziehung erkennen muss, *falls* es durch einen wirksamen Antrag mit der Sache befasst wird. Sie lässt aber das Ermessen der Staatsanwaltschaft nach § 435 Abs. 1 grundsätzlich unberührt.[16]

10 Das verbleibende Ermessen hat der Gesetzgeber mit § 435 Abs. 1 Satz 2 trotz der allgemeinen Aufwertung der Einziehung bestätigt (s. a. § 421): **„Insbes.** [...] wenn das **Erlangte nur einen geringen Wert hat** oder das Verfahren einen **unangemessenen Aufwand**[17] erfordern würde“, kann die Staatsanwaltschaft von einem Antrag absehen.[18] Neben den im Gesetz beispielhaft genannten Gründen, die gegen einen Antrag sprechen können, kann etwa eine bestehende **Möglichkeit, den Gegenstand formlos aus dem Verkehr zu entfernen**, gegen das selbständige Einziehungsverfahren streiten.[19] So kann es liegen, wenn keine Einziehungsinteressenten vorhanden sind, vorhandene Einziehungsinteressenten sich zu einem Beteiligungsverzicht (§ 424 Abs. 2 i. V. m. § 435 Abs. 3 Satz 2) bereitfinden oder auf die Rechte am Einziehungsgegenstand verzichten

---

12 Näher noch LR/*Gössel*[26] § 440 a. F., 33 ff.

13 Ebenso i.E. etwa BGHSt **21** 55; RGSt **38** 100, 101; OLG Düsseldorf NJW **1967** 1142, 1143; OLG Hamm NJW **1953** 1683, 1684; *Eb. Schmidt* Nachtr. I § 430 a. F., 3; KK/*Schmidt* 8; *Peters* 589, 590. Offenlassend aber BGH BeckRS **2011** 101293 (nicht in NStZ **2012** 35) und wieder BGH NJW **2020** 164, 165.

14 BTDrucks. **18** 9525 S. 91.

15 Meyer-Goßner/Schmitt/*Köhler* 6.

16 H. M., z.B. BGHSt **2** 29, 34; **7** 356, 357; **23** 208, 210 (implizit zum Gericht); BGH MDR **1966** 779; OLG Celle NJW **1966** 1135; *Eb. Schmidt* Nachtr. II 5; KK/*Schmidt* 10; KMR/*Metzger* 12; AK/*Günther* § 440 a. F., 6; Meyer-Goßner/Schmitt/*Köhler* 6; HK/*Retemeyer* 4; SK/*Paeffgen* 11; AnwK/*Lohse* § 440 a. F., 3; HK-GS/*Koch* § 440 a. F., 2; *Pfeiffer* § 440 a. F., 3; *Peters* 589, 590; *Henkel* 420.

17 S. i.d.S. etwa schon BGHSt **7** 356, 357; **20** 253, 257.

18 BTDrucks. **18** 9525 S. 91 f.

19 Dazu schon § 421, 5 sowie LR/*Gössel*[26] § 440 a. F., 25.

(u. a. dazu auch Nr. 180 Abs. 4 RiStBV).[20] Ergeht trotz des Beteiligungsverzichts eine Einziehungsentscheidung, kann der Einziehungsbeteiligte diese mangels Beschwer nicht anfechten,[21] soweit er nicht gerade die Unwirksamkeit des Verzichts darlegt. Darüber hinaus ist – schon materiellrechtlich – der Verhältnismäßigkeitsgrundsatz zu beachten (s. a. Rn. 22).

Das Ermessen der Staatsanwaltschaft erstreckt sich auch auf die Frage, **in welchem Ausmaß und mit welchen Ansatzpunkten** sie einen Antrag stellen will; so kann sie sich in ihrem Antrag auf einen oder einige der insgesamt in Betracht kommenden Gründe für die Durchführung des selbständigen Verfahrens beschränken.[22] 11

Drängt sich ein öffentliches Interesse an der Abschöpfung „krimineller Gewinne" oder an einer notwendigen „Gefahrenabwehr" aber auf, wird die Staatsanwaltschaft regelmäßig den Antrag stellen und stellen müssen.[23] Allgemein muss die Staatsanwaltschaft ihre Entscheidung auf ermessensfehlerfreie Erwägungen stützen. 12

5. Inhalt und Form des Antrags

a) Inhalt. § 435 Abs. 2 sieht zur Klarstellung früher bestehender Zweifelsfragen[24] Bestimmungen **über den Inhalt des Antrags** vor und gleicht ihn damit weithin an die Erfordernisse an, die für eine Anklageschrift im subjektiven Verfahren gelten. Der Antrag muss danach gem. § 435 Abs. 2 Satz 1 im Fall der Einziehung insbesondere den Gegenstand bezeichnen, der eingezogen werden soll, und zwar so genau, wie er auch in der erstrebten Einziehungsentscheidung bezeichnet werden müsste (näher Rn. 47 ff.). Im Fall der Einziehung von Wertersatz muss er nach der insoweit ergänzten Norm den Geldbetrag angeben, der dem Wert des ursprünglich einziehungsbefangenen Gegenstandes entspricht.[25] Der Antrag muss ferner angeben, welche Tatsachen die Zulässigkeit der selbständigen Einziehung begründen (§ 435 Abs. 2 Satz 2), insbesondere also darlegen, aus welchen tatsächlichen oder rechtlichen Gründen keine bestimmte Person verfolgt oder verurteilt werden kann.[26] 13

Die ergänzend („im Übrigen") angeordnete entsprechende Anwendung des § 200 bedeutet, dass z.B. im Fall des § 76a Abs. 1 StGB die eine Einziehung rechtfertigende Tat der aus tatsächlichen Gründen nicht verfolgbaren Person, Tatzeit und Tatort, die gesetzlichen Merkmale der Straftat und die anzuwendenden Strafvorschriften, im Fall des § 76a Abs. 2 Satz 1 StGB z.B. die Straftat oder die mit Strafe bedrohte Handlung usw. angegeben werden müssen. Ferner sind die Beweismittel, das zur Entscheidung berufene Gericht (§ 436 Abs. 1), bekannte Einziehungsinteressenten (vgl. § 426) und ggf. bestellte Vertreter (§ 428) zu benennen. Ebenso ist nach Maßgabe des § 200 Abs. 2 das wesentliche Ergebnis der Ermittlungen darzustellen. 14

b) Form. Davon abgesehen ist eine bestimmte **Form des Antrags** nicht ausdrücklich vorgeschrieben. Ersichtlich bedarf es im selbständigen Einziehungsverfahren aber, wie sich auch aus der Bezugnahme auf die Regelung des § 200 zur Anklageschrift ergibt, einer **Antragsschrift**. Soweit der Antrag im Zusammenhang mit einem zunächst noch 15

---

20 BGHSt **20** 253, 257.
21 OLG Düsseldorf NStZ **1993** 452.
22 OLG Celle OLGSt § 430, 1; KMR/*Metzger* 12. Dazu aber auch § 436, 2 f.
23 Meyer-Goßner/Schmitt/*Köhler* 6.
24 S. etwa noch *Eb. Schmidt* § 430 a. F., 7.
25 BTDrucks. **18** 9525 S. 91.
26 Anwendend etwa BGH NZWiSt **2020** 44.

anhängigen subjektiven Verfahren gestellt werden kann, soll aber – bedenklicherweise – eine formfreie Erklärung genügen, die deutlich erkennen lässt, dass eine selbständige Einziehung begehrt[27] werde. Mangels einer gesetzlichen Anerkennung dieser Ausnahme wird man heute jedoch dem Verweis auf § 200 in § 435 Abs. 2 Satz 2 strikt zu folgen haben.[28] Dies hat auch der BGH nun bestätigt, indem er einen lediglich im Schlussvortrag des Staatsanwalts mündlich gestellten Antrag nicht hat genügen lassen.[29] Unzureichend ist es ebenso, wenn die Staatsanwaltschaft im Sicherungsverfahren die Einziehung der sichergestellten Gegenstände gemäß § 74 StGB beantragt hatte.[30]

16 **6. Rücknehmbarkeit des Antrags.** Der Antragsteller kann seinen Antrag auf Durchführung des selbständigen Verfahrens grundsätzlich zurücknehmen.

17 **a) Privatkläger.** Für den **Privatkläger** entspricht dies dem Umstand, dass er seine Privatklage in jeder Lage des Verfahrens zurücknehmen kann (§ 391 Abs. 1 Satz 1). Daraus folgt, da die Beschränkungen des Rücknahmerechts nach § 391 Abs. 1 Satz 2 hier keine Rolle spielen, dass auch der Privatkläger seinen Antrag nach § 435 in jeder Lage des Verfahrens bis zum Erlass einer formell rechtskräftigen Entscheidung des Gerichts zurücknehmen darf.[31]

18 **b) Staatsanwaltschaft.** Diskussionen wurden insbesondere früher zur Rücknahmebefugnis der **Staatsanwaltschaft** (oder an ihrer Stelle: der Finanzbehörde) geführt. § 156 ist zunächst nicht unmittelbar anwendbar, da ein Eröffnungsbeschluss im objektiven Verfahren nicht ergeht. Daraus wurde und wird zum Teil gefolgert, dass auch der Antrag der mit einem Ermessen ausgestatteten Staatsanwaltschaft in jeder Lage des Verfahrens bis zur Entscheidung des Gerichts zurückgenommen[32] werden könne. Dies war aber schon zum alten Recht nicht überzeugend, soweit das Gericht die Einziehungsfrage mit dem Beginn des sachlichen Teils einer Hauptverhandlung zum Gegenstand der eigenen Entscheidung gemacht hatte.[33] Aus dem Ermessen der Staatsanwaltschaft hinsichtlich der Antragstellung erwächst weder begrifflich noch sinngemäß eine schlechthin geltende Freiheit des Antragstellers, über den *Fortbestand* des Antrags zu befinden, wenn er einmal wirksam gestellt ist. Heute ist allerdings vor allem maßgeblich, dass der Gesetzgeber mit dem geschaffenen Zwischenverfahren ein **Pendant zum Eröffnungsbeschluss** etabliert hat (dazu Rn. 31), das die auf das Gericht überwechselnde Verfahrenshoheit zum Ausdruck bringt;[34] mit seinem Erlass ist die Rücknahme seitens der Staatsanwaltschaft ausgeschlossen.

19 **c) Absehen von der Entscheidung.** Der Umstand, dass hiernach eine Rücknahme des Antrags in der Hauptverhandlung nicht möglich ist, schließt aber nicht aus, dass

27 So zur alten Fassung auch BGHSt **9** 250, 252 f.; zum heutigen Gesetz auch noch HK/*Retemeyer* 10.

28 Wie hier auch schon i.E. KK/*Schmidt* 12; eher distanziert auch schon KMR/*Metzger* 13.

29 M.w.N. zu entsprechenden Entscheidungen BGH BeckRS **2019** 32575.

30 BGH NStZ-RR **2021** 185.

31 KK/*Schmidt* 13; KMR/*Metzger* 20; Meyer-Goßner/Schmitt/*Köhler* 7; HK/*Retemeyer* 11; *Pfeiffer* § 440 a. F., 3.

32 So *Eb. Schmidt* § 430 a. F., 8 und Nachtr. II 14; *Pfeiffer* § 440 a. F., 3; noch heute HK/*Retemeyer* 11; SK/*Paeffgen* 17; MüKo/*Scheinfeld*/*Langlitz* 10; teilweise KMR/*Metzger* 20.

33 Ebenso RG JW **1920** 562; KMR/*Metzger* 20 (aber mit der Option einer einvernehmlichen Rücknahme); s. nun auch mit Verweis auf eine drohende Rechtskraft Meyer-Goßner/Schmitt/*Köhler* 7; näher schon LR/*Gössel*[26] § 440 a. F., 29.

34 So nun auch in Abkehr von der früher anderen Ansicht KK/*Schmidt* 13.

das **Gericht mit Zustimmung der Staatsanwaltschaft von einer Entscheidung absieht**, wenn der Gegenstand der Einziehung von geringer Bedeutung ist oder das Verfahren einen unangemessenen Aufwand erfordern würde. Zwar erklärt § 435 Abs. 3 Satz 2 den § 421 nicht für entsprechend anwendbar. § 421 enthält aber, wie § 433 Abs. 5 bestätigt, einen Gedanken von allgemeingültiger Bedeutung. Die Norm jedenfalls hinsichtlich **§ 421 Abs. 1 Nr. 1 und 3** sinngemäß[35] anzuwenden, erscheint umso weniger bedenklich, als die nach § 421 Abs. 3 im Vorverfahren bestehende selbständige Ausklammerungsbefugnis der Staatsanwaltschaft ihre Entsprechung darin findet, dass sie auch im selbständigen Verfahren eine Ermessensentscheidung über die vorentscheidende Antragstellung treffen darf (dazu schon Rn. 2 und 9 ff.).

III. Maßstäbe der Antragsprüfung

1. Maßstab des Gerichts. Liegt ein Antrag vor, hat das zur Entscheidung befugte Gericht zum einen die **Zulässigkeit des** oben mitsamt der einschlägigen Maßstäbe geschilderten **Antrages** auf Durchführung eines selbständigen Verfahrens und die eigene Zuständigkeit[36] zu prüfen. Zum anderen ist es wie bei der Parallele der Eröffnung eines subjektiven Strafverfahrens vonnöten, dass das **Gericht** selbst auf Basis seiner Prüfung die **Anordnung der selbständigen Einziehung** bejaht. Hierfür stellen schon die Materialien darauf ab, ob die Anordnung nach dem Ergebnis der Ermittlungen hinreichend wahrscheinlich sein müsse.[37] Der Maßstab entspricht damit demjenigen, der im subjektiven Verfahren für die Erhebung der öffentlichen Klage gilt. 20

2. Materielles Recht. Zur Beurteilung des Antrages ist nach alledem zunächst eine materiellrechtliche Prüfung vonnöten. Für diese ist grundsätzlich auf die Auslegung des nicht gleichsam nebenbei zu kommentierenden § 76a StGB sowie der §§ 73 ff. StGB zu verweisen. Hier ist nur beispielhaft anzugeben, welche Merkmale und Erfordernisse nach der Staatsanwaltschaft (s. Rn. 7) auch das Gericht in den Blick nehmen muss: 21

a) Straftat. Wie sich aus dem Wortlaut des § 76a Abs. 1 StGB ergibt, muss es grundsätzlich um eine Straftat gehen. Insofern muss regelmäßig die Verwirklichung einer verfolgbaren tatbestandsmäßigen, rechtswidrigen und schuldhaften Handlung in Rede stehen (s. dann allerdings erweiternd § 76a Abs. 2 und 4 StGB). Auch die übrigen materiellrechtlichen Voraussetzungen sind zu prüfen (s. etwa § 76a Abs. 1 Satz 3 StGB zu Strafantrag, Ermächtigung und Strafverlangen). So müssen neben der Straftat **sonstige materielle Rechtsfolgevoraussetzungen** vorliegen, also z.B. die oft vorausgesetzte Eigentümerstellung des Einziehungsadressaten, die Quasi-Verschuldenselemente etwa nach § 73b StGB oder der Verhältnismäßigkeitsgrundsatz, der stets Beachtung erfordert (s. § 76a Abs. 1 Satz 1 StGB). 22

b) Durchführbarkeit eines subjektiven Verfahrens. Auch aus § 76a Abs. 1 StGB geht mit einem aufgestellten Subsidiaritätserfordernis noch immer hervor, dass „das selbständige Verfahren nach dem Willen des Gesetzes [...] unterbleiben [soll], wenn das Verfahren gegen einen bestimmten Beschuldigten [...] möglich ist oder wird“, weil das 23

---

35 Für eine direkte Anwendung Meyer-Goßner/Schmitt/*Köhler* 7; KMR/*Metzger* § 421, 5; nur für eine sinngemäße, analoge Anwendung der § 421 Abs. 1 Nr. 1 und 2 Alt. 1 KK/*Schmidt* 15.

36 Zu dieser § 436, 2 ff.

37 BTDrucks. **18** 9525 S. 91.

subjektive Verfahren wegen der Anwesenheit des Angeklagten in der Hauptverhandlung „eine höhere Gewähr für vollständige und richtige Beurteilung des Falles" bietet als das objektive Verfahren.[38] Insofern ist grundsätzlich zu zeigen, dass tatsächliche (insbesondere § 76a Abs. 1 StGB) oder rechtliche (§ 76a Abs. 1 und 2 StGB) Umstände einem subjektiven Verfahren entgegenstehen.[39] So kann der Betreffende etwa wegen eines ausländischen Wohnsitzes für die inländische Gerichtsbarkeit dauerhaft unerreichbar sein oder sich der Verfolgung und Verurteilung durch Flucht oder Verbergen entziehen. Auch die dauernde Verhandlungsunfähigkeit ist nun erfasst.[40] Maßgeblich ist allerdings jeweils, ob die Verfolgung nicht nur hinsichtlich eines ggf. von der Einziehung sodann betroffenen, sondern **hinsichtlich aller Beschuldigten** eingestellt wurde; eine Einziehungsbeteiligung (Nebenbetroffenheit) im subjektiven Verfahren bleibt damit vorrangig.[41] Gemäß § 76a Abs. 2 Satz 1 StGB hindert eine – vor seiner Schaffung[42] – eingetretene **Strafverfolgungsverjährung** die selbständige Einziehung nun auch dann nicht, wenn die §§ 73, 73b und 73c StGB betroffen sind (s. zudem auch § 76a Abs. 2 Satz 2 StGB).[43] Zu beachten ist ferner die **Durchbrechung des § 76a Abs. 3 StGB**. Sie ermöglicht bei gesetzlich zugelassenen Verfahrensbeschränkungen oder -einstellungen ein selbständiges Verfahren, obschon dieses prinzipiell möglich wäre. In diesen Fällen soll die Freiheit der Entschließung der zuständigen Stellen, ob sie von der ihnen eingeräumten Befugnis, von Verfolgung oder Bestrafung abzusehen, Gebrauch machen wollen, nicht durch die Besorgnis beschränkt werden, die Freistellung von der Hauptstrafe werde zugleich die Anordnung der Einziehung usw. ausschließen. Ein so weitgehender Verzicht auf eine staatliche Reaktion kann nach den Umständen des Falles unangemessen sein. Schließlich hat der Gesetzgeber mit **§ 76a Abs. 4 StGB** sogar eine sog. non-conviction-based confiscation zugelassen, die auf die Ableitung einer rechtswidrigen Vermögenslage aus einer konkreten Tat verzichtet.[44]

24 **c) Sonstige Erfordernisse/Verfahrenshindernisse.** Wird nach dem Abschluss eines selbständigen Verfahrens ein **weiterer Antrag auf Einziehung im selbständigen Verfahren** gestellt, ist zu prüfen, ob der neue Antrag einen anderen Inhalt hat. Bezieht sich ein Antrag auf andere als bisher in einem Antrag zum Verfahrensinhalt gemachte Gegenstände, ist ein zweites Verfahren auch nach einer abschließenden Sachentscheidung zulässig.[45] Sind die im Antrag erfassten Gegenstände aber identisch, kann eine Entscheidung nur noch angestrengt werden, wenn im ersten Verfahren nicht zur Sache

38 BGHSt **21** 55, 56; anknüpfend in jüngerer Zeit OLG Stuttgart wistra **2020** 477, 478.

39 Zur nun geringeren Bedeutung der Unterscheidung Meyer-Goßner/Schmitt/*Köhler* 12 und BTDrucks. **18** 9525 S. 72: Erweiterung des § 76a Abs. 1 StGB.

40 BTDrucks. **18** 9525 S. 72; Meyer-Goßner/Schmitt/*Köhler* 12; S. a. noch OLG Celle NStZ-RR **1996** 209 mit Verweis auf § 76a Abs. 2 Nr. 2 StGB a. F.

41 OLG Stuttgart wistra **2020** 477, 478 f. m. Anm. *Hüls* ZWH **2021** 153; Meyer-Goßner/Schmitt/*Köhler* 11.

42 Verfassungsrechtlich bestätigend mit einer besonderen Betonung des nicht wertneutralen Charakters des strafrechtlichen Vermögensabschöpfungsrechts („in normbekräftigender Weise sowohl dem Straftäter als auch der Rechtsgemeinschaft vor Augen geführt werden, dass eine strafrechtswidrige Vermögensmehrung von der Rechtsordnung nicht anerkannt wird"): BVerfG NJW **2021** 1222 m. abl. Anm. *Lenk*, Anm. *Reichling/Lange/Borgel* NStZ **2021** 417 f. und scharf krit. *Bülte* NZWiSt **2021** 203 sowie *Schilling/Corsten/Hübner* wistra **2021** 174 – entschieden mit sieben zu eins Stimmen; anders insbes. BGH NJW **2019** 1891.

43 KK/*Schmidt* 2; Meyer-Goßner/Schmitt/*Köhler* 13; s. zum geltenden materiellen Recht auch LG Düsseldorf wistra **2018** 445 m. zust. Anm. *Rettke*.

44 Zu ihr § 437, 1 und 6.

45 Meyer-Goßner/Schmitt/*Köhler* § 436, 12.

entschieden wurde (s. a. § 76a Abs. 1 Satz 3 StGB a. E.).[46] Ist letzteres der Fall, steht die **Rechtskraft** der ergangenen Entscheidung einer weiteren Befassung entgegen. Der Antrag ist *als unzulässig* zurückzuweisen.

Auch weitere rechtliche Gründe, die eine subjektive Verfolgung ausschließen, können zugleich die selbständige Einziehung hindern. So schließen z.B. **Exemtionen** von der deutschen Gerichtsbarkeit (§§ 18 bis 20 GVG; Art. VII des Nato-Truppenstatuts) auch die selbständige Einziehung in Ausübung deutscher Gerichtsbarkeit aus. Das objektive Verfahren ist ebenso in den in § 76a Abs. 1 Satz 3 StGB bestimmten Fällen ausgeschlossen, wonach eine selbständige Einziehung ausscheidet, wenn für die subjektive Verfolgung ein **Verfolgungsverlangen** oder eine **Verfolgungsermächtigung** einer dritten Stelle (wie der **Strafantrag** des Verletzten) als Verfahrensvoraussetzung erforderlich wäre und diese fehlt. Dies beruht auf der Erwägung, dass die Interessen desjenigen, dem die Entschließung darüber eingeräumt ist, ob der Täter verfolgt und die Sache in einer Hauptverhandlung (in der Regel öffentlich) erörtert werden soll, beeinträchtigt würden, wenn er zwar durch Nichtgebrauch seines Antragsrechts und entsprechender Rechte eine subjektive Verfolgung verhindern könnte, aber ein selbständiges Anordnungsverfahren hinnehmen müsste, in dem ggf. in mündlicher öffentlicher Verhandlung zu prüfen wäre, ob eine Straftat begangen worden ist oder eine mit Strafe bedrohte Handlung vorliegt. 25

Nach einer Entscheidung des LG Göttingen ist eine selbständige Einziehung auch dann zulässig, wenn nicht belegt werden kann, dass gerade die von der Auslieferung umfasste konkrete Tat die Grundlage der Einziehung ist und der Angeklagte nicht auf den **Spezialitätsvorbehalt** (s. § 83h Abs. 1 Nr. 1 IRG) verzichtet hat; die Einziehung ist hier im Ergebnis gemäß § 83h Abs. 2 Nr. 2-4 IRG vom Spezialitätsvorbehalt befreit.[47] 26

3. Entscheidung über die Zulässigkeit des Antrags. Die Prüfung der Antrags- bzw. Zulässigkeitsmaßstäbe ist Teil des vom Gesetzgeber nun in Anlehnung an die Klageerhebung vorgesehenen „Zwischenverfahrens" (zu diesem Rn. 30 ff.). Ist die Anordnung der begehrten Einziehung wahrscheinlich und sind alle weiteren Voraussetzungen einschließlich der gerichtlichen Zuständigkeit erfüllt, erlässt das Gericht einen **Zulassungsbeschluss** in Anlehnung an § 203 (dazu Rn. 31). Wenn die materiellrechtlichen Voraussetzungen einer selbständigen Einziehung infolge des gestellten Antrages nicht hinreichend wahrscheinlich[48] sind oder ein Erfolg des Antrags gar außerhalb jeder Wahrscheinlichkeit liegt, ist der Antrag in Anlehnung an § 204[49] als **unzulässig** zu verwerfen. Davon ist etwa auszugehen, wenn die Einziehung schon nach Aktenlage handgreiflich unverhältnismäßig wäre, die in §§ 76a Abs. 2 Satz 2, 74b StGB bezeichnete Gefahr ersichtlich nicht besteht oder die Einziehung einer Schrift beantragt ist, aber bei einer Abwägung zwischen dem Einziehungsgebot und den Grundrechten der Meinungs- und Informationsfreiheit (Art. 5 GG) nach den Grundsätzen der „Wechselwirkung" das 27

46 M.w.N. Meyer-Goßner/Schmitt/*Köhler* 12, § 436, 12; mit einer weiten Interpretation der vorherigen Entscheidung hierbei für „Altfälle" (Verjährung vor Änderung des § 76a Abs. 2 Satz 1 StGB n. F.) OLG Hamburg wistra **2018** 438; zur Anwendung auf „vergessene Anordnungen" grundsätzlich krit. *Ullenboom* wistra **2018** 291 und SSW/*Heine* 5: Frage auch der Anwendbarkeit des Strafklageverbrauchs.

47 LG Göttingen StV **2020** 631, 632. Allerdings bleibt mindestens zu prüfen, ob diese jenseits des Europäischen Haftbefehls ebenfalls der anwendbaren internationalrechtlichen Ausprägung des Spezialitätsvorbehalts entspricht; nicht immer findet gerade § 83h IRG Anwendung.

48 *Lüttger* GA **1957** 210.

49 BTDrucks. **18** 9525 S. 91.

Grundrecht zweifellos vorrangig[50] ist. Es kann dem Gericht nicht zugemutet werden, ein Verfahren durchzuführen, wenn mit einem Erfolg des Antrags von vornherein nicht zu rechnen ist. Verwirft es den Antrag aus diesem Grund durch Beschluss gemäß § 204, kann ihn der Antragsteller mit der **sofortigen Beschwerde** gemäß § 210 Abs. 1[51] anfechten.

IV. Das gerichtliche Verfahren

28 **1. Überblick.** Gemeinsam mit § 436 regelt § 435 Abs. 3 das Verfahren, mit dessen Hilfe das zuständige Gericht[52] über einen ggf. zugelassenen (zum Maßstab Rn. 20 ff.) Antrag auf Durchführung eines selbständigen Verfahrens zur Sache entscheiden soll. In Abweichung vom früheren Recht führt § 435 Abs. 3 Halbsatz 1 zunächst durch den Verweis auf die §§ 201 bis 204, 207, 210 und 211 eine Art Zwischenverfahren ein, das insbesondere das rechtliche Gehör verstärken soll.[53] Im Übrigen greift § 435 Abs. 3 Halbsatz 2 die Regelung zur Einziehungsbeteiligung (§§ 424 bis 430) bzw. zum Nachverfahren (§ 433) entsprechend auf. Die Entscheidungsform sowie Rechtsmittel sind wieder in § 436 Abs. 2 geregelt.[54] Nach § 395 setzt der Anschluss als Nebenkläger eine erhobene öffentliche Klage, d. h. eine Klage im subjektiven Verfahren, voraus. Im selbständigen und damit objektiven Verfahren ist eine **Nebenklage** mithin **unzulässig.**[55]

29 **2. Vorbereitendes Verfahren.** Wie zur Einziehungsbeteiligung regelt das Gesetz das Ermittlungsverfahren spärlich.[56] Immerhin überträgt § 435 Abs. 3 Satz 2 aber §§ 426 und 428 auf das selbständige Verfahren.

30 **3. Pendant zum Zwischenverfahren.** Über § 435 Abs. 3 Satz 1 schreibt der Gesetzgeber „die Durchführung eines dem Zwischenverfahren nach Anklageerhebung entsprechenden Verfahrens vor".[57] Dies soll einerseits dem **hohen Stellenwert des gebotenen rechtlichen Gehörs Rechnung tragen**, andererseits aber, wie die Norm unmittelbar zum Ausdruck bringt, nur eingreifen, „soweit dies [= die Geltung der §§ 201 bis 204, 207, 210 und 211] ausführbar" ist.

31 Mit der Neuregelung ist es insbesondere geboten, die Antragsschrift dem Einziehungsadressaten zu übermitteln (§ 201), die Anordnung ergänzender Beweiserhebungen zu erwägen (§ 202), ggf. den Verfahrensstand mit den Verfahrensbeteiligten zu erörtern (§ 202a) und die Zulassung des gestellten Antrags (§ 435 Abs. 1) nach § 203 in einem Beschluss zu fixieren, im Fall seiner Zurückweisung eine Nichtzulassung zu beschließen (§ 204). Für den **Zulassungsbeschluss** gelten dann § 207 (inhaltliche Ausgestaltung), § 210 (Rechtsmittel) und § 211 (Wiederaufnahme nach einer beschlossenen Antragszurückweisung). Insbesondere im Verweis auf § 203 liegt eine Änderung zum bisherigen Rechtsstand, nach dem ein dem Eröffnungsbeschluss entsprechender besonderer Be-

50 BVerfGE **7** 198, 208 ff.; BGHSt **23** 208, 211 f.; dazu näher LK/*Lohse* § 74d, 26 ff.
51 S. früher schon für eine analoge Anwendung des § 204 KK/*Schmidt* 2 und *Lüttger* GA **1957** 210.
52 Dazu § 436, 2 ff.
53 Dazu BTDrucks. **18** 9525 S. 92.
54 Dazu § 436, 8 f.
55 KK/*Schmidt* 11; KMR/*Metzger* 32; Meyer-Goßner/Schmitt/*Köhler* 3; AK/*Günther* § 440 a. F., 5; HK/*Retemeyer* 21; *Pfeiffer* § 440 a. F., 3.
56 Dazu schon Vor § 421, 27.
57 BTDrucks. **18** 9525 S. 92.

schluss zur Eröffnung des selbständigen Verfahrens entbehrlich war.[58] Der Zulassungsbeschluss stellt eine **Prozessvoraussetzung** dar; liegt er im Revisionsverfahren nicht vor, ist das Verfahren vorläufig einzustellen.[59]

Kryptisch bleibt bei alledem die „Angstklausel", **„soweit dies ausführbar ist"**. Laut den Materialien ist das Vorgehen entbehrlich, wenn „der Einziehungsadressat flüchtig oder unbekannten Aufenthalts" ist.[60] Gleichwohl liegt schon dem in Bezug genommenen § 429 längst zugrunde, dass der Einziehungsbeteiligte nicht unter einer Beteiligungspflicht steht. Dass eine allgemeine Ausführbarkeitsschranke aufgestellt wurde, welche das Zwischenverfahren sogleich wieder unter Effizienzgesichtspunkten in Frage stellen könnte, ist insofern bedauerlich. 32

In der Praxis werden für die Anwendbarkeit der Klausel „unüberwindbare faktische Barrieren"[61] verlangt, was eine angemessen restriktive Interpretation bedeuten sollte. 33

4. Hauptverfahren. Die Hauptverhandlung regelt das Gesetz in § 435 Abs. 3 Satz 2 durch den Verweis auf die entsprechende Anwendung der §§ 424-430, von denen viele für das Hauptverfahren von Bedeutung sind. 34

a) Vom Verweis erfasste Vorschriften. Zur Anordnung der Beteiligung ist auf **§ 424** zurückzugreifen. Hierbei kann § 425 für begründungsbedürftige Ausnahmen zu beachten sein und damit im Ergebnis die Beteiligung auf ein Nachverfahren verschieben. § 424 Abs. 3 ist mit der Maßgabe sinngemäß anwendbar, dass bei einer Entscheidung im schriftlichen Verfahren die Verfahrensbeteiligung bis zum Erlass des Beschlusses des Beschwerdegerichts angeordnet werden kann, der die Einziehung anordnet oder die Beschwerde gegen die erstinstanzliche Einziehungsanordnung verwirft. Dies gilt, wenn eine zulässige sofortige Beschwerde (durch einen anderen Verfahrensbeteiligten) eingelegt wurde (§§ 436 Abs. 2, 434 Abs. 2). 35

Die **Eigenschaft als Einziehungsbeteiligter** muss auch im selbständigen Verfahren gemäß § 435 Abs. 3 Satz 2 in Verbindung mit § 424 Abs. 1 Satz 1 erst durch **Beschluss** formell begründet werden. Für die Anwendung der Vorschrift muss wie bisher der Zeitpunkt maßgeblich sein, von dem ab eine Beteiligungsanordnung zulässig ist.[62] Dies muss der Eingang des Antrags auf selbständige Einziehung bei dem zuständigen Gericht sein, zumal er der Zuleitung der Anklageschrift entspricht. Die Befugnisse des Einziehungsbeteiligten (§ 427 Abs. 1) beginnen mit der Anordnung seiner Beteiligung.[63] Im Fall des selbständigen Verfahrens wird der Beschluss angesichts des Prüfungsgegenstandes und des Maßstabes regelmäßig schon im Zulassungsbeschluss liegen.[64] 36

Die Rechtsstellung des Einziehungsbeteiligten wird über die entsprechende Anwendung des **§ 427 Abs. 1** ausgestaltet.[65] Dass hiermit Abschwächungen einhergehen, ist angesichts der identischen Interessenlage des Verfahrensbeteiligten nicht zu verfolgen, 37

58 Dazu im Rückblick etwa BGHSt **17** 28, 30 und LR/*Gössel*[26] § 440 a. F., 31.

59 Dazu näher OLG Bamberg StraFo **2019** 382 f.; zum Charakter als Prozessvoraussetzung auch Meyer-Goßner/Schmitt/*Köhler* 16.

60 BTDrucks. **18** 9525 S. 92. Nur für diesen Fall Einschränkungen anerkennend: BKST/*Tschakert* Handb. Vermögensabschöpfung Rn. 1630.

61 OLG Bamberg StraFo **2019** 382, 383; MüKo/*Scheinfeld*/*Langlitz* 28.

62 Dazu schon LR/*Gössel* § 440 a. F., 37.

63 KK/*Schmidt* 16; KMR/*Metzger* 31; Meyer-Goßner/Schmitt/*Köhler* 17; AK/*Günther* § 440 a. F., 14; HK/*Retemeyer* 12; SK/*Paeffgen* 15; HK-GS/*Koch* § 440 a. F., 6; s. a. schon BTDrucks. **V** 1319 S. 82.

64 Von einer weitergehenden Identität geht wohl aus Meyer-Goßner/Schmitt/*Köhler* 17.

65 Dazu § 427, 6 ff.

zumal der Gesetzgeber insofern keinen Fingerzeig gegeben hat. Nimmt das Gericht in Aussicht, im **Beschlussverfahren** zur Sache zu entscheiden (§§ 436 Abs. 2, 434 Abs. 2), wird dem Einziehungsbeteiligten in entsprechender Anwendung des § 427 Abs. 1 und nach den §§ 435 Abs. 3 Satz 1, 201 Abs. 1 die Antragsschrift zur Äußerung zugestellt. Dabei ist er auf sein Recht hinzuweisen, gemäß §§ 436 Abs. 2, 434 Abs. 3 die mündliche Verhandlung[66] zu beantragen. Ihm ist zweckmäßigerweise eine angemessene Frist[67] zur Ausübung des Antragsrechts zu setzen.[68] **§ 427 Abs. 2** ist auch bei einer Entscheidung im schriftlichen Verfahren anwendbar, und zwar auch in der Beschwerdeinstanz. § 309 Abs. 1 steht dem nicht entgegen. **§ 428** ist uneingeschränkt anwendbar. Soweit es nach den §§ 436 Abs. 2, 434 Abs. 2–4 zu einer mündlichen Verhandlung kommt, ist **§ 429** anwendbar. Eines besonderen Hinweises, dass über die Einziehung ihm gegenüber entschieden werde (vgl. § 429 Abs. 3 Nr. 3), bedarf es nicht. Dieser Hinweis hat im subjektiven Verfahren seinen Sinn, wo der Angeklagte der Adressat der Einziehungsanordnung ist und deshalb Veranlassung besteht, den Einziehungsbeteiligten darüber zu belehren, dass die Einziehung auch ihm gegenüber wirksam sei. Im selbständigen Einziehungsverfahren ist der Einziehungsbeteiligte hingegen von vornherein der alleinige Verfahrensgegner und Adressat der Einziehungsanordnung. Soll **auf Grund einer mündlichen Verhandlung** entschieden werden (§§ 436 Abs. 2, 434 Abs. 3), erhält der Einziehungsbeteiligte eine Terminsnachricht gem. § 429 Abs. 1, 2, 3 Nr. 1. Einer erneuten Übersendung der Antragsschrift (§ 429 Abs. 2) bedarf es nicht, wenn die mündliche Verhandlung auf seinen Antrag hin stattfindet.

38 **§ 430** ist in vollem Umfang anwendbar, wenn auf Grund **mündlicher Verhandlung** entschieden wird. Bei einer Entscheidung **im schriftlichen** Verfahren sind die Absätze 1 und 2 unanwendbar, da sich das Verfahren dann nach den Grundsätzen des Freibeweises richtet. Sinngemäß anwendbar bleiben dagegen die Absätze 3 und 4 mit der Maßgabe, dass der Beschluss und nicht das Urteil zuzustellen ist.

39 **b) Ohne Verweis anwendbares Recht.** § 435 Abs. 3 Satz 2 verweist nicht auf die Opportunitätsvorschrift des **§ 421.** Dies erklärt sich daraus, dass die Norm auf das subjektive Verfahren zugeschnitten ist, in dem die Einziehung (oft) nur eine Nebenrolle spielt, während sie im objektiven Verfahren der einzige Prozessgegenstand ist. Im Übrigen konnte der Gesetzgeber davon ausgehen, dass die auch im objektiven Verfahren erwünschte Ausscheidung von Fällen, in denen die Einziehung bedeutungslos ist oder – schon im Ermittlungsverfahren der Staatsanwaltschaft, aber auch im gerichtlichen Verfahren – einen unangemessenen Aufwand erfordern würde, erreicht wird, indem für die Stellung des Antrags das Opportunitätsprinzip gilt (s. § 435 Abs. 1 Satz 2 und Rn. 9 ff.). Erweist sich erst nach dem Erlass eines Zulassungsbeschlusses, dass der Verfahrensaufwand unangemessen hoch ist, sollte es aber weiter möglich sein, **entsprechend** dem Grundgedanken des § 421 Abs. 1 zu verfahren (dazu schon näher Rn. 19). Eine allgemeine Befugnis der Staatsanwaltschaft, dem gerichtlichen Verfahren jederzeit und ggf. mit der Zustimmung des Einziehungsbeteiligten ein Ende bereiten zu können, indem sie ihren Antrag zurücknimmt, ist hingegen nicht anzuerkennen (dazu bereits Rn. 18).

40 **§ 433** ist schließlich unmittelbar **anwendbar.**[69] Der Wortlaut des § 433 Abs. 1 beschränkt sich nicht auf das subjektive Verfahren; er erfasst vielmehr jede Einziehung.

---

66 KK/*Schmidt* 16; HK/*Retemeyer* 12; SK/*Paeffgen* 15; HK-GS/*Koch* 6.

67 OLG Karlsruhe NJW **1974** 709, 711; KK/*Schmidt* 16; HK/*Retemeyer* 12; SK/*Paeffgen* 15; HK-GS/*Koch* § 440 a. F., 6.

68 Dazu aber näher § 434, 10.

69 So wohl auch Meyer-Goßner/Schmitt/*Köhler* 20.

Zumal § 425 entsprechend gilt, ist ein Bedürfnis, auf das Nachverfahren zurückgreifen zu müssen, auch vom Gesetzgeber hervorgerufen worden. Für die Anwendung kommt es darauf an, dass der Betroffene **glaubhaft macht**, er habe bei der Entscheidung im schriftlichen Verfahren ohne sein Verschulden weder im ersten Rechtszug noch in der Beschwerdeinstanz die Rechte des Einziehungsbeteiligten wahrnehmen können. Soweit § 433 Abs. 4 Satz 1 zudem § 431 Abs. 1 für entsprechend anwendbar erklärt, sind anstelle des „Schuldspruchs" die etwaig für die Einziehungsanforderungen notwendigen Ausführungen zur Schuld des Täters oder Teilnehmers, der nicht im subjektiven Verfahren verfolgt oder verurteilt werden kann, gemeint.

c) Ohne Verweis unanwendbares Recht. § 431 wird von der entsprechenden Anwendung nicht erfasst. Er ist auf das subjektive Verfahren zugeschnitten („Schuldspruch") und setzt gerade voraus, dass gegen den Angeklagten ein auf Einziehung lautendes Urteil ergangen ist. Die Anwendung des **§ 432** scheidet aus, weil im objektiven Verfahren nach den §§ 435 ff. eine Entscheidung nicht durch Strafbefehl[70] ergehen kann. **41**

V. Die gerichtliche Entscheidung

Auch die Entscheidung bzw. Urteilsfindung zum Antragsgegenstand suchen die §§ 435 ff. im Wesentlichen zu bewältigen, indem sie sich an die Vorschriften des allgemeinen Strafverfahrens anlehnen. Eine erhebliche Einwirkung liegt insoweit aber in § 437, der in der Sache auf die richterliche Überzeugungsbildung zielt.[71] Bei der Überzeugungsbildung hinsichtlich der Einziehung können dabei Beweisverwertungsverbote Beachtung verlangen.[72] **42**

1. Abstimmungsverfahren. Da es an einem Angeklagten fehlt, soll nach Ansicht vieler § 263 unanwendbar sein und folglich stets die einfache Mehrheit gemäß § 196 GVG entscheiden.[73] Dem ist gleichwohl nicht zu folgen, weil sich in § 263 letztlich die Befugnisse des Angeklagten widerspiegeln.[74] **43**

2. Tenorierung. Die Entscheidung lautet grundsätzlich **entweder** auf **Zurückweisung (Verwerfung)** des Antrags als unzulässig oder als sachlich unbegründet. Ist der Antrag begründet, ist je nach den Vorschriften des materiellen Rechts insbesondere auf **Anordnung der (Wertersatz-)Einziehung** oder eine mildere Maßnahme (§ 74f Abs. 2, 3 StGB) zu entscheiden. Lautet der Antrag lediglich auf Einziehung bestimmter Einzelexemplare einer Schrift, so darf das Gericht nicht darüber hinaus die ganze Auflage der Schrift[75] einziehen. Jedoch erstreckt sich die Einziehung auf alle Kopien und Negative **44**

70 Für die einheitliche Ansicht KK/*Schmidt* 15; BKST/*Tschakert* Handb. Vermögensabschöpfung Rn. 1629. S. nun aber dafür, dass im subjektiven Verfahren ein allein auf die Einziehung gerichteter Strafbefehl möglich sein soll, *Rettke* NStZ **2021** 202.

71 Näher § 437, 2 f., 8 ff.

72 S. etwa schon LR/*Gössel*[26] § 440 a. F., 36 – für ein Verfahrenshindernis im Einzelfall – unter Verweis auf BGHSt **23** 329, 331; KK/*Schmidt* 15.

73 KK/*Schmidt* 1; Meyer-Goßner/Schmitt/*Köhler* § 436, 3; HK/*Retemeyer* 16; SK/*Paeffgen* 17; *Pfeiffer* § 440 a. F., 7.

74 S. schon § 434, 15.

75 OLG München GA **1961** 58; KK/*Schmidt* § 436, 7.

eines Films oder einer Schrift, einschließlich derjenigen, die sich noch auf dem Versandwege[76] befinden.

45 In der Beschwerdeinstanz können grundlegende Verfahrensmängel der ersten Instanz zur Zurückverweisung an die Vorinstanz[77] führen. Steht ein nachträglich entstandenes **Verfahrenshindernis**, wie die Möglichkeit einer subjektiven Verfolgung, einer Sachentscheidung entgegen, so ist die Einstellung des Verfahrens nach § 260 Abs. 3[78] oder – im Beschlussverfahren – nach § 206a[79] auszusprechen.

46 Die **Nachholung** einer versehentlich unterbliebenen Einziehung **in** der **Revisionsinstanz** kommt entgegen älteren unveröffentlichten Entscheidungen des BGH[80] auch dann nicht in Betracht, wenn hinreichende tatrichterliche Feststellungen vorliegen und eine andere Entscheidung ausgeschlossen erscheint: Das Gesetz weist dem Revisionsgericht in § 354 keine derartige Kompetenz zur *eigenen* Entscheidung zu.

3. Bezeichnung des betroffenen Gegenstandes

47 **a) Allgemeines.** Wird auf die beantragte Einziehung erkannt, so ist ein betroffener Gegenstand für die Vollstreckung so **genau zu bezeichnen**, dass er zweifelsfrei erkennbar[81] ist. Ein auf dem Weg des § 458 Abs. 1 nicht behebbarer Zweifel würde der Anordnung die Vollstreckbarkeit nehmen. Auch wenn sich der Gegenstand in amtlicher Verwahrung befindet, genügt ein allgemeiner Ausspruch, etwa dass „die beschlagnahmten Gegenstände" eingezogen werden, nicht.

48 **b) Schriften.** Ebenso bedarf es bei einer Einziehung von **Schriften** (§ 74d StGB) grundsätzlich einer Aufzählung im Urteilstenor oder in einer mit zu verkündenden Anlage zum Urteilsspruch, mindestens aber einer Darlegung in den Gründen, wie weit die Einziehungsanordnung der Formel reicht; eine Bezugnahme auf die Antragsschrift genügt nicht.[82] Nur bei besonders umfangreichem beschlagnahmten Material können die Anforderungen nach dieser Richtung gemildert[83] werden. Der die Einziehung veranlassende Inhalt der Schrift muss in der Einziehungsentscheidung genau, mindestens in seinem Kern, bezeichnet[84] werden. Dies ist besonders bedeutsam, weil es in der Revisionsinstanz dem Revisionsgericht grundsätzlich verwehrt ist, eigene ergänzende Feststellungen über den Inhalt zu treffen. Der Eigentumsübergang nach § 75 StGB erstreckt sich grundsätzlich auf alle Stücke mit dem in der Einziehungsentscheidung bezeichneten Inhalt im Geltungsbereich des Gesetzes ohne Rücksicht darauf, ob sie beschlagnahmt waren, oder ob dem Gericht ihr Vorhandensein bekannt war.

49 **c) Betäubungsmittel.** Bei der Einziehung von **Betäubungsmitteln** oder anderen (chemischen) Substanzen ist die einzuziehende Menge genau[85] anzugeben. Allerdings

---

76 *Seetzen* NJW **1976** 497, 499; Meyer-Goßner/Schmitt/*Köhler* 21.

77 OLG Karlsruhe NJW **1974** 709, 712.

78 BGHSt **21** 55, 57.

79 Anders LR/*Schäfer*[23] § 440 a. F., 59: § 260 Abs. 3 analog; ebenso KK/*Schmidt* § 436, 7.

80 KK/*Schmidt* § 436, 8 und der dort zitierten unveröffentlichten BGH-Rechtsprechung. S. aber zur Instanz auch *Ullenboom* wistra **2018** 291.

81 RG JW **1935** 949, 950; BGHSt **8** 205, 211 f.; BGH bei *Kusch* NStZ **1996** 22 (zu § 260 Abs. 4 StPO).

82 BGHSt **17** 388, 390; BGH NJW **1962** 2019; **1970** 818, 820; StV **1981** 396; KK/*Schmidt* § 436, 8; HK/*Retemeyer* 17.

83 BGHSt **9** 88, 90; HK/*Retemeyer* 17.

84 BGHSt **11** 29, 31; **17** 388; **23** 65, 78; BGH NJW **1970** 818, 820.

85 BGH bei *Dettler* NStZ **1992** 173; bei *Miebach* NStZ **1992** 226.

kann das Revisionsgericht die Angaben ergänzen, wenn die im angefochtenen Urteil getroffenen Feststellungen dies zulassen (abgrenzend dazu aber Rn. 46).[86]

4. Bezeichnung des Einziehungsbeteiligten. Die Einziehungsbeteiligten sind **im Rubrum** der Entscheidung anzuführen, um ihnen gegenüber einen Vollstreckungstitel in solchen Fällen zu haben, in denen sich der eingezogene Gegenstand nicht bereits in amtlicher Verwahrung befindet. Eines förmlichen Ausspruchs, dass ein Einziehungsbeteiligter die Entscheidung gegen sich gelten lassen müsse, bedarf es nicht, da die Entscheidung – unbeschadet der §§ 433, 434 Abs. 3 – kraft Gesetzes (§ 75 StGB) allen von der Rechtsfolge Betroffenen gegenüber wirksam[87] wird. 50

5. Rechtskraftwirkung. Die Verwerfung des Antrags als *unzulässig* kann lediglich in **formelle** Rechtskraft erwachsen. Folglich kann der Antrag bei Wegfall der Zulässigkeitsbarriere inhaltsgleich wiederholt[88] werden. Bei Verwerfung als *unbegründet* hindert die eingetretene **materielle** Rechtskraft zwar die inhaltsgleiche Wiederholung des verworfenen Antrages, nicht aber die Beantragung der gleichen Nebenfolge, wenn sie auf eine andere Tat oder auf einen anderen Gegenstand bezogen[89] wird. 51

6. Kosten. Wird die beantragte Einziehung angeordnet, kann der Einziehungsbeteiligte, da er nicht Angeklagter oder Verurteilter i. S. des § 465 ist, nicht zu den **allgemeinen Kosten** des objektiven Verfahrens verurteilt[90] werden. Dagegen können dem Einziehungsbeteiligten nach § 472b Abs. 1 die durch seine Beteiligung erwachsenen **besonderen Kosten,** z.B. die Kosten einer durch seine unbegründeten Einwendungen notwendig gewordenen Beweisaufnahme, auferlegt[91] werden. Die **notwendigen Auslagen** seiner Verfahrensbeteiligung trägt er grundsätzlich selbst. Ausnahmsweise können sie nach § 472b Abs. 1 Satz 2 einem *anderen* Nebenbeteiligten auferlegt[92] werden. Nach § 473 Abs. 1 treffen den Einziehungsbeteiligten die Kosten eines von ihm erfolglos eingelegten oder zurückgenommenen Rechtsmittels. 52

Wird die **Einziehung nicht angeordnet**, so treffen den Einziehungsbeteiligten keine Verfahrenskosten. Hinsichtlich seiner notwendigen Auslagen gilt nicht eine dem § 467 Abs. 1 entsprechende Regelung, vielmehr gilt die Sonderregelung des § 472b Abs. 3. 53

VI. Verfahrensübergänge

1. Übergang vom subjektiven zum objektiven Verfahren. § 435 stellt zur Herbeiführung einer nach materiellem Recht (z.B. § 76a StGB) zugelassenen selbständigen Einziehung eine besonders geregelte Verfahrensart zur Verfügung. Die Einleitung eines sol- 54

---

86 BGH bei *Schmidt* MDR **1980** 969, 972; **1981** 881, 883; bei *Miebach* NStZ **1992** 226; KK/*Schmidt* § 436, 8.
87 S. schon zu früherem Recht RGSt **69** 33, 41.
88 KMR/*Metzger* 21; Meyer-Goßner/Schmitt/*Köhler* § 436, 12; SK/*Paeffgen* 18; AK/*Günther* § 440 a. F., 20; HK-GS/*Koch* § 440 a. F., 7.
89 Meyer-Goßner/Schmitt/*Köhler* § 436, 12; KMR/*Metzger* 21; AK/*Günther* § 440 a. F., 22; HK-GS/*Koch* § 440 a. F., 7.
90 RGSt **74** 334; BGHSt **16** 49, 57; KK/*Schmidt* 21; KMR/*Metzger* § 436, 17.
91 KK/*Schmidt* 21; KMR/*Metzger* § 436, 17; SK/*Paeffgen* § 436, 9.
92 KK/*Schmidt* 21; KMR/*Metzger* § 436, 17; SK/*Paeffgen* § 436, 9.

chen Verfahrens ist aber nicht der einzige prozessuale Weg, der zu einer selbständigen Anordnung der Einziehung führen kann. Vielmehr ist diese in gewissem Umfang bereits im Zusammenhang mit einem subjektiven und damit gegen einen bestimmten Angeklagten gerichteten Verfahren zulässig (s. nun auch die §§ 422 f.):

55 **a) Frühere Rechtsprechung.** Nach der früheren h. M. war der Übergang vom subjektiven Strafverfahren zum objektiven Verfahren bei Einstellung des Verfahrens, etwa wegen dauernder Verhandlungsunfähigkeit des Angeklagten, ausgeschlossen,[93] soweit nicht das Gesetz wie z.B. § 13 StrFG 1954 eine Ausnahme[94] explizit vorsah und die Staatsanwaltschaft einen förmlichen Antrag stellte oder wenigstens ihren Willen zur Durchführung der selbständigen Einziehung zu erkennen gab.[95]

56 Dem Einwand, dass es prozessökonomisch sinnvoller sei, die von Staatsanwaltschaft und Gericht für ein subjektives Verfahren bereits geleistete Arbeit durch Überleitung des subjektiven in ein objektives Verfahren mit dem Ziel einer selbständigen Einziehung nutzbar zu machen, statt die Staatsanwaltschaft nach Abbruch des subjektiven Verfahrens zu zwingen, von neuem ein Verfahren durch einen dahingehenden Antrag zu betreiben, wurden zur Begründung hauptsächlich drei Gesichtspunkte entgegengehalten: Einmal habe das Strafverfahren die Entscheidung über Täterschaft und Schuld zum Gegenstand und sei damit **wesensmäßig verschieden** vom selbständigen Einziehungsverfahren; ferner sei **Verfahrensgrundlage** des objektiven Verfahrens der in das Ermessen der Staatsanwaltschaft gestellte Antrag (heute § 435 Abs. 1), den die nach dem Legalitätsgrundsatz erhobene Anklage nicht ersetzen könne, weil das Ermessen der Staatsanwaltschaft anderenfalls missachtet sei. Schließlich sei **der Kreis der Beteiligten** in beiden Verfahren verschieden: Im selbständigen Verfahren seien außer der Staatsanwaltschaft nur die Einziehungsbeteiligten, nicht aber der „Täter" beteiligt und der Täter daher nicht rechtsmittelberechtigt, wenn er nicht zufällig einen rechtlichen Anspruch auf den Einziehungsgegenstand habe, während im subjektiven Verfahren die Einziehungsinteressenten nicht mit verfahrensrechtlichen Befugnissen beteiligt seien, und nur der Angeklagte die Einziehung anfechten könne, und zwar auch dann, wenn er am Einziehungsgegenstand kein dingliches Recht habe. Dieses letztere Argument – von BGHSt **6** 62 in den Vordergrund gestellt – ist inzwischen durch die jetzige Regelung in §§ 421 ff. gegenstandslos geworden.

57 Die ablehnende Haltung wurde allerdings in Fällen durchbrochen, in denen der Angeklagte aus tatsächlichen oder rechtlichen Gründen freizusprechen oder das Verfahren gegen ihn wegen eines Verfahrenshindernisses einzustellen war; hier sollte die selbständige Rechtsfolgenanordnung im subjektiven Strafverfahren zulässig bleiben, wenn sie sich als „polizeiliche" Sicherungsmaßnahme darstellte und der Angeklagte mindestens den objektiven Tatbestand der die Einziehung rechtfertigenden Straftat verwirklicht hatte; insoweit war „das Strafverfahren weiterzuführen".[96]

58 **b) Weitere Entwicklung und Gesetzgebung.** BGHSt **23** 64 erkannte in der Folge an, dass die „Weiterführung" als selbständiges Verfahren mit dem beschränkten Ziel der selbständigen Einziehung nach Einstellung des subjektiven Strafverfahrens auch dann zulässig sei, wenn das Straffreiheitsgesetz (hier: v. 9.7.1968) nicht ausdrücklich be-

---

93 RGSt **52** 283; **53** 79; **54** 11; **66** 420; BGHSt **6** 62; BayObLG NJW **1957** 1448.

94 BGHSt **9** 250; dazu auch noch LR/*Gössel*[26] § 440 a. F., 65.

95 BGHSt **7** 356; **9** 250.

96 So (betr. die Einstellung des subjektiven Verfahrens wegen Verjährung der Strafverfolgung) BGHSt **6** 62 unter Berufung auf RGSt **4** 87; **34** 388; **44** 315; **66** 420 und, dem zustimmend, BGHSt **18** 136, 138; **21** 367, 370; s. a. BGHSt **14** 391, 392.

stimmt, dass das anhängige und eingestellte Strafverfahren insoweit fortgesetzt werden dürfe. Dies entspreche dem allgemeinen Grundsatz, umfangreiche Beweisaufnahmen in einem späteren neuen selbständigen Verfahren zu vermeiden. Hierfür konnte das Gericht die zwischenzeitlich durch das EGOWiG 1968 geregelten §§ 430 ff. a. F. einbeziehen, welche die Stellung des Einziehungsbeteiligten deutlich verbessert hatten.

§ 76a Abs. 3 StGB hat schließlich schon in früheren Normfassungen die Möglichkeit eröffnet, auf Einziehung auch dann selbständig zu erkennen, wenn **in der Hauptverhandlung** gegen den Angeklagten unter Schuldigsprechung auf Absehen von Strafe erkannt (§ 260 Abs. 4 Satz 4) oder das Verfahren nach den Vorschriften über die Lockerung des Legalitätsprinzips eingestellt wurde. Es spielte dabei keine Rolle, ob die Einziehung Nebenstrafe ist, strafähnlichen Charakter hat oder sich als Sicherungsmaßnahme darstellt.[97] Voraussetzung war aber auch hier, dass die Staatsanwaltschaft (der Privatkläger) den Willen auf Durchführung der selbständigen Einziehung kundgab. 59

c) Aktuelle Rechtslage. In Fortsetzung dieser Entwicklung von Gesetzgebung und Rspr., die mit der Ausweitung des § 76a StGB nochmals unterstrichen wurde, muss es heute als **allgemeiner Grundsatz**[98] angesehen werden, dass auf einen entsprechenden **Antrag der Staatsanwaltschaft**[99] die Fortführung des anhängigen subjektiven Verfahrens bis in die Revisionsinstanz mit dem beschränkten Ziel der Entscheidung über die selbständige Rechtsfolgenanordnung zulässig ist, wenn sich etwa ein die Durchführung des Strafverfahrens ausschließendes Verfahrenshindernis herausstellt, das nicht zugleich auch einer selbständigen Rechtsfolgenanordnung entgegensteht.[100] Für den Antrag der Staatsanwaltschaft genügt es aber nicht, wenn auf die Einziehung in der ursprünglichen Anklage hingewiesen wurde oder der Sitzungsvertreter in der mündlichen Verhandlung die Einziehung beantragt.[101] 60

d) Folgen. Soweit das anfänglich als Strafverfahren geführte Verfahren danach weiter fortgeführt wird, wird entgegen früher üblichen Formulierungen nicht das eigentliche Strafverfahren fortgeführt. Vielmehr verändert das Verfahren seinen Charakter (dazu Rn. 1 f.); es geht in das selbständige Einziehungsverfahren des § 435 über.[102] Dies bedeutet insbesondere, dass nun die Vorschriften der §§ 435 ff. maßgeblich sind. So ist zum Beispiel die Entscheidung durch Beschluss ohne mündliche Verhandlung gemäß § 436 Abs. 2 Halbsatz 2 grundsätzlich geboten.[103] 61

2. Kein Übergang vom objektiven zum subjektiven Verfahren. Der Übergang von selbständigen und damit rein objektiven Verfahren in ein subjektives Verfahren 62

97 Näher zum früheren Recht LR/*Gössel*[26] § 440 a. F., 66.
98 Bestätigend und ohne zeitliche Einschränkungen BTDrucks. **18** 9525 S. 91.
99 BGHSt **37** 55, 69; BGH StraFo **2018** 471, 472; KK/*Schmidt* 18; Meyer-Goßner/Schmitt/*Köhler* 19; HK/*Retemeyer* 20; SK/*Paeffgen* 16.
100 BGHSt **23** 64, 67; OLG Karlsruhe MDR **1980** 337; KK/*Schmidt* 18; Meyer-Goßner/Schmitt/*Köhler* 19; SK/*Paeffgen* 16; *Fischer* § 76a, 3; *Hanack* JZ **1974** 54, 58; für das Revisionsverfahren offen gelassen von BGHSt **37** 55, 68; verneint von AK/*Günther* § 440 a. F., 17; wie hier bejaht von HK/*Retemeyer* 20. Für den Eintritt eines Verfahrenshindernisses im Berufungsverfahren bestätigend OLG Dresden NZWiSt **2020** 251 m. Anm. *Lubini*; Meyer-Goßner/Schmitt/*Köhler* 18.
101 BGH NStZ **2018** 559; **2019** 271, 272; Meyer-Goßner/Schmitt/*Köhler* 19.
102 S. abkehrend insbesondere BGHSt **23** 64, 67.
103 Näher § 436, 8 f. und § 434, 5 ff. und 9 ff.

scheidet von vornherein aus, da es – anders als im Fall des § 416 – schon an einem „Beschuldigten“ fehlt.[104]

VII. Ermittlungsbefugnisse im selbständigen Verfahren

63 Mit dem abermals kunstvoll positiv bezeichneten **„Gesetz zur Fortentwicklung der Strafprozessordnung“** usw. hat der Gesetzgeber erkannt, dass die signifikant andere Zielrichtung des ausschließlich auf Einziehungen bedachten selbständigen Verfahrens hinsichtlich der notwendigen Ermittlungsarbeit, die nicht selten in Grundrechte eingreift, einer Regelung bedarf. Wenn eine Einziehungsthematik bis zum Abschluss der Ermittlung in einem subjektiven Verfahren mitgeführt wird, bieten die prinzipiell auf die Tatverdachtsklärung ausgerichteten Regelungen der StPO eine Grundlage, um den Sachverhalt auch bezüglich des Einziehungsrechts aufzuklären. Dieser Ansatz versagt jedoch, wenn Ermittlungen zur Straffrage gänzlich ausscheiden, bevor die Grundlagen der Einziehung ausermittelt sind. Hierbei handelt es sich ausweislich der Gesetzesbegründung durchaus um ein **praktisch virulentes Problem.**[105] Wenn sich bereits zu einem frühen Zeitpunkt im Ermittlungsverfahren herausstellt, dass dieses z.B. infolge des Todes des Beschuldigten oder des Eintritts der Verfolgungsverjährung nicht fortzusetzen ist,[106] kommt es nicht zu einer grundsätzlichen Ausermittlung des Verfahrens. Die implizit für die Entscheidung über ein selbständiges Verfahren vorausgesetzte Basis liegt dann gar nicht vor. Lange Zeit wurde dieses Problem nicht in hinreichender Schärfe gesehen. Es herrschte u. a. aber schon die Meinung vor, dass im selbständigen Verfahren ein **Beschlagnahmebeschluss** zur Sicherung der Einziehung zulässig sei.[107] Dagegen wurde eine Postbeschlagnahme (§ 99 f.), soweit nicht Sonderregelungen eingreifen, seit langem als unzulässig angesehen, weil das Gesetz dem objektiven Einziehungsverfahren grundsätzlich nicht die Bedeutung beimisst, die den schwerwiegenden Eingriff in das Brief- und Postgeheimnis rechtfertigen[108] würde; es stellt in § 99 auf einen Beschuldigten ab, ohne im Sinne der §§ 435 Abs. 3 Satz 2, 427 Abs. 1 Satz 1 eine Befugnis des Angeklagten zu beschreiben.[109]

64 **1. Legitimation der Ermittlungen im objektiven Verfahren.** Um nun die weiter gewünschten Ermittlungen verfassungskonform zu etablieren, die hinsichtlich der Einschätzung der Einziehungsvoraussetzungen notwendig und angemessen sind, ist der Gesetzgeber zur „Nachjustierung“ der Reform des Rechts der Vermögensabschöpfung tätig geworden. Mit der Schaffung einer **Generalklausel**, die früher bejahte Ermittlungsbefugnisse bestätigt (Rn. 63), ordnet er an, dass auch die Vorbereitung einer Entscheidung im objektiven Verfahren einen legitimen Zweck der strafprozessualen Regelungen

104 KK/*Schmidt* 18; Meyer-Goßner/Schmitt/*Köhler* 19; AK/*Günther* § 440 a. F., 18; HK/*Retemeyer* 19; SK/*Paeffgen* 16; *Pfeiffer* § 440 a. F., 9.

105 BTDrucks. **19** 27654 S. 39 und 109 f. S. aber auch schon die Ermittlungsbefugnis annehmend trotz Verjährung: LG Düsseldorf wistra **2018** 445 m. zust. Anm. *Rettke*; abl. zuvor *Köhler/Burkhard* NStZ **2017** 665, 672 f.; BKST/*Tschakert* Handb. Vermögensabschöpfung Rn. 1656: keine Ermittlungsbefugnis bei offensichtlich verjährten Erwerbstaten.

106 BTDrucks. **19** 27654 S. 109 f.

107 RGSt **44** 279, 280.

108 BGH JZ **1971** 33, 34.

109 S. schon BGHSt **23** 329, 330 f.

darstellt.[110] Dies gilt ausweislich § 435 Abs. 4 Satz 1 nur für Ermittlungen, die „ausschließlich" der Durchführung des selbständigen Einziehungsverfahrens dienen.

2. Konkrete Ausgestaltung. Umgesetzt wird das Regelungsziel primär über das Gebot zu einer sinngemäßen Anwendung der StPO einschließlich der Vorschriften über strafprozessuale Ermittlungsmaßnahmen (§ 435 Abs. 4 Satz 1). Hiermit bestätigt der Gesetzgeber, dass Ermittlungen zwecks Durchführung allein des selbständigen Einziehungsverfahrens zulässig sind: „Die Legitimität der mit der Einziehung verfolgten Ziele ist auch im Stadium des Ermittlungsverfahrens nicht daran gebunden, dass das Verfahren (noch) gegen eine bestimmte Person – sei deren Identität möglicherweise auch unbekannt – geführt wird. Einem selbständigen gerichtlichen Einziehungsverfahren muss auch ein selbständiges auf die Einziehung gerichtetes Ermittlungsverfahren vorausgehen können."[111] 65

Konkret werden aber davon – wie bisher – **Ermittlungsmaßnahmen** ausgenommen, **die nur gegen einen Beschuldigten zulässig sind** (§ 435 Abs. 4 Satz 1 Var. 1, dazu schon Rn. 63). Gleiches gilt für **verdeckte Maßnahmen i.S. des § 101 Abs. 1** (§ 435 Abs. 4 Satz 1 Var. 2). Der Gesetzgeber will mit diesen Regelungen berücksichtigen, „dass das selbständige Einziehungsverfahren nicht auf die Bestrafung (oder im Sicherungsverfahren die Sicherung) einer bestimmten Person gerichtet ist:[112] Die Ermittlungen dienen nicht der Durchsetzung des staatlichen Straf- beziehungsweise des den Maßregeln der Besserung und Sicherung zugrundeliegenden Sicherungsanspruchs, sondern allein der Durchsetzung der mit der Einziehung verfolgten Ziele (insbesondere der Wiederherstellung der rechtmäßigen Vermögenslage). Aus Gründen der **Verhältnismäßigkeit** sollen daher Ermittlungsmaßnahmen, die im subjektiven Verfahren nur gegen den Beschuldigten zulässig sind – beispielsweise die körperliche Untersuchung nach § 81a StPO, die Untersuchungshaft nach den §§ 112 ff. StPO oder die Durchsuchung nach § 102 StPO – ebenso von der Ermittlungsbefugnis ausgenommen werden wie die in § 101 Abs. 1 StPO genannten verdeckten Maßnahmen. 66

Schon die Gesetzesmaterialien erinnern aber daran, dass sich die Ermittlungsmaßnahmen sodann nach den **Vorschriften** richten sollen, die im subjektiven Verfahren auch **gegen einen Nichtbeschuldigten anwendbar** sind. Als Beispiele nennt der Gesetzgeber die Durchsuchung beim mutmaßlichen Einziehungsadressaten, die unter den höheren Voraussetzungen des § 103 StPO zulässig sein soll.[113] 67

3. Bewertung. Die Einführung des § 435 Abs. 4 ist grundsätzlich zu begrüßen. Sie dürfte nicht allein eine klarstellende Regelung bedeuten, weil Grundrechtseingriffe einen einschlägigen und **gesetzlich anerkannten legitimen Zweck** voraussetzen. Hier war es durchaus prekär, allein aus der Existenz des selbständigen Verfahrens auf fortbestehende Ermittlungsbefugnisse zu schließen, zumal der im selbständigen Verfahren verfolgte Zweck – wie nun auch der Gesetzgeber zu Recht bestätigt – nicht gleichermaßen gewichtig zu nennen ist (s. a. schon Rn. 33). Die Regelung setzt insoweit mit den bestätigten bzw. gesetzten Schranken hinsichtlich der heimlichen Ermittlungsmethoden einen angemessenen Kontrapunkt, welcher einer nicht enden wollenden Auf- und Überbewertung der Einziehung als sog. 3. Spur des Strafrechts entgegentritt. Dass der Gesetzgeber sich explizit zur Ermittlungsbefugnis bekennt, ist dabei zwar nach wie vor als 68

110 Dazu BTDrucks. **19** 27654 S. 39 und 110.
111 BTDrucks. **19** 27654 S. 110.
112 BTDrucks. **19** 27654 S. 110.
113 BTDrucks. **19** 27654 S. 110.

Ausweitung der strafprozessualen Eingriffe hervorzuheben;[114] seine Positionierung liegt jedoch auf der mit der vorherigen Reform längst beschrittenen Linie. Und auch im Kontext der reinen Gefahrenabwehr wären vorbereitende Ermittlungseingriffe unter Umständen legitimierbar.

69 Gleichwohl fällt die hier ad hoc zu beurteilende Regelung auch unangemessen dürftig aus, soweit sie die Anwendbarkeit mit einer **entsprechenden Anwendung** ausgestaltet (§ 435 Abs. 4 Satz 1). Denn wenn sich die strafrechtliche Tataufklärung und die im Kontext des Strafverfahrens zu erwägende Einziehung voneinander unterscheiden sollen, ist z.B. nicht ohne weiteres klar, welche Verdachtslage für die Ermittlungen ausschlaggebend und hinreichend sein sollte und ob insoweit das – der Tatverdachtsklärung vorbehaltene – Legalitätsprinzip des § 152 gelten sollte.[115] Hier wird man verlangen müssen, dass ein Verdacht hinsichtlich der Anwendbarkeit einer Variante der selbständigen Einziehung nach § 76a StGB besteht, der einerseits den strafrechtlichen und nicht rein gefahrenabwehrrechtlichen Bezug überhaupt herstellen und andererseits einen bereits konkreteren Einziehungsbedarf hinsichtlich vorhandener Gegenstände implizieren muss. Eine ins Blaue hinein erfolgende Suche nach Einziehungsmöglichkeiten kann und darf mit § 435 Abs. 4 Satz 1 hingegen nicht gemeint sein. Weitere offene und schwierig zu beurteilende Fragen der entsprechenden Anwendung dürften sich im Rahmen der praktischen Umsetzung in Zukunft ergeben.

VIII. Bußgeldverfahren

70 Das objektive Verfahren ist auch im Ordnungswidrigkeitenverfahren **zulässig** (§ 87 Abs. 3 OWiG; § 46 Abs. 1 OWiG in Verbindung mit § 435). Zu den materiellrechtlichen Voraussetzungen s. § 27 OWiG.

§ 436
Entscheidung im selbständigen Einziehungsverfahren

(1) [1]Die Entscheidung über die selbständige Einziehung trifft das Gericht, das im Fall der Strafverfolgung einer bestimmten Person zuständig wäre. [2]Für die Entscheidung über die selbständige Einziehung ist örtlich zuständig auch das Gericht, in dessen Bezirk der Gegenstand sichergestellt worden ist.

(2) § 423 Absatz 1 Satz 2 und § 434 Absatz 2 bis 4 gelten entsprechend.

Entstehungsgeschichte

Die Regelungen des heutigen § 436 waren überwiegend bereits in § 441 Abs. 1 a. F. enthalten, der seinerseits weithin schon vor dem EGOWiG geltendes Recht war und auch das Nachverfahren betraf. Die **gesetzliche Überschrift** „Entscheidung im selbständigen Einziehungsverfahren" geht auf Art. 1 Nr. 13 des Gesetzes zur Stärkung des Rechts des Angeklagten auf Vertretung in der Berufungsverhandlung und über die Anerkennung

114 Kritischer *Hiéramente/Pfister* jurisPR-StrafR 7/**2021**, Anm. 2.

115 S. mit diesen Fragen schon *Hiéramente/Pfister* jurisPR-StrafR 7/**2021**, Anm. 2. Dass die Neuregelung allerdings hinsichtlich der Arbeitsbelastung vieles ändern werde, ist zweifelhaft, da nach dem Verständnis der Praxis die Ermittlungsbefugnisse schon konkludent bestanden.

https://doi.org/10.1515/9783110765540-036

von Abwesenheitsentscheidungen in der Rechtshilfe v. 17.7.2015 (BGBl. 2015 I S. 1332, 1344) zurück. Die Regelung wurde zum 1.7.2017 mit dem **Gesetz zur Reform der strafrechtlichen Vermögensabschöpfung** v. 13.4.2017 (BGBl. I S. 872, 886) von ihrem ursprünglichen Standort mit einigen auch inhaltlich erheblichen Änderungen auf § 436 vorgezogen.[1]

Übersicht

I. Grundgedanken der Norm

Mit dem novellierten § 436 setzt das Gesetz die in § 435 beginnende Regelung des selbständigen Einziehungsverfahrens fort. Konkret regelt die Vorschrift „die Zuständigkeit, die Entscheidungsform und das Rechtsmittel für das selbständige Einziehungsverfahren".[2] Insbesondere schreibt sie die entsprechende Anwendung der Bindungswirkung vor, welche § 423 Abs. 1 Satz 2 für das ebenfalls in der Sache selbständige Verfahren nach einer Abtrennung der Einziehungsthematik vorschreibt. 1

II. Ergänzende Regelung der Zuständigkeit

1. Sachliche Zuständigkeit. Originär regelt Absatz 1 Satz 1, dass für das selbständige Verfahren dasjenige Gericht sachlich zuständig ist, welches nach den allgemeinen Vorschriften für die Verfolgung einer bestimmten Person (des Täters oder Teilnehmers) zuständig wäre. Dies gilt auch dann, wenn ein Übergang in das objektive Verfahren im Stadium der Berufungsinstanz stattfindet.[3] Mit der Regelung wird der Versuch unternommen, Zuständigkeitsregelungen zu übertragen, die gerade an einer bestimmten Tat und an einer konkreten, hinsichtlich der möglichen Rechtsfolgen zu beurteilenden Person ansetzen. Soweit etwa bei den Kollegialgerichten bestimmte Spruchkörper nach dem GVG für das subjektive Strafverfahren zuständig sind (beim Landgericht die Strafkammer als Schwurgericht, die Jugend-, Staatsschutz- und Wirtschaftsstrafkammer; beim Oberlandesgericht gem. § 120 GVG der Staatsschutzstrafsenat), sind sie auch für das selbständige Verfahren zuständig. 2

Unter dem **Aspekt des gesetzlichen Richters** gem. Art. 101 Abs. 1 Satz 2 GG, der nicht nur für Entscheidungen über Strafen Geltung beansprucht, ist diese Regelung prekär. Schon der Ansatz der Norm führt absehbar zu Problemen, wenn die Zuständigkeit nicht klar über das betroffene Delikt beispielsweise in Richtung der Schwurgerichtskammer bestimmt ist. Etwa die Einschätzung einer Straferwartung, welche die sachliche Zuständigkeit regelmäßig beeinflusst, dürfte selten fassbar gelingen; überdies muss nach 3

1 BTDrucks. **18** 9525 S. 92.
2 BTDrucks. **18** 9525 S. 92.
3 OLG Dresden NZWiSt **2020** 251 m. Anm. *Lubini*.

dem heutigen materiellen Recht nicht stets eine konkrete Bezugstat herangezogen werden (s. § 76a Abs. 4 StGB).[4] Die Probleme zeigen sich auch an den **vorherrschenden Maßstäben:** Sind die strafrechtliche Würdigung der Tat und demzufolge die sachliche Zuständigkeit des Gerichts nicht festzustellen (!), soll nach Ansicht vieler das **Gericht mit der umfassenderen Zuständigkeit** zuständig[5] sein. Kommen als Einziehungsgrundlage mehrere Straftaten in Betracht, soll es schlicht im Ermessen der Staatsanwaltschaft liegen, welche von ihnen sie in der Antragsschrift (§ 435 Abs. 2) bezeichnen und damit zur Grundlage der Zuständigkeitsbestimmung bzw. Richterwahl machen will.[6] So formuliert *Gössel* in der Vorauflage bezeichnend: „Die Staatsanwaltschaft hat es dann in der Hand, durch entsprechende Beschränkung der Einziehungsgrundlage die sachliche Zuständigkeit eines Gerichts niederer Ordnung zu begründen, wenn dessen Zuständigkeit zur Entscheidung über die Einziehungsfrage[7] ausreicht.“ Insoweit ist zwar zu berücksichtigen, dass das Gesetz die Einleitung des objektiven Verfahrens nicht stets erzwingt,[8] was dem Ermessen der Staatsanwaltschaft eine gewisse Grundlage gibt. Dennoch sollte der Gesetzgeber, dem das nochmals ausgebaute selbständige Verfahren nun besonders wichtig ist, in Zukunft eine konkrete Regelung gerade für dieses besondere Verfahren etablieren, um Bedenken hinsichtlich Art. 101 Abs. 1 Satz 2 GG auszuräumen.

4 **2. Zusätzliche örtliche Zuständigkeit.** Die **örtliche Zuständigkeit** bestimmt sich zunächst nach den allgemeinen Vorschriften, die für die subjektive Verfolgung gelten oder – wenn der Täter nur eine rechtswidrige Tat (§ 11 Abs. 1 Nr. 5 StGB) begangen hat – bei schuldhaftem Handeln gelten würden.[9] Zusätzlich begründet Absatz 1 Satz 2 für das selbständige Verfahren die örtliche Zuständigkeit auch für dasjenige Gericht, in dessen Bezirk der Gegenstand sichergestellt (§§ 94, 111b) worden ist. Dies geschieht aus Gründen der **Zweckmäßigkeit**, um die Aussicht auf einen fassbaren Anknüpfungspunkt zu erhöhen. Ist dennoch ein den Gerichtsstand bestimmender Ort in der Bundesrepublik nicht vorhanden oder zu ermitteln, muss das zuständige Gericht auch hier gemäß § 13a vom Bundesgerichtshof bestimmt werden.

5 Wird auf Grund einer **mündlichen Verhandlung** entschieden, darf im Verhandlungstermin gemäß §§ 436 Abs. 2 Halbsatz 2, 434 Abs. 3 Satz 1 Halbsatz 2 und § 16 eine Unzuständigkeitserklärung nicht mehr von Amts wegen und auf Einwand eines Einziehungsbeteiligten nur bis zum Beginn der Verhandlung zur Sache[10] ausgesprochen werden.

---

4 Hier soll nun auf eine vermutete rechtswidrige Tat abzustellen sein, auch wenn es ebenso eine andere sein kann, MüKo/*Scheinfeld*/*Langlitz* 4; anders nun für ein Abstellen auf die Katalogtat, hinsichtlich derer das subjektive Verfahren nicht durchgeführt werden könne, SSW/*Heine* 2: Konkretisierung der Tat wird gar nicht mehr verlangt.

5 So LR/*Gössel*[26] § 441 a. F., 3 im Anschluss an *Eb. Schmidt* § 430 a. F., 10, 11; s. dazu auch LR/*Erb* § 12, 15 ff. *Gössel* zust. etwa auch repräsentativ MüKo/*Scheinfeld*/*Langlitz* 3 f.

6 LR/*Gössel*[26] § 441 a. F., 3.

7 OLG Celle NJW **1966** 1135 f.: Wahlmöglichkeit angesichts des Ermessens kein Verstoß gegen Art. 101 Abs. 1 Satz 2 GG; *Wagner* MDR **1961** 93, 98: von der Prozessökonomie geboten; KK/*Schmidt* 3; Meyer-Goßner/Schmitt/*Köhler* 6; KMR/*Metzger* 2; SK/*Paeffgen* 2; AnwK-StPO/*Lohse* § 441 a. F., 1; *Pfeiffer* § 441 a. F., 2.

8 Dazu § 435, 2 und 9 ff.

9 RGSt **15** 235.

10 RGSt **19** 427; RG Recht 18 Nr. 2360; KK/*Schmidt* 4; Meyer-Goßner/Schmitt/*Köhler* 7.

III. Bindungswirkung vorausgehender Verfahren

Das selbständige Verfahren setzt nicht voraus, dass parallel ein Tatvorwurf gegenüber einer individuellen Person verfahrensmäßig geprüft und festgestellt wird. Gleichwohl kann als Anknüpfungstat für die selbständige Einziehung eines Tatertrages nach § 76a Abs. 1 StGB durchaus eine bereits rechtskräftig abgeurteilte rechtswidrige Tat in Betracht kommen. In diesem Fall will die Prozessordnung wie im Fall der Verfahrensabtrennung nach den §§ 422 f. widerstreitende Entscheidungen vermeiden. Entsprechend bindet der Gesetzgeber das im selbständigen Verfahren entscheidende Gericht in Gestalt des § 436 Abs. 2 Halbsatz 1 an den Schuldspruch und die ihm zugrundeliegenden Feststellungen des früheren Urteils.[11] 6

Bindend sind nicht nur Entscheidungen des nun zuständigen Gerichts, sondern vielmehr auch solche anderer Gerichte.[12] Keine Bindung greift jedoch, wenn das Verfahren zuvor mit einem Prozessurteil etwa wegen eines Verfahrenshindernisses oder infolge Verjährung eingestellt und damit nicht zur Sache entschieden worden ist.[13] Eine Eingrenzung der Bindungswirkung für den Fall, dass die Feststellungen nachweislich unrichtig sind, wird in der Literatur angesichts des hier ausgeschlossenen Nachverfahrens zugunsten des rechtlichen Gehörs und des regelmäßig betroffenen Eigentumsrechts gefordert, weil der nun Verfahrensbetroffene im vorherigen Verfahren nicht beteiligt gewesen sein muss.[14] Richtigerweise wird man die Bindungswirkung verfassungskonform[15] so interpretieren müssen, dass sie die **vorherige Verfahrensteilhabe des jetzigen Einziehungsgegners** voraussetzt; das Gericht muss sich anderenfalls mit den nun ggf. vorgetragenen Einwendungen befassen.[16] Zumal der Gesetzgeber etwa in § 433 zeigt, dass er zur Durchbrechung der Rechtskraft zugunsten des rechtlichen Gehörs hinsichtlich der Einziehung bereit ist, ist auch im Fall des § 436 Abs. 2 Halbsatz 1 eine Einschränkung geboten. 7

IV. Verfahrensgestaltung im Anschluss an das Nachverfahren

In der Vorgängervorschrift § 441 a. F. hatte der Gesetzgeber sowohl für das Nachverfahren als auch für das selbständige Verfahren die Entscheidungsform (Beschluss oder Urteil) und das Rechtsmittel (selbständige Beschwerde) einer Regelung zugeführt. Nunmehr finden sich hierzu in der Sache unveränderte Maßgaben bereits vorbildgebend beim Nachverfahren in den dort übernommenen § 434 Abs. 2 bis 4. Auf die Kommentierung zu diesen Vorschriften kann vollends verwiesen werden.[17] 8

---

11 BTDrucks. **18** 9525 S. 92; Meyer-Goßner/Schmitt/*Köhler* 3: Geltung ggf. auch für die Unbrauchbarmachung zu beachten.

12 MüKo/*Scheinfeld*/*Langlitz* 7; SSW/*Heine* 5.

13 MüKo/*Scheinfeld*/*Langlitz* 7.

14 So im Anschluss an *Knierim* MüKo/*Scheinfeld*/*Langlitz* 7 unter Verweis auf die Art. 103 Abs. 1 und 14 GG; Bedenken, aber nicht die Lösung teilend SSW/*Heine* 5: Bindungswirkung gemäß Art. 103 Abs. 1 GG „nicht unbedenklich".

15 S. auch Art. 8 der Richtlinie **2014**/42/EU des Europäischen Parlaments und des Rates v. 3.4.2014 über die Sicherstellung und Einziehung von Tatwerkzeugen und Erträgen aus Straftaten in der Europäischen Union ABl. EU L 127/39.

16 I.E. ebenso schon m.w.N. BKST/*Tschakert* Handb. Vermögensabschöpfung Rn. 1635: nicht beteiligtem Dritten dürfen etwaige Einwendungen gegen die rechtswidrige Tat nicht abgeschnitten werden.

17 § 434, 5 ff.

9 Soweit sich in einer bereits anberaumten mündlichen Verhandlung die Unzulässigkeit des Antrags auf eine selbständige Einziehung herausstellt, kann der Termin abgesetzt und durch Beschluss entschieden werden.[18]

§ 437
Besondere Regelungen für das selbständige Einziehungsverfahren

[1]Bei der Entscheidung über die selbständige Einziehung nach § 76a Absatz 4 des Strafgesetzbuches kann das Gericht seine Überzeugung davon, dass der Gegenstand aus einer rechtswidrigen Tat herrührt, insbesondere auf ein grobes Missverhältnis zwischen dem Wert des Gegenstandes und den rechtmäßigen Einkünften des Betroffenen stützen. [2]Darüber hinaus kann es bei seiner Entscheidung insbesondere auch berücksichtigen
1. **das Ergebnis der Ermittlungen zu der Tat, die Anlass für das Verfahren war,**
2. **die Umstände, unter denen der Gegenstand aufgefunden und sichergestellt worden ist, sowie**
3. **die sonstigen persönlichen und wirtschaftlichen Verhältnisse des Betroffenen.**

Schrifttum

S. neben dem Schrifttum Vor § 421: *Hinderer/Blechschmidt* Die „erweiterte selbständige Einziehung" nach § 76a Abs. 4 StGB i. V. m. § 437 StPO, NZWiSt **2018** 179; *Höft* § 76a Abs. 4 StGB – Ein neues verfassungswidriges Instrument im deutschen Vermögensabschöpfungsrecht, HRRS **2018** 196; *Knierim/Oehmchen/Beck/Geisler* Gesamtes Strafrecht aktuell (2018); *Köllner/Mück* Reform der strafrechtlichen Vermögensabschöpfung, NZI **2017** 593; *Madauß* Das neue Recht der strafrechtlichen Vermögensabschöpfung und Steuerstrafverfahren – Fragen aus Sicht der Praxis, NZWiSt **2018** 28; *Meyer* „Reformiert die Rückgewinnungshilfe!" – Denkanstöße für eine Generalüberholung der Vermögensabschöpfung, ZStW **127** (2015) 241; *ders.* Die selbstständige Einziehung nach § 76a StGB-E, oder: Don't bring a knife to a gunfight, StV **2017** 343; *ders.* Abschöpfung von Vermögen unklarer Herkunft, NZWiSt **2018** 246; *Pelz* Abschöpfung von Vermögen unklarer Herkunft in Deutschland, NZWiSt **2018** 251; *Schilling/Hübner* „Non-conviction-based confiscation" – Ein Fremdkörper im neuen Recht der strafrechtlichen Vermögensabschöpfung? StV **2018** 49; *Trüg* Reform der strafrechtlichen Vermögensabschöpfung, NJW **2017** 1913.

Entstehungsgeschichte

§ 437 wurde zum 1.7.2017 mit dem **Gesetz zur Reform der strafrechtlichen Vermögensabschöpfung** v. 13.4.2017 (BGBl. I S. 872, 886) neu geschaffen, um die selbständige Einziehung von Taterträgen nach § 76a Abs. 4 StGB vorgeblich im Einklang mit der freien Beweiswürdigung prozessual zu fördern.[1] Ursprünglich wurde im Referentenentwurf mit dem früheren Abs. 2 der Norm explizit behauptet, die Regelung lasse den Grundsatz der freien Beweiswürdigung (§ 261 StPO) uneingeschränkt.[2]

18 I.S.d. vorzugswürdigen Vorgehensweise BGH BeckRS **2011** 101293 (nicht in NStZ **2012** 35); Meyer-Goßner/Schmitt/*Köhler* 7.

1 BTDrucks. **18** 9525 S. 92.

2 BTDrucks. **18** 9525 S. 93; s. dann aber nicht übernehmend BTDrucks. **18** 11640 S. 89: deklaratorisch und daher überflüssig; zu alledem Meyer-Goßner/Schmitt/*Köhler* 3.

https://doi.org/10.1515/9783110765540-037

Übersicht

I. Normzweck

§ 437 StPO sieht ergänzende Verfahrensregelungen für die selbständige Einziehung nach § 76a Abs. 4 StGB vor. Die Regelungen sollen nach den Materialien den Besonderheiten dieses Abschöpfungsinstruments Rechnung tragen.[3] So sei das Verfahren der selbständigen Einziehung nach § 76a Abs. 4 StGB ein **Verfahren gegen die Sache** („ad rem"), das sich nicht gegen eine Person richte; es habe ebenso wenig Straf- oder auch nur Sanktionscharakter.[4] Es gehe allein darum, strafrechtswidrige Störungen der Vermögensordnung präventiv zu beseitigen, die in der Nutznießung von Verbrechensgewinnen oder deren Reinvestition in kriminelle Aktivitäten liegen können.[5] Die Rechtfertigung des Zugriffs auf die betroffenen Vermögensgegenstände sei verfassungsrechtlich allein an Art. 14 GG und nicht am Schuldgrundsatz zu messen,[6] woraus in beweisrechtlicher Hinsicht ein Verfahren folge, das sich an zivilrechtlichen Darlegungs- und Beweislastregeln orientiere. Für diesen besonderen Kontext will die Norm die Umstände bezeichnen, die für die richterliche Überzeugung von der für § 76a Abs. 4 StGB vorentscheidenden **deliktischen Herkunft des sichergestellten Gegenstandes** regelmäßig von entscheidender Bedeutung sein sollen.[7] Die Gerichte würden so eine „klare Leitlinie" erhalten, „auf welcher tatsächlichen Grundlage sie sich von der deliktischen Herkunft überzeugen können".[8] An die Überzeugung dürften – was der Gesetzgeber bemerkenswerterweise meint, betonen zu müssen – „keine überspannten Anforderungen gestellt werden".[9] 1

---

3 BTDrucks. **18** 9525 S. 92 mit 58 (s. a. S. 73 f.); übernehmend KK/*Schmidt* 1.

4 BTDrucks. **18** 9525 S. 58 und 92.

5 BTDrucks. **18** 9525 S. 58; zust. etwa *Meyer* NZWiSt **2018** 246 f.

6 BTDrucks. **18** 9525 S. 58 und 92 im Anschluss an *Meyer* ZStW **127** (2015) 241, 256 ff. Für die Verfassungskonformität etwa SSW/*Heine* 2, allerdings unter Ausschluss der sog. Teilkontamination.

7 BTDrucks. **18** 9525 S. 92; übernehmend Meyer-Goßner/Schmitt/*Köhler* 4.

8 BTDrucks. **18** 9525 S. 58. Affirmativ dazu KK/*Schmidt* 2. Distanziert MüKo/*Scheinfeld*/*Langlitz* 4 ff., 12 und 14; partiell *Meyer* NZWiSt **2018** 246, 248.

9 BTDrucks. **18** 9525 S. 73 m.w.N. zum früheren § 73d StGB; relativierend zur Bedeutung KMR/*Metzger* 6; anwendend bzgl. § 73a StGB BGH NStZ **2021** 286 f.

2 Schon diese Begründung hinterlässt Bedenken.[10] Die Bezeichnung, es gehe um ein Verfahren „ad rem", ist,[11] offen benannt, letztlich ein Schlag ins Gesicht des von der Einziehung Betroffenen. Die Rede ist verfehlt, weil sie in dem Bemühen, eine Unterscheidung vom subjektiven Strafverfahren zu ermöglichen, die Betroffenheit einer konkreten Person verschleiert, die sich etwa nun nicht mehr auf die Eigentumsvermutung des § 1006 BGB[12] berufen kann, sondern sich gegenüber dem Staat zur Erhaltung ihres Status quo rechtfertigen muss. Tatsächlich erkennt auch die Praxis unschwer, dass es beim Kernkriterium des groben Missverhältnisses (Satz 1) um die Verhältnisse einer **bestimmten**, von der Sicherstellung und der anstehenden Verfahrensentscheidung **betroffenen Person** geht (s. ferner § 437 Satz 2 Nr. 3: „des Betroffenen").[13] Ferner geht es mit der geschaffenen Regelung nicht um eine originär zivilrechtliche oder -prozessuale Sachfrage; vielmehr liegt ein **intensiver hoheitlicher Eingriff** in die Eigentumsgarantie des Art. 14 GG vor,[14] der alternativ allenfalls nach den Maßstäben eines grundrechtlich auszutarierenden Verwaltungsprozesses gestaltet werden könnte.[15] Der Gesetzgeber hat aber weder den Weg eines Verwaltungsprozesses noch gar denjenigen der Erhebung einer zivilrechtlichen Klage beschritten: Er hat eine strafrechtliche (§ 76a Abs. 4 StGB) und eine **strafprozessuale Basis** in den §§ 435 ff. in Anknüpfung an eine nicht näher zu bezeichnende rechtswidrige Tat (§ 11 Abs. 1 Nr. 5 StGB) geschaffen. Hieran muss er sich einschließlich der damit in Kauf genommenen stigmatisierenden Wirkung[16] festhalten lassen.[17]

3 Soweit die Gesetzesbegründung den Eindruck zu erwecken sucht, als hätten „Besonderheiten" des Abschöpfungsinstruments des § 76a Abs. 4 StGB der normspezifischen prozessualen Adressierung bedurft, ist auch dies zurückzuweisen,[18] weil diese nicht *prozessrechtlich* bestehen. Vielmehr folgen sie aus der materiellrechtlichen Maßstabsbildung, trotz eines ausgeschlossenen Nachweises einer konkreten Anlasstat nahezu paradoxerweise zugleich die Anordnungsvoraussetzung eines straftatbedingten Gegenstandserwerbs

10 Abl. auch HK/*Retemeyer* 3: Verfahren gegen den mutmaßlichen Eigentümer oder letzten Besitzer der Sache; MüKo/*Scheinfeld/Langlitz* 12; *Schilling/Hübner* StV **2019** 49, 53 f.: bloße Umetikettierung.

11 Tatsächlich übernehmend aber etwa KK/*Schmidt* 4 und zuvor *Meyer* StV **2017** 343, 344, 353, der allerdings nicht allein Folgerungen aus dem Begriff zieht; *ders.* ZStW **127** (2015) 241, 256 ff.: Verfahren in rem.

12 Zu diesem durchaus relevanten Aspekt auch schon *Saliger* ZStW **129** (2017) 995, 1030.

13 Meyer-Goßner/Schmitt/*Köhler* 4; *Köhler/Burkhard* NStZ **2017** 665, 672.

14 BGH wistra **2019** 187, 189: hoheitliche Eingriffsmaßnahme. Den Eingriff leugnet etwa auch SSW/*Heine* 2 nicht. Ebenso liegt der Rede von einer vermeintlich möglichen zivilrechtlichen Lösung bei *Meyer* NZWiSt **2018** 246 f. nicht die schon grundsätzliche Leugnung der Grundrechtssensibilität zugrunde (s. etwa schon *Meyer* ZStW **127** (2015) 241, 266 ff., 279 ff.).

15 Anders *Meyer* StV **2017** 343, 349, der auch das zivilrechtliche Verfahren für zulässig erachtet, dabei aber nicht erklärt, wie das von vornherein auf einen Rechtseingriff mit präventiven Wirkungen zielende staatliche Tun hier vertretbar zu verankern sein sollte.

16 S. selbst *Meyer* StV **2017** 343, 344, der allerdings aus der mangelnden Absetzung vom Strafprozess dann später keine Folgerungen mehr zieht, immerhin aber ein „Abstands- und Verschleifungsgebot" (zu Letzterem wohl: Verbot) anerkennen möchte (S. 350), das er aber sogleich einer großen Gestaltungsfreiheit des Gesetzgebers anheimstellt.

17 Dies führt nach der hiesigen Auffassung zu Folgeproblemen, gleichwohl aber auch dazu, dass Vorwürfe, es könnte schon die Bundeskompetenz fehlen, scheitern dürften, s. dazu aber erwägend MüKo/*Scheinfeld/Langlitz* 17 sowie OK-StPO/*Temming* 3. Wie hier i.E. etwa SSW/*Heine* 2.

18 **A.A.** wohl *Meyer* NZWiSt **2018** 246, der unter dem Eindruck der als unhaltbar erachteten Bilder von zur Schau gestelltem Reichtum auch ein originär prozessuales Problem erblicken dürfte.

aufzustellen.[19] Der Gesetzgeber unternimmt hier den Versuch, den bei Geltung des Strafprozessrechts drohenden Leerlauf „nicht offen",[20] sondern „klandestin"[21] durch einen bewusst schillernden Zugriff auf die Überzeugungsbildung zu vermeiden (näher Rn. 12 ff.). Obwohl die Entscheidung über die selbständige Einziehung nach § 76a Abs. 4 StGB aus der Perspektive des § 261 nicht spezifisch geartet ist und auch sonst schwierige Nachweissituationen wie etwa diejenige bei subjektiven Tatmerkmalen der Rechtsprechung überlassen werden, greift der Gesetzgeber den Gerichten unter bzw. in die Arme, um diese zu leiten. Es spricht insoweit Bände, dass der Gesetzgeber dem Tatrichter mit Satz 1 ein Kriterium an die Hand gibt, das ihn mehr als andere sicher auf den Pfad zu einer unanfechtbaren Einziehungsentscheidung führen soll. Offenbar vertraut der Gesetzgeber selbst nicht darauf, dass sich den Tatrichtern von allein „intrinsisch-epistemologisch"[22] überzeugende Sachverhaltskriterien erschließen werden, die zu einer – aus Sicht des Gesetzgebers – hinreichenden Anwendung der Norm führen. In der nicht zu verdeckenden Sorge, das allzu grobe materiellrechtliche Konstrukt könne schon an allgemein gültigen oder gar an „überspannten" prozessualen Maßstäben scheitern, will er **kriminalpolitisch wackeren Tatrichtern** die Hand reichen und die Basis für ein großes Vertrauen auf das Kriterium des groben Missverhältnisses (zu diesem näher Rn. 7 ff.) legen (zur Bewertung Rn. 12 ff.). Dies gilt, obschon er hier Gefahr läuft, tatsächlich eine lediglich verdachtsgestützte Einziehung auf dem Umweg des Strafprozessrechts einzuführen.[23] Die frühere Rechtsprechung, nach der ein mangelnder Nachweis rechtmäßiger Einnahmequellen die Annahme der illegalen Herkunft allein nicht begründen könne, soll mit einer Innovation, die an Grenzen geht,[24] geschickt ausgeräumt werden.[25]

---

19 Dazu auch schon MüKo/*Scheinfeld/Langlitz* 5 und SK/*Paeffgen* 20. S. a. entwaffnend ehrlich *Savini* Vermögensabschöpfung, S. 59: ein konkreter Nachweis der illegitimen Herkunft des Vermögens ist nicht zu führen, ohne dass dies § 76a Abs. 4 StGB hindern soll; s. a. *Meyer* StV **2017** 343, 350: Regelung geht von einem epistemologischen Paradoxon aus.

20 S. treffend *Meyer* NZWiSt **2018** 246, 248, der den Gesetzgeber dabei sieht, „nicht offen" Grenzen auszutesten.

21 S. treffend *Meyer* NZWiSt **2018** 246, 248 zur Verlagerung auf die Darstellungsebene, auf der für ein Urteil letztlich weniger als materiellrechtlich angezeigt verlangt werden könnte.

22 Mit diesem Begriff zu den für die freie Überzeugungsbildung grundsätzlich maßgeblichen Kriterien *Meyer* NZWiSt **2018** 246, 248.

23 S. a. scharf OK-StPO/*Temming* 3: auf eine Verdachtsgrundlage gestützter Einziehungstatbestand im Gewande einer vom Gesetzgeber vorgegebenen richterlichen Überzeugungsbildung, 4.1.: Anscheinsbeweis; *Trüg* NJW **2017** 1913, 1916; *Hinderer/Blechschmidt* NZWiSt **2018** 179, 183 f.; *Meißner/Schütrumpf* 84; so auch SSW³/*Burghart* 5; *Pelz* NZWiSt **2018** 251, 252; entschieden auch SK/*Paeffgen* 1: Bezeichnung als Verfahrensnorm sei ein heuchlerisches Etikett; ähnlich *Meyer* NZWiSt **2018** 246, 248 f., der aber den Anscheinsbeweis zu meiden sucht und von einem „Prima-facie-Beweis" sprechen möchte (s. a. *Meyer* StV **2017** 343, 347) und sich – in dem vom Gericht geführten Verfahren! – mit einer „auf den Vortrag der Staatsanwaltschaft verkürzten Prüfung" begnügen möchte; zur Intention auch MüKo/*Scheinfeld/Langlitz* 11.

24 So *Meyer* NZWiSt **2018** 246, 248.

25 S. noch BGHSt **40** 371, 372 ff. (an den Nachweis der „Herkunft von deliktsverdächtigen Vermögensgegenständen" sind „erhöhte Anforderungen" zu stellen, es bedarf der uneingeschränkten Überzeugung des Tatrichters) und OK-StPO/*Temming* 4 sowie BRAK Stellungnahme Nr. 15/2016, S. 7; MüKo/*Scheinfeld/Langlitz* 7: nach der Lebenserfahrung typischer Geschehensablauf notwendig, sonst ist eine Überzeugungsbildung ausgeschlossen. S. entsprechend auch m.w.N. dazu, dass auch eine gefahrenabwehrrechtliche Lösung an engen Grenzen der obergerichtlichen Rechtsprechung leide, die nun nicht mehr maßgeblich sein sollten, *Korte* wistra **2018** 1, 8 mit Fn. 111.

4 Verschiedentlich wird die **EU-Richtlinie 2014/42**[26] für die Beurteilung der Norm – und insbesondere ihre mögliche Akzeptanz – herangezogen.[27] Ihr Erwägungsgrund Nr. 21 führt aus, dass eine erweiterte Einziehung möglich sein „sollte [...], wenn nach Überzeugung des Gerichts die betreffenden Vermögensgegenstände aus Straftaten stammen. Dies bedeutet nicht, dass feststehen muss, dass diese Vermögensgegenstände aus Straftaten stammen. Die Mitgliedstaaten können vorsehen, dass es beispielsweise ausreichen könnte, dass das Gericht nach einer Wahrscheinlichkeitsabwägung befindet oder vernünftigerweise davon ausgehen kann, dass es wesentlich wahrscheinlicher ist, dass die betreffenden Vermögensgegenstände aus Straftaten stammen, als dass sie durch andere Tätigkeiten erworben wurden." Gleichwohl beziehen sich diese Ausführungen und ebenso die in Art. 5 der Richtlinie wiederholte Bedeutung eines „Missverhältnis[ses] zum rechtmäßigen Einkommen" auf eine verurteilte Person und auf eine Konstellation, in der weiterhin eine – wenn auch ggf. andere – Straftat in einem Urteil nachgewiesen wird.

II. Überzeugungsbildung auf Basis der rechtmäßigen Einkünfte

5 Mit dem erstgenannten Kriterium des groben Missverhältnisses zwischen dem Wert des Gegenstandes und den rechtmäßigen Einkünften des Betroffenen schafft der Gesetzgeber eine Regelung, der er explizit eine zentrale Bedeutung zumisst. Das Kriterium soll für die Überzeugung hinsichtlich des Tatbestandsmerkmals des § 76a Abs. 4 StGB, dass der Gegenstand aus einer rechtswidrigen Tat herrührt, von großer Bedeutung sein. Gerade diese ist aber im Besonderen problematisch:

6 **1. Selbständige Einziehung nach § 76a Abs. 4 StGB.** Zunächst ist zu beachten, dass die Regelung explizit nur für die sog. non-conviction-based confiscation Anwendung beansprucht,[28] wenngleich dies die Berücksichtigung der in ihr genannten *Kriterien* bei der Beweiswürdigung bezüglich § 73a StGB nicht ausschließt.[29] Auch auf § 76a Abs. 1-3 StGB, die § 76a Abs. 4 StGB unstreitig vorgehen,[30] ist sie nicht anzuwenden.[31] Im Übrigen finden auf die Einziehung nach § 76a Abs. 4 StGB die §§ 435 und 436 Anwendung.[32] Voraussetzung ist damit nicht länger eine konkret nachgewiesene rechtswidrige Tat, aus der ein Vermögensgegenstand stammt. Allerdings muss zum Zeitpunkt seiner Sicherstellung der **Verdacht auf die Begehung einer in § 76a Abs. 4 Satz 3 StGB geregelten Katalogtat** bestanden haben, der für die Sicherstellung ausschlaggebend war.[33]

---

26 Richtlinie **2014**/42/EU des Europäischen Parlaments und des Rates vom 3. April 2014 über die Sicherstellung und Einziehung von Tatwerkzeugen und Erträgen aus Straftaten in der Europäischen Union ABl. EU L 127/39.

27 So KMR/*Metzger* 3. Anders zu Recht schon Stellungnahme der Strafverteidigervereinigungen vom 31.5.2016, S. 15; *Saliger* ZStW **129** (2017) 995, 1023; MüKo/*Scheinfeld/Langlitz* 3: Eigeninitiative des Gesetzgebers; *Schilling/Hübner* StV **2019** 49, 52 f.

28 Zu spill-over Risiken aber bereits *Meyer* NZWiSt **2018** 246, 250 und zu anders lautenden Materialien *Meißner/Schütrumpf* 68 sowie BTDrucks. **18** 9525 S. 66; *Pelz* NZWiSt **2018** 251, 252.

29 So auch BGH NStZ **2021** 286 f.; *Schmidt* Handb. Vermögensabschöpfung Rn. 1846.

30 Dazu statt vieler etwa *Meyer* NZWiSt **2018** 246, 247 und MüKo/*Scheinfeld/Langlitz* 2.

31 Meyer-Goßner/Schmitt/*Köhler* 1.

32 Meyer-Goßner/Schmitt/*Köhler* 7.

33 Grundlegend BGH NJW **2020** 164, 166 ff. m. zust. Anm. *Kraushaar*; OK-StPO/*Temming* 2; *Fischer* § 76a StGB 9a.

2. Grobes Missverhältnis zwischen dem Wert des Gegenstandes und den rechtmäßigen Einkünften des Betroffenen. Wann ein grobes Missverhältnis vorliegen soll, hat der Gesetzgeber nicht konkretisiert, obschon dies seiner nun so zentralen Bedeutung kaum entspricht.[34] In der Literatur wird vermeint, dass bei einem groben Missverhältnis kaum zugleich eine „erwiesene Unschuld" vorliegen können solle.[35] Es wird mit dem Klang eines Täterstrafrechts „auf mehrfach in Erscheinung getretene Betäubungsmittelstraftäter" verwiesen, die Sozialhilfe empfangen.[36] 7

Zu betonen ist, dass der Gesetzgeber mit § 437 Satz 1 immerhin nur das *grobe* Missverhältnis als belastendes Indiz unterstrichen hat. In diesem Sinne wird man mindestens verlangen müssen, dass das **Missverhältnis sofort ins Auge springt,**[37] und damit „krass" zu nennen ist. Auch derjenige, der den „hybriden" Verfahrensansatz des § 437 akzeptieren will, muss sich an der zur Begründung des § 76a Abs. 4 StGB ins Feld geführten Szenerie festhalten lassen, nach der das Regelungsgefüge Fälle erfassen soll, welche ohne eine staatliche Reaktion das staatliche Gewaltmonopol bzw. das Grundvertrauen in die Leistungskraft der rechtstaatlichen Rechtsdurchsetzung pulverisieren können.[38] Anderenfalls könnte die vom Gesetzgeber erhoffte Sicherung der Tatüberzeugung letztlich schon bei jedem größeren und nicht ohne weiteres rechtmäßig erklärbaren Vermögenswert eingreifen. Nur mit einer entsprechenden Einschränkung dürfte das erklärte Ziel gelingen, sowohl grundrechtliche Maßstäbe als auch kriminalpolitische Notwendigkeiten miteinander zu versöhnen. 8

3. Legitime Bedeutung für die Überzeugungsbildung hinsichtlich des Herrührens aus einer rechtswidrigen Tat. Nach dem gesetzgeberischen Konzept kommt dem Kriterium bei der Überzeugungsbildung zum Herrühren aus einer Straftat ein **herausgehobener Stellenwert zu.**[39] Zugleich soll der Grundsatz der freien Beweiswürdigung nicht eingeschränkt sein.[40] Soweit die nicht nur theoretische Möglichkeit verbleibt, dass die fraglichen Vermögensgegenstände aus anderen Quellen als aus rechtswidrigen Taten stammen, muss die Überzeugungsbildung damit noch immer ausscheiden.[41] Entsprechend der „zivilprozessualen Konzeption" der gesetzgeberischen Vorstellungen soll aber wiederum zugleich gelten:[42] 9

---

34 Zutr. bemerken MüKo/*Scheinfeld*/*Langlitz* 10 und *Meyer* NZWiSt **2018** 246, 248 („lädt [...] zur Intuition ein"), dass das so zentrale Kriterium letztlich unklar bleibe. Auch sie bieten dann keine Konkretisierung des Begriffs an.

35 Meyer-Goßner/Schmitt/*Köhler* 6.

36 *Schmidt* Handb. Vermögensabschöpfung Rn. 207, aber mit der Einleitung, dass ein normatives Element vonnöten und unter dem Gesichtspunkt der Verfassungskonformität eine Gesamtbewertung des Sachverhalts erforderlich sei.

37 KMR/*Metzger* 5.

38 S. etwa die Beschreibung bei *Meyer* NZWiSt **2018** 246, der den Gesetzgeber zur Etablierung des neuen Rechts stark beeinflusst haben dürfte: Vermögen, dessen illegaler Ursprung der Gesellschaft ins Gesicht schreit und dessen Zurschaustellung die Kraft hat, das staatliche Gewaltmonopol und Grundpfeiler unserer Gesellschaftsordnung in Frage zu stellen.

39 BTDrucks. **18** 9525 S. 92 mit Verweis auf die hohe beweisrechtliche Bedeutung des Kriteriums in anderen Rechtsordnungen, dazu auch *Meyer* ZStW **127** (2015) 241, 268 ff.; recht treffend ist dabei die Bezeichnung als „Regelbeispiel", s. etwa MüKo/*Scheinfeld*/*Langlitz* 6.

40 BTDrucks. **18** 9525 S. 58; akzeptierend KK/*Schmidt* 2; bestätigend auch BGH NJW **2020** 164, 165 f.; LG Hamburg, Urteil v. 7.3.2019, 614 Qs 21/18, 614 Qs 21/18 – 6810 Js 1183/16.

41 SSW/*Heine* 4; s. schon BGHSt **40** 371, 374.

42 BTDrucks. **18** 9525 S. 92; vollständig akzeptierend KK/*Schmidt* 5; bedenklich anknüpfend nun AG Nürtingen wistra **2019** 517 m. abl. Anm. *Corsten*/*Hübner* hinsichtlich einer Geldwäschetat.

> „Legt die Staatsanwaltschaft mit ihrem Einziehungsantrag einen (beweisbaren) Tatsachenvortrag dar, der insbesondere mit Blick auf das ‚Missverhältnis'-Kriterium [...] den Schluss auf die deliktische Herkunft des sichergestellten Gegenstand zulässt, wird – falls die Beweisaufnahme den Tatsachenvortrag bestätigt – das Gericht in der Regel (‚soll') die Einziehung anordnen, es sei denn, der Betroffene bestreitet als Einziehungsbeteiligter substantiiert die deliktische Herkunft und bietet entsprechenden Beweis an. Besitzt der Antrag der Staatsanwaltschaft also die beschriebene Substanz und erweisen sich die darin aufgeführten Tatsachen im gerichtlichen Verfahren als zutreffend, wird der Einziehungsbeteiligte die Anordnung der Einziehung mit bloßem Schweigen oder einem Bestreiten mit Nichtwissen in aller Regel nicht abwenden können (vgl. insofern auch Begründung zu § 427)".

10 Zu dieser im Schrifttum fast durchgehend kritisch betrachteten Sicht der Dinge ist zunächst eines praktisch unstreitig und hervorzuheben: § 437 stellt Regelungen zur Beweis*würdigung* auf. Selbst wenn in den Materialien zivilprozessuale Phänomene bemüht werden, gilt das Gesetz und damit die StPO. Und diese besteht auf der **Ebene der Beweiserhebung** nach wie vor in den §§ 244 ff. StPO einschließlich der Aufklärungspflicht und des Beweisantragsrechts (s. a. unten Rn. 25). Unverzichtbar ist und bleibt, auch bei dem Beleg des von § 437 Satz 1 thematisierten Indizes, zuallererst eine hinreichende Amtsermittlung zu den tatsächlichen Grundlagen der Entscheidung im selbständigen Verfahren (s. allerdings auch schon zum Beschlussverfahren § 435, 38).[43] Insbesondere hat das Gericht – und vor diesem schon die Staatsanwaltschaft! – alle nennenswerten Anhaltspunkte für vernünftige Zweifel an der deliktischen Herkunft von Amts wegen zu berücksichtigen.[44] All dies dürfte auch dann, wenn keine Strafe vorliegen sollte, schon durch Art. 14 GG geboten sein, der einen Grundrechtsschutz durch Verfahren impliziert. Allerdings wird sich das Gericht insoweit, gibt der Einziehungsgegner keine Hinweise, allein im sog. Hellfeld der Einnahmen bewegen.[45]

11 Widmet man sich davon ausgehend § 437 Satz 1, ist die Norm **unmittelbar betrachtet zunächst keine Beweisregel**, weil sie dem Gericht nicht vorschreibt, im Fall eines belegten Missverhältnisses davon auszugehen, dass der Gegenstand aus einer rechtswidrigen Tat herrührt.[46] Insofern wird ebenso wenig eine stets entscheidende Obliegenheit des Einziehungsbeteiligten begründet, das Indiz von selbst ausräumen oder erschüttern zu müssen. Auch eine echte Beweislastumkehr für den Fall des belegten Indizes des groben Missverhältnisses ist dem Normwortlaut nicht zu entnehmen,[47] zumal – wie dargelegt (Rn. 10) – die Amtsaufklärungspflicht des Gerichts fortbesteht. Die Norm belässt insofern alles (scheinbar) beim Alten[48] und ist mithin nahezu überflüssig.

---

43 KMR/*Metzger* 6; SSW/*Heine* 4; OK-StPO/*Temming* 4: erschöpfende Beweiserhebung; s. a. BGH NJW **2020** 164, 165: sorgfältig aufgeklärte und dargestellte wirtschaftliche Verhältnisses des Nebenbeteiligten und schon BGHSt **40** 371, 373; **a.A.** völlig haltlos *Savini* Vermögensabschöpfung, S. 59: Betroffener muss die legale Herkunft des Gegenstandes überzeugend darlegen.

44 SSW/*Heine* 4.

45 S. richtig *Pelz* NZWiSt **2018** 251, 252: Beschränkung auf die längst bekannten legalen Einkunftsquellen absehbar.

46 SSW/*Heine* 4: weder Gebot zur Annahme des Herrührens noch zum Gegenteil; MüKo/*Scheinfeld*/*Langlitz* 6, auch keine klare Beweismaßregel; *Meyer* NZWiSt **2018** 246, 248; BKST/*Tschakert* Handb. Vermögensabschöpfung Rn. 1642 f.

47 Statt vieler etwa BKST/*Tschakert* Handb. Vermögensabschöpfung Rn. 1642 und *Johann* PStR **2019** 168, 170 f.

48 Bestätigend jetzt m.w.N. BGH NJW **2020** 164, 165: keine Modifikation der richterlichen Überzeugungsbildung.

Es wurde aber längst bemerkt, dass die Norm, wenn sie mehr sein will als eine im hohen Maße überflüssige Erinnerung an die Relevanz des Indizes,[49] **in der Praxis – mit den Weihen der Gesetzesmaterialien – etwas anderes** zu sein droht. Sie scheint den Tatgerichten „durch die Blume" mit dem Willen des bauernschlau agierenden Gesetzgebers zuzurufen, dass das zentrale Indiz zugunsten der heute überaus gewichtigen Vermögensabschöpfung bereits genügen kann, wenn – wie in den Materialien beschrieben – der Einziehungsbeteiligte das von der Staatsanwaltschaft vorgetragene Indiz mit seinem Vortrag nicht außer Kraft setzt.[50] In diesem Sinne besteht die ausgeprägte **Gefahr**, dass § 437 Satz 1 (und auch Satz 2) auf die vielerorts befürchtete materielle **Beweislastumkehr**[51] oder doch auf erhebliche zugrunde gelegte Beweiserleichterungen[52] hinauslaufen wird. So liegt zwischenzeitlich bereits eine Entscheidung vor, in der die Regelung mit einem „intendierten Ermessen" hinsichtlich der gebotenen Anwendung verwechselt wird und in der dem Verteidiger der mangelnde Vortrag entlastender Umstände vorgehalten wird.[53] Offenbar lässt sich der Gesetzgeber entsprechende Missverständnisse angelegen sein,[54] um den jedenfalls[55] verfassungsrechtlich noch heikleren Weg der klar geregelten Beweislastumkehr oder der Beweisregel zu meiden, zugleich aber die maximale Förderung des kriminalpolitischen und zwar konkret strafprozessual geregelten Instruments zu erzielen. 12

Diese Regelung verdient aber kein Lob, selbst wenn man die verfassungsrechtliche 13
Vertretbarkeit des materiellrechtlichen § 76a Abs. 4 StGB in einer strafprozessualen Kom-

49 MüKo/*Scheinfeld*/*Langlitz* 9; letztlich auch BKST/*Tschakert* Handb. Vermögensabschöpfung Rn. 1646: § 437 enthält bei einem zutreffenden Verständnis keine wirklichen Besonderheiten, sondern drückt Selbstverständlichkeiten aus.

50 MüKo/*Scheinfeld*/*Langlitz* 8. Insoweit ist dabei die Beruhigung bei *Meyer* StV **2017** 343, 347 und (partiell) *Saliger* ZStW **129** (2017) 995, 1029, der Einziehungsgegner müsse den Vortrag der Staatsanwaltschaft nur „erschüttern", schon angesichts der im Auge des Betrachters liegenden Würdigung des eigenen Vortrages im Verfahren praktisch keine substanzielle Abmilderung. S. a. *Korte* wistra **2018** 1, 9: sinnvoll, um dem neuen Abschöpfungsinstrument Wirkkraft zu verleihen; Möglichkeit der Gerichte, die Entscheidungen mit den gesetzgeberischen Wertungen zu begründen.

51 HK/*Retemeyer* 2 und 3: Beschuldigtem bleibt nur die Möglichkeit, als Einziehungsbeteiligter substantiiert die nichtdeliktische Herkunft zu beweisen; SK/*Paeffgen* 2 f.; *Fischer* § 76a StGB 9; MüKo/*Scheinfeld*/*Langlitz* 11 f. (zu den Materialien); *Meißner*/*Schütrumpf* 84; BRAK Stellungnahme Nr. 15/2016, S. 6 f.; *Hinderer*/*Blechschmidt* NZWiSt **2018** 179, 182 f.; *Köllner*/*Mück* NZI **2017** 593, 598; s. a. zum zugrundeliegenden Koalitionsvertrag, der nun in der Formulierung aber doch „behutsamer" ausgefallen sei, SSW/*Heine* 1. S. a. ohne jede Problemerkenntnis für eine Beweislastumkehr: *Savini* Vermögensabschöpfung, S. 59.

52 Exakt so dann AG Nürtingen wistra **2019** 517, 518 f. m. abl. Anm. *Corsten*/*Hübner*. S. a. vordenkend, wenngleich mit in sich schlüssigen und offenen Lösungen, *Meyer* ZStW **127** (2015) 241, 265 f.: verbesserte Lösung des Problems des Vermögens unklarer Herkunft setzt zwangsläufig die Suche nach Beweiserleichterungen voraus; Herkunftsvermutungen und Beweislastumkehr sollen mit dem Verfahren ad/in rem allerdings nicht verbunden sein.

53 Siehe LG Aachen Beschl. v. 13.7.2021 – 60 KLs 2/21, Rn. 29 ff.: keine Gründe, „das (intendierte) Ermessen anders als zulasten des Betroffenen auszuüben". Immerhin werden weitere Indizien herangezogen.

54 MüKo/*Scheinfeld*/*Langlitz* 8 f. und 14.

55 Ob, wie vom Gesetzgeber angenommen, der in der Tat nach Art. 6 Abs. 2 EMRK und erst Recht im Anwendungsfeld der zivilen Rechte Beweiserleichterungen und Beweislastumkehren ggf. akzeptierende EGMR die faktisch gewünschte Anwendungserleichterung hinnehmen würde, soll dabei dahinstehen, s. Art. 53 EMRK und zu dem hier anspruchsvolleren Konzept des BVerfG m.w.N. *Saliger* ZStW **129** (2017) 995, 1029 f. Für die Vereinbarkeit mit Art. 6 EMRK s. etwa *Meyer* StV **2017** 343, 350 ff.; *ders.* ZStW **127** (2015) 241, 258 ff.; *Korte* wistra **2018** 1, 8 f.; Meyer-Goßner/Schmitt/*Köhler* 3; infolge der Rechtsprechung des EGMR selbst bedauernd OK-StPO/*Temming* 5.1; **a.A.** etwa *Schilling*/*Hübner* StV **2018** 49, 55 ff.

mentierung einmal unterstellt.[56] Der Gesetzgeber versucht untauglich, den Eindruck zu erwecken, dass er lediglich einen bestehenden kriminalistisch-forensischen Erfahrungssatz in Erinnerung rufe.[57] Tatsächlich besteht ein solcher aber nicht (hinreichend);[58] vielmehr **legt** der **Gesetzgeber** nach seinen Intentionen den Tatrichtern erstens einen **belastenden Erfahrungssatz normativ und damit weithin fiktiv nahe.**[59] Zweitens nimmt er zurechenbar in Kauf, dass Gerichte den fingierten Erfahrungssatz sodann in Ermangelung anderer entgegenstehender Indizien mit der Tatüberzeugung gleichsetzen. Hierbei wird dann das von § 76a Abs. 4 Satz 1 StGB verlangte Erfordernis eines einzuziehenden Gegenstandes (seiner Nutzungen), der „aus einer rechtswidrigen Tat herrührt", unter der Hand vom Nachweis einer konkreten tatbezogenen Herkunft befreit und damit der Nachweisstandard prozessual gelockert,[60] die angesprochene paradox anmutende (s. schon Rn. 3) materiellrechtliche Regelung damit korrigiert.

14 Interpretierte man die Regelung in ihrem vom Gesetzgeber offenbar gemeinten Sinne zugunsten einer tragenden praktischen Bedeutung, liefe sie ferner auf eine Missachtung der **Selbstbelastungsfreiheit** hinaus. Nach dem vorherrschenden und von den Materialien vorgezeichneten Verständnis **muss** sich der Einziehungsbeteiligte in einer strafrechtlichen Verdachtslage regen und die Legitimität der Gegenstandsnutzung geltend machen, soweit das Indiz des groben Missverhältnisses zu greifen scheint; ein Schweigen soll das Gericht bei alledem belastend würdigen dürfen.[61] Hiermit wird die Befugnis, sich selbst – oder ggf. andere nahestehende Personen hinsichtlich derer Zeugnisverweigerungsrechte bestehen – nicht selbstbelastend äußern zu müssen, faktisch ausgehebelt.[62] Der Einziehungsgegner muss sich nun regelmäßig entscheiden, ob er die Gefahr der Selbstbelastung in Kauf nimmt oder die erheblichen Vermögenswerte ziehen lässt, um die es in den tatsächlich eingeleiteten Verfahren jeweils gehen dürfte. Eine alternative Lösung über ein Beweisverwendungsverbot hat der Gesetzgeber insoweit von vornherein versäumt.

15 De lege lata ist es in diesem Sinne geboten, **§ 437 Satz 1** strikt wortlautnah und damit **eng zu interpretieren.** Er darf nicht zu der Norm mutieren,[63] welche sich die Politik ausweislich der Materialien erhofft hatte. Wird § 437 tatsächlich darauf reduziert,

---

56 Abl. zu dieser allerdings MüKo/*Scheinfeld/Langlitz* 16 f.; OK-StPO/*Temming* 5 mit Verweis auf BVerfGE **110**, 1; *Madauß* NZWiSt **2018** 28, 34; *Hinderer/Blechschmidt* NZWiSt **2018** 179, 182 f.; SK/*Paeffgen* 1 ff., 8 ff.: bloße Verdachtsgrundlage hinsichtlich einer Straftat verstößt gegen die Unschuldsvermutung; **a.A.** *Meyer* NZWiSt **2018** 246, 247 f.; *Saliger* ZStW **129** (2017) 995, 1027 ff.

57 Höflich spricht *Meyer* NZWiSt **2018** 246, 248 insoweit von einer Allusion.

58 *Meyer* NZWiSt **2018** 246, 249 mit dem Eingeständnis, dass allenfalls deliktsbezogen intrinsische Zusammenhänge als „ausgemacht" gelten könnten. *Meyer* will aber all dies dann der Präzisierung durch die Praxis überlassen.

59 S. schon BRAK Stellungnahme Nr. 15/2016, S. 7: typische Geschehensabläufe als Basis fehlen. Auch *Meyer* NZWiSt **2018** 246, 248 spricht davon, der Gesetzgeber versuche, eine „erhöhte intrinsisch-epistemologische Überzeugungskraft" durch die Norm zu unterstellen.

60 *Saliger* ZStW **129** (2017) 995, 1028 f.: tendenzielle Beweismaßreduktion; *Meyer* NZWiSt **2018** 246, 248.

61 KMR/*Metzger* 6; krit. *Schilling/Hübner* StV **2019** 49, 51, 55 ff.: gegen Anscheinsbeweis zu verteidigen; ebenso *Hinderer/Blechschmidt* NZWiSt **2018** 179, 182 f. Das Problem erkennt auch *Meyer* NZWiSt **2018** 246, 249; er reagiert mit der guten Idee einer „Verwertungssperre" (Verwendungs- oder Verwertungsverbot? Auch insoweit nicht näher schon *Meyer* ZStW **127** (2015) 241, 281), findet das Fehlen dieser Sperre indes offenbar nicht beanstandenswert.

62 Stellungnahme der Strafverteidigervereinigungen vom 31.5.2016, S. 19 f.; MüKo/*Scheinfeld/Langlitz* 18; für einen Verstoß etwa auch *Hinderer/Blechschmidt* NZWiSt **2018** 179, 183.

63 S. a. *Meyer* NZWiSt **2018** 246, 248, aber wohl kriminalpolitisch bedingt nur in der Fn. 22. Wohl schärfer *Saliger* ZStW **129** (2017) 995, 1030 f., 1032: derzeit kaum verfassungskonform.

das Gericht an Selbstverständlichkeiten zu erinnern, ist er auch nicht als verfassungswidrig zu verwerfen. Dies setzt allerdings voraus, dass das entscheidende Tatgericht jeweils die fortbestehende Geltung der allgemeinen Beweiserhebungs- und Beweiswürdigungsbedingungen explizit verdeutlicht und diese beachtet. Die latente **grundrechtliche Gefahrenlage**, welche der Gesetzgebungsprozess mit sich geführt hat, **muss auf der** – auch vom Gesetzgeber betretenen – **prozessualen Darstellungsebene** durch entsprechende Revisionsmaßstäbe ausgeräumt oder doch immerhin vermindert werden. Die Gerichte müssen angeben, dass sie ihre Überzeugung gerade nicht nach zivil- und parteiprozessualen Überzeugungsmustern vollzogen haben.[64]

III. Überzeugungsbildung auf Basis weiterer Indizien

Mit dem zweiten Satz werden drei weitere Indizien bezeichnet, welche für die richterliche Überzeugung von der deliktischen Herkunft des sichergestellten Gegenstandes nach Ansicht des Gesetzgebers im Fall des § 76a Abs. 4 StGB (s. schon Rn. 6) regelmäßig von entscheidender Bedeutung sein werden.[65] Hiermit beansprucht der Gesetzgeber **keine abschließende Regelung** („insbesondere").[66] Letzteres ist schon deshalb zu unterstreichen, weil der Gesetzgeber bemerkenswerter- und bedauerlicherweise keine entlastenden Umstände in § 437 von sich aus aufgegriffen hat.[67] Zudem liegt allein eine „Kann-Bestimmung" vor; dem würdigenden Gericht werden unmittelbar keine Erörterungspflichten hinsichtlich der genannten Indizien auferlegt. 16

Gleichwohl bleiben die allgemeinen Grundsätze über eine hinreichende Darstellung der Beweiswürdigung gemäß **§ 261 anwendbar.**[68] Insoweit ist zu beachten, dass das rechtliche Gehör nicht nur die Gelegenheit zur Äußerung, sondern auch die möglichst sichtbare tatsächliche Berücksichtigung des Verteidigungsvortrages verlangt.[69] Beides kann durchaus im Kontext der genannten Indizien – und ggf. über diese hinaus – zum Vorhalt von **Erörterungsmängeln** führen. So wird es etwa regelmäßig unerlässlich sein, sich mit einer bewiesenen Unschuld hinsichtlich des ursprünglich im Verfahren verfolgten konkreten Tatvorwurfs auseinanderzusetzen (§ 437 Satz 2 Nr. 1). Ebenso kann ein Erörterungsmangel z.B. darin liegen, dass besonders belastende Umstände der Auffindung des möglicherweise einzuziehenden Gegenstandes wie ein auffälliges Versteck gänzlich unbeachtet geblieben sind (§ 437 Satz 2 Nr. 2). 17

1. Ergebnis der Ermittlungen zu der für das Verfahren anlassgebenden Tat (§ 437 Satz 2 Nr. 1). Mit dem ersten Kriterium des zweiten Satzes soll nach den Materialien des Gesetzes der Einziehung bei bewiesener Unschuld des Betroffenen vorgebeugt werden. Aufgegriffen werde ein Aspekt der sog. **innocent owner defense.**[70] Diese er- 18

64 S. a. BKST/*Tschakert* Handb. Vermögensabschöpfung Rn. 1645: Praxis wird darauf zu achten haben, Schweige- und Zeugnisverweigerungsrechte nicht zu unterlaufen.

65 Zur Thematisierung in der früheren Rechtsprechung auch schon OK-StPO/*Temming* 4.

66 Zur allg. Anerkennung dessen KK/*Schmidt* 3.

67 *Saliger* ZStW **129** (2017) 995, 1032.

68 S. a. KMR/*Metzger* 6; i. Ü. gegen eine materielle Absenkung der Anforderungen an die Beweiswürdigung SSW/*Heine* 3 f.; vgl. auch schon BGHSt **40** 371, 373: rechtsfehlerfreie richterliche Überzeugungsbildung nach § 261.

69 Zu der hier ggf. auf die Betroffenheit ziviler Rechte zu beziehenden Begründungspflicht s. m.w.N. MüKo/*Gaede* Art. 6 EMRK, 299 ff.

70 BTDrucks. **18** 9525 S. 92 m.w.N. zur Rspr. des EGMR.

gänze die materielle Regelung des § 76a Abs. 4 StGB, die als **Sollvorschrift** in dieselbe Richtung ziele. Die selbständige Einziehung soll deshalb vor allem in Betracht kommen, wenn eine Verurteilung lediglich daran scheitert, dass der erforderliche Vorsatz nicht festgestellt werden kann oder der Betroffene zwar in kriminelle Aktivitäten verstrickt ist, ihm jedoch die Beteiligung an einer konkreten Straftat nicht nachzuweisen ist.[71]

19 Hierzu ist festzuhalten, dass in den aufgegriffenen Aspekten, die mit dem Wortlaut über eine bewiesene Unschuld hinausgehen, letztlich Verdachtsmomente liegen,[72] die nun zu einer besonders gearteten Tatüberzeugung Anlass geben sollen. Vor allem wird mit der genannten **„Verstrickung in kriminelle Aktivitäten"** überdeutlich, dass das Gesamtkonzept unter der Hand auf eine verdachtsweise Prüfung hinauszulaufen droht, ob eine Person ein „Krimineller" ist oder einer „kriminellen Gruppe" zuzuordnen ist. Eine solche Perspektive muss sich allerdings verbieten – es gibt jenseits einer konkreten strafgesetzlich ausgewiesenen Tat keine strafprozessual zugrunde zu legende Kriminalität. Selbst wenn schuldunabhängige Rechtsfolgen tatsächlich nicht per se unzulässig sein müssen, kann doch für ihre Legitimation nicht auf ein Indiz zurückgegriffen werden, das kurzerhand sowohl der Unschuldsvermutung als auch dem Gesetzlichkeitsprinzip Hohn spricht.

20 **2. Umstände, unter denen der Gegenstand aufgefunden und sichergestellt worden ist (§ 437 Satz 2 Nr. 2).** Das zweite hinzugefügte Kriterium wird vom Gesetzgeber nicht weiter erläutert. Es erweist sich allerdings für die betroffene Frage nach der rechtlichen Herkunft des Gegenstands als relevant, weil die genannten Umstände ggf. Rückschlüsse auf mögliche Erwerbsgründe geben könne (wenngleich: nicht müssen). Insofern kann § 437 Satz 2 Nr. 2 in einer freien Beweiswürdigung tatsächlich bedeutsam sein.

21 Als tragfähiges Beispiel wird genannt, dass Bargeld bei einem grenzüberschreitenden Transport im Tank oder in der Karosserie versteckt wurde.[73] Auch Verkehrs- und Zollkontrollen am Flughafen können hier zu Anwendungsfällen führen.[74] Das AG Nürtingen hat insoweit sehr hohe und gestückelte **Bargeldtransporte** als Indiz verwertet.[75] Auch der BGH hat entsprechende Erwägungen akzeptiert.[76] Ferner können besonders ausgeprägte, nicht aber schon jede vorhandene, Kokainanhaftung an Geldscheinen ein Kriterium sein.[77]

22 **3. Sonstige persönliche und wirtschaftliche Verhältnisse des Betroffenen (§ 437 Satz 2 Nr. 3).** Auch das abschließende Kriterium hat der Gesetzgeber nicht näher erläutert. Es ist in seiner indizierenden Kraft bezüglich der rechtswidrigen Herkunft des betreffenden Gegenstandes bereits distanzierter zu sehen. Allerdings erscheint eine Berücksichtigung etwa möglich, wenn persönliche Verbindungen zu wohlhabenden Perso-

---

71 BTDrucks. **18** 9525 S. 92 f.

72 OK-StPO/*Temming* 4; MüKo/*Scheinfeld*/*Langlitz* 13.

73 HK/*Retemeyer* 4.

74 *Schmidt* Handb. Vermögensabschöpfung Rn. 172; SSW/*Heine* 7 mit dem beispielhaften Verweis auf LG Hamburg, Urteil v. 7.3.2019, 614 Qs 21/18, 614 Qs 21/18 – 6810 Js 1183/16 m. krit. Anm. *Johann* PStR **2019** 168, 169 f.

75 AG Nürtingen wistra **2019** 517, 518 f.; zuvor schon LG Hamburg, Urteil v. 7.3.2019, 614 Qs 21/18, 614 Qs 21/18 – 6810 Js 1183/16.

76 BGH NJW **2020** 164, 165. Aufgreifend etwa auch BKST/*Tschakert* Handb. Vermögensabschöpfung Rn. 1648. S. allerdings die vorsichtige Stellungnahme des Deutschen Richterbunds Nr. 9/16, S. 4.

77 BGH NJW **2020** 164, 166.

nen ein Licht auf einen möglicherweise legitimen Sacherwerb werfen können oder wiederum Einnahmen aus Tätigkeiten behauptet werden, für welche die notwendigen Kenntnisse nicht bestehen.[78] Zu bedenken ist insofern, dass der Betroffene nicht notwendigerweise diejenige Person sein muss, die der Anlasstat verdächtig war/ist; auch andere von der Sicherstellung betroffene Personen können hier maßgeblich sein.[79]

Gleichwohl darf auch dieses Kriterium nicht zum Tummelplatz für die schlichte Umgehung konkreter Tatnachweise werden. Wenn etwa in der Literatur die frühere mehrfache Verurteilung einer Person wegen Eigentums- oder Vermögensstraftaten als relevanter „Verdacht" für § 437 genannt wird[80] und der konkrete Nachweis einer solchen Tat scheitert, wird abermals deutlich, dass der Regelung die Tendenz innewohnt, konkrete Personen etwa als notorische Straftäter oder als Angehörige der „Mafia" im Gewand einer folgenreichen Einziehungsentscheidung abzustempeln. 23

4. Weitere Indizien („insbesondere"). Schon das Gesetz bemüht sich immerhin sprachlich, die Entscheidung über eine begehrte Einziehung nach § 76a Abs. 4 StGB nicht auf die in der Norm benannten Indizien zu beschränken. Entsprechend kommen weitere Indizien und damit alle Sachverhalte im Rahmen der Beweiswürdigung in Betracht, die für den Vorwurf der Begehung (irgend)einer Straftat von Bedeutung sein können, soweit kein Beweisverwertungsverbot die Berücksichtigung verhindert. 24

Hierbei wird die Bedeutung anderer belastender Indizien im Allgemeinen zurückhaltend bewertet.[81] Hingegen ist aufzunehmen, dass die Betroffenen, soll § 437 gerade keine Ansammlung von Beweisregeln sein, mannigfaltige entlastende, nämlich insbesondere für höhere Einnahmen oder geringere Ausgaben sprechende Umstände geltend machen können; sie sind **nach dem Programm der §§ 244 ff. strengbeweislich abzuarbeiten** (s. a. schon Rn. 10).[82] Als ggf. zu untersuchender Fall wurde etwa das langfristige Ansparen erörtert, in dem letztlich eine Aufarbeitung der Vermögenshistorie einer Person erforderlich werden könnte.[83] Gleichwohl wird nicht jede abstrakte Behauptung zu schier unbegrenzten Aufklärungsanstrengungen zwingen können. Ebenso wenig lässt sich aber nicht jedem schwierig zu führenden Beweis mit dem Verweis auf eine sog. Schutzbehauptung entgegentreten.[84] 25

§ 438
Nebenbetroffene am Strafverfahren

(1) [1]Ist über die Einziehung eines Gegenstandes zu entscheiden, ordnet das Gericht an, dass eine Person, die weder Angeschuldigte ist noch als Einziehungsbeteiligte in Betracht kommt, als Nebenbetroffene an dem Verfahren beteiligt wird, soweit es die Einziehung betrifft, wenn es glaubhaft erscheint, dass
1. dieser Person der Gegenstand gehört oder zusteht oder

78 Zu dieser Fallgruppe SSW/*Heine* 7.
79 KMR/*Metzger* 5; SSW/*Heine* 6 mit dem Hinweis auf somit erfasste Verschiebefälle.
80 KK/*Schmidt* 8.
81 OK-StPO/*Temming* 4.
82 OK-StPO/*Temming* 4; SK/*Paeffgen* 23.
83 Hierzu *Kraushaar* NJW **2020** 167.
84 S. insofern etwas weit *Schmidt* Handb. Vermögensabschöpfung Rn. 205, der grundsätzlich aber auch auf die Relevanz von Beweisanträgen hinweist.

https://doi.org/10.1515/9783110765540-038

2. diese Person an dem Gegenstand ein sonstiges Recht hat, dessen Erlöschen nach § 75 Absatz 2 Satz 2 und 3 des Strafgesetzbuches im Falle der Einziehung angeordnet werden könnte.

[2]Für die Anordnung der Verfahrensbeteiligung gelten § 424 Absatz 2 bis 5 und § 425 entsprechend.

(2) [1]Das Gericht kann anordnen, dass sich die Beteiligung nicht auf die Frage der Schuld des Angeschuldigten erstreckt, wenn

1. die Einziehung im Fall des Absatzes 1 Nummer 1 nur unter der Voraussetzung in Betracht kommt, dass der Gegenstand demjenigen gehört oder zusteht, gegen den sich die Einziehung richtet, oder

2. der Gegenstand nach den Umständen, welche die Einziehung begründen können, auch auf Grund von Rechtsvorschriften außerhalb des Strafrechts ohne Entschädigung dauerhaft entzogen werden könnte.

[2]§ 424 Absatz 4 Satz 2 gilt entsprechend.

(3) Im Übrigen gelten die §§ 426 bis 434 entsprechend mit der Maßgabe, dass in den Fällen des § 432 Absatz 2 und des § 433 das Gericht den Schuldspruch nicht nachprüft, wenn nach den Umständen, welche die Einziehung begründet haben, eine Anordnung nach Absatz 2 zulässig wäre.

Schrifttum

S. neben dem Schrifttum Vor § 421: *Frommhold* Strafprozessuale Rückgewinnungshilfe und privatrechtliche Anspruchsdurchsetzung, NJW **2004** 1038; *Satzger* Die Berücksichtigung von Opferinteressen bei der Verfallsanordnung aus materiellrechtlicher wie prozessrechtlicher Sicht, wistra **2003** 401.

Entstehungsgeschichte

Die Regelungen des heutigen § 438 waren zum Teil in der früheren Fassung des § 431 Abs. 1 und 2 a. F. enthalten, die ihrerseits auf dem EGOWiG beruhte. Die Regelung wurde zum 1.7.2017 mit dem **Gesetz zur Reform der strafrechtlichen Vermögensabschöpfung** vom 13.4.2017 (BGBl. I S. 872, 886) unter Aufnahme von Inhalten des § 431 a. F. geschaffen.[1] In ihr kommt der Ansatz der Reform zum Tragen, das Recht der Nebenbeteiligung zunächst exklusiv anhand des Einziehungsbeteiligten auszuprägen, um sodann mit § 438 eine Vorschrift für die sog. Nebenbetroffenen zu schaffen, welche die Regelungen für den Einziehungsbeteiligten „im Wesentlichen entsprechend" für anwendbar erklärt.

Übersicht

1 Zur „systematisch folgerichtigen Trennung" BTDrucks. **18** 9525 S. 87 und 93.

I. Regelungsgehalt der Norm

1 Die Vorschrift ist Ausdruck des gesetzgeberischen Anliegens, systematisch folgerichtig zwischen demjenigen, gegen den sich die Einziehungsanordnung richtet (dem Einziehungsbeteiligten), und dem Dritten zu **differenzieren**, der sonst in seinen Rechten von der Einziehung betroffen sein kann (der Nebenbetroffene).[2] Das Recht orientiert sich in den §§ 421 ff. zunächst an dem auch aus der Perspektive des Gerichts unmittelbar von der Einziehung Betroffenen; es regelt sodann mit § 438 die Rechtsstellung der weiteren Nebenbeteiligten, den sog. Nebenbetroffenen. Während der Einziehungsbeteiligte schon infolge des erklärtermaßen gegen ihn gerichteten Vorgehens des Staates beteiligungsbedürftig ist, hält die Norm für den Nebenbetroffenen am Modell des früheren § 431 Abs. 1 a. F. fest, das für die Beteiligung die Glaubhaftmachung einer betroffenen Rechtsposition vorausgesetzt hatte. Für die Anordnung wird aber auf das Modell des § 424 Abs. 2-5 verwiesen (§ 438 Abs. 1 Satz 2).

2 Für die rechtliche Ausgestaltung der Beteiligung des Nebenbetroffenen kehrt der Gesetzgeber zu einer vereinheitlichenden Perspektive zurück, indem er mit § 438 Abs. 3 weitgehend auf die Vorschriften der Einziehungsbeteiligung in den §§ 424 ff. verweist. In einigen erheblichen Punkten setzt sich das Gesetz aber auch von der Einziehungsbeteiligung ab. So werden die früher für einen größeren Kreis an Nebenbeteiligten akzeptierten Beteiligungsbeschränkungen in § 438 Abs. 2 und 3 heute lediglich den Nebenbetroffenen auferlegt.

II. Fallgruppen und Anordnung der Nebenbeteiligung

3 **1. Der Nebenbetroffene.** § 438 kommt nicht bei jedem denkbaren Nebenbeteiligten zur Anwendung. Die Vorschrift regelt die Beteiligung aller *anderen* Personen als den Angeschuldigten und Einziehungsbeteiligten,[3] die **von der Anordnung der Einziehung in ihren Rechten betroffen** sein können. Wer als Angeschuldigter oder Angeklagter verfahrensbeteiligt ist, kann folglich nicht zugleich nach § 438 Abs. 1 am Verfahren beteiligt werden. Schon angesichts der Einschränkungen des § 438 Abs. 2 ist der Rückgriff auf § 438 Abs. 1 gegenüber § 424 **subsidiär.** Unter der Einziehung ist hierbei entgegen einer undurchdachten Äußerung in den Gesetzesmaterialien nicht die Wertersatzeinzie-

2 BTDrucks. **18** 9525 S. 87.

3 Insoweit zur Frage, wie viel Raum für § 438 Abs. 1 Nr. 1 gegenüber § 424 überhaupt noch verbleibt, SSW/*Heine* 1 m.w.N. und dem Verweis auf die Fälle der § 75 Abs. 1 Satz 1 Nr. 2, Satz 2 und Abs. 2 Satz 2 und 3 StGB; sinnvoll für eine konstitutive Funktion in Gestalt der lediglich notwendigen Glaubhaftmachung MüKo/*Scheinfeld*/*Langlitz* 11 f. Anders als bei § 424 muss das Gericht (bzw. immerhin die Staatsanwaltschaft, s. § 424, 8 ff.) im Fall des § 438 selbst gerade noch nicht auf dem Standpunkt stehen, dass die Einziehung gegen den Nebenbetroffenen zu richten wäre.

hung zu verstehen, da diese nicht an einem konkreten Gegenstand ansetzt.[4] Für andere Rechtsfolgen als die Einziehung hat der Gesetzgeber eine entsprechende Anwendung in § 439 bedenklicherweise nicht ohne weiteres klargestellt, weil er nur auf die §§ 421-436 verwiesen hat. Wenn er aber davon spricht, dass die in § 439 genannten Rechtsfolgen der in den §§ 421-436 genannten Einziehung gleichstehen, wird man dem doch den Willen entnehmen dürfen, dass auch die in § 438 aufgegriffenen §§ 424 Abs. 2-5, 425-434 mit ihrer durch § 439 erlangten erweiterten Bedeutung in Bezug genommen worden sind. Insgesamt dürfte die Regelung so zu verstehen sein, dass in der konkreten Formulierung des § 439 insoweit ein Redaktionsversehen liegt. § 442 Abs. 1 a. F., den § 439 ohne erkennbare Abweichungen ersetzen will,[5] erfasste § 431 a. F. als Vorläufer des heutigen § 438. Bereits zuvor galt, dass die Beteiligung auch für die Rechtsfolgen der *Vernichtung* und der *Beseitigung eines gesetzwidrigen Zustandes* sowie der *Unbrauchbarmachung* eröffnet sein konnte.[6]

4 Nebenbetroffener kann nur eine rechtsfähige Person sein. Erfasst ist in diesem Sinne auch eine juristische Person oder Personenvereinigung.[7]

5 **2. Die materiellen Voraussetzungen.** § 438 Abs. 1 setzt für die Beteiligung des Nebenbetroffenen eine Reihe von Erfordernissen voraus, die das entscheidende Gericht prüfen muss:

6 **a) Anstehende Entscheidung über eine Einziehung.** Wie im Fall des § 424 Abs. 1 muss „über die [Wertersatz-]Einziehung eines Gegenstandes **zu entscheiden**" sein. Zu dem hierbei zu beachtenden und streitigen Maßstab s. bereits § 424, 8 ff.[8] Insofern ist aber zu bedenken, dass es nicht nur um die Einziehung zulasten eines Einziehungsbeteiligten i. S. des § 424 Abs. 1 gehen kann. Auch dann, wenn eine Einziehung gegenüber einem Angeschuldigten in den Blick genommen wird, kann das von § 438 Abs. 1 aufgegriffene Beteiligungsanliegen einschlägig sein. Das Gesetz knüpft daran an, ob „über die Einziehung eines Gegenstandes zu entscheiden" ist und nicht daran, ob dies gerade gegenüber einem Einziehungsbeteiligten der Fall ist.

7 Explizit greifen die Materialien der Gesetzgebung den Fall eines Diebstahlsvorwurfs auf. Sie wollen den (vermeintlichen) Eindruck ausräumen, das Diebstahlsopfer sei nach § 438 Abs. 1 Nr. 1 am Verfahren zu beteiligen. Hierzu betonen sie, dass der entwendete Gegenstand an den bekannten Eigentümer als Geschädigtem bereits nach § 111n Abs. 2 StPO herauszugeben ist. Ist der Geschädigte bekannt und liegt etwa die Sicherungseinziehung ihm gegenüber fern, wird die Einziehung des Gegenstandes gerade nicht angeordnet; entsprechend kommt seine Beteiligung als Nebenbetroffener nicht in Betracht.[9]

8 **b) Erfasste Rechtspositionen.** Als materielle Voraussetzung muss eine bestimmte rechtliche Beziehung des möglichen Nebenbetroffenen zu dem von der Einziehung betroffenen Gegenstand in Betracht kommen.

---

4 S. so auch schon in Auseinandersetzung mit BTDrucks. **18** 9525 S. 93 unter Verweis auf den ebenfalls ausgedrückten Willen, die bisherige Rechtslage fortsetzen zu wollen, Meyer-Goßner/Schmitt/*Köhler* 2: Formulierungen in den Materialien Redaktionsversehen; KK/*Schmidt* 4; HK/*Retemeyer* 2; SSW/*Heine* 2; SK/*Paeffgen* 1; MüKo/*Scheinfeld*/*Langlitz* 4.

5 BTDrucks. **18** 9525 S. 93.

6 I.d.S. auch LR/*Gössel*[26] § 431 a. F., 28.

7 Ebenso etwa MüKo/*Scheinfeld*/*Langlitz* 5.

8 Entsprechend etwa SSW/*Heine* 5.

9 BTDrucks. **18** 9525 S. 93.

Dem Dritten, der eine prozessuale Beteiligung nach § 438 anstrebt, muss gemäß **Absatz 1 Nr. 1** entweder der Gegenstand gehören (also er muss im **Eigentum** des Dritten stehen) oder er muss ihm zustehen (dazu Rn. 14). Ein entsprechender Fall kann auch eintreten, wenn ein möglicher Tatbeteiligter das Eigentum etwa am Tatwerkzeug geltend macht, er aber nicht formal zu den Angeklagten zählt. Wird in einem solchen Fall der Betreffende insbesondere durch eine Verbindung in das Verfahren einbezogen, wird die Beteiligungsanordnung aber ipso iure gegenstandslos. 9

I.S. des § 438 Abs. 1 Satz 1 Nr. 1 **„gehört" eine Sache einem anderen** als dem Ange- 10
schuldigten oder dem Einziehungsbeteiligten auch dann, wenn der andere nicht Alleineigentümer, sondern nur Mitberechtigter nach ideellen Bruchteilen oder zur gesamten Hand ist.[10] Nr. 1 ist also nur dann unanwendbar, wenn der Angeschuldigte (Einziehungsbeteiligte) Alleineigentümer (alleiniger Rechtsinhaber) ist oder wenn alle Mitberechtigten Angeschuldigte (Einziehungsbeteiligte) sind. Die Fallgruppe ist auch bei Sicherungs- oder Vorbehaltseigentum nach der formalen Rechtsstellung einschlägig.[11]

Es genügt, wenn das Eigentum (die Rechtsinhaberschaft) im **Zeitpunkt der Anord- 11
nung** in Frage kommt. Wer also Eigentum oder Rechtsinhaberschaft am Gegenstand, dem instrumentum oder productum sceleris oder Beziehungsgegenstand im Zeitpunkt der Entscheidung über die Verfahrensbeteiligung für sich in Anspruch nimmt, hat das Interesse, im Verfahren über die Einziehung darzutun, dass der Gegenstand jetzt ihm gehört (zusteht) und demgemäß nach dem gewöhnlichen Verlauf der Dinge auch im Zeitpunkt der Entscheidung nicht dem Täter, Teilnehmer oder einem anderen legitimen Einziehungsadressaten gehören (zustehen) wird, so dass die Voraussetzungen einer Einziehung oftmals nicht gegeben sind.**

Ausreichend ist ferner, dass der Dritte ein **sonstiges Recht** innehat, dessen Erlö- 12
schen nach § 75 Abs. 2 Satz 2 und 3 des StGB im Falle der Einziehung angeordnet werden könnte (§ 438 Abs. 1 Satz 2 Nr. 2). Sonstige Rechte am Gegenstand der Einziehung usw. sind nur (**beschränkt**) **dingliche** Rechte[12] wie z.B. Hypothek, Pfandrecht (§§ 1204 ff. BGB), Nießbrauch (§§ 1030 ff. BGB) und Dauerwohnrecht (§§ 31 ff. WEG) sowie dingliche Vorkaufsrechte[13] (§§ 1094 ff. BGB).

Obligatorische Rechte wie der Anspruch des Käufers auf Übereignung der Kaufsa- 13
che, der Anspruch des Mieters, Pächters oder Entleihers auf Überlassung und Belassung des Besitzes und der Nutzung des vermieteten und verpachteten Gegenstandes sind **keine „Rechte am Einziehungsgegenstand"**, ebenso wenig die Rechtsstellung, die durch Pfändung und Überweisung eines persönlichen Herausgabeanspruchs begründet ist.[14] Auch die Positionen des besitzenden Sicherungsgebers und des besitzenden Vorbehaltskäufers werden dem sonstigen Recht subsumiert, zumal diesen schon eine pfandrechts-

10 KK/*Schmidt* 7; SSW/*Heine* 4; SK/*Paeffgen* 2; AnwK/*Lohse* § 431 a.F., 3; *Pfeiffer* § 431 a.F., 4; zum ggf. zu beachtenden IPR MüKo/*Scheinfeld*/*Langlitz* 9.

11 Zur heute einhelligen Ansicht z.B. BGHSt **24** 222; **25** 10; BGHR StGB § 74 Abs. 2 Nr. 1 Eigentümer 3; BayObLG VRS **46** (1974) 271; OLG Karlsruhe NJW **1974** 709; KK/*Schmidt* 7; SSW/*Heine* 4; SK/*Paeffgen* 2.

12 M.w.N. OLG München NJW **2004** 1119 f.; KK/*Schmidt* 8; Meyer-Goßner/Schmitt/*Köhler* 1; SK/*Paeffgen* 12; KMR/*Metzger* 3; s.a. die Definition bei *Schmidt* Handb. Vermögensabschöpfung Rn. 1497, 1504 und 1525 f.: Erweiterung auf schuldrechtliche Ansprüche nicht geboten, Entschädigung des Verletzten erfolgt bewusst im Entschädigungsverfahren.

13 AK/*Günther* § 431 a.F., 11; AnwK/*Lohse* § 431 a.F., 4.

14 RGSt **56** 379; **66** 420, 421; BGHR StGB § 74 Abs. 2 Nr. 2 Beteiligter; OLG München NJW **2004** 1119 mit krit. Besprechung *Frommhold* NJW **2004** 1083, 1084 f.

ähnliche Rechtsstellung abgesprochen wird.[15] Ferner ist der **Besitz** an der Sache kein sonstiges Recht, das eine Beteiligung[16] am Strafverfahren begründen kann. Noch weniger kommen als Einziehungsbeteiligte Personen in Betracht, die, ohne dass ihnen das Erlöschen eines dinglichen Rechts droht, lediglich ein Interesse daran haben, dass die Anordnung der Einziehung unterbleibt.[17] Der hiermit beschriebene Zustand und der damit ausgelöste Verweis, eigene Ansprüche auf anderem Wege geltend zu machen, unterlag zwar der Kritik,[18] wurde aber vom Gesetzgeber mit der insoweit fortführenden Neugestaltung sowohl in materiellrechtlicher Hinsicht als auch durch die formellen Einziehungsvorschriften bestätigt.[19]

14 Eine **Ausnahme**, in der ein lediglich schuldrechtlicher Anspruch hinreicht, gilt in den Fällen, in denen der Rechtsfolgenausspruch unmittelbar solche Gegenstände betrifft, an denen kein Eigentum und kein sonstiges dingliches Recht besteht und auch nicht bestehen kann: Z.B. muss bei konkret einzuziehenden Forderungen die vollständige oder teilweise **Inhaberschaft** an dem **Recht** genügen (**„zustehen“**, **Absatz 1 Nr. 1**).[20]

15 Die Beschränkung des Kreises der Nebenbetroffenen auf die dinglich Berechtigten hat u. a. zur Folge, dass bei **Einziehung einer Schrift** (§ 74d StGB) von der Beteiligung des **Adressaten oder Bestellers der Schrift als solchem** abgesehen wird, wenn er kein Eigentum oder beschränkt dingliches Recht an der Schrift erlangt hat. Daher sind Adressaten von Sendungen, die der Post zur Beförderung übergeben sind, als solche keine Einziehungsbeteiligten, da die Post nur Bote des Absenders ist und das Vertragsverhältnis zwischen Post und Absender keine Rechte des Empfängers am Beförderungsgegenstand und keine Rechte gegen die Post[21] begründet. Sie können nur Einziehungsbeteiligte werden, wenn sie nach den maßgeblichen zivilrechtlichen Vorschriften schon vor dem Empfang Eigentum erlangen, wie z.B. bei einem Import aus Dänemark nach dem dort geltenden Recht mit der erfolgten Absendung einer schon vorher bezahlten Lieferung.[22]

16 Diese Rechtslage ist unter dem verfassungsrechtlichen Aspekt der **Informationsfreiheit** des empfangenden Bürgers gem. Art. 5 Abs. 1 Satz 1 GG nicht frei von Bedenken, weil die strafprozessuale Einziehung die Information aus den betroffenen Schriften schmälert.[23] Frühere Gesetzgebungsmaterialien wollten bestehende Bedenken mit dem Hinweis entschärfen, dass es um Grenzen der Meinungsäußerungsfreiheit und nur mittelbar um die Informationsfreiheit gehe; ferner gewähre Art. 103 Abs. 1 GG nur demjenigen rechtliches Gehör, den die gerichtliche Entscheidung rechtlich unmittelbar binde, was auf den Besteller oder Adressaten einer Schrift (§ 11 Abs. 3 StGB), die im Strafverfah-

---

15 Zur Verneinung der Pfandrechtsähnlichkeit des Anwartschaftsrechts des besitzenden Vorbehaltskäufers schon OLG Karlsruhe NJW **1974** 709, 710; KK/*Schmidt* 8; anders noch LR/*Gössel*[26] § 431 a. F., 7.

16 BayObLG VRS **46** (1974) 271, 275; KK/*Schmidt* 8; **a.M.** AK/*Günther* § 431 a. F., 11; AnwK/*Lohse* § 431 a. F., 4; und zu § 431 a. F. BayObLG MDR **1955** 693.

17 RGSt **18** 299, 300.

18 *Satzger* wistra **2003** 401, 407 f.; *Frommhold* NJW **2004** 1083, 1084 f. Insbesondere *Satzger* argumentierte hier mit § 73 Abs. 1 Satz 2 StGB a. F., der vom heutigen materiellen Einziehungsrecht aber nicht fortgeführt wurde.

19 BayVerfGH NZG **2005** 398, 399 f.; näher m.w.N. *Schmidt* Handb. Vermögensabschöpfung Rn. 1497, 1504 und 1525 f.: Entschädigung des Verletzten erfolgt bewusst im Entschädigungsverfahren; KK/*Schmidt* 3.

20 S. a. mit der Übertragung auf Bitcoins SSW/*Heine* 4.

21 Dazu hinsichtlich § 431 a. F. BGH GA **1961** 55; *Wagner* MDR **1961** 93, 97; KK/*Schmidt* 9; **a.M.** *Konow* NJW **1961** 397.

22 OLG Hamm NJW **1970** 1754; LG Bayreuth NJW **1970** 574; allg. KK/*Schmidt* 9.

23 *Faller* MDR **1971** 1 ff.; *Eser* NJW **1970** 784 ff.; SK/*Weßlau*[4] § 431 a. F., 12.

ren eingezogen wird, zweifelsfrei nicht zutreffe.[24] Nach der Rechtsprechung des Bundesverfassungsgerichts[25] steht die Informationsfreiheit in der grundgesetzlichen Ordnung aber gleichwertig neben der Meinungs- und Pressefreiheit; sie ist eine Prämisse der Meinungsbildung – mithin nicht nur ein unselbständiger Reflex der Meinungsäußerungsfreiheit. Zudem ist eine nach Art. 5 Abs. 1 Satz 1 GG verlangte Unterrichtung „aus allgemein zugänglichen Quellen" in der Regel schon gegeben, wenn die Informationsquelle technisch geeignet und bestimmt ist, der Allgemeinheit, d. h. einem individuell nicht bestimmbaren Personenkreis, Informationen zu verschaffen. Zeitungen und andere Massenkommunikationsmittel sind daher von Natur aus allgemein zugängliche Informationsquellen, welche die Eigenschaft als allgemein zugängliche Quellen auch dann nicht verlieren, wenn die Möglichkeit des allgemeinen Zugangs durch staatliche Maßnahmen wie Einziehungen, Einfuhrverbote oder -beschränkungen beeinträchtigt wird. In Betracht kommen hier allein die von Art. 5 Abs. 2 GG eröffneten, aber im Rahmen der sog. Wechselwirkungslehre begrenzten Schranken insbesondere in Gestalt der sog. allgemeinen Gesetze. Gerade auch Strafgesetze, die die Informationsfreiheit (oder Freiheit der Meinungsäußerung) einschränken, müssen im Lichte der Bedeutung dieses Grundrechts gesehen und so ausgelegt werden, dass der besondere Wertgehalt dieses Grundrechts gewahrt bleibt, d. h. es bedarf einer Abwägung zwischen den durch das Grundrecht geschützten Interessen und dem Rechtsgut, dessen Schutz das einfache Gesetz bezweckt; die Abwägung kann ergeben, dass der Schutz des einfachen Gesetzes zurücktreten[26] muss. Insoweit ist es plausibel, auch den Adressaten der Sendung, der sein Informationsinteresse betätigt hat, bereits als eine von der staatlichen Maßnahme betroffene Person zu bewerten, die den Anspruch auf rechtliches Gehör im Rahmen der Rechtsweggarantie geltend machen kann. Aus dieser verfassungsrechtlichen Sicht folgert *Eser*, dass dem tatunbeteiligten Informationsinteressenten (Besteller, Adressaten) auch prozessual die Möglichkeit gegeben werden müsse, Rechte als Einziehungsbeteiligter bzw. Nebenbetroffener geltend zu machen.[27] Doch kann es sich hierbei nach wie vor nur um eine Forderung de lege ferenda handeln, das rechtliche Gehör in Form der Verfahrensbeteiligung nicht nur zum Schutz dinglicher Rechte am Einziehungsgegenstand zu gewähren. Der Gesetzgeber hat sich auch im Rahmen der umfassenden Novellierung des Einziehungsrechts mit dem **allgemeinen Gesetz des § 438** entschieden, die Beteiligung in Abwägung mit weiteren anerkannten Verfahrensinteressen nicht auf rein schuldrechtliche oder speziell verfassungsrechtlich begründete Fälle zu erstrecken. Für eine analoge Anwendung etwa des § 438 Abs. 1 Nr. 1 fehlt es an einer planwidrigen Regelungslücke. Es ist anzunehmen, dass der Gesetzgeber eine ggf. eintretende Verdoppelung der Verfahrensbeteiligung angesichts der absehbaren Verzögerung und Belastung des primär gegen und für den Angeklagten geführten Strafverfahrens vermeiden wollte. In der Sache bleibt die Durchsetzung der Kommunikationsfreiheit im Strafverfahren insoweit treuhänderisch beim Eigentümer und damit beim Lieferanten. Auf diesen kann der Besteller ggf. zugunsten einer Rechtsverfolgung einwirken. Ggf. kann das dingliche Recht zur Begründung der prozessualen Stellung auch übertragen werden.

Nochmals der Hervorhebung bedarf der Umstand, dass die Rechtspositionen stets 17
nur dann zur Beteiligung befugen, wenn mit der Rechtskraft eines die Einziehung anordnenden Urteils das eingezogene **Recht auf den Staat übergeht** oder die **Rechte der**

---

24 Eher beschwichtigend BTDrucks. **V** 1319, S. 74 ff.

25 BVerfG NJW **1970** 235 betr. Verfassungsbeschwerde des Bestellers einer Schrift.

26 BVerfGE **7** 198, 2301; **20** 162, 176; **21** 239, 243; NJW **1970** 235; BGHSt **23** 64; BGH NJW **1970** 437; JZ **1970** 683, 685.

27 NJW **1970** 784, 786; dagegen aber auch schon LR/*Gössel*[26] § 431 a. F., 18 f.; KK/*Schmidt* 9.

Dritten sonst **erlöschen.** Grundsätzlich bleiben Rechte Dritter an dem Gegenstand bei der Einziehung gemäß § 75 Abs. 2 Satz 1 StGB bestehen. Soll es hierbei bleiben und beeinträchtigt die Einziehung die Berechtigten somit nicht, besteht kein Bedürfnis und kein Anlass, sie am Strafverfahren zu beteiligen.[28] Es kommt insofern darauf an, dass das **Gericht einstweilen einen Fall des § 75 Abs. 2 Satz 2 oder 3 StGB bejaht** (s. schon Rn. 6).

18 **c) Glaubhafter Anschein.** Das in Absatz 1 Nr. 1 und 2 erfasste Recht (s. Rn. 8 ff.) führt nur dann zur Anordnung der Nebenbeteiligung, wenn ein entsprechendes Recht in den Händen des Dritten jeweils „glaubhaft erscheint". Damit verlangt das Gesetz – anders als etwa § 26 Abs. 2 – bemerkenswerterweise nicht, dass die materielle Beteiligungsvoraussetzung stets aktiv seitens des zu Beteiligenden glaubhaft *gemacht wurde.* Es genügt für die grundsätzlich von Amts wegen (Rn. 27) anzuordnende Beteiligung, dass die verfahrensrelevante Rechtsposition objektiv **glaubhaft erscheint.**[29]

19 Ein Recht erscheint glaubhaft, wenn Tatsachen vorliegen, die darauf schließen lassen, dass es **wahrscheinlich besteht.** Das Gericht muss grundsätzlich die Beteiligung anordnen, sobald ihm Umstände bekannt werden, die auf wahrscheinlich bestehende Drittrechte hinweisen, welche eine Einziehungsanordnung beeinträchtigen könnten. Insofern sind an den Grad der Wahrscheinlichkeit keine zu hohen Anforderungen zu stellen. Denn wenn ein Eingriff in Drittrechte **immerhin ernsthaft möglich** erscheint,[30] verlangen zumindest die Eigentumsgarantie (Art. 14 GG) und das rechtliche Gehör (Art. 103 Abs. 1 GG), dem Dritten im Sinne eines Grundrechtsschutzes durch Verfahren möglichst effektiv Gelegenheit zu geben,[31] durch die Teilnahme am Verfahren Schaden von sich abzuwenden. Es bedarf insbesondere keiner eingehenden Aufklärung der Existenz von Drittrechten, wenn sich für deren wahrscheinliches Bestehen z.B. aus dem Ermittlungsverfahren (dazu auch § 426) genügende Anhaltspunkte ergeben. Wenn allerdings ganz ungewiss bleibt, wem der Einziehungsgegenstand gehört oder zusteht, scheidet die Anordnung der Beteiligung eines Nebenbetroffenen aus.[32]

20 **d) Keine Ausnahme.** Liegen die gem. § 438 Abs. 1 Satz 1 verlangten Prämissen der Beteiligung als Nebenbetroffener vor, ist die Beteiligung grundsätzlich angezeigt. Nicht zu übersehen ist jedoch, dass § 438 Abs. 1 Satz 2 dem Gericht die Möglichkeit eröffnet, von der Beteiligung abzusehen: So impliziert zunächst der Verweis auf § 424 Abs. 2, dass das Gericht auch im Fall der Nebenbetroffenheit **keine Verfahrensteilhabe gegen den Wunsch des Betroffenen** anordnen muss; der Nebenbetroffene kann gem. § 424 Abs. 2 verbindlich in den dort eröffneten Formen erklären, dass er gegen die Einziehung des in Rede stehenden Gegenstandes keine Einwendungen vorbringen will.[33] Desgleichen überträgt § 438 Abs. 1 Satz 2 auch die heute in § 425 für Einziehungsbeteiligte nur noch partiell

28 Gleichsinnig etwa KK/*Schmidt* 11.

29 Bestätigend statt vieler etwa SK/*Paeffgen* 3; SSW/*Heine* 3 auch zu missverständlich anders tendierenden Stellen.

30 Meyer-Goßner/Schmitt/*Köhler* 3; KK/*Schmidt* 5; SSW/*Heine* 3.

31 Vgl. dazu auch schon unter dem Aspekt der Ausführbarkeit BayObLG NJW **1955** 1527 f.; wie hier KK/*Schmidt* 5; SK/*Paeffgen* 5.

32 KK/*Schmidt* 5, mit der zweifelhaften Wendung, dies solle auch vorliegen, wenn die Behauptung eines dinglichen Rechts nicht glaubhaft erscheine, weil sie offensichtlich den von der Einziehung bedrohten Täter/Einziehungsadressaten begünstigen soll. In der zuletzt genannten Konstellation können zumindest keine Sondermaßstäbe gelten; eine ernsthafte Möglichkeit wahrheitsgemäßen Vortrages gebietet vielmehr die Beteiligung. Ohne die Wendung auch HK/*Retemeyer* 3.

33 Zur Auslegung der Norm i. Ü. § 424, 24 ff.

geregelte **Befugnis, von der Verfahrensbeteiligung abzusehen**, wenn sie entweder nach § 425 Abs. 1 *wegen bestimmter Tatsachen* nicht ausführbar erscheint[34] oder eine Partei, Vereinigung oder Einrichtung außerhalb des räumlichen Geltungsbereichs dieses Gesetzes zu beteiligen wäre, die Bestrebungen gegen den Bestand oder die Sicherheit der Bundesrepublik Deutschland oder gegen einen der in § 92 Abs. 2 des Strafgesetzbuches bezeichneten Verfassungsgrundsätze verfolgt.[35] Als Beispielsfall für die mangelnde Ausführbarkeit geben die Gesetzesmaterialien den Fall an, in dem der Geschädigte eines Diebstahls unbekannt bleibt.[36]

Liegen die Voraussetzungen des § 425 für ein Absehen von der Anordnung der Verfahrensbeteiligung vor, und will das Gericht von seiner Ermächtigung zum Absehen Gebrauch machen, **erübrigt sich eine Klärung, ob Drittrechte** im Sinne des § 438 Abs. 1 Satz 1 glaubhaft erscheinen.[37] 21

3. Die formelle Anordnung. § 438 Abs. 1 setzt ferner die folgenden formellen Erfordernisse voraus: 22

a) Erforderlichkeit der Anordnung. Kernvoraussetzung ist eine gerichtliche Anordnung, nach welcher der Betreffende am Strafverfahren beteiligt wird, soweit es die Einziehung betrifft. Diese Anordnung ist konstitutiver Natur. Im Ermittlungsverfahren gibt es insoweit entsprechend § 426 (§ 438 Abs. 3 Satz 1) keine Nebenbetroffenen, sondern lediglich „Nebenbetroffenheitsinteressierte". Auch in späteren Verfahrensstadien kommt es auf die Anordnung an. Gleichwohl sind Gerichte und Staatsanwaltschaften ihrerseits gehalten, eine vom Gesetz erwartete Beteiligung als Nebenbetroffener gesetzeskonform zu eröffnen. Eine willkürliche Rechtsverweigerung ist nicht nur zu vermeiden; sie dürfte sich dem Nebeninteressenten auch schwerlich entgegenhalten lassen. 23

b) Regelung der Anordnung. Die näheren Bedingungen und Formen der Anordnung regelt § 438 Abs. 1 Satz 2 vor allem durch den Verweis auf § 424 Abs. 2 bis 5. Die Anordnung ergeht in Beschlussform (§ 424 Abs. 3 Satz 1) nach Anhörung der Beteiligten (§ 33), ebenso die **Ablehnung**[38] der Beteiligung eines etwaigen Nebenbetroffenen. Der Beschluss ist im subjektiven Verfahren erst zulässig, wenn gegen eine bestimmte Person die öffentliche Klage erhoben ist oder erhoben wird. Dies ergibt sich aus dem Wortlaut des § 438 Abs. 1 Satz 1 („Angeschuldigter") in Verbindung mit § 157. Dementsprechend ist die Anordnung im selbständigen Verfahren ebenfalls erst mit dem Eingang des Antrags auf selbständige Einziehung zulässig. Der Zeitraum, währenddessen die Beteiligung angeordnet werden kann und demgemäß vom Gericht die Anordnungsfrage zu prüfen ist, endet nach Maßgabe der §§ 438 Abs. 1 Satz 2, 424 Abs. 3.[39] 24

Zuständig ist das *Gericht*, grundsätzlich also nicht der Vorsitzende, es sei denn, das Gesetz sieht ausnahmsweise die alleinige Zuständigkeit des Vorsitzenden vor (z.B. bei Entscheidungen der Kleinen Strafkammer im Berufungsverfahren außerhalb der Hauptverhandlung, vgl. § 76 Abs. 1 GVG). Der Beschluss ist dem Einziehungsinteressenten bekanntzumachen, wobei nach § 35 Abs. 2 Satz 2 eine formlose Mitteilung genügt, sofern 25

---

34 Dazu § 425, 2ff.
35 Dazu näher einschließlich der gebotenen Anhörung des Besitzers bzw. Befugten § 425, 5ff.
36 BTDrucks. **18** 9525 S. 93.
37 Ebenso *Eb. Schmidt* Nachtr. II 5; KK/*Schmidt* § 425, 5.
38 KK/*Schmidt* 16.
39 Dazu schon § 424, 16ff.

der Beschluss nicht mit einer Beschränkung nach § 438 Abs. 2 verbunden[40] ist. Der die Beteiligung als Nebenbetroffener ablehnende oder nach Absatz 2 teilweise ablehnende Beschluss wird dem Beschwerten mit Begründung und Rechtsmittelbelehrung zugestellt (s. § 438 Abs. 2 Satz 2; §§ 34, 35a, 35 Abs. 2 Satz 1).

26 Fehlt ein ausdrücklicher Beschluss, können Maßnahmen genügen, aus denen sich der Anordnungswille des Gerichts **konkludent** ergibt, z.B. im Verfahren nach § 435 die Anhörung zum Einziehungsantrag der Staatsanwaltschaft und die Aufnahme in das Rubrum[41] der Einziehungsentscheidung.[42]

27 Die Anordnung erfolgt grundsätzlich **von Amts wegen**, wenn dem Gericht die in § 438 Abs. 1 Satz 1 bezeichneten Beziehungen des Betreffenden zum Einziehungsgegenstand glaubhaft erscheinen. Unter den Voraussetzungen der §§ 438 Abs. 1 Satz 2, 424 Abs. 2 entfällt die Prüfungs- und Anordnungspflicht (dazu schon Rn. 20). Eines Antrages oder auch nur einer Anregung des Einziehungsinteressenten oder der Staatsanwaltschaft auf Anordnung der Beteiligung bedarf es ansonsten aber nicht. Selbst dann, wenn derjenige, der ein Recht am Einziehungsgegenstand hat oder zu haben glaubt, sich untätig verhält, muss seine Verfahrensbeteiligung angeordnet werden, wenn dem Gericht auf Grund der Ermittlungen oder durch anderweitig ihm bekanntwerdende Umstände das Bestehen seines Rechts glaubhaft erscheint. Daraus folgt unter anderem, dass eine im ersten Rechtszug unterlassene Beteiligungsanordnung in der Rechtsmittelinstanz von Amts wegen nachzuholen ist, auch wenn das Rechtsmittel nur von einem anderen Beteiligten und damit zum Beispiel seitens eines Einziehungsbeteiligten eingelegt worden ist.[43] Wird eine **Anordnung beantragt oder angeregt**, so bedarf es einer Entscheidung durch Beschluss. Ein ablehnender Beschluss ist nach den §§ 438 Abs. 1 Satz 2, 424 Abs. 4 Satz 2 anfechtbar.

III. Rechtsstellung des Nebenbetroffenen

28 **1. Anwendungsbereich.** Mit der Anordnung der Beteiligung als Nebenbetroffener erwirbt dieser die Stellung eines Verfahrensbeteiligten. Diese kommt dann nicht nur in einem laufenden subjektiven Verfahren bzw. einem klassischen Strafverfahren in Betracht. Nachdem die Worte „im Strafverfahren“ in § 438 Abs. 1 gestrichen worden sind, ist die Beteiligung als Nebenbetroffener unzweifelhaft auch im selbständigen Verfahren nach den §§ 435 ff. von Bedeutung.

29 **2. Anlehnung an den Einziehungsbeteiligten.** Die Rechtsstellung des Nebenbetroffenen wird mit § 438 Abs. 3 Halbsatz 1 primär (zur Anordnung schon Rn. 1 f. und 20 ff.) ausgestaltet, indem auf eine entsprechende Anwendung der §§ 426 bis 434 verwiesen wird. Hiermit wird u. a. die Übertragung der Angeklagtenrechte (s. § 427 Abs. 1 Satz 1) und etwa das Nachverfahren für den Nebenbetroffenen verfügbar. Bei alledem gilt auch die Beteiligung des Nebenbetroffen nur **„soweit [...] [das Verfahren] die Einziehung betrifft“**. Zu beachten sind aber die im Folgenden behandelten Einschränkungen.

---

40 S. zum früheren Recht OLG Karlsruhe NJW **1974** 709, 711.

41 OLG Zweibrücken NJW **1970** 1758; **a.A.** auch hier etwa SK/*Paeffgen* 6.

42 S. aber auch § 424, 20.

43 OLG Karlsruhe NJW **1974** 709, 711.

3. Einschränkungen des Nebenbetroffenen. Von der unterschiedlichen Begründung der Beteiligtenstellung abgesehen (s. Rn. 1 und zur Glaubhaftmachung Rn. 18 f.) dient die getrennte Regelung der Einziehungsbeteiligung und Nebenbetroffenheit praktisch betrachtet insbesondere dazu, die folgenden Grenzen der Beteiligung in den §§ 438 Abs. 2 und Abs. 3 Halbsatz 2 systematisch gebündelt lediglich für den Nebenbetroffenen vorsehen zu können: 30

a) Beteiligungsschranke des § 438 Abs. 2. Mit § 438 Abs. 2 bestätigt der Gesetzgeber für den Nebenbetroffenen die seit längerem in der Strafprozessordnung vorgehaltene Befugnis des Gerichts, die Beteiligung gegenständlich zu begrenzen. Die Vorschrift entspricht dem früheren § 431 Abs. 2 a. F.,[44] der sich noch auf weitere Fälle der Nebenbeteiligung erstreckte. Sie ermöglicht eine Abkehr vom grundsätzlich bei einer Anordnung eintretenden Beteiligungsumfang. Zwar ist die Beteiligung stets nur eröffnet, soweit ein Verfahren die Einziehung betrifft. Nehmen aber Einziehungsvoraussetzungen auf die Schuld eines Tatbeteiligten Bezug (s. durch die Anknüpfung an die Verurteilung eines Tatbeteiligten etwa die §§ 73, 73a, 73c und 74 StGB), erstrecken sich die Befugnisse des Beteiligten auch auf die „eigentliche" Frage des Strafverfahrens, ob und inwiefern der Angeklagte die Tat(en) begangen hat. Von eben dieser Reichweite kann das Gericht nach § 438 Abs. 2 beim Nebenbetroffenen – nicht aber auch beim Einziehungsbeteiligten – Abstand nehmen, indem es seine **Beteiligungsbefugnisse nicht auf die Frage der Schuld des Angeschuldigten erstreckt.** Die entsprechende Einschränkung der Verfahrensbeteiligung dient der Beschränkung des Verfahrensstoffs. Sie trägt den Bedenken Rechnung, die insbesondere früher gegen die Aufwertung der Nebenbeteiligten im subjektiven Strafverfahren in Sorge um eine mögliche Überhöhung eines Nebenaspekts erhoben worden sind. Zulässig ist die Beschränkung nur unter Beachtung der folgenden Voraussetzungen: 31

aa) Ausnahmefall. Zunächst muss ein von der Norm genannter Ausnahmefall als Grundlage einer gerichtlichen Anordnung vorliegen. 32

Nach **Absatz 2 Satz 2 Nr. 1** kann die Beschränkung der Beteiligung (im Fall des § 438 Abs. 1 Nr. 1) angeordnet werden, wenn die Einziehung nur unter der Voraussetzung in Betracht kommt, dass der Gegenstand dem Einziehungsgegner gehört oder zusteht. Hiermit sind in personeller Hinsicht angeklagte Personen oder Einziehungsbeteiligte nach § 424 gemeint. In sachlicher Hinsicht geht es insbesondere um die Einziehung nach § 74 StGB. 33

In diesen Fällen kann es berechtigt und angemessen sein, den Nebenbetroffenen von der Beteiligung an der Schuldfrage auszuschließen und ihm dadurch die sachliche Legitimation zu entziehen, aus eigenem Recht zur Frage der Schuld Stellung zu nehmen. Da die Einziehung schon entfällt, wenn der Gegenstand zur Zeit der Entscheidung dem Angeschuldigten oder einem Einziehungsbeteiligten gehört oder zusteht, kann den schutzwürdigen Belangen des Nebenbetroffenen genügt sein, wenn er am Verfahren nur insoweit beteiligt wird, als es um die Klärung der Rechtsverhältnisse an dem Gegenstand geht, dessen Einziehung in Betracht kommt: Kann er sein eigenes Recht erfolgreich geltend machen, entfällt die Einziehung unabhängig von der Klärung der Schuldfrage. 34

Unanwendbar ist Absatz 2 Satz Nr. 1 damit zum Beispiel dann, wenn eine Einziehung nach § 74a StGB in Frage steht. Denn hier kommt es nicht allein darauf an, ob der Gegenstand dem Angeschuldigten oder einem bisher in den Blick genommenen Einziehungsbeteiligten gehört oder zusteht. Der Nebenbetroffene muss hier etwa darlegen kön- 35

44 BTDrucks. **18** 9525 S. 93.

nen, dass in seiner Person die Einziehungsvoraussetzungen nach § 74a Nrn. 1, 2 StGB nicht erfüllt sind; ebenso muss es ihm möglich sein, der Annahme eines schuldhaften Verhaltens des Angeschuldigten[45] als materieller Einziehungsgrundlage entgegenzutreten.[46] Unanwendbar ist die Regelung ferner bei der Einziehung von Taterträgen, weil es bei dieser nur auf eine rechtswidrige Tat ankommt und ein wortlautkorrigierendes Verständnis, das die Schuldfrage kurzerhand mit dem gesamten Tatnachweise gleichsetzt, im Anwendungsfeld des rechtlichen Gehörs ausscheiden sollte.[47] Der Gesetzgeber hatte unlängst die Gelegenheit, ein weiteres Verständnis klarzustellen – er hat sie ohne jeden Kommentar zur Gegenmeinung verstreichen lassen.

36 Nach **Absatz 2 Satz 1 Nr. 2** ist die Beschränkung zulässig, wenn der Gegenstand nach den Umständen, die die Einziehung begründen können, dem Angeschuldigten oder dem Einziehungsbeteiligten auch **auf Grund von Rechtsvorschriften außerhalb des Strafrechts** dauerhaft und entschädigungslos entzogen werden könnte.

37 Diese Vorschrift knüpft an **§ 74b Abs. 3 Nr. 2 StGB** an. Danach wird einem tatunbeteiligten Dritten für den Rechtsverlust, den er durch die Anordnung der Einziehung oder des Erlöschens am Einziehungsgegenstand bestehender beschränkter dinglicher Rechte erleidet, eine Entschädigung *nicht* gewährt, wenn es nach den Umständen, welche die Einziehung begründet haben, auf Grund von Rechtsvorschriften außerhalb des Strafrechts zulässig wäre, dem Dritten den Gegenstand ohne Entschädigung dauernd zu entziehen. Gedacht ist hauptsächlich an den Fall, dass es nach den Polizeigesetzen der Länder zulässig ist, einen Gegenstand wegen seiner objektiven oder nach den Umständen des Falles begründeten Gefährlichkeit für die Allgemeinheit aus präventiv-polizeilichen Gründen dem Berechtigten dauernd zu entziehen, und eine Entschädigung – abgesehen von der Auskehrung eines bei der Verwertung des Gegenstandes erzielten Erlöses – nicht in Betracht kommt, weil in diesen Gesetzen die sich aus der Sozialbindung ergebenden Grenzen des Eigentums bestimmt sind (Art. 14 Abs. 1 Satz 2 GG). In diesen Fällen „bildet die Straftat **nicht die materielle Grundlage** für die Einziehung, sondern nur den **Anlass** dafür, daß der Entzug des Gegenstandes im Strafverfahren angeordnet wird. Es reicht deshalb in diesem Fall zur Gewährung des rechtlichen Gehörs aus, wenn der Einziehungsbeteiligte nur zu den besonderen Einziehungsvoraussetzungen gehört wird, welche die eigentliche Grundlage für die Einziehung des Gegenstandes bilden, z.B. zur Frage der Gefährlichkeit des Gegenstandes".[48]

38 **Anders liegt** es dagegen, wenn das Gericht das Erlöschen des beschränkt dinglichen Rechts eines Dritten am Einziehungsgegenstand gem. § 75 Abs. 2 Satz 2 StGB anordnen muss oder gem. § 75 Abs. 2 Satz 3 anordnen kann, weil die Bedingungen vorliegen, unter denen dem Dritten eine Entschädigung nach § 74b Abs. 2 Nr. 1 oder 2 StGB nicht zu gewähren ist. Denn die Anordnung des Erlöschens hat im Fall des Satzes 2 ihren **Grund** – nicht nur ihren Anlass – in der Begehung einer Straftat. Im Fall des Satzes 3 hat sie außerdem zur Voraussetzung, dass den Dritten ein besonderer Vorwurf trifft, der seine Wurzel in der Begehung der Tat hat. Der Vorwurf zulasten des Angeklagten bildet demgemäß die materielle Grundlage der entschädigungslosen Einziehung, weshalb der Nebenbetroffene folgerichtig Gelegenheit haben muss, sich zu ihr zu äußern. Die Beteili-

---

45 *Achenbach* MDR **1975** 19 f.

46 KK/*Schmidt* 13; AnwK/*Lohse* § 431 a. F., 8.

47 KK/*Schmidt* 6: rechtswidrige Tat genügt; MüKo/*Scheinfeld*/*Langlitz* 31 (aber mit Rn. 27); SK/*Paeffgen* 12; KMR/*Metzger* 10; *Pfeiffer* § 431 a. F., 9; **a.M.** SSW/*Heine* 8; AnwK/*Lohse* § 431 a. F., 8; HK-GS/*Koch* § 431 a. F., 4 und ebenso AK/*Günther* § 431 a. F., 17: „Schuld" im Sinne des Absatzes 2 sei abweichend vom Wortlaut umfassend zu verstehen; offen gelassen von BayObLG NStZ **1994** 442, 443.

48 BTDrucks. **V** 1319 S. 76.

gung des beschränkt dinglichen Rechtsinhabers zur Schuldfrage kann demgemäß in diesen Fällen nicht ausgeschlossen[49] werden.

39 **bb) Ermessen.** Die Beschränkung nach § 438 Abs. 2 ist ins **Ermessen des Gerichts** gestellt („Gericht kann anordnen"). In der Vorauflage wurde empfohlen, von der „Kann"-Vorschrift weitgehend Gebrauch zu machen.[50] Hierfür kann eine zu erhoffende Beschleunigung des Verfahrens streiten. Angesichts des Umstandes, dass Angeklagten und Einziehungsbeteiligten weitergehende Einflussnahmemöglichkeiten eröffnet sind, die Rückwirkungen auf den prozessualen Stand des Nebenbetroffenen haben können, wird das Gericht aber vielmehr vorsichtig in jedem Einzelfall erwägen müssen, ob eine Einschränkung im konkreten Fall wirklich geboten ist. Gerade bei einem nicht übermäßig scheinenden Verfahrensstoff ist das Gericht nicht gezwungen, die Rechtsstellung des Nebenbetroffenen zu beschränken. Die Beschränkung kann zum Beispiel unangebracht sein, wenn die Einziehung bedeutender Werte in Rede steht und die Rechtsverhältnisse am Einziehungsgegenstand verwickelt und schwer überschaubar sind. Notwendig ist eine **nach allgemeinen Ermessensgrundsätzen fehlerfreie, vertretbare Ausübung des Ermessens.** Insbesondere darf das Gericht nicht automatisch eine Anordnung nach § 438 Abs. 2 treffen, wenn ihre Voraussetzungen vorliegen.

40 **cc) Gerichtliche Anordnung.** Zur Umsetzung des § 438 Abs. 2 ist grundsätzlich eine **gerichtliche Anordnung im Beschlusswege** erforderlich (s. aber auch Rn. 23).[51] Gegen eine die Anordnung ablehnende Entscheidung ist gemäß §§ 438 Abs. 2 Satz 2, 424 Abs. 4 Satz 2 die **sofortige Beschwerde** zulässig (s. früher § 431 Abs. 5 Satz 2 a. F.).

41 Hat das Gericht die Beteiligung zunächst ohne eine nach Absatz 2 zulässige Beschränkung angeordnet, kann unter Umständen eine **nachträgliche Anordnung** zu erwägen sein. Dass das Gericht jederzeit nach freiem Ermessen eine dem Nebenbetroffenen einmal eingeräumte Rechtsposition beschränken könnte, erscheint allerdings nicht angängig. Auch der Nebenbetroffene hat ein Interesse daran, seine Verfahrensteilhabe verlässlich planen und gestalten zu können. Eine nachträgliche Beschränkung wird aber zulässig sein, wenn sich erst später eine Verfahrenslage ergibt, welche die Voraussetzungen des Absatz 2 erfüllt.[52] So kann es etwa liegen, wenn das Verfahren, soweit es die Einziehung betrifft, zunächst unter dem Gesichtspunkt des § 74b Abs. 1 StGB betrieben wurde, dieser Gesichtspunkt aber fallengelassen und als taugliche Rechtsgrundlage der Einziehung allein noch § 74 StGB angesehen wird.

42 Eine zunächst getroffene **Beschränkung der Beteiligungsanordnung soll das Gericht jederzeit zurücknehmen** können. Ein solcher Beschluss, der zu einer umfassenderen Beteiligung des Nebenbetroffenen führt, soll nach dem früheren Recht unanfechtbar sein, da er nicht in die Rechte Dritter eingreift.[53] Diese Ansicht ist allerdings nicht mehr unzweifelhaft zutreffend, gerade weil das Gesetz mit § 438 Abs. 2 auch zugunsten des Beschuldigten auf eine Stoffbeschränkung hinwirkt; ein Recht auf eine ermessensfehlerfreie Prüfung steht bei der Entscheidung auf dem Spiel. Auf den Rechtsschutz aus-

49 BTDrucks. **V** 1319 S. 76; KK/*Schmidt* 13; KMR/*Metzger* 9; Meyer-Goßner/Schmitt/*Köhler* 6.

50 So zum Inhalt des heutigen § 438 Abs. 2 Satz 1 Nr. 1 LR/*Gössel*[26] § 431 a. F., 54; s. a. noch für § 438 Abs. 2 Nr. 2 regelhaft empfehlend SSW/*Heine* 10.

51 **A.A.** Meyer-Goßner/Schmitt/*Köhler* 9.

52 KK/*Schmidt* 15; *Meyer-Goßner* 25; HK/*Retemeyer* 7.

53 LR/*Gössel*[26] § 431 a. F., 60; KK/*Schmidt* 15.

schließenden § 424 Abs. 4 Satz 1 verweist § 438 Abs. 2 Satz 2 gerade nicht. Allerdings verweist letztere Norm auch nur für Fälle der *abgelehnten* Beteiligung auf die sofortige Beschwerde. Insofern dürfte der Rechtsschutz im laufenden Verfahren weiter ausgeschlossen sein; der Angeklagte kann aber ggf. über Art. 6 Abs. 1 Satz 1 EMRK etwa in der Revision die Verletzung der Norm insbesondere unter dem Aspekt der Verfahrensbeschleunigung geltend machen.

43 **b) Übertragung auf das Strafbefehls- und Nachverfahren.** Eine weitere Ausnahme vom Anschluss an die Regelungen zur Einziehungsbeteiligung sieht § 438 Abs. 3 Halbsatz 2 vor. Dies geschieht, indem die in § 438 Abs. 2 ausgestaltete Freistellung der Schuldfrage auf die Konstellationen des § 432 Abs. 2 und des § 433 übertragen wird.

44 Die Norm setzt zunächst voraus, dass auf der Basis der vorliegenden Einziehungsanordnung eine **Beschränkungsanordnung nach Absatz 2 zulässig** wäre. Dies dürfte wie die Vorläufervorschrift so zu verstehen sein, dass allein die tatbestandliche Anwendbarkeit des § 438 Abs. 2 für die Beschränkung genügt; einer Ermessensausübung bedarf es für die hier betroffenen Verfahrenslagen nicht, zumal der Gesetzgeber an die frühere Rechtslage anschließen wollte.[54]

45 Die Norm gilt ferner in zwei konkreten Situationen: Zum einen wird die Beschränkung für Verfahrenslagen eröffnet, in denen im **Strafbefehlsverfahren** einzig über einen **Einspruch seitens des Nebenbetroffenen** zu entscheiden ist (Verweis auf § 432 Abs. 2).[55] Zum anderen gilt die Beschränkung für das Nachverfahren (Verweis auf § 433); in diesem ist die nachträglich angefochtene Einziehung nur nach Maßgabe des § 438 Abs. 2 einer Überprüfung zuzuführen.[56]

46 Bei alledem sind **Grundlage der Prüfung**, die das Gesetz mit der Formulierung „nach den Umständen, welche die Einziehung begründet haben," umschreibt, im Fall des Nachverfahrens die Urteilsgründe der anordnenden Entscheidung. Hinsichtlich des Einspruchsverfahrens ist die Grundlage scheinbar der Strafbefehl. Da dieser jedoch durch den Einspruch zu einem Nullum wird, ist § 438 Abs. 3 Halbsatz 2 letztlich als Klarstellung zu lesen, dass auch im Beschlussverfahren oder der mündlichen Verhandlung nach Einspruch die Regelung des § 438 Abs. 2 bei einer entsprechend im Verfahren bestätigten Sachlage ermessensunabhängig Anwendung finden soll. Bereits die Vorläufervorschrift zum Strafbefehlsverfahren erklärte eine dahingehende Regelung des Nachverfahrens für „entsprechend" anwendbar (s. §§ 438 Abs. 2 Halbsatz 1 und 439 Abs. 3 Satz 1 a. F.).

47 **4. Mögliche Zeugenstellung.** Wie im Fall des Einziehungsbeteiligten ist ferner zur Kenntnis zu nehmen, dass die Stellung als Nebenbetroffener die Vernehmung als Zeuge nicht umfassend ausschließt.[57] So liegt es insbesondere dann, wenn die Beteiligung des Nebenbetroffenen hinsichtlich der Schuldfrage beschränkt wurde und die Vernehmung allein dieses Verfahrensthema betrifft. Dann ist eine Anhörung diesbezüglich als Zeuge möglich und ggf. geboten.[58]

---

54 S. einesteils LR/*Gössel*[26] § 439 a. F., 31: Überprüfung von Gesetzes wegen ausgeschlossen, anderenteils BTDrucks. **18** 9525 S. 93: „Eine Abweichung zum geltenden Recht ist damit nicht verbunden.".

55 S. i.d.S. früher mit einem größeren Anwendungsbereich schon § 438 Abs. 2 Halbsatz 1 a. F.

56 S. i.d.S. früher mit einem größeren Anwendungsbereich schon § 439 Abs. 3 Satz 1 a. F.

57 S. schon parallel § 424, 23 und 26 f.

58 Meyer-Goßner/Schmitt/*Köhler* 4.

§ 439
Der Einziehung gleichstehende Rechtsfolgen

Vernichtung, Unbrauchbarmachung und Beseitigung eines gesetzwidrigen Zustandes stehen im Sinne der §§ 421 bis 436 der Einziehung gleich.

Entstehungsgeschichte

§ 439 beruht auf dem früheren § 442 Abs. 1 a. F., der bereits für den früheren Verfall und für die Vernichtung, die Unbrauchbarmachung und die Beseitigung eines gesetzwidrigen Zustandes auf die früheren §§ 430 ff. a. F. vollständig verwies. Mit dem **Gesetz zur Reform der strafrechtlichen Vermögensabschöpfung** v. 13.4.2017 (BGBl. I S. 872, 886) wurde der in die Einziehung auch begrifflich integrierte Verfall aus der Norm ausgeklammert und die Regelung in den § 439 n. F. überführt.

1. Anwendbarkeit der §§ 421 ff. für weitere gegenstandsbezogene Rechtsfolgen. § 439 stellt bestimmte Rechtsfolgen **der Einziehung gleich**, soweit die Einziehung in den §§ 421 ff. in Bezug genommen wird. Hiermit erklärt er die §§ 421 ff. für entsprechend anwendbar. Dies bezieht sich zunächst auf die im StGB im Kontext der Einziehung geregelte Unbrauchbarmachung (dazu § 74d Abs. 1 S. 2, Abs. 3 StGB und § 74f Abs. 1 S. 3 Nr. 1 StGB). Ebenso gilt dies für die Beseitigung eines gesetzwidrigen Zustandes und die Vernichtung eines Gegenstandes (vgl. etwa die beiden Varianten des § 144 Abs. 4 MarkenG: Beseitigung einer widerrechtlichen Kennzeichnung oder Vernichtung, zur Vernichtung ferner den § 37 KunstUrhG). Bei alledem geht es allein um Rechtsfolgen, die im strafrechtlichen Kontext angeordnet werden dürfen, nicht hingegen um Rechtsfolgen anderer öffentlich-rechtlicher Regelungen.[1] 1

2. Ausschluss der §§ 437, 438 im Wortlaut. Keine entsprechende Auslegung sieht der Gesetzgeber zunächst für die Vorschrift des § 437 vor. Zum einen ist nicht ersichtlich, dass diese Regelung für die Konstellation der in § 439 angesprochenen Rechtsfolgen parallel bedeutsam sein könnte. Zum anderen ist die Auslassung konsequent, weil § 437 in verkappter Form eine quasi-materiell-rechtliche Ausdehnung gerade der selbständigen Einziehung propagiert. Ferner wurde § 438 eher erstaunlicherweise nicht übernommen, obschon auch im Fall der Rechtsfolgen des § 439 ein rechtlich entgegenstehendes Interesse eines sog. Nebenbetroffenen vorstellbar ist. Nicht immer wird eine um Rechte besorgte Person Einziehungsbeteiligter i. S. des § 424 oder der Angeschuldigte sein. Geboten ist hier aber auch i. S. des auf dem Spiel stehenden rechtlichen Gehörs eine weite Auslegung, die angesichts der besonderen Formulierung „stehen im Sinne der §§ 421 bis 436 [...] gleich" wohl noch mit dem Wortlaut zu vereinbaren ist.[2] 2

---

1 Statt vieler hierfür SK/*Paeffgen* 2 f.

2 S. näher schon § 438, 3.

https://doi.org/10.1515/9783110765540-039

§§ 440 bis 442
(weggefallen)

§ 443
Vermögensbeschlagnahme

(1) [1]Das im Geltungsbereich dieses Gesetzes befindliche Vermögen oder einzelne Vermögensgegenstände eines Beschuldigten, gegen den wegen einer Straftat nach
1. **den §§ 81 bis 83 Abs. 1, § 89a oder § 89c Absatz 1 bis 4, den §§ 94 oder 96 Abs. 1, den §§ 97a oder 100, den §§ 129 oder 129a, auch in Verbindung mit § 129b Abs. 1, des Strafgesetzbuches,**
2. **einer in § 330 Abs. 1 Satz 1 des Strafgesetzbuches in Bezug genommenen Vorschrift unter der Voraussetzung, daß der Beschuldigte verdächtig ist, vorsätzlich Leib oder Leben eines anderen oder fremde Sachen von bedeutendem Wert gefährdet zu haben, oder unter einer der in § 330 Abs. 1 Satz 2 Nr. 1 bis 3 des Strafgesetzbuches genannten Voraussetzungen oder nach § 330 Abs. 2, § 330a Abs. 1, 2 des Strafgesetzbuches,**
3. **den §§ 51, 52 Abs. 1 Nr. 1, 2 Buchstabe c und d, Abs. 5, 6 des Waffengesetzes, den §§ 17 und 18 des Außenwirtschaftsgesetzes, wenn die Tat vorsätzlich begangen wird, oder nach § 19 Abs. 1 bis 3, § 20 Abs. 1 oder 2, jeweils auch in Verbindung mit § 21, oder § 22a Abs. 1 bis 3 des Gesetzes über die Kontrolle von Kriegswaffen oder**
4. **einer in § 29 Abs. 3 Satz 2 Nr. 1 des Betäubungsmittelgesetzes in Bezug genommenen Vorschrift unter den dort genannten Voraussetzungen oder einer Straftat nach den §§ 29a, 30 Abs. 1 Nr. 1, 2, 4, § 30a oder § 30b des Betäubungsmittelgesetzes**

die öffentliche Klage erhoben oder Haftbefehl erlassen worden ist, können mit Beschlag belegt werden. [2]Die Beschlagnahme umfaßt auch das Vermögen, das dem Beschuldigten später zufällt. [3]Die Beschlagnahme ist spätestens nach Beendigung der Hauptverhandlung des ersten Rechtszuges aufzuheben.

(2) [1]Die Beschlagnahme wird durch den Richter angeordnet. [2]Bei Gefahr im Verzug kann die Staatsanwaltschaft die Beschlagnahme vorläufig anordnen; die vorläufige Anordnung tritt außer Kraft, wenn sie nicht binnen drei Tagen vom Richter bestätigt wird.

(3) Die Vorschriften der §§ 291 bis 293 gelten entsprechend.

Entstehungsgeschichte

§ 433 a. F. lautete ursprünglich: „Auf die im § 93 des Strafgesetzbuchs vorgesehene Beschlagnahme des Vermögens eines Beschuldigten finden die Bestimmungen der §§ 291 bis 293 entsprechende Anwendung.“ Danach waren die Voraussetzungen einer Vermögensbeschlagnahme bei Hoch- und Landesverrat im Strafgesetzbuch geregelt; § 433 beschränkte sich auf die Regelung des Verfahrens bei der Beschlagnahme. Nach weiteren Änderungen durch das Gesetz v. 24.4.1934 (RGBl. I 34) (Aufhebung des § 93 StGB), durch Art. 4 Nr. 7 des 1. StRÄndG und Art. 3 Nr. 9 des 8. StRÄndG erhielt § 433 eine neue Fassung, die inhaltlich der bis zum Erlass des OrgKG im Jahre 1992 geltenden Fassung des § 443 entsprach. Mit dem OrgKG wurde der Anwendungsbereich der

https://doi.org/10.1515/9783110765540-040

Vermögensbeschlagnahme auf einzelne Vermögensgegenstände erweitert und der Katalog der Delikte, derentwegen eine Vermögensbeschlagnahme angeordnet werden kann, auf schwerwiegende Umweltdelikte und Straftaten der organisierten Kriminalität ausgedehnt. Darüber hinaus wurde eine zeitliche Begrenzung dieser Maßnahme auf den Zeitpunkt nach der Beendigung der Hauptverhandlung des ersten Rechtszuges vorgenommen. Das 31. StRÄndG und das 6. StRG endlich brachten im Wesentlichen redaktionelle Änderungen in dem genannten Katalog als Folge von Änderungen des Strafgesetzbuches. Das 34. StrRÄndG und das Gesetz zur Neuregelung des Waffenrechts v. 10.10.2002 (BGBl. I 3970) führten insbesondere zu einer Anpassung an Gesetzesänderungen und zu einer erneuten Erweiterung des Deliktskatalogs.

Art. 3 Nr. 6 des Gesetzes zur Verfolgung der Vorbereitung von schweren staatsgefährdenden Gewalttaten v. 30.7.2009 (BGBl. I S. 2437, 2439) hat in § 443 Abs. 1 Nr. 1 § 89a StGB zum 4.8.2009 eingefügt. Die Aufnahme des neu geschaffenen und in seiner Verfassungsmäßigkeit umstrittenen § 89a StGB (Vorbereitung einer schweren staatsgefährdenden Gewalttat) in den Katalog der Vermögensbeschlagnahme soll diese Beschlagnahme auch dann ermöglichen, wenn der Beschuldigte weder in eine Organisation nach den §§ 129a, 129b Abs. 1 StGB eingebunden ist, noch eine solche unterstützt.[1] Im Vergleich mit dem bisherigen Katalog ist die Aufnahme der Norm zwar nicht systemwidrig. Mit der Einfügung werden indes zwei schon für sich genommen verfassungsrechtlich problematische Vorschriften kombiniert. Mit Art. 2 Abs. 2 des Gesetzes zur Änderung der Verfolgung der Vorbereitung von schweren staatsgefährdenden Gewalttaten v. 12.7.2015 (GVVG-ÄndG, BGBl. I S. 926, 927) wurden dennoch auch Fälle des neuen § 89c StGB (Terrorismusfinanzierung) der Norm hinzugefügt. Eine absehbare praktische Bedeutung dieser Erweiterungen ist aber nicht zu erwarten (s. Rn. 2f.).

Art. 2 Abs. 9 Nr. 2 des Gesetzes zur Modernisierung des Außenwirtschaftsrechts (**AWRModF**) v. 6.6.2013 (BGBl. I S. 1482, 1494) hat die Norm mit Wirkung zum 1.9.2013 an die mit ihm erfolgte Umgestaltung des AWG angepasst. § 443 Abs. 1 Nr. 3 verweist heute auf die nun in den §§ 17 und 18 geregelten Straftaten nach den AWG, soweit diese vorsätzlich begangen werden. Der Anwendungsbereich der Vermögensbeschlagnahme wurde dadurch zum Teil ausgeweitet.[2]

Die **gesetzliche Überschrift** „Vermögensbeschlagnahme“ wurde mit Wirkung v. 25.7.2015 eingeführt durch Art. 1 Nr. 13 des Gesetzes zur Stärkung des Rechts des Angeklagten auf Vertretung in der Berufungsverhandlung und über die Anerkennung von Abwesenheitsentscheidungen in der Rechtshilfe v. 17.7.2015 (BGBl. 2015 I S. 1332, 1344).

Übersicht

1 **1. Grundgedanke.** Nach §§ 94, 111b können nur Gegenstände beschlagnahmt werden, die als Beweismittel von Bedeutung sein können oder der Einziehung bzw. der Unbrauchbarmachung unterliegen. § 290 erweitert die Beschlagnahmevoraussetzungen im Verfahren gegen Abwesende, indem er – als Mittel zur Erzwingung der Gestellung – die Vermögensbeschlagnahme für zulässig erklärt, wenn die öffentliche Klage erhoben ist und Gründe vorliegen, die den Erlass eines Haftbefehls rechtfertigen würden. Demge-

1 BTDrucks. **16** 12428 S. 20.
2 S. näher BTDrucks. **17** 11127 S. 25 f. und BTDrucks. **17** 12101 S. 6 f.

genüber setzt § 443 aber nicht voraus, dass der Beschuldigte abwesend ist und die Durchführung des Verfahrens über die Einwirkung auf das Vermögen gesichert werden muss. Der Zweck der Vermögensbeschlagnahme ist ein anderer als in § 290. Ebenso wenig dient die Vermögensbeschlagnahme der Sicherung der voraussichtlichen Ansprüche des Staates auf die Zahlung der Geldstrafe oder der Verfahrenskosten.[3] Der Normzweck ist hingegen in der **Straftatprävention** und damit in einer Gefahrenabwehr zu sehen: § 443 soll verhindern, dass ein Beschuldigter, gegen den die öffentliche Klage erhoben oder ein Haftbefehl wegen erheblicher Straftaten erlassen wurde, sein Vermögen während des Strafverfahrens zu weiteren einschlägigen Straftaten verwendet oder anderen zu diesem Zweck überlässt.[4] *Gössel* formulierte gar in der Vorauflage unverblümt, die Regelung solle den Beschuldigten „unschädlich machen".[5]

2 **2. Verfassungsmäßigkeit.** Seit langem werden gegen die Vorschrift verfassungsrechtliche Bedenken erhoben. Sie stützen sich oftmals auf die Argumente, mit denen das Bundesverfassungsgericht in seiner Entscheidung v. 20.3.2002 – 2 BvR 794/95 – die Vorschrift des § 43a StGB über die Verhängung der Vermögens*strafe* für nichtig[6] erklärt hat. Eingewandt wird vor allem ein Verstoß gegen das **Verhältnismäßigkeitsprinzip**, weil § 443 keine ausreichend gewichtigen Anhaltspunkte für eine zulässige Anordnung der Vermögensbeschlagnahme aufweise; ebenso wird die Norm kritisiert, weil sie unzulässiger Weise vor Abschluss eines Strafverfahrens pönale Zwecke verfolge.[7] Tatsächlich muss man in § 443 eine **verfassungswidrige** und daher nichtige **Vorschrift** erblicken: Wörtlich verstanden läuft die Norm auf pauschal zulässige und damit unverhältnismäßige fundamentale Grundrechtseingriffe hinaus; zugleich setzt sich der Wortlaut nicht hinreichend von einem unter der Hand begangenen Verstoß gegen die Unschuldsvermutung ab. Aber auch eine einschränkende, verfassungskonforme Auslegung als Norm der Gefahrenabwehr ist zurückzuweisen, weil **eine gesetzlich bestimmte Regelung** des möglicherweise legitim zu verfolgenden Zwecks der Gefahrenabwehr **fehlt**. Allein der Anschluss an die ausgewählten Katalogtaten und die in der Norm bestimmten Verdachtslagen verbürgt insbesondere im Einzelfall keine eingriffsbegründende und hinreichend substantiierte (Wiederholungs-)Gefahr. Die Regelung verzichtet nach ihrem Wortlaut letztlich schon darauf, auf ihrer Tatbestandsseite einen prinzipiell legitimen Anordnungsgrund zu beschreiben.[8] Auch der Verweis auf § 293 Abs. 1 in § 443 Abs. 3 erklärt nicht, um welchen und wie gearteten Anordnungsgrund es sich handeln muss, bei dessen Fortfall die Anordnung aufzuheben ist. Vielmehr ist allein aus einer Dezision des Rechtsanwenders das notwendige Ausmaß einer Gefahr zur Begehung von (welchen?) Straftaten zu schöpfen. Eine verfassungskonforme Auslegung ist nach dieser Ausgangslage nicht mit einem noch hinreichenden Rekurs auf leitende Vorstellungen

---

3 So etwa auch BGHSt **19** 1, 2 ff.; *Roxin/Schünemann* § 67, 5.

4 BGHSt **19** 1 ff.; *Eb. Schmidt* § 433 a. F., 3; SK/*Paeffgen* 2.

5 LR/*Gössel*[26] 1.

6 BGBl. I 1340.

7 Eingehend dazu SK/*Paeffgen* 4 ff. (auch unter Rückgriff auf das ebenfalls an Grundrechte gebundene EU-Recht); SSW/*Heine* 6; für die Rechtsstaatswidrigkeit der Norm auch *Roxin/Schünemann* § 67, 6; HK/*Retemeyer* 1; zuneigend Meyer-Goßner/Schmitt/*Köhler* 1a; krit. zur Verhältnismäßigkeit auch *Hanack* JZ **1974** 54, 58; Radtke/Hohmann/*Kiethe* 1; für eine mögliche, aber auch nötige verfassungskonforme Auslegung AK/*Günther* 7; KMR/*Metzger* 6; MüKo/*Scheinfeld*/*Langlitz* 9 ff.; völlig bedenkenlos offenbar HK-GS/*Koch* 1.

8 Dazu und auch zum Widerspruch zu anderen Ermittlungsmaßnahmen der StPO, welche die Verdachts- und Gefahrenlage im Ermittlungsverfahren näher umreißen, SSW/*Heine* 6; SK/*Paeffgen* 9.

des Gesetzgebers zu leisten, zumal auch die vereinzelt bemühte Parallele zu § 112 Abs. 3[9] nicht hilft: Zum einen ist die dortige Umdeutung einer Norm durch das BVerfG nicht mit den heutigen Anforderungen an bestimmtes prozessuales Recht vereinbar, das schwere Grundrechtseingriffe ermöglichen will. Zum anderen steht die Orientierung an gesetzgeberisch geregelten Haftgründen nicht zur Verfügung.

Schon die Praxis geht weithin von der Verfassungswidrigkeit der Vorschrift aus, indem sie ihre Anwendung schlicht meidet.[10] Ebenso wird in den Kommentaren bereits geltend gemacht, dass die Vermögensbeschlagnahme in jedem Fall entfallen muss, wenn feststeht, dass die Gefahr, der § 443 begegnen will, aus anderen Gründen nicht besteht.[11] 3

3. Verfahren. Falls die Vermögensbeschlagnahme angeordnet wird, kann sie frühestens nach Erhebung der öffentlichen Klage oder nach Erlass eines Haftbefehls angeordnet werden (Absatz 1). Für eine Gleichstellung des Unterbringungsbefehls[12] fehlt es entgegen der Vorauflage an einer hinreichenden gesetzlichen Anordnung.[13] **Zuständig** zum Erlass der Anordnung ist nach dem Grundsatz des Absatzes 2 Satz 1 „der Richter", ausnahmsweise bei Gefahr im Verzuge auch die Staatsanwaltschaft nach Absatz 2 Satz 2. 4

a) Gerichtliche Zuständigkeit. Die Beschlagnahme steht – nach dem unzureichend formulierten Gesetz (s. schon Rn. 2f.) – im **Ermessen des Gerichts**. Zuständig ist der jeweils mit der Sache befasste Richter, also im vorbereitenden Verfahren der Richter beim Amtsgericht (§§ 162, 165) oder der Ermittlungsrichter des Oberlandesgerichts oder Bundesgerichtshofes (§ 169), sonst das jeweils zuständige Gericht. 5

Der Beschlagnahmebeschluss ist gemäß §§ 443 Abs. 3, 291 **im Bundesanzeiger bekanntzumachen** und erlangt mit der ersten Bekanntmachung im Bundesanzeiger die in § 292 beschriebene Wirkung eines absoluten Verfügungsverbots[14] im Sinne des § 134 BGB. Da aber – anders als im Fall des § 290 – der Beschuldigte nicht notwendig abwesend ist, ist ihm unabhängig von der Bekanntmachung im Bundesanzeiger der Beschluss nach dem Grundsatz des § 35 (mit Gründen versehen, § 34) bekanntzumachen, soweit dies ausführbar und – vgl. § 101 – ohne Gefährdung des Zwecks der Maßnahme möglich[15] ist. Diese Bekanntmachung führt allerdings, anders als die erste Bekanntmachung im Bundesanzeiger, nur zu einem relativen Veräußerungsverbot im Sinne des § 135 BGB[16] (vgl. § 136 BGB). 6

Gegen den Beschlagnahmebeschluss ist eine einfache Beschwerde nach § 304 zulässig; vgl. dazu §§ 120 Abs. 3, 135 Abs. 2 GVG. 7

b) Zuständigkeit der Staatsanwaltschaft. Bei **Gefahr im Verzug** kann die Staatsanwaltschaft – aber nicht deren Ermittlungspersonen im Sinne des § 152 GVG – die Beschlagnahme vorläufig anordnen. Die Voraussetzungen des § 443 Abs. 1 müssen selbst- 8

---

9 Für diese aber KMR/*Metzger* 6 und MüKo/*Scheinfeld*/*Langlitz* 11.
10 Meyer-Goßner/*Köhler* 1a; nun auch Radtke/Hohmann/*Kiethe* 1 und HK/*Retemeyer* 1; **a.A.** KMR/*Metzger* 6, der für eine enge verfassungskonforme Auslegung eintritt.
11 So etwa LR/*Gössel*[26] 1.
12 So LR/*Gössel*[26] 3.
13 S. nun auch die früher gegenteilige Auffassung aufgebend KMR/*Metzger* 12.
14 KK/*Schmidt* 4; Meyer-Goßner/Schmitt/*Köhler* 3; AnwK/*Lohse* 3.
15 KK/*Schmidt* 4; KMR/*Metzger* 19; Meyer-Goßner/Schmitt/*Köhler* 3; HK/*Retemeyer* 4.
16 KK/*Schmidt* 4; KMR/*Metzger* 23; Meyer-Goßner/Schmitt/*Köhler* 3; AK/*Günther* 17; AnwK-StPO/*Lohse* 3.

verständlich gegeben sein. Auch die vorläufige Anordnung ist, soweit ausführbar und angemessen, dem Beschuldigten bekanntzugeben, wie dies in § 101 Abs. 4 z.B. für die vorläufige Postbeschlagnahme, die vorläufige Anordnung der Überwachung der Telekommunikation und von Maßnahmen ohne Wissen des Betroffenen durch die Staatsanwaltschaft vorgeschrieben ist. Die vorläufige Anordnung tritt gem. § 443 Abs. 2 Halbsatz 2 ipso iure außer Kraft, wenn sie nicht binnen drei Tagen vom Richter bestätigt wird. Wird die Sache dem Richter vorgelegt, prüft dieser nur, ob die Voraussetzungen der Beschlagnahme (noch immer) vorliegen, nicht aber auch, ob die Gefahr im Verzug als Voraussetzung des staatsanwaltschaftlichen Eingreifens[17] vorlag. Die **Dreitagesfrist** beginnt mit der vollen rechtlichen Wirksamkeit der Beschlagnahme und damit mit der **ersten Bekanntmachung** im Bundesanzeiger. Denn auch die vorläufige Anordnung, die mit der formlosen Bestätigung durch den Richter die Bedeutung einer von vornherein durch den Richter angeordneten Beschlagnahme erlangt, ist im Bundesanzeiger bekanntzumachen. Letzteres ist nach richtiger Ansicht auch auf die richterliche Bestätigung zu erstrecken, weil ihr eine konstituierende Wirkung hinsichtlich des in § 291 aufgegriffenen Beschlusses zukommt und die Bestätigung weder aus dem ersten Eintrag hervorgeht noch unterstellt werden kann.[18] Bei der Berechnung der Dreitagesfrist wird der Bekanntmachungstag gemäß **§ 42** nicht mitgerechnet. Zur Wahrung der Frist genügt es, wenn während ihres Laufs das Gericht einen schriftlichen Bestätigungsbeschluss erlässt. Für dessen Bekanntgabe an den Beschuldigten gilt das o. Rn. 6 Gesagte. Eine verspätete Bestätigung wird als neue richterliche Beschlagnahme[19] angesehen.

9 **4. Beendigung der Beschlagnahme.** Wegen der Bedeutung der in **Absatz 3** für entsprechend anwendbar erklärten §§ 291 bis 293 im Übrigen wird auf die Erläuterungen zu diesen Vorschriften Bezug genommen. Spätestens mit der Rechtskraft der das Verfahren abschließenden Entscheidung endet kraft Gesetzes die Wirkung der Beschlagnahme. Um dies nach außen kundzutun, bedarf es eines die Beendigung der Beschlagnahme deklaratorisch aussprechenden **Beschlusses,** der – wie ein vor rechtskräftiger Verfahrensbeendigung gefasster Aufhebungsbeschluss (§ 293 Abs. 2) – der Bekanntmachung in den Blättern bedarf, in denen der Beschlagnahmebeschluss und die vorläufige Anordnung der Staatsanwaltschaft veröffentlicht wurden.

---

17 KK/*Schmidt* 3; AK/*Günther* 11; vgl. auch *Pfeiffer* 2 und historisch begründend LR/*Gössel*[26] 7.

18 Ebenso etwa schon Radtke/Hohmann/*Kiethe* 4; KK/*Schmidt* 5; SK/*Paeffgen* 16; MüKo/*Scheinfeld*/*Langlitz* 28; **a.A.** neben LR/*Gössel*[26] 7 auch KMR/*Metzger* 21.

19 KMR/*Metzger* 21; LR/*Gössel*[26] 7.

VIERTER ABSCHNITT
Verfahren bei Festsetzung von Geldbuße gegen juristische Personen und Personenvereinigungen

§ 444
Verfahren

(1) [1]Ist im Strafverfahren über die Festsetzung einer Geldbuße gegen eine juristische Person oder eine Personenvereinigung zu entscheiden (§ 30 des Gesetzes über Ordnungswidrigkeiten), so ordnet das Gericht deren Beteiligung an dem Verfahren an, soweit es die Tat betrifft. [2]§ 424 Absatz 3 und 4 gilt entsprechend.

(2) [1]Die juristische Person oder die Personenvereinigung wird zur Hauptverhandlung geladen; bleibt ihr Vertreter ohne genügende Entschuldigung aus, so kann ohne sie verhandelt werden. [2]Für ihre Verfahrensbeteiligung gelten im übrigen die §§ 426 bis 428, 429 Absatz 2 und 3 Nummer 1, § 430 Absatz 2 und 4, § 431 Absatz 1 bis 3, § 432 Absatz 1 und, soweit nur über ihren Einspruch zu entscheiden ist, § 434 Absatz 2 und 3 sinngemäß.

(3) [1]Für das selbständige Verfahren gelten die §§ 435, 436 Absatz 1 und 2 in Verbindung mit § 434 Absatz 2 oder 3 sinngemäß. [2]Örtlich zuständig ist auch das Gericht, in dessen Bezirk die juristische Person oder die Personenvereinigung ihren Sitz oder eine Zweigniederlassung hat.

Schrifttum

Arzt Schutz juristischer Personen gegen Selbstbelastung, JZ **2003** 456; *Cramer* Zur verfahrensrechtlichen Zulässigkeit einer selbständigen Anordnung des Verfalls gegen eine juristische Person oder Personenvereinigung nach § 29a Abs. 4 OWiG, FS Meyer-Goßner 733; *Christoph Dannecker* Der nemo tenetur-Grundsatz – prozessuale Fundierung und Geltung für juristische Personen, ZStW **127** (2015) 370; *Drope* Strafprozessuale Probleme bei Einführung einer Verbandsstrafe (2002); *Eidam* Die strafprozessuale Selbstbelastungsfreiheit am Beginn des 21. Jahrhunderts (2007); *Fink* Gilt „nemo tenetur se ipsum accusare" auch für juristische Personen? wistra **2014** 457; *von Freier* Selbstbelastungsfreiheit für Verbandspersonen? ZStW **122** (2010) 117; *Gaede* Fairness als Teilhabe – Das Recht auf konkrete und wirksame Teilhabe durch Verteidigung gemäß Art. 6 EMRK (2007); *Kubiciel* (Hrsg.) Neues Unternehmenssanktionenrecht ante portas (2020); *Minoggio* Das Schweigerecht der juristischen Person als Nebenbeteiligte im Strafverfahren, wistra **2003** 121; *Müller* Die Stellung der juristischen Person im Ordnungswidrigkeitenrecht (1985); *Osterloh* Strafrechtsdogmatische und strafprozessuale Probleme bei der Einführung und Umsetzung einer Verbandsstrafbarkeit (2016); *Schlüter* Die Strafbarkeit von Unternehmen in einer prozessualen Betrachtung nach dem geltenden Strafprozeßrecht (2000); *Schmitt* Wie weit reicht § 30 OWiG? FS Lange 877; *Schroth* Der Regelungsgehalt des 2. Gesetzes zur Bekämpfung der Wirtschaftskriminalität im Bereich des Ordnungswidrigkeitenrechts, wistra **1986** 158; *Trüg* Unternehmen als Beschuldigte – nemo tenetur? StV **2020** 779; *Wegner* Transnationale Sanktionsverfahren gegen Verbände (2021); *Weiß* Haben juristische Personen ein Aussageverweigerungsrecht? JZ **1998** 289; *ders.* Der Schutz des Rechts auf Aussageverweigerung durch die EMRK, NJW **1999** 2236; *Wimmer* Ermittlungsmaßnahmen gegen Konzerne: Die Regelungen der Strafprozessordnung als adäquate Ermächtigung zum Eingriff in die Grundrechte juristischer Personen? NZWiSt **2017** 252; *Zerbes* Nemo tenetur se ipsum accusare – Moderne Ansprüche an alte Ideen am Beispiel des Verbandsstrafrechts, ZStW **129** (2017) 1032.

Entstehungsgeschichte

Der Vierte (früher Fünfte) Abschnitt enthielt ursprünglich Vorschriften über das Verfahren gegen Abwesende, die sich der Wehrpflicht entzogen. Nach Wegfall der allgemei-

https://doi.org/10.1515/9783110765540-041

nen Wehrpflicht nach dem ersten Weltkrieg wurden in den Fünften Abschnitt die „Besonderen Vorschriften für das Verfahren bei militärischen Straftaten, für Strafsachen gegen Angehörige der Reichswehr und für Militärstrafsachen" eingestellt (i. d. F. der VO v. 22.3.1924, RGBl. I 336). Die Wiedereinführung der Militärgerichtsbarkeit im Jahre 1933 und die Wiedereinführung der allgemeinen Wehrpflicht führten zu einer Umgestaltung des Fünften Abschnitts (Art. 7 des Ges. v. 28.6.1935, RGBl. I 844). Nach dem zweiten Weltkrieg wurden diese Vorschriften gegenstandslos und fielen bei der Neufassung der StPO durch das VereinhG weg. Die jetzige Fassung beruht grds. auf dem EGOWiG 1968. Die **gesetzliche Überschrift** „Verfahren" wurde mit Wirkung v. 25.7.2015 durch Art. 1 Nr. 13 des Gesetzes zur Stärkung des Rechts des Angeklagten auf Vertretung in der Berufungsverhandlung und über die Anerkennung von Abwesenheitsentscheidungen in der Rechtshilfe v. 17.7.2015 (BGBl. 2015 I S. 1332, 1344) eingeführt. Die Regelung wurde zum 1.7.2017 mit dem **Gesetz zur Reform der strafrechtlichen Vermögensabschöpfung** v. 13.4.2017 (BGBl. I S. 872, 886) im Wesentlichen redaktionell durch die Nachverfolgung der geänderten §§ 421 ff. in den schon zuvor vorhandenen Normverweisen überarbeitet. Die zukünftige Bedeutung und ggf. auch der Bestand des § 444 hängt von der rechtspolitischen Debatte über die Einführung eines Verbandssanktionenrechts bzw. eines Verbandsstrafrechts ab. Vor allem die Idee eines im Vergleich zum Ordnungswidrigkeitenrecht verschärften und selbständig geregelten **Verbandssanktionenrechts** steht politisch auf der Tagesordnung.[1] Gleichwohl hat sie der Gesetzgeber bis heute nicht umgesetzt.

Übersicht

1 Dazu insbes. den viel beachteten Entwurf BTDrucks. **19** 23568 und BRDrucks. 440/1/**20** m.w.N.; zur Debatte aus jüngerer Zeit ferner etwa *Kubiciel* (Hrsg.) Neues Unternehmenssanktionenrecht ante portas (2020); *Trüg* StV **2020** 779; *Saliger/Tsambikakis/Mückenberger/Huber* (Hrsg.) Münchner Entwurf eines Verbandssanktionengesetzes (2019); *Tsambikakis/Gierok* medstra **2020** 205; *Knauer* NStZ **2020** 441; *Jahn/Schmitt-Leonardy/Schoop* wistra **2018** 27.

I. Die Bedeutung des § 444

1. Inhalt. § 444 regelt die **verfahrensrechtliche Durchführung der Verbandsgeldbuße** gemäß § 30 OWiG, soweit über diese in einem Strafverfahren zu entscheiden ist. Hat jemand als Leitungsperson und damit insbesondere (s. vollständig § 30 Abs. 1 OWiG) als Organ (Organmitglied) einer juristischen Person, als Vorstand (Vorstandsmitglied) eines nicht rechtsfähigen Vereins (§ 54 BGB) oder als vertretungsberechtigter Gesellschafter einer rechtsfähigen Personenhandelsgesellschaft eine sog. Verbandsstraftat der in § 30 OWiG bezeichneten Art begangen,[2] kann auch **im Strafverfahren** gegen eine natürliche Person ergänzend eine Geldbuße gegen eine juristische Person oder Personenvereinigung (im Folgenden regelmäßig: der Verband) als sog. **Nebenbeteiligte**[3] festgesetzt werden. Schon prozessökonomische Gesichtspunkte (Vermeidung doppelter Arbeit und widersprechender Entscheidungen, zu letzteren auch Rn. 8 f.) halten dazu an, über die Folgen, die sich aus einem Sachverhalt gegen die natürliche Person des Vertreters und die vertretene juristische Person oder Personenvereinigung ergeben, in ein und demselben Verfahren zu entscheiden.[4] Zulässig ist aber ggf. auch eine Festsetzung in einem selbständigen Verfahren (dazu Rn. 46 ff.). Im Bußgeldverfahren ist die Vorschrift über § 46 OWiG ergänzend zu § 88 OWiG einschlägig.[5] 1

2. Sanktionscharakter der Geldbuße. Nachdem das 2. WiKG die frühere Charakterisierung als Nebenfolge der von der natürlichen Person begangenen Straftat durch die Änderung des § 30 OWiG aufgegeben hat (s. Entstehungsgeschichte), ist die **Geldbuße** 2

2 Es muss sich um eine Straftat handeln, „durch die Pflichten, welche die juristische Person oder die Personenvereinigung treffen, verletzt worden sind oder die juristische Person oder die Personenvereinigung bereichert worden ist oder werden sollte". Überdies gestattet die Norm eine Geldbuße auch wegen einer Verbandsordnungswidrigkeit. Liegt nur eine solche vor bzw. besteht nur dahingehend ein Verdacht, kommt jedoch nur ein Bußgeldverfahren und nicht hingegen ein von § 444 vorausgesetztes Strafverfahren in Betracht.

3 OLG Hamm NJW **1973** 1581, 1582; Meyer-Goßner/Schmitt/*Schmitt* 1; KMR/*Metzger* 1; HK-GS/*Koch* 1; *Pfeiffer* 1; jetzt für den Begriff der Einziehungsbetroffenen KK/*Schmidt* 1. Letzteres trifft es aber nicht besser, weil gegen den Verband nicht notwendig implizit eine Einziehung stattfindet; er wird in erster Linie oder doch jedenfalls immer auch sanktioniert, s. etwa auch KK-OWiG/*Rogall* § 30, 193.

4 Zur unzulässigen Trennung bei einer Strafverfolgung z.B. gegen das Organ OK-StPO/*Inhofer* 17 m.w.N.; SSW/*Kudlich*/*Schuhr* 3; näher aber zur mangelnden Nichtigkeit bei einem Verstoß m.w.N. *Bülte*, Ordnungswidrigkeitenrecht, § 2 Rn. 199.

5 Dazu etwa OK-StPO/*Inhofer* 1 und MüKo/*Scheinfeld*/*Langlitz* 2.

zumindest als **selbständige Sanktion** anzusehen.[6] Als solche wird die ordnungswidrigkeitenrechtliche Verbandsgeldbuße zu Recht als grundsätzlich **verfassungsgemäß** angesehen; Verbände sind nicht notwendig von jeder Sanktionierung zu befreien.[7] Die Verbandsgeldbuße trifft die juristische Person oder Personenvereinigung als unmittelbare Sanktion wegen der Handlung ihrer Organe, die ihr im Ergebnis als eigene zugerechnet[8] wird. Hierbei hält schon das geltende Recht im Hinblick auf das Verfahren an einer **Verklammerung** zwischen der Verfolgung der Handlung der natürlichen Person und der Festsetzung der Geldbuße gegen den Verband selbst dann fest, wenn die Verbandstat in einer Straftat besteht (zu den Gründen Rn. 1 und 8). Die regelmäßige Verklammerung der unterschiedlichen Sanktionen ist allerdings nach § 30 Abs. 4 OWiG und § 444 Abs. 3 leichter als nach früherem Recht lösbar.[9]

3 **3. Verhältnis der Geldbuße zur Einziehung.** Die Straftat etwa des Organs kann (vgl. insbes. § 30 Abs. 1 Nr. 2 OWiG) dazu führen, dass gegenüber der juristischen Person usw. auch die Voraussetzungen der Einziehung gegeben sind. Das Problem der Konkurrenz zwischen einer Gewinnabschöpfung in Form der Auferlegung einer Geldbuße oder im Wege der Anordnung der Einziehung löst **§ 30 Abs. 5 OWiG** – unter dem Gesichtspunkt der Vermeidung einer Doppelbestrafung oder doch einer unverhältnismäßigen Sanktionierung – wie folgt: Zulässig ist die Festsetzung einer Geldbuße, bei deren Bemessung dem Gedanken der Abschöpfung des illegitimen Gewinns Rechnung getragen werden kann (§§ 30 Abs. 3; 17 Abs. 4 OWiG) – dies schließt die Anordnung der Einziehung nach den §§ 73 oder 73c StGB aus. Zugleich sperrt der Rückgriff auf die erhöhte Geldbuße die Anordnung einer Einziehung gemäß § 29a OWiG. In gleicher Weise schließt die Festsetzung einer Geldbuße die Anordnung einer Mehrerlösabführung nach § 8 WiStG aus.[10]

II. Die Gebotenheit der Verfahrensbeteiligung

4 **1. Gesetzgeberische Sanktionsziele.** Mit der in § 30 OWiG zugelassenen Verbandsgeldbuße verfolgt der Gesetzgeber das Ziel, verbandsspezifische Handlungen der natürlichen Person des Vertreters einer vertretenen juristischen Person usw. derselben auf der Basis einer im Einzelnen durchaus streitigen Ratio zuzurechnen, wodurch er zugleich eine Verbandstäterschaft begründet.[11] Die Norm verfolgt damit das als unabweislich betrachtete praktische Bedürfnis, mit wenigstens strafähnlichen Sanktionen vermögensrechtlicher Art gegen den **Verband** vorzugehen, der ausweislich des Agierens seiner **Organe bzw. Vertreter sanktionsbewehrte Vorschriften missachtet.**[12] Der Staat will auch auf Verbände normstabilisierend einwirken und insbesondere die dem Verband tatbedingt zufließenden Vorteile abschöpfen können. Überdies will das geltende Recht eine dem **Gleichbehandlungsgrundsatz** zuwiderlaufende Vorzugsstellung gegenüber

---

6 Dazu statt vieler nur *Schroth* wistra **1986** 158, 162 f.

7 BVerfGE **20** 323, 333 ff.; m.w.N. KK-OWiG/*Rogall* § 30, 1 ff.

8 KK-OWiG/*Mitsch* § 29, 1; Göhler/*Gürtler*/*Thoma* Vor § 29a, 14; sehr krit. zum Institut der „Verbandsgeldbuße" *Schmitt* FS Lange 877 ff.

9 S. dazu Rn. 7 und 46 ff. sowie krit. *Schroth* wistra **1986** 158, 163 ff.

10 Göhler/*Gürtler*/*Thoma* § 30, 37.

11 Dazu im Überblick de lege lata m.w.N. KK-OWiG/*Rogall* § 30, 6 ff.; zu den vertretenen und diskutierten Modellen auch *de lege ferenda Saliger*, in: Neues Unternehmenssanktionenrecht ante portas, S. 13, 18 ff.

12 Dazu und zum Folgenden schon LR/*Gössel*[26] 5.

dem Einzelunternehmer bei vergleichbaren Gesetzesverstößen vermeiden:[13] Während der tatbeteiligte Einzelunternehmer unter Einschluss einer Kriminalstrafe sanktioniert werden könnte und müsste, die den Wert seines Unternehmens berücksichtigt, wäre der Verband begünstigt. Das unmittelbar agierende Verbandsorgan könnte nur nach seinen eigenen persönlichen und wirtschaftlichen Verhältnissen sanktioniert werden. Die vermeintliche Alternative, eine tatsächlich auf den Verband zielende Geldbuße über § 41 StGB durch eine Geldstrafe zu verhängen, die ausschließlich den als Organ handelnden Täter[14] trifft, scheidet aus.

Die ggf. nach § 444 im Strafverfahren mitverfolgte Sanktionierung des Verbandes ist ausweislich der **Wortlaute** des OWiG und des § 444 **nicht als Kriminalstrafe gedacht**, 5
obschon jedenfalls hinsichtlich der hohen Sanktionen gegenüber Verbänden der Vorwurf eines Etikettenschwindels zu vernehmen ist. Nicht zu verkennen ist jedoch, dass schon die heutige Verbandsgeldbuße insbesondere über die zugelassene Abschöpfung eine beträchtliche Höhe erreichen und einen insgesamt **besonders intensiven Freiheitseingriff** zulasten der Verbandsperson und ihrer Teilhaber bedeuten kann. Auch die im Ordnungswidrigkeitenrecht angesiedelte Geldbuße ist präventiv wie repressiv auf die Durchsetzung von Verhaltensnormen durch Sanktionierung gerichtet. Selbst dann, wenn man auf dem Standpunkt steht, dass ein sinnvoller ethisch missbilligender Tatvorwurf gegenüber einem Verband mangels einer zurechenbaren Schuld ausscheide,[15] transportiert schon die ordnungswidrigkeitenrechtliche Sanktion der Geldbuße eine **staatliche Missbilligung** eines Verhaltens bzw. eine autoritäre Pflichtenmahnung, die den Verband mit einer regelmäßig öffentlichkeitswirksamen Zurechtweisung trifft.[16] Mittelbar trifft sie die für diesen Tätigen und seine Inhaber; und sie soll dies letztlich auch tun, weil die mit der Prävention **bezweckte Verhaltensänderung** stets über die Entscheidung der natürlichen Personen vermittelt wird.

2. Notwendigkeit der Verbandsbeteiligung. Die beschriebenen Zielrichtungen der 6
Verbandsgeldbuße gebieten prozessual, den betroffenen Verband an einem auch über die Verbandsgeldbuße geführten Strafverfahren zu beteiligen. Dies wurde in der Vorauflage bereits unter dem Aspekt einer bestehenden strafähnlichen Bedeutung der Geldbuße geltend gemacht, die dem Verband eine dem Angeklagten ähnliche Stellung nach dem rechtlichen Gehör vermittelt.[17] Darüber noch hinaus muss man dem Verband nach den Kriterien des EGMR für eine strafrechtliche Anklage[18] i. S. d. **Art. 6 EMRK** tatsächlich das **Recht eines Angeklagten auf ein faires Verfahren** einschließlich der hiermit ver-

13 Hieran setzte etwa schon BTDrucks. **V** 1269 S. 59 an.

14 S. nur BGH MDR **1976** 678.

15 Hierfür etwa m.w.N. *von Freier* ZStW **122** (2010) 117, 133 ff., 139 ff., wobei insbesondere das mangelnde eigene Zentrum der Selbst- und damit Normreflektion einer substanziellen Schuld bei dem veränderlichen Verband entgegenstehen soll; früher auch BTDrucks. **V** 1269 S. 58: mit dem Schuldstrafrecht nicht zu vereinbaren.

16 Statt vieler nochmals m.w.N. KK-OWiG/*Rogall* § 30, 16 ff. und BTDrucks. **V** 1269 S. 58 f.: Geldbuße hat repressiven Charakter und setzt ein vorwerfbares Verhalten voraus, lediglich auf einen sittlichen Vorwurf könne verzichtet werden. Wohl zur Gänze in Abrede stellend aber BVerfGE **95** 220, 242. Dort wird unzutreffend behauptet, es gehe bei § 30 OWiG allein um die Vorteilsabschöpfung.

17 LR/Gössel[26] 6 – stellvertretend für viele weitere Autoren.

18 Im Überblick etwa EGMR EGMR-E **1** 178, Rn. 80 ff., – *Engel u.a./NL*; EGMR NLMR **2003** 260, Rn. 82 ff. – *Ezeh u. Connors/UK*; EGMR NJW **2016** 2091, Rn. 25 ff. – *Becker/AUT*; m.w.N. MüKo/*Gaede* Art. 6 EMRK, 40 ff.

bundenen Teilhaberechte zugestehen.[19] Da der EGMR einen klassischen sozialethischen Tatvorwurf bzw. Tadel für die Eröffnung der Verfahrensrechte nicht voraussetzt,[20] ist gerade bei der Anknüpfung an eine Straftat des Organs (Pendants) angesichts der regelmäßig nennenswerten belastenden Wirkungen und der präventiv-repressiven Ausrichtung der Geldbuße von einem strafrechtlichen Vorwurf i. S. d. Art. 6 Abs. 1 Satz 1 EMRK auszugehen (ergänzend Rn. 33). Dies gilt im Besonderen, wenn der Staat – wie im Fall des § 444 – die **Sanktion sogar in einem Strafverfahren** und damit unter Inkaufnahme der mit ihm regelmäßig verbundenen besonders belastenden Wirkungen **beansprucht.**[21]

7 Es bedarf der Betonung, dass die **Beteiligung des Verbandes** am Strafverfahren nicht nur in ihrem „Ob" zwingend ist; **auch ihr „Wie" darf nicht beliebig** gestaltet werden. So hat auch der Gesetzgeber trotz der grundsätzlichen Anlehnung an Regelungen zu den Vorschriften über die Einziehungsbeteiligung z.B. diejenigen Vorschriften ausgenommen, die eine mangelnde Verfahrensbeteiligung ohne einen dargelegten Verzicht tolerieren (s. z.B. den nicht für anwendbar erklärten § 425). Dass ihm insgesamt bereits eine hinreichende verfahrensrechtliche Teilhabe gelungen ist, lässt sich allerdings nicht feststellen. Schon die Anknüpfung an den Einziehungsbeteiligten ist prekär, da dieser selbst – anders als der Verband (dazu Rn. 6 und 28 ff.) – gerade kein Angeklagter i. S. d. Art. 6 EMRK ist und sein soll,[22] im Ermittlungsverfahren nur eingeschränkt berechtigt ist[23] und seine Rechtsstellung zum Teil in Zweifel steht.[24] Der Verweis auf den Einziehungsbeteiligten begünstigt Abschwächungen der Angeklagtenrechte, um die es bei der Verfahrensteilhabe des Verbandes geht. Der Verband erduldet nicht „nur" einen – natürlich für sich genommen prozessual legitimierungsbedürftigen – präventiven Grundrechtseingriff, sondern er soll explizit und unmittelbar sanktioniert werden. *De lege lata* können allenfalls mit einer strikten Umsetzung des § 427 Abs. 1 Satz 1 sowie der §§ 426 und 428 Abs. 3 für den Einziehungsbeteiligten grundsätzlich hinreichende Verteidigungsrechte gewährleistet werden.[25] Rechtspolitisch ist in Zukunft die direkte Anlehnung an die Stellung des Beschuldigten unter einer konkreten Regelung der auszumachenden Besonderheiten geboten (dazu Rn. 34).[26]

8 Eine nach dem Modell des § 444 verknüpfte Aburteilung und Beteiligung ist bei alledem aus weiteren Gründen sinnvoll. Wird die Geldbuße gegen den Verband im subjektiven Verfahren gegen das Organ (den Vertreter) unter der Beteiligung des Verbandes festgesetzt, fördert dies den legislatorischen Zweck des § 30 OWiG. Nach diesem hängen die Entscheidung für eine Geldbuße gegen den Verband ebenso wie ihre Höhe jeweils *auch* von der Frage ab, ob eine nach den persönlichen und wirtschaftlichen Verhältnissen der natürlichen Person (des Organs, Vertreters) bemessene **Strafe *allein* in keinem**

19 I.d.S. etwa bereits m.w.N. MüKo/*Gaede* Art. 6 EMRK, 39, vgl. ferner EGMR v. 24.9.**1997** – 93/1996/712/909, Rn. 28 ff. – *Garyfallou AEBE/GRE*; OK-StPO/*Valerius* Art. 6 EMRK, 3; Karpenstein/Mayer/*Meyer* Art. 6 EMRK, 6; LR/*Esser* Art. 6 EMRK, 23, 887 f.; s. aber auch EGMR NLMR **1995** 128, Rn. 49 ff. – *Air Canada/UK* m. vier abl. SV: keine Bestrafung einer Person durch Sanktion gegen eine Gesellschaft. Bestätigend rechtspolitisch auch BTDrucks. **19** 23568 S. 91.

20 Grundlegend EGMR NJW **1985** 1273, Rn. 46 ff. – *Öztürk/D*; zust. etwa *Kühl* NJW **1984** 1264, 1266; näher m.w.N., auch krit., MüKo/*Gaede* Art. 6 EMRK, 42 und 47 ff.; SK/*Meyer* Art. 6 EMRK, 15 und 182.

21 Zur indizierenden Wirkung des eingesetzten Verfahrens und des Rückgriffs auf die Polizei oder die Strafgerichte s. etwa auch SSW/*Satzger* Art. 6 EMRK, 11 und ferner MüKo/*Gaede* Art. 6 EMRK, 41.

22 Dazu § 427, 6 f.

23 Dazu Vor § 421, 27 und § 424, 16 f.

24 Beispielhaft zur Vertreterbeiordnung und Anhörung im Ermittlungsverfahren § 428, 7 und 9.

25 Anhand des Schweigerechts bereits § 427, 7 f., zur Beiordnung und Anhörung nochmals § 428, 7 und 9.

26 I.d.S. prinzipiell ein Fortschritt: BTDrucks. **19** 23568 S. 91 ff.

angemessenen Verhältnis zur Tragweite der Tat steht. Wenn die Strafe gegen die natürliche Person und die Geldbuße gegen den vertretenen Verband insgesamt eine angemessene Sanktionierung ergeben sollen, sind beide Komponenten möglichst in *einem* Strafzumessungsakt aufeinander abzustimmen.[27]

9 Die gleichzeitige Entscheidung über Strafe und Geldbuße legt ferner der Grundsatz ***ne bis in idem*** (Art. 103 Abs. 3 GG) jedenfalls nahe. Denn in denjenigen Fällen, in denen das Organ an dem Kapital des vertretenen „Verbandes" beteiligt ist – wie insbesondere bei der Ein-Mann-GmbH –, dürfte eine von der Bestrafung des Vertreters getrennte Bußgeldfestsetzung gegen den Vertretenen einer grundgesetz- und ggf. chartawidrigen[28] **Doppelbestrafung**[29] nahekommen. Wenngleich ein Straf- oder Bußgeldverfahren gegen das Organ etc. nach der Durchführung des Verfahrens gegen den vertretenen Verband nicht ausgeschlossen ist, sollte eine Beeinträchtigung durch die Geldbuße gegen den vertretenen Personenverband auch bei der späteren Zumessung der Sanktion gegen das Organ Berücksichtigung finden.[30]

III. Die Beteiligungsanordnung (Absatz 1)

10 **1. Überblick.** Absatz 1 regelt die Anordnung der Verfahrensbeteiligung (Voraussetzungen, Form, Anfechtbarkeit usw.). Dies geschieht teils durch selbständige Vorschriften, die mit Berücksichtigung der unterschiedlichen Verfahrenslage den Vorschriften des § 424 nachgebildet sind (§ 444 Abs. 1 Satz 1), teils durch Verweisung auf ausgewählte und entsprechend anwendbare Vorschriften des § 424 (§ 444 Abs. 1 Satz 2). Hinsichtlich der Form vgl. bereits § 424, 19 f. Auch nach Ansicht des BGH ist eine **konkludente Anordnung** etwa in Gestalt des Eröffnungsbeschlusses oder der materiellen Behandlung als Nebenbeteiligter möglich.[31]

11 **2. Zeitpunkt.** Die Beteiligung kann *de lege lata* erst und spätestens im Strafverfahren angeordnet werden (Satz 1). Dies kann nach der – kritikwürdigen[32] – gesetzlichen Regelung aber **frühestens** geschehen, wenn gegen die natürliche Person (Organ, Organmitglied, Vertreter) die öffentliche Klage erhoben ist (§ 157).[33] Im Strafbefehlsverfahren (§ 407 Abs. 2 Nr. 1) ist der Antrag auf Erlass des Strafbefehls eine Art der öffentlichen Klage (§ 407 Abs. 1 Satz 4), in dem auch auf Geldbuße gegen die juristische Person oder Personenvereinigung angetragen wird. **Spätestens** kann die Anordnung zu den in § 424 Abs. 3 genannten Zeitpunkten ergehen (Absatz 1 Satz 2).

12 **3. Subjekt der Beteiligung.** Angeordnet wird die **Beteiligung der juristischen Person oder Personenvereinigung als solche**, nicht etwa die Beteiligung bestimmter Per-

---

27 KMR/*Metzger* 1; vgl. auch KK/*Schmidt* 1; AnwK/*Lohse* 2.

28 Zu den Maßstäben des Art. 50 GRCh m.w.N. Böse/*Radtke* Europäisches Strafrecht, 2. Aufl. (2021), § 12 Rn. 1, allerdings auch zur zeitlichen Trennbarkeit, zur Frage der Einziehung 43; eingehend im transnationalen Kontext *Wegner* S. 155 ff., zur Vermögensabschöpfung 190 ff.

29 Dazu Göhler/*Gürtler*/*Thoma* § 30, 29; *Schmitt* FS Lange 883; weiterführend zur Identität des Sanktionsadressaten *Wegner* S. 243 ff.

30 Göhler/*Gürtler*/*Thoma* § 30, 29.

31 BGH NZWiSt **2017** 230, 231; s.a. schon OLG Hamm NJW **1973** 1851, 1853.

32 S. schon Rn. 7 und Vor § 421, 27. S.a. abweichend nun wohl auch *Wimmer* NZWiSt **2017** 252 ff.: Rechtsgeltung bei Vorliegen eines Anfangsverdachts analog § 152 Abs. 1.

33 Meyer-Goßner/Schmitt/*Schmitt* 6; MüKo/*Scheinfeld*/*Langlitz* 19; m.w.N. Radtke/Hohmann/*Britz* 6; s. aber noch enger KMR/*Metzger* 8: erst mit dem Eröffnungsbeschluss möglich und ausreichend.

sonen, die (aktuell) als Vertreter der juristischen Person (Personenvereinigung) im Verfahren zur Wahrnehmung ihrer Beteiligungsbefugnisse in Betracht kommen. Soweit eine Gesamtrechtsnachfolge oder eine partielle Gesamtrechtsnachfolge durch Aufspaltung die Geldbuße nicht hindern soll, ist der betreffende Rechtsnachfolger einzubeziehen (vgl. § 17a Abs. 2a OWiG). Auch i. S. d. **§ 427 Abs. 1** ist Verfahrensbeteiligter die **juristische Person (Personenvereinigung) als solche**. Die Ausübung der ihr nach § 427 Abs. 1 zustehenden Befugnisse ist Sache derjenigen natürlichen Personen, die nach den gesetzlichen, satzungsmäßigen oder innerorganisatorischen Vorschriften die juristische Person (Personenvereinigung) im Rechtsleben vertreten (s. aber einschränkend Rn. 35). I.S.d. **§ 427 Abs. 2** ist aber, wie sich aus § 444 Abs. 2 Satz 1 Halbsatz 2 ergibt, Verfahrensbeteiligte, deren persönliches Erscheinen erzwungen werden kann, wenn sie ohne genügende Entschuldigung ausbleibt, diejenige natürliche Person, die bei Verhinderung des angeklagten Organs (Vertreters) **vertretungsberechtigt** ist. § 428 ist anwendbar (s. u. Rn. 27).

13 **4. Voraussetzungen der Anordnung.** Die Verfahrensbeteiligung ist **anzuordnen,** wenn über die **Festsetzung einer Geldbuße zu entscheiden ist**. Dies obliegt dem Gericht auf Antrag der Staatsanwaltschaft, aber auch ohne diesen von Amts wegen. Der besagte Anlass zur Entscheidung ist unstreitig gegeben, wenn die Voraussetzungen des § 30 OWiG *wahrscheinlich* vorliegen. Richtigerweise ist über die Festsetzung einer Geldbuße aber i. S. der Kognitionspflicht des Tatgerichts bereits „zu entscheiden", wenn die **Festsetzung der** in das gerichtliche Ermessen gestellten **Geldbuße** („kann") **nicht unwahrscheinlich**[34] ist. Denn mindestens dann besteht das schon aus Art. 6 EMRK abzuleitende Beteiligungsinteresse, zumal eine frühzeitige Beteiligung entscheidend sein kann, um eine konkrete und wirksame Verteidigung gegen die begehrte Sanktion zu ermöglichen. So liegt es insbesondere, wenn eine Konfrontation des Gerichts mit der Verbandsgeldbuße absehbar ist, weil die **Staatsanwaltschaft** diese bei Erhebung der Anklage anstrebt.[35]

14 **5. Wirkungen.** Mit der Anordnung wird die juristische Person oder Personenvereinigung Verfahrensbeteiligte des Strafverfahrens, **„soweit es die Tat betrifft"**, d. h. die Tat des Organs, deretwegen über die Festsetzung einer Geldbuße gegen sie zu entscheiden ist. Das ist von Bedeutung, wenn das Verfahren gegen das Organ wegen mehrerer Taten betrieben wird und nur eine oder einzelne Taten i. S. des § 30 OWiG die Grundlage für die Festsetzung einer Geldbuße gegen die juristische Person (Personenvereinigung) bilden können.

15 **6. Anfechtbarkeit.** § 444 **Abs. 1 Satz 2** erklärt die Absätze 3 und 4 des § 424 für entsprechend anwendbar. Dies betrifft zum einen die übernommene Unanfechtbarkeit des die Verfahrensbeteiligung anordnenden Beschlusses (§ 424 Abs. 4 Satz 1). Zum anderen

---

34 Wohl i.d.S. OLG Celle NStZ-RR **2005** 82, 83; ähnlich Göhler/*Gürtler/Thoma* § 88, 2, KK/*Schmidt* 2, AK/*Keller* 4 und AnwK/*Lohse* 3: Festsetzung muss in Betracht kommen; zu der abweichenden Auffassung u. a. von *Eb. Schmidt* Nachtr. II 7; Meyer-Goßner/Schmitt/*Schmitt* 7 und HK-GS/*Koch* 2, die verlangen, dass die Festsetzung der Geldbuße „zu erwarten" ist, vgl. schon § 424, 14 f. Zu Recht weist SK/*Paeffgen* 9 auf die geringe (zu weitgehend: „ohne") praktische Bedeutung dieser Differenzierungen hin.

35 S. schon § 424, 14 f. Ebenso zu § 444 Abs. 1 OLG Celle NStZ-RR **2005** 82, 83 („regelmäßig"). Dort wird auch festgehalten, dass eine allein bereits erwogene Einstellung aus Opportunitätsgründen nicht zur Abstandnahme von der Beteiligungsanordnung genügt, so auch KMR/*Metzger* 11.

wird bestätigt, dass gegen eine die Verfahrensbeteiligung ablehnende Entscheidung die **sofortige Beschwerde** statthaft ist (§ 424 Abs. 4 Satz 2).

a) Juristische Person. Die juristische Person (Personenvereinigung) soll durch eine solche ablehnende Entscheidung nach bisher herrschender Ansicht **nicht beschwert** und daher nicht beschwerdeberechtigt sein,[36] weil eine Geldbuße gegen die juristische Person (Personenvereinigung) nach dem Sinn des § 444 nur festgesetzt werden darf, wenn sie am Verfahren beteiligt worden ist. Wird dennoch – abgesehen von dem Fall der Festsetzung der Geldbuße durch Strafbefehl, in dem die Festsetzung der Geldbuße zeitlich mit der Anordnung der Verfahrensbeteiligung zusammenfallen kann – die Geldbuße unzulässigerweise durch Urteil festgesetzt, ohne dass vorher die Verfahrensbeteiligung angeordnet ist, bleibt der juristischen Person (Personenvereinigung) der Weg, das Urteil anzufechten. Man hat dann im Urteil den stillschweigenden (aber verspäteten) Ausspruch der Beteiligungsanordnung zu sehen, welcher der juristischen Person (Personenvereinigung) wenigstens die Möglichkeit eröffnet, das Urteil als Verfahrensbeteiligte anzufechten.[37] Dies ist aber nur möglich, wenn auch ein entsprechender Anordnungswille bestand. So liegt es z.B., wenn das Gericht den betreffenden Verband erkennbar als Verfahrensbeteiligten[38] behandelt. Scheidet die konkludente Beteiligungsanordnung aus, plädiert die Praxis zugunsten der zu Unrecht nicht beteiligten Verbandsperson – dem Gebot des Art. 19 Abs. 4 GG folgend – dafür, in entsprechender Anwendung des § 424 Abs. 4 Satz 2 das Rechtsmittel der sofortigen Beschwerde[39] einzuräumen. Die Frist zur Anfechtung beginnt dann erst mit der Zustellung[40] der Entscheidung; vorher kann die Entscheidung der juristischen Person (Personenvereinigung) gegenüber nicht rechtskräftig werden. Eine nachträgliche Erwehrung in einem Nachtragsverfahren nach Art des § 433 kommt nicht in Betracht (s. u. Rn. 45). 16

Zu überzeugen vermag die Ansicht, der Verband sei nicht beschwert und könne daher nicht auf eine Beteiligung dringen, allerdings nicht mehr, wenn man die oben geschilderten Gründe für die Verfahrensbeteiligung ernst nimmt. Unter anderem wird mit einer bestimmten Entscheidung zur individuellen Strafsanktion ein Anker für die insgesamt hinreichende Sanktionierung gesetzt (s. nochmals Rn. 8 und u. 42), der den Verband im späteren Verfahren belasten kann. Ebenso kann die gemeinsame Behandlung des Verfahrensstoffes für den Verband vorteilhaft sein. Es kann ihm unter Umständen in der gemeinsamen Verhandlung eher gelingen, mit seinen Aspekten auf eine Art und Weise bei der Justiz durchzudringen, dass sie auch ein etwaiges gesondertes Verfahren verhindern. Ferner ist der Verweis auf Rechtsmittel gegen ein Urteil gerade bei einer lediglich statthaften Revision unter Umständen und konkret etwa infolge der (über-)strengen Anforderungen an die Darlegung einer Verfahrensrüge ein schwacher Trost. Die Verfahrensstellung des Verbandes wird hier ohne Not verkürzt. Soweit die Verhängung der Verbandsgeldbuße fernliegt, wäre die sofortige Beschwerde unbegründet, eine vermeidbare Verzögerung des Verfahrens durch eine in der Sache unangemessene Verfahrensbeteiligung könnte demnach abgewendet werden. Schließlich ist unerfindlich, weshalb die Staatsanwaltschaft prozessökonomische Erwägungen (Rn. 18) verfolgen können sollte, der ggf. durch das Verfahren gegen das Organ längst mitbetroffene Verband hingegen nicht. 17

---

36 KK/*Schmidt* 4; KMR/*Metzger* 13; Meyer-Goßner/Schmitt/*Schmitt* 10; AK/*Keller* 7; HK/*Retemeyer* 8; SK/*Paeffgen* 16. Begründend: BTDrucks. **V** 1319 S. 83.

37 So OLG Düsseldorf NStZ **1984** 366, 367.

38 So zutr. OLG Hamm NJW **1973** 1851, 1853.

39 KK/*Schmidt* 12; KMR/*Metzger* 21.

40 KK/*Schmidt* 12.

18 **b) Staatsanwaltschaft.** Der Staatsanwaltschaft ist das Recht der sofortigen Beschwerde aus prozessökonomischen Gründen eingeräumt. Ohne § 424 Abs. 4 Satz 2 könnte sie das Urteil selbst mit der Begründung anfechten, das Gericht habe zu Unrecht die Festsetzung einer Geldbuße gegen die juristische Person (Personenvereinigung) nicht in Betracht gezogen und von deren Beteiligung abgesehen.[41]

19 **7. Unanwendbarkeit weiterer Regelungen.** Indem § 444 Abs. 1 Satz 2 nur **bestimmte Vorschriften des § 424** bzw. des früheren § 431 a. F. für anwendbar erklärt, bringt er zum Ausdruck, dass die übrigen Vorschriften des § 424 unanwendbar sind. Der mangelnde Verweis auf § 421 ist allerdings differenziert zu betrachten.

20 **a) § 425.** Insoweit ist festzuhalten, dass die schon zuvor nicht für anwendbar erklärten Regelungen der § 431 Abs. 1 Satz 2 und 3 aF, die ein Absehen von der Beteiligung ermöglichen sollten, wenn die Beteiligung unausführbar oder untunlich ist, weiter unanwendbar sind: Zum einen ist die Beteiligung des Verbandes, gegen den eine Geldbuße festgesetzt werden soll, unverzichtbar (s. schon Rn. 6 ff.). Soweit gerade seine Beteiligung „nicht ausführbar" ist, scheidet die Festsetzung einer Geldbuße prozessual von vornherein aus.[42] Zum anderen hat der Gesetzgeber einen Verweis auf die heutige Regelung der Ausnahmefallgruppen in **§ 425 nicht angeordnet.**

21 **b) § 431 Abs. 2 a. F./§ 438 Abs. 2.** Eine **Beschränkung** der Beteiligung **entsprechend** der früheren Vorschrift **§ 431 Abs. 2 a. F. sieht das Gesetz nach wie vor nicht vor.** Da die Begehung einer Straftat durch die natürliche Person materiellrechtlich Voraussetzung für die Festsetzung einer Geldbuße ist, besteht der Sinn der Verfahrensbeteiligung gerade darin, der Verbandsperson die Verfahrensteilhabe zur Frage der Schuld des Angeschuldigten[43] zu ermöglichen. Eine § 431 Abs. 2 a. F. entsprechende Norm ist auch für den Einziehungsbeteiligten nicht mehr vorgesehen, sondern nur noch gemäß § 438 Abs. 2 für den Nebenbetroffenen zu beachten.

22 **c) § 424 Abs. 2. § 424 Abs. 2** ist **unanwendbar.** Nach der gesetzgeberischen Konzeption ist die Anordnung der Verfahrensbeteiligung zwingend geboten, wenn über die Festsetzung einer Geldbuße gegen die Verbandsperson zu entscheiden ist. Die in § 424 Abs. 2 aufgegriffene Erklärung, keine Einwendungen gegen die Einziehung (hier dann: die Festsetzung einer Geldbuße) erheben zu wollen, soll weder der Anordnung der Verfahrensbeteiligung entgegenstehen noch dazu Anlass geben, eine getroffene Anordnung wieder aufzuheben.[44] Es steht danach zwar im Belieben der juristischen Person oder Personenvereinigung, in welchem Umfang sie von den Befugnissen tatsächlich Gebrauch machen will, die ihr durch die Anordnung der Verfahrensbeteiligung erwachsen. Eine § 424 Abs. 2 entsprechende Erklärung wird jedoch als rechtlich bedeutungslos behandelt. Sie würde die Verbandsperson insbesondere nicht hindern, Einwendungen im Verfahren entgegen ihrer ursprünglichen Haltung nunmehr vorzutragen. Ebenso kann sie ein Urteil, in dem eine Geldbuße festgesetzt ist, wegen unterlassener Anordnung der Verfahrensbeteiligung anfechten, selbst wenn die Anordnung im Hinblick auf ihre vorangegangene Erklärung unterblieben war. Indem § 444 Abs. 2 nicht auch auf die §§ 424 Abs. 2, 429 Abs. 3 und 430 Abs. 1 verweist, die eine Abstandnahme vom Verfahren

---

41 Dazu schon die amtl. Begr. in BTDrucks. **V** 1319 S. 83.
42 KK/*Schmidt* 5; HK/*Retemeyer* 7; SK/*Paeffgen* 9.
43 S. schon BTDrucks. **V** 1319 S. 83; KK/*Schmidt* 5.
44 KK/*Schmidt* 5.

ermöglichen, wird der betroffene Verband deutlicher als der Einziehungsbeteiligte an den Angeklagten angelehnt. Er wird im Einklang mit den Regelungen für Angeklagte weithin gezwungen, durch eine Vertretung seine subjektiven (Verteidigungs-)Rechte vor Gericht formal wahrzunehmen (s. allerdings § 444 Abs. 2 Satz 2 Halbsatz 2 zur Verhandlung ohne den Verband). Zumal schon die *de lege lata* anerkannte undifferenzierte Anwesenheitspflicht des Angeklagten Kritik unterliegt, ist auch diese letztlich **primär belastende Verteidigungspflicht des Verbandes** Einwänden ausgesetzt.[45] Sie sollte bei einer Neuregelung der Verbandssanktionierung mit den Regelungen zur Anwesenheit des Angeklagten einer Revision unterzogen werden.

d) § 424 Abs. 5. Die Regelung des **§ 424 Abs. 5** zum Fortgang des Verfahrens bei einer Beteiligungsanordnung für entsprechend anwendbar zu erklären, wurde für entbehrlich angesehen, „weil es bei der Festsetzung der Geldbuße gegen juristische Personen oder Personenvereinigungen selten vorkommen wird, daß die Verfahrensbeteiligung den Ablauf des Verfahrens hemmt. Kommt es aber zu einer verspäteten Verfahrensbeteiligung, so muss das Verfahren in der Regel unterbrochen und wiederholt werden, weil dann die Frage der Geldbuße gegen die juristische Person oder Personenvereinigung meist den Schwerpunkt des Verfahrens bilden wird“.[46] Im Übrigen wäre eine prozessuale Zurücksetzung des Verbandes, der hier unstreitig ein Sanktionsadressat ist, auch im Besonderen zur rechtfertigen. 23

e) § 421. Schließlich sieht das Gesetz davon ab, die Regelung des Absehens von einer Einziehungsanordnung des **§ 421** für entsprechend anwendbar zu erklären. Der Gesetzgeber sieht keinen Bedarf zu einer Regelung, die Festsetzung der Geldbuße unter bestimmten Voraussetzungen aus dem Verfahren auszuscheiden. Auf eine § 421 „entsprechende Vorschrift kann jedenfalls deswegen verzichtet werden, weil die Verfahrenslage bei der Festsetzung einer Geldbuße [...] eine andere ist als bei der Entscheidung über die Einziehung. Hier kann das Verfahren besonders dadurch erschwert werden, dass u. U. mehrere Personen wegen ihres angeblichen Rechts an dem Einziehungsgegenstand die Beteiligung an dem Verfahren erzwingen und dann dessen Ablauf verzögern können. Schon die Aufklärung der Rechtsverhältnisse an dem Einziehungsgegenstand kann einen erheblichen Verfahrensaufwand erfordern. Soweit das Verfahren dagegen die Geldbuße gegen juristische Personen oder Personenvereinigungen betrifft, ist das Gericht nicht gezwungen, mehrere Personen zu beteiligen und deren Rechtsverhältnisse zu dem Täter aufzuklären. Es beteiligt die juristische Person oder Personenvereinigung auch nicht auf deren Drängen, sondern weil sich die Rechtsfolge der Geldbuße gerade gegen sie richtet. Ihre Beteiligung wird danach im Allgemeinen das Verfahren nicht unnötig erschweren. Es wird im Übrigen auch selten sein, dass die Geldbuße gegen juristische Personen im Vergleich zu den anderen Rechtsfolgen der Tat nur ein unwesentlicher Nebenpunkt ist. Denn sie bezweckt ja gerade, ein angemessenes Verhältnis zwischen der Tragweite der Tat und den Rechtsfolgen hierfür herzustellen, weil die nach den persönlichen und wirtschaftlichen Verhältnissen des Täters zu bemessende Strafe oft unzureichend sein wird. Es wird danach kaum in Betracht kommen, die Rechtsfolge der Geldbuße gegen juristische Personen oder Personenvereinigungen aus dem Verfahren auszuscheiden“.[47] 24

45 M.w.N. zur Debatte um die Rechtfertigung der Anwesenheitspflicht *Gaede* ZStW **129** 2017 911, 951 ff. m.w.N.

46 BTDrucks. **V** 1319 S. 83.

47 S. so schon zur Vorgängernorm BTDrucks. **V** 1319 S. 83.

25 Zugleich ist darauf hinzuweisen, dass auch ohne den Verweis auf § 421 oder die §§ 154 und 154a der Rückgriff auf die in § 421 Abs. 1 genannten Kriterien im Rahmen des bereits angesprochenen **Opportunitätsprinzips**[48] in Betracht kommt. Das *de lege lata*[49] für die Sanktionierung von Verbänden geltende sog. Opportunitätsprinzip bietet längst Spielräume, die von § 421 Abs. 1 angesprochenen Aspekte zu berücksichtigen. Die Staatsanwaltschaft kann bei der Anklageerhebung von einem Antrag auf Festsetzung einer Geldbuße gemäß § 47 Abs. 1 OWiG absehen, wenn nach ihrer Auffassung keine Umstände vorliegen, die dem Gericht Veranlassung geben, die Verhängung einer Geldbuße in Erwägung zu ziehen. Das Gericht kann die Beteiligung zudem ausscheiden lassen, indem es eine notwendige Entscheidung über die Verbandsgeldbuße zurückweist und die Beteiligung entsprechend nicht anordnet („ablehnt"); dagegen kann die Staatsanwaltschaft sofortige Beschwerde einlegen (§ 424 Abs. 4 Satz 2). Hat das Gericht die Beteiligung zu einem früheren Zeitpunkt angeordnet, kann das Gericht den Anordnungsbeschluss aufheben, wenn es in Ausübung seines Ermessens eine Geldbuße bei einer geänderten Ansicht nicht mehr in Erwägung zieht. Es ist dann nicht mehr über die Festsetzung einer Geldbuße „zu entscheiden". Auch gegen einen solchen Beschluss, der eine „Ablehnung" der Verfahrensbeteiligung darstellt, kann die Staatsanwaltschaft sofortige Beschwerde einlegen (s. auch § 47 Abs. 2 OWiG). Ist die „Ablehnung" prozessual nicht mehr anfechtbar, scheidet die juristische Person (Personenvereinigung) aus dem Verfahren aus. Damit wird die Festsetzung einer Geldbuße ausgeschlossen.

IV. Die Verfahrensbeteiligung: die Rechte des Verbandes (Absatz 2)

26 **1. Regelungsstruktur und Vertretung. Absatz 2** regelt die Verfahrensbeteiligung grundsätzlich in Anlehnung an die Vorschriften, die bei der Einziehung den Einziehungsbeteiligten zur Verfahrensteilhabe befähigen (hierzu bereits grds. Rn. 7). Insbesondere trägt **Satz 2** mit der beinhalteten **Verweisung auf § 427** (Absatz 1 Satz 1) der Tatsache Rechnung, dass sich die juristische Person (Personenvereinigung) prozessual in einer Lage befindet, die der eines Angeklagten ähnlich ist, weil die Geldbuße gegen sie festgesetzt werden kann. **Satz 1** trifft eine selbständige Regelung, die zum einen die Ladungspflicht hinsichtlich des Verbandes etabliert, zum anderen aber die Möglichkeit eröffnet, ohne einen Vertreter des Verbandes zu verhandeln, wenn dieser unentschuldigt ausbleibt (s. allerdings auch den Verweis auf § 427 Abs. 2: mögliche Anordnung des persönlichen Erscheinens). Satz 2 zählt ferner weitere entsprechend anwendbare Vorschriften des Verfahrens bei Einziehungen auf.

27 Zu den grundsätzlichen Rechten der Verbandsperson gehört nach diesem Ansatz unabhängig vom Verfahrensstadium in Anwendung des § 444 Abs. 2 Satz 2 auch die **Wahl eines Vertreters** (bzw. hier materiell: **Verteidigers**) gemäß § 428 Abs. 1, der sodann die Rechte des Verbandes im Einklang mit dem geltenden Recht wahrnehmen darf. Ein solcher auch hier – zweifelhafterweise – Vertreter und nicht Verteidiger genannter Beistand wird im hiesigen letztlich schwer durchschaubaren materiell- und prozessrechtlichen Umfeld kaum einmal verzichtbar sein. Der **Vertreter** kann nach den Regeln des § 428 Abs. 2 **beigeordnet** werden. Hierbei ist die – insbesondere beim Verband

48 KK/*Schmidt* 6; KMR/*Metzger* 11; Meyer-Goßner/Schmitt/*Schmitt* 5; Göhler/*Gürtler*/*Thoma* § 30, 35; vgl. auch KK-OWiG/*Rogall* § 30, 164.

49 S. allerdings zu den de lege ferenda dominierenden Plänen nur etwa BTDrucks. **19** 23568 S. 1, 17 und 43 ff.

(s. Rn. 6 f. und 28 ff.) – zu bejahende Anwendbarkeit im Ermittlungsverfahren[50] streitig.[51] Gemäß § 146, der nach §§ 428 Abs. 1 Satz 2, 444 Abs. 2 Satz 2 ebenso wie die §§ 137 bis 139, 145a, 147-149 und 218 entsprechend gilt, ist die parallele Vertretung mehrerer Verbandspersonen durch einen Rechtsanwalt unzulässig. Die gemeinschaftliche Verteidigung der Verbandsperson und der jeweils betroffenen Individualperson (Organ etc.) durch einen Rechtsanwalt soll jedoch nach der bisher nicht aufgegebenen Rechtsprechung des BVerfG zulässig sein.[52] Dies ist hinsichtlich denkbarer Interessenskonflikte angesichts der übertragenen Regelung des § 146 und des Ausschlusses des beschuldigten Organs von der Vertretung des Verbandes vom Standpunkt der h. M. betrachtet zumindest nicht konsequent; mindestens bei einer gegen den Verband gerichteten Tat ist die Rechtsprechung zweifelhaft.

2. Grundfrage: verfassungs- und konventionsmäßige Rechtsstellung des Verbandes. Ob und mit welcher Reichweite sich ein sanktionierter Verband bei seiner Verteidigung auf die Rechte berufen kann, die einer natürlichen Person zustehen, ist gerade aus der Perspektive des deutschen Verfassungsrechts *insbesondere* hinsichtlich der Selbstbelastungsfreiheit (des Schweigerechts) fraglich, weil die natürlichen Personen zugestandenen Grundrechte der Art. 1 ff. GG für juristische Personen gem. Art. 19 Abs. 3 GG nur insoweit gelten, als „sie ihrem Wesen nach auf diese anwendbar sind".[53] Hierzu ist sowohl einfach- als auch verfassungs- und konventionsrechtlich wie folgt Stellung zu nehmen: 28

a) Einfachgesetzliche Anerkennung. Zunächst darf nicht übersehen werden, dass die Rechtsstellung des Verbandes nicht notwendig direkt aus der Verfassung oder originär aus Art. 6 EMRK abgeleitet werden muss. Selbst dann, wenn die Gewährleistung prozessualer Rechte nicht grund- oder menschenrechtlich erzwungen wird, ist zuallererst das anwendbare Bundesrecht vor allem der StPO maßgeblich. Zumindest grundsätzlich bedarf es für die Anerkennung einer Rechtsstellung, die sich weithin an derjenigen des Angeklagten orientiert, keiner Parteinahme einer bestimmten Ansicht zum höherrangigen bzw. maßstabssetzenden Recht. Schon das geltende Recht richtet sich insbesondere nach der Eröffnung des Hauptverfahrens über § 444 Abs. 2 Satz 2 und § 427 Abs. 1 Satz 1 an den Rechten des Angeklagten sowie über § 444 Abs. 2 Satz 2 und § 426 Abs. 2 auch im Ermittlungsverfahren an den Beschuldigtenrechten in der Vernehmung aus. Insofern sieht schon die StPO eine Belehrung über das **Aussageverweigerungsrecht** des betroffenen **Verbandes** vor, welches aus §§ 444 Abs. 2 Satz 2, 426 Abs. 2, 163a Abs. 3 Satz 2, 136 Abs. 1 Satz 2 (Ermittlungsverfahren) oder §§ 444 Abs. 2 Satz 2, § 427 Abs. 1 Satz 1, 243 Abs. 5 Satz 1 und 2 (Hauptverfahren) herzuleiten ist. Die Gegenthese, dass jedenfalls die Regelungen zur Vernehmung ein Aussageverweigerungsrecht voraussetzen und nicht auch selbst regeln würden,[54] ist dabei als unzutreffend zurückzuwei- 29

---

50 Für diese wie hier etwa auch OK-StPO/*Inhofer* 3.

51 S. näher § 428, 4 ff.

52 M.w.N. BVerfGE **45** 272, 288 (für das *Bußgeldverfahren*); MüKo/*Scheinfeld*/*Langlitz* 27: keine analoge Anwendung des § 146; KK/*Schmidt* 8; Meyer-Goßner/Schmitt/*Schmitt* 12; KK-OWiG/*Mitsch* § 88, 15; distanziert OK-StPO/*Inhofer* 3; krit. Göhler/*Gürtler*/*Thoma*, § 88, 14; **a.A.** HK/*Retemeyer* 9: mögliche Interessenkonflikte; KMR/*Metzger* 15; s. auch Radtke/Hohmann/*Britz* 16: ggf. notwendige Niederlegung des sog. Doppelmandats im Einzelfall. S. nun auch BTDrucks. **19** 23568 S. 94.

53 BVerfGE **95** 220, 242.

54 So etwa *von Freier* ZStW **122** (2010) 117, 121; in diese Richtung SK/*Paeffgen*, § 426, 10. S. dann aber verfassungsrechtlich SK/*Paeffgen* 13.

sen.[55] Sie schätzt gering, dass der in § 136 Abs. 1 Satz 2 oder § 426 Abs. 2 regelnde Gesetzgeber für die betroffenen Situationen bekundet, dass er vor der Anerkennung des Schweigerechts ausgeht und daher Belehrungsmaßstäbe vorsieht. Von einer nur teilweisen Verweisung hat er in § 444 Abs. 2 Satz 2 insoweit abgesehen. Dass das Schweigerecht in der Tat nicht nur aus § 136 Abs. 1 Satz 2 folgt, versagt die Berufung auf eine das Recht anerkennende Norm mitnichten.

30 Problematisch wird es jedoch, wenn Besonderheiten des Verbandes erwogen bzw. vorgebracht werden, die Abstriche von der vom Gesetz vorgesehenen „entsprechenden" Anwendung rechtfertigen sollen.[56] Hier kann die einfachrechtliche Regelung gerade Fragen, welche die Reichweite eines prinzipiell vom Gesetzgeber vorgesehenen Rechts des Verbandes betreffen, etwa bei der Verwertung eines belastend wirkenden Schweigens nur unzureichend vorgezeichnet haben.[57] Erst recht werden höherrangige Rechtsnormen relevant, wenn es darum geht, die in Anlehnung an die Rechtsstellung natürlicher Personen übernommenen **Rechte gerade für die besondere Lage des Verbandes zu konkretisieren.** Insbesondere hier wird man nicht umhinkommen, die verfassungs- und konventionsrechtliche Ebene einzubeziehen, um die Validität der angebotenen Auslegungsvorschläge prüfen zu können. Schließlich sind Fragenkreise unter Rückgriff auf Grundlagen der Rechtsanerkennung zu klären, in denen das einfache Bundesrecht auch über das Schweigerecht hinaus von vornherein keine oder nur wenig klare Regelungen vorhält, weil etwa andere Fragenkreise des Ermittlungs- oder Zwischenverfahrens als die in § 426 Abs. 2 geregelte Vernehmung betroffen sind.

31 **b) Haltung des BVerfG.** Zur Grundfrage propagiert das BVerfG bisher eine begrenzende Linie. Unabhängig davon, ob dies „für das allgemeine Persönlichkeitsrecht"[58] generell zu verneinen sei, komme „jedenfalls dort, wo der Grundrechtsschutz an Eigenschaften, Äußerungsformen oder Beziehungen anknüpft, die nur natürlichen Personen wesenseigen sind, [...] eine Erstreckung auf juristische Personen als bloße(n) Zweckgebilde(n) der Rechtsordnung nicht in Betracht" mit der Konsequenz, dass der juristischen Person kein „Schutz vor einem Zwang zur Selbstbezichtigung zugute kommt".[59] Von diesem Standpunkt aus können der Personenwürde und dem allgemeinen Persönlichkeitsrecht entfließende Verfahrensrechte nur denjenigen natürlichen Personen zugestanden werden, die im Rechtsleben die juristische Person oder Personenvereinigung repräsentieren, wenn das als Beschuldigter in Betracht kommende Organ, Organmitglied usw. weggedacht wird.[60] In der Konsequenz dessen kämen insbesondere Anhörungs-, Auskunfts- und Aussageverweigerungsrechte dem Verband insoweit nicht aus verfassungsrechtlichen Gründen, sondern allein nach einer – abänderlichen – einfachrechtlichen Anordnung (und Begrenzung) des Gesetzgebers zu.

55 Wie hier i.E. etwa auch *Wimmer* NZWiSt **2017** 252, 253; MüKo/*Putzke*/*Scheinfeld* § 426, 8; SSW/*Heine* § 426, 4; HK/*Retemeyer* 4; SSW/*Kudlich*/*Schuhr* 8.

56 Für derartige Anliegen ist in der Sache allenfalls dann Raum, wenn sich ein bestimmter Schutzstandard gerade *ausschließlich* aus einer Menschen vorbehaltenen Personenwürde ableiten lässt.

57 S. zur Behandlung des Schweigens schon zum Einziehungsbeteiligten beispielhaft § 427, 6 f. Allerdings sind die Ausführungen in BTDrucks. **18** 9525 S. 89 nicht unmittelbar auf den Verband zu übertragen, weil sie mit dem Charakter der Einziehung als einer „quasi-bereicherungsrechtlichen Maßnahme" argumentieren, der die Strafqualität fehle. Zu einer erklärtermaßen als Sanktion gedachten Regelung äußern sich die Materialien nicht. Ebenso wird dort eine mangelnde Vergleichbarkeit zum Angeklagten moniert, die hier indes vorliegt.

58 Bemerkenswerterweise offenlassend BVerfGE **95** 220, 242.

59 BVerfGE **95** 220, 242.

60 BVerfGE **95** 220, 242.

Diese **Rechtsprechung** ist jedoch **zurückzuweisen**: Es ist zwar zu bedenken, dass etwaige Rechte des Verbandes auch auf Rechte beteiligter natürlicher Personen prozessual zurückwirken können bzw. eine Vermehrung der Verfahrensrechtsinhaber in den Verbandsfällen mit einer ggf. die Rechtsdurchsetzung erschwerenden Wirkung im Raum steht. Dies ist jedoch im Kern die Folge des gerade ausgedehnten Sanktionsbedürfnisses des Gemeinwesens, das sich mit dem Zugriff auf einzelnen Personen nicht mehr begnügen will und nun weitere Personen zu belasten sucht. Das BVerfG bleibt mit seiner bisherigen Auffassung vorschnell bei einer Analyse stehen, die sich allein auf die Menschenwürde und die Entfaltungsfreiheit des Art. 2 Abs. 1, Art. 1 Abs. 1 GG bezieht, bei denen Zweifel an hinreichenden Parallelen jedenfalls für die Menschenwürde plausibel sind. Das Gericht schätzt gering, dass Verteidigungsrechte einschließlich des *nemo-tenetur*-Grundsatzes schon aus den Gewährleistungen des Rechts auf ein faires Verfahren (Art. 2 Abs. 1, 20 Abs. 3 GG) abzuleiten sind,[61] das auch im Grundgesetz nach der Rechtsprechung des BVerfG[62] nicht nur natürliche Personen begünstigt. Es existiert eine zweite, national insbesondere dem Rechtsstaatsprinzip zugeordnete Begründungslinie, die im Fall der Sanktionierung von Verbänden besonders von Belang ist. Überdies sollte nicht übersehen werden, dass hinter dem juristischen „Zweckgebilde" des Verbandes natürliche Personen stehen, die in ihrer realen Freiheitsentfaltung mit einem Verfahren gegen den Verband zugleich gravierend beschnitten werden, ohne dass sie selbst als Beschuldigte zu führen wären. 32

c) Rechte gewährende europäische Gerichte. Die Rechtsprechung des EGMR und jedenfalls partiell des EuGH[63] und des EuG[64] verdeutlicht – trotz im Einzelnen fehlender klärender Entscheidungen – ebenfalls, dass die Haltung des BVerfG einer Korrektur bedarf. Nach der zu Art. 48 und 52 Abs. 3 GRCh fortzuführenden europäischen Rechtsprechung liegt in der Selbstbelastungsfreiheit schon ein Herzstück[65] des Rechts auf ein faires Verfahren im Fall einer strafrechtlichen Anklage (Art. 6 Abs. 1 Satz 1 EMRK).[66] Es ist unerfindlich, wie sich in einer Verteidigungssituation eine substanzielle Subjektstellung der angeklagten Person ohne die Selbstbelastungsfreiheit/das Schweigerecht etablieren lassen sollte.[67] Ein Verfahrensbeteiligter, der seine eigenen Schritte an der Belastungshy- 33

---

61 Dazu s. etwa BVerfG NStZ **1995** 555; BGHSt **25** 325, 330; **38** 302, 305; für die Anerkennung des Schweigerechts auch für das Grundgesetz etwa aus der h. L. m.w.N. SK/*Paeffgen* 13; *C. Dannecker* ZStW **127** (2015) 370, 375 ff.; *Eidam* S. 5 ff.

62 Dazu m.w.N. BVerfGE **61** 82, 104; BVerfG BeckRS **2016** 40532; m.w.N. *Osterloh* S. 178 f.

63 S. nur partiell anerkennend EuGH Slg. **1989** 3283 und 3351 (Orkem).

64 Fortführend EuG EuZW **2001** 345, 349 f. (Mannesmannröhrenwerke AG).

65 Zur Rspr. s. EGMR ÖJZ **1993** 532, Rn. 41, 44 – *Funke/FRA*; EGMR StV **2003** 257 Rn. 49 ff. – *Allan/UK*; EGMR [GK] NJW 2006, 2117 – *Jalloh/D* m. Bespr. *Gaede* HRRS **2006** 241 ff.; m.w.N. SK/*Meyer* Art. 6 EMRK, 175 ff.

66 Für die Anerkennung der Selbstbelastungsfreiheit nach Art. 6 EMRK auch *Minoggio* wistra **2003** 121, 125 ff.; SK/*Paeffgen* 13; SK/*Meyer* Art. 6 EMRK, 15 und 182 ff., mit dem Hinweis auf eine möglicherweise geringere Schutzdichte; OK-StPO/*Valerius* Art. 6 EMRK, 3; Karpenstein/Mayer/*Meyer* Art. 6 EMRK, 6; LR/*Esser* Art. 6 EMRK, 23, 887 f.; *Weiß* JZ **1998** 289 ff., *ders.* NJW **1999** 2236 f.; *C. Dannecker* ZStW **127** (2015) 370, 389 ff.; *Trüg* StV **2020** 779, 781 ff.; *Schlüter* 131 ff.; i.d.S. etwa bereits m.w.N. vgl. ferner EGMR v. 24.9.1997 – 93/1996/712/909, Rn. 28 ff. – *Garyfallou AEBE/GRE*; wohl auch *Wimmer* NZWiSt **2017** 252, 253; Meyer-Goßner/Schmitt/*Schmitt* 3a; **a.A.** verfehlt: *Fink* wistra **2014** 457, 461 f.; zweifelnd Göhler/*Gürtler*/*Thoma*, § 88, 5.

67 Dazu i.d.S. etwa bereits *Gaede* 406 f.; m.w.N. *C. Dannecker* ZStW **127** (2015) 370, 389 ff.; *Zerbes* ZStW **129** (2017) 1032, 1040 ff., 1043 f.; abl. aber *von Freier* ZStW **122** (2010) 117, 133 ff.: zwingende Korrelation mit einem – in seinem Sinne verstandenen – Schuldprinzip, für welche der – von den anderen Stimmen

pothese des anklagenden Verfahrensgegners ausrichten müsste und bei einer unerwünschten Antwort unter den Druck von Strafdrohungen geriete, könnte das Verfahren nicht als Prüfstein der Vorwürfe transportierenden Anklage gestalten und empfinden. Einer zusätzlichen Herleitung gerade aus der Menschenwürde bedarf es insoweit grundsätzlich nicht. Ebenso wenig kommt es auf die Frage an, ob Verbände überhaupt in einem substanziellen Sinne straf- bzw. schuldfähig sein können.[68] Aus einer insoweit ablehnenden Ansicht folgt gerade nicht schon die Befugnis, die nach wie vor beanspruchte **Sanktionszuschreibung** ohne eine substanzielle **prozessuale Legitimation** vollziehen zu dürfen. Solange davon auszugehen ist, dass die gerade in jüngster Zeit mit einer erheblichen Ernsthaftigkeit aufgeladene Verbandsgeldbuße eine Strafsanktion im Sinne der Art. 6 EMRK und Art. 48 GRCh ist, muss sich der Staat seiner Entscheidung zugunsten eines Verbandssanktionenrechts auch stellen und nach den Bedingungen des Strafverfahrensrechts „spielen".

34 **d) Notwendige Fortentwicklung.** Selbst wenn man wie geschehen für die Anerkennung der vollen Verteidigungsrechte i. S. der prozessualen Rechtsbegründung des Art. 6 EMRK eintritt, ist nicht zu verkennen, dass der **Status quo in hohem Maße unbefriedigend** bleibt. So sind insbesondere hinsichtlich der personellen und sachlichen Reichweite der Selbstbelastungsfreiheit viele Fragen offen;[69] die Rechtsprechung des BVerfG sät Zweifel an einer wirklichen und kraftvollen Berechtigung. Der gemäß Art. 6 EMRK[70] bisher schwächere Schutz vor belastenden Würdigungen des Schweigens[71] verunklart und schmälert die Rechtsstellung des Verbandes. Gerade zum Schweigerecht (zur Selbstbelastungsfreiheit) bedarf es für die Zukunft einer näheren und möglichst klaren Regelung, welche Personen mit welcher Intensität durch das Schweigerecht geschützt sind. Hierbei sollte die bisherige, für ein im Ansatz nennenswertes Schweigerecht kaum taugliche Abgrenzung des Personenkreises (s. Rn. 35 ff.) überdacht werden, da der Ausschluss gewillkürter und mit dem Themenkreis früher für den Verband befasster Personen die konkrete und wirkliche Ausübung des Rechtes seitens des Verbandes kaum sinnvoll sein lässt. Ebenso bleiben Konkurrenzfragen zu beantworten, die sich insbesondere hinsichtlich der Überlagerung des Schweigerechts/Auskunftsverweigerungsrechts des individuell Beteiligten und des Schweigerechts des Verbandes stellen. Hier wird eine Pflicht zum Schweigen nur in Betracht kommen und durch ein Beweisverwertungsverbot zu sichern sein, wenn die für den Verband zum Schweigen berechtigte Person nicht selbst beschuldigt ist. Zur Verwertbarkeit von pflichtgemäß erstellten Dokumentationen stellen sich zahlreiche Fragen usw. Bei alledem dürften akademische Auslegungsvorschläge ohne ein Einschreiten des Gesetzgebers kaum eine Rechtsgewährleistung erzielen können, die **in der Praxis** einen hinreichend belastbaren Schutz bedeutet. Vielmehr dürfte eine konfrontative, auch auf das Schweigen setzende Unternehmensverteidigung vor dem Hintergrund von Compliance-

---

tatsächlich stets vorausgesetzte – Vorwurf eines zu sanktionierenden und zurechenbaren Normbruchs nicht genügen könne.

68 So auch LR/*Gössel*[26] 25 f. im Anschluss an *Minoggio* wistra **2003** 121, 129; i.E. ebenso etwa *Eidam* 29, 58 f.; *Schlüter* 105 ff., 119. **A.A.** wieder *von Freier* ZStW **122** (2010) 117, 133 ff.

69 S. auch SSW/*Kudlich/Schuhr* 8 und etwa SK/*Paeffgen* 13.

70 S. ferner zur These des EGMR, es gebe zwei verschiedene Anwendungsbereiche des Art. 6 EMRK, in denen unterschiedliche Schutzstandards vertretbar seien, m.w.N. krit. SK/*Meyer* Art. 6 EMRK, 15, 48 f. und 182 f.; MüKo/*Gaede* Art. 6 EMRK, 47 ff.

71 Zu diesem und seiner Kritik s. m.w.N. MüKo/*Gaede* Art. 6 EMRK, 323 f.

pflichten und -lockmitteln[72] im Zuge dominanter Kooperationserwartungen regelmäßig schier unmöglich scheinen.[73] Auch der Weg der schrittweisen Konkretisierung durch die Rechtsprechung ist hiermit paralysiert. So stellt sich die Suche nach einer fassbaren Selbstbelastungsfreiheit der Verbände insgesamt **bisher** als **akademisches Glasperlenspiel** dar. Zu einer wirkmächtigen Anerkennung der Selbstbelastungsfreiheit, aber auch weiterer Verteidigungsrechte,[74] des beschuldigten Verbandes wird es nur kommen, wenn der **Gesetzgeber** diesen Fragenkreis tatsächlich **differenziert und belastbar regelt.** Eben dem sollte er sich aber widmen; dies insbesondere dann, wenn er das Verbandssanktionenrecht in Zukunft weiter zuspitzen will.[75]

3. Beteiligung im Ermittlungsverfahren. Für das Ermittlungsverfahren sieht § 444 Abs. 2 Satz 2 – von § 428 Abs. 3 abgesehen – lediglich[76] den unzureichenden Verweis auf den sinngemäß anzuwendenden **§ 426** vor. I.S. seines Absatz 1 Satz 1 sind diejenigen Personen zu hören, die im Rechtsleben die juristische Person oder Personenvereinigung nach dem einschlägigen Zivil- bzw. Gesellschaftsrecht repräsentieren.[77] Hierbei geht die herrschende Ansicht aber schon für das Ermittlungsverfahren in Anknüpfung an zivilrechtliche Rechtsgedanken davon aus, dass ein an sich zivilrechtlich maßgebliches Organ, **Organmitglied** usw. gleichsam „hinwegzudenken" ist, wenn es selbst **beschuldigt** ist; es wird von der Vertretung und mithin von einem Einfluss auf die Verteidigung des Verbandes ausgeschlossen.[78] So soll bei einer ursprünglichen Gesamtvertretungsmacht zweier Geschäftsführer infolge des Ausschlusses eines angeklagten Geschäftsführers dem zweiten Geschäftsführer sodann eine Alleinvertretungsmacht zukommen.[79] Tatsächlich ist dieser Ausschluss aber problematisch, weil er – anders als beim Beschuldigten – in einem erheblichen Ausmaß verhindert, dass der Verband selbst seiner jeweils individuell gegebenen Zusammensetzung über die beste Verteidigung autonom befinden kann. Findet innerhalb des Verbandes keine Willensbildung statt, die den Vertreter aus seiner Stellung herausnimmt, sollte sich der Verband grundsätzlich so verteidigen können, wie er ist. Anderenfalls wird *aus einem Verdacht heraus* in die Vertretung im Verfahren eingegriffen und eine selbstdefinierte Verteidigung verhindert, die der natürlichen 35

---

72 S. beispielhaft BTDrucks. **19** 23568 S. 1 f. und 49 f., 82 ff. zu den §§ 16 ff. VerSanG-E unter Einwirkung auf die Verteidigerwahl bzw. die Verteidigungsorganisation.

73 Insoweit s. schon grds. zweifelnd *Arzt* JZ **2003** 456 ff., 460 und folgend *von Freier* ZStW **122** (2010) 117, 155 f. Gleichwohl bleibt zu sagen, dass eine praktisch rechtslose und bisweilen erpresserisch anmutende Praxis auch gegenüber Unternehmen kein befriedigender Status quo sein kann. Es bedarf gerade einer echten, einen Unterschied ausmachenden Anstrengung, damit die nach außen nun betonte Sanktionierung von Unternehmen auch auf einer prozessualen Legitimation und nicht nur auf einer faktischen Wehrlosigkeit beruht.

74 Gleichsinnig u. a. etwa schon *Wimmer* NZWiSt **2017** 252; s. auch KK-OWiG/*Rogall* § 30, 287: gründliche Überarbeitung des prozessualen Rechts geboten.

75 Insoweit macht BTDrucks. **19** 23568 S. 91 ff. dabei wenig Hoffnung, dass es der Rechtspolitik mit einer substanziellen Rechtsanerkennung ernst sein könnte.

76 S. aber für eine zum Teil bereits zuvor zu gewährende Akteneinsicht SSW/*Kudlich/Schuhr* 12 mit Verweis auf den recht unspezifischen und mehrdeutigen Beschluss OLG Koblenz NStZ **1987** 289.

77 OK-StPO/*Inhofer* 3; KMR/*Metzger* 15.

78 OK-StPO/*Inhofer* 3; KMR/*Metzger* 15; Radtke/Hohmann/*Britz* 9 und 14; SSW/*Kudlich/Schuhr* 10: Rechtsgedanke des § 112 AktG, § 52 Abs. 1 GmbHG und § 34 BGB; SK/*Paeffgen* 19; akzeptierend auch BGH BeckRS **2016** 116879 (nicht in NZWiSt **2017** 230 abgedruckt): Angeklagter wegen Interessenkonflikten von der Vertretung ausgeschlossen; rechtspolitisch nun auch § 28 Abs. 2 VerSanG-E, dazu knapp BTDrucks. **19** 23568 S. 93. **A.A.** schon *Schlüter* 207 ff.

79 BGH BeckRS **2016** 116879 (nicht in NZWiSt **2017** 230 abgedr.).

Person zugestanden bleibt. Der Standpunkt der h. M. ist allenfalls dann zu legitimieren, wenn sich die Tat, die Gegenstand des Verfahrens ist, gerade gegen den Verband selbst richtet und die Gefahr *konkret* im Raum steht, dass der individuell Beschuldigte seine Stellung zulasten des Verbandes mit einer letztlich verdunkelnden Wirkung missbrauchen werde.

36 Für die – nach der h. M. bzw. der hier vertretenen Ansicht – für die Anhörung oder Vernehmung verbleibenden aktuellen **Organmitglieder** bzw. vertretenden Personen gelten dann gemäß § 426 Abs. 2 die **Rechte des Beschuldigten**, wenn Personen für den Verband erklären, Einwendungen gegen die Festsetzung einer Geldbuße vorbringen zu wollen.[80] Andere Angehörige des Verbandes wie z.B. Handlungsbevollmächtigte, Kommanditisten und/oder Prokuristen sollen trotz einer bestehenden Vertretungsmacht für den Verband allein als **Zeugen**[81] zu vernehmen sein, wobei immerhin die Geltung des § 55 nicht bestritten wird (dazu aber schon Rn. 34).[82] Ob bei einer Mehrheit von Vertretungsberechtigten die Anhörung *eines* Vertretungsberechtigten genügt, soll sich nach den Umständen des Falles richten. Hinsichtlich des Zeitpunkts der Anhörung wird regelmäßig angenommen, dass die Behörden eine etwaige drohende Gefährdung des Ermittlungserfolges berücksichtigen dürfen.[83]

37 Problematisch ist der aufgenommene Verweis auf die Einschränkung in Absatz 1 Satz 2 des § 426, nach der die Anhörung unterbleiben kann, wenn sie **nicht ausführbar** erscheint. Ihr wird zunächst in der Praxis kaum eine relevante Bedeutung zugesprochen.[84] Bei den juristischen Personen kommt, wenn der Beschuldigte der einzige originäre Vertreter ist, eine Notvertreterbestellung nach § 29 BGB durch das insoweit nicht in strafrechter Zuständigkeit agierende Amtsgericht[85] in Betracht. Bei den Personenvereinigungen obliegt die Vertretung den übrigen Mitgliedern der Vereinigung. Im Übrigen bietet § 428 Abs. 2, auf den § 444 Abs. 2 Satz 2 Bezug nimmt, eine Handhabe, um die Rechte des Verbandes nicht leerlaufen zu lassen. Letzteres bleibt aber gegenüber § 29 BGB subsidiär, weil der Vertreter i. S. d. § 428 jedenfalls im Fall des *beschuldigten* Verbandes primär den rechtlichen Beistand und nicht eine Art gesetzlichen Vertreter bzw. einen Vertreter im Willen ausmacht.[86] Unzweifelhaft legitimiert § 426 Abs. 1 Satz 2 kein dauerhaft gegen einen Verband betriebenes Verfahren, in dem diesem nicht rechtliches Gehör gewährleistet wurde: Einen Verweis auf die belastende Entscheidung ohne Verfahrensbeteiligung gemäß § 425 sieht § 444 Abs. 2 Satz 2 nicht vor. Entsprechend geht auch der unbedachte Binnenverweis auf § 426 Abs. 1 Satz 3 ins Leere. Es ist ebenso nicht ersichtlich, weshalb das Gemeinwesen sachlich *berechtigt* sein sollte, ein öffentlich vor Gericht ausgetragenes Sanktionsverfahren mit einer Anklage zu betreiben, ohne dem Betroffenen *zuvor* rechtliches Gehör zu gewähren.

---

80 SK/*Paeffgen* 18; Meyer-Goßner/Schmitt/*Schmitt* 3; s. auch KMR/*Metzger* 16.

81 OLG Frankfurt GA **1969** 124 f. (zum Kommanditisten mit Prokura): nur geborene Vertreter erfasst; KK/*Schmidt* 7; KMR/*Metzger* 16; weitergehend aber etwa schon *Minoggio* wistra **2003** 121, 128 f.; *Zerbes* ZStW **129** (2017) 1032, 1046 f.; insbes. in zeitlicher Hinsicht für frühere Vertreter *Trüg* StV **2020** 779, 783 f.

82 So statt vieler KMR/*Metzger* 10 und OLG Frankfurt GA **1969** 124.

83 *Wimmer* NZWiSt **2017** 252 f.: zwar sei mit dem Entstehen eines entsprechenden Verdachts die Beteiligung aktenkundig zu machen, die Bekanntmachung hänge aber von einer etwaigen Gefährdung des Ermittlungserfolges ab; Radtke/Hohmann/*Britz* 14; Meyer-Goßner/Schmitt/*Schmitt* 3. S. ferner zum problematischen Stand der Auslegung § 426, 10 ff.

84 So auch schon LR/*Gössel*[26] 25c.

85 KK/*Schmidt* 7; SSW/*Kudlich*/*Schuhr* 10; AK/*Keller* 8; SK/*Paeffgen* 19; HK/*Retemeyer* 9; AnwK/*Lohse* 3.

86 **A.A.** aber OK-StPO/*Inhofer* 3; KMR/*Metzger* 15.

4. Beteiligung im Zwischen- und Hauptverfahren

a) Ladung. Nach § 444 Abs. 2 Satz 1 wird die juristische Person (Personenvereinigung) zum Hauptverhandlungstermin geladen. Die **Ladungsfrist** des § 217 ist dementsprechend zu beachten. § 430 Abs. 1, der die Verhandlung ohne die Einziehungsbeteiligte ggf. zulässt, ist nicht entsprechend auf den Verband anwendbar.[87] § 444 Abs. 2 Satz 1 lässt eine Verhandlung ohne die juristische Person (Personenvereinigung) nur, aber auch immerhin, zu, wenn ihr Vertreter **ohne genügende Entschuldigung** ausbleibt. Damit trägt das Gesetz der Tatsache Rechnung, dass sich die juristische Person (Personenvereinigung) im Fall des § 444 in einer Lage befindet, die funktional derjenigen des Angeklagten entspricht. Die Ladung muss den sinngemäß anwendbaren Vorschriften des § 429 Abs. 2 und Abs. 3 Nr. 1 entsprechen. D. h. es sind die Anklageschrift mit dem für die Frage der Festsetzung einer Geldbuße bedeutsamen Inhalt mitzuteilen. In den Fällen des § 207 Abs. 2 ist, soweit die Änderung auch die Frage der Festsetzung einer Geldbuße betrifft, auch der Eröffnungsbeschluss mitzuteilen. Ferner ist darauf hinzuweisen, dass auch ohne die juristische Person (Personenvereinigung) verhandelt werden kann, wenn ihr Vertreter ohne genügende Entschuldigung ausbleibt. Ladungsmängel sollen revisionsrechtlich nur beachtlich sein, wenn sie sich zulasten des Adressaten der Verbandsgeldbuße ausgewirkt haben.[88] Zutreffend kann dies aber nur in dem Sinne sein, dass damit das Beruhenserfordernis des § 337 angesprochen wird, welches nicht den strikten Nachweis eines anderen Verfahrensergebnisses verlangt. Die Möglichkeit der Auswirkung muss insofern genügen. Bei einer **Ersatzzustellung** ist das Verbot nach § 37 StPO i. V. m. § 178 Abs. 2 ZPO zu beachten. I.S. des § 178 Abs. 2 ZPO soll das angeklagte Organ (Vertreter) „Gegner" der juristischen Person (Personenvereinigung) sein, an den eine Zustellung zulasten des Verbandes folglich nicht erfolgen darf (dazu aber auch Rn. 35).[89] Von den **übrigen Vorschriften des § 430** ist **Abs. 3 unanwendbar**, da Entschädigungsansprüche (vgl. § 74b StGB) nicht in Betracht kommen. 38

b) Ausbleiben des Vertreters. Dem Wortlaut des § 444 Abs. 2 Satz 1 Halbsatz 2 „bleibt ihr Vertreter" (Singular) kann nicht entnommen werden, dass es bei einer **Mehrheit von Vertretungsberechtigten** dem Gesetz genüge, wenn nur **ein** Vertreter geladen oder in der Hauptverhandlung gehört wird. Mehrere Vertretungsberechtigte können sich zwar, soweit nicht gesetzliche Vorschriften entgegenstehen (vgl. §§ 27 Abs. 2, 664 BGB), darauf einigen, dass dem Gericht gegenüber nur eine Person als Vertreter auftritt. Es liegt aber nicht im Ermessen des Gerichts, sich etwa, wenn von dem aus drei Personen bestehenden Vorstand einer juristischen Person einer der Angeklagte ist, auf die Anhörung eines der beiden verbliebenen Vorstandsmitglieder zu beschränken. Der Fall eines entschuldigten Ausbleibens liegt schon dann vor, wenn zwar das eine Vorstandsmitglied unentschuldigt ausbleibt, das Ausbleiben des anderen aber genügend entschuldigt ist. Der materiellrechtliche zivilrechtliche Grundsatz des § 28 Abs. 2 BGB, dass bei Willenserklärungen, die der juristischen Person gegenüber abzugeben sind, die Abgabe gegenüber einem Vorstandsmitglied genügt, ist nicht auf die strafprozessuale Beteiligung der juristischen Person am Strafverfahren gemäß § 444 anzuwenden. Zum Begriff des unent- 39

---

87 KK/*Schmidt* 10; Meyer-Goßner/Schmitt/*Schmitt* 14; AK/*Keller* 10; **a.A.** HK/*Retemeyer* 10.

88 BGH BeckRS **2016** 116879 (nicht in NZWiSt **2017** 230 abgedruckt, zur mangelnden Ladungsanordnung des Vorsitzenden und der eigenmächtigen Ladung durch die Geschäftsstelle); Meyer-Goßner/Schmitt/*Schmitt* 13.

89 AK/*Keller* 10; SSW/*Kudlich*/*Schuhr* 11: bei Zustellung an angeklagtes Organ regelmäßig unwirksam.

schuldigten **Ausbleibens** vgl. bereits § 429, 4 und § 412, 18 ff. Erscheint ein Bevollmächtigter (§ 428), schließt dies die Annahme eines unentschuldigten Ausbleibens aus.

40 **c) Eingeschränktes Beweisantragsrecht.** Anwendbar ist kraft ausdrücklicher Verweisung **§ 430 Abs. 2** und damit eine Regelung, die das Beweisantragsrecht des Verbandes auf die Rechtsstellung des Einziehungsbeteiligten beschneidet. Diese Regelung hat schon *Eb. Schmidt* als eigenartig, unsachgemäß und **verfehlt**[90] kritisiert. *Gössel* hat sie mit dem für sich genommen zutreffenden Hinweis zu stützen versucht, dass das Gericht auch im gerichtlichen Bußgeldverfahren gegen eine natürliche Person den Umfang der Beweisaufnahme – unbeschadet des § 244 Abs. 2 StPO – nach pflichtmäßigem Ermessen bestimmen dürfe (§ 77 OWiG).[91] Der Verweisung auf § 430 Abs. 2 liege der Gedanke zugrunde, dass der Verband zwar notwendig zu beteiligen sei, das Gericht hinsichtlich des Verbandes aber weiter allein die auch im selbständigen Verfahren geltenden Regeln der Festsetzung einer Geldbuße gegen eine natürliche Person wegen einer Ordnungswidrigkeit zu beachten habe. Selbst wenn man die Regelung des OWiG für natürliche Personen insoweit nicht für illegitim erachtet, ist jedoch zu berücksichtigen, dass im Fall der Verbandsgeldbuße ein besonderes prozessuales Teilhabebedürfnis anzuerkennen ist, weil sie in einem besonders belastenden Strafverfahren *und* wegen einer Straftat verhängt wird. Im Vergleich zu den anderen Verfahrensbeteiligten ist der von einer Sanktionierung bedrohte Verband erheblich zurückgesetzt. Diese Ungleichbehandlung ist auch vor dem Hintergrund einer möglicherweise Dritte belastenden Verständigung (§ 257c StPO), welche die Gewichte zulasten des Verbandes verschieben könnte, mindestens instinktlos. Kompensiert das Gericht nicht im Einzelfall mit einer intensiven Wahrnehmung seiner Aufklärungspflicht,[92] droht eine Verletzung des Rechts auf ein faires Verfahren. Erst recht kann die Einschränkung in einem zukünftigen Verbandssanktionenrecht nicht überzeugend fortbestehen.

41 **d) Zustellung und Vollstreckung.** Ferner ist **§ 430 Abs. 4** entsprechend **anwendbar** (§ 444 Abs. 2 Satz 2). Da das Urteil, soweit es eine Geldbuße gegen die juristische Person festsetzt, ihr gegenüber als Vollstreckungstitel dienen soll (vgl. § 449; §§ 89, 91 OWiG; § 87 StVollstrO), muss im Tenor die juristische Person (Personenvereinigung) genau unter Angabe von Namen, Anschrift der Vertretungsberechtigten und des Prozessbevollmächtigten (§ 428) bezeichnet[93] werden.

V. Die Rechtsbehelfe

42 **1. Urteilsanfechtung.** Hinsichtlich der **Anfechtung** des eine Geldbuße festsetzenden Urteils verweist § 444 Abs. 2 Satz 2 auf die sinngemäß anwendbaren Vorschriften in § 431 Abs. 1 bis 3. Auf ihre Erläuterung kann grundsätzlich zurückgegriffen werden.[94] Einer Erörterung bedarf nur die **Verweisung auf § 431 Abs. 1.** Kraft ihrer nur sinngemäßen Anwendung ist diese Vorschrift etwa dahin zu lesen: „Im Rechtsmittelverfahren erstreckt sich die Prüfung, ob die gegen den Verband festgesetzte Geldbuße gerechtfertigt

90 Nachtr. II 16; zur zust. Literatur m.w.N. SK/*Paeffgen* 20.
91 LR/*Gössel*[26] 30.
92 Diese betonen auch SK/*Paeffgen* 20 und KK-OWiG/*Rogall* § 30, 213.
93 KK/*Schmidt* 11; Meyer-Goßner/Schmitt/*Schmitt* 15; HK/*Retemeyer* 11; AnwK/*Lohse* 10.
94 § 431, 1 ff.

ist, auf den Schuldspruch des angefochtenen Urteils gegen das Organ nur".[95] Einwendungen gegen den Schuldspruch können auch vorliegen, wenn der Verband nicht die Festsetzung einer Geldbuße überhaupt, sondern nur deren Höhe anficht. Der Angriff gegen die Höhe der Geldbuße kann zugleich einen Angriff auf die Schuldfeststellungen darstellen. Das gilt jedenfalls dann, wenn das Urteil in der Annahme einer vorsätzlichen Straftat auf eine Geldbuße von mehr als 500.000 € lautet und die Berufung sich gegen die Höhe der Geldbuße mit der Begründung richtet, dass das Organ (Vertreter) lediglich eine fahrlässige Straftat begangen habe (vgl. § 30 Abs. 2 OWiG). Aber auch innerhalb des gesetzlichen Rahmens der Geldbuße kann die Bemessung verschieden hoch ausfallen, je nachdem, ob das Gericht eine vorsätzliche oder eine fahrlässige Straftat des Organs feststellt. Ganz allgemein soll sich nach der gesetzgeberischen Grundkonzeption die Höhe der Geldbuße gegen den Verband daran orientieren, wie die von dem Organ (Vertreter) begangene Tat bewertet[96] wird, und es soll, wenn etwa das Gericht, von einer „altruistischen Handlungsweise" des Organs ausgehend, auf eine geringere Geldstrafe erkennt, eine Geldbuße gegen die juristische Person (Personenvereinigung) in einer Höhe festgesetzt werden können, dass Strafe und Geldbuße zusammen in einem angemessenen Verhältnis zur Tragweite der Tat[97] stehen. Danach kann die Bemessung der Geldbuße unter verschiedenen Gesichtspunkten von der dem Bereich des Schuldspruchs zugehörigen Würdigung der Handlungsweise des Täters abhängen. Demgemäß ist § 431 Abs. 1 auch dann anwendbar, wenn sich das Rechtsmittel zwar nur gegen die Höhe der Geldbuße richtet, aber auf Gründe gestützt ist, die den Schuldspruch betreffen.

2. Anfechtung des Strafbefehls. Wird die Geldbuße gegen die juristische Person (Personenvereinigung) **in einem Strafbefehl** festgesetzt (§ 407 Abs. 2 Nr. 1), ist **§ 432 Abs. 1 Satz 1** sinngemäß **anwendbar**. 43

An die Stelle einer Verweisung auf die sinngemäße Anwendung des § 432 Abs. 2 ist eine selbständige und inhaltlich gleichbedeutende sinngemäße Verweisung auf § 434 Abs. 2 und 3 in § 444 Abs. 2 Satz 2 selbst getreten, soweit nur über den Einspruch des Verbandes zu entscheiden ist. Die juristische Person oder Personenvereinigung kann damit gegen die Festsetzung einer Geldbuße **Einspruch**[98] einlegen. Über diesen ist grundsätzlich im Beschlussverfahren zu entscheiden; unter den Voraussetzungen des § 434 Abs. 3 auch durch Urteil[99] auf Grund mündlicher Verhandlung, gegen das nach § 434 Abs. 3 Satz 2 nur entweder Berufung oder Revision statthaft ist.[100] 44

3. Nachverfahren. § 444 Abs. 2 enthält **keine Verweisung auf § 433**. Ein Nachverfahren kommt nicht in Betracht, da eine Geldbuße stets nur dann festgesetzt werden darf, wenn die juristische Person bzw. Personenvereinigung am Verfahren beteiligt[101] wird. Ist die Geldbuße in einer Entscheidung ohne Beteiligung des Verbandes am Verfahren festgesetzt worden, bleibt ihr der Weg der Anfechtung der Entscheidung.[102] 45

---

95 KK/*Schmidt* 12; KMR/*Metzger* 21; Meyer-Goßner/Schmitt/*Schmitt* 18.
96 KK-OWiG/*Rogall* § 30, 134.
97 Göhler/*Gürtler*/*Thoma* § 30, 35 und o. Rn. 7.
98 KK/*Schmidt* 13; AnwK/*Lohse* 11.
99 HK-GS/*Koch* 5.
100 Meyer-Goßner/Schmitt/*Schmitt* 17; SK/*Paeffgen* 21.
101 KK/*Schmidt* 14.
102 KK/*Schmidt* 12; s. auch o. Rn. 15.

VI. Das selbständige Verfahren

46 **1. Voraussetzungen.** Nach **§ 30 Abs. 4 OWiG** kann gegen die juristische Person (Personenvereinigung) eine Geldbuße unter bestimmten Umständen **selbständig** festgesetzt werden, also auch ohne die Durchführung eines Straf- oder Bußgeldverfahrens zulasten der ausschlaggebenden natürlichen Person Platz greifen. Dies gilt gemäß § 30 Abs. 4 Satz 1 OWiG, wenn ein Straf- oder Bußgeldverfahren nicht eingeleitet, eingestellt oder von Strafe abgesehen wird. Durch Gesetz können weitere Fälle hinzugefügt werden (§ 30 Abs. 4 Satz 2 OWiG). Ob die Straftat (i. S. d. § 30 Abs. 1 OWiG) des Organs oder einer sonst dort genannten Individualperson aus tatsächlichen oder aus sonstigen Gründen nicht mehr verfolgt wird, ist grundsätzlich irrelevant. Allerdings ist die selbständige Festsetzung einer Geldbuße gegen die juristische Person oder Personenvereinigung gemäß **§ 30 Abs. 4 Satz 3** ausgeschlossen, wenn eine von § 30 Abs. 1 OWiG erfasste **Straftat** (oder Ordnungswidrigkeit) **aus rechtlichen Gründen nicht verfolgt** werden kann (dazu Rn. 48). Fehlt es an einer Voraussetzung des § 30 Abs. 4 OWiG erkennt die Rechtsprechung darin jeweils ein Verfahrenshindernis.[103]

47 **2. Verfahren.** Das selbständige Festsetzungs*verfahren* regelt § 444 Abs. 3 bemerkenswert „schlank" durch eine **Verweisung auf die „sinngemäß" anwendbaren Vorschriften der §§ 435, 436 Abs. 1 und 2** (aber nur inklusive seines Verweises auf § 434 Abs. 2 oder 3), die sich dem selbständigen Einziehungsverfahren widmen. Danach steht es, wenn ein subjektives Verfahren wegen einer schuldhaft rechtswidrigen Organtat i. S. d. § 30 Abs. 1 OWiG nicht betrieben wird, im **pflichtmäßigen Ermessen der Staatsanwaltschaft**, die selbständige Festsetzung einer Geldbuße gegen die juristische Person (Personenvereinigung) zu **beantragen**, wenn die Festsetzung nach dem Ergebnis der Ermittlungen zu erwarten ist (§ 435 Abs. 1). Das Verfahren richtet sich sodann infolge von § 444 Abs. 3 sinngemäß nach ausgewählten Vorschriften der StPO. Die sinngemäße Anwendung des § 435 Abs. 2 Satz 1 bedeutet, dass der Antrag auf eine bestimmte Geldbuße zu richten ist. Die Verweisung auf § 436 Abs. 1 Satz 2 ist gegenstandslos. Stattdessen bestimmt der vorrangige § 444 Abs. 3 Satz 2, dass auch das Gericht örtlich zuständig ist, in dessen Bezirk die juristische Person (Personenvereinigung) ihren Sitz oder eine Zweigniederlassung hat. Der grundsätzlich zulässige Übergang vom Strafverfahren zum selbständigen Verfahren[104] setzt voraus, dass die Verfahrensbeteiligung der Verbandsperson angeordnet und die so Beteiligte auf die Möglichkeit der selbständigen Festsetzung der Geldbuße hingewiesen[105] wurde.

48 **3. Mangelnde Verfolgbarkeit aus rechtlichen Gründen.** Die selbständige Festsetzung einer Geldbuße ist unabhängig von der notwendigen Ermessensausübung ausgeschlossen, wenn der Verfolgung der Individualperson wegen der in § 30 Abs. 1 OWiG bezeichneten Straftat bereits **rechtliche** Gründe entgegenstehen (§ 30 Abs. 4 Satz 3 OWiG). Insbesondere muss nach wie vor zunächst eine Straftat vorliegen, worunter auch hier eine rechtswidrige und schuldhafte Tatbestandsverwirklichung einschließlich der Abwesenheit von Strafaufhebungs- und Strafausschließungsgründen zu verstehen[106] ist.

---

103 OLG Düsseldorf NStZ **1984** 366 f.: Einstellung geboten.

104 S. dazu § 435, 54 ff.

105 KK/*Schmidt* 16; KMR/*Metzger* 28; AK/*Keller* 15; SK/*Paeffgen* 24.

106 S. dazu *Müller* 89; die zur alten Rechtslage ergangenen Entscheidungen OLG Düsseldorf NStZ **1984** 366 f. und OLG Koblenz BB **1977** 1571 bleiben insoweit bedeutsam; krit. zur Möglichkeit einer selbständigen Feststellung *Schroth* wistra **1986** 158, 164: Verdachts-„strafe".

Zudem stehen als rechtliche Verfolgungshindernisse nach § 30 Abs. 4 Satz 3 OWiG fehlende Prozessvoraussetzungen bzw. Verfahrenshindernisse (z.B. Verjährung, Rechtskraft, dauernde Verhandlungsunfähigkeit) dem selbständigen Verfahren entgegen. Dagegen hindert die Einstellung aus Opportunitätsgesichtspunkten das selbständige Verfahren nicht (§ 30 Abs. 4 Satz 1 OWiG).[107]

4. Kosten. Wegen der **Kosten** vgl. § 472b. 49

§§ 445 bis 448
(weggefallen)

107 KK-OWiG/*Rogall* § 30, 169; Göhler/*Gürtler*/*Thoma* § 30, 41; ähnlich *Müller* 94 f.; **a.A.** *Cramer* FS Meyer-Goßner 738.

Sachregister

Die fetten Zahlen verweisen auf die Kapitel der Einleitung bzw. auf die Paragraphen, die mageren auf die Randnummern.

https://doi.org/10.1515/9783110765540-042

D

E

www.ingramcontent.com/pod-product-compliance
Lightning Source LLC
LaVergne TN
LVHW060001031026
849161LV00025B/1205